日本の家紋とデザイン

Japanese Family Crests and Designs

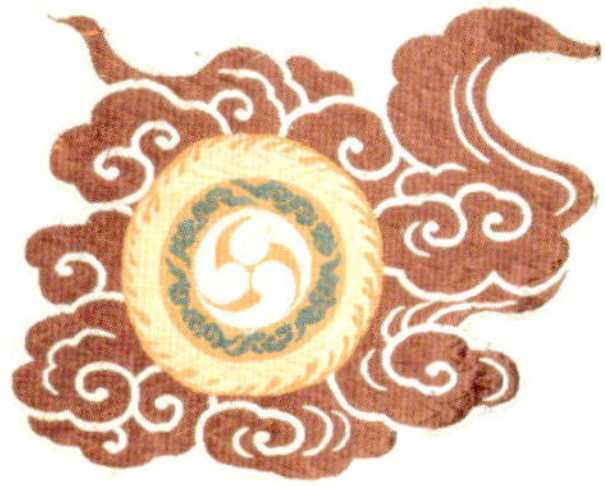

PIE International

はじめに

日本の家紋は代々その家に伝わる「しるし」としてあり、古い家の伝統や歴史、また家系や由緒をあらわす「印」であった。

家紋の原型ともいうべき文様があらわれるのは平安時代初期のことであり、天地草木などの自然や自然現象を取り入れることからはじまった。四季折々に咲き競う花々、浜辺に遊ぶ千鳥や雁の群れ、また霞たなびく春の山並みの景色が、秋には錦繍の彩りへと移り行く。その姿を生活のなかに取り入れ意匠として発展した。

こうした自然と文化が貴族社会のなかで育まれ、彼らの自然観や美意識が反映された文様は家紋として創造されていった。そして家紋は装飾のためにデザインされ、

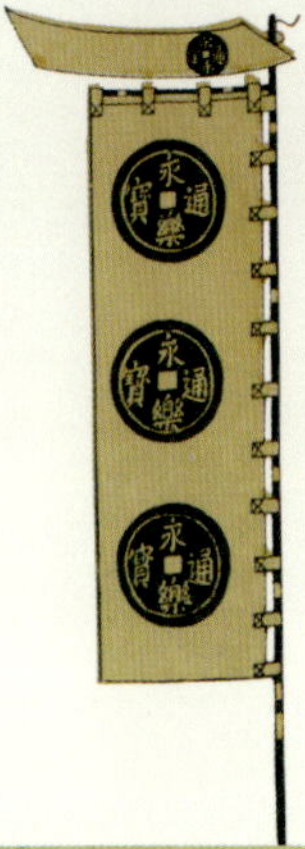

「御馬印」（部分）寛永年間　国立国会図書館蔵

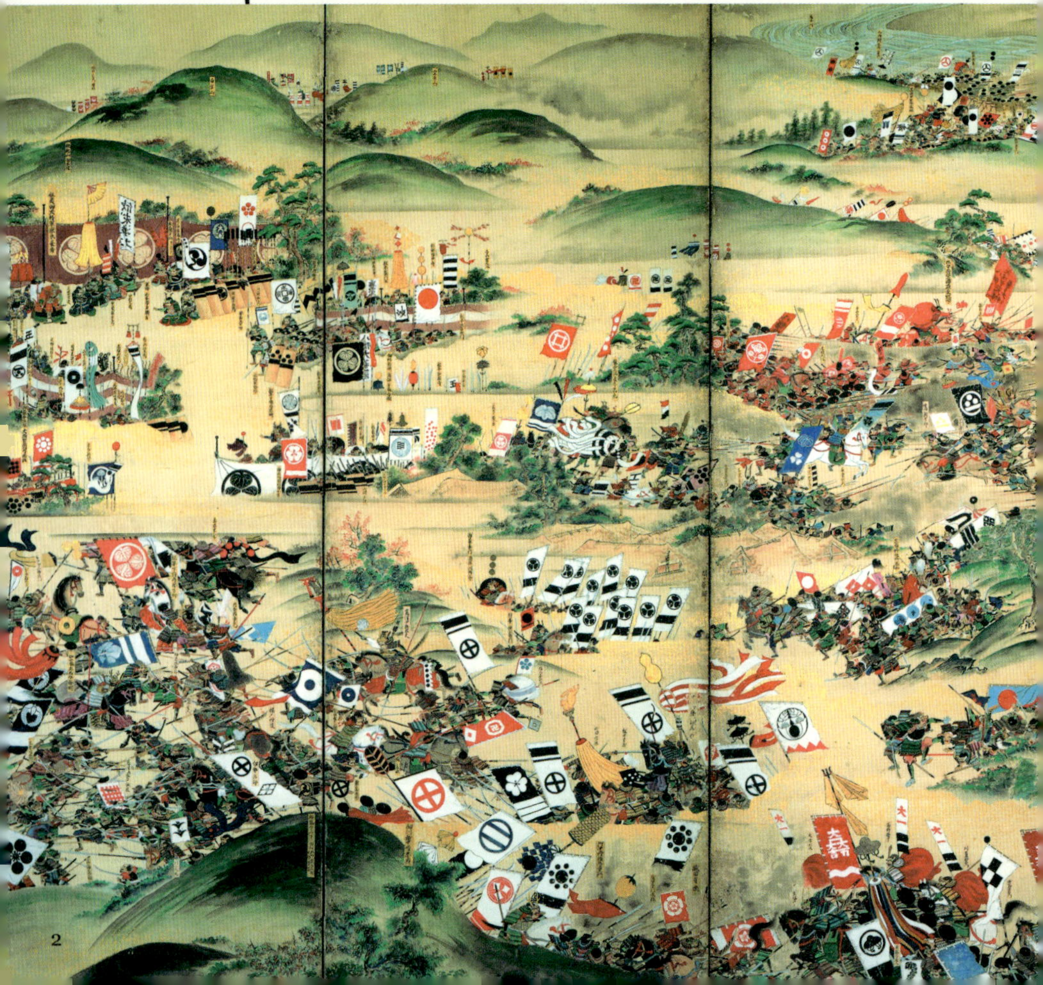

調度品や衣服、牛車や屋根の瓦にまで取り入れられた。おなじ文様を長年用いることにより、その文様がその家のシンボルと見なされるようになり、文様は家紋へと姿を変え、貴族社会での家格をあらわす役割を演じたのである。

中世になり武家の勢力が増してくると、彼らも貴族にならって家紋を用いるようになる。武家の場合は、貴族社会の優美さや典雅さといった要素は必要なく、はじまりは敵、味方が識別できるようなシャープなシンボルマークであり、武家紋はおもに旗幕につけられたようである。元暦２年・寿永４年（1185）の源義経が長門国壇ノ浦で平家軍を破った場面では、せいぜい源氏の白旗と平氏の赤旗で、敵と味方を識別していたに過ぎなかった。その後の合戦では、一目で敵と味方に峻別できる目印としてのかたちがデザインされ、幟（のぼり）や幕、武具、甲冑、刀剣などにさまざまな家紋が用いられていった。家紋はこのようにして貴族社会においては本家から一族の間へ、武家社会においては主家から傘下の

「関ヶ原合戦屏風」江戸時代後期・19世紀　岐阜市歴史博物館蔵

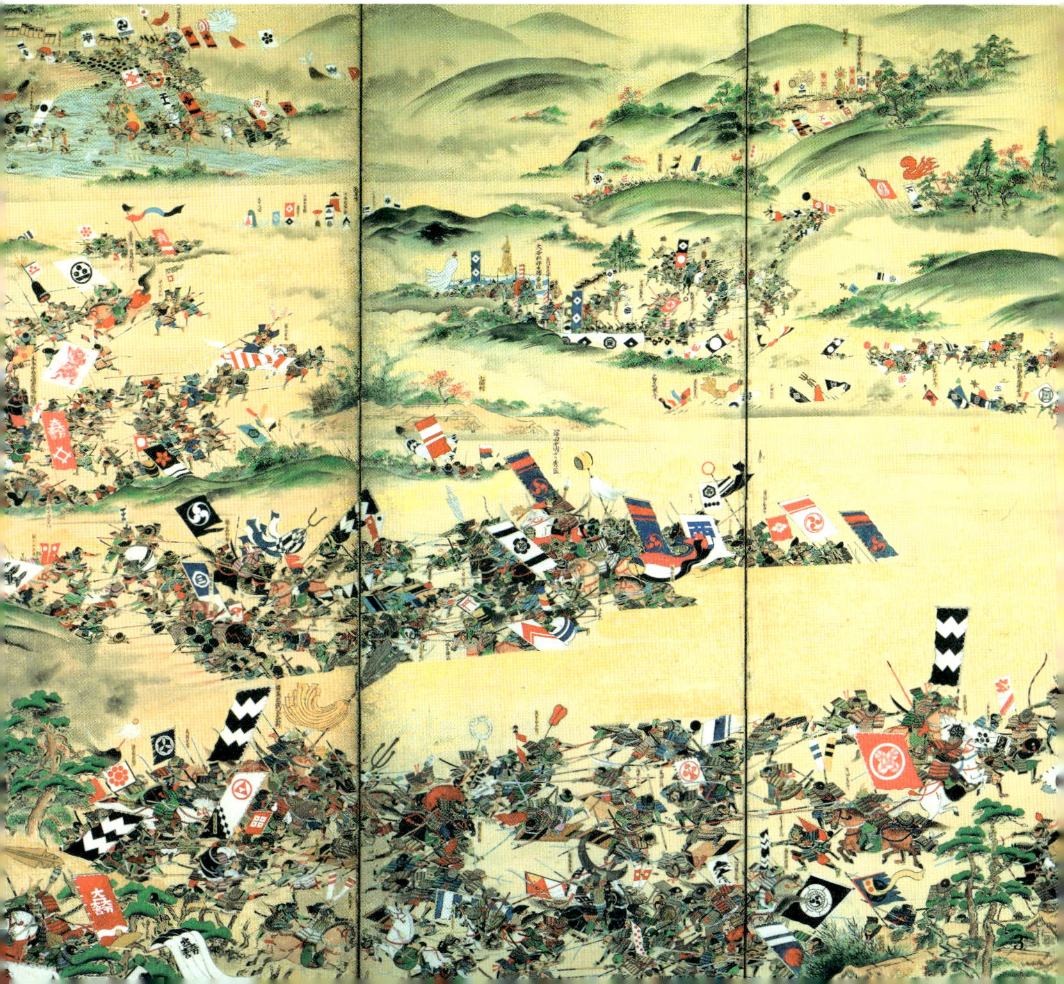

家臣たちへ、同紋あるいはその変形紋が広がっていった。

長かった戦乱も豊臣秀吉の天下統一で終息して束の間の平和が訪れると、武家紋は本来の目的である戦での旗印から役割を転換させ、武家社会における家格と職階制をあらわすシンボルへと移って行く。そして長く政権の座から遠ざけられていた貴族たちも、家柄が尊ばれ格式が重んじられる時代を迎えると、再び彼らの優美な家紋が脚光をあびた。そこで門地も家系も定かではない成りあがりの大名や旗本たちは、婚姻により貴族の家紋をさずけられて己の名誉欲を満足させていった。

このころは一般的な家紋は自由に使えたが、天正 19 年（1591）後陽成天皇のとき豊臣秀吉の命で菊花紋や栄誉と権威の象徴であった桐紋の使用は禁止されていたが、豊臣政権の消滅とともに急速にその権威性が失われた。ついで徳川幕藩体制が隆盛してくるにしたがい、桐紋に代り葵紋が擡頭してくるのである。権威性の絶対的な保持を考える家康は、葵紋を御三家以外の者が使用することを禁じる法令を布告している。

そして元禄（1688 ～ 1704）の泰平の時代になると、経済力を背景にした町人文化が勢力を伸ばしてくる。すると華美な生活になれた大名婦人たちは、武骨な武家社会の家紋を嫌い、元禄好みの優美な婦人専用の家紋を次々と染物屋に染めさせた。また庶民の名字帯刀を許さなかった幕府も家紋の自由を認めたため、役者や遊女たちもこぞって紋をつけ、当時の歌舞伎役者が好んで一門の代表紋をしつらえるなど、一気に家紋ブームに火がついた。そのようすは洛中洛外図屛風などに描かれており、武士や町人たちが家紋を染めぬいた紋服を着て、歌舞伎芝居の舞台を楽しむ姿がみられ、武家社会の専有であった家紋が、庶民の生活のなかにまで移行していったようすがみられる。

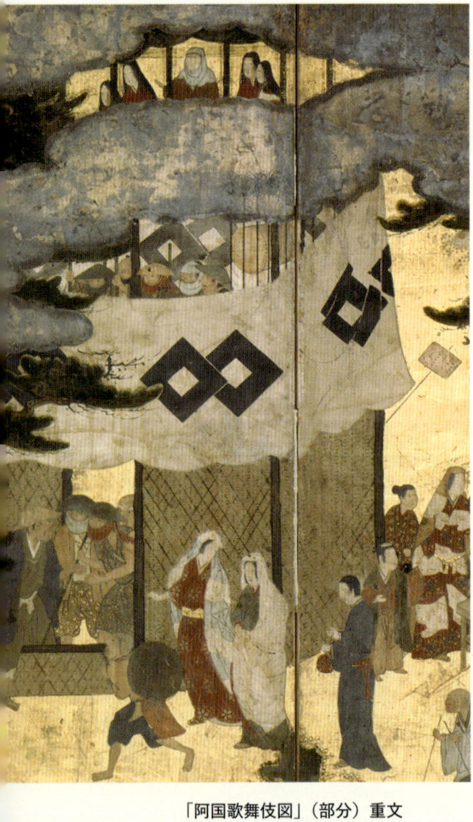

「阿国歌舞伎図」（部分）重文
桃山時代・17 世紀　京都国立博物館蔵

次に町人文化が爛熟した文化・文政期（1804 ～ 30）になると、経済力を蓄積した町人たちは大名以上の豪華で優雅な趣味生活を享受した。「粋と洒落」は因習に満ちた武士社会の伝統や道徳を蔑視し、江戸庶民の自

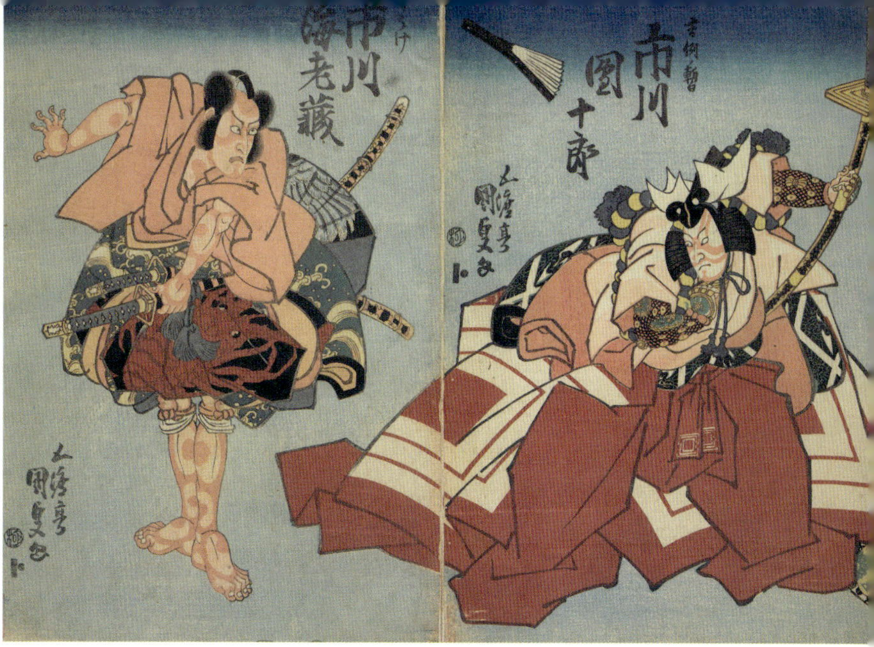

「吉例ノ暫　市川団十郎・中うけ　市川海老蔵」歌川国貞　天保 4 年・1833　東京都立中央図書館特別文庫室蔵

由と気風（きっぷ）をあらわす新しい言葉となった。町人たちは生活用品や玩具、楽器に至るまで、さまざまなモチーフを求めて洒落た独自の家紋を図案化した。また既成の武家紋に対しては、巧みに手を加えてアレンジをくり返し、覗き紋（輪のなかに本来の図柄の全形を描かないで一部分を覗かせた紋）や崩し紋（正規の紋の一部を省略したもの）などの武家社会へのアンチテーゼを意味する家紋をつくりあげていった。

このように歴史のなかで家紋が脈々と受け継がれてきたのには、服飾文化との深い繋がりがあったからともいえる。戦国時代は別として、世のなかが治ったおだやかな元禄時代には家紋も装飾性が強調され、衣服だけの用途ではなく美術工芸品から生活のなかのすべてのものにデザインが施され広範囲に使用された。いまも多く保存されている江戸時代の美術工芸品に、そのデザインの奇抜さや発想の豊かさを窺い知ることができる。

現在、家紋は基本的なものだけで二百数十種、同じモチーフで異なるデザインのものを合わせると五千種類以上という膨大な数にのぼっている。家紋の種類では、菊、藤、桐、木瓜、梅などの身近な花卉を中心とした植物紋が多く、鶴、雀、兎などの動物紋は以外と数が少ない。日常生活で眼に止まる建造物や器物などをアレンジした家紋には、ユニークで独創的なデザインのものも多く、そこからイメージを得て新たなデザインを考える楽しみもある。

日本の家紋はそのシンプルで完成されたデザインに、シンボリックな意味合いが込められて承継されてきた。文様の原点である家紋が日本文化の豊かさの象徴として再認識され、活用されることを望むしだいである。

Introduction

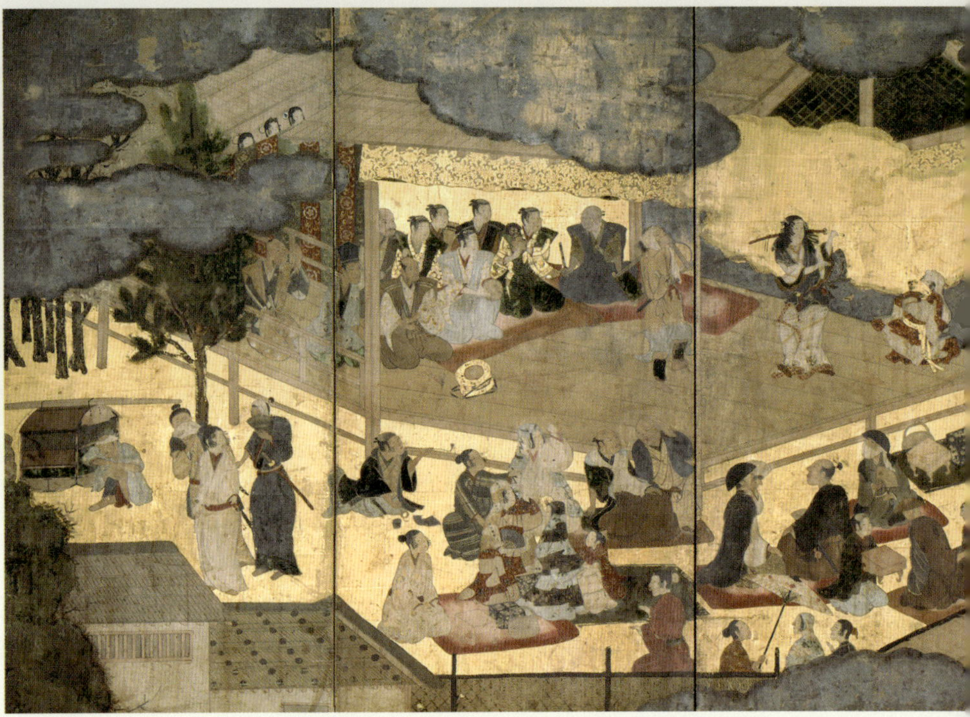

Japanese family crests are hereditary signs that symbolize the traditions and history of old families, their pedigrees and family trees.

The prototypes of family crests first appeared in the early Heian-period (800–1185) and began as images of natural phenomena. From the profusion of seasonal flowers, plovers playing by the water, and flocks of geese, to scenes of mist-veiled mountains in spring turning to autumn's beautiful colors, nature was incorporated into daily life in the form of decorative designs.

These motifs fostered by Heian aristocrats melded nature and culture; the family crests created from them reflected that society's view of nature and its aesthetic sensibility. When the same pattern was used for many years, it came to be looked upon as a symbol of that family and functioned as a marker of the family's status within the aristocracy. Thus, a pattern evolved into a family crest, and family crests came to be designed for use as decorations and introduced on furnishings and clothes, even on ox-carts and roof tiles.

With the rise of the warrior class to political ascendancy in the Kamakura period (1185–1333), a new elite imitated the aristocracy by adopting family crests. Military families had no need for the elegance and refinement of aristocratic society; what they wanted were bold and simple patterns. These military family crests were primarily affixed to their battle banners, in order to quickly distinguish friend from

"*Okuni Kabuki-zu Byōbu*", Important cultural property, Momoyama period, 17th century, Kyoto National Museum

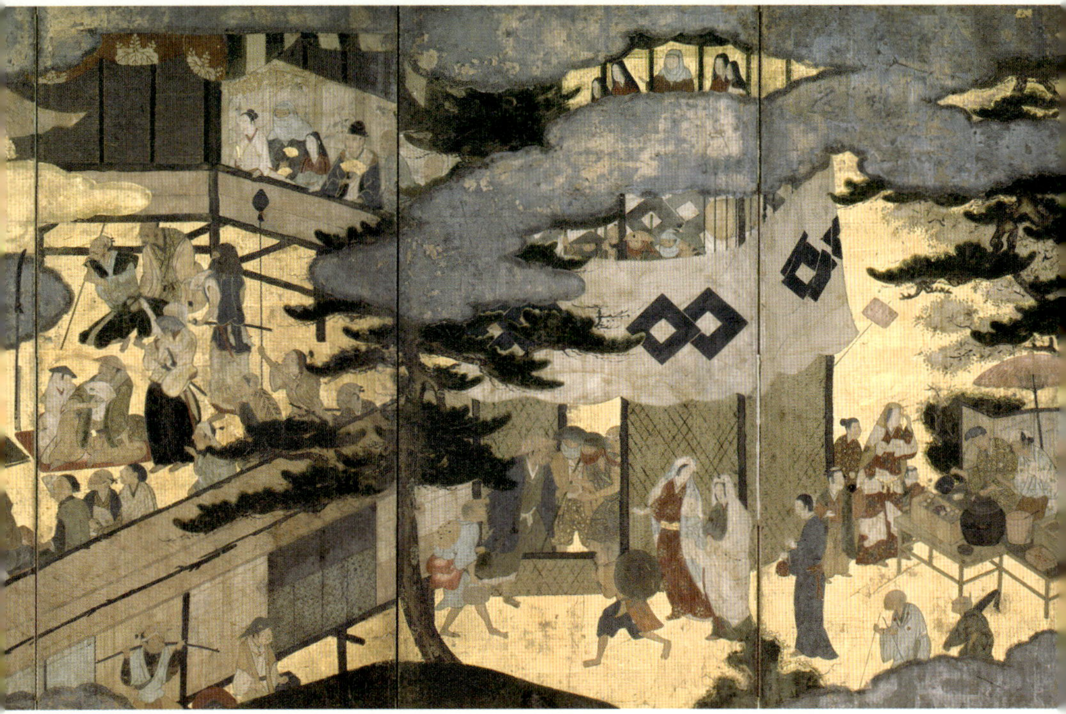

foe. When Minamoto Yoshitsune destroyed the fleet of the Heike army at Dan-no-Ura in 1185, the white banners of the Minamoto and the red of the Taira were no more than markers of the rival armies. In later battles, designs that made it easy to discriminate friend from foe at a glance were introduced on banners, armor, swords and other equipment. Just as use of the family crest in aristocratic society began with the main branch of the family and then expanded to include the entire clan, so in warrior society, the same crest or its variations spread from the principal family to its vassals.

A long period of war, Japan's Warring States period, ended with Toyotomi Hideyoshi's de facto unification of the country and the brief period of peace that came with it. Now military crests, whose original purpose was to serve as a marker during battle, acquired a new role: they became symbols that expressed status and rank in military society. An era had also arrived in which the aristocracy, long been estranged from the seat of political power, saw the lineage and status of its families respected and valued. Once again their elegant family crests were in the limelight. Soon parvenu daimyō, and hatamoto, direct vassals of the Toyotomi clan, whose lineage and family tree were of uncertain provenance, were able to satisfy their lust for glory by acquiring aristocratic family crests through marriage.

At that period, family crests could be freely used by anyone, but in 1591, during the reign of the Emperor Goyōzei, by order of Toyotomi Hideyoshi, unauthorized use of the chrysanthemum crest (of the Imperial Family) and the paulownia crest (a symbol of Toyotomi's honor and authority) was forbidden. With the downfall of Toyotomi's regime, however, the authority of the paulownia crest swiftly disappeared. Next, with the flourishing of the Tokugawa shogunate system, the Tokugawa hollyhock crest became dominant. Tokugawa Ieyasu, who wanted to preserve absolute authority, promulgated a law forbidding any but the three branch families of the Tokugawa house to use the hollyhock crest.

During the peaceful Genroku era (1688–1704), the townspeople acquired economic power and were able to extend their influence. In this age of peace women of the daimyō households, used to a life of splendor, disliked the unrefined family crests of military society and took to ordering different, women-only crests that accorded with the refined Genroku taste. Also, because the Tokugawa shogunate's military government, which forbade commoners from having surnames and wearing swords, did allow commoners the freedom to use family crests, even actors and courtesans all adopted crests, and Kabuki actors created crests for their own troupes. The result was a sudden boom in family crests. In the folding screens of scenes in and around Kyoto from this period one can see depictions of warriors and merchants wearing clothes decorated with family crests as they enjoy Kabuki performances. The family crest, which had been exclusive to warrior society, had become a part of commoners' lives.

In the Bunka-Bunsei period (1804–1830), when townspeople culture reached full maturity, the townspeople, who had acquired even more economic power, enjoyed an elegant lifestyle of even greater luxury than the daimyō. The new words iki, "chic," and sharaku, "wit," expressed the free disposition of the Edo commoners and their contempt for the rigid conventions and ethics of warrior society. The merchants' and artisans' quest for a variety of motifs based on articles of daily life, toys, and even musical instruments led them to design stylish and original family crests. They also skillfully rang changes on existing warrior family crests, rearranged them, and created family crests such as "peeking crest" (nozoki mon), which filled the circle with one part of a pre-existing crest, and "broken crest" (kuzushi mon), a crest which deleted part of a pre-existing one. These crests signified deliberate antitheses to military society.

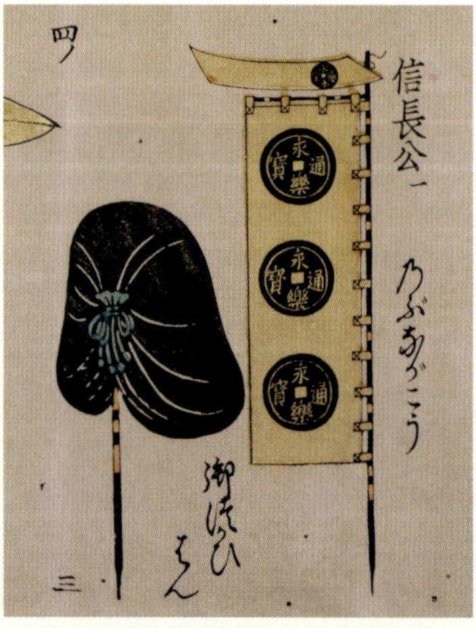

"*Oumajirushi*", partial drawing, Kanei era, National Diet Library

That family crests could be handed down in an unbroken line through history was, arguably, due to their intimate connection to costumes and textiles. Especially in the Genroku period, when (unlike the Warring States period) the country was at peace, the deco-

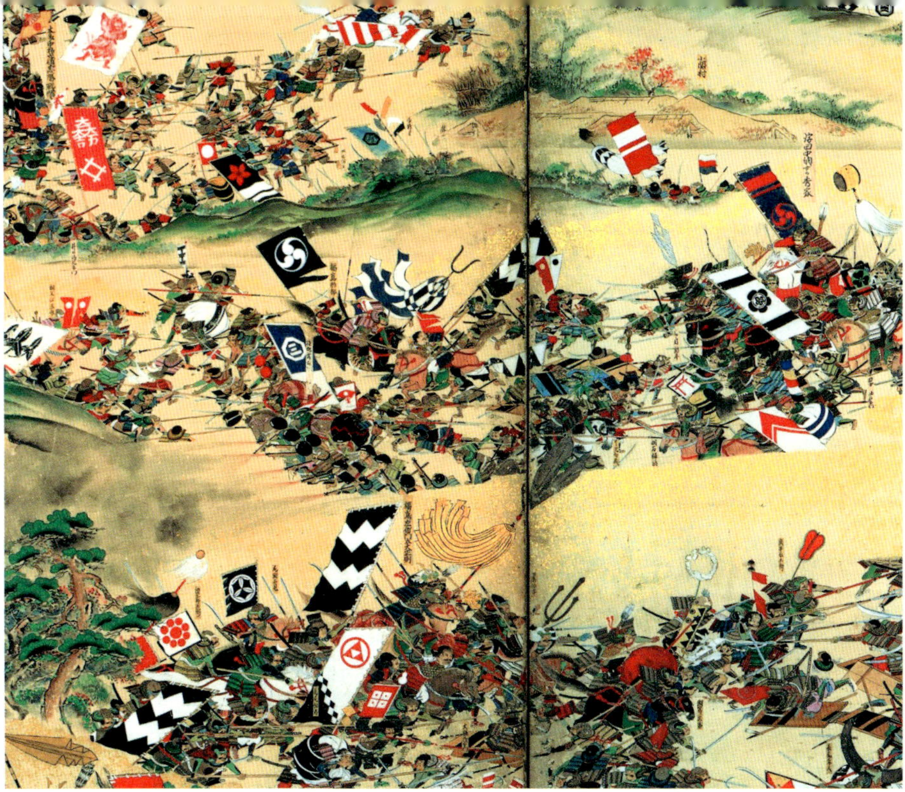

"*Sekigahara Gassen-zu Byōbu*", partial drawing, Edo period, 19th century, Gifu Museum of History

rative qualities of family crests were emphasized and besides being used on clothing, designs were fashioned for a broad variety of everyday things and objets d'art. We can appreciate the originality and conceptual richness of the designs on the many artistic objects preserved from the Edo period.

Today, if one counts only basic motifs, the total number of family crests is over two hundred. Adding in all the different designs based on the same motif, the total reaches over five thousand, a tremendous quantity. Among the varieties of family crests, the majority are of plants, especially familiar flowering plants like chrysanthemum, wisteria, paulownia, Japanese quince, and plum (prunus meme); the surprisingly few animal crests depict, for example, cranes, sparrows, or rabbits. Among family crests that are based on the structures and utensils that one sees in daily life, many that have unique and original designs. If we take a hint from this great variety, we can sense the pleasure inspired by new designs.

The simple yet pleasing designs of Japanese family crests have acquired symbolic meanings as they have been handed down to us. It is to be hoped that family crests, which are the origin of many patterns, will be rediscovered as emblems of the richness of Japanese culture and come to be used again.

［目次］Contents

5. 文様・図案篇 Pattern / Design Motifs 243

6. 建造物・器物篇 Structures / Implements Motifs 289

家紋・呼び名の意味

家紋にはそれぞれ原形になる意匠があり、それが次第にデザイン化されて多彩なバリエーションを生み出してきた。家には先祖があり、本家、分家の区別がある。分家は本家のかたちを受け継ぎ、紋の一部を変更して自家のしるしとした。また名門同士が結婚した場合、軽重を比較にかけるときなど、互いに相手を尊重して、両家の紋を組み合せてひとつの紋をつくることもあった。ここでは家紋につけられている名称から、原形が何であり、どのように変化したかがわかることばとその意味の一部を紹介する。

［付加］ すでにある紋にほかの紋をつけ加える

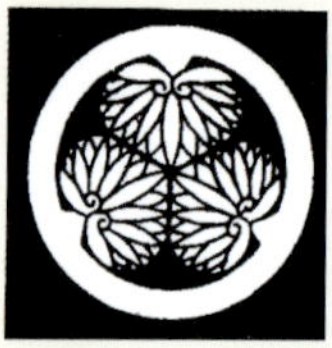

紀州葵

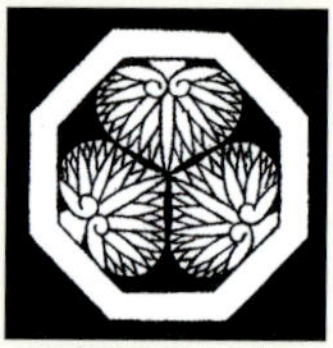

守山三つ葵

紋のまわりを輪や角で囲ったり、剣や蔓などをつけ加え新しい家紋をつくる。このことで紋が区別できるうえに、本家のかたちを残すことができる。徳川氏は輪なしの葵紋であるが、御三家の支封は丸輪で囲っている。

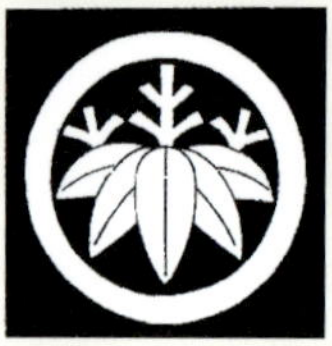

丸に根笹

雪輪

《輪》

線の太さにより、太輪、中輪、細輪、糸輪、毛輪などがあり、また二重、三重、子持ち輪（内輪が外輪よりも細いもの）もある。ほかに代表的なものとして、雪輪、鐶輪、洲浜輪、おぼろ輪、竹輪、藤輪、菊輪などがあり、それぞれの名称があらわす文様で輪を構成する。

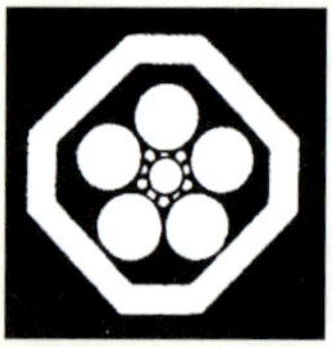

隅切角に梅鉢

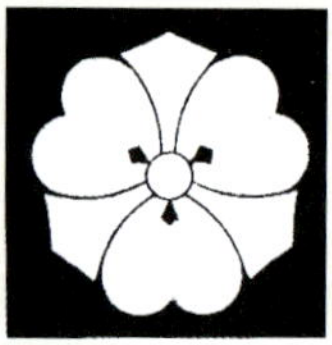

剣片喰

《角》

正方形の平角が基本で、隅を切った隅切角、撫で角、隅入り角、折り入り角、寄せ角、雁木角、隅立て角などがある。またそのほかにつけ加える剣や蔓があり、剣梅鉢、剣片喰、剣木瓜、蔓柏、蔓蔦とよばれる。

［改造］ 紋に手を加えてつくり変える

紋のかたちそのものに手を加えてつくり直すことをいう。しかし原形をなんらかのかたちで残し、その変形であることがわかる仕組みにしてある。

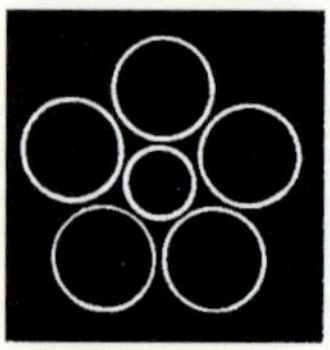

かげ星梅鉢

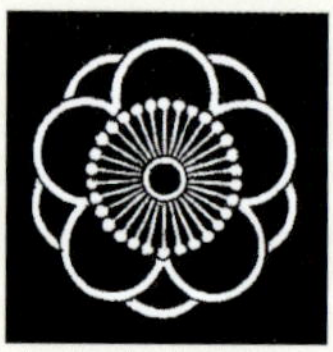

かげ八重向う梅

《かげ・陰》

複線（かげ線）を使って描く紋を「かげ紋」とよぶ。通常の単線（陽線）で描く陽紋と一味違った印象を与え、女紋などに用いる。「かげ桐」などがこれにあたり、葉の場合は葉脈も削られている。「かげ星梅鉢」「かげ八重向う梅」など。

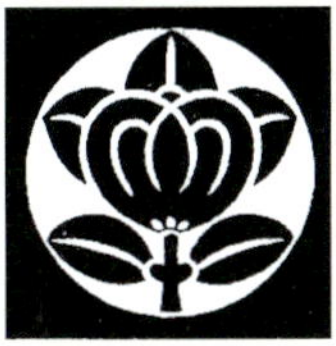
石持ち地ぬき橘

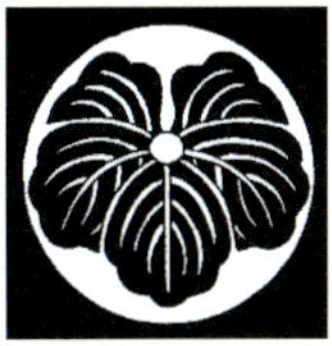
石持ち地ぬき蔦

《石持ち（こくもち）》

本来は黒餅（くろもち）の意味で、原画を陽画とすれば、陰画（ネガ）にあたる。餅にかたどった円紋で、円内の紋を白抜きではなく、黒に染めるので黒餅とよんだ。「石持ち地ぬき橘」「石持ち地ぬき蔦」など。

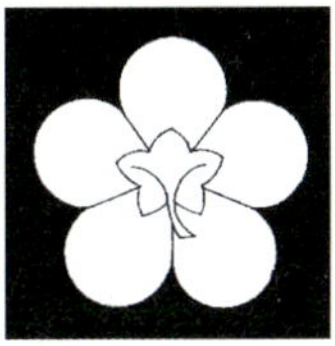
裏梅

裏桜

《裏（うら）》

花弁や葉を裏側から描いたかたちになっている。花の場合は裏側であることがわかるように萼（がく）がつく。「裏梅」「裏桜」など。

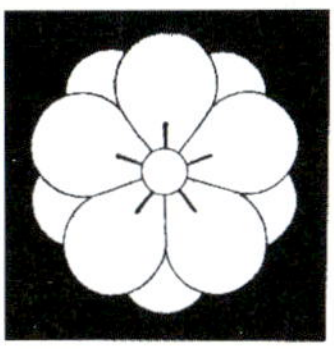
八重梅

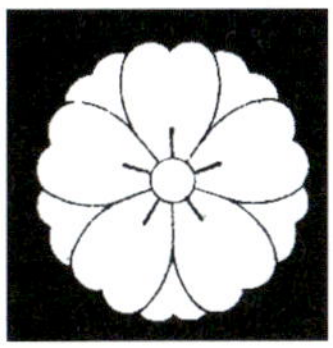
八重桜

《八重（やえ）》

八重になった花弁を描いたもので、「八重梅」「八重桜」など。

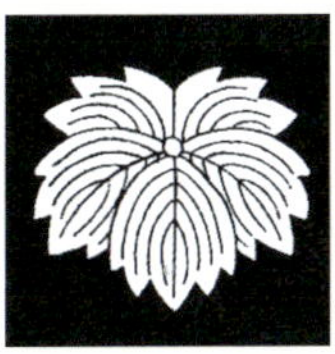
鬼蔦

中かげ鬼桐

《鬼（おに）》

蔦の葉の縁のように鋭く尖らせたデザインで、鋭い印象から鬼という名前をつけている。「鬼蔦」「中かげ鬼桐」など。

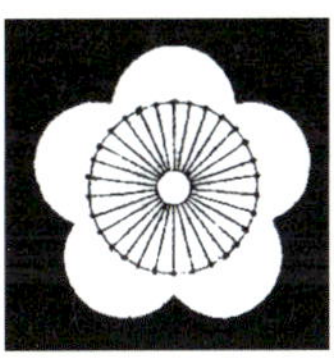
向う梅

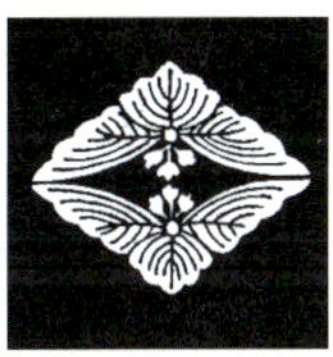
向う桐菱

《向う（むこう）》

これは花などを真正面からとらえたかたちをいう。これとよく似たものに「対い（むかい）」があり、同じかたちが向かい合ったデザインである。「向う梅」「向う桐菱」など。

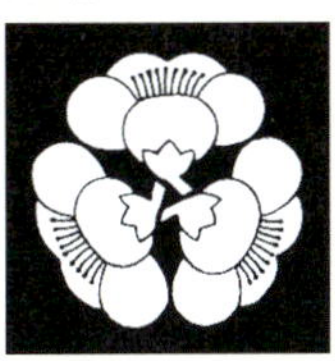
三つ横見梅

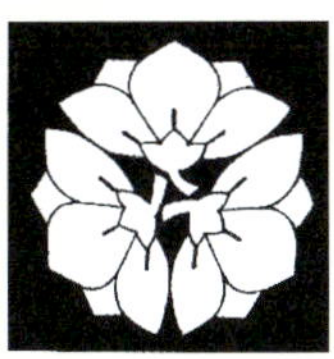
三つ横見桔梗

《横見（よこみ）》

字の通り横から見たかたちをいう。「三つ横見梅」「三つ横見桔梗」など。

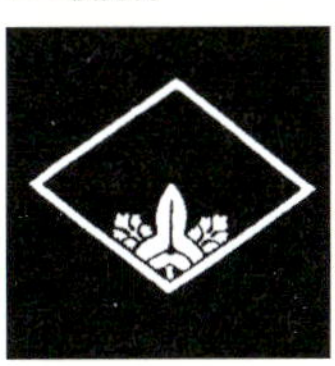
糸菱に覗き沢瀉

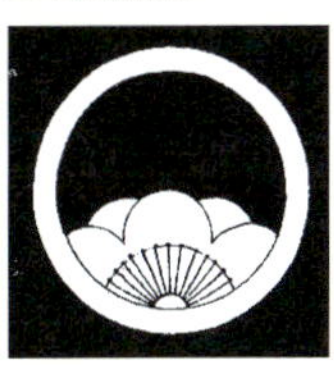
中輪に覗き梅

《覗き（のぞき）》

外郭の内側に紋の一部が姿をあらわしたもので、全体がみえない構図になっている。「糸菱に覗き沢瀉」「中輪に覗き梅」など。

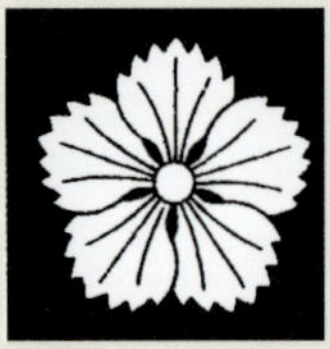
捻じ撫子

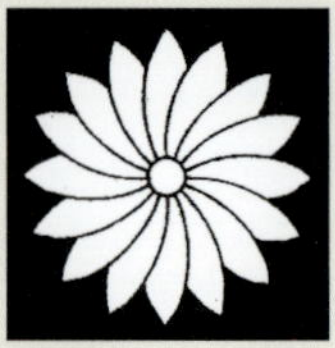
捻じ鬼菊

《捻(ね)じ》

原形を捻じってあらわしたもので、「捻じ撫子(なでしこ)」「捻じ鬼菊」など。

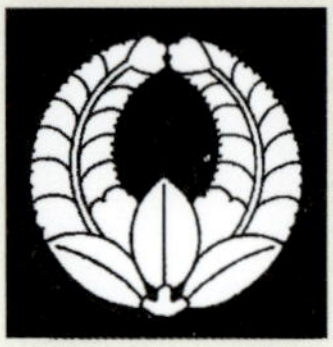
上り藤

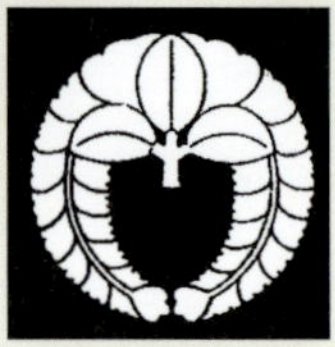
下り藤

《上下》

紋のかたちを上下さかさまにしたスタイル。藤紋の「上り藤」「下り藤」がある。

《寄せ掛け》

ほかの模様に寄りかかった形で、「寄せ掛け輪違い」などがある。

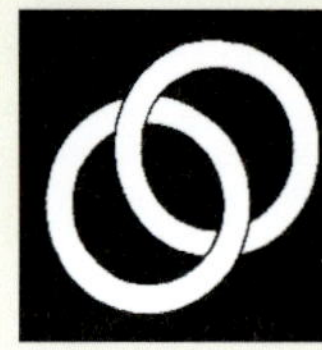
寄せ掛け輪違い

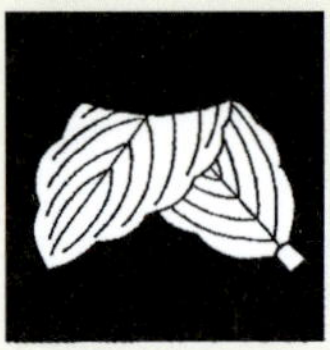
折れ柏

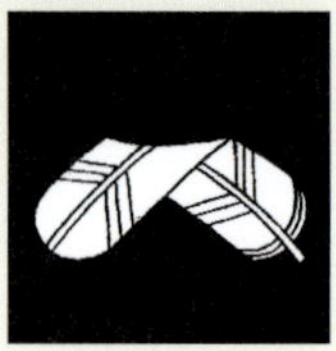
一つ折れ鷹の羽

《折れ》

葉や花弁を折ってあらわしたもの。「折れ柏」「一つ折れ鷹の羽」など。

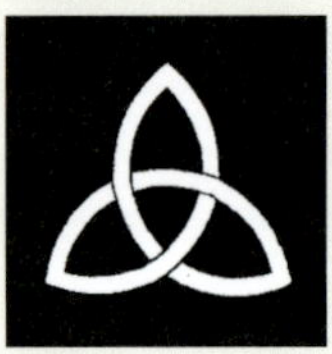
結び柏

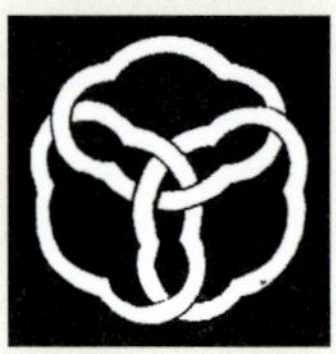
結び木瓜

《結び》

紐を結んだようなかたちにデフォルメしたもの。「結び柏」「結び木瓜」など。

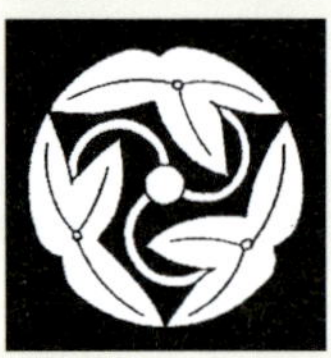
沢瀉巴

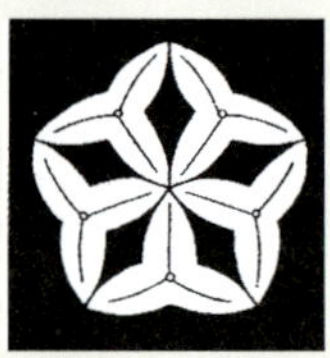
沢瀉桔梗

《似(に)せ》

よく知られている紋に似せてデザインしたもの。巴に似せてつくった沢瀉の「沢瀉巴」、桔梗に似せた「沢瀉桔梗」など。

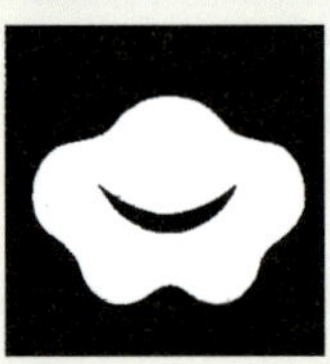
光琳梅

光琳桐

《光琳風(こうりんふう)》

デザインを琳派の尾形光琳の筆致に似せたもので、「光琳梅」「光琳桐」など。

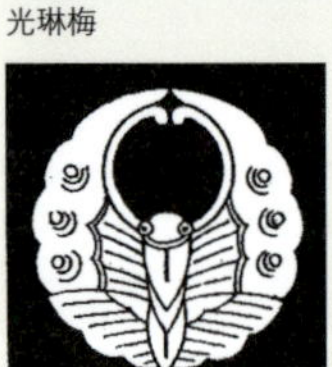
浮線蝶

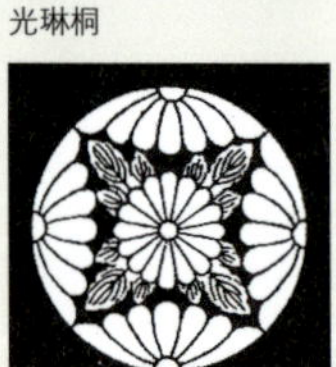
浮線菊

《浮線(ふせん)》

浮線綾のことで、織り紋の糸を浮かして織った「浮き織」をいう。蝶の文様が多いので、浮線といえば「浮線蝶」をさす。「浮線菊」など。

［合成］ 同一の紋を変形させずパターンをふやしたり、異質の紋を組み合せたもの

《対い》
二つの同じ紋が対になって向き合っているパターン。「対い蝶」「対い鶴」など。

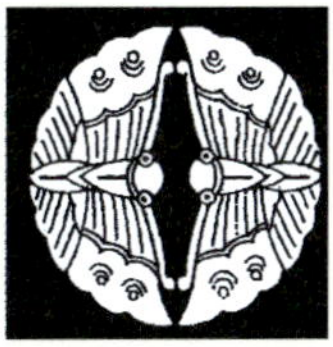
対い蝶

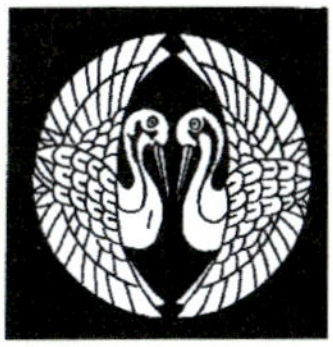
対い鶴

《抱き》
二つの同じ紋が下の方で交差し、互いに抱き合っているように見えるかたち。「抱き茗荷」「抱き寓生に対い鳩」など。

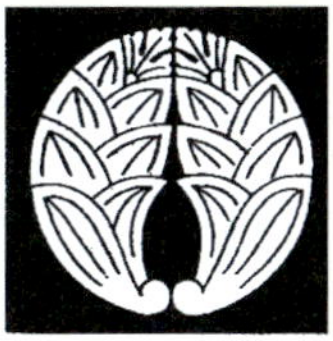
抱き茗荷

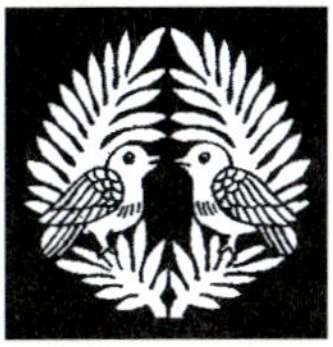
抱き寓生に対い鳩

《違い》
二つの同じ紋が中央で交差しているもの。「違い鷹の羽」「違い葉沢瀉」など。

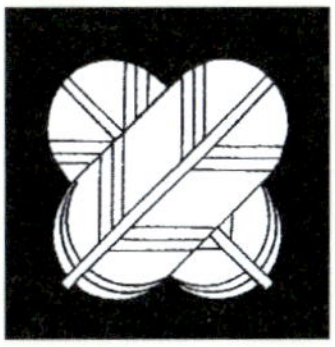
違い鷹の羽

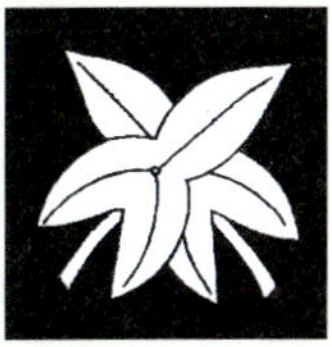
違い葉沢瀉

《並び》
二つ以上の紋が並んでいるパターン。「並び鷹の羽」「並び瓶子」など。

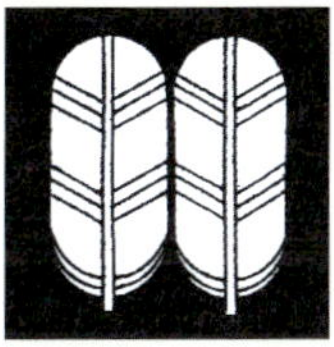
並び鷹の羽

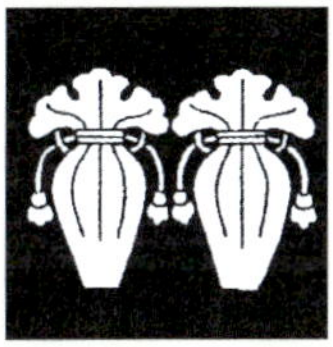
並び瓶子

《盛り》
盆などに果物を盛り上げたようなかたち。「三つ盛り桔梗」「三つ盛り一つ巴」など。

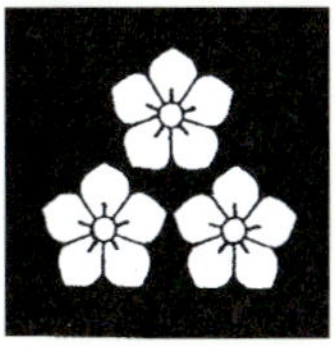
三つ盛り桔梗

三つ盛り一つ巴

《重ね》
二つ以上の紋の一部が重なっているもの。「重ね井桁」「重ね菱」など。

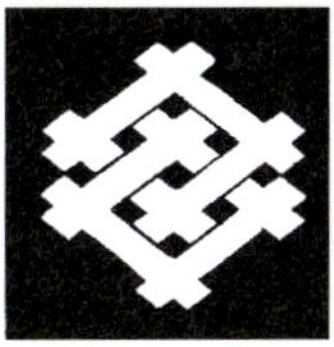
重ね井桁

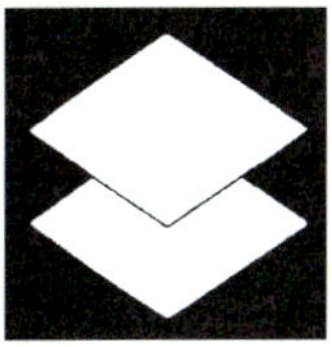
重ね菱

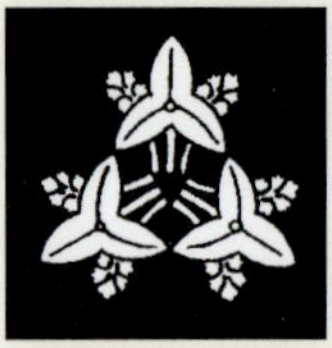
三つ寄せ沢瀉

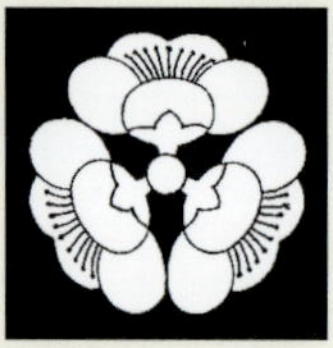
三つ寄せ横見梅

《寄せ》

同じ紋を三つ以上つかい中心に向かって寄せたようなかたち。「三つ寄せ沢瀉」「三つ寄せ横見梅」など。

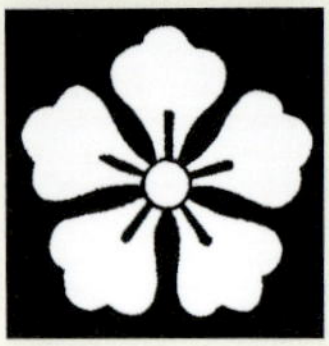
離れ唐花

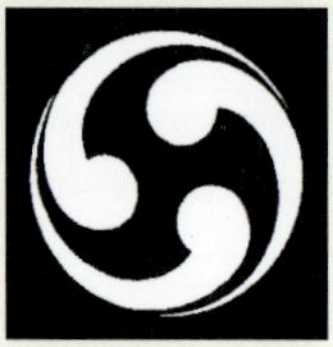
離れ右三つ巴

《離れ》

寄せの構図の反対で中心から離れたようなかたち。「離れ唐花」「離れ右三つ巴」など。

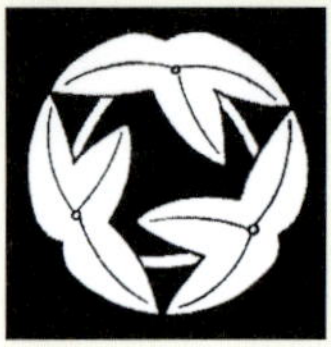
三つ追い葉沢瀉

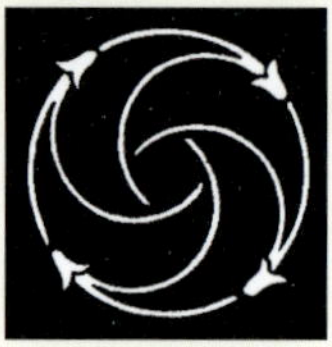
四つ追い松葉の丸

《追い》

同じ紋を二つ以上つかい、前の紋の後尾にあとの紋の頭がきて、追いかけているようなかたち。「三つ追い葉沢瀉」「四つ追い松葉の丸」など。

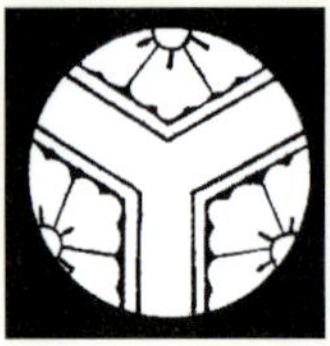
持合い三つ割亀甲に花菱

繋ぎ輪違い

《持合い》

同じ紋の一部分を重ねあわせたとき、共通の部分がともに文様になっているかたち。「持合い三つ割り亀甲に花菱」など。

《繋ぎ》

同じ紋を三つ以上繋ぎ合わせて、一つの紋をつくったもの。「繋ぎ輪違い」など。

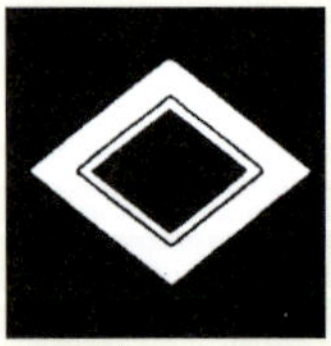
子持ち菱

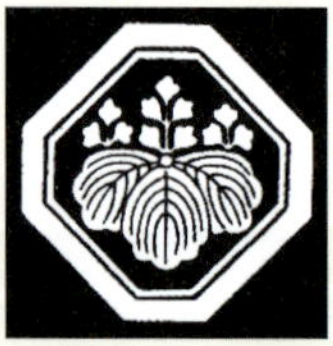
子持ち隅切角に五三の桐

《子持ち》

大形の紋のなかに同じかたちの小形の紋を入れたかたち。小さい方を「入れ子」という。「子持ち菱」「子持ち隅切角に五三の桐」など。

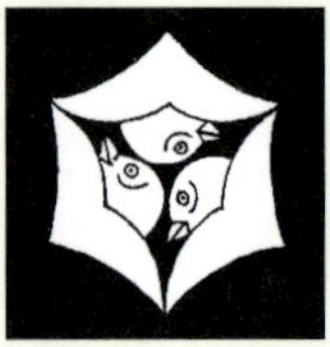
頭合せ雁金

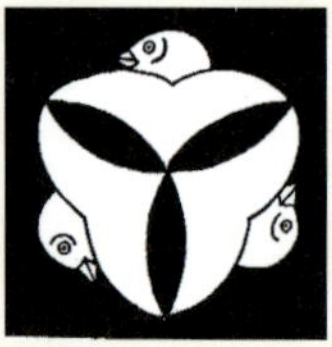
尻合せ三つ雁金

《頭合せ》

二つ以上の紋の頭に当る部分を、文字通り頭合せにしたパターン。また後尾の部分を接するように変えたのが、「尻合せ」という。「頭合せ雁金」「尻合せ三つ雁金」など。

以上は、みな同じ紋を組み合せたもので、パターンの上で比較的均整がとれている。このようにして家紋は付加、改造、合成などの手法により、ますますその種類をふやしてきたのである。

1

植物篇

Botanical Motifs

うめ

梅紋

Ume | Plum Crests

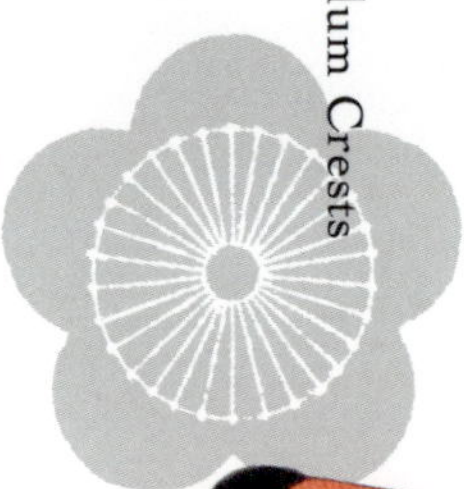

バラ科の落葉高木で中国が原産。早春に芳しい香りの五弁花をつける。花色は白、淡紅、紅があり、八重咲きもある。平安時代には白梅は香りを、紅梅は色を楽しんだ。学問の神である菅原道真を祀る北野天満宮の神紋。天満宮は各地に分祀され、太宰府天満宮の「菅公の飛梅」の伝説から天満宮には梅が植えられ梅紋もひろまった。梅紋は梅の花をデザインした梅花紋と、梅鉢とよばれる丸形の花弁の梅鉢紋とがある。梅花紋には蕊のある「向う梅」「横見梅」、蕊のない「表梅」「裏梅」「光琳梅」などがある。また「八重梅」や「捻じ梅」などもあり多彩である。

The *ume*, a deciduous tree of the family *Rosaceae*, is native to China. It became the shrine crest of the Kitano Tenmangū shrine, dedicated to Sugawara no Michizane, the god of scholarship. The Dazaifu Ten-

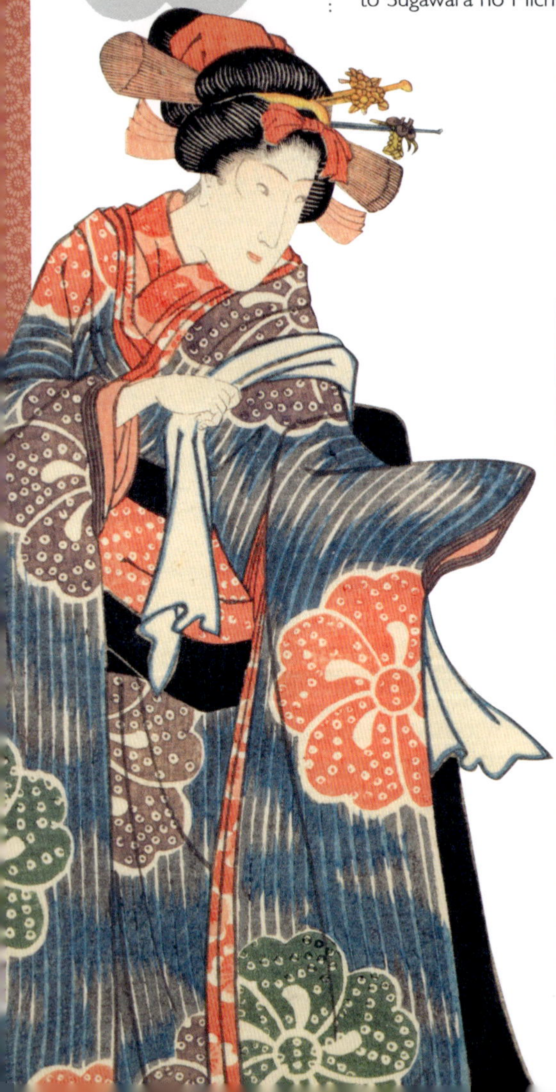

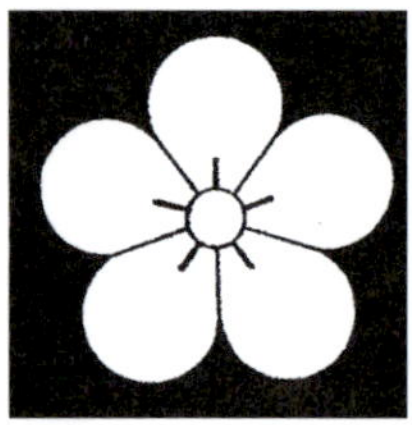

梅の花

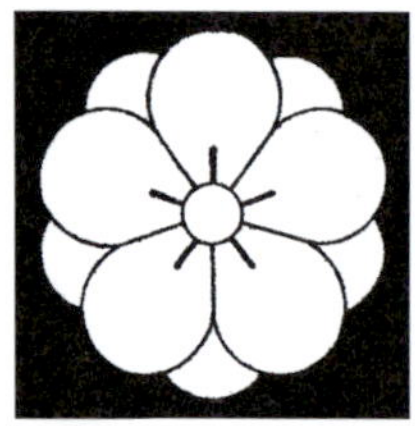

八重梅

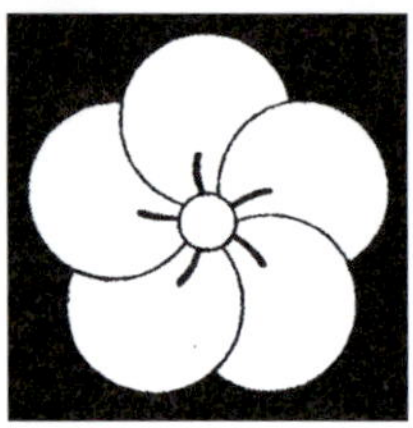

捻じ梅

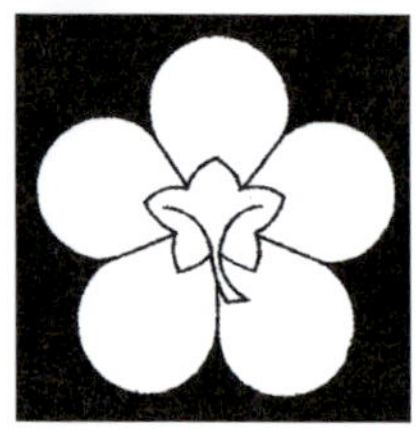

裏梅

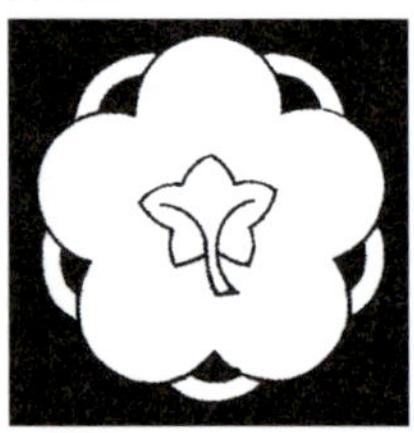

八重裏梅

中かげ梅

かげ八重梅

中かげ捻じ梅

mangū's legend of "Michizane's Flying Plum Tree" inspired the popularity of planting plum trees and of using the plum crest at branches of the Tenmangu shrine throughout Japan. Plum crests include the *Ume-kamon* designs based on plum blossoms and the stylized *Umebachi-mon* crest, composed with circles as its petals.

前頁：
「でつち久松・本町綱五郎・油屋お染」（部分）歌川国芳
国立国会図書館蔵

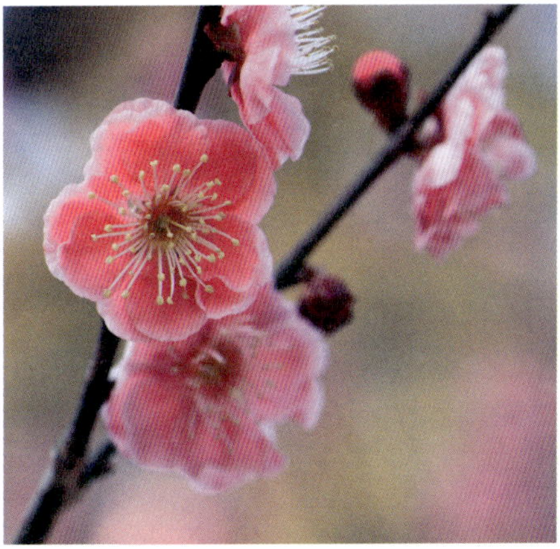

紅梅　北野天満宮

中かげ裏梅

かげ八重裏梅

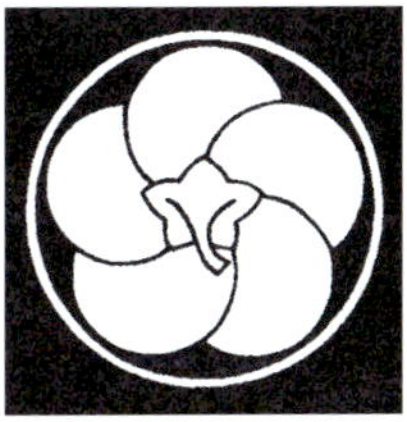

糸輪に捻じ裏梅

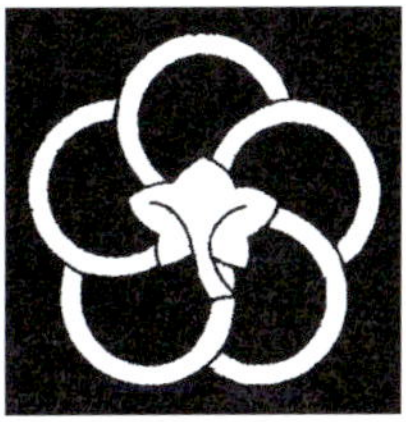

裏捻じ梅

光琳梅

台地ぬき梅

垂れ裏梅

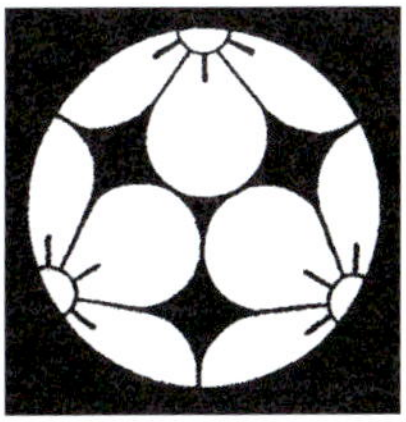

三つ割梅

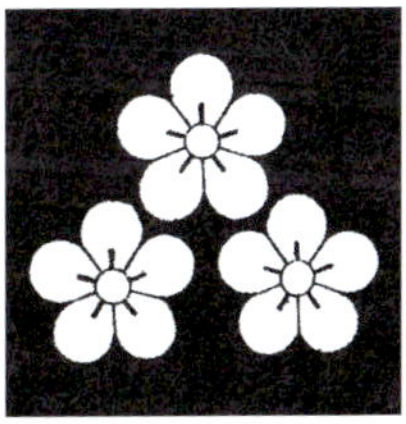

三つ盛り梅

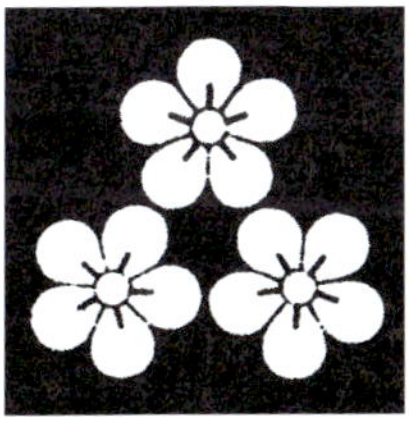

尻合せ三つ香い梅

糸菱に覗き梅

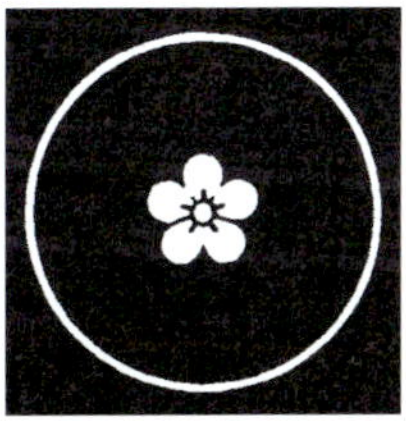

毛輪に豆梅

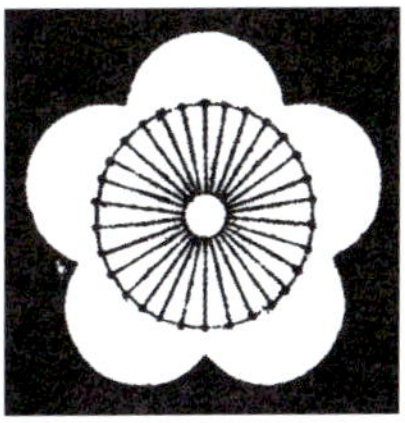

向う梅

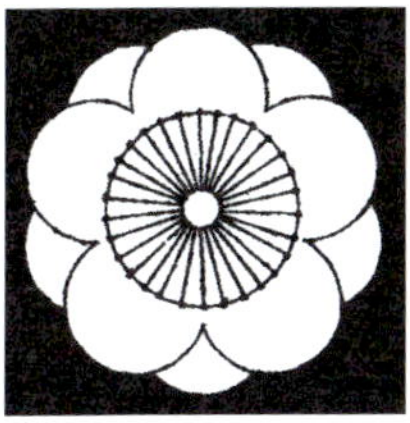

八重向う梅

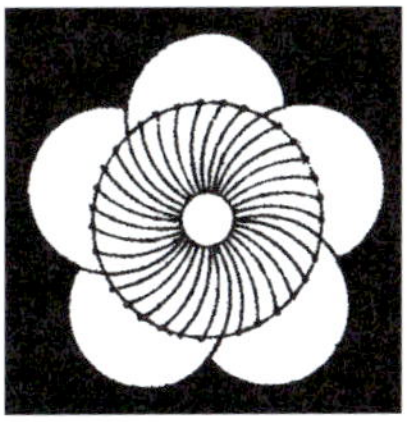

向う捻じ梅

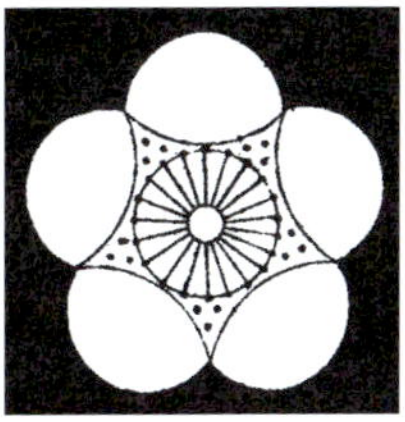

五曜梅

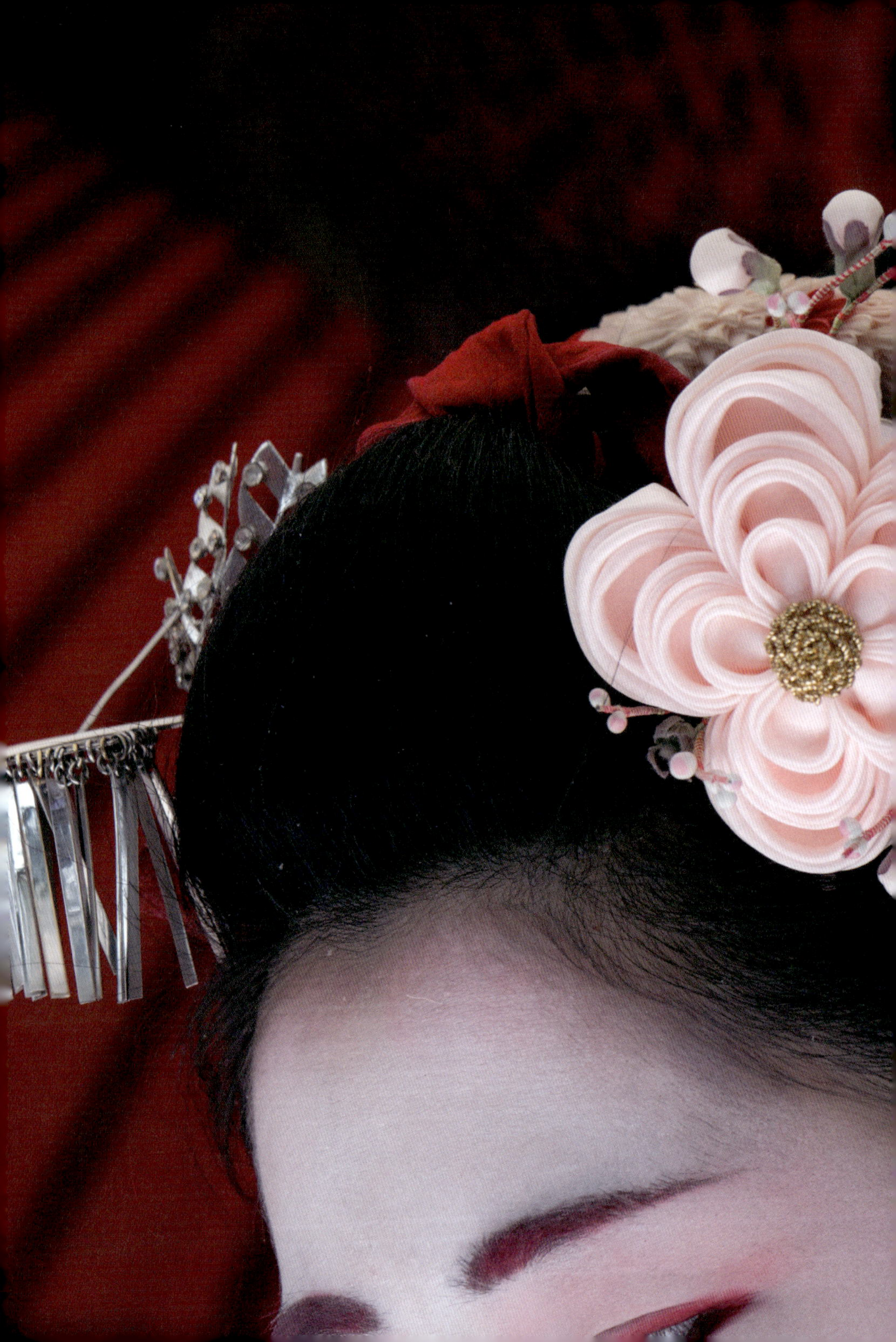

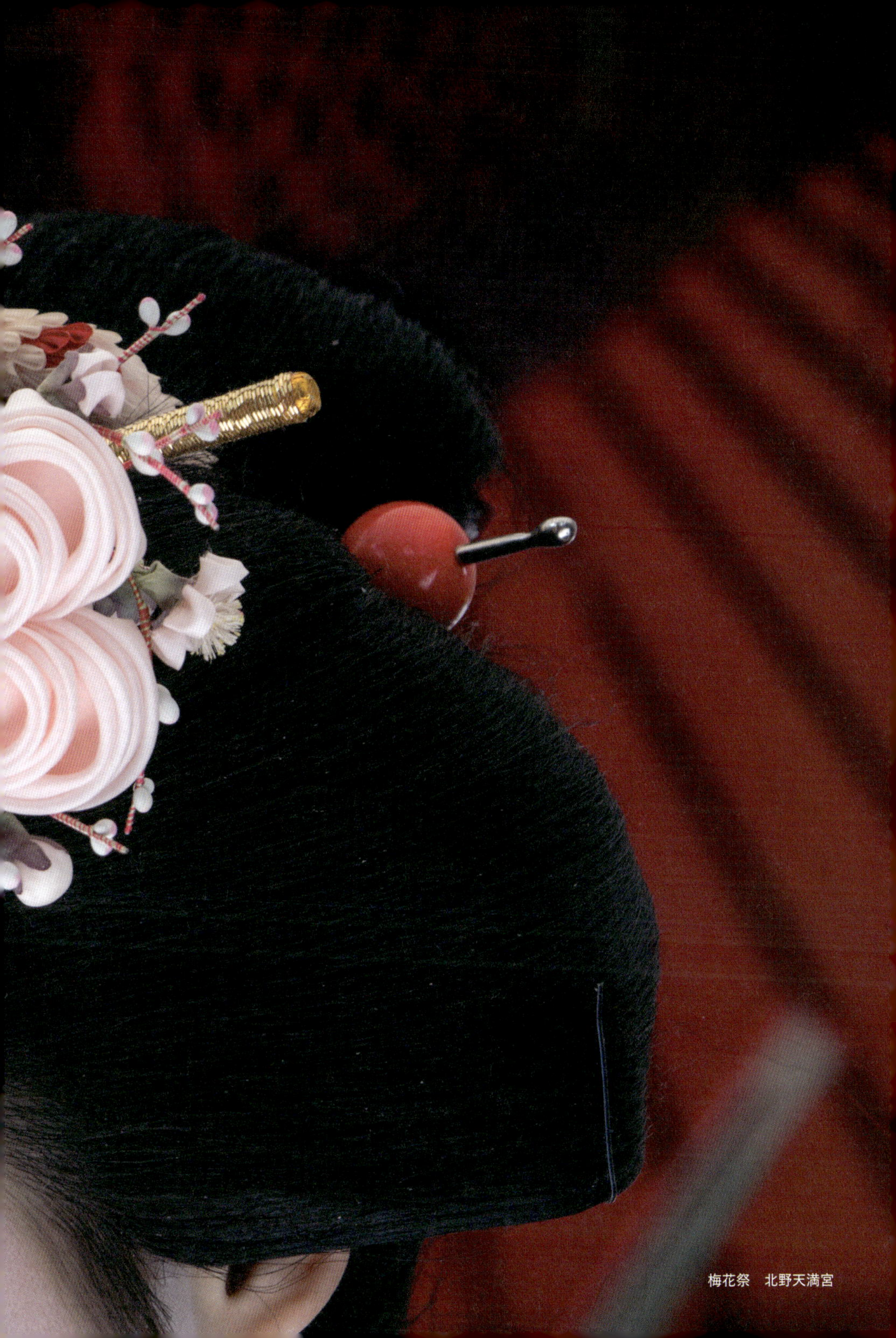

梅花祭　北野天満宮

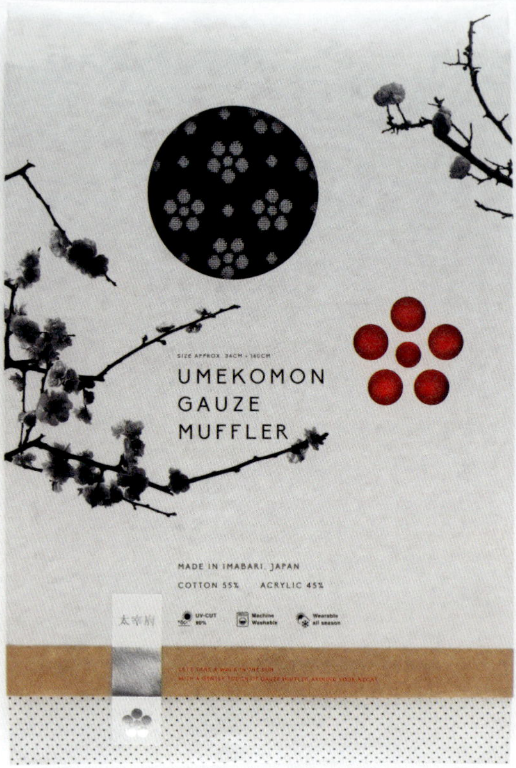

「UMEKOMON GAUZE MUFFLER」カラーズヴィル

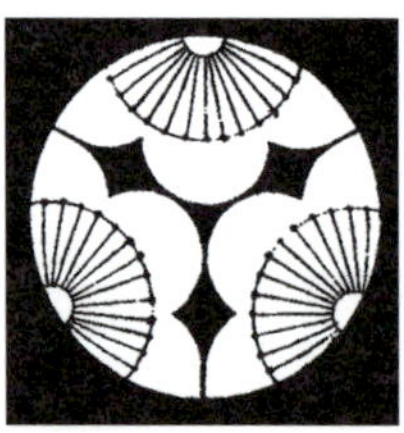

三つ割向う梅

中かげ向う梅

かげ八重向う梅

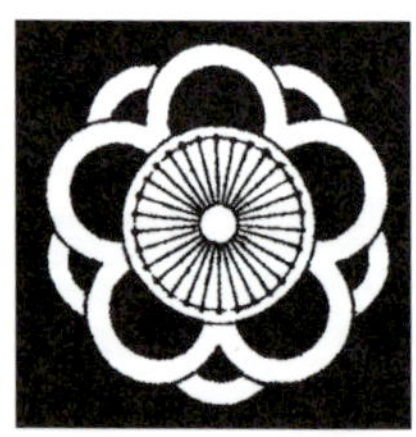

中かげ八重向う梅

かげ五曜梅

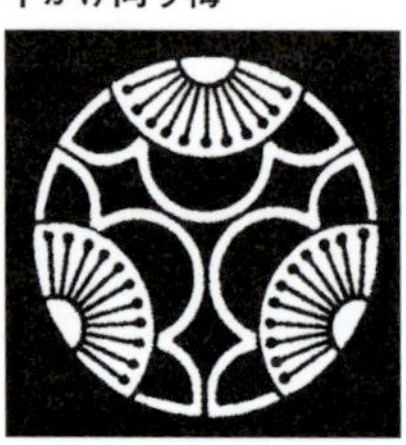

中かげ三つ割向う梅

香い梅

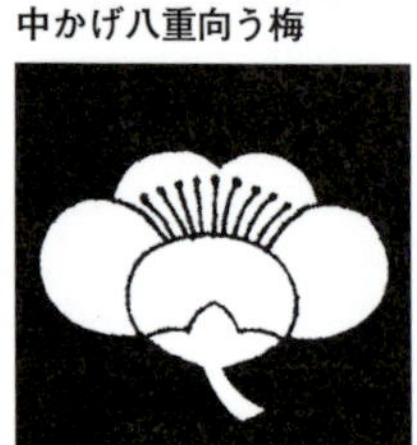

横見梅

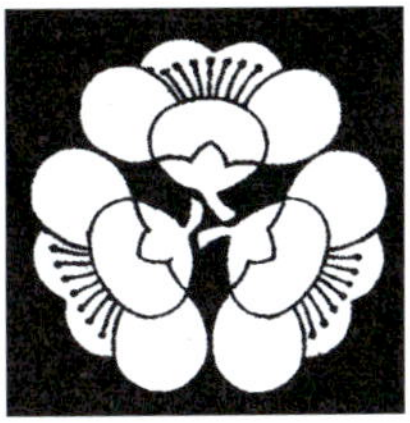
三つ横見梅

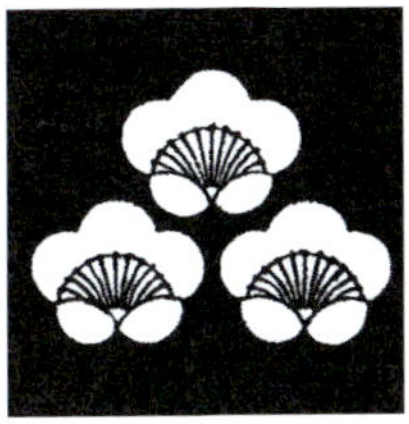
三つ盛り匂い梅

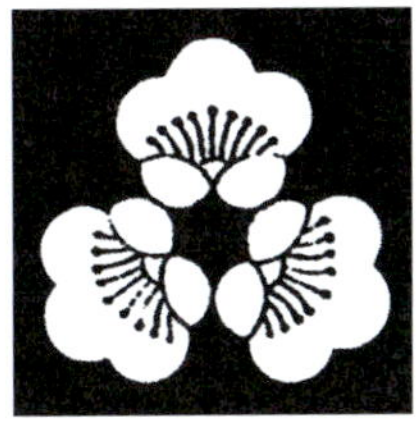
尻合わせ三つ匂い梅

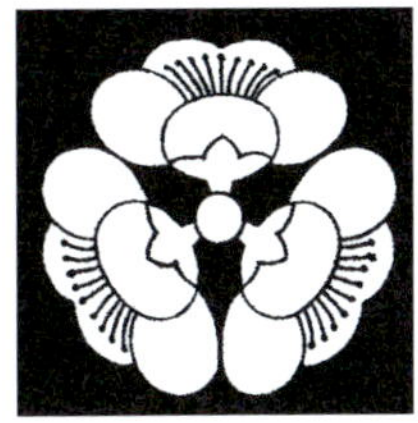
三つ寄せ横見梅

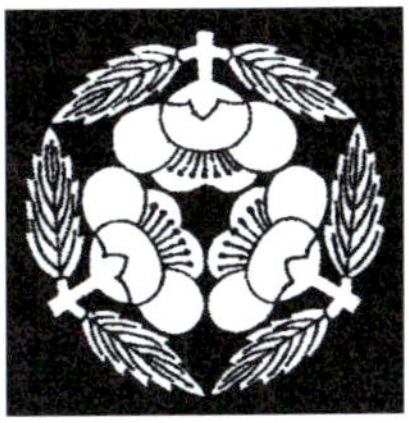
葉つき三つ横見梅

三つ葉向う梅

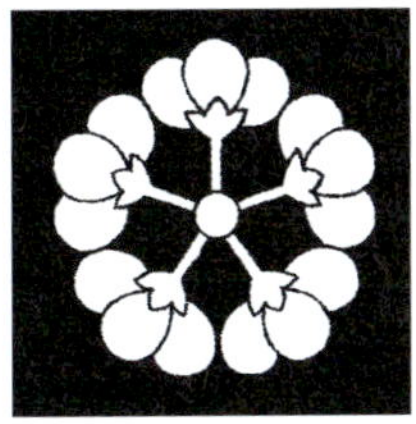
五つ横見梅

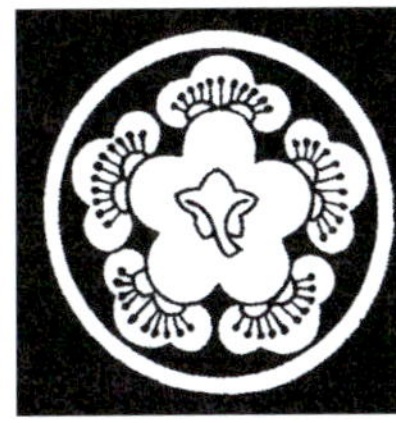
細輪に変り六つ梅

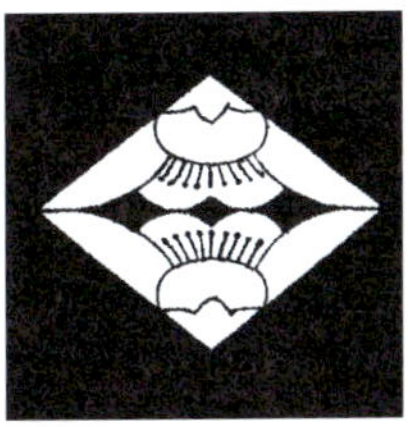
割梅菱

のきば梅

雪輪に向う梅

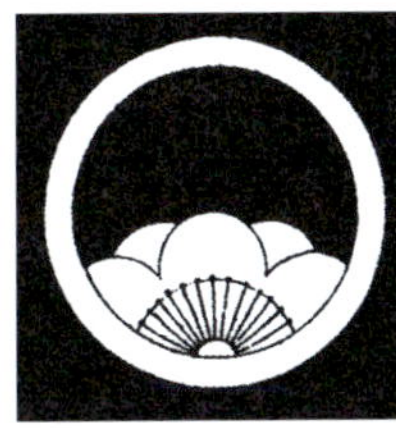
中輪に覗き梅

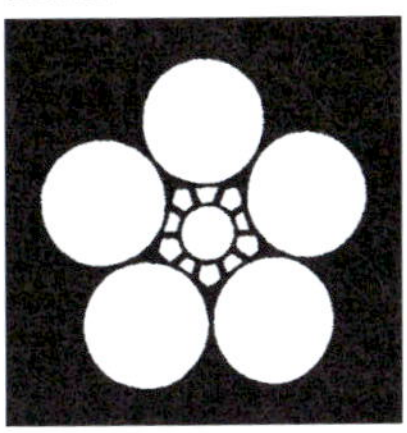
梅鉢

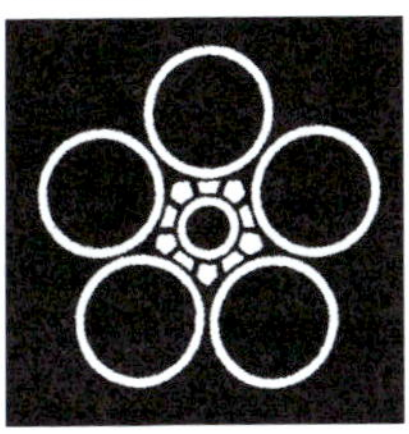
かげ梅鉢

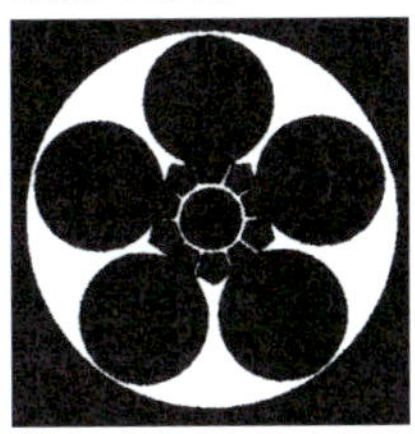
石持ち地ぬき梅鉢

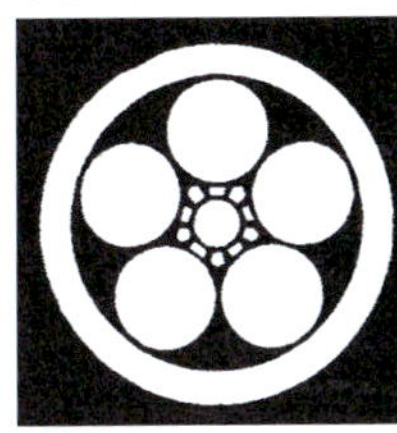
丸に梅鉢

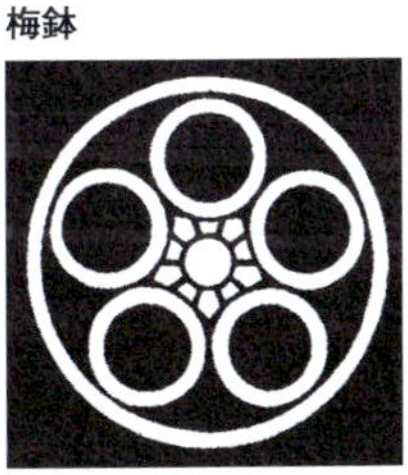
細輪に中かげ梅鉢

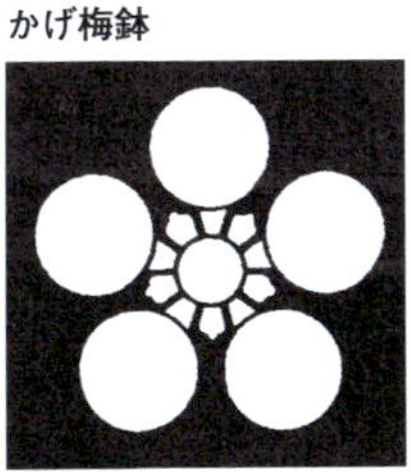
富山梅鉢

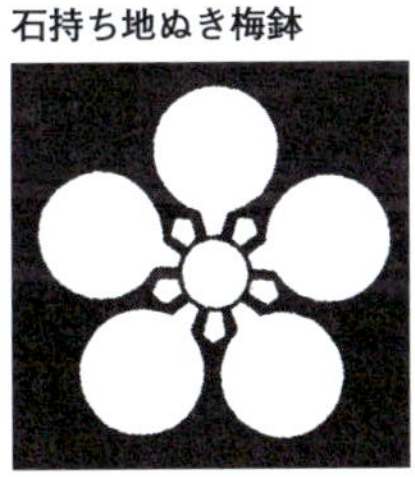
加賀梅鉢

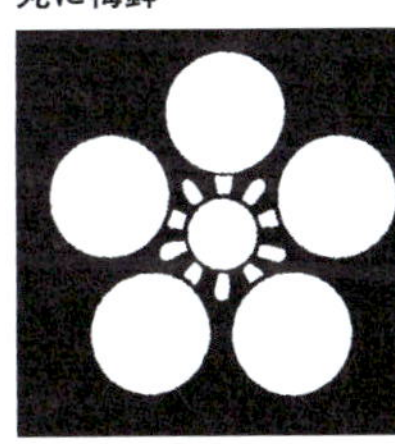
大聖寺梅鉢

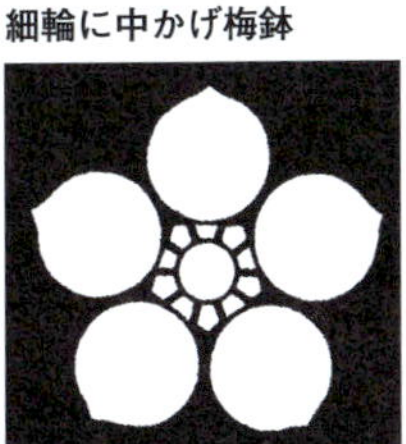
実梅鉢

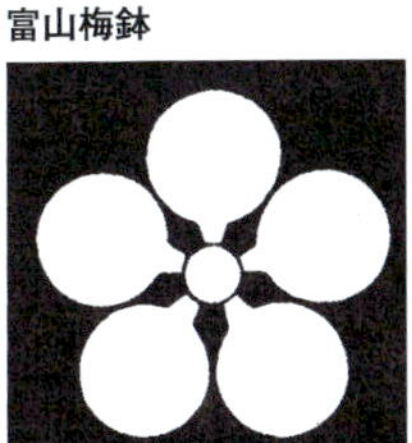
豊後梅鉢

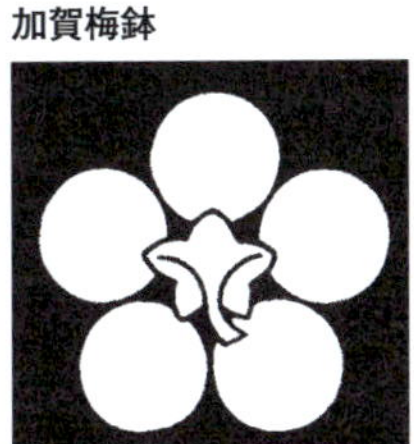
台梅鉢

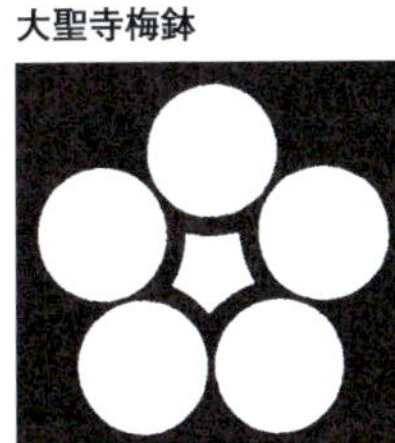
裏梅鉢

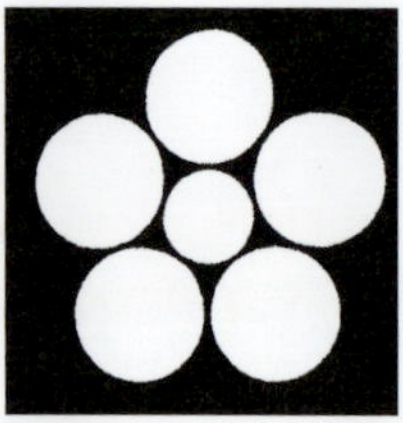
星梅鉢

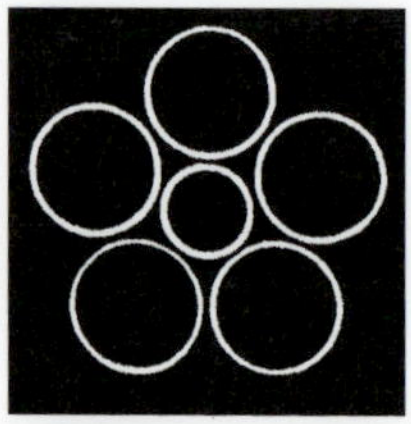
かげ星梅鉢

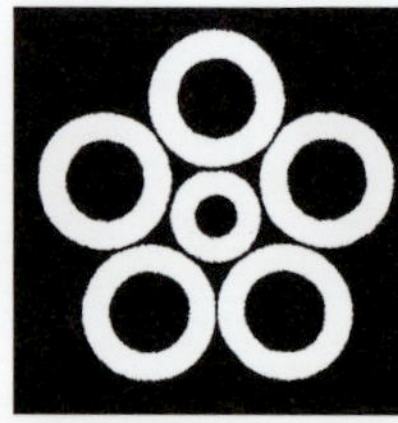
中かげ星梅鉢

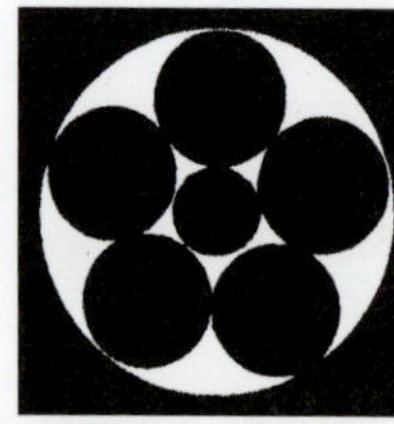
石持ち地ぬき星

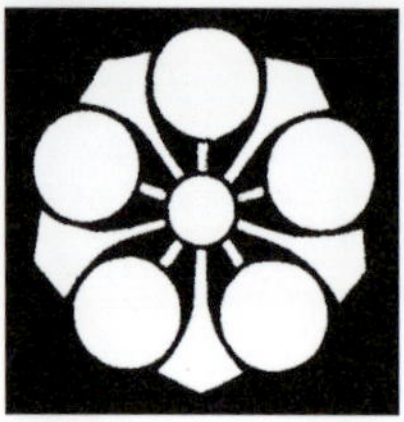
剣梅鉢

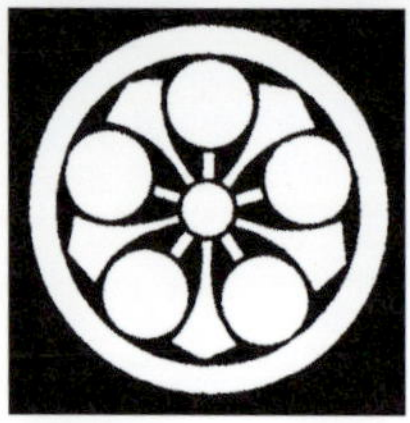
丸に剣梅鉢

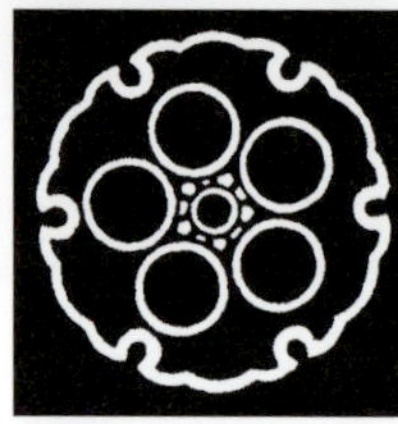
雪輪にかげ梅鉢

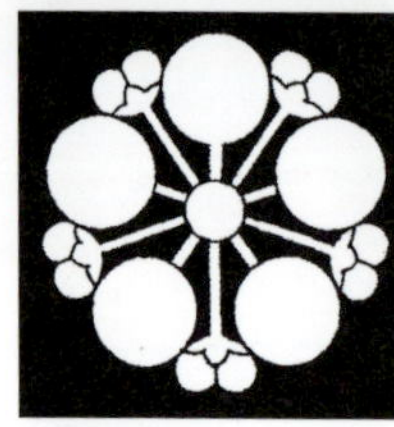
花つき梅鉢

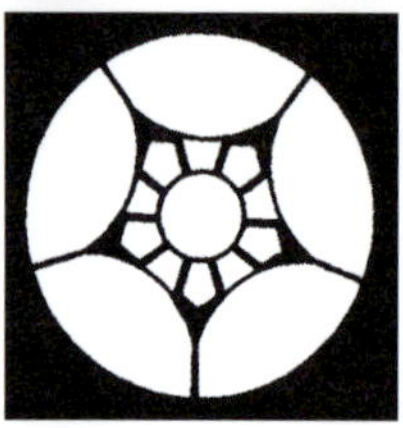
割梅鉢

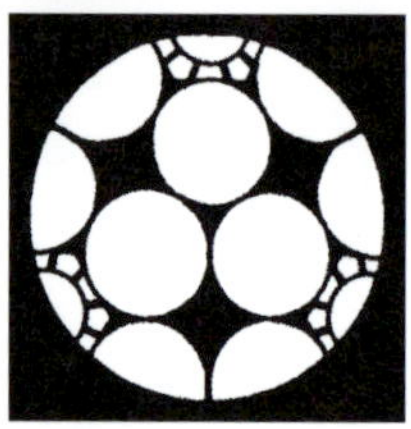
三つ割梅鉢

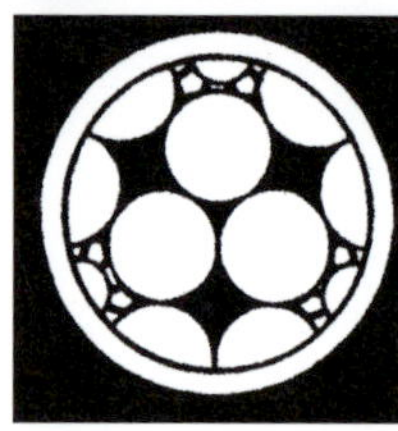
中輪に三つ割梅鉢

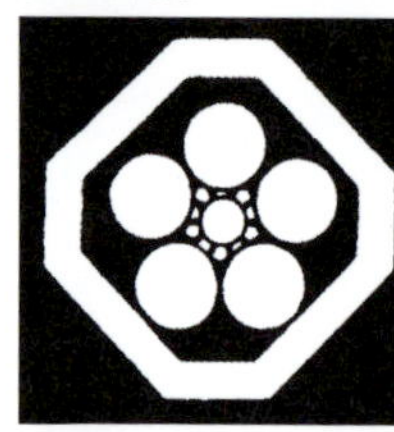
隅切角に梅鉢

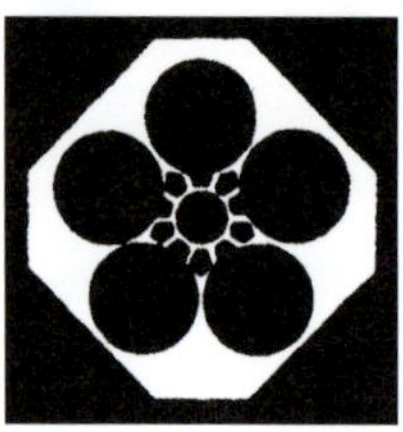
隅切持ち地ぬき梅鉢

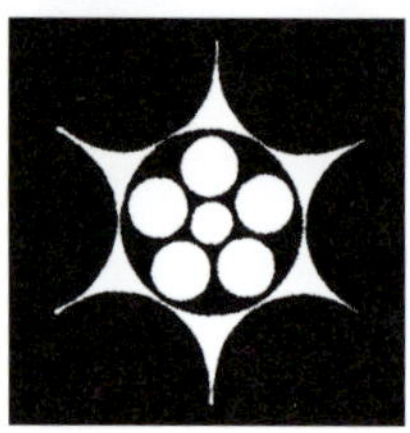
鞠挟みに星梅鉢

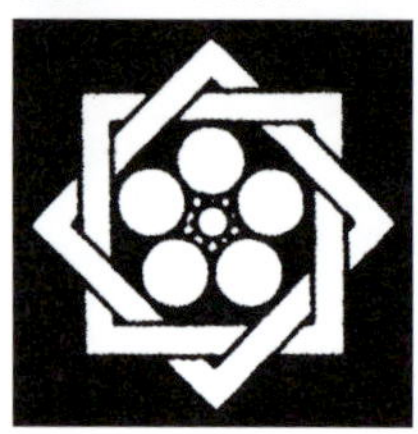
組合せ角に梅鉢

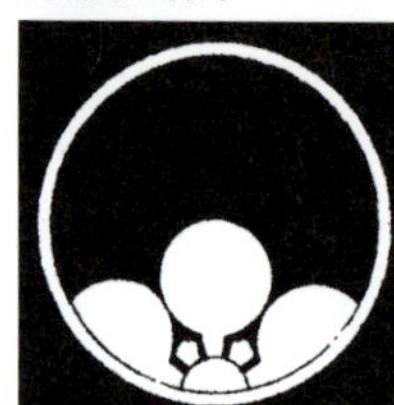
糸輪に覗き梅鉢

光琳梅鉢

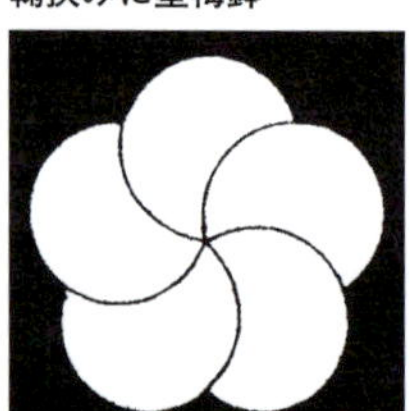
重ね梅鉢

光琳梅

中かげ光琳梅

瓜形梅

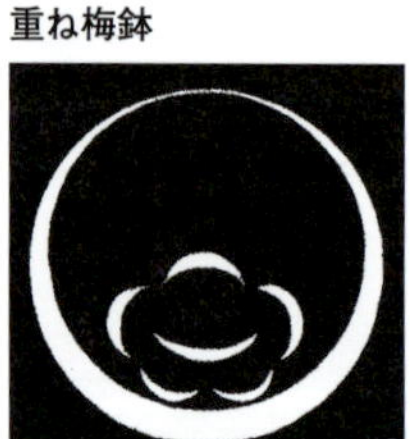
月輪に覗き瓜形梅

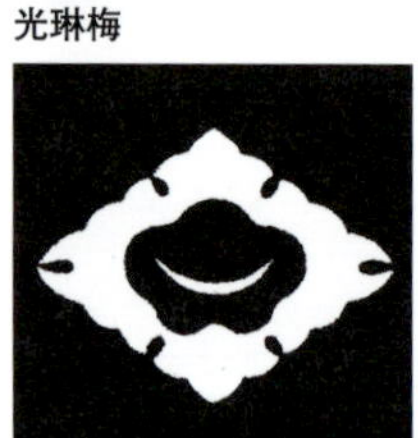
雪菱に地ぬき光琳梅

利休梅

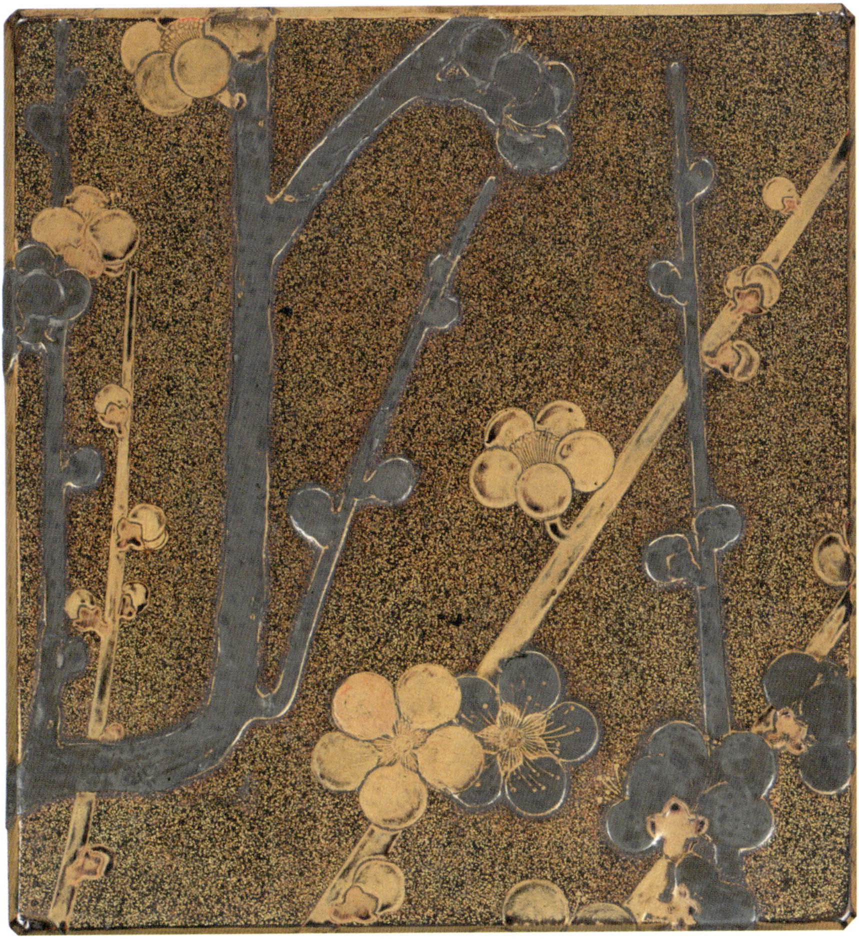

「梅蒔絵硯箱」
江戸時代・17 世紀　東京国立博物館蔵
出典：ColBase (https://colbase.nich.go.jp)

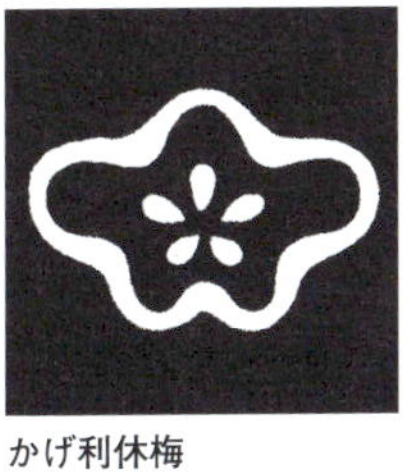

かげ利休梅

かげ八重利休梅

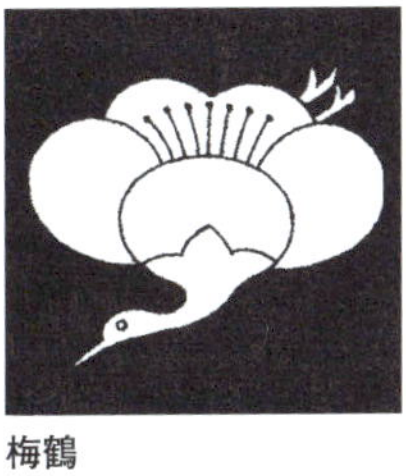

梅鶴

かげ梅鶴

さくら

◉ **桜紋**

Sakura | Cherry Blossom Crests

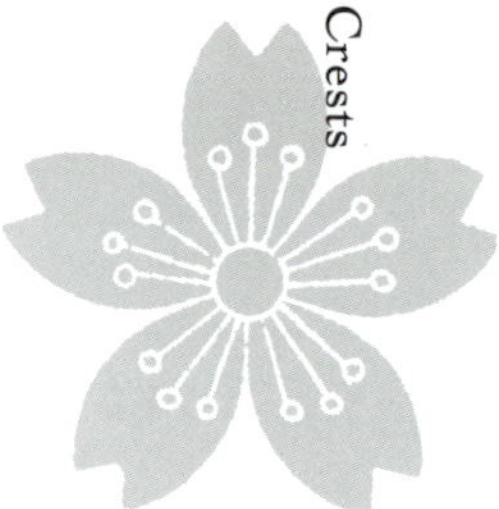

バラ科サクラ属の落葉高木の総称で、とくに東アジアに多い。春に葉に先立って花が華麗に開花する。淡紅、白色などの美しい五弁花で八重咲きのものもある。花は桜木、人は武士といわれ、武家社会でもっとも好まれた花である。政治の実権が公家から武家に移った鎌倉時代から武具のデザインに桜は愛用された。桜紋のかたちは、花葉併用のものと花だけのものがある。花弁の狭いものは桜井松平氏が用いているので「桜井桜」、広いものは肥後の細川氏が用いているので「細川桜」という。また花だけを家紋化したものに、「一重桜」「八重桜」「向う桜」「九曜桜」などがある。日本人にもっとも愛された花である。

Sakura, cherry, is the general name for deciduous trees of the family *Rosaceae*, genus *Prunus cerasus* L. Their flowers were great favorites in Japan's warrior society: "Among flowers, the cherry tree; among human beings, the warrior." As power shifted from the aristocrats to the warrior class, from the Kamakura period (1185–1333) on, the cherry blossom became a favored design on arms and armor.

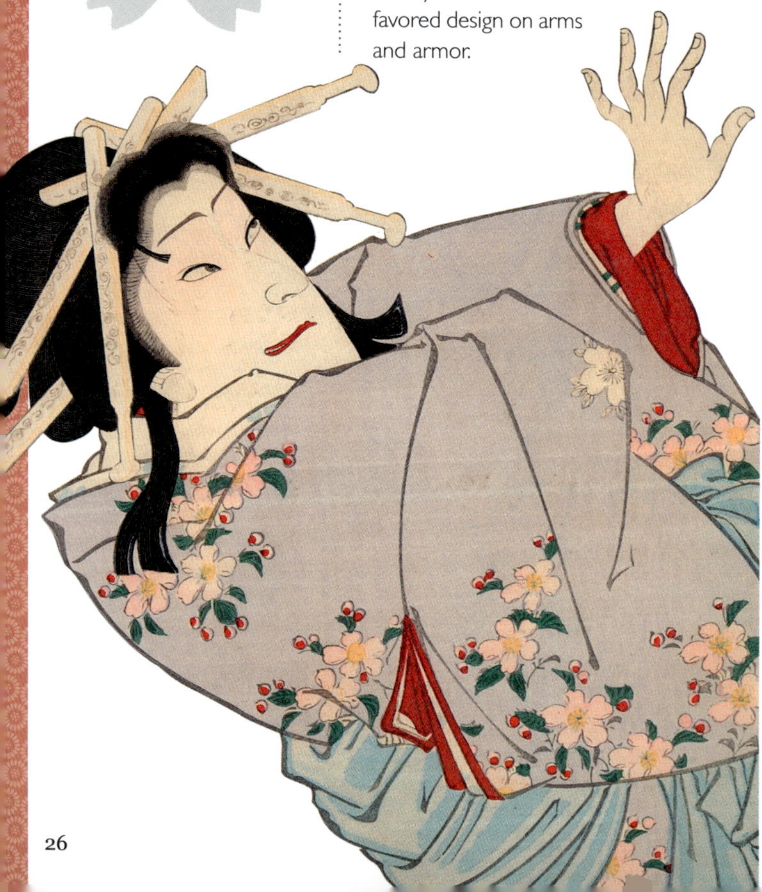

桜

中かげ桜

かげ桜

石持ち地ぬき桜

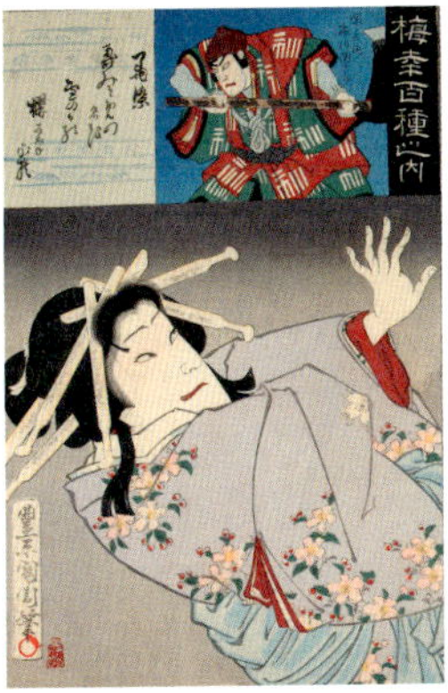

「梅幸百種之内　墨染　尾上菊五郎」
豊原国周　明治 26 年・1893
東京都立中央図書館特別文庫室蔵

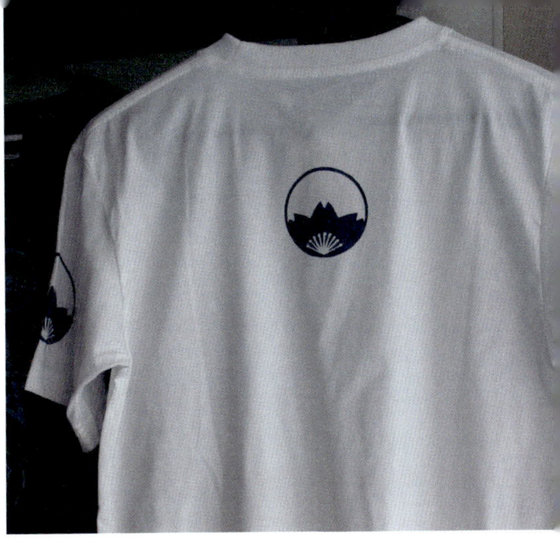

桜紋 T シャツ

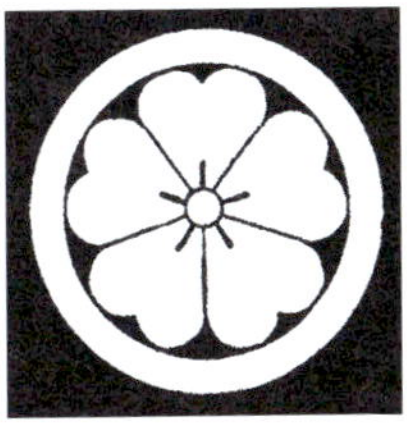

丸に桜

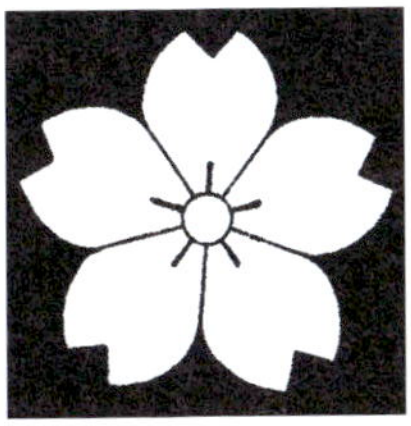

山桜

細山桜

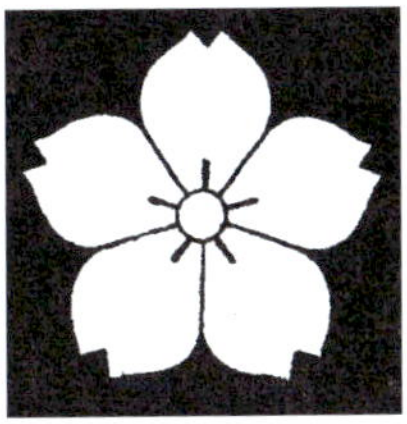

雀口桜

捻じ山桜

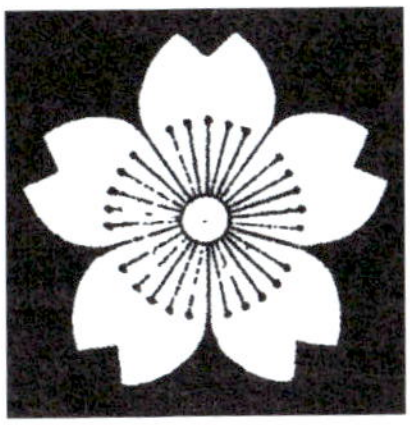

向う山桜

大和桜

桜井桜

中輪に細桜

細川桜

光琳太かげ桜

八重桜

八重山桜

九重桜

葉敷き桜

葉敷き山桜

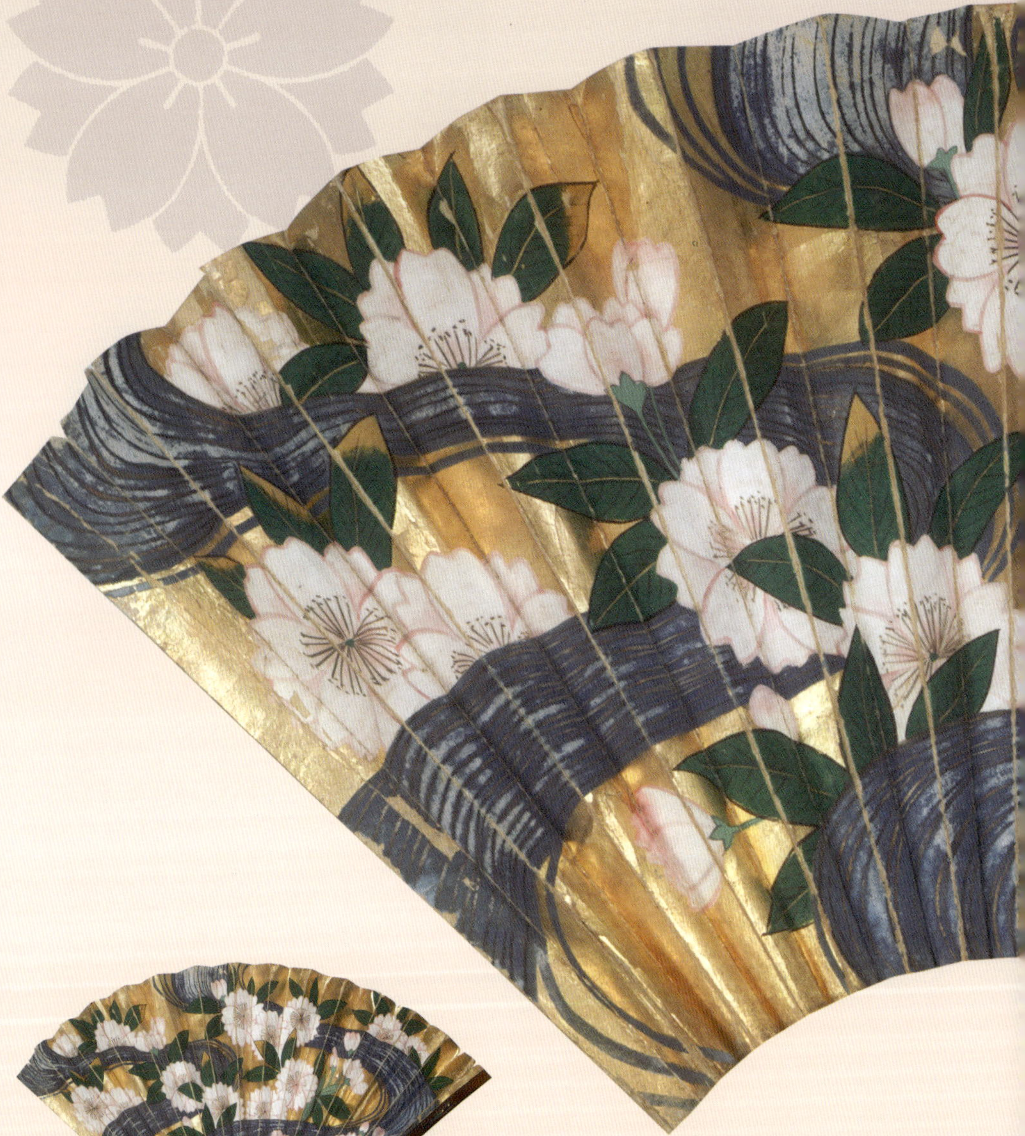

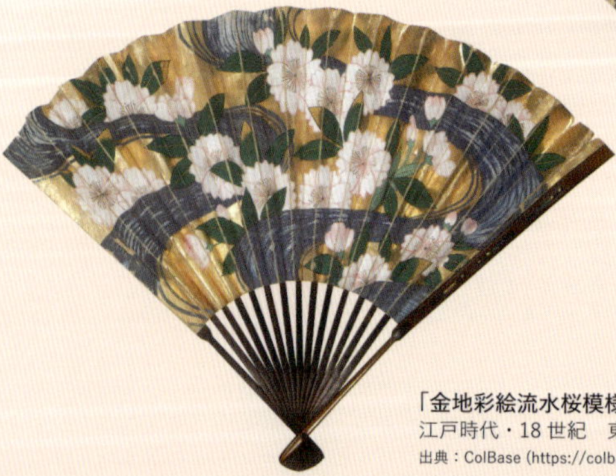

「金地彩絵流水桜模様舞扇」
江戸時代・18 世紀　東京国立博物館蔵
出典：ColBase (https://colbase.nich.go.jp)

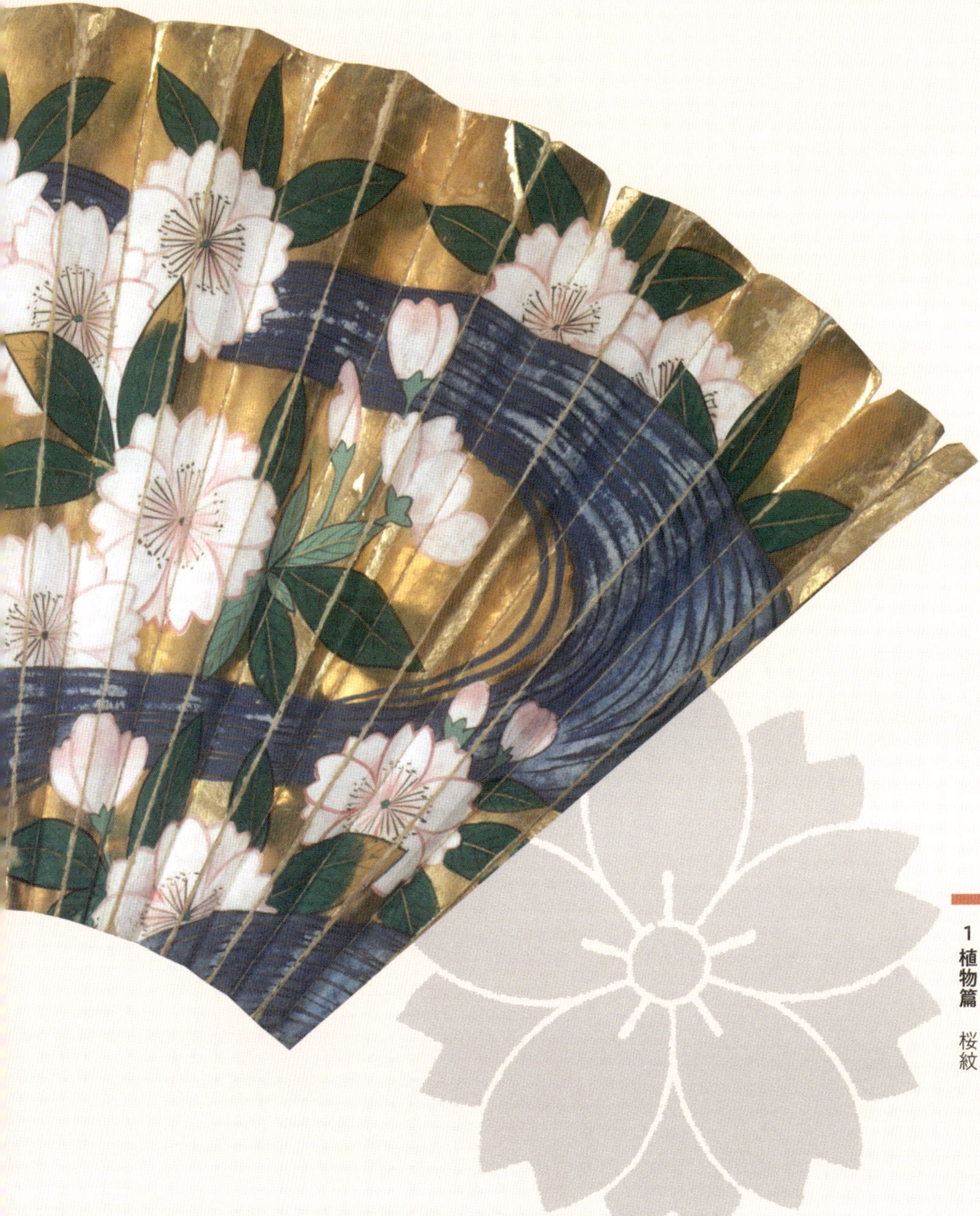

1 植物篇 桜紋

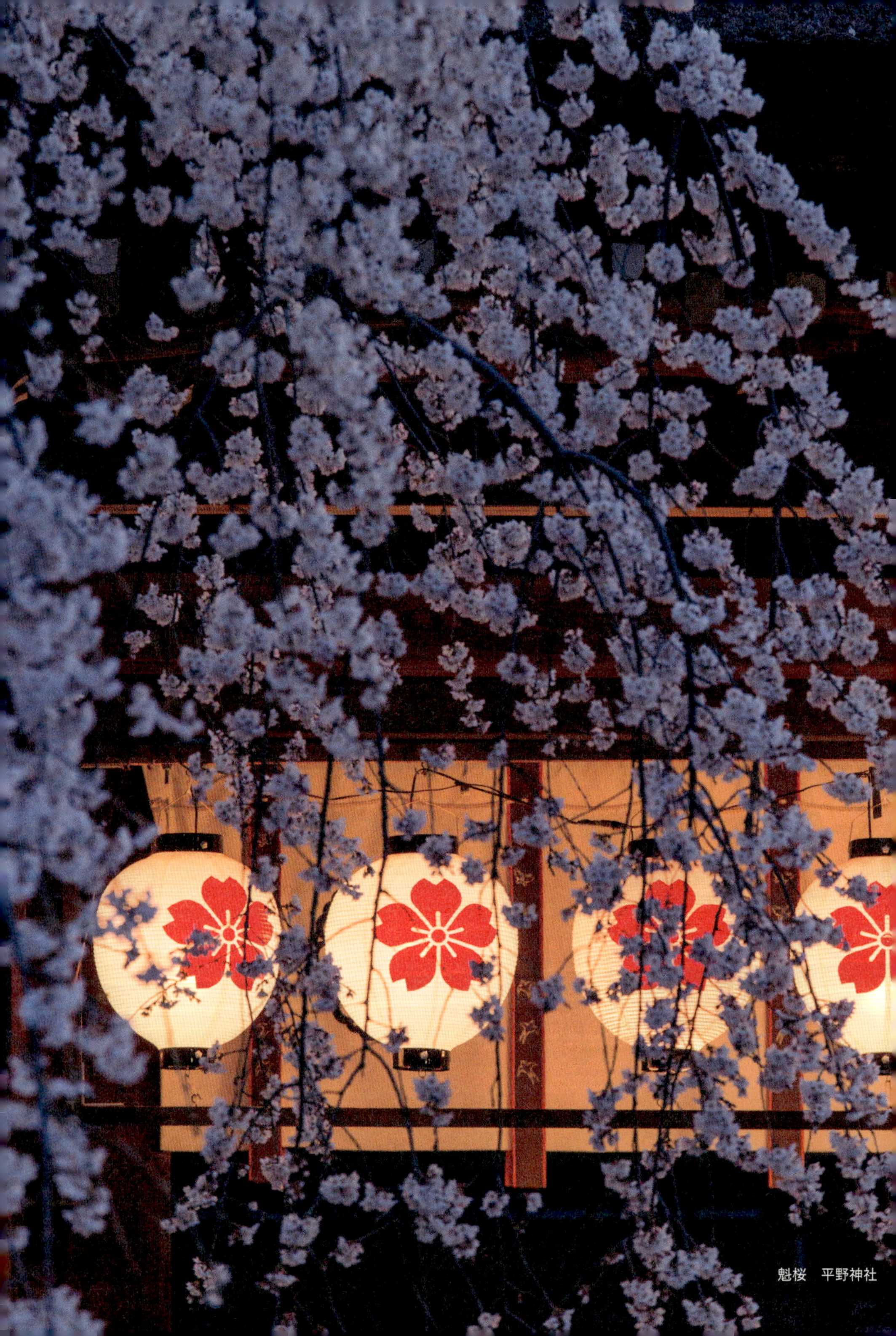

魁桜　平野神社

裏桜

八重裏桜

中かげ変り裏桜

地崩し裏桜

中かげ裏桜

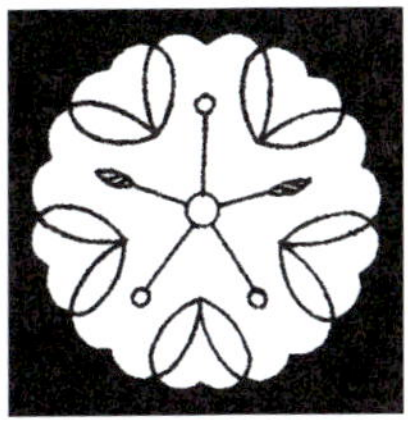
九重桜

糸輪に剣桜

雪輪に山桜

五つ鐶輪に桜

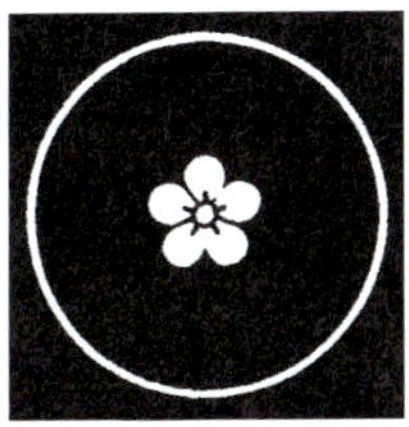
毛輪に豆桜

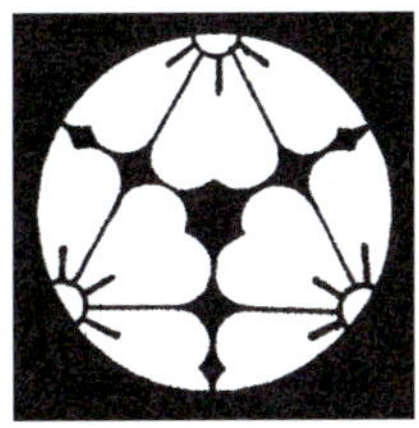
三つ割桜

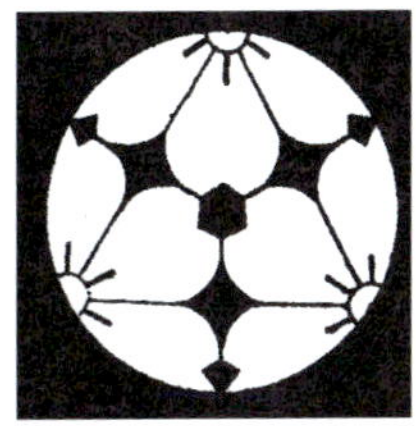
三つ割山桜

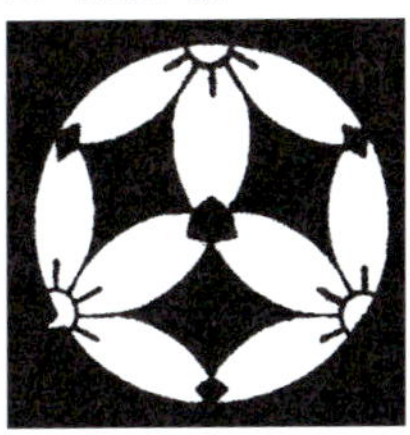
三つ割細山桜

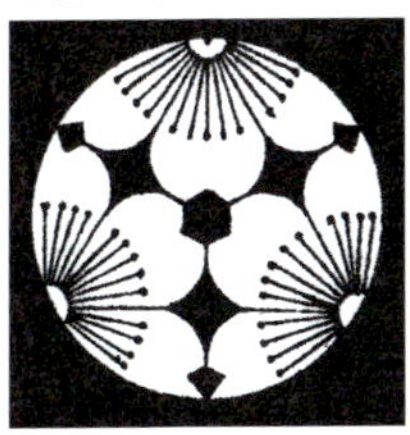
三つ割向う山桜

九曜桜

桜崩し

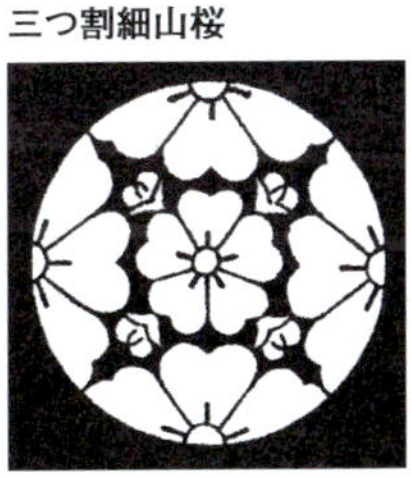
浮線桜

桜浮線綾

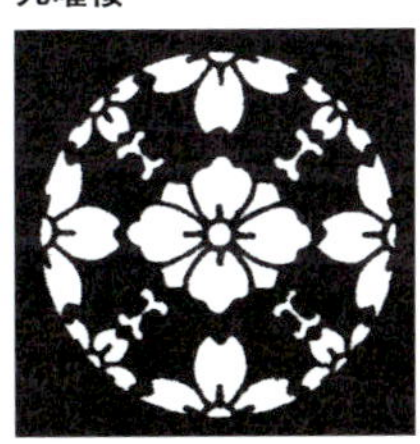
桜浮線綾に剣花菱

葉つき三つ割山桜

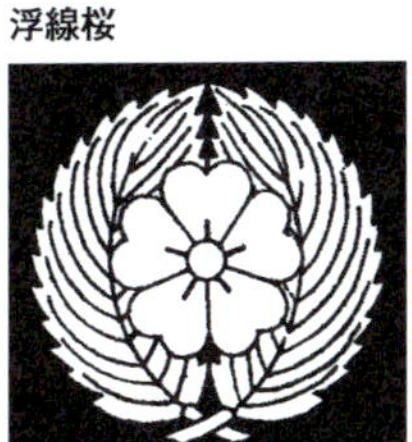
抱き桜

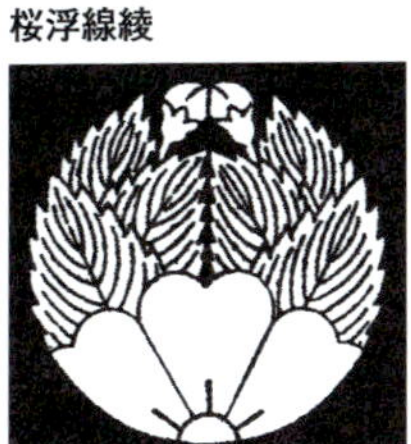
杏葉桜

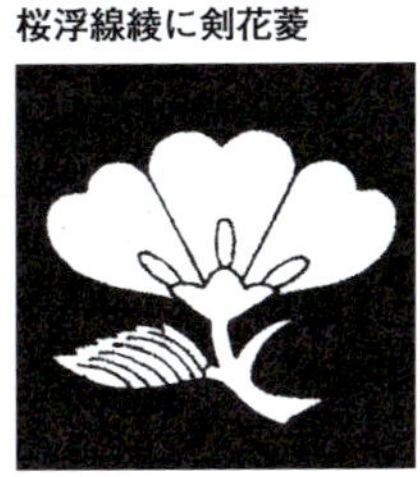
葉つき横見桜

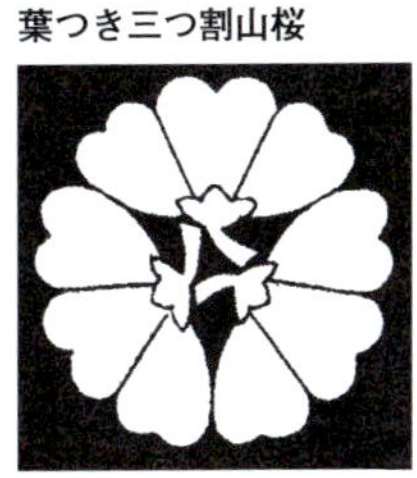
三つ横見桜

月落ち桜

結び桜

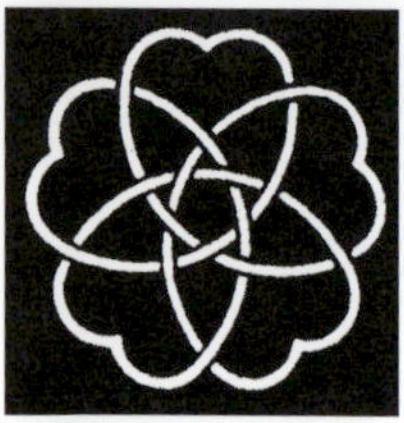

釜敷き桜

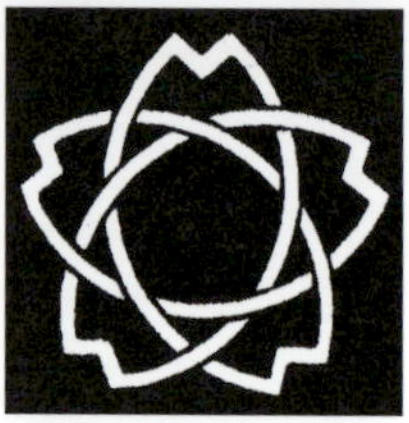

釜敷き山桜

蔓桜

子持ち山桜形

平安桜

葉つき桜胡蝶

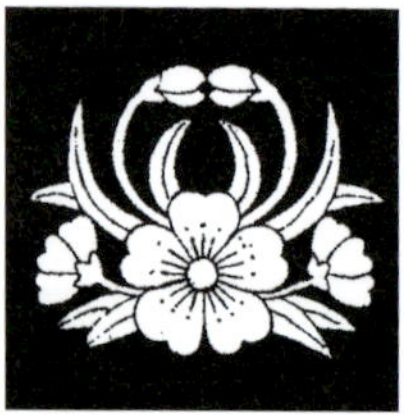

小山桜

桜胡蝶

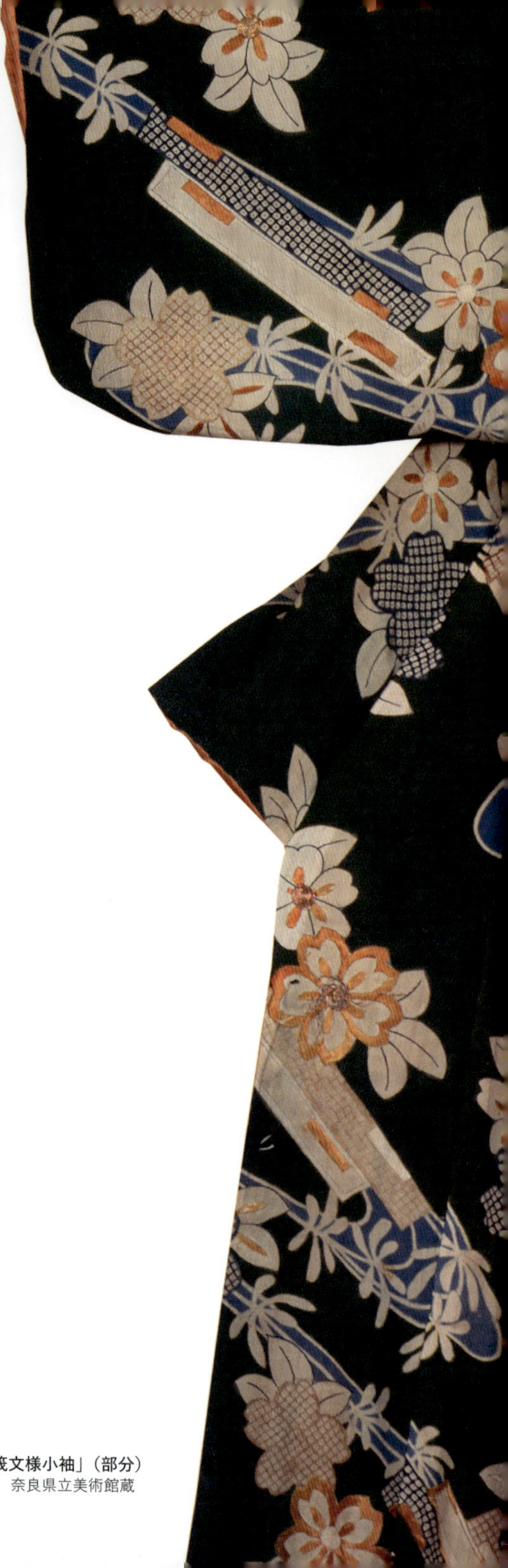

「萌葱縮緬地柳桜筏文様小袖」（部分）
江戸時代・17 世紀　奈良県立美術館蔵

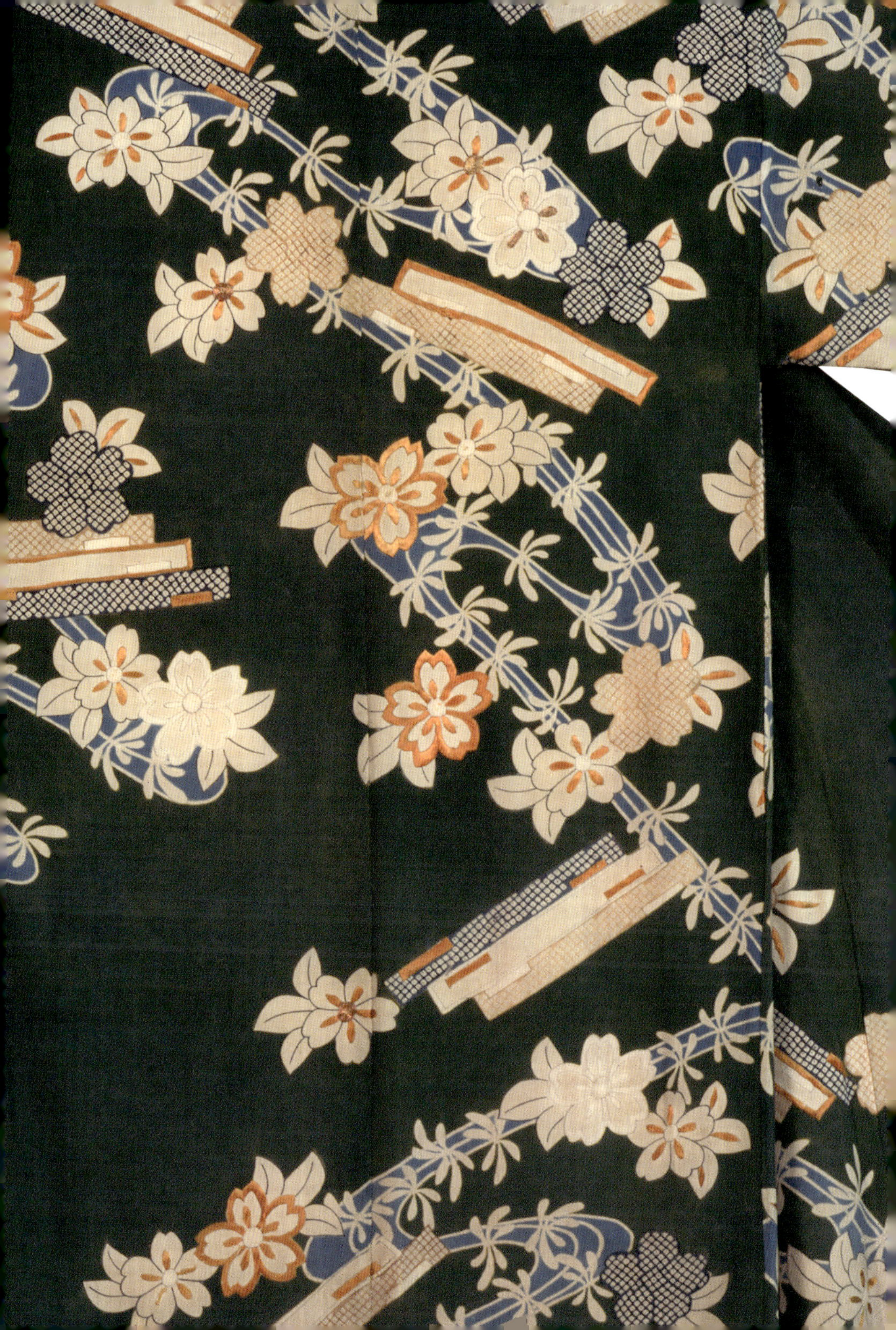

きり

◉桐紋

Kiri | Paulownia Crests

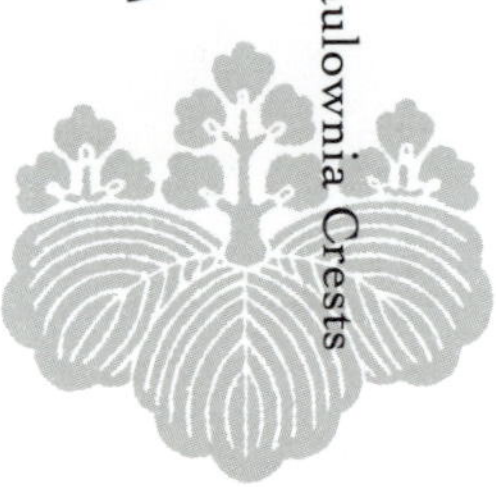

ゴマノハグサ科の落葉高木で、中国が原産地といわれる。すぐれた帝王が出現する時に姿を見せるという鳳凰は、梧桐の林に竹の実を食べて棲息すると中国の伝説にある。鎌倉時代に後鳥羽上皇により皇室の紋章とされたといわれ、蕾の数により「五三の桐」「五七の桐」とよばれる。この桐紋が臣下に下賜された豊臣秀吉の「五三の桐の太閤紋」は有名である。江戸幕府が編集した武家系図集の『寛政重修諸家譜』によれば、当時、大名旗本でその使用家はざっと五百を数えた。家紋のなかでもっとも多く用いられたのは桐紋である。桐紋のデザインは鳳凰と組み合せれば吉祥文として現代でも用いられる。

五三の桐

かげ五三の桐

総かげ五三の桐

かげ五三の鬼桐

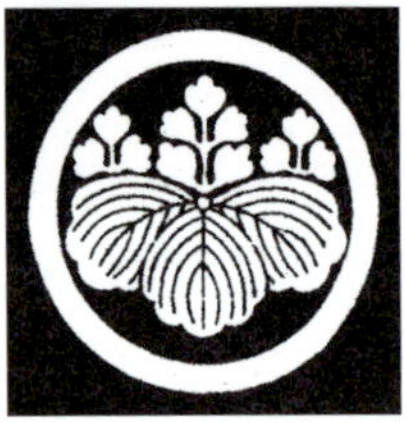

中輪に五三の桐

中かげ桐

中かげ光琳桐

中かげ鬼桐

太かげ変り桐

雲州桐

仙石桐

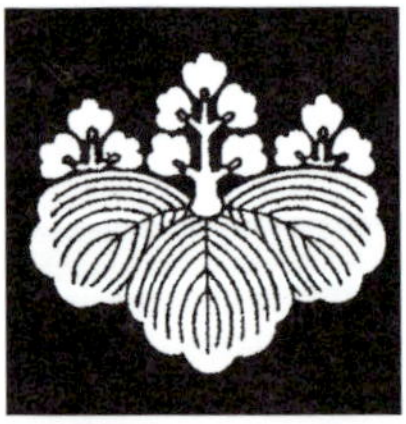

福井桐

五三の鬼桐

新田桐

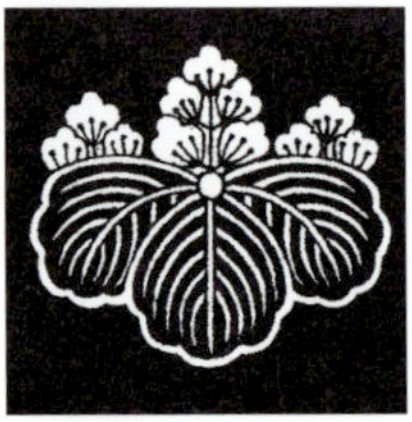

上田桐

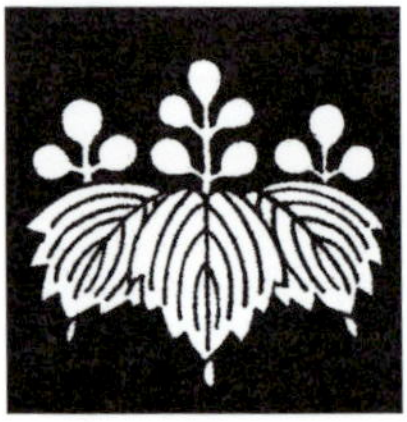

といしょう桐

The paulownia (*Paulownia tomentosa*) is a deciduous tree thought to be native to China. According to Chinese legend, the phoenix would show itself when an outstandingly virtuous emperor emerged. That legendary bird was said to live in a paulownia grove and eat bamboo seeds. Retired Emperor Gotoba is said to have made it the imperial household crest in the Kamakura period (1185–1333). The Fifty-three Paulownia Crest that Toyotomi Hideyoshi granted his vassals is particularly famous.

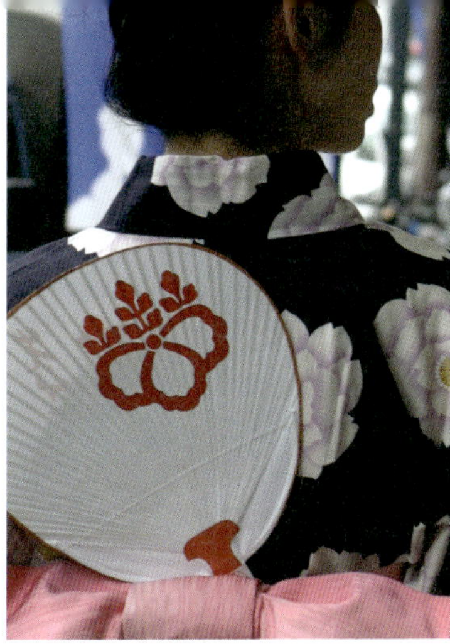

桐紋の団扇　京都

いも桐

変り花桐

石持ち地ぬき五三の桐

細輪覗き五三の桐

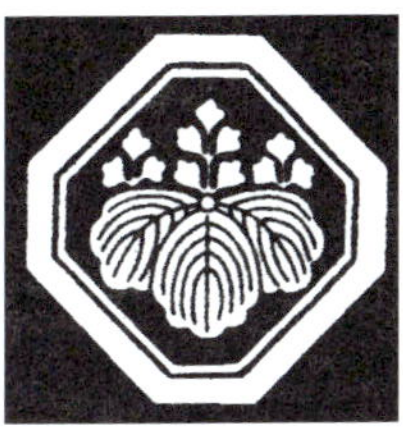

子持ち隅切角に五三の桐

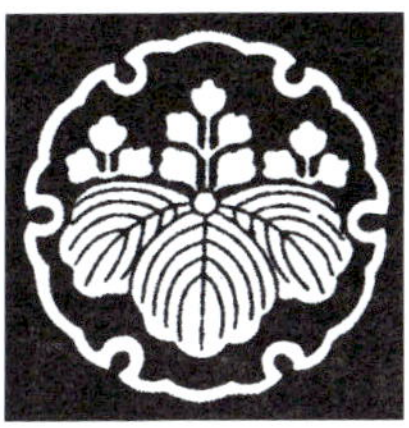

雪輪に五三の桐

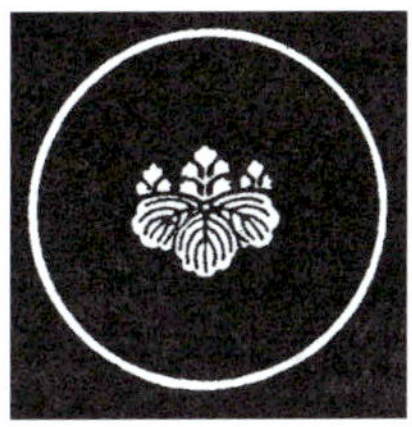

糸輪に豆五三の桐

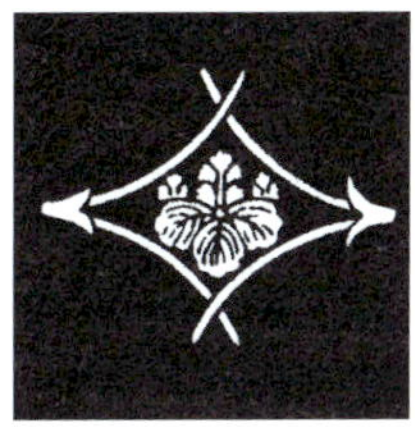

松皮菱に五三の桐

糸菱覗き五三の桐

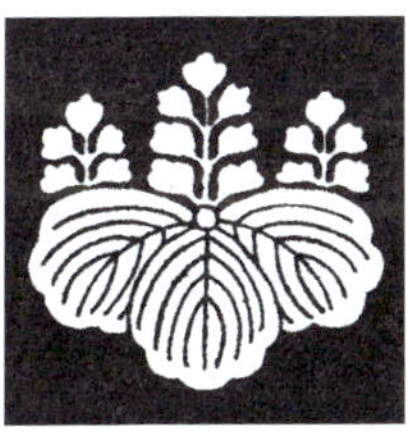

五七の桐

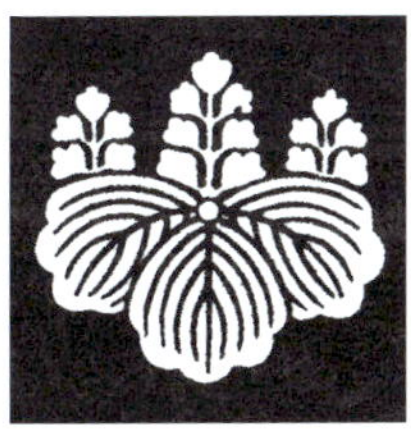

有馬桐

内藤桐

対州桐

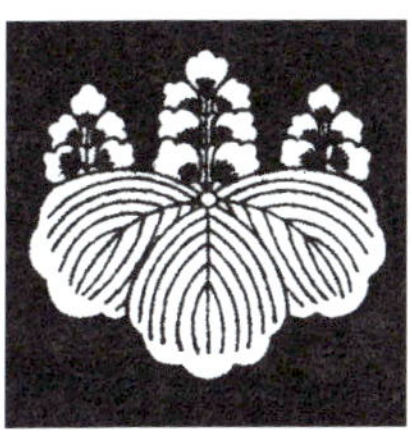

上杉桐

五七鬼桐

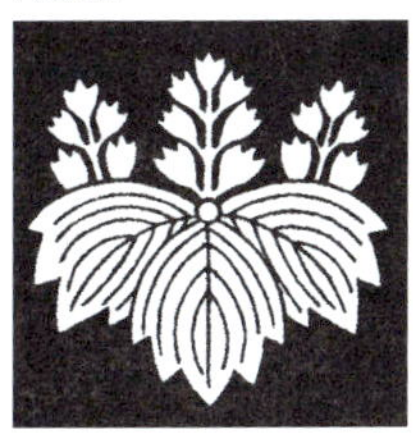

多渡桐

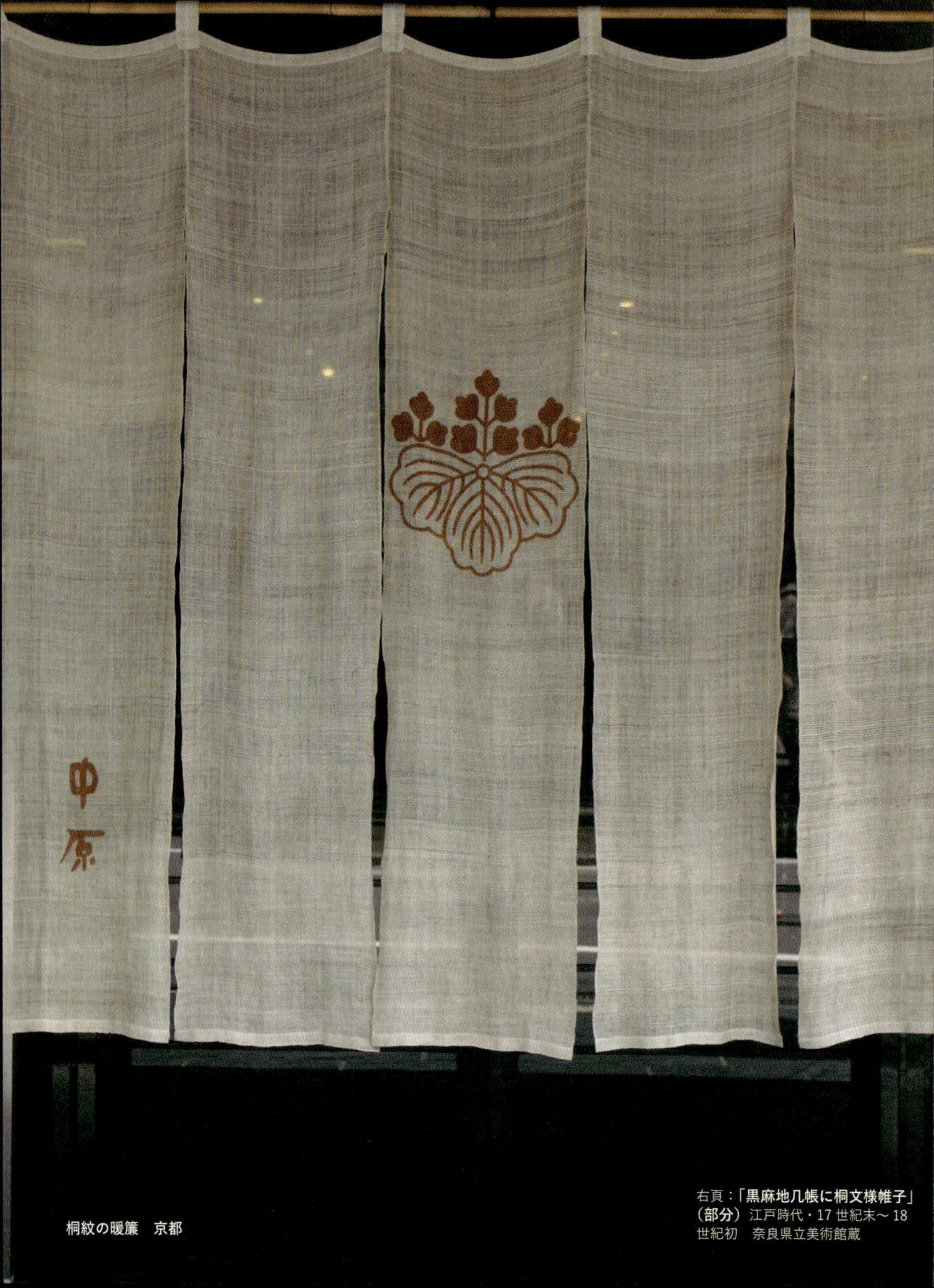

桐紋の暖簾　京都

右頁：**「黒麻地几帳に桐文様帷子」（部分）** 江戸時代・17 世紀末～ 18 世紀初　奈良県立美術館蔵

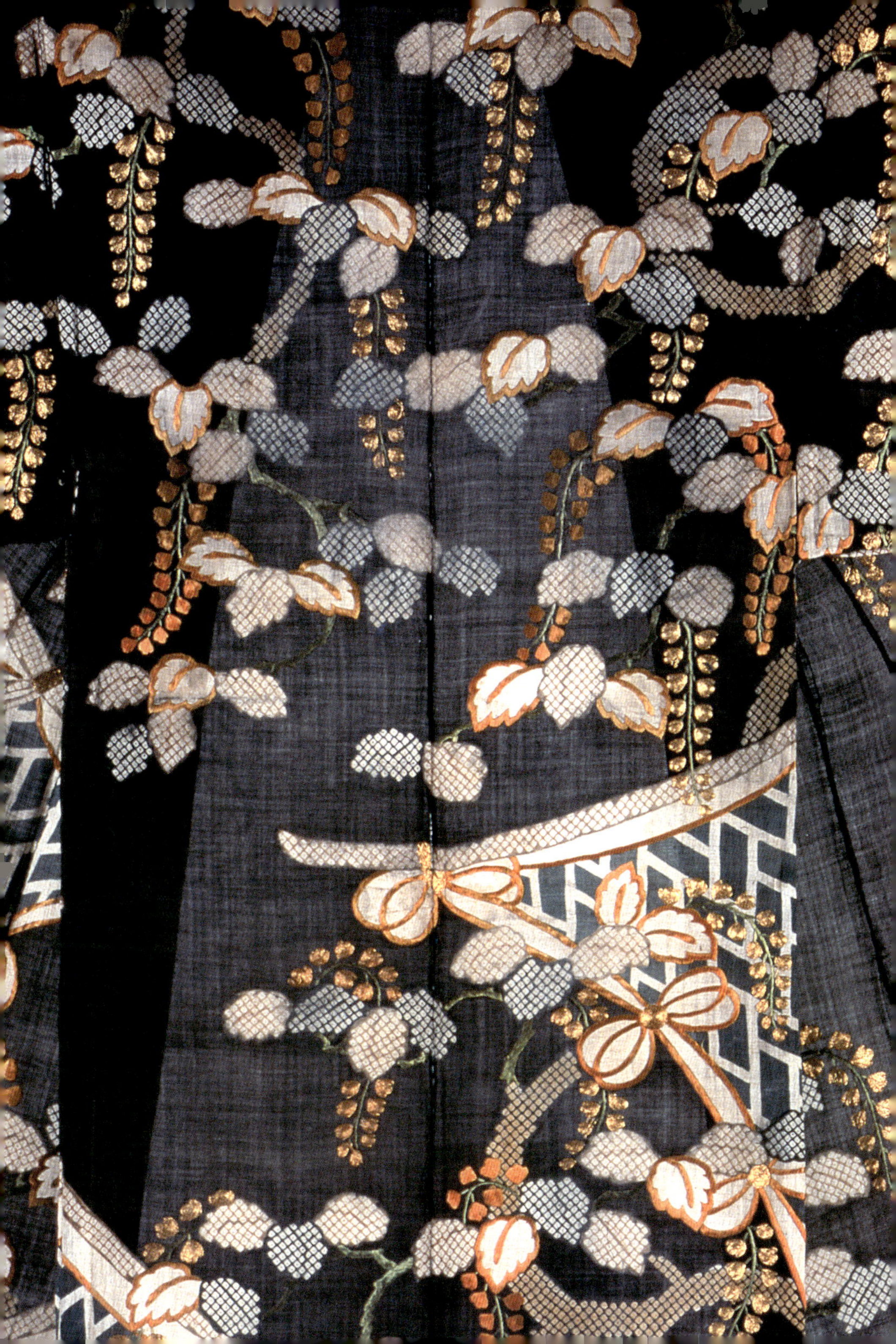

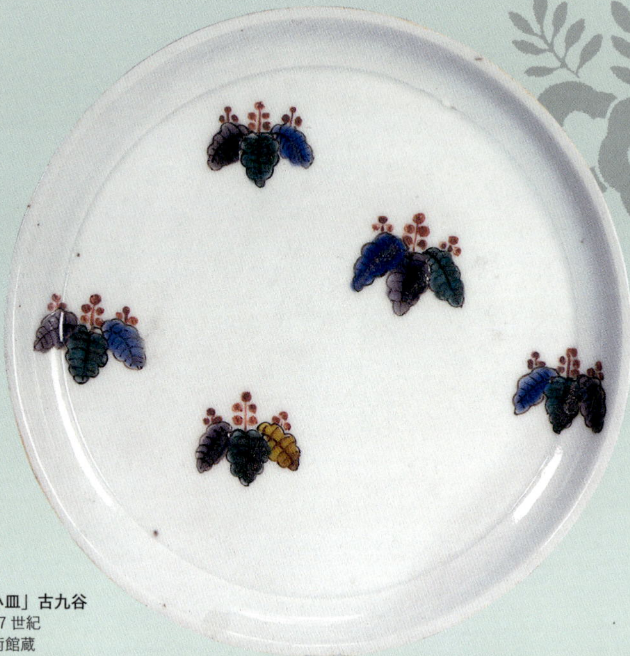

「色絵桐文小皿」古九谷
江戸時代・17 世紀
石川県立美術館蔵

文晁桐

川越桐

土佐桐

細輪に桐菱

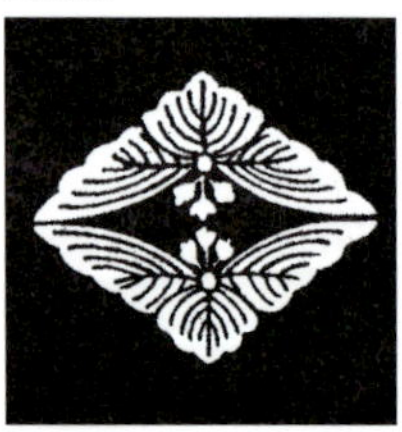

向う桐菱

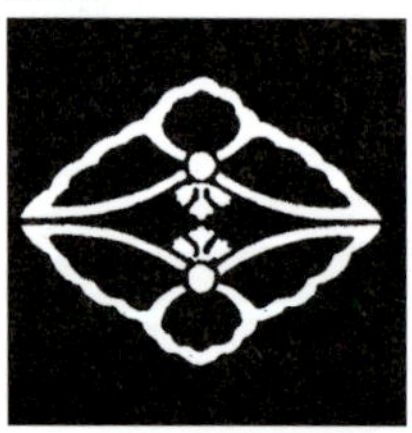

中かげ向う桐菱

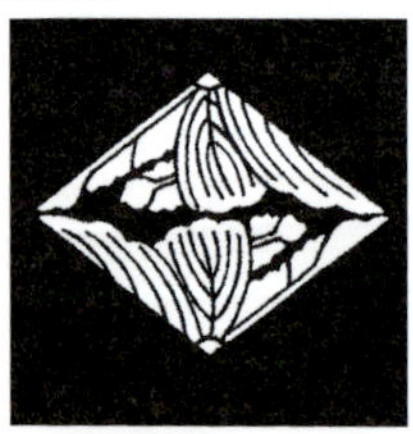

入違い割桐菱

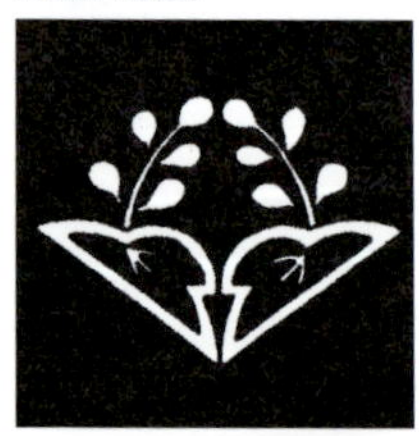

変り中かげ抱き桐菱

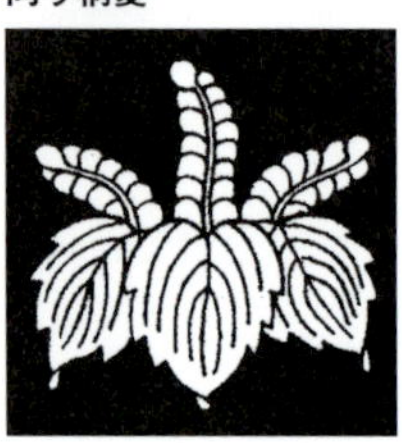

踊り桐

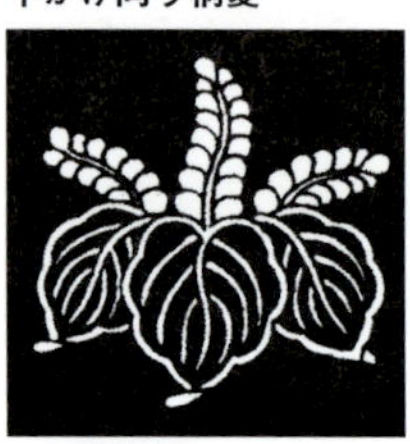

かげ踊り桐

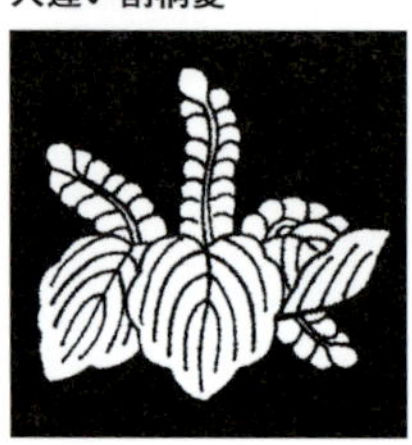

乱れ桐

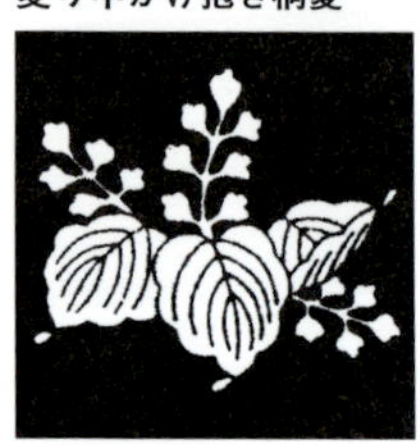

五七乱れ桐

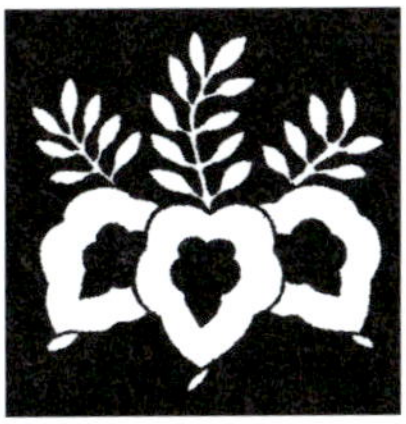
光琳唐桐

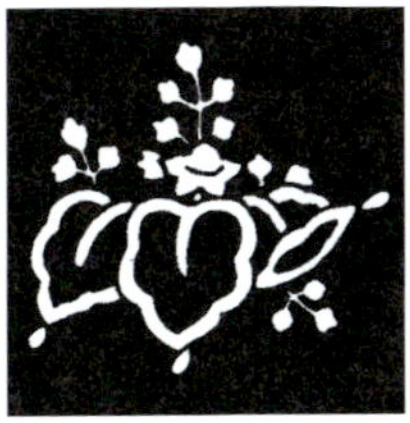
中かげ変り乱れ桐

三月桐

つる桐

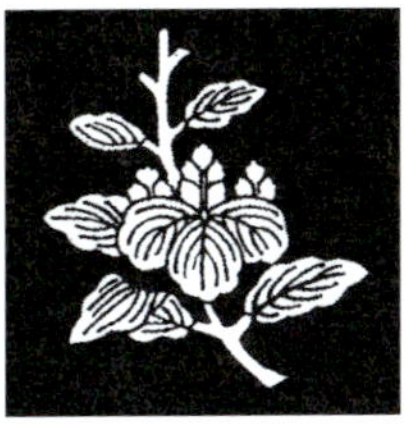
枝桐

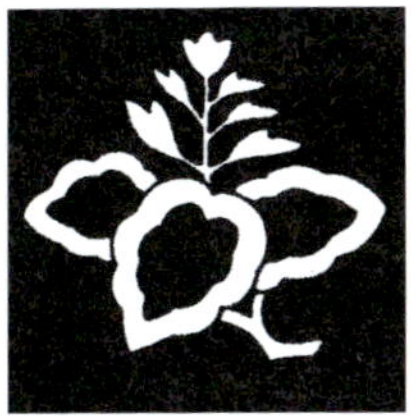
光琳枝桐

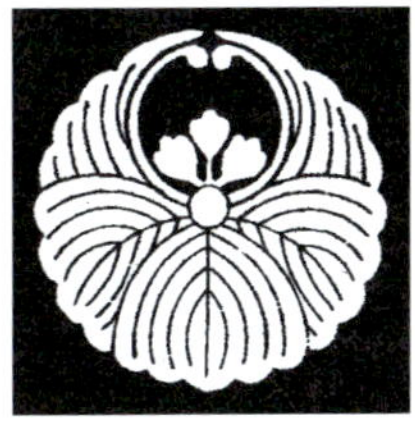
浮線桐

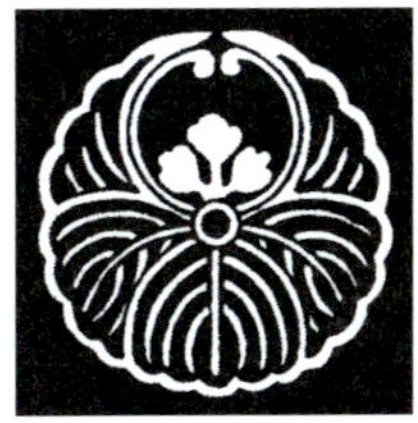
かげ浮線桐

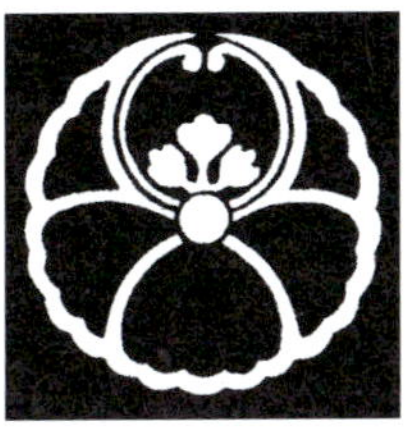
中かげ浮線桐

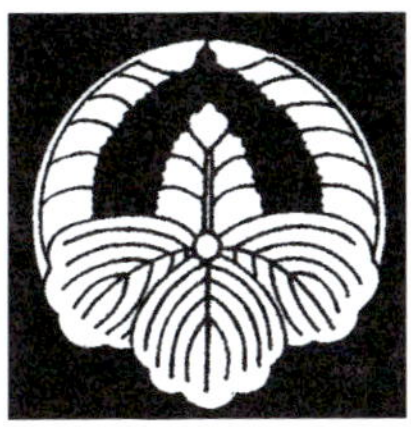
桐崩し

埋み桐

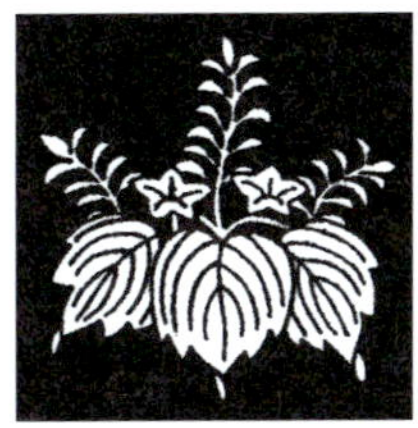
変り乱れ桐

花桐

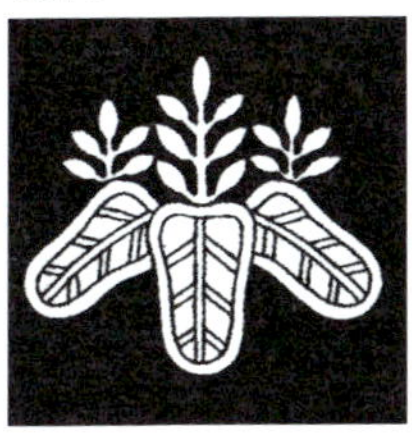
太閤桐

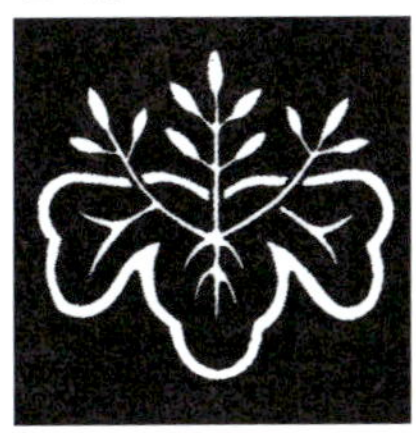
小判桐

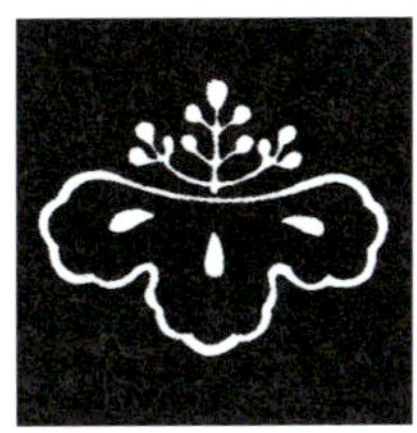
かげ利休桐

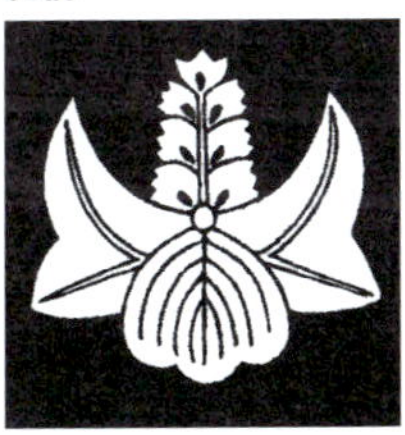
変り桐

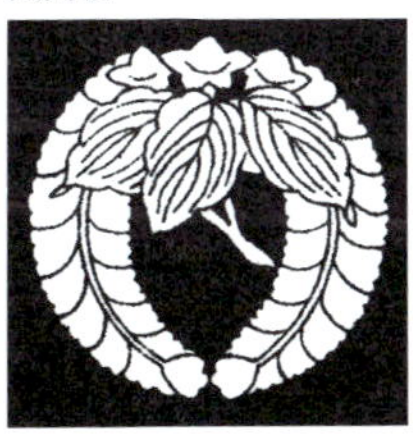
下り花桐

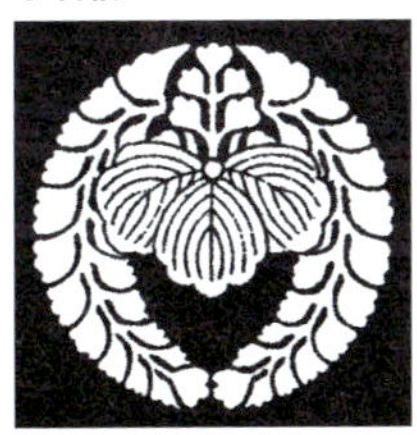
花下り桐

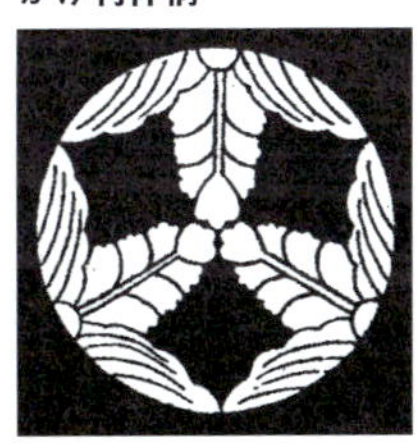
三つ割花桐

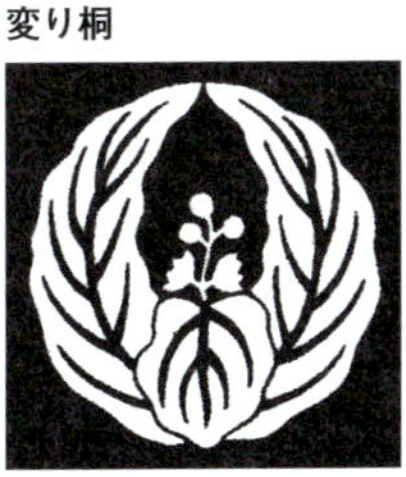
有職桐

三つ盛り五三の桐

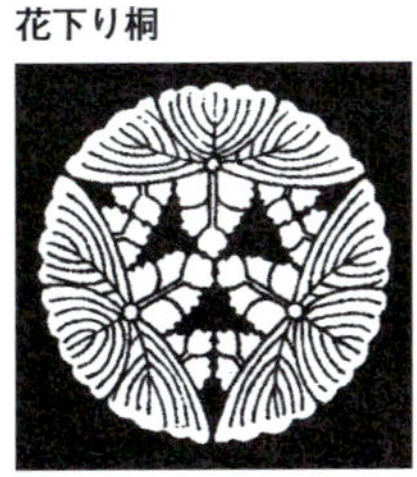
頭合せ三つ鬼桐

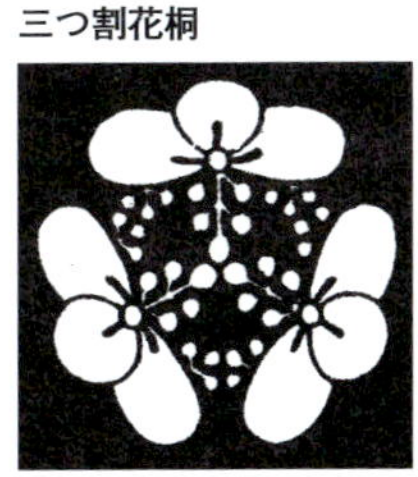
頭合せ三つ光琳桐

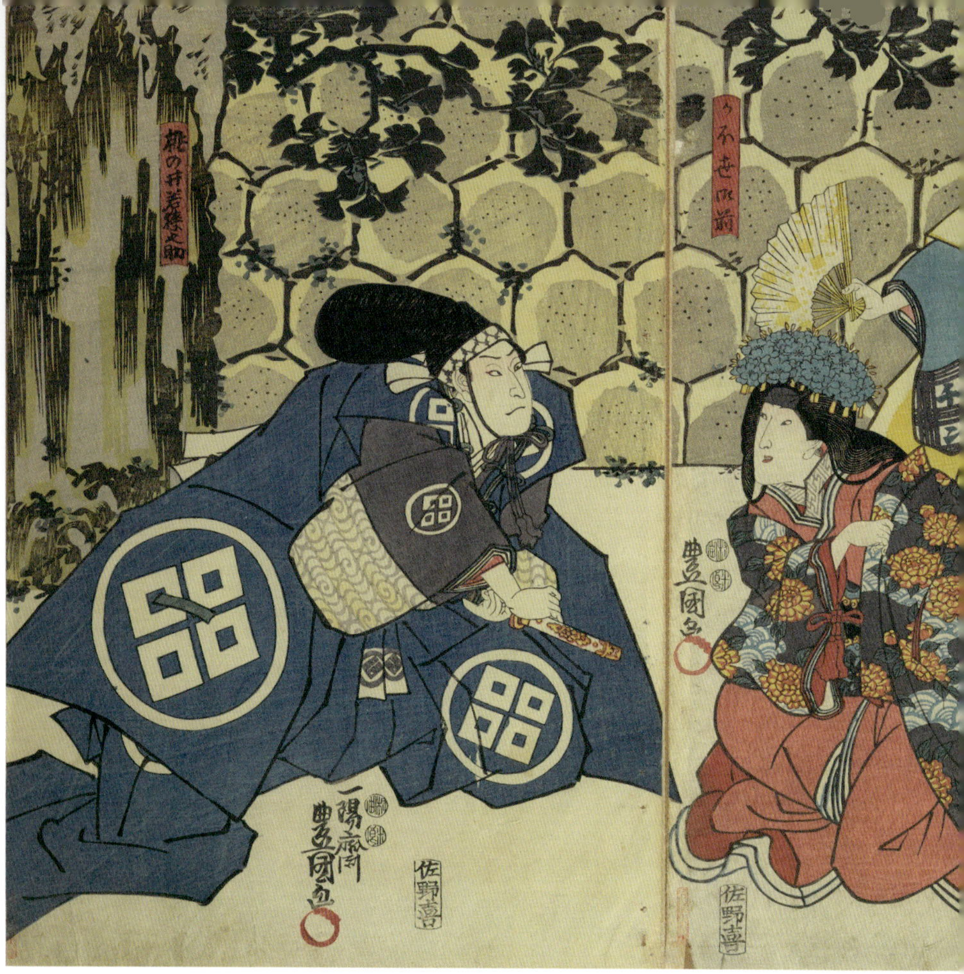

「仮名手本忠臣蔵」歌川豊国　嘉永２年・1849　東京都立中央図書館特別文庫室蔵

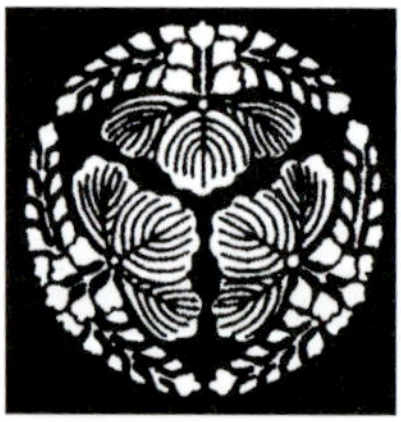

尻合せ三つ花桐

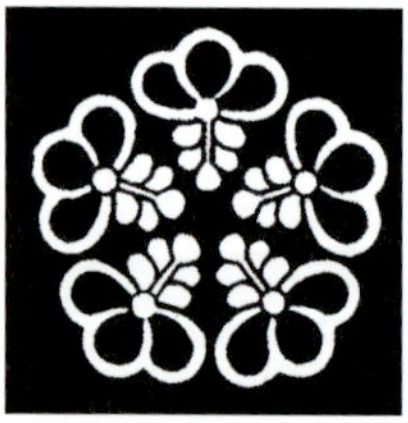

中かげ五つ光琳桐

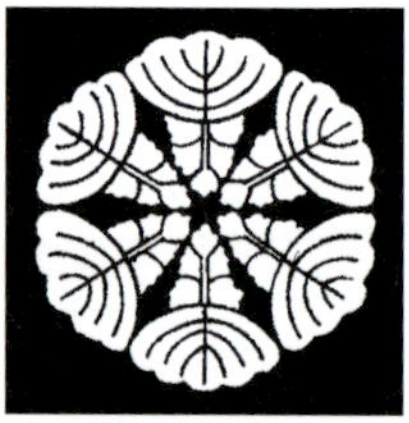

六つ唐桐

中かげ六つ唐桐

桐車

かげ桐車

中かげ桐車

変り桐車

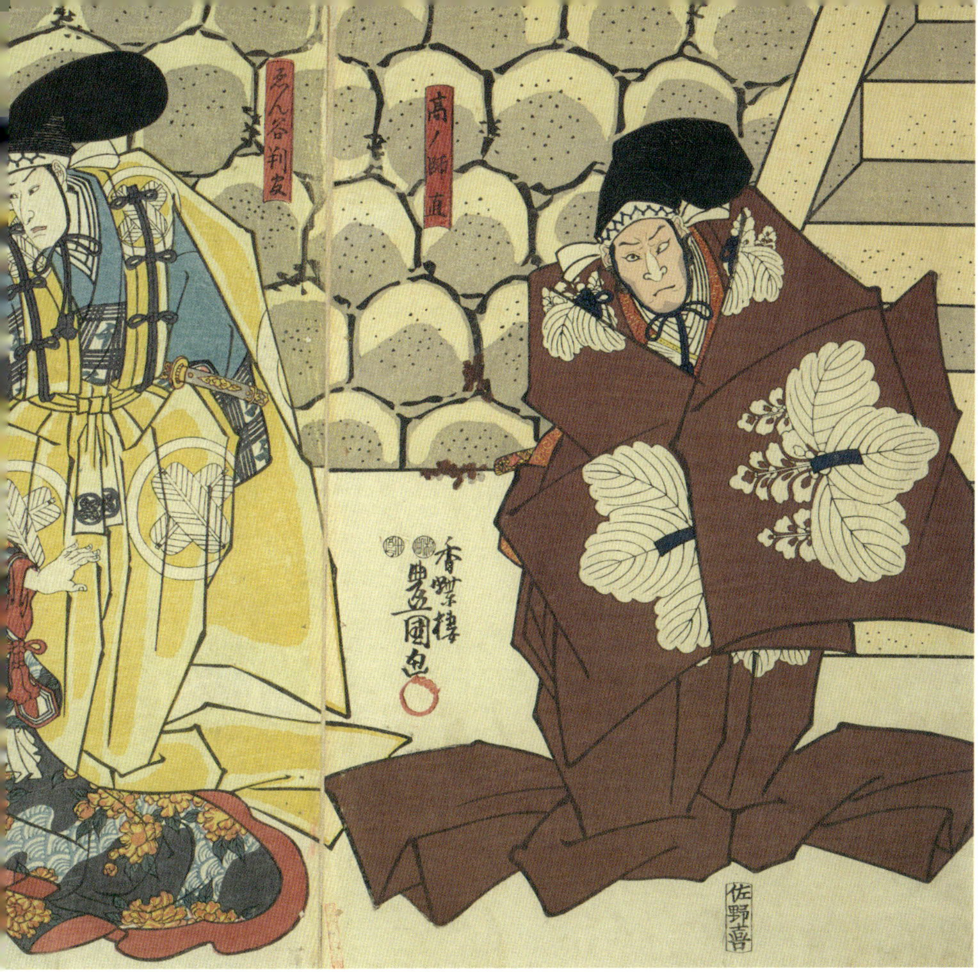

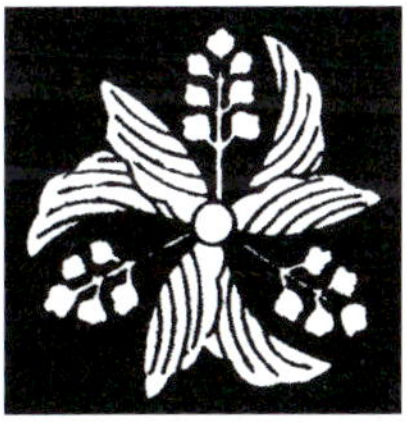
桐車崩し

細捻じ桐車

変り桐車

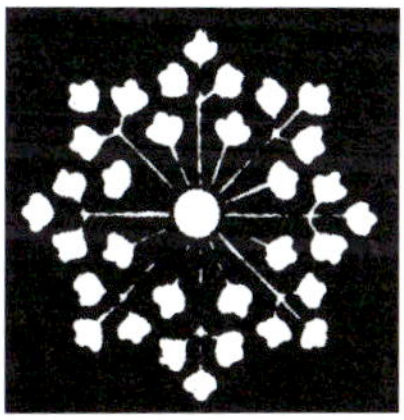
桐の花車

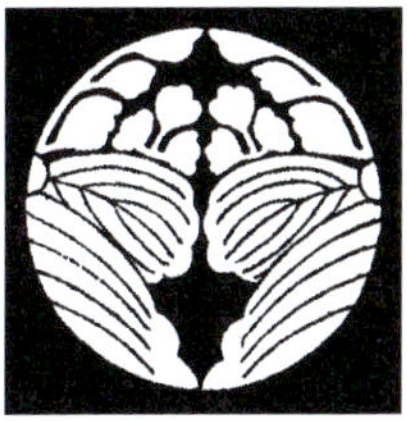
割桐

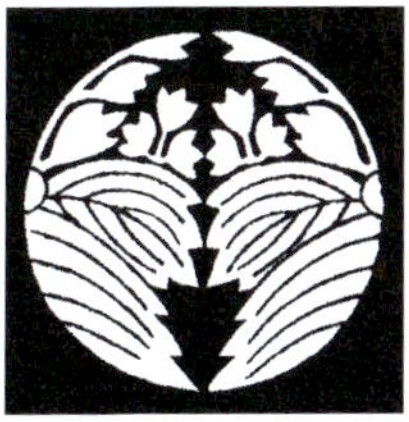
割鬼桐

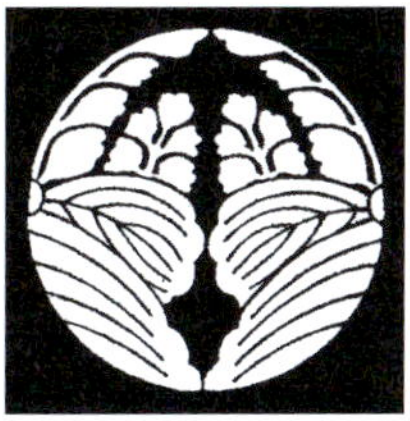
五七の割桐

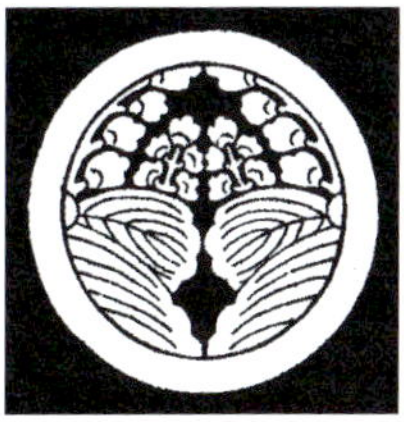
有馬割桐

ぼたん

◉**牡丹紋** *Botan* | Peony Crests

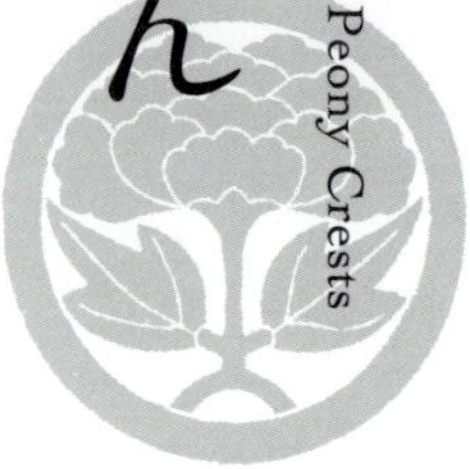

ボタン科の落葉低木で中国西北部の原産。平安時代以来、宮廷や寺院で観賞用として栽培された。中国では牡丹を花王、百花王とよび、富貴の象徴の花であった。花王の牡丹と百獣の王獅子との組み合せは、鎌倉・室町時代には武将の甲冑などに好まれた。牡丹をはじめて家紋としたのは近衛家で、関白近衛実家で車紋に用いたことが『大要抄』に記されている。公家では近衛、鷹司、難波の三家、武家では田能村と佐分の二氏である。寺院では本願寺、興福寺、見延山で用いられている。菊紋、桐紋についで格式の高い紋である。

The *botan* or tree peony (*Paeonia saffruticosa*) is a deciduous shrub native to China. In the Heian period (800–1185), these peonies were raised in palace gardens and temples as ornamental plants. In

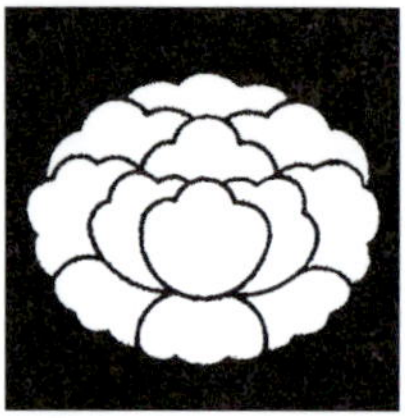
落ち牡丹

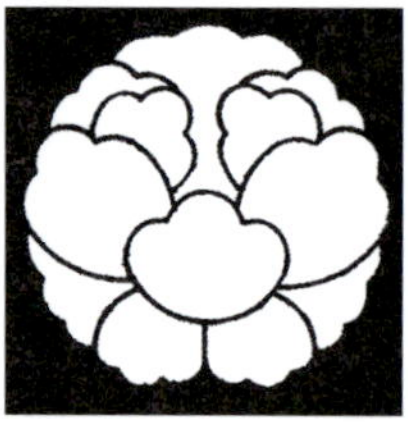
変り大牡丹

大割牡丹

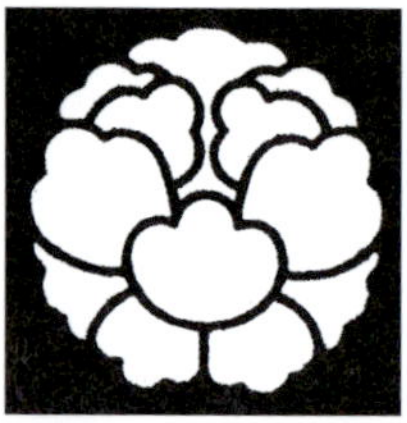
地割変り牡丹

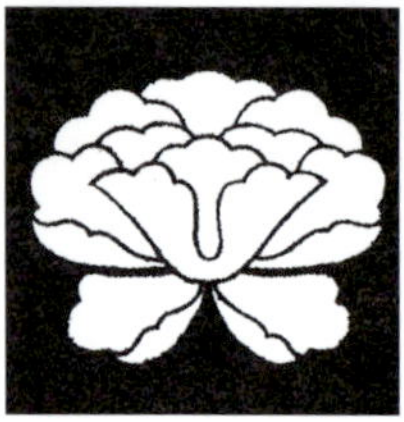
薩摩牡丹

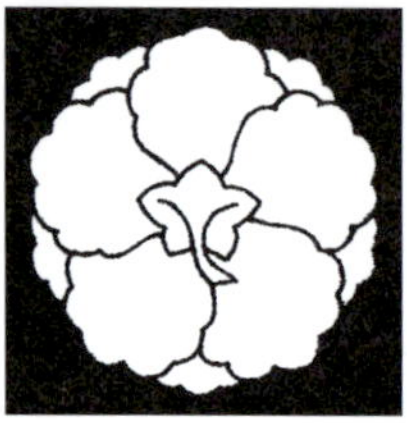
裏牡丹

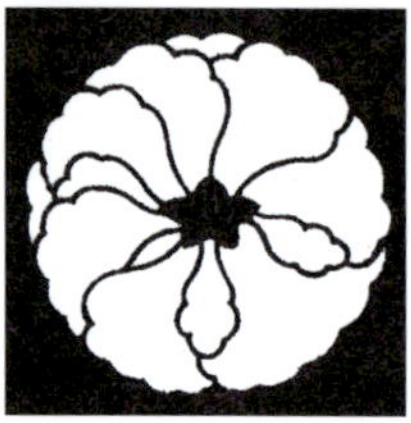
裏大割牡丹

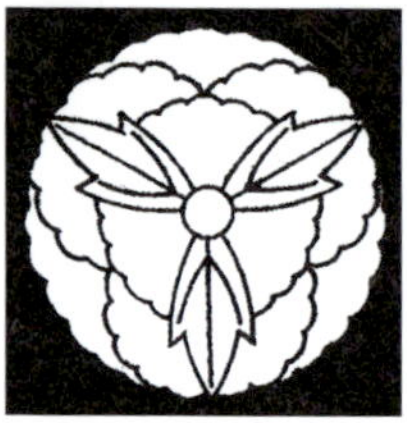
三つ葉裏牡丹

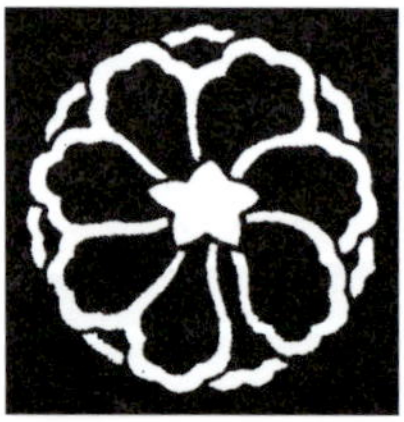
変り中かげ裏牡丹

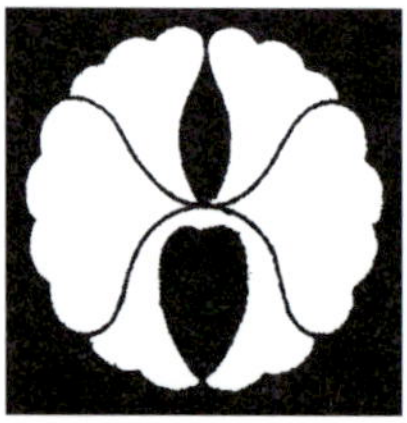
乱れ牡丹

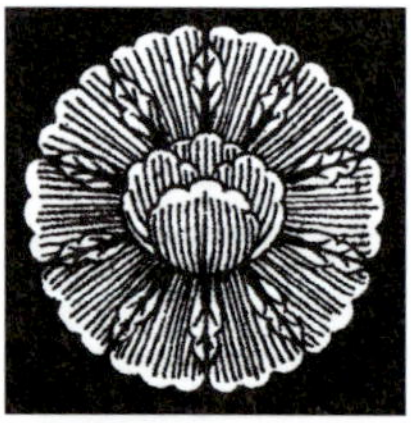
変り向う牡丹

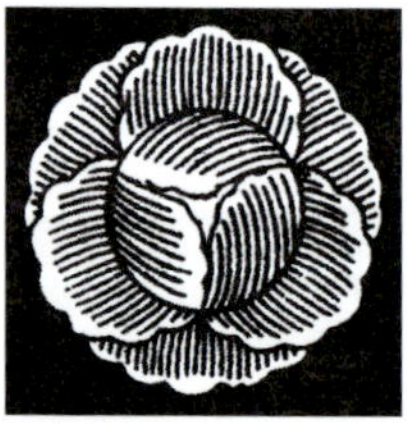
向う牡丹

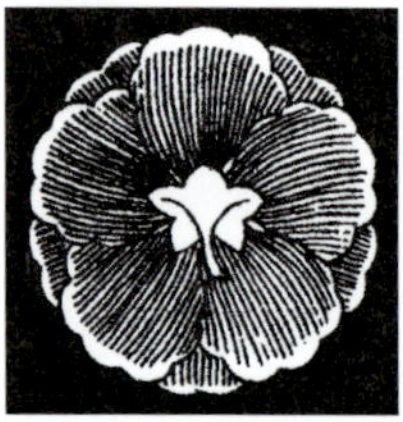
裏すべ牡丹

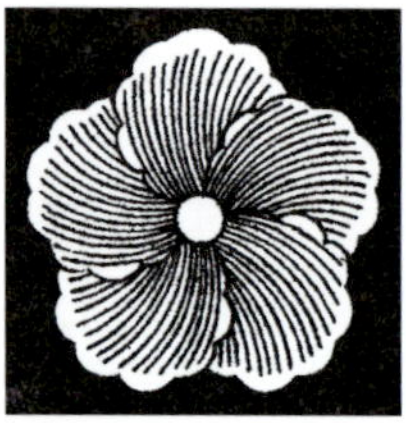
捻じ牡丹

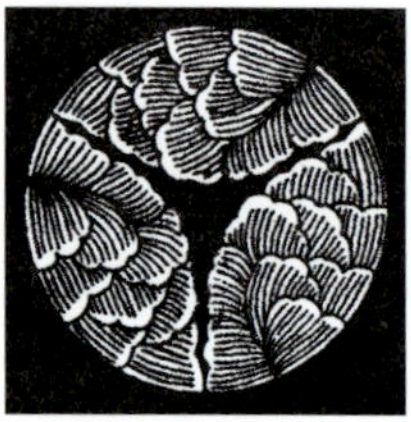
三つ割落ち牡丹

杏葉牡丹

China, their flowers were symbols of good fortune. In Japan, the combination of the peony, king of the flowers, and Chinese lion-dog, king of the beasts, was popular on warriors' armor in the Kamakura and Muromachi periods (1185–1573).

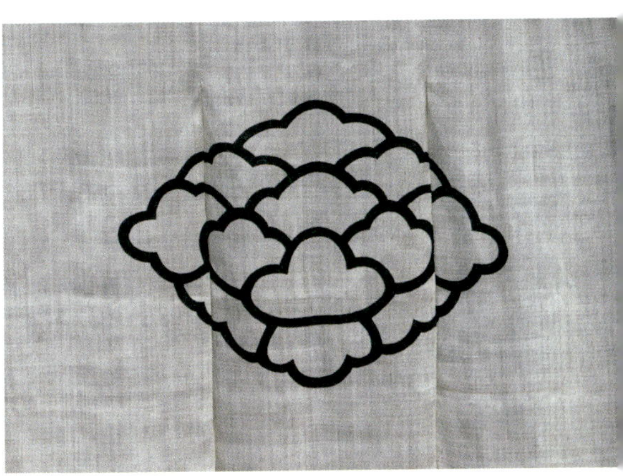

牡丹紋の暖簾　京都

変り杏葉牡丹

変り浮線牡丹

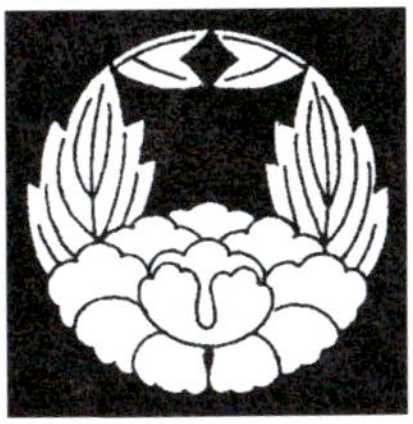

変り杏葉牡丹

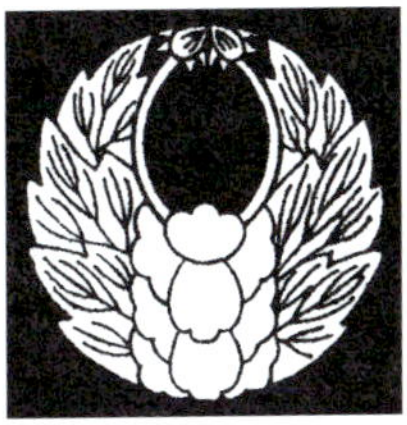

浮線牡丹

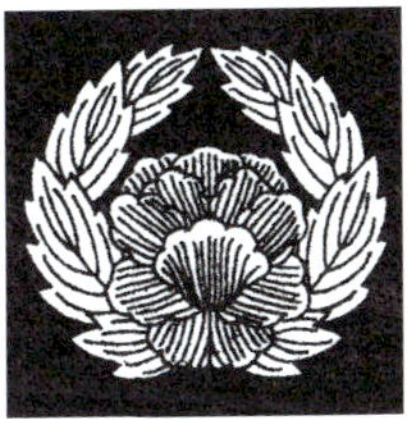

葉牡丹

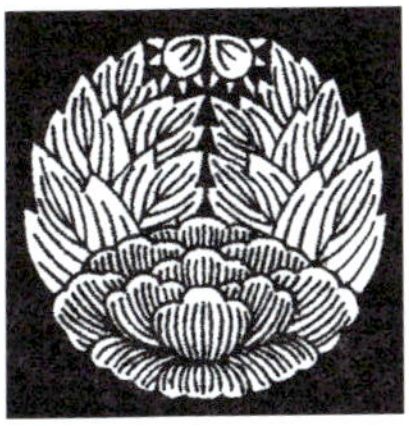

堀越牡丹

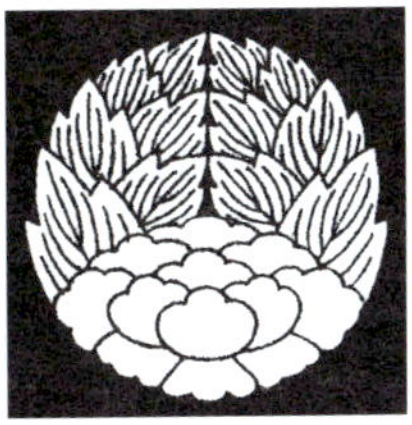

杏葉裏牡丹

変り杏葉牡丹

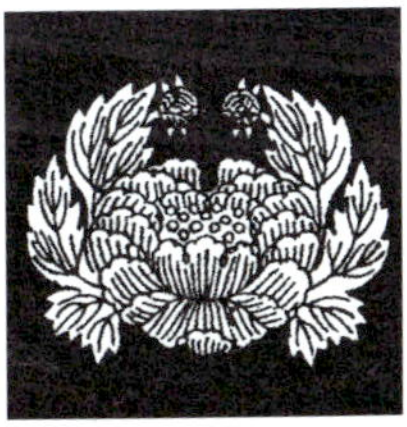

仙台牡丹

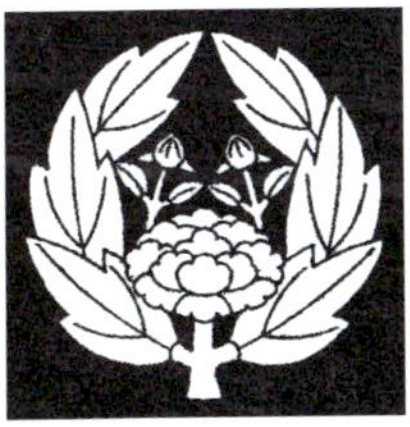

六つ葉牡丹

抱き牡丹

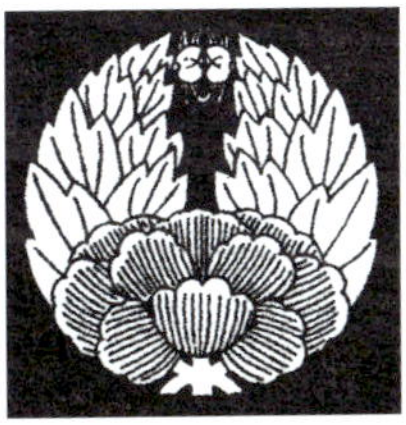

津軽牡丹

島津牡丹

近衛牡丹

中かげ落ち牡丹

かげ杏葉牡丹

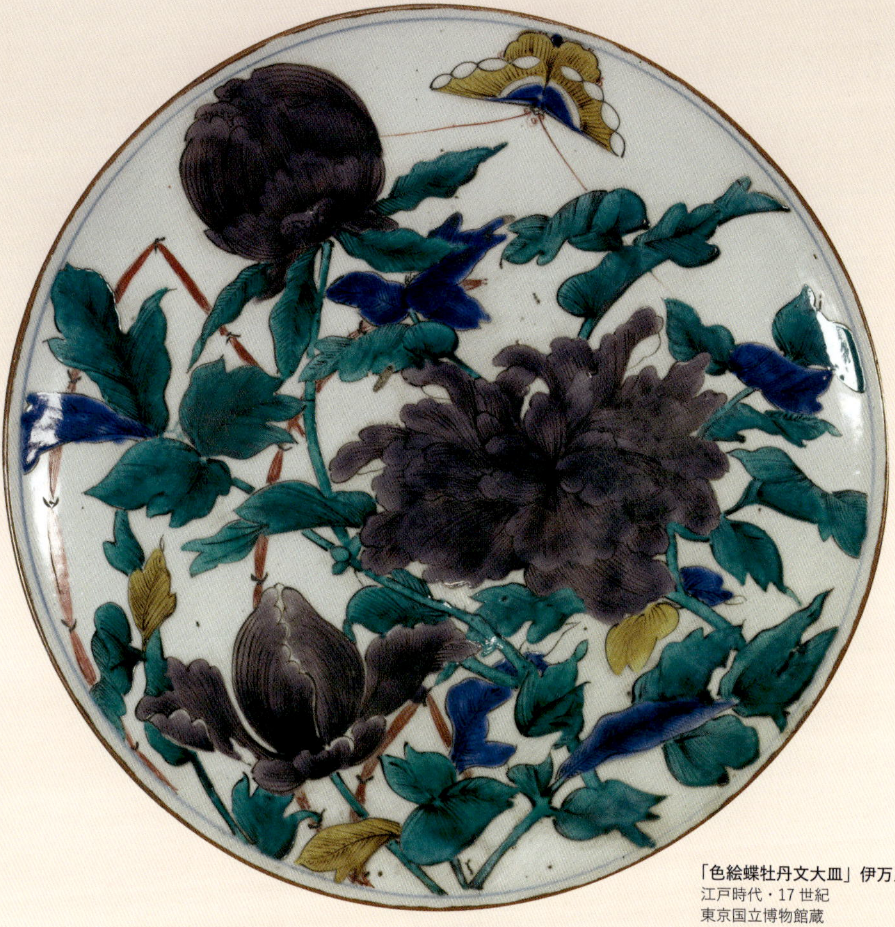

「色絵蝶牡丹文大皿」伊万里
江戸時代・17 世紀
東京国立博物館蔵
出典：ColBase (https://colbase.nich.go.jp)

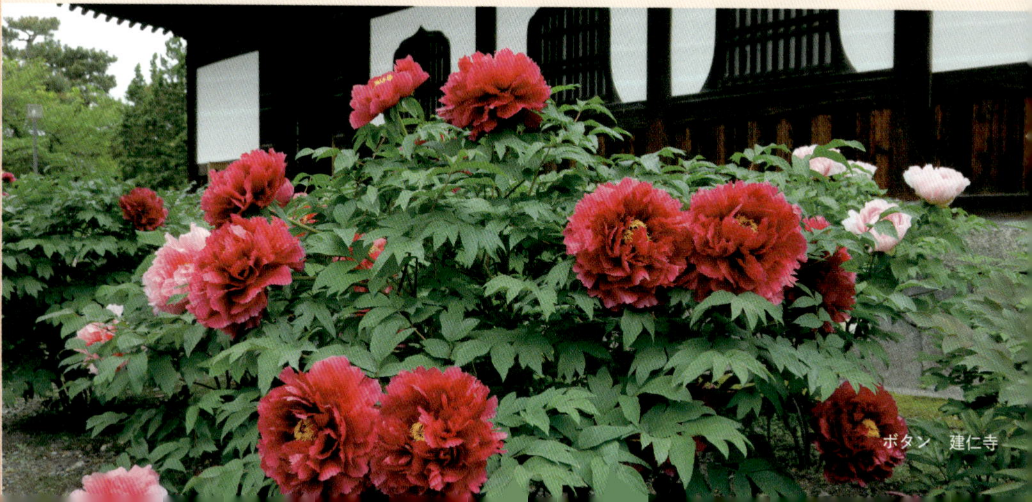

ボタン　建仁寺

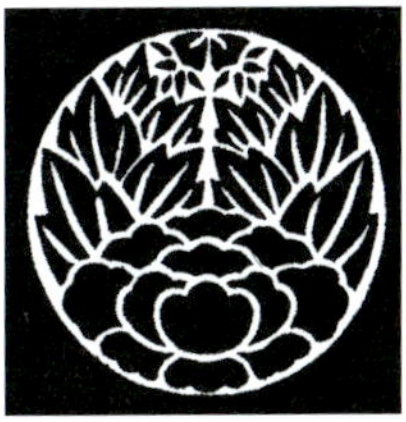
石持ち地ぬき杏葉牡丹

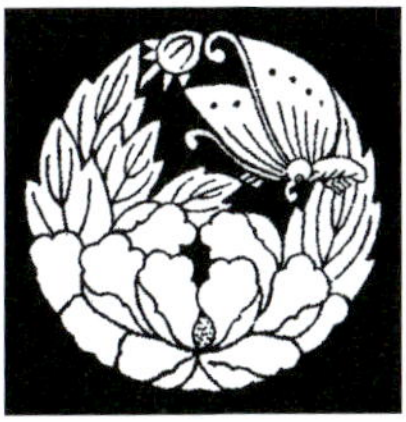
牡丹に胡蝶

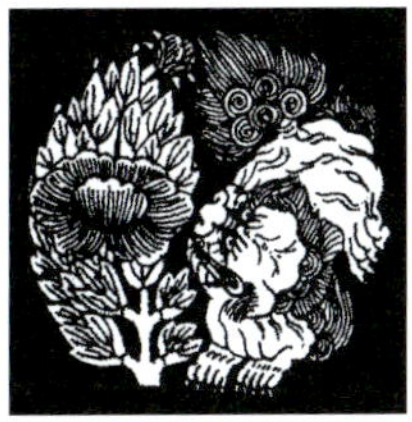
秋田牡丹

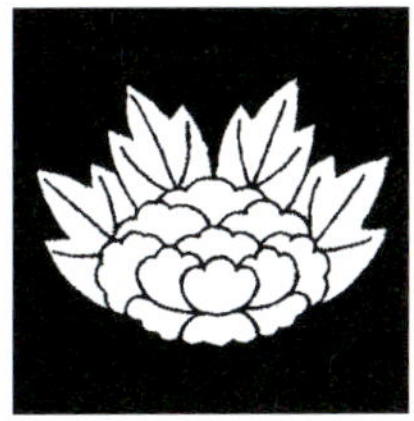
一つ葉牡丹

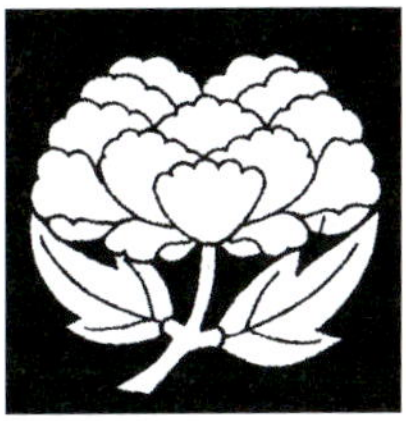
葉つき牡丹

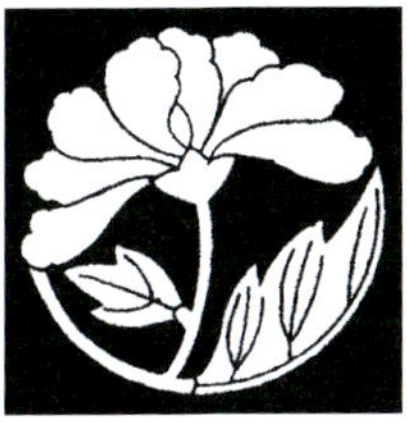
葉敷き牡丹

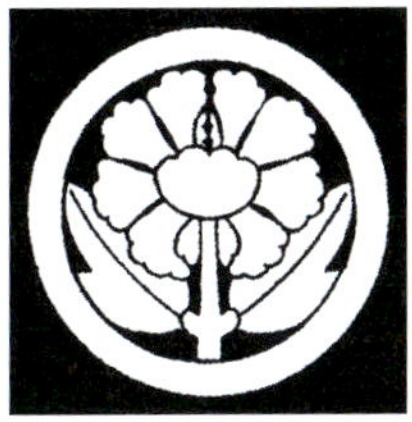
上野牡丹

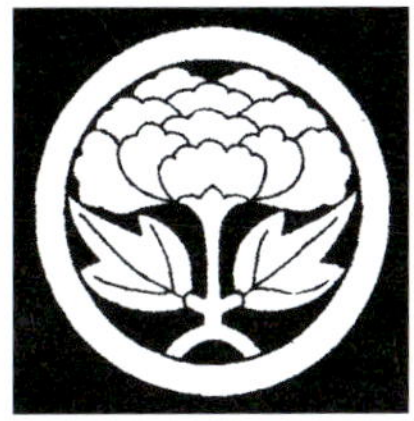
丸に葉下枝牡丹

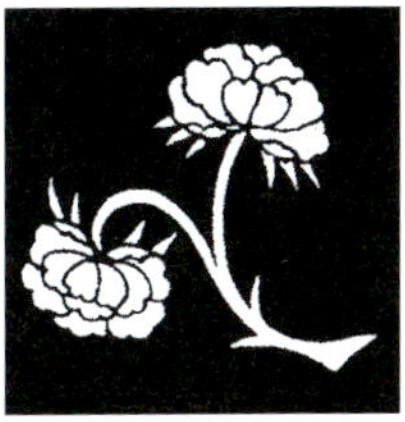
二つ葉牡丹

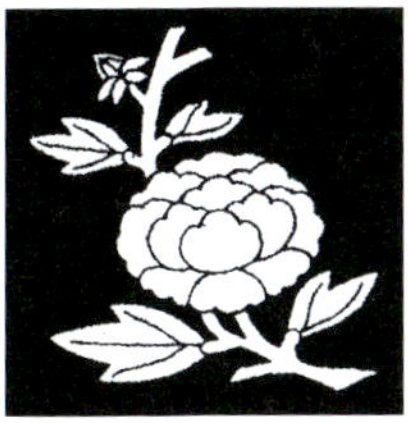
枝牡丹

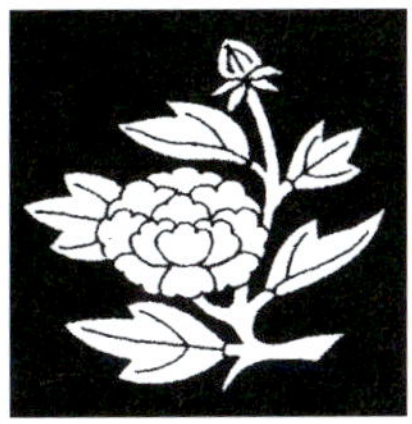
変り枝牡丹

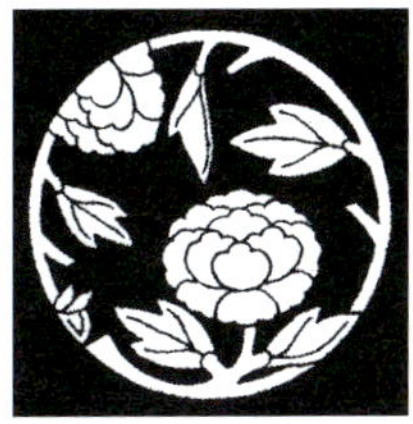
牡丹枝丸

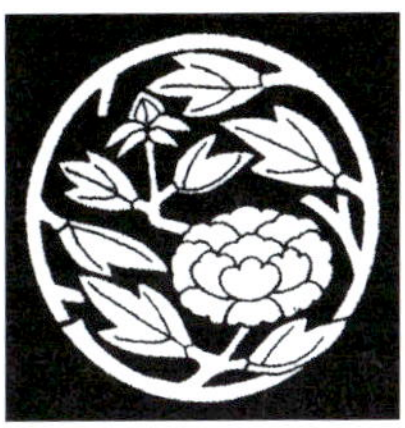
蕾つき牡丹枝丸

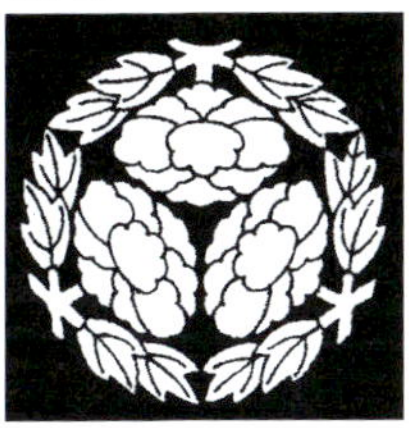
三つ枝牡丹

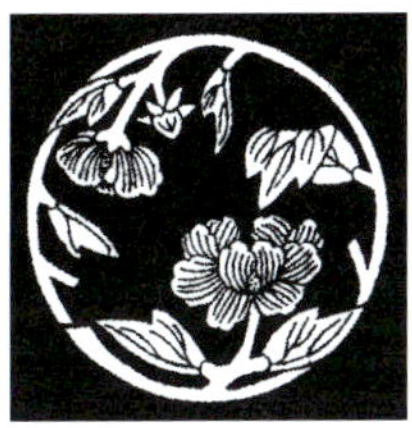
乱れ牡丹枝丸

三つ葉牡丹

五つ葉牡丹

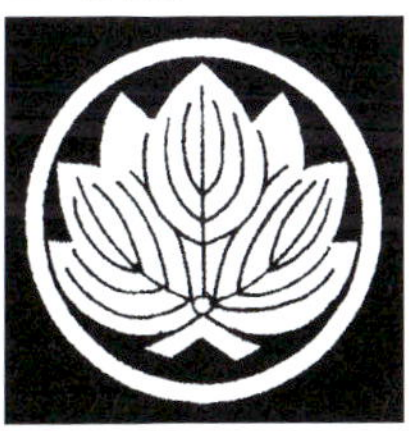
細輪に葉牡丹

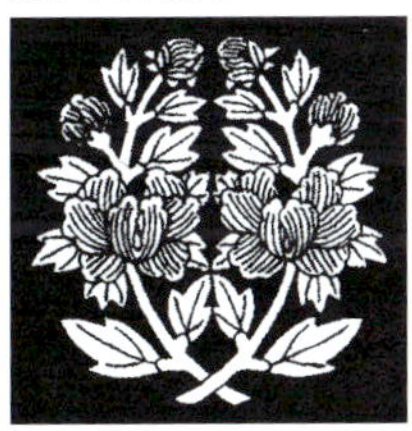
違い枝牡丹

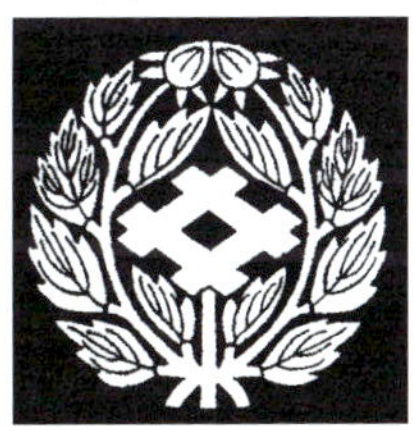
違い牡丹に井桁

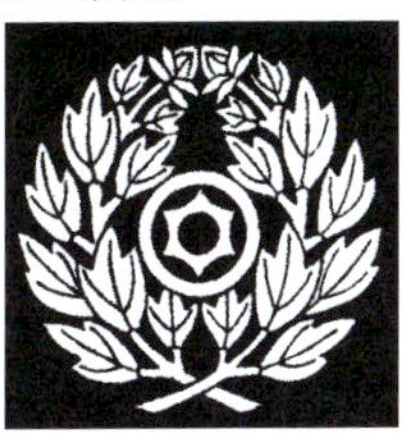
違い葉牡丹に丸鞠挟

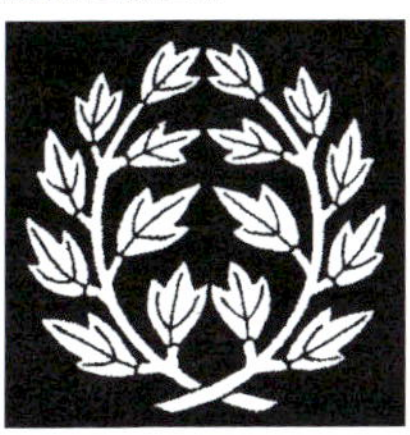
違い葉牡丹

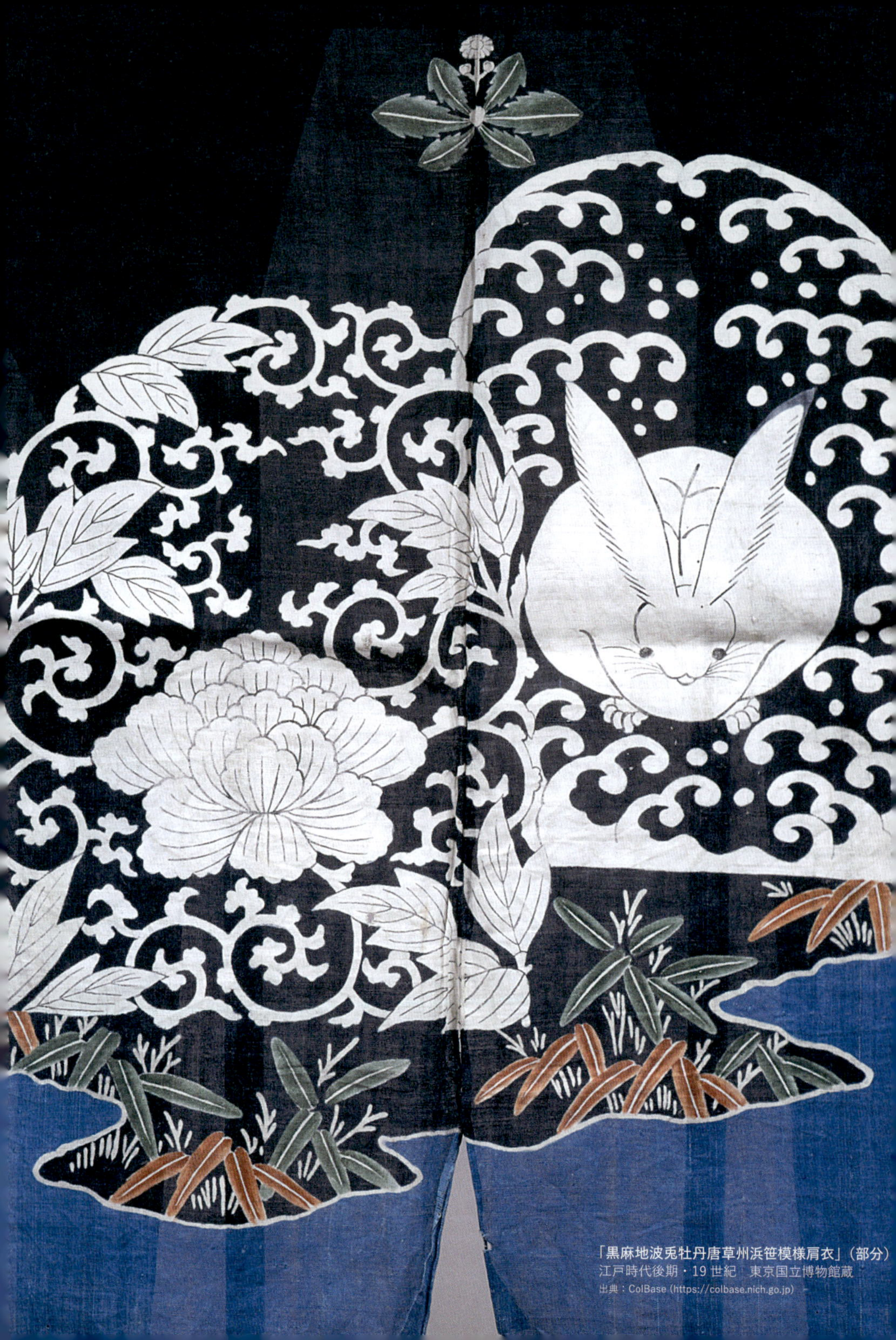

「黒麻地波兎牡丹唐草州浜笹模様肩衣」（部分）
江戸時代後期・19 世紀　東京国立博物館蔵
出典：ColBase (https://colbase.nich.go.jp)

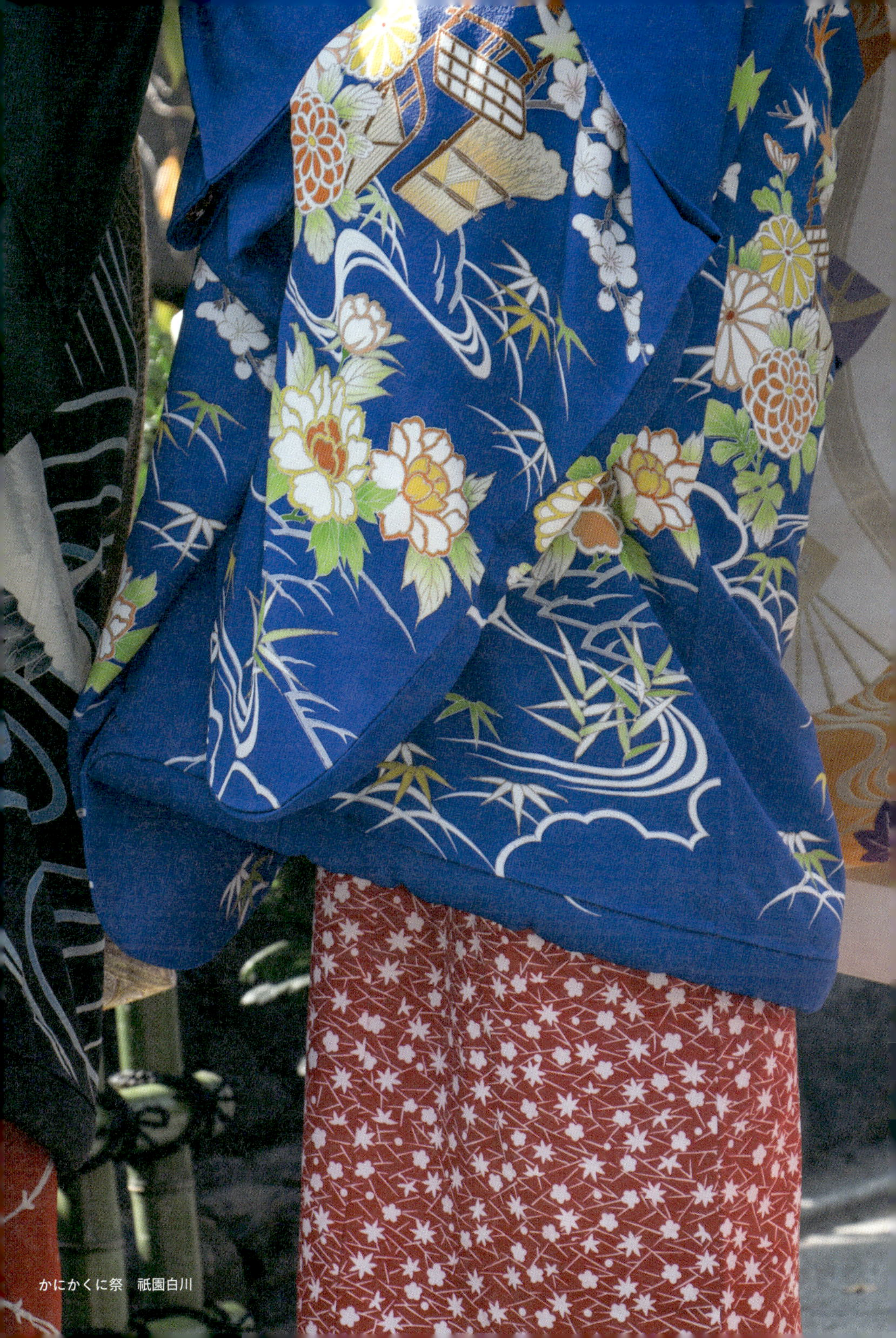

かにかくに祭　祇園白川

かきつばた

◉杜若紋

Kakitsubata | Iris Crests

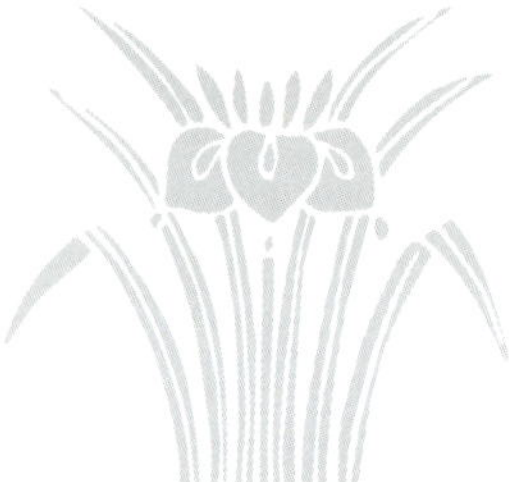

アヤメ科の多年草で、日本各地の池沼や水辺の湿地に生える。中世には貴族の庭園に観賞花として植えられた。家紋は花杜若と枝杜若の二種がある。花杜若は花の数が一個から三個、枝杜若は一株一花、二株二花、三株三花などがあり、菱形や根引などの変形もある。花山院家、中御門家など、いずれも公家の用いた専用家紋のひとつである。杜若は燕子花とも書き、琳派の尾形光琳や乾山の「燕子花図」や「八橋図」が有名である。

The *kakitsubata* Japanese iris (*Iris laevigata*) is a perennial plant of the Iridaceae family that grows in ponds, swamps, and waterside wetlands throughout Japan. In the middle ages, aristocrats had them planted in their gardens as ornamental plants. Iris blossom and iris sprig are two types of iris family crests; lozenge-shaped and uprooted-plant variants also exist. All were family crests for the exclusive use of aristocratic families.

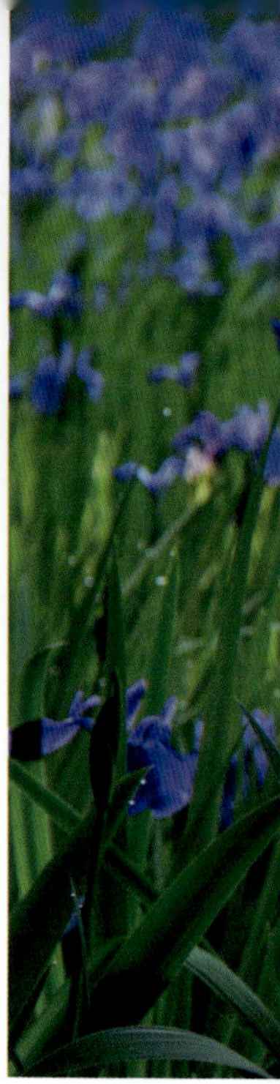

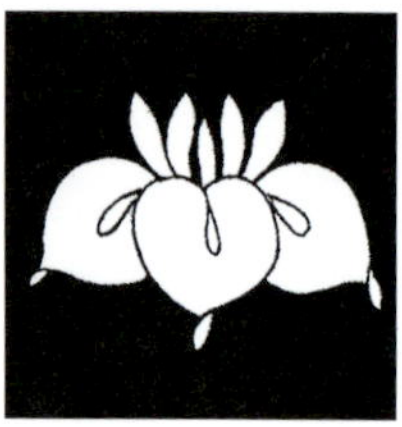

杜若の花

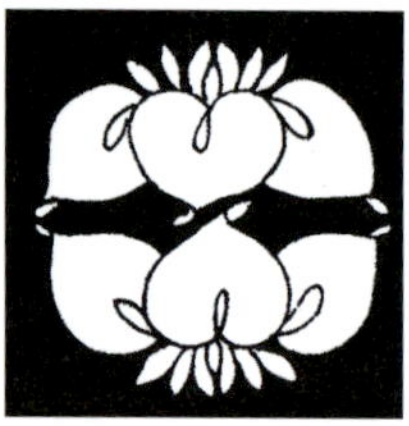

二つ杜若の花

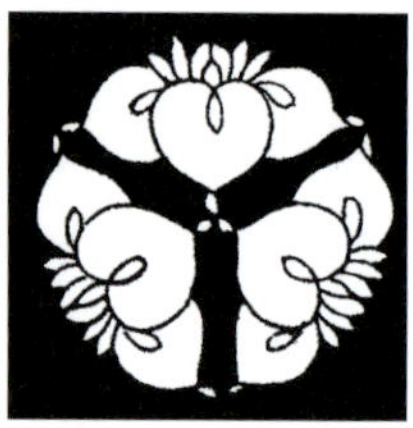

尻合せ三つ杜若の花

石山杜若

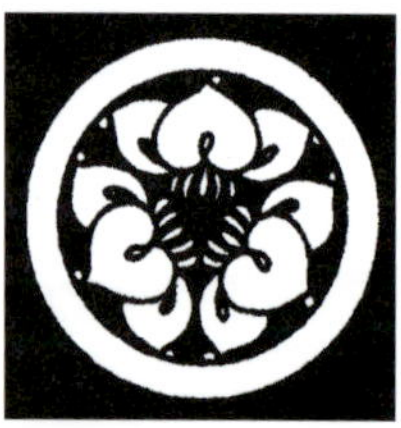

丸に頭合せ三つ杜若の花

かげ杜若の花

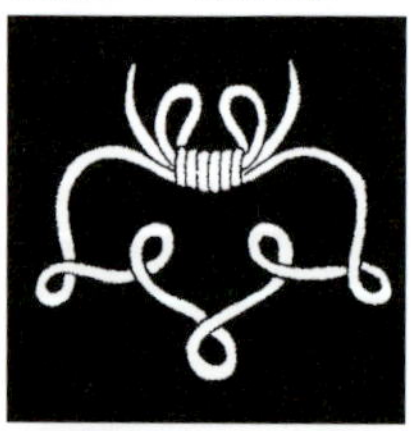

結び杜若の花

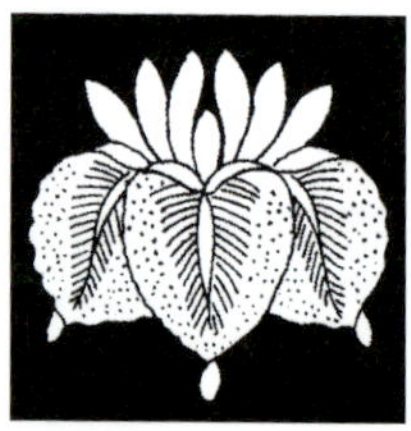

変り杜若の花

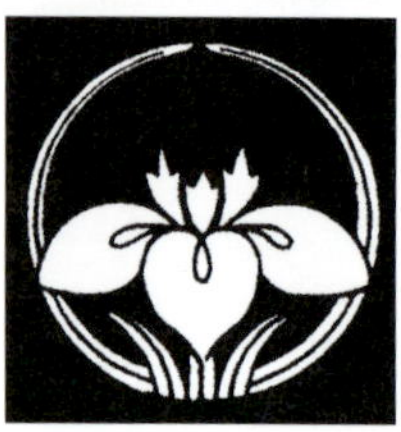

立杜若の丸

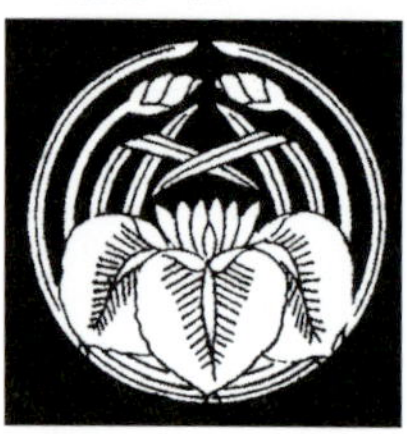

杏葉杜若

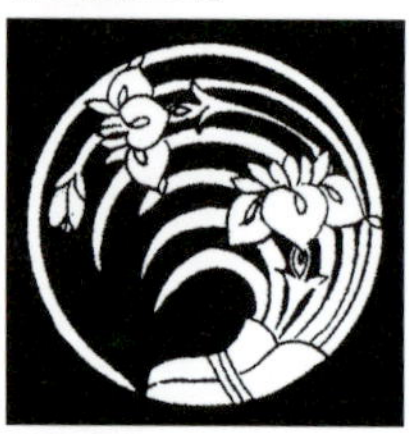

杜若の丸

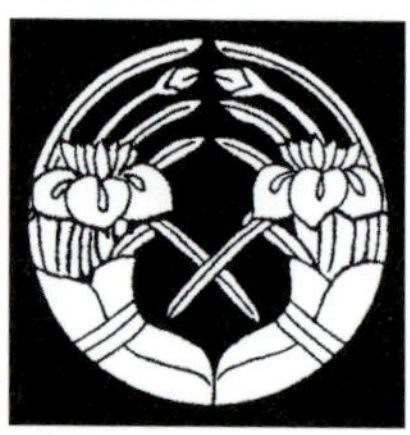

抱き杜若

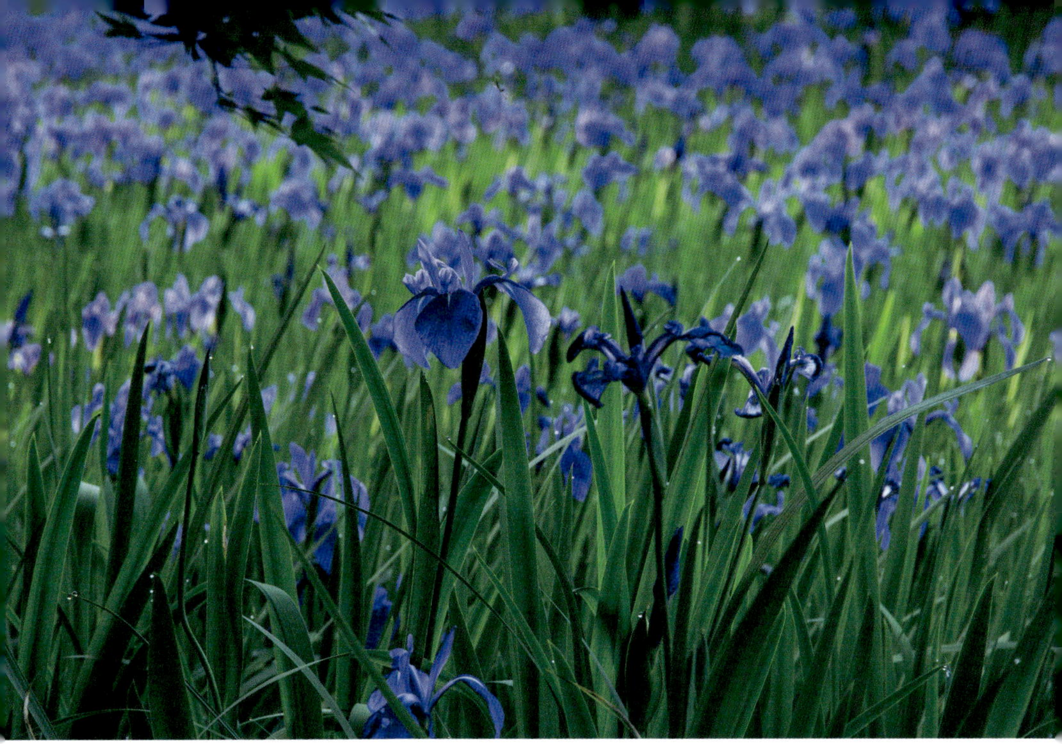

カキツバタ　大田神社

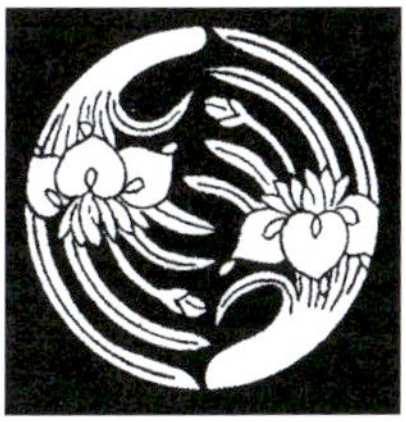

二つ追い杜若

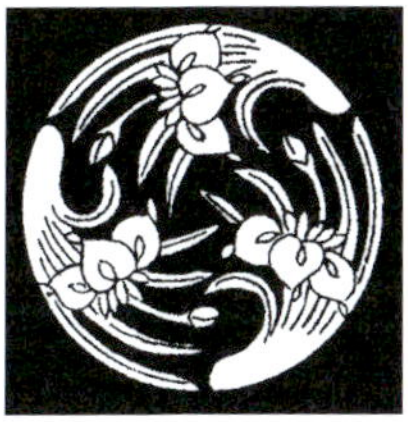

三つ追い杜若

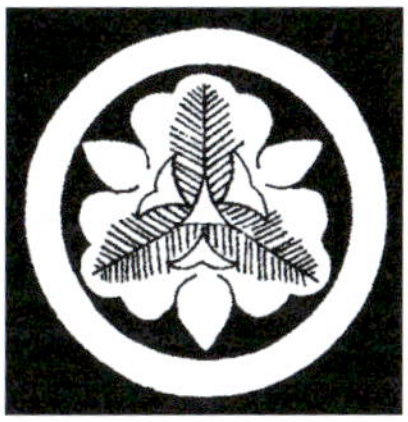

丸に向う杜若の花

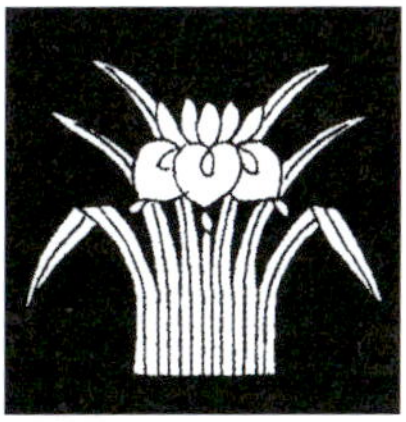

立杜若

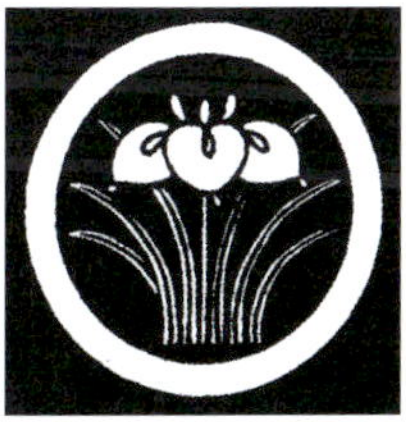

今城杜若

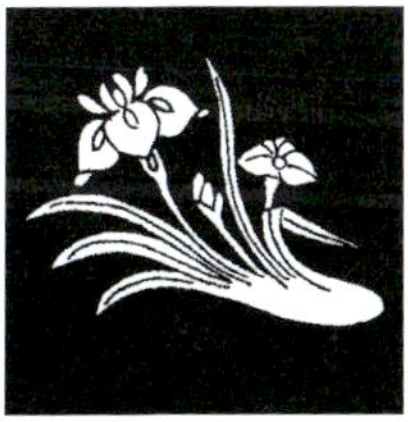

根引杜若

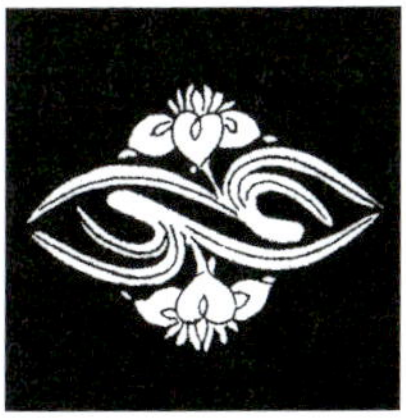

外向き杜若菱

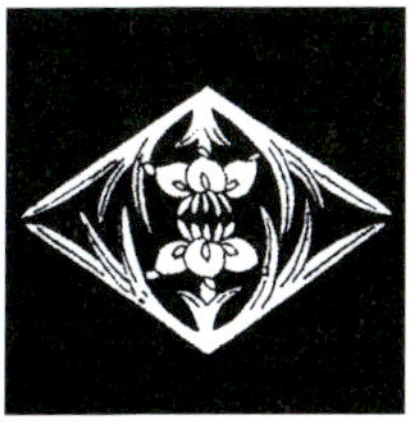

中山杜若

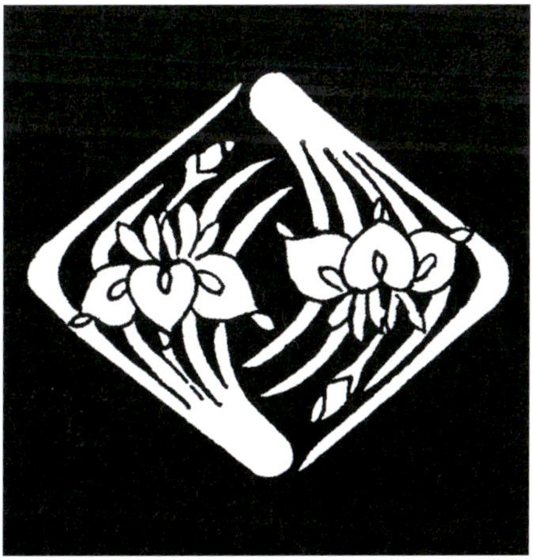

二つ追い杜若菱

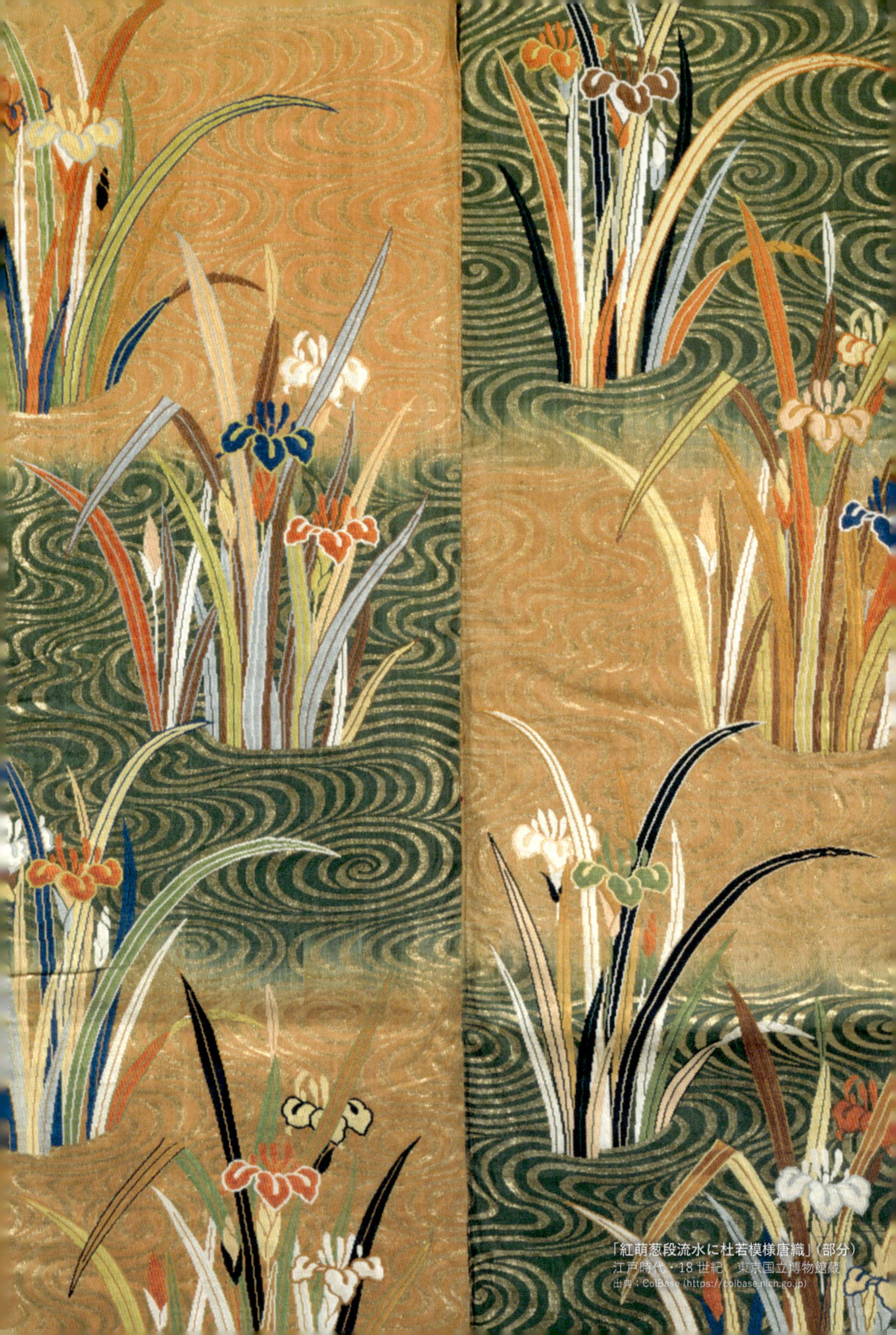

「紅萌葱段流水に杜若模様唐織」（部分）
江戸時代・18 世紀　東京国立博物館蔵
出典：ColBase (https://colbase.nich.go.jp)

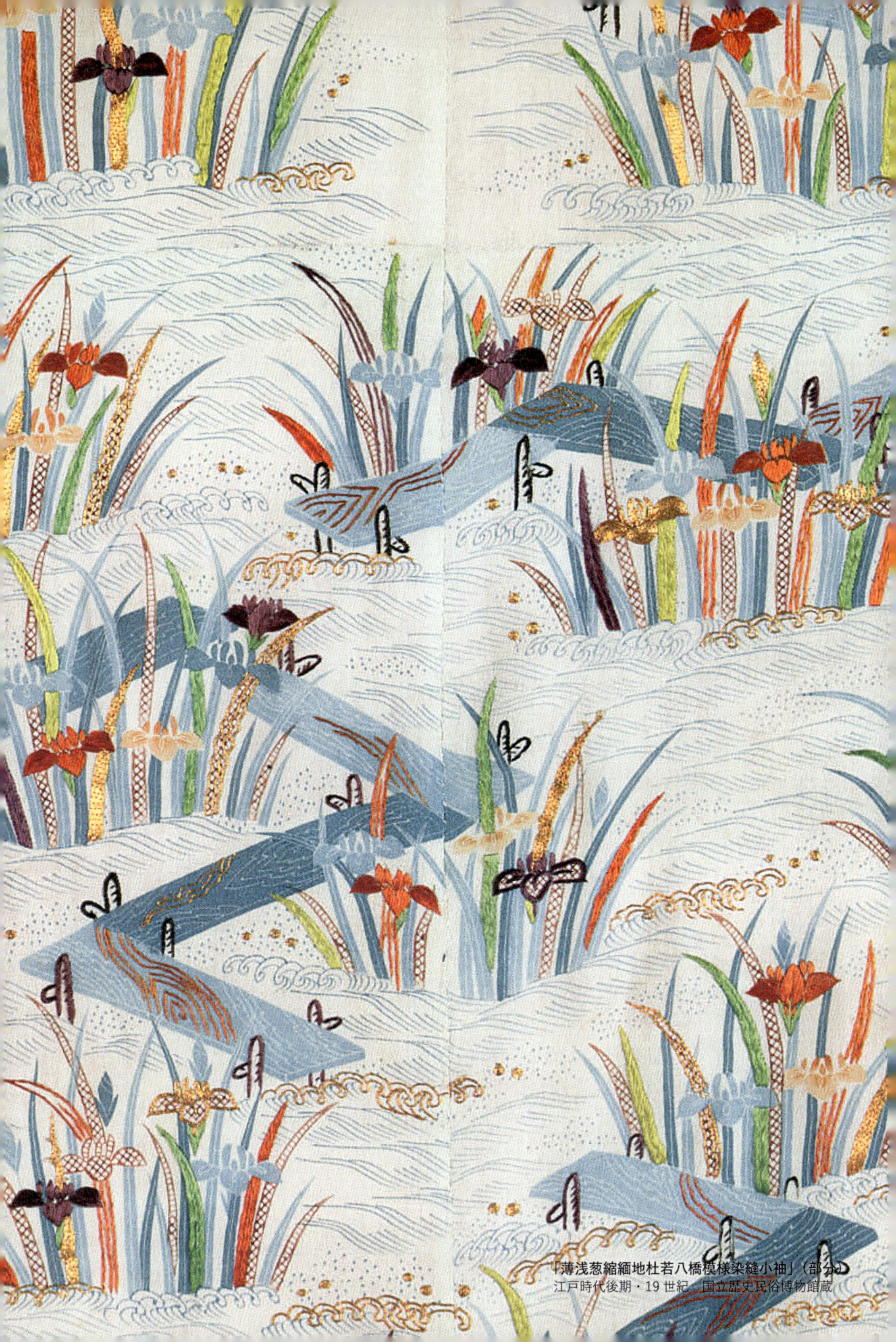

「薄浅葱縮緬地杜若八橋模様染縫小袖」（部分）
江戸時代後期・19 世紀　国立歴史民俗博物館蔵

てっせん

◉ **鉄線紋**

Tessen | Clematis Crests

キンポウゲ科の落葉性蔓(つる)植物で中国が原産。クレマチスの洋名で知られている。初夏になると白または紫色の花をつける。六弁の花びら（実は萼(がく)）を風車のように広げ、垣根などにはわせて観賞される。絵画や彫刻、染織品、とくに能装束などに意匠が残る。使用家は清和源氏流の出である片桐、平田、金子諸氏。江戸期では大名の永井氏、旗本七家で用いられている。

Clematis (*Clematis florida*) is a deciduous plant native to China. Its white or purple flowers bloom in early summer. The six-petalled flowers (actually, calyxes) open out like pinwheels and are a delightful sight spreading over fences. Many clematis motifs can be found in paintings, sculptures, textiles, and particularly in Noh costumes.

三つ鉄線

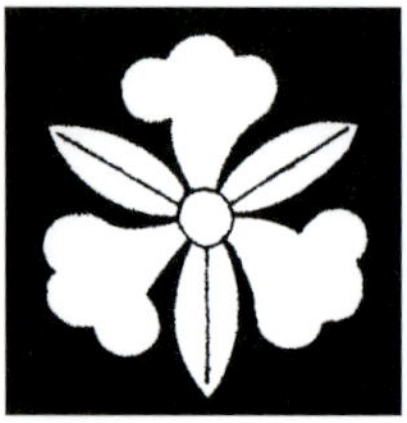
三つ葉鉄線

五つ鉄線

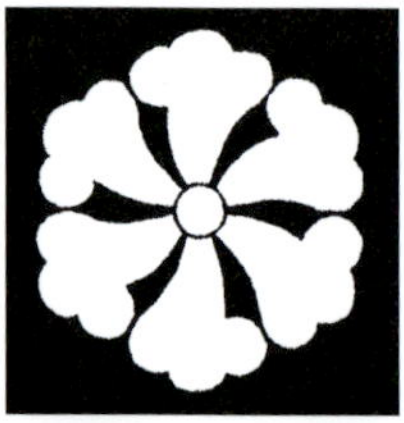
六つ鉄線

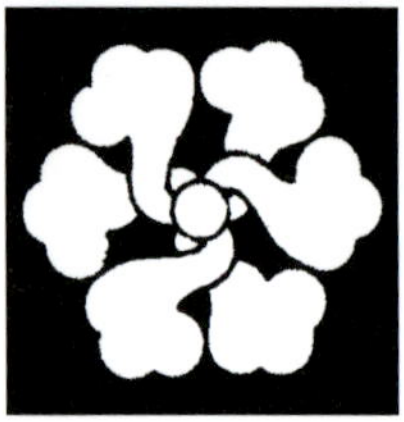
捻じ鉄線

光琳鉄線

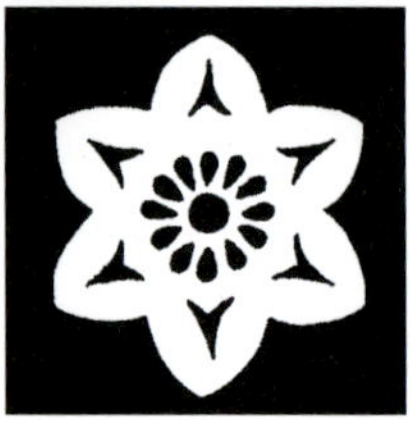
花鉄線崩し

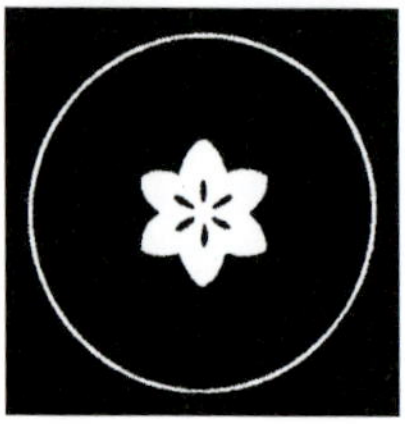
毛輪に豆花鉄線

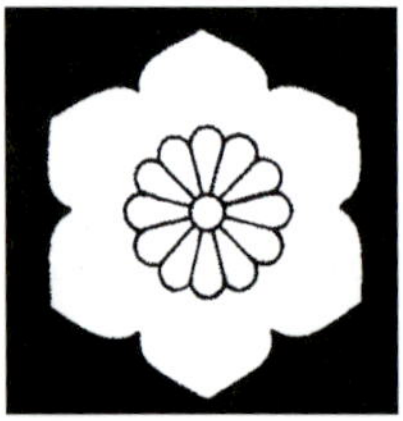
菊座花鉄線

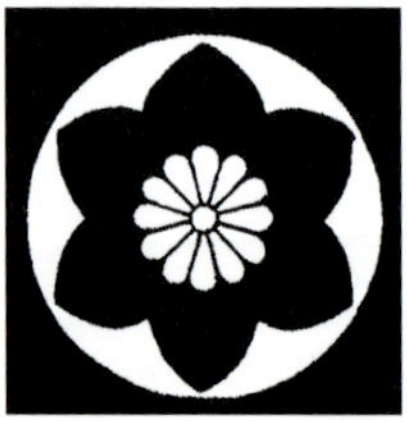
永井鉄線

五曜鉄線

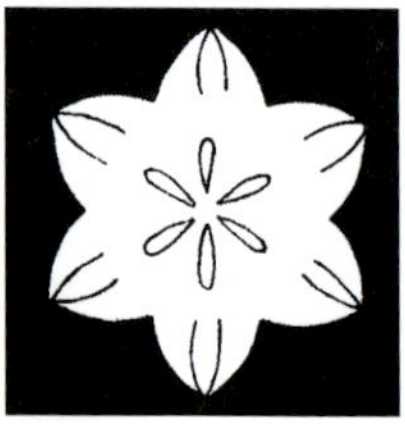
花鉄線

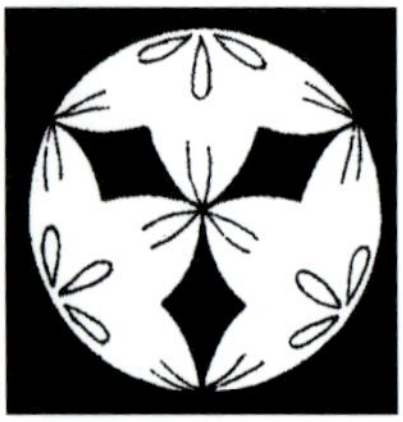
三つ割花鉄線

八つ花鉄線

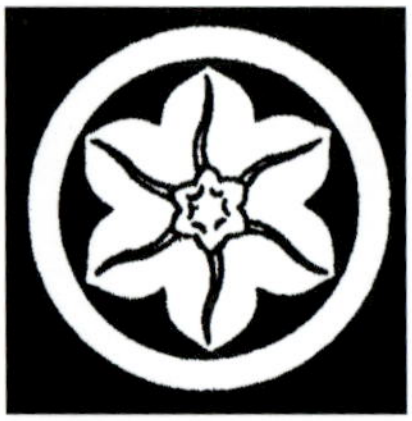
丸に裏花鉄線

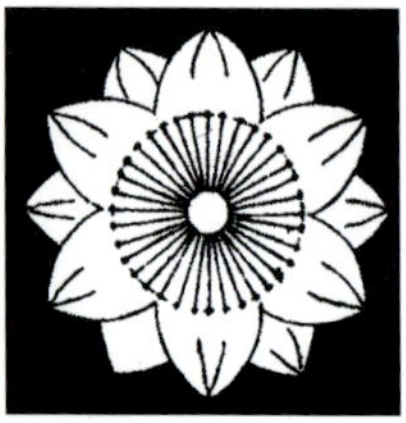
八重の花鉄線

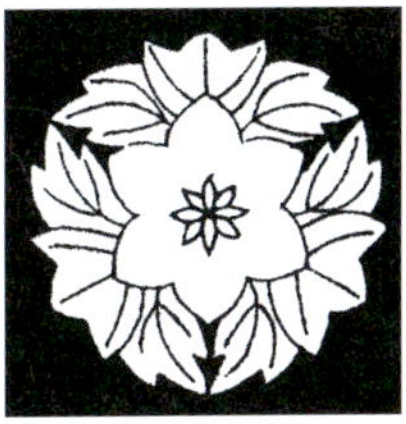
葉敷き花鉄線

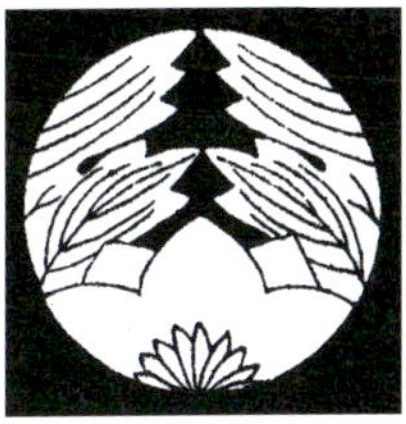
杏葉鉄線

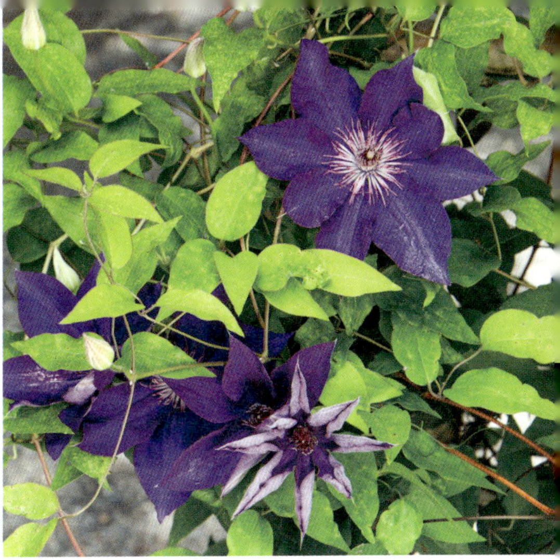
テッセン　常照寺

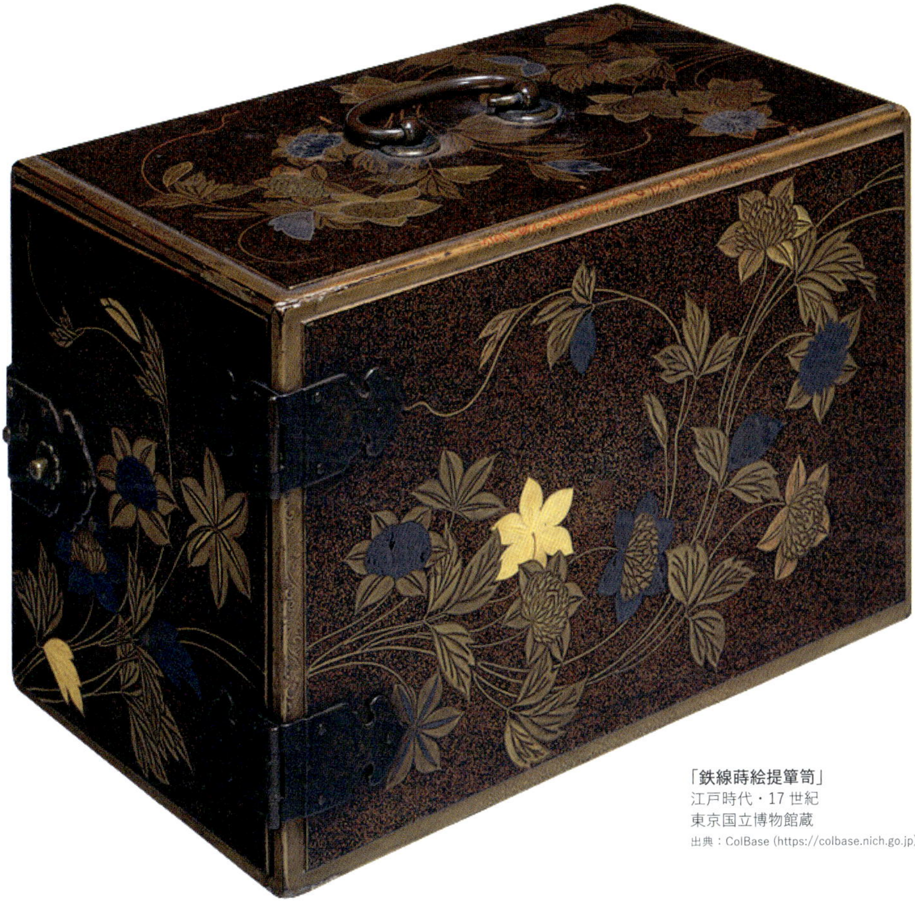
「鉄線蒔絵提箪笥」
江戸時代・17 世紀
東京国立博物館蔵
出典：ColBase（https://colbase.nich.go.jp）

1 植物篇　鉄線紋

あさがお

◉ 朝顔紋 *Asagao* | Morning Glory Crests

ヒルガオ科の蔓性一年草。アジア原産で奈良時代に中国から薬用として渡来し、園芸植物として改良された。和名の由来は朝咲いて昼にはしぼむ花という意味からきている。『萬葉集』に「阿佐我保」と出ていて古くからあったことがわかるが、家紋としての歴史はごく浅い。紋はラッパ状の花一輪、萼を中心に車形に並んだ五花文様、丸輪に蔓の巻いた全形にわけられる。

Morning glories (*Pharbitis nil*) are a climbing annual plant. Introduced from China for medicinal purposes in the Nara period (710–794), the morning glory has long been bred as an garden plant. As its name (in both English and Japanese) implies, it blooms in the morning, the blossoms wilting later in the day. These flowers are mentioned in the Manyōshū poetry collection compiled in the eighth century, but despite their long history of cultivation, their use in family crests is relatively recent.

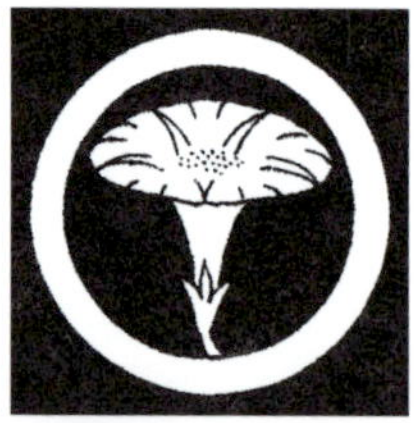

丸に朝顔

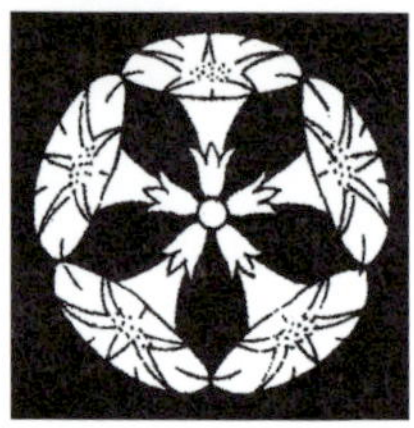

五つ朝顔

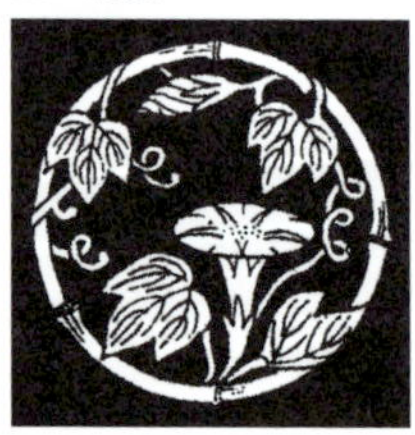

朝顔枝蔓丸

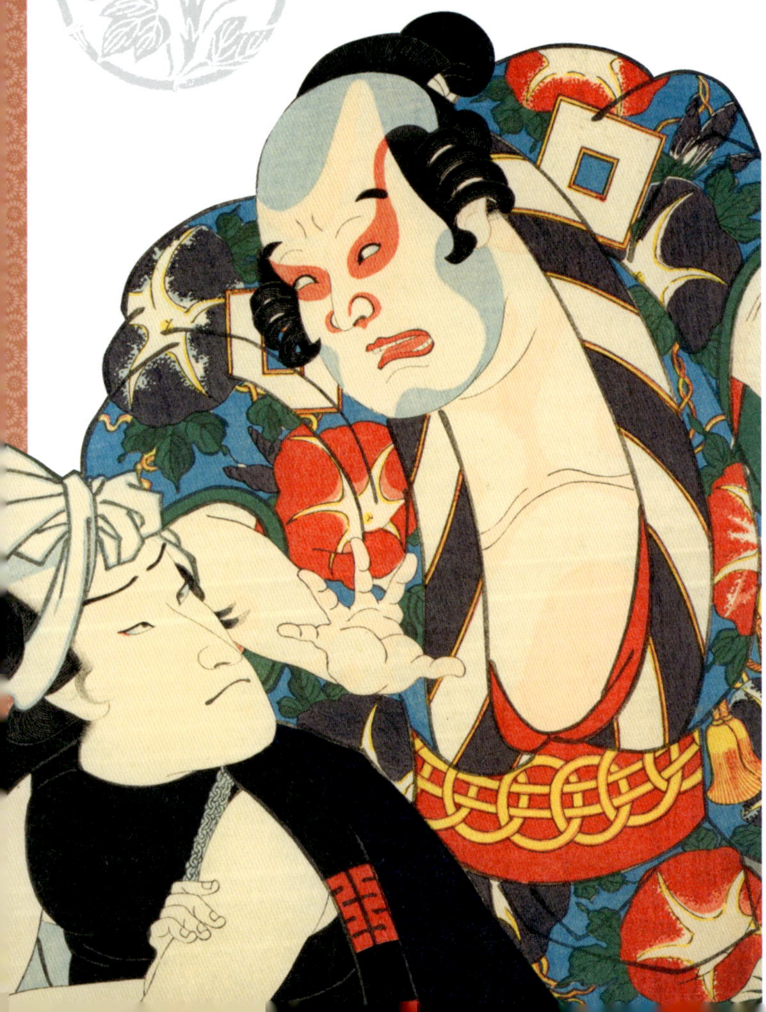

「朝皃せん平　坂東むら右衛門・福山の善太　市川八百蔵」（部分）歌川豊国
文久３年・1863
国立国会図書館蔵

はす

蓮紋

Hasu | Lotus Crests

ハス科の多年生水草で、インドが原産。古く中国から渡来して水田や池、堀などに栽培される。明け方に花が開くのが特徴で、泥水のなかから美しい花を咲かせることから純粋性の象徴とされ、ヒンドゥー教や仏教では神聖な花とされている。家紋には全体の姿を丸くアレンジした「蓮の丸」、花だけの「一つ蓮の花」、花と葉と茎をつけた「立蓮の花」などがある。

The lotus (*Nelumbo nucifera*) is an aquatic plant native to India that was introduced to Japan from China in the distant past. Lotus plants are cultivated in rice paddies, ponds, moats, and other small bodies of water. Their flowers are distinctive for blooming before dawn. Because they produce beautiful flowers from muddy water, they are a symbol of purity and are regarded as sacred flowers in both the Hindu and Buddhist religions.

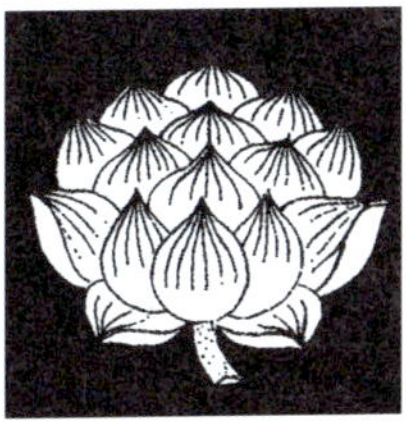

蓮の花

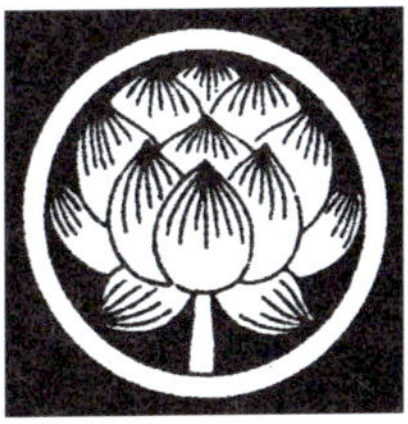

中輪に蓮の花

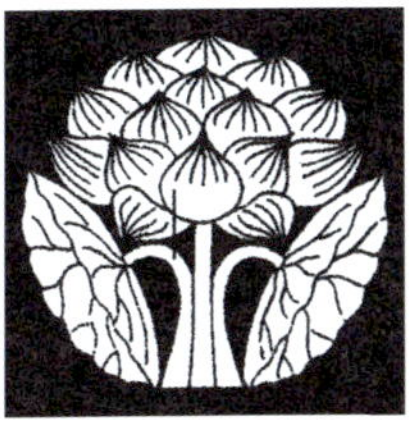

葉つき立蓮の花

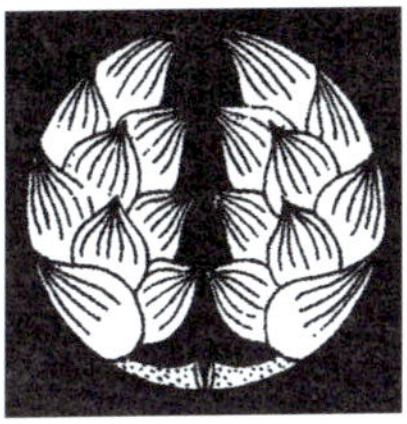

割蓮の花

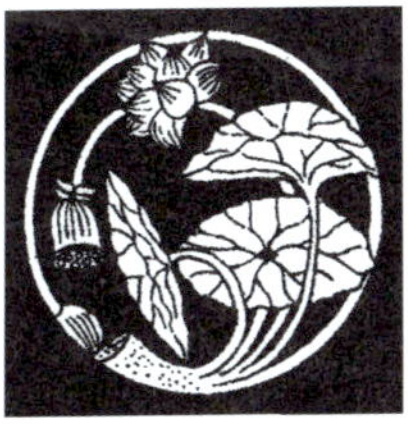

蓮の丸

糸輪に五つ蓮の実

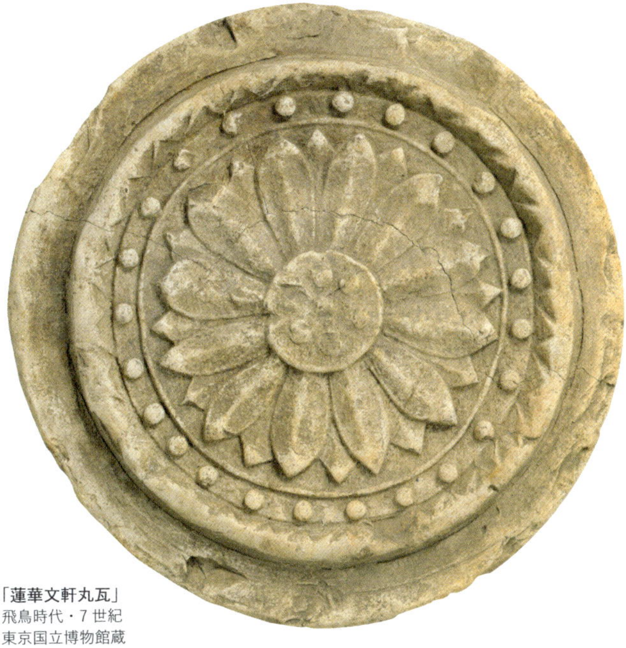

「蓮華文軒丸瓦」
飛鳥時代・7世紀
東京国立博物館蔵
出典：ColBase (https://colbase.nich.go.jp)

おもだか

◉ **沢瀉紋**

Omodaka | Arrowhead Crests

オモダカ科の多年草で、日本各地の水田や沼地に生える。人の顔（面）に似た葉が高くなることから、面高とよぶ。紋のかたちは葉だけを用いる沢瀉紋と、葉と花を組み合わせた花沢瀉紋がある。沢瀉紋は葉の数によって一つから九つまであり、水を添えたものを「水野沢瀉」という。ほかに「抱き沢瀉」「向う沢瀉」などもある。沢瀉の文様は武将に好まれ武具や衣裳などにも図案化された。家紋は老中水野忠邦、大名では毛利氏、土井氏が用いている。

Arrowheads (*Sagittaria natans*) are perennial plants that grow in rice paddies and wetlands throughout Japan. Their Japanese name is derived from the shape of their leaves, which resemble a human face (*omo*) but are tall (*taka*). The English name is also based on the leaf

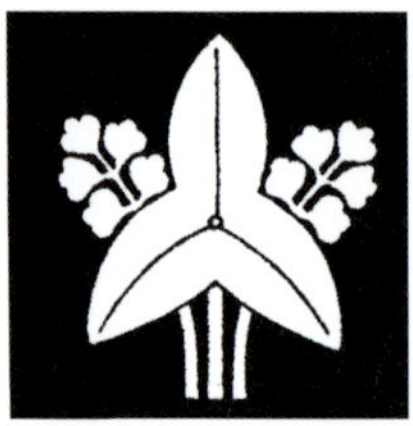

沢瀉

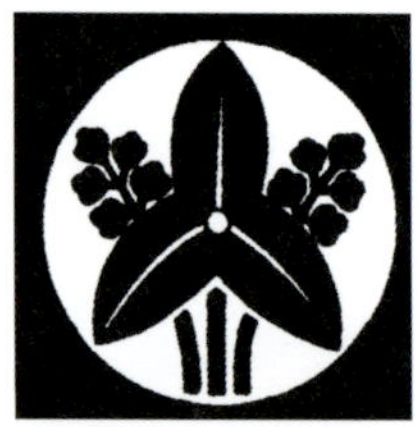

石持ち地ぬき立沢瀉

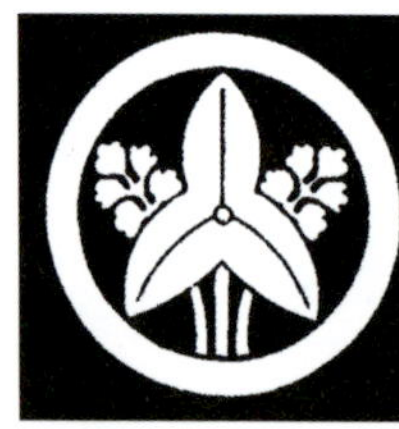

丸に立沢瀉

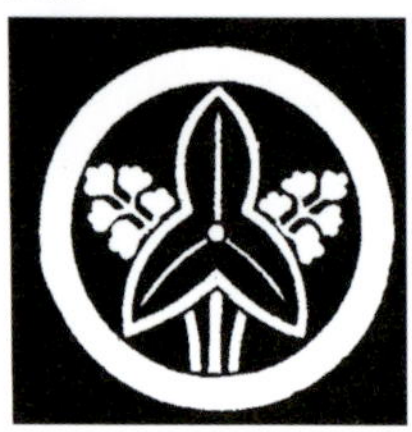

丸にかげ沢瀉

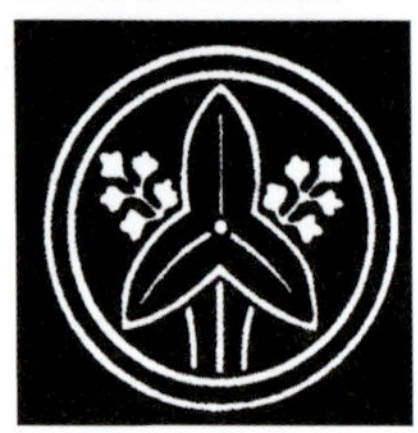

総かげ丸に立沢瀉

有馬沢瀉

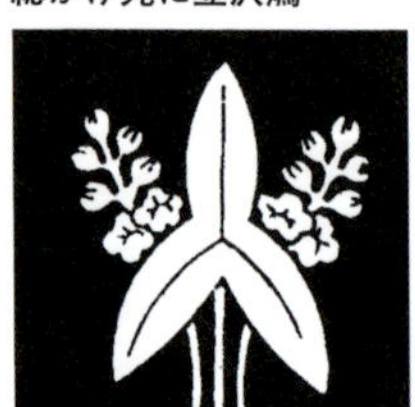

福島沢瀉

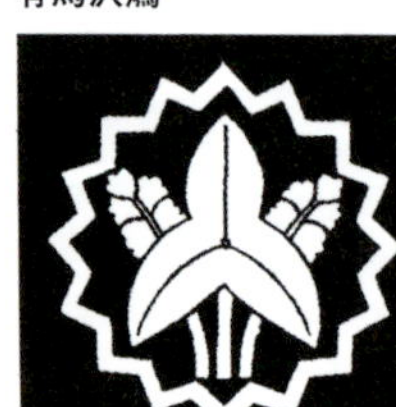

大関沢瀉

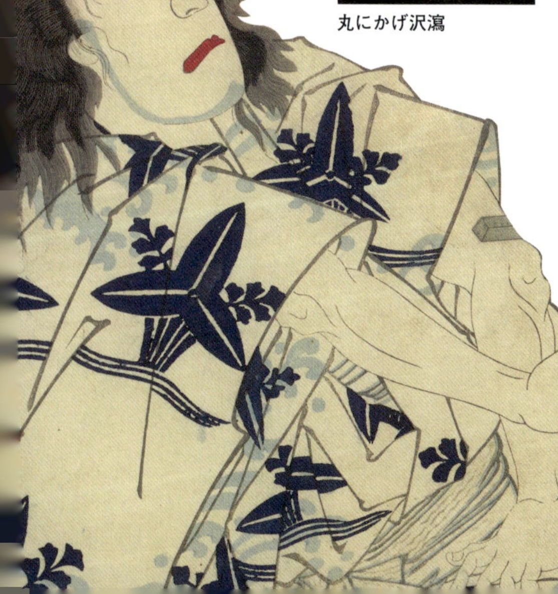

shape. Arrowhead crest designs include versions using only the leaf and those that combine the leaf and flower. These crests were favored by military commanders for use on their arms, armor, and garments.

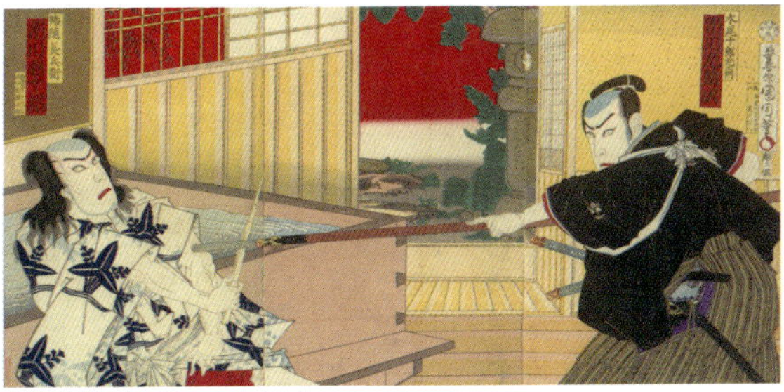

「極付幡随長兵衛」豊原国周　明治 17 年・1884
東京都立中央図書館特別文庫室蔵

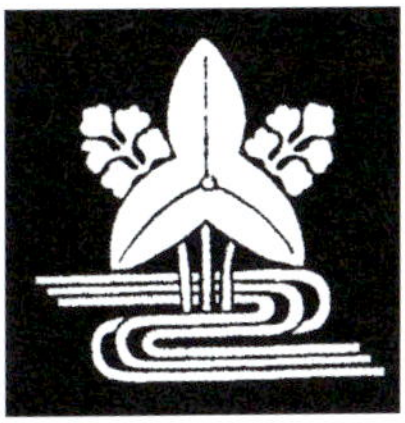
沢瀉に水

水野沢瀉

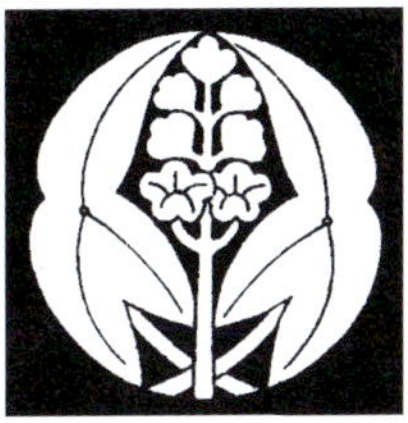
抱き沢瀉

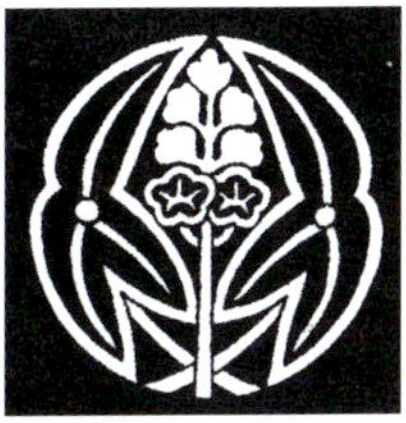
かげ抱き沢瀉

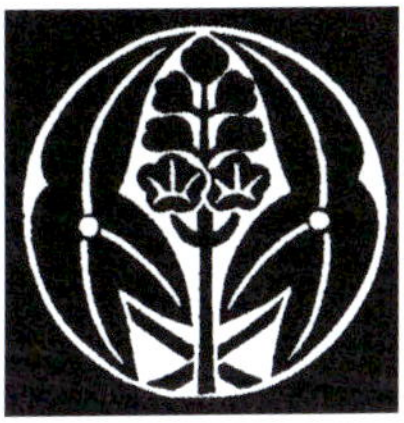
石持ち地ぬき抱き沢瀉

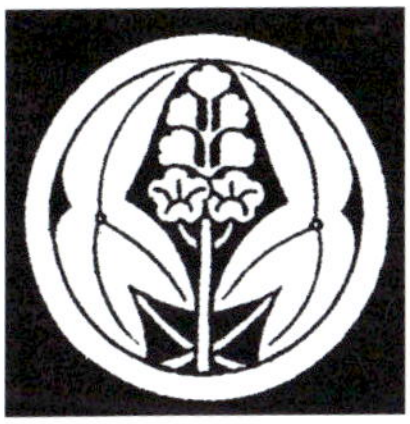
中輪に抱き沢瀉

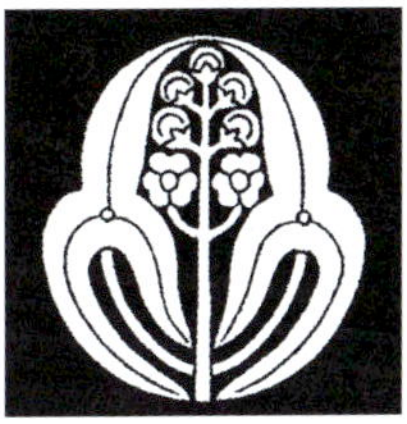
長門沢瀉

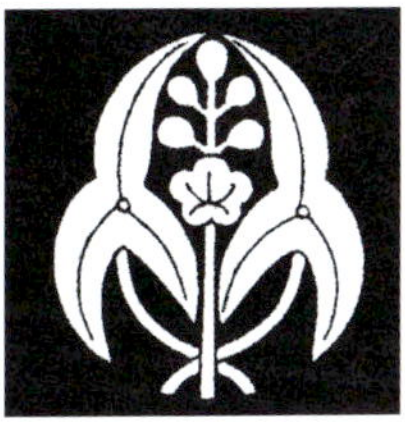
細抱き沢瀉

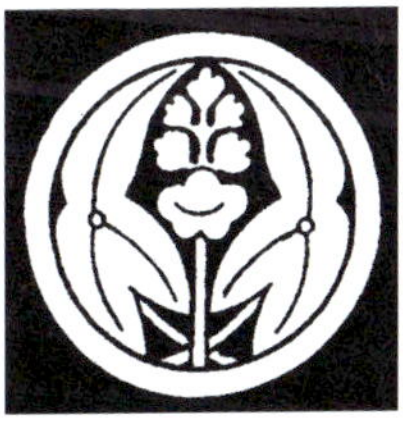
中輪に変り抱き沢瀉

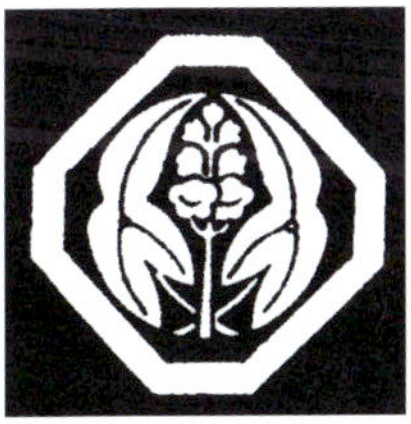
隅切角に抱き沢瀉

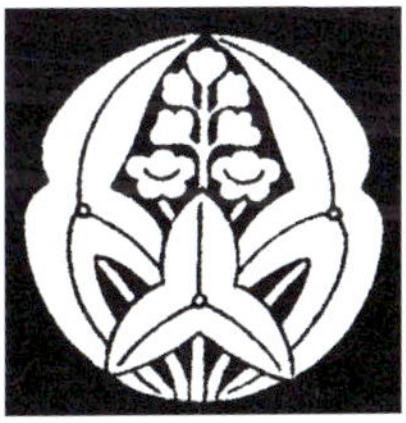
子持ち抱き沢瀉

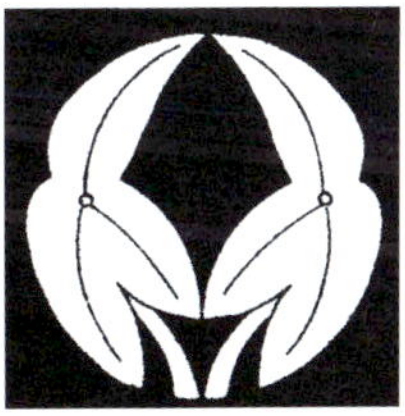
変り抱き葉沢瀉

抱き葉沢瀉に木瓜

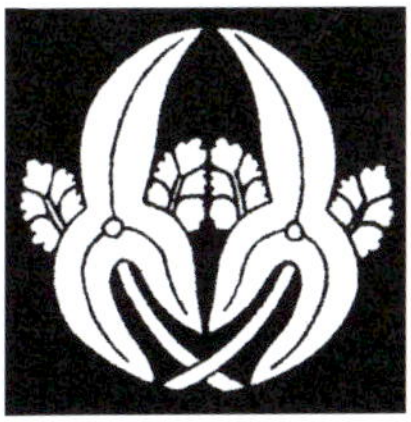
変り抱き葉沢瀉

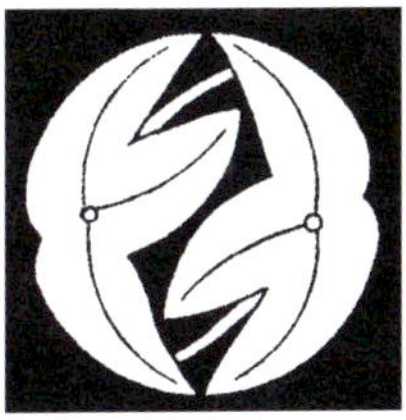
入違い葉沢瀉

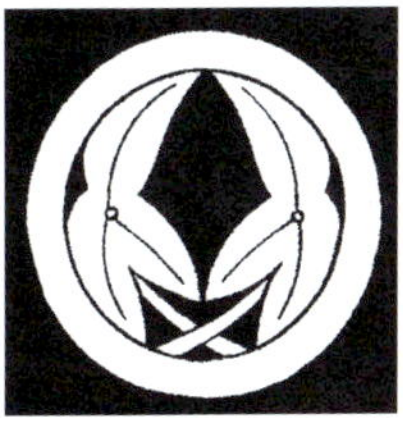
丸に葉沢瀉

1 植物篇 沢瀉紋

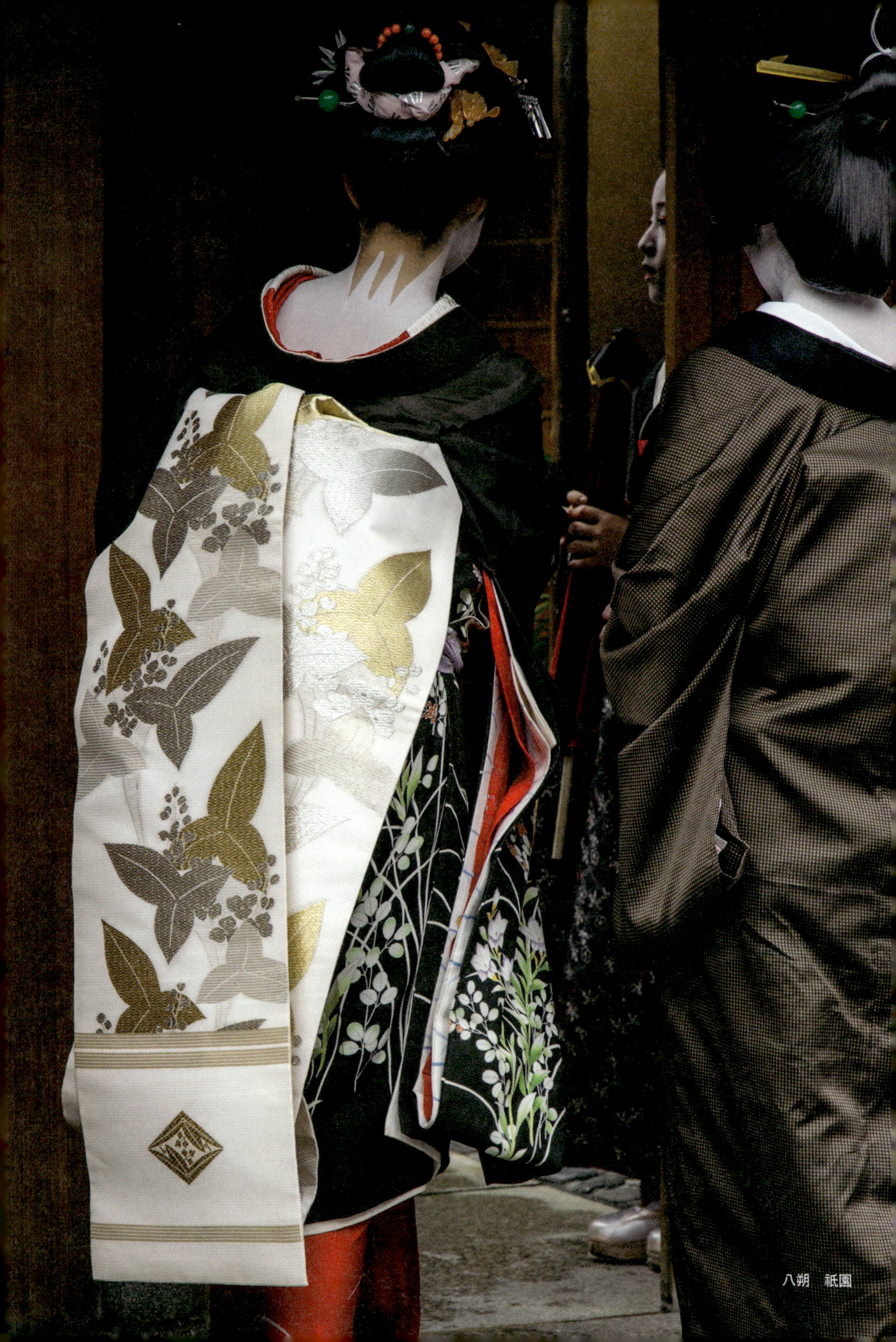

八朔　祇園

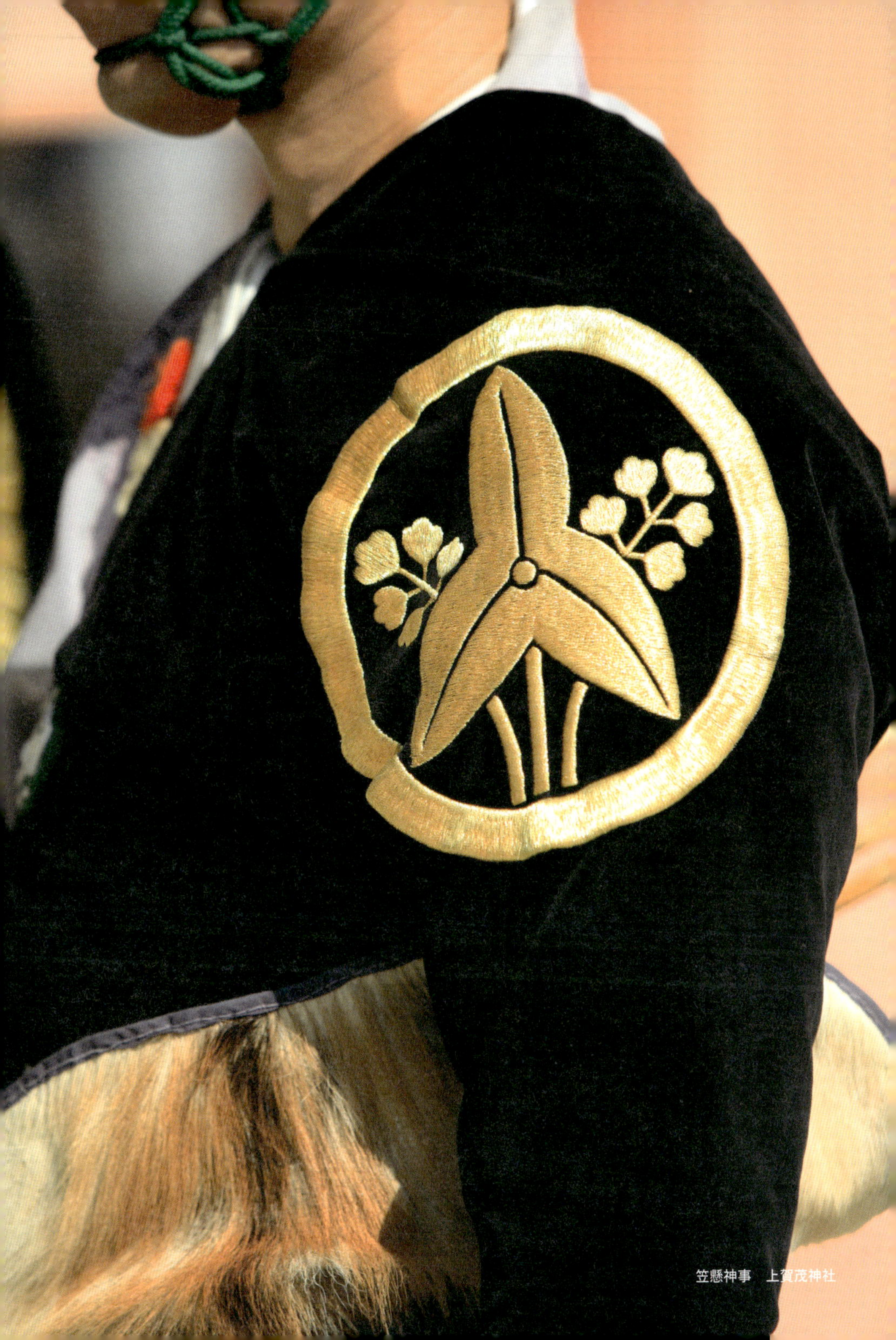

笠懸神事　上賀茂神社

「色絵沢瀉文徳利」伊万里
江戸時代・17 世紀　東京国立博物館蔵
出典：ColBase (https://colbase.nich.go.jp)

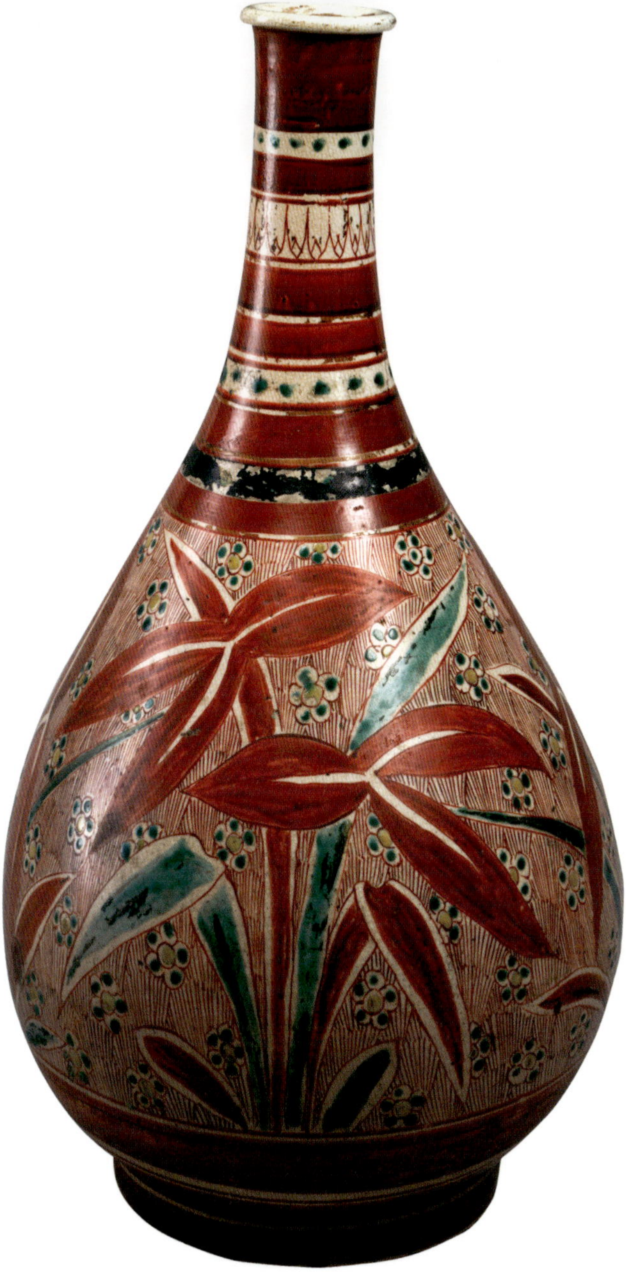

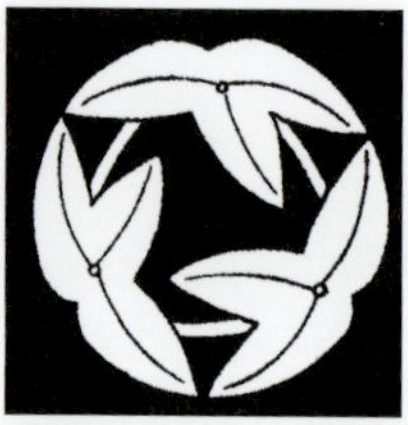
三つ追い葉沢瀉

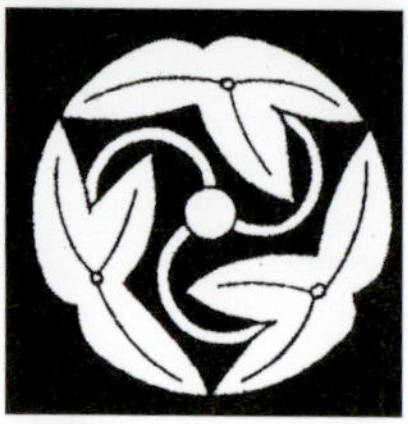
沢瀉巴

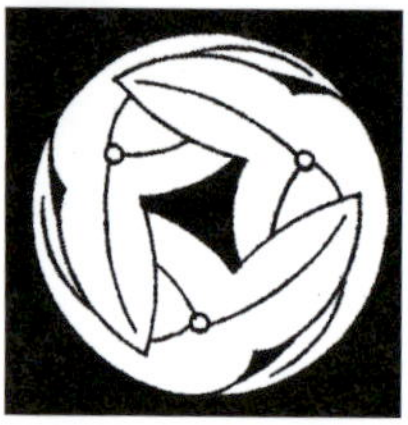
三つ追い重ね葉沢瀉

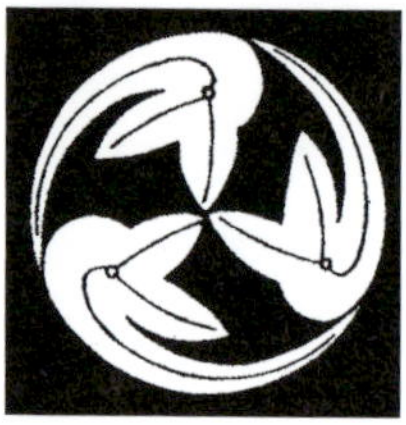
変り沢瀉巴

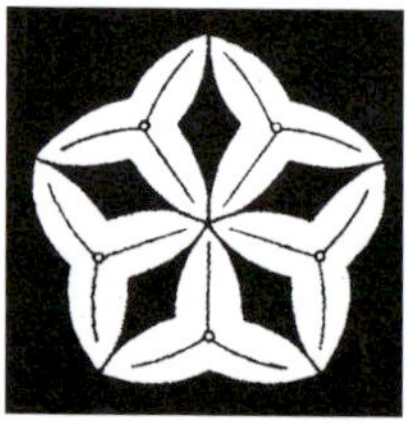
沢瀉桔梗

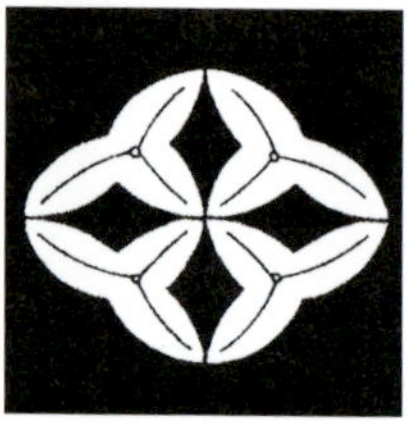
四つ追い葉沢瀉

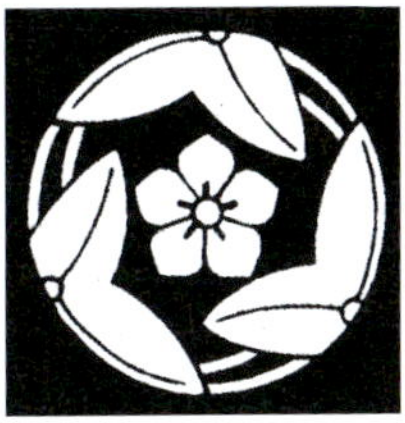
三つ割葉沢瀉に桔梗

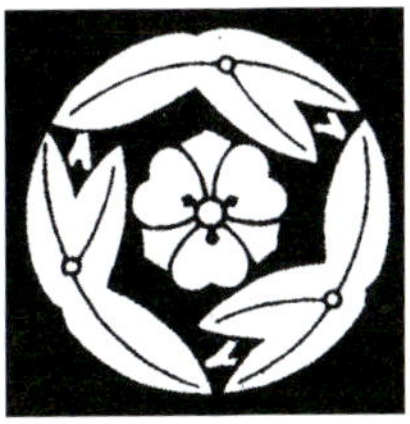
三つ追い沢瀉に剣片喰

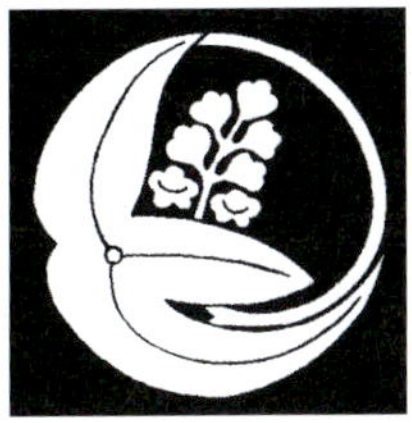
一つ沢瀉の丸

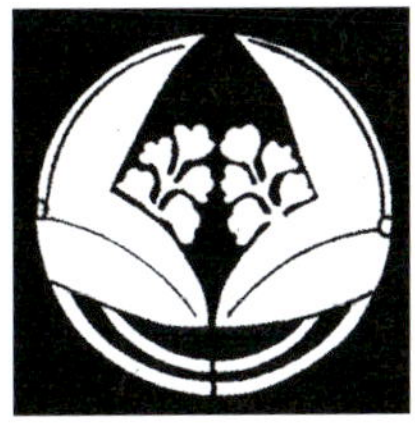
割沢瀉

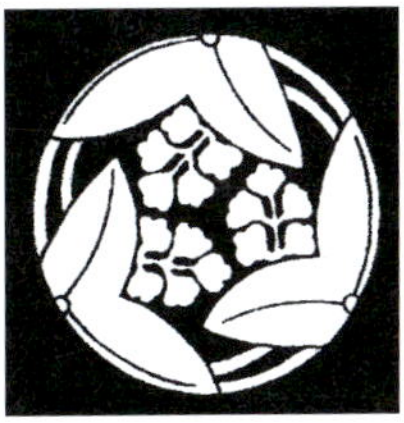
三つ割沢瀉

変り三つ追い沢瀉

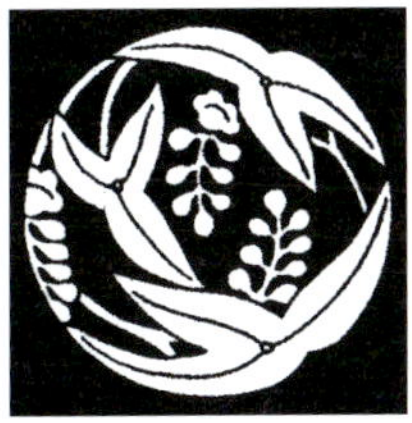
沢瀉の丸

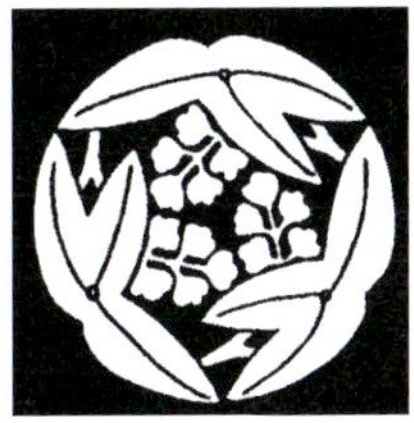
三つ追い沢瀉

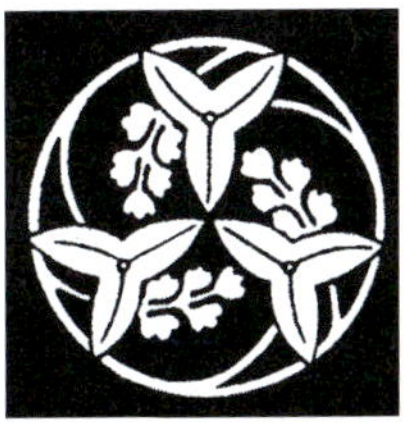
三つ花沢瀉の丸

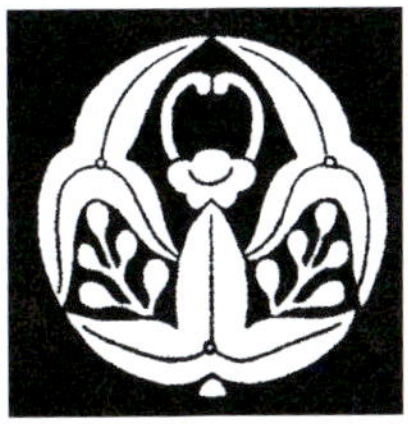
浮線沢瀉

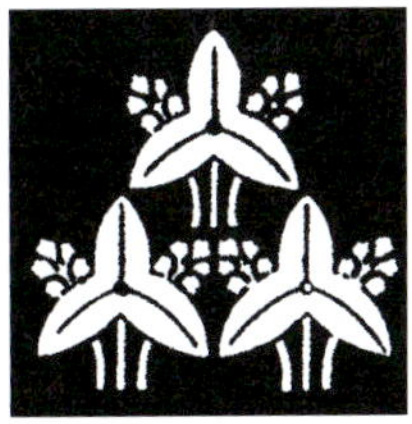
三つ盛り沢瀉

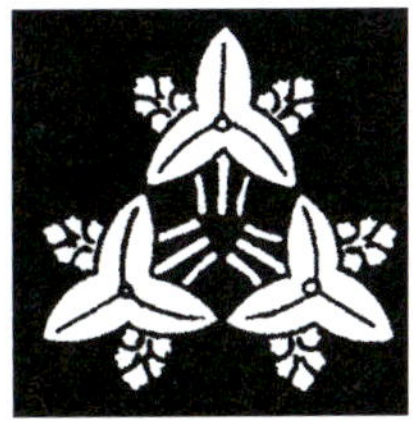
三つ寄せ沢瀉

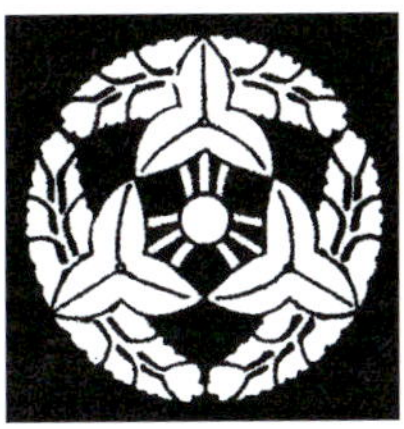
三つ沢瀉の丸

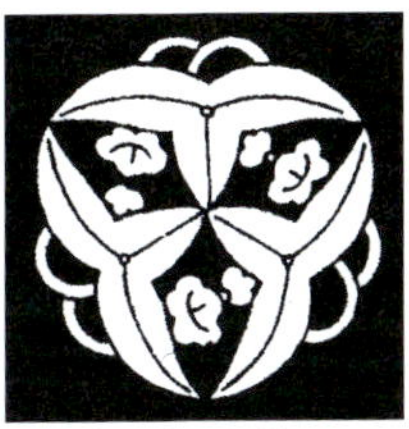
三つ寄せ変り沢瀉

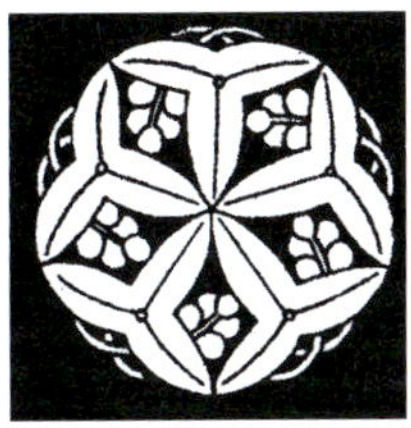
変り五つ沢瀉

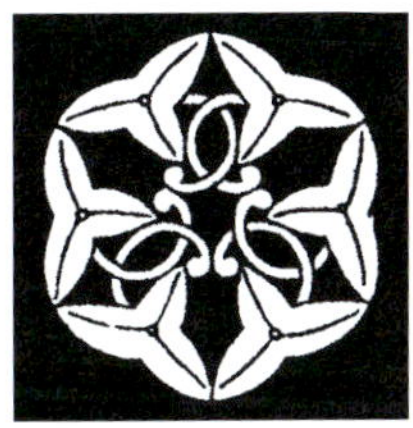
六つ蔓沢瀉

五つ捻じ沢瀉

沢瀉桐

変り沢瀉桐

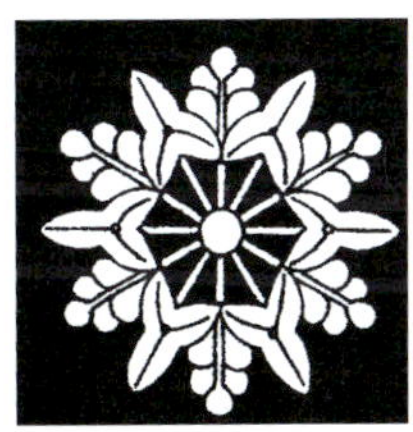
沢瀉車

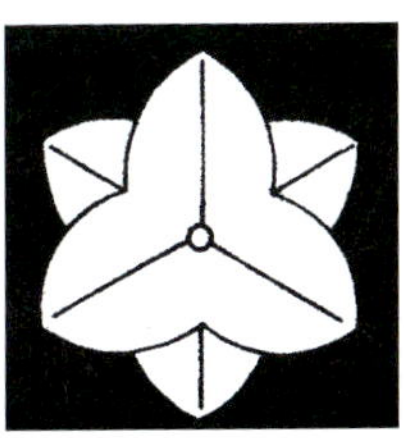
八重向う沢瀉

向う花沢瀉

向う蔓沢瀉

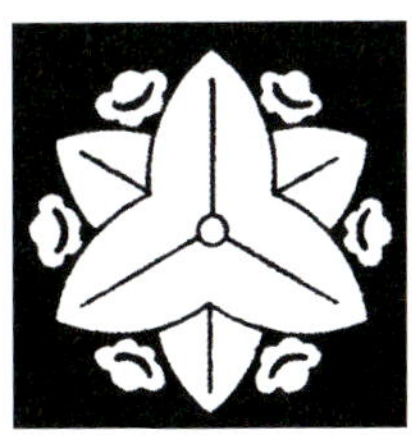
変り向う花沢瀉

ふじ

◉ **藤紋**

Fuji | Wisteria Crests

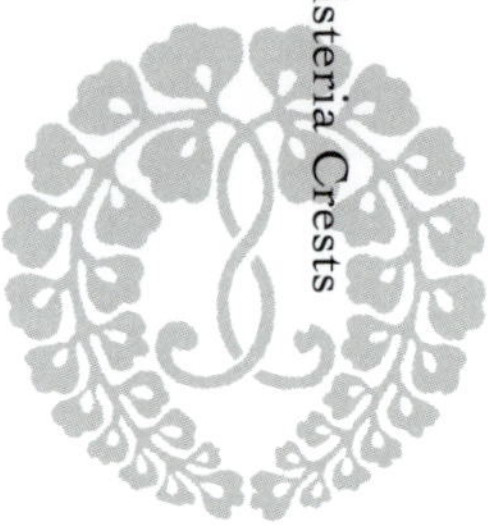

マメ科の蔓(つる)性落葉低木。5月ごろ、淡紫色の蝶形花が長く垂れ下がる房となって咲く。平安時代の貴族に好まれて観賞用に栽植され、藤見の宴も盛んに行われた。家紋のなかでも優美な花房の文様が美しく、二つの花房が両側から垂れ下がった「下り藤の丸」が多い。ほかに「上り藤の丸」「八つ藤」「藤巴」などがある。江戸時代には大名家九家、旗本百六十二氏が藤紋を用いている。公家では一条、二条、醍醐、富小路の諸家が「下り藤」、正親町、裏辻家が「藤巴」である。

Wisteria (Wisteria floribunda) is a deciduous perennial climbing plant. Its tassels of lavender, pea-like blossoms bloom around May. These flowers were enjoyed by aristocrats in the Heian period

岩船藤

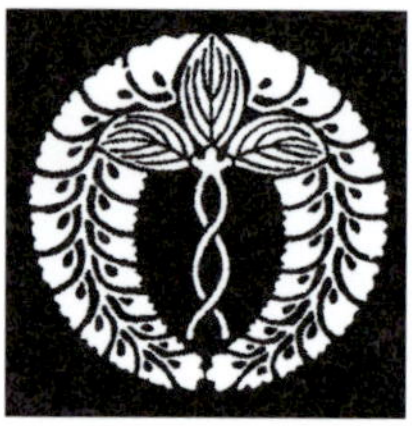

仏光寺藤

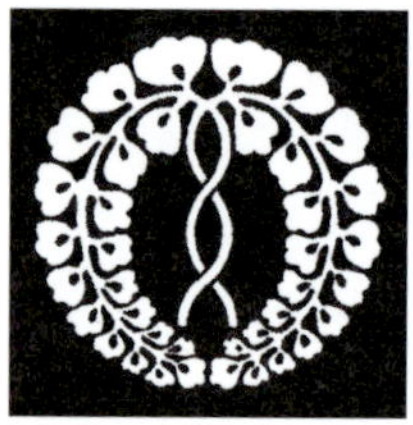

一条藤

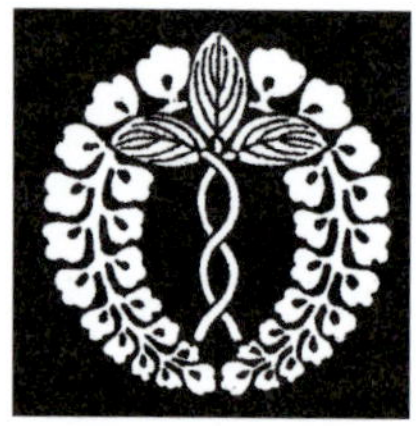

二条藤

六条藤

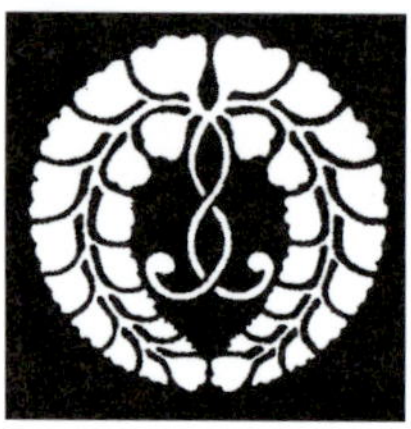

西六条藤

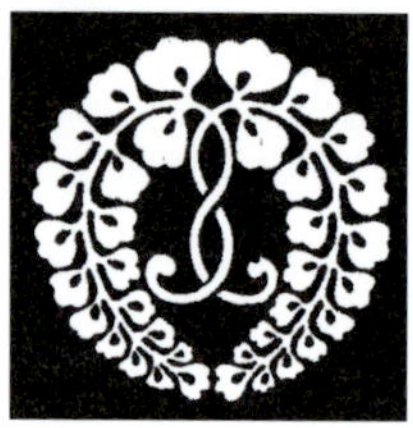

九条藤

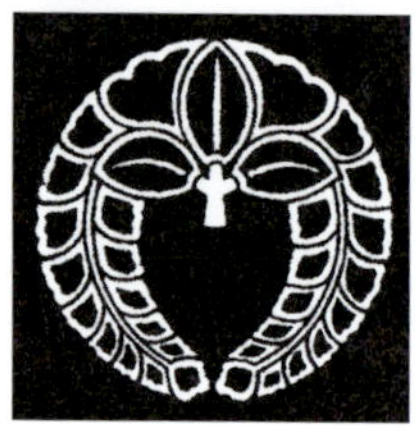

かげ下り藤

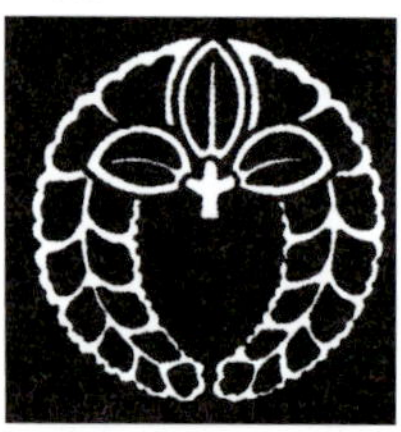

中かげ下り藤

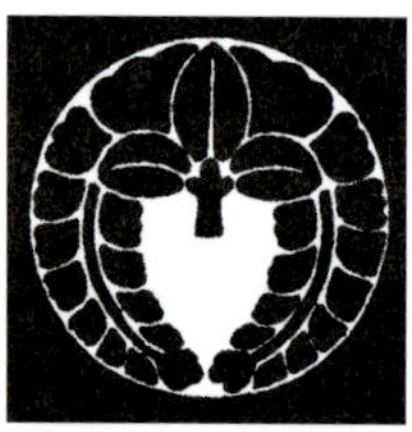

石持ち地ぬき下り藤

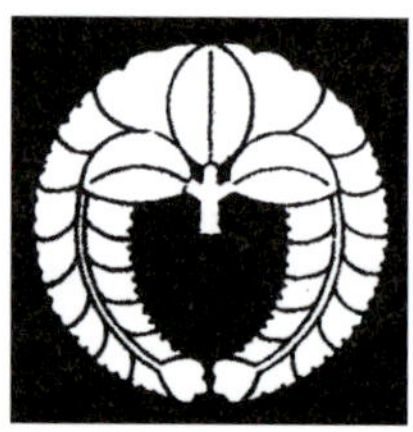

下り藤

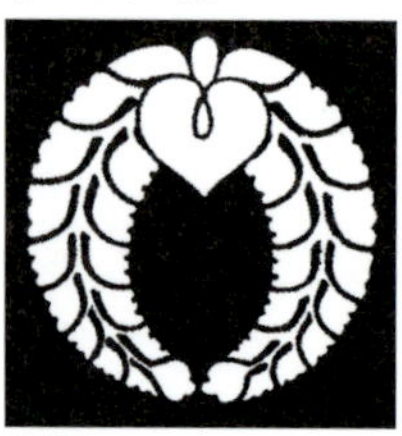

花藤

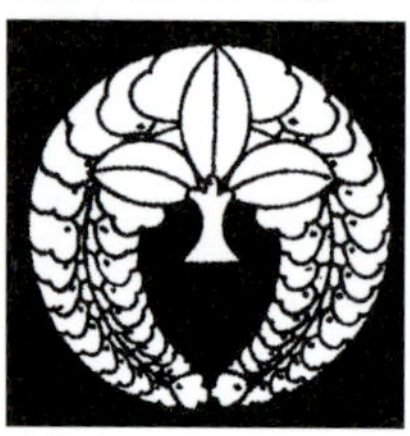

内藤藤

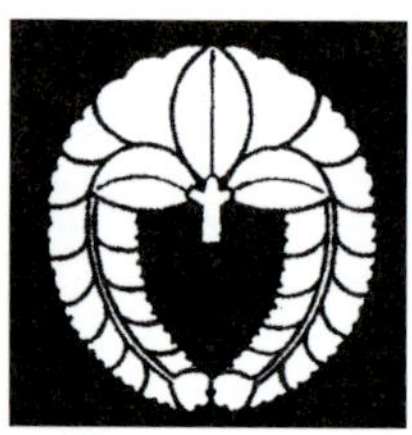

村田藤

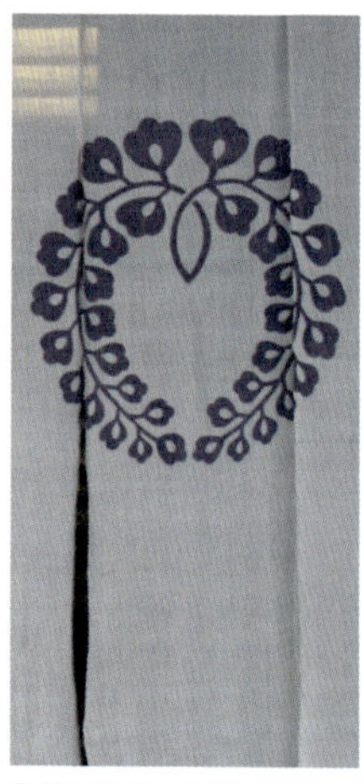

藤紋の暖簾　京都

(800–1185), and wisteria-viewing parties were popular. Family crests featuring its elegant floral tassels are utterly beautiful.

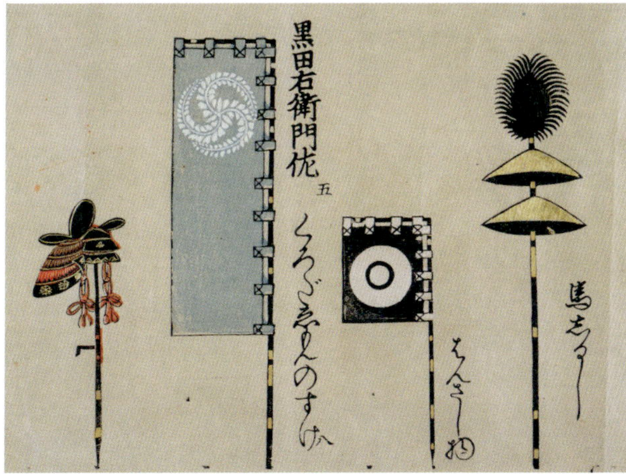

「御馬印」
寛永年間
国立国会図書館蔵

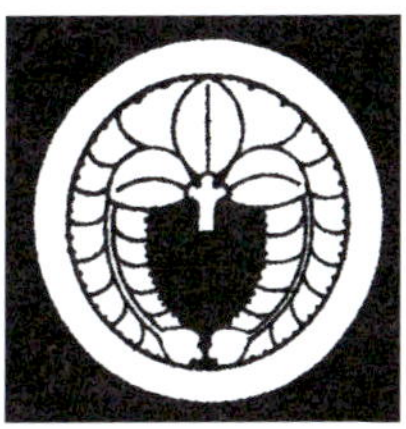

丸に下り藤

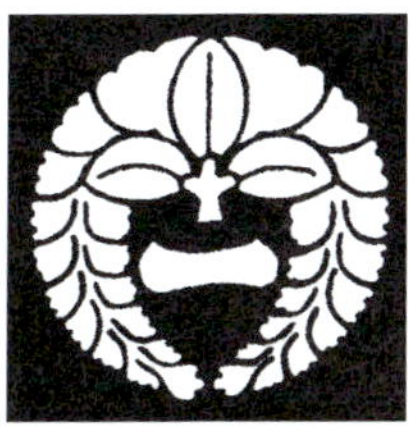

柴田藤

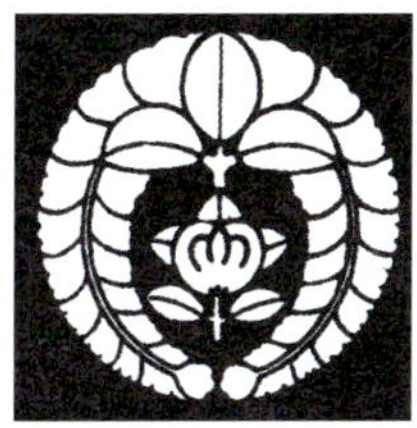

下り藤に橘

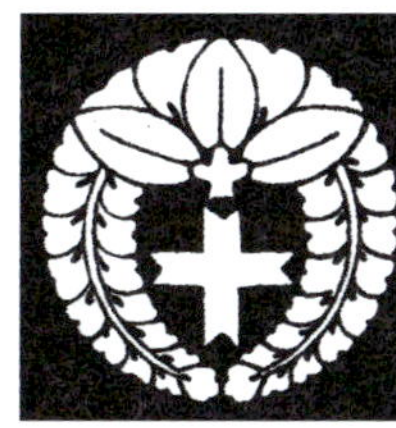

変り下り藤に切竹十字

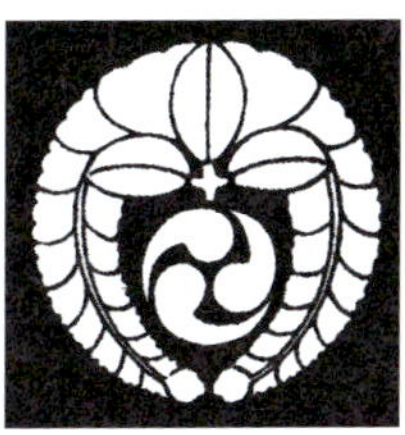

下り藤に巴

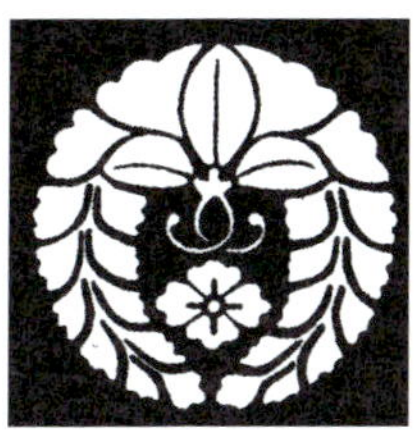

下り蔓藤に花菱

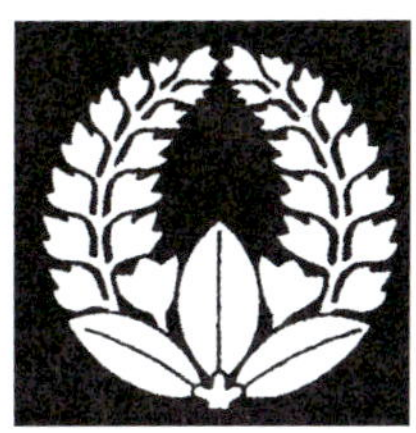

遠山藤

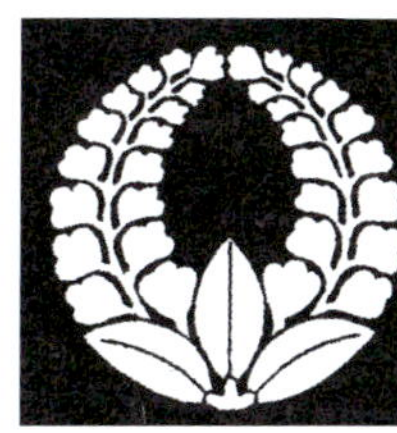

伊藤藤

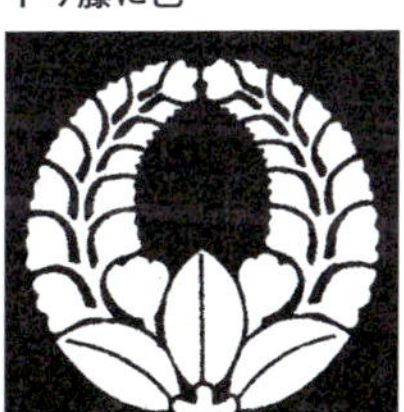

軸つき上り藤

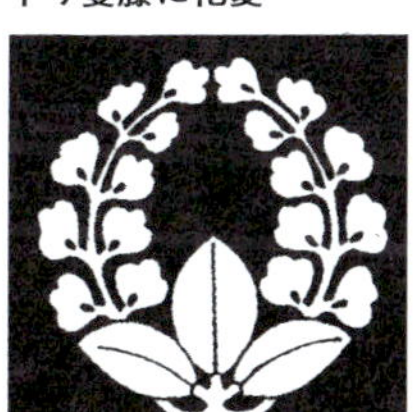

変り上り藤

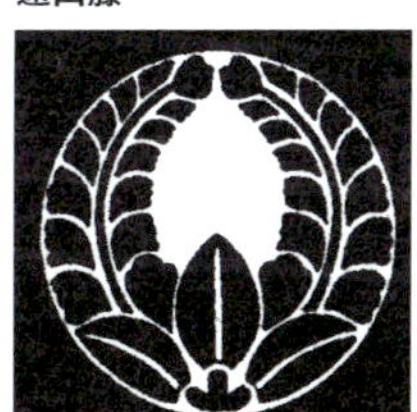

石持ち地ぬき上り藤

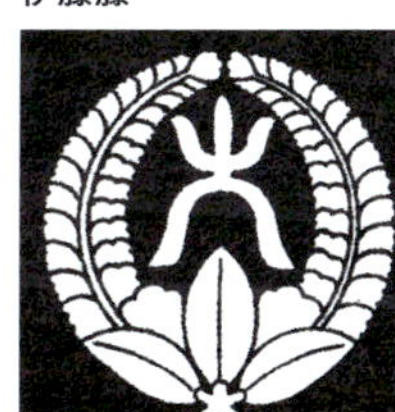

大久保藤

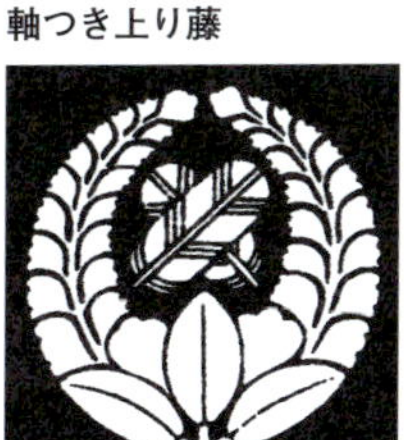

上り藤に違い鷹

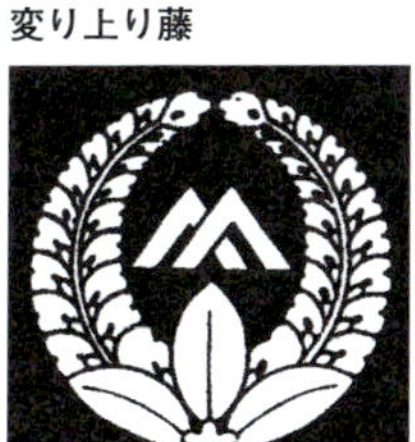

上り藤に違い山形

加藤藤

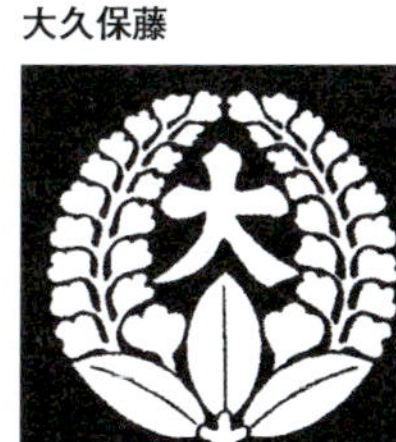

那須大久保藤

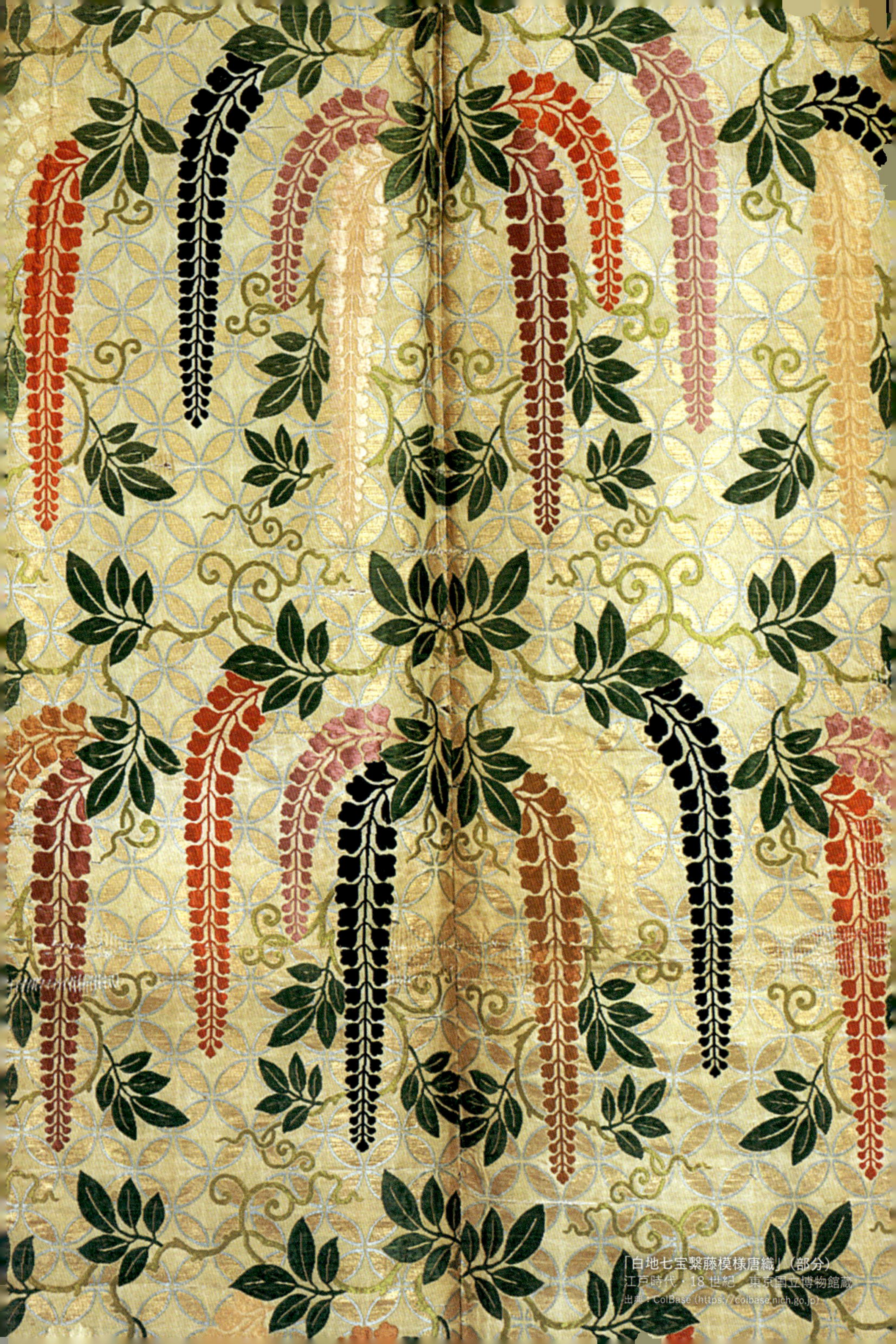

「白地七宝繋藤模様唐織」（部分）
江戸時代・18 世紀　東京国立博物館蔵
出典：ColBase（https://colbase.nich.go.jp）

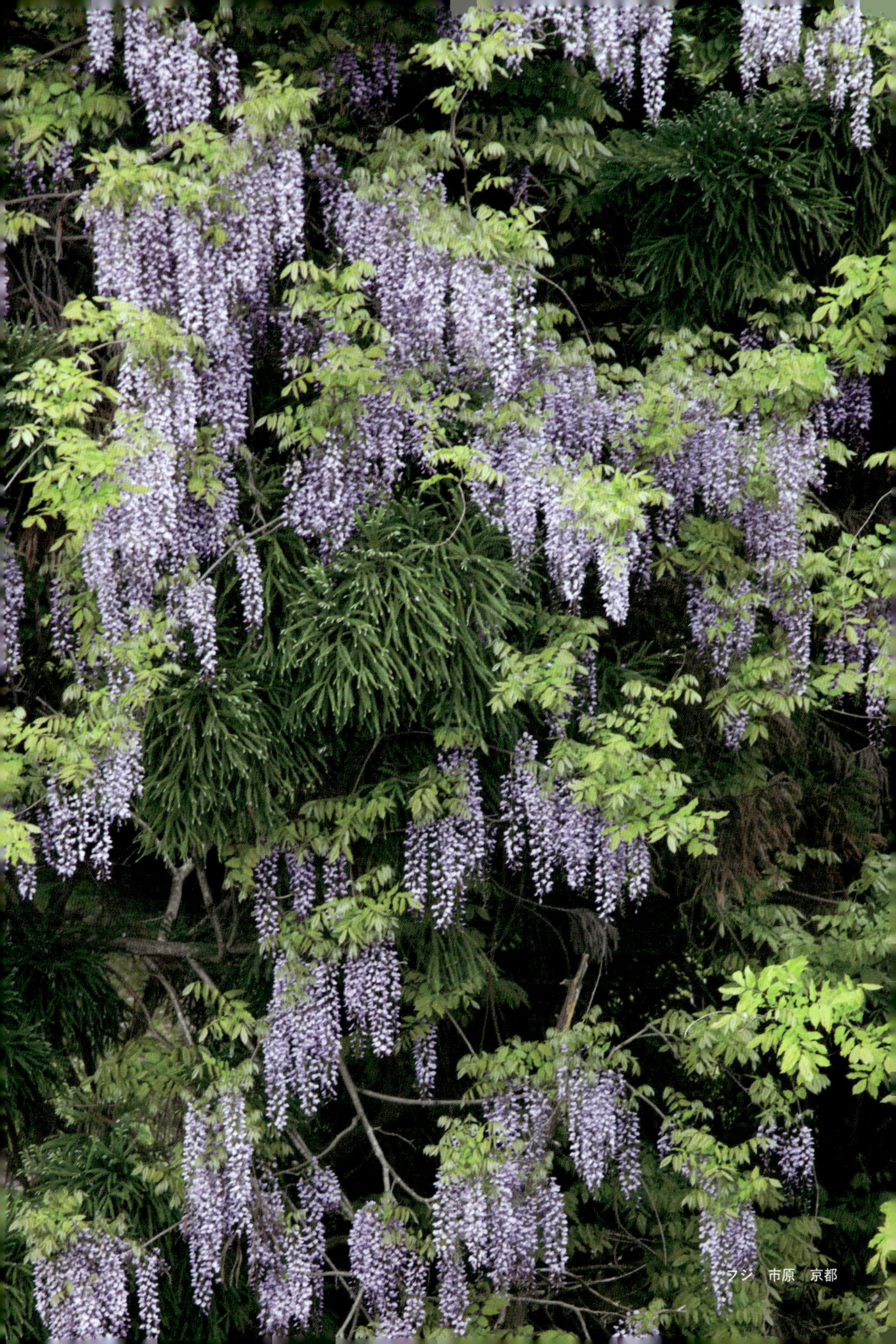

フジ　市原　京都

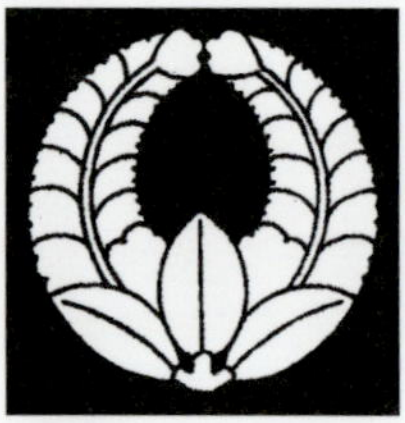
上り藤

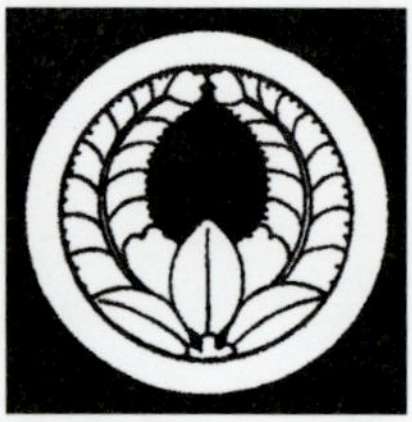
丸に上り藤

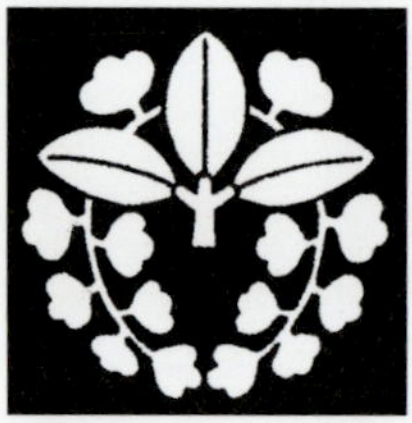
下り出ばら藤

下りばら藤

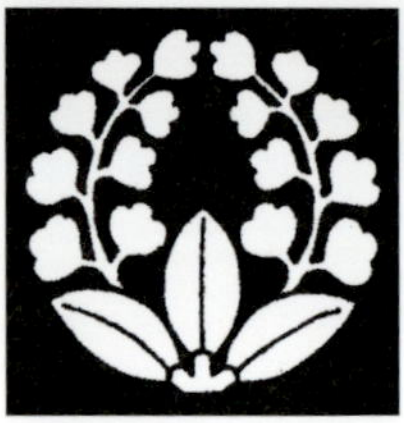
上りばら藤

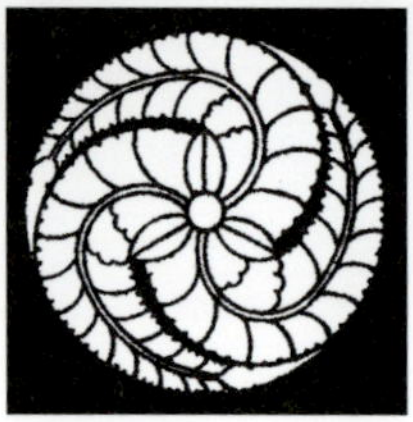
左三つ巴藤

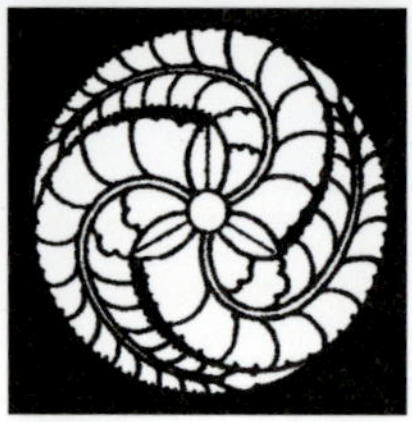
黒田藤

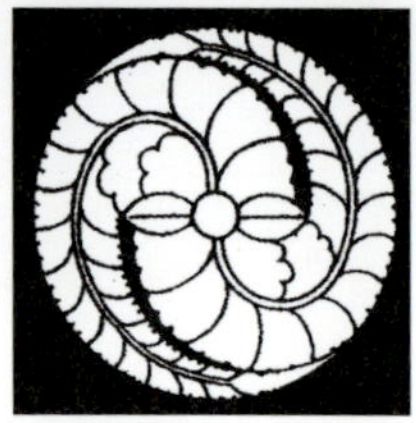
左二つ藤巴

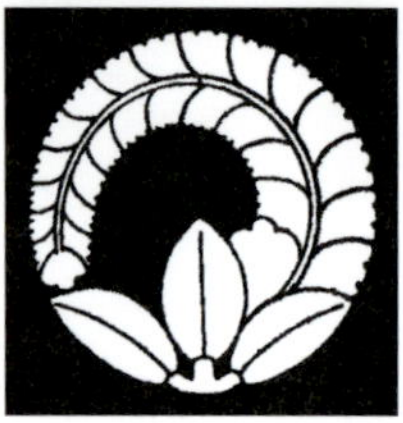
左一つ巴藤

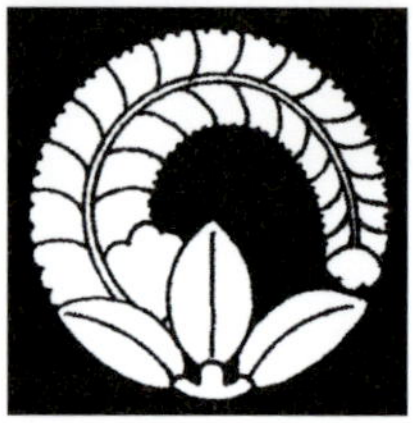
右一つ巴藤

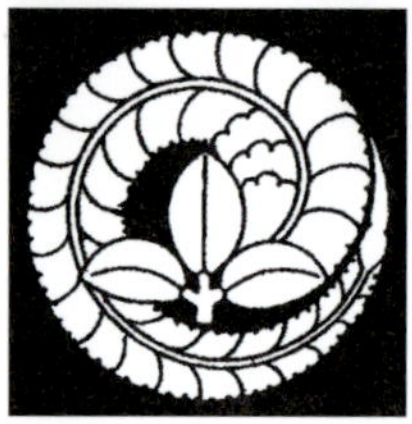
片手藤

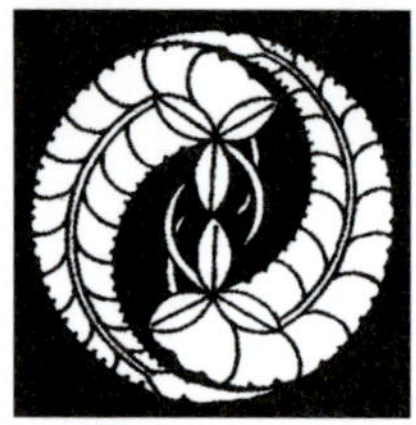
二つ藤

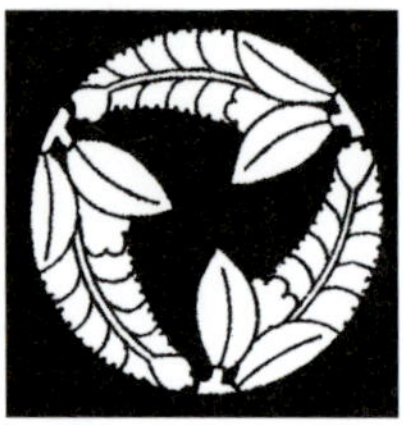
追い藤

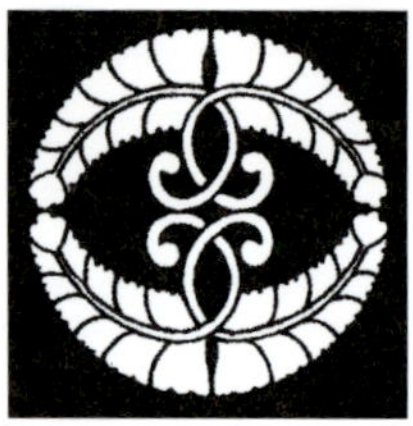
向う四つ藤

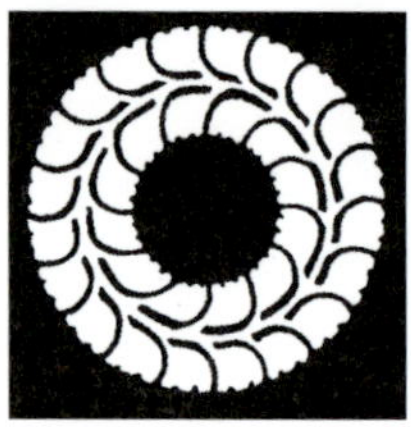
軸つきかげ輪藤

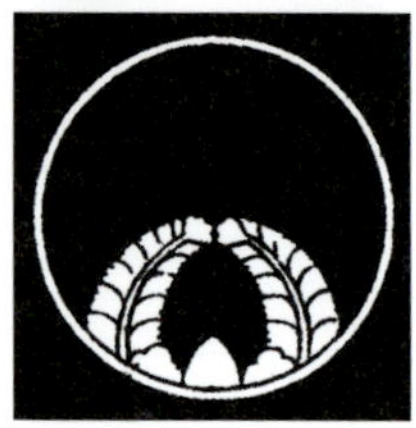
糸輪に覗き上り藤

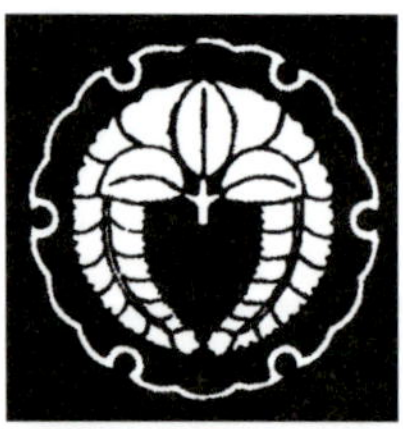
雪輪に下り藤

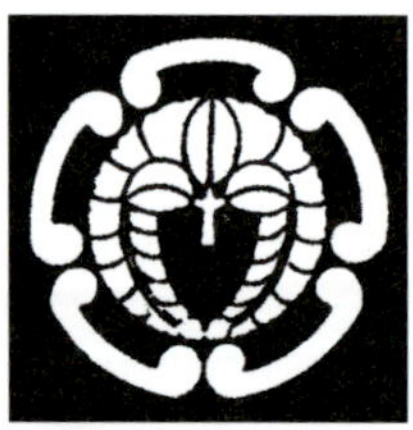
五鐶に下り藤

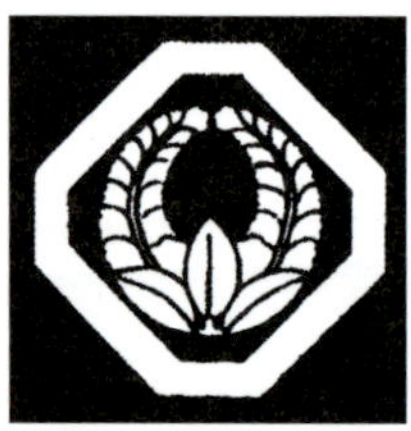
隅切角に上り藤

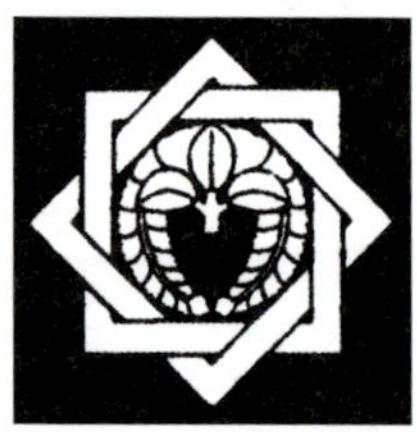
重ね角に下り藤

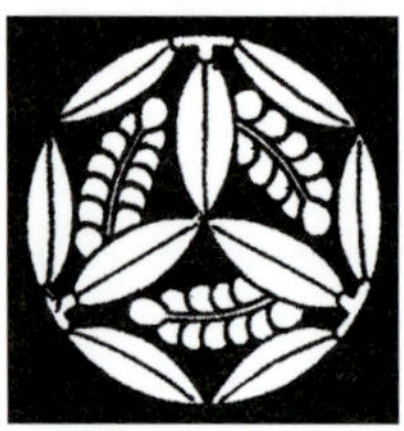
三つ葉藤

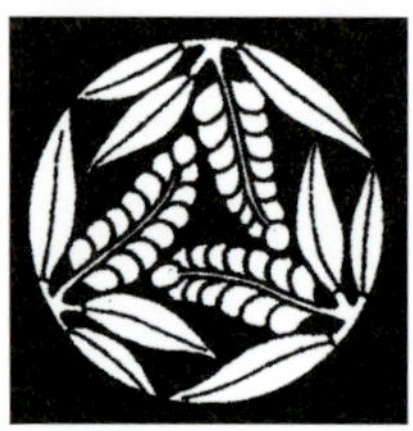
三つ葉藤丸

六つ藤

八つ藤

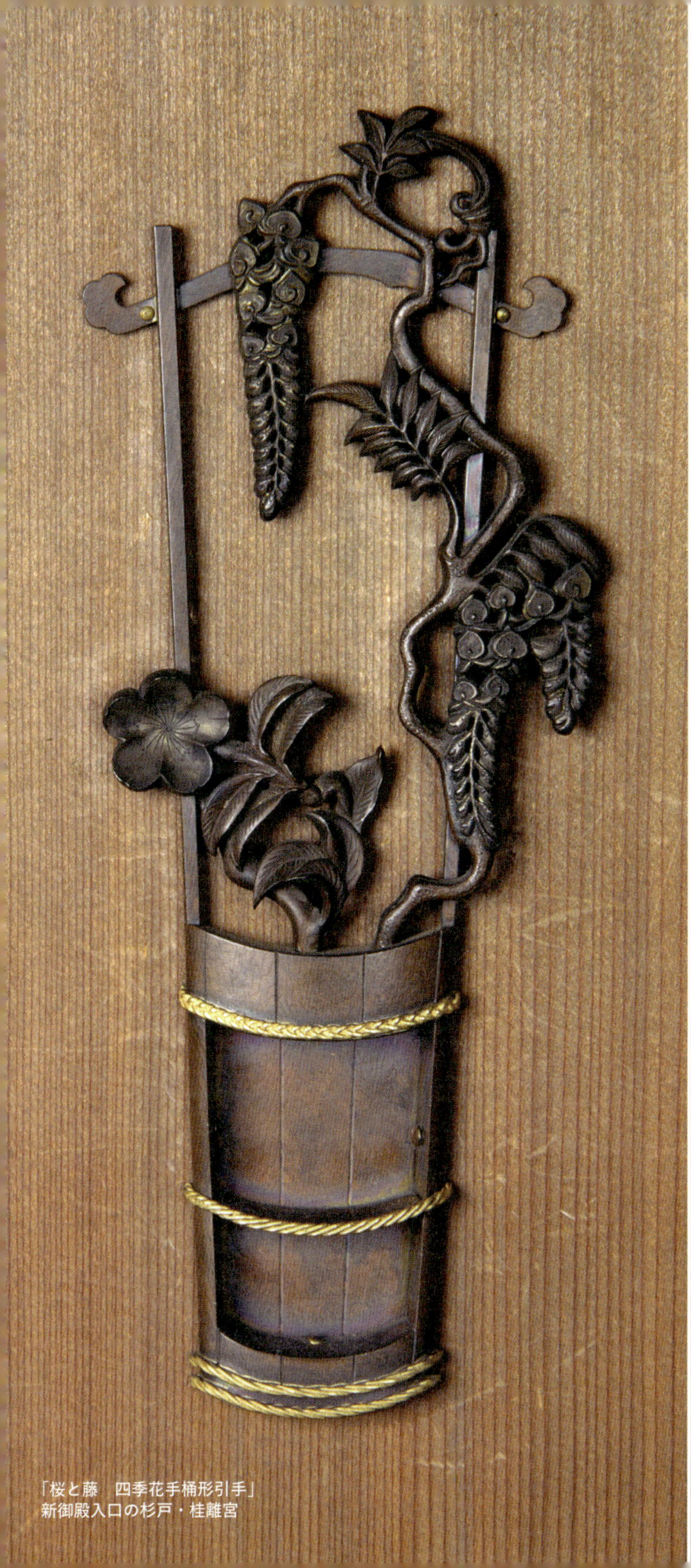

「桜と藤　四季花手桶形引手」
新御殿入口の杉戸・桂離宮

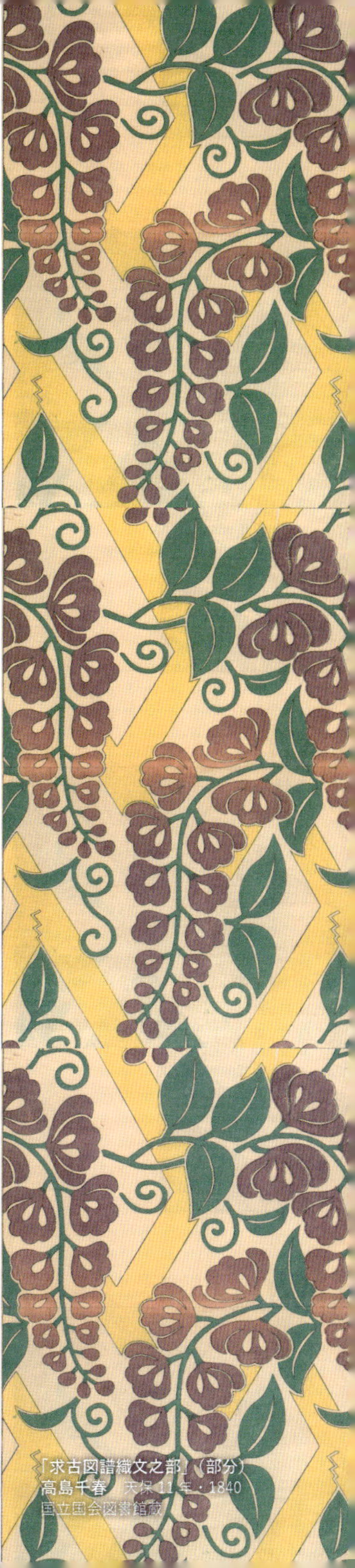

「求古図譜織文之部」（部分）
高島千春　天保 11 年・1840
国立国会図書館蔵

きく

◉ 菊紋 *Kiku* | Chrysanthemum Crests

キク科キク属の植物の総称で、桜とともに日本の国花ともされる代表的な花。中国では不老長寿の効き目があるとされ、奈良時代以降に大陸文化の流入とともに薬草として渡来した。平安時代後期には菊が観賞用となり、菊水文様が長寿吉祥のものとしてデザインにも取り入れられ、鎌倉時代には大流行になった。とくに後鳥羽上皇は菊の紋を非常に愛好し、桐に加えて紋章とした。正式に菊の花が皇室の紋章と定められたのは大正15年（1926）からで、皇室の紋章は「十六葉八重表菊」、宮家共通の紋章は「十四葉一重裏菊」である。衣服や調度の文様として平安・鎌倉時代に流行した菊文様はいまも用いられている。

Chrysanthemum is the general term for plants in the Chrysanthemum genus of the family *Asteraceae*. The chrysanthemum, like the

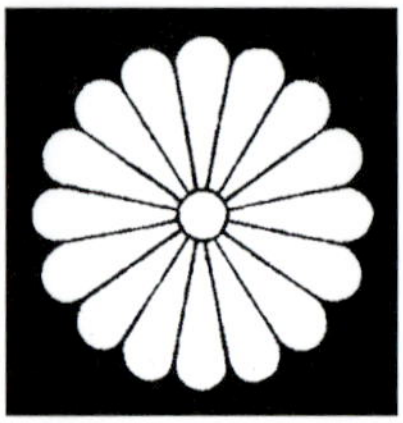
十六菊

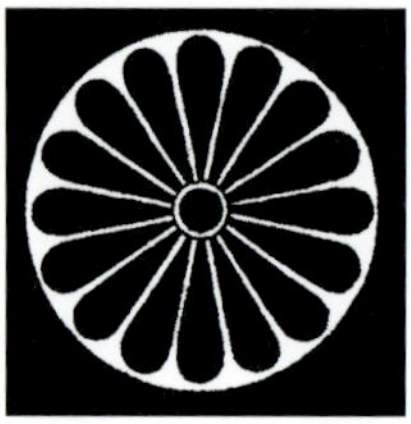
石持ち十六菊

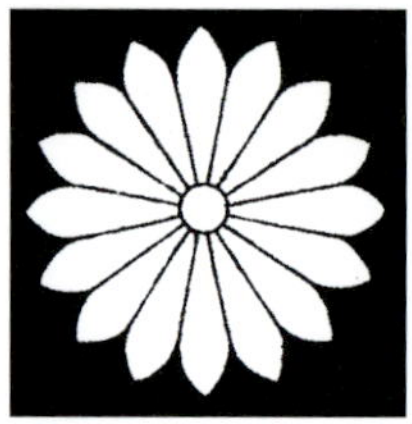
十六鬼菊

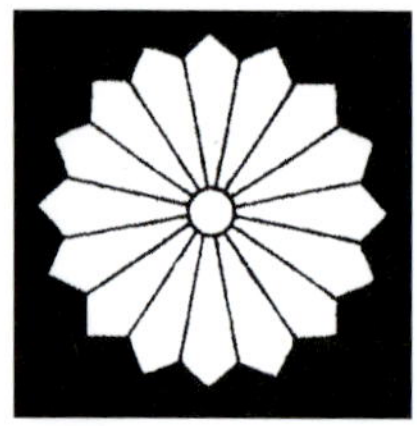
十六剣菊

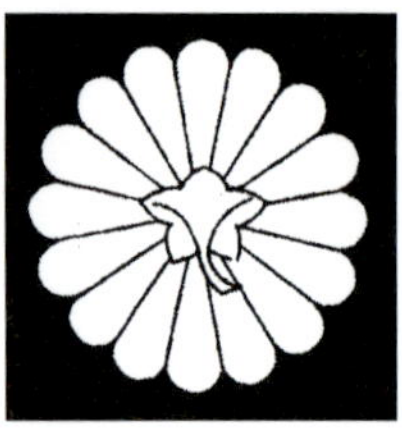
十六裏菊

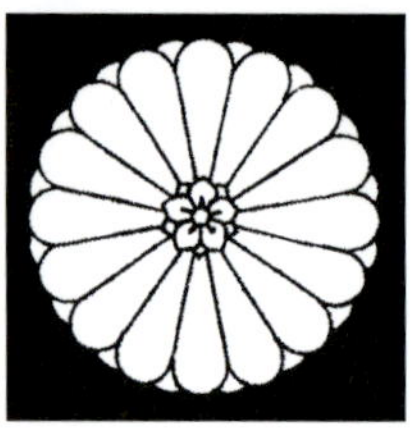
有栖川菊

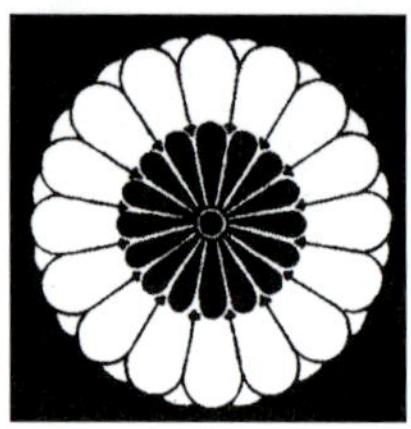
禿菊

捻じ鬼菊

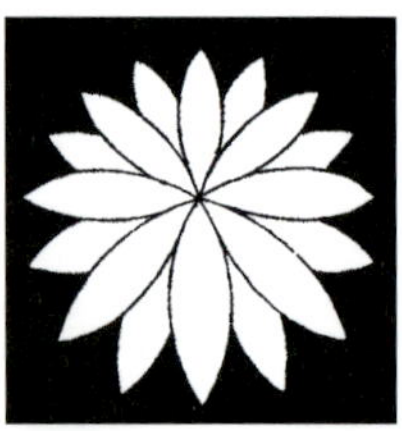
実相院菊

八重裏鬼菊

九重菊

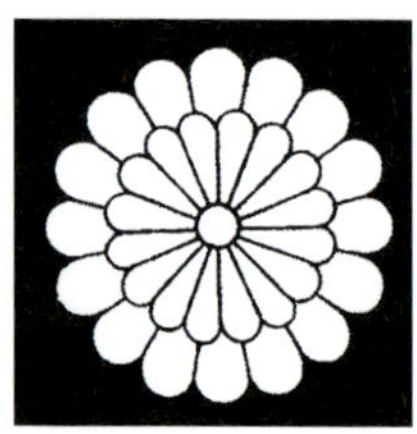
十六重ね菊

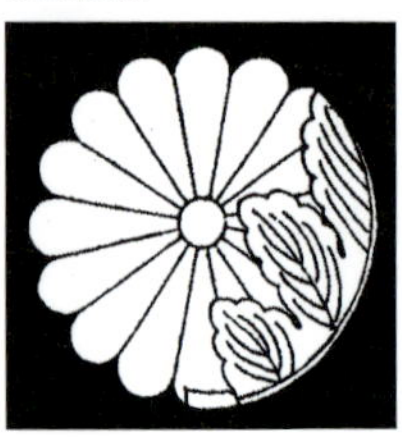
半月菊

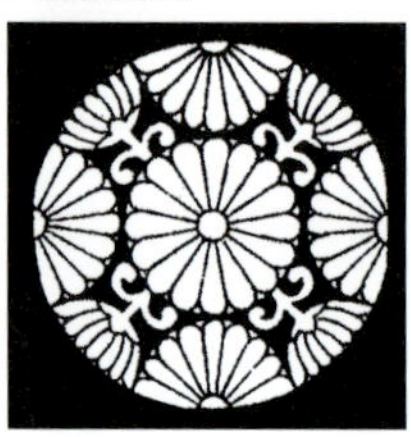
閑院菊

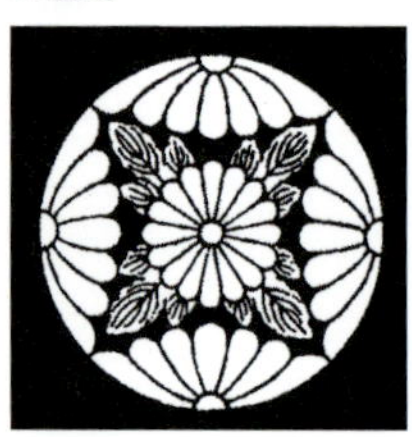
浮線菊

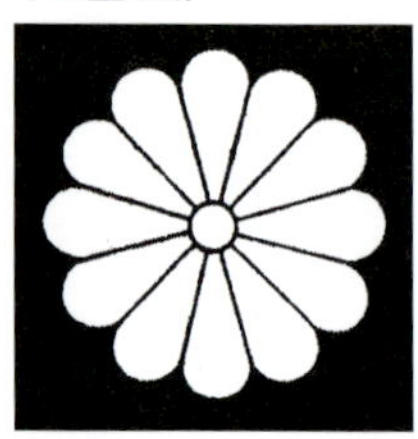
十二菊

cherry blossom, is recognized as Japan's iconic national flower. In China, it was believed to bring eternal youth and long life, and was introduced to Japan as a medicinal herb. The chrysanthemum motifs fashionable on clothing and furnishings in the Heian and Kamakura periods are still in use today. The chrysanthemum was officially designated the imperial family crest in 1926.

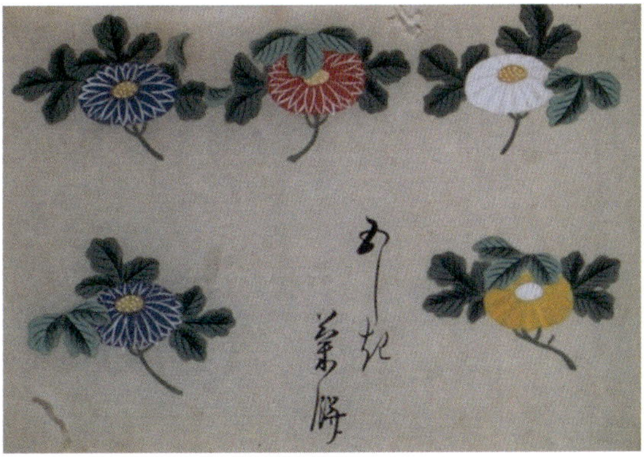

「菓子譜」(部分) 二巻　狩野文庫
東北大学附属図書館蔵

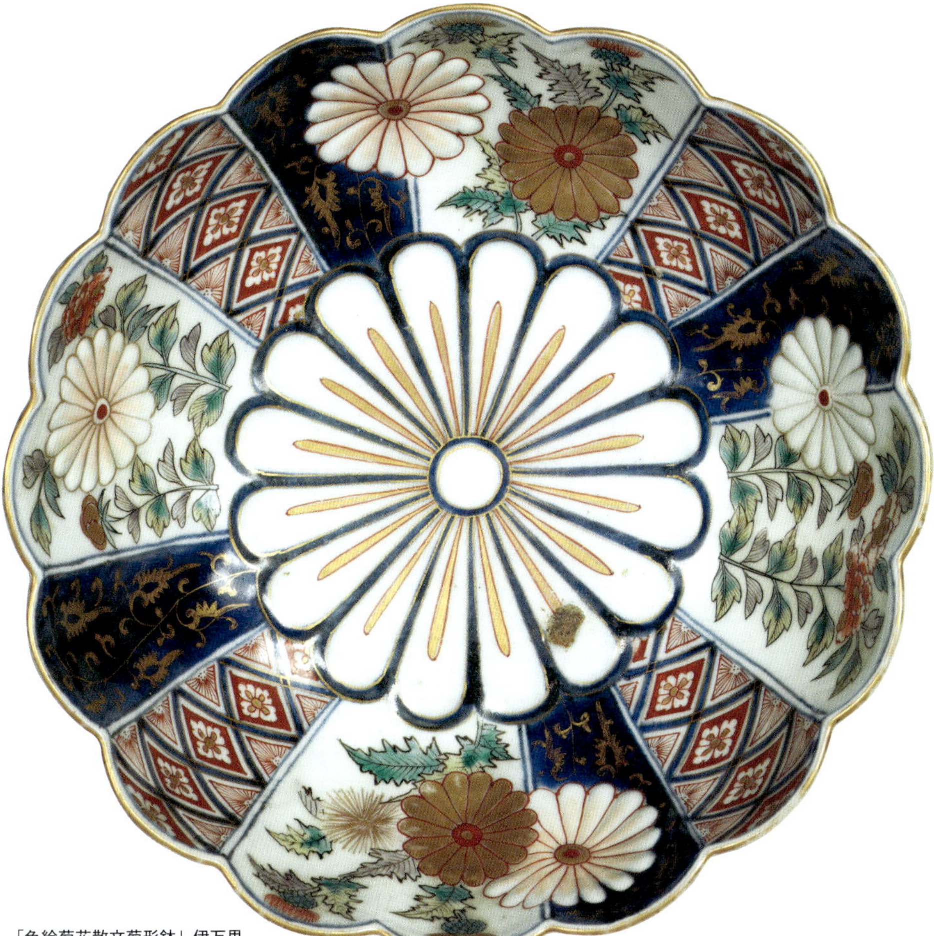

「色絵菊花散文菊形鉢」伊万里
江戸時代・18 世紀　東京国立博物館蔵
出典：ColBase (https://colbase.nich.go.jp)

1 植物篇　菊紋

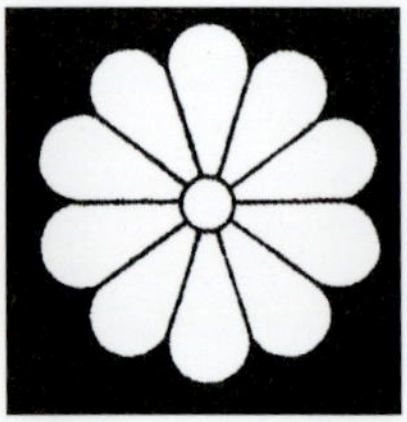
十菊

八つ菊

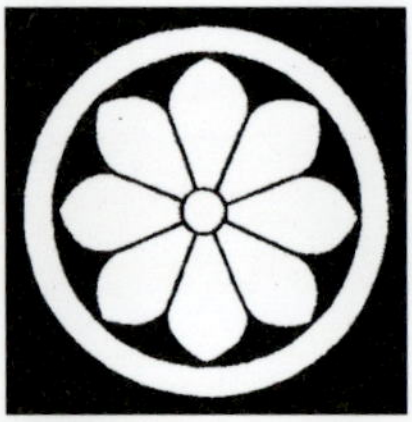
木戸菊

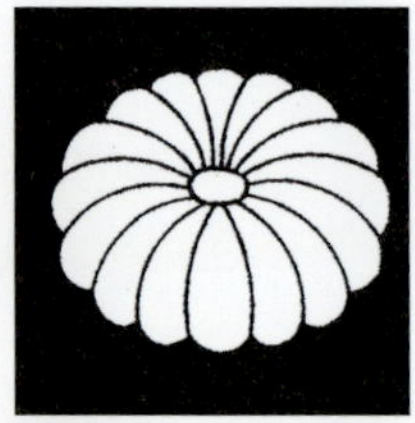
饅頭菊

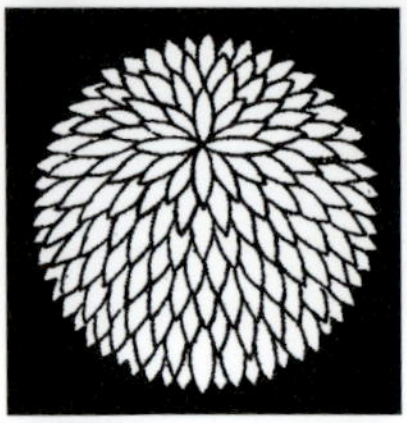
千重菊

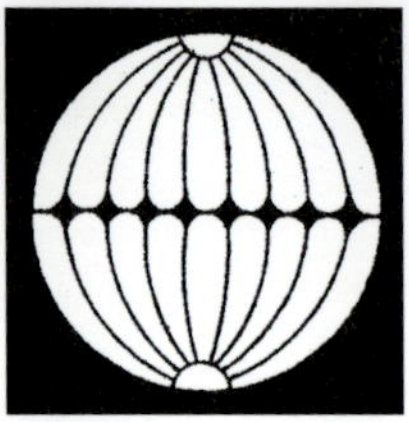
割菊

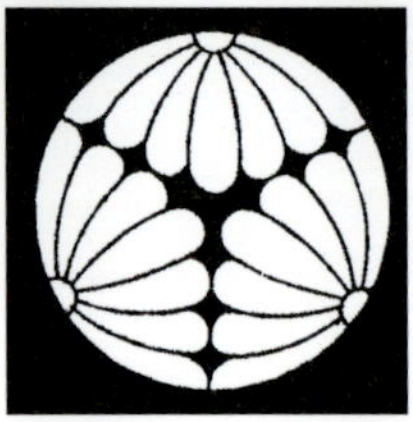
三つ割菊

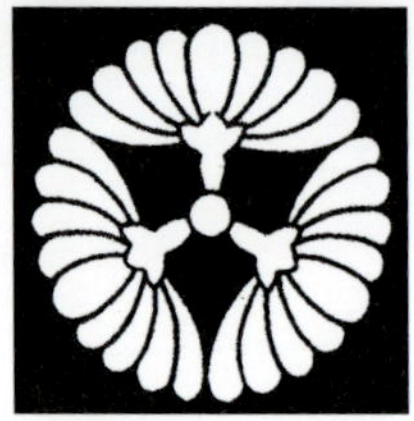
三つ横見菊

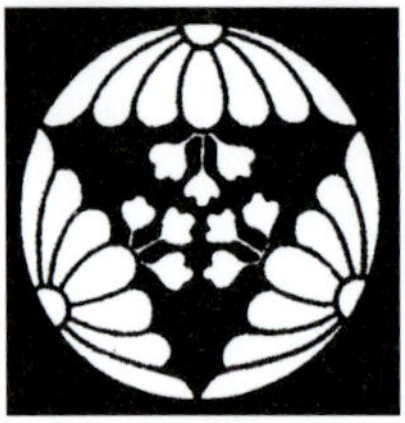
花つき三つ割菊

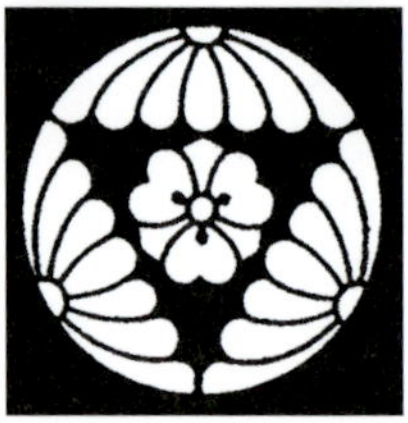
三つ割菊に剣片喰

四つ割菊に花角

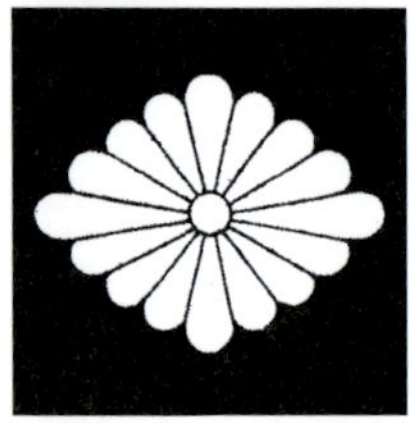
菊菱

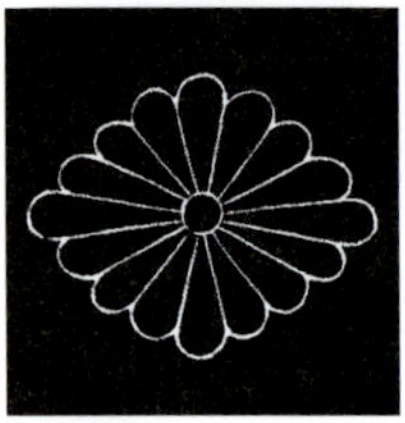
かげ菊菱

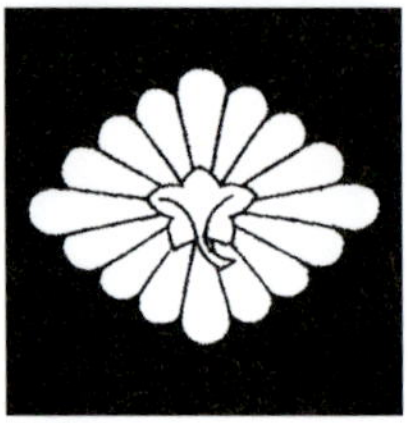
裏菊菱

鬼菊菱

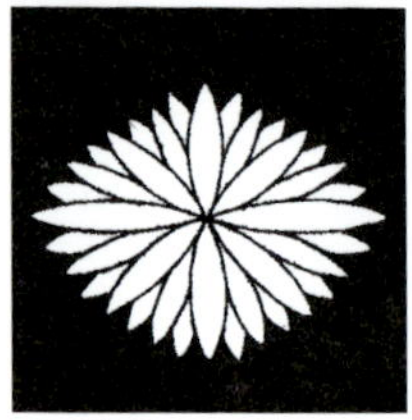
千重菊菱

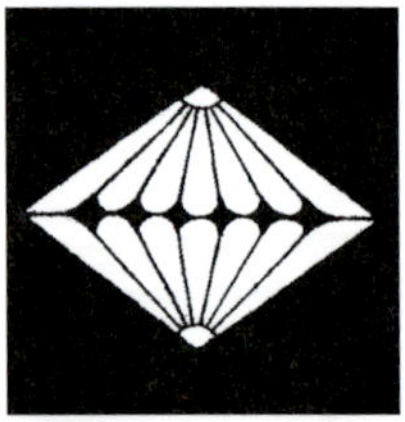
割菊菱

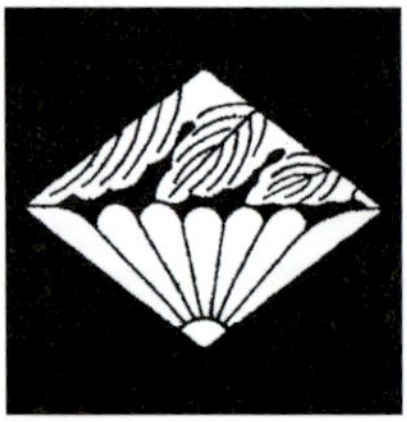
葉つき割菊菱

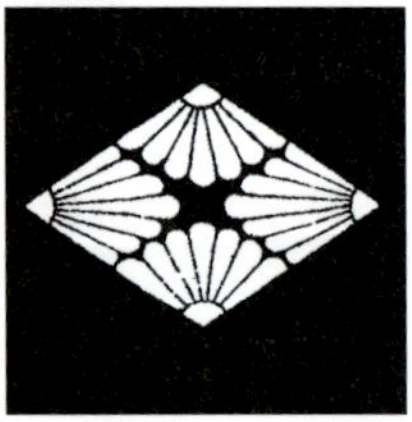
四つ割菊菱

三つ寄せ菊菱

三つ盛り菊菱

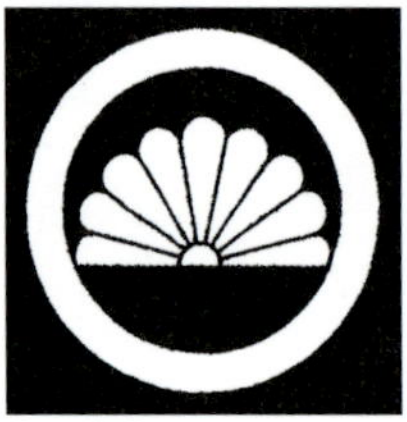
丸に半菊

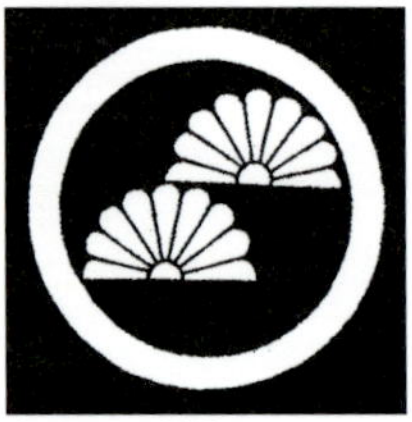
丸に二つ割菊

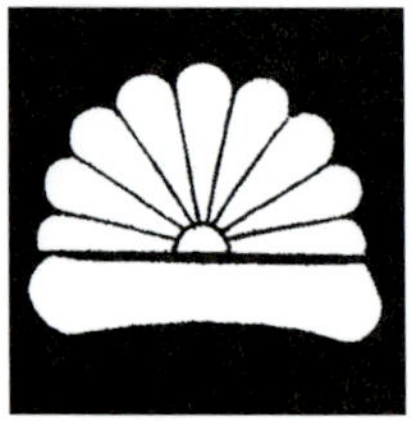
菊に一文字

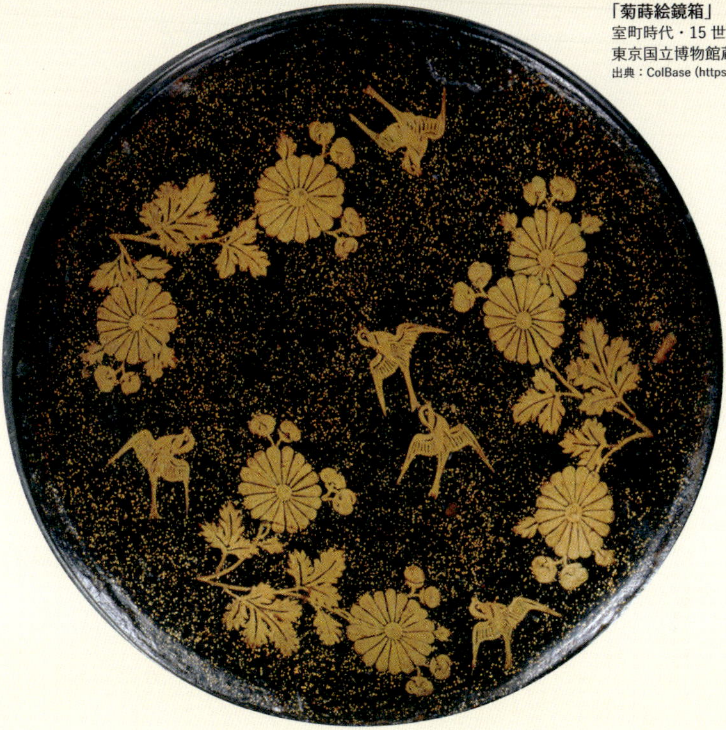

「菊蒔絵鏡箱」
室町時代・15 世紀
東京国立博物館蔵
出典：ColBase (https://colbase.nich.go.jp)

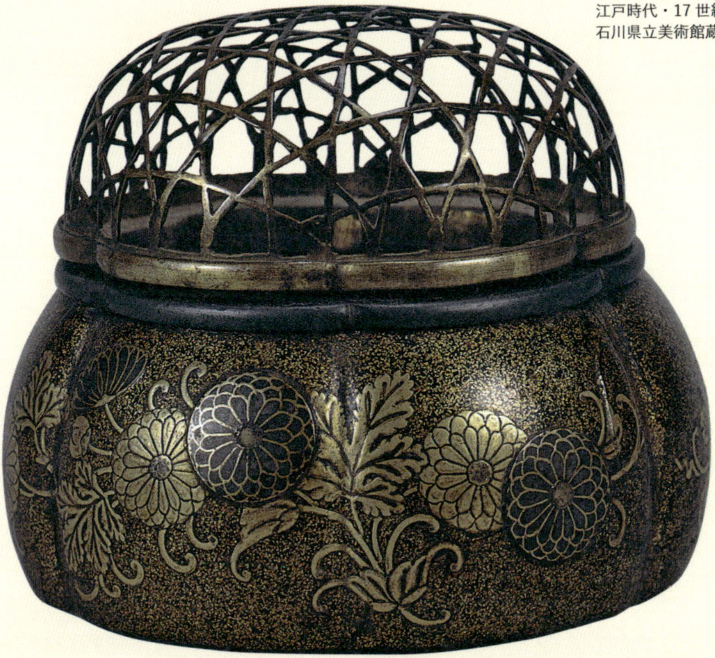

「蒔絵菊文阿古陀形香炉」
江戸時代・17 世紀
石川県立美術館蔵

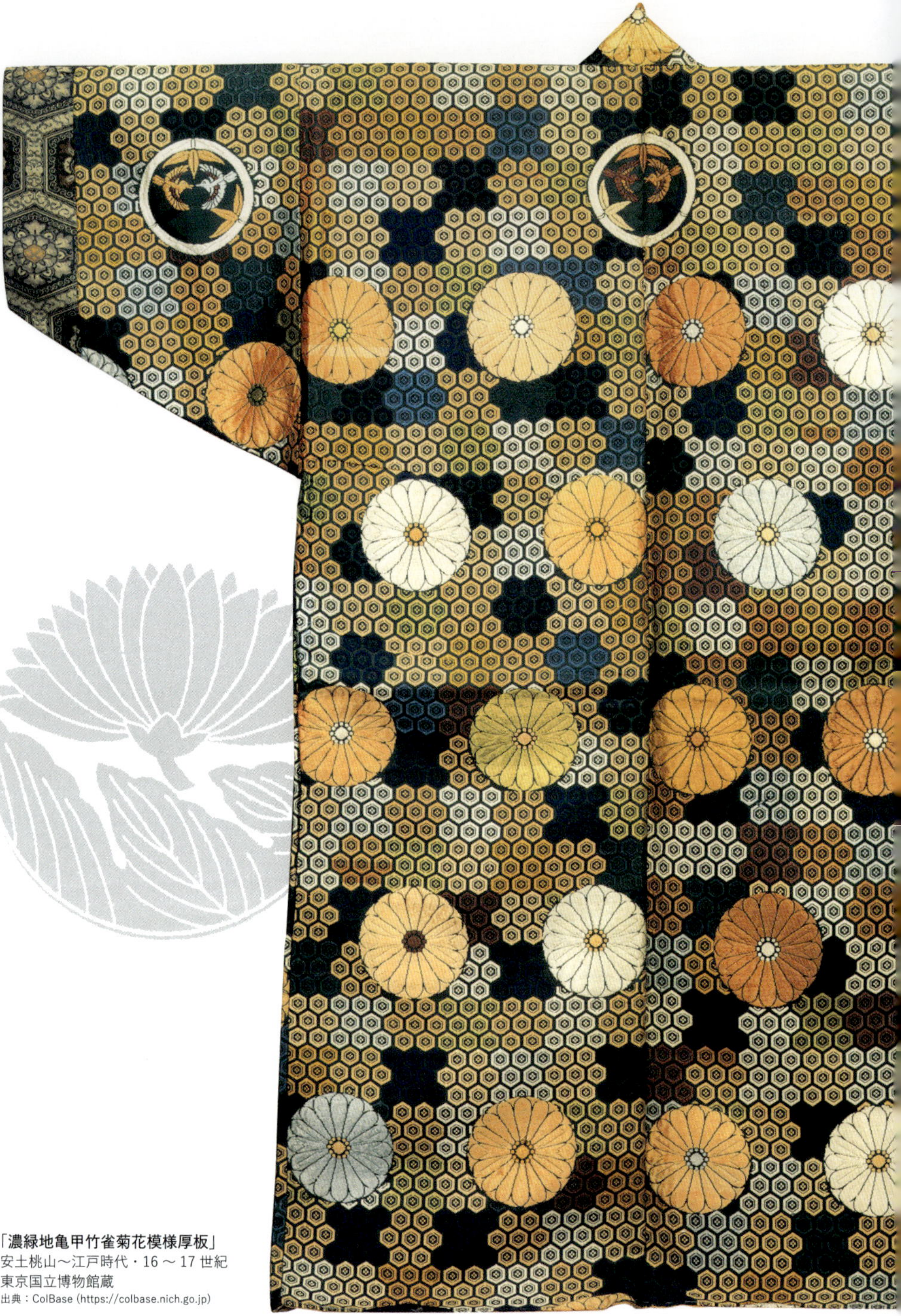

「濃緑地亀甲竹雀菊花模様厚板」
安土桃山〜江戸時代・16〜17世紀
東京国立博物館蔵
出典：ColBase (https://colbase.nich.go.jp)

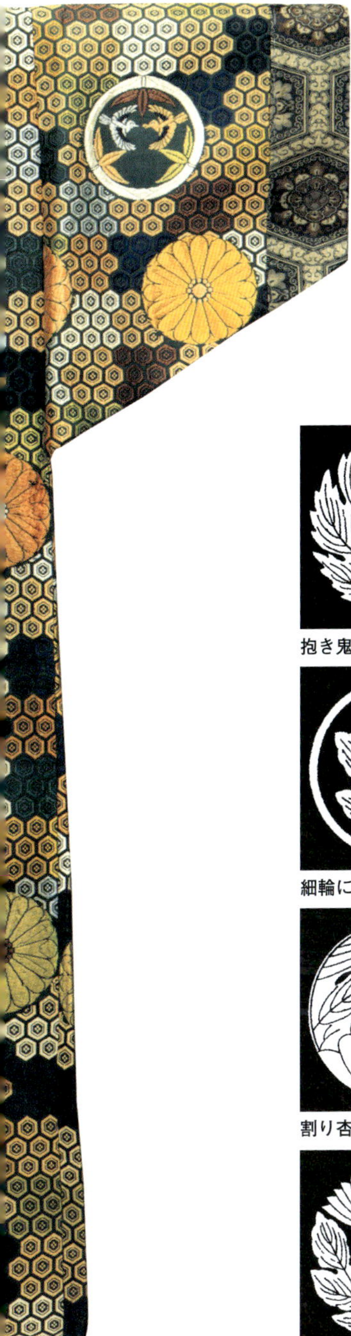

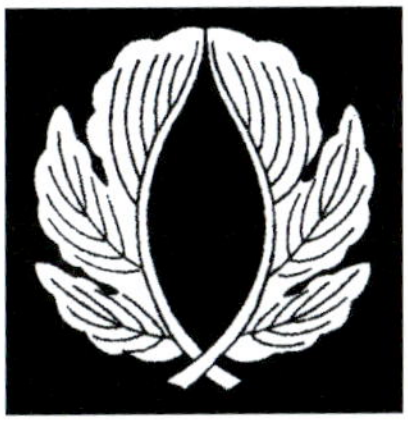

外割り抱き菊葉

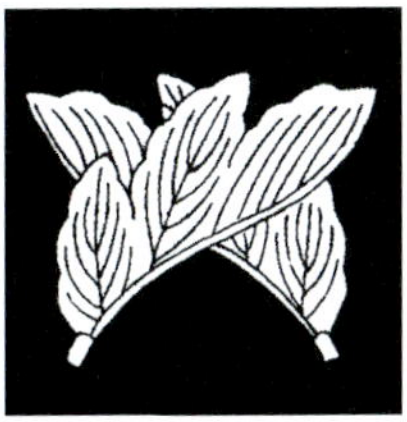

違い割り菊の葉

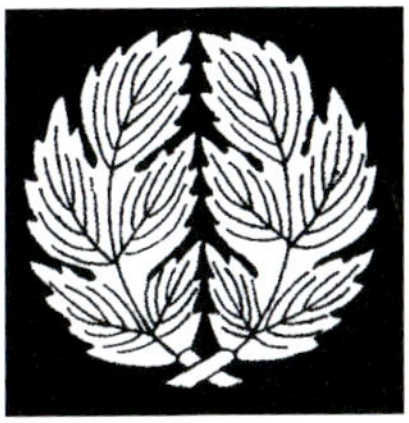

抱き鬼菊の葉

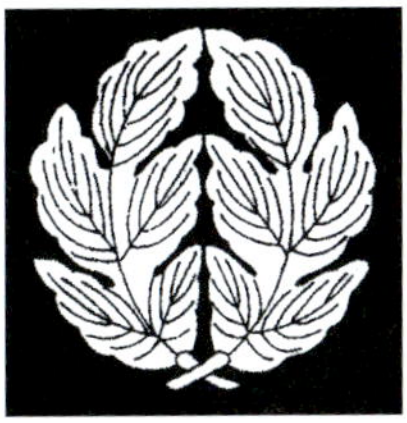

抱き菊の葉

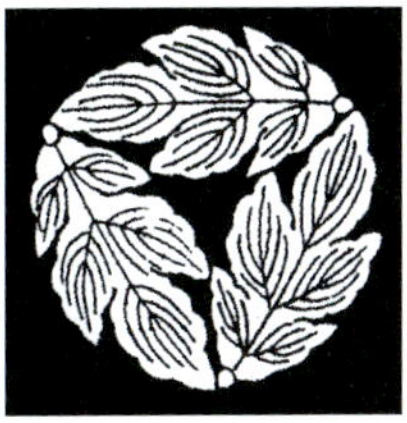

三つ追菊の葉

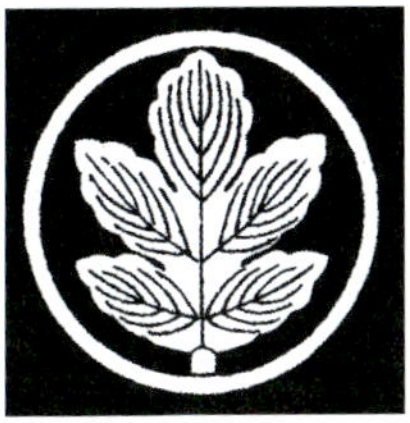

細輪に菊葉

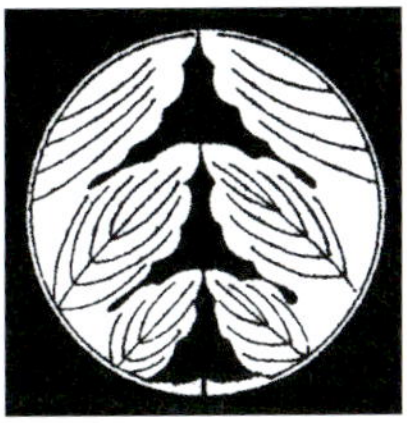

割菊の葉

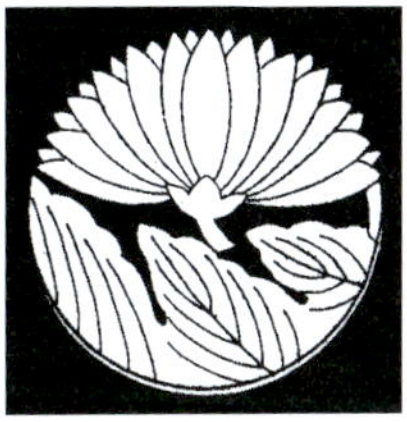

葉敷き菊

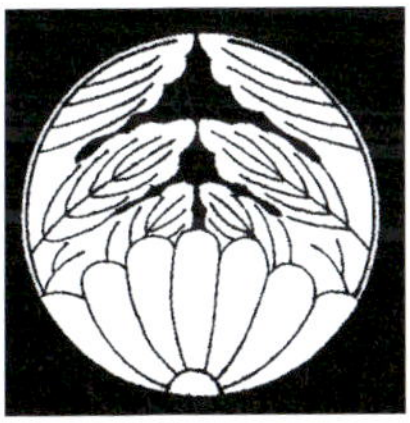

割り杏葉菊

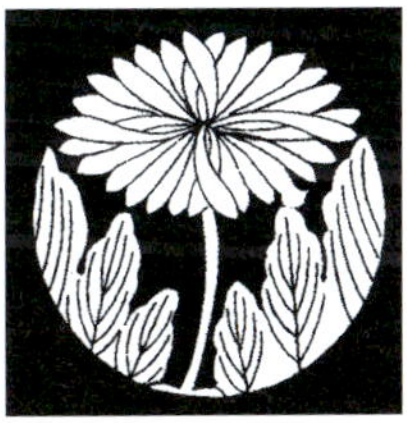

二葉乱菊

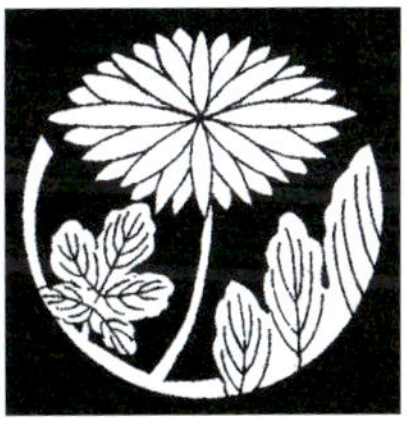

二葉鬼菊の丸

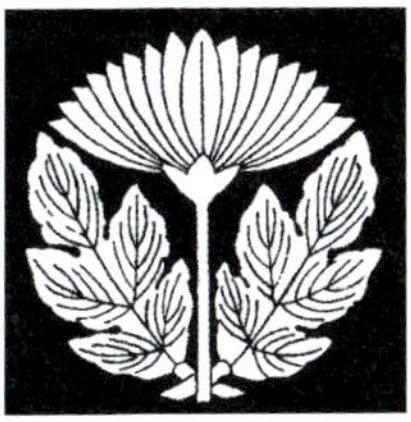

葉下抱き菊

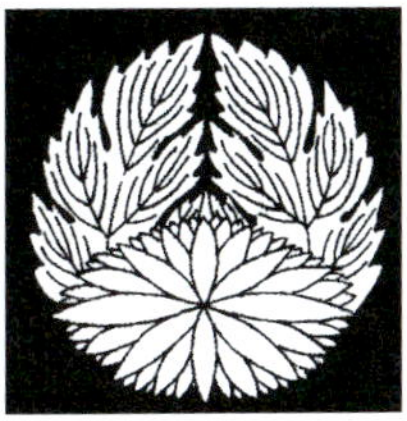

鬼杏葉菊

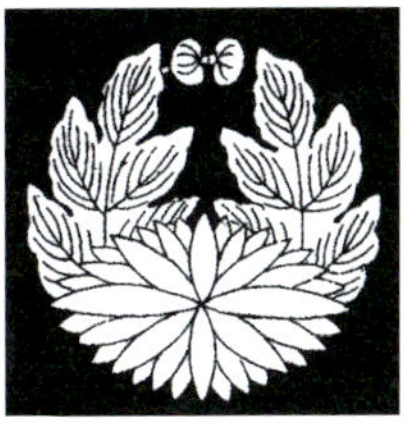

変り杏葉菊

ききょう

◉ 桔梗紋

Kikyō | Balloon Flower Crests

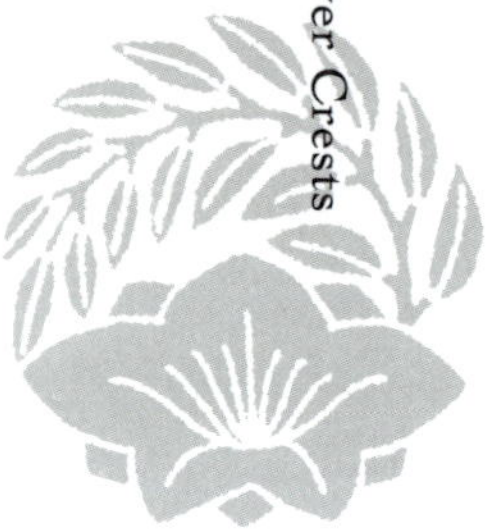

キキョウ科の多年草で、日本各地の山地の日当たりのよい乾いた草地に生える。9月ごろ、つぼみは淡紫色だが開くと先が五裂して、紫碧色のみごとな鐘状の花となる。秋の七草の一つで、その清楚な美しさが愛された。江戸時代には家紋を衣服につけるのは男性に限られていたので、婦人はこの花をやや小型にした女紋として用いている。桔梗の花姿は単純ながら整っていることから家紋としてデザインされ、明智光秀や加藤清正、それに坂本龍馬もこれを用いた。また、美濃の豪族土岐光衡が戦で桔梗花を兜に挟んで戦ったことから、水色地に白抜きの桔梗紋を旗紋として土岐氏一族が用いた。

The balloon flower is a perennial plant in the *Platycodon grandiflorum* family. One of Japan's seven autumn plants, it is loved for its blossoms' crisp beauty. In the Edo period (1600–1868), only men were allowed to have family crests on their garments. Married women would use a slightly smaller version of this flower as a "ladies' crest."

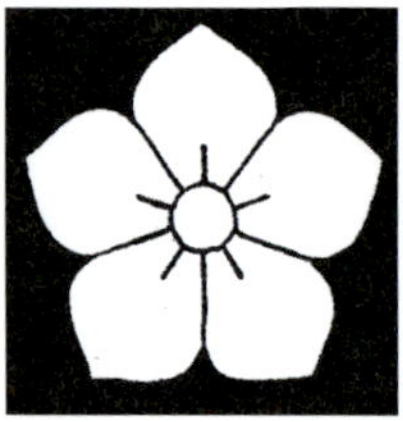

桔梗

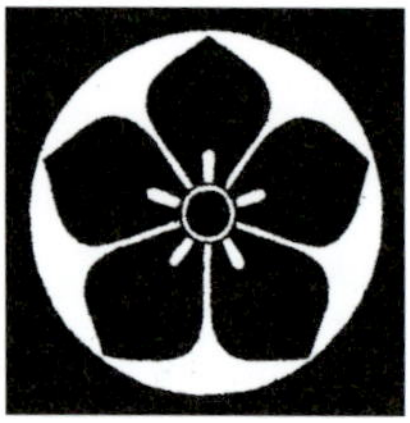

石持ち地ぬき桔梗

太かげ桔梗

中かげ桔梗

かげ桔梗

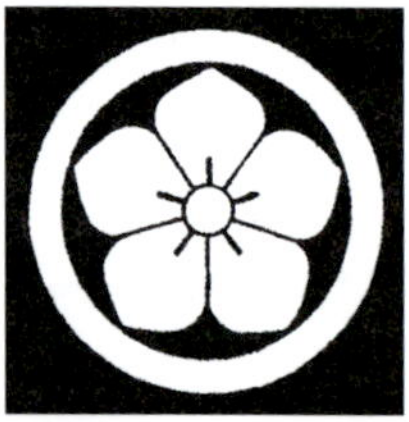

丸に桔梗

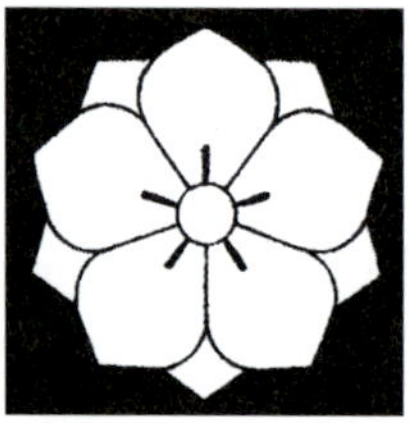

八重桔梗

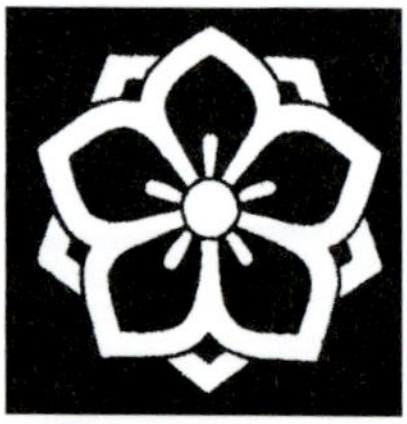

中かげ八重桔梗

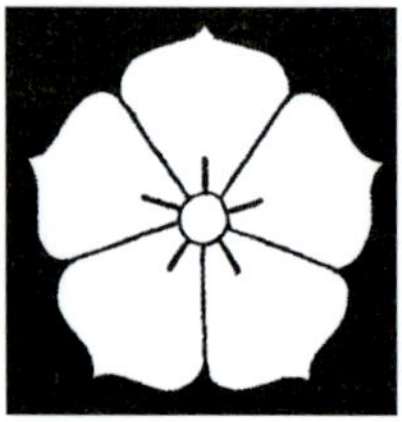

土岐桔梗

剣香い桔梗

捻じ桔梗

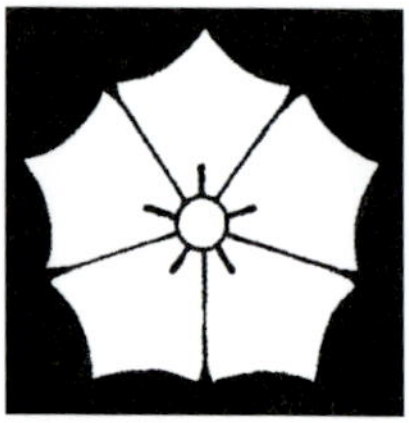

反り剣桔梗

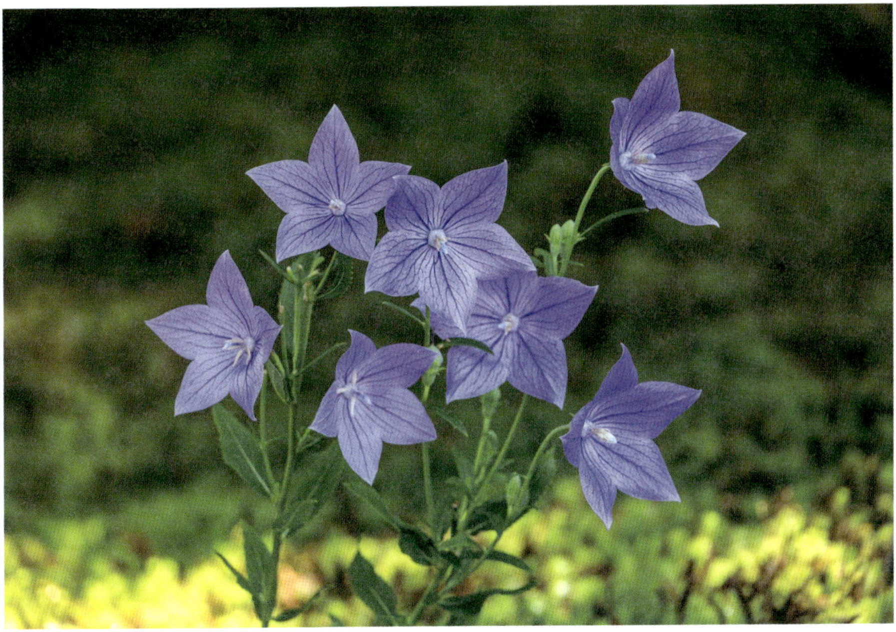

キキョウ　圓光寺

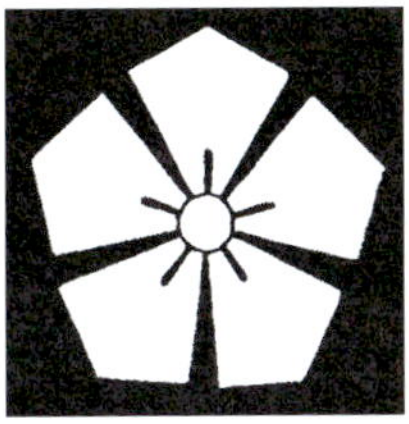

剣形桔梗

細桔梗

太田桔梗

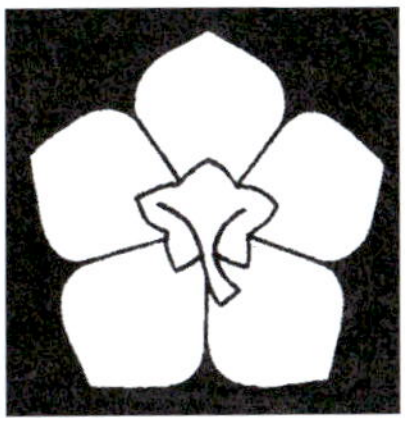

裏桔梗

変り裏桔梗

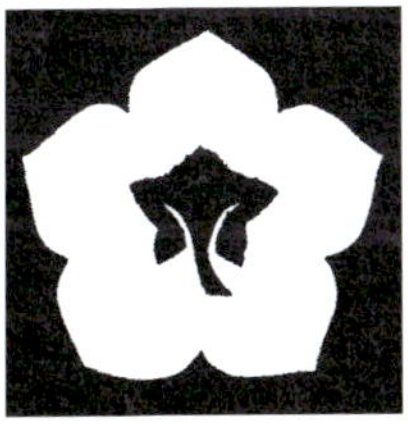

台地ぬき裏桔梗

中かげ裏桔梗

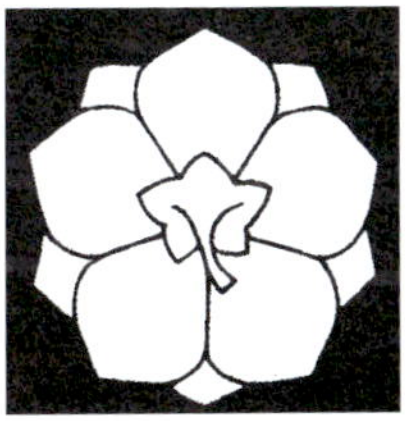

八重裏桔梗

中かげ八重裏桔梗

蔓桔梗

沼田桔梗

光琳桔梗

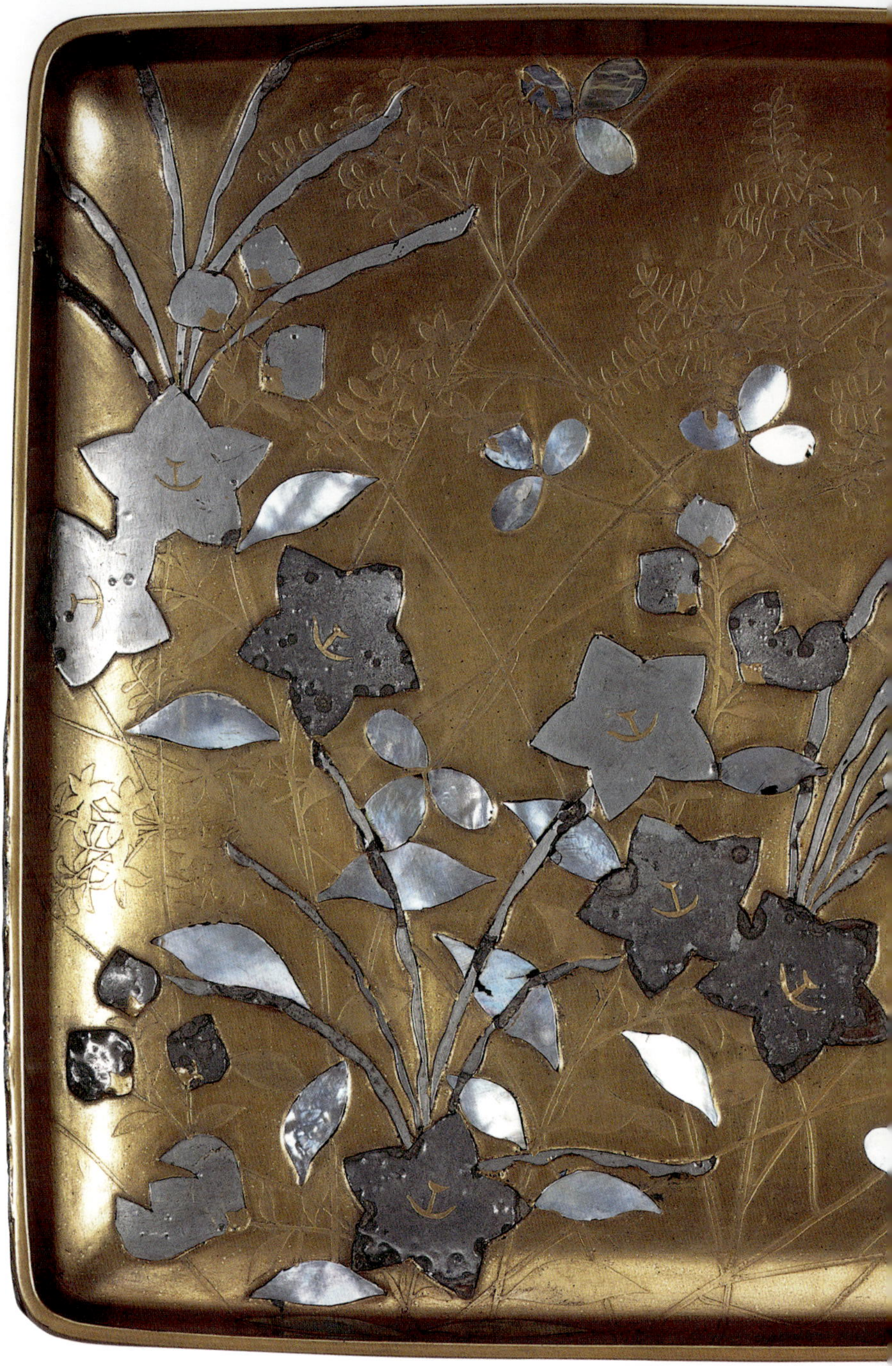

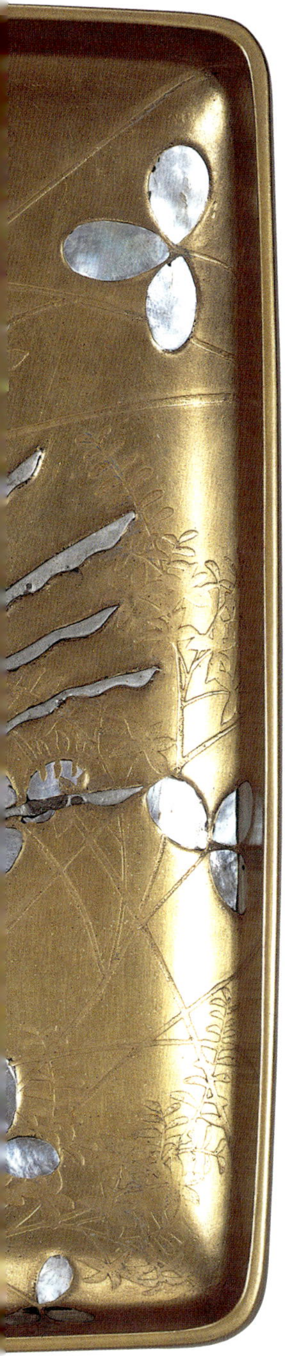

「蒔絵螺鈿野々宮図硯箱」
尾形光琳
江戸時代・17～18世紀
石川県立美術館蔵

山城桔梗

鉄砲桔梗

光琳瓜形桔梗

かげ光琳瓜形桔梗

光琳反り桔梗

盃桔梗

花桔梗

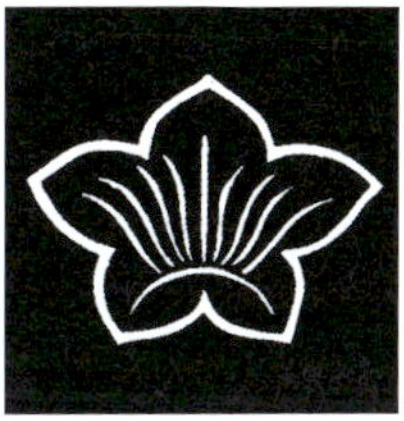

かげ花桔梗

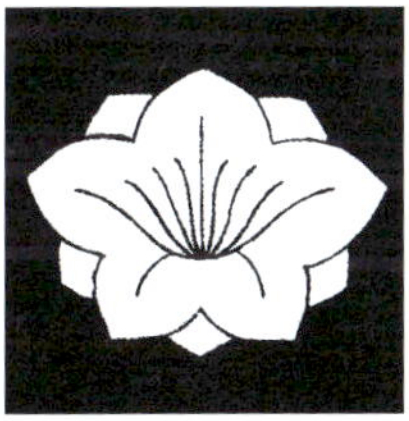

八重花桔梗

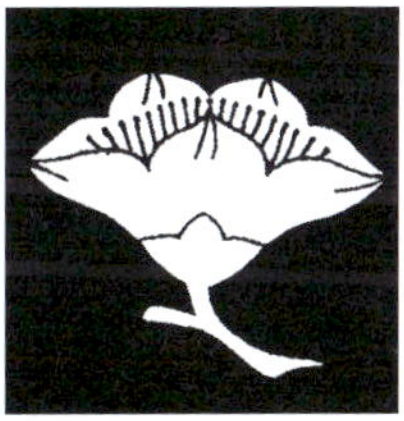

横見花桔梗

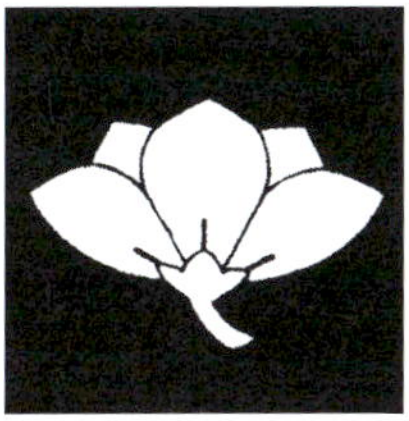

横見桔梗

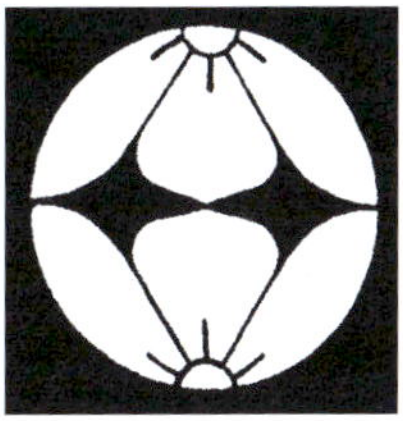

上下割桔梗

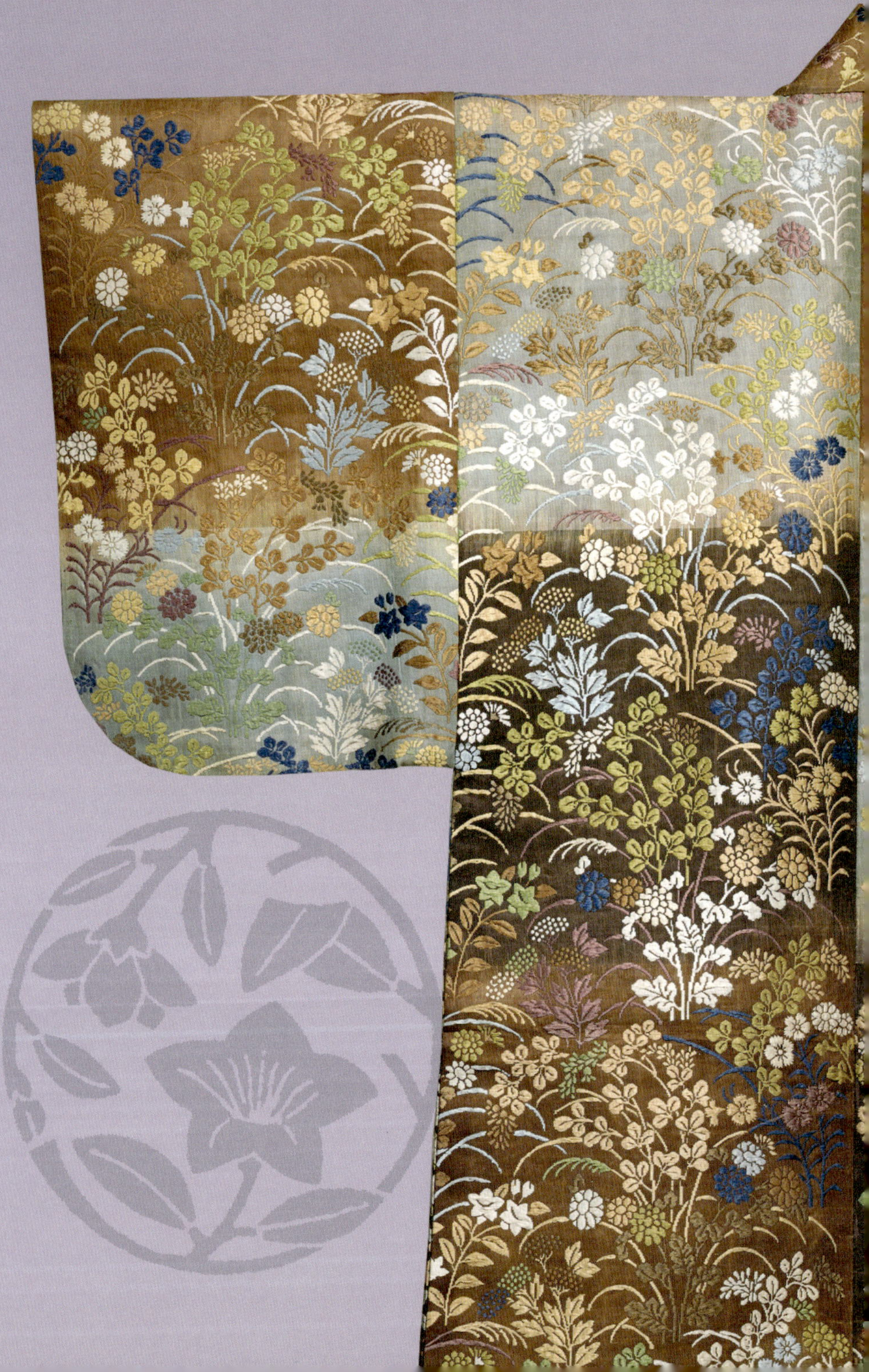

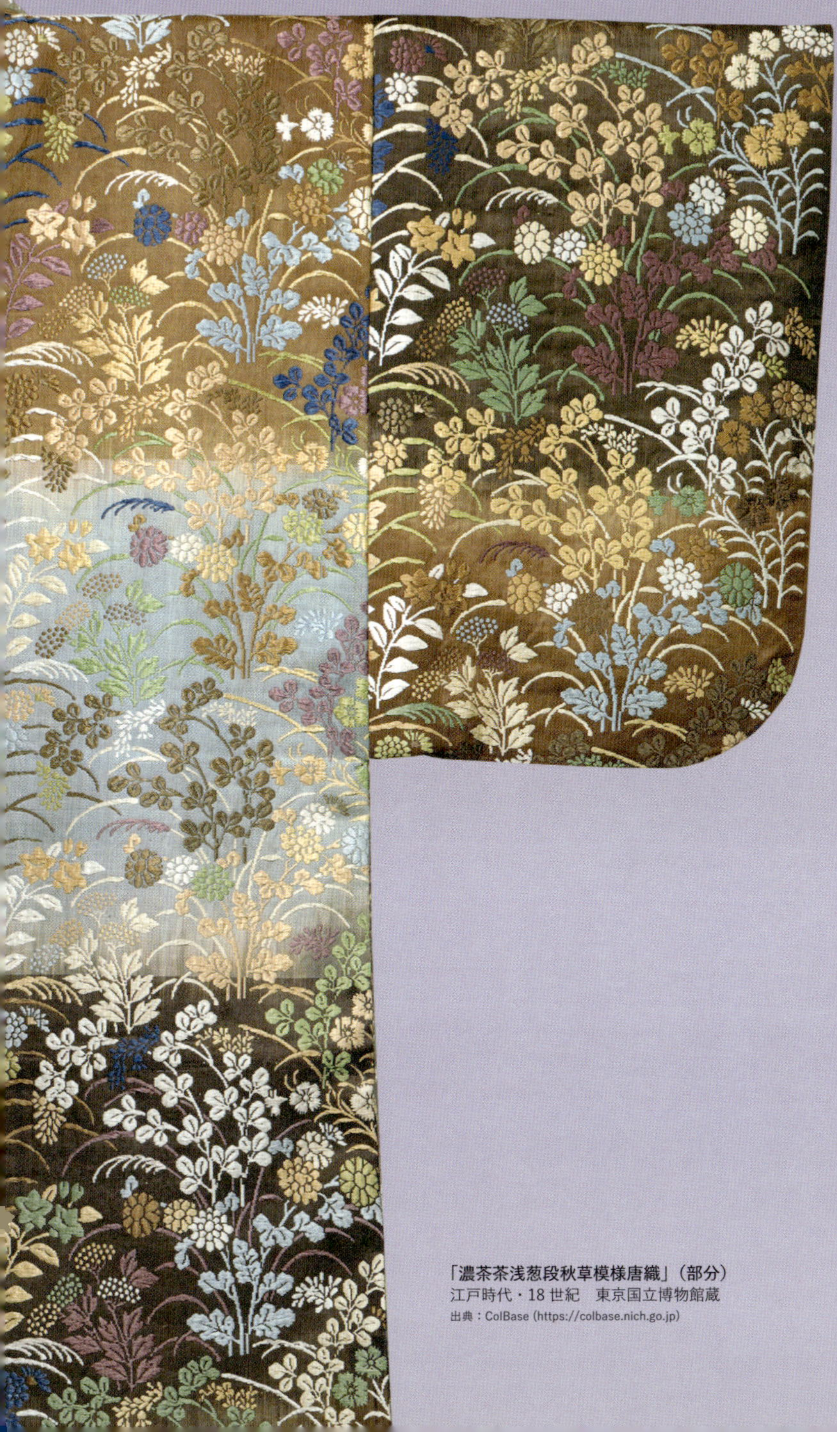

「濃茶茶浅葱段秋草模様唐織」（部分）
江戸時代・18 世紀　東京国立博物館蔵
出典：ColBase (https://colbase.nich.go.jp)

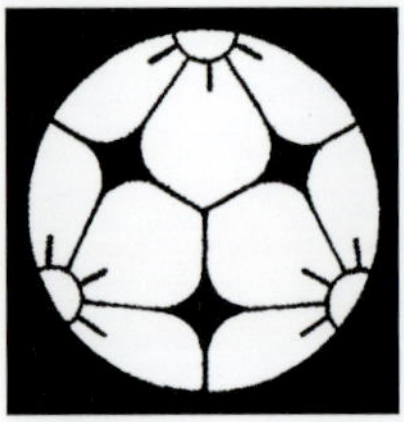
三つ割桔梗

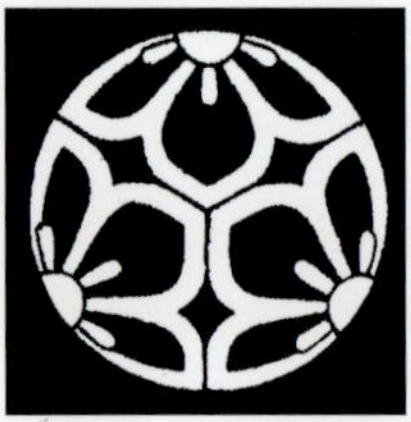
中かげ三つ割桔梗

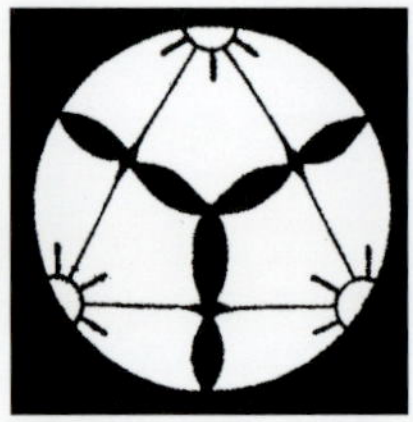
三つ割反り桔梗

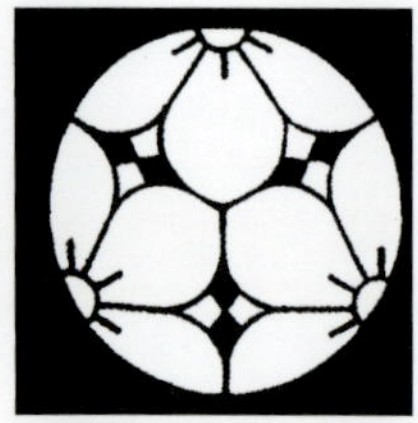
三つ割八重桔梗

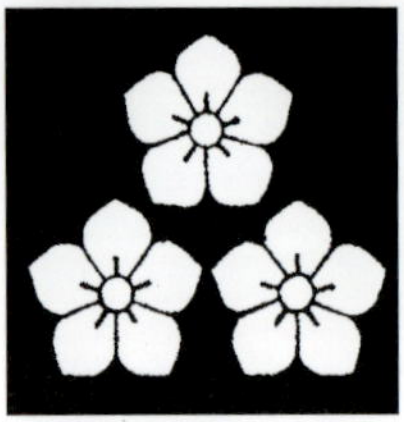
三つ盛り桔梗

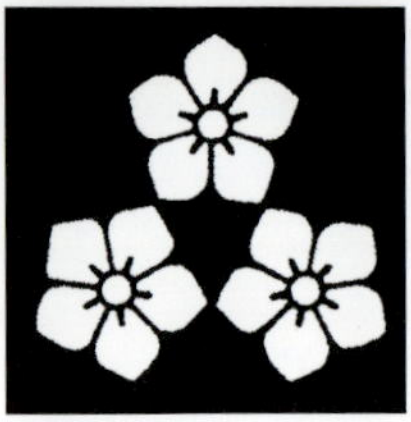
尻合せ桔梗

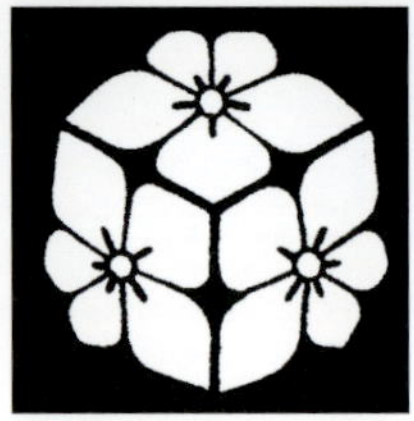
変り三つ桔梗

三つ持合い細桔梗

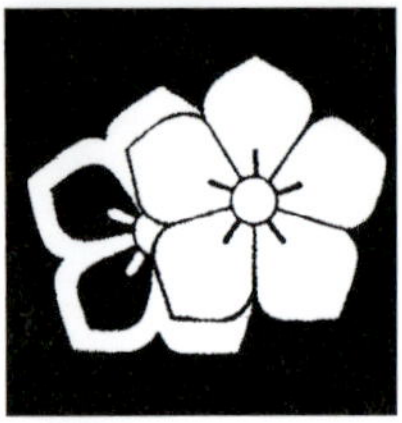
比翼桔梗

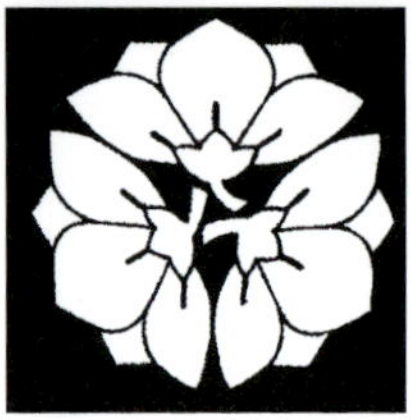
三つ横見桔梗

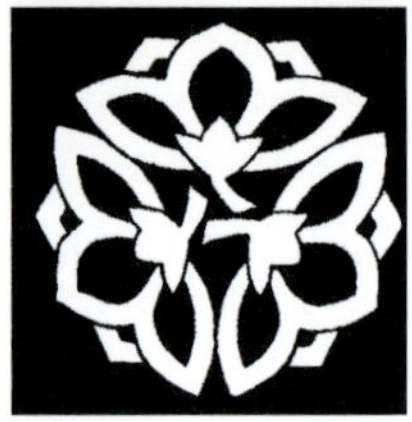
中かげ三つ横見桔梗

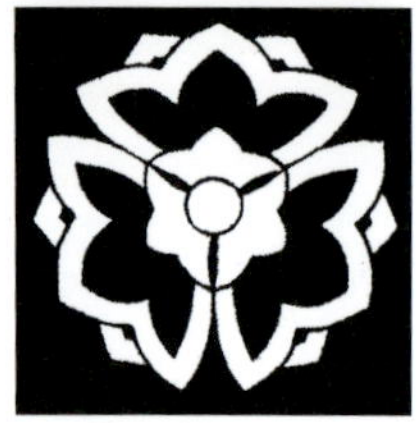
三つ寄せ桔梗

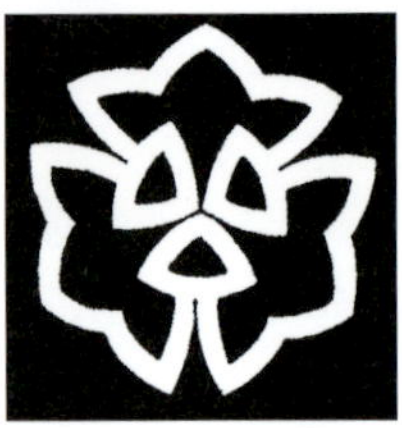
中かげ三つ寄せ桔梗

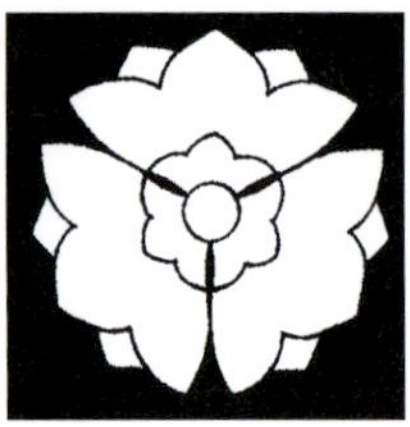
三つ組桔梗

三つ葉花桔梗

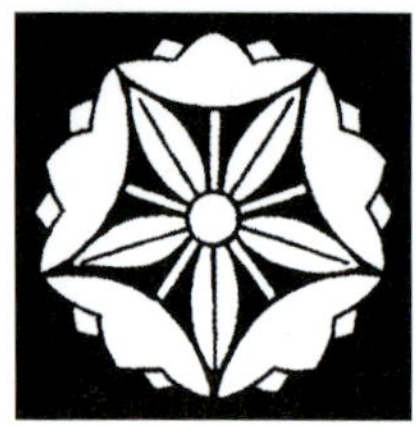
龍胆桔梗車

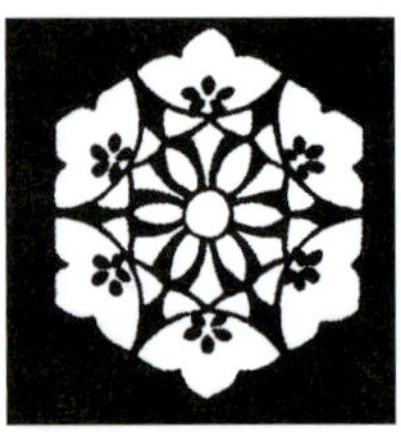
変り六つ桔梗車

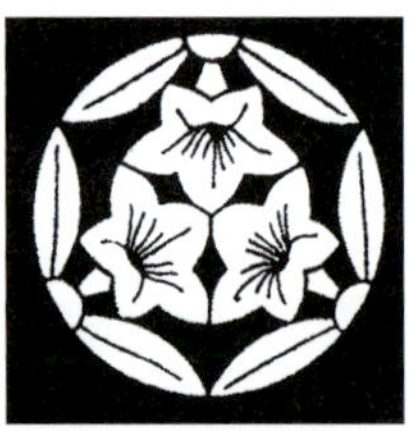
三つ割三つ葉花桔梗

台桔梗

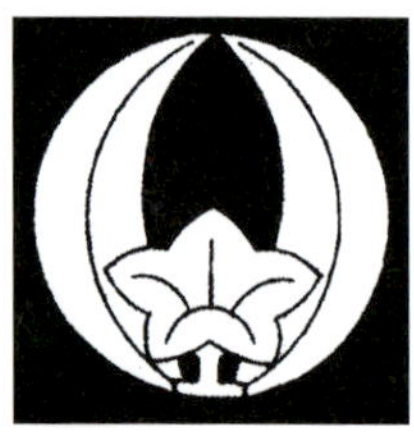
抱き桔梗

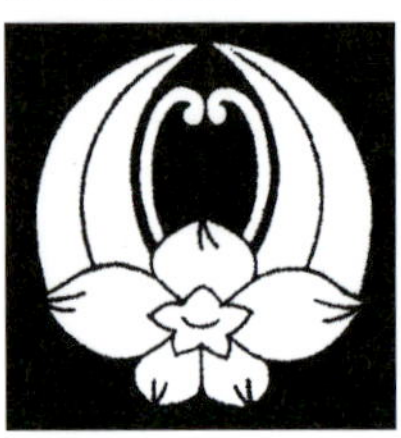
浮線桔梗

浮線花桔梗

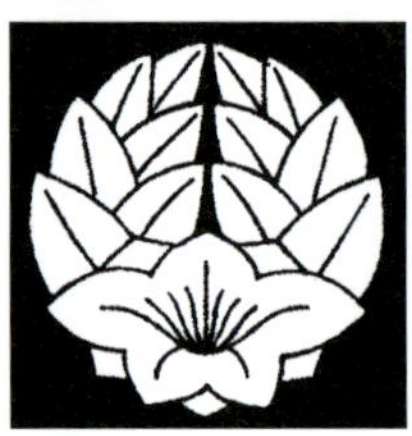
杏葉桔梗

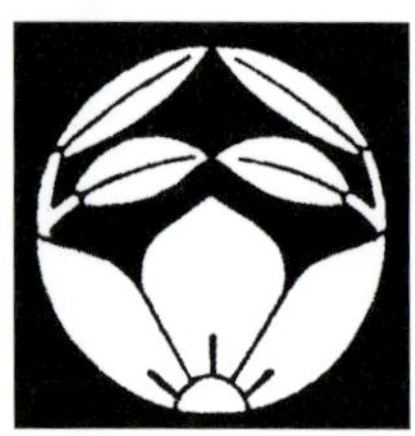
葉つき桔梗

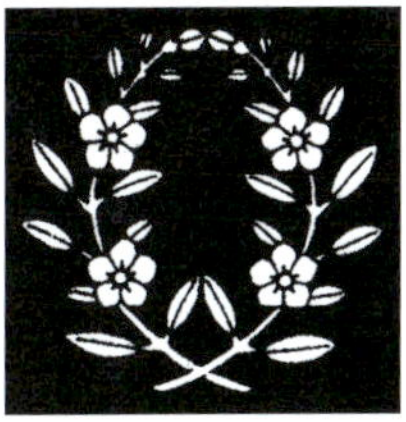
違い枝桔梗

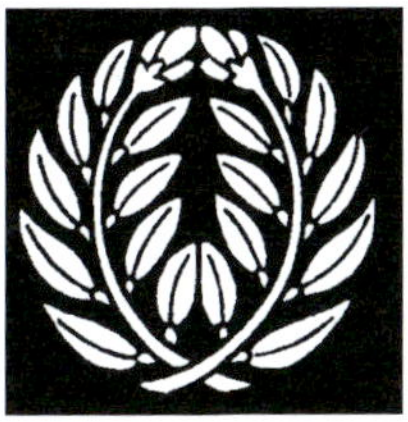
抱き枝葉桔梗

利休桔梗

葉桔梗の丸

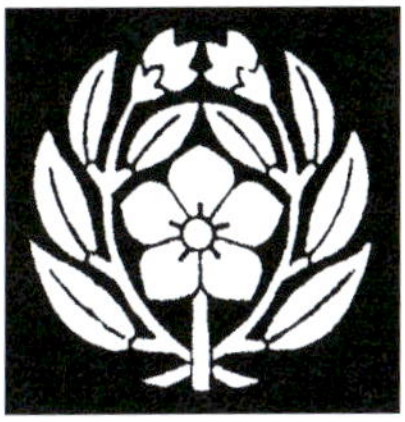
抱き葉桔梗

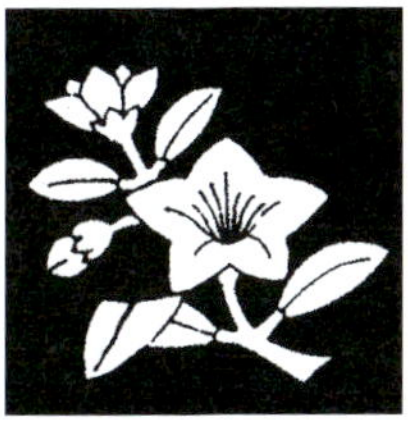
枝桔梗

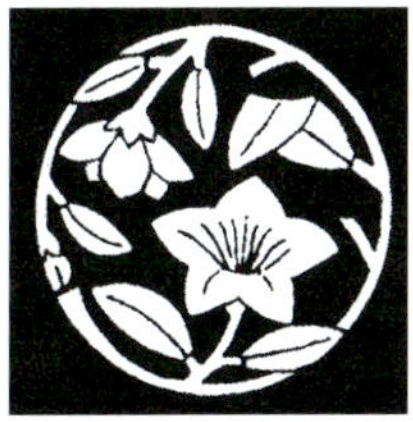
桔梗枝丸

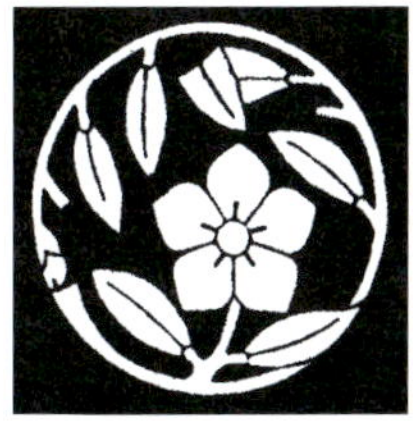
表桔梗枝丸

桔梗桐

中かげ桔梗桐

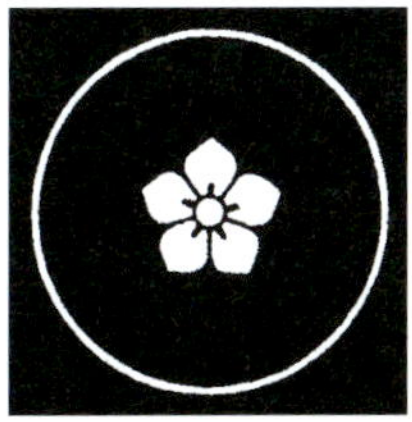
毛輪に豆桔梗

糸雪輪にかげ桔梗

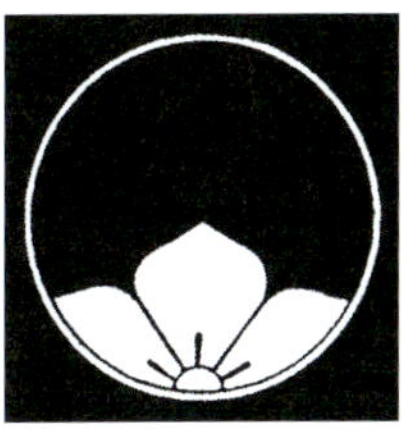
毛輪に覗き桔梗

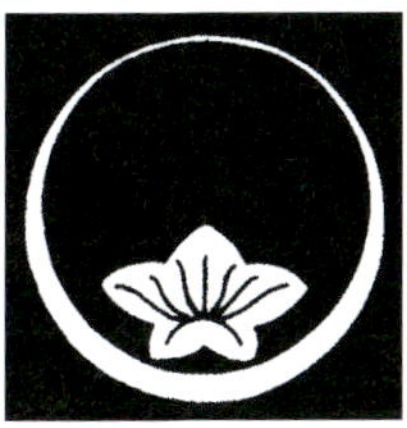
月輪に総覗き花桔梗

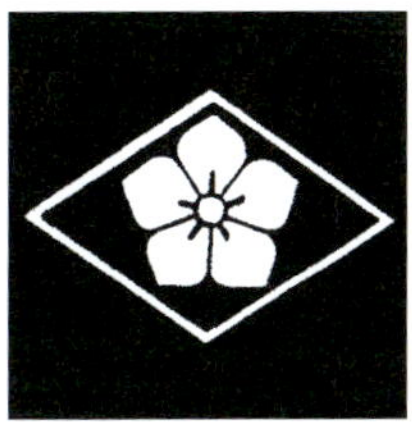
糸菱に桔梗

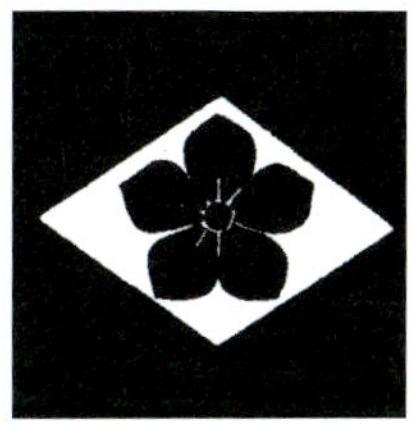
菱持ち地ぬき桔梗

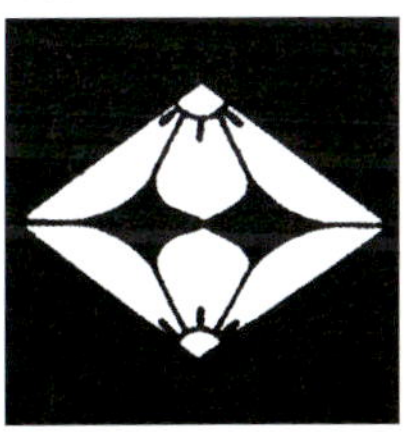
割桔梗菱

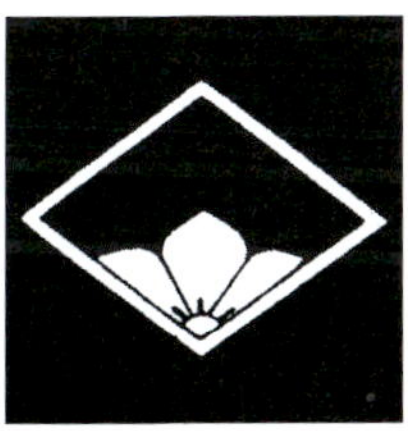
糸菱に覗き桔梗

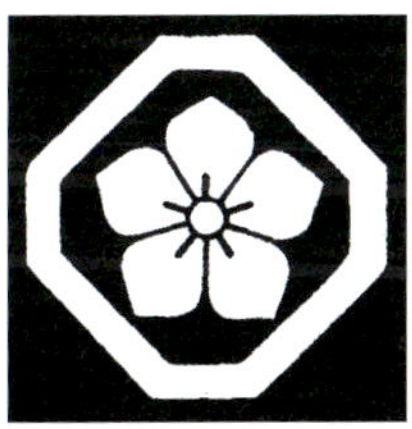
隅切角に桔梗

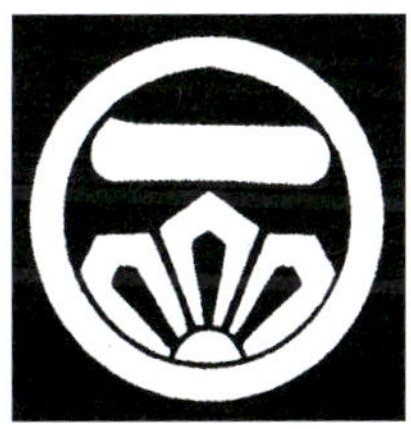
植村割桔梗

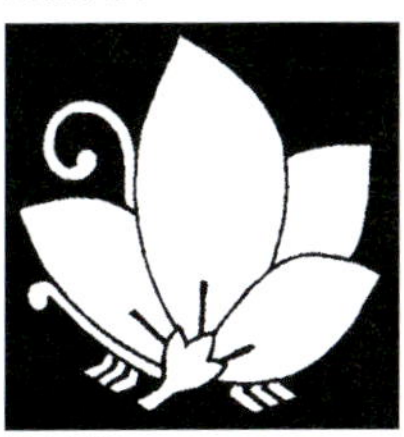
桔梗蝶

桔梗に飛び蝶

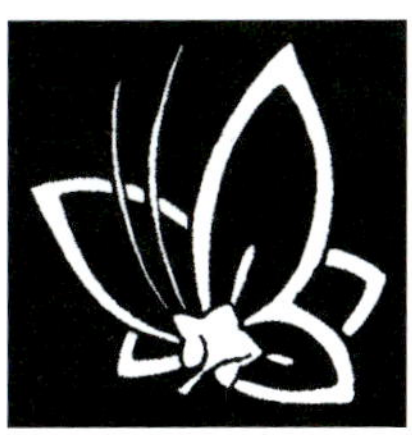
中かげ裏桔梗飛び蝶

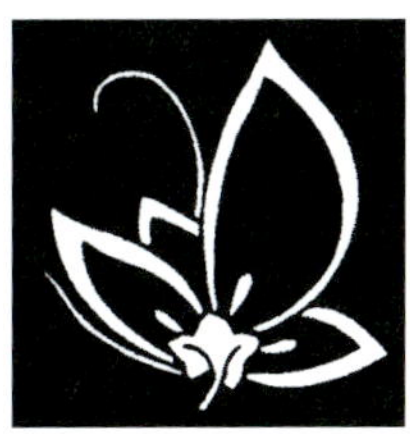
変り中かげ裏桔梗飛び蝶

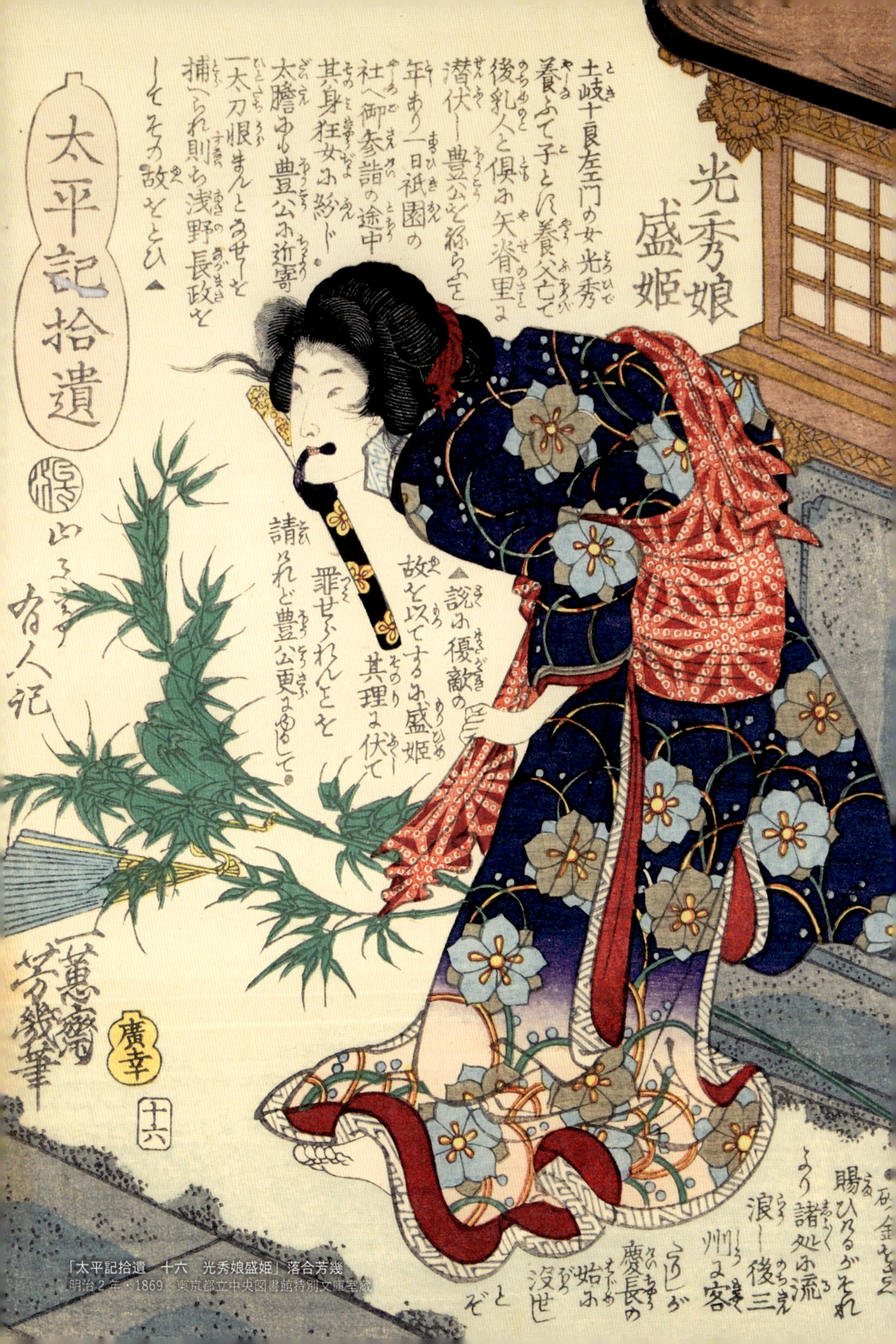

「太平記拾遺　十六　光秀娘盛姫」落合芳幾
明治２年・1869・東京都立中央図書館特別文庫室蔵

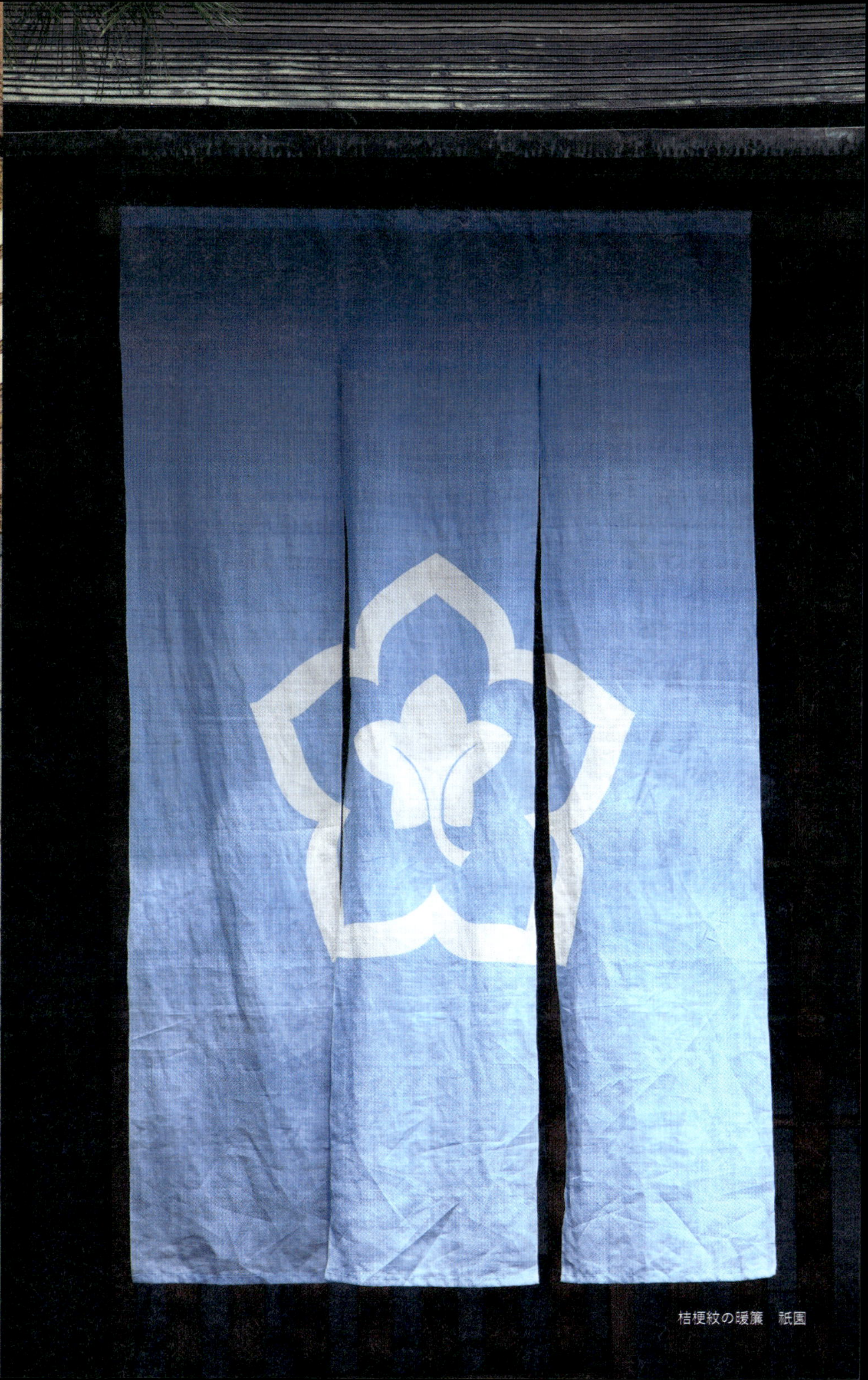

桔梗紋の暖簾　祇園

りんどう

◉龍胆紋

Rindō | Gentian Crests

リンドウ科の多年草で、秋には先が五裂した鐘形で青紫の清楚な花をつける。また可憐な葉は笹に似ているので笹龍胆ともよばれる。龍胆紋は源義経が用いたことで源氏一族の代表家紋とされ、源を名乗る武家が好んで使った。源氏のなかでも村上源氏の久我(こが)家一門はこれを定紋としている。龍胆紋の基本形は三花五葉であるが、まれに二葉、三葉のものもある。そのほか配置によって「龍胆車」「杏葉(ぎょうよう)龍胆」「龍胆菱」などもある。

Gentian (*Gentiana scabra*) is a perennial plant in the *Gentianacae* family. It bears elegant, bell-shaped, violet flowers in the fall. Because its dainty leaves resemble *sasa*, bamboo grass, it is also called *sasa* rindō, bamboo grass gentian. Minamoto no Yoshitsune, the military

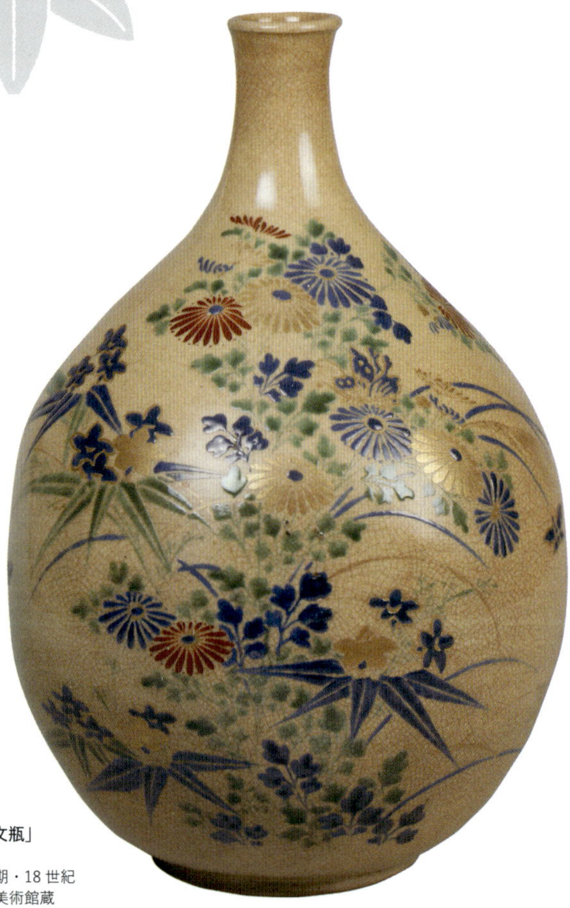

「色絵秋草文瓶」
京都 寶山
江戸時代中期・18 世紀
愛知県陶磁美術館蔵

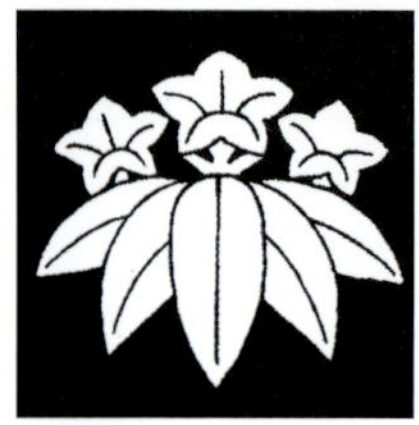

笹龍胆

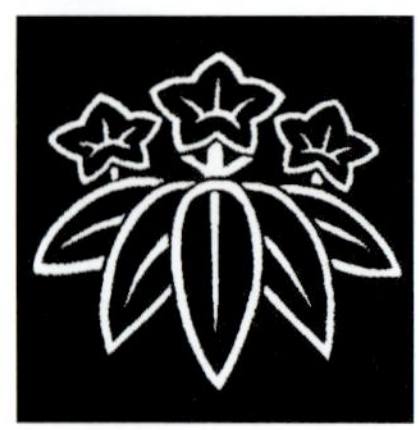

かげ笹龍胆

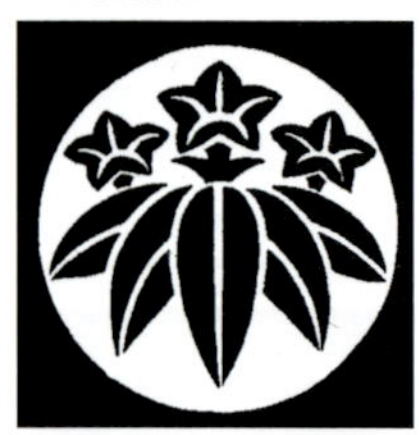

石持ち地ぬき笹龍胆

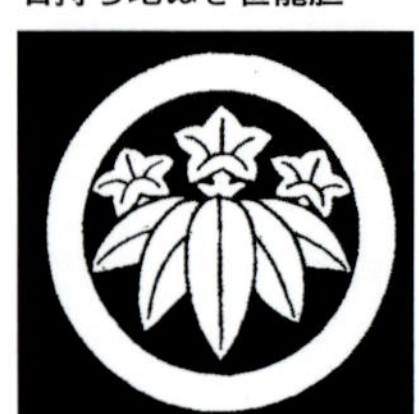

丸に笹龍胆

leader who helped bring his brother Yoritomo to power as the first Kamakura shogun, used the gentian crest. Since then, it has been regarded as the family crest emblematic of the Minamato (Genji) clan, and was a favorite of warrior clans adopting the Minamoto surname.

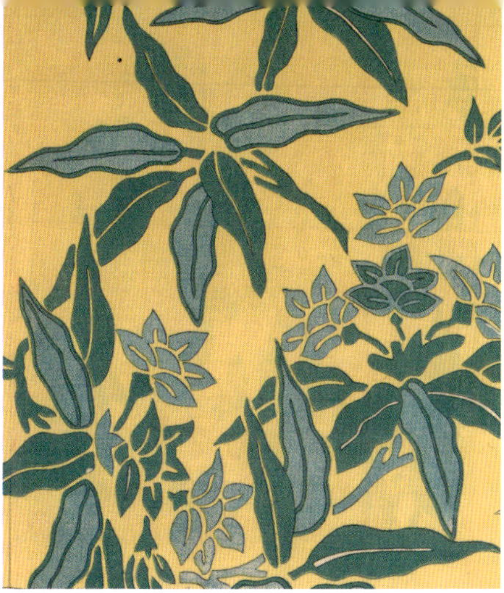

「求古図譜織文之部」
（部分）高島千春
天保 11 年・1840
国立国会図書館蔵

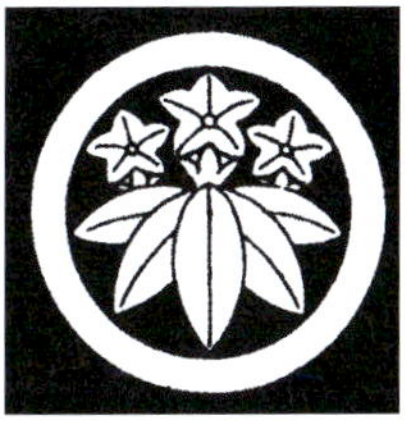
丸に石川龍胆

三枚笹龍胆

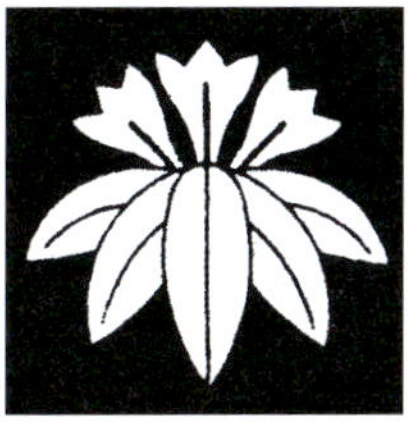
慈光寺龍胆

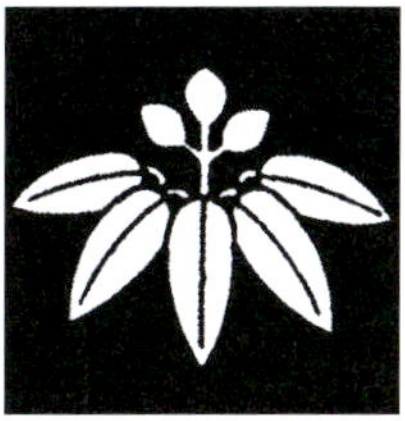
栖鳳龍胆

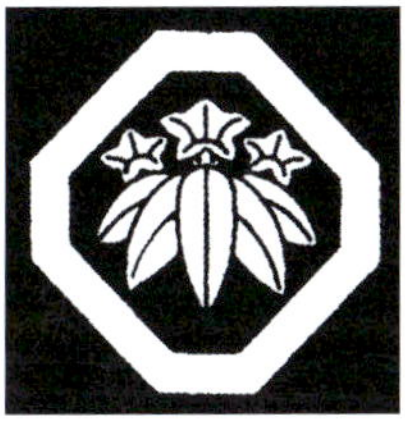
隅切角に笹龍胆

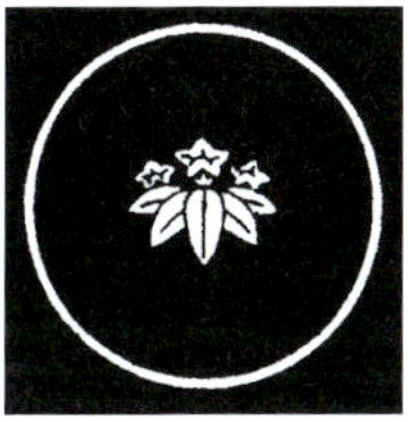
糸輪に豆笹龍胆

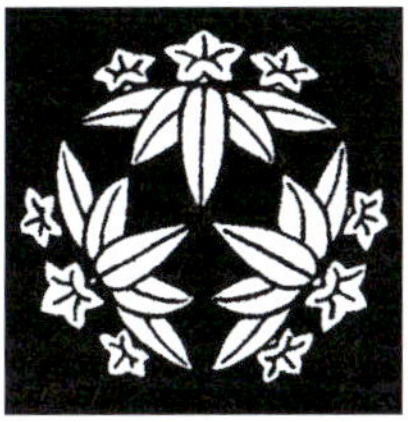
三つ笹龍胆

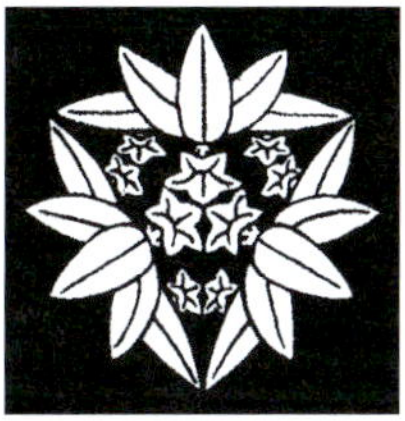
頭合せ笹龍胆

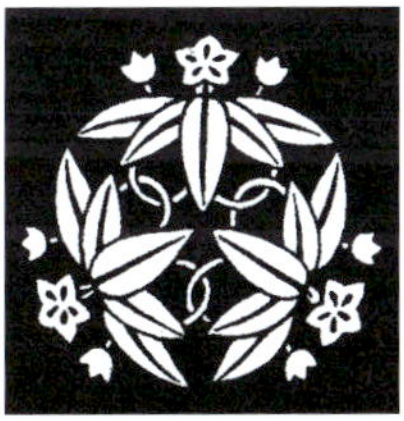
池田三つ龍胆

違い龍胆

六つ花龍胆

四つ龍胆

三つ葉六つ花龍胆

三つ葉龍胆

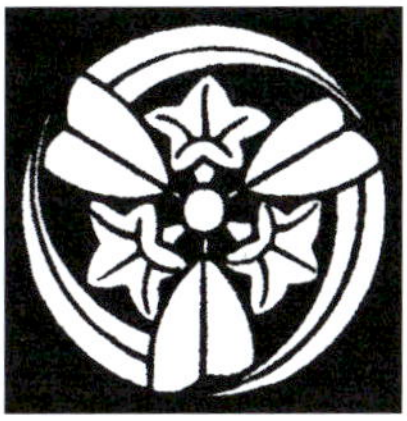
三つ折れ葉龍胆

二つ龍胆

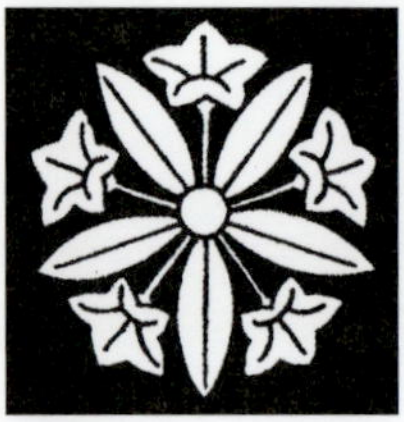
龍胆車

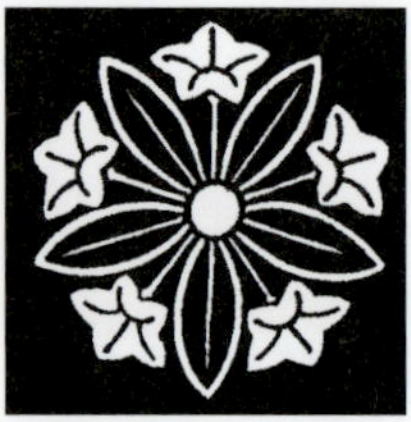
葉かげ龍胆

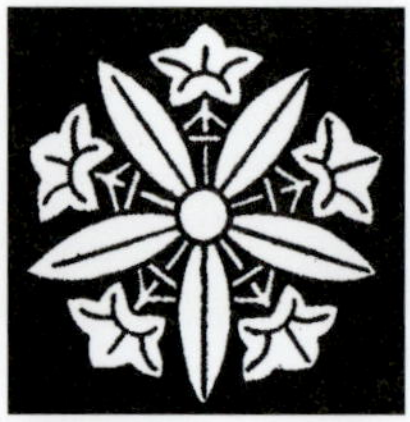
久我龍胆車

総かげ龍胆車

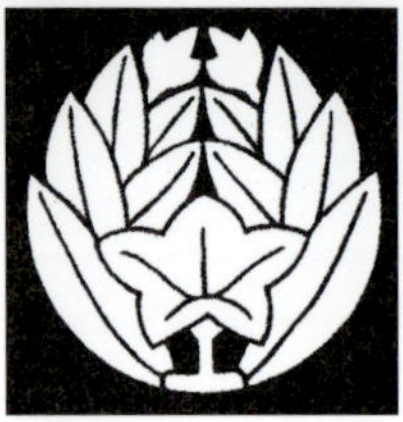
杏葉龍胆

三つ割三つ葉龍胆

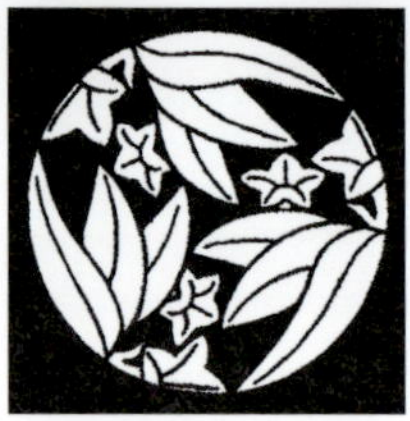
三つ割笹龍胆

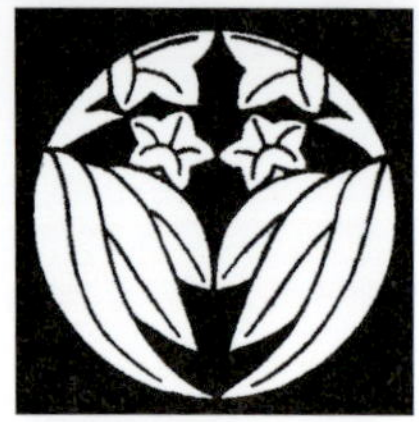
二つ割笹龍胆

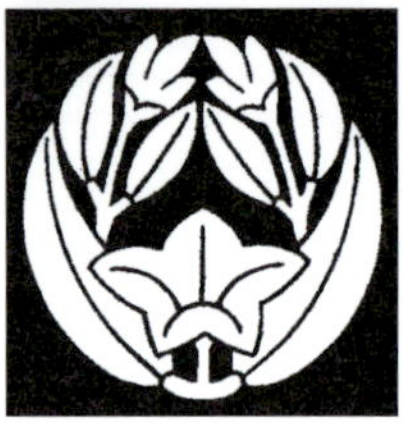
浮線龍胆

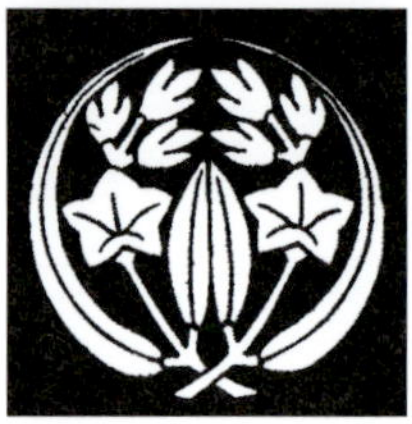
抱き龍胆

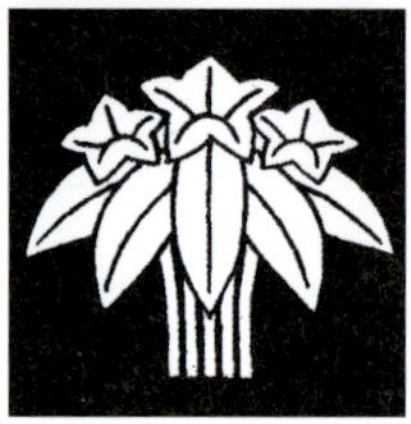
埋み龍胆

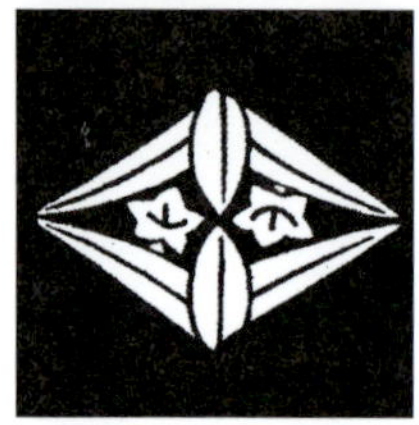
龍胆菱

七宝龍胆

笹蔓龍胆

龍胆枝

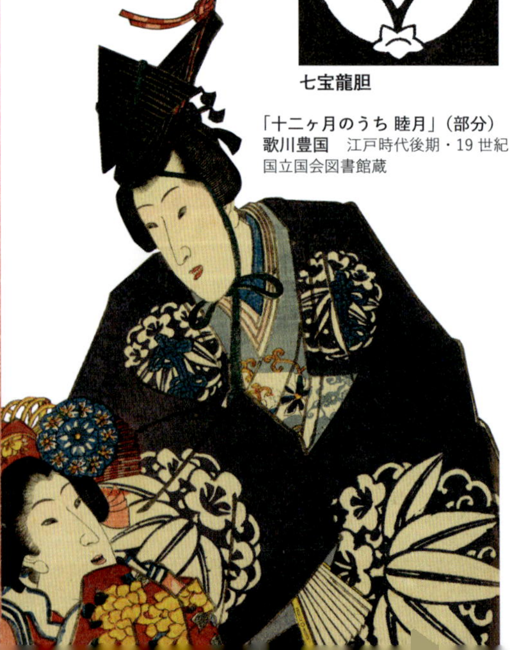
「十二ヶ月のうち 睦月」（部分）
歌川豊国　江戸時代後期・19 世紀
国立国会図書館蔵

枝龍胆の丸

池田龍胆

蟹龍胆

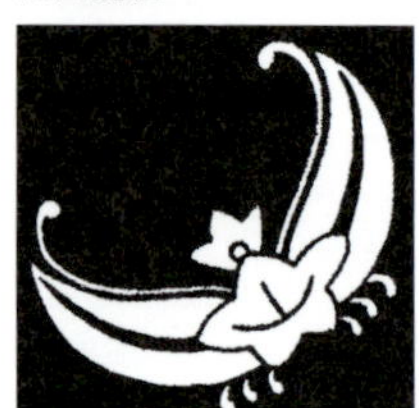
龍胆胡蝶

たちばな

◉ 橘紋

Tachibana | Wild Orange Crests

ミカン科の常緑低木で、近畿地方以西の山地に生える日本で数少ない自生種。京都御所の紫宸殿の東方にあるのが左近の桜、西方にあるのが右近の橘で、右近衛府が橘の育成にたずさわったところから「右近の橘」とよばれる。家紋は実と葉からなるものと、実と花と葉とを組み合わせてデザインしたものがある。橘姓（橘諸兄）の紋にはじまるといわれ、久世、井伊、黒田家と日蓮宗（日蓮の出自は井伊家の分家の貫名家といわれる）の紋となる。「橘」「向う橘」「杏葉橘」「枝橘」などさまざまなバリエーションがある。

The *tachibana*, a low evergreen tree in the citrus family, is one of few wild citrus species. At the Hall for State Ceremonies in the Kyoto Imperial Palace, the Sakon Cherry is on east side, the Ukon Tachibana on the west side. It is called the Ukon Tachibana because the Ukonoefu (Imperial Guard of the Left) planted a tachibana tree there. Family crests may use designs combining the wild orange fruit and leaves or the fruit, flowers, and leaves.

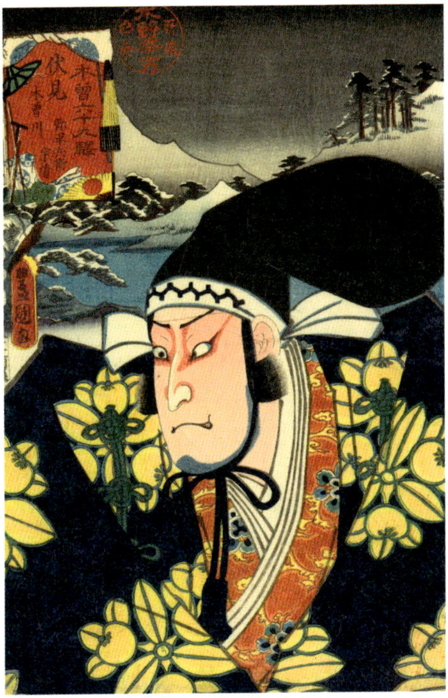

「木曾六十九驛　伏見　弥平兵衛宗清」歌川豊国
国立国会図書館蔵

橘

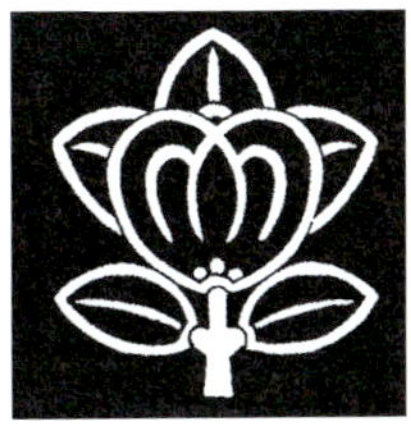

かげ橘

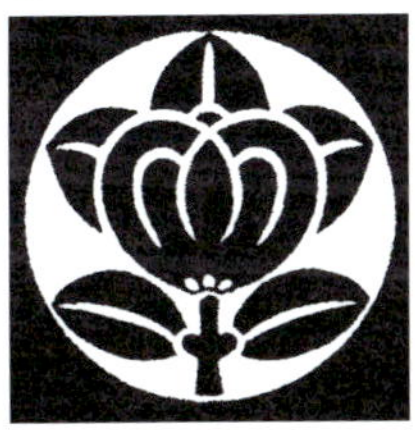

石持ち地ぬき橘

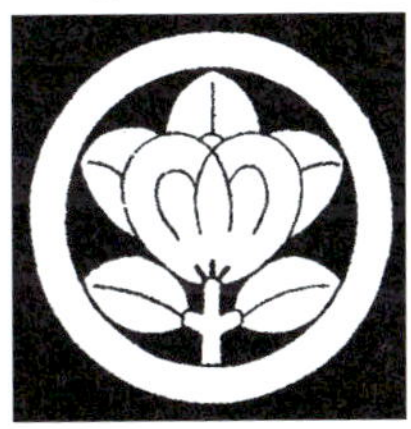

丸に橘

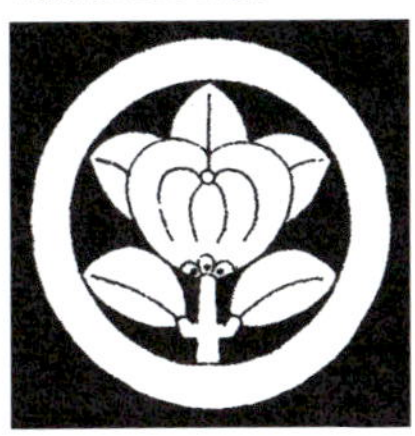

彦根橘

かげ光琳枝橘

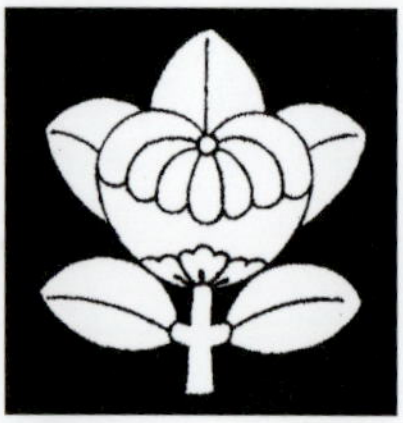
菊座橘

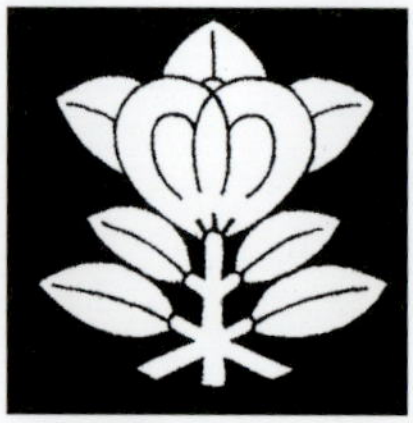
七枚葉橘

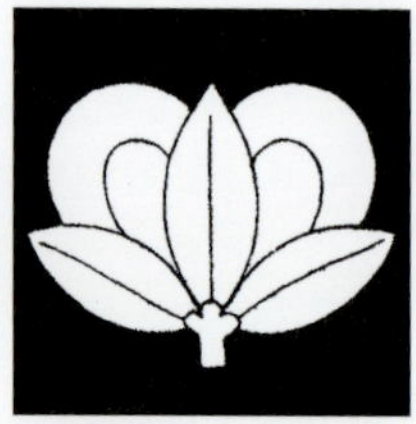
三つ葉橘

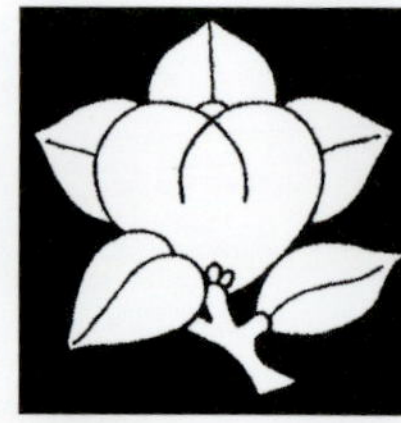
光琳橘

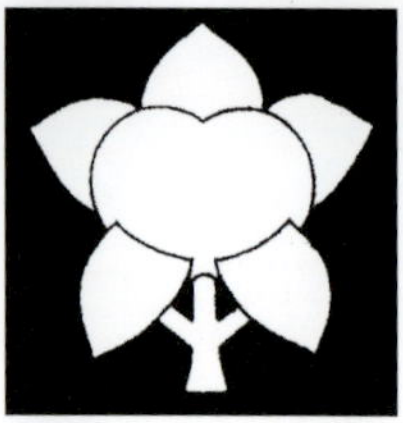
裏橘

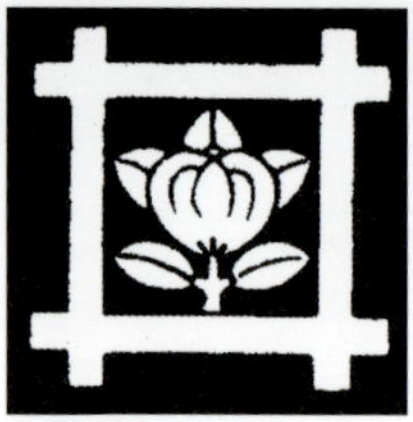
日蓮宗橘

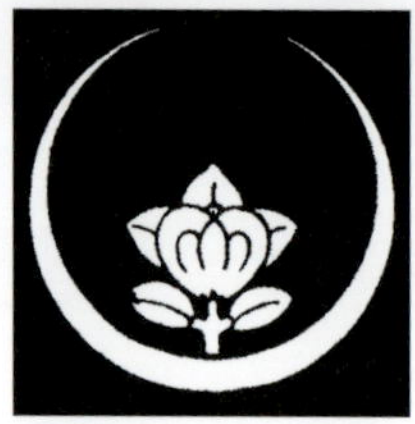
月輪に総覗き橘

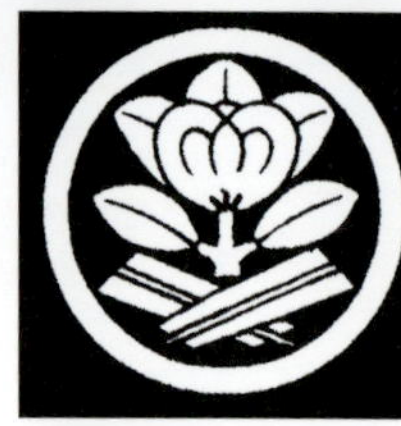
中輪に橘違い扇

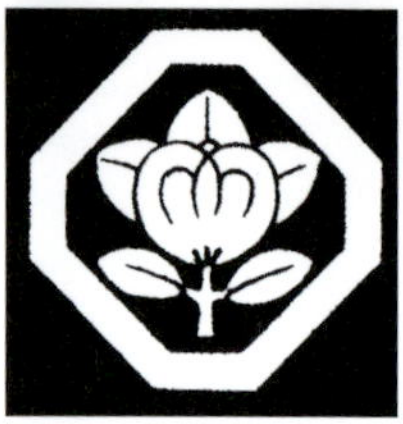
隅切角に橘

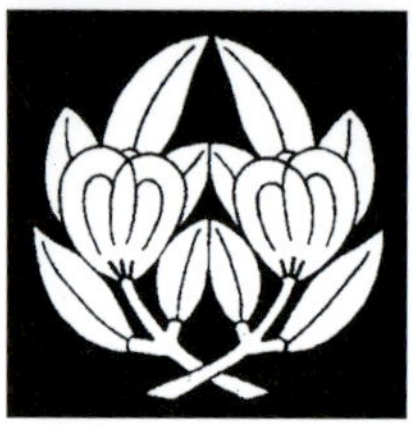
抱き橘

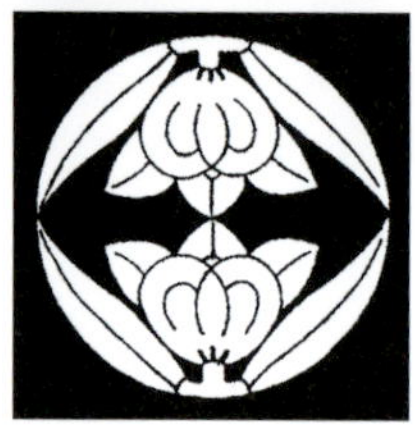
対い橘

三つ葉橘

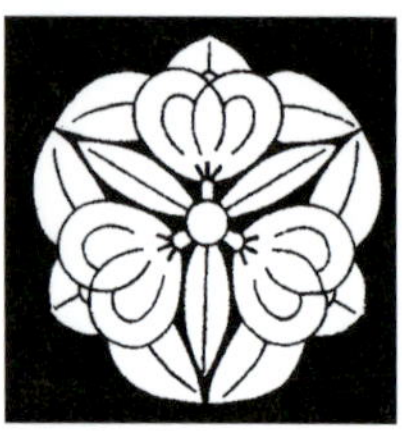
三つ寄せ橘崩し

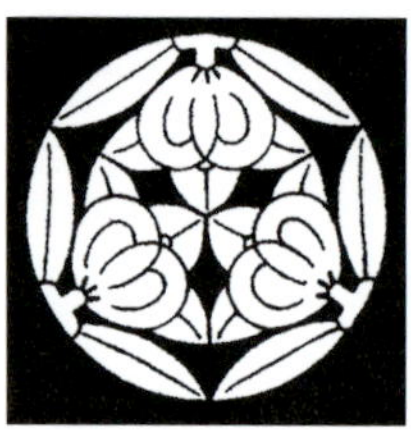
三つ橘

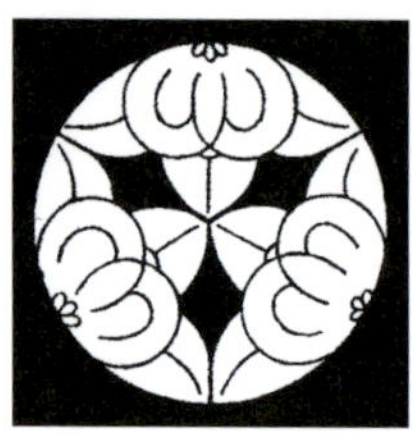
頭合せ三つ割橘

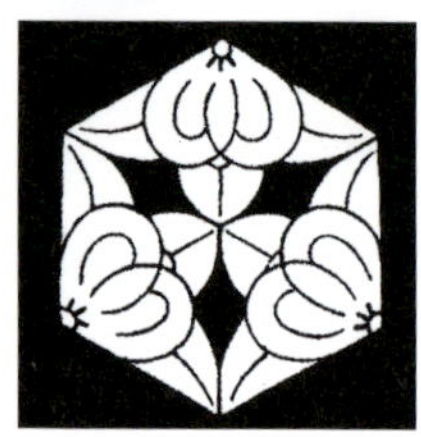
三つ割六角橘

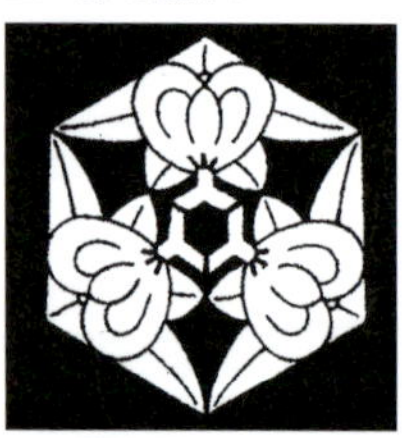
三つ橘亀甲

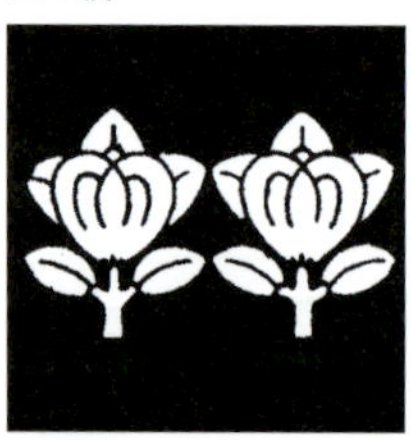
並び橘

三つ盛り橘

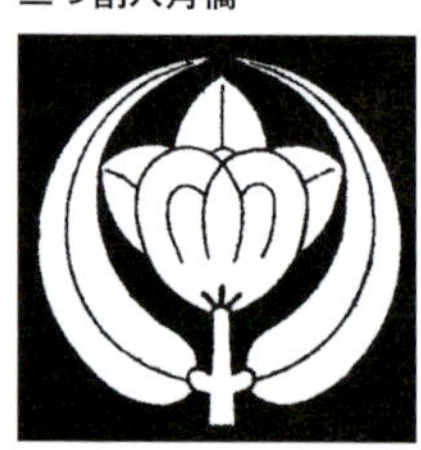
橘崩し

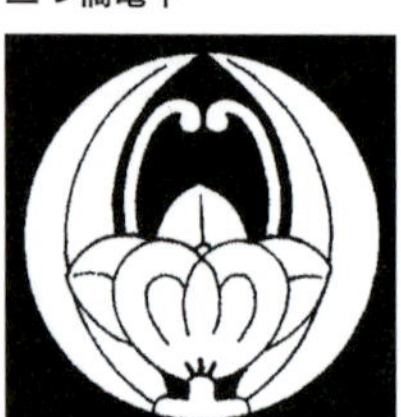
変り浮線橘

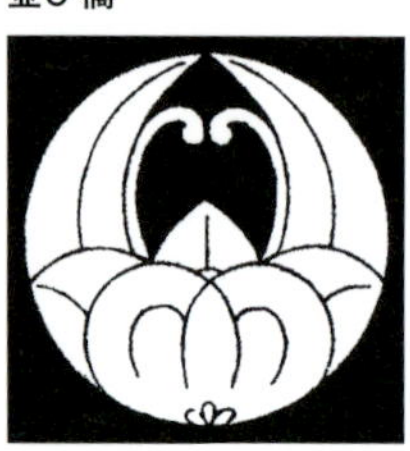
浮線橘

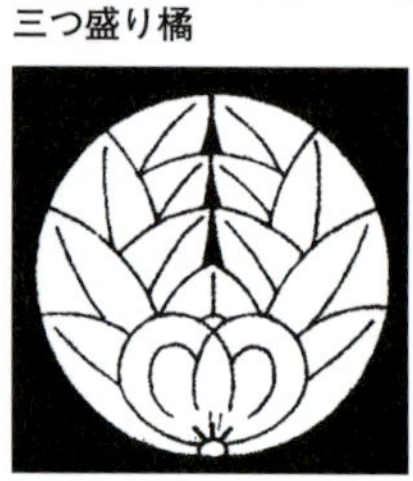
杏葉橘

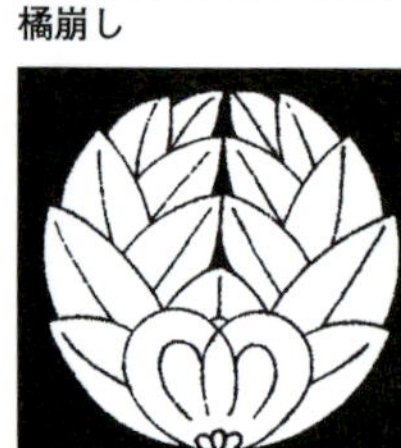
変り杏葉橘

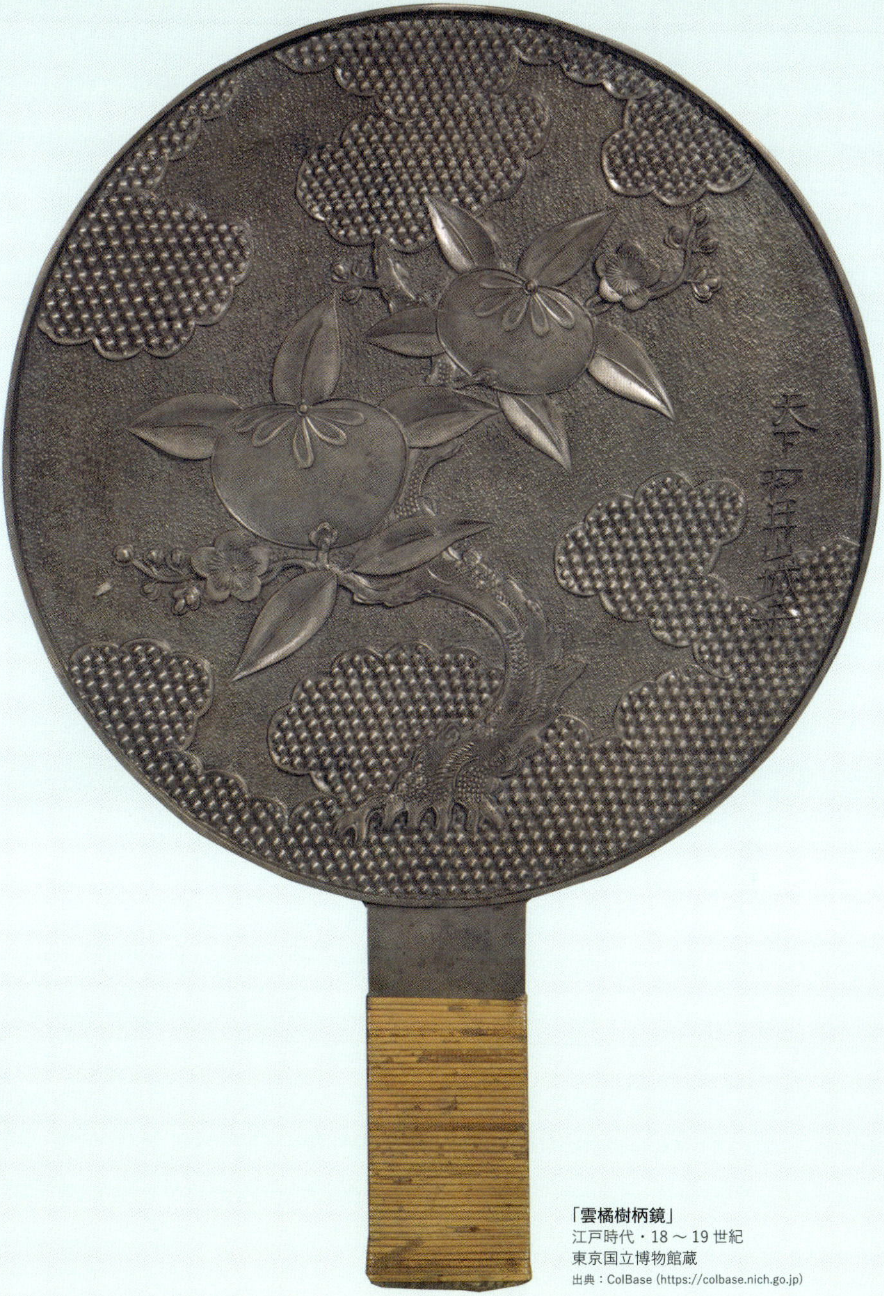

「雲橘樹柄鏡」
江戸時代・18～19世紀
東京国立博物館蔵
出典：ColBase (https://colbase.nich.go.jp)

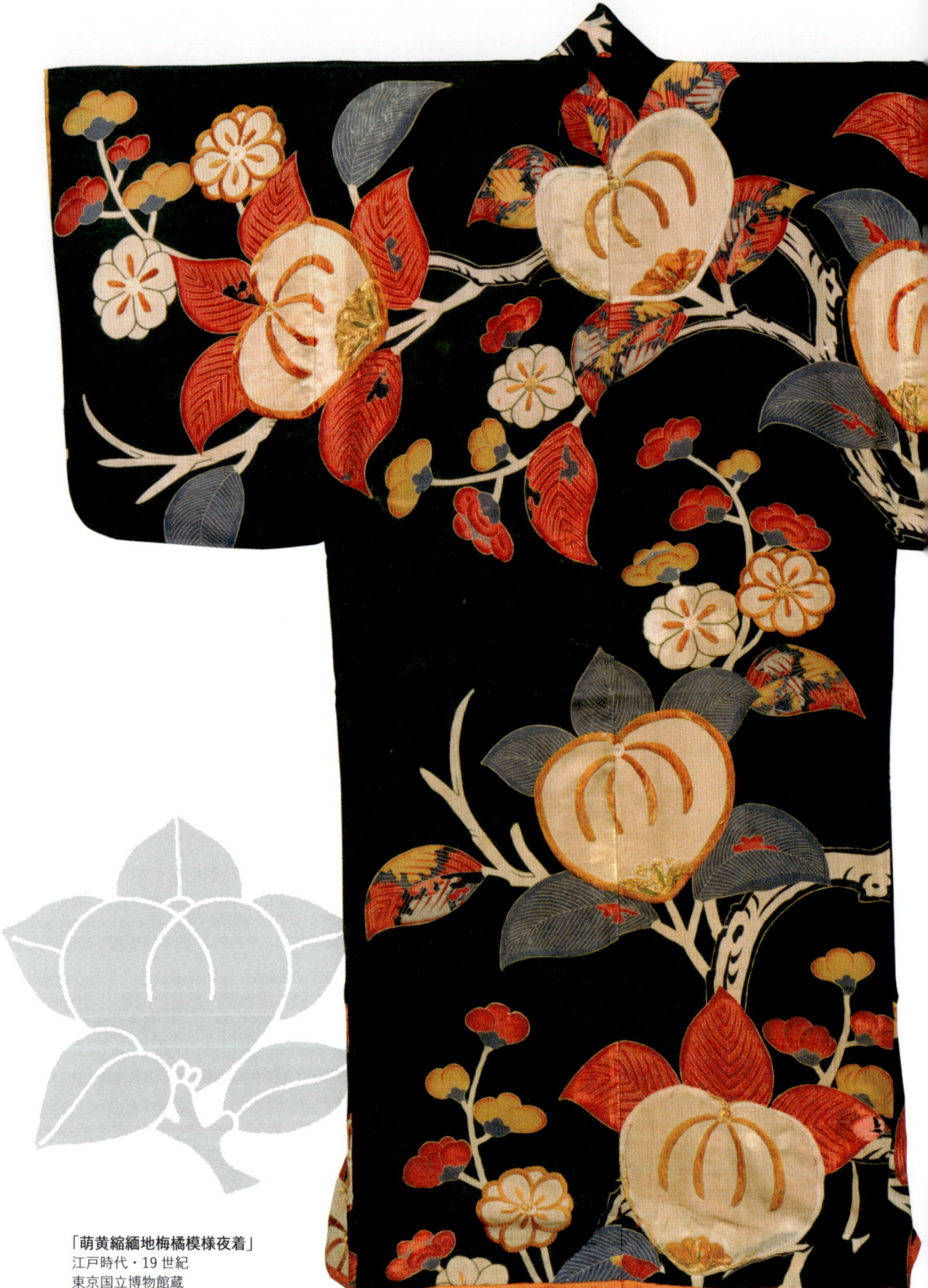

「萌黄縮緬地梅橘模様夜着」
江戸時代・19 世紀
東京国立博物館蔵
出典：ColBase (https://colbase.nich.go.jp)

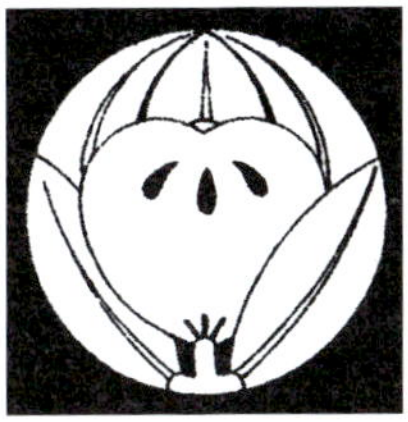

光琳葉敷き橘

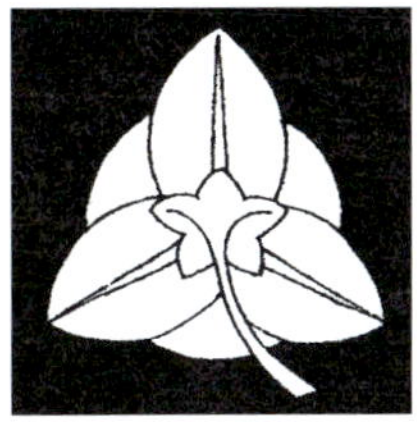

向う裏橘

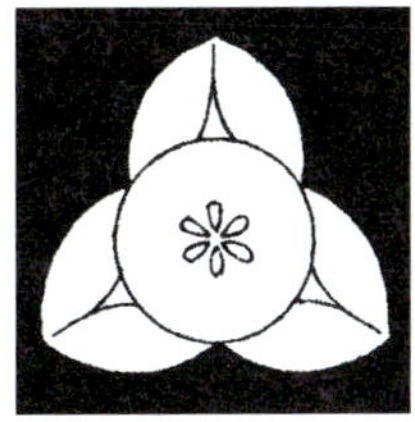

向う橘

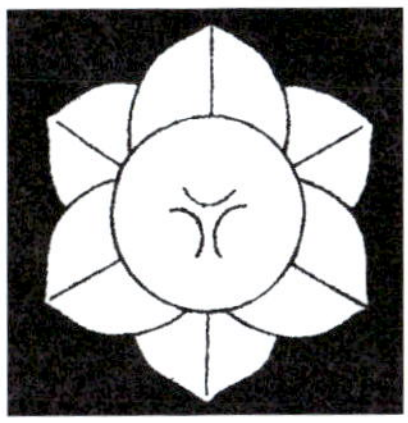

八重向う橘

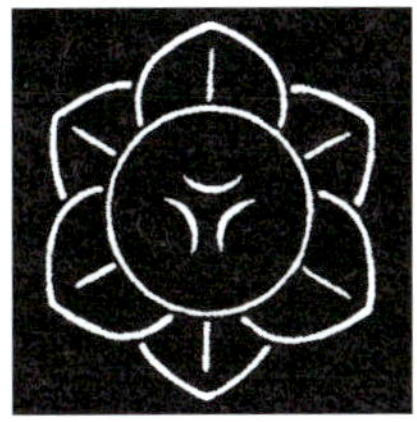

かげ八重向う橘

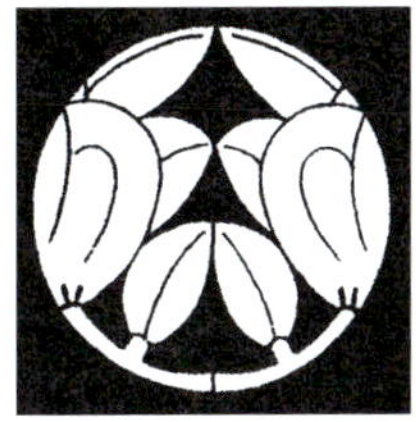

割橘

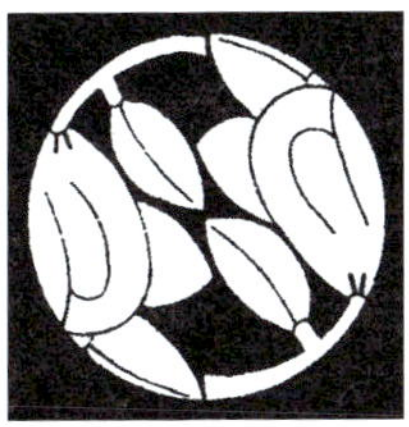

入違い橘

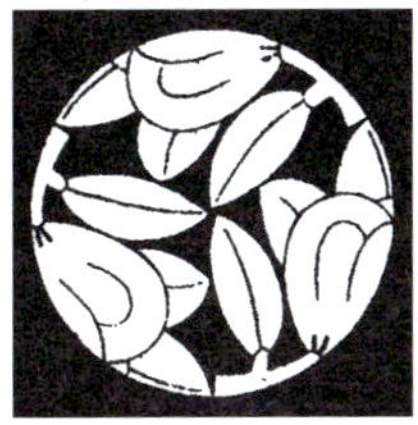

三つ割枝橘

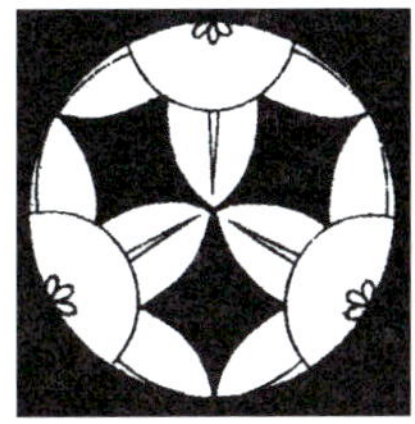

三つ割橘

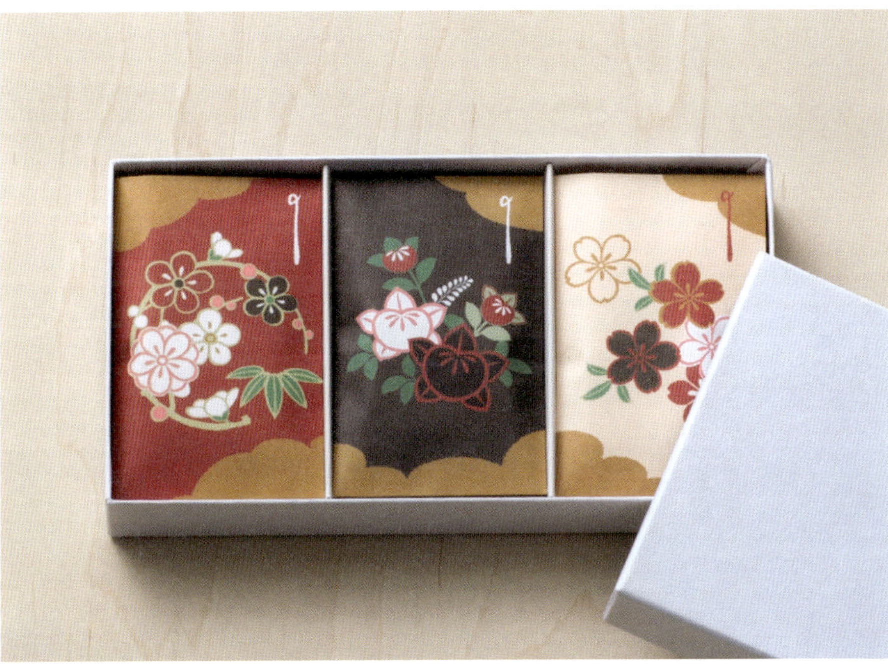

「ぽち福」赤坂柿山

かたばみ

◉片喰紋

Katabami | Sorrel Crests

カタバミ科の多年草で、葉はハート形の三枚の小葉からなり、片葉が三つあるのでカタバミという。家紋は正面から見たままの三葉を描き、中心部に葉脈を鋭く剣先で切り込んだのが基本的なかたち。葉の間に剣や蔓を加えたものや、まれに花または実をつけた紋もある。ありふれた草花だが、平安時代にはやくも図案化され、戦国武将にひろく用いられた。徳川時代、公家の御子左家一門、大名で森川、藤堂、酒井の諸侯、旗本ではその数百六十余家にのぼった。桐紋についで多用されている。現在でも、藤、木瓜についで人気のある家紋である。

Sorrel is a perennial plant of the *Oxalidaceae* family. Its leaves consist of three heart-shaped leaflets. The basic crest depicts the three leaflets, seen straight on, with the veins deleted and the tips indented.

片喰

太かげ片喰

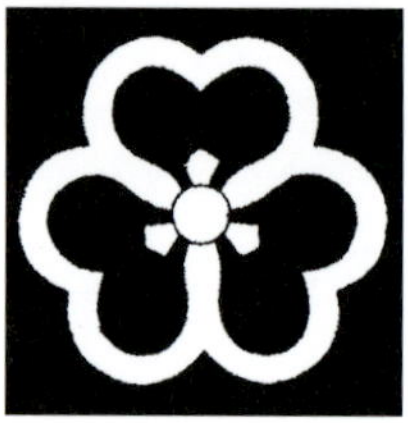

中かげ片喰

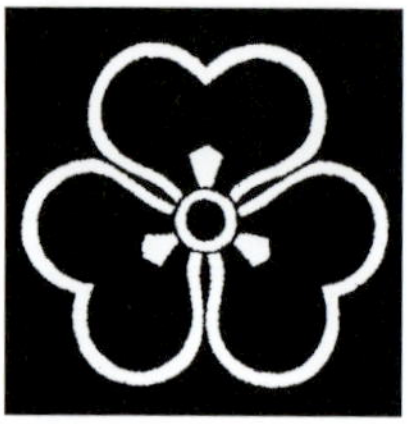

かげ片喰

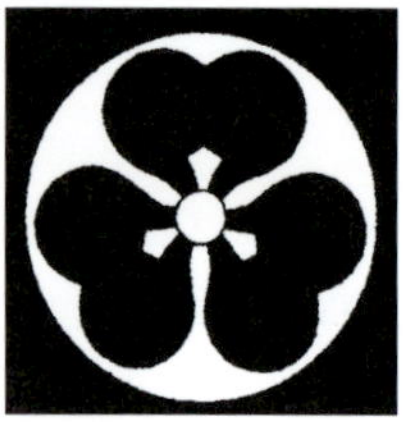

石持ち片喰

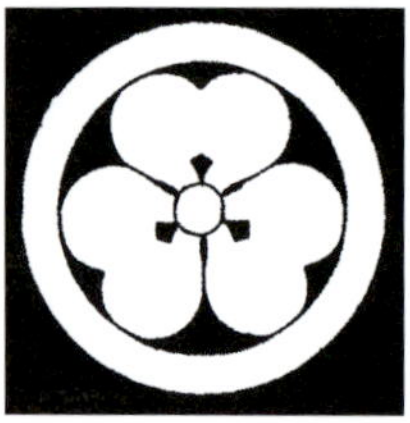

丸に片喰

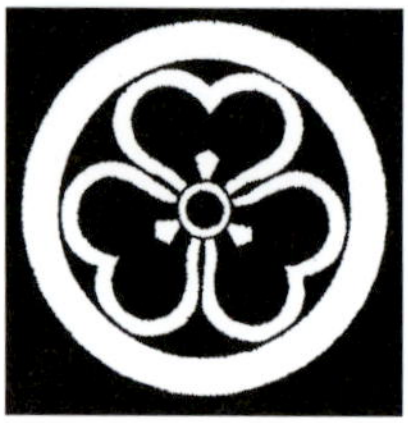

丸に中かげ片喰

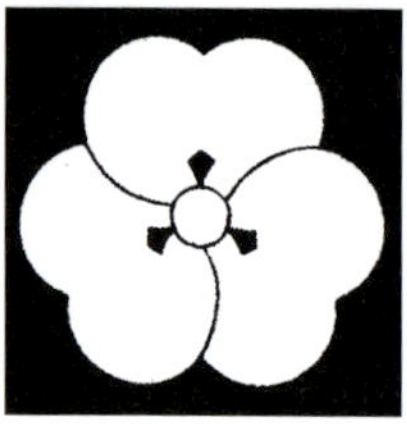

捻じ片喰

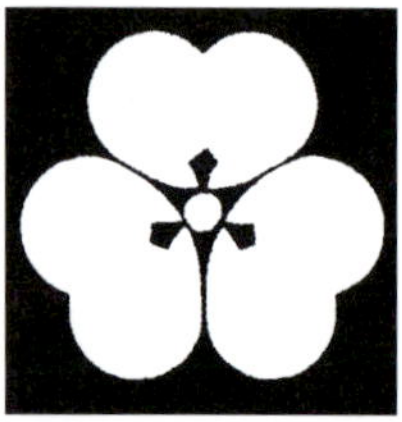

変り片喰

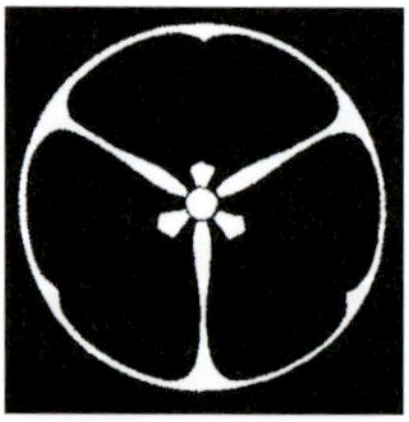

村山片喰

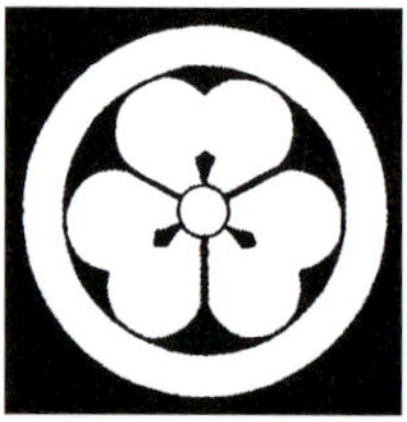

庄内片喰

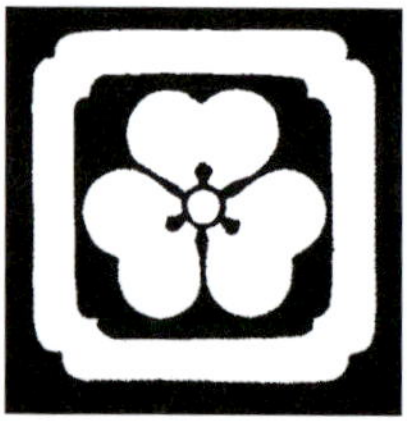

隅入平角に片喰

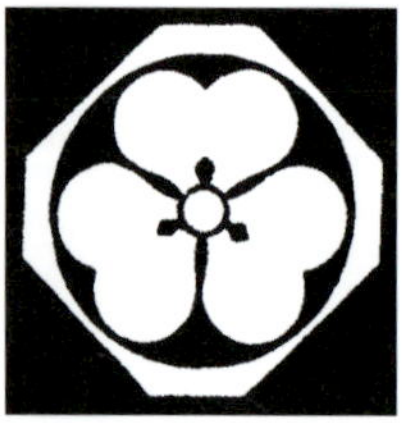

隅切鉄砲角に片喰

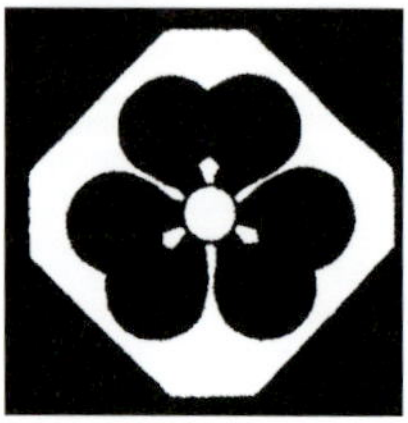

隅入平角に片喰

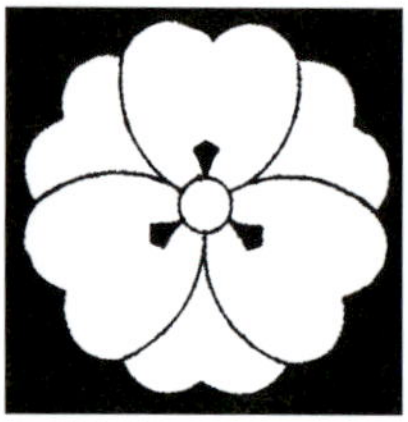

八重片喰

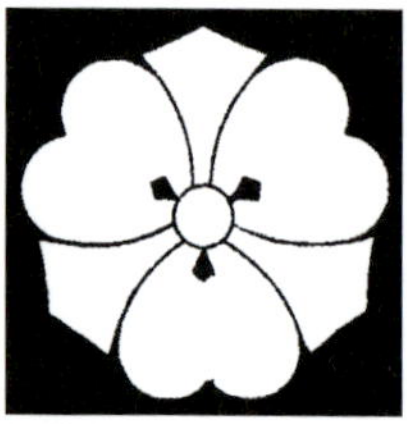

剣片喰

Because sorrel is highly fertile, it has been adopted as a motif since the Heian period (800–1185) and was used by generals in the Sengoku or Warring States period (1467–1568). It is one of the most popular family crests, ranking third after the wisteria and quince.

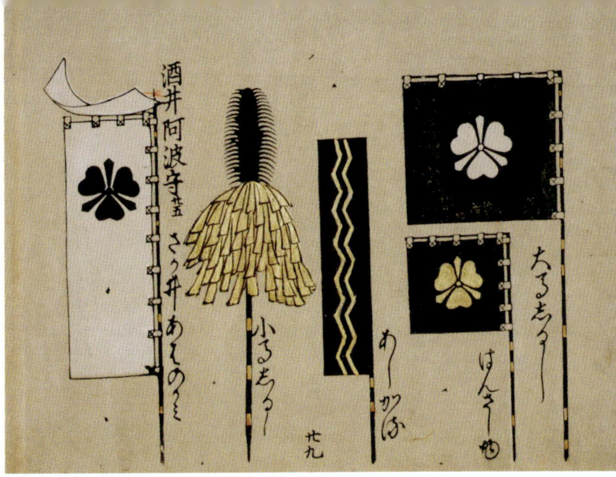

「御馬印」寛永年間　国立国会図書館蔵

中かげ剣片喰

総かげ剣片喰

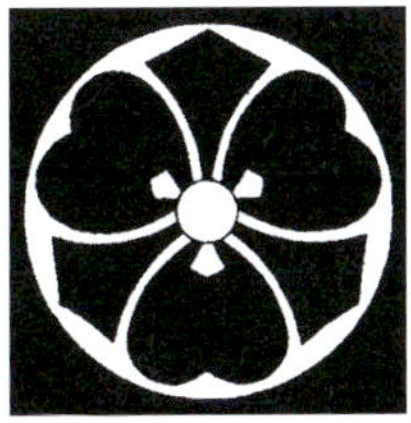

石持ち地ぬき剣片喰

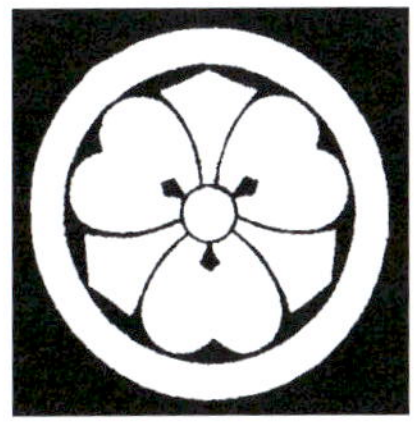

丸に剣片喰

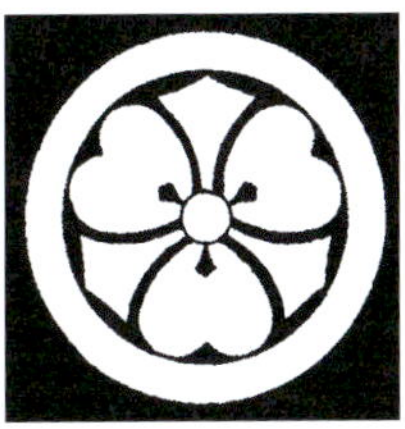

丸に離れ剣片喰

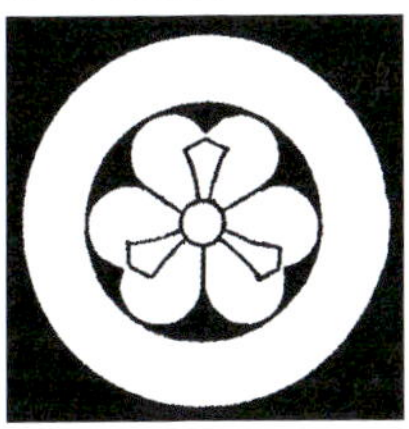

太輪に剣片喰

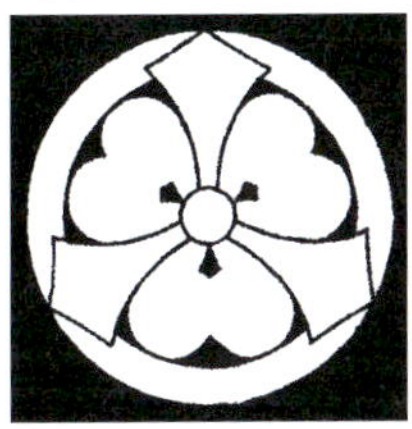

丸に出剣片喰

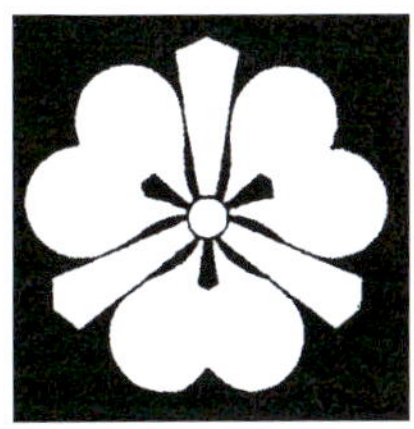

姫路剣片喰

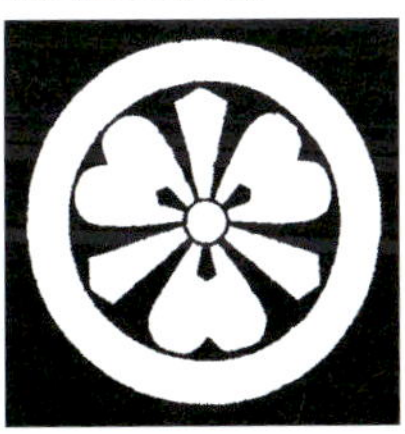

若狭剣片喰

花剣片喰

三つ又剣片喰

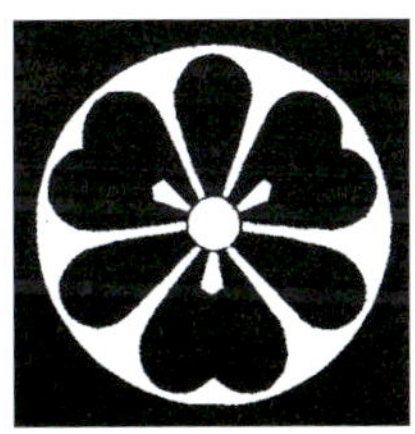

石持ち地ぬき棒剣片喰

熨斗剣片喰

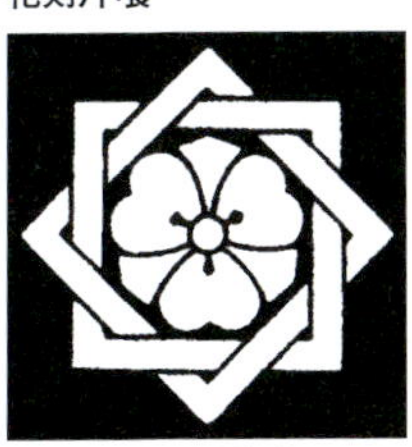

組合せ角に剣片喰

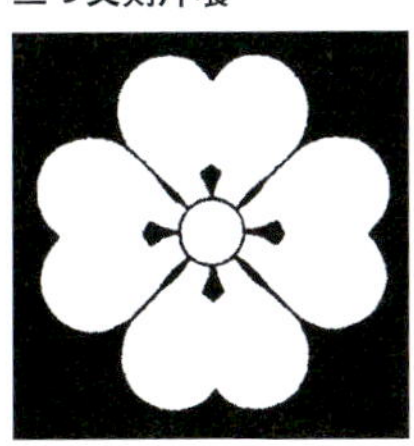

四つ片喰

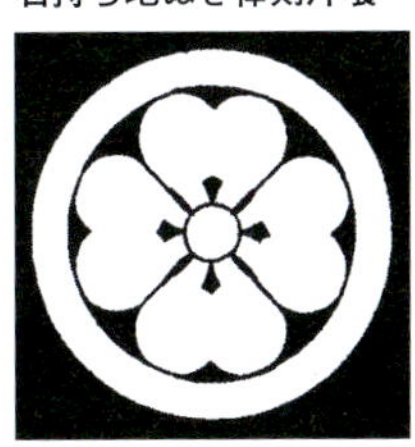

丸に四つ片喰

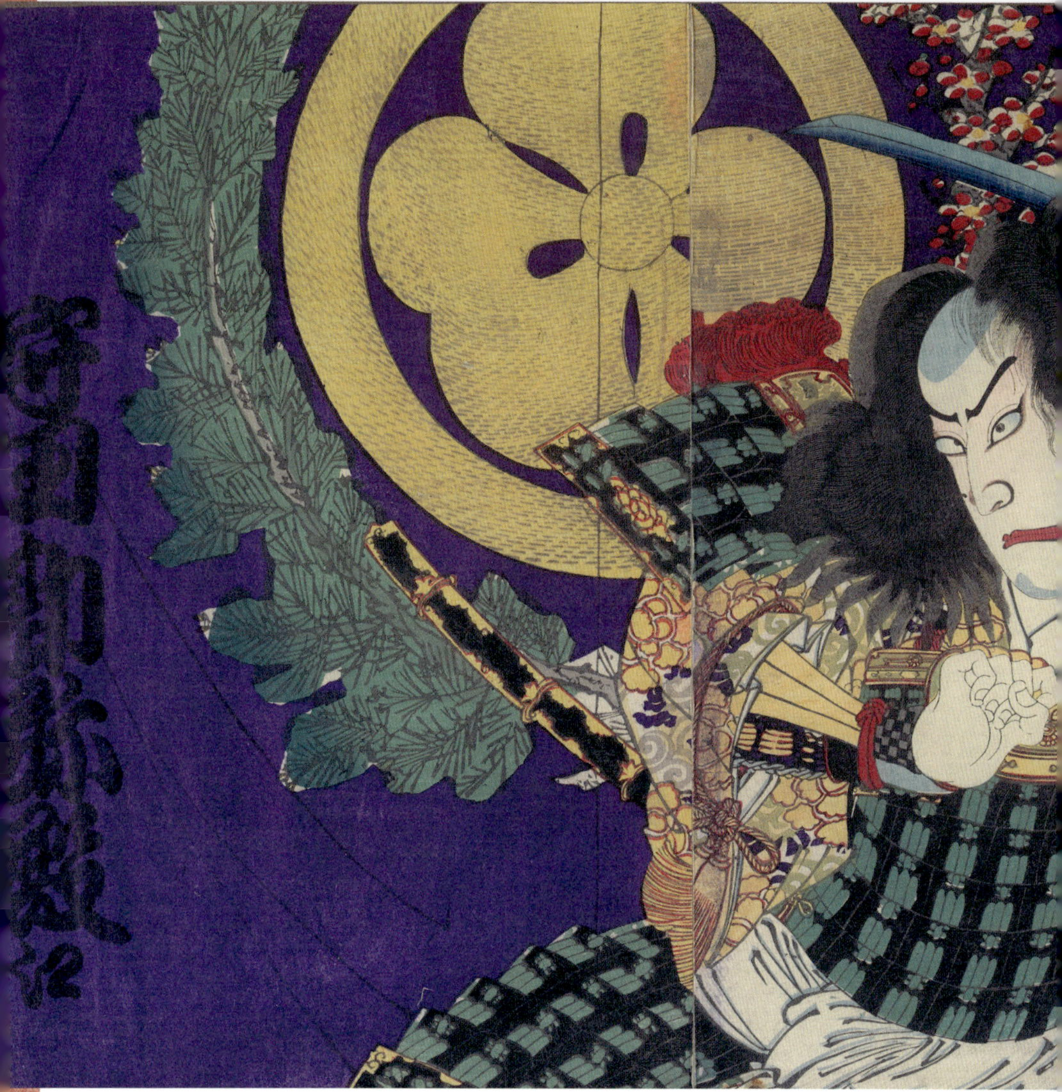

「赤松満祐梅白旗」豊原国周　明治 12 年・1879　東京都立中央図書館特別文庫室蔵

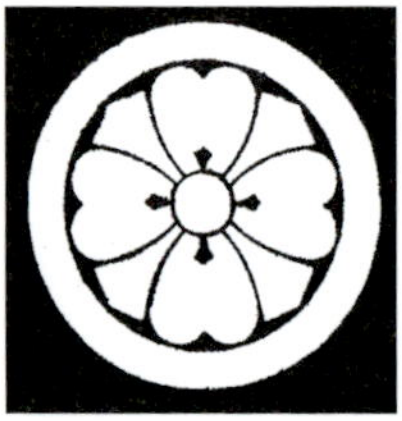

丸に四つ剣片喰

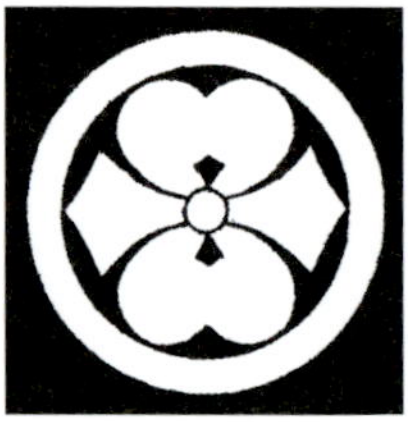

丸に二つ剣片喰

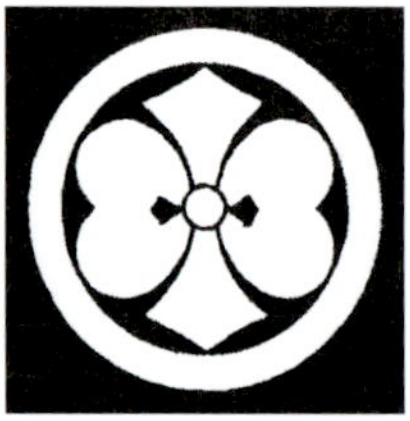

丸に上下二つ剣片喰

中かげ二つ剣片喰

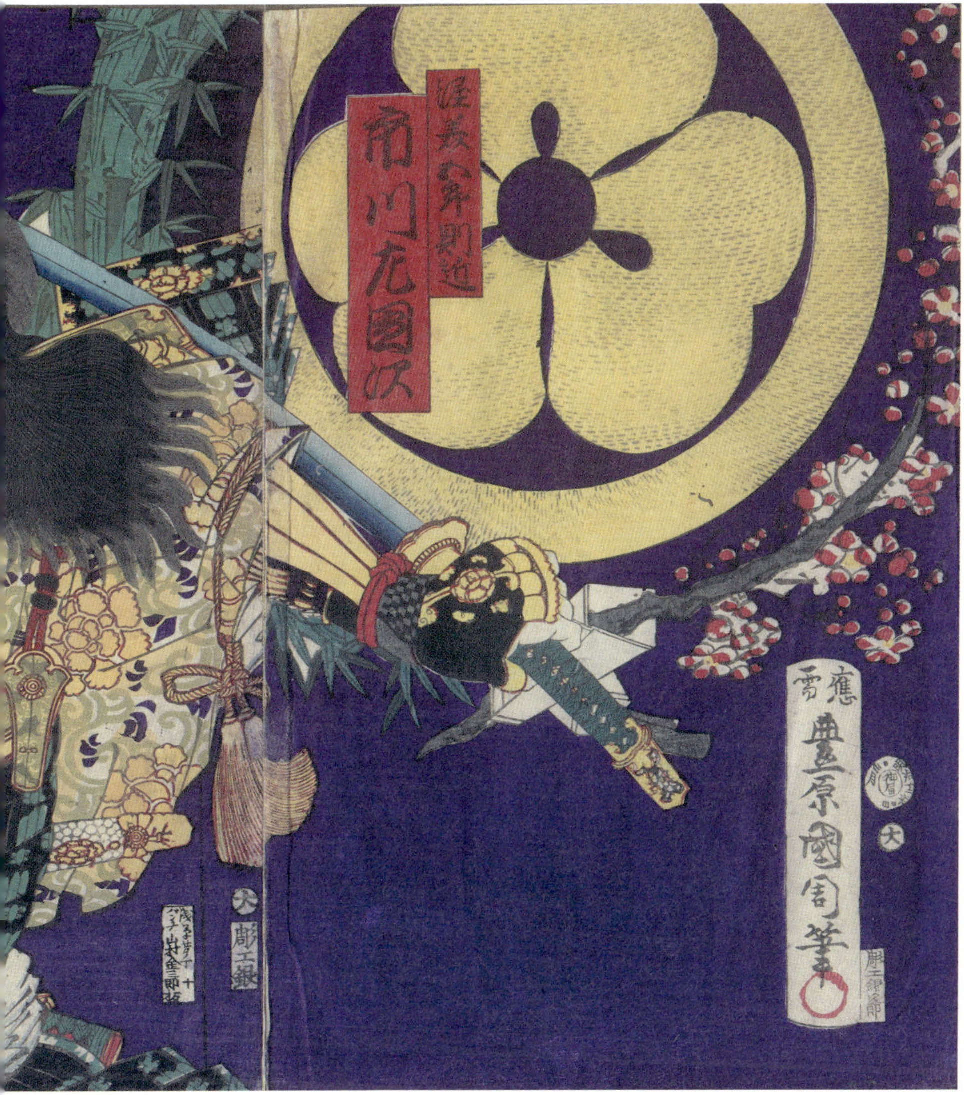

蔓片喰

変り蔓片喰

片手蔓片喰

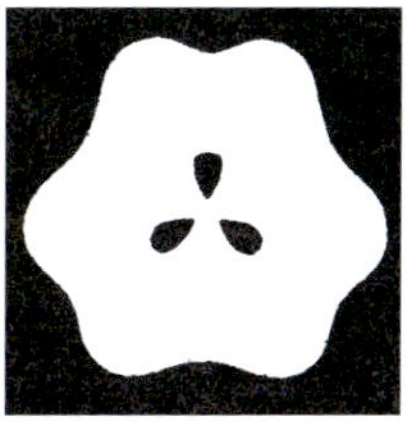
光琳片喰

「酢漿草文様」（部分）
須坂クラシック美術館蔵

結び八重片喰

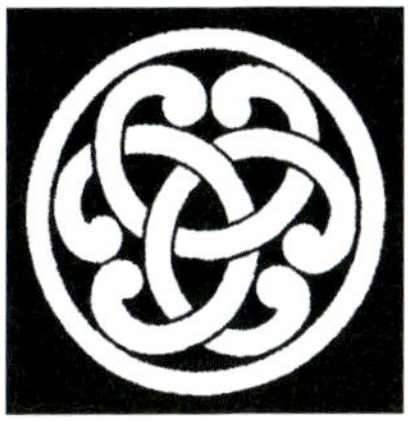
細輪に蔓片喰

結び片喰

蔓結び片喰

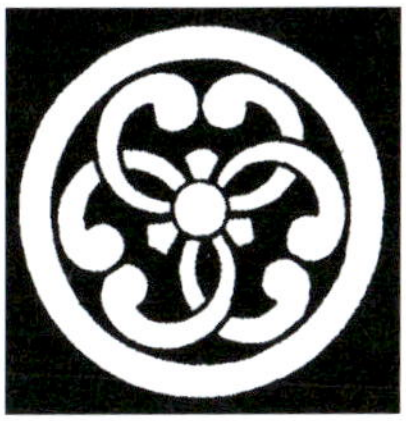
丸に蔓結び片喰

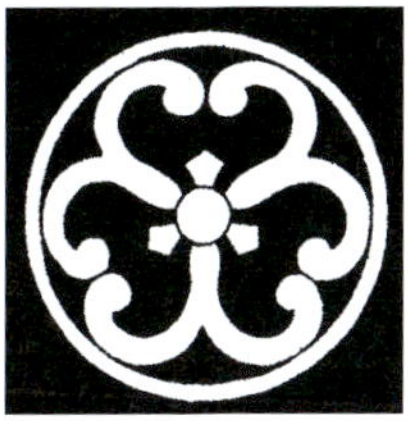
糸輪中かげ蔓片喰

蔓剣片喰

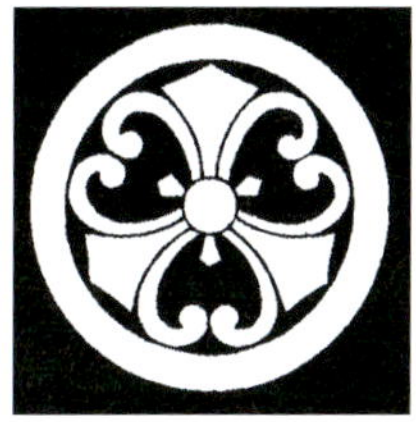
丸に蔓剣片喰

丸に剣蔓片喰

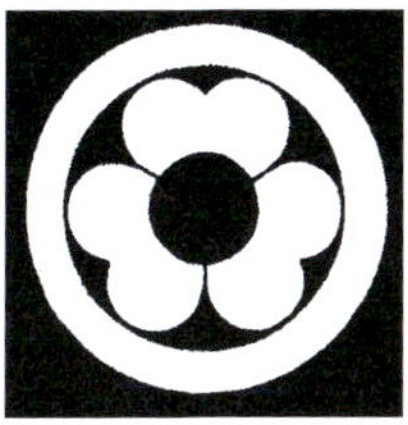
丸に鉄砲片喰

軸違い片喰

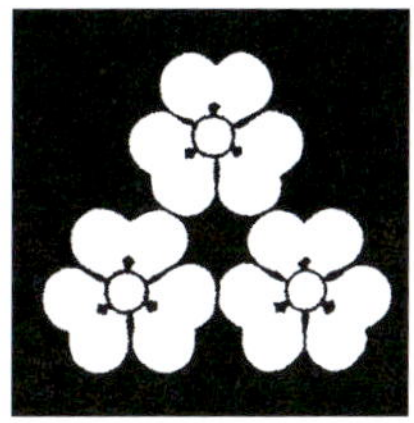
三つ盛り片喰

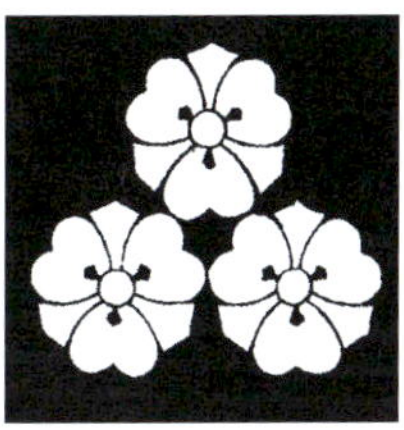
三つ盛り剣片喰

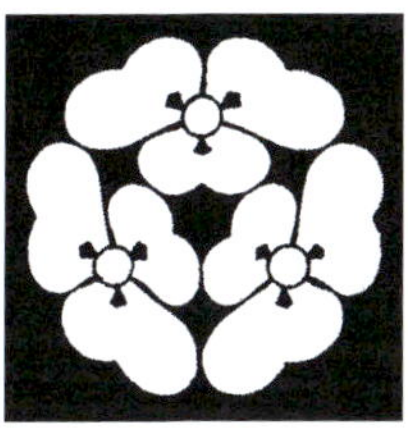
三つ片喰

比翼片喰

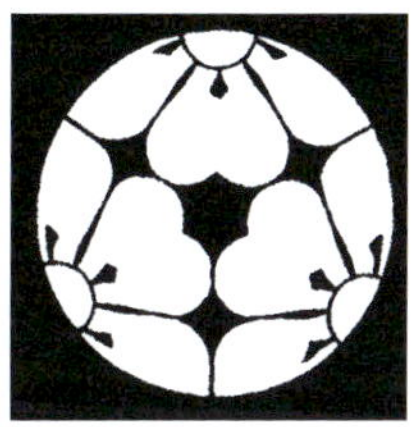
三つ割片喰

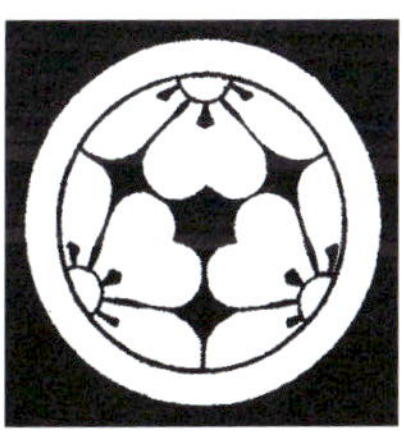
丸に三つ割片喰

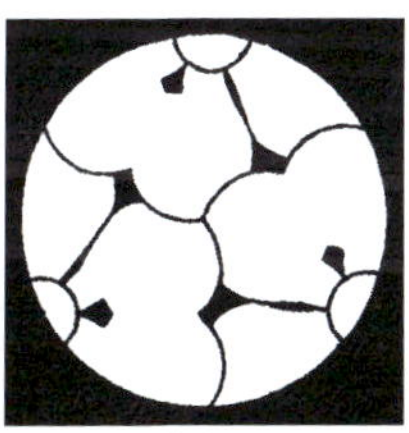
三つ重ね片喰

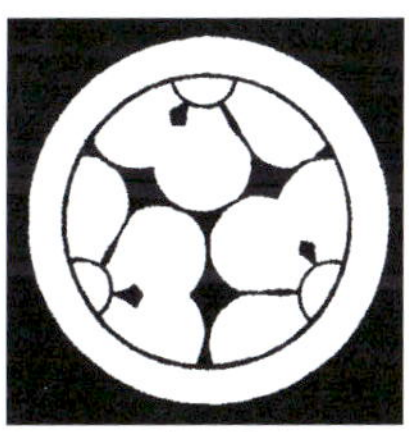
丸に三つ追い片喰

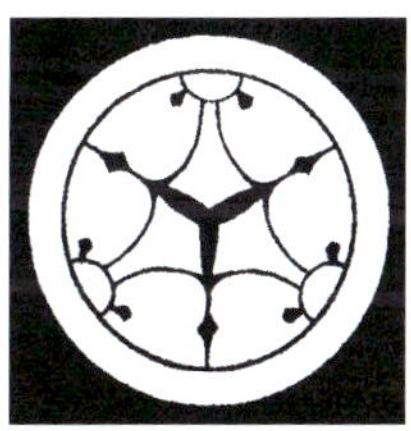
丸に剣合せ三つ割片喰

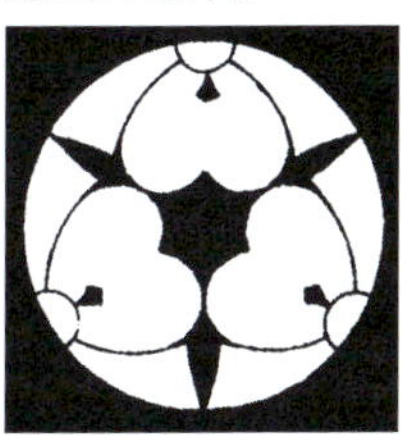
三つ割剣片喰

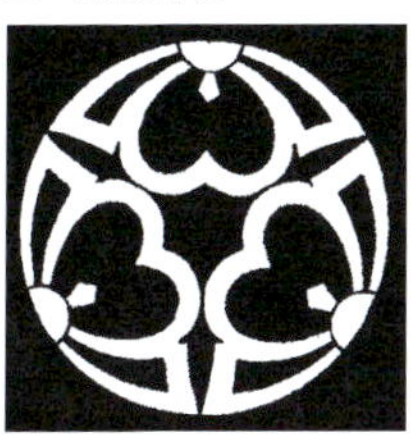
中かげ三つ割片喰

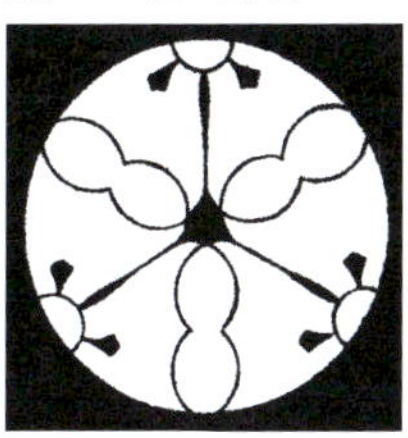
三つ組片喰

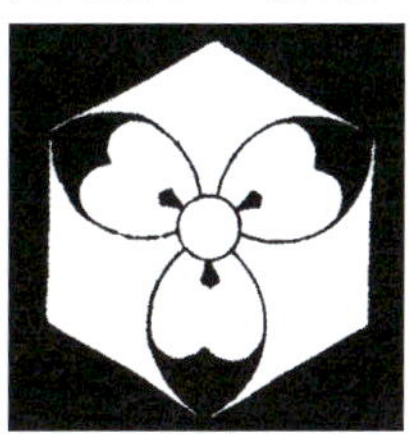
六角太剣片喰

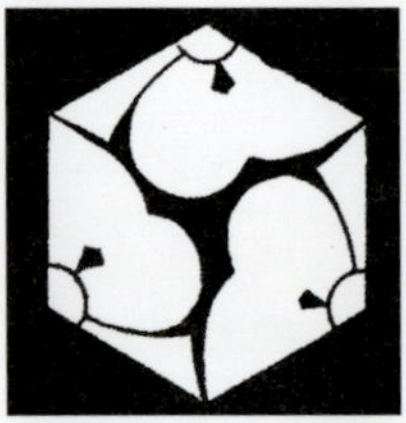
三つ追い六角三つ割片喰

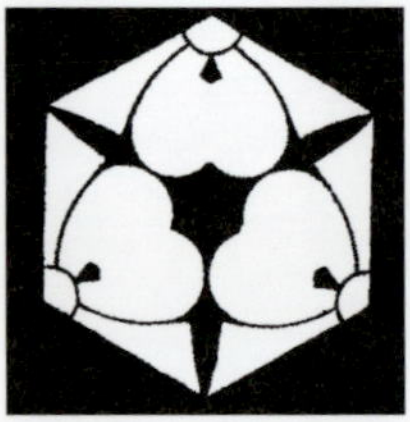
六角形三つ剣片喰

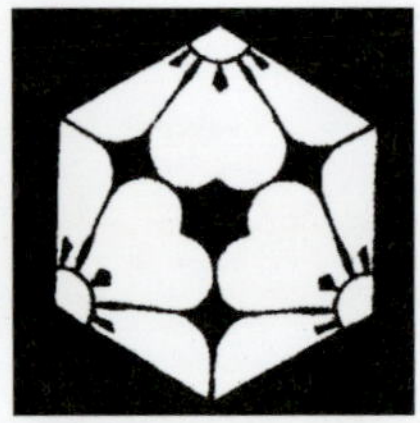
六角三つ割片喰

外三つ割片喰

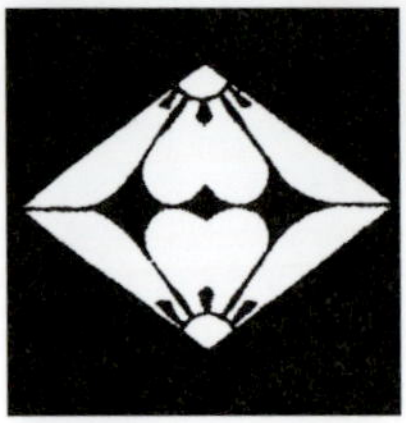
割片喰菱

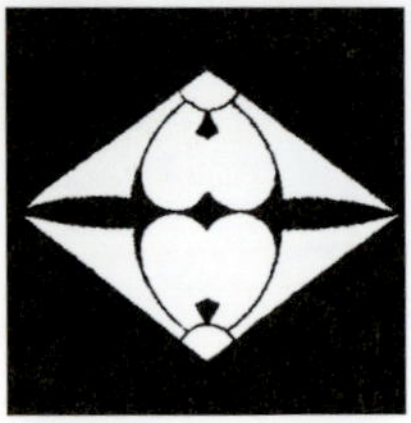
割剣に片喰菱

糸菱に片喰

鉄砲菱に片喰

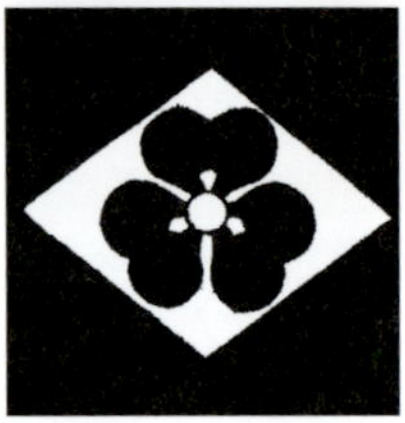
石持ち地ぬき片喰

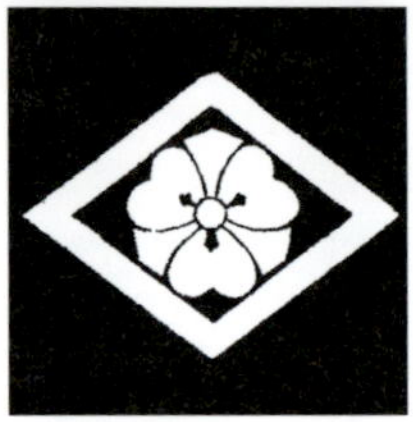
太菱に剣片喰

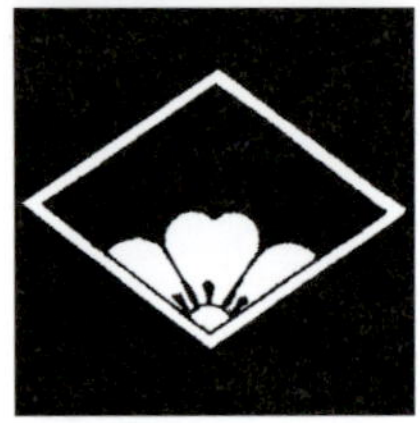
糸菱に覗き片喰

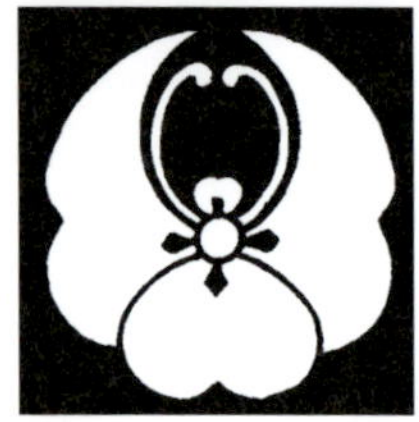
浮線片喰

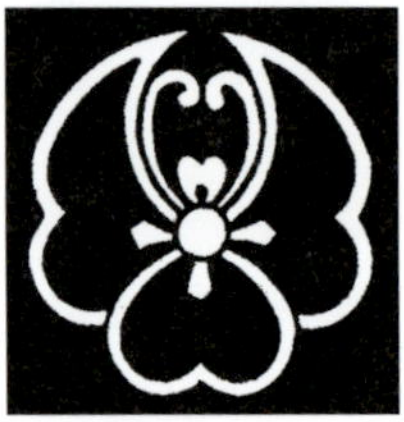
中かげ浮線片喰

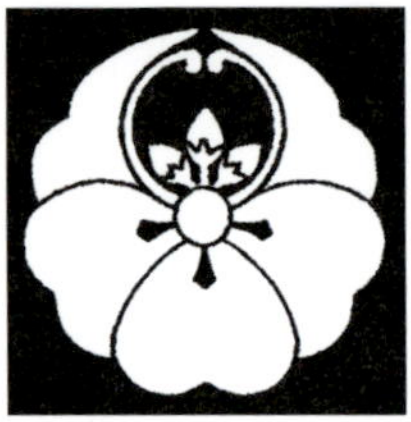
変り浮線片喰

浮線剣片喰

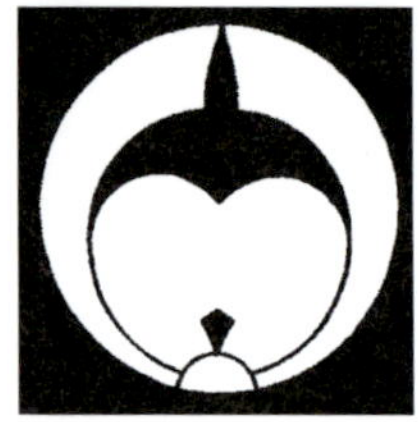
剣一つ片喰

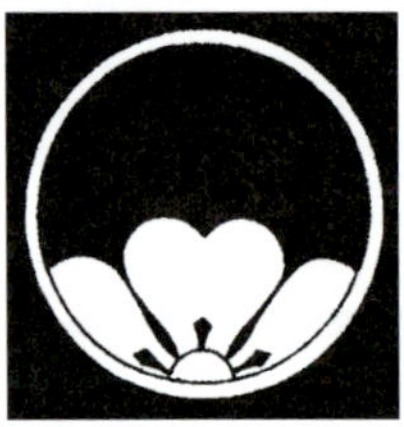
糸輪覗き片喰

扇片喰

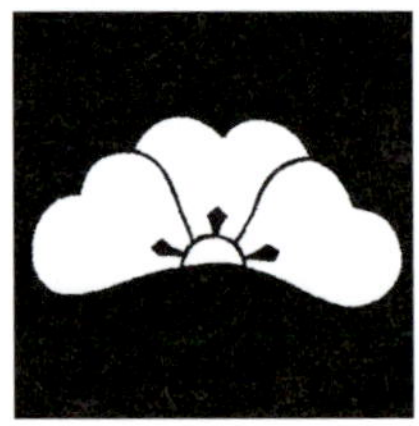
折り片喰

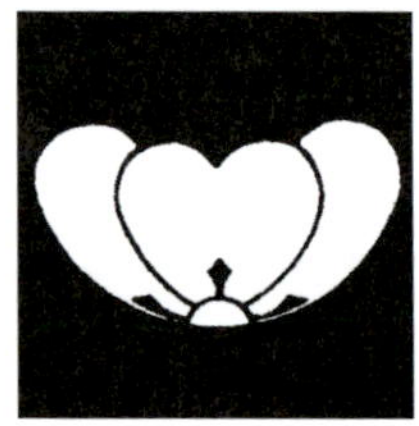
盃片喰

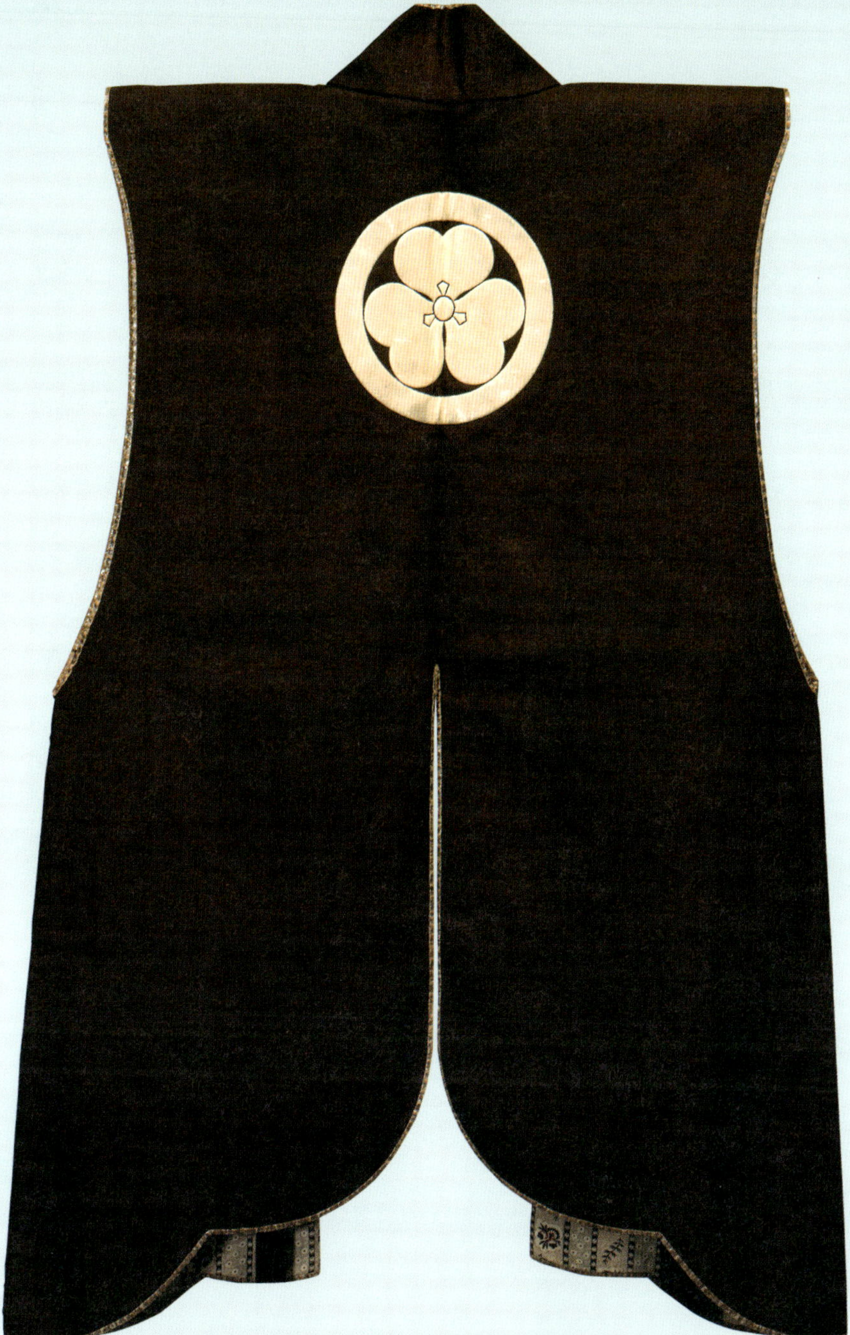

「焦茶ヘルヘトワン地酢漿紋付陣羽織」江戸時代・19 世紀　東京国立博物館蔵　出典：ColBase (https://colbase.nich.go.jp)

かしわ

◉柏紋

Kashiwa | Emperor Oak Crests

ブナ科の落葉高木で、日本各地の山野に生え庭木とされることも多い。葉は倒卵（とうらん）形で5月の端午の節句に食べる柏餅でなじみ深い。古代より神事用の神木として尊まれ、伊勢神宮、熱田神宮、吉備津神社、宗像神社の大宮司家をはじめ、多くの神職の家紋となった。ふつうは葉をかたどったものだが、実や枝をつけたものもある。紋のなかで「三つ柏」と「抱き柏」が最も多く、三つ柏は七福神のひとつとして恵比寿神社がこの紋を用いているのでよく知られる。

This oak, *Quercus dentata*, is a deciduous tree in the *Fagaceae* family. Its long, inverted oval leaves are a familiar sight in Japan, for they are

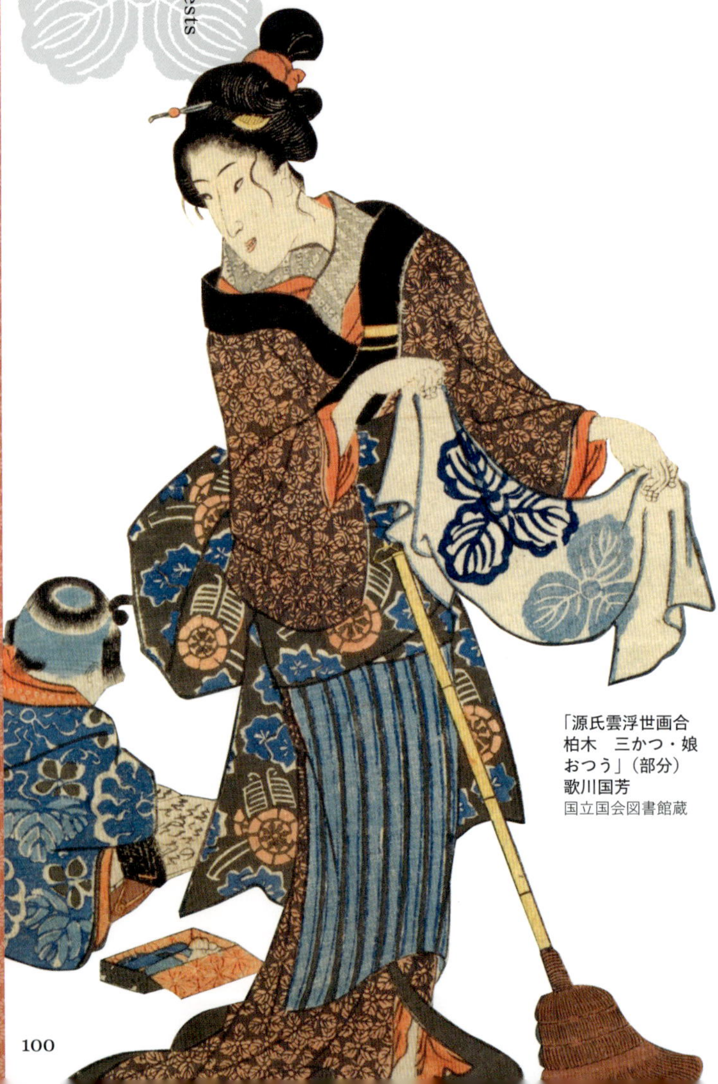

「源氏雲浮世画合
柏木　三かつ・娘
おつう」（部分）
歌川国芳
国立国会図書館蔵

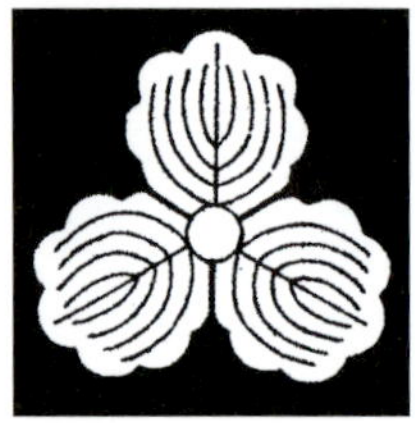

三つ柏

総かげ三つ柏

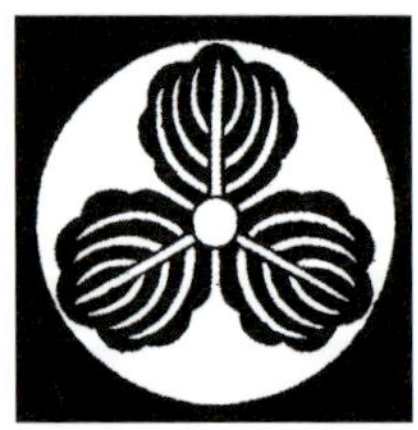

石持ち地ぬき三つ柏

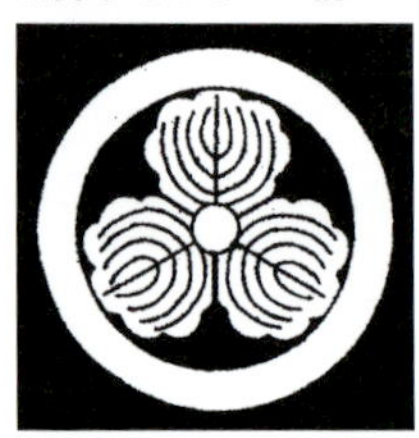

牧野柏

used to wrap the *kashiwa mochi* sweet served at Boys' Day. Long revered as a sacred tree for use in Shinto rituals, it is found in the family crests of many clans of Shinto priests, including the chief priests of the Ise Jingū, Atsuta Jingū, Kibitsu Jinja, and Munakata Jinja shrines.

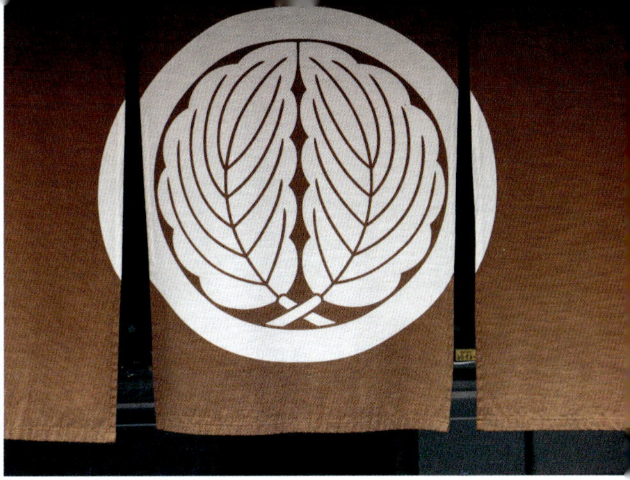

柏紋の暖簾　京都

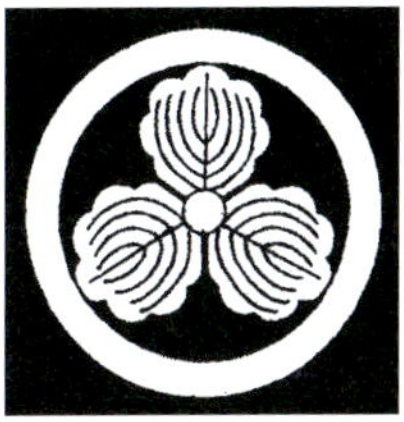

丸に三つ柏

中輪に鬼柏

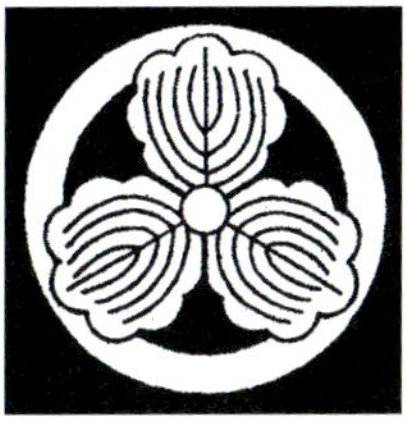

丸に出三つ柏

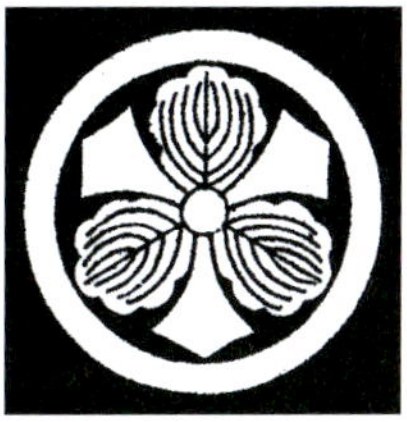

丸に剣柏

細輪に中柏

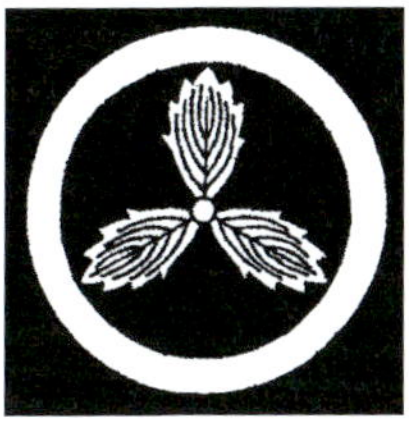

丸に変り細柏

細輪に土佐柏

丸に土佐柏

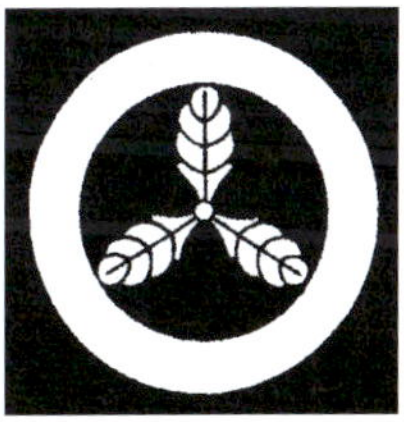

中太輪に芋柏

変り五徳柏

丸に実つき土佐柏

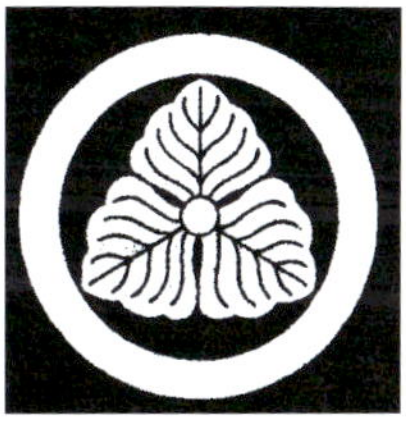

丸に変り柏

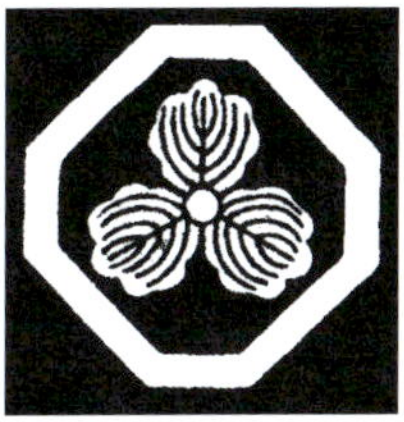

隅切角に三つ柏

隅入鉄砲角に三つ柏

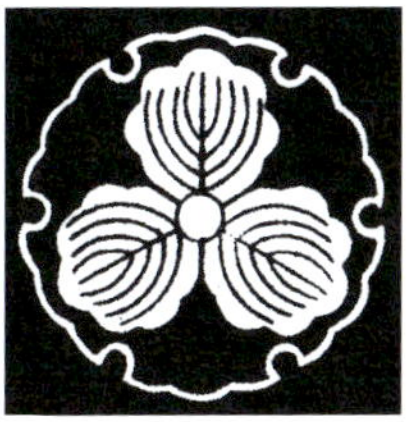

糸雪輪に三つ柏

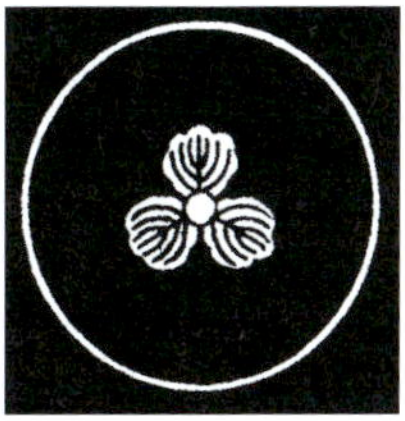

毛輪に豆三つ柏

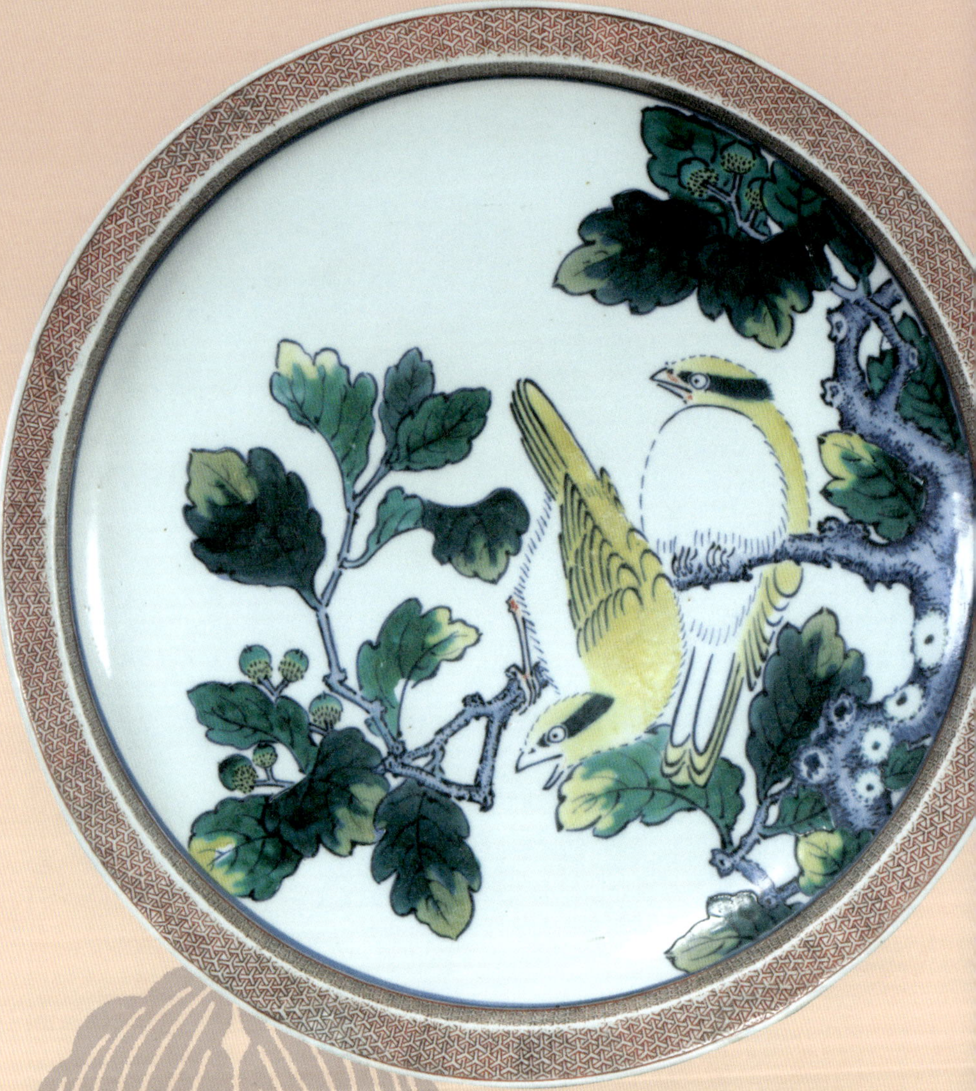

「色絵柏樹双鳥図大皿」鍋島
江戸時代・17 世紀　東京国立博物館蔵
出典：ColBase (https://colbase.nich.go.jp)

蔓柏

かげ蔓柏

丸に蔓柏

雪輪に蔓柏

細蔓柏

片手蔓柏

中太輪に五徳柏

丸に変り細蔓柏

蔓柏片喰

三つ割蔓柏

四つ蔓柏

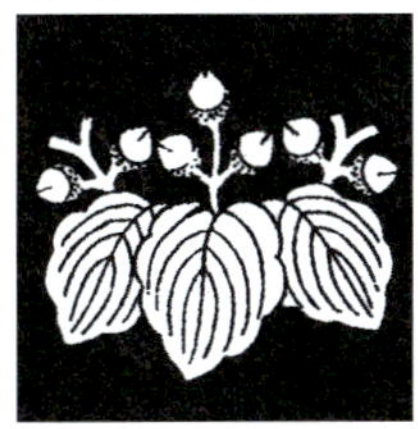
柏桐

実つき三つ柏

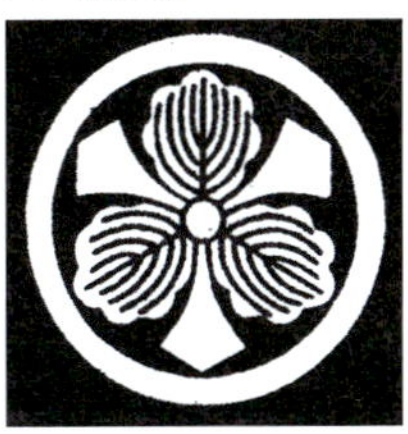
丸に剣柏

かげ剣柏

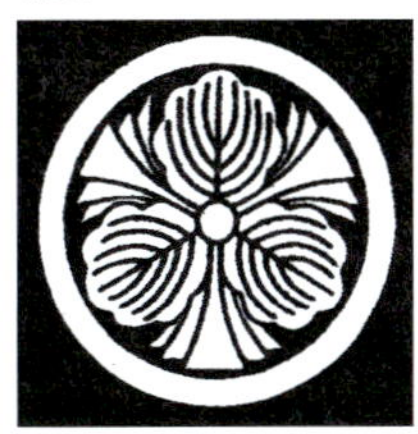
丸に熨斗剣柏

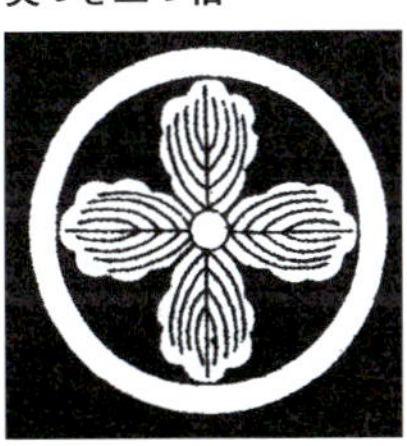
中輪に四つ柏

中輪に五つ柏

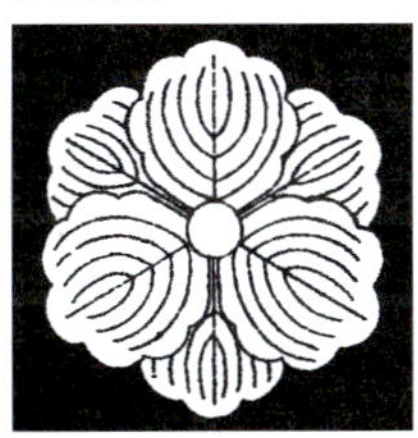
重ね三つ柏

陰陽重ね柏

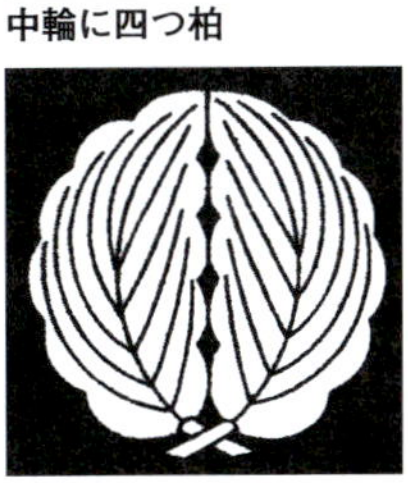
抱き柏

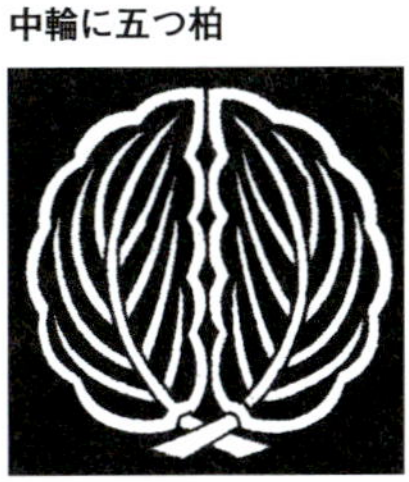
かげ抱き柏

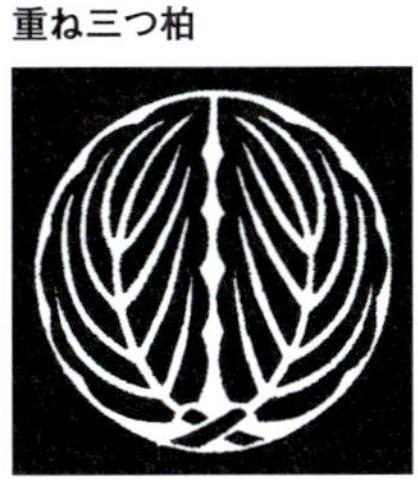
石持ち地ぬき柏

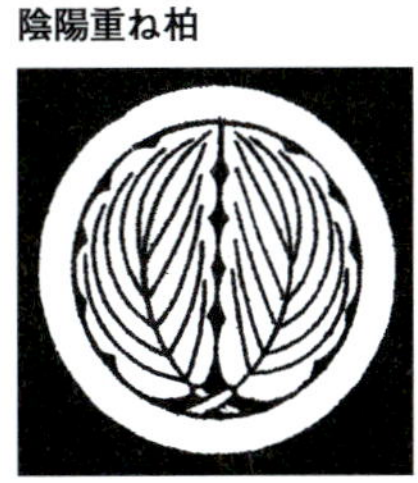
丸に抱き柏

「白綸地幕鷹羽柏葉模様絞染縫小袖」（部分）
江戸時代中期・17 世紀　国立歴史民俗博物館蔵

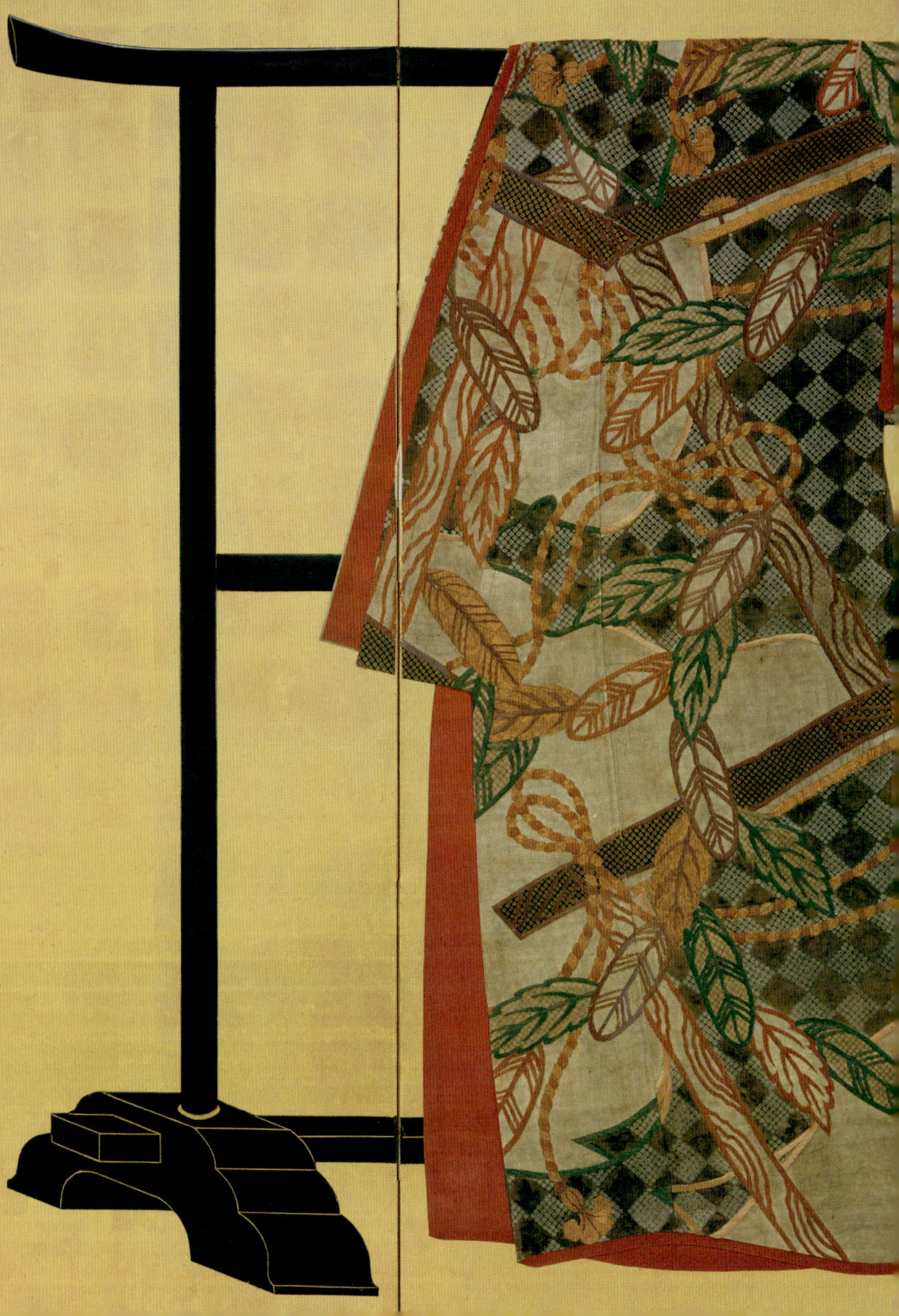

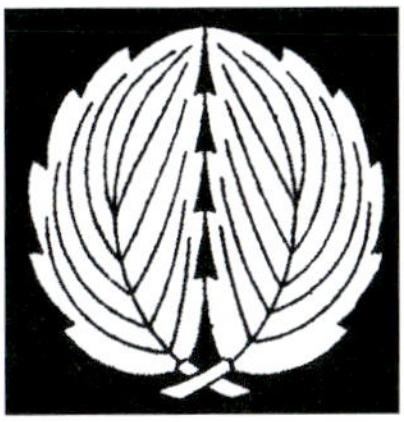

抱き鬼柏

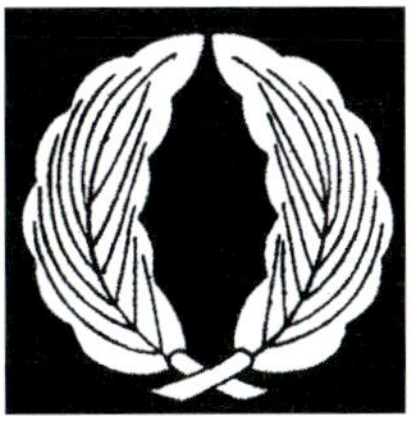

細抱き柏

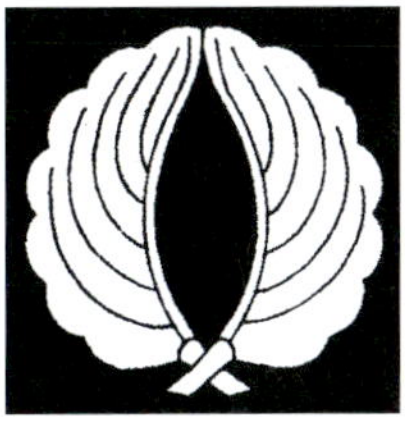

外割抱き柏

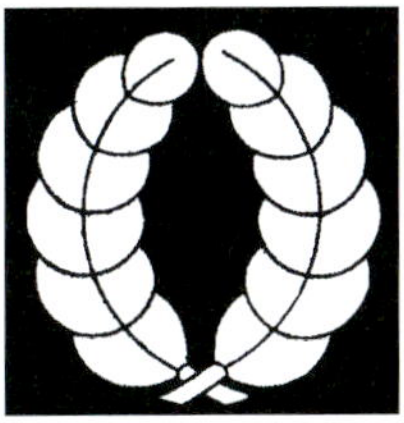

中川柏

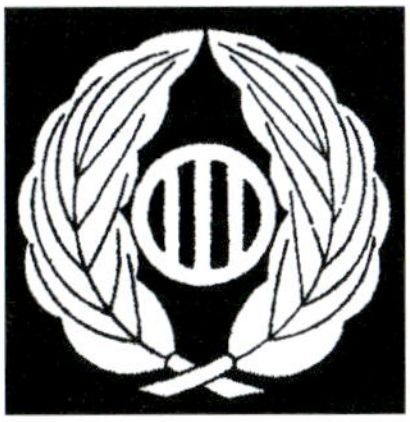

抱き柏に丸に立三引

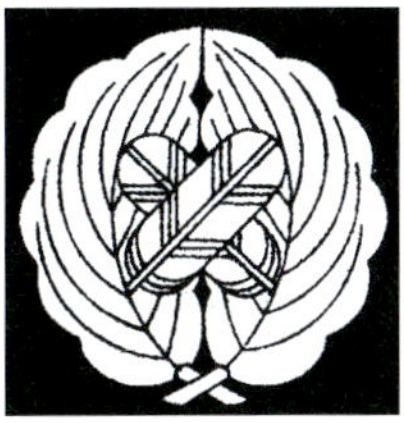

抱き柏に違い鷹羽

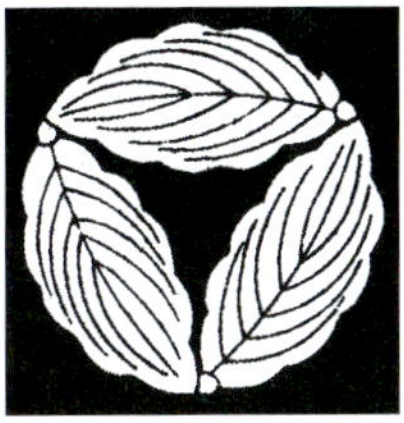

三つ追い柏

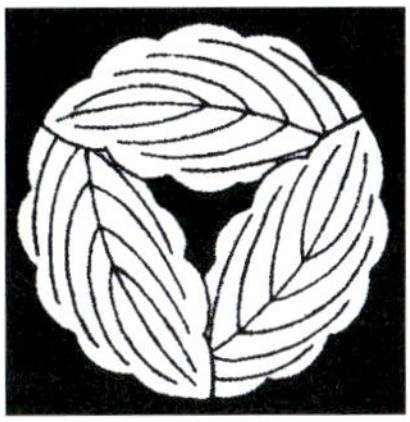

三つ追い重ね柏

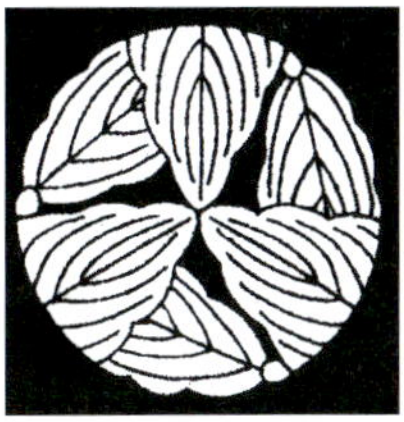

三つ追い折れ柏

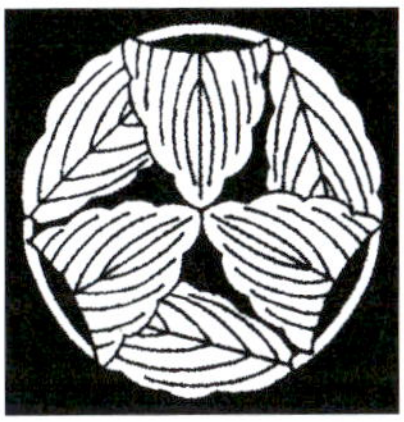

軸つき三つ追い折れ柏

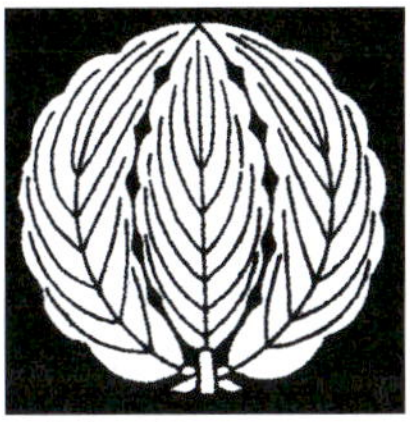

三枚抱き柏

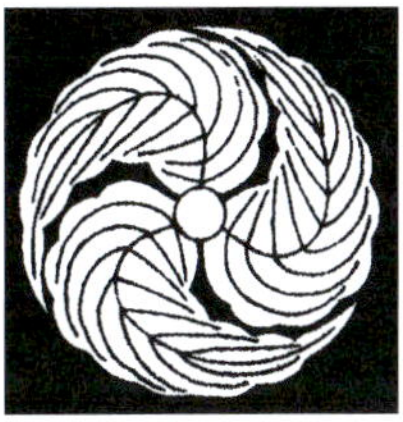

柏巴

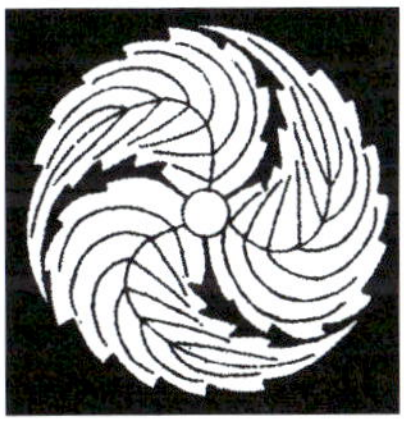

鬼柏巴

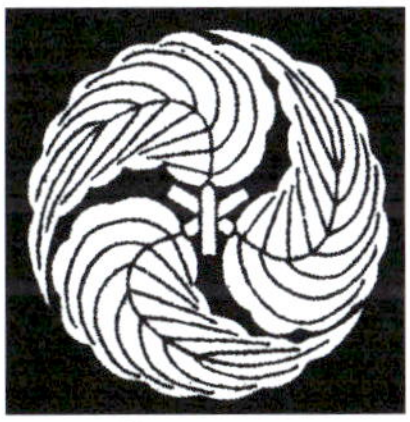

軸違い柏巴

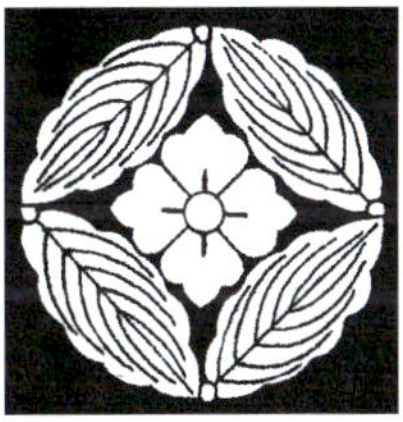

柏七宝に花角

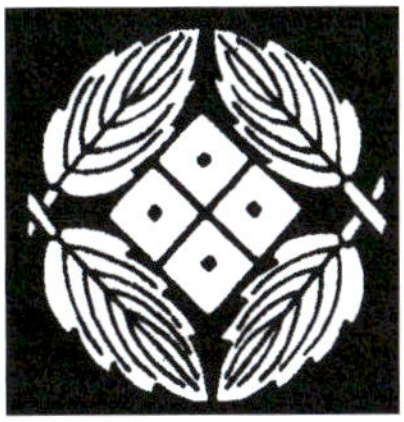

四つ鬼柏に四つ目

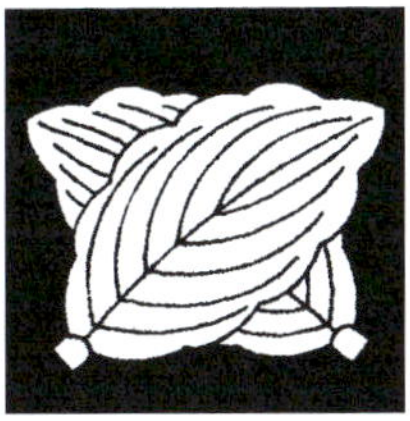

違い柏

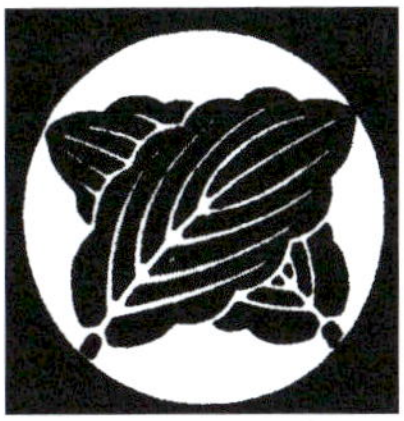

石持ち地ぬき違い柏

中輪に違い柏

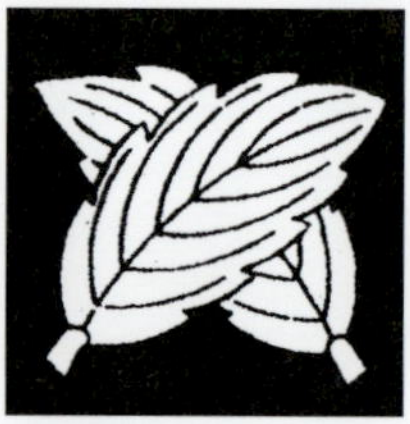
違い鬼柏

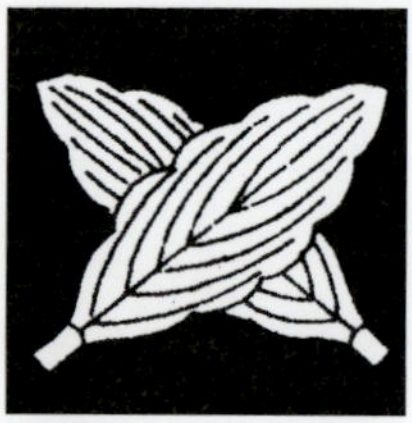
細違い柏

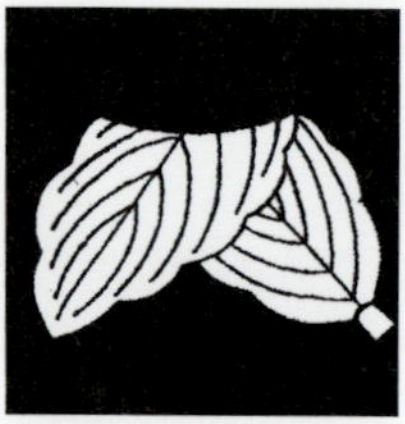
折れ柏

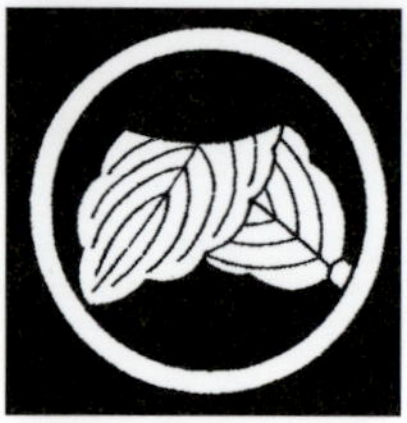
中輪に折れ柏

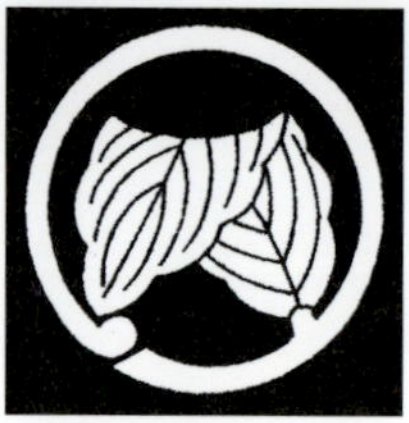
一つ蔓折れ柏

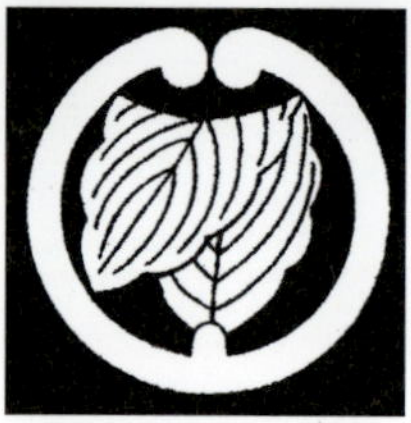
蔓一つ折れ柏

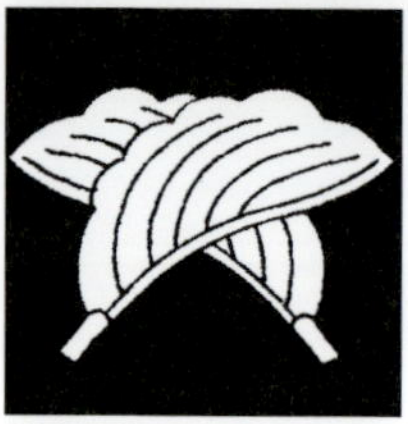
割違い柏

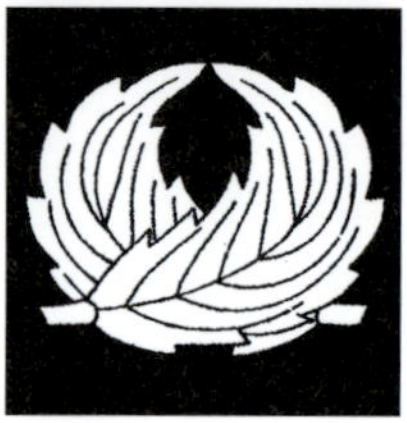
変り違い鬼柏

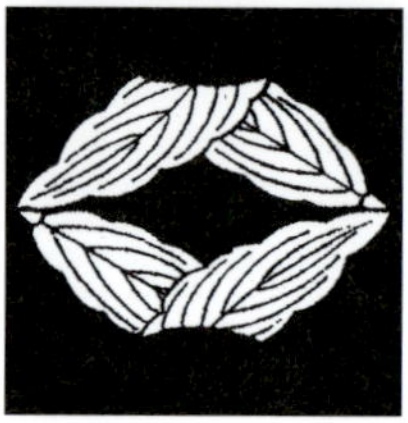
対い折れ柏

違い片折れ柏

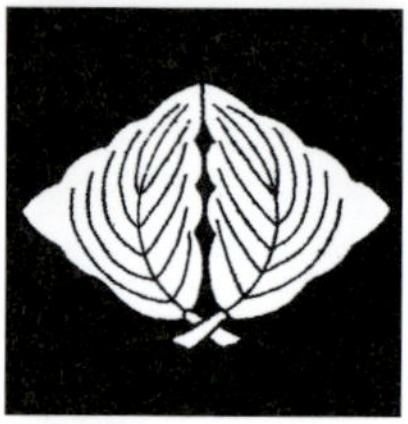
菱抱き柏

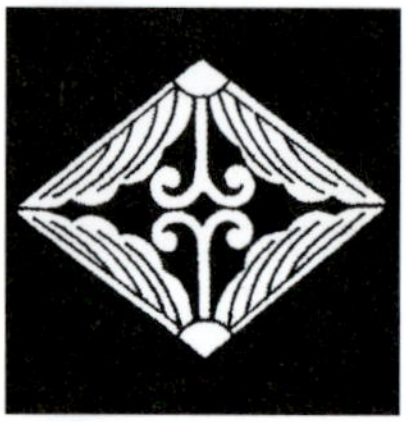
蔓柏菱

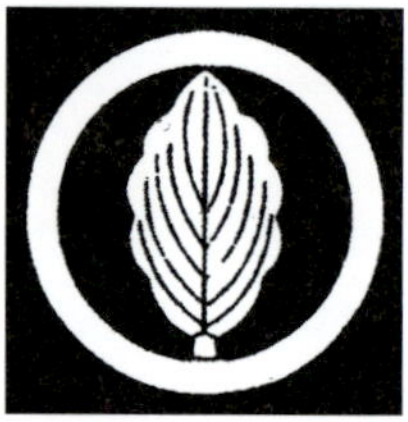
丸に一枚柏

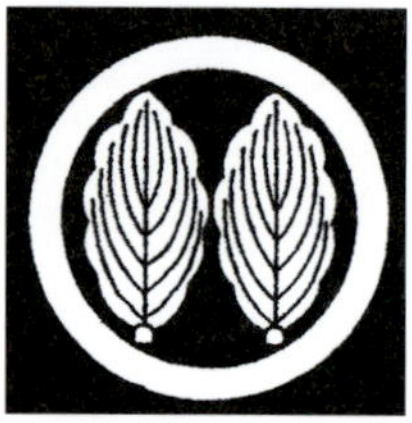
丸に並び柏

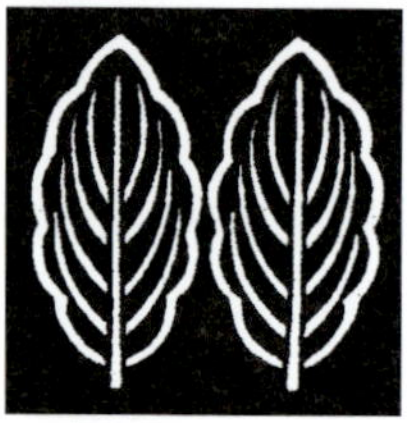
かげ並び柏

丸に並び変り柏

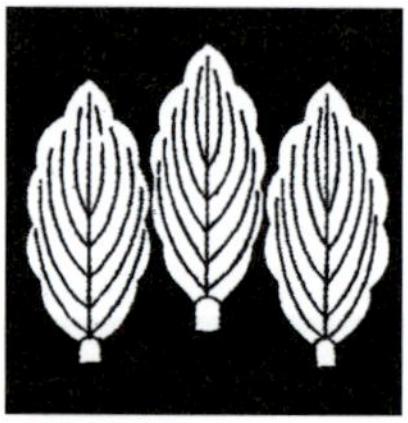
三枚並び柏

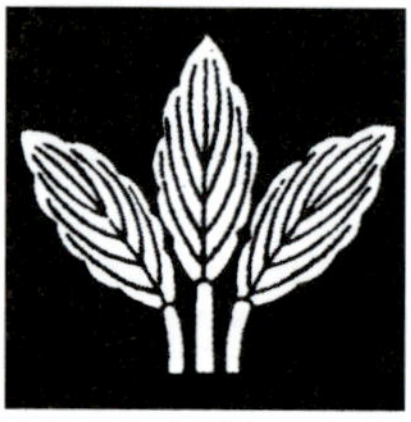
変り三枚並び柏

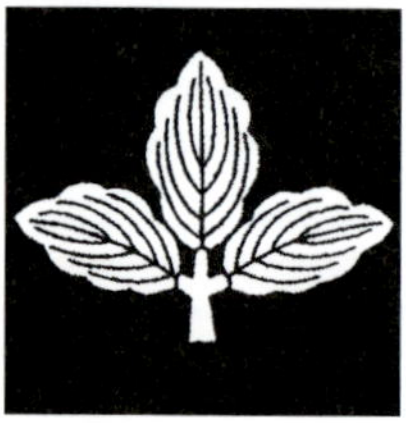
三つ葉柏

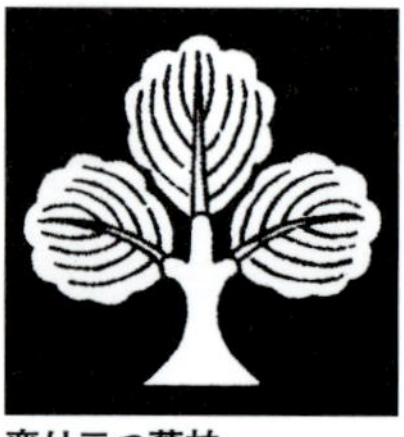
変り三つ葉柏

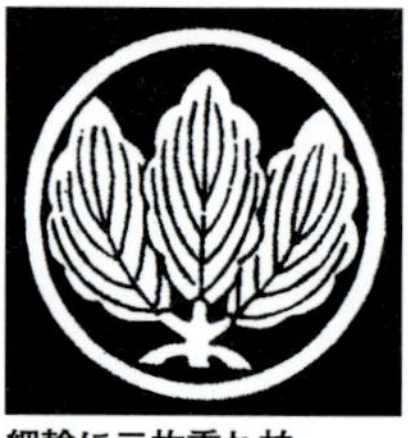
細輪に三枚重ね柏

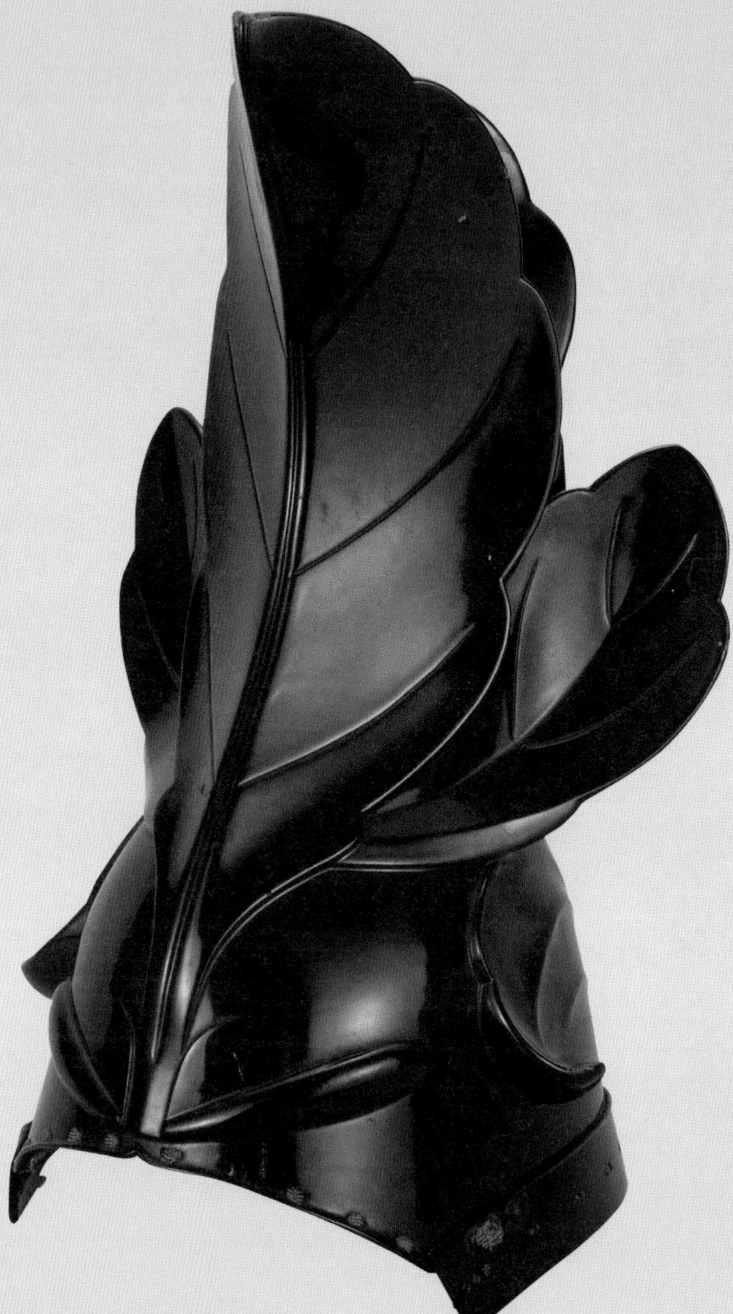

「茶糸威柏葉形兜」五代山内豊房所用
江戸時代・17 世紀末〜 18 世紀
高知県立高知城歴史博物館蔵

つた

◉蔦紋

Tsuta | Ivy Crests

ブドウ科の落葉性蔓植物。長い柄の先に手のひら状の葉を繁らせ、秋には美しく紅葉する。文様には特徴のある巻ひげを強調した蔦唐草文、また葉と実を丸く構成した蔦丸文がある。紋は五分裂した葉が基本のかたちで、きざみの入った「鬼蔦」、蔓のある「蔓蔦」、花形の「花の蔦」などがあり、葉の変化や、三つ盛り、尻合せ、頭合せ、結び、菱、浮線など種類も多い。八代将軍吉宗が好んだ紋として有名で、江戸時代に大流行した家紋である。なかでも松平氏諸家が、主家紋の葵から蔦に替えることが多かった。

Japanese ivy (*Parthenocissus tricuspidata*), a deciduous woody climbing plant, is a member the *Vitaceae* family. The hand-shaped leaves that grow on its long vines turn a beautiful red in autumn. It is used in arabesque motifs that emphasize its distinctive tendrils and in circular motifs, with the ivy leaves and berries arranged in a rounded form. In family crests, the five-lobed leaf type is the basic type.

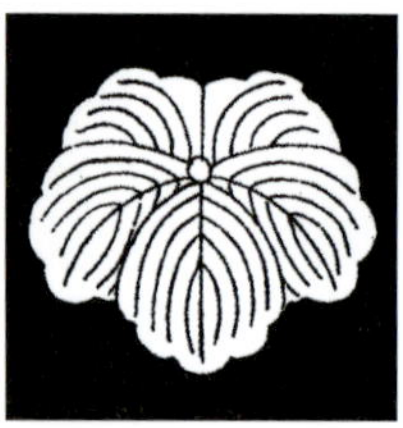

蔦

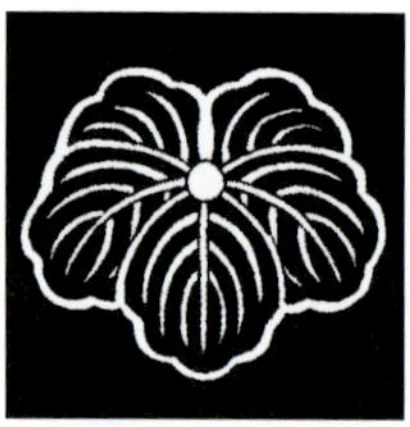

かげ蔦

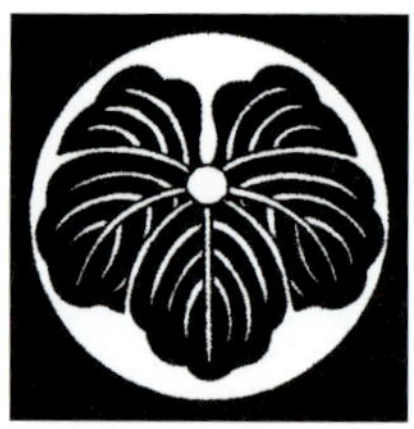

石持ち地ぬき蔦

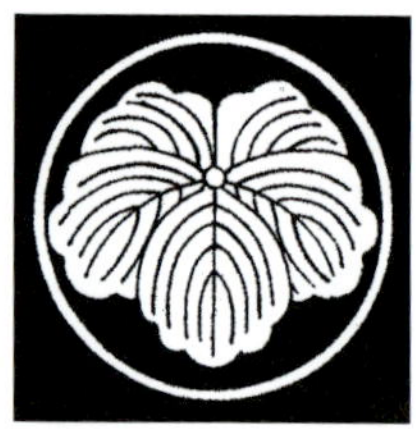

糸輪に蔦

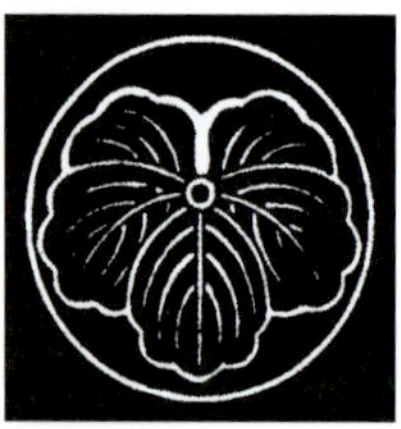

毛輪にかげ蔦

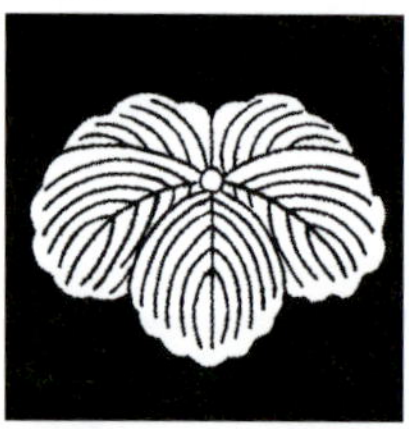

藤堂蔦

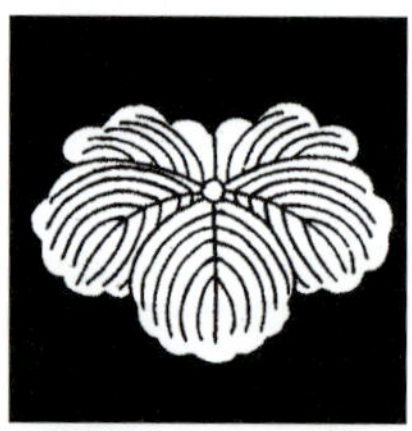

石州蔦

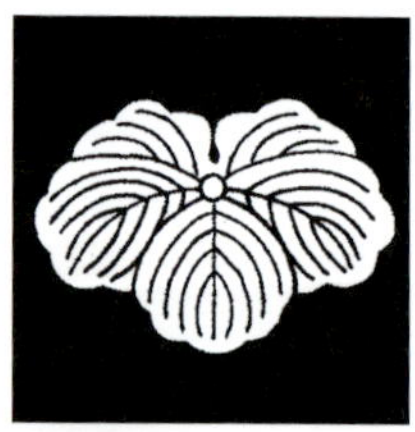

変り藤堂蔦

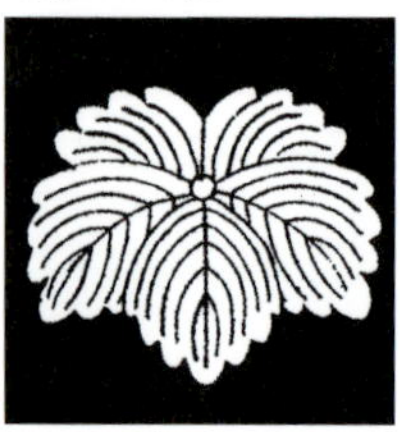

三河蔦

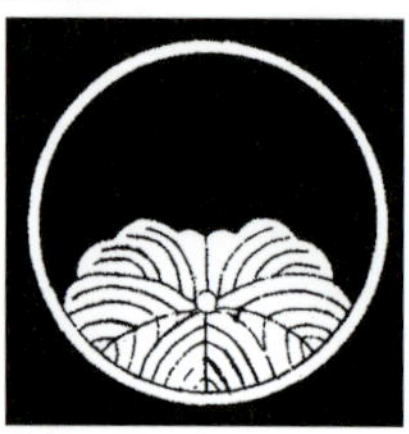

糸輪に覗き蔦

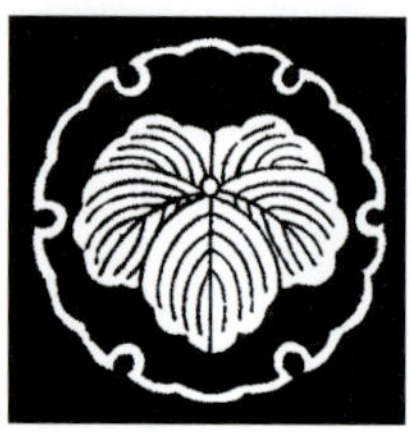

雪輪に蔦

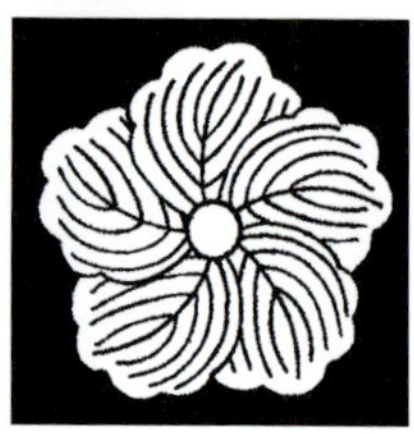

捻じ蔦

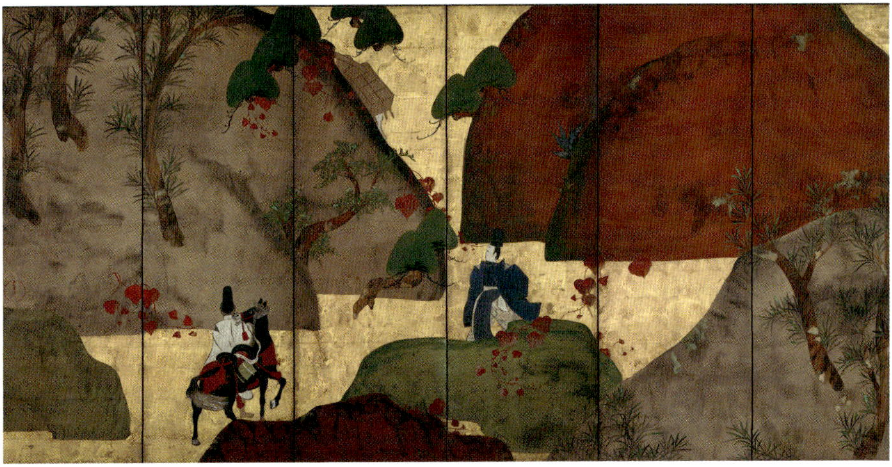

「蔦の細道図屏風」重文　深江芦舟　江戸時代・18 世紀　東京国立博物館蔵　出典：ColBase (https://colbase.nich.go.jp)

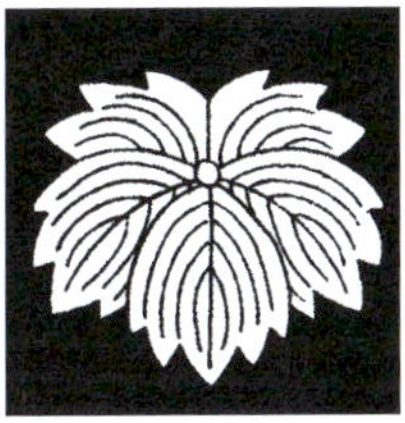

鬼蔦

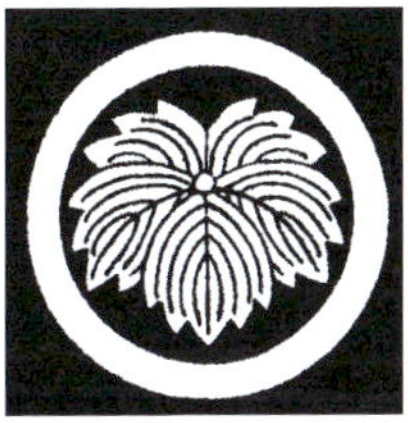

丸に鬼蔦

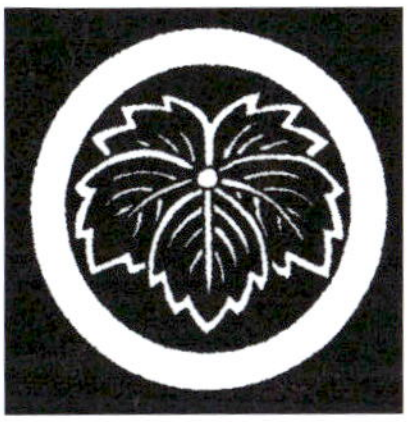

丸にかげ鬼蔦

中かげ蔦

中かげ光琳蔦

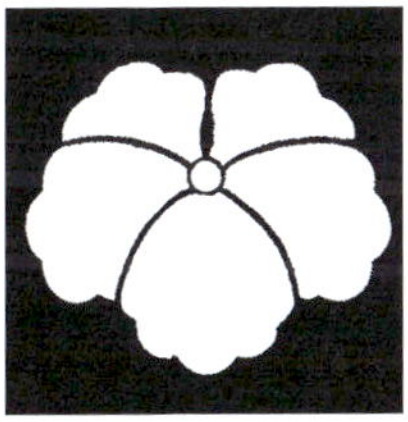

大割蔦

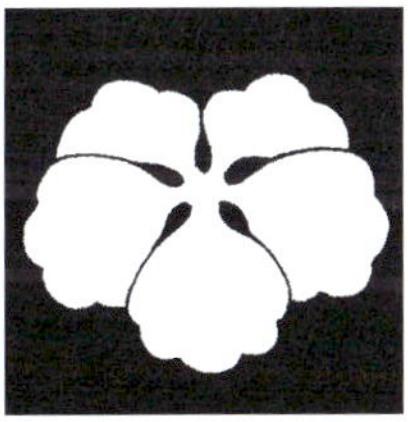

おぼろ蔦

崩し蔦

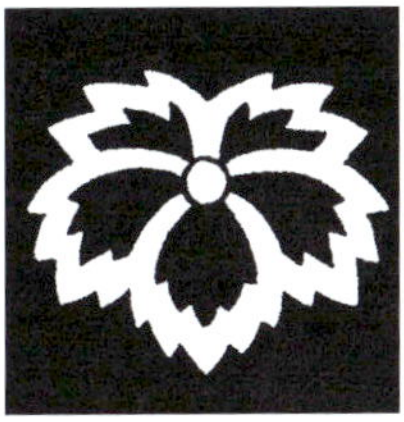

中かげ鬼蔦

変り中かげ鬼蔦

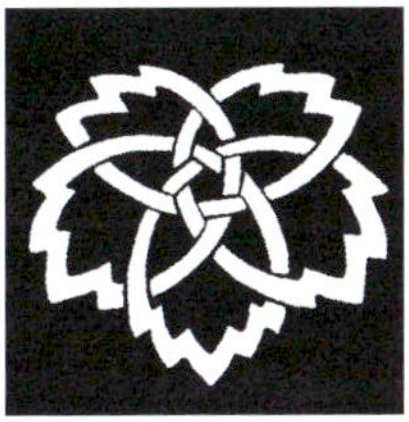

結び鬼蔦

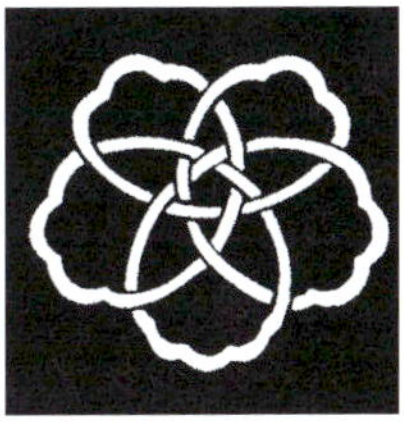

ゆり結び蔦

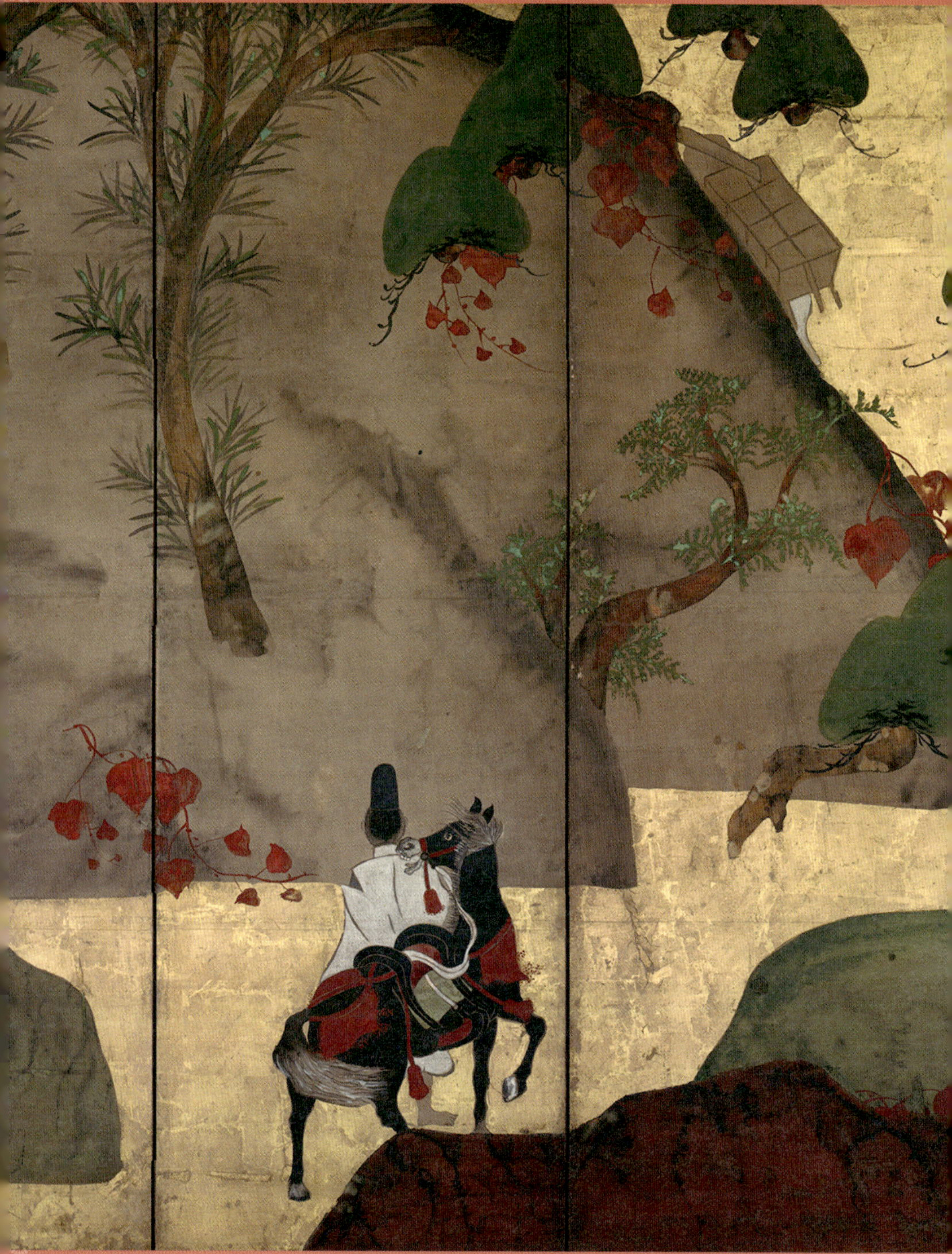

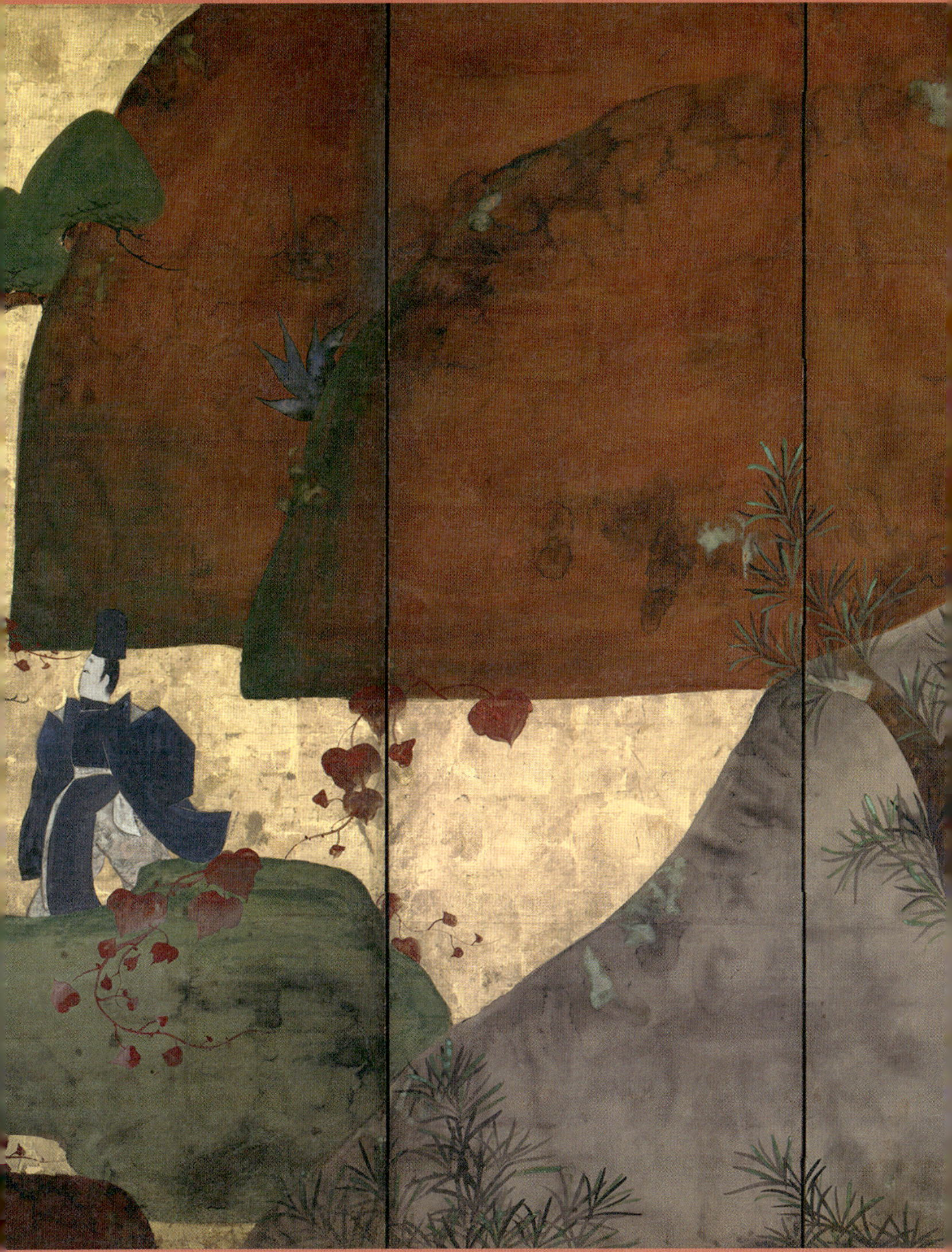

「蔦の細道図屏風」（部分） 出典：ColBase (https://colbase.nich.go.jp)

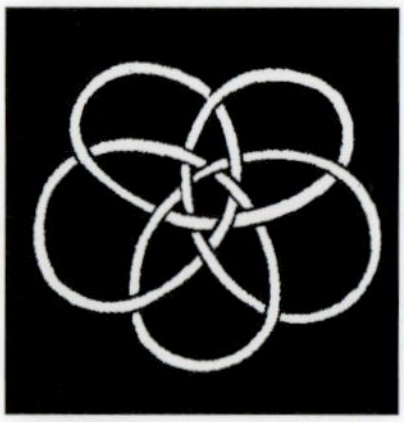
結び蔦

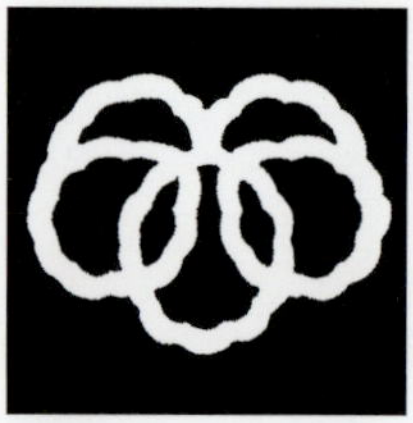
錫杖蔦

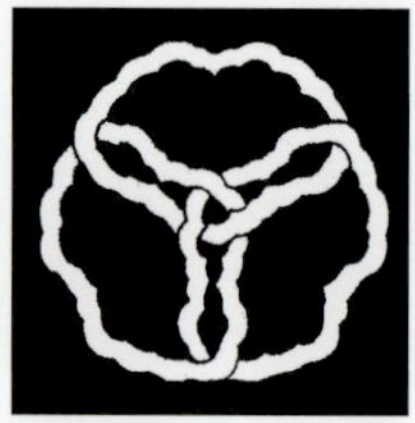
三つ組蔦形

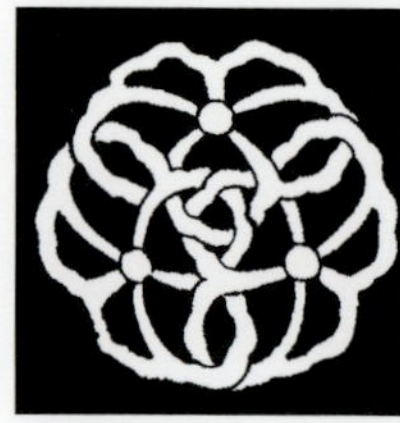
三つ組合せ蔦

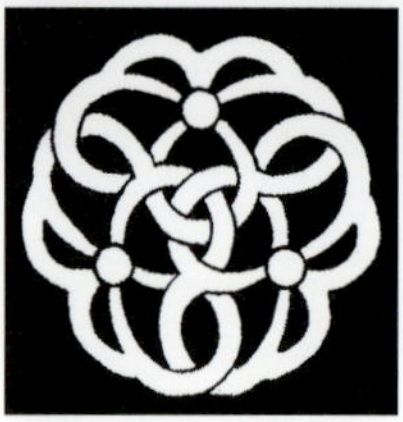
光琳三つ組合せ蔦

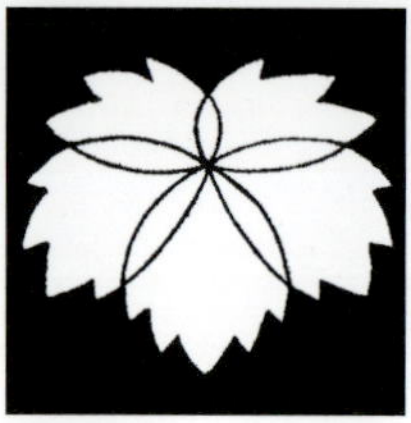
利休蔦

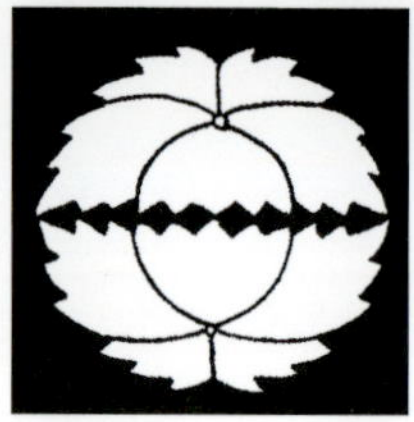
二つ大割蔦

太かげ光琳蔦

鶴蔦

蔦の花

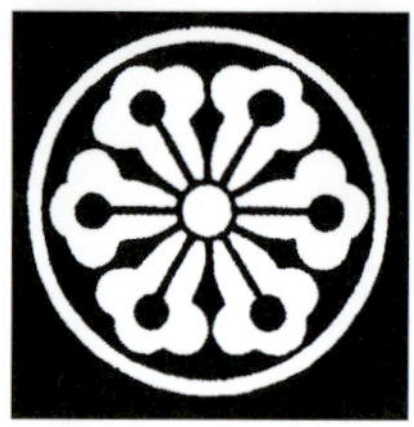
細輪に六つ蔦の花

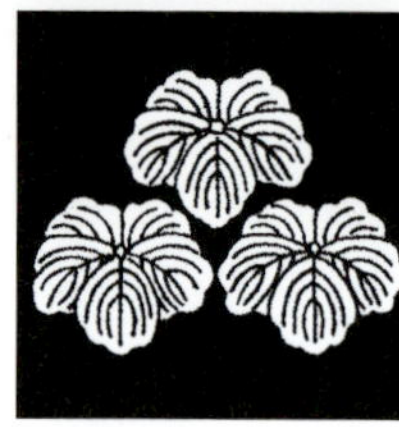
三つ盛り蔦

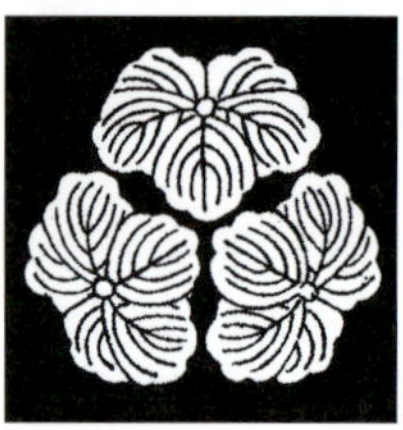
三つ尻合せ蔦

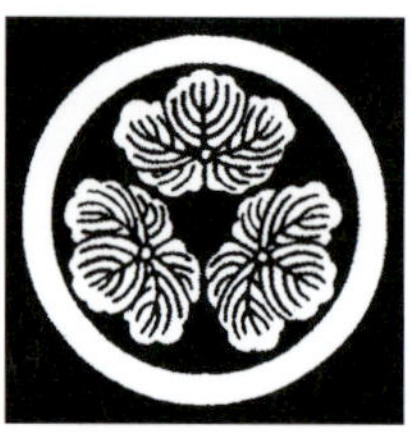
丸に頭合せ三つ蔦

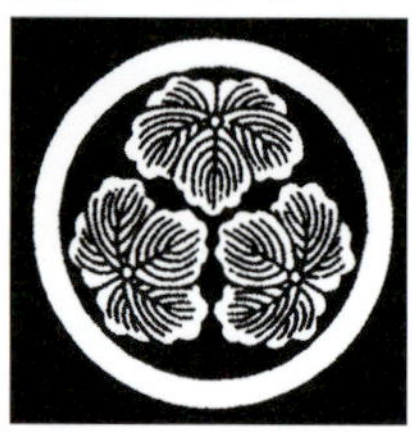
丸に尻合せ三つ蔦

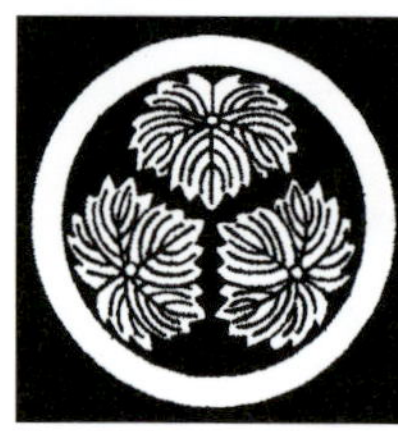
丸に尻合せ三つ鬼蔦

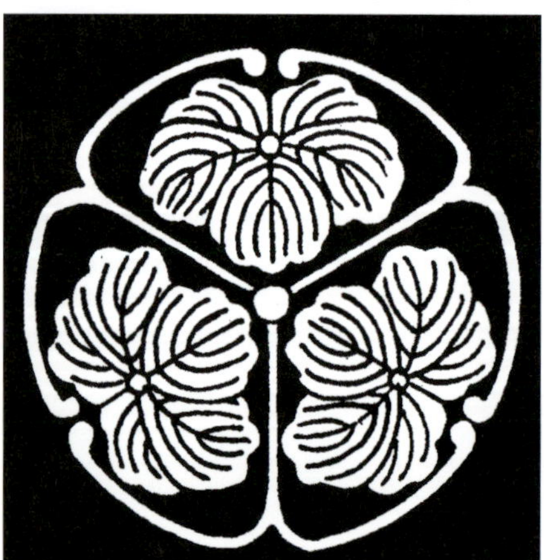
三つ蔓蔦

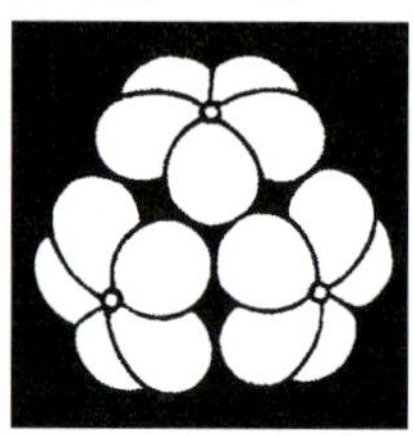
尻合せ三つ光琳蔦

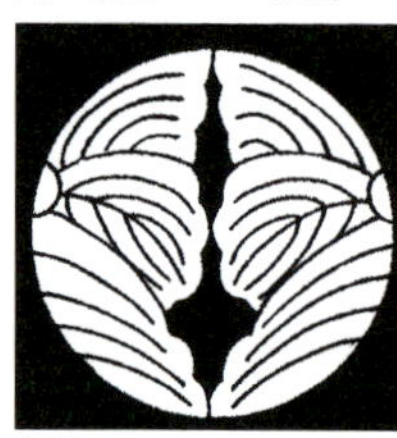
割蔦

次頁：**「玉子色麻地見立鳥蔦模様帷子」（部分）**江戸時代・18 世紀
東京国立博物館蔵
出典：ColBase (https://colbase.nich.go.jp)

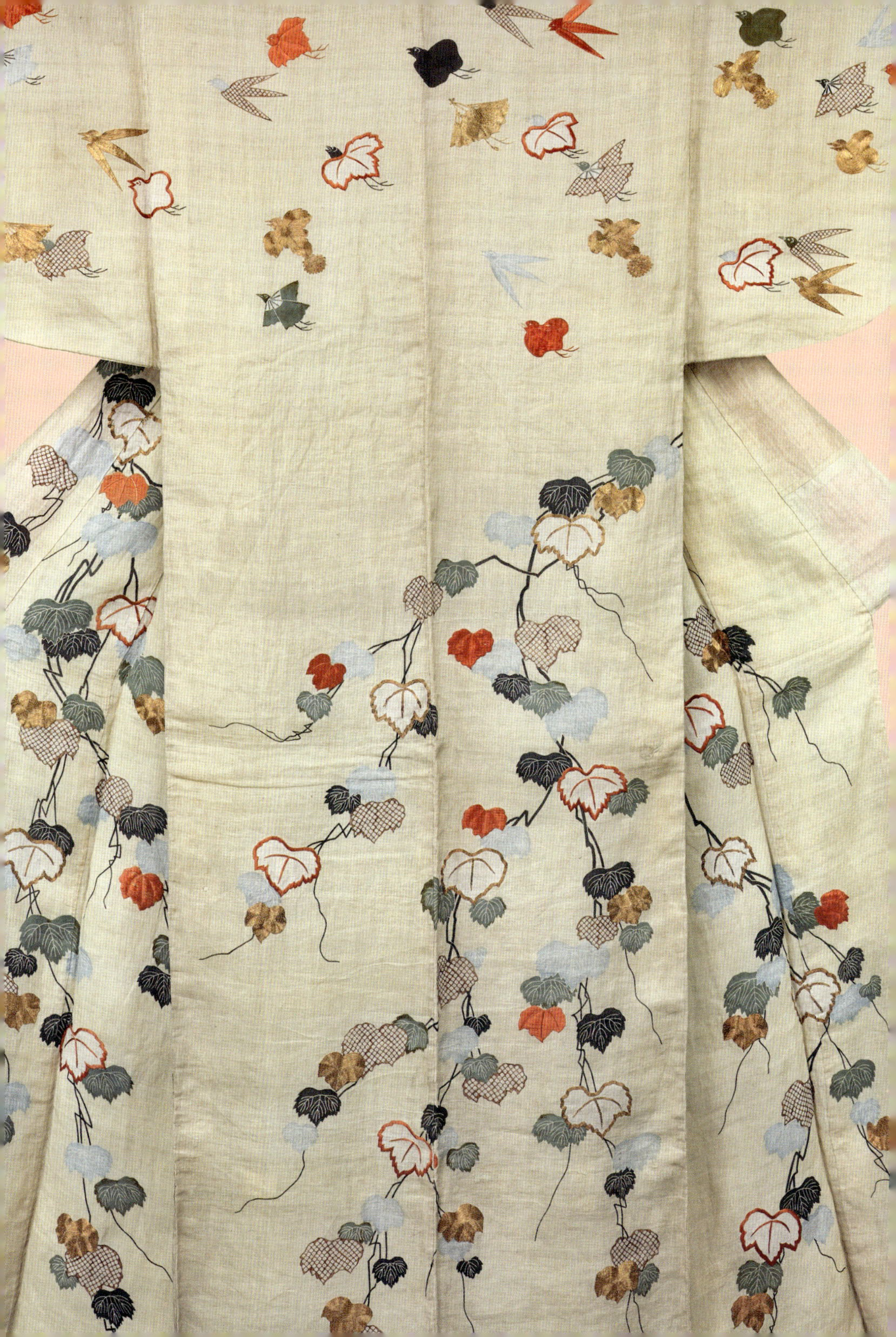

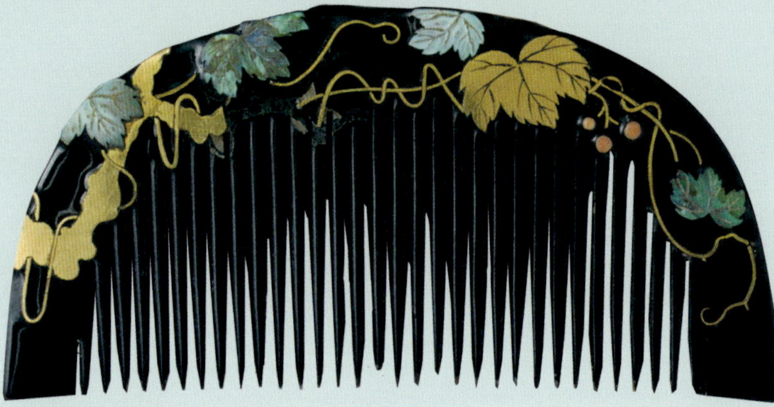

「鼈甲台蔦螺鈿蒔絵櫛」
大正時代・20世紀
国立歴史民俗博物館蔵

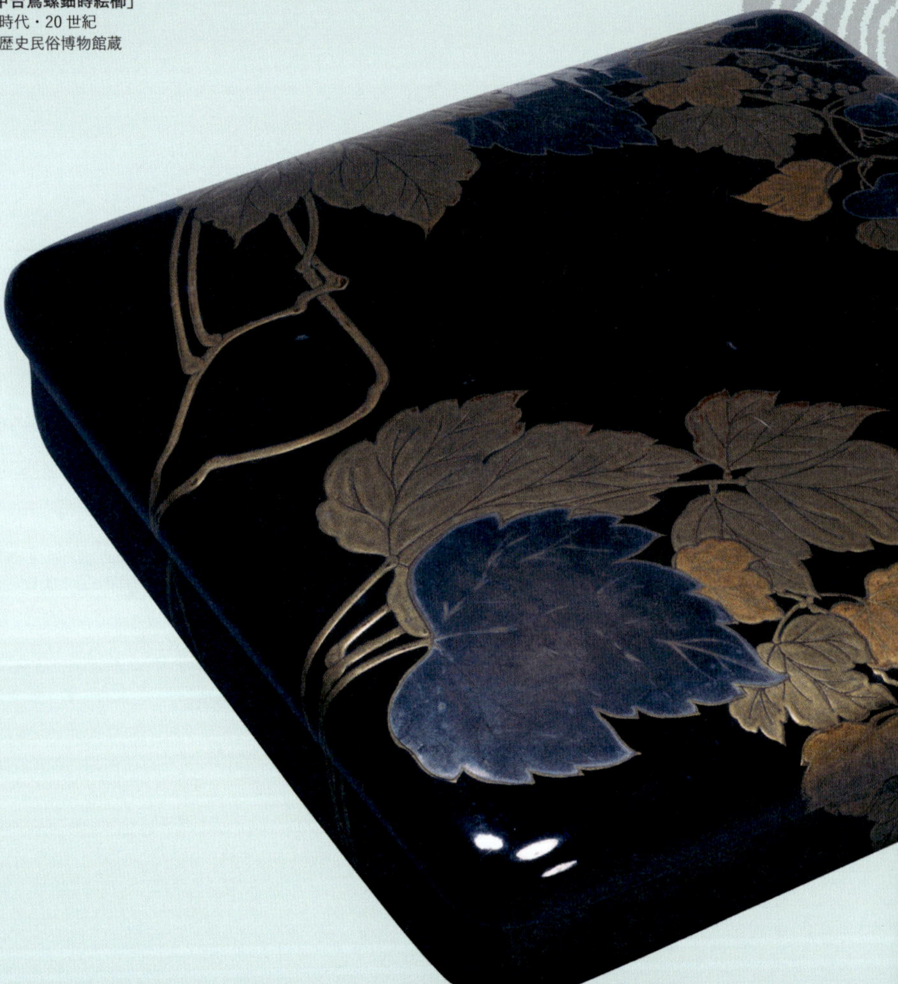

「蔦蒔絵硯箱」江戸時代・18 世紀
東京国立博物館蔵
出典：ColBase (https://colbase.nich.go.jp)

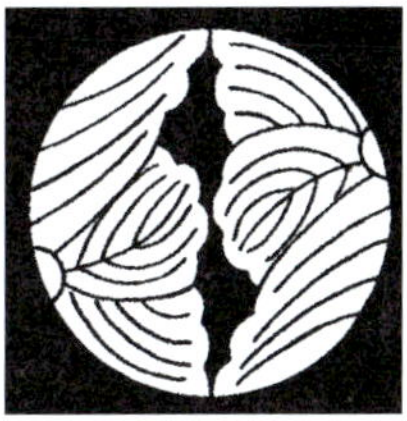

入違い蔦

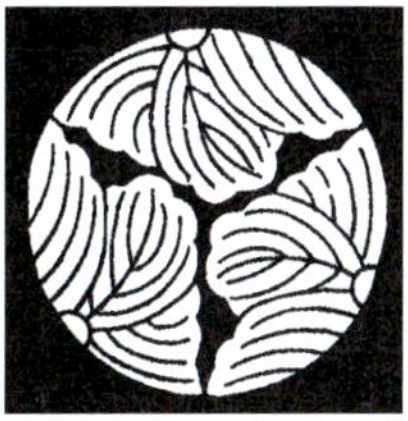

三つ割蔦

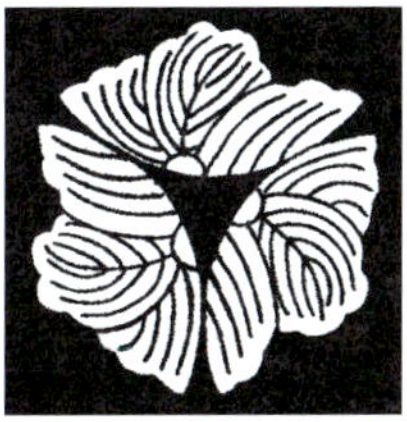

外三つ割蔦

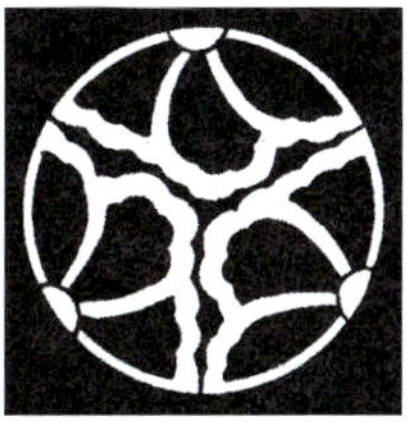

中かげ三つ割蔦

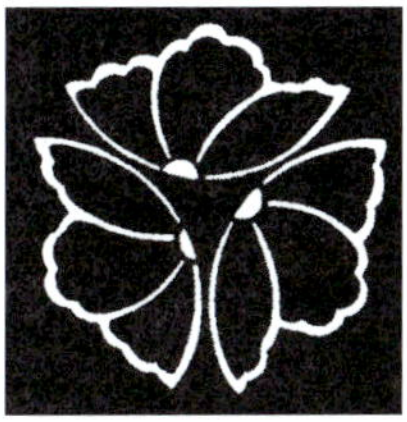

細中かげ外三つ割蔦

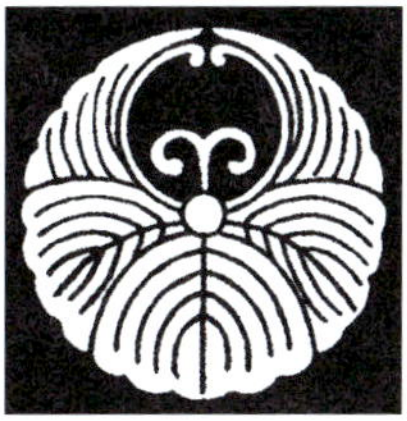

浮線蔦

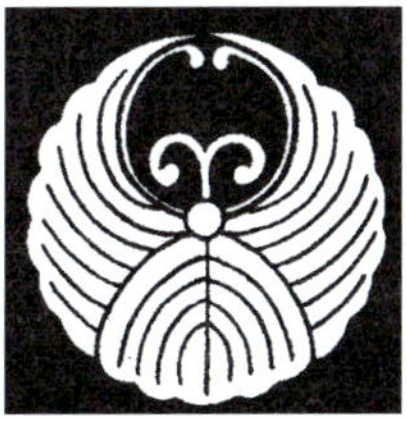

変り浮線蔦

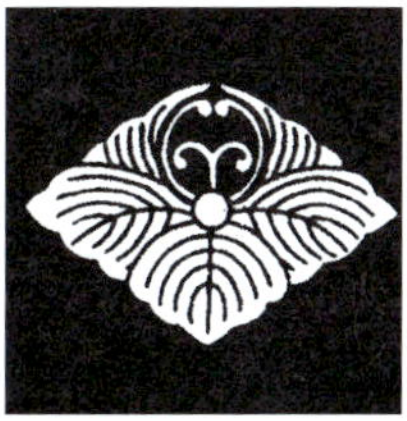

浮線蔦菱

鬼蔦菱

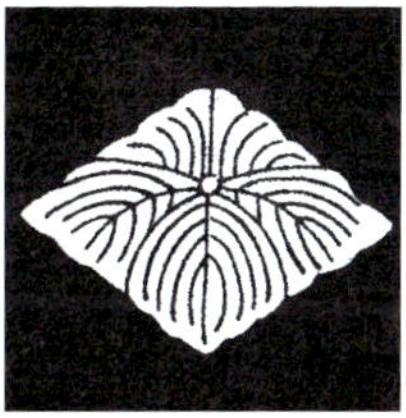

蔦菱

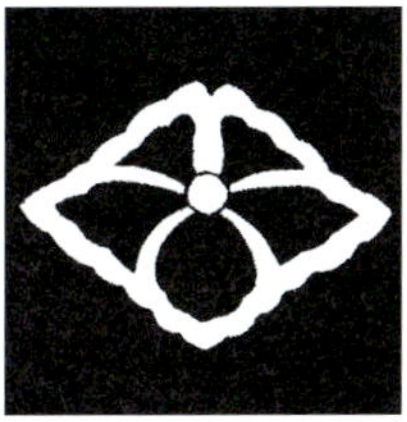

中かげ蔦菱

あおい

◉葵紋

Aoi | Hollyhock Crests

アオイはウマノスズクサ科のフタバアオイで多年草。葉はハート形で茎の先端に二枚ずつつくので二葉葵とよばれる。二葉葵の葉を三枚あわせてデザインした「三つ葉葵」は徳川家の家紋として有名だが、もともとは京都の賀茂神社の神紋であった。毎年5月15日の葵祭に公家や神人が葵の若葉を髪にさしたところから社紋となり、同社に奉仕する家の家紋となった。戦国時代には三河の松平、本多、伊奈、島田の諸氏が用い、江戸時代になって徳川一族の独占となり、一族以外は葵紋および葵の文様を使用することがはばかられた。

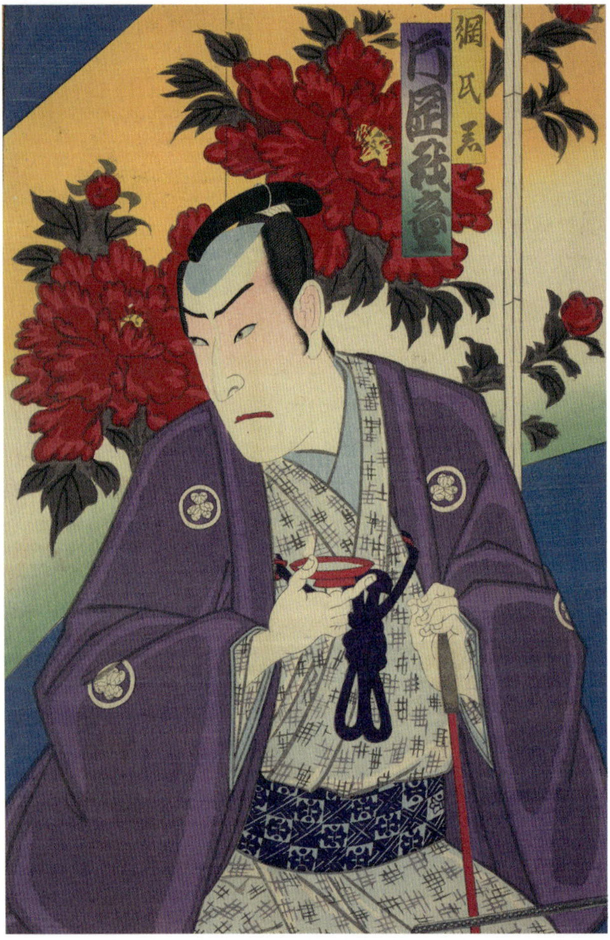

「月宴柳絵合」豊原国周　明治16年・1883　東京都立中央図書館特別文庫室蔵

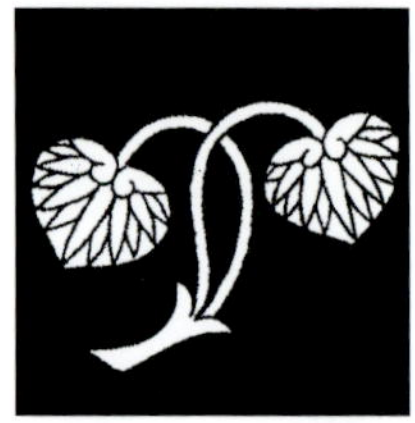

二葉葵

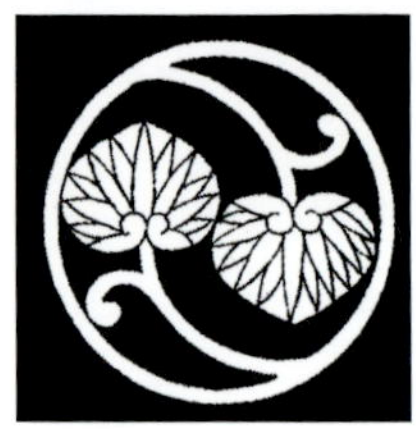

二つ蔓葵丸

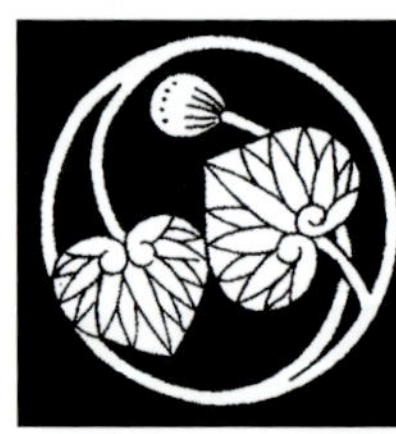

変り葵丸

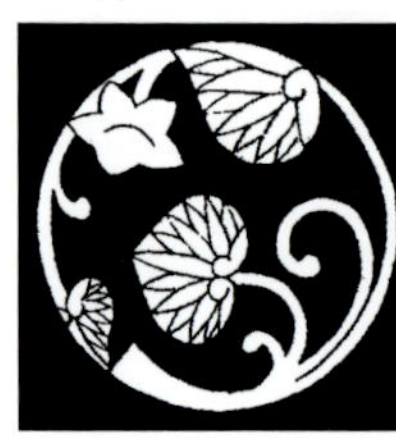

葵の丸

The hollyhock or birthwort is a perennial plant, *Asarum caulescens*, of the *Aristolochiaceae* family. Its leaves are heart shaped, with two growing at the tip of each stem. The triple-leaf hollyhock design, which combines three of those leaves, was the Tokugawa family crest. It was also used as the shrine crest at the Kamo Shrine in Kyoto. During the Edo period (1600–1868), use of the hollyhock crest by other than the Tokugawa clan was inexcusable.

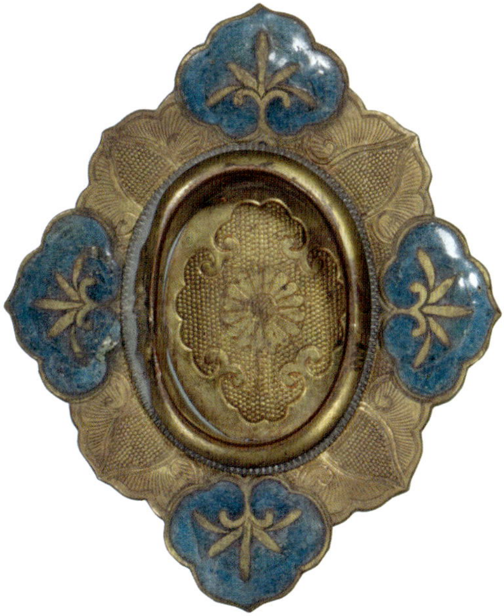

「七宝葵文引手」江戸時代・17 世紀
東京国立博物館蔵
出典：ColBase (https://colbase.nich.go.jp)

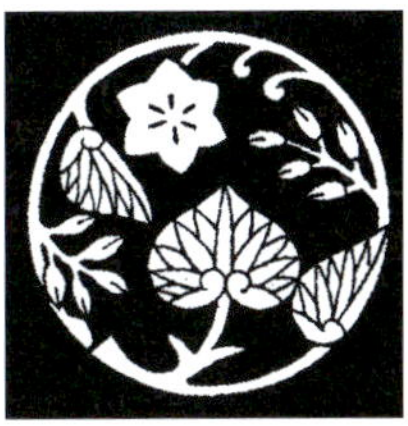

葵の草丸

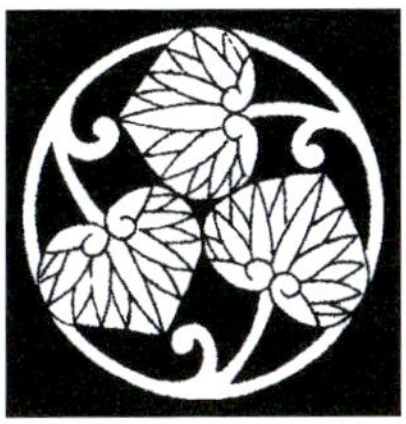

蔓三つ葵の丸

片手蔓三つ葵

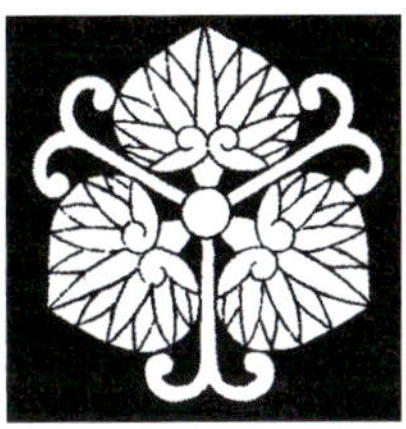

蔓三つ葵

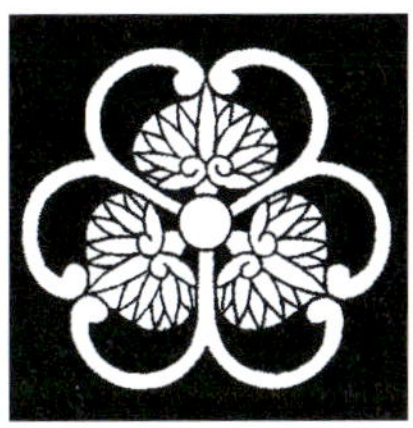

蔓葵片喰

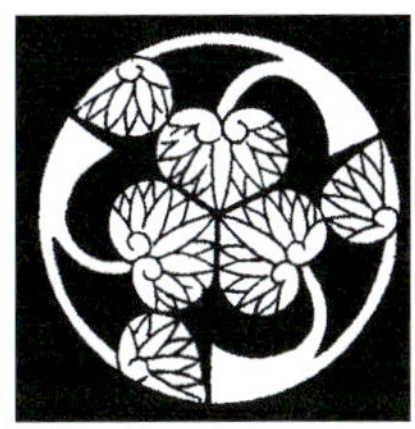

三つ割立葵

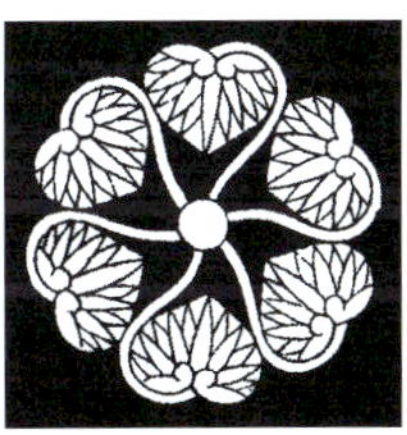

六つ葵車

剣二つ葵

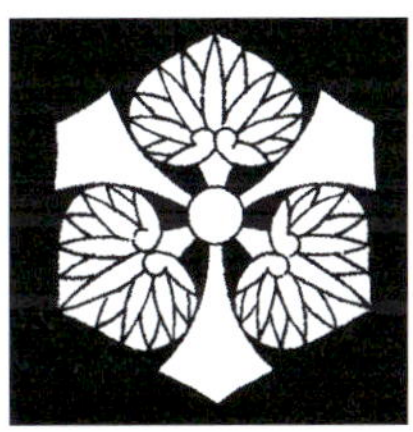

剣三つ葵

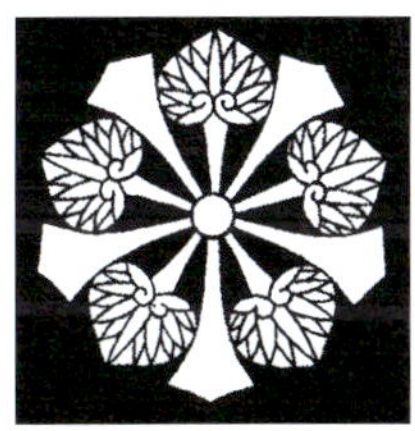

剣五つ葵

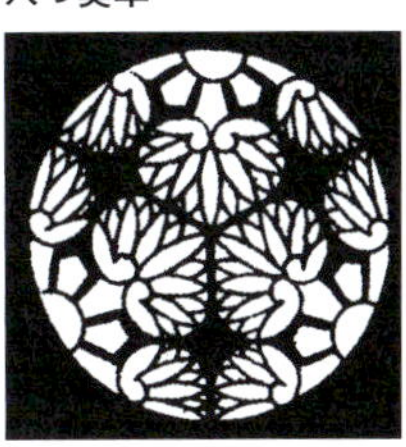

三つ割幼剣五つ葵

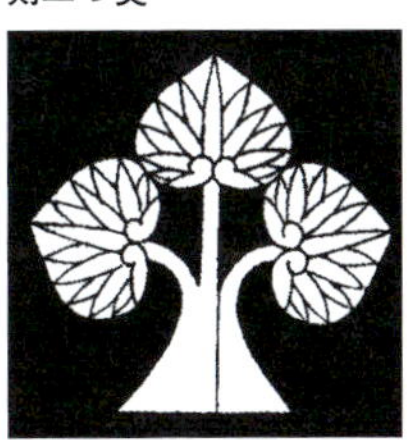

立葵

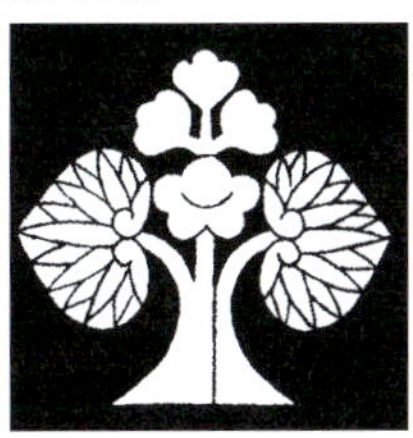

花立葵

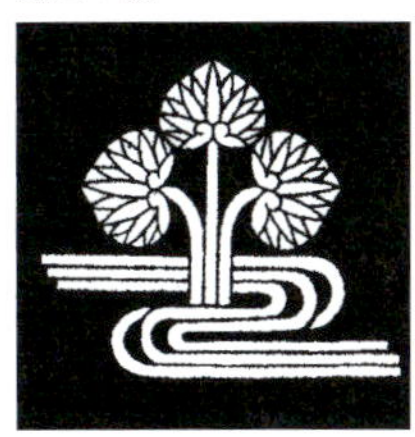

立葵に水

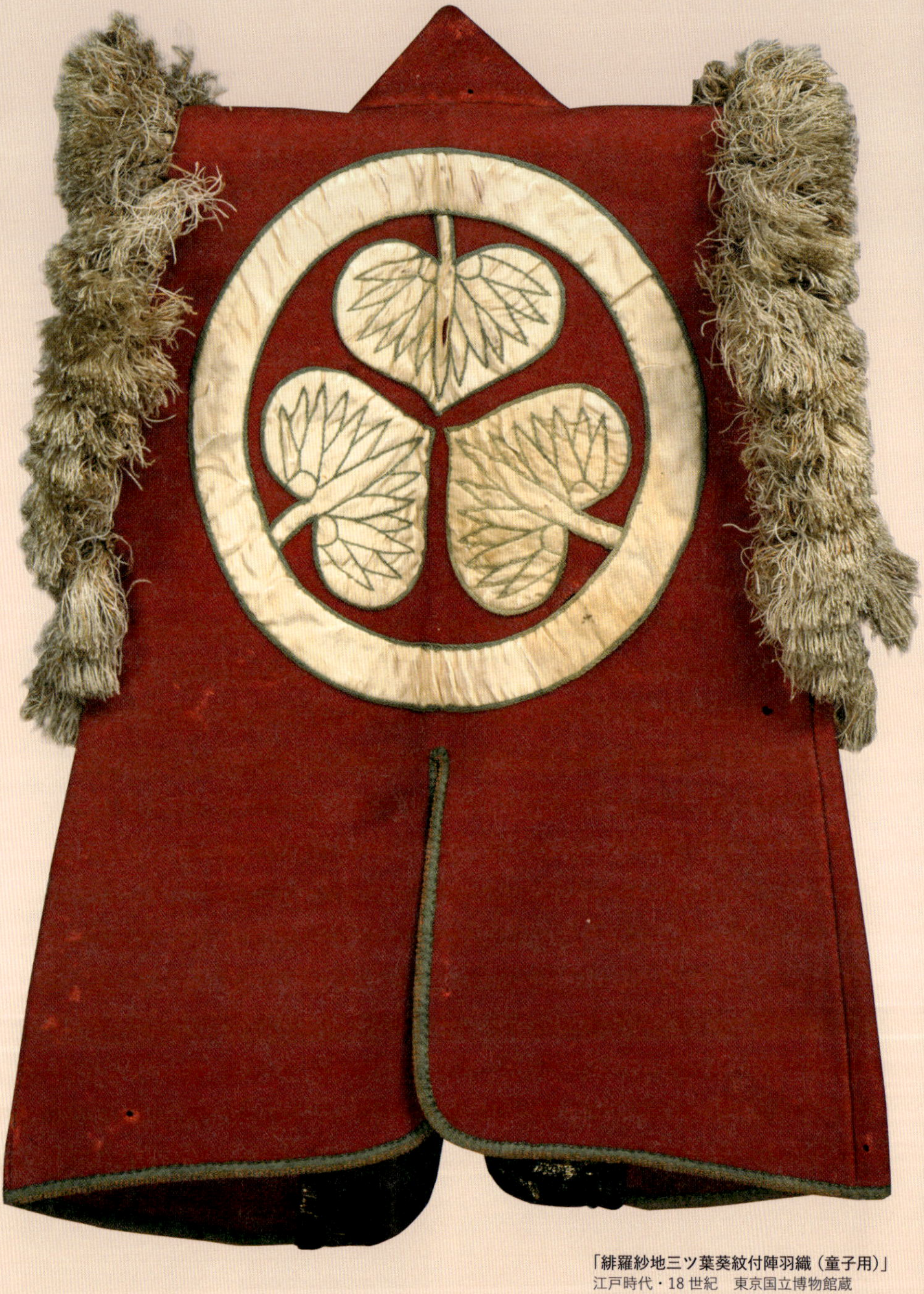

「緋羅紗地三ツ葉葵紋付陣羽織（童子用）」
江戸時代・18 世紀　東京国立博物館蔵
出典：ColBase（https://colbase.nich.go.jp）

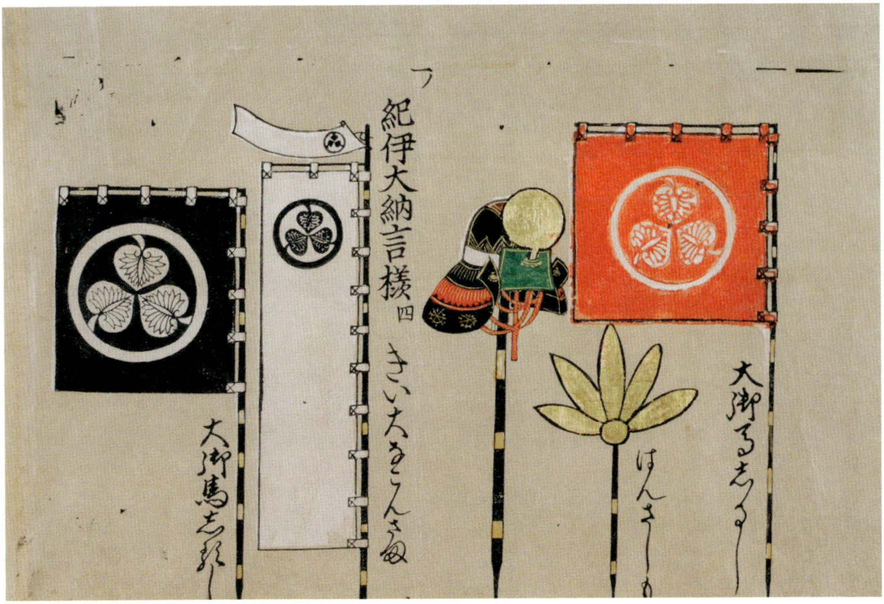

「御馬印」寛永年間　国立国会図書館蔵

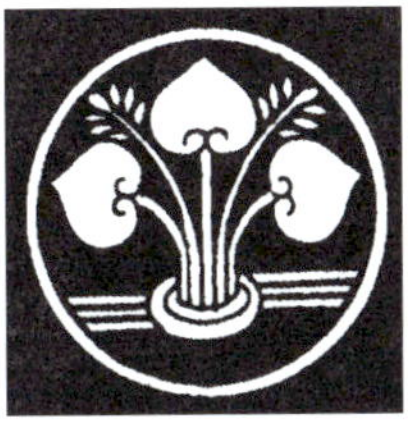

糸輪に水葵

たばね葵

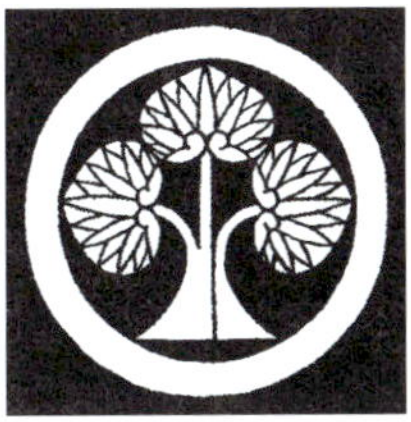

中輪に立葵

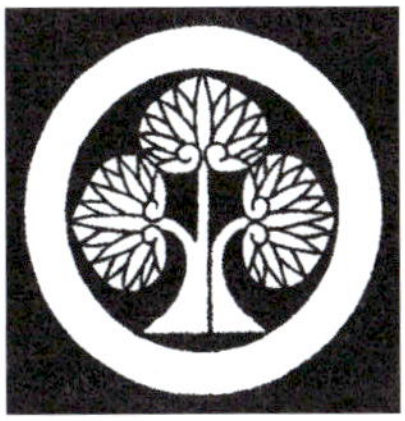

本多立葵

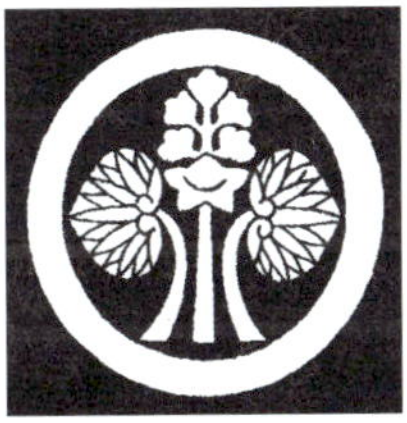

丸に変り花立葵

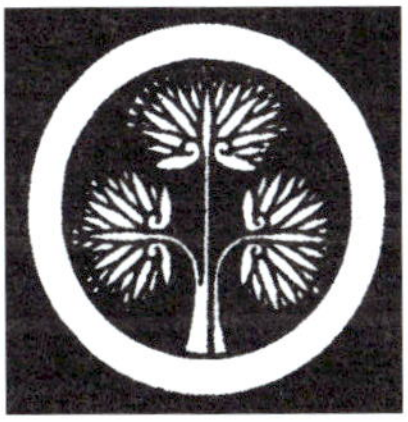

本多分家立葵

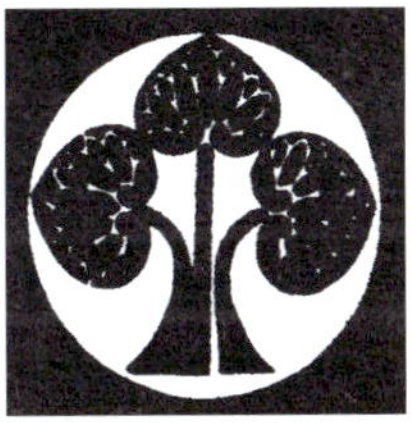

石持ち地ぬき立葵

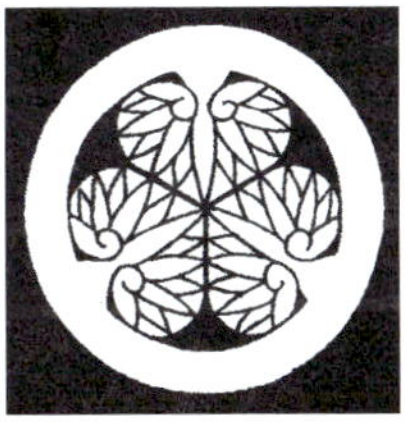

徳川葵

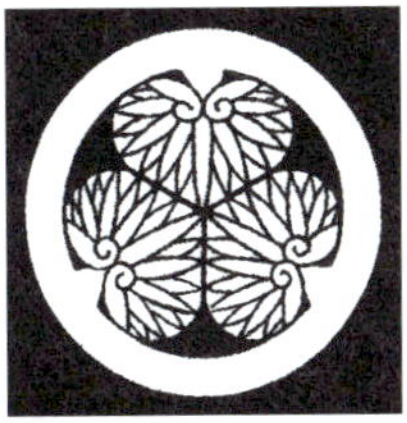

尾州葵

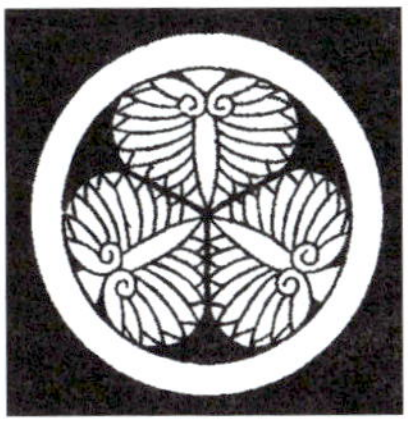

会津葵

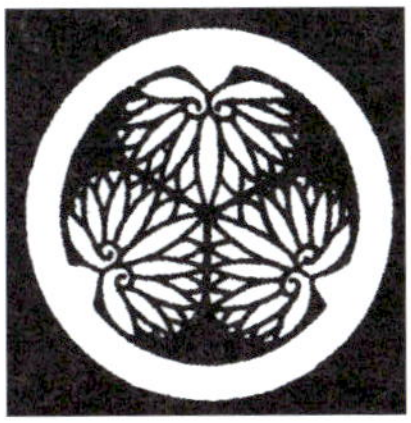

紀州葵

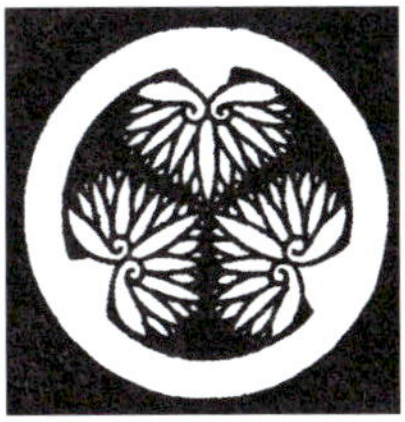

木戸葵

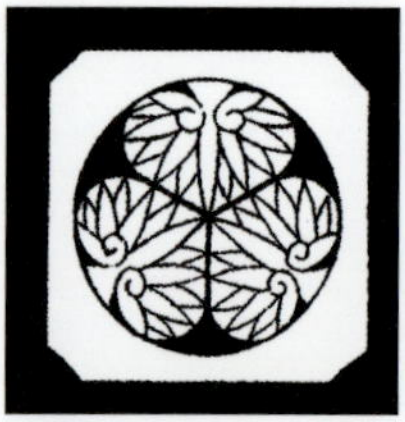
平隅切に鉄砲角三つ葵

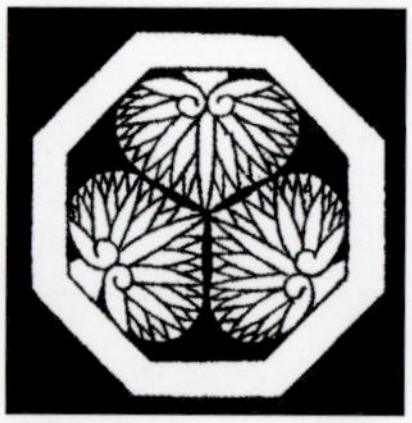
守山三つ葵

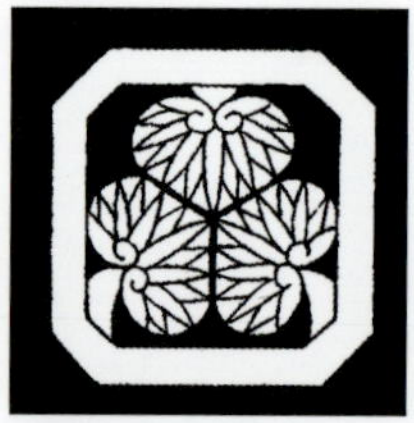
平隅切に三つ葵

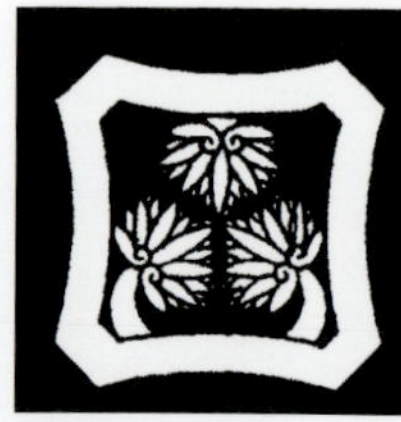
越前葵

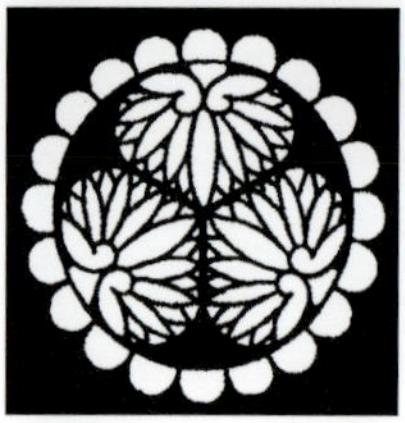
高須葵

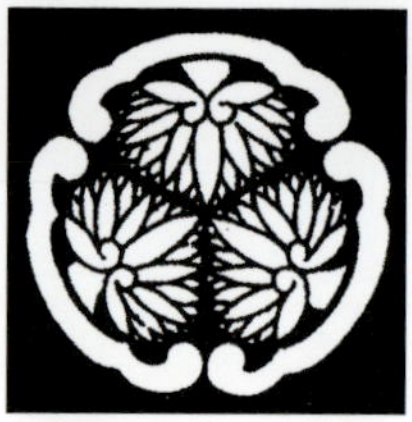
出羽葵

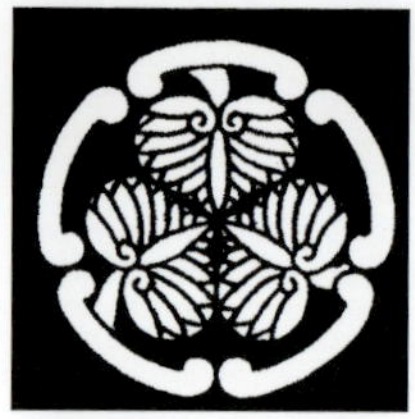
越前五鐶三つ葵

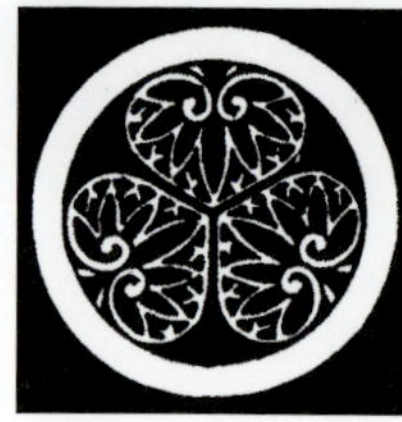
丸にかげ三つ葵

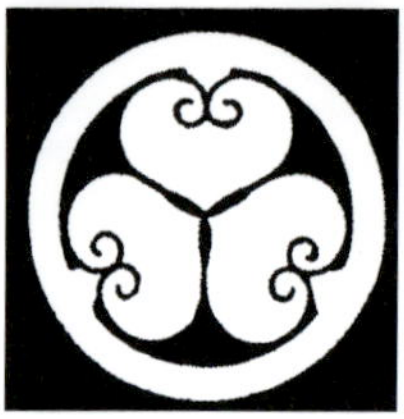
丸に三つ裏葵

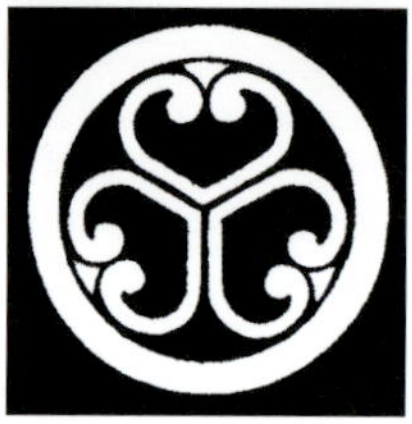
丸に中かげ三つ葵

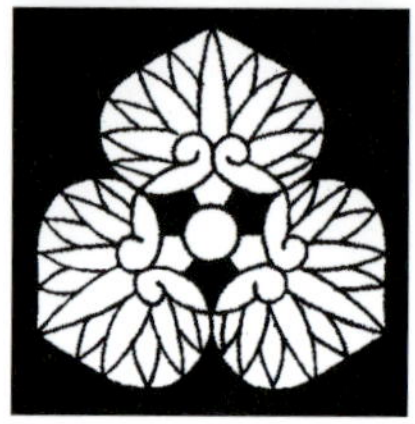
三つ葵

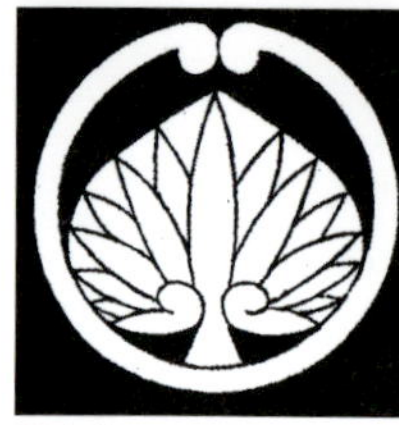
蔓丸葵

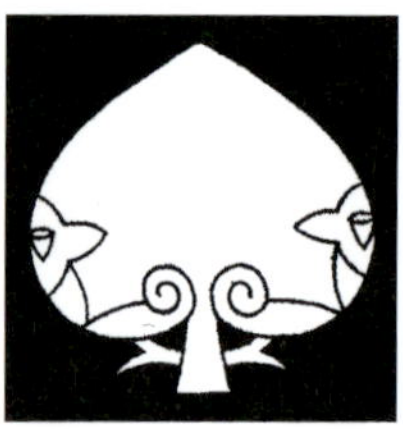
裏葵

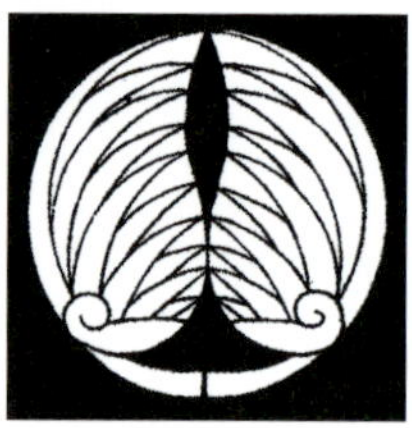
二つ割葵

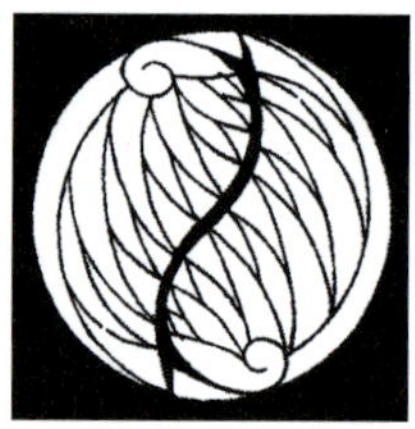
二つ割違い葵

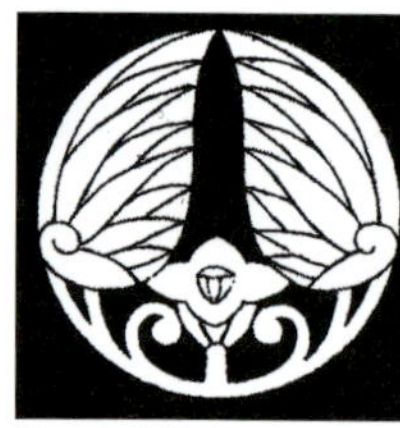
花つき割葵

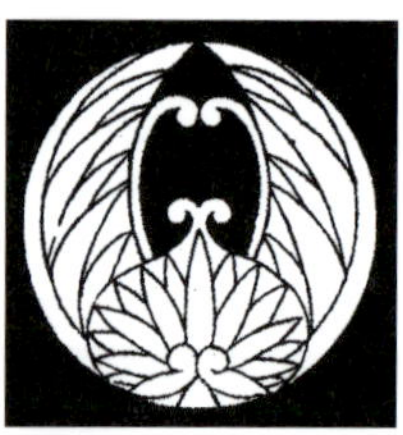
浮線葵

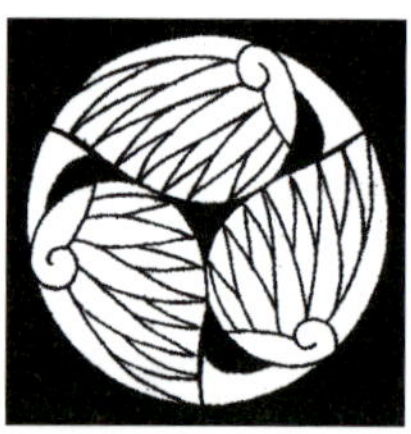
三つ割葵

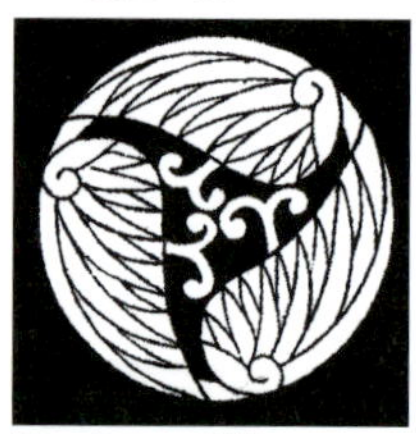
蔓つき三つ割葵

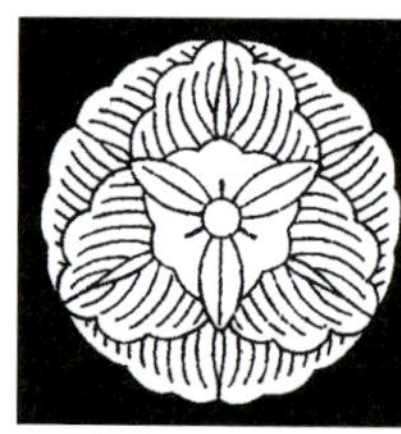
向う花葵

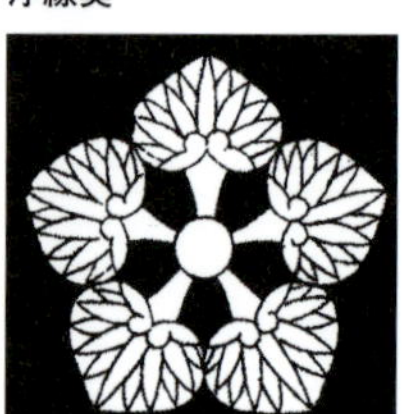
五つ葵

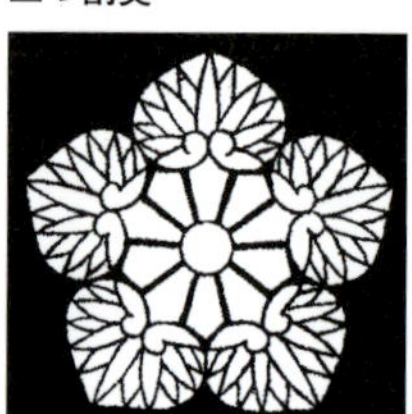
幼剣五つ葵

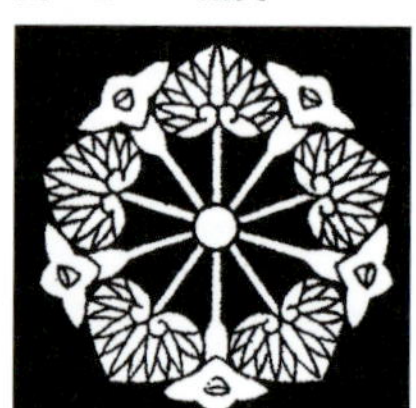
花つき五つ葵

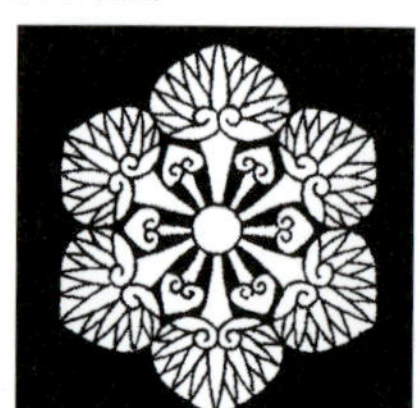
播州六つ葵

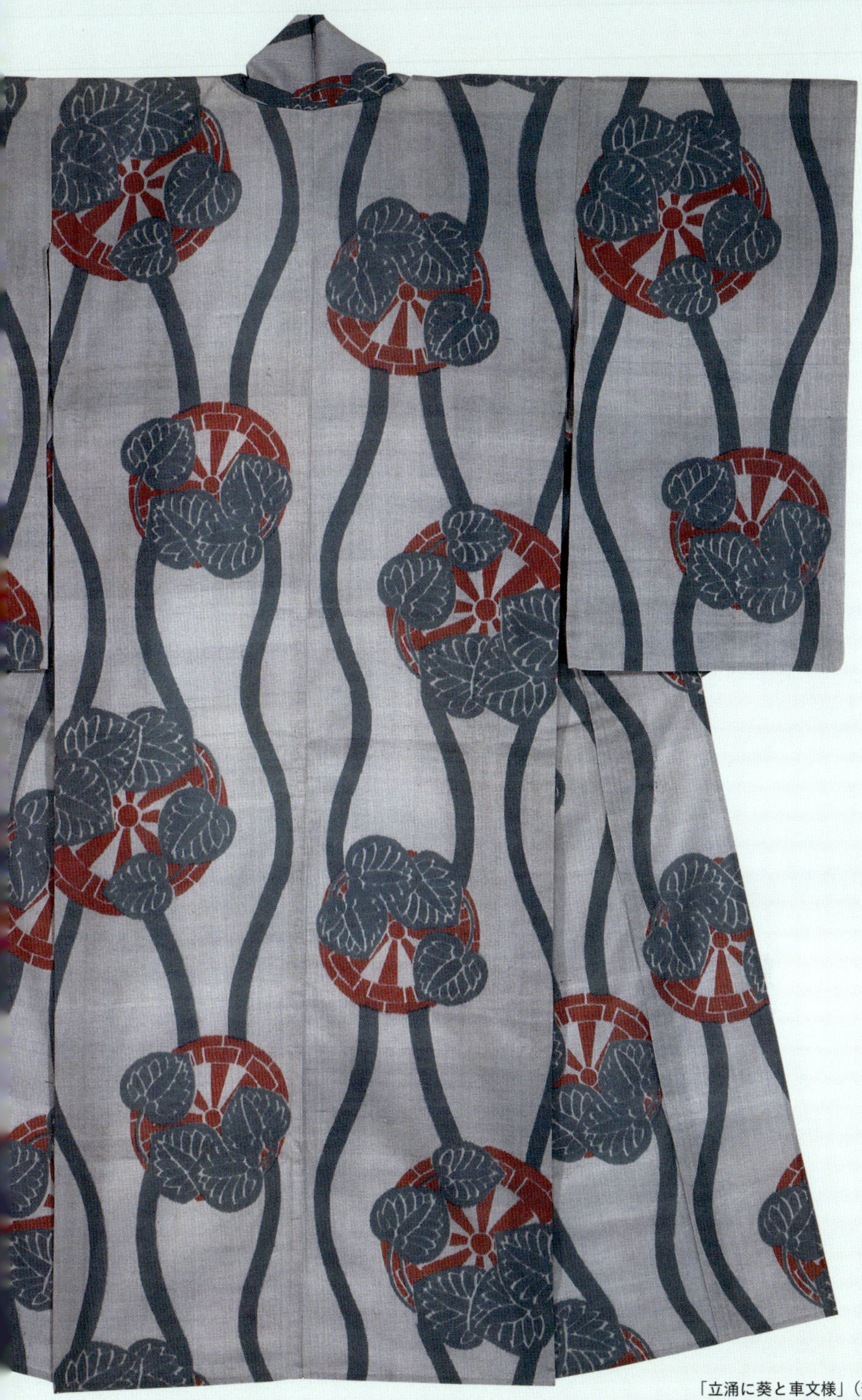

「立涌に葵と車文様」（部分）
須坂クラシック美術館蔵

みょうが

◉茗荷紋 *Myōga* | Ginger Crests

ショウガ科の多年草で、本州以南に自生して食用に栽培される。夏に根元から楕円形の短い花穂が出て、赤紫色の肉質の包片をつける。紋は冥加（みょうが）、つまり目に見えぬ神仏の助力や加護に通じることから、江戸時代には武家の紋とされることも多かった。室町時代の武家の家紋図形を集録した『見聞諸家紋』には、二宮氏、稲垣氏など、旗本では七十余家が記されている。

Myōga, Japanese ginger (*Zingiber mioga*), is a perennial in the family *Zingiberaceae* that is cultivated for use in cooking. In the summer, short, elliptical buds emerge from its roots; the buds enclose a reddish purple, meaty interior. Because the word myōga can also mean invisible divine assistance or protection, it was used as a crest by many warrior class families in the Edo period (1600–1868).

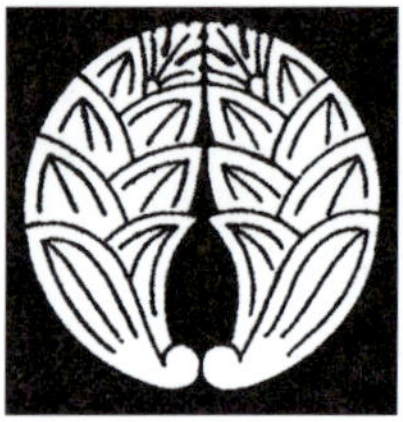

抱き茗荷

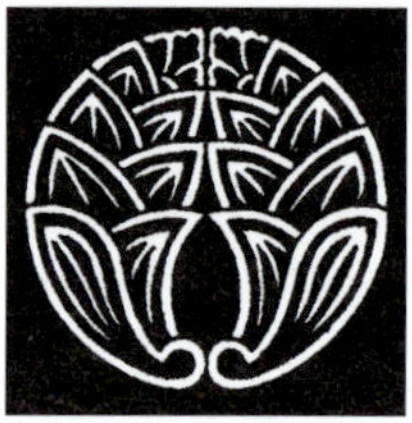

総かげ抱き茗荷

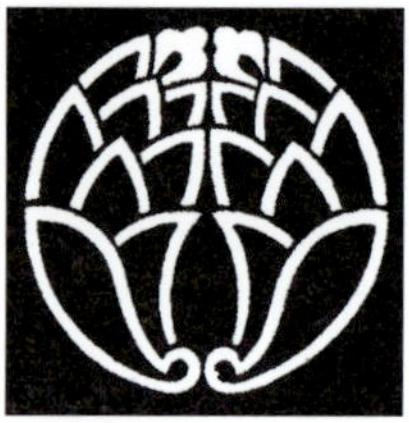

中かげ茗荷

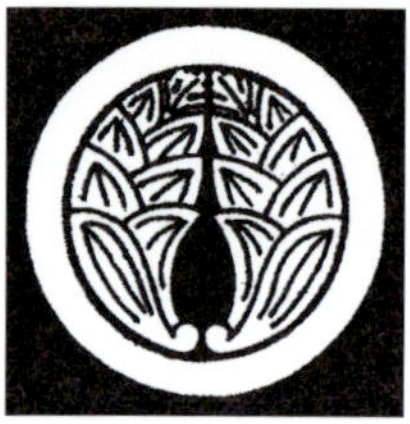

丸に抱き茗荷

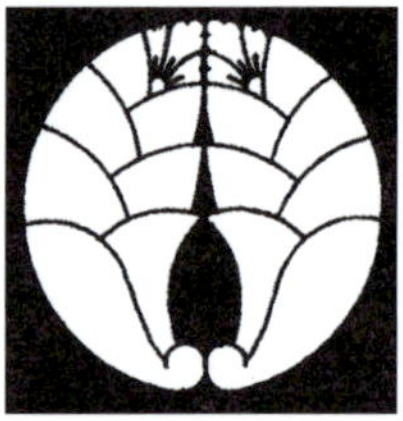

大割抱き茗荷

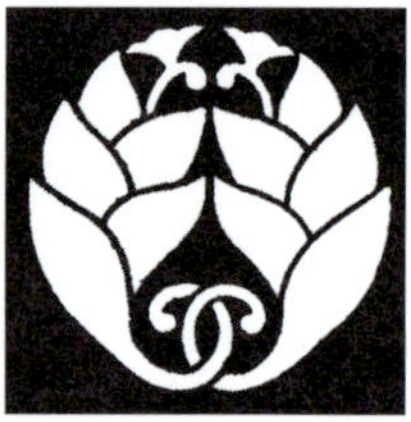

根違い茗荷

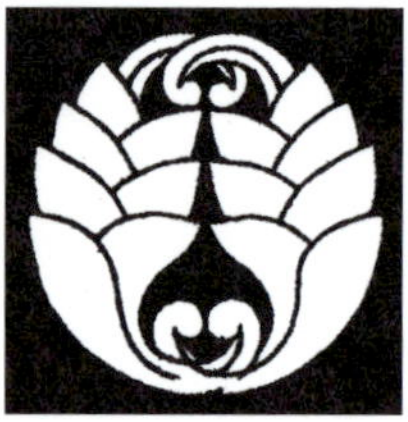

変り根違い抱き茗荷

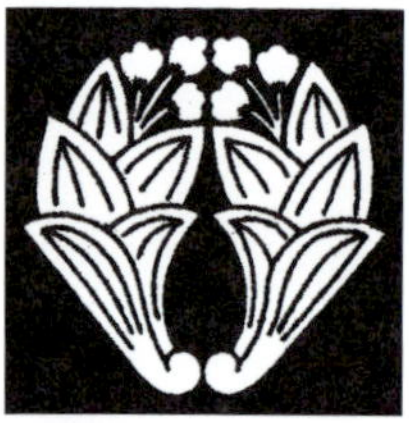

稲垣茗荷

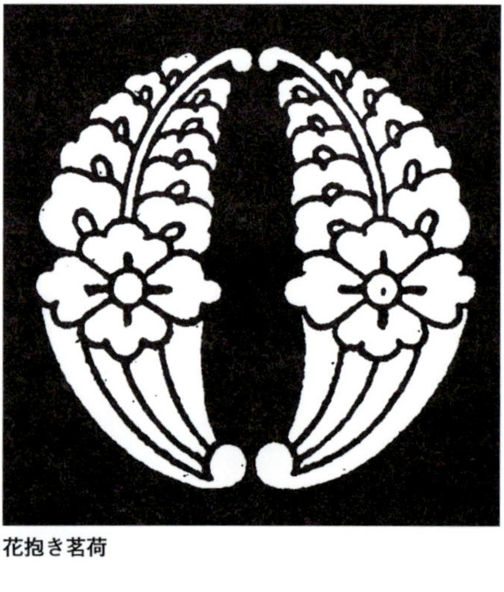

花抱き茗荷

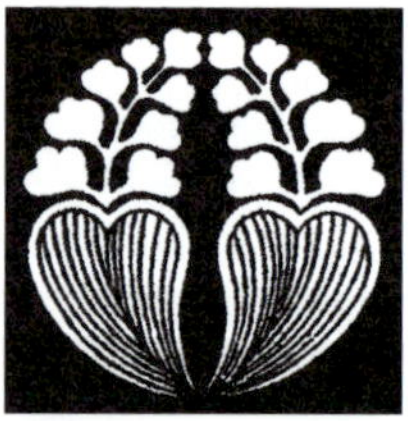

田村茗荷

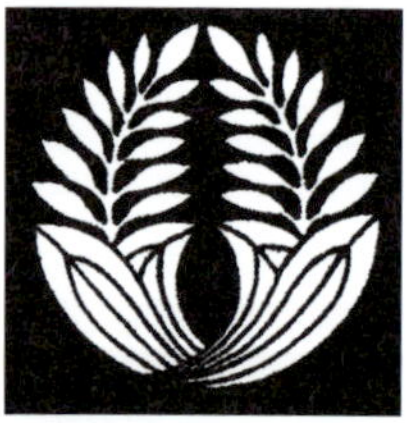

一の関茗荷

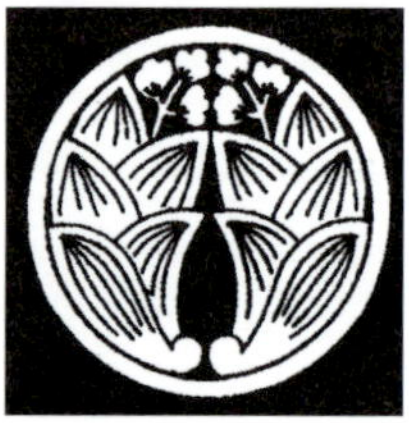

稲垣茗荷の丸

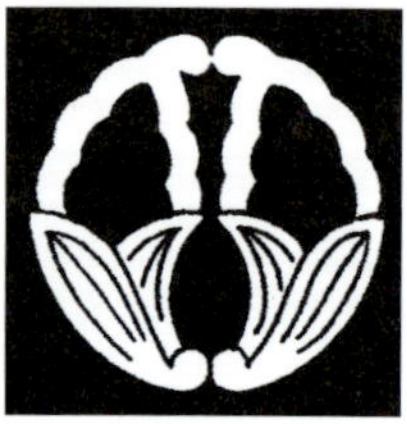

抱き茗荷崩し

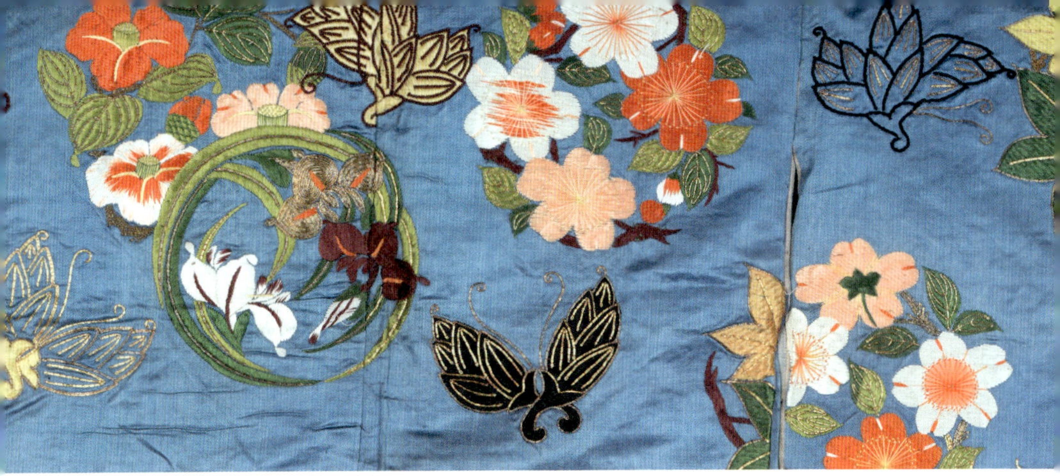

「縹繻子地蝶花の丸模様襦袢」（部分）江戸時代・19世紀　東京国立博物館蔵　出典：ColBase (https://colbase.nich.go.jp)

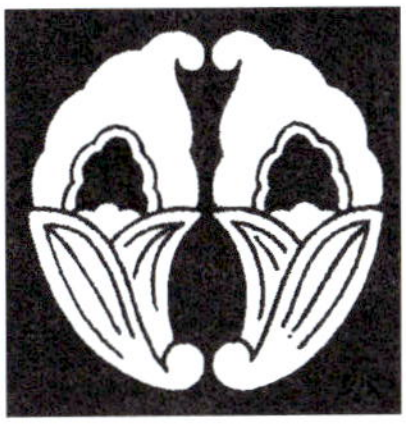

変り抱き茗荷崩し

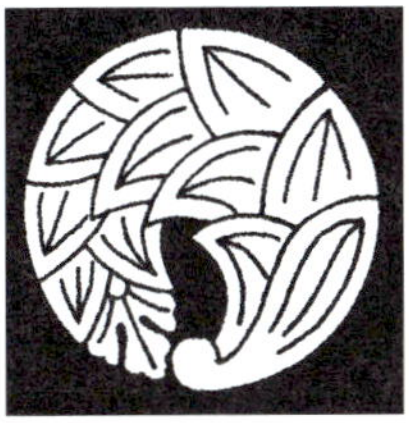

一つ茗荷巴

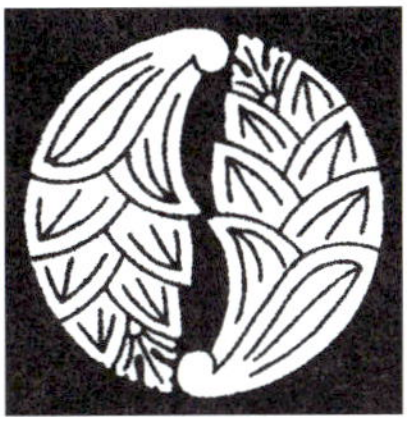

入違い茗荷

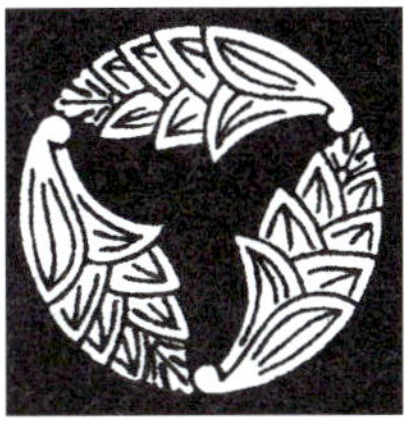

三つ追い茗荷

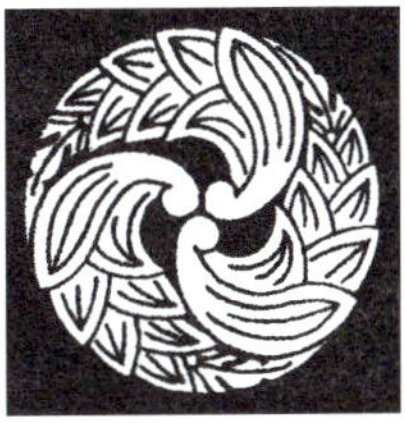

三つ茗荷巴

変り三つ茗荷崩し

三つ茗荷崩し

三つ茗荷

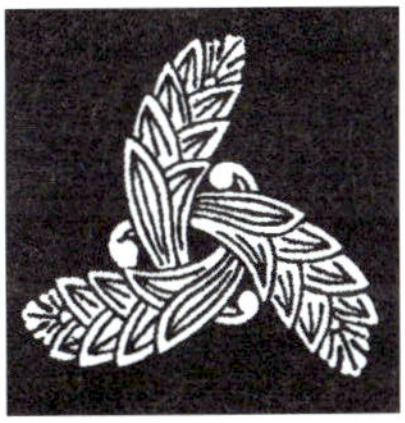

三つ組茗荷

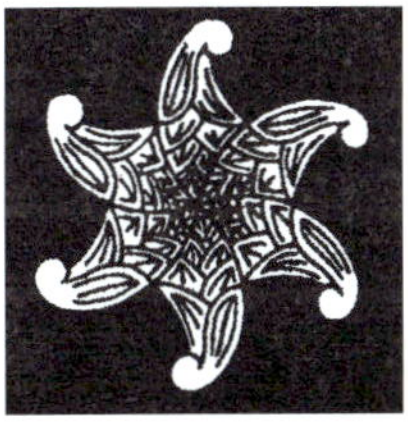

頭合せ六つ茗荷

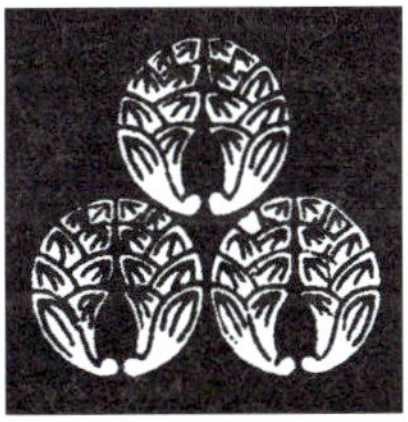

三つ盛り抱き茗荷

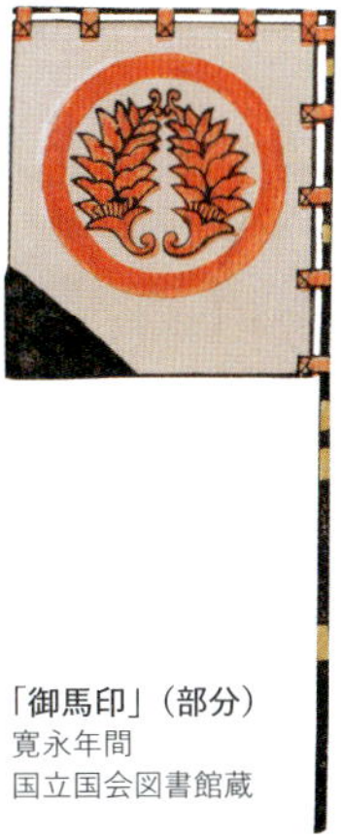

「御馬印」（部分）
寛永年間
国立国会図書館蔵

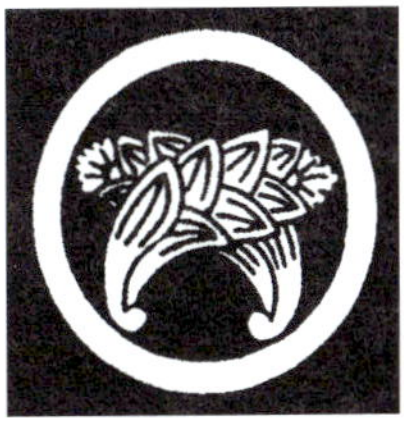

丸に違い茗荷

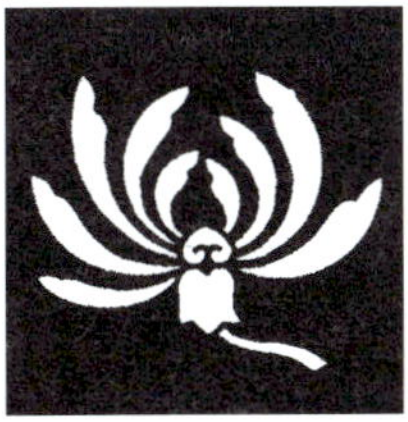

一つ落ち花茗荷

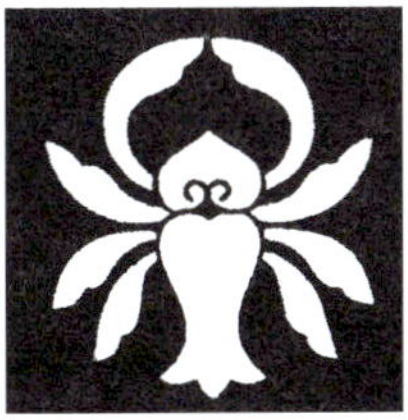

一つ茗荷花

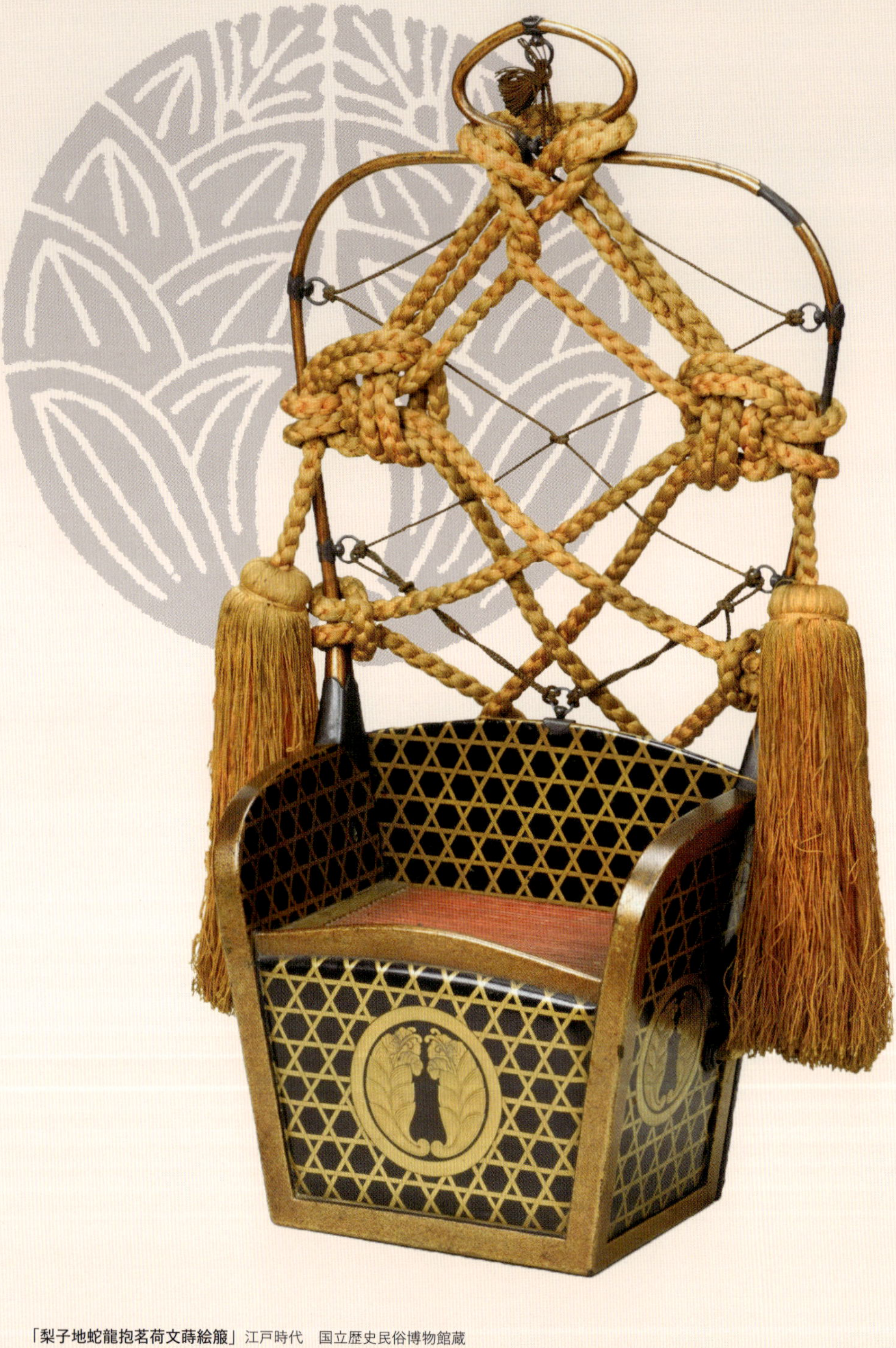

「梨子地蛇龍抱茗荷文蒔絵駕」江戸時代　国立歴史民俗博物館蔵

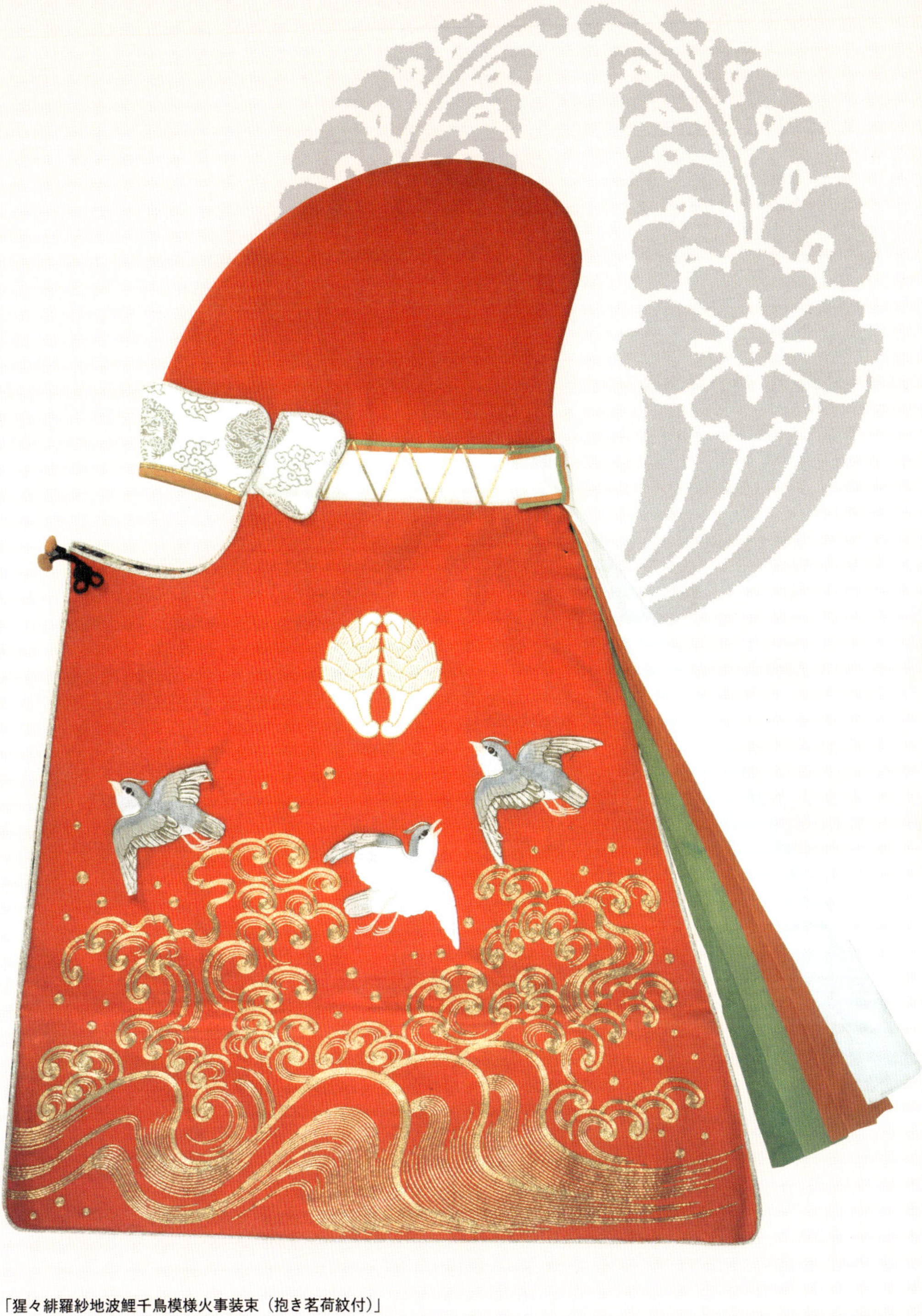

「猩々緋羅紗地波鯉千鳥模様火事装束（抱き茗荷紋付）」
江戸時代・19 世紀　東京国立博物館蔵　出典：ColBase (https://colbase.nich.go.jp)

たけ・ささ

◉竹・笹紋 *Take, Sasa* | Bamboo Crests

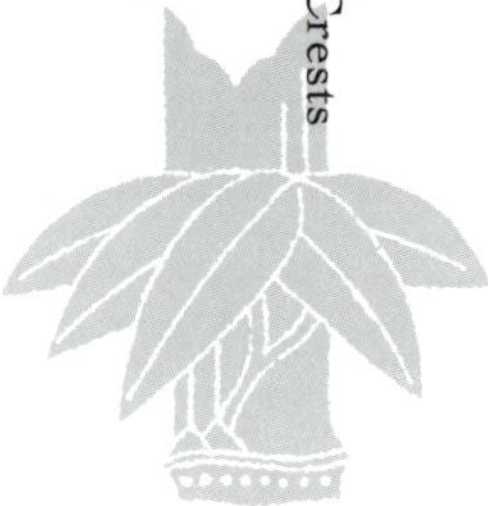

タケはイネ科タケ亜科の多年生植物の総称で、地下茎から筍が出る。ササはイネ科の多年生植物で小形のタケの総称。文様としては、桐、鳳凰とともに古くから御袍（ごほう）に用いられた。竹と笹は同類で家紋ではとくに区別しないが、幹が中心になっているのが竹（直立形）、または竹丸（丸形）とよぶ。「竹に雀」紋は鎌倉時代初期、六波羅党の車文に用いられ、滅亡後は勧修寺家に引き継がれた。「竹に雀（仙台笹）」は伊達氏の定紋としても知られる。

Take is the general term for perennial bamboo plants that are members of the *Bambusoideae*, part of the *Poaceae* family. *Sasa*, bamboo grass, is the general term for small types of bamboo. As motifs, both were long used on court robes, along with Paulownia and phoenix

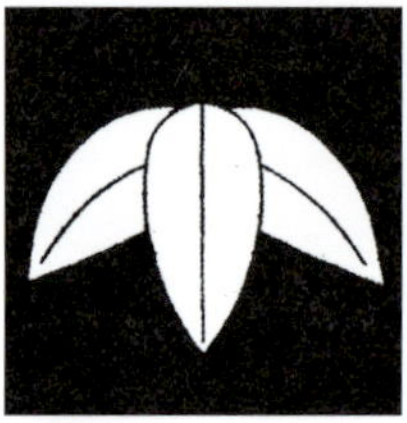

三枚笹

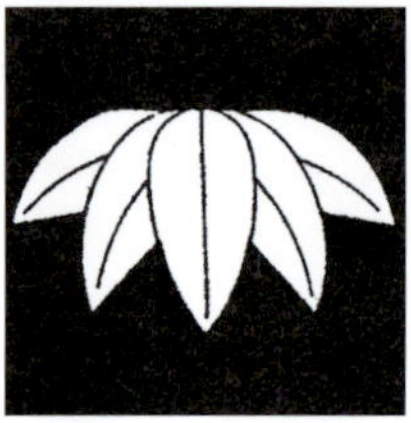

五枚笹

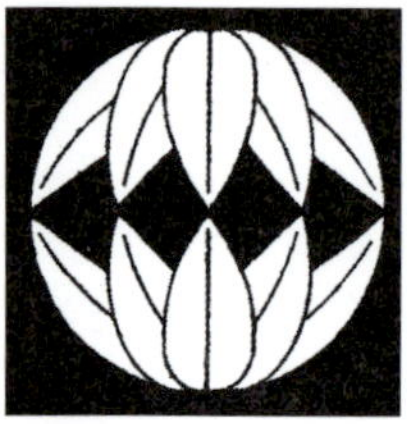

十枚笹

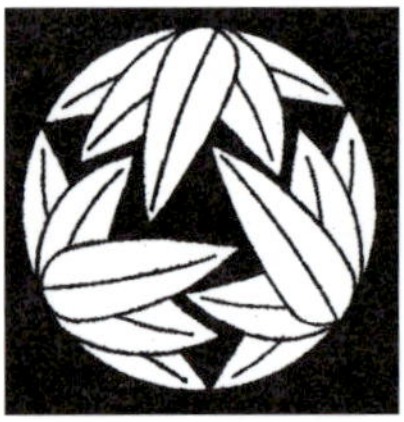

三つ追い十五枚笹

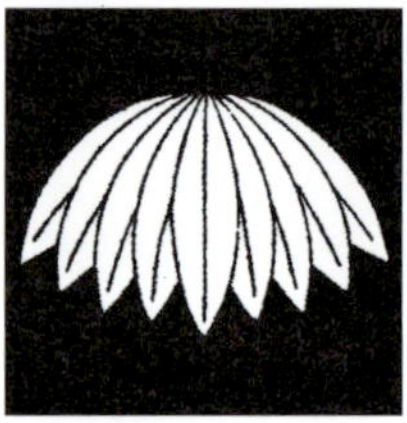

重ね九枚笹

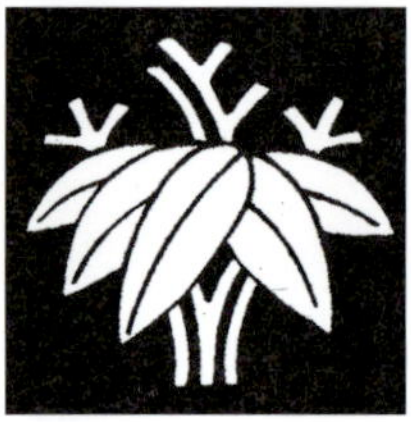

根笹

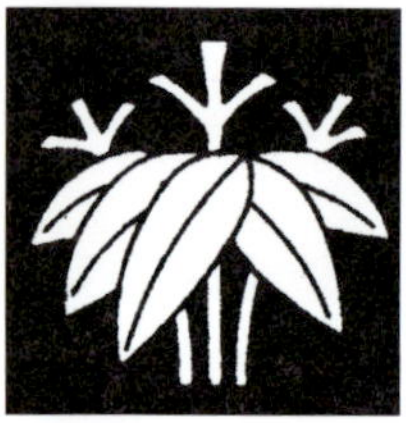

変り根笹

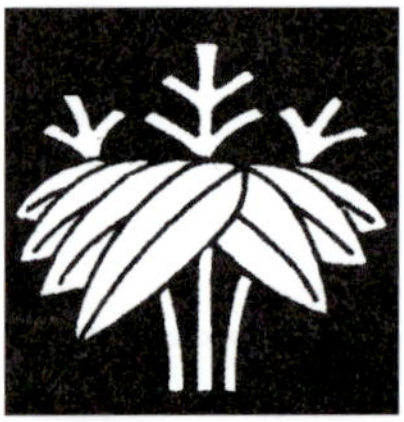

七枚根笹

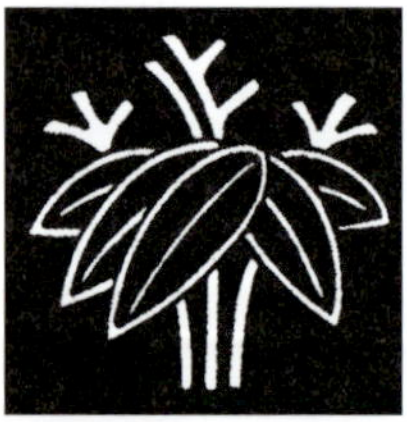

かげ若根笹

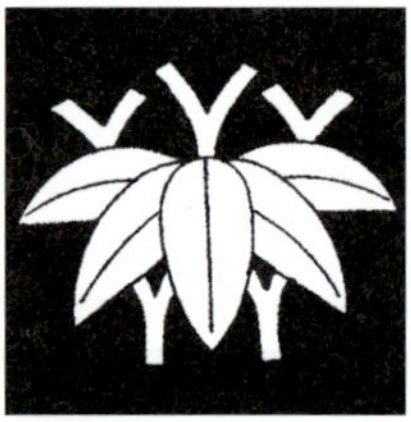

股つき変り根笹

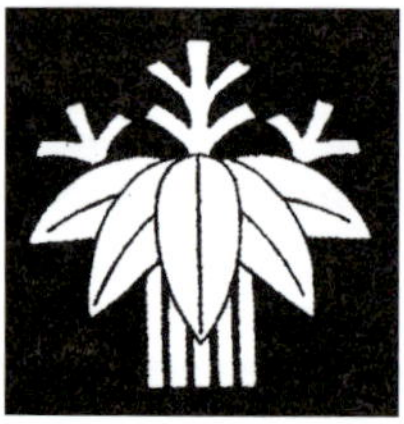

五枚根笹

熊笹

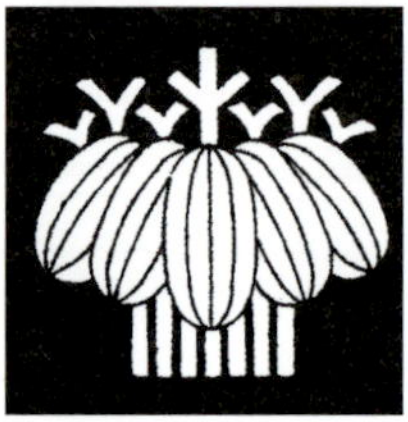

五枚熊笹

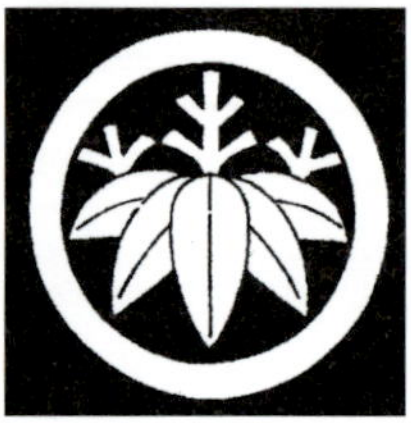

丸に根笹

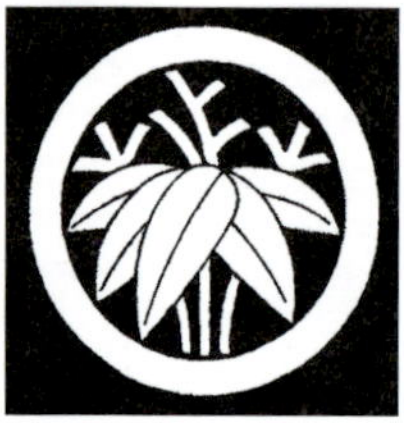

丸に若根笹

motifs. In family crests, *take* and *sasa* are so similar that they are not distinguished. The exception is motifs in which the stalk is central; those are called *take* (a erect form) or *take maru*, bamboo ring (a rounded form).

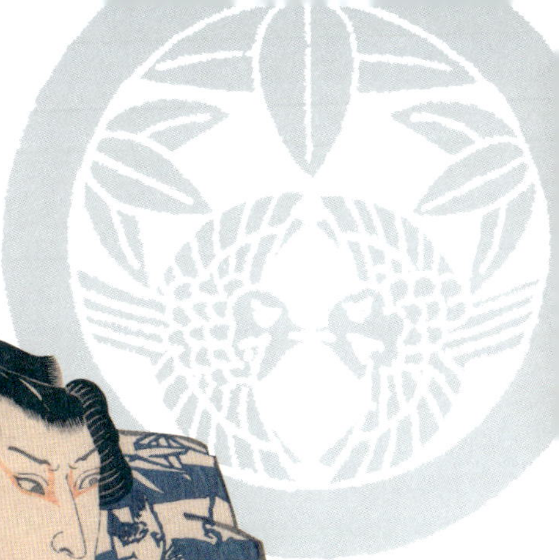

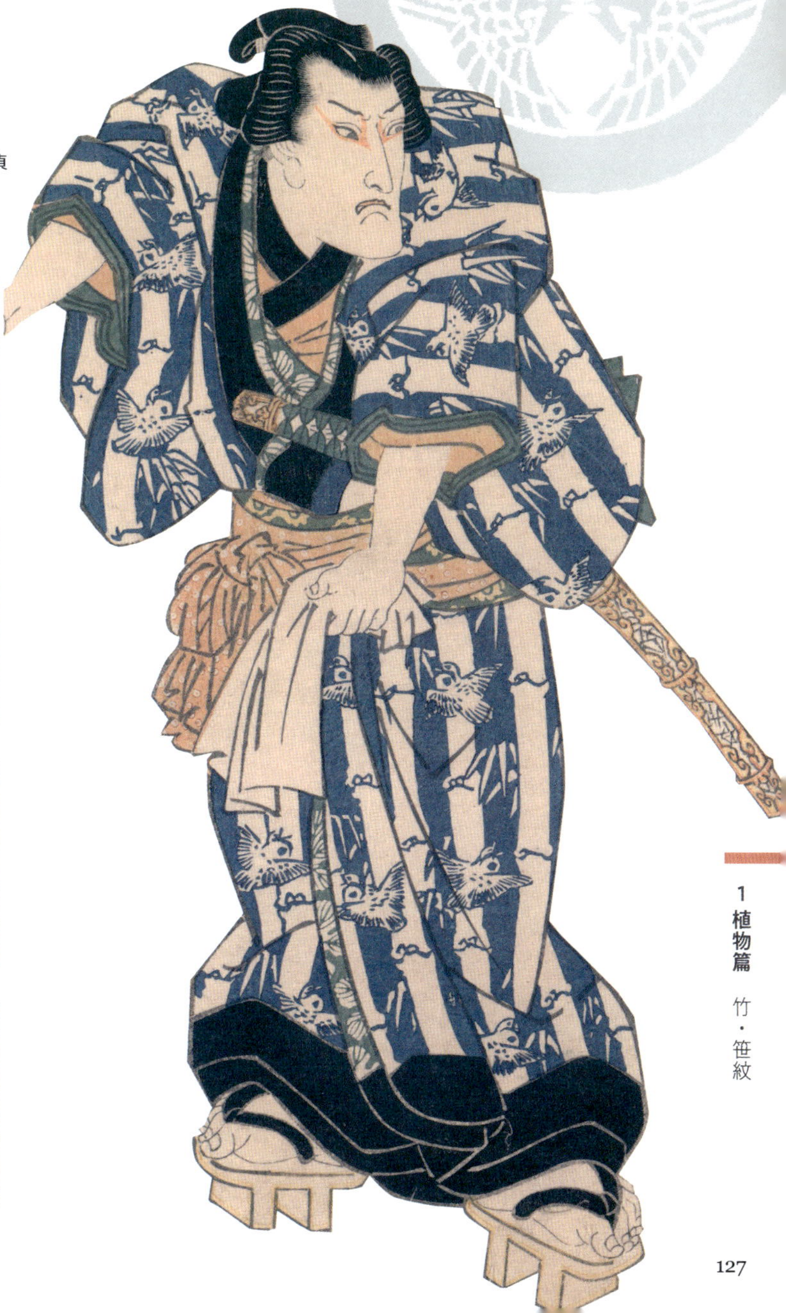

「坂東三津五郎」（部分）
『猿若錦繪』より　歌川国貞
江戸時代後期・19 世紀
国立国会図書館蔵

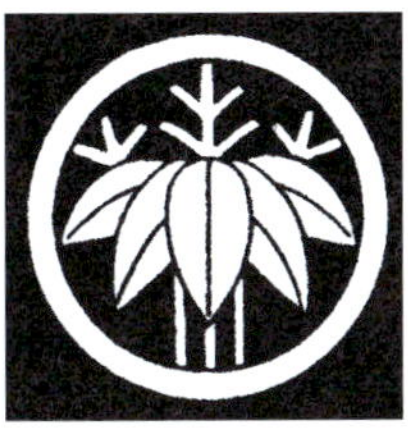

中輪に五三根笹

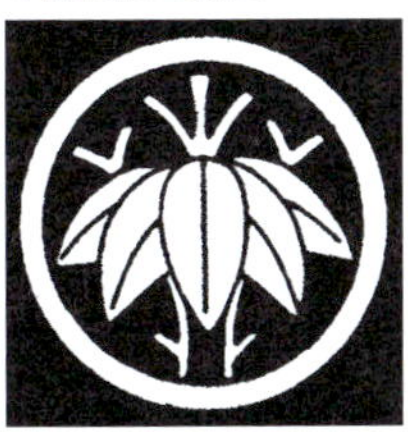

中輪に変り二本根笹

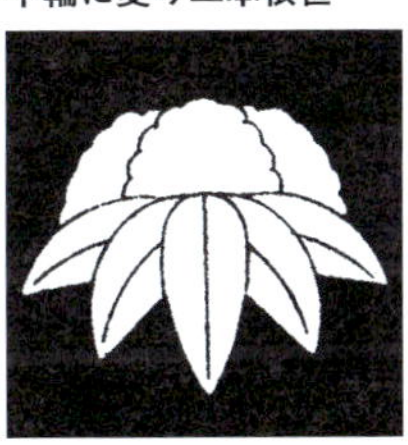

杵築笹

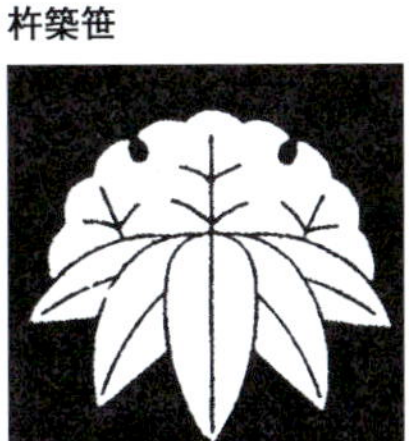

雪持ち笹

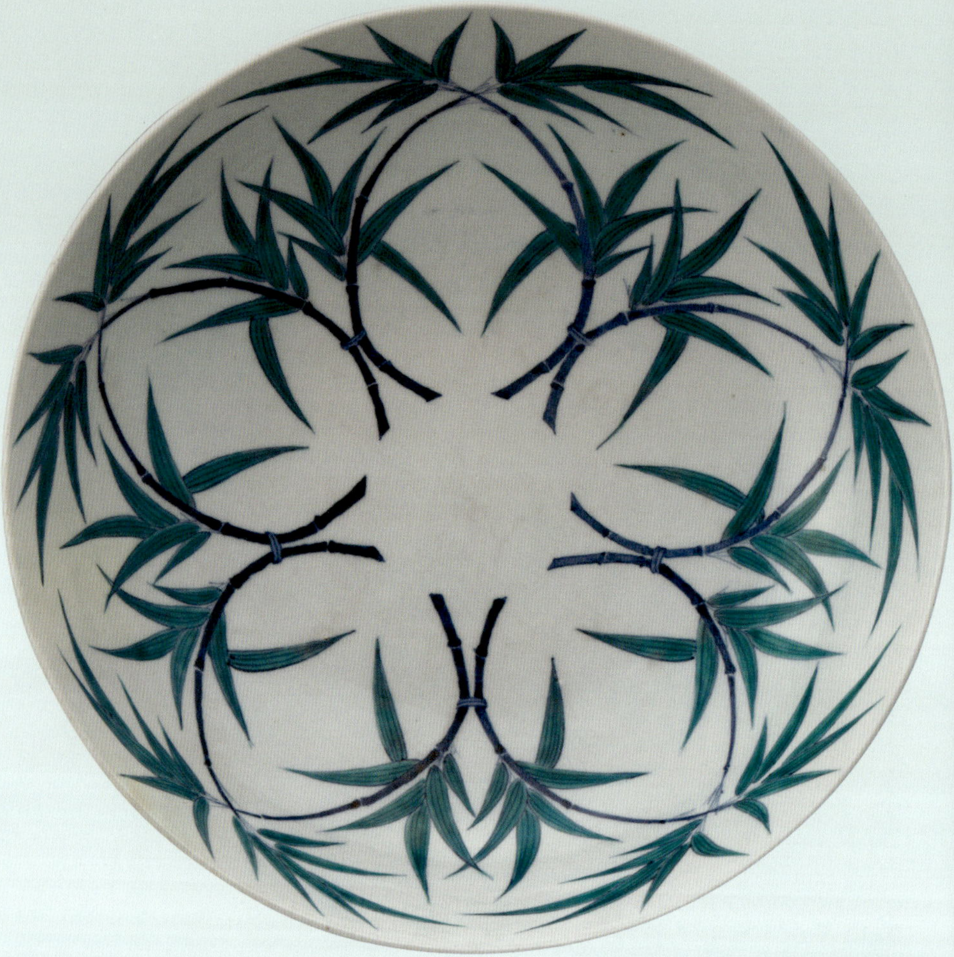

「色絵笹輪紋皿」鍋島
江戸時代・18 世紀後期
今右衛門古陶磁美術館蔵

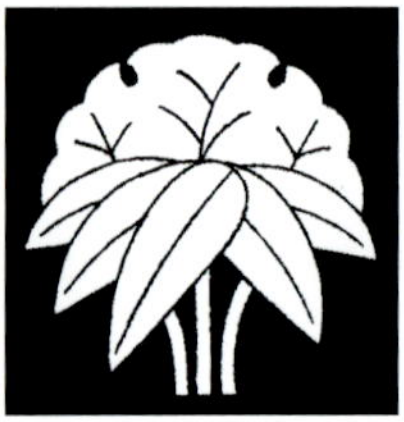

雪持ち根笹

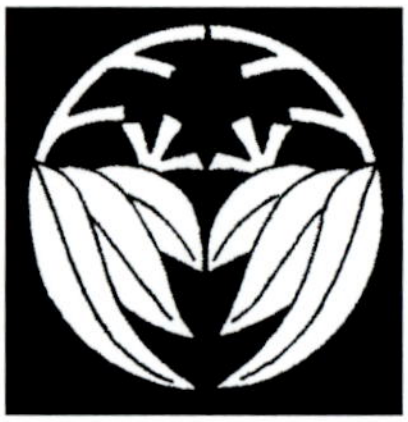

割篠笹

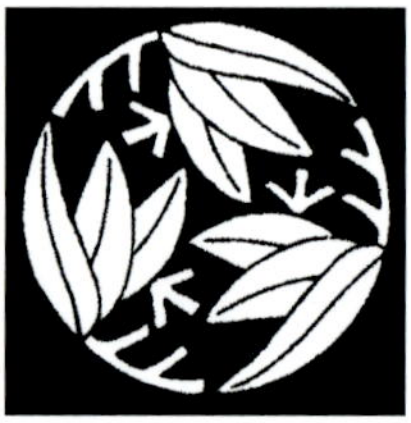

三つ割篠笹

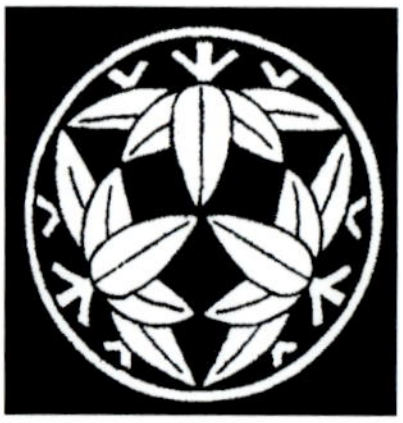

糸輪に三つ篠笹

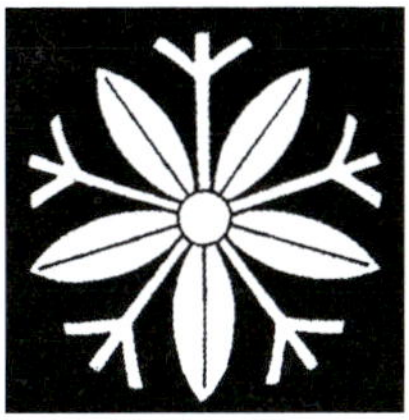
笹車

変り笹車

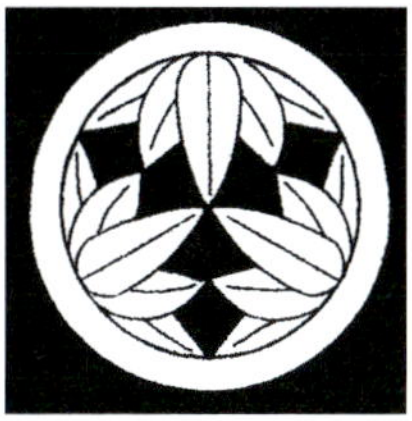
中輪に十五枚笹

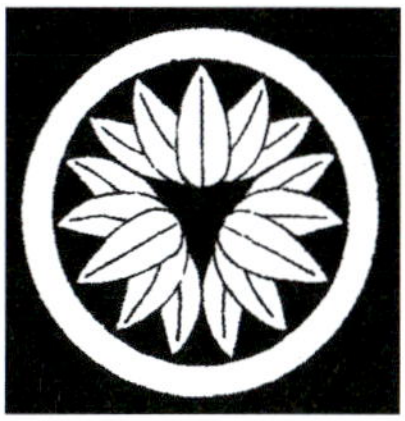
中輪に頭合せ十五枚笹

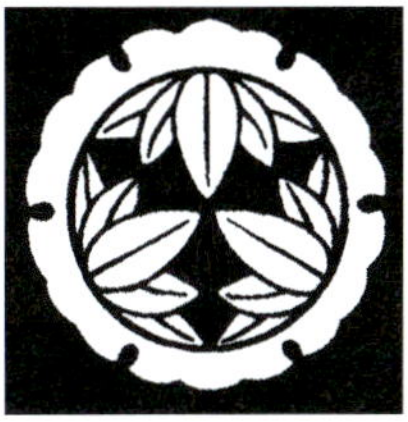
外雪輪に十五枚笹

十五枚笹に八重裏梅

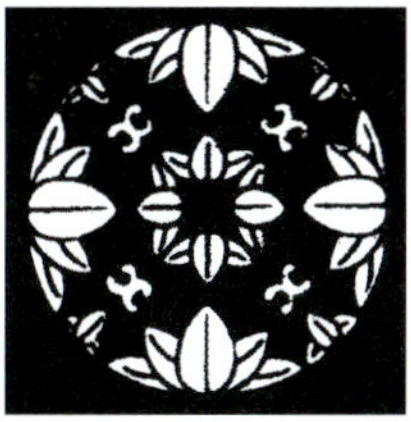
笹浮線綾

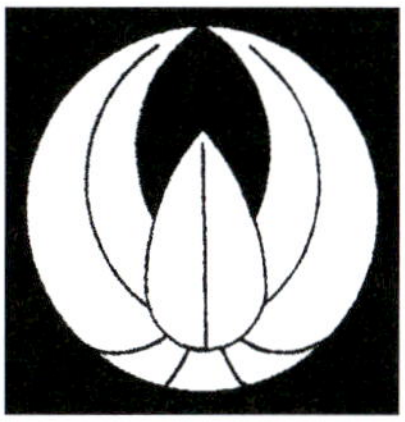
軸つき三枚笹

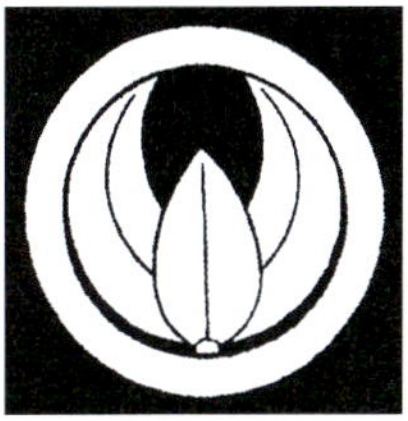
岩村笹

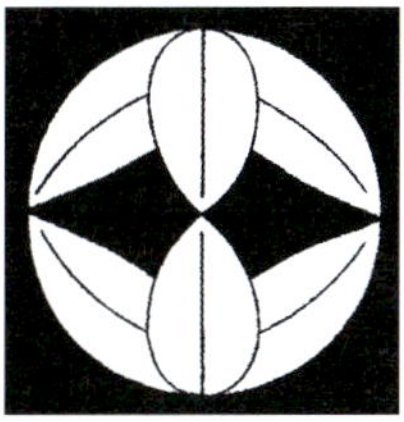
六枚笹

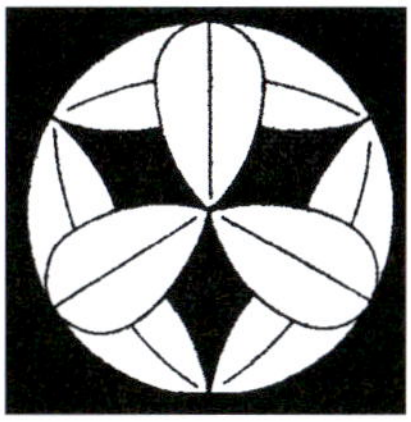
九枚笹

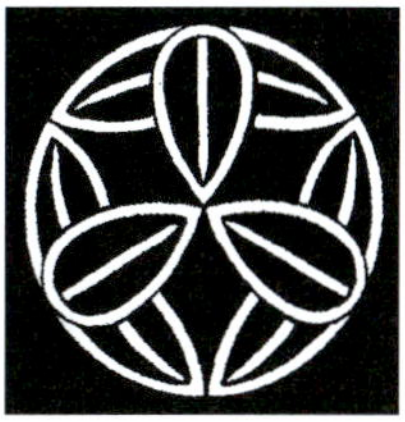
かげ笹九枚

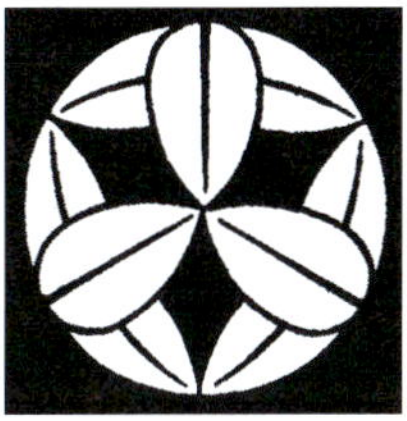
稲葉九枚笹

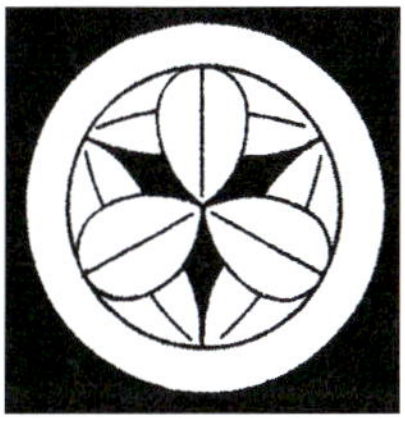
丸に太九枚笹

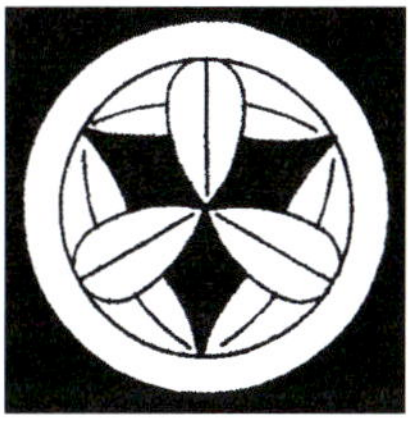
丸に九枚笹

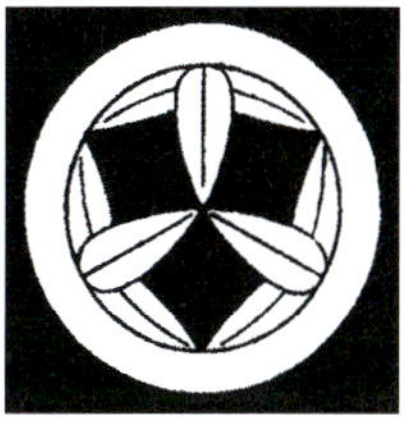
丸に細九枚笹

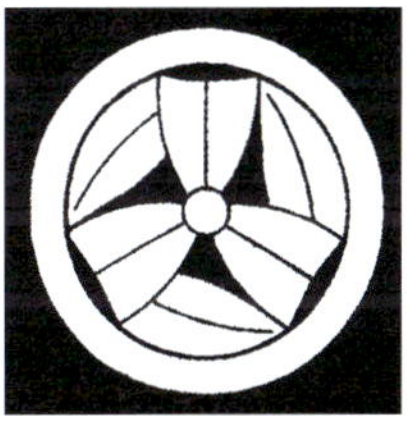
丸に三つ折れ笹

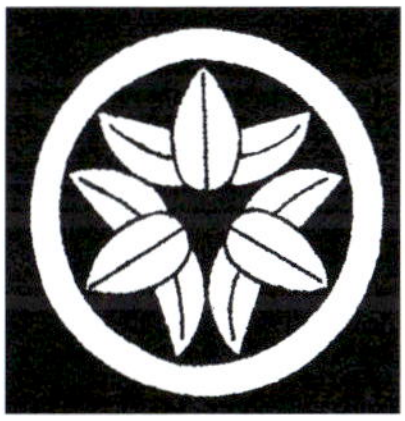
中輪に九枚笹崩し

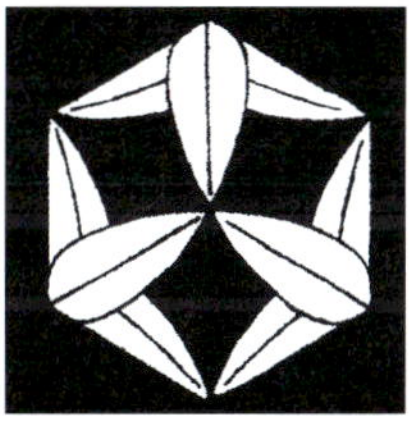
六角九枚笹

六角笹葉

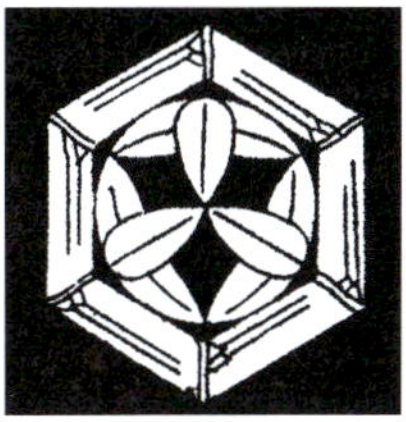
六角笹

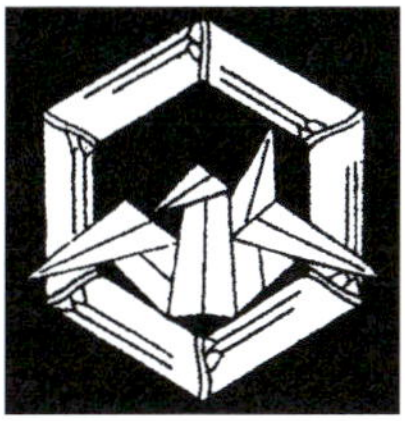
六角竹輪に笹鶴

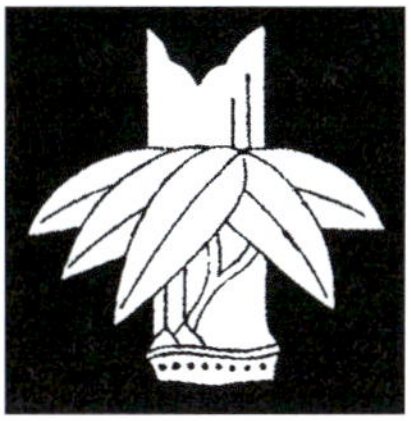
切竹に笹

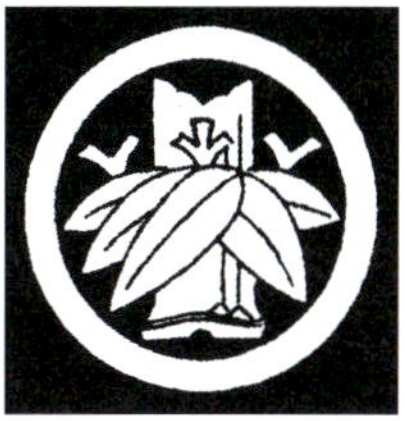
丸に篠つき切竹笹

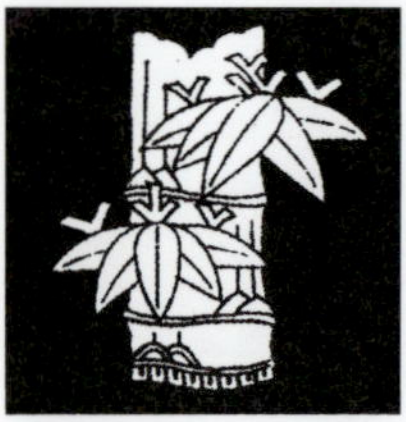
変り切竹笹

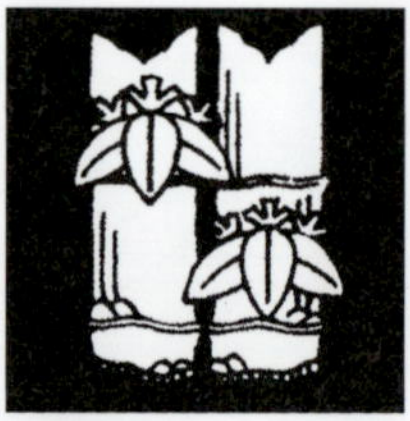
勝田切竹笹

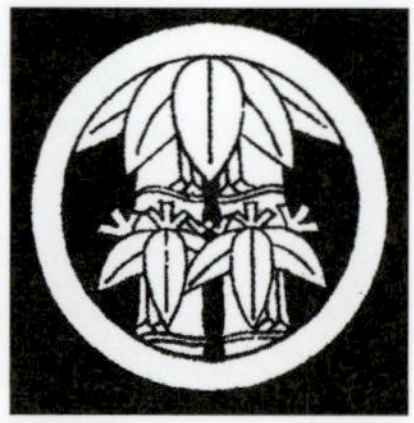
中輪に二本竹笹

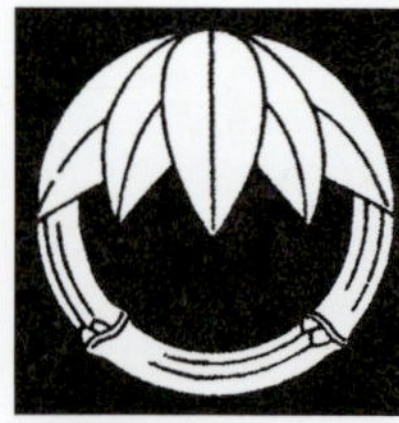
五枚笹竹の丸

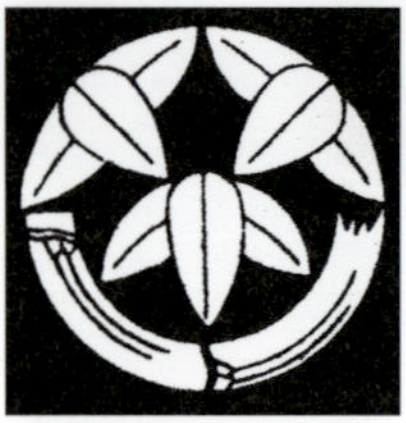
変り九枚笹に竹

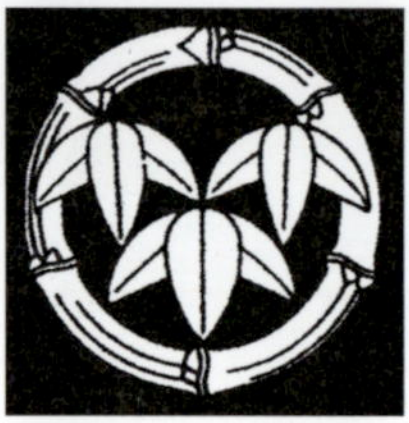
竹輪に変り三つ盛り笹

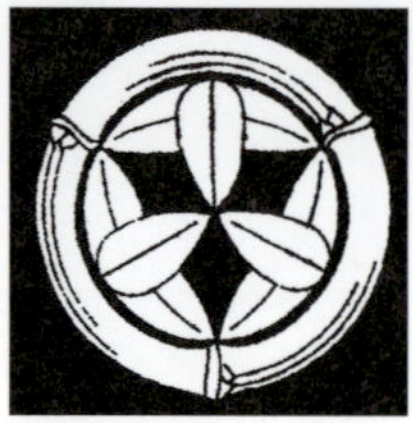
竹輪に九枚笹

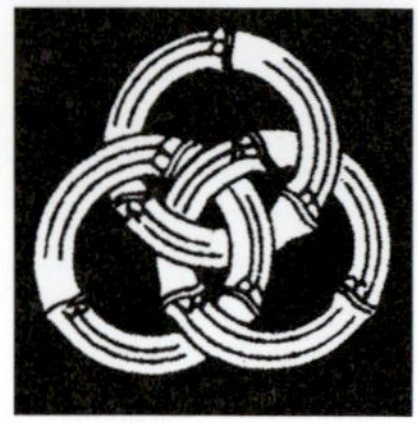
三つ竹輪違い

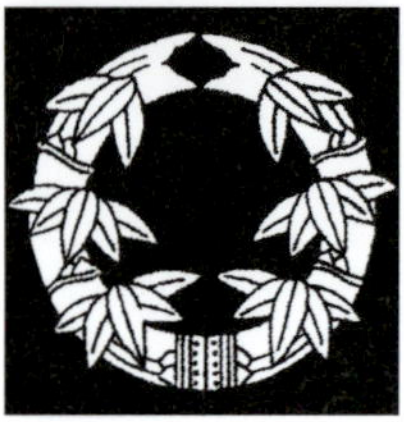
抱き竹の丸

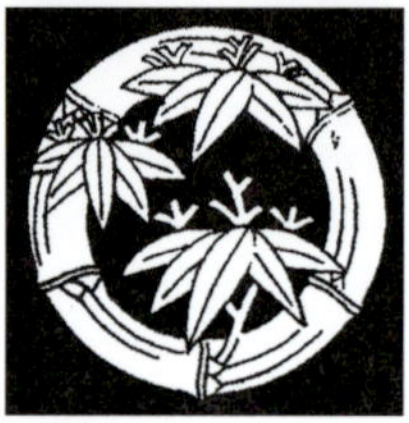
篠笹竹の丸

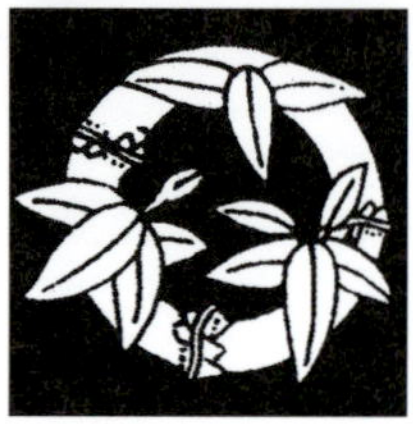
変り篠笹竹の丸

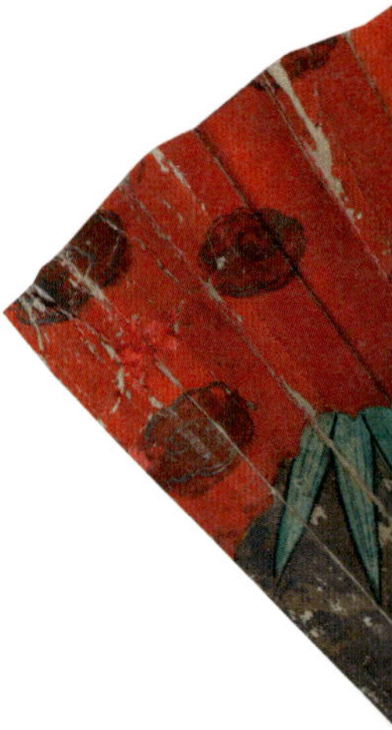

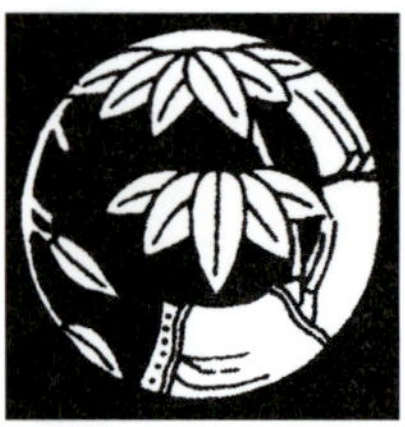
切竹笹の丸

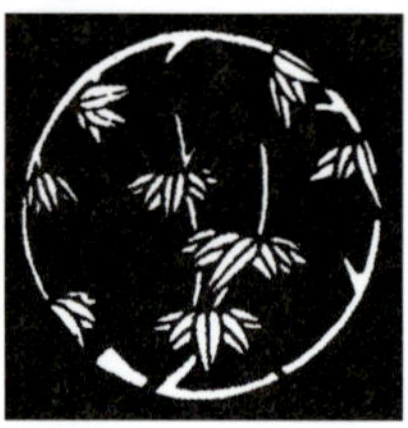
笹の丸

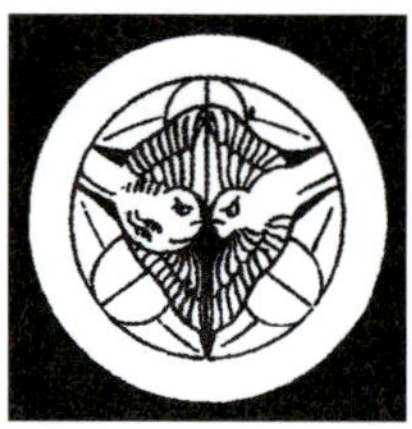
上杉笹

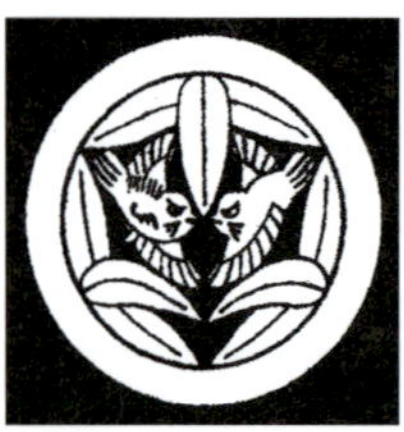
吉田笹

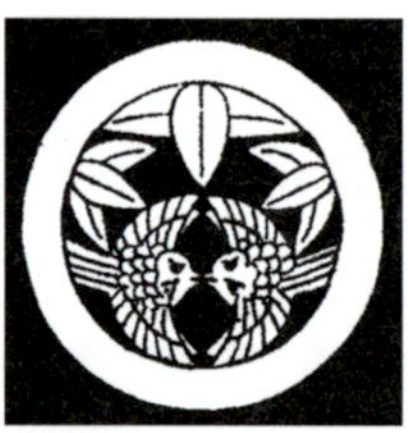
米沢笹

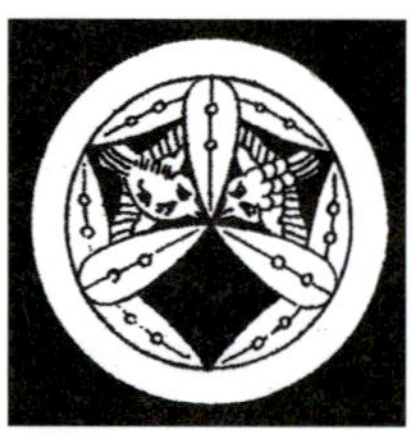
山口笹

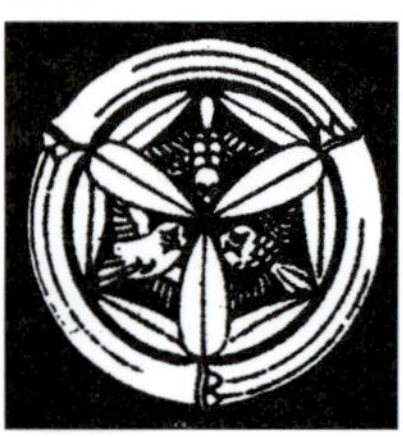
勧修寺笹

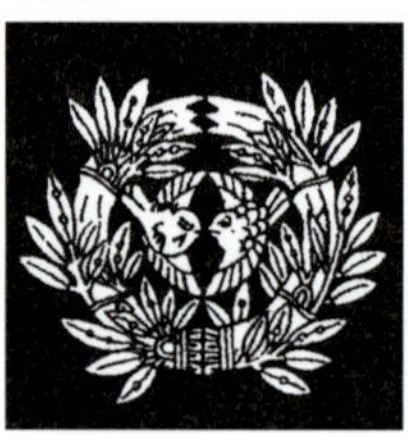
宇和島笹

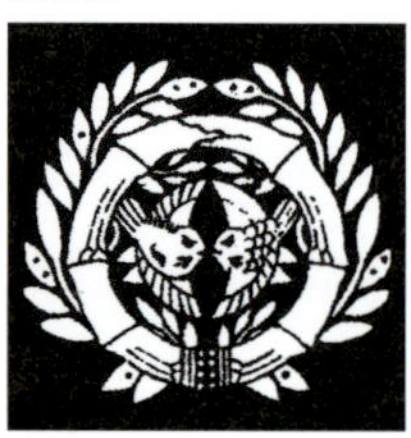
仙台笹

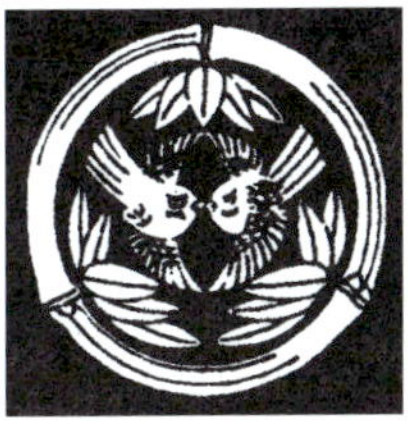
竹輪笹に対い雀

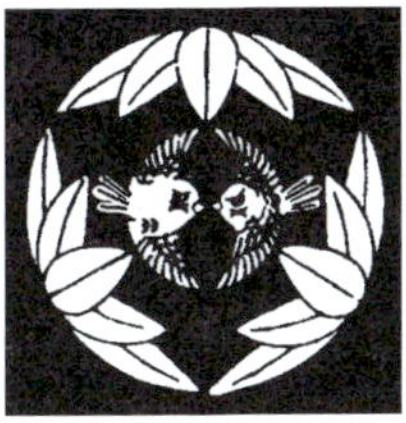
十五枚笹に対い雀

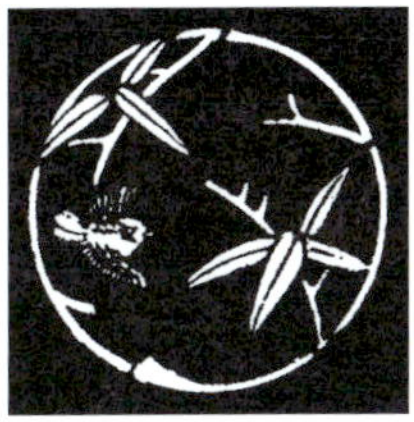
笹の丸に飛び雀

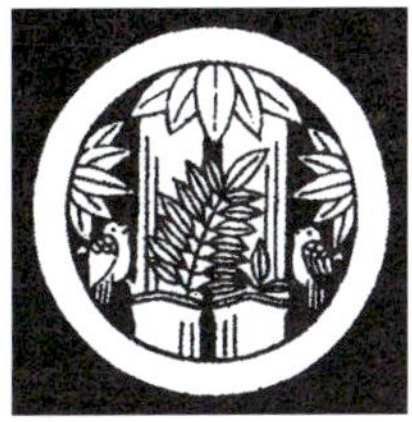
鳥居笹

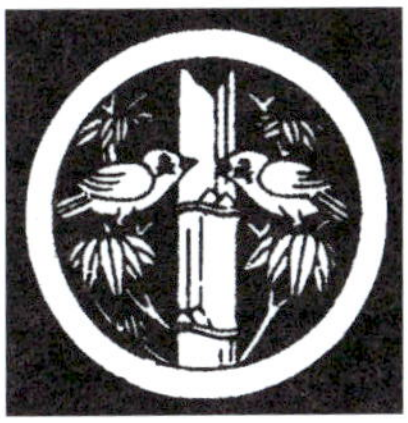
丸に一本切竹笹に雀

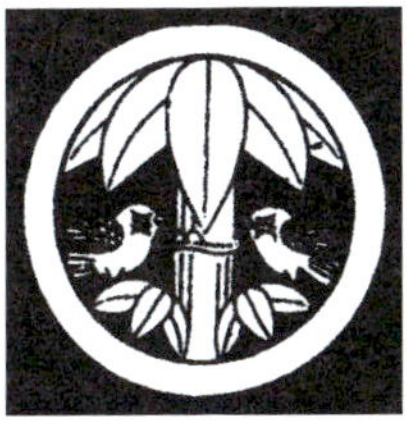
丸に五枚竹笹に雀

丸に切竹笹に雀

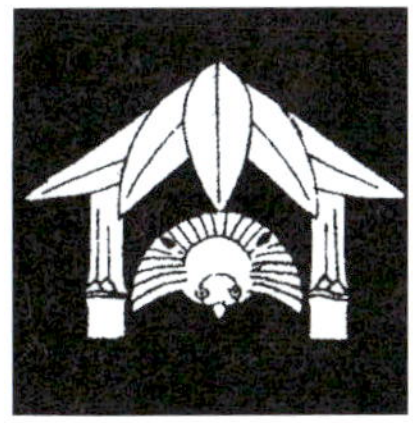
笹庵にふくら雀

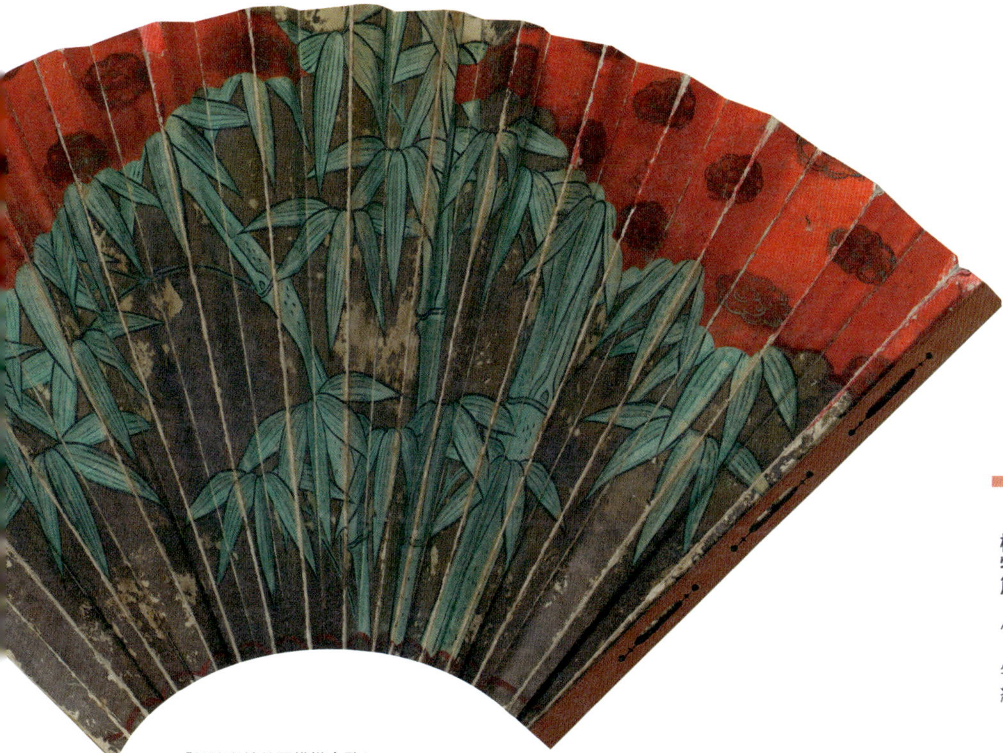
「銀地彩絵竹雲模様中啓」
江戸時代・18 世紀
東京国立博物館蔵
出典：ColBase (https://colbase.nich.go.jp)

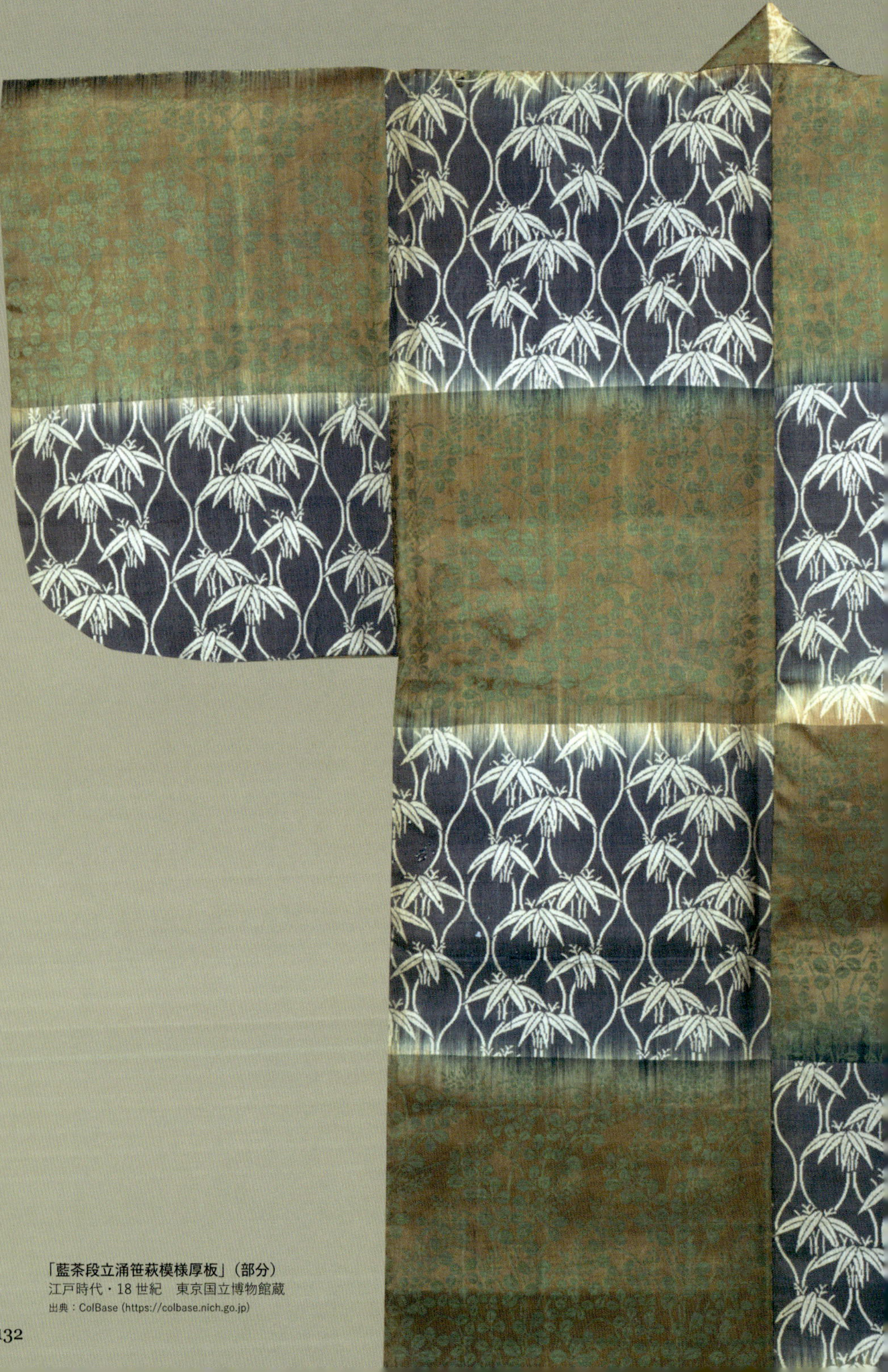

「藍茶段立涌笹萩模様厚板」（部分）
江戸時代・18 世紀　東京国立博物館蔵
出典：ColBase (https://colbase.nich.go.jp)

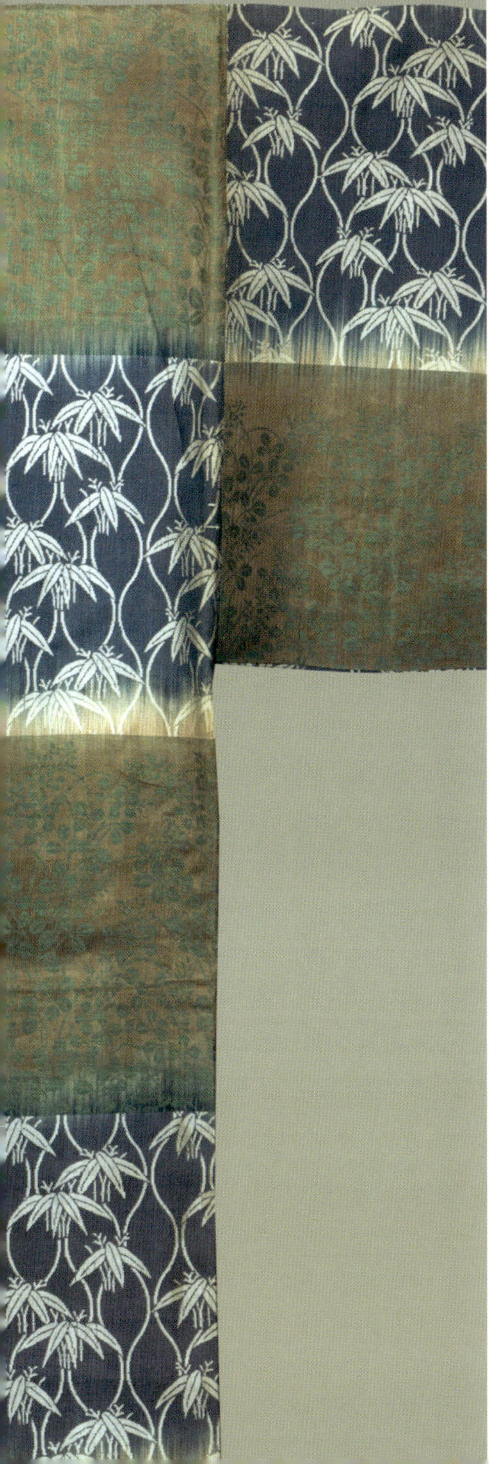

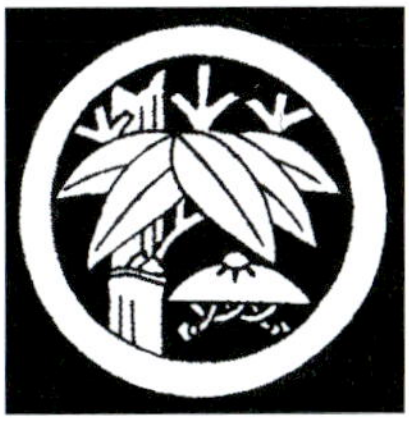

丸に切竹笹に笠

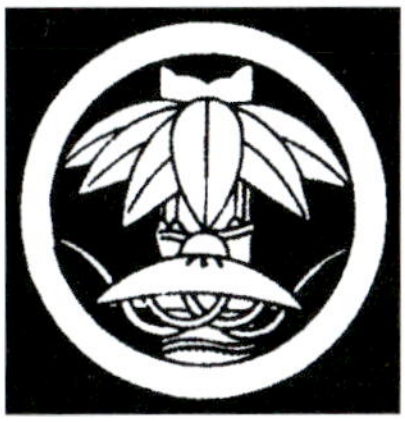

丸に変り切竹笹に笠

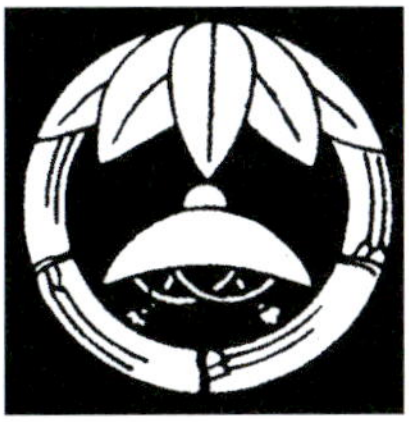

竹笹の丸に笠

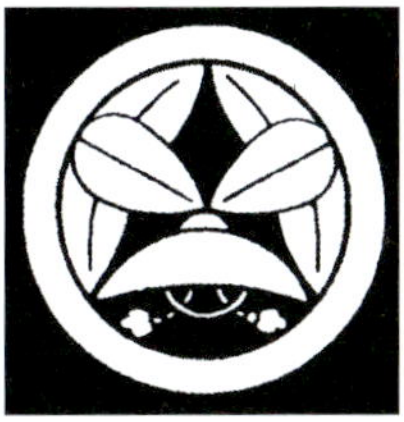

丸に六枚笹に笠

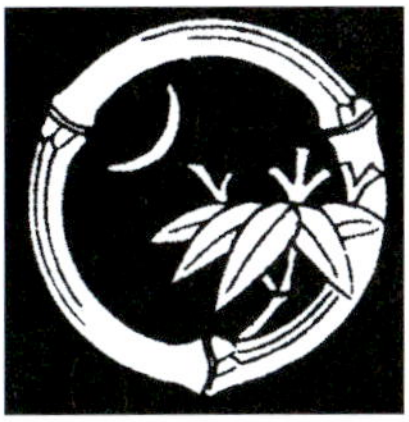

竹輪に篠笹に月

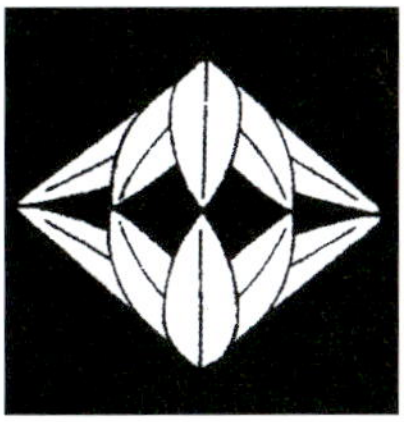

対い笹菱

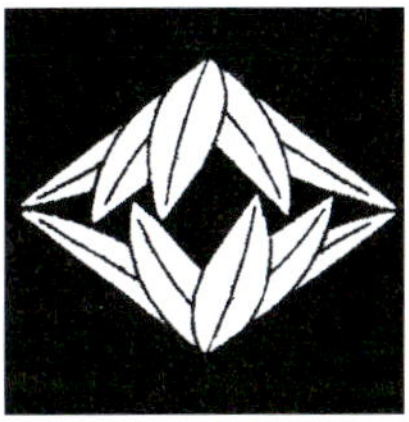

笹菱

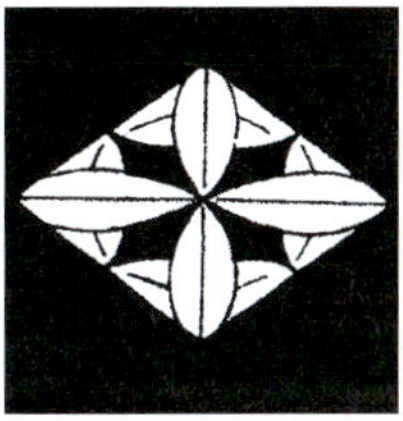

十二枚笹菱

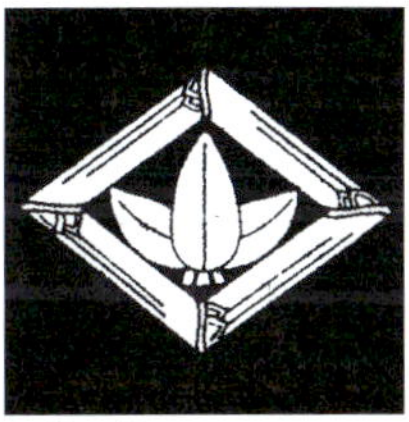

竹菱に笹

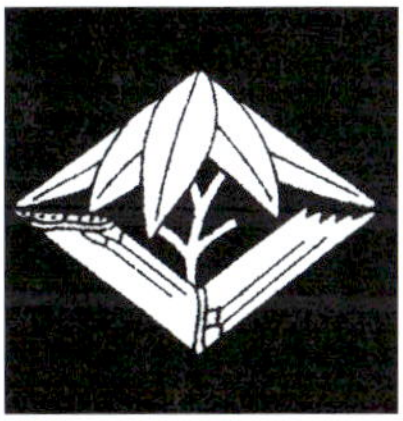

木竹に笹菱

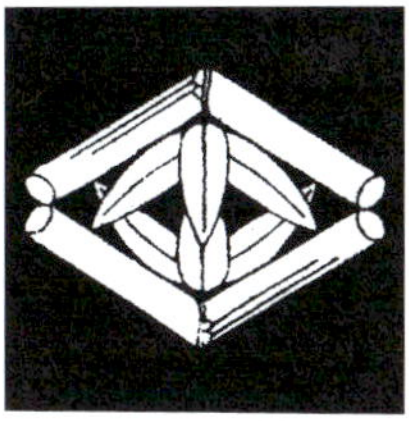

変り竹菱に六枚笹

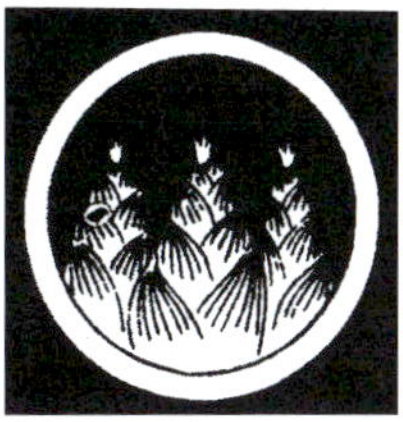

中輪に三本筍

かえで

楓紋

Kaede | Maple Crests

カエデ科カエデ属の落葉高木の総称。カエデ科の特徴は葉が掌状に分裂していて、かたちがカエルの手に似ていることから、カエル手（蛙手）を略してカエデとよぶ。楓をテーマとした文様が盛んになるのは桃山から江戸時代で、楓と鹿、楓と流水など多くのすぐれたデザインが生まれた。紋は葉だけのものと、葉と枝からなるものがあり、葉だけのものは一つ楓、二つ楓とよぶ。使用家は公家の今出川氏のほか、徳川家の旗本市川、八木、高山氏が用いている。

Kaede, maple, is the general term for deciduous trees of the *Acer* genus of the *Aceraceae* family. Their leaves are palmate, resembling a frog's hand or foot, *kaeru de*, which was shortened to *kaede* as the

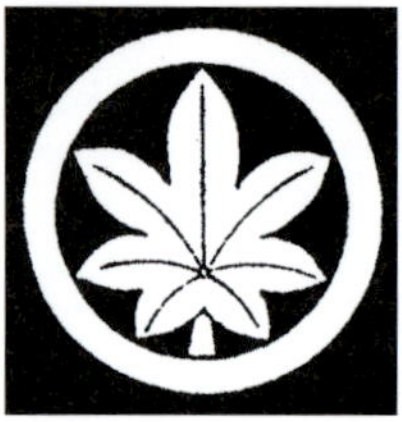
中輪に楓

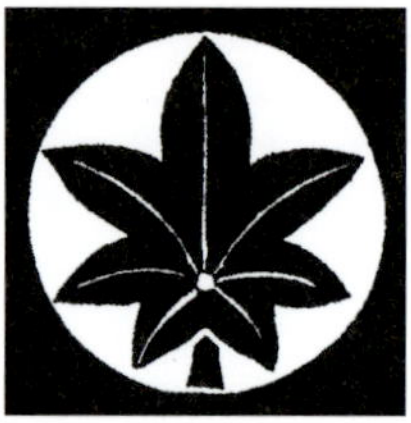
石持ち地ぬき楓

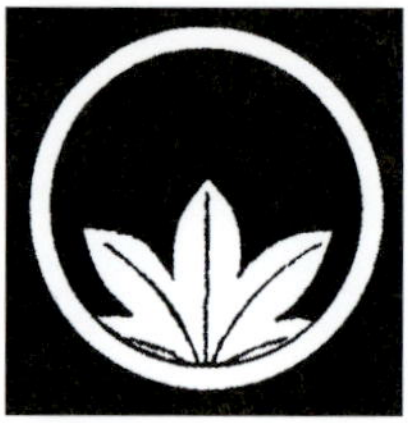
細輪に覗き楓

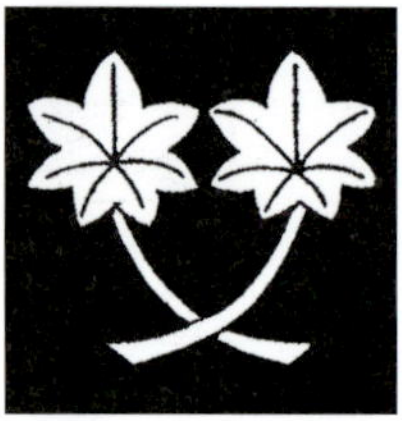
違い楓

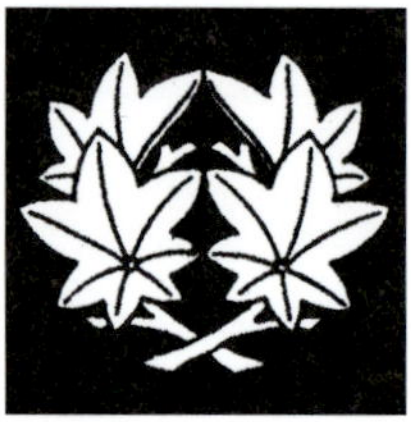
抱き枝楓

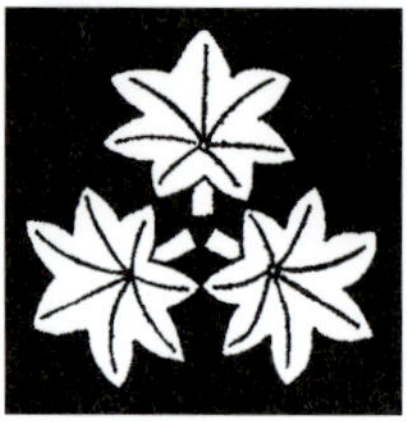
尻合せ三つ楓

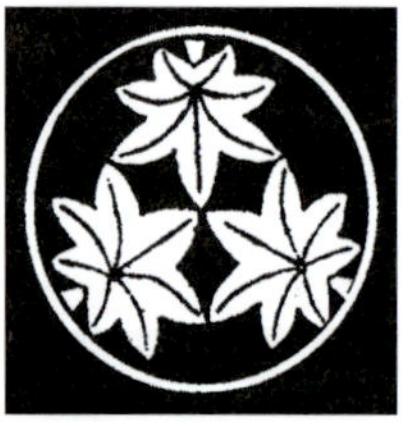
糸輪に三つ楓

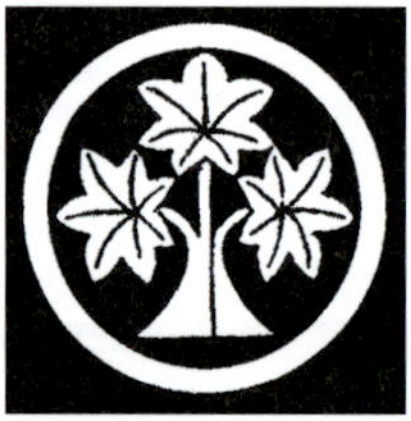
中輪に立楓

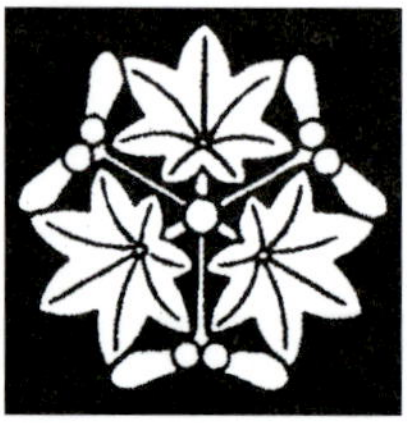
実つき三つ楓

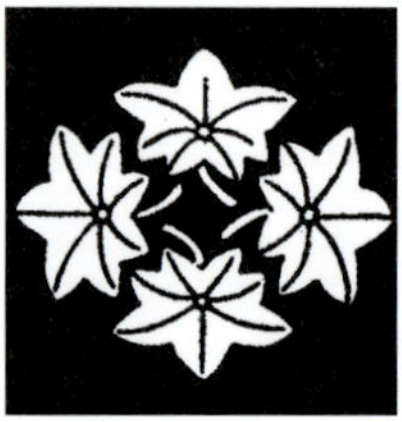
四つ楓菱

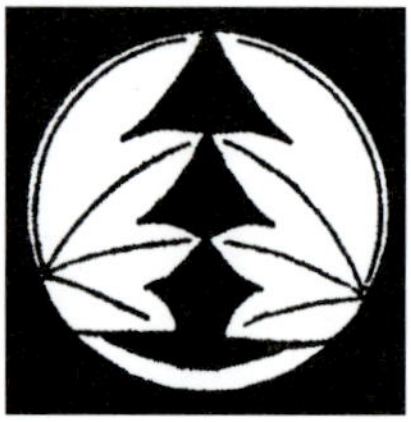
割楓

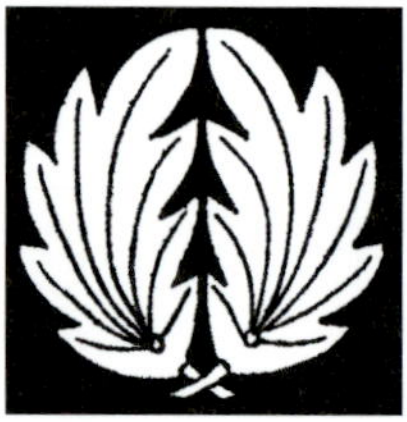
抱き楓

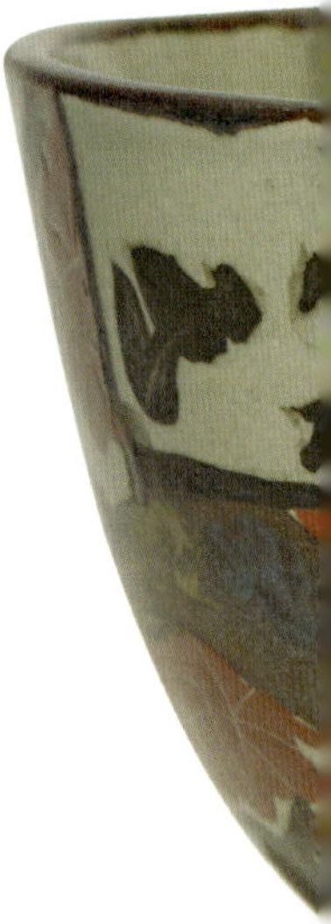

name of the tree. Motifs using the maple leaf were popular in the Momoyama and Edo periods (1574–1868), and superb designs combining maple leaves and deer or maple leaves and streams were created.

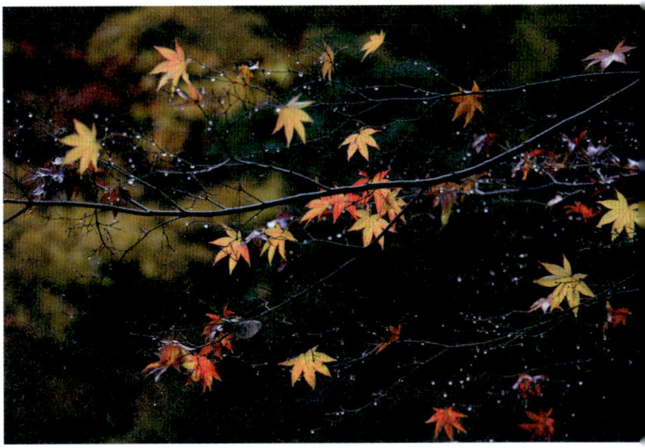

紅葉　法然院

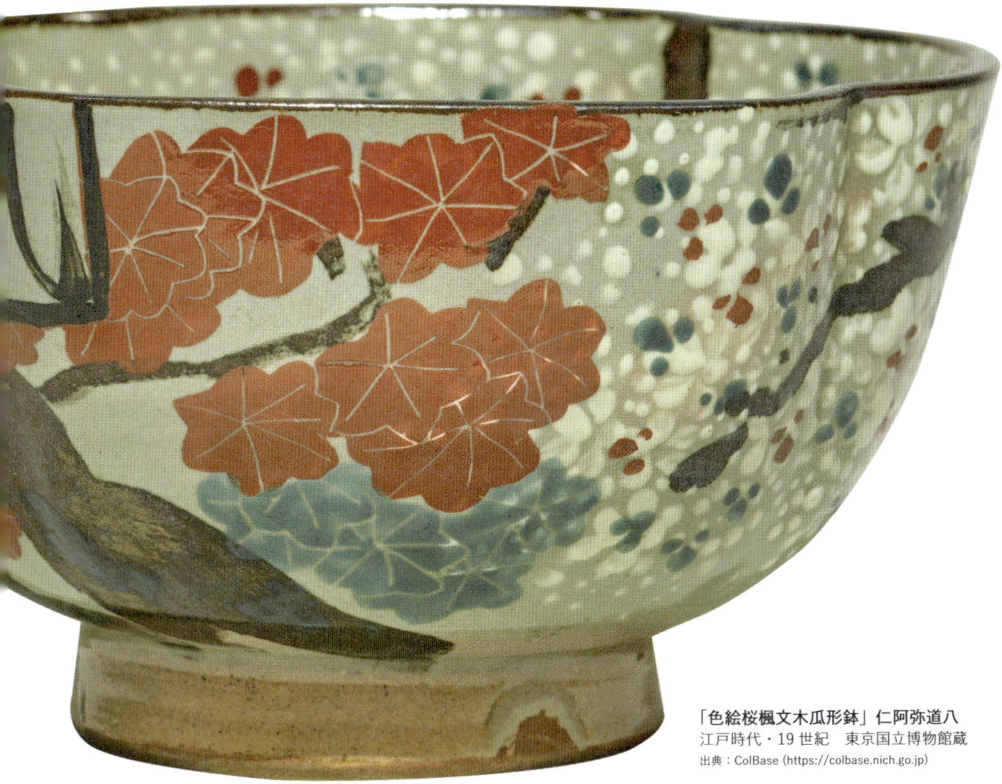

「色絵桜楓文木瓜形鉢」仁阿弥道八
江戸時代・19 世紀　東京国立博物館蔵
出典：ColBase (https://colbase.nich.go.jp)

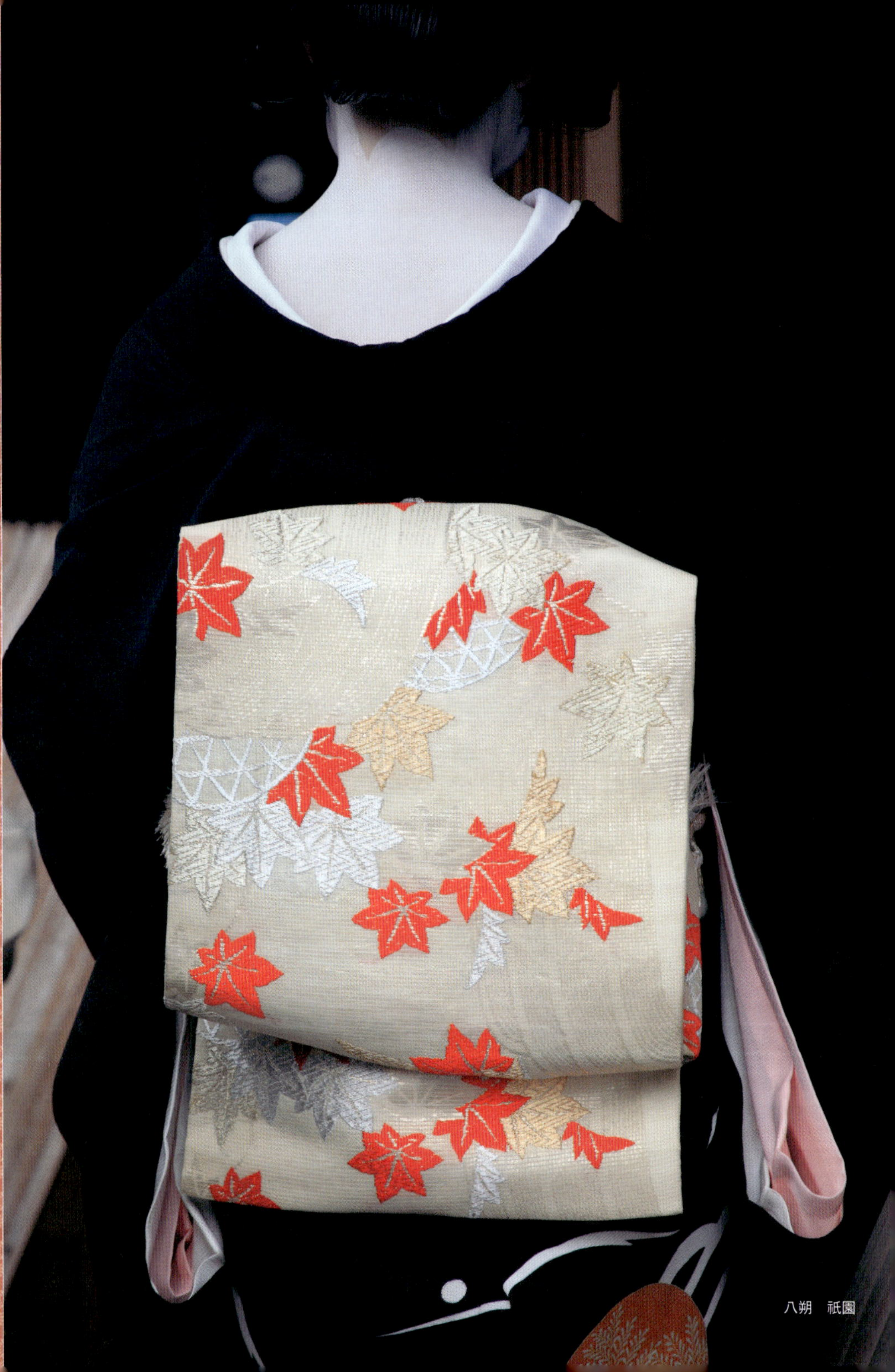

八朔　祇園

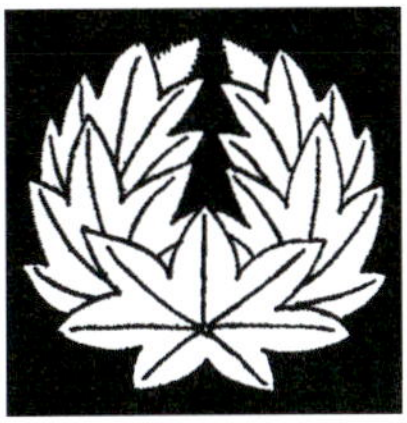
杏葉楓

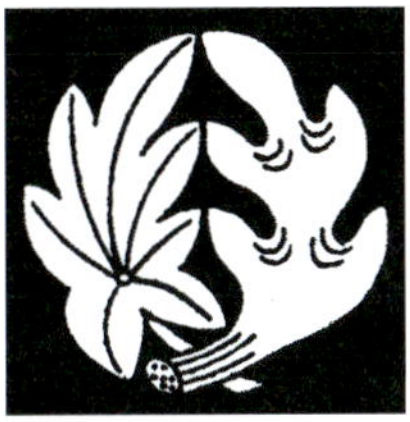
楓に角

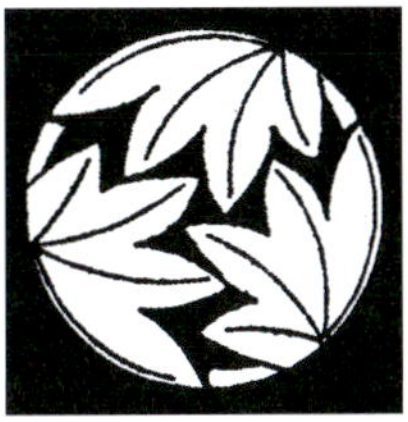
三つ割楓

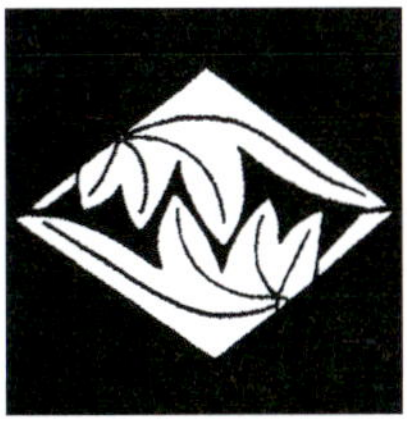
楓菱

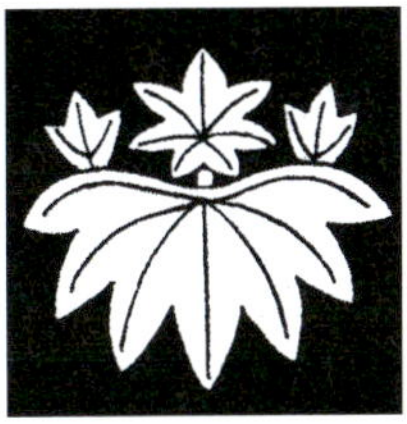
楓桐

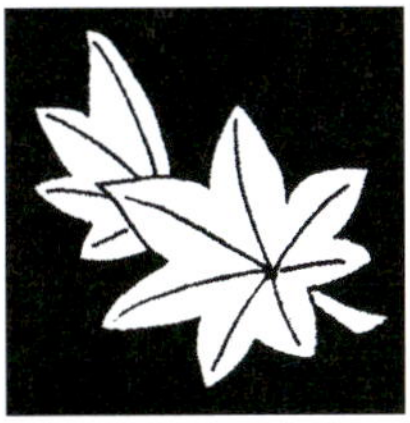
散り楓

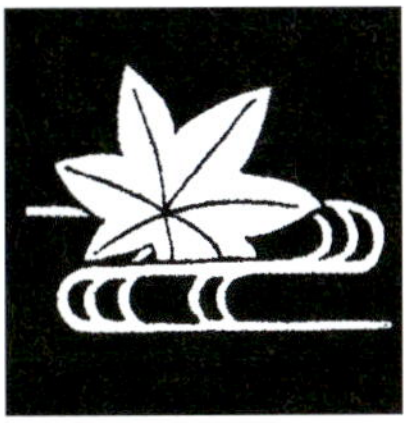
水に楓

楓胡蝶

楓蝶

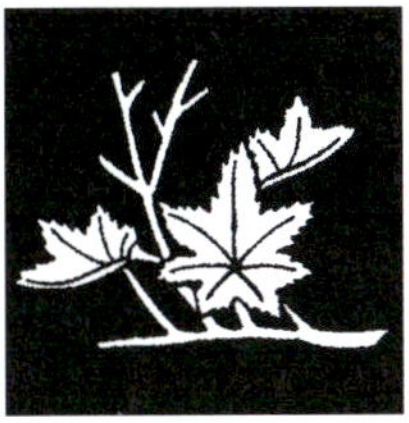
枝楓

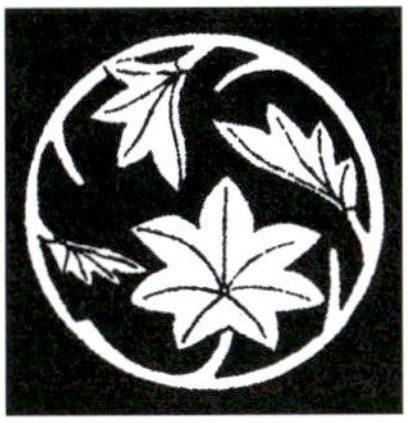
楓枝丸

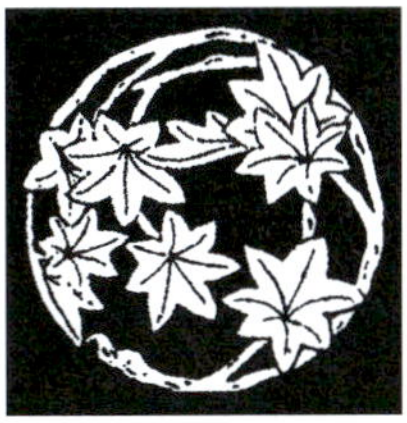
楓丸

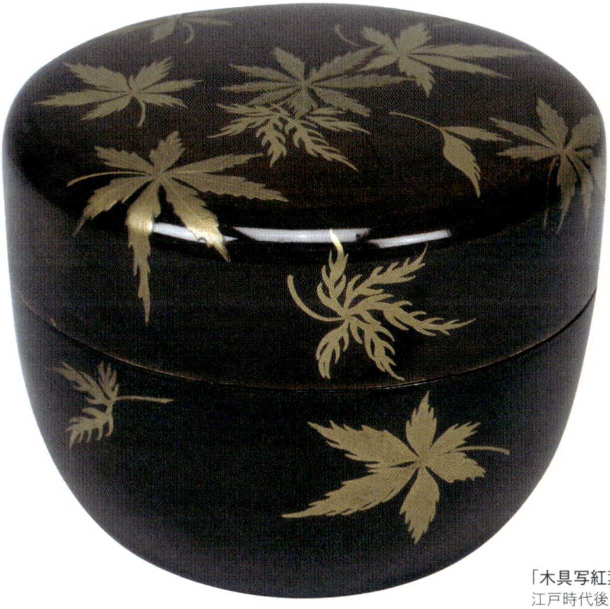
「木具写紅葉蒔絵平棗」豊楽
江戸時代後期・19 世紀
愛知県陶磁美術館蔵

まつ

◉松紋 *Matsu* | Pine Crests

マツ科マツ属の常緑高木の総称。中国では長寿と節操の象徴とされ、その伝承から日本では神の依る木として門松などに用いられ、慶賀をあらわすものとして尊ばれている。松紋はさまざまに図案化しやすいことから、老松から枝葉が中心の若松にまで分けられる。また松葉や松毬（まつかさ）なども種類も多く、細い松葉文のシンプルなデザインはみごとである。老松では三枝（さいぐさ）を「三階松」といい、三枝部氏が用い

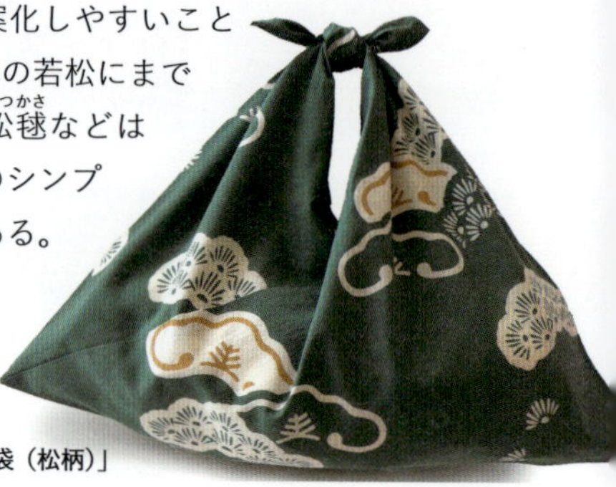

「かまくら七十二
オリジナルあずま袋（松柄）」
かまくら七十二

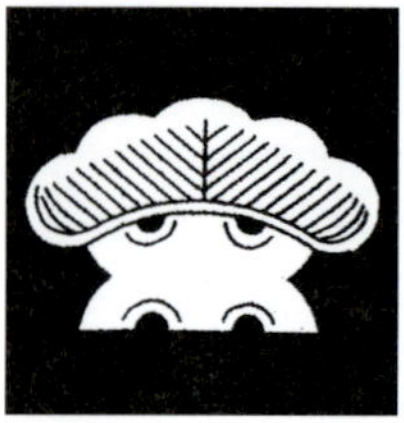

一つ松

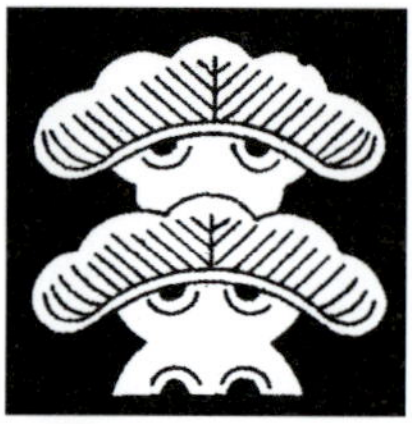

二階松

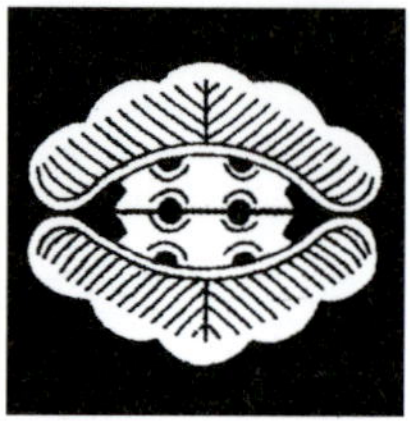

対い松

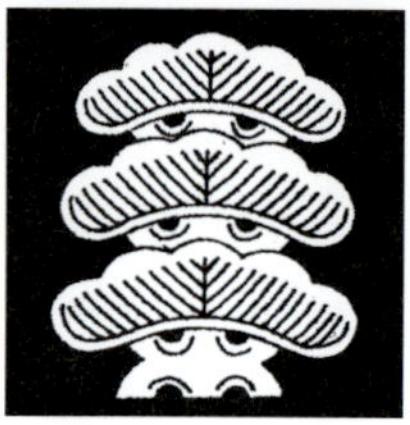

三つ笠松

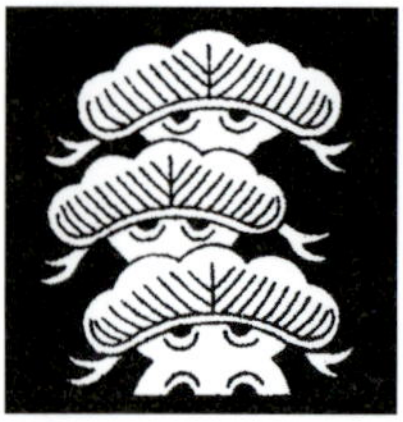

荒枝つき左三階松

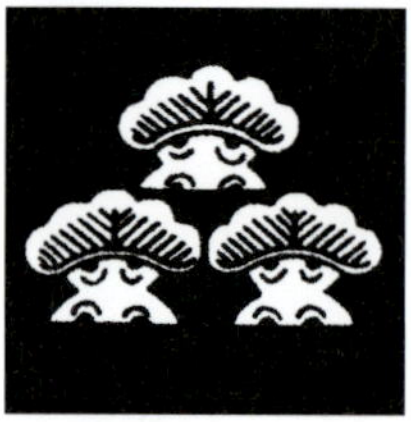

三つ盛り松

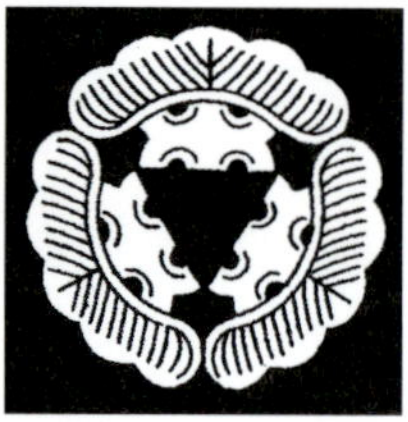

三つ松

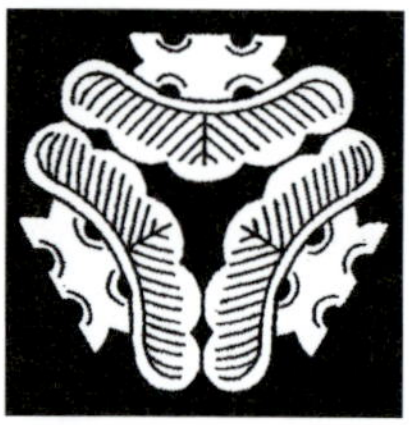

頭合せ三つ松

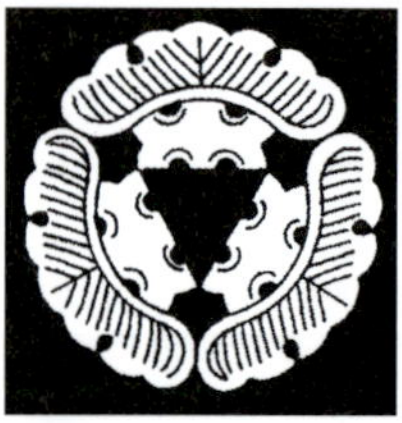

雪持ち三つ松

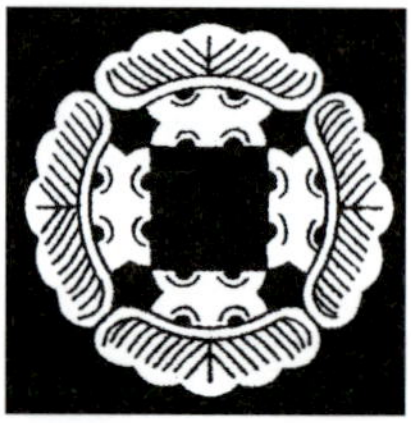

四つ松

丸に一つ松

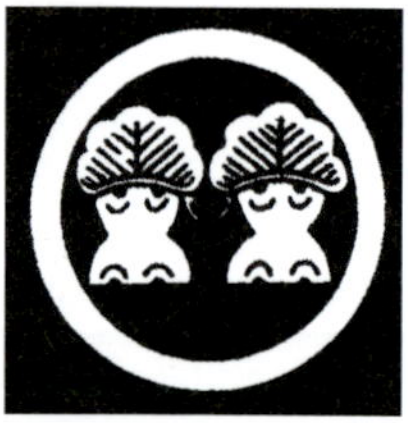

丸に並び松

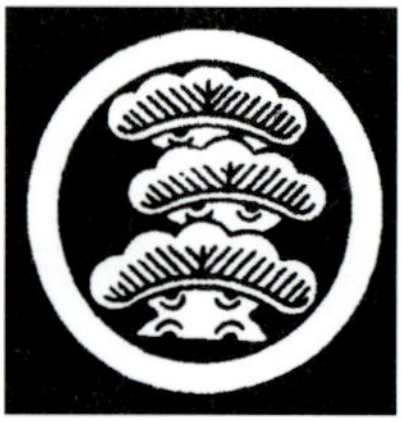

丸に三階松

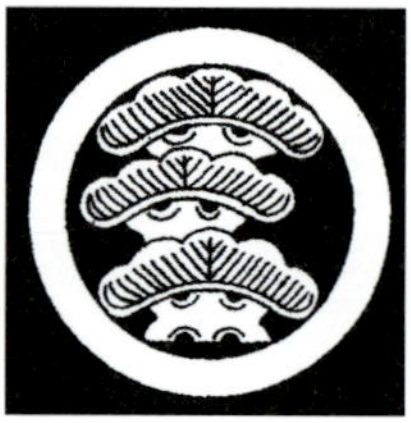

丸に左三階松

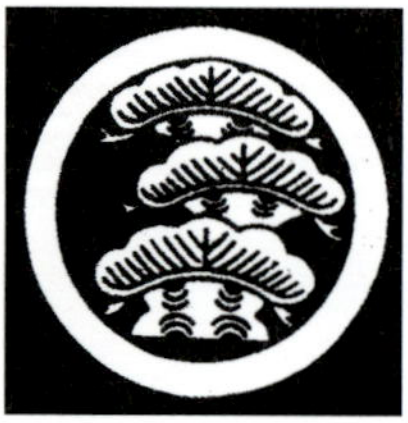

丸に荒枝つき右三階松

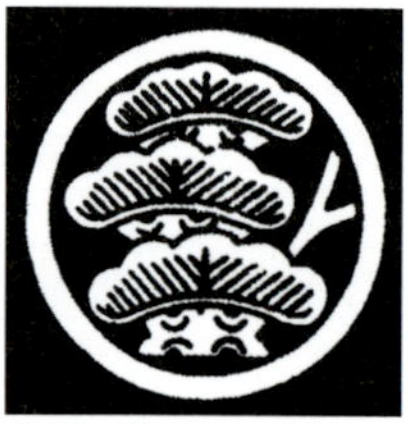

中輪に枝つき三階松

た。家紋は中納言中御門家成の流れを汲む、讃州藤氏の代表家紋である。

Matsu, pine, is the general term for evergreen trees of the *Pinaceae* family. In China, the pine symbolized long life and integrity. That tradition led to the use of the pine in Japan as the tree a god occupies, as in the *kadomatsu* (gate pine) decorations at the New Year. Because the pine lends itself to creating a variety of designs, there are many pine crests, including magnificently simple designs using fine pine needle motifs.

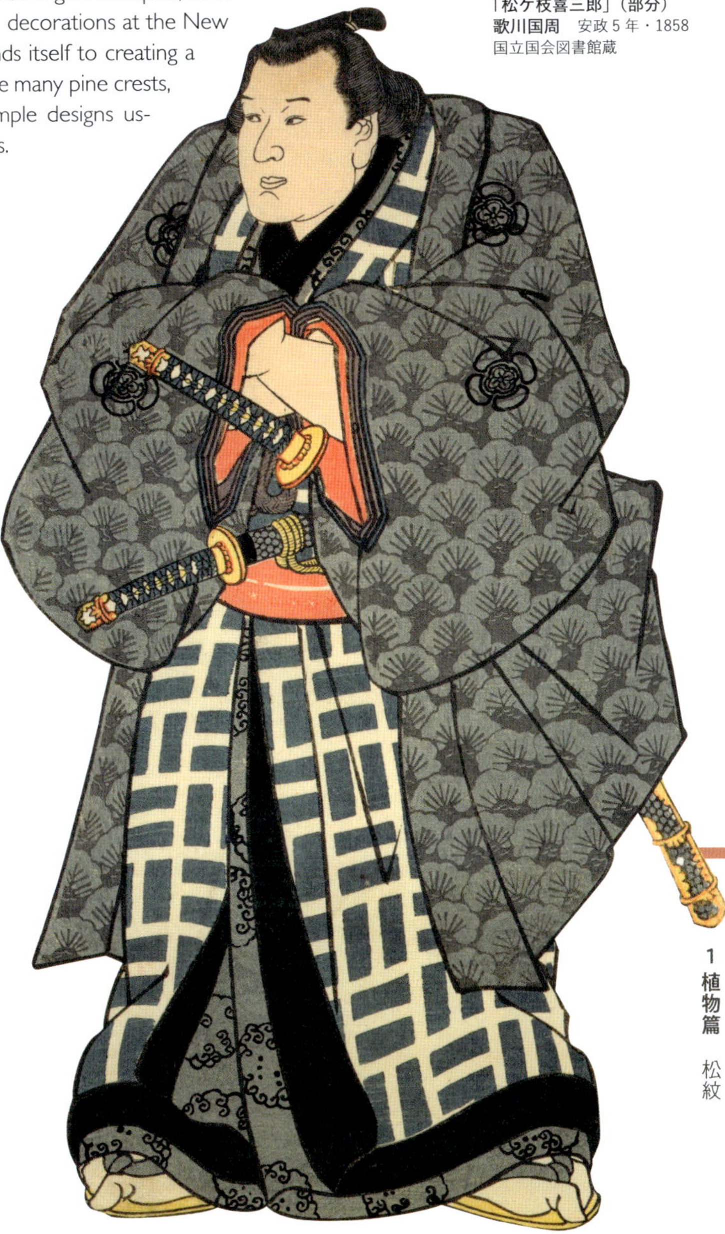

「松ケ枝喜三郎」（部分）
歌川国周　安政５年・1858
国立国会図書館蔵

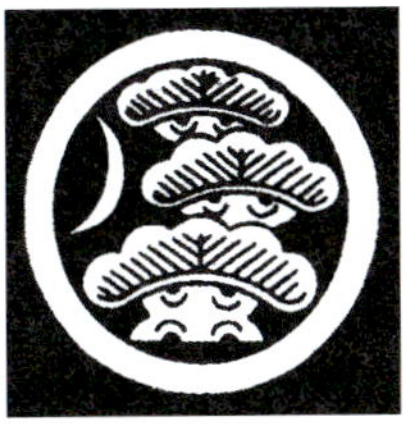

丸に三階松に月

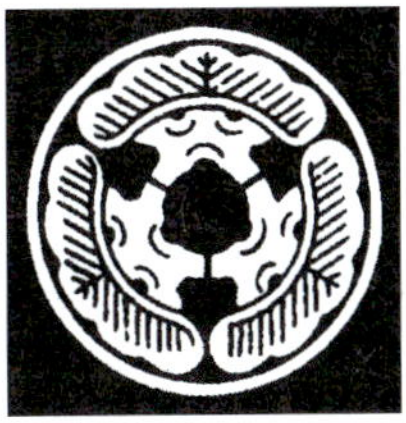

糸輪に変り三つ松

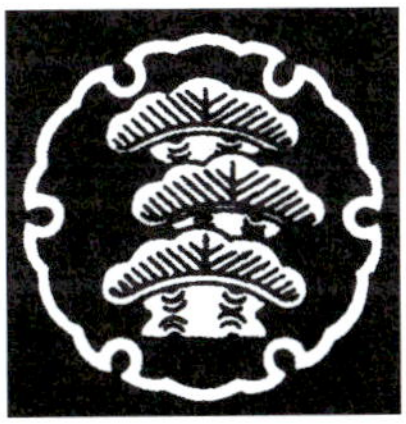

雪輪に三階松

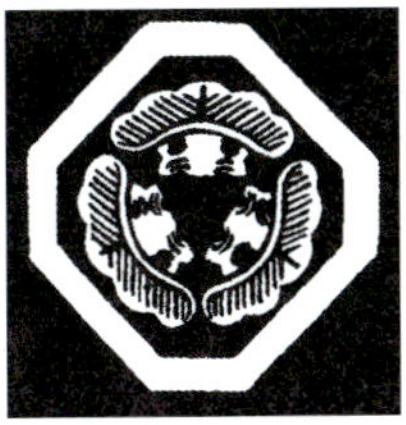

隅切角に三つ松

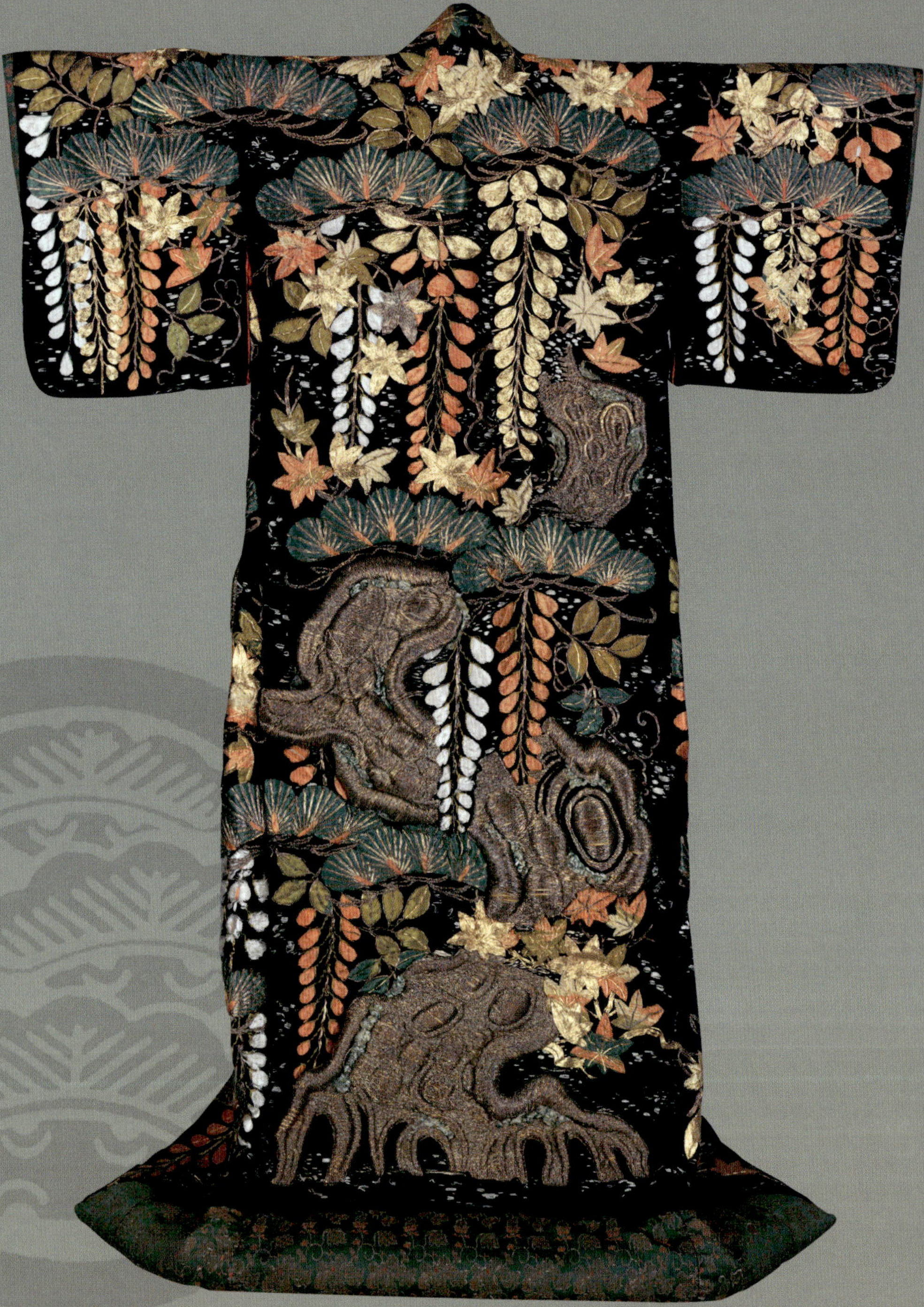

「黒繻子地松藤紅葉模様打掛」江戸時代後期・19 世紀
東京国立博物館蔵　出典：ColBase (https://colbase.nich.go.jp)

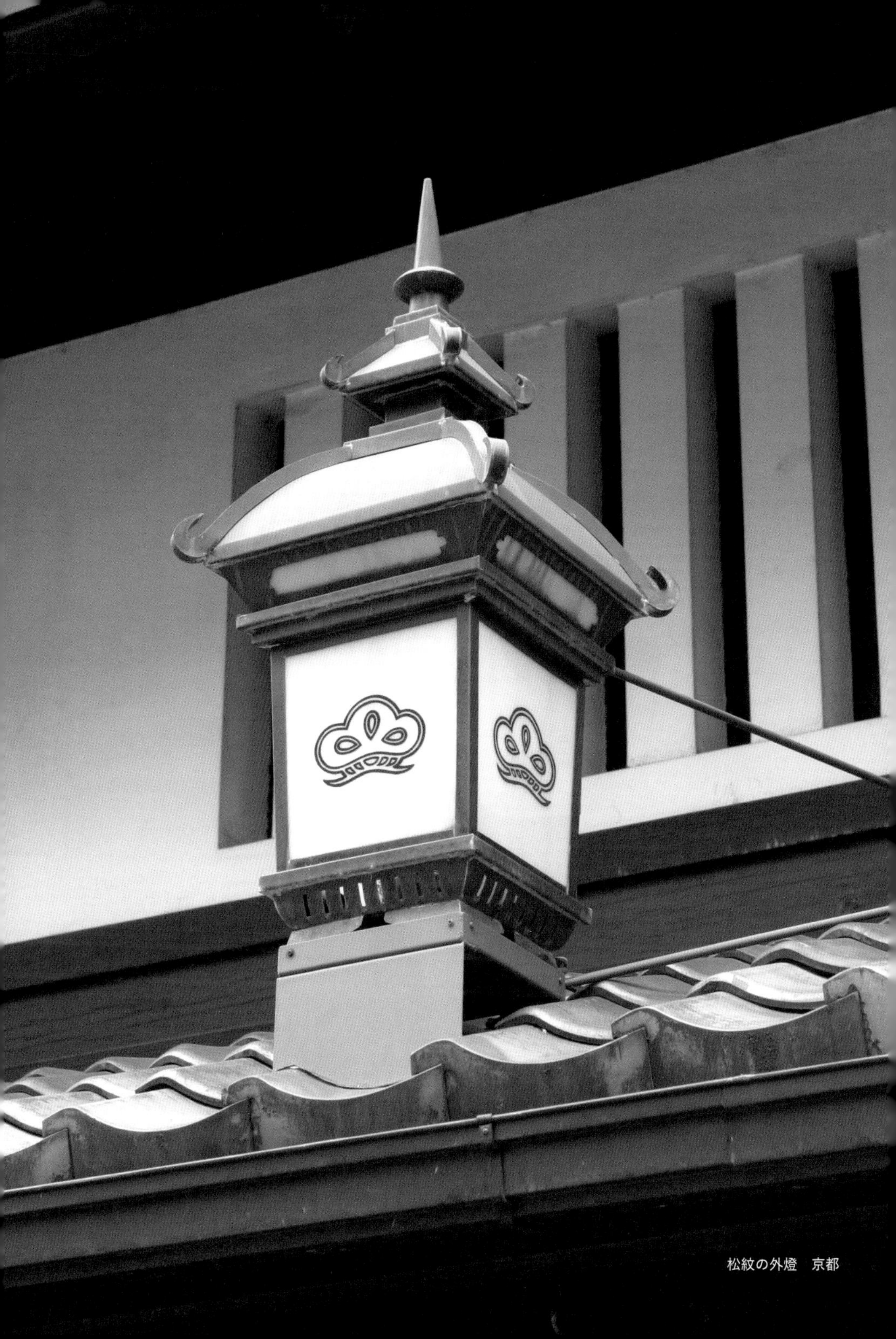

松紋の外燈　京都

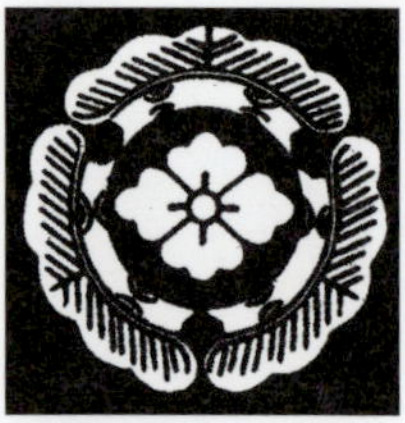
三つ松に花菱

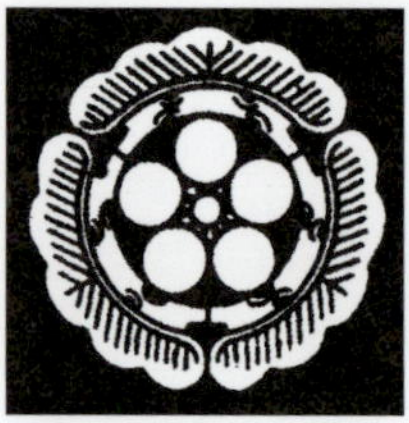
三つ松に梅鉢

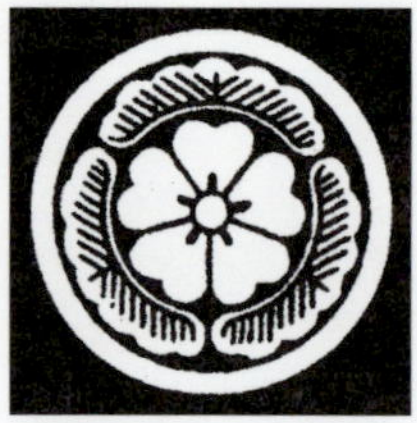
中輪に根なし三つ松桜

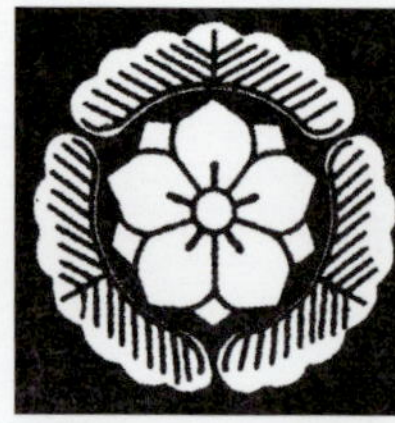
根なし三つ松八重桔梗

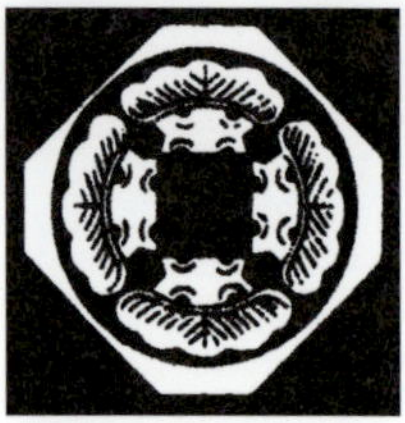
隅切鉄砲角に四つ松

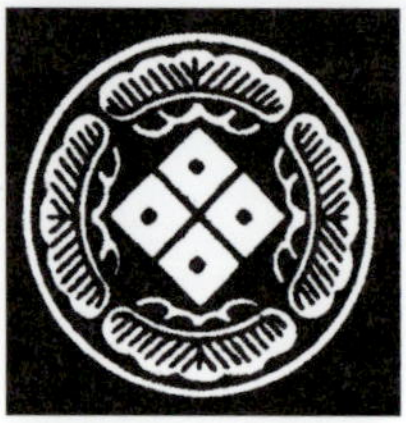
糸輪に四つ松四つ目

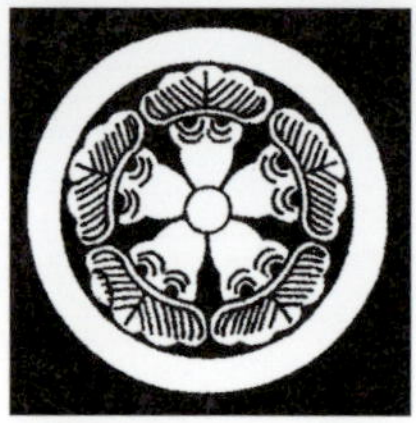
丸に五つ松

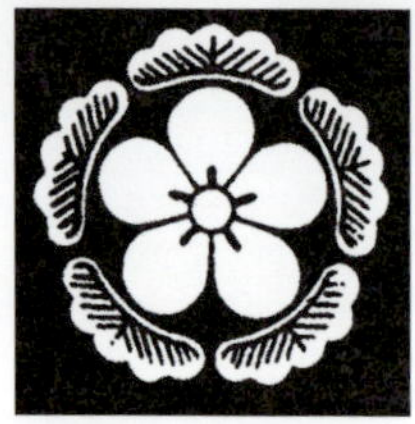
根なし五つ松に梅

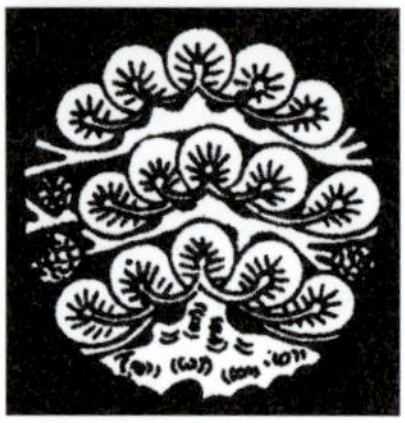
今宮三階松

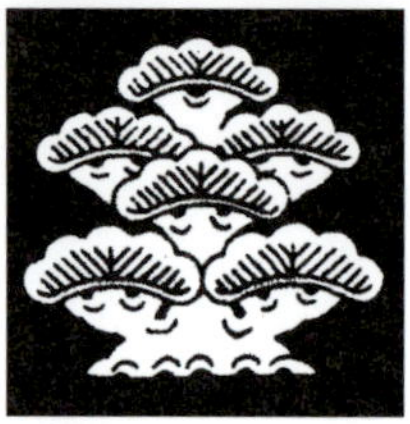
高砂松

西尾櫛松

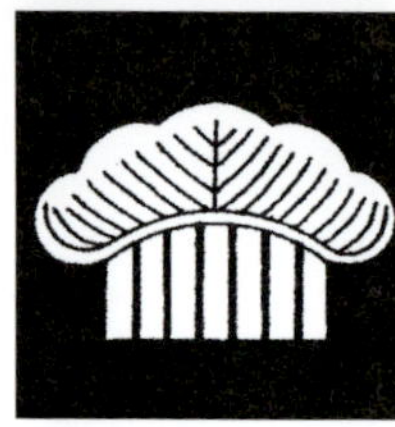
櫛松

中輪に中かげ櫛松

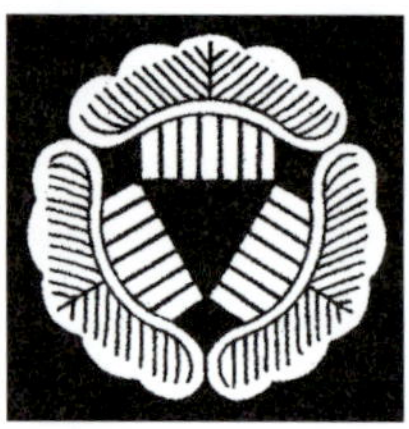
三つ櫛松

光琳一つ根松

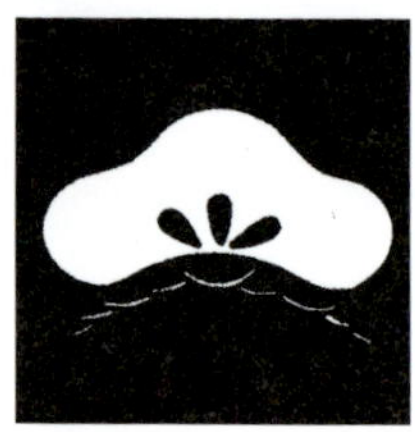
光琳松

中かげ光琳松

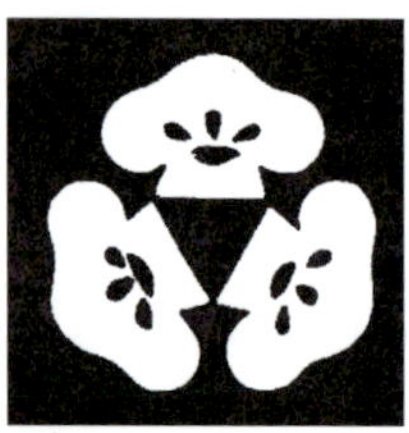
光琳三つ松

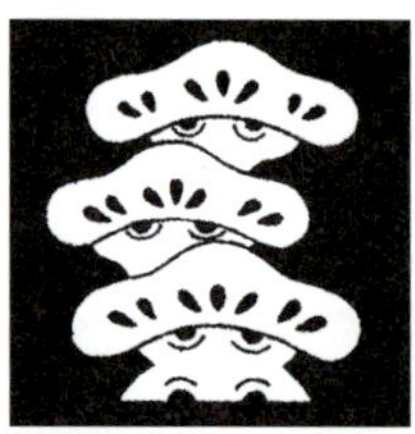
光琳三階松

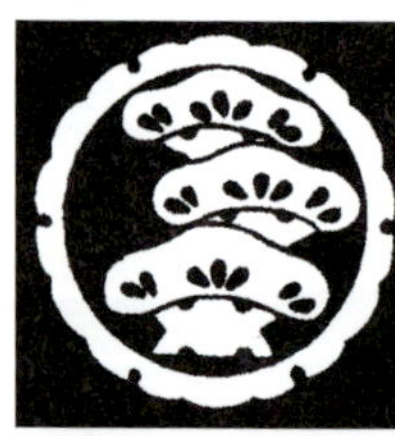
外雪輪に光琳三階松

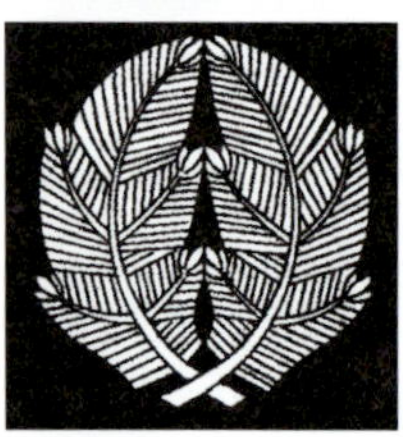
抱き若松

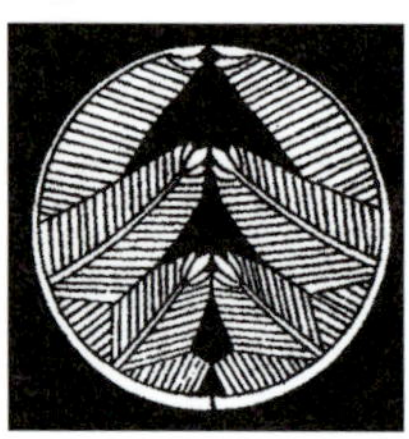
割若松

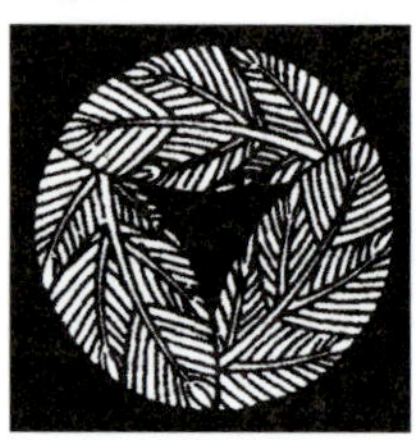
三つ追い重ね若松

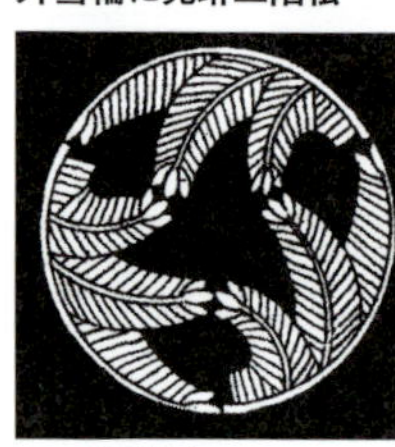
三つ割唐松

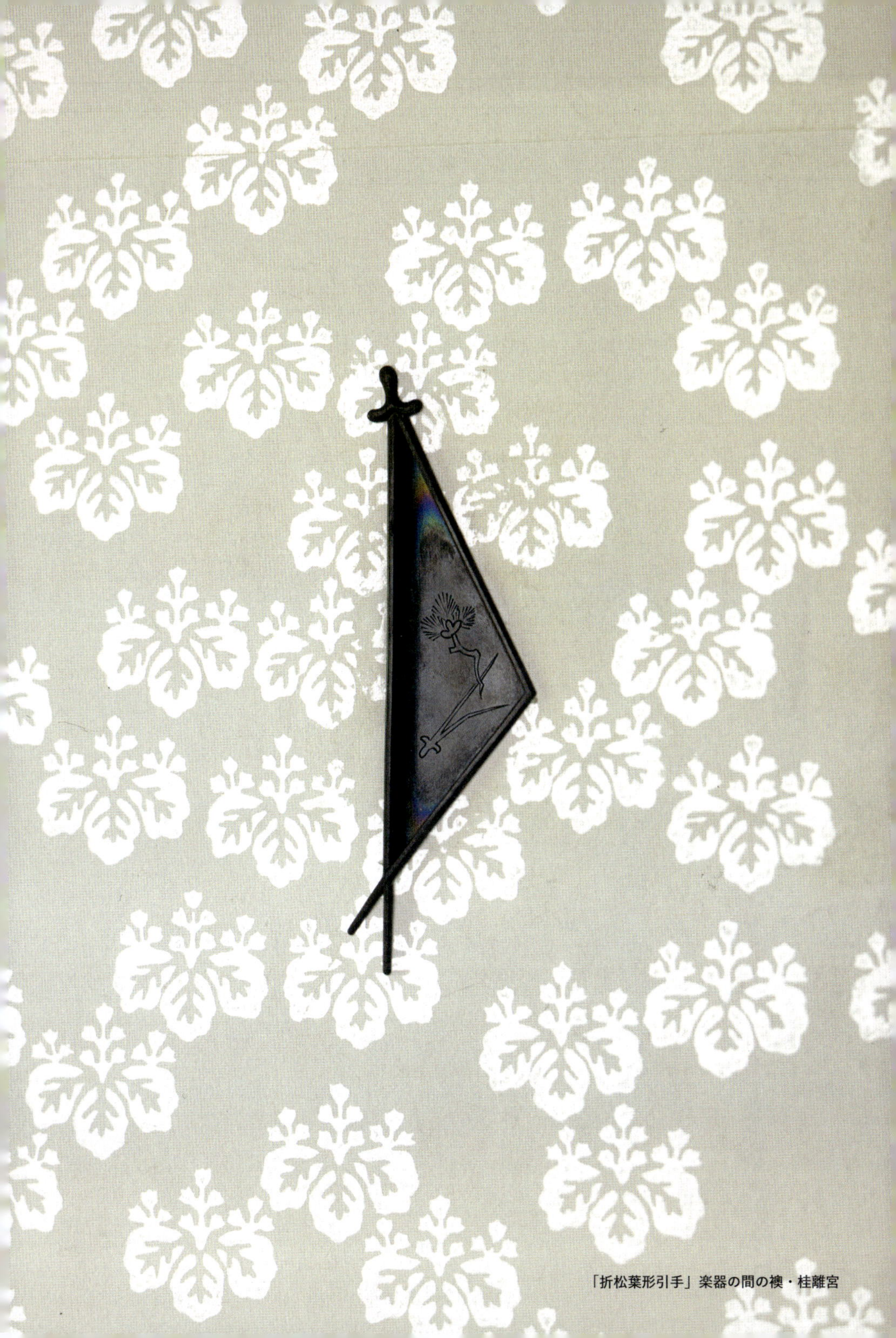

「折松葉形引手」楽器の間の襖・桂離宮

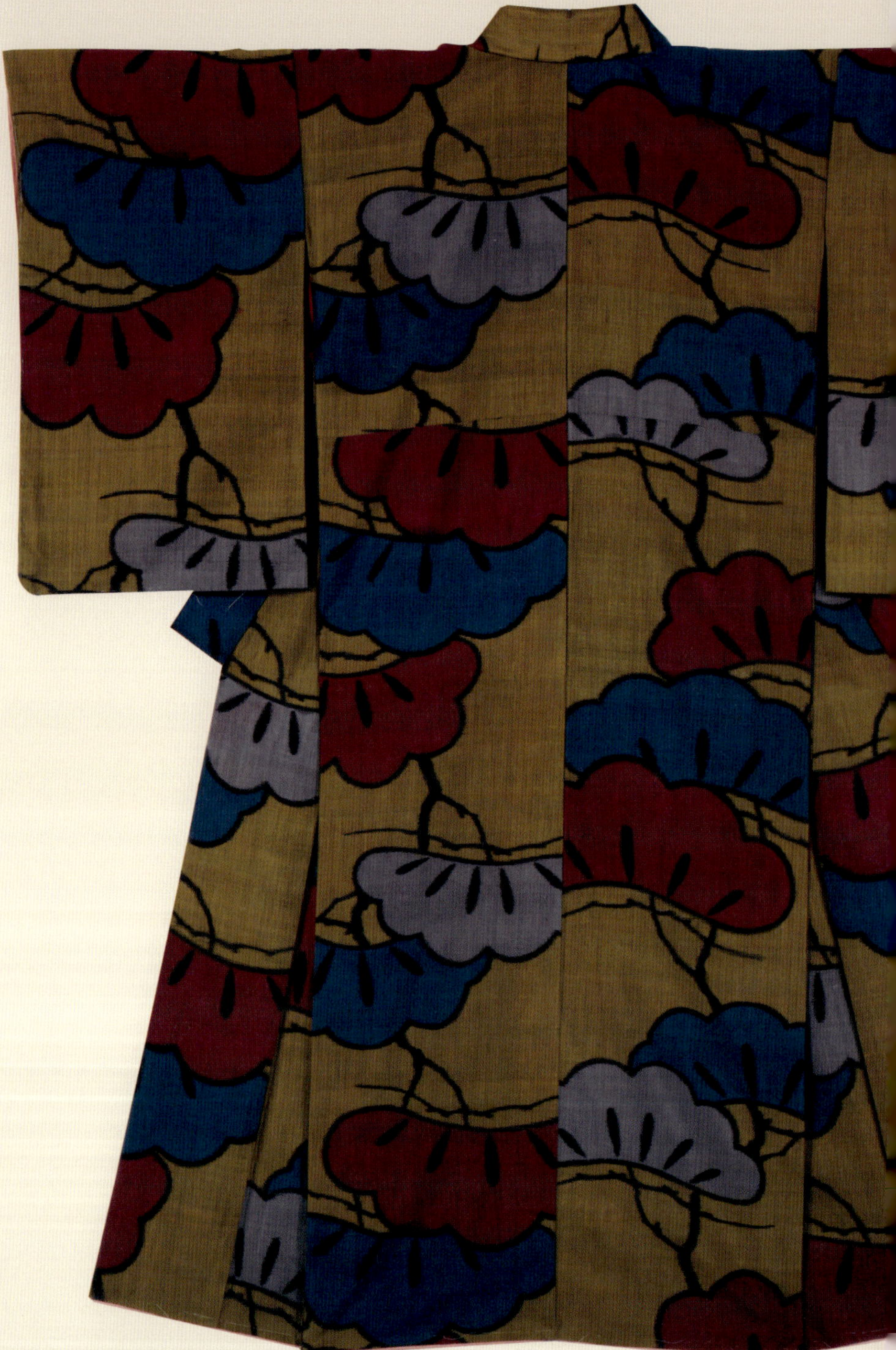

「**松文様**」須坂クラシック美術館蔵

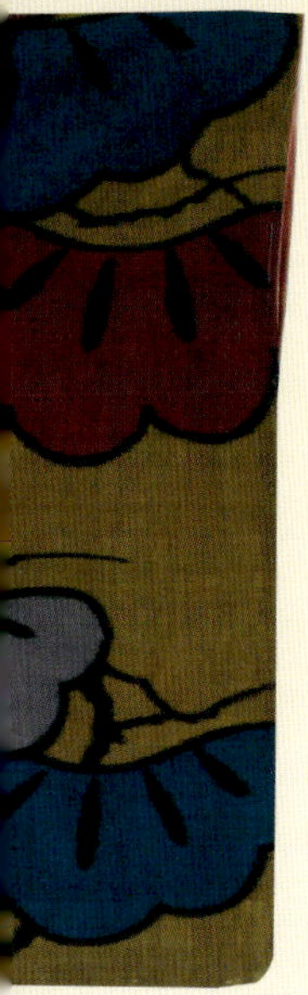

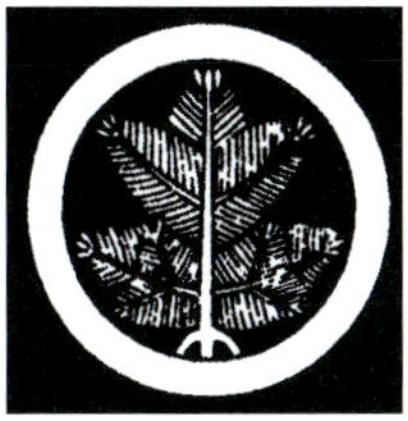

丸に立若松

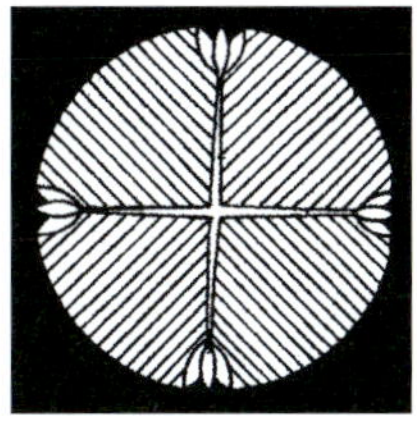

四つ若松

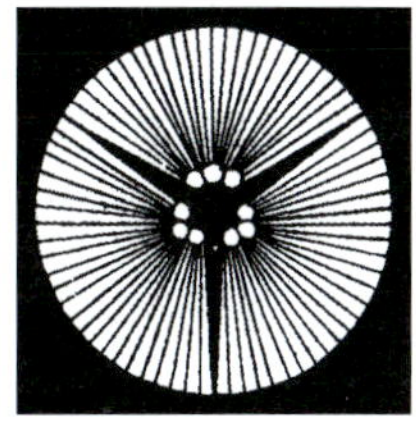

三つ割若松

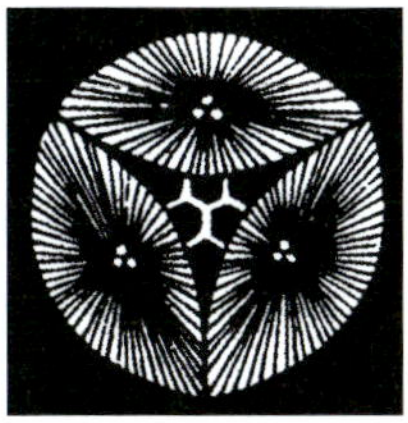

三つ唐松

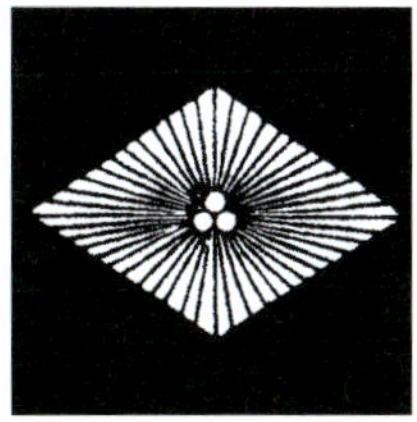

唐松菱

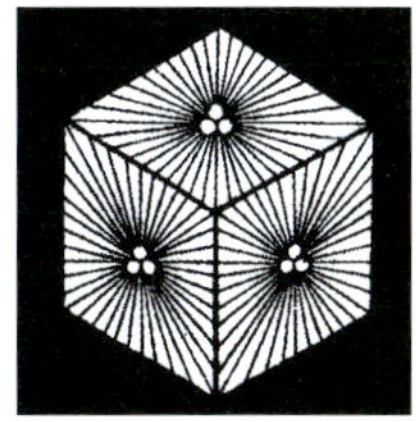

三つ唐松菱

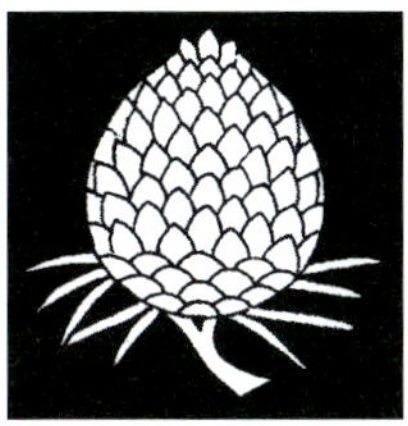

松笠

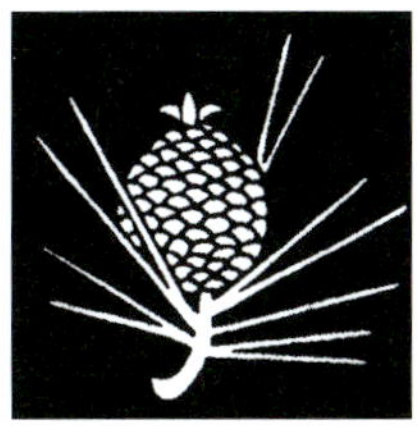

葉つき松笠

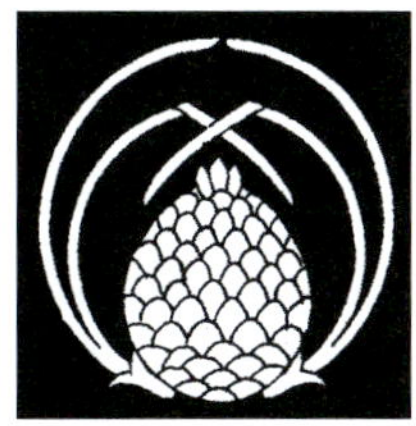

抱き松葉に松笠

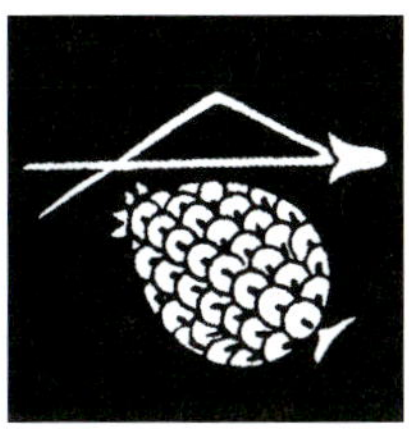

永井松笠

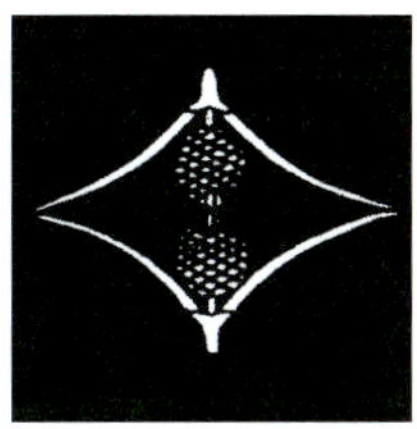

対い松笠菱

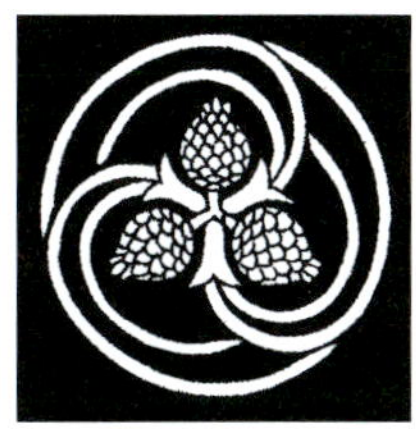

三つ松笠巴

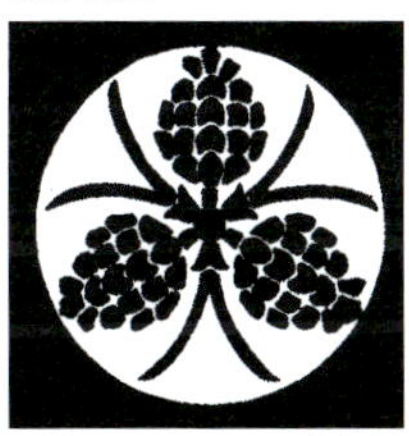

石持ち地ぬき三つ葉松笠

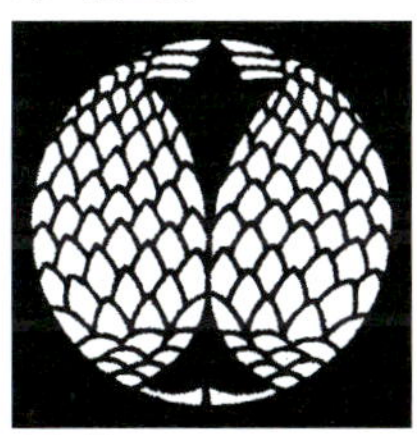

割松笠

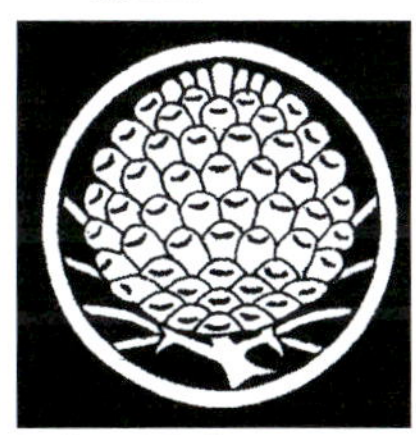

細輪に老松笠

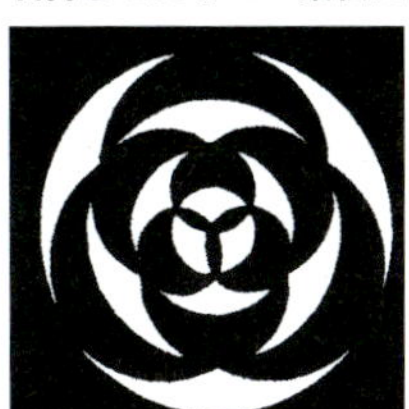

中村笠松

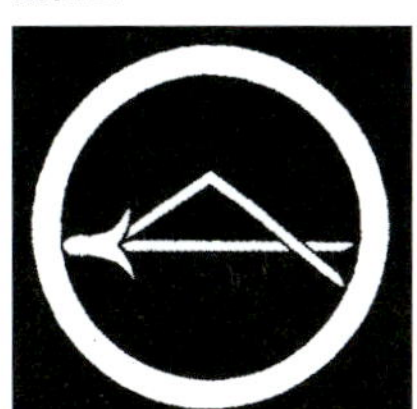

中輪に一つ折れ松葉

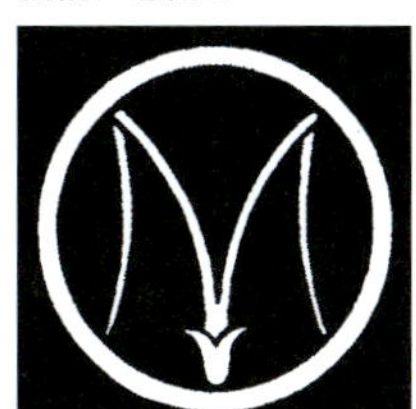

細輪に変り一つ折れ松葉

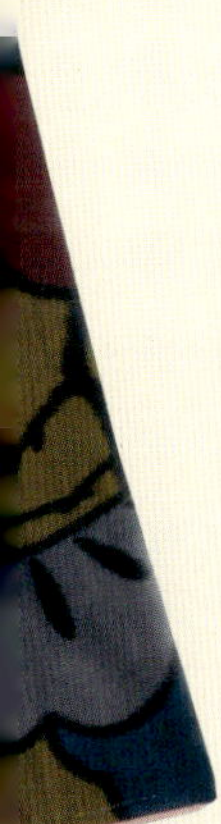

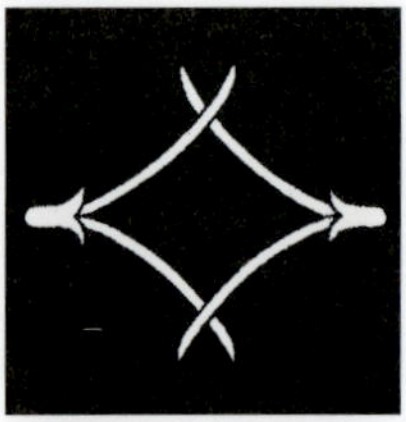
松葉菱

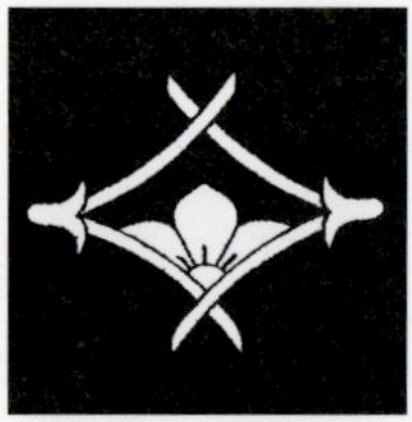
松葉菱に覗き桔梗

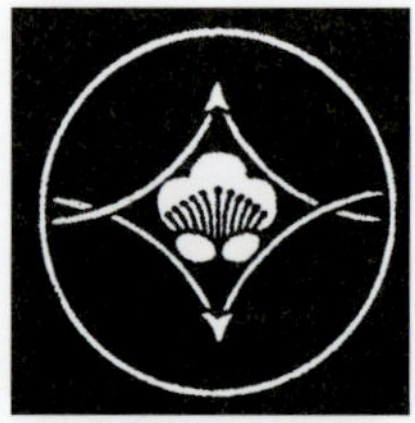
毛輪に松葉菱に香い梅

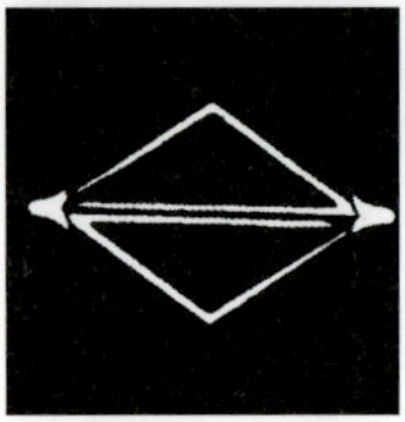
折れ松葉菱

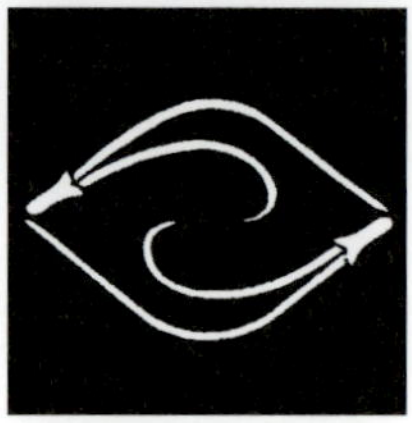
変り松葉菱

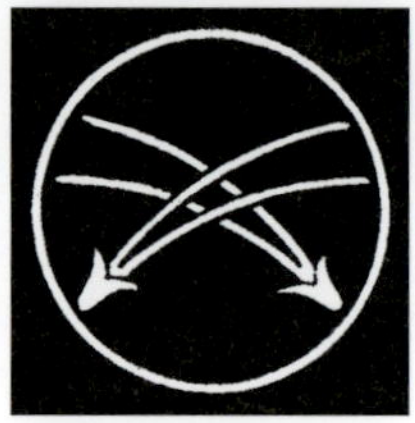
糸輪に違い松葉

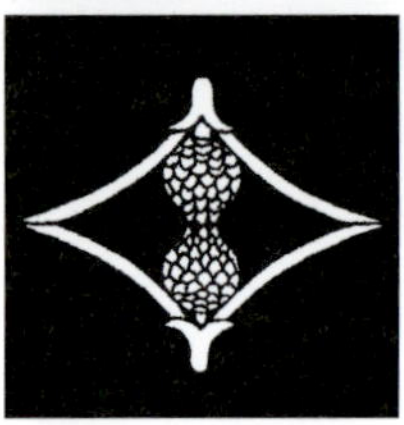
松笠菱

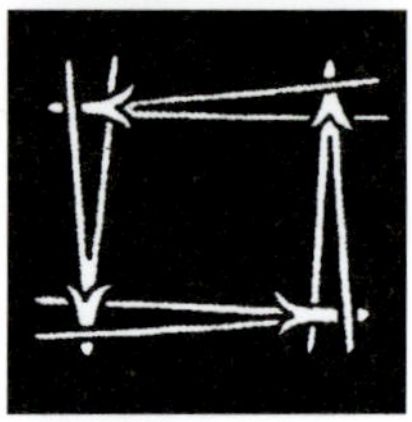
松葉井筒

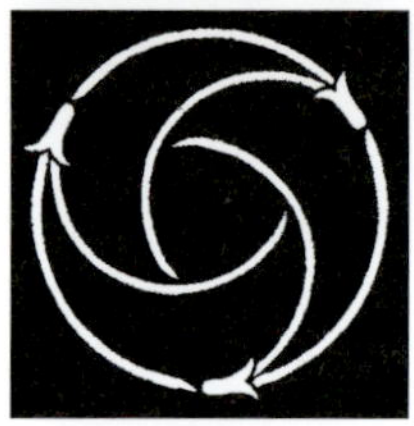
三つ追い松葉の丸

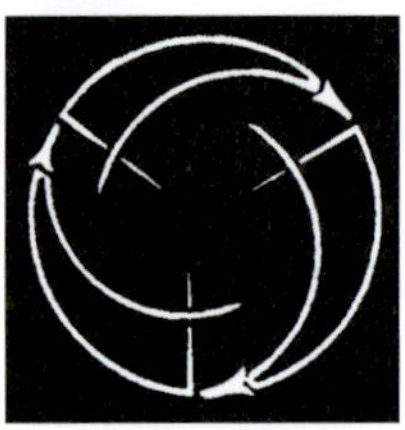
変り折れ三つ松葉の丸

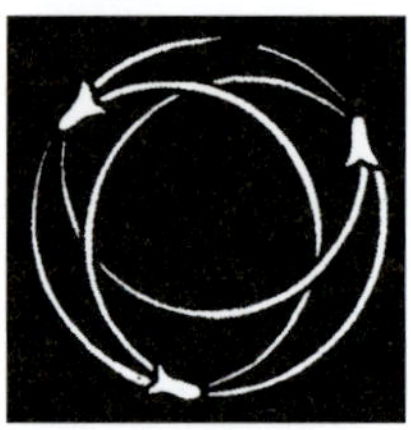
三つ追い細松葉の丸

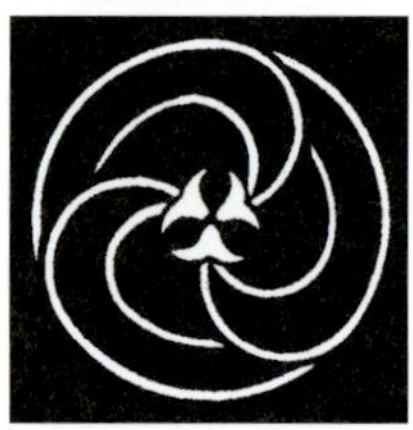
三つ松葉巴

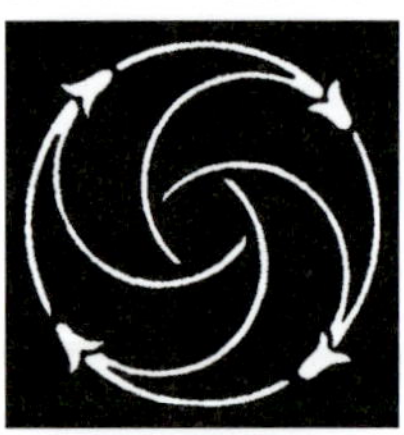
四つ追い松葉の丸

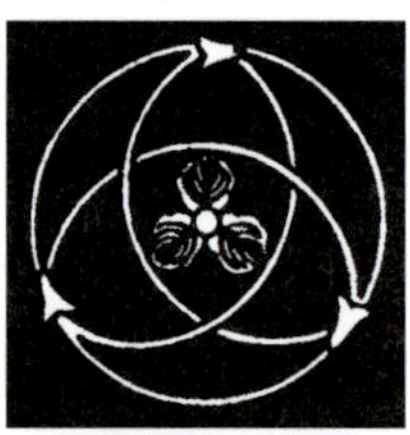
三つ組松葉に三つ柏

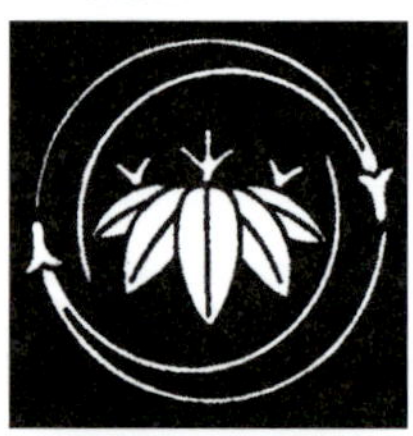
二つ松葉の丸に篠笹

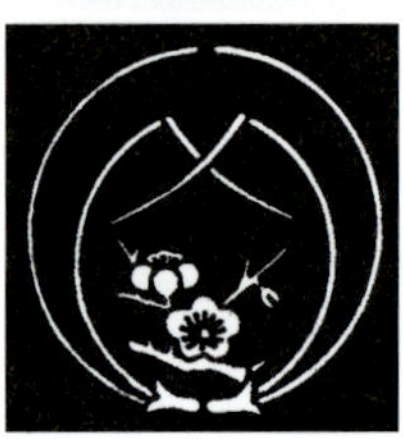
抱き折れ松葉に梅の枝

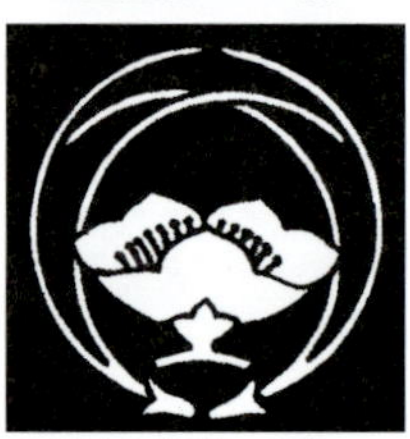
変り抱き松葉に箙梅

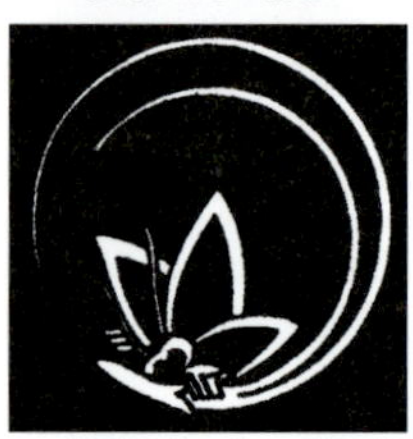
一つ松葉の丸に中かげ飛び蝶

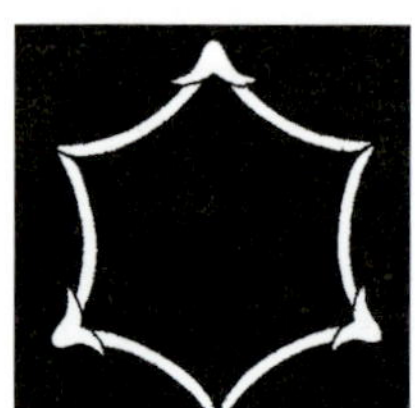
六角松葉

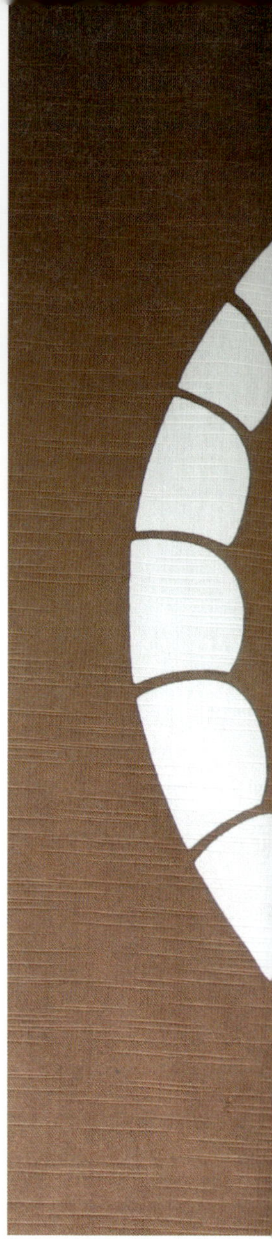

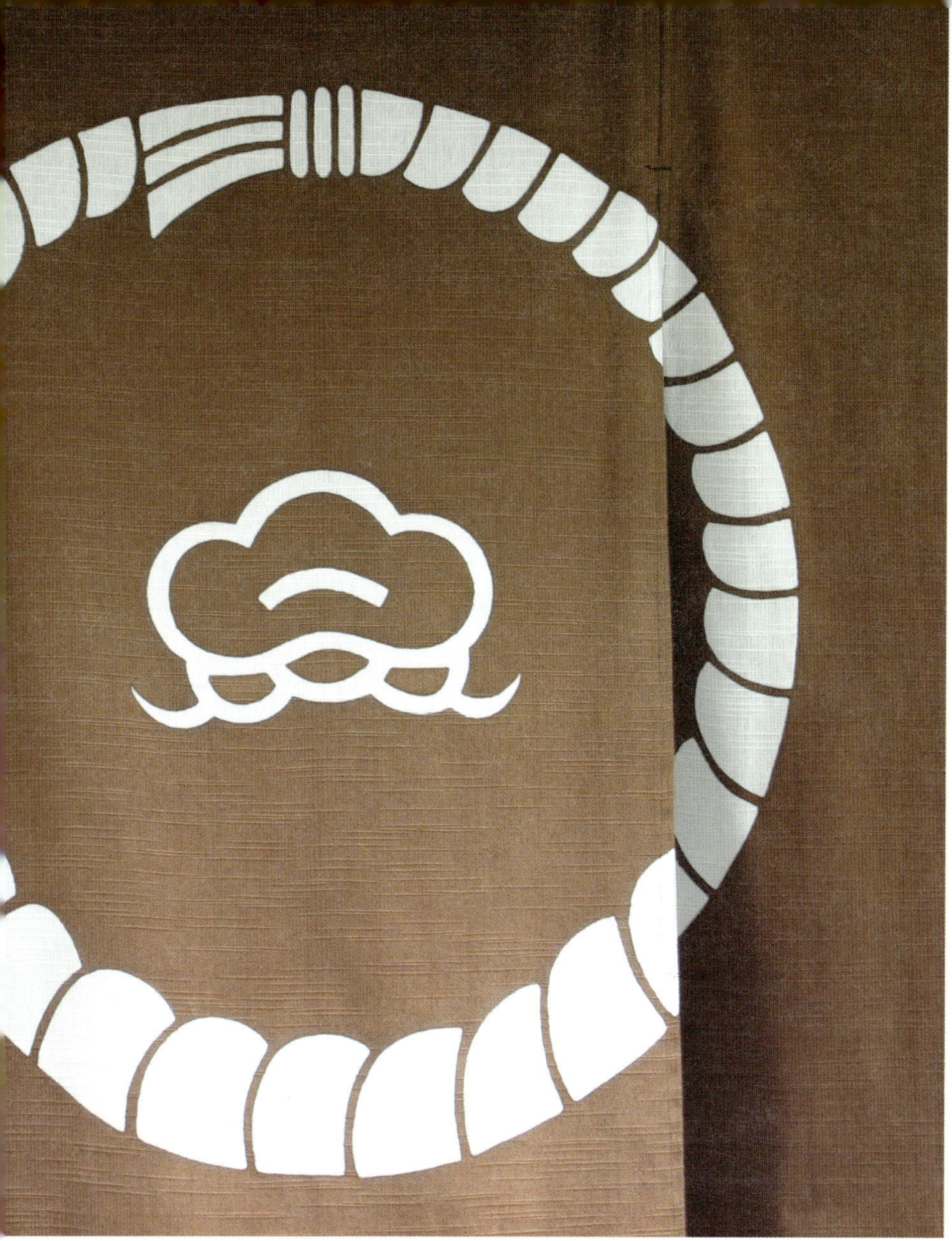

松紋の暖簾　京都

松葉鞠挟み

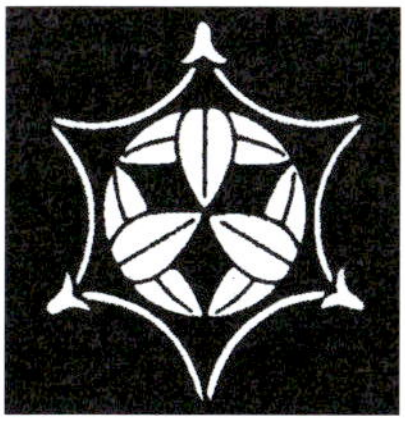

鞠挟み松葉に九枚笹

三つ寄り松葉

ひさご

◉瓢紋

Hisago | Gourd Crests

ウリ科の一年草で、庭先などで栽培される夕顔の変種。古くは瓢簞や瓢はひさごとよばれ、平安時代中期の漢和辞書『和名類聚抄』には「比佐古」とある。ひょう（瓢）はひさご、たん（簞）は竹製の目の詰まった籠のことで、果実を容器としているところからきている。かたちが奇抜なことから家紋としても愛好され、文様にも種々用いられた。豊臣秀吉は千成瓢簞を馬印に用いたが、戦に勝つごとに数を増やさせたという。

Hisago gourds are annual plants of the *Cucurbitaceae* family, mutations of the bottle gourds often raised in people's gardens. Their odd shape made them a favorite for family crests, in addition to their use in a variety of motifs. Toyotomi Hideyoshi used a cluster of these gourds on his battle standard, adding more gourds every time he won a battle.

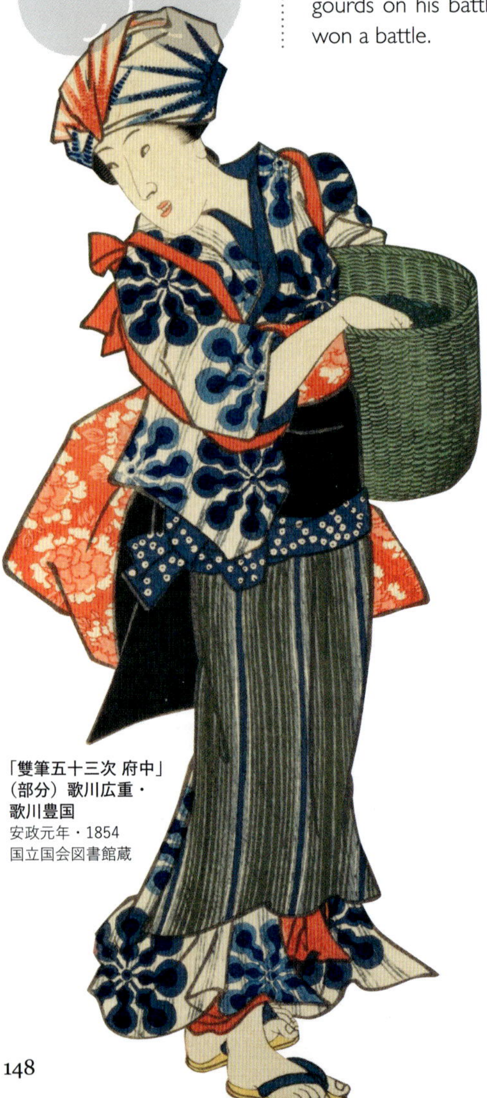

「雙筆五十三次 府中」（部分）歌川広重・歌川豊国
安政元年・1854
国立国会図書館蔵

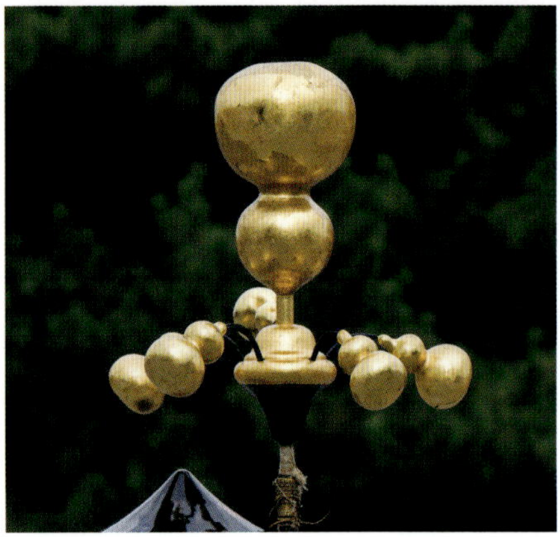

千成瓢簞　時代祭

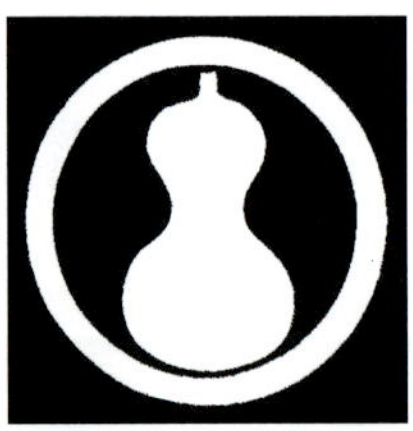

中輪に一つ瓢

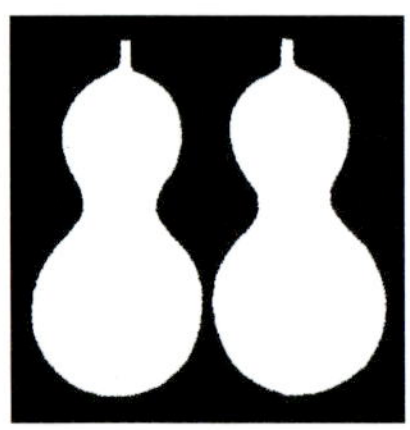

並び瓢

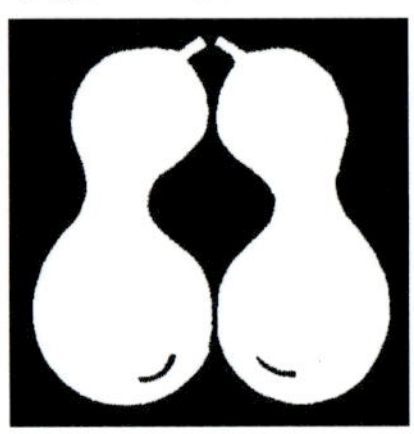

二つ対い瓢

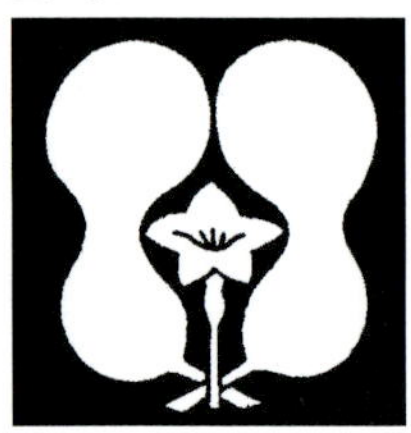

抱き瓢

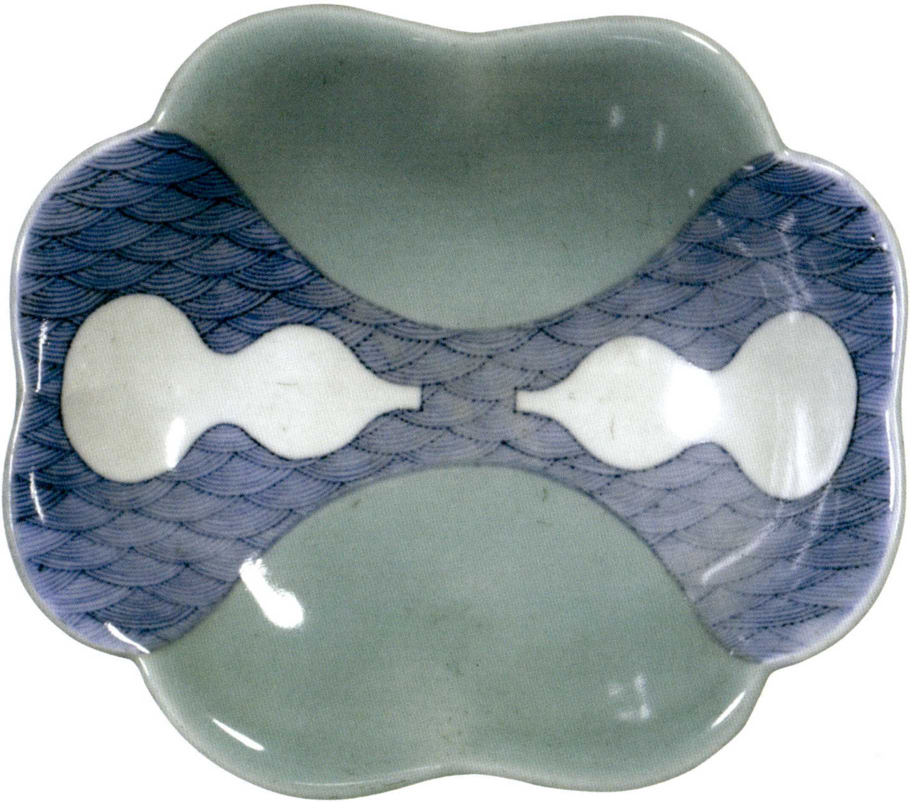

「青磁染付瓢文皿」鍋島　江戸時代・17 世紀　東京国立博物館蔵　出典：ColBase (https://colbase.nich.go.jp)

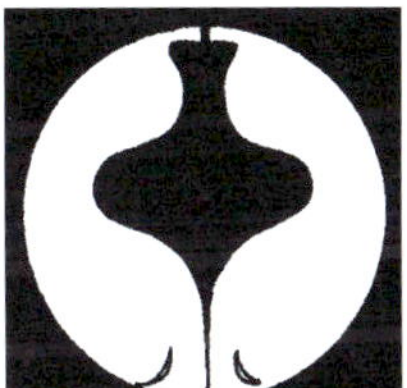

割瓢

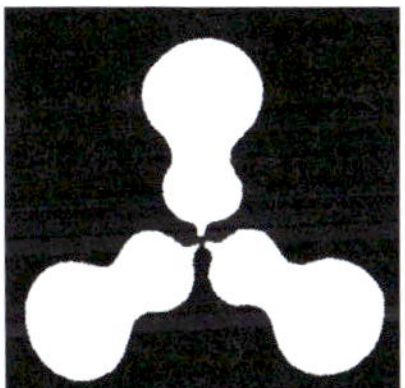

三つ寄り瓢

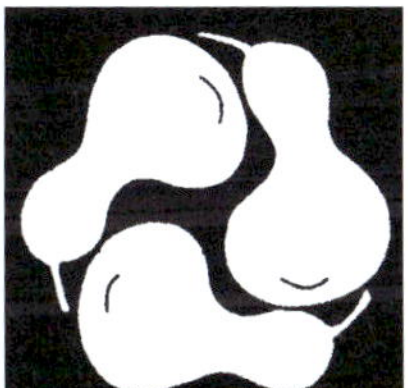

三つ追い瓢

中輪に三つ盛り瓢

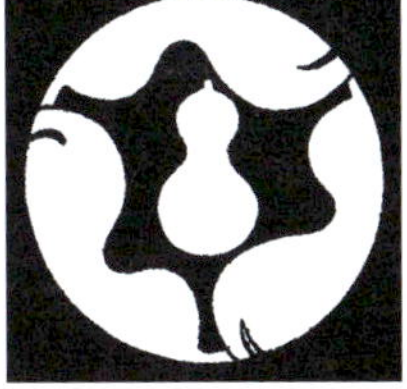

三つ割瓢の丸に一つ瓢

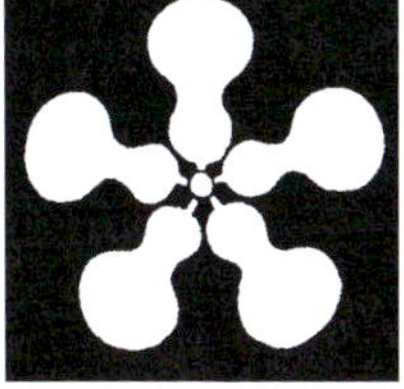

五つ瓢

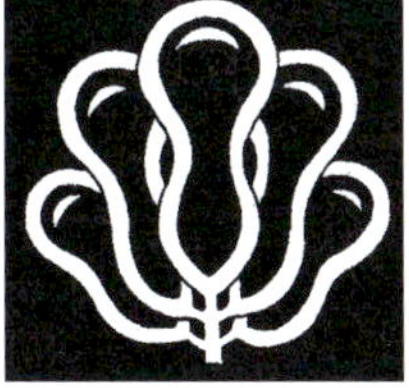

中かげ五つ瓢

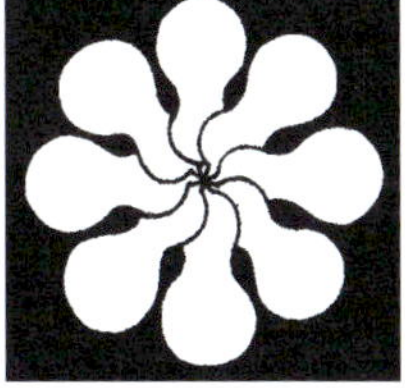

八つ捻じ瓢

なんてん

◉南天紋

Nanten | Nandina Crests

メギ科の常緑低木で、中部以南の本州、四国、九州の山地に分布する。6月ごろ、茎の先に白い小さな六弁花を多数つける。秋から冬にかけて、球形の果実が赤く熟す。果実がいつまでも落ちないのでめでたい印（しるし）として祝事に用いられる。また南天は「難転」に通じるとして、縁起植物に扱われ、盗人、火災、魔除に植えられた。江戸時代の紋帖には、亀甲、対（むか）い、三つ寄り、枝、石持ちなどのバリエーションがみられる。

Nandina, a member of the *Berberidaceae* family, is an evergreen shrub found in mountainous regions in central and south Honshu, Shikoku, and Kyushu. Around June, its branches are tipped with large numbers of small, white, six-petalled flowers. In autumn and winter, its small spherical fruit turns red as it ripens. Because the fruit never falls off, the nandina is used as an auspicious symbol at celebrations.

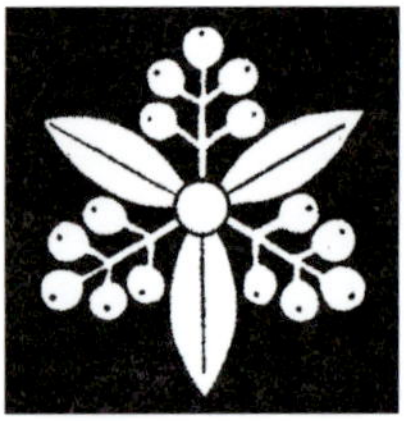
三つ葉南天

南天車

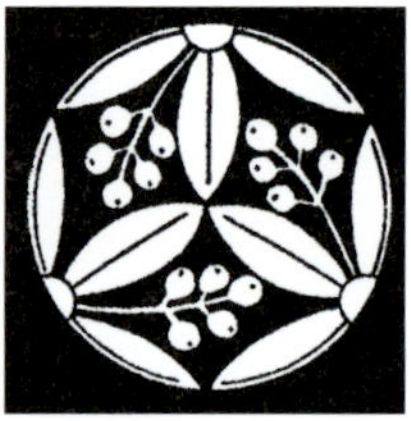
三つ割南天

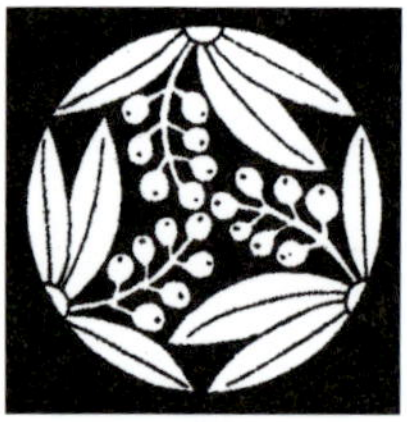
三つ追い南天

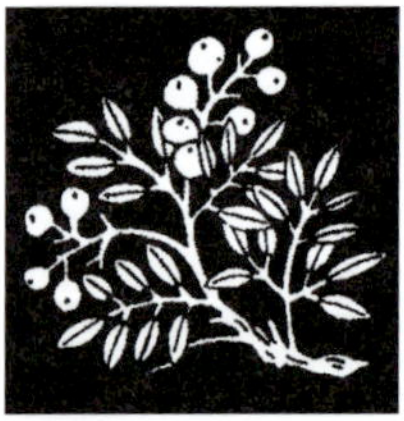
枝南天

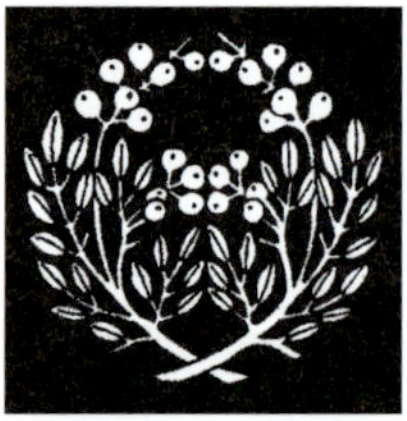
抱き南天

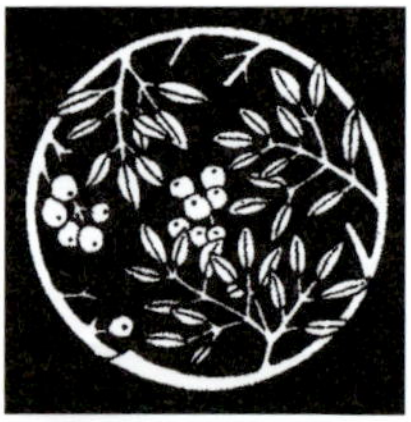
南天枝丸

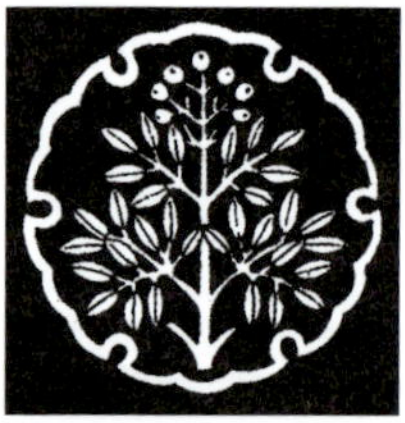
雪輪に南天

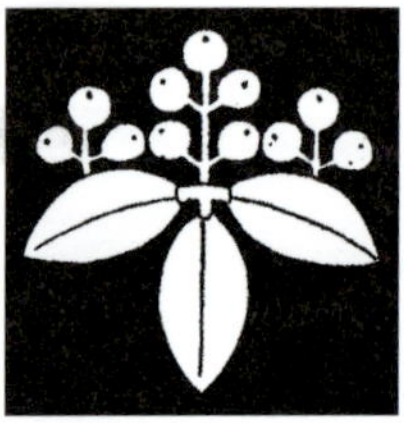
南天桐

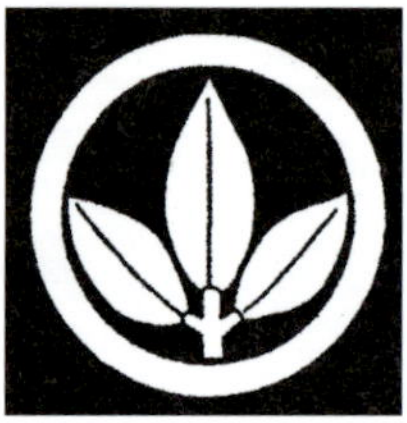
丸に三つ葉南天

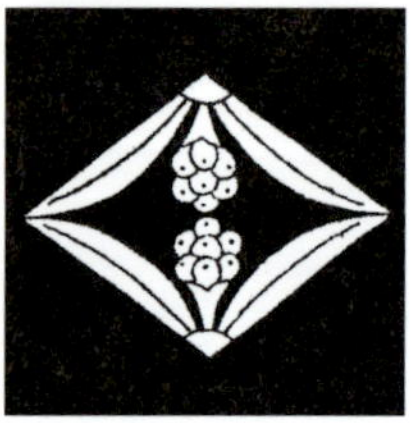
対い南天菱

南天胡蝶

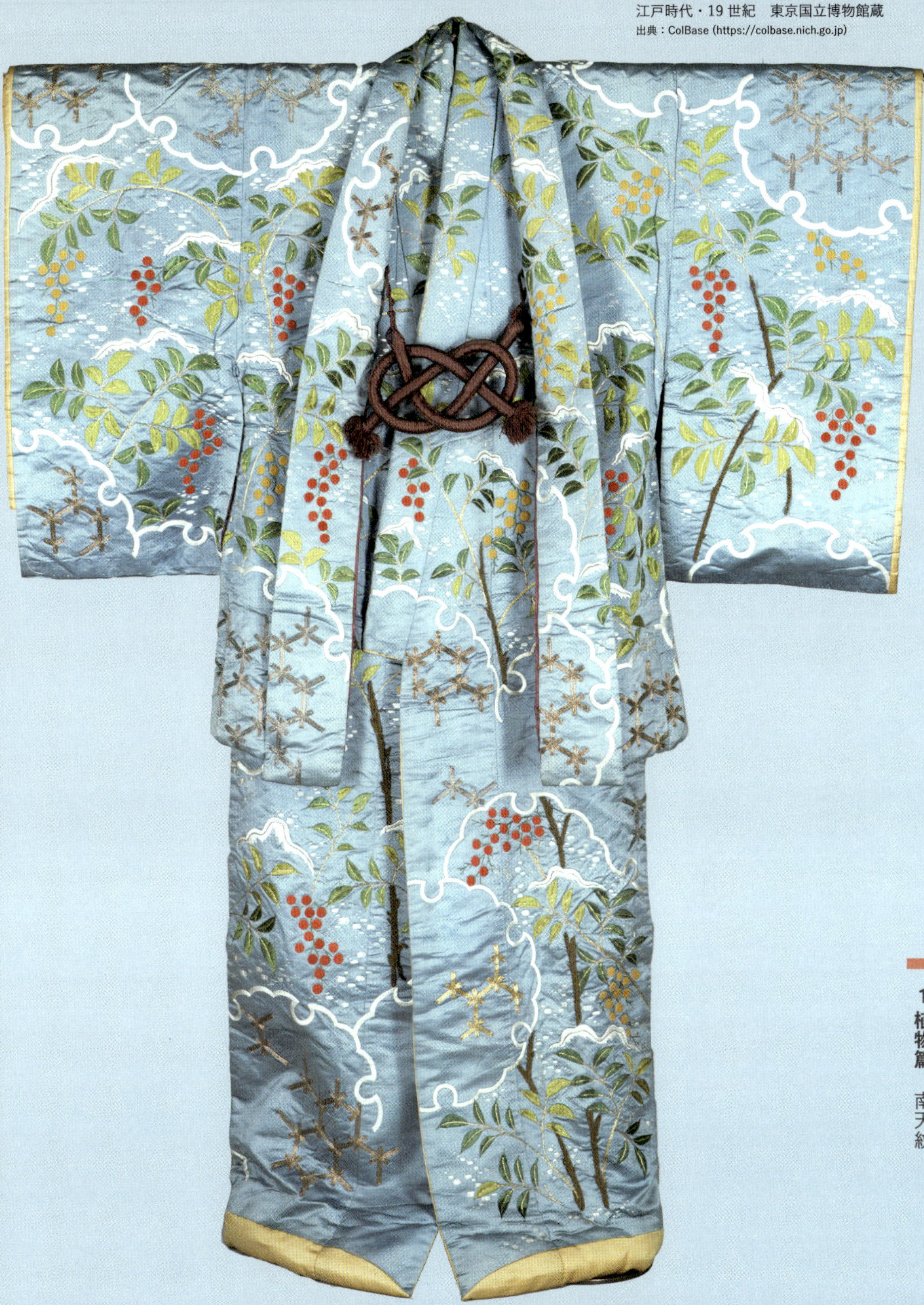

「浅葱繻子地雪輪南天模様羽織」
江戸時代・19 世紀　東京国立博物館蔵
出典：ColBase (https://colbase.nich.go.jp)

いね

◉稲紋 *Ine* | Rice Crests

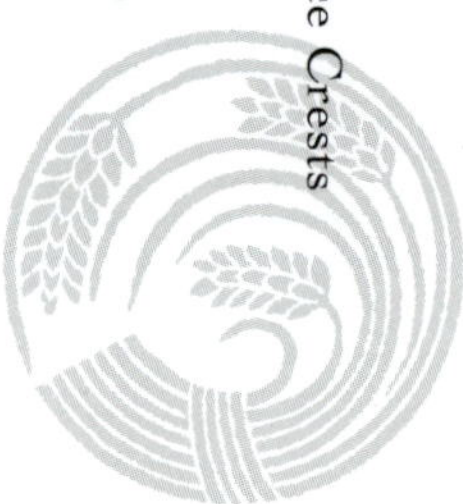

イネ科の一年草で、古くから日本人の主食であり、五穀のなかでも嘉穀と称された。稲紋がはじめて文献に登場するのは、永亨７年（1435）足利幕府が長倉遠江守を追伐した戦記物である『羽継原合戦記』で、熊野の鈴木氏の家紋は「稲丸に榊」とある。日本第二の大姓である鈴木姓の由来は、熊野地方の方言で稲穂を積んだものをススキといい、その当て字で鈴木となったといわれる。伏見稲荷大社の稲荷は稲生りで、神紋に稲を用いている。

Rice is an annual plant, a member of the *Poaceae* family, and the staple food in the Japanese diet. Among the five grains, it is called the "good grain." The earliest document mentioning a rice crest is the Battle of *Hatsugihara*, an account dating from 1437. It states that

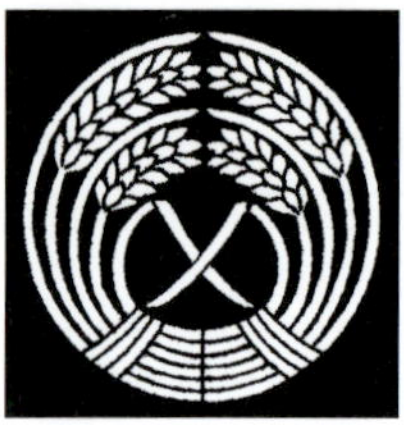

抱き稲

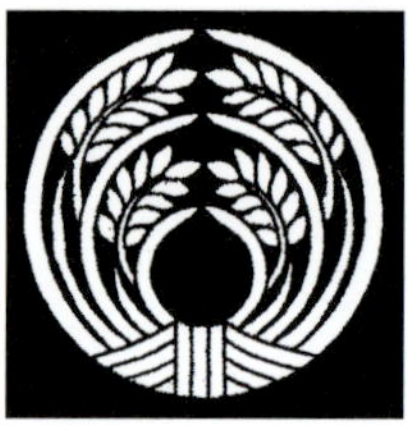

変り抱き稲

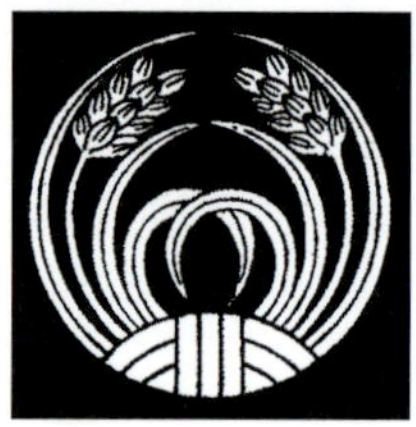

包み抱き稲

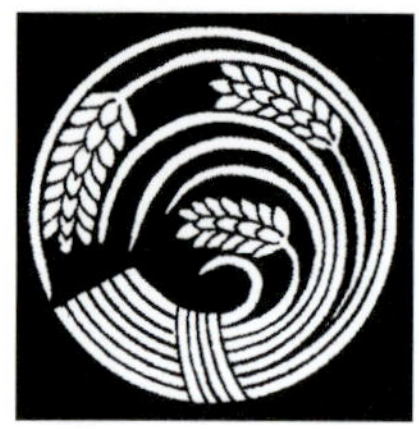

左廻り一つ稲

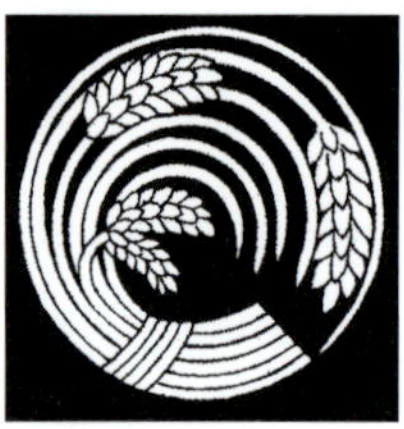

右廻り一つ稲

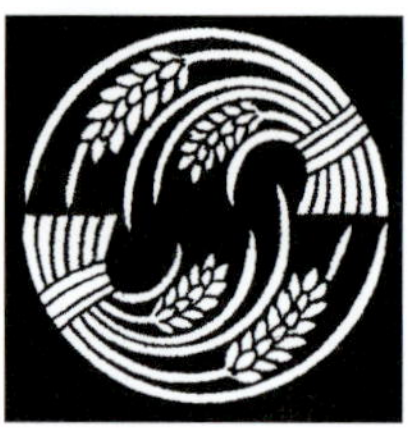

二つ追い稲の丸

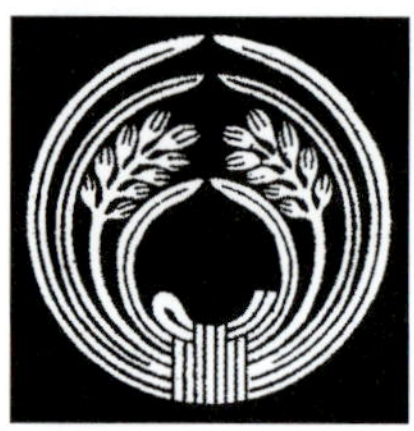

抱き結び稲

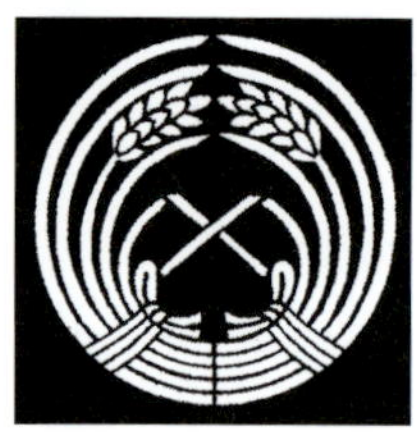

結びつき抱き稲

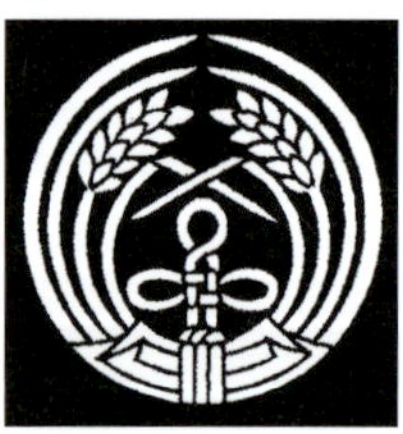

変り包み抱き稲

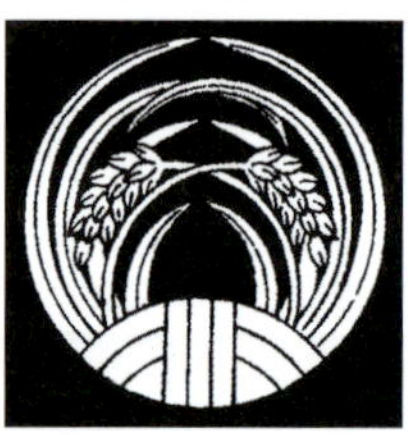

包み抱き変り稲

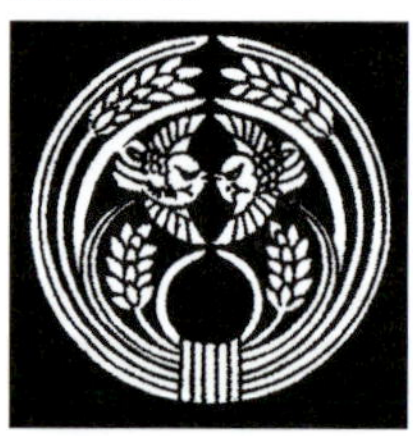

抱き稲に対い雀

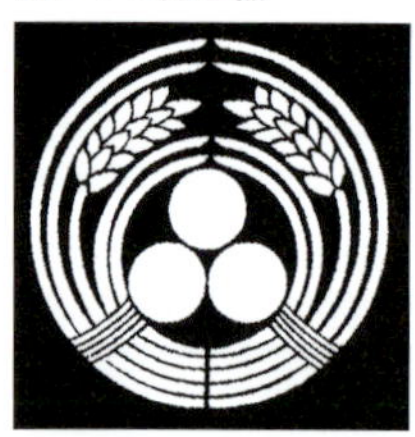

抱き稲丸に三つ星

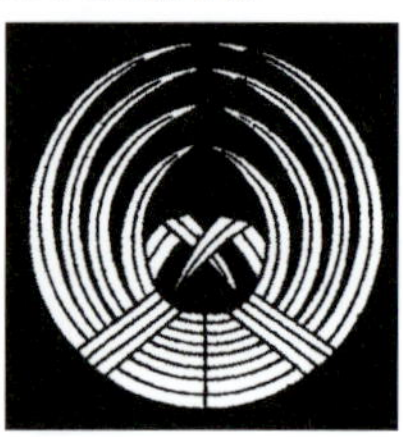

抱き稲苗

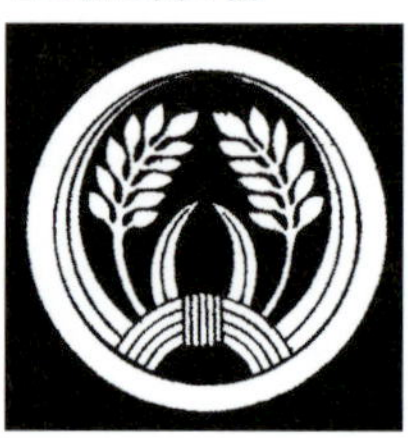

中輪に結びつき変り稲

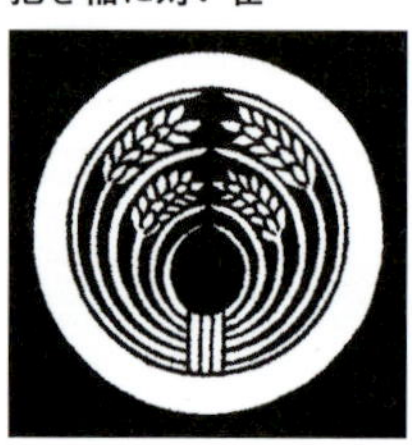

丸に抱き稲

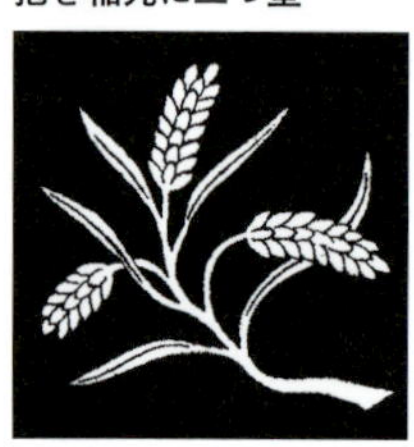

一本稲

Suzuki of Kumano used a "circle of rice plants with sasaki (a sacred evergreen shrub)." The name of the deity enshrined at the Fushimi Inari Taisha shrine, Inari, means "Producing Rice," and its shrine crest features rice plants.

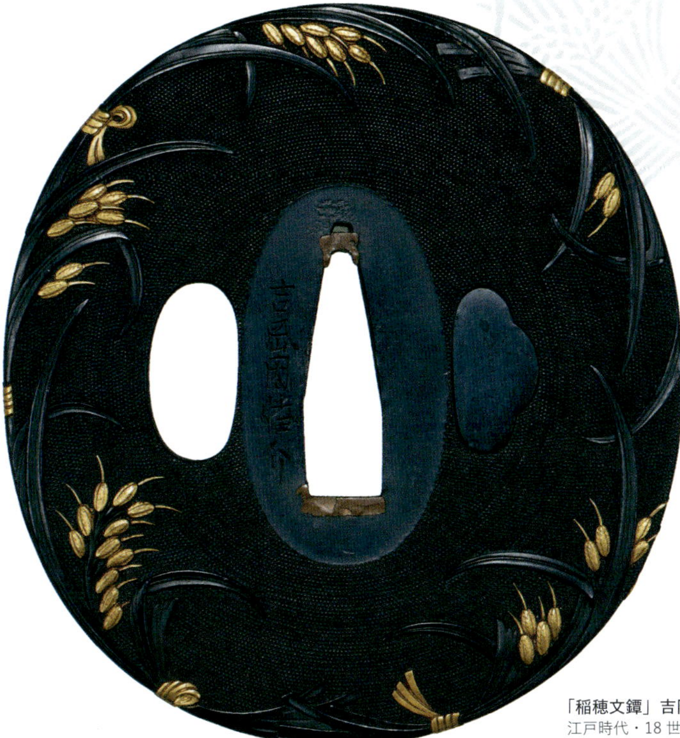

「稲穂文鐔」吉岡因幡介
江戸時代・18 世紀　東京国立博物館蔵
出典：ColBase (https://colbase.nich.go.jp)

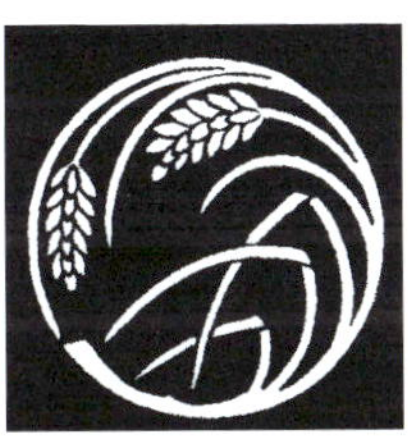
変り稲の丸

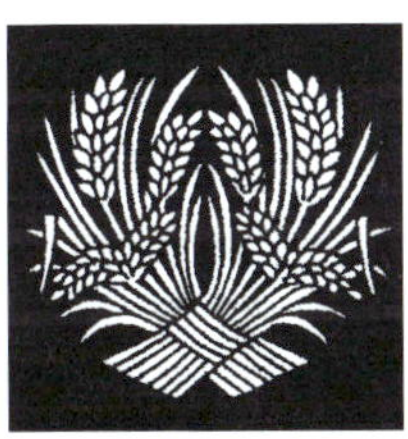
違い稲

丸に一本稲

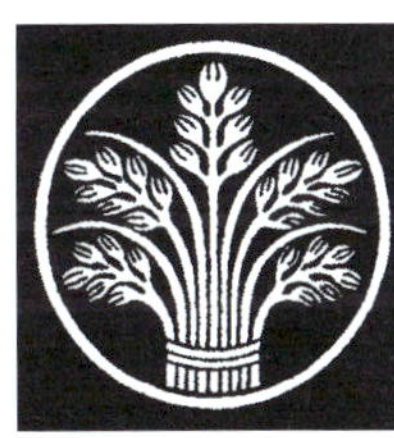
糸輪に束ね稲

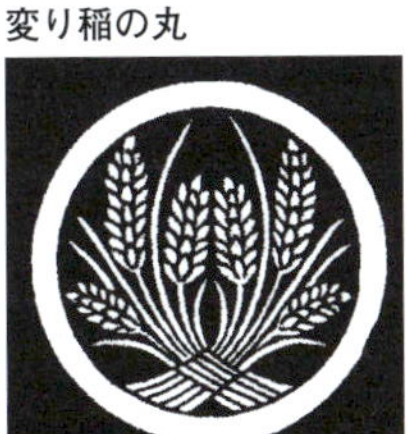
中輪に違い稲

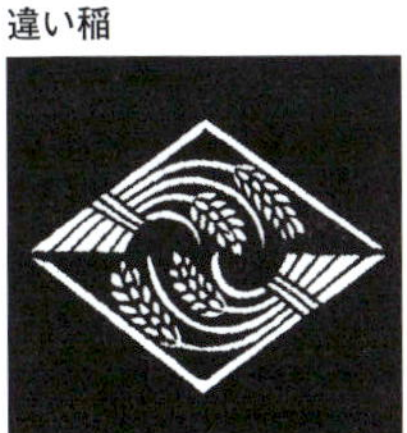
対い稲菱

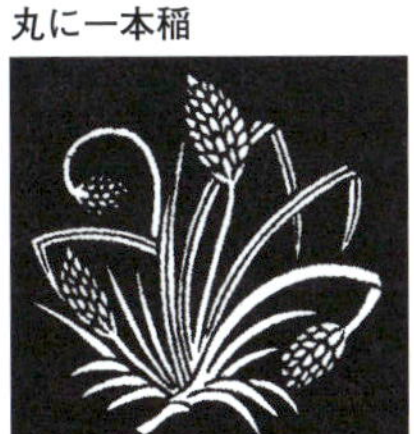
稲蝶

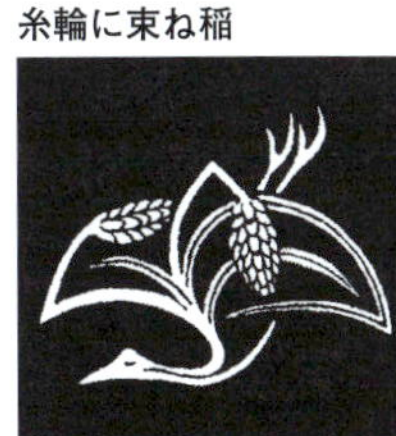
稲鶴

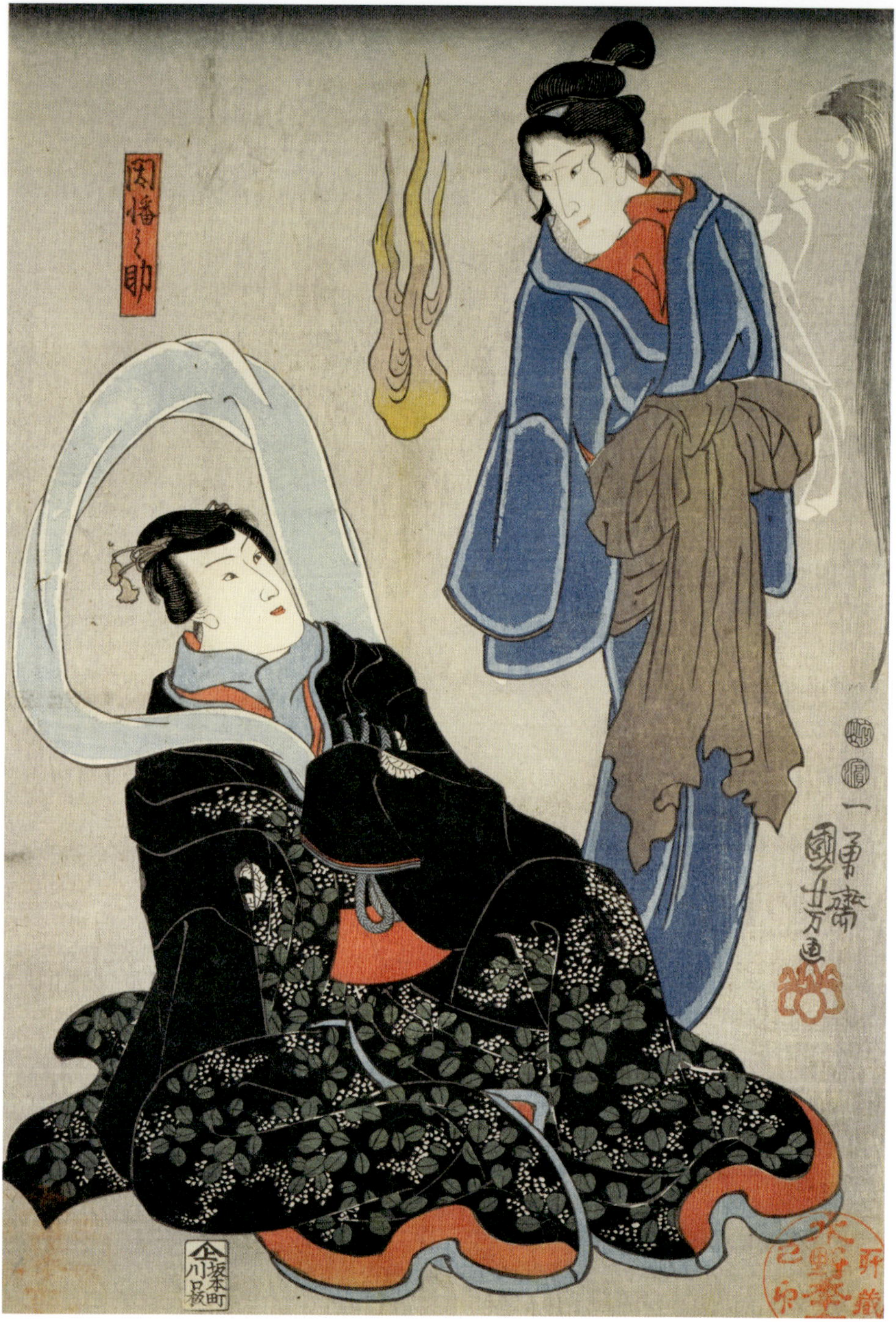

「因幡之助」歌川国芳　国立国会図書館蔵

はぎ

◉ 萩紋

Hagi | Bush Clover Crests

マメ科ハギ属の落葉低木、または多年草の総称で、万葉時代にはすでに栽培されていた。秋の七草の一つで秋草模様にはかかせない。平安時代からは染織や調度品などのデザインに用いられ、とくに蒔絵の図案として多く描かれた。家紋には、「抱き萩」「萩の丸」「折敷萩」の三種がある。杉原、吉川、富地の諸氏が家紋として用いた。

Hagi, bush clover, is the general term for plants in the Lespedeza genus of the pea family. Bush clover was already being cultivated in the period when the Manyōshū collection of poems was being compiled, the seventh and eighth centuries. It became an essential component of the seven autumn flower motif. Used as designs on textiles and furnishings since the Heian period (800–1185), the bush clover is depicted particularly often in designs for maki-e lacquer.

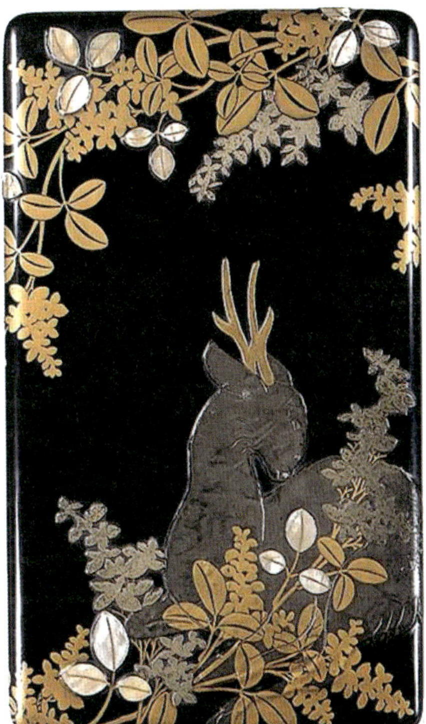

「蒔絵鹿に萩図硯箱」尾形光琳
江戸時代・17 世紀　石川県立美術館蔵

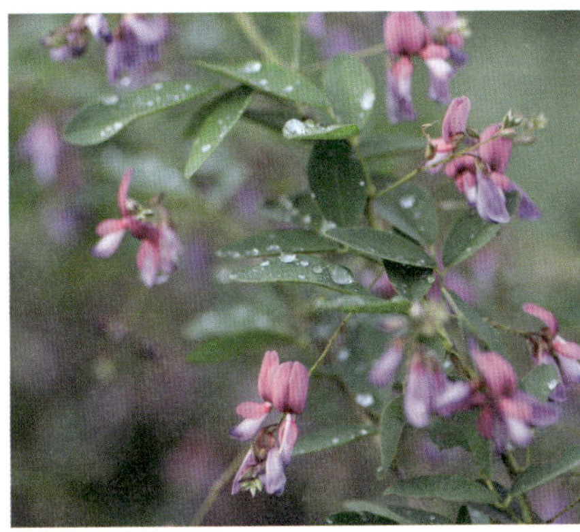

ハギ　常林寺

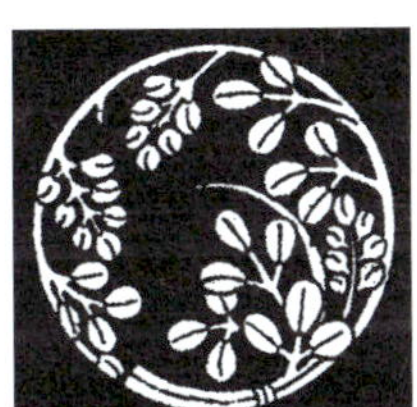

萩の丸

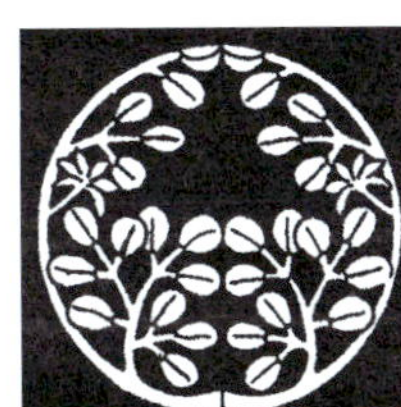

対い萩

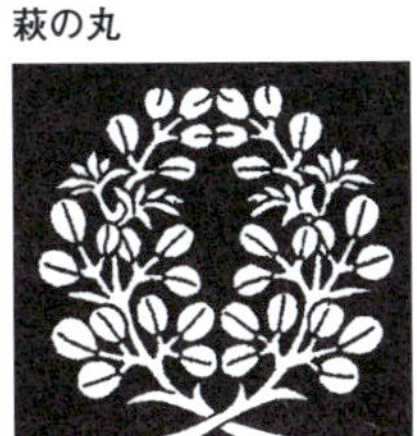

抱き萩

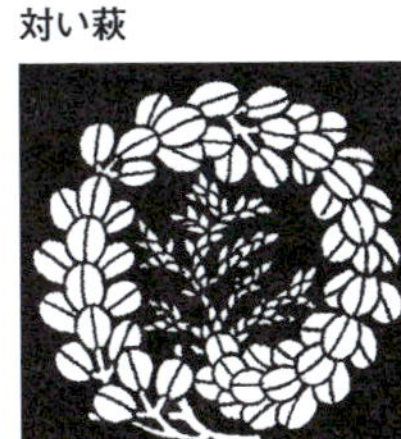

変り萩の丸

すすき

◉ 薄紋

Susuki | Silver Grass Crests

イネ科の多年草で各地の山野に群生する。秋の七草の一つで、花が終わると穂が獣の尾のようにほうけてくるところから、別名「尾花（おばな）」とよばれる。「雪輪に薄」は仙台の伊達氏。ほかに西尾、西沢、清原氏が家紋として用いた。

Silver grass (*susuki*), a perennial plant in the *Poaceae* family, grows in clusters in the countryside throughout Japan. Because, after flowering, its spikes spread like fluffy animal tails, this plant is also known as *obana* ("tail flower").

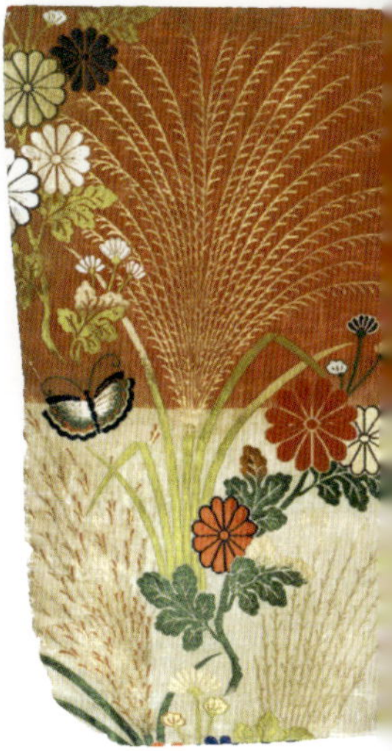

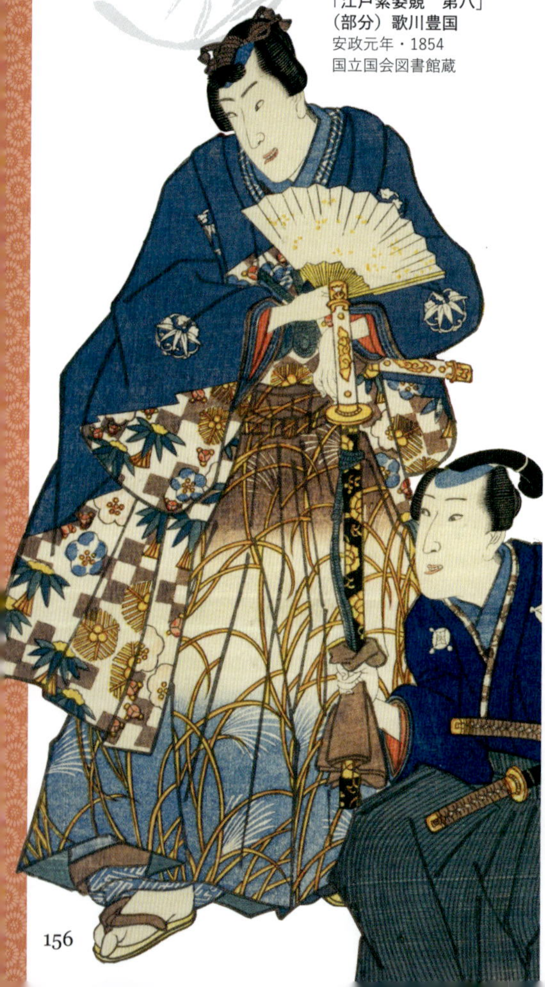

「江戸紫姿競　第八」（部分）歌川豊国
安政元年・1854
国立国会図書館蔵

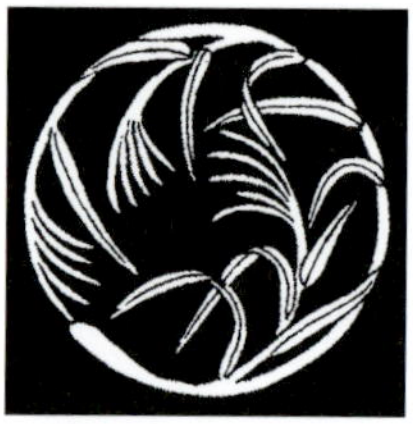

薄の丸

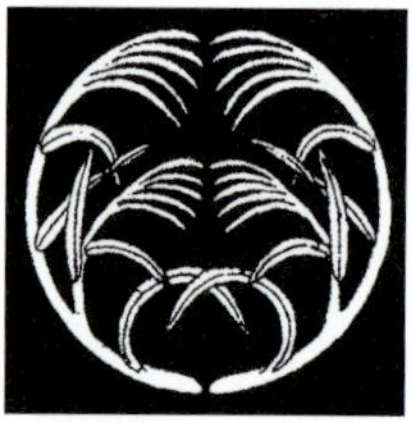

花薄の丸

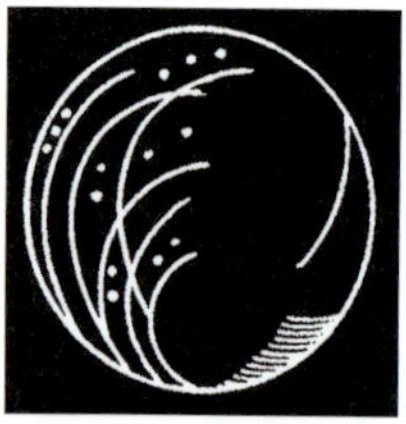

薄につゆ

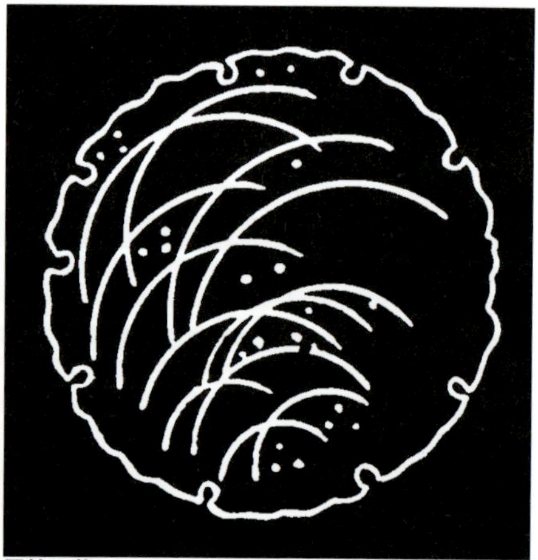

雪輪に薄

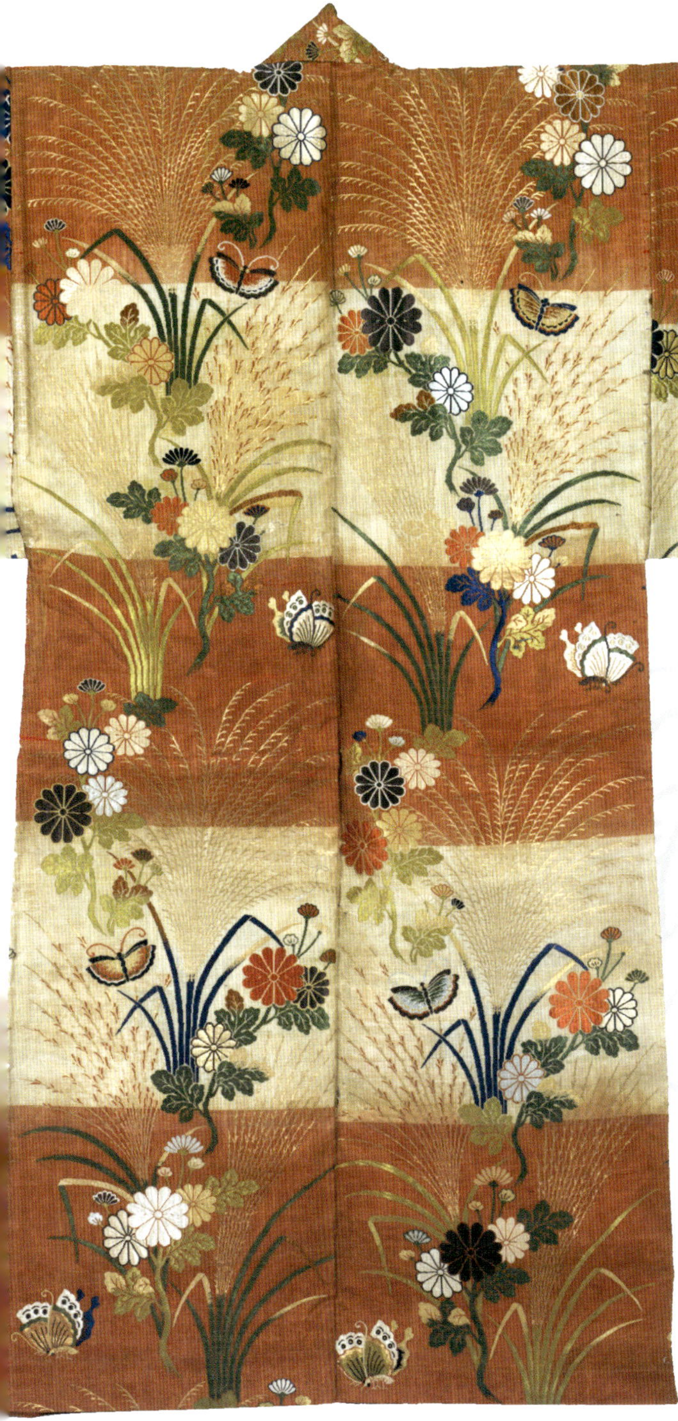

「紅白段菊薄蝶模様唐織」
江戸時代・18 世紀　東京国立博物館蔵
出典：ColBase（https://colbase.nich.go.jp）

なでしこ

◉撫子紋 *Nadeshiko* | Fringed Pinks Crests

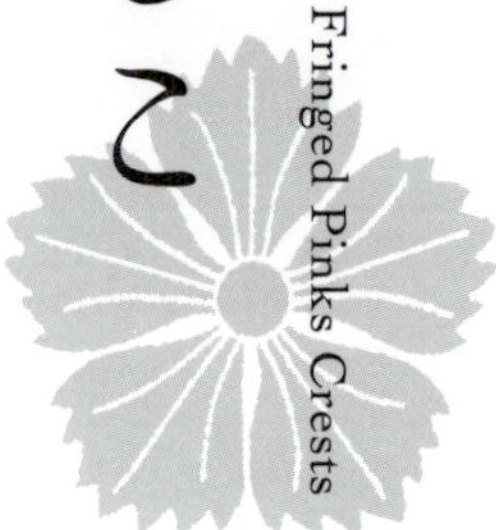

ナデシコ科の多年草で北海道を除く各地の山野に生え、河原に多く咲くためカワラナデシコともよばれる。かつてカワラナデシコは、中国原産のセキチクがカラナデシコ（唐撫子）とよばれたのに対し、ヤマトナデシコ（大和撫子）とよばれた。秋の七草の一つ。岐阜瑞龍寺塔頭開善院の斎藤道三入道の肖像画に撫子紋の旗が描かれている。ほかに丹波芦田氏、藤原氏利仁流の出である疋田、河合氏なども撫子紋である。

The fringed pink (*Dianthus superbus*) is a perennial plant in the *Dianthus* family that grows in the countryside in Japan. Because fringed pinks often flourish in riverbeds, they are also called *kawara nadeshiko* (riverbed fringed pinks). In the past, they were also called *yamato nadeshiko* (Japanese fringed pinks), since the variety native to China (*Dianthus chinensis*) was called *kara nadeshiko* (Chinese fringed pinks). They are one of the seven flowers of autumn.

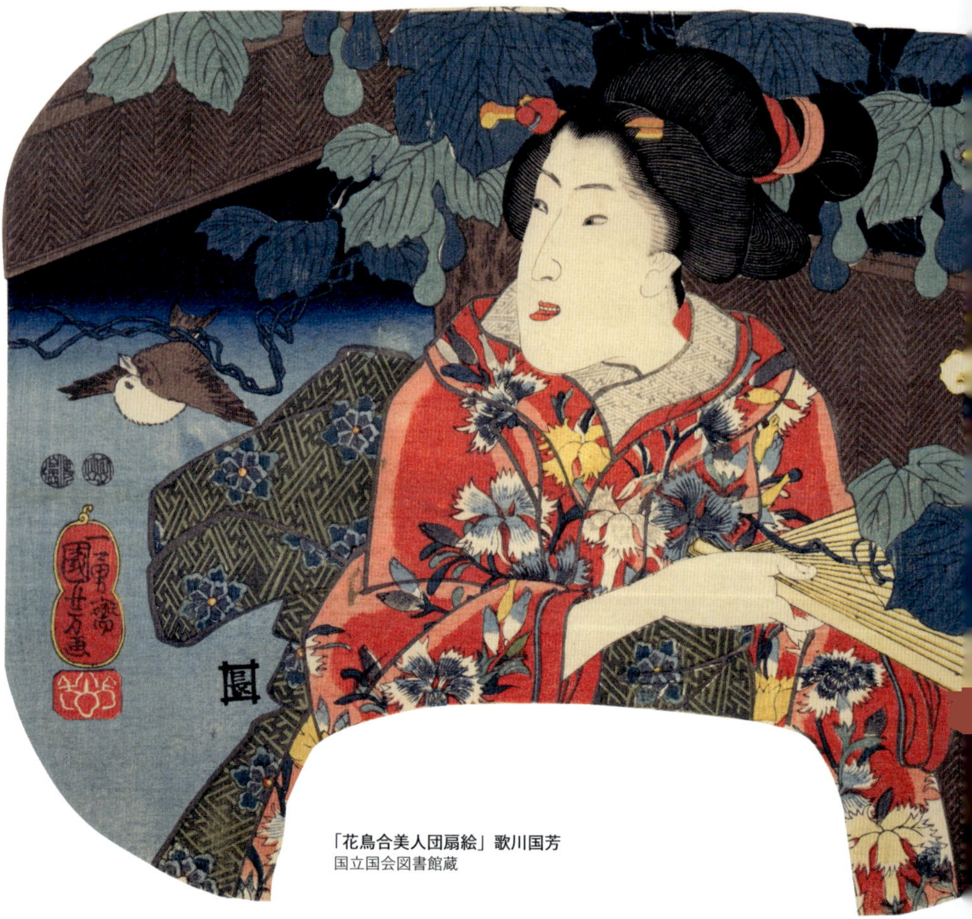

「花鳥合美人団扇絵」歌川国芳
国立国会図書館蔵

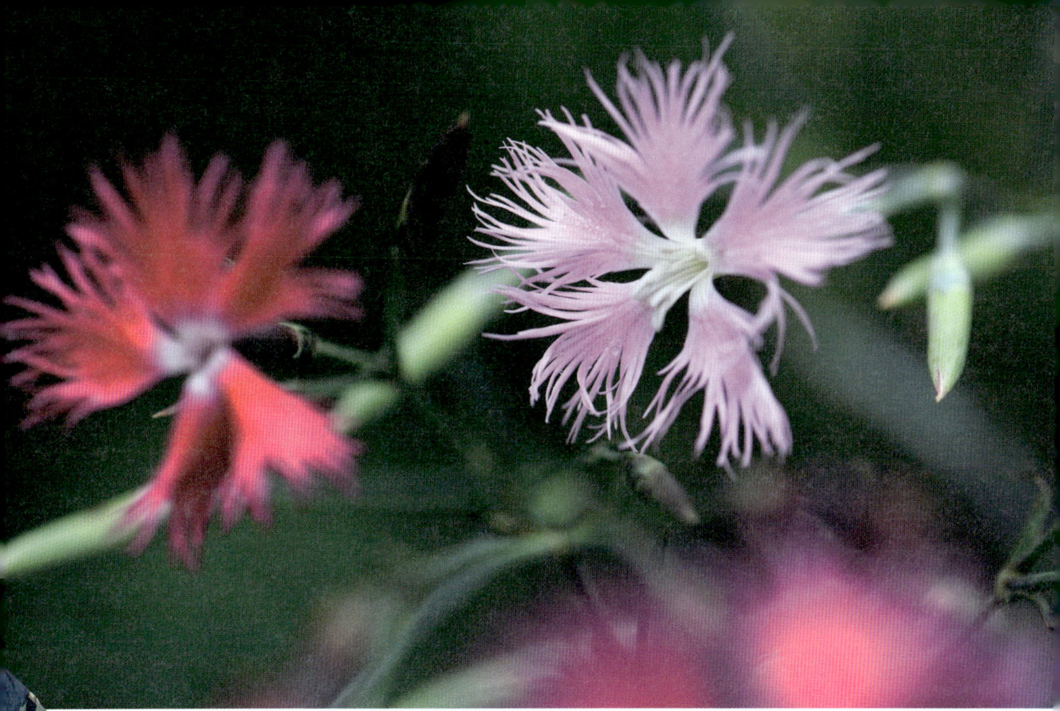

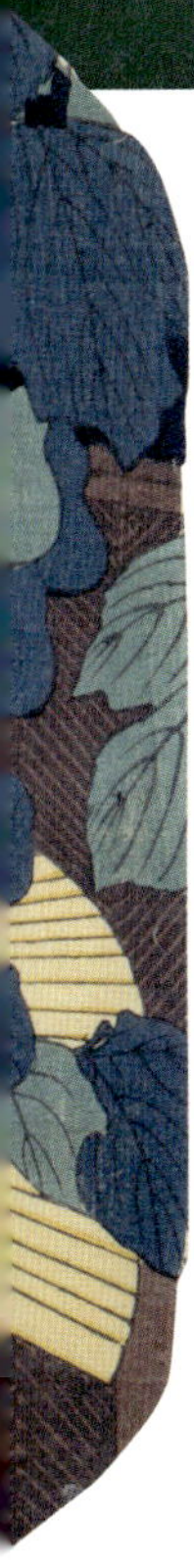

カワラナデシコ　京都

撫子

唐撫子

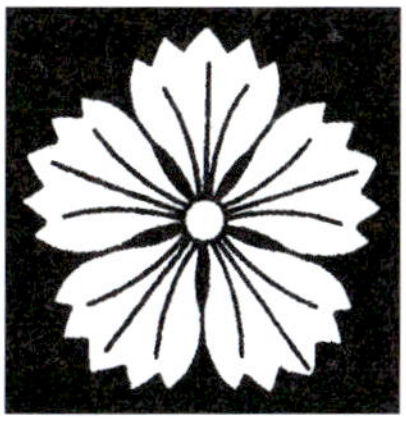

変り撫子

山口撫子

中かげ撫子

捻じ撫子

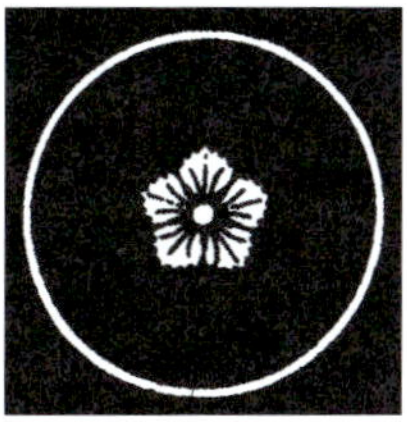

毛輪に豆撫子

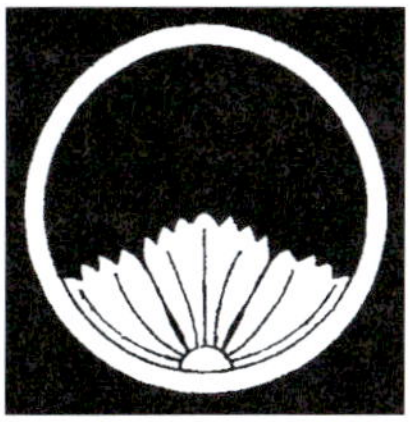

細輪に覗き撫子

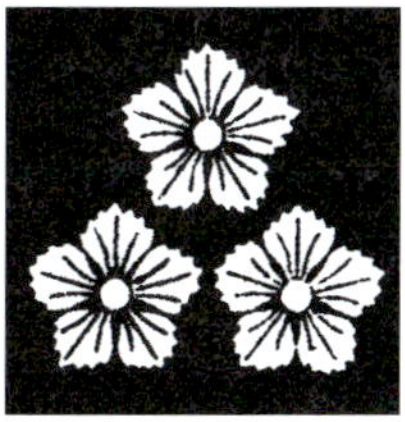

三つ盛り撫子

しゅろ

◉棕櫚紋

Shuro | Hemp Palm Crests

ヤシ科の常緑高木で、九州海岸地方の暖地で観賞用に栽培される。枝がなくまっすぐ伸びた幹は俗に「シュロの毛」とよばれる古い皮でおおわれている。幹の頂上に長い柄をもつ堅い葉が数本つく。幹は梵鐘の撞木に使われる。この葉が扇形で天狗の団扇のようでおもしろく、紋章化されたと思われる。この家紋は富士の大宮司、大名米津氏が用いた。

Shuro is the general term for members of *Trachycarpus fortunei*, in the palm family. They do not produce branches, and their straight trunks are covered with the old leaf bases known as "*shuro* fur." Several rigid leaves with long stems grow out of the top of the trunk. Since their fan-shaped leaves resemble the fans carried by *tengu*, long-nosed goblins, they were an intriguing choice for turning into a crest.

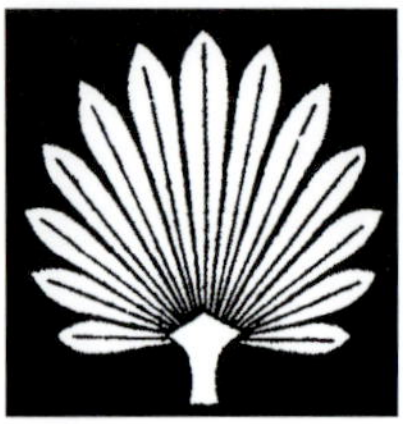
棕櫚

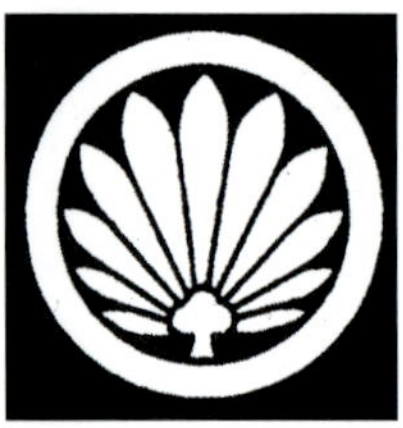
米津棕櫚

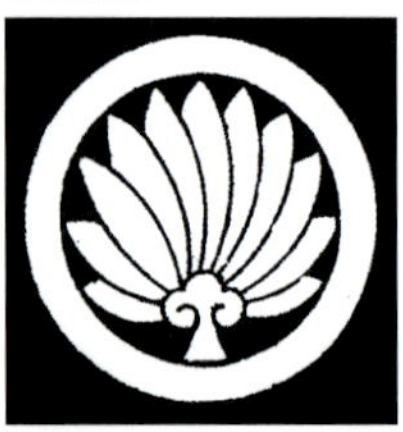
長講棕櫚

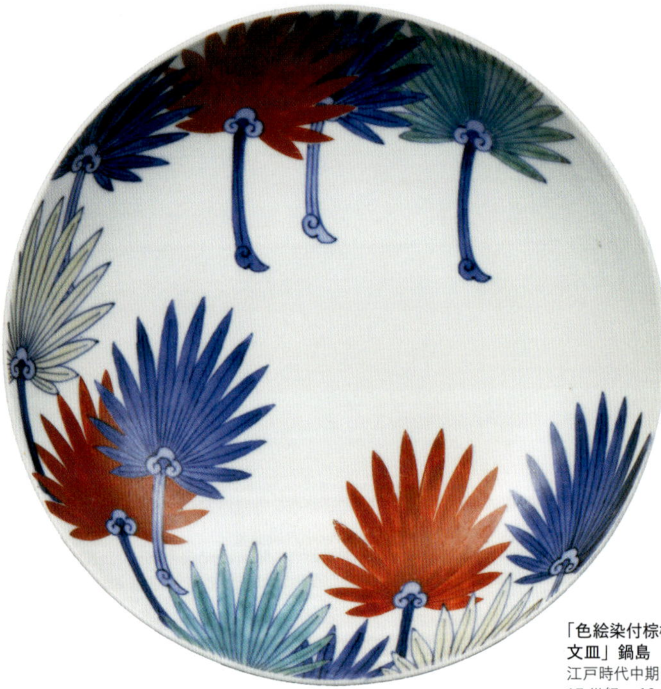
「色絵染付棕櫚葉文皿」鍋島
江戸時代中期・
17 世紀～ 18 世紀
愛知県陶磁美術館蔵

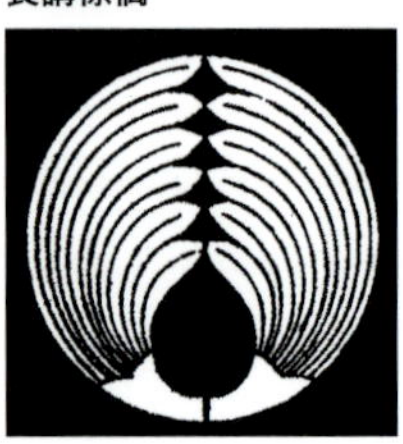
抱き棕櫚

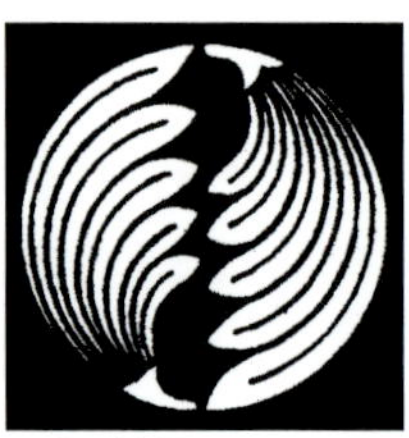
入違い棕櫚

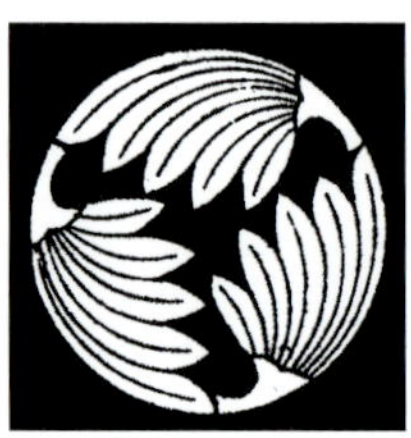
三つ割棕櫚

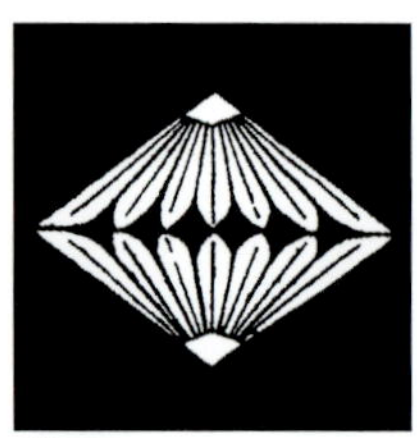
棕櫚菱

2

動物篇

Animal Motifs

ちょう

◉蝶紋 *Chō* | Butterfly Crests

鱗翅目に属するガ類以外の昆虫の総称。胸部にある二対の葉状の羽は美しい色彩の鱗粉でおおわれている。頭部には糸状で先端がふくれた一対の触角と発条状に巻いた口器がある。蝶模様が用いられるのは平安時代中期からで、「対い蝶」「伏蝶」などは公家階級の有職文様となっている。写実的に描きながら揚羽蝶の羽には、渦・巴・七宝・菊花・片喰などの緻密な文様を施し、巧みに装飾性を高めている。蝶紋はその描き方で、「飛び蝶」「揚羽蝶」「蝶の丸」「胡蝶」「浮線蝶」の五つに大別できる。

The term *chō* refers to all members of the *Lepidoptera* family except moths. Their leaf-like wings are covered with scales in beautiful colors and patterns. Their heads have slender, club-tipped antennas and spiral mouth parts. The butterfly, which has been used as a motif

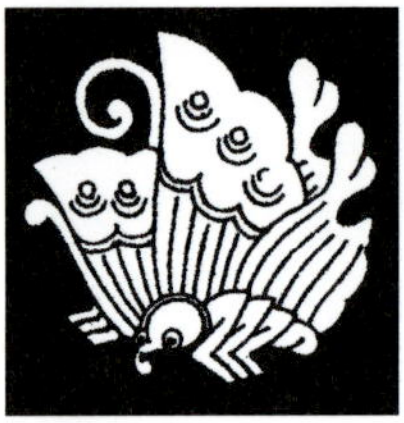
揚羽蝶

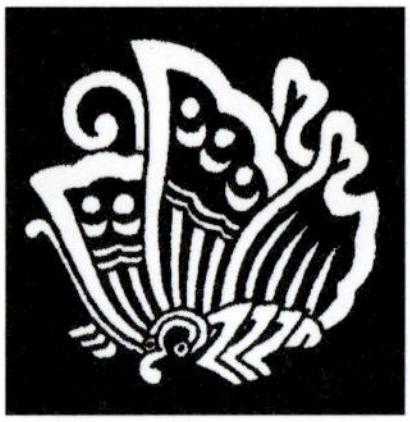
中かげ揚羽蝶

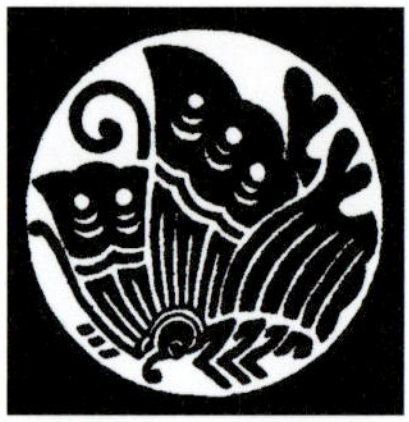
石持ち地ぬき揚羽蝶

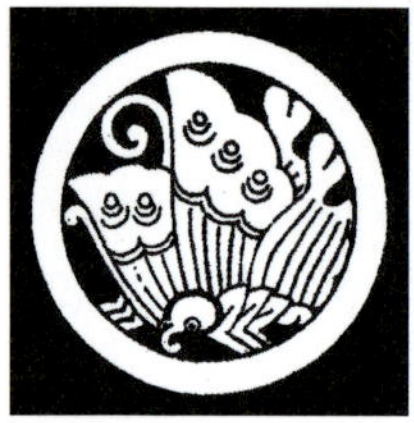
丸に揚羽蝶

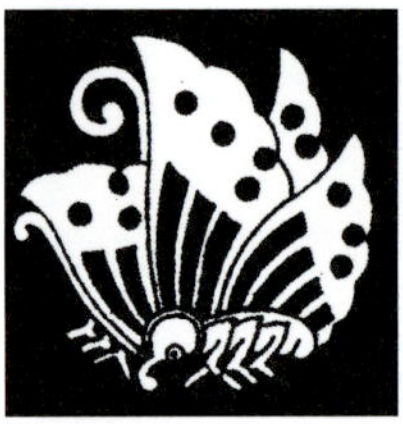
変り揚羽蝶

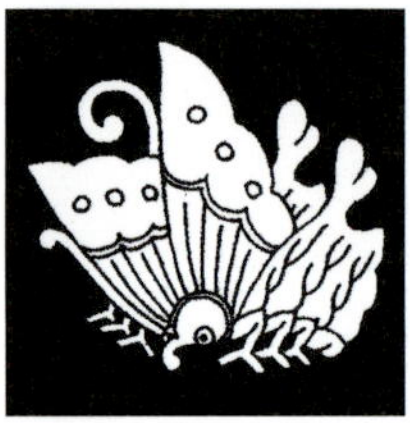
織田蝶

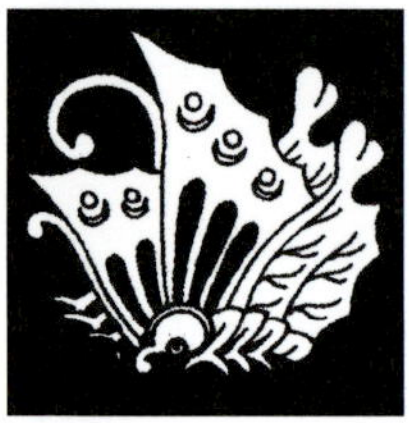
保倉蝶

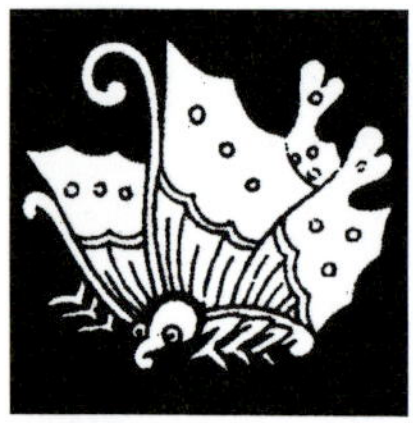
播州蝶

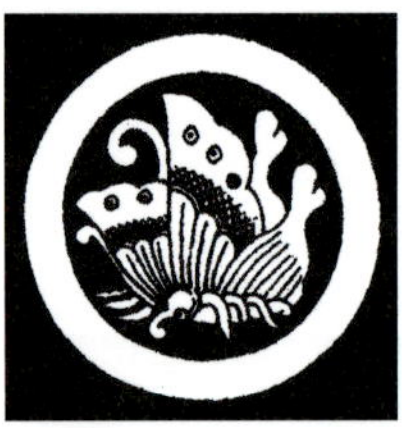
因州蝶

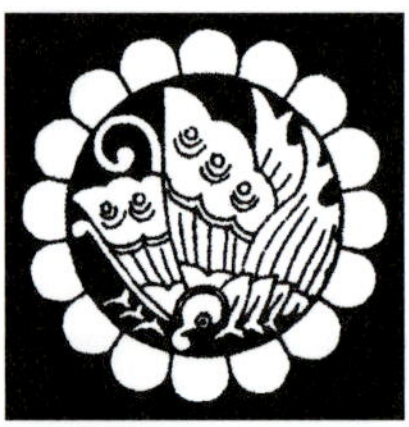
平松因州蝶

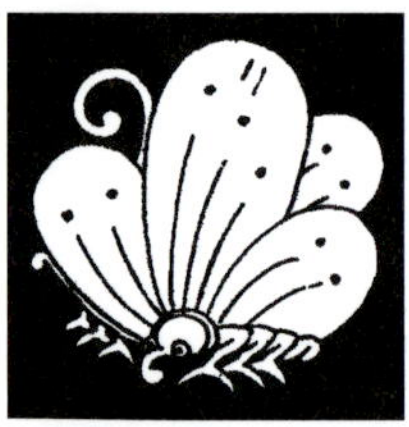
日向光琳蝶

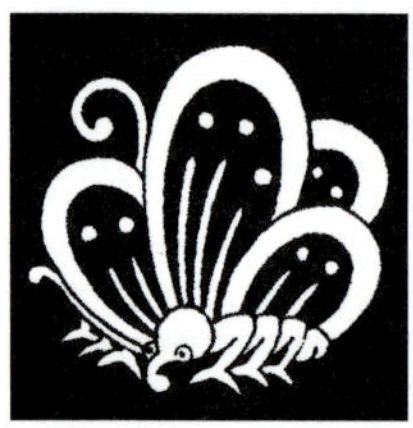
かげ光琳蝶

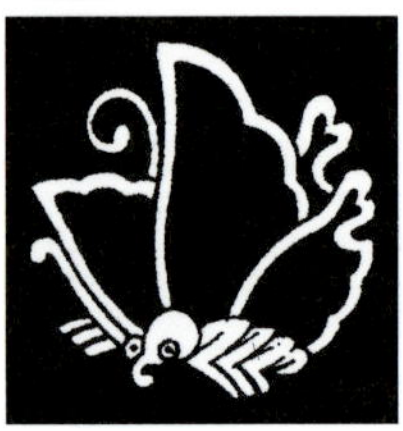
かげ大割揚羽蝶

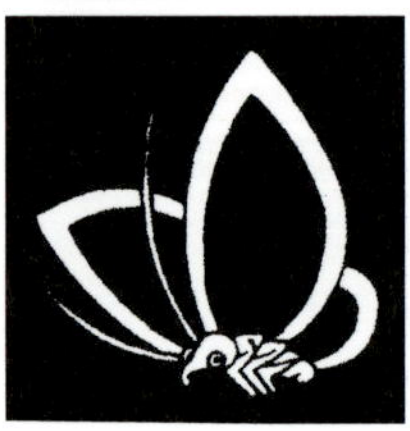
中かげ光琳飛び蝶

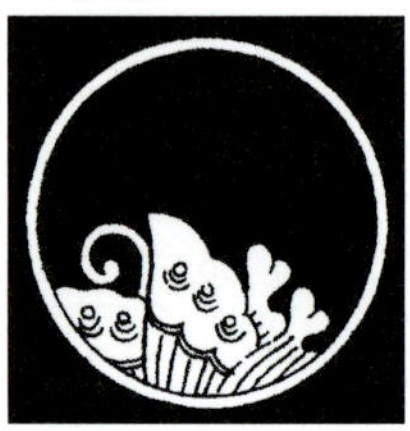
糸輪に覗き揚羽蝶

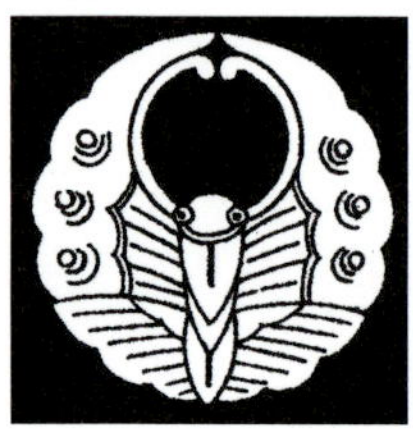
浮線蝶

since the Heian period (800–1185), became one of the motifs associated with the imperial court and also used by aristocrats.

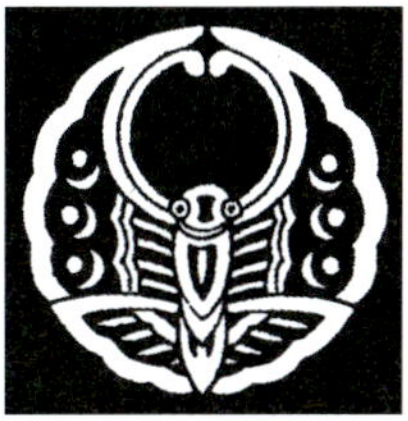

中かげ浮線蝶

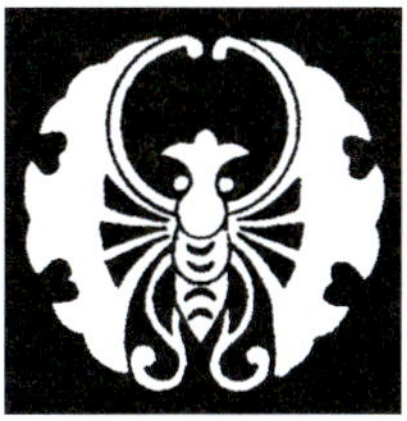

変り備前蝶

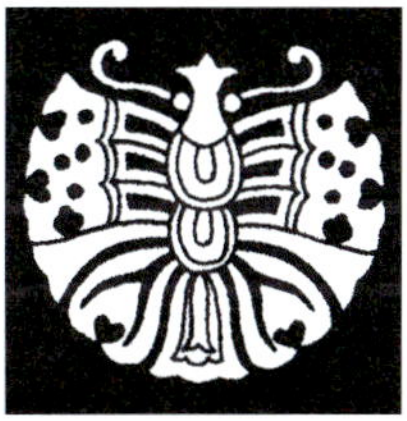

源氏蝶

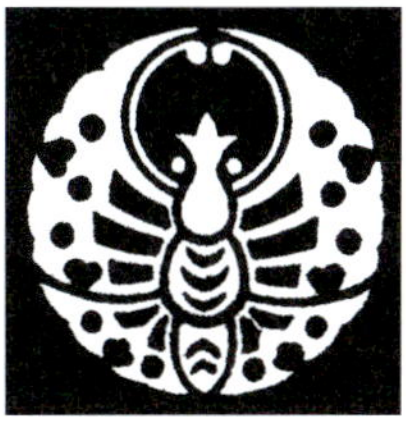

備前蝶

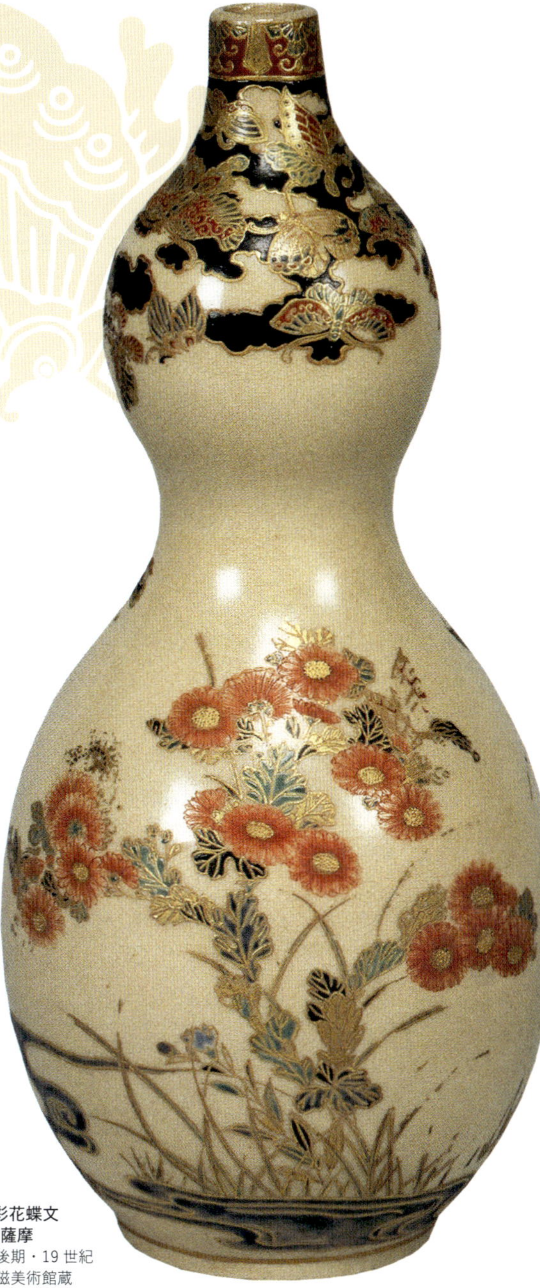

「色絵金彩花蝶文
瓢徳利」薩摩
江戸時代後期・19 世紀
愛知県陶磁美術館蔵

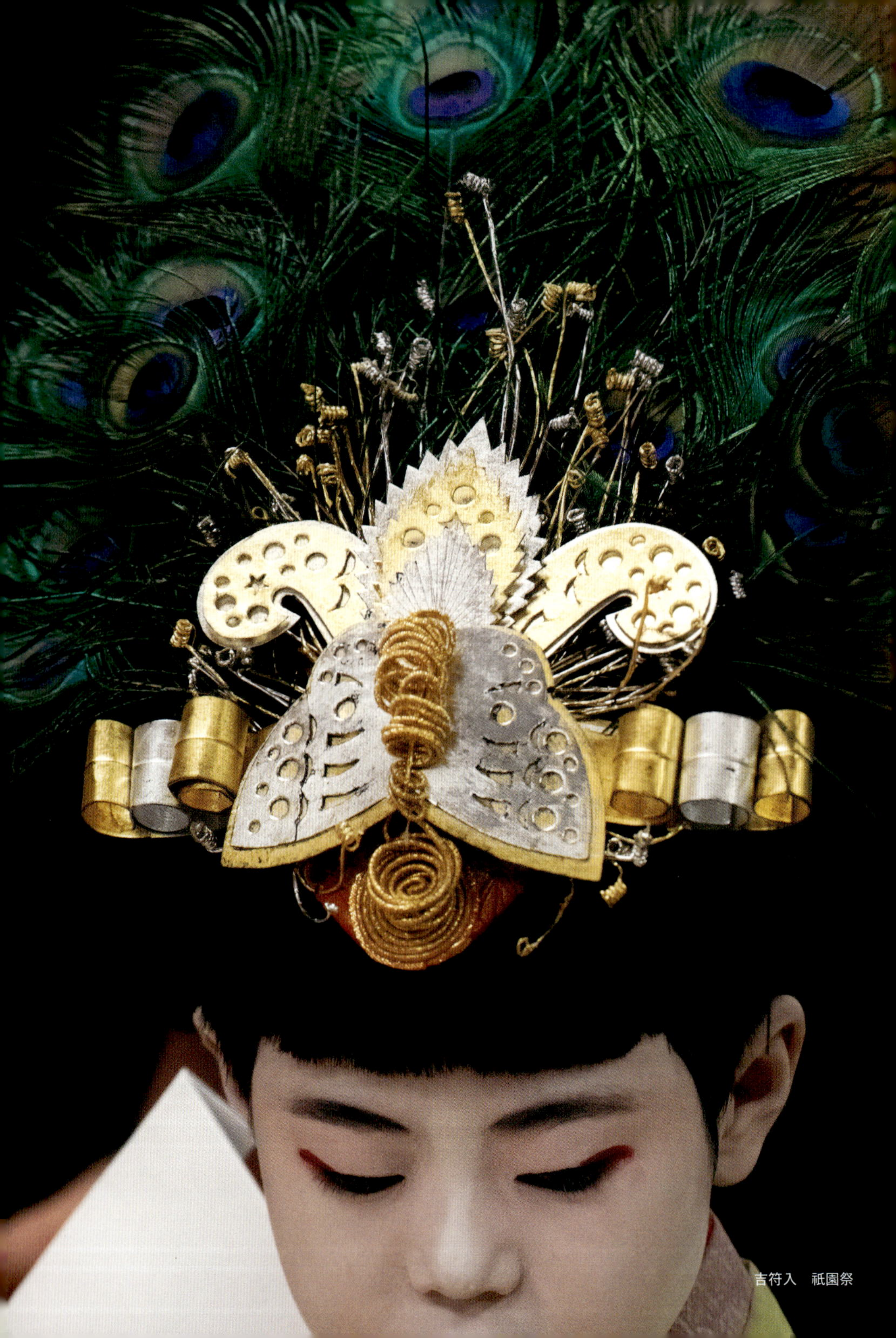

吉符入　祇園祭

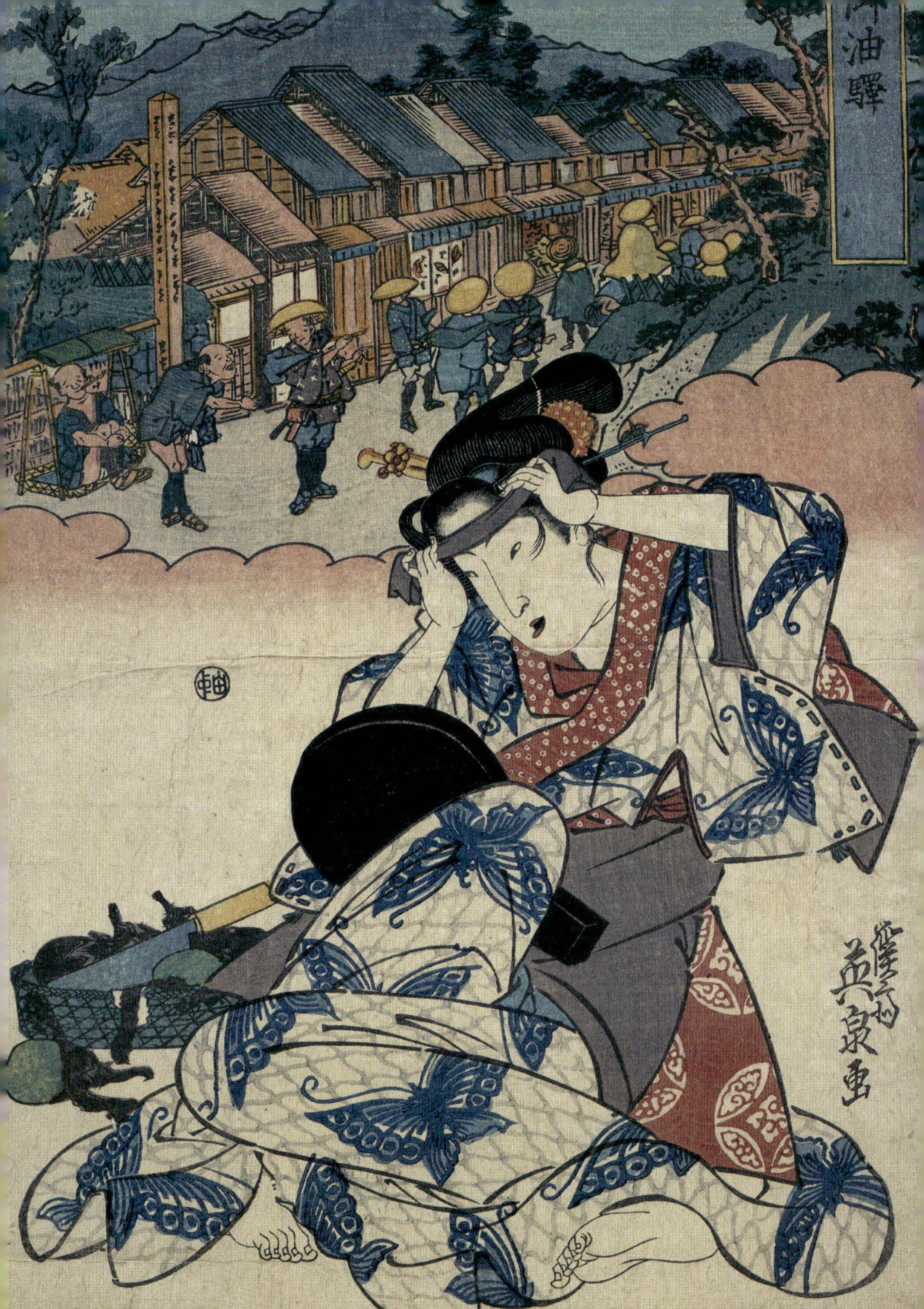

「御油驛」（部分）渓斎英泉
天保 13 年・1842　東京都立中央図書館特別文庫室蔵

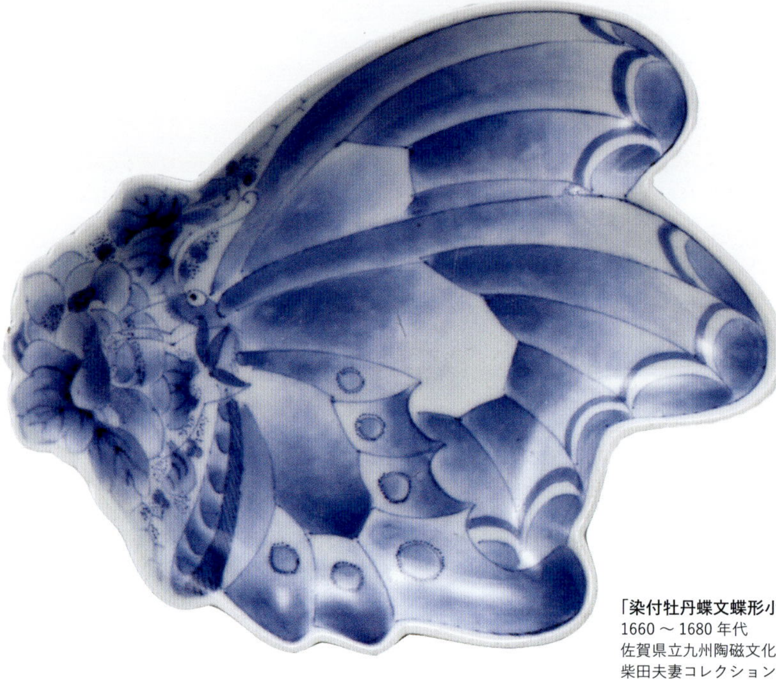

「染付牡丹蝶文蝶形小皿」
1660 ～ 1680 年代
佐賀県立九州陶磁文化館蔵
柴田夫妻コレクション

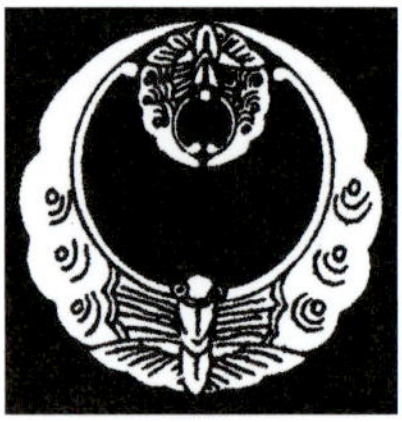

月と星浮線蝶

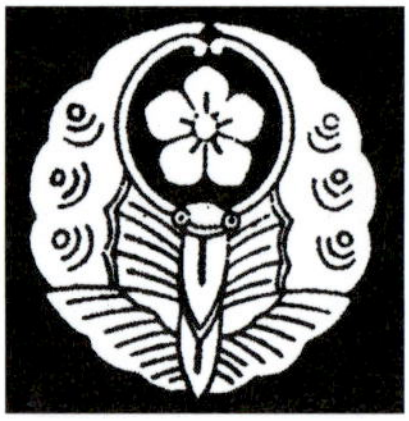

浮線蝶に桔梗

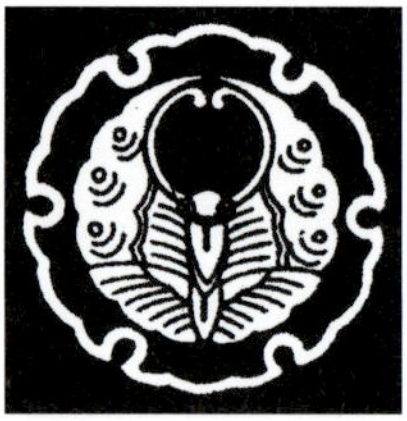

雪輪に浮線蝶

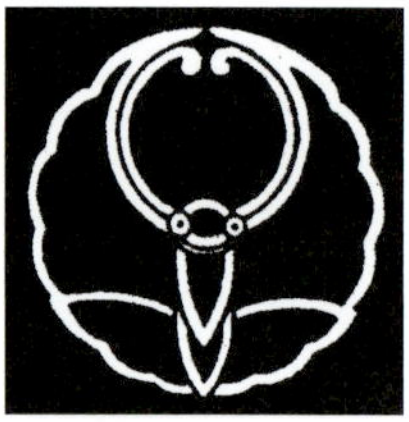

かげ大割浮線蝶

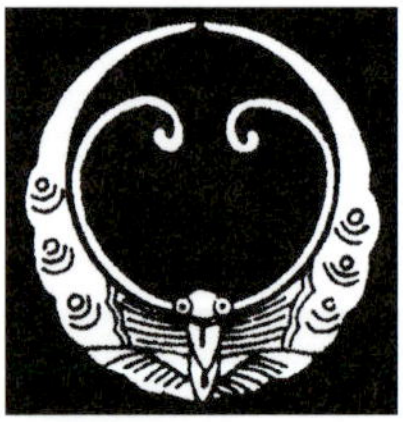

月形浮線蝶

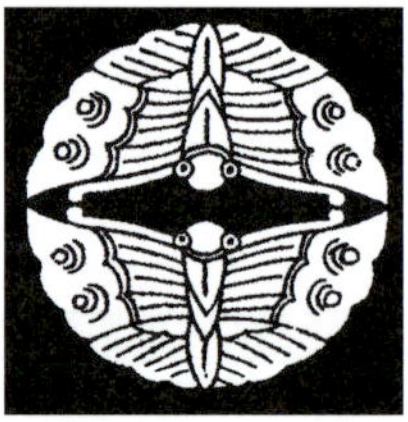

上下対い蝶

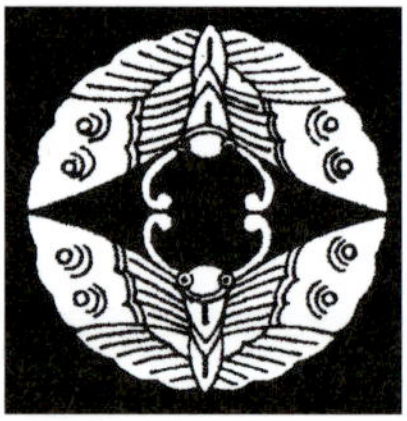

変り対い蝶

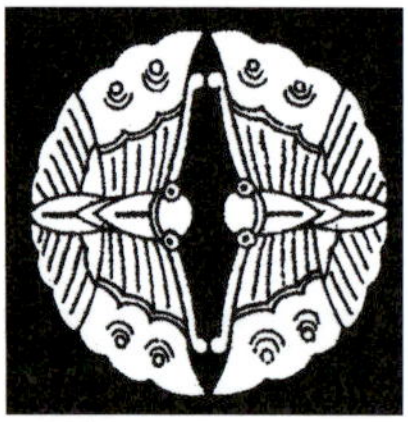

対い蝶

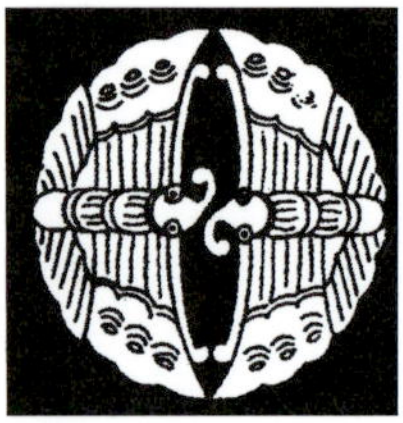

北条対い蝶

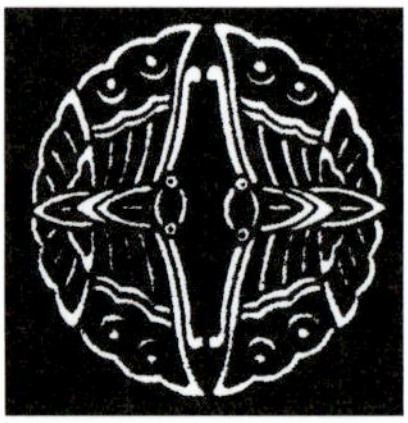

かげ対い蝶

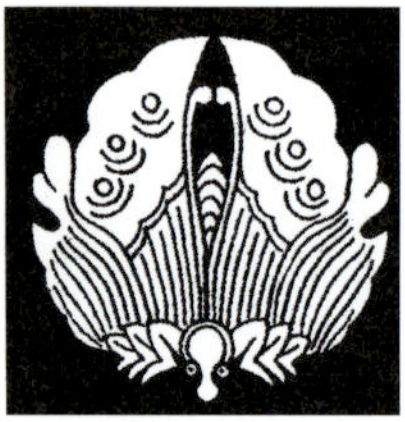

真向き揚羽蝶

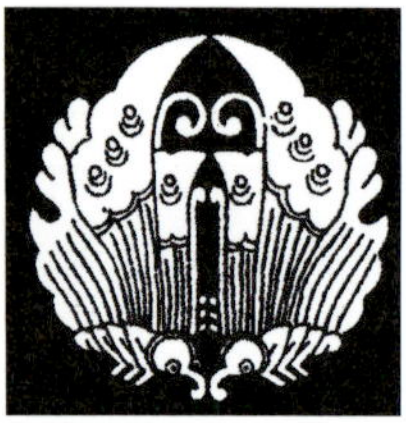

対い揚羽蝶

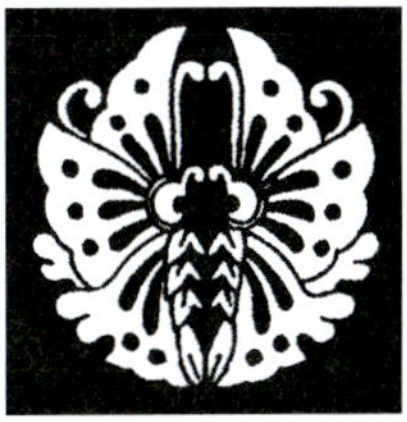
変り対い鎧蝶

池田対い蝶

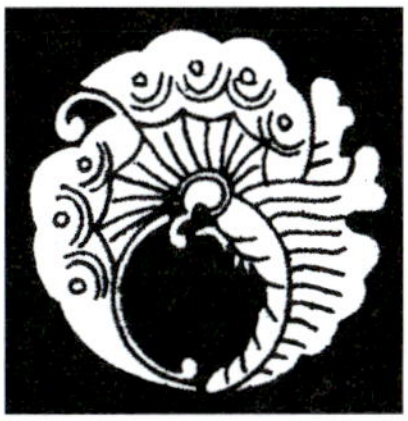
揚羽蝶の丸

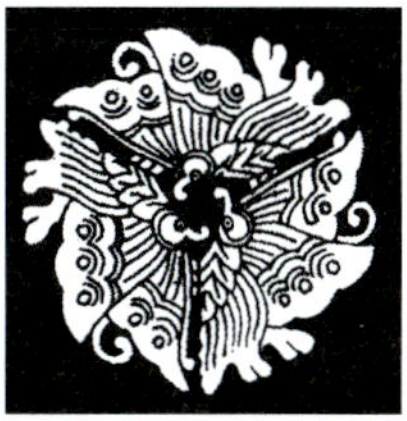
頭合せ三つ寄せ蝶

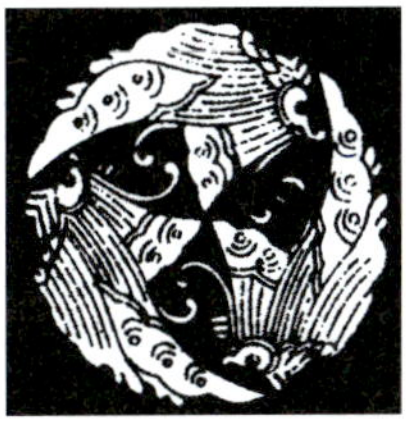
三つ追い揚羽蝶

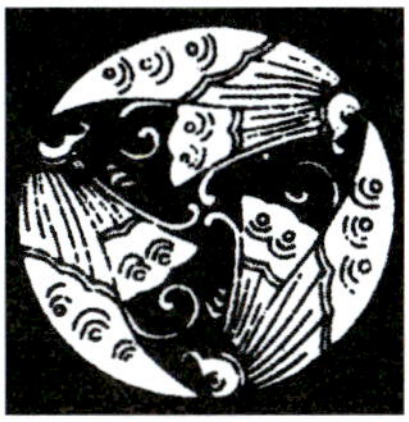
三つ割揚羽蝶

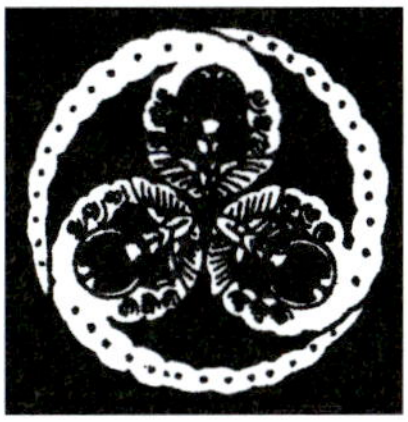
三つ浮線蝶巴

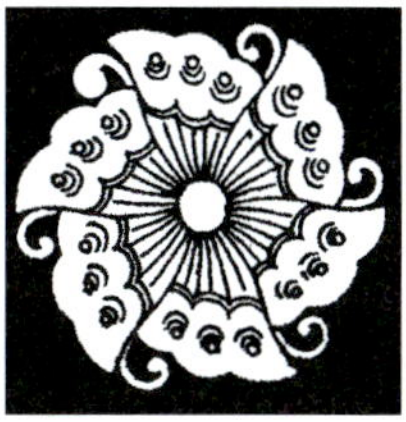
蝶車

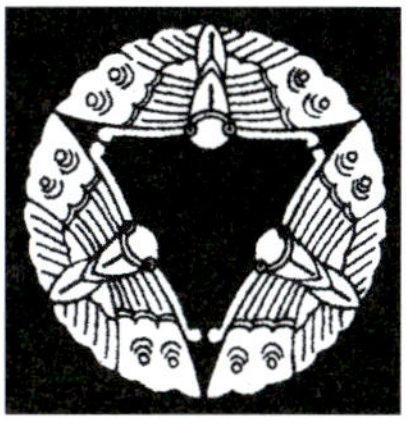
三つ蝶

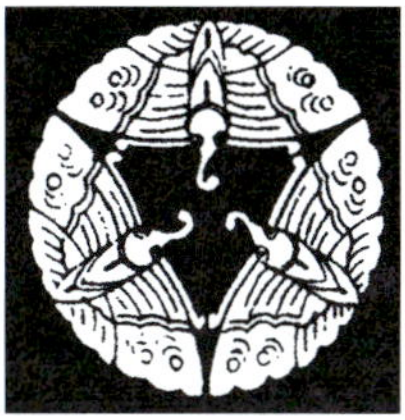
変り三つ蝶

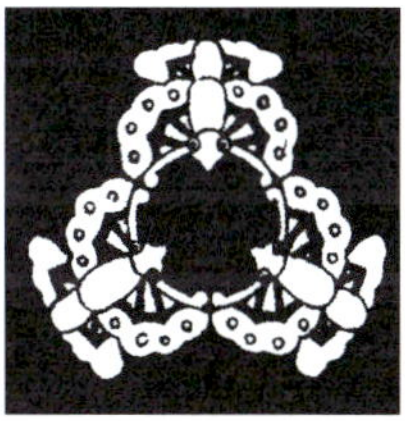
池田三つ蝶

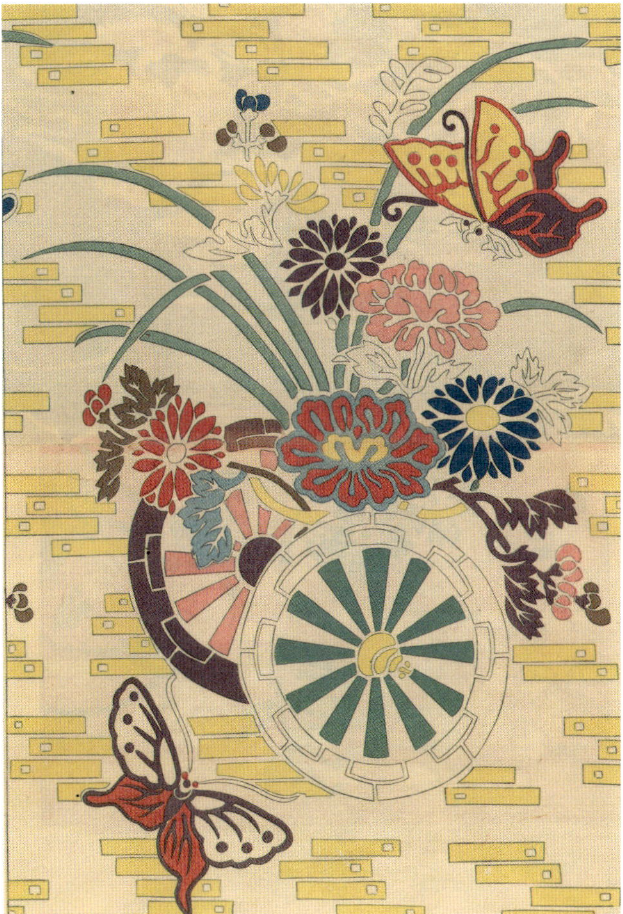
「求古図譜織文之部」（部分）
高島千春　天保 11 年・1840
国立国会図書館蔵

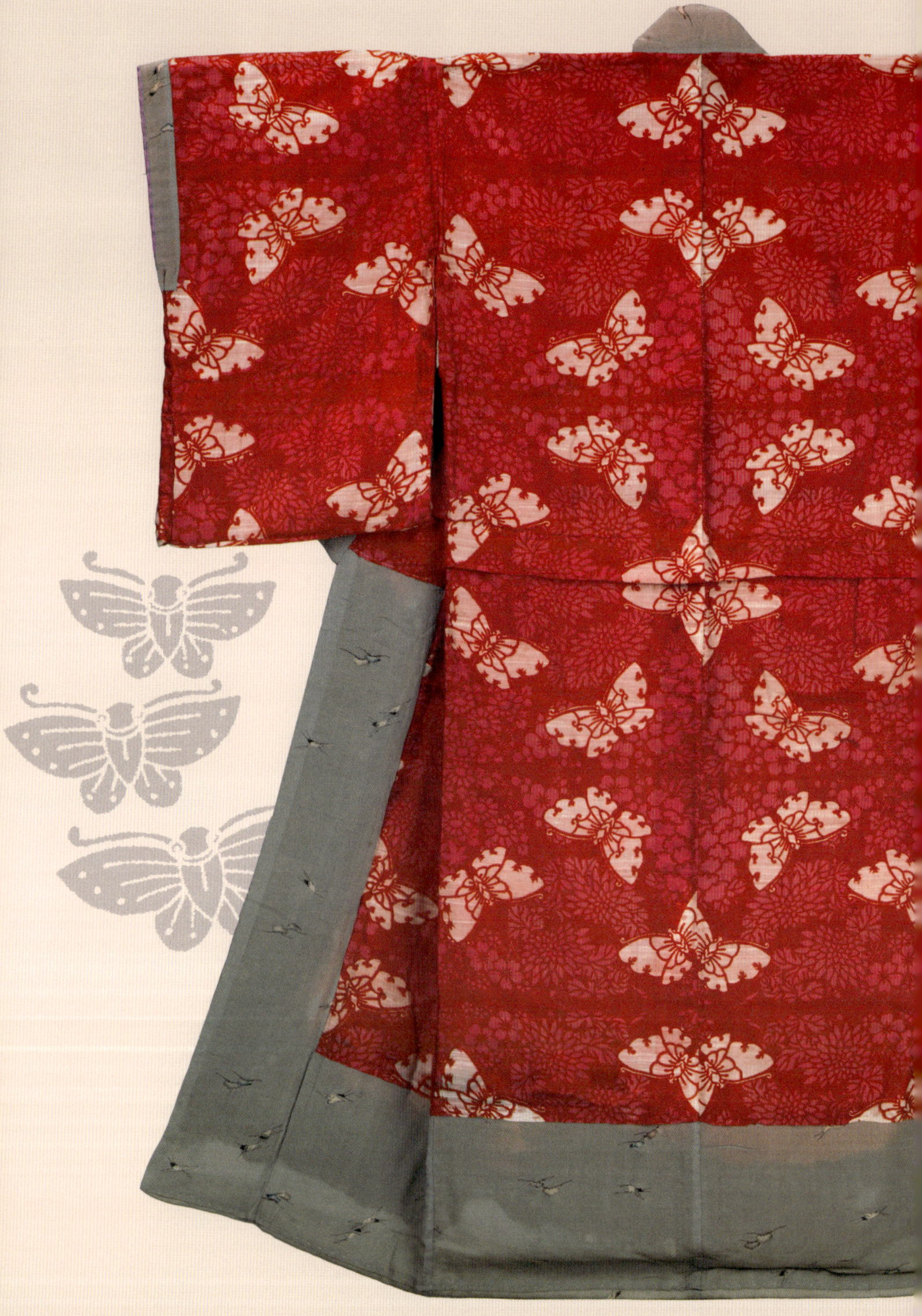

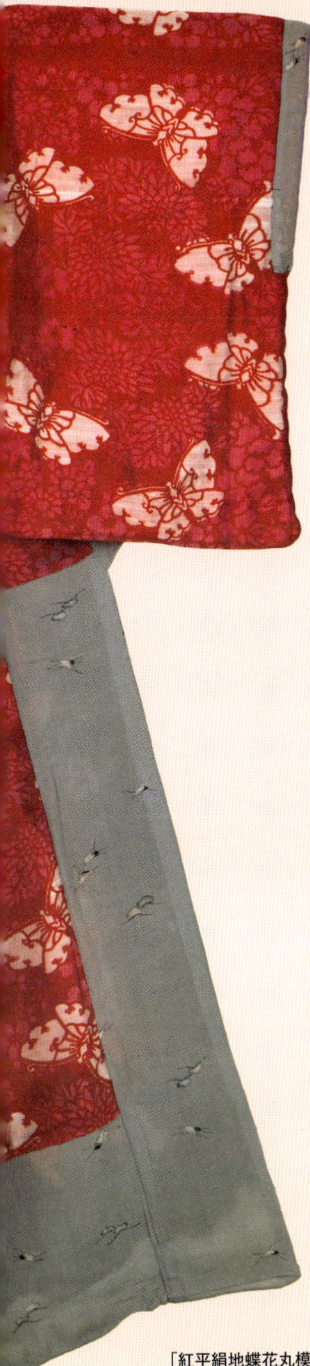

「紅平絹地蝶花丸模様染下着」
明治時代・１９～20世紀
国立歴史民俗博物館蔵

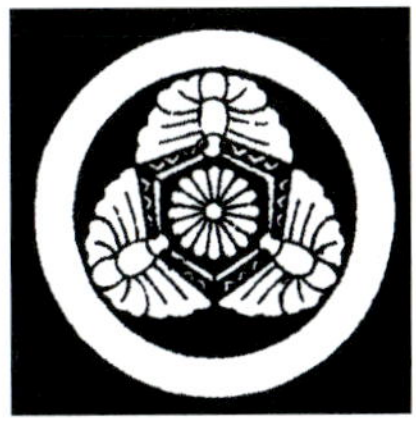

三つ寄せ変り蝶

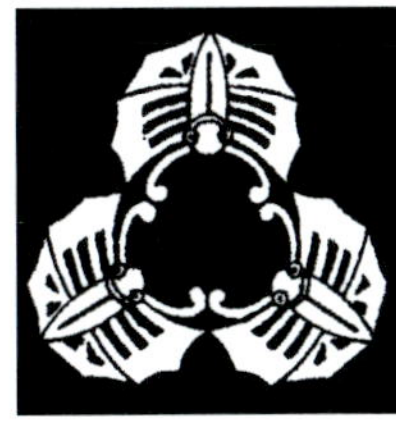

吉田蝶

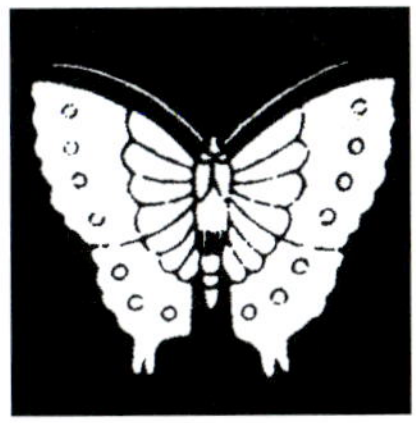

胡蝶

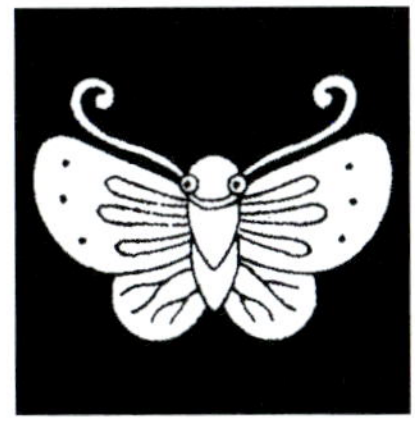

光琳飛び胡蝶

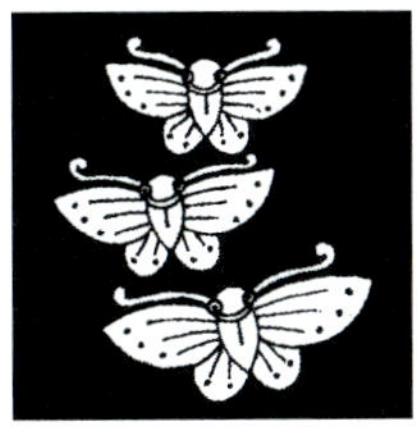

三つ飛び胡蝶

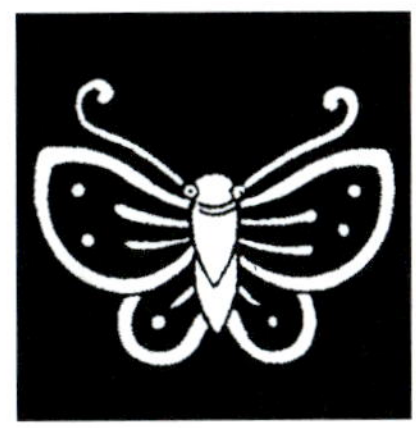

中かげ光琳胡蝶

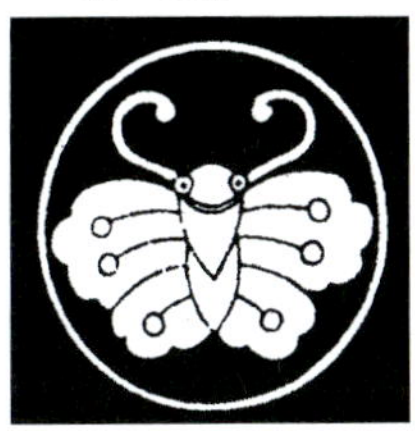

糸輪に変り胡蝶

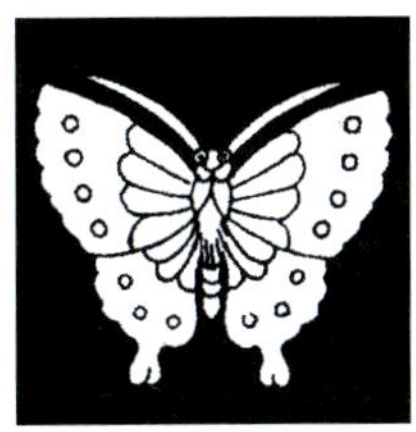

揚羽飛び蝶

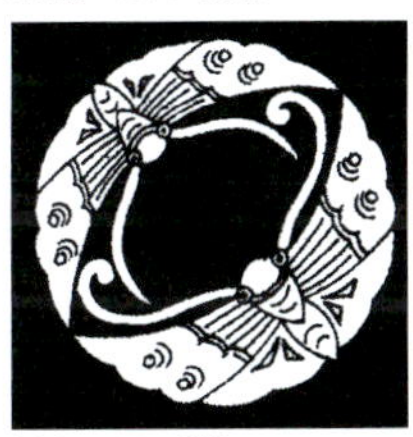

斜向い飛び蝶

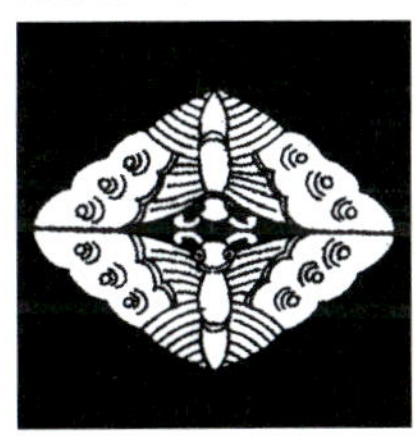

建部蝶

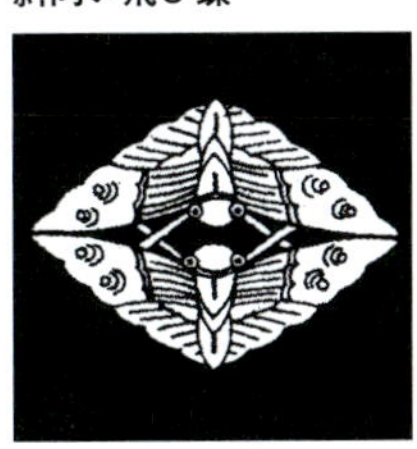

ひげ違い建部蝶

つる

◉鶴紋

Tsuru | Crane Crests

ツル科のタンチョウ、マナヅル、ナベヅル、ソデグロヅルなどの総称。鶴の優雅で気品のある姿が、日本美のシンボルとも考えられた。また鶴は吉祥や瑞祥をあらわすモチーフであり、鶴亀の組み合せ、松竹梅鶴亀、蓬萊山のデザインとして、喜びや品位をあらわす文様でもある。家紋としては、飛ぶ姿の「舞い鶴」、舞い上がる「昇り鶴」、舞い降りる「降り鶴」、地上に立つものを「立ち鶴」という。「鶴の丸」も一羽から三羽まであり、二羽向い合うのが「対(むか)い鶴」とよばれる。なお、「銀杏鶴」は歌舞伎役者の片岡我童の紋であり、「鶴の丸」は日本航空（JAL）の社章でもある。

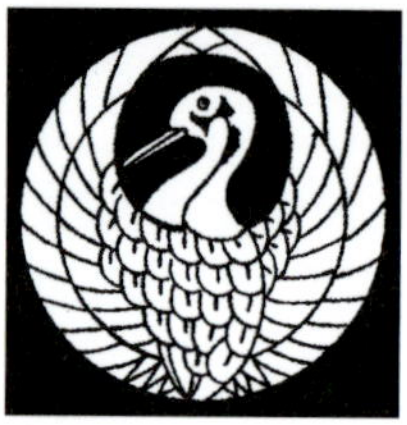
鶴の丸

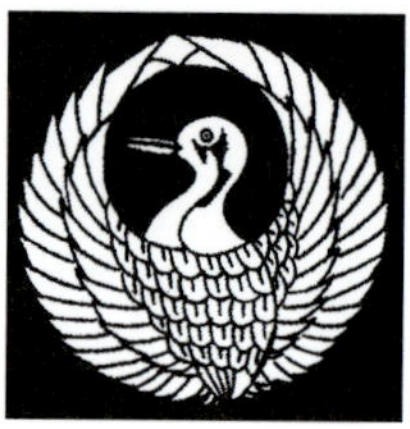
舞い鶴

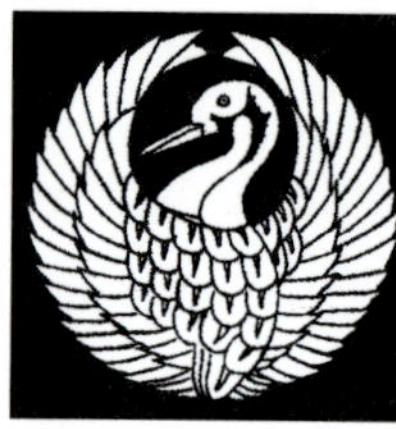
諏訪鶴

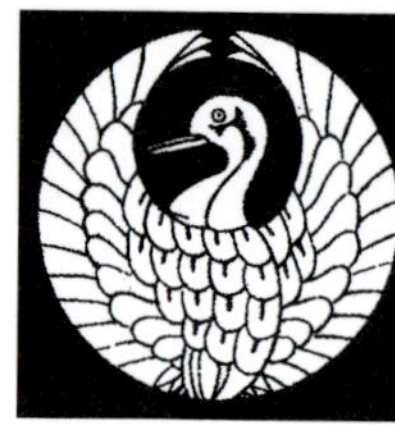
鳥居鶴

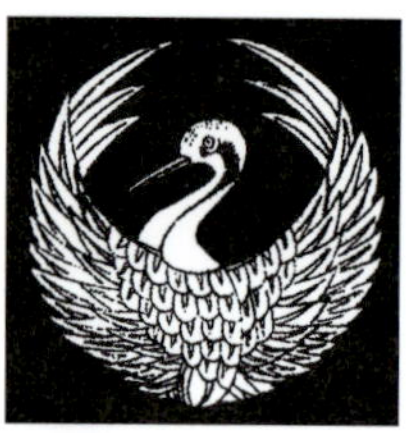
佐伯鶴

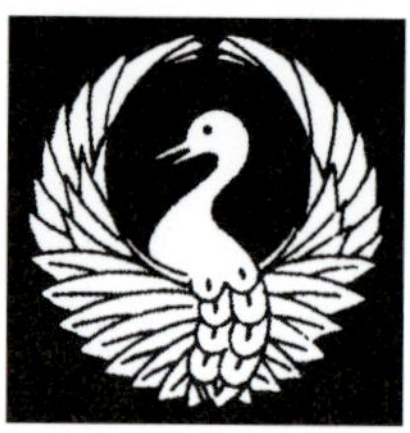
宝慈院鶴の丸

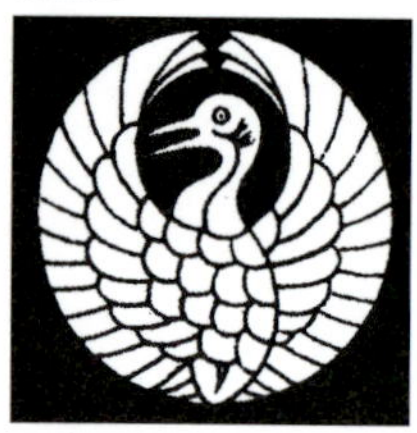
日蓮宗鶴

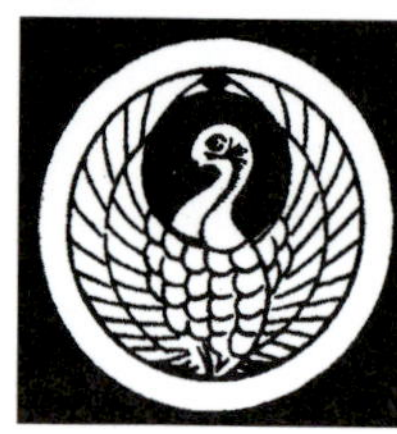
丸に鶴の丸

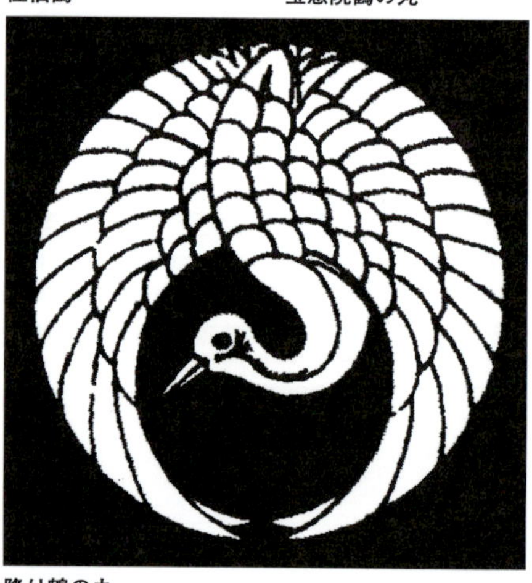
降り鶴の丸

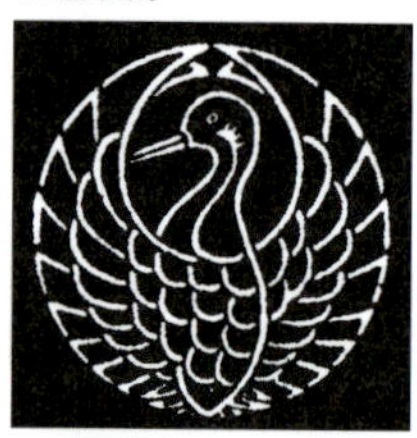
かげ鶴の丸

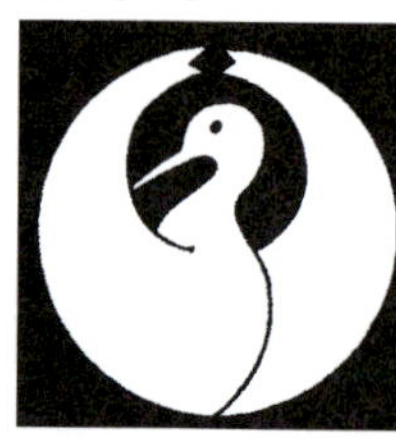
光琳鶴

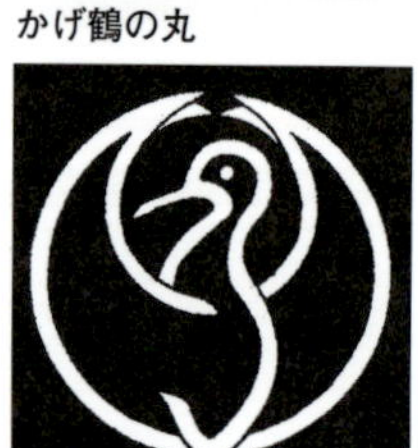
かげ光琳鶴

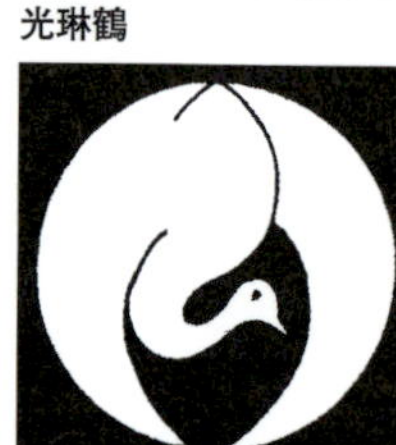
降り光琳鶴

Tsuru, crane, is a general term for birds in the *Gruidae* family. The crane's elegant, graceful form has made it a symbol of Japanese art and aesthetics. It is also an auspicious motif, often used in the crane-and-tortoise combination or in designs using the pine, bamboo, plum, crane, and tortoise, to symbolize joy and nobility. The "crane circle" family crest is now the corporate crest—the logo of Japan Airlines (JAL).

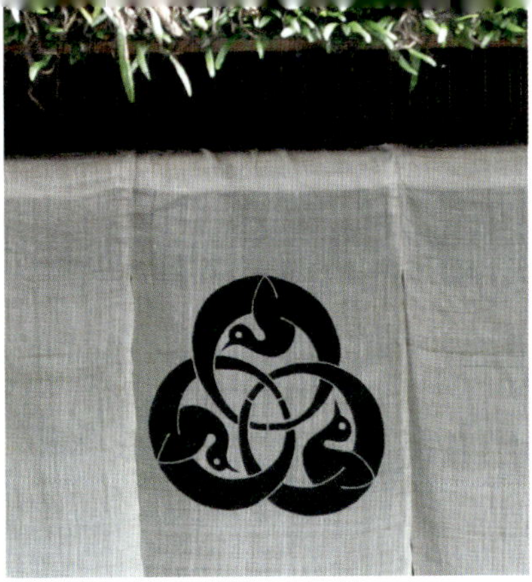

鶴紋の暖簾　京都

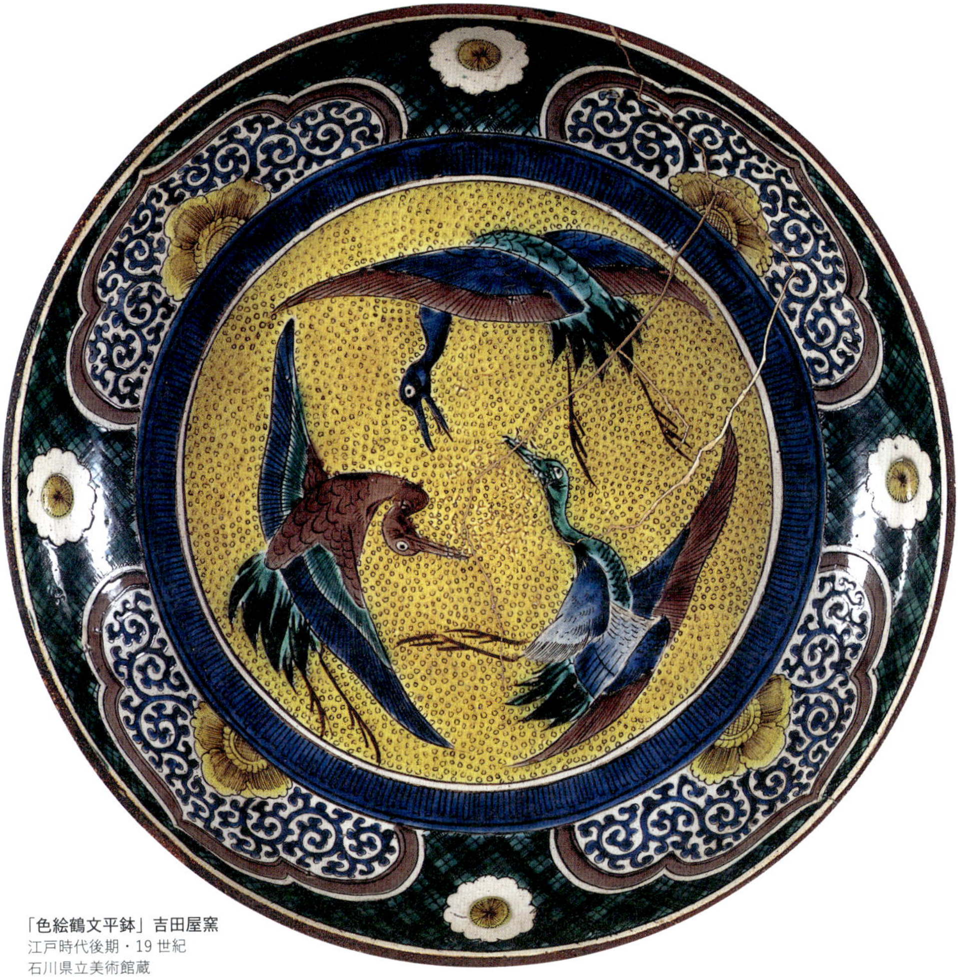

「色絵鶴文平鉢」吉田屋窯
江戸時代後期・19 世紀
石川県立美術館蔵

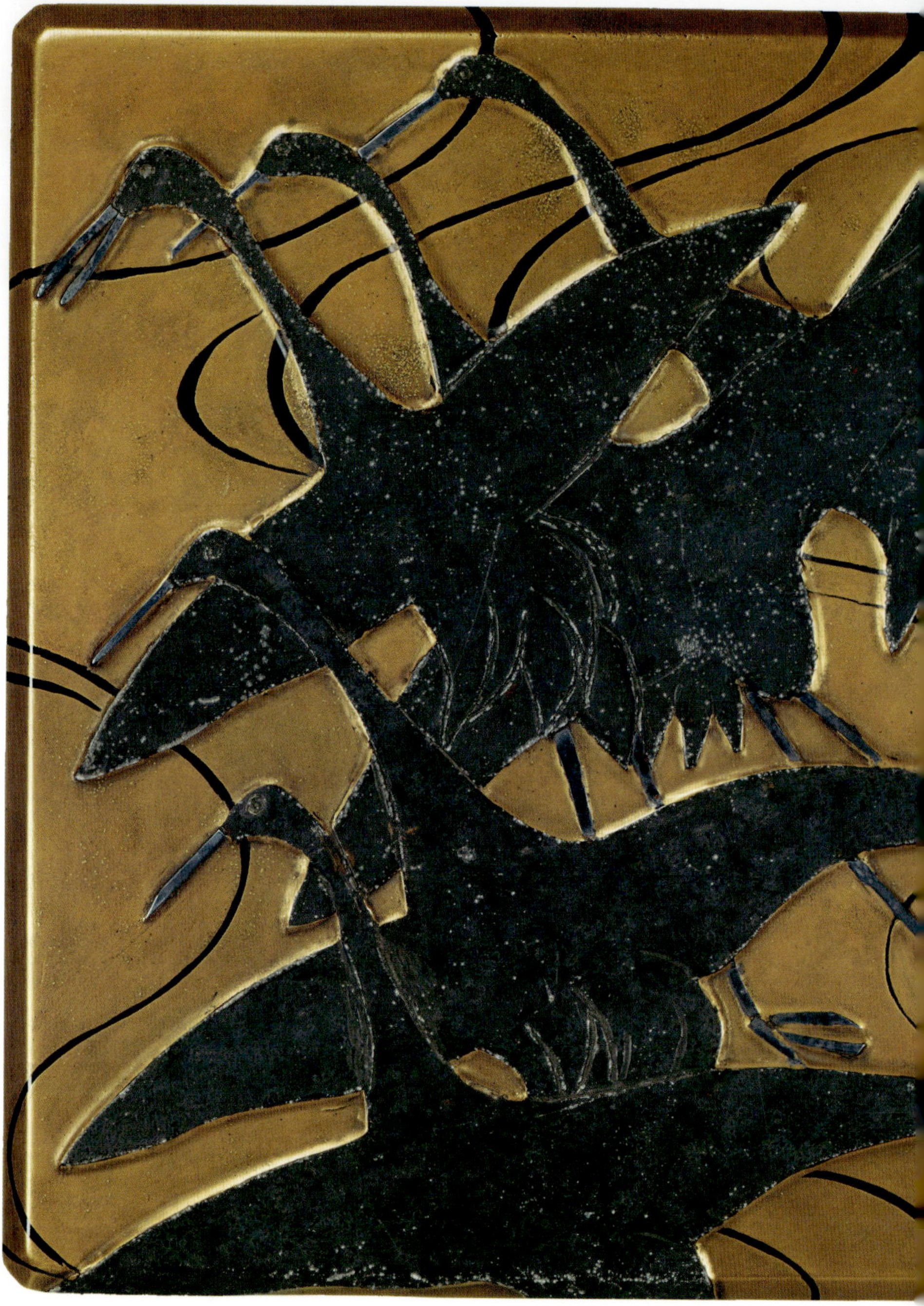

「群鶴蒔絵硯箱」江戸時代・18 世紀　東京国立博物館蔵　出典：ColBase (https://colbase.nich.go.jp)

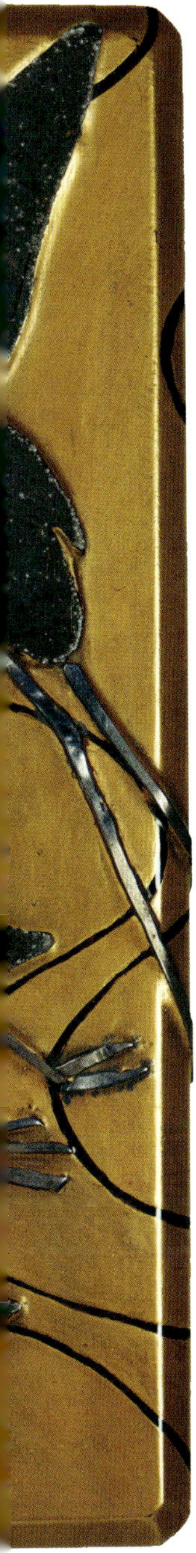

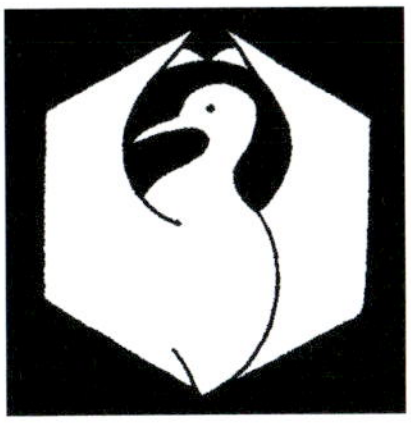

六角光琳鶴

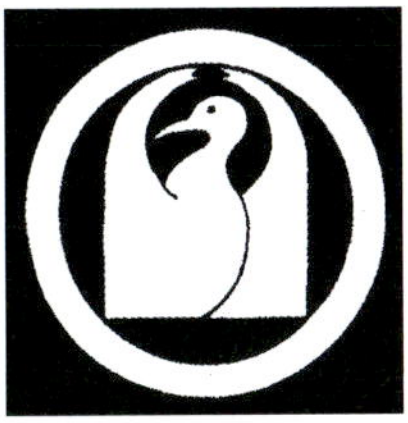

丸に光琳造り鶴

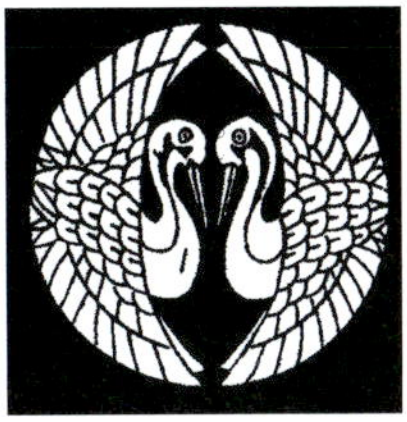

対い鶴

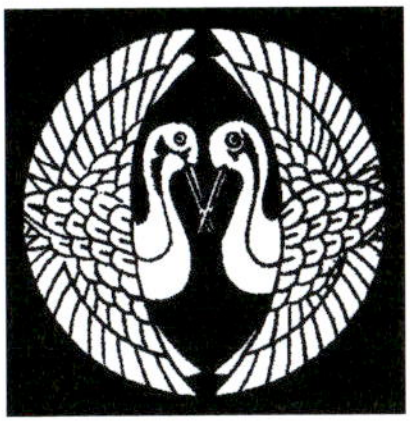

喰合い対い鶴

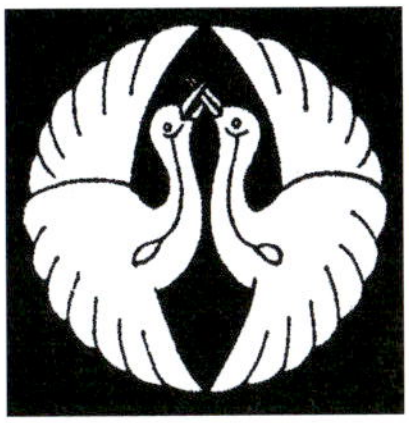

対い白鶴

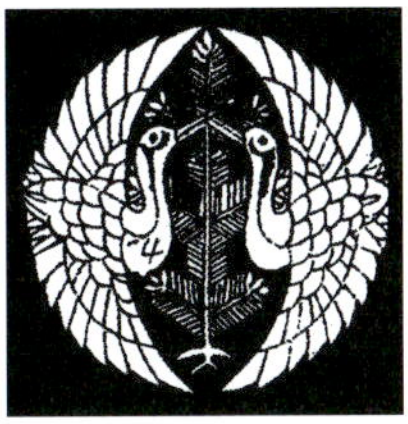

対い鶴に若松

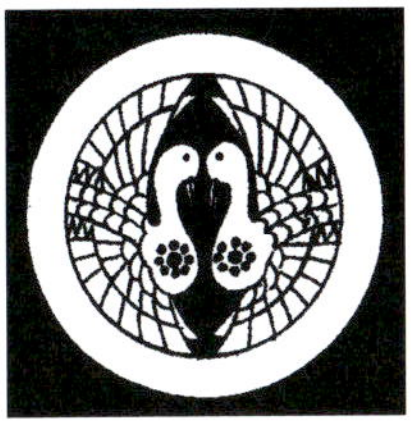

南部鶴

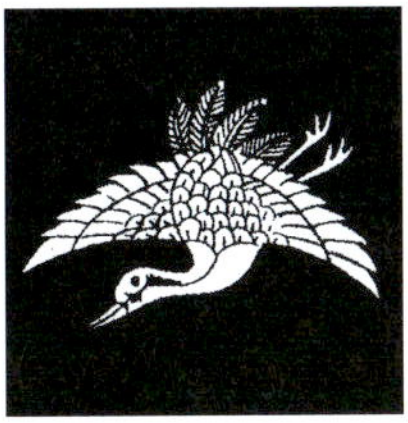

飛び鶴

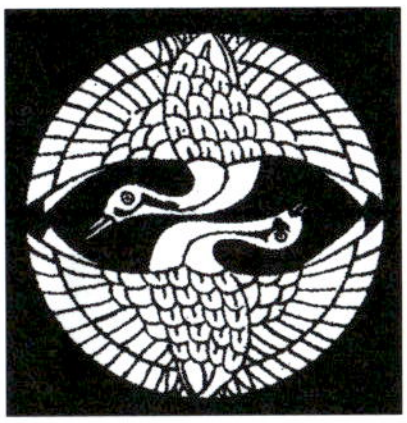

上下対い鶴

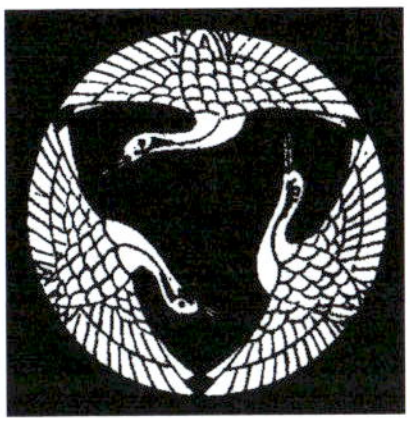

三つ鶴

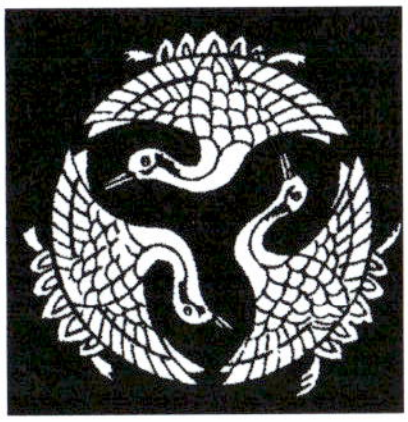

三つ飛び鶴

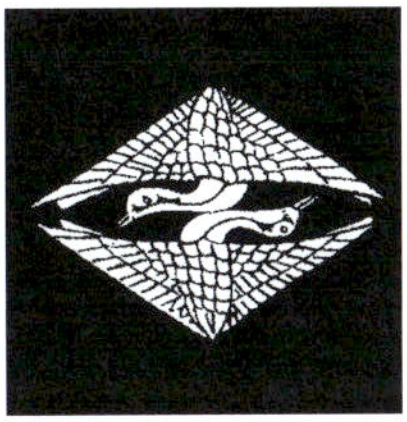

上下対い鶴

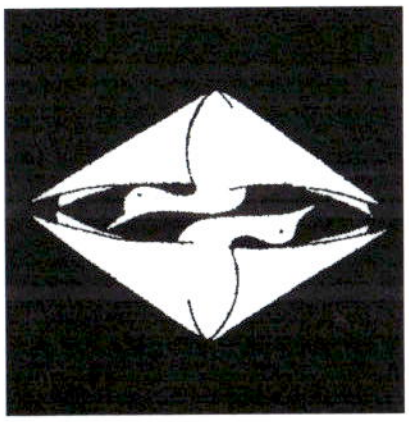

上下光琳対い鶴

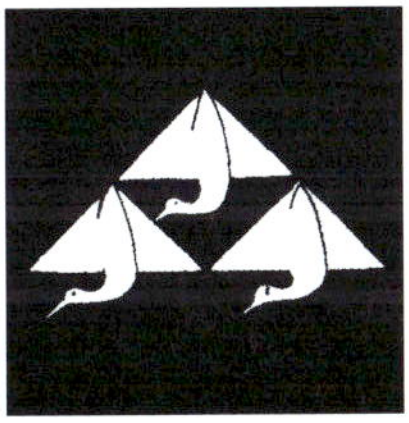

三つ鱗鶴

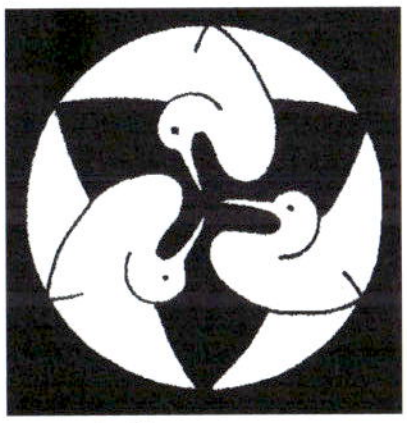

三つ光琳

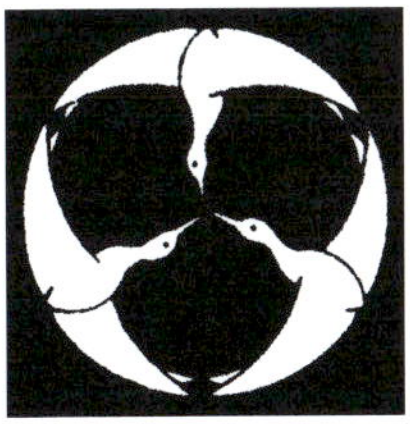

変り光琳三つ鶴

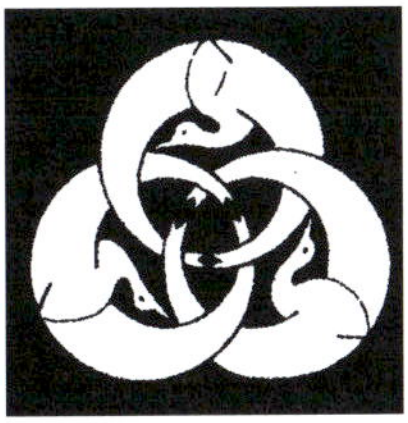

光琳金輪鶴

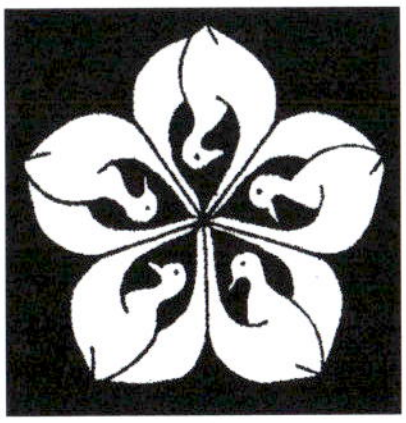

桔梗形光琳鶴

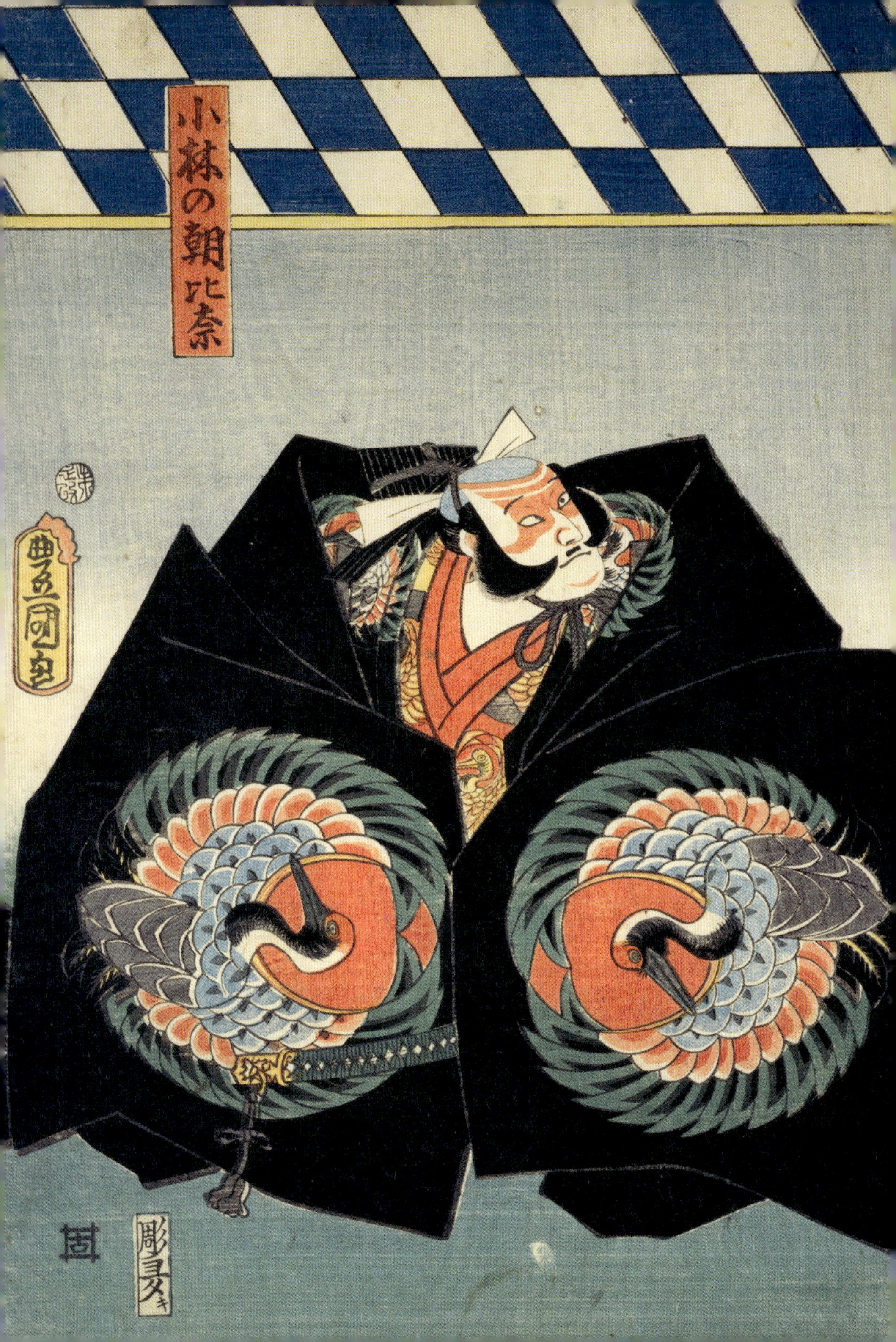
小林の朝比奈
豊国画

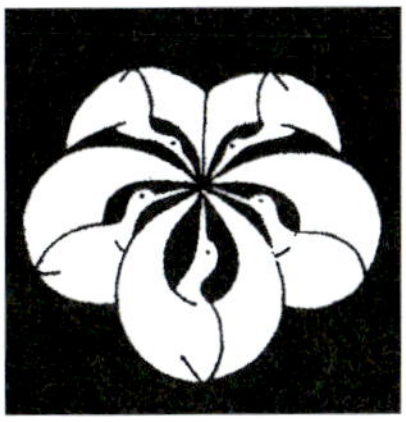

蔦形光琳鶴

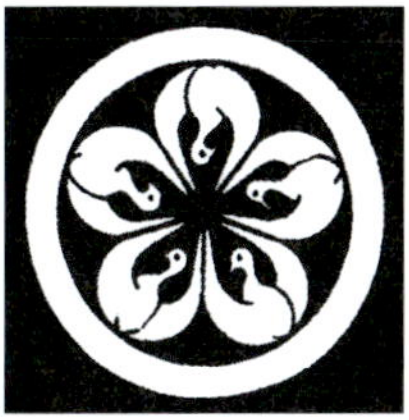

丸に梅形光琳鶴

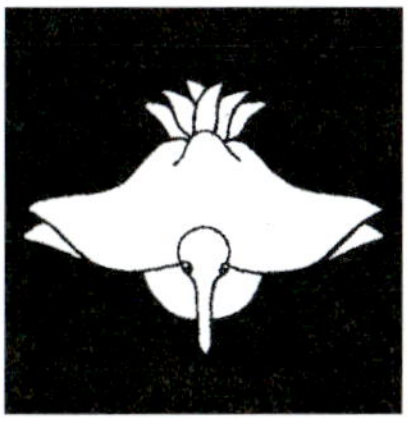

真向き鶴

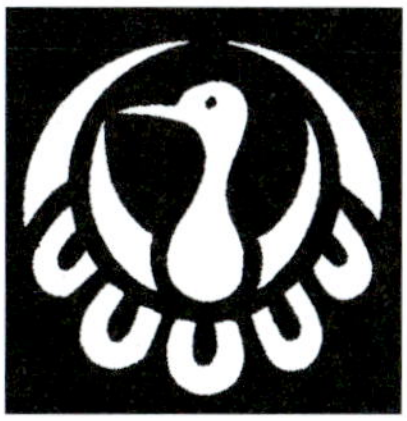

有職鶴

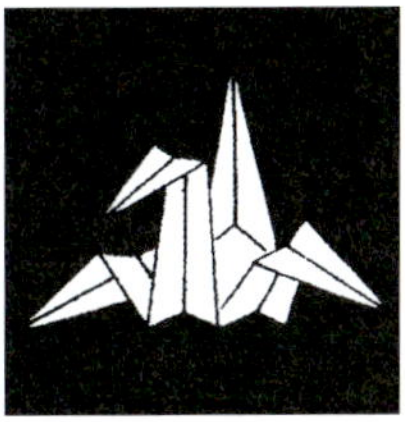

折り鶴

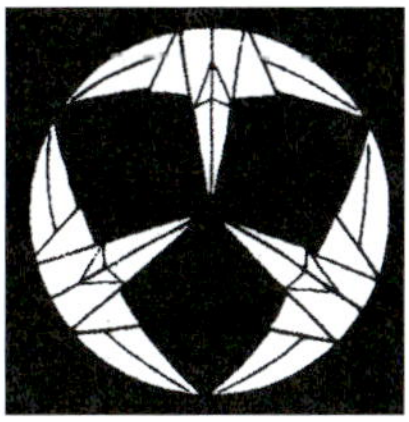

三つ割折り鶴

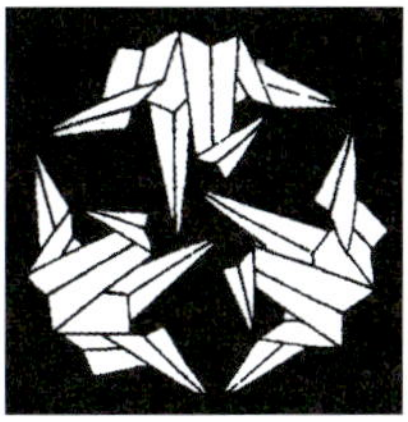

三つ折り鶴

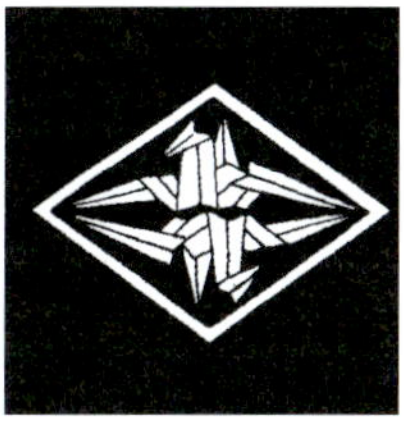

糸菱に二つ折り鶴

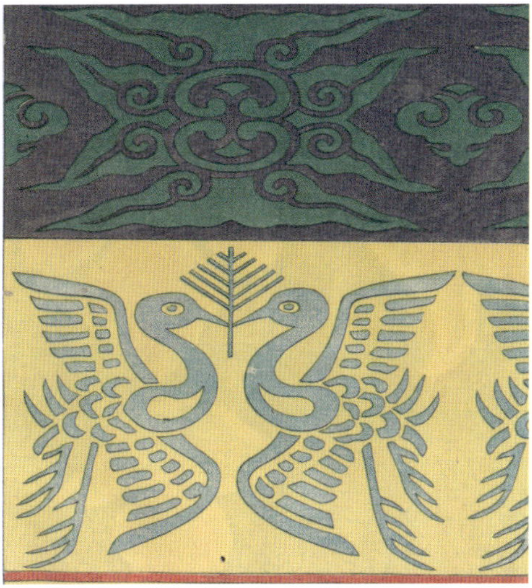

「求古図譜織文之部」（部分）高島千春
天保 11 年・1840　国立国会図書館蔵

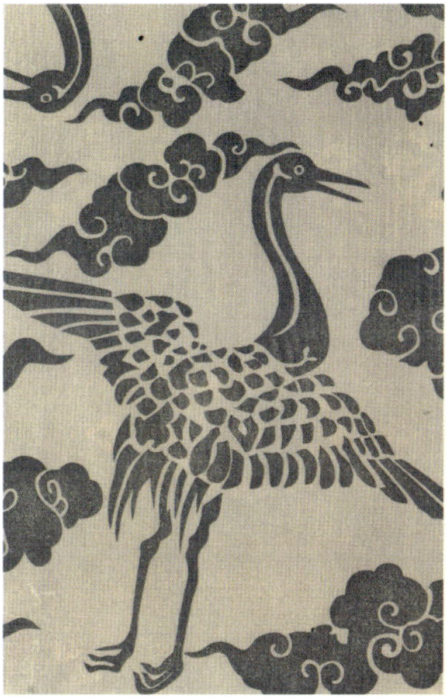

前頁：「根元草摺引」（部分）歌川豊国
安政 6 年・1859　国立国会図書館蔵

かり

◉雁紋

Kari | Wild Goose Crests

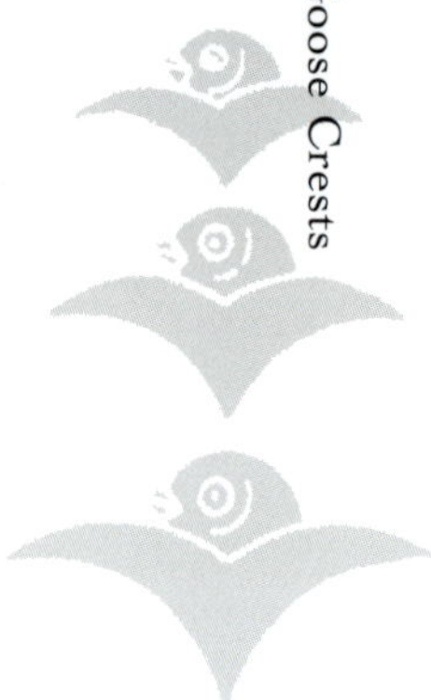

ガン類はガンカモ科のなかの大型のマガン、カリガネ、ヒシクイなどの総称。代表的な渡り鳥で、その鍵形に列を組んで群れ飛ぶ姿を文様にうつした雁行(がんこう)文、また雁のかたちをパターン化して紋にした結び雁金(かりがね)文などがある。桃山・江戸時代には能装束や蒔絵などにすぐれたデザインが残されている。家紋ではやや実形に近い「三羽追い雁金」「飛び雁金」、飛ぶ姿を単純化して大きい目の頭をつけた「遠雁」、そして両羽を円形に捻った「結び雁金」が典型例である。徳川大名では井上、真田、増山の三氏に、旗本六十余家が用いている。

Goose is the general term for large birds in the *Anatidae* family of waterbirds. The emblematic migratory bird, the wild goose is used in "flying geese" motifs derived from the V formation of flocks of geese in migration and in the stylized karigane crest.

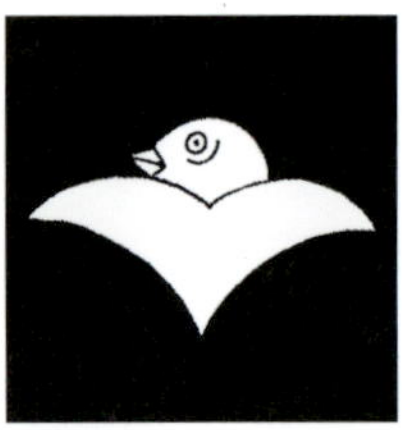

雁金

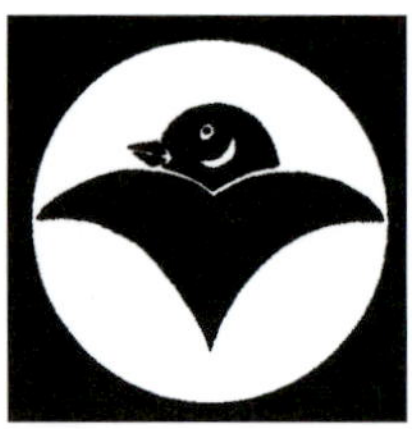

石持ち地ぬき雁金

丸に雁金

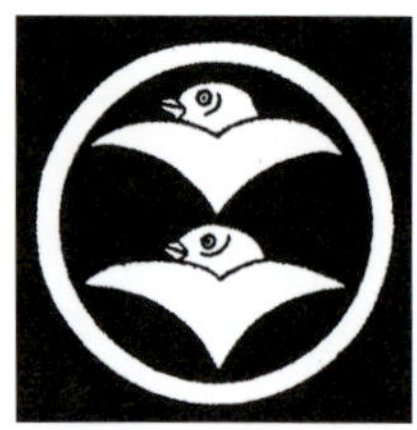

細輪に二つ雁金

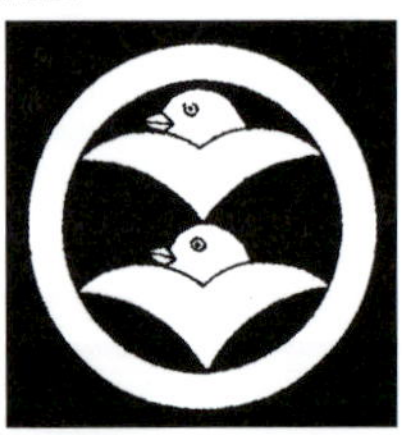

増山雁金

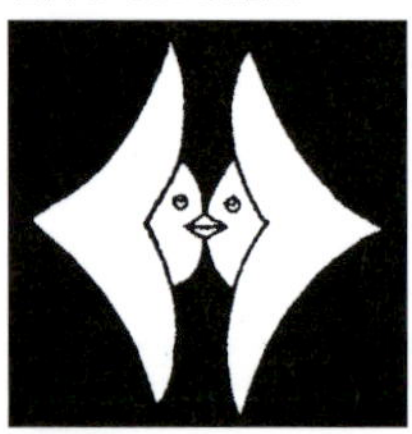

対い嘴合い雁金

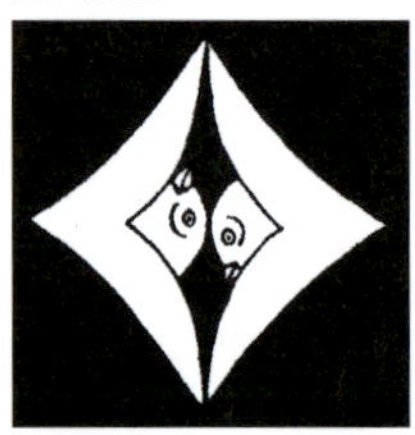

糸巻き雁金

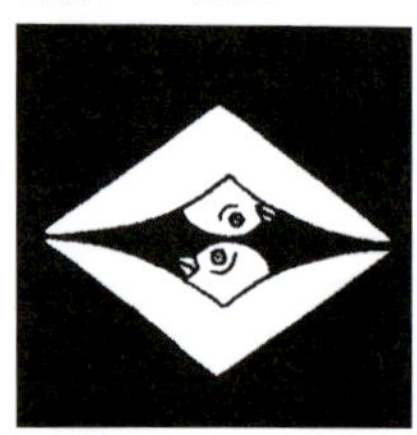

雁金菱

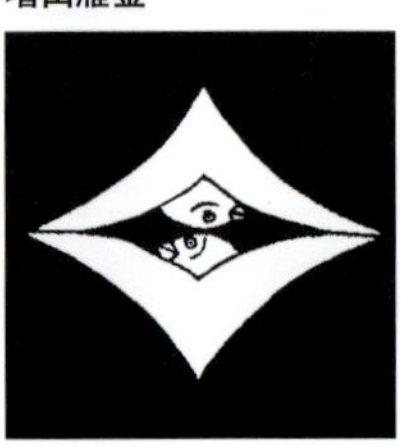

対い雁金菱

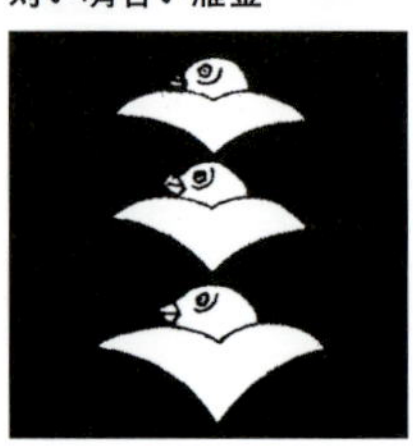

三つ重ね雁金

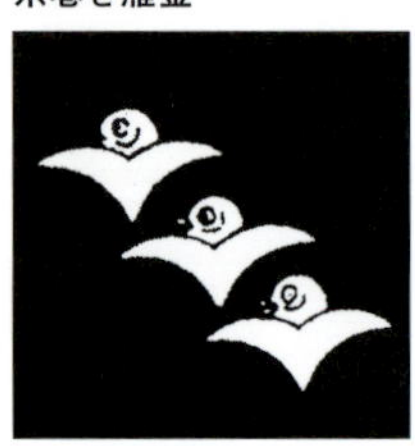

三つ斜め雁金

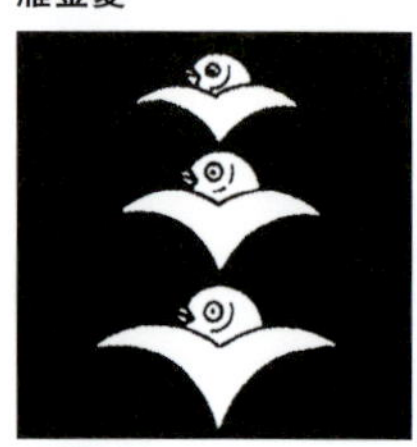

花房雁金

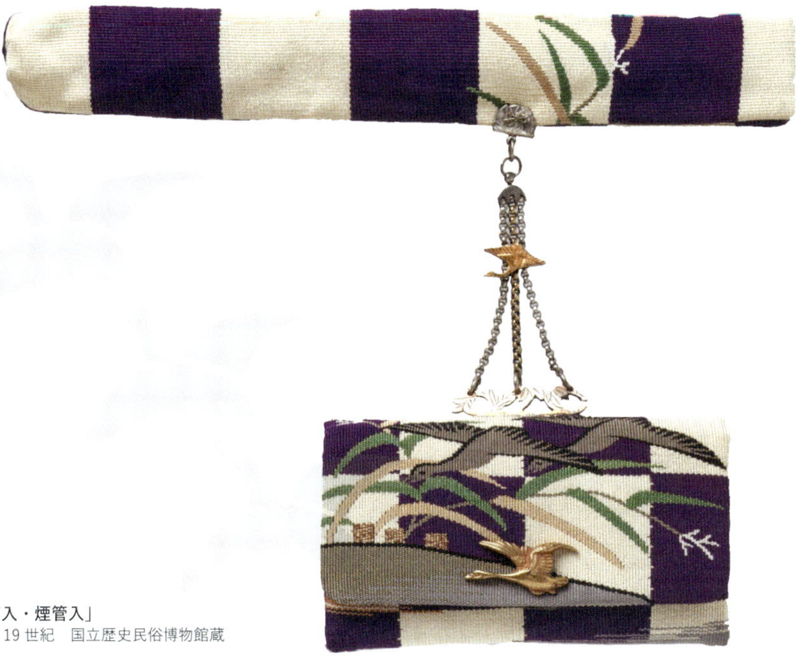

「芦雁図莨入・煙管入」
明治時代・19 世紀　国立歴史民俗博物館蔵

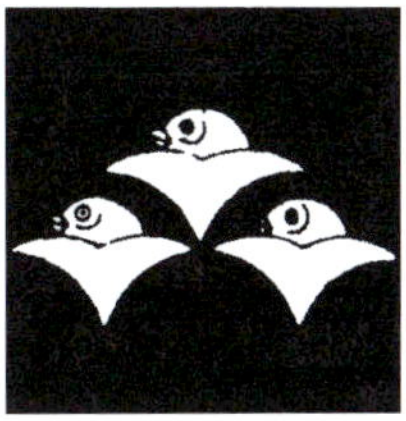

三つ盛り雁金

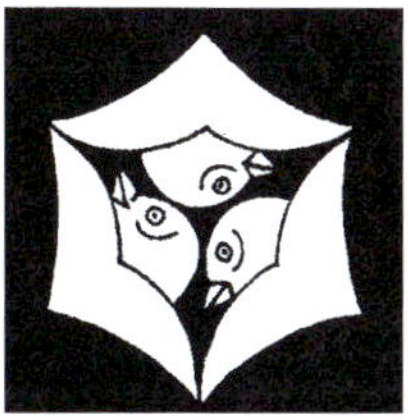

頭合せ雁金

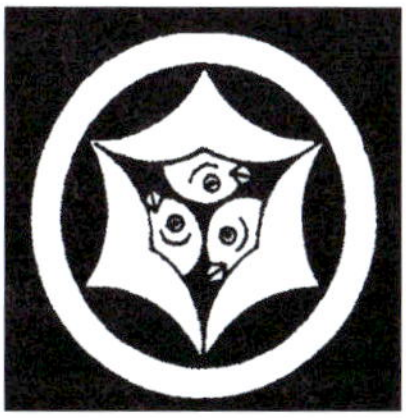

丸に頭合せ雁金

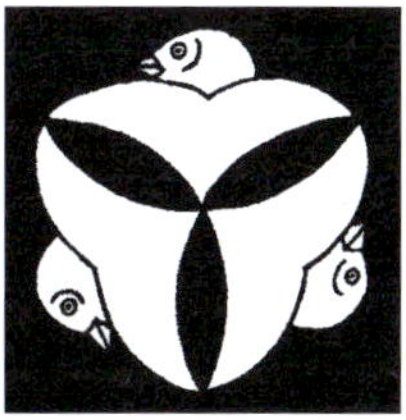

尻合せ三つ雁金

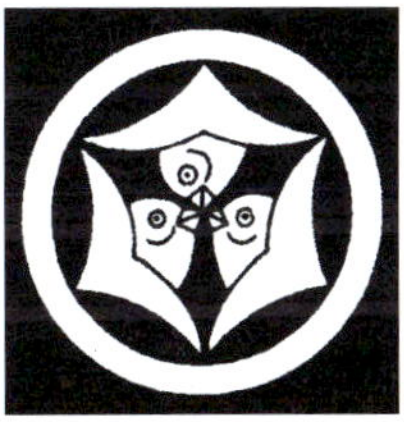

丸に嘴合せ三つ雁金

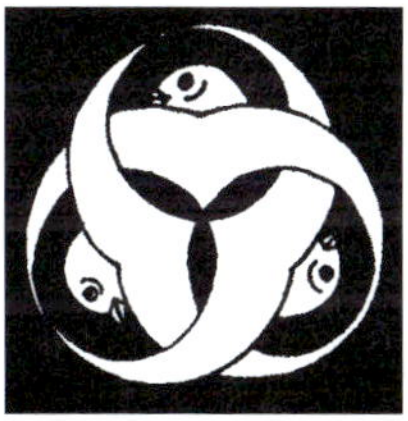

金輪雁金

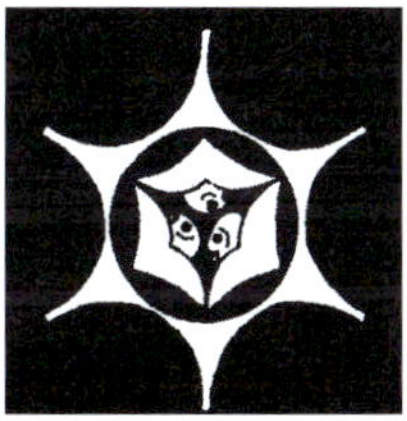

鞠挟みに三つ雁金

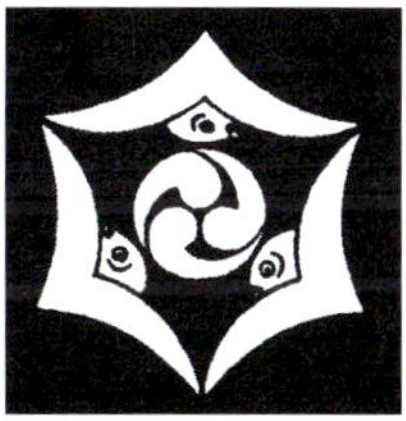

三つ雁金に巴

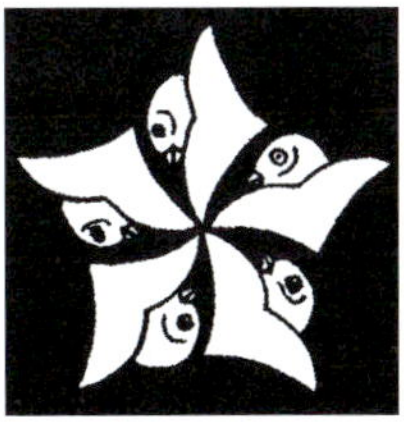

五つ雁金

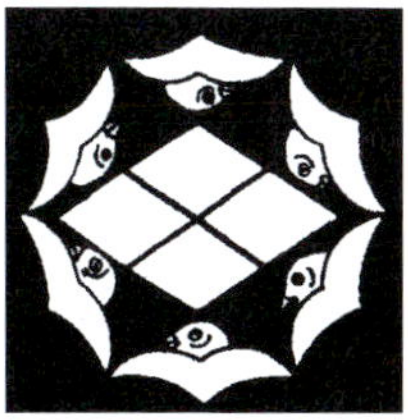

六つ雁金に竹田菱

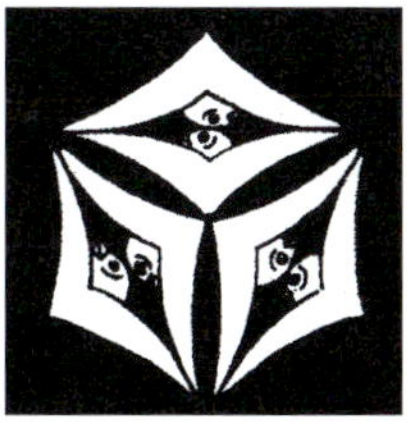

三つ寄せ対い雁金菱

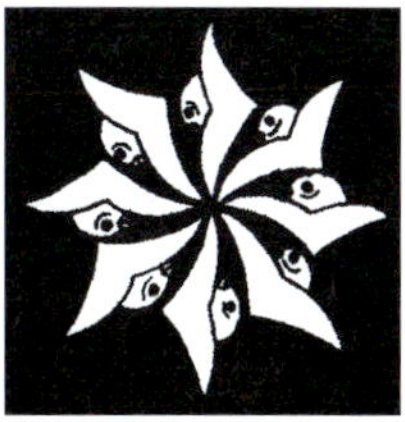

八つ雁金車

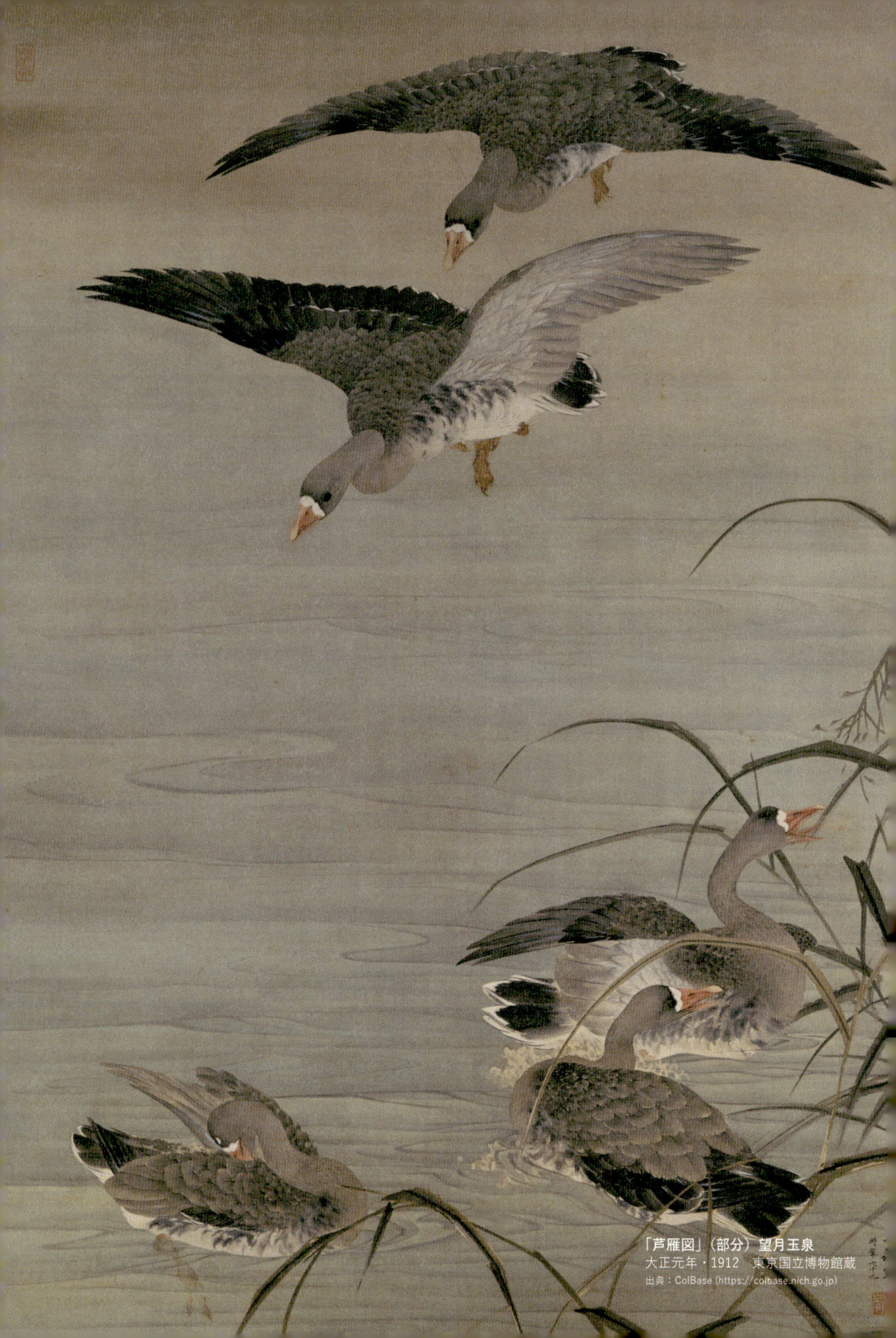

「芦雁図」（部分）望月玉泉
大正元年・1912　東京国立博物館蔵
出典：ColBase (https://colbase.nich.go.jp)

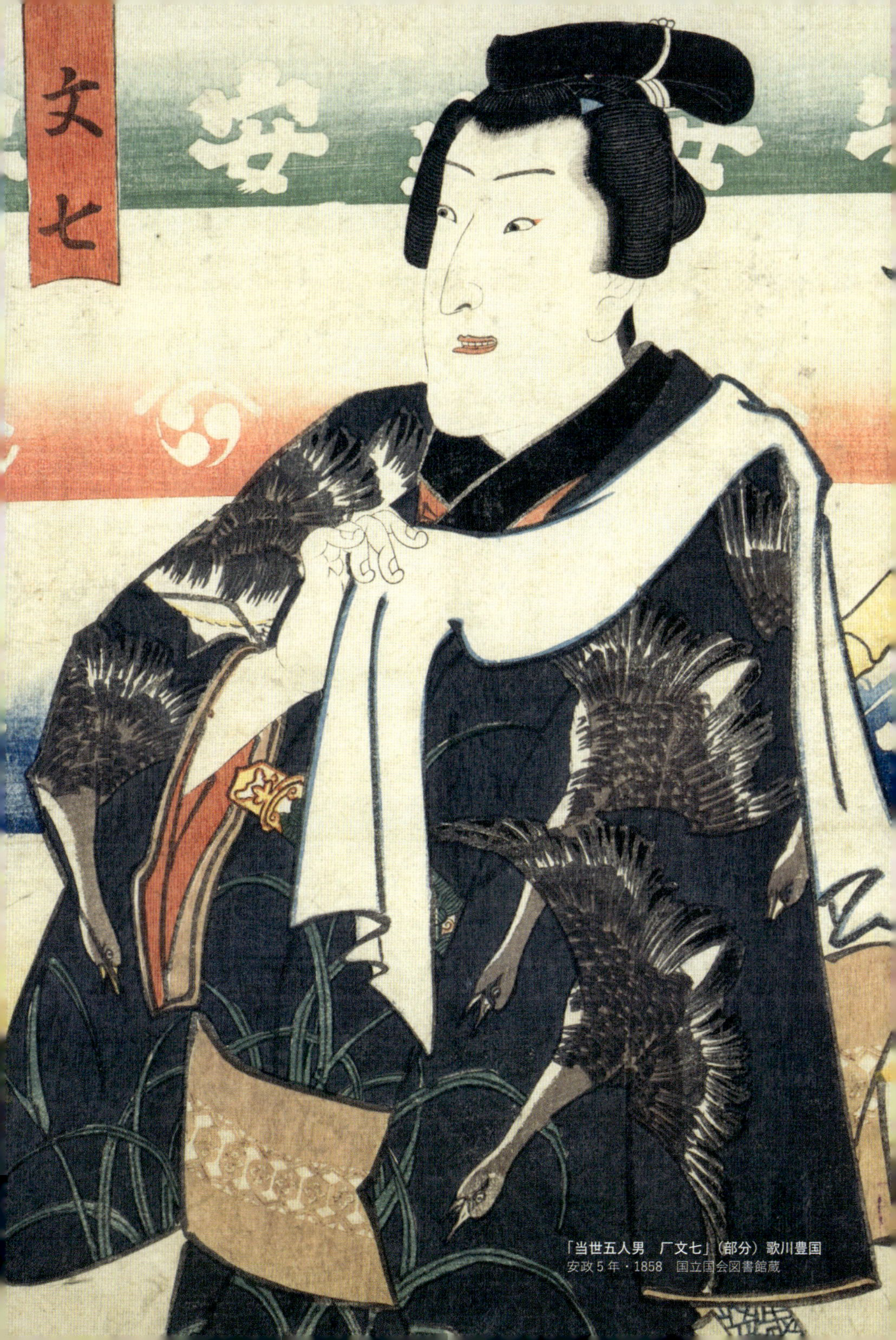

「当世五人男　厂文七」（部分）歌川豊国
安政５年・1858　国立国会図書館蔵

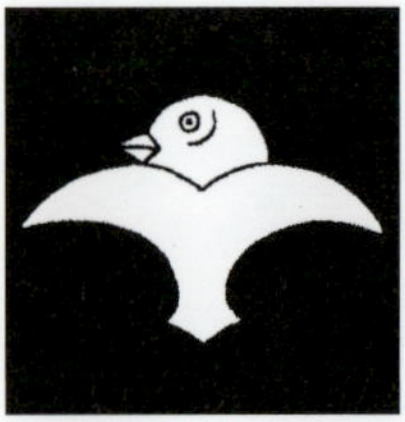
剣尻雁金

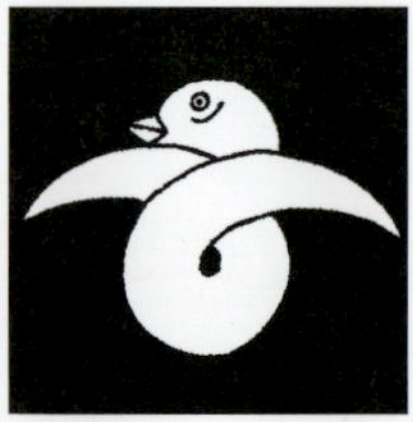
結び雁金

かげ結び雁金

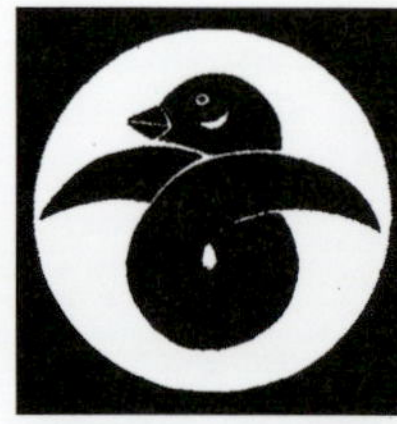
石持ち地ぬき結び雁金

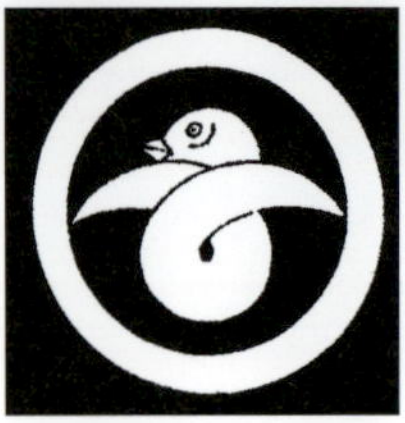
丸に結び雁金

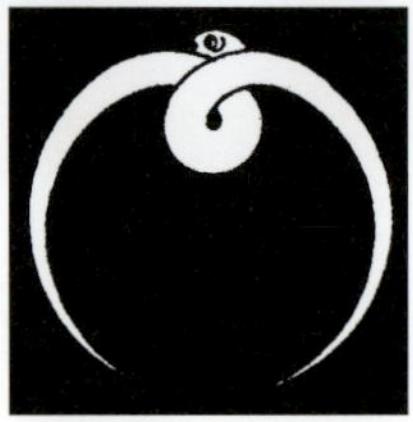
奴形雁金

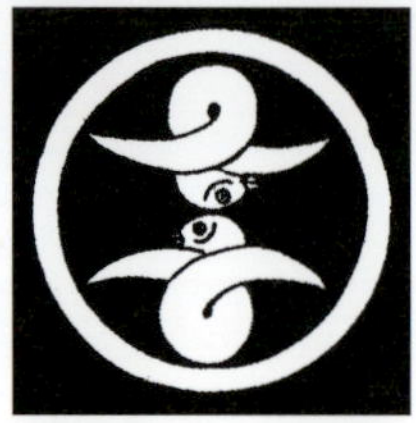
細輪に二つ頭合せ結び雁金

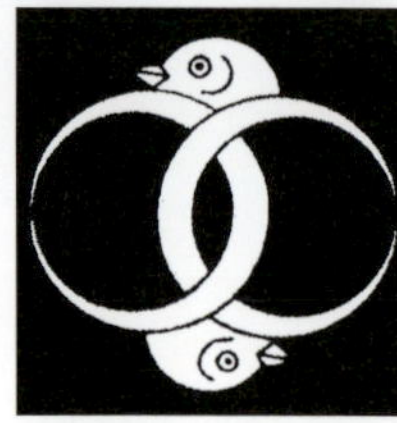
輪違い結び雁金

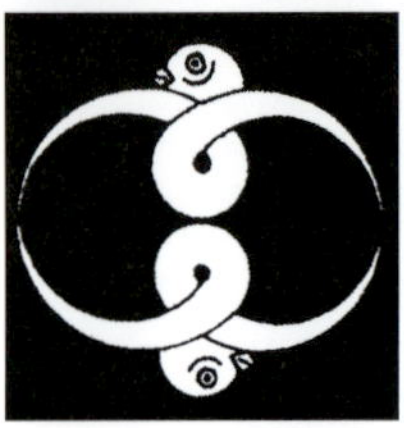
尻合せ二つ結び雁金

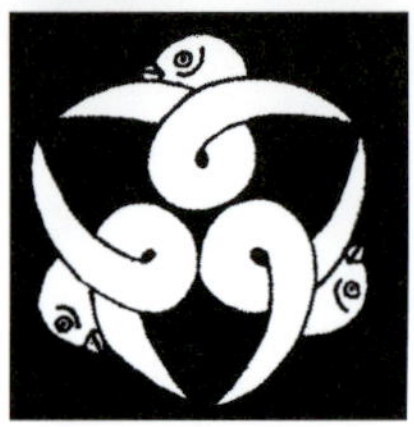
尻合せ三つ結び雁金

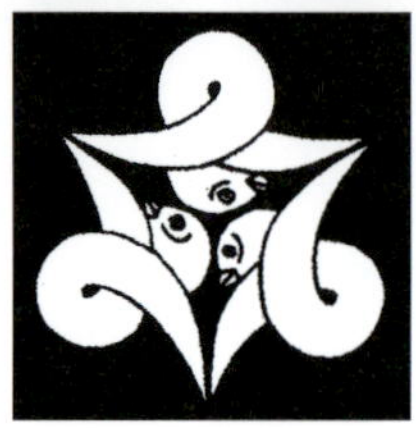
頭合せ三つ結び雁金

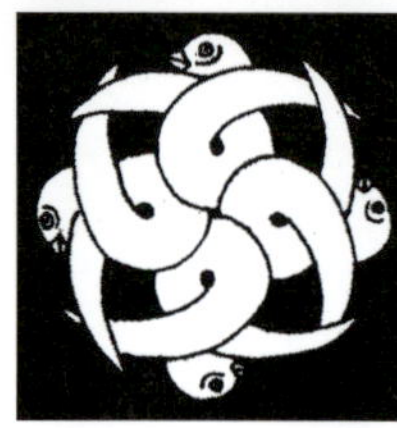
尻合せ四つ重ね結び雁金

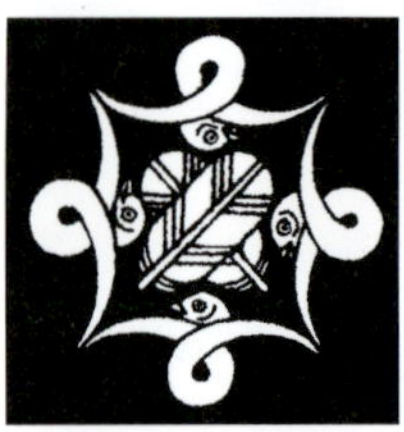
四つ結び雁金に違い鷹

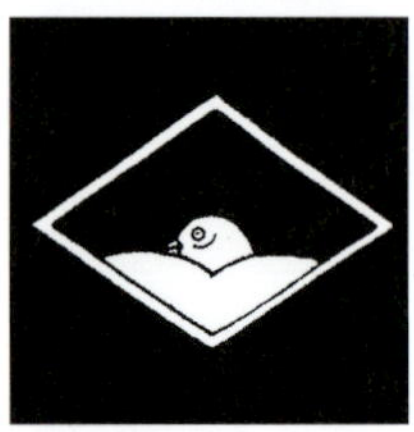
糸菱に覗き雁金

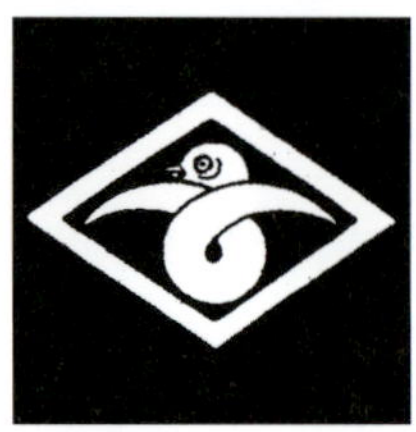
菱に結び雁金

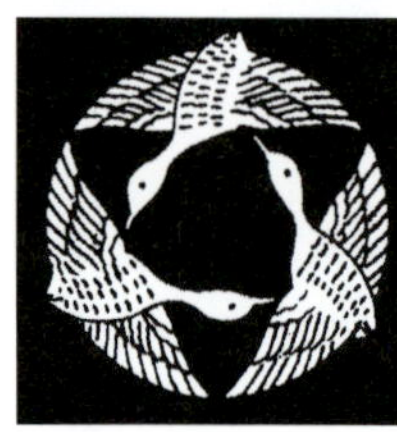
三羽追い雁金

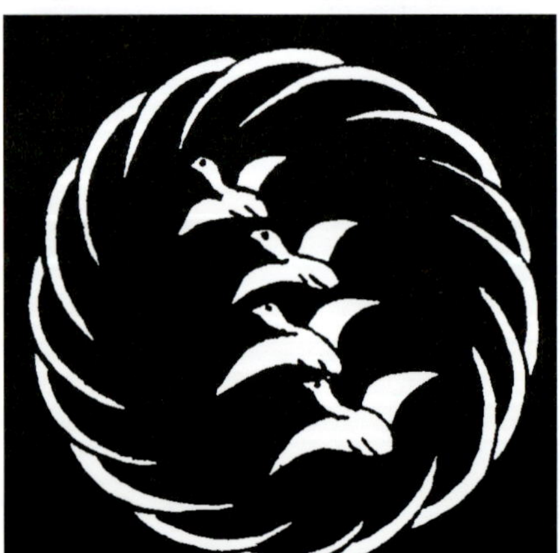
薄輪に四羽飛び雁金

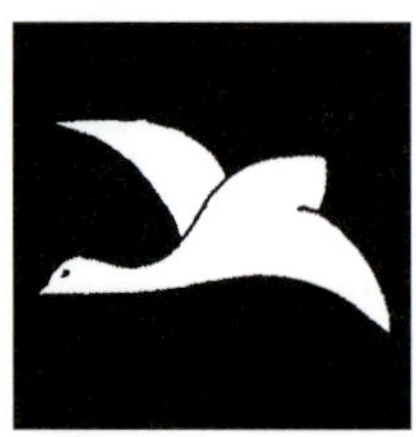
飛び雁金

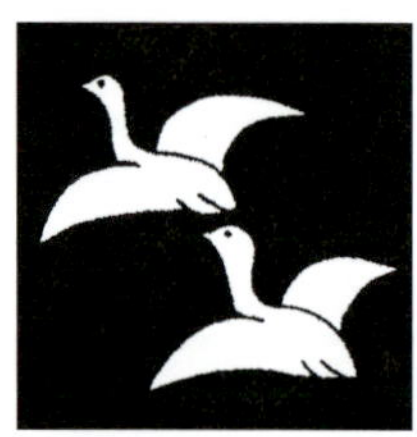
二羽飛び雁金

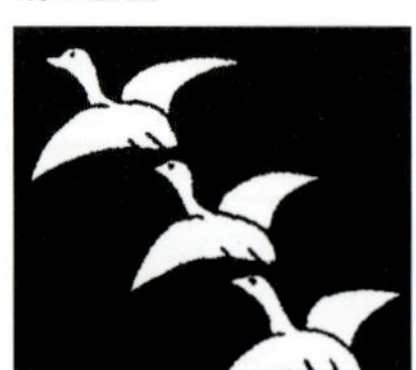
三羽飛び雁金

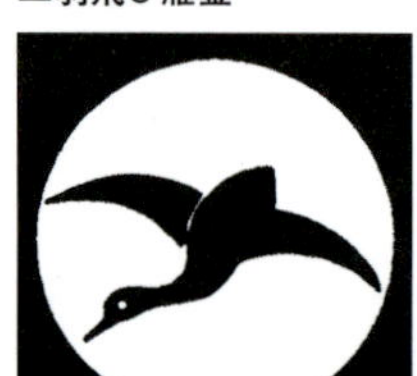
石持ち地ぬき飛び雁金

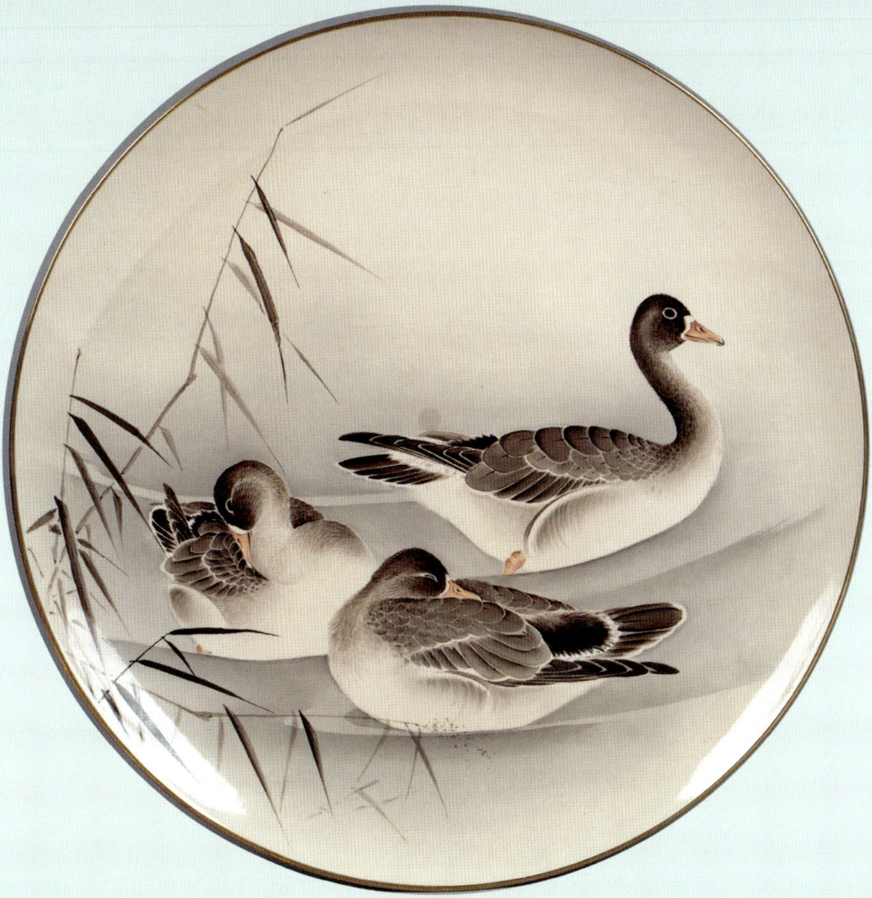

「釉下彩芦雁文皿」旭焼　G．ワグネル
明治 20 ～ 29 年・19 世紀　京都国立博物館蔵

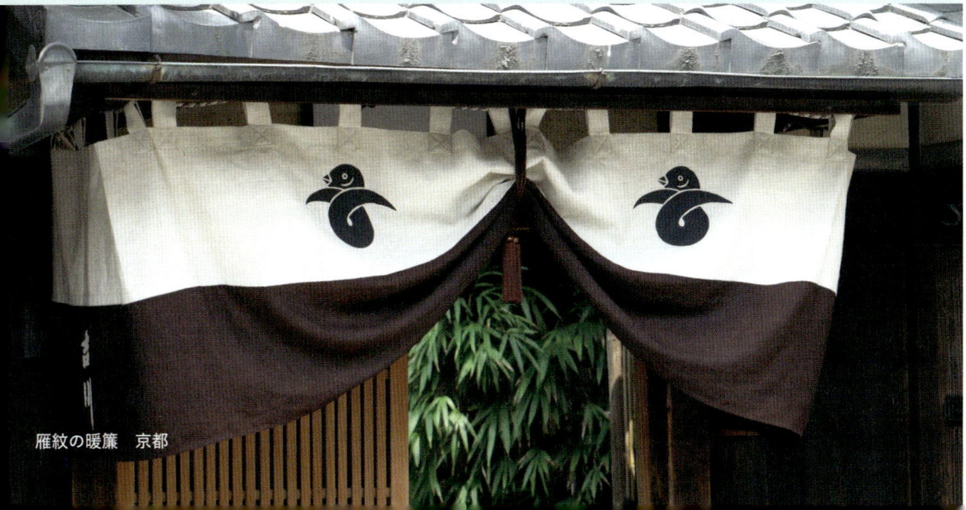

雁紋の暖簾　京都

はと

◉ **鳩紋** *Hato* | Dove Crests

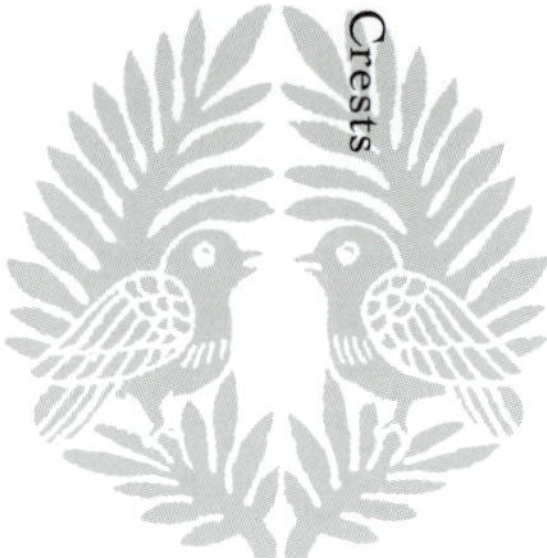

ハト科のキジバト、アオバト、ドバトなどの総称。弓矢の神八幡大菩薩の使いとされ、戦国時代の旗印にも番鳩(つがいばと)が描かれている。家紋は鳩の姿を単純に描いたものであるが、梶・蔦・寓生(ほや)(宿木)などと組み合せたものが多い。鳩紋が最初にみられるのは『源平盛衰記』の一ノ谷の合戦で、熊谷直実がかち色の直垂(ひたたれ)に「鳩に寓生(ほや)」をぬいつけているとある。日本最古の家紋集である『見聞諸家紋』には、「番鳩」は足助次郎、「鳩に鴛鴦」は小島駿河入道、「鳥居に鳩」は位田氏の家紋とある。

Hato is the general term for birds in the *Columbidae* family, which consists of doves and pigeons. Since the dove is the messenger (familiar) the Great Bodhisattva Hachiman, god of archery, the dove was often depicted as the "messenger dove" on general's banners in the Sengoku or Warring States period (1467–1568). As a family crest, the dove might be depicted quite simply or combined with mulberry trees, ivy, and other motifs.

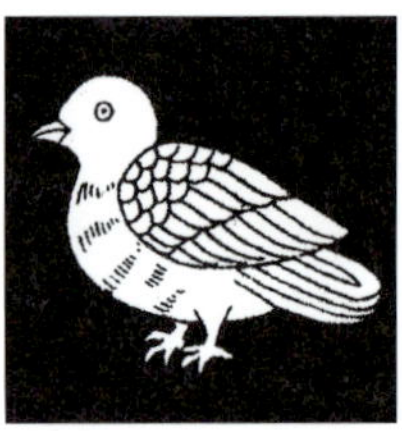

鳩

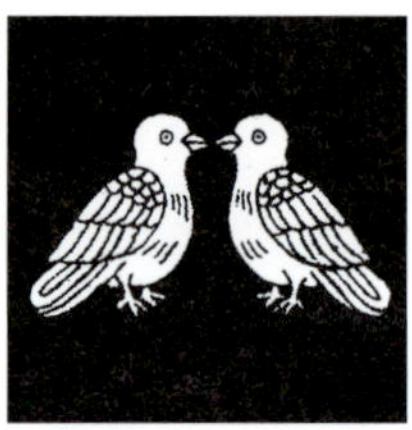

対い鳩

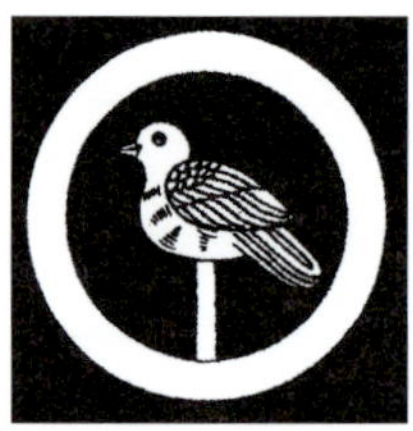

丸に杖鳩

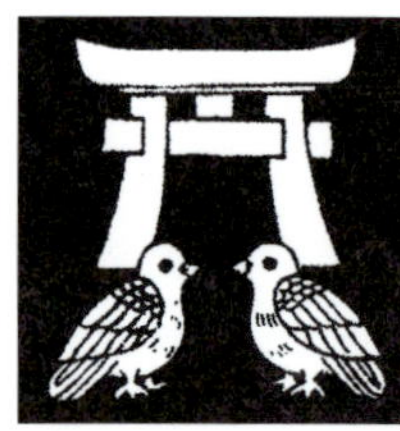

鳥居に対い鳩

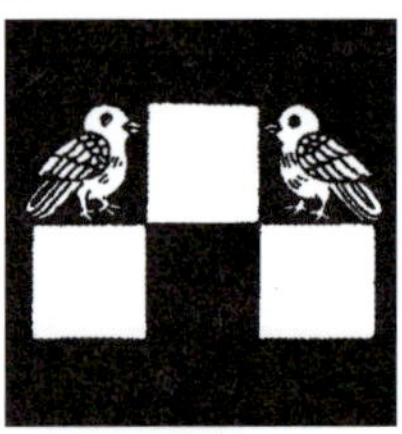

対い鳩に三つ石

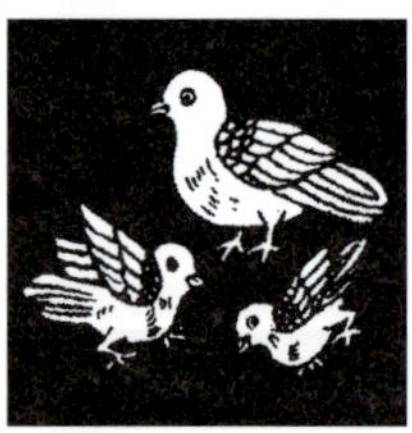

親子鳩

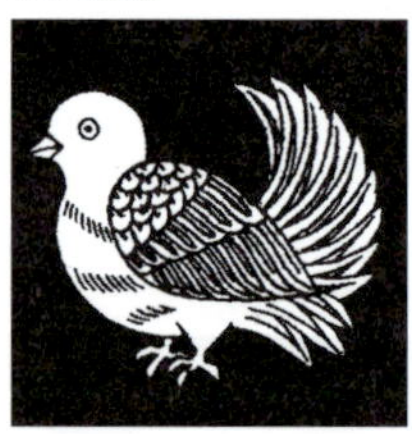

孔雀鳩

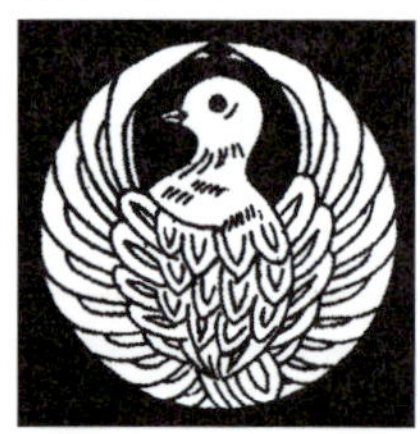

鳩の丸

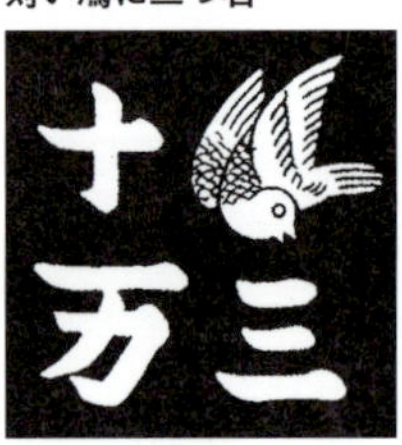

鳩に三十万字

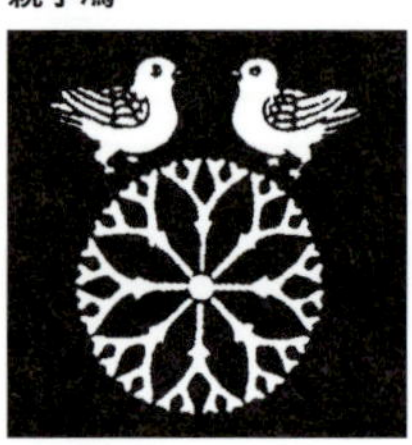

熊谷寓生に鳩

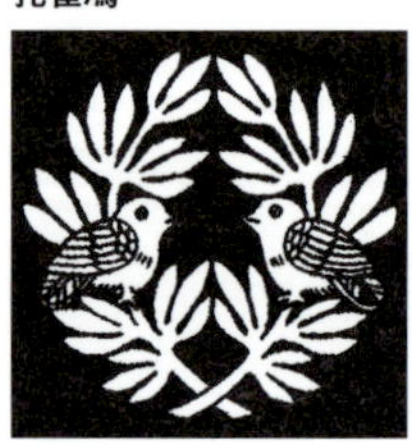

変り抱き寓生に対い鳩

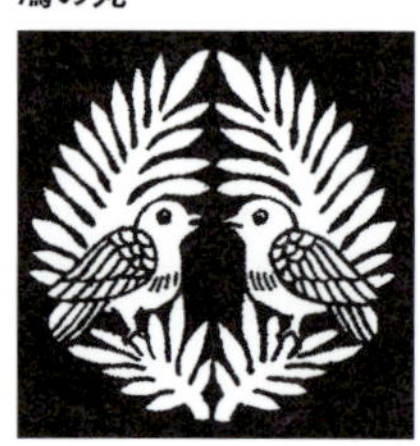

抱き寓生に対い鳩

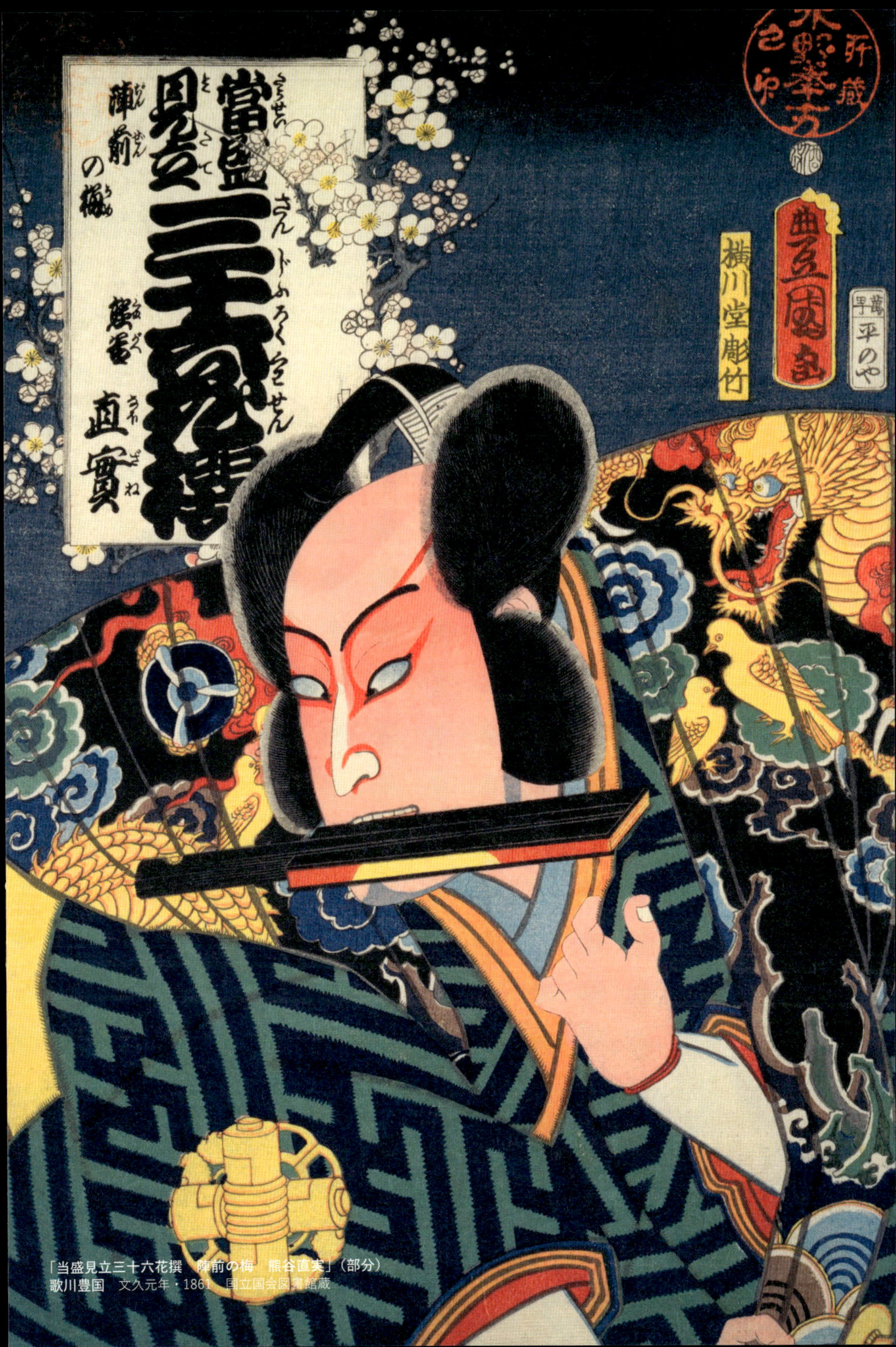

「当盛見立三十六花撰　陣前の梅　熊谷直実」（部分）
歌川豊国　文久元年・1861　国立国会図書館蔵

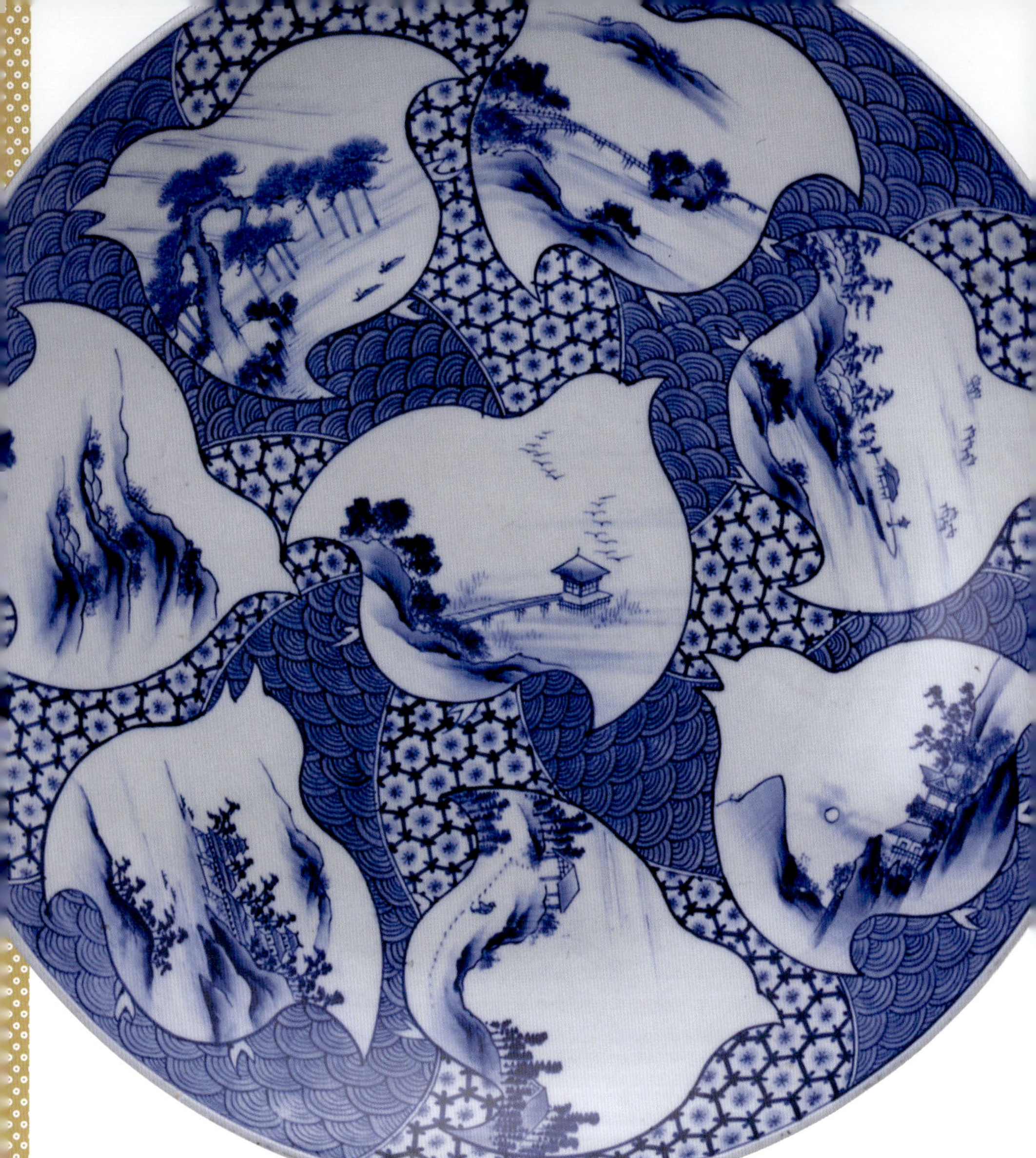

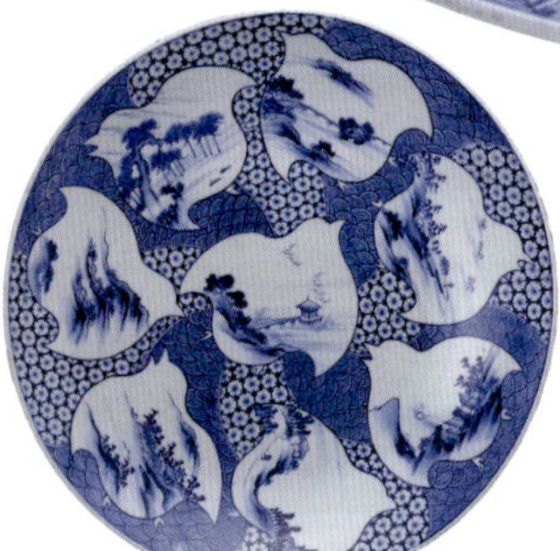

「染付千鳥山水文大皿」
明治・大正時代
佐賀県立九州陶磁文化館蔵
柴田夫妻コレクション

ちどり

◉千鳥紋

Chidori | Plover Crests

チドリ科に属する小形の鳥の総称で、浜辺に群集するところから千鳥という。波に浮かぶ姿がおもしろく、啼く声に哀れさがあって万葉の時代から歌に詠まれた。また小さくて優雅な姿から、平安時代より衣服、調度、器具などの工芸品に描かれた。千鳥紋を用いたのは平氏から出た小川氏、足利氏から出た堀越氏である。

Plover is a general term for member of the *Charadriinae* family. Because they tend to form large clusters at the waterside, they are called *chidori*, "thousand birds," in Japanese. The way they ride on waves is amusing, and their cries have a certain pathos that has inspired poets since the days when the *Manyōshū* poetry collection was compiled, in the seventh and eighth century. Their small, graceful bodies are often depicted on clothing, furnishings, and other craft works.

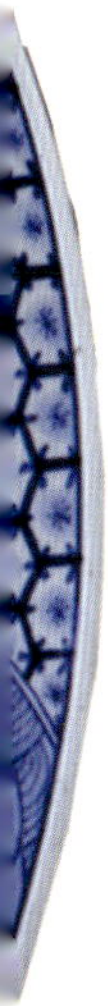

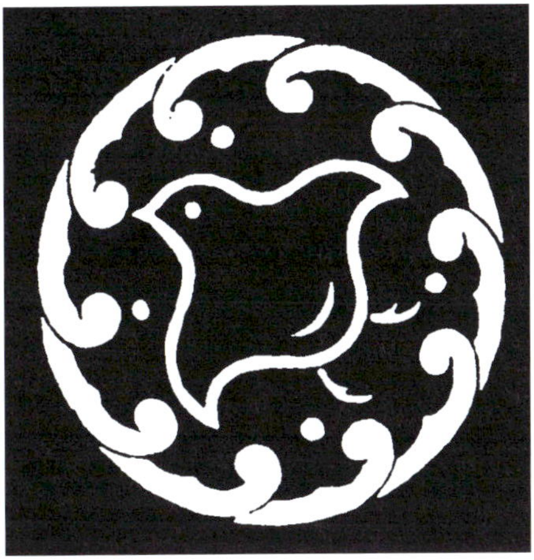

浪輪にかげ千鳥

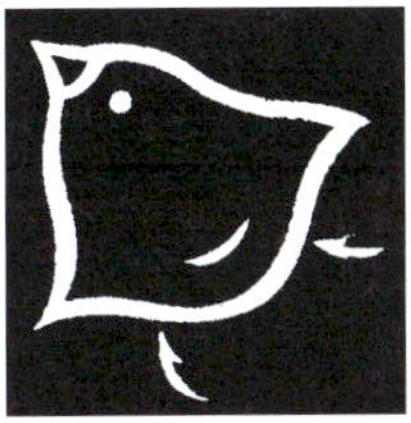

飛び千鳥

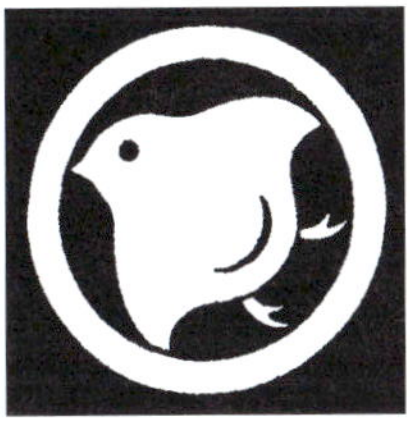

丸に千鳥

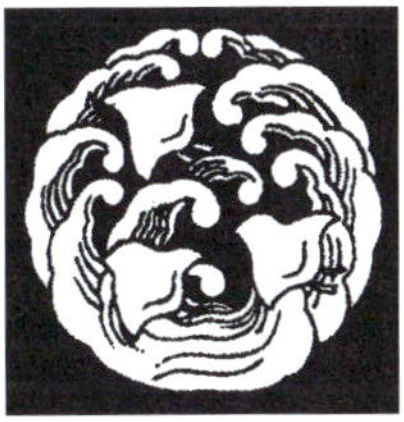

浪に千鳥

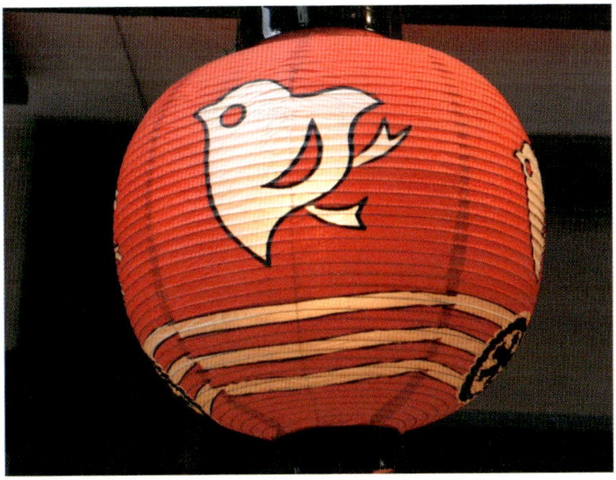

千鳥提灯　京都

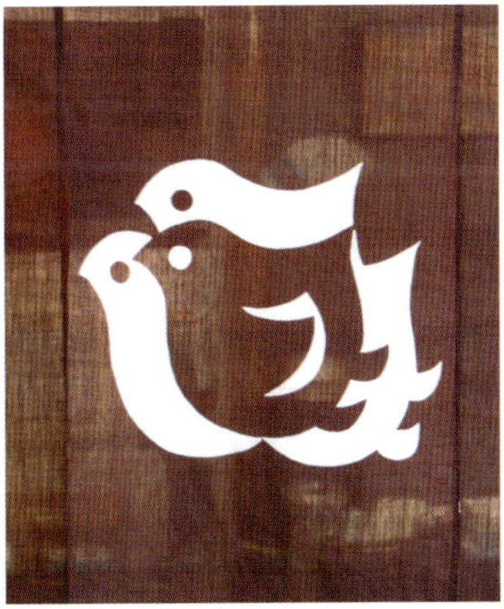

千鳥紋の暖簾　京都

うさぎ

◉兎紋
Usagi | Rabbit Crests

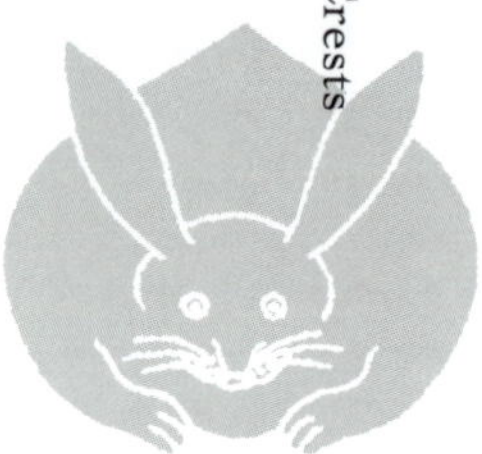

ウサギ目ウサギ科の哺乳類の総称。中国の伝説に、月には不老不死の霊薬を搗き続ける兎と、ヒキガエルが棲んでいるという。また『古事記』にある因幡の白兎の説話や、『鳥獣人物戯画』に描かれた兎など、古来より人間と密接な関係をもつ小動物とされてきた。兎のデザインは桃山から江戸時代にかけて、名物裂や焼物、辻が花染、狂言衣裳にみられる。家紋として初見するのは、大坂夏の陣での三橋氏の旗印に使われた四半幟の兎といわれている。

Usagi is the general name for rabbits and hares, mammals in the *Leporidae* family. The tale of the white rabbit, Inaba, is told in the *Kojiki* (Record of Ancient Matters), Japan's oldest written record, and rabbits are depicted in the satirical *Choju Jinbutsu Giga* scrolls. Clearly, they have long had close ties to human beings. Rabbit designs are seen on highly prized textile segments, ceramics, and *Kyōgen* costumes.

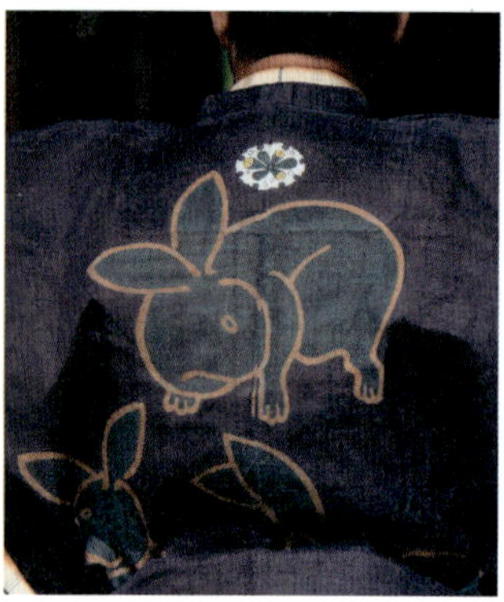

萩まつり　梨木神社

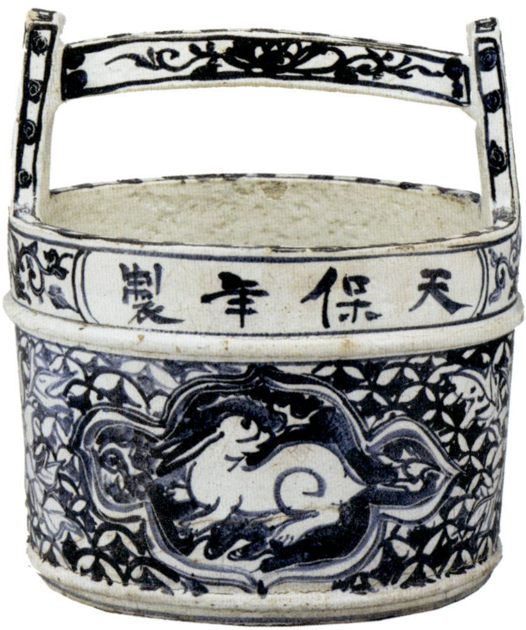

「染付兎文手桶水指」讃窯
堤治兵衛　天保４年・1833
愛知県陶磁美術館蔵

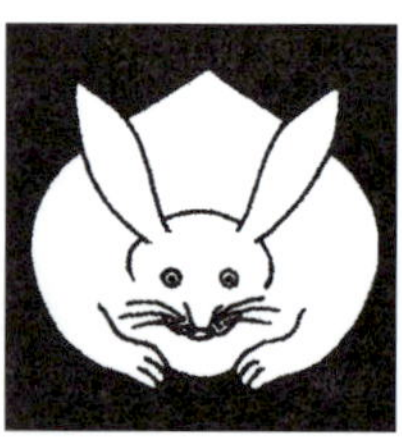

真向き兎

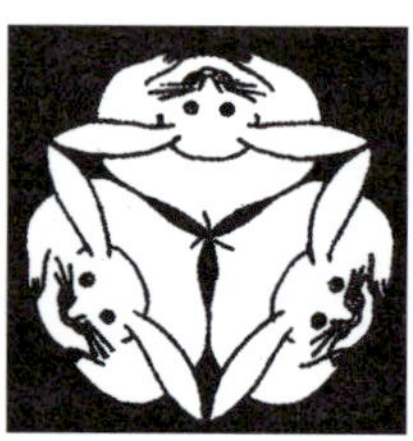

三つ光琳兎

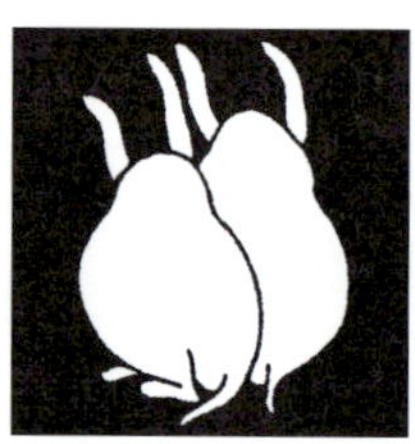

後向き番い兎

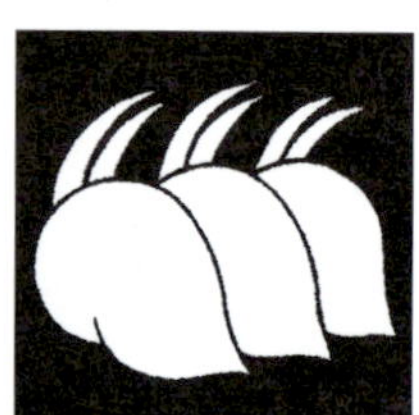

後向き兎

かめ

◉亀紋 *Kame* | Tortoise Crests

カメ目の爬虫類の総称。今日でも「鶴は千年、亀は万年」というように、古より長寿でめでたいものの象徴とされている。また天を支えて物を背負うという説話から吉祥をあらわす。家紋には耳と尾をつけた蓑亀が多く描かれている。亀紋は藤原利仁流、足利氏流、藤原真夏流、佐々木支流の諸家で用いられた。

"Cranes live a thousand years, tortoises ten thousand." As that phrase indicates, the tortoise has long been a symbol of longevity. The tale of the tortoise that bears the world on its back also indicates its auspicious associations. In family crests, it is often presented as the mythical *minogame*, which has acquired algae resembling ears and a tail during its long life.

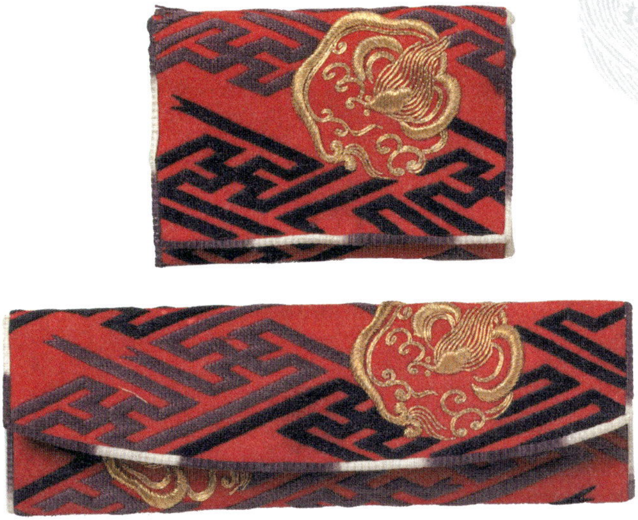

「赤羅紗地紗綾形地波亀丸文散小物入」江戸時代
国立歴史民俗博物館蔵

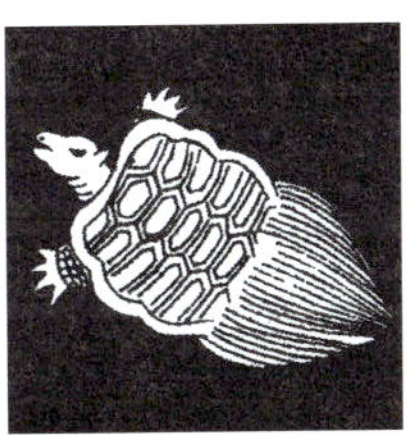

蓬莱亀

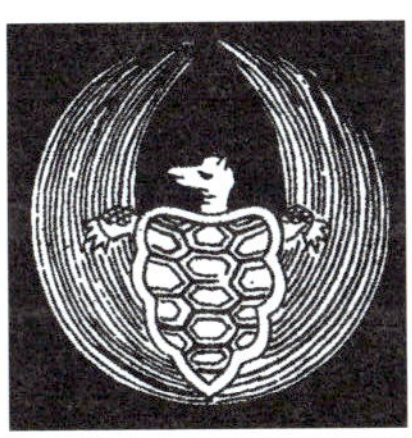

登り亀

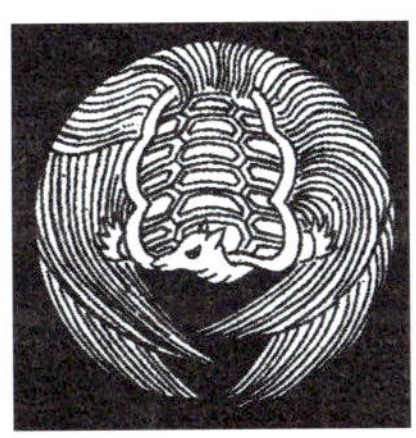

下り亀

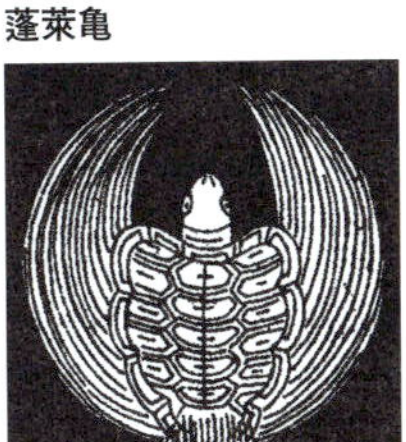

浮線亀

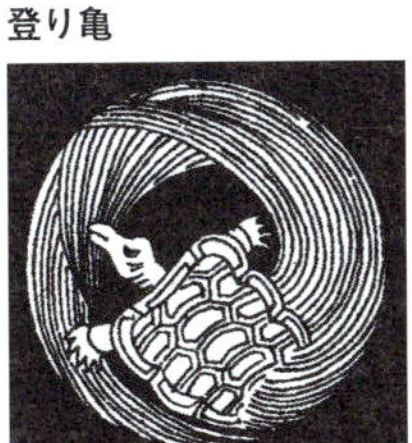

一つ亀の丸

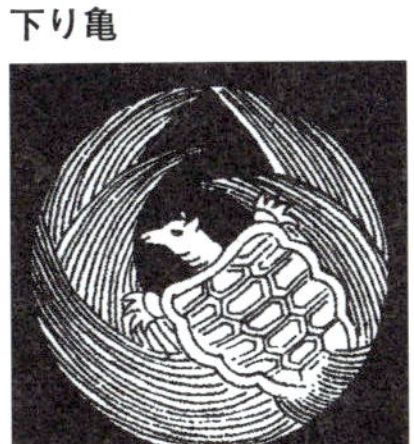

一つみの亀

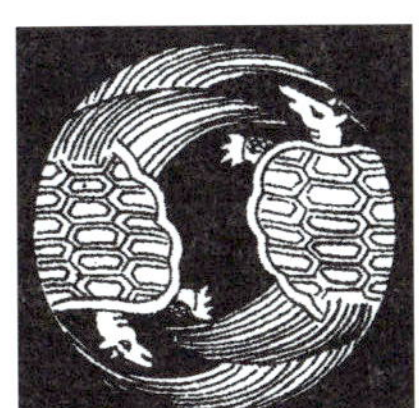

二つ入違い亀

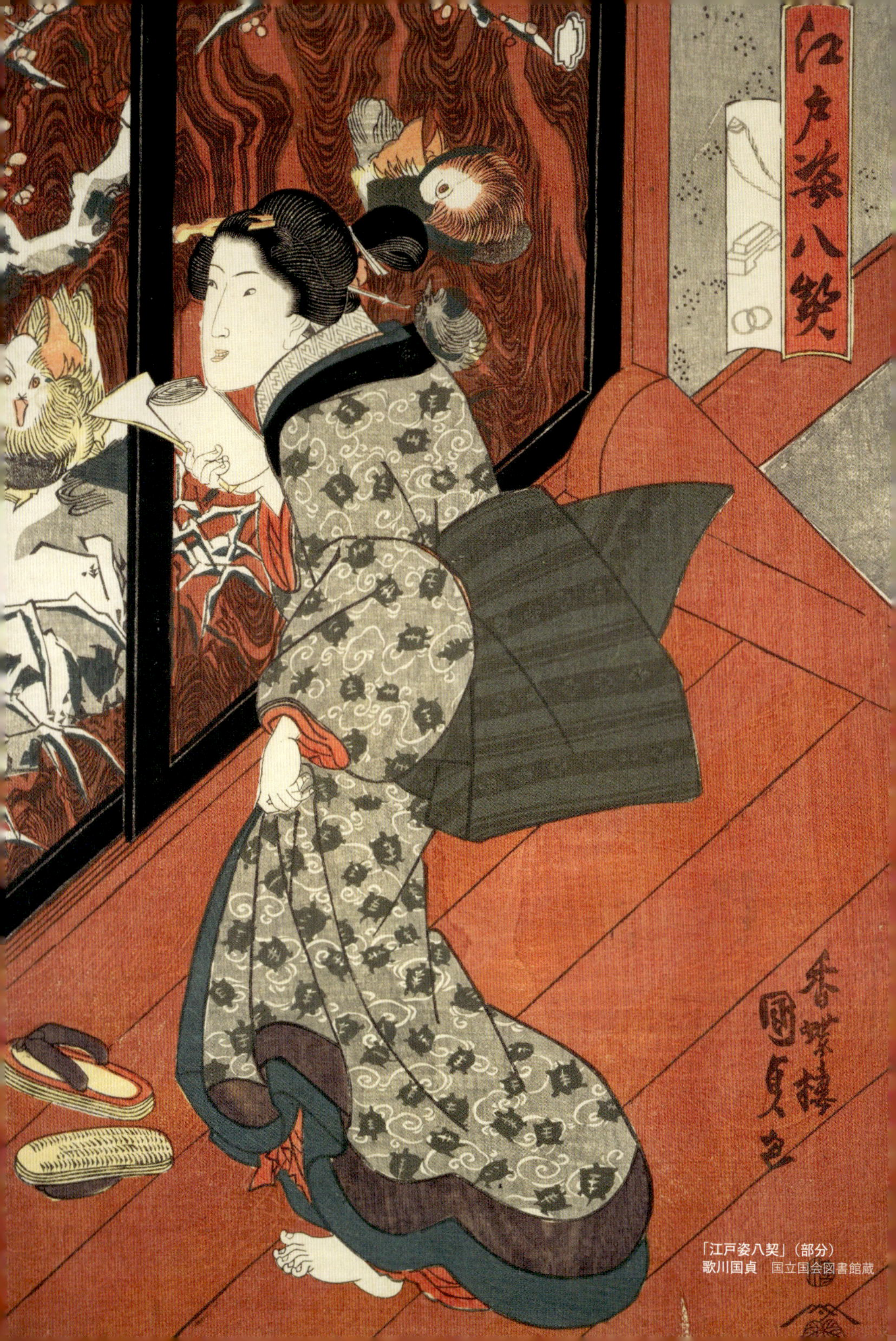

「江戸姿八契」（部分）
歌川国貞　国立国会図書館蔵

りゅう

◉龍紋 Ryū | Dragon Crests

想像上の動物で、中国では麒麟、鳳凰、亀とともに四霊として尊ばれた。頭は獅子、角は鹿、眼は鬼あるいは兎に、耳は牛に似るといわれ、体は大蛇に似て背に八十一枚の鱗、四足に五本の指を持つ。文様は正倉院御物の琴に雲龍がみられる。家紋は、坂上氏の出で田村氏、小笠原氏の出である高志氏が用いている。

The dragon was revered, with the *kirin*, phoenix, and tortoise, as one of the four auspicious beasts. Its head resembles a lion's, its horns a deer's antlers, or a demon's, its ears an ox's, and its body a huge serpent. Its back is covered with eighty-one scales, and its four feet each have five claws. A dragon in clouds motif can be seen on a *koto* (Japanese lute) in the Shōsōin Repository.

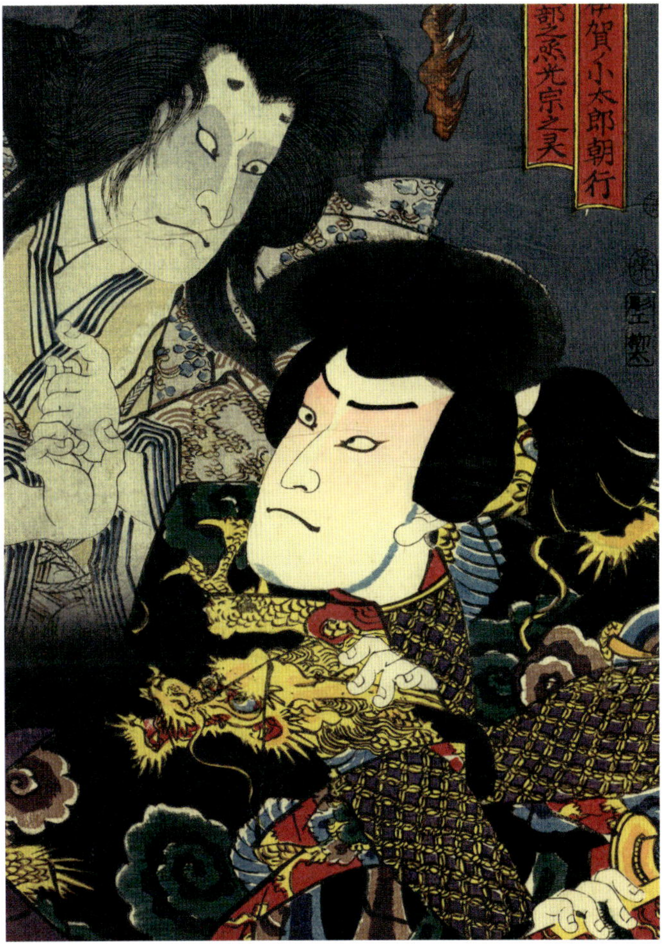

「伊賀ノ小太郎朝行　伊賀式部之丞光宗之霊」（部分）歌川豊国
国立国会図書館蔵

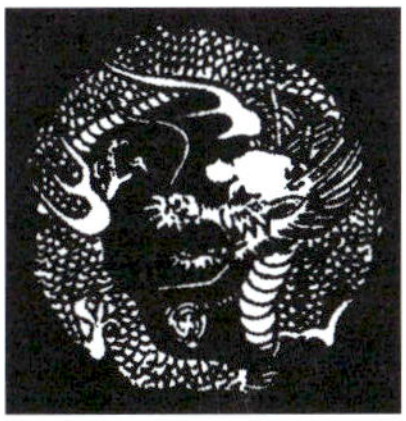

龍の丸

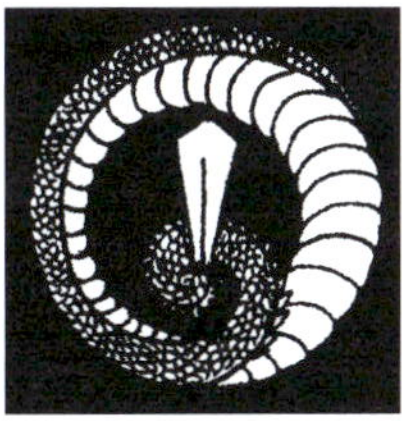

龍剣の丸

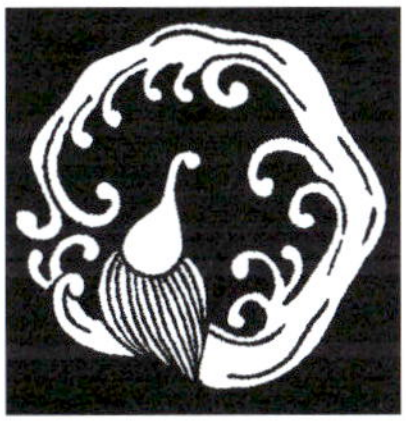

雨龍

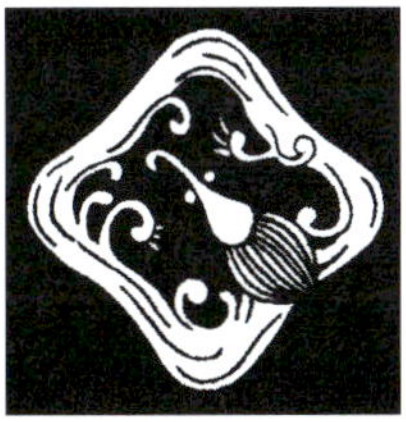

隅立雨龍

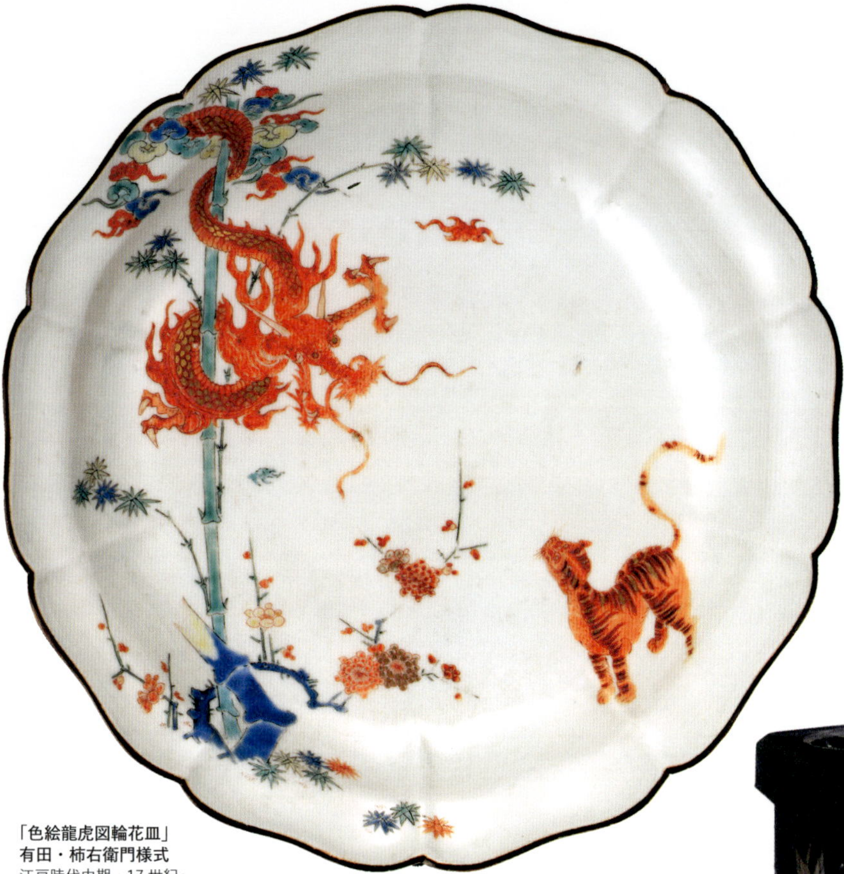

「色絵龍虎図輪花皿」
有田・柿右衛門様式
江戸時代中期・17 世紀～
18 世紀　愛知県陶磁美術館蔵

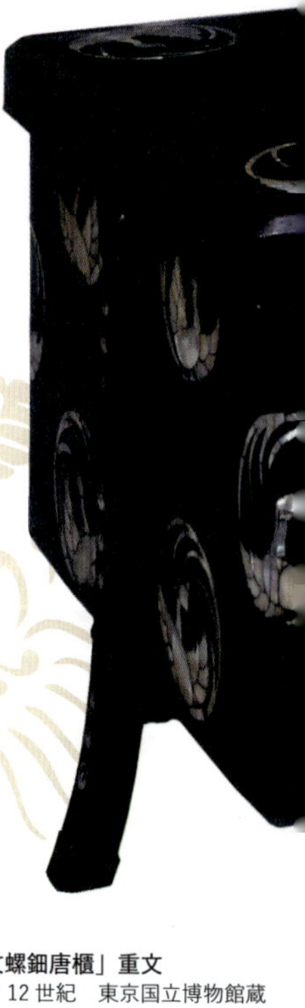

「鳳凰円文螺鈿唐櫃」重文
平安時代・12 世紀　東京国立博物館蔵
出典：ColBase (https://colbase.nich.go.jp)

ほうおう

鳳凰紋

Hōō | Phoenix Crests

中国古代の想像上の瑞鳥（ずいちょう）で、徳の高い天子が生まれるめでたい前兆として出現すると伝えられた。古墳時代末期に中国六朝より鳳凰文が伝来し、吉祥文様として各種の工芸品のデザインに賞用された。『東山殿御紋帳』ともいわれ、室町時代武家の家紋図形を集録した『見聞諸家紋』には、波多野氏の「鳳凰にたて両引」、近藤、二宮両氏の「鳳凰の丸」が見られる。

The phoenix was a mythical bird in ancient China. According to Chinese legend, the phoenix would show itself as the auspicious portent of the birth of an outstandingly virtuous emperor. The phoenix motif was transmitted from China to Japan in the Kofun period (about 300 to 600 AD). It is treasured as an auspicious motif used in designs for craft objects of every type.

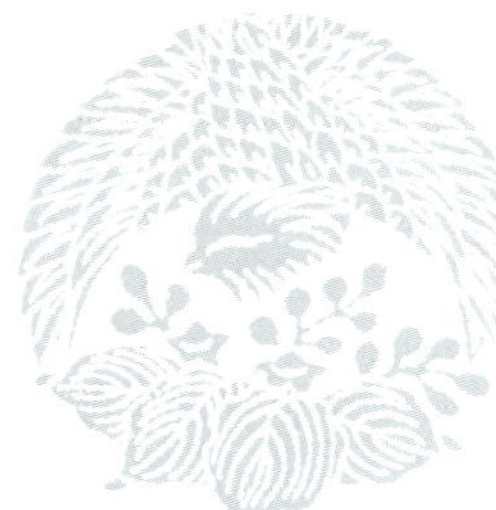

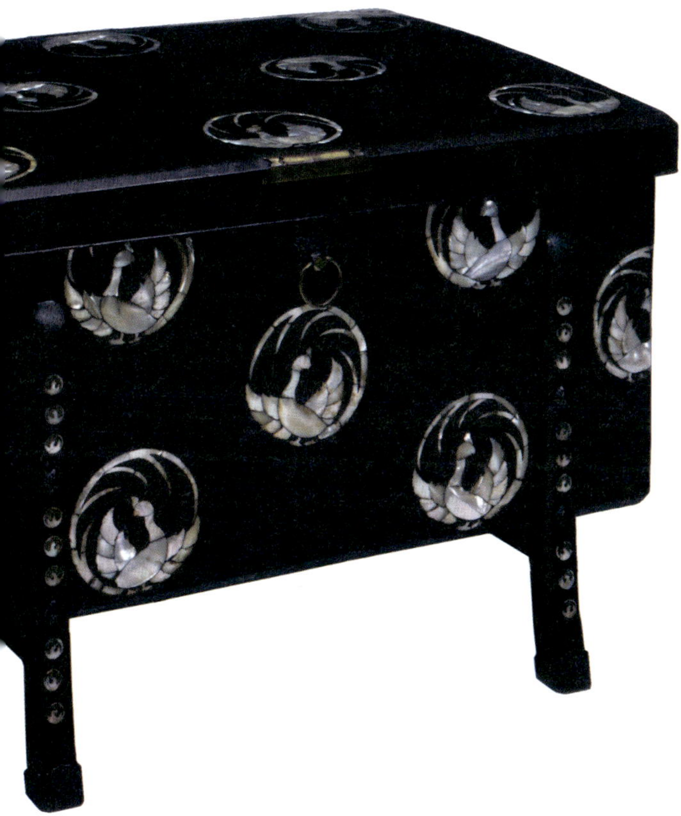

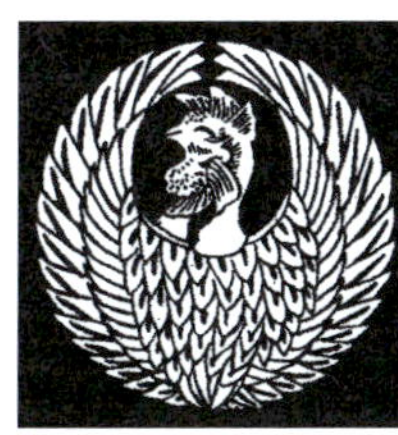

鳳凰の丸

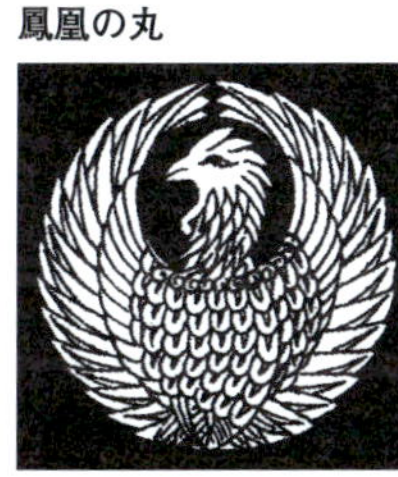

変り鳳凰の丸

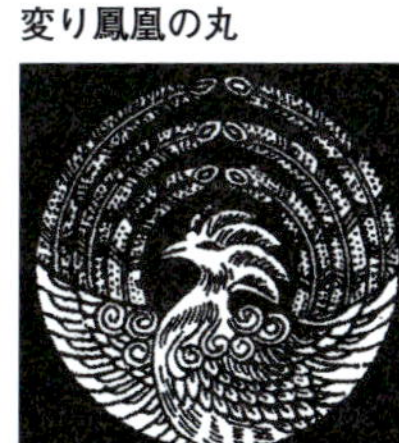

舞い鳳凰の丸

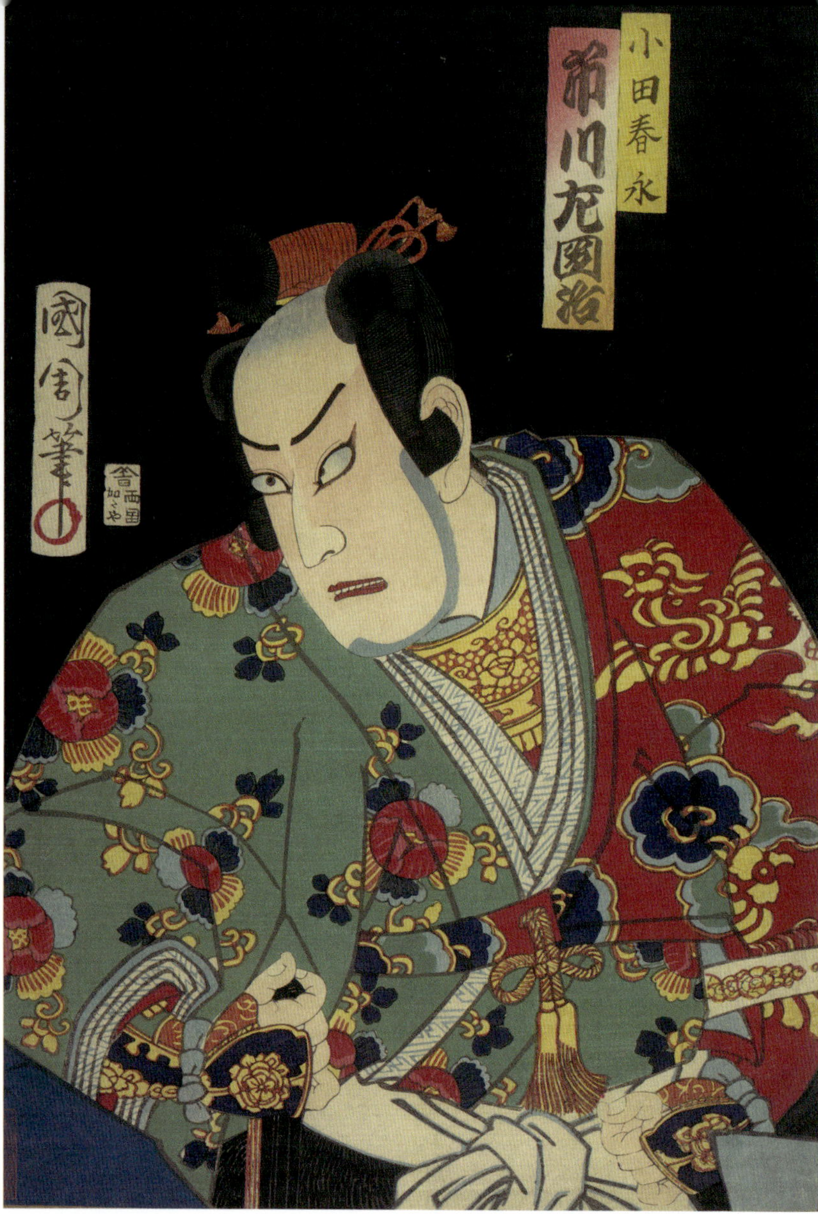

「連歌花二見文台」豊原国周　明治 4 年・1871 東京都立中央図書館特別文庫室蔵

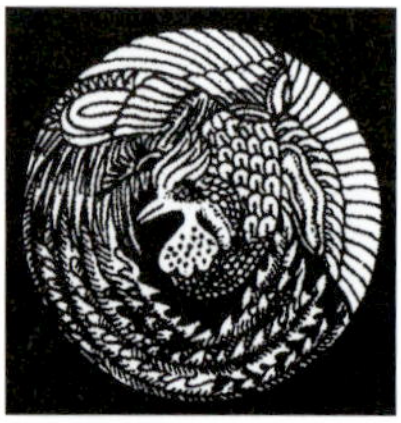

飛び鳳凰の丸

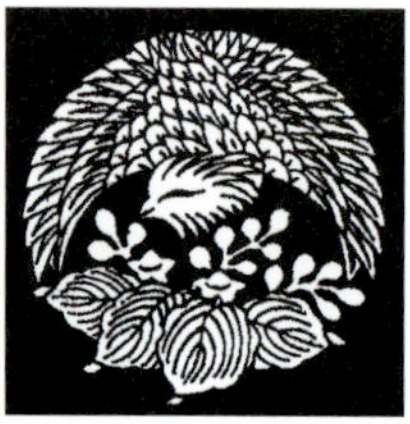

鳳凰に桐

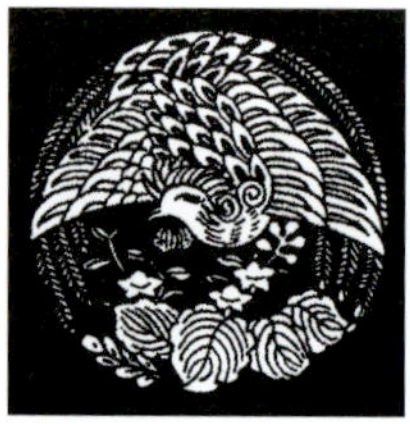

鳳凰に変り桐

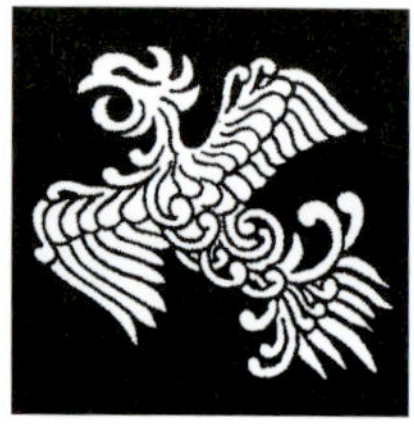

有職鳳凰

3

自然現象篇

Motifs from Natural Phenomena

ひ

◉日紋　*Hi* | Sun Crests

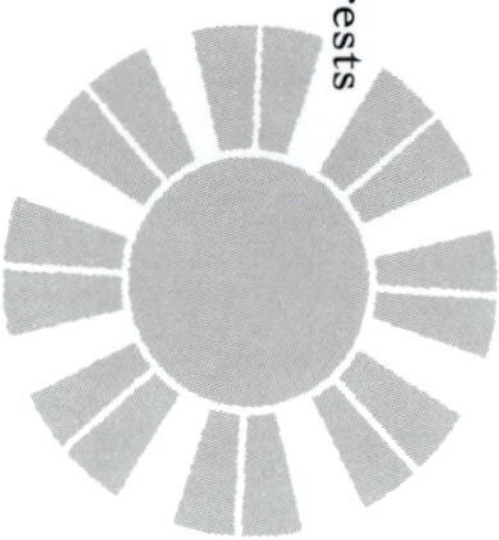

日紋は太陽（日輪）をかたどったもので日の丸紋という。太陽はエネルギーの源であり、信仰の対象、力の表現である。戦国時代には武将の間に流行し、武田信玄、上杉謙信、小西行長、加藤清正らの武将が旗印に用いた。また光線を放射状に発しているものを「日足」紋とよび、「六つ日足」「八つ日足」「十二日足」と変化する。戦国大名の龍造寺、鍋島、草野の諸侯が用いた。白地に日の丸幟が日本惣船印と定められたのは安政元年（1854）７月である。

The sun crest is called the *hinomaru*, sun disk, since it incorporates a red disk shaped like the sun. The sun is a source of energy and a symbol of power. A popular motif among warlords in the Sengoku or Warring States period (1467–1568), it was often used on their battle banners. The red sun disk on a white ground was defined as Japan's national symbol in July, 1854.

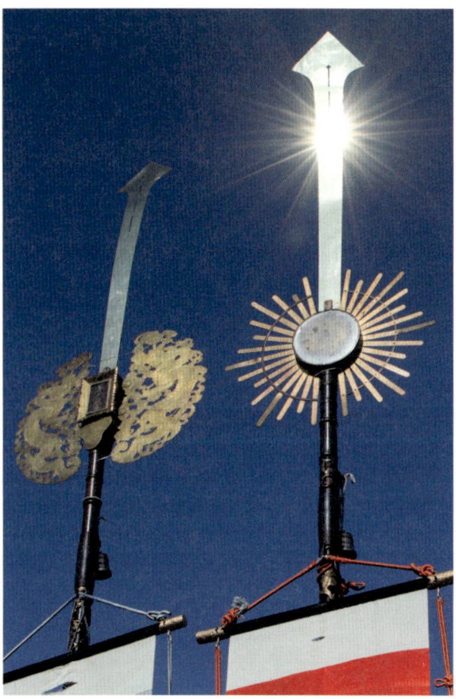

神泉苑祭　神泉苑

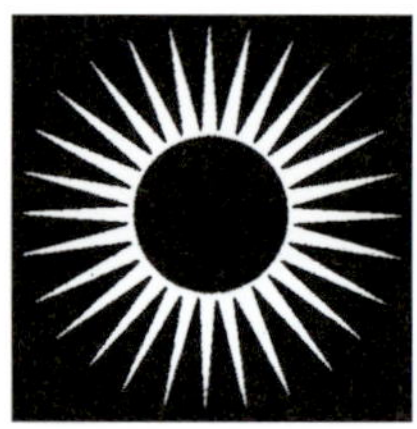

日足

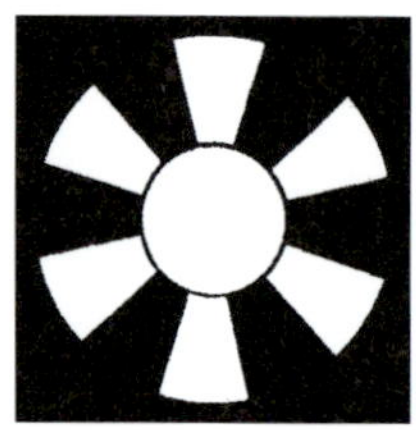

六つ日足

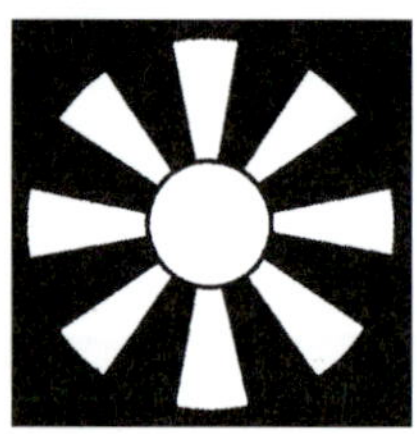

八つ日足

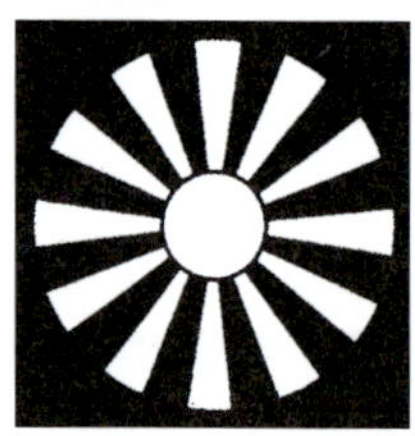

十二日足

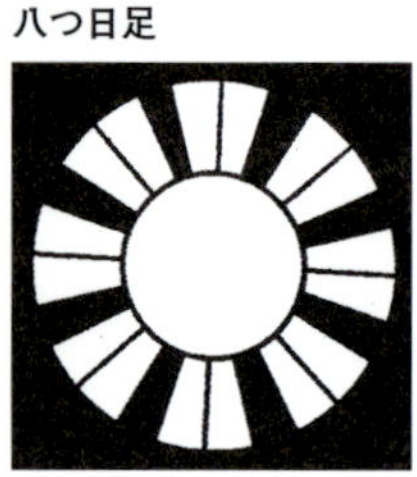

十六日足

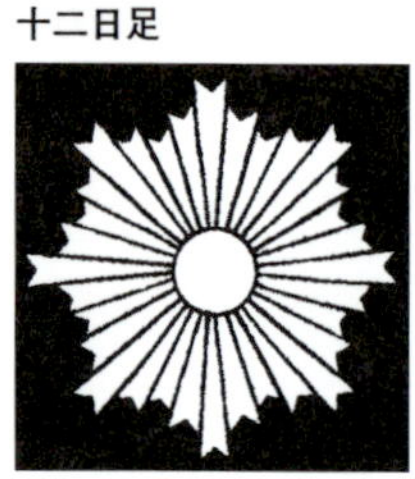

旭光

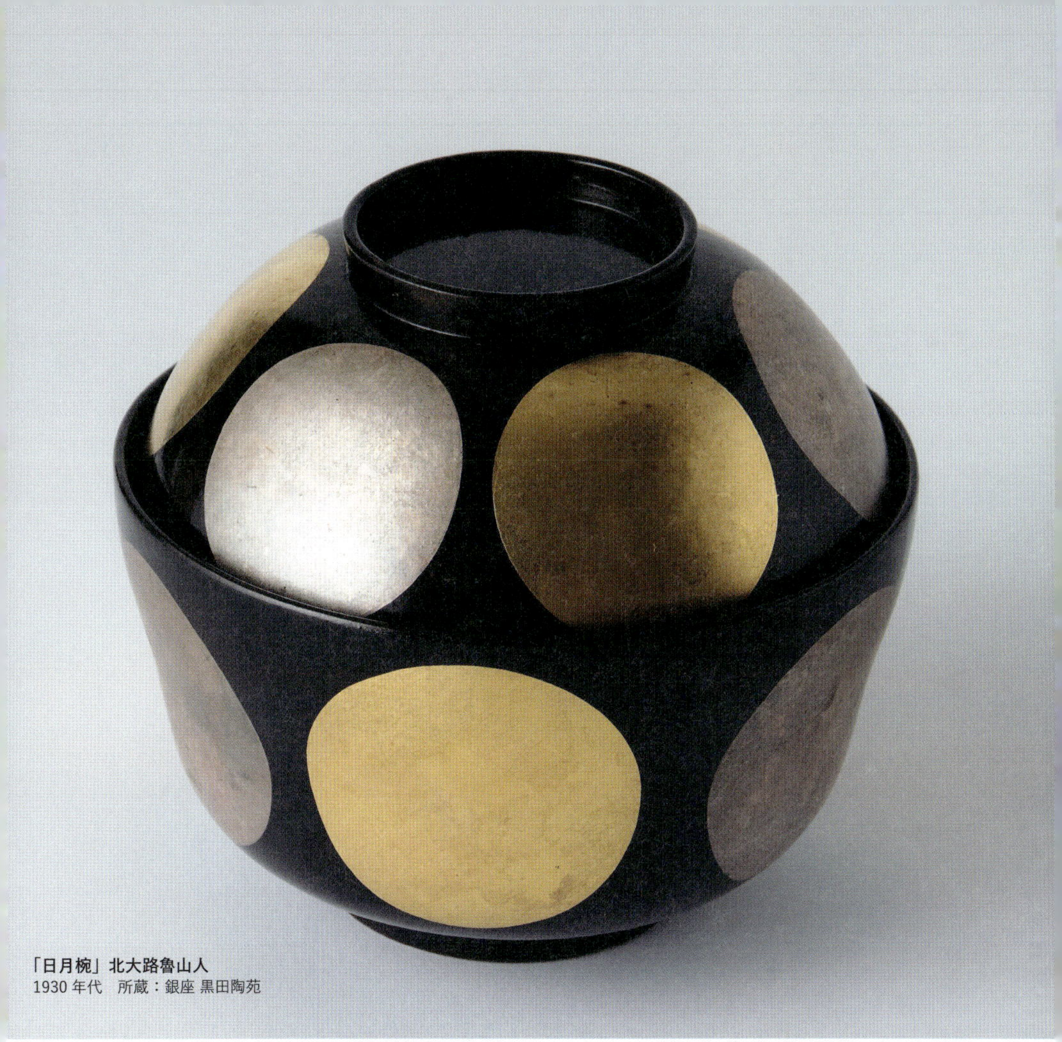

「日月椀」北大路魯山人
1930 年代　所蔵：銀座 黒田陶苑

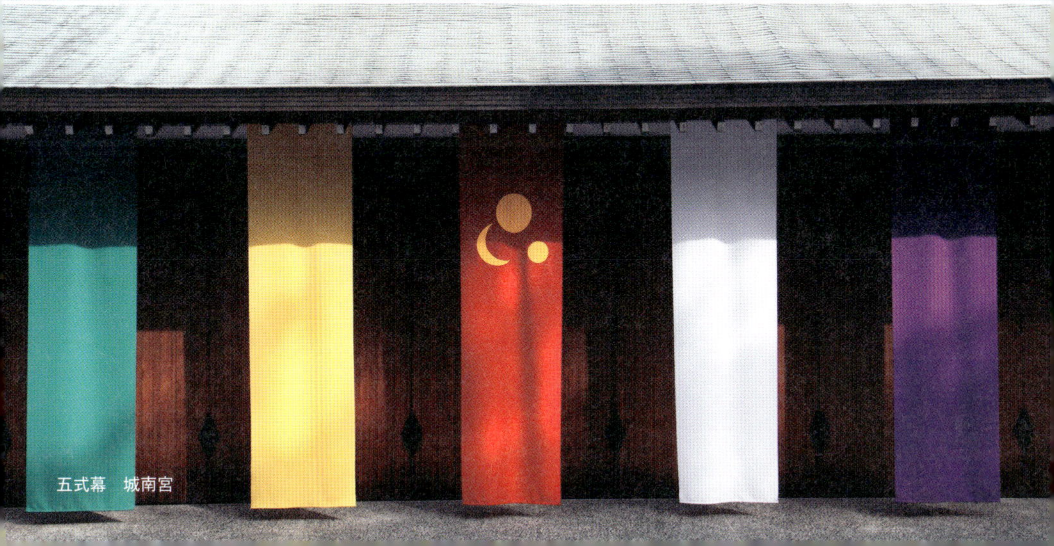

五式幕　城南宮

つき

◉月紋

Tsuki | Moon Crests

太陽を活力の原点とすれば月は静寂をあらわし、その輝きに人々は自らの心を清める。また、新月、弦月、望月（満月）とかたちを変えて満ち欠けを繰り返す月への崇敬は輪廻転生の思想にも通じ、鎌倉武士の間にひろく用いられた。「三日月」「半月」の天野氏、「朧月」は大田原、大関の二氏、「月に水」は黒田氏、「連子に月」は岩城氏などが用いた。

If the sun is the source of vitality, the moon symbolizes tranquility. Under its glow, people can purify their own hearts. And the moon changes shape, waxing and waning, again and again, a phenomenon that associates it with the concept of transmigration, the cycle of birth, death, and rebirth. The moon crest was widely used by members of the warrior class in the Kamakura period (1185–1333), when Buddhism was gaining ground among them.

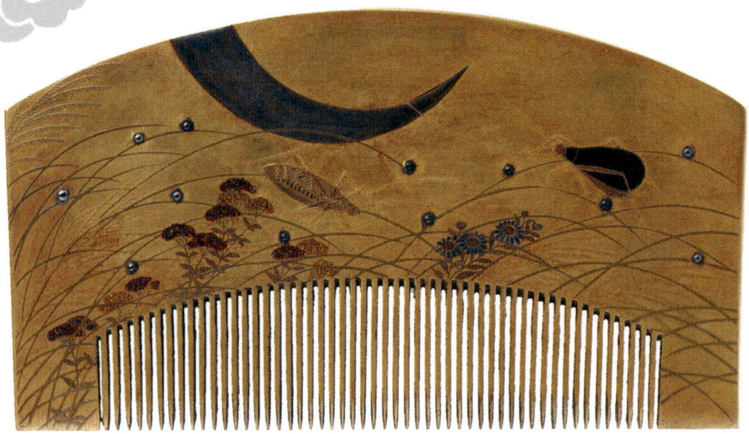

「**金地月秋草虫蒔絵櫛**」江戸時代　国立歴史民俗博物館蔵

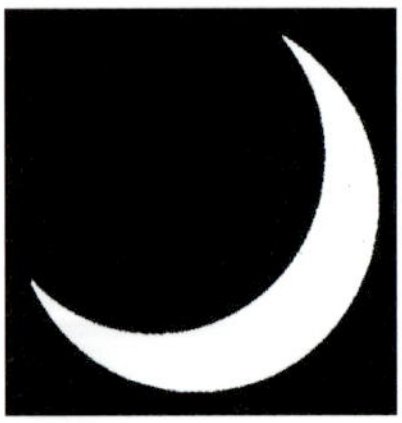

三日月

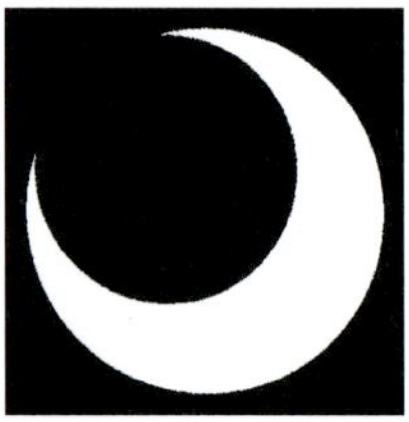

半月

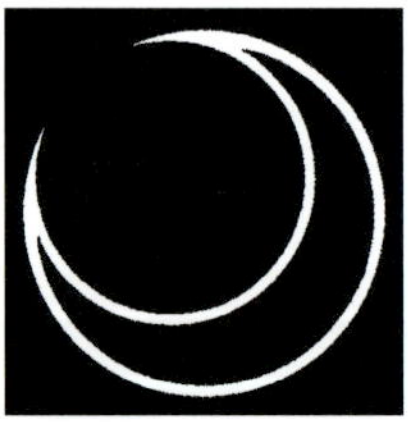

陰月

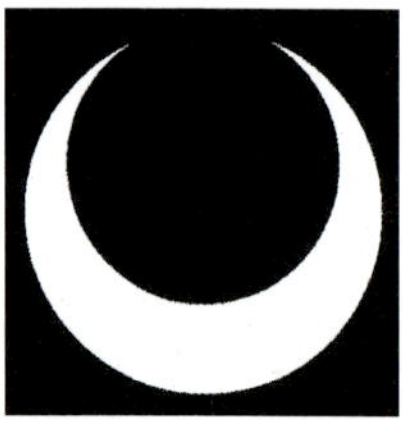

真向い月

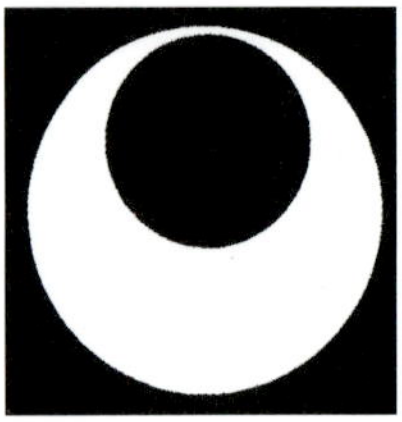

繋月

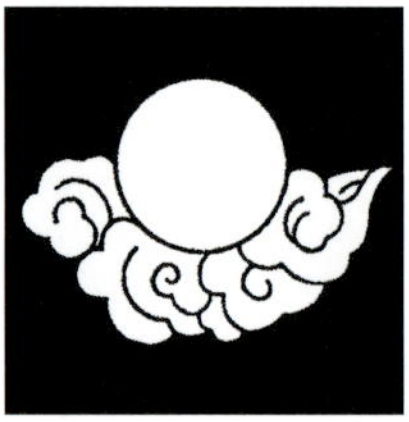

月に雲

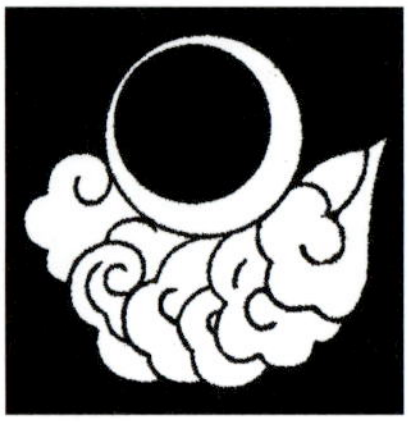

半月に雲

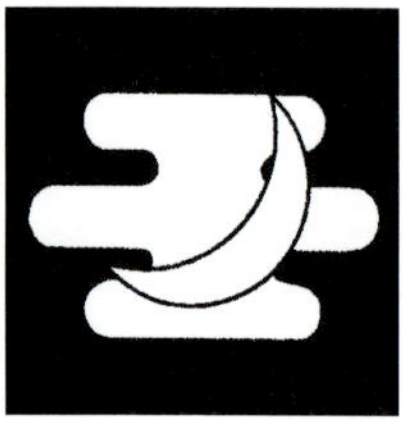

月に霞

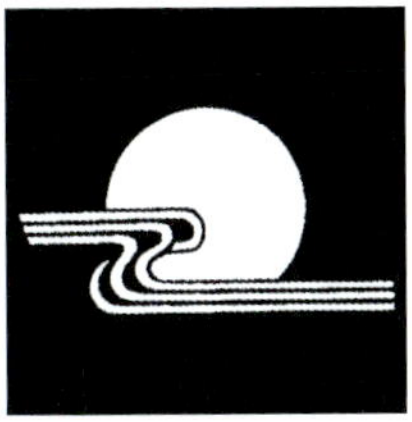
月に水

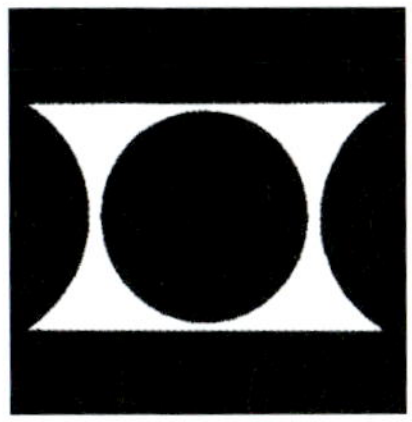
朧月

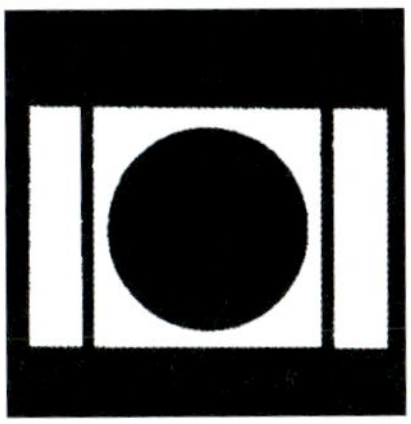
連子に月

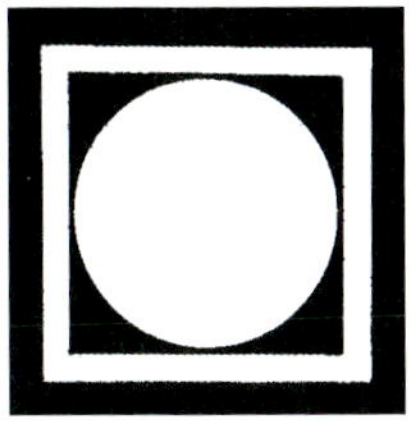
桝に月

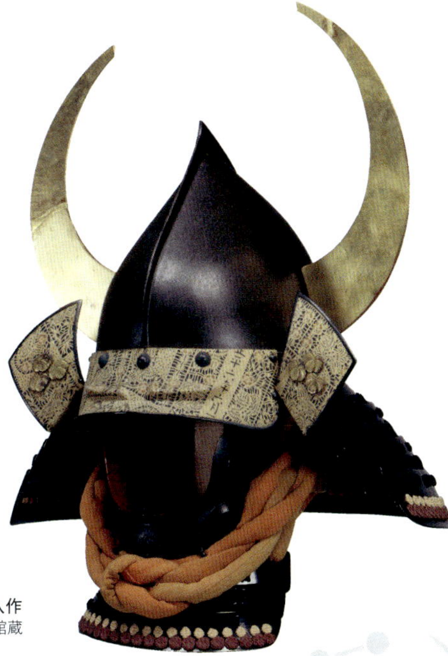
「紺糸威六枚胴具足」籠手銘
為澤木氏正造之　筑前住藤原金久作
江戸時代・18世紀　東京国立博物館蔵
出典：ColBase (https://colbase.nich.go.jp)

つきほし

◉月星紋

Tsukiboshi | Moon and Stars Crests

中国の密教や道教で、星の運行によって人の運勢や吉凶などを占う宿曜信仰が、平安時代に日本に伝わり大いに流行した。そのシンボルは月と星で妙見菩薩(北斗七星を神格化した菩薩)とよばれ、のちに武士たちの信仰体となった。千葉市に妙見社を勧請した千葉氏やその一門の専用紋になる。

During the Heian period (800–1185), a form of astrology that had developed in Chinese esoteric Buddhism and Daoism and claimed to be able to divine a person's fortune based on the motion of the stars reached Japan from China. It spread in Japan, where its symbol, the moon and stars, was called the bodhisattva Myōken and later became an object of worship among warriors.

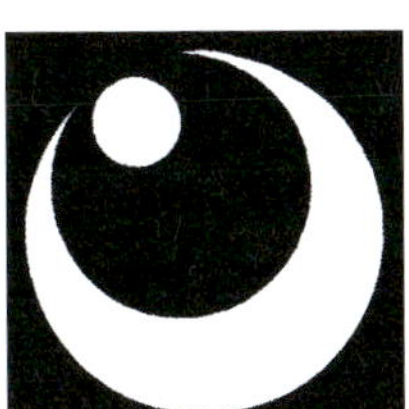
月星

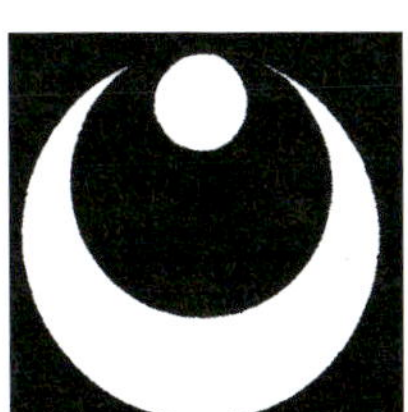
真向い月星

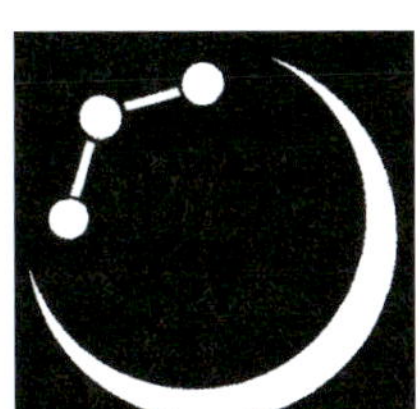
月に三星

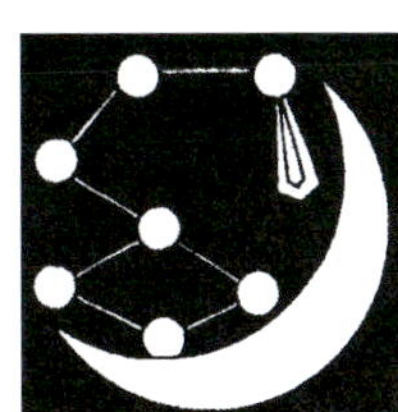
月に北斗星

ほし

◉ 星紋

Hoshi | Star Crests

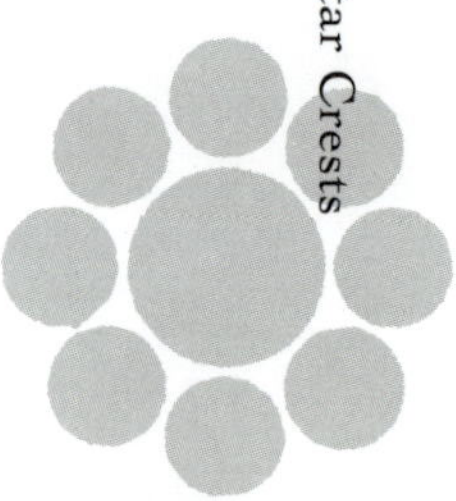

古代バビロンやインドには、星に神秘な力を托し、信仰の対象とする星辰崇拝があった。また中国にも陰陽五行説があり、奈良時代に日本に伝来した。これが陰陽道となり、文様においても小さな円であらわし、柄杓状に並んだ北斗七星や梅鉢型に配置した五・六・七曜文が描かれた。饗庭、本郷、渡辺諸氏の家紋である。

In ancient Babylonia and India, the stars were worshipped as entities filled with mystic power. In Japan, the introduction of the Chinese cosmology of the cosmic dual forces (yin and yang) and the five elements (metal, wood, water, fire and earth) produced Onmyōdō, a divination system based on the way of yin and yang. In crests, five, six, or seven stars, expressed as small circles, were arranged like the big dipper or in the stylized plum blossom *umebachi* format.

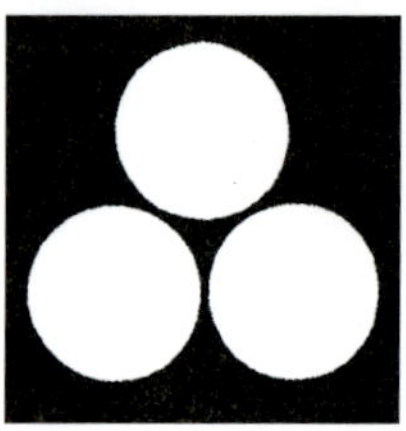

三つ星

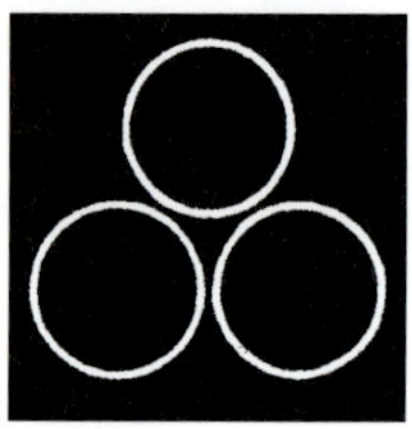

かげ三つ星

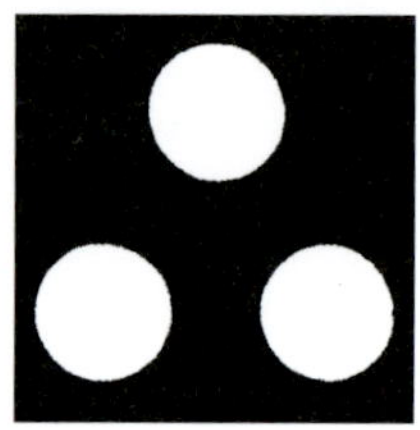

松浦星

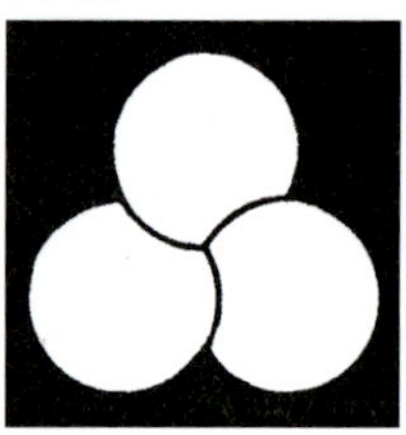

重ね三つ星

繋剣に三つ星

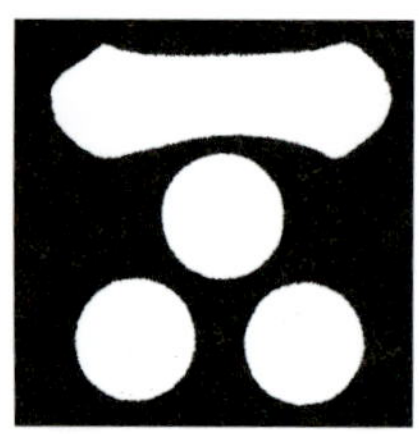

長門三つ星

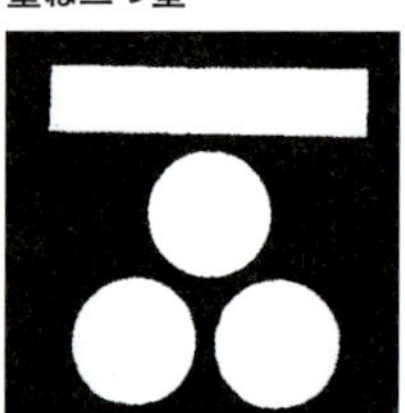

府中三つ星

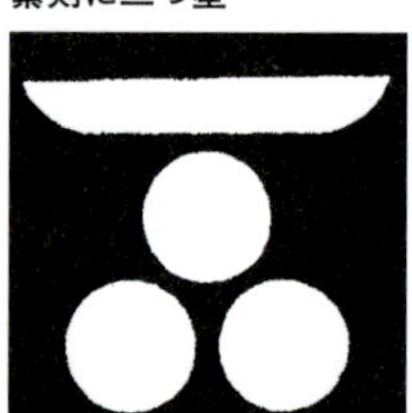

徳山三つ星

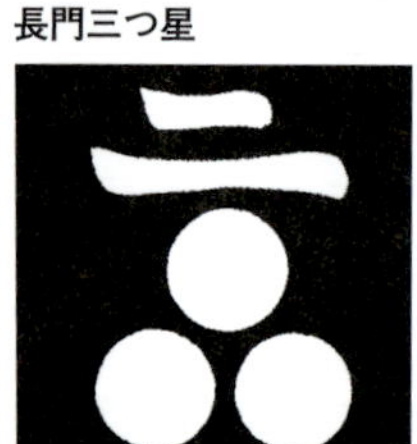

二文字に三つ星

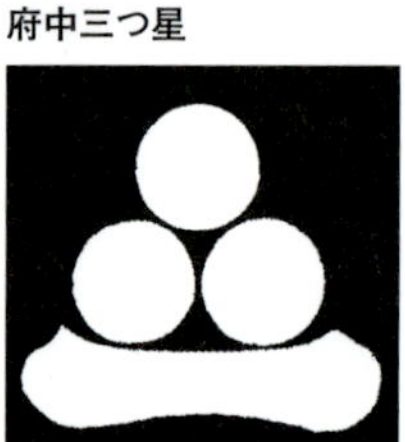

三つ星に一文字

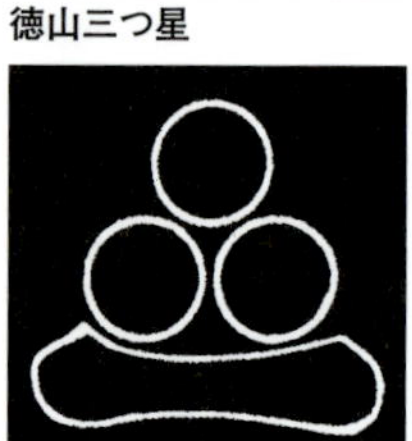

かげ三つ星に一文字

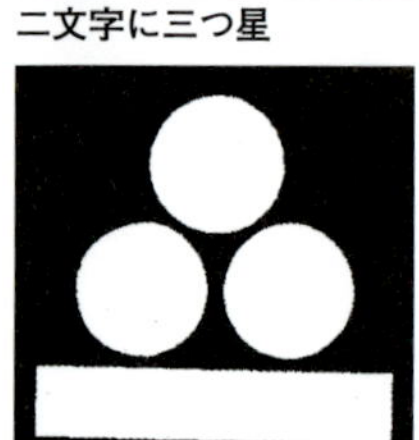

三つ星に一文字

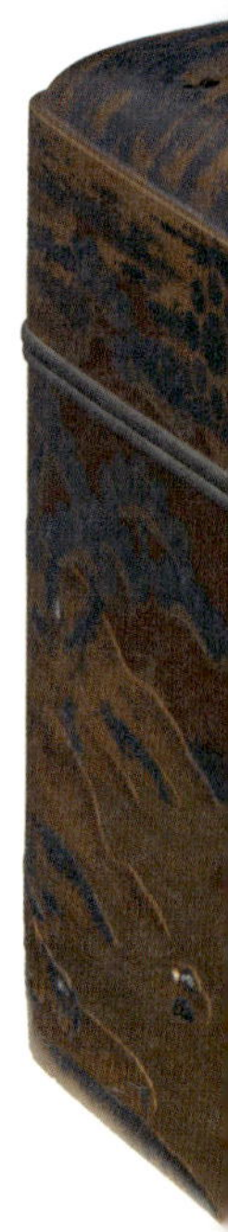

「九曜紋源氏物語蒔絵手箱」
江戸時代　大阪市立美術館蔵
（カザールコレクション）

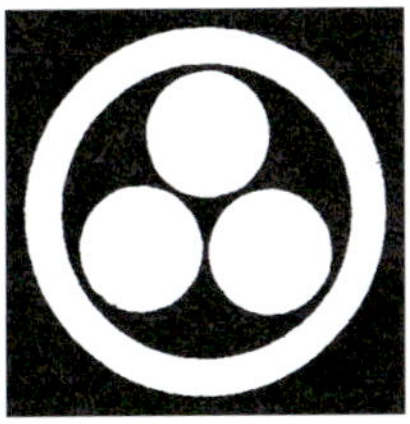
丸に三つ星

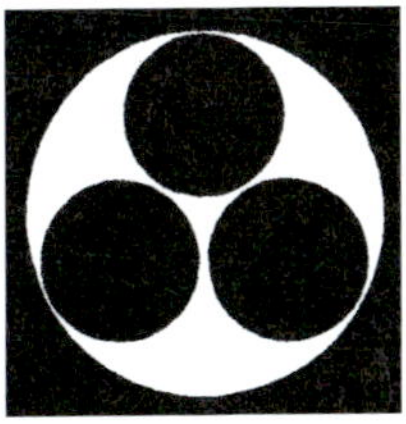
石持ち地ぬき三つ星

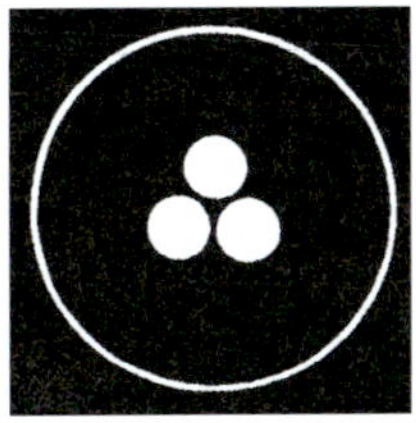
毛輪に三つ星

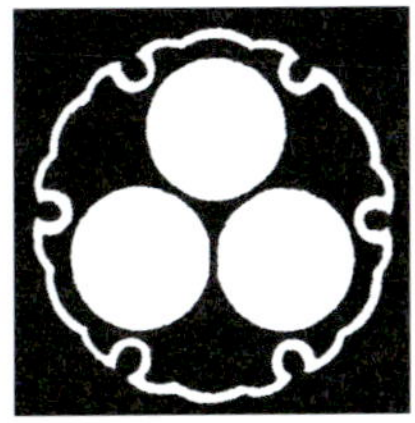
雪輪に三つ星

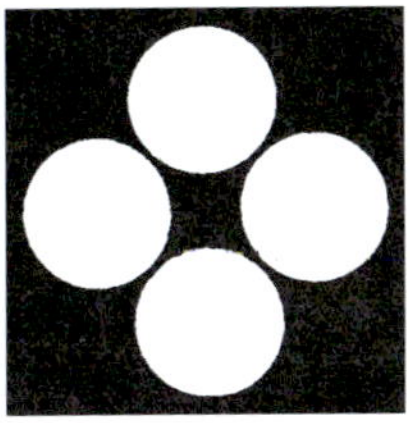
四つ星

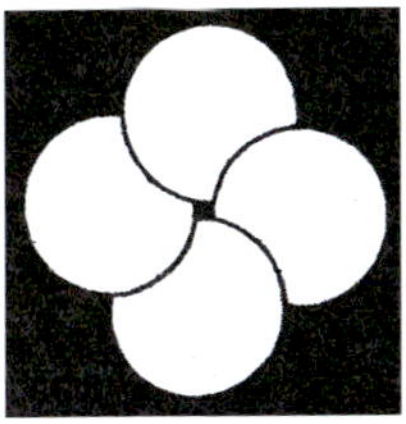
重ね四つ星

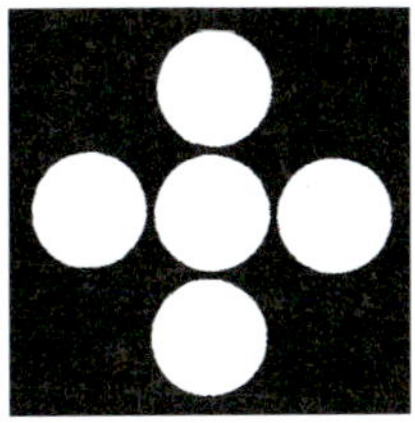
五つ星

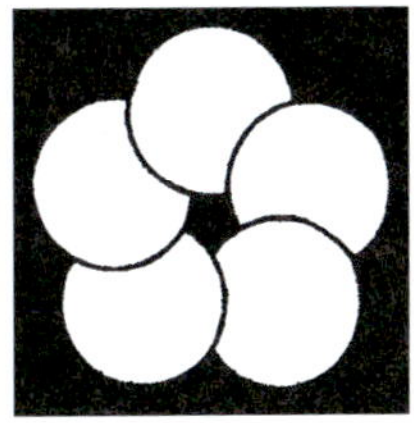
重ね五つ星

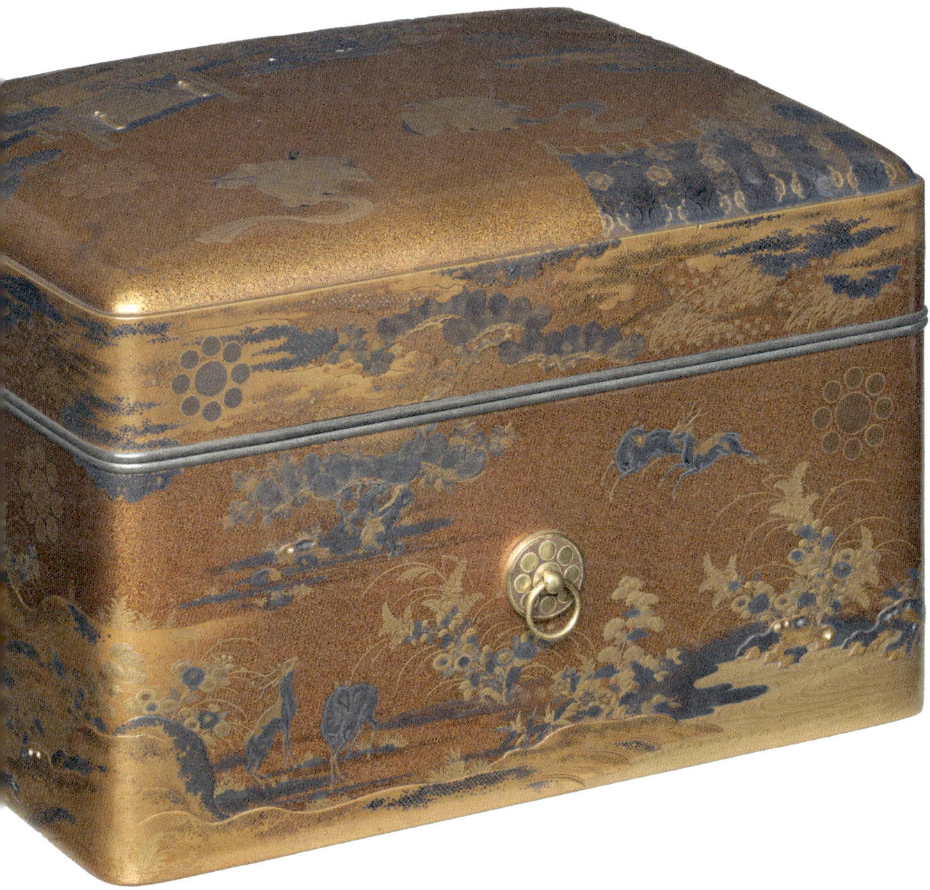

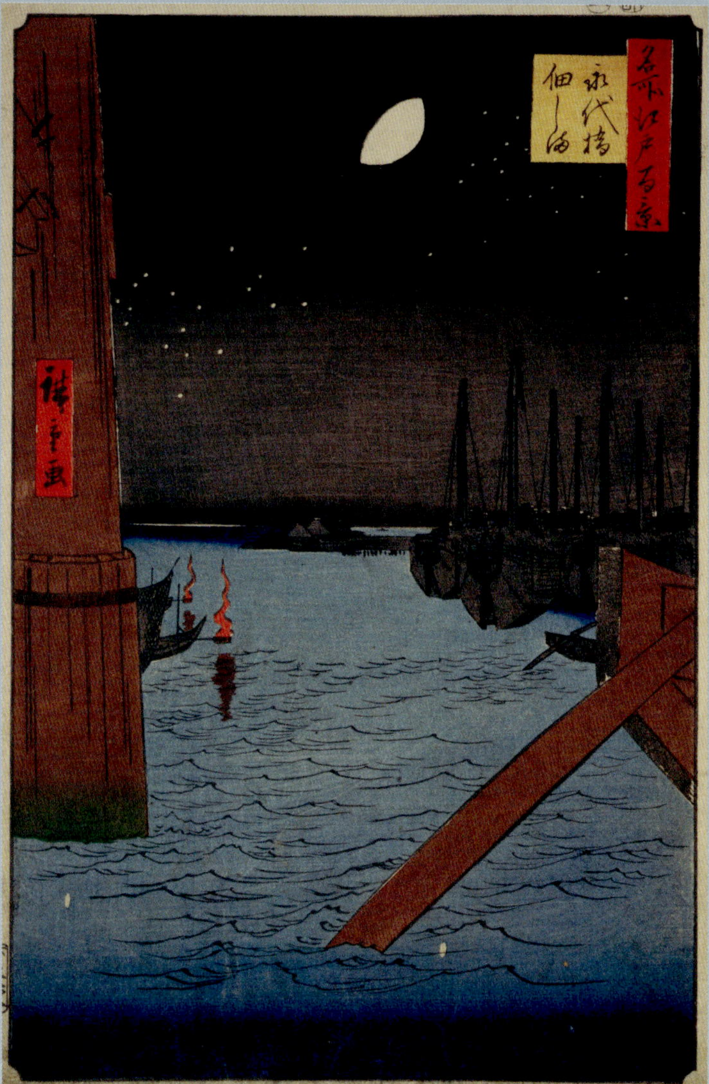

「名所江戸百景　永代橋佃しま」歌川広重　安政４年・1857　国立国会図書館蔵

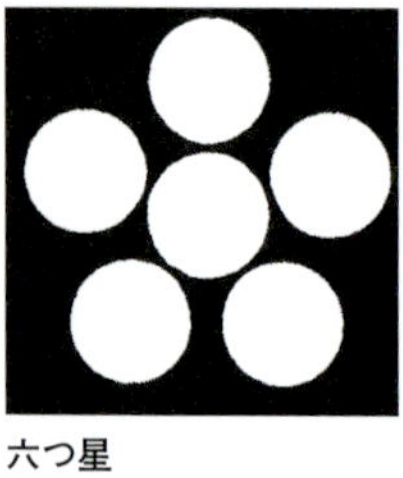

六つ星

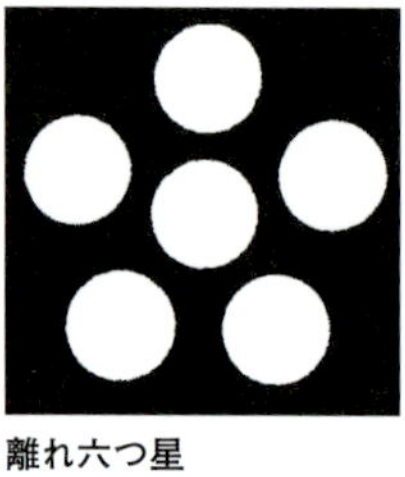

離れ六つ星

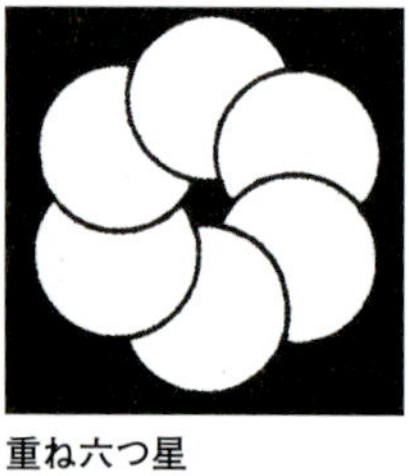

重ね六つ星

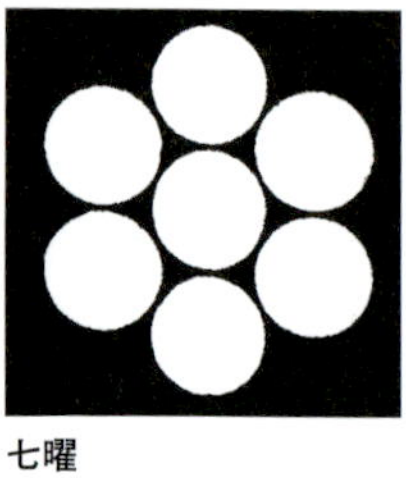

七曜

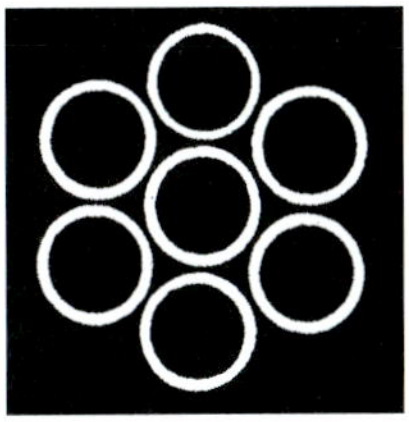
かげ七曜

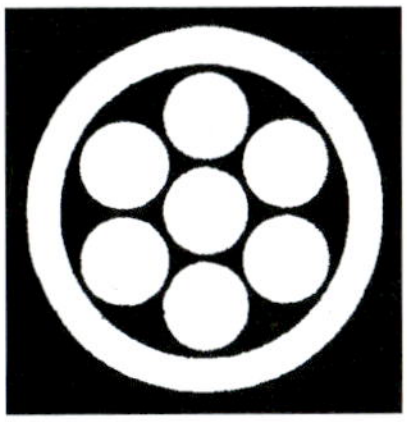
丸に七曜

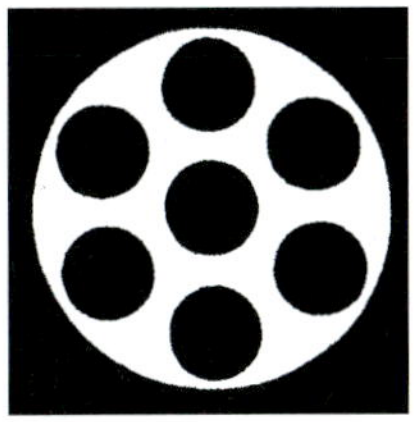
石持ち地ぬき離れ七曜

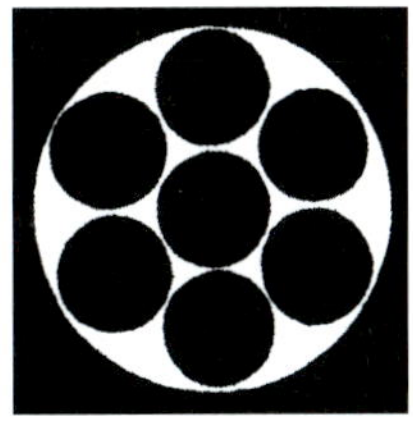
石持ち地ぬき七曜

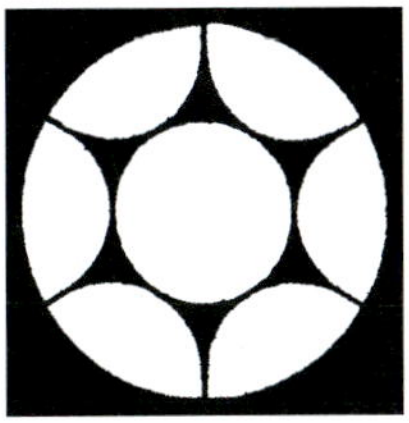
割七曜

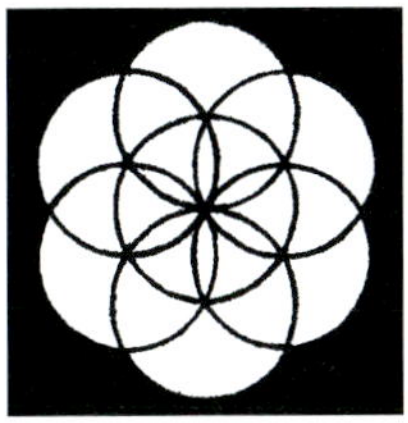
陰陽七つ星

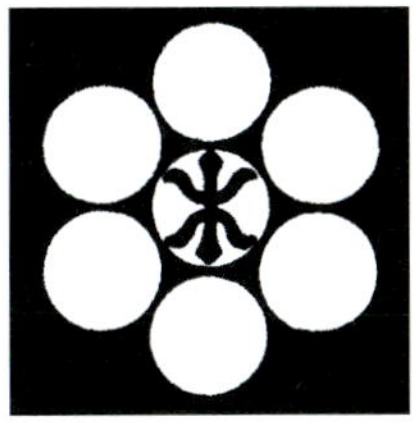
七曜に木文字

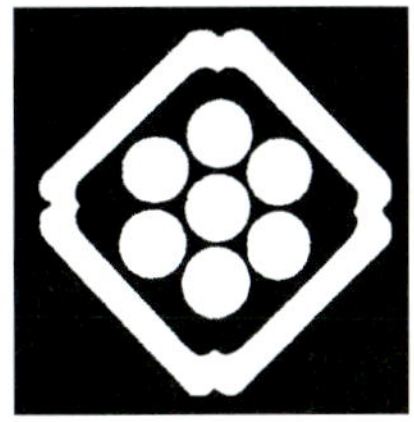
隅入角に七曜

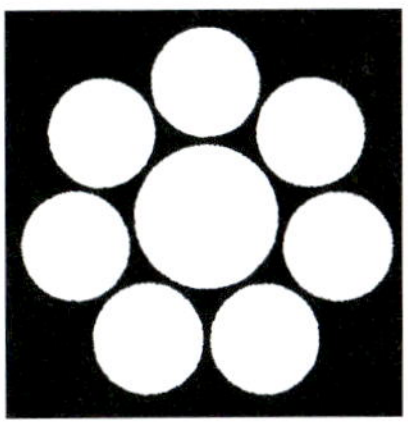
八曜

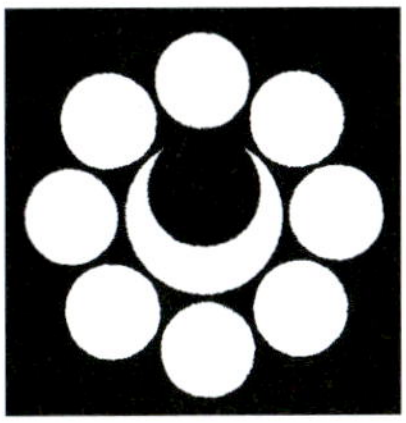
八曜に月

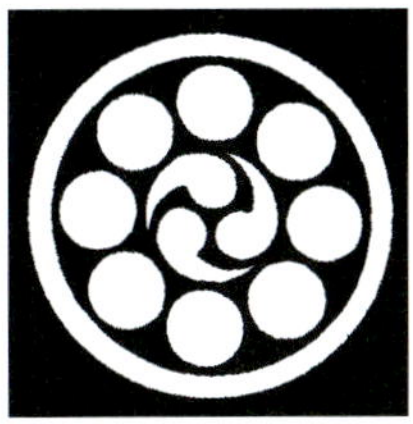
中輪八曜に巴

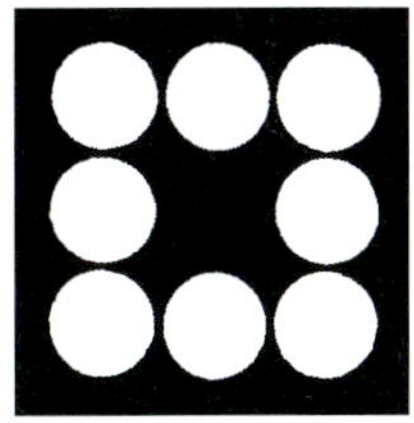
角八曜

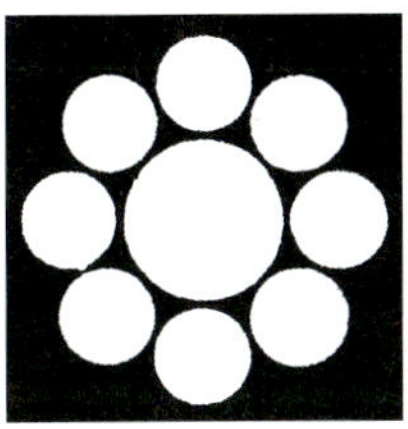
九曜

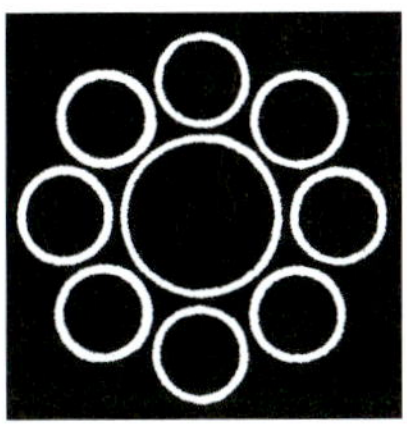
かげ九曜

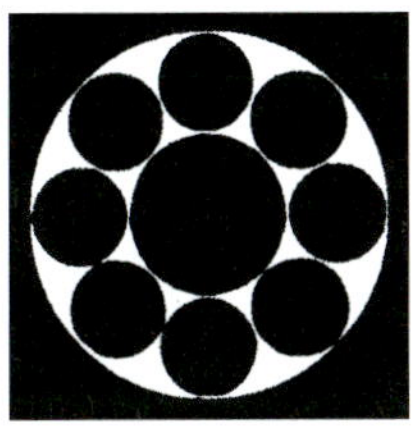
石持ち地ぬき九翟

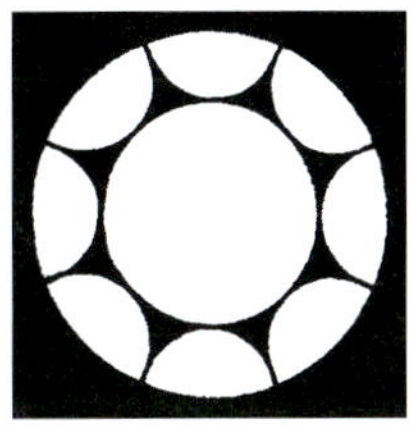
割九翟

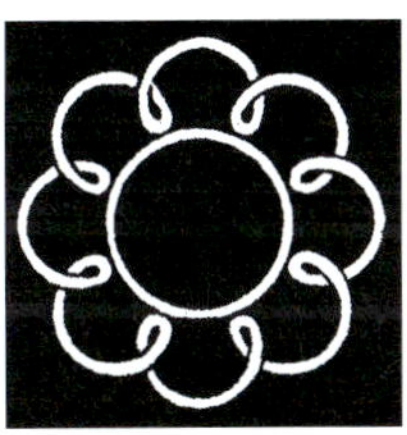
結び九曜

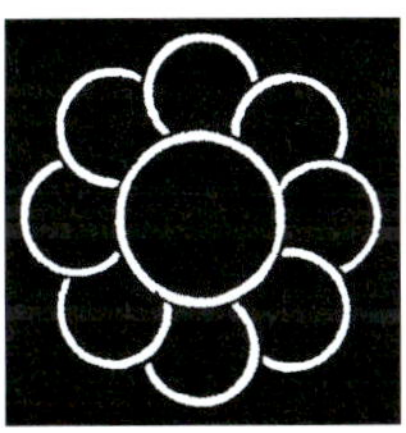
かげ重ね九翟

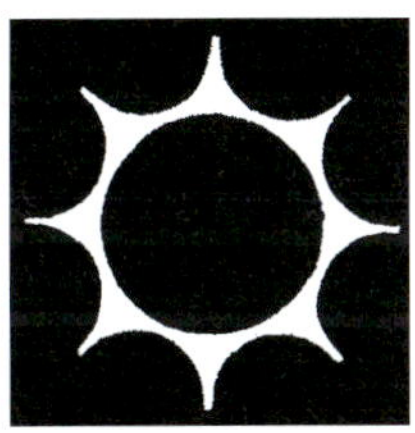
抜け九曜

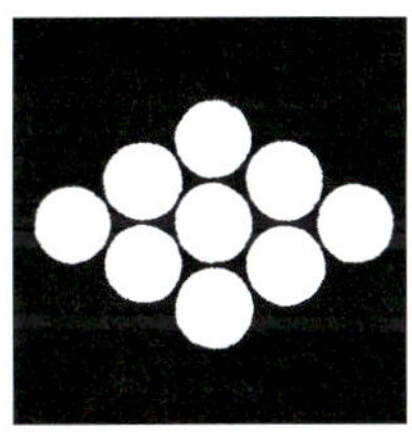
菱九曜

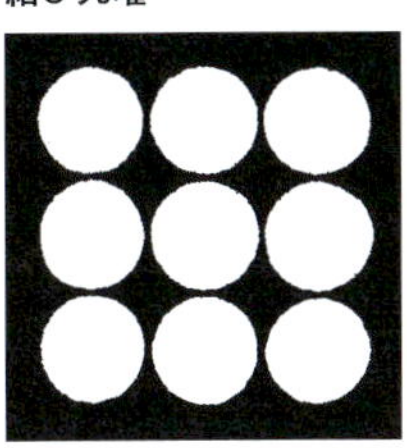
角九翟

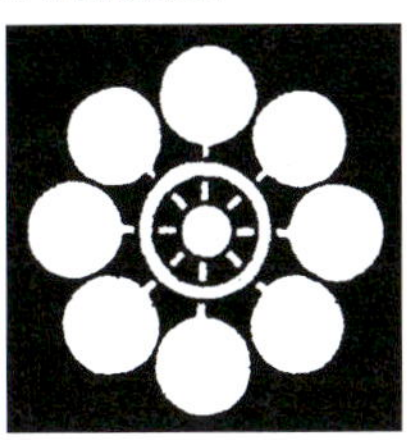
九曜車

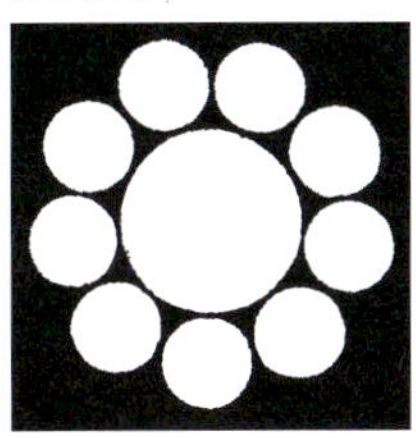
十曜

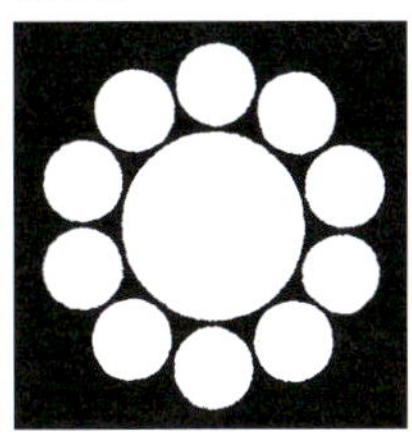
十一曜

ゆき

◉雪紋 *Yuki* | Snow Crests

雪の結晶は六方晶系で、星状・角板状・角柱状・針状などのかたちがある。雪の結晶を文様とするほかに、草木に雪の降り積もった情景をとらえた「雪持ち柳」「雪持ち笹」などの文様が平安時代以降に能装束や小袖などに流行した。家紋としては藤原秀郷系の佐藤氏のほか、平良文末裔の長井氏が降雪（春風雪）を用いている。笹や薺（なずな）と組み合せたり、雪輪として使われる場合が多い。

Snowflakes are hexagonal crystals that develop in many forms: star shapes, hexagonal plates, triangular prism shapes, and dendrites, for example. In addition to motifs using snowflakes themselves, examples depicting scenes of snow accumulating on vegetation were popular for both Noh costumes and kosode kimono in the Heian period (800–1185).

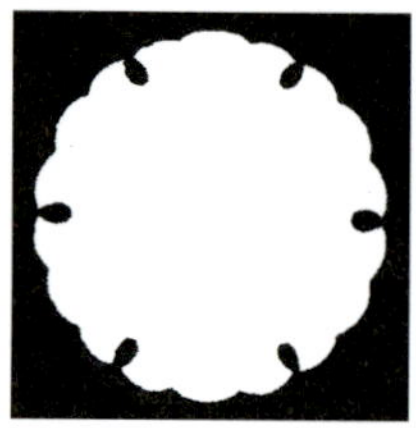
雪

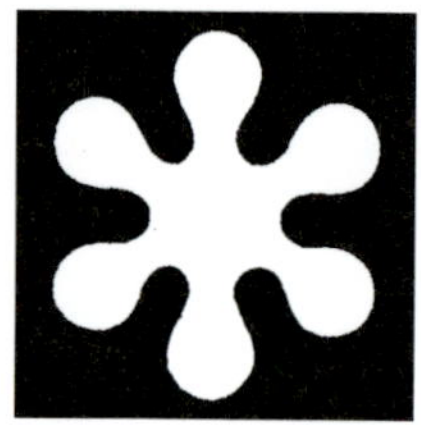
初雪

春風雪

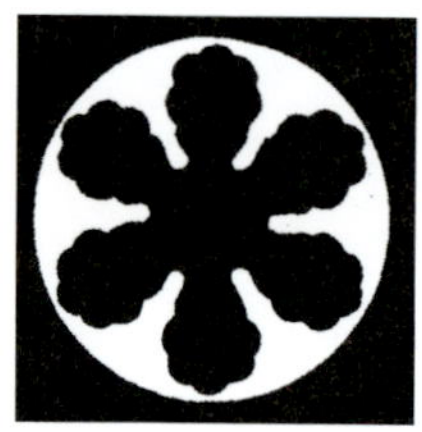
春の雪

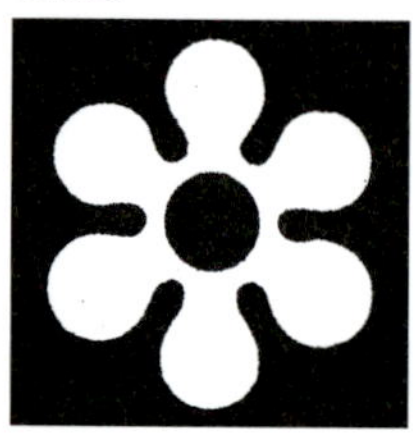
石持ち雪

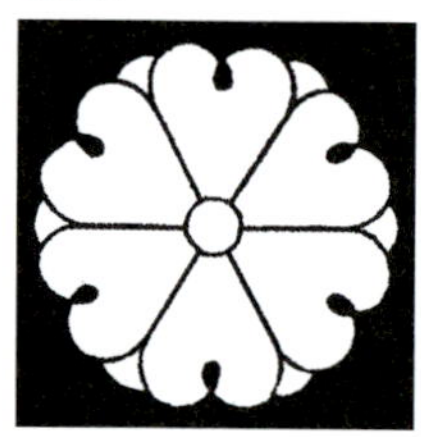
ふぶき雪

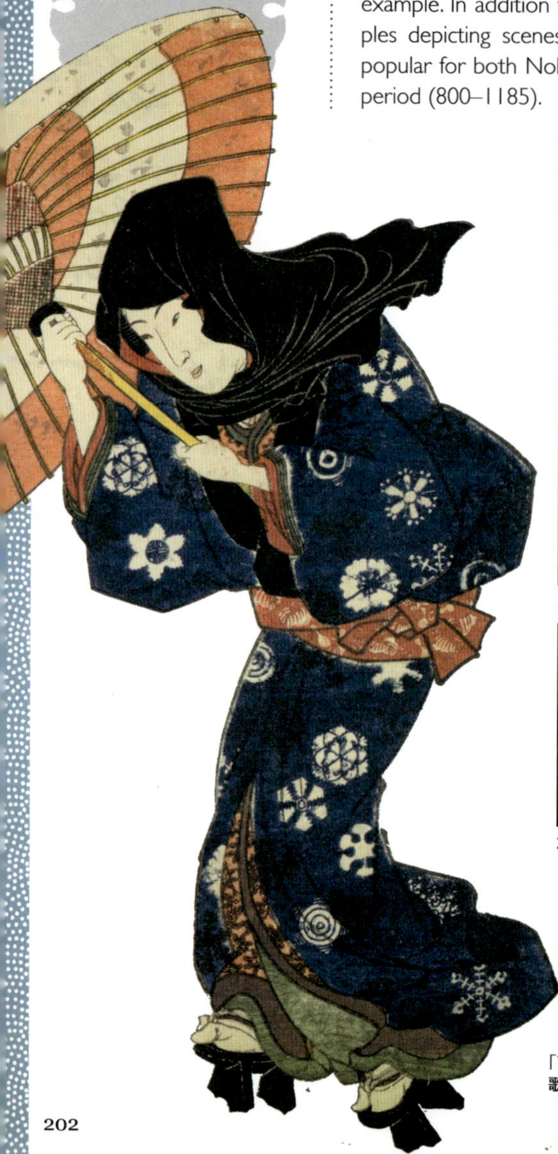
「百人一首絵抄　十五　光孝天皇」（部分）
歌川豊国　国立国会図書館蔵

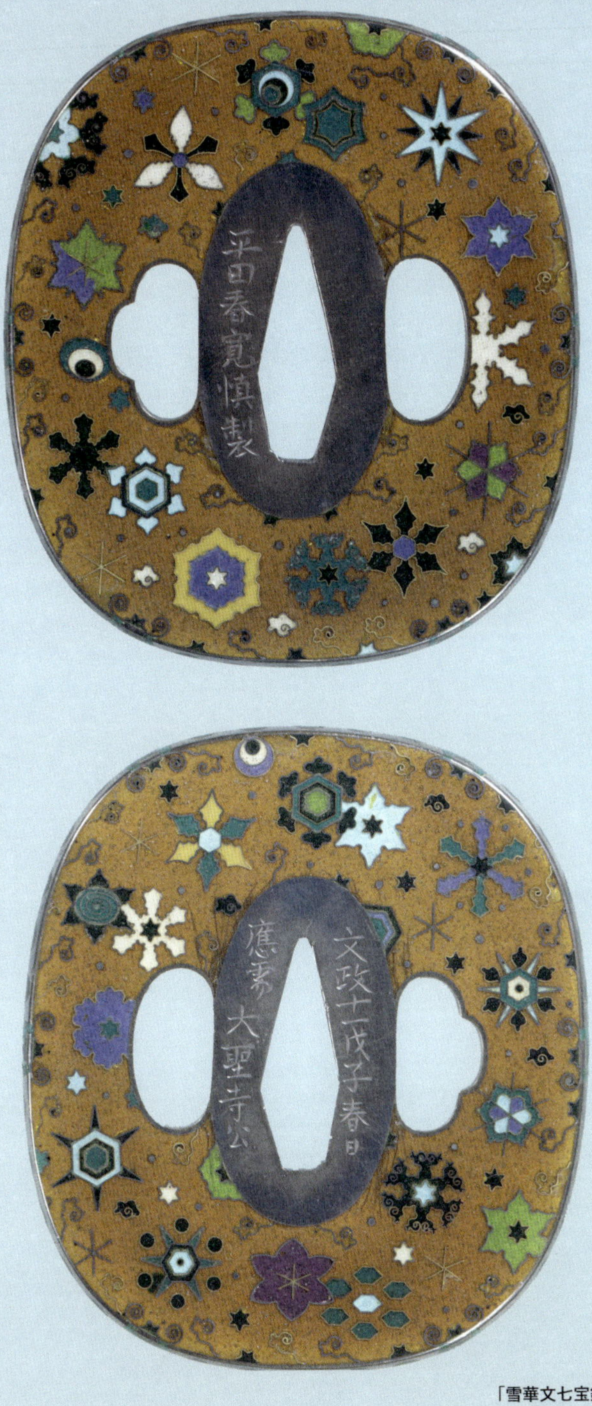

「雪華文七宝鐔」平田春寛
文政 11 年・1828　東京国立博物館蔵
出典：ColBase (https://colbase.nich.go.jp)

なみ

● 浪紋

Nami | Wave Crests

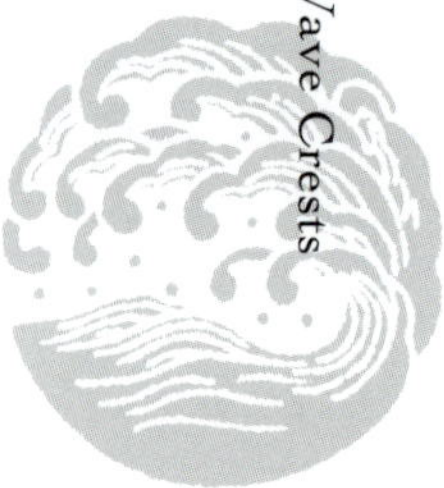

「なみ」には、浪・波・濤の字があり意味は多少違っている。濤はうねうねと続くうねりで、これに対して浪は清らかななみをいう。浪紋には「立浪」と「浪丸」があり、立浪はなみの盛りあがりを形象化したもので、浪丸はなみを丸形にかたどったもの。兎が波間を渡ったり、魚がはねたり、千鳥が群れたりと多彩なかたちがある。

Wave crests include standing waves and swirled waves. While the standing wave type is a stylization of a wave reaching its crest, in the swirled wave type shows waves shaped into a circle. Wave motifs' many variations include examples with a rabbit leaping between waves, a fish leaping, or a cluster of plovers.

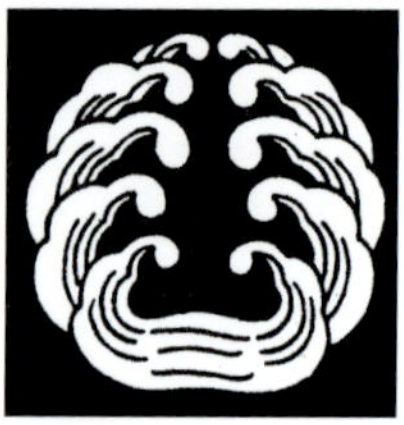

向い浪

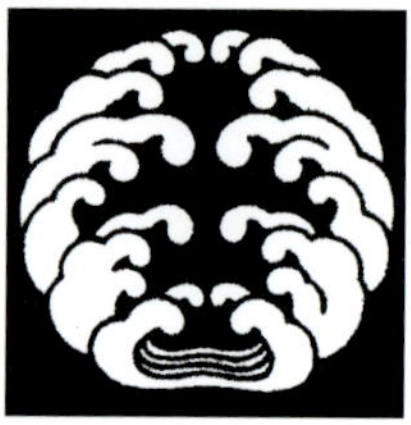

青山浪

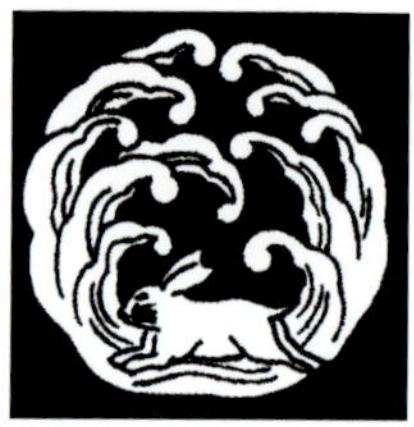

浪に兎

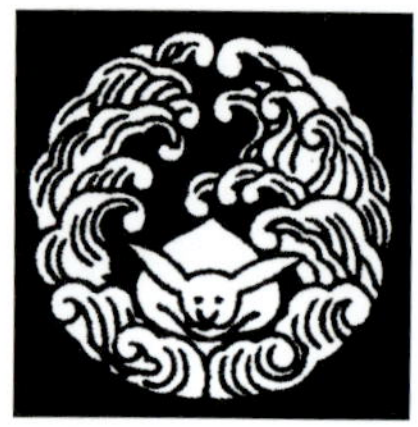

立浪に兎

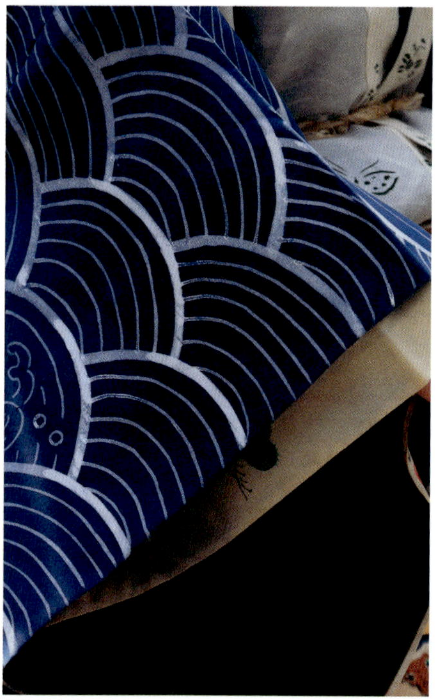

青海波文様　葵祭

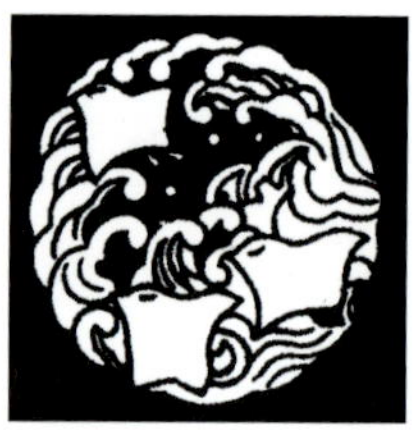

浪に千鳥

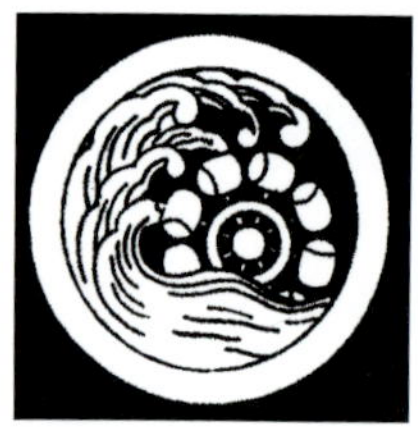

丸浪に水車

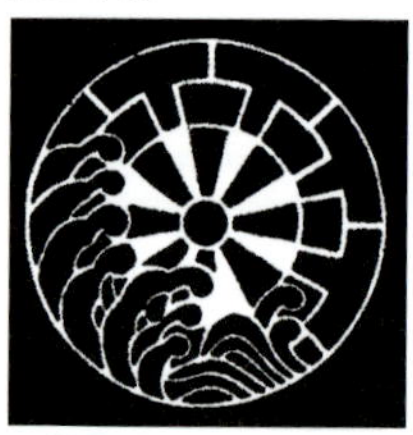

石持ち地ぬき源氏車

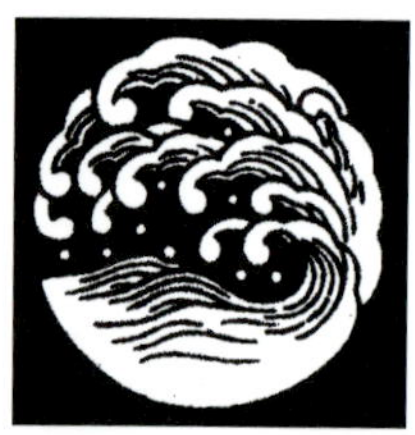

荒浪の丸

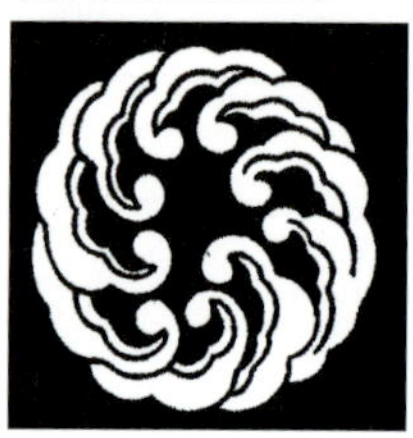

追い受け浪

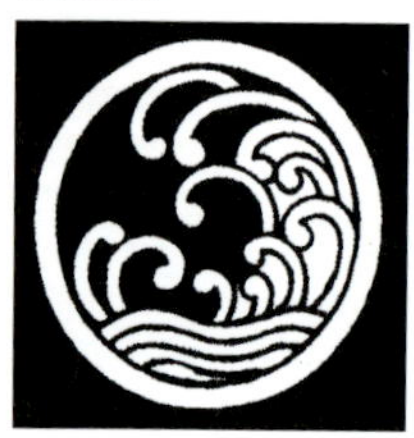

祭り浪

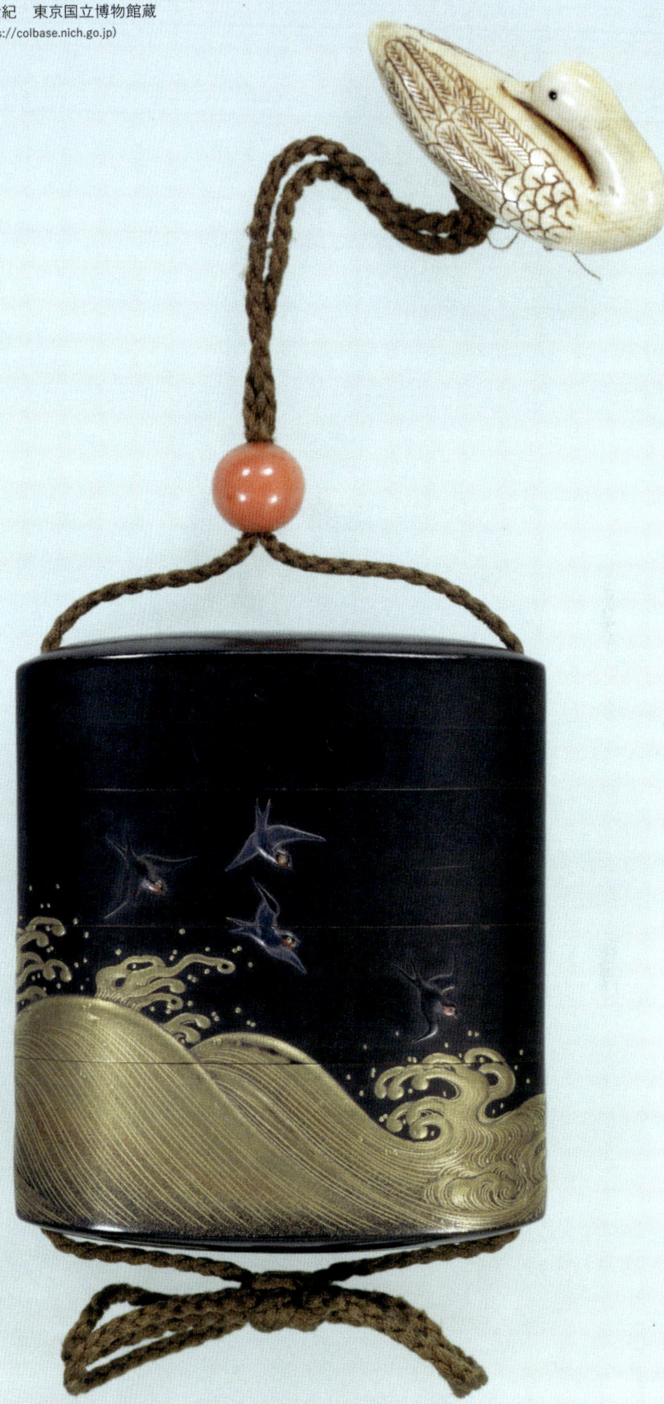

「浪燕蒔絵印籠」底裏沈金 銘「古満休伯作」
江戸時代・19 世紀　東京国立博物館蔵
出典：ColBase (https://colbase.nich.go.jp)

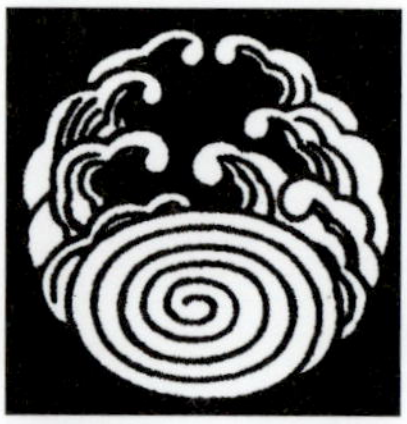

渦巻き浪

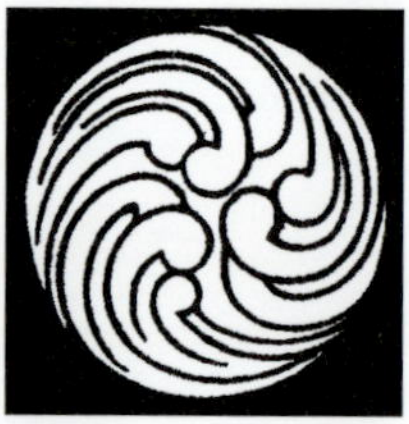

浪に巴

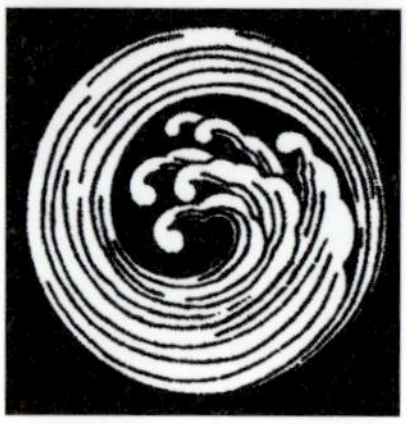

一つ浪巴

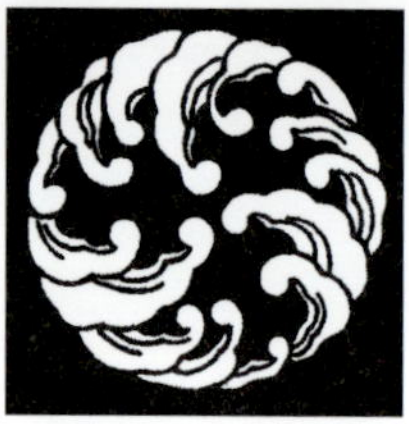

三つ浪丸

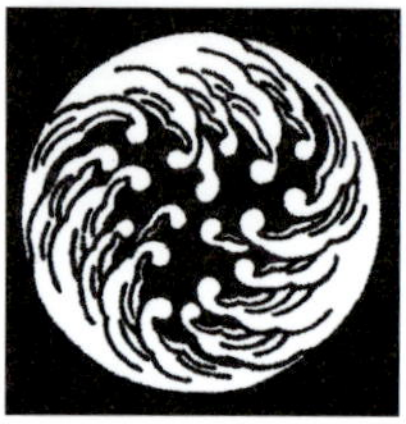

三つ巴浪

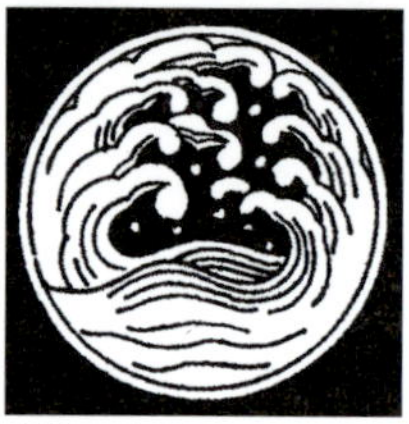

糸輪に抱き浪

松田浪

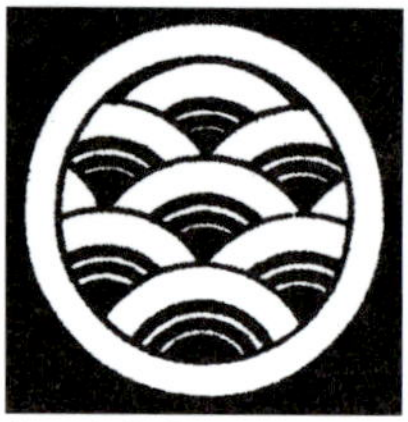

丸に青海浪

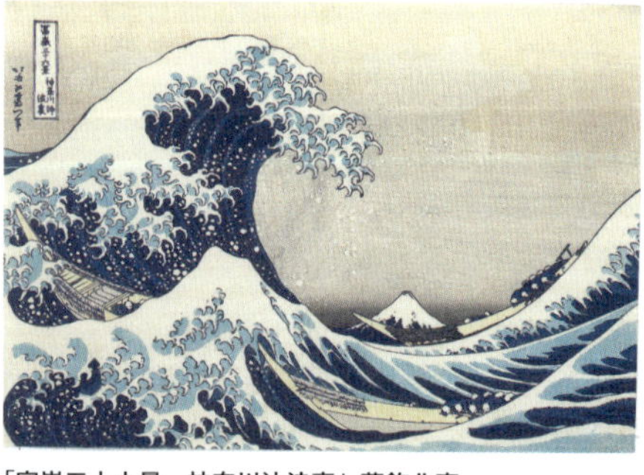

「富嶽三十六景　神奈川沖浪裏」葛飾北斎
天保 2 ～ 5 年・1831 ～ 34　山口県立萩美術館・浦上記念館蔵

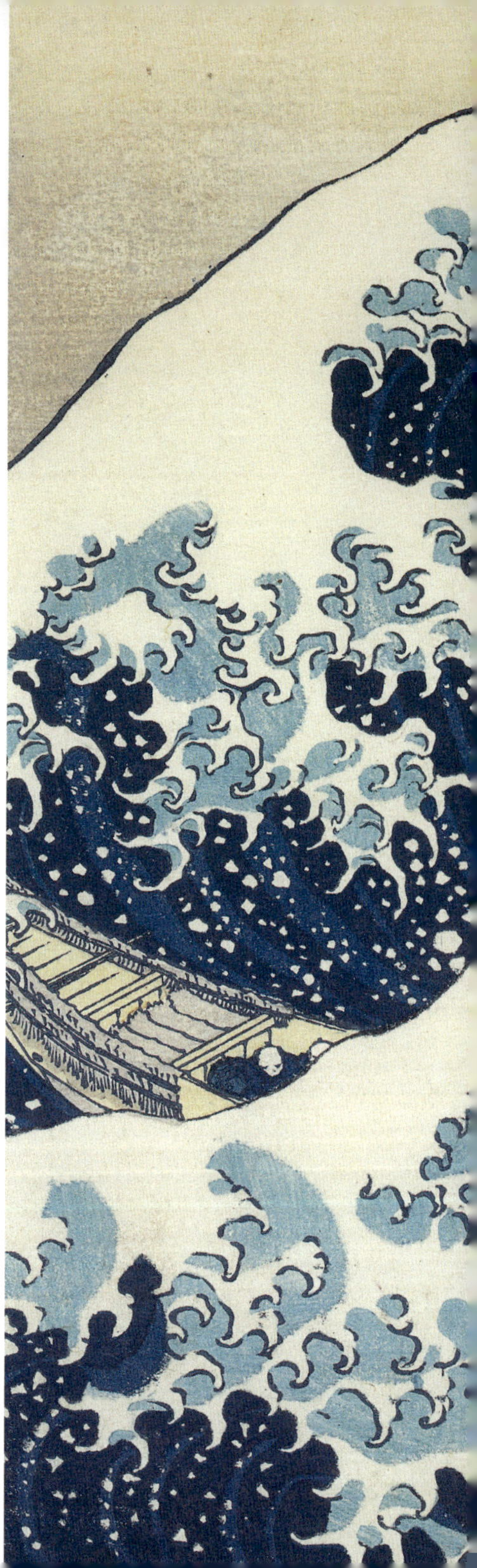

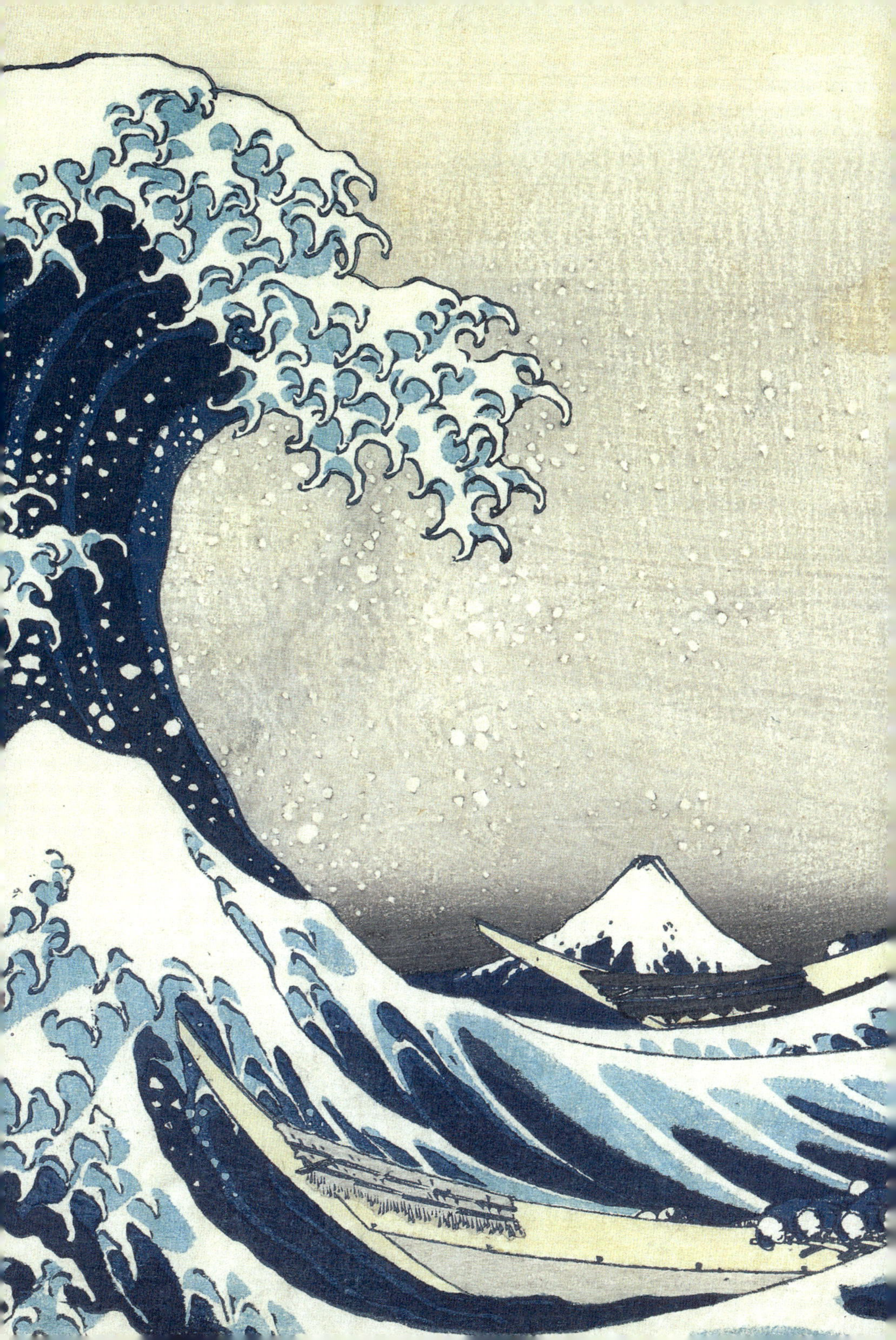

くも

◉雲紋 *Kumo* | Cloud Crests

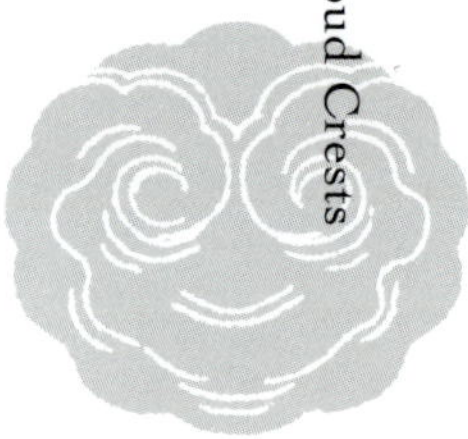

雲文には中国の山水を精神的な理想世界と考える神仙思想を受け継いだ瑞雲と、自然の一添景としての雲がある。この瑞雲を日本では霊芝雲とよんだ。平安時代後期になると霊芝雲もかたちを変え、障壁画や屏風絵の画面の余白に描かれたり、構図の省略にも使われた。京都の東寺や興正寺は雲文様を円形にあしらった紋で、「東寺雲」「興正寺雲」といわれよく知られる。

Cloud motifs may be either based on clouds as a natural phenomena or as auspicious clouds, harbingers of good fortune. During the Heian period (800–1185), the forms of those auspicious clouds changed, and they were depicted in partition and wall paintings and folding screens, with abbreviated compositions also used.

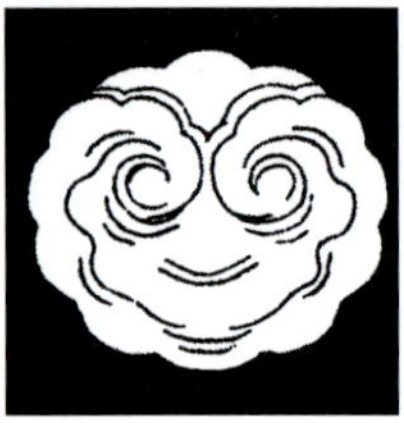

一つ雲

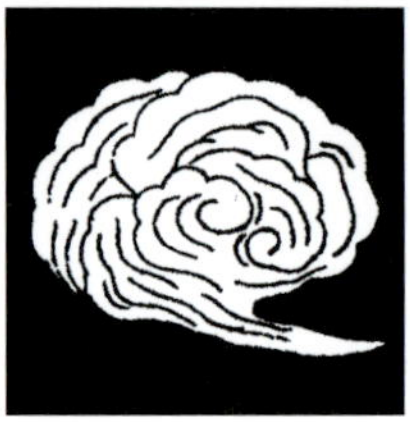

降り雲

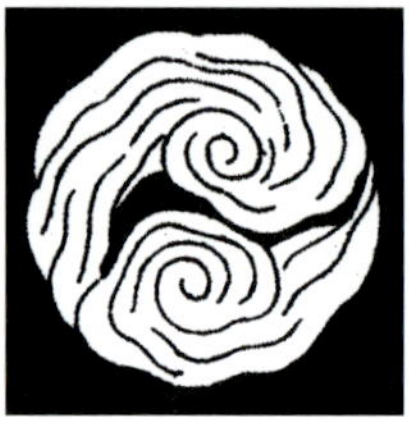

雨雲

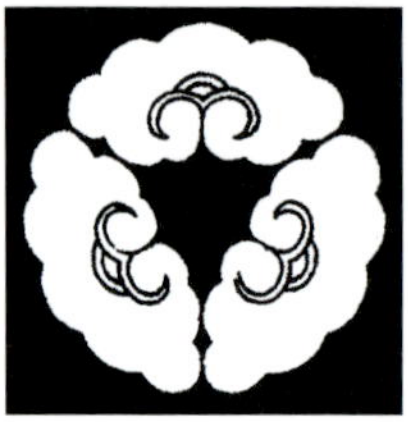

金物形雲

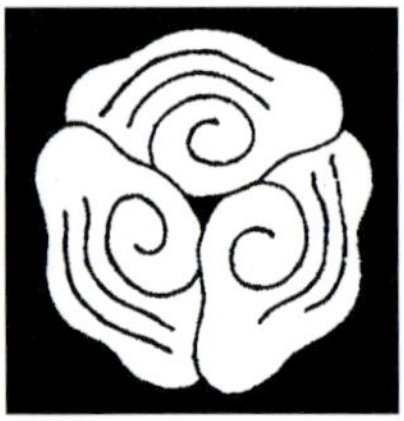

三つ重ね雲

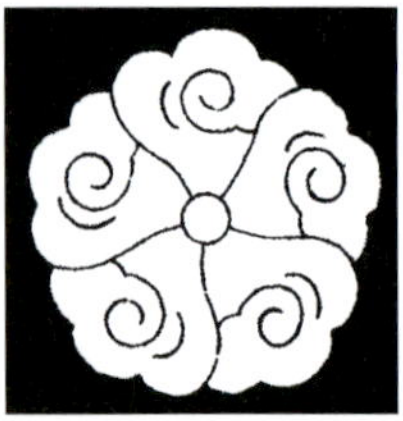

五つ雲

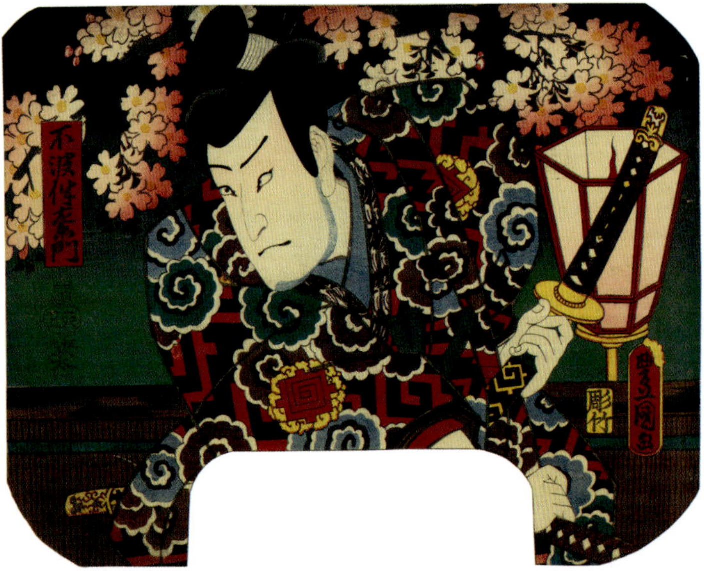

「不破伴左衛門」
『俳優団扇画』より
歌川国周
国立国会図書館蔵

次頁：「紅緑段雲矢襖鱗模様厚板」（部分）
江戸時代・19 世紀　東京国立博物館蔵
出典：ColBase (https://colbase.nich.go.jp)

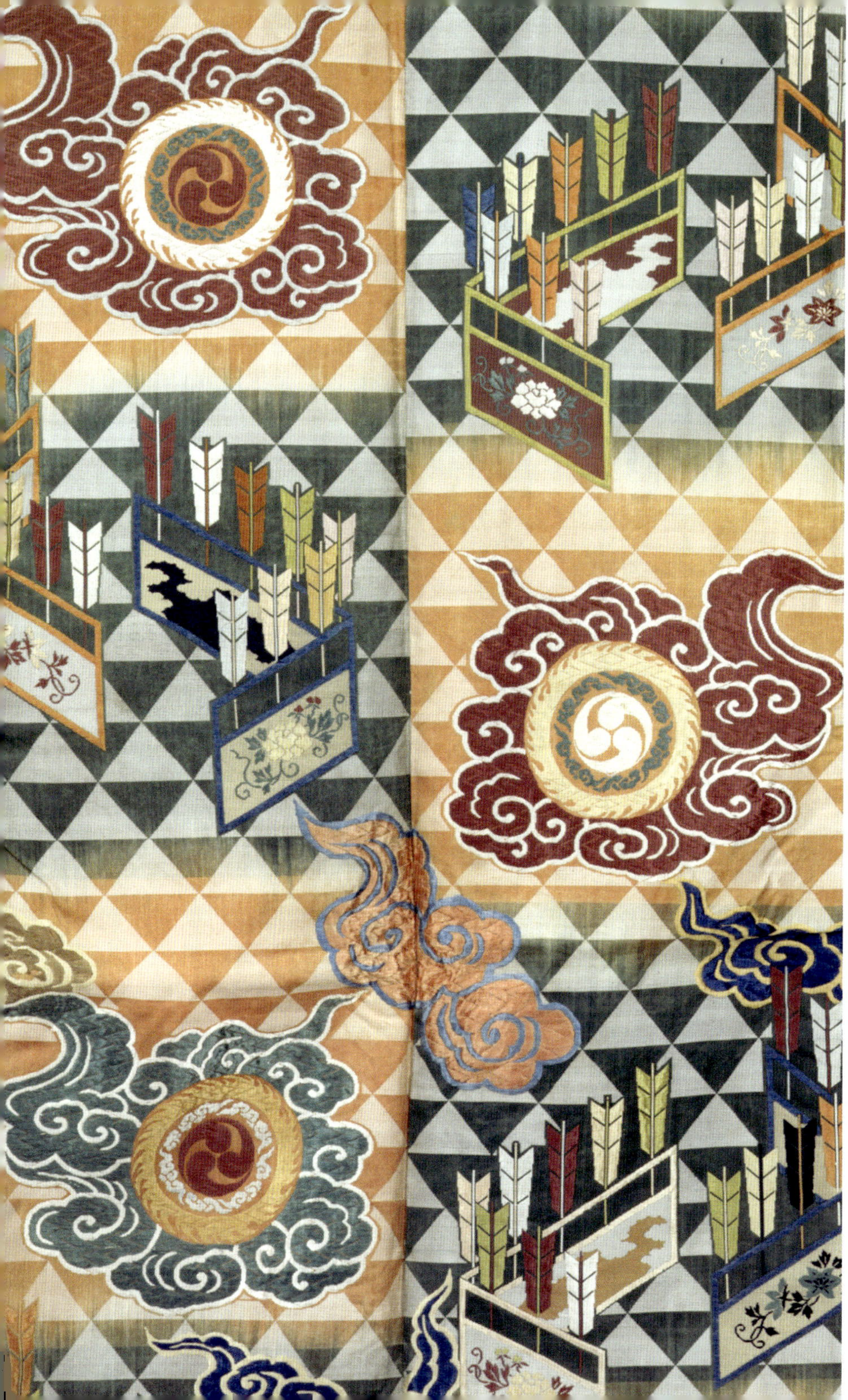

やま

◉山紋 *Yama* | Mountain Crests

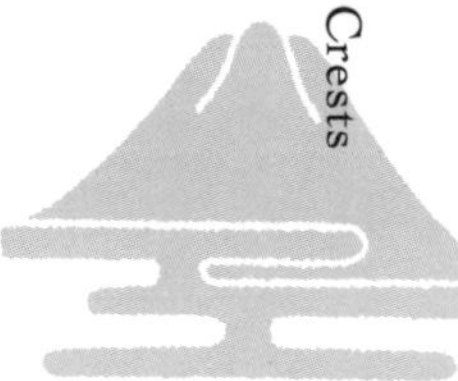

紋には山のかたちを写実的にあらわした「山紋」、幾何学模様にした「山形紋」、そして曲がりくねった山道を模した「山路紋」がある。これらは山の持つ神秘性と不動の姿の美しさから生まれた家紋である。山の組み合せのほかに雲や霞を添えた紋もある。「富士山に霞」は青木氏が独占家紋としたほか、藤原支流の出である池原氏、未勘源氏の吉田氏なども山を家紋に用いている。大正期、大阪の豪商鴻池氏が五つ山、すなわち「五山紋」を用いたことはよく知られている。

Mountain crests follow the shape of a mountain, represent a mountain as a geometric motif, or depict the winding road up and down it. These family crests were created from the mystic nature of mountains and the beauty of their indomitable forms.

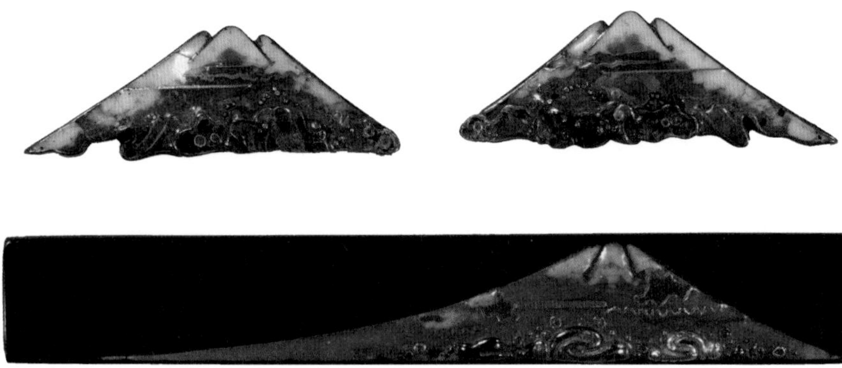

「冨嶽図二所物」平田道仁
安土桃山～江戸時代・16 ～ 17 世紀
東京国立博物館蔵　出典：ColBase (https://colbase.nich.go.jp)

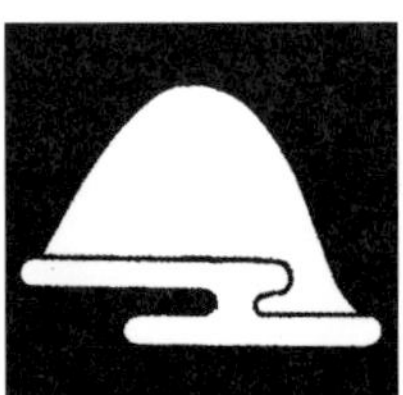

山霞

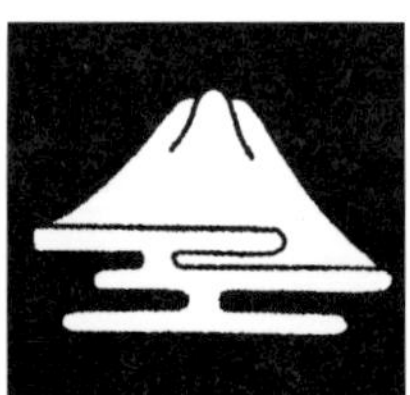

富士山に霞

丸に遠山

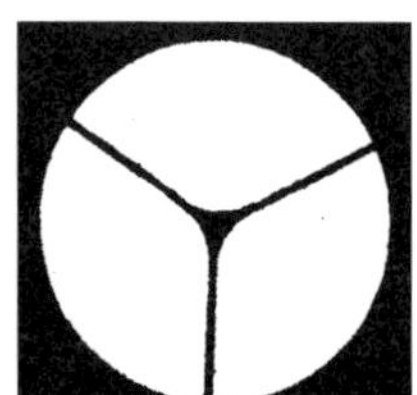

三つ山

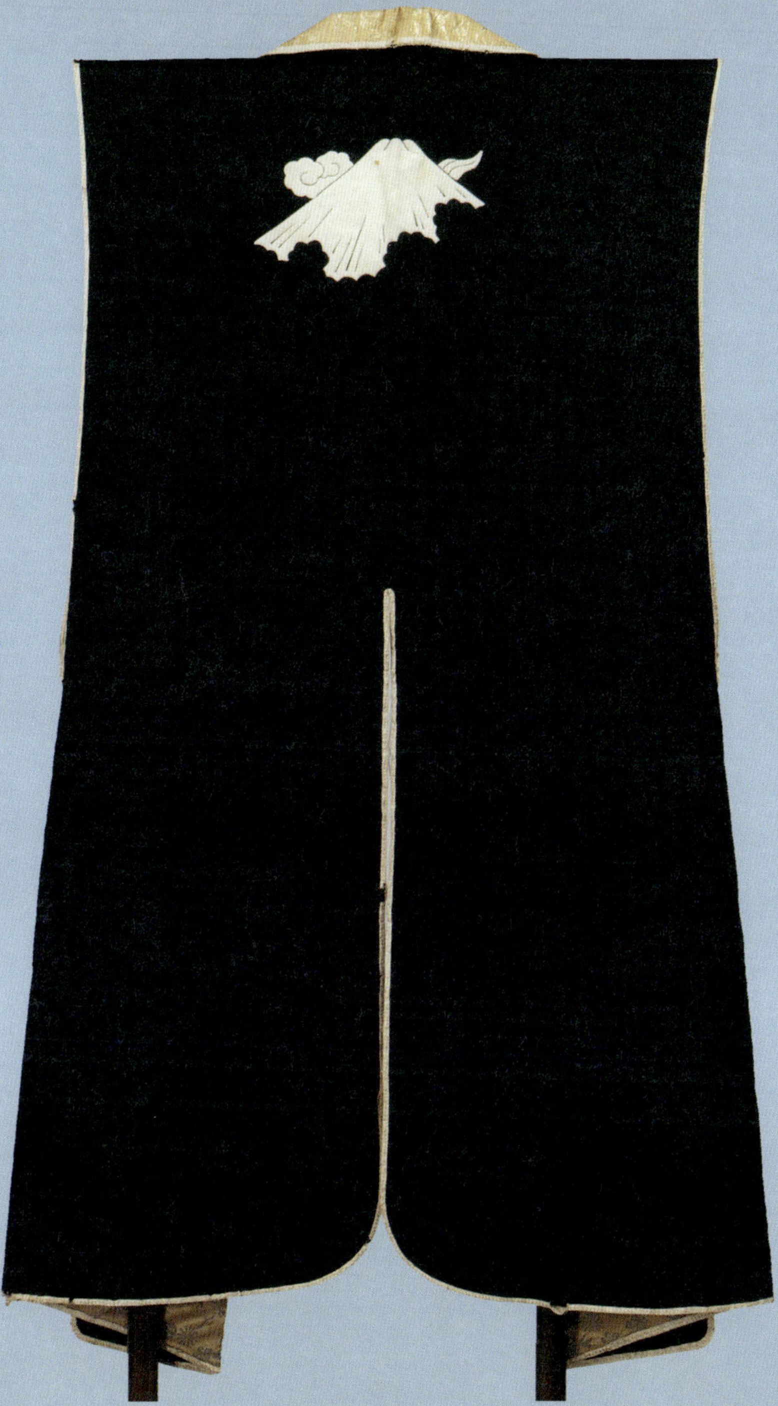

「黒羅紗地富士山模様陣羽織」江戸時代・19 世紀　東京国立博物館蔵　出典：ColBase (https://colbase.nich.go.jp)

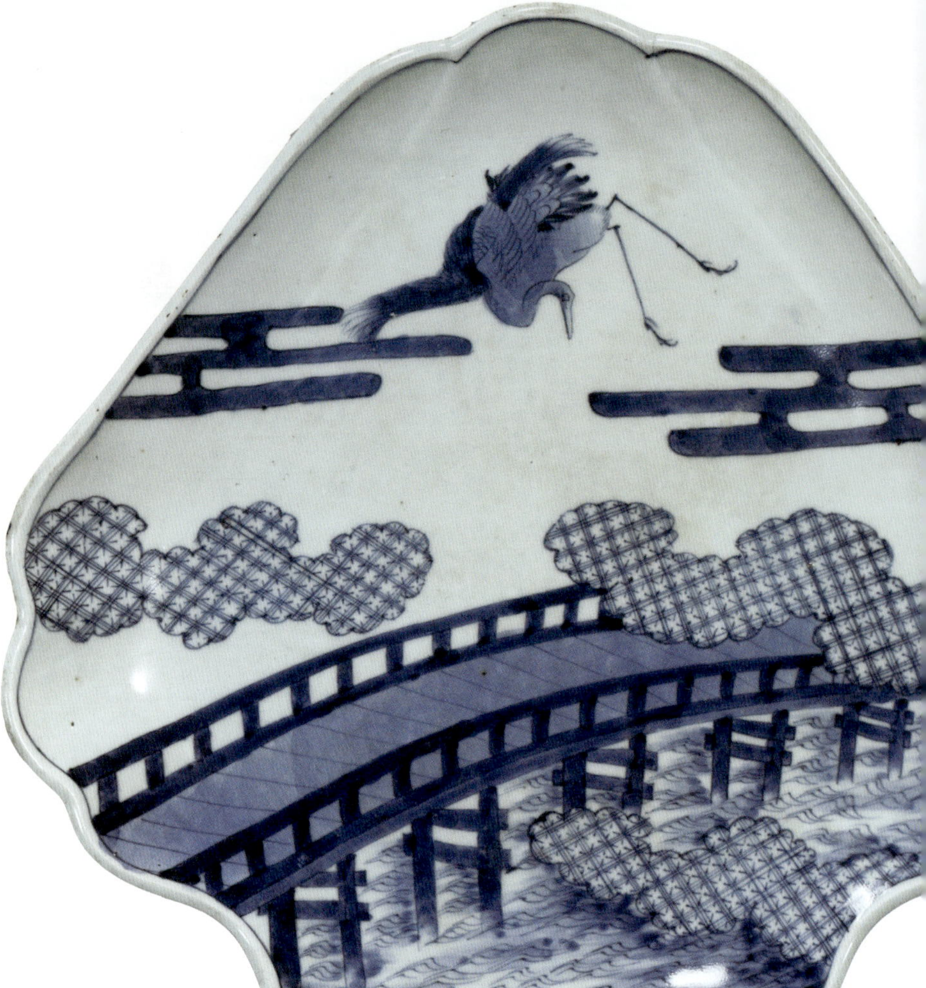

「染付橋に鶴図富嶽形大皿」伊万里
江戸時代・19 世紀　東京国立博物館蔵
出典：ColBase (https://colbase.nich.go.jp)

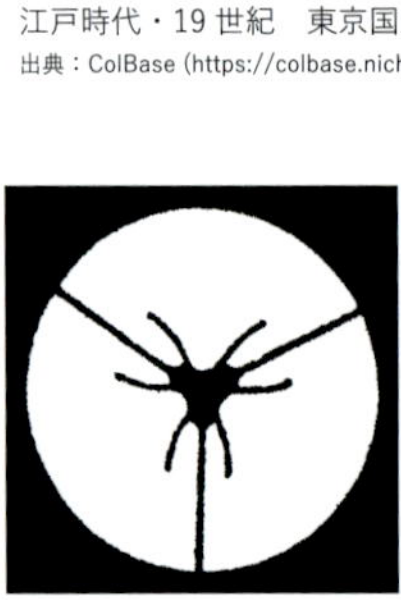

三つ入り山

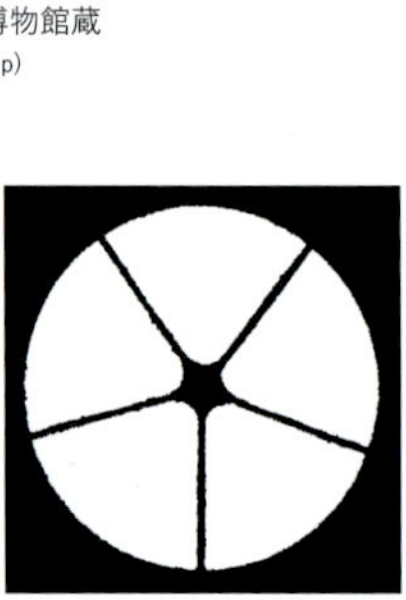

五つ山

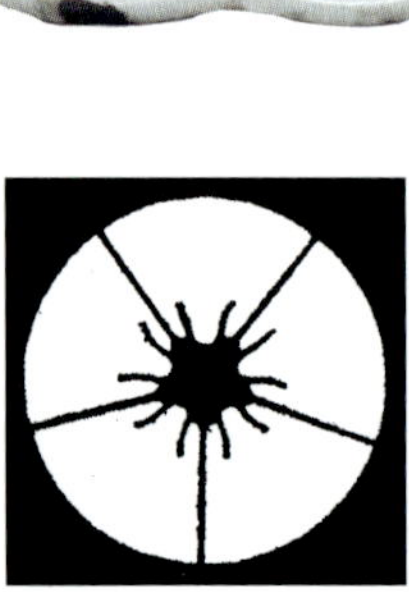

五つ入り山

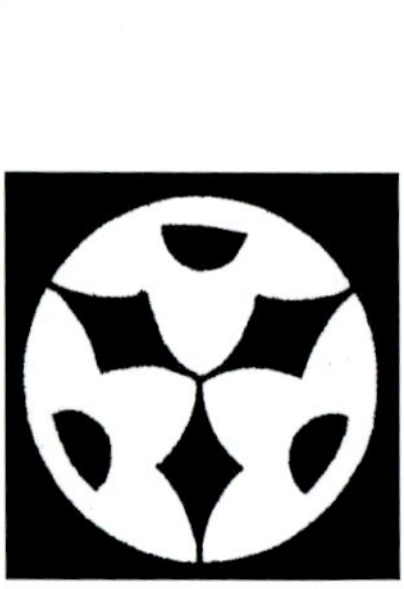

光琳三つ入り山

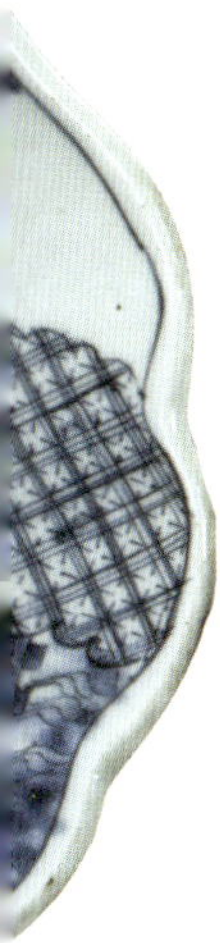

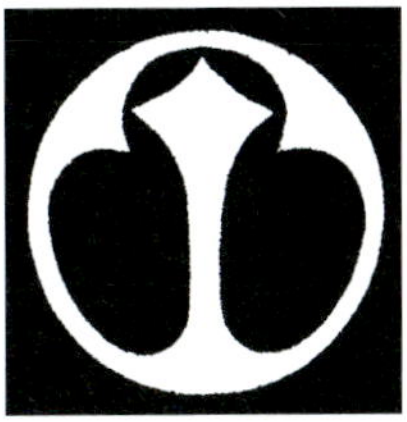
変り三つ光琳山

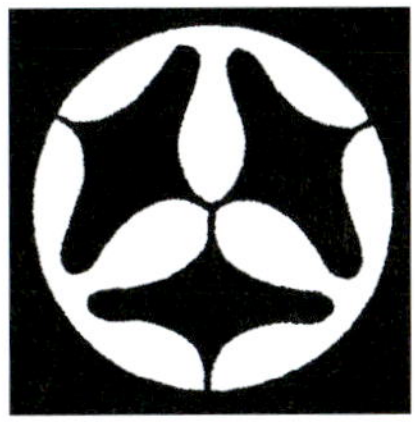
剣山丸

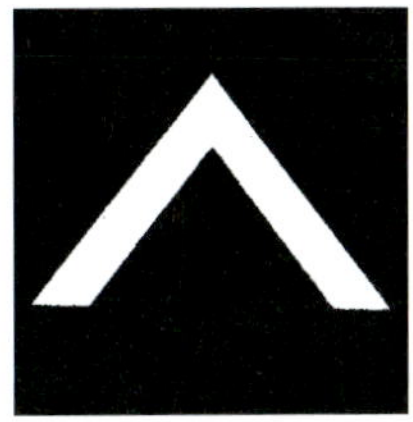
山形

花山形

入り山形

違い山形

出山形

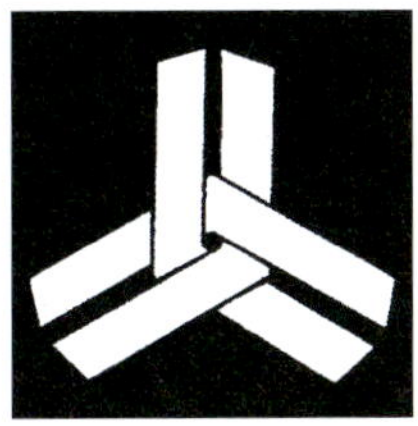
三つ組合せ山形

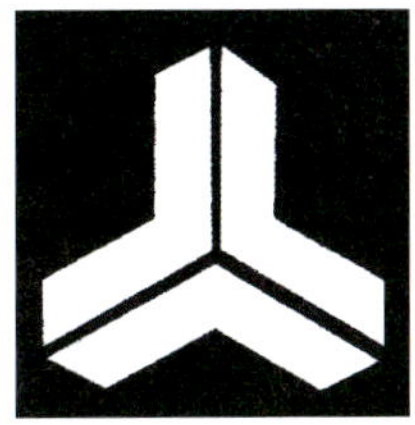
頭合せ三つ山形

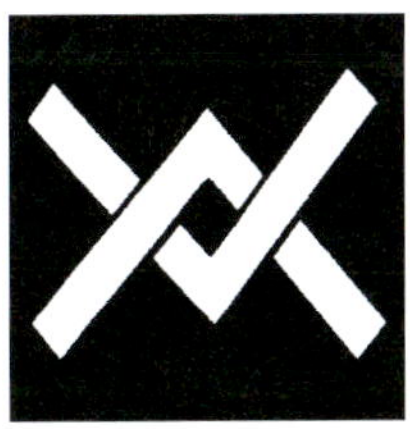
上下組合せ山形

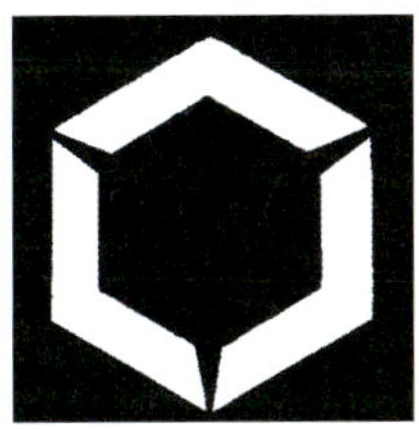
六角山形

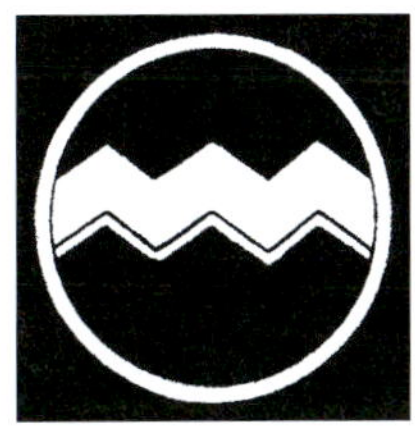
細輪に山道

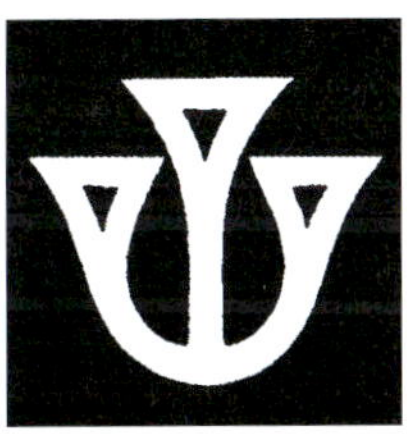
揆形山形

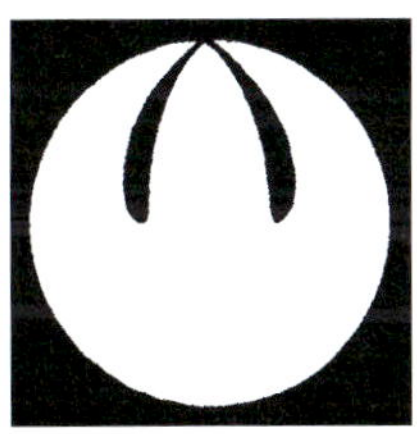
山の丸

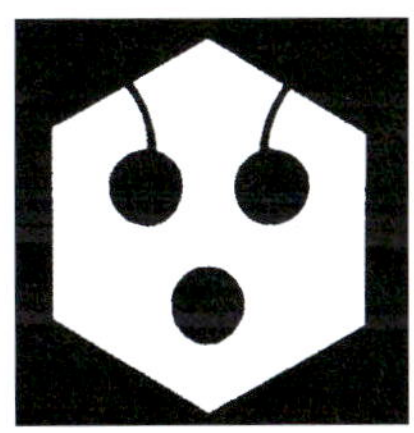
三宝院山の字

天台宗の山

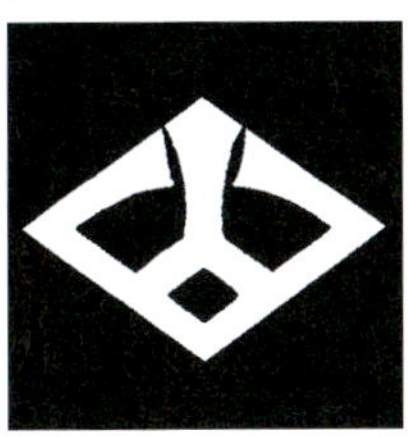
山の字菱

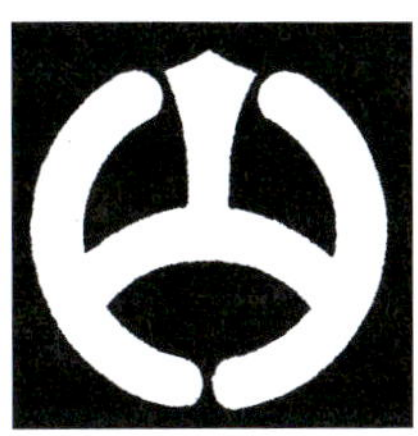
変り山丸

丸に山字

いなずま

◉稲妻紋 *Inazuma* | Lightning Crests

稲妻は雷または電とも書く。空中の電気放電によって閃く電光で、直線を曲折してあらわす幾何学文様が古くからあった。中国では殷・周の時代から愛好された文様で、土器・骨器・彩陶・銅器などに地紋として施された。紋様のパターンは三角形に折り曲げたもの、四角、菱形、六角形、車、そのほか地紙や花弁形などもある。家紋としては、公家の山科家、武家の備中岡田藩の伊東氏、およびその支族が用いている。

Lightning is a wavering flash of light produced by an electrostatic discharge in the sky. It has long been expressed as a geometric motif of bent lines. A favorite design in China during the Shang (c. 1600–1046 BCE) and Zhou periods (1046–256 BCE), it was applied as the ground motif on earthenware vessels, funerary urns, glazed ceramics, and bronzes.

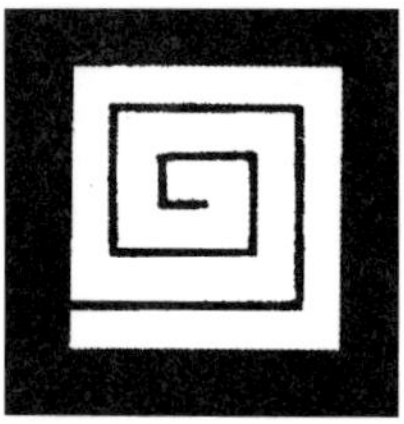
稲妻

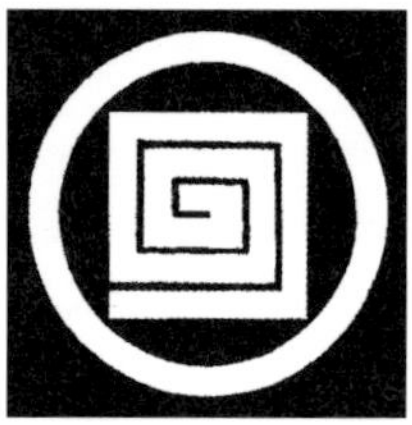
丸に稲妻

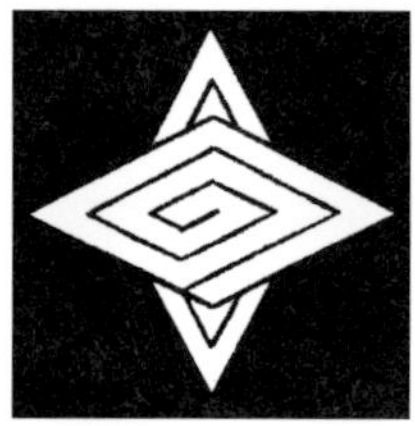
立合い稲妻菱

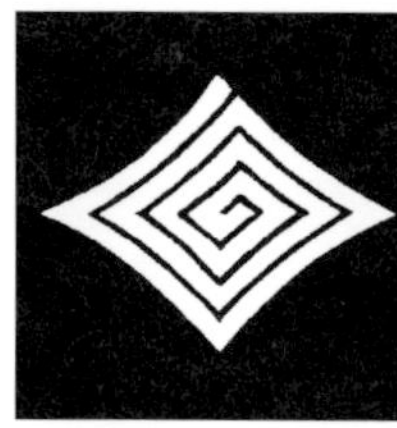
反り稲妻菱

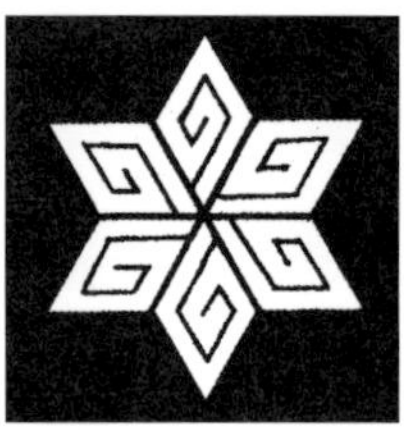
麻形稲妻

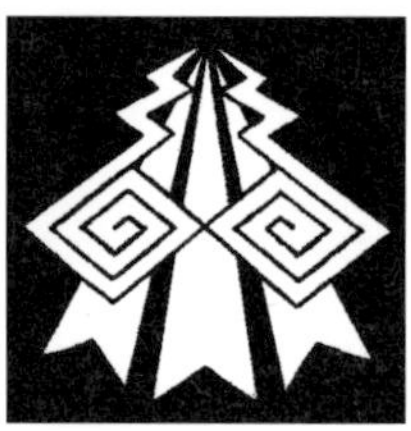
電光稲妻

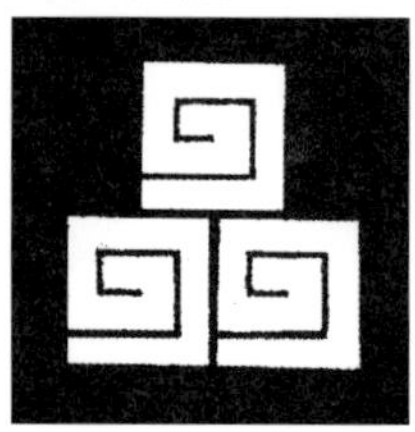
三つ盛り稲妻

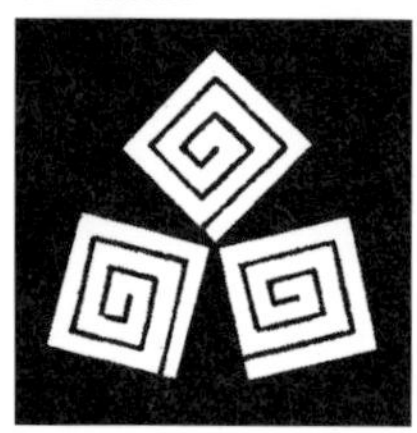
三つ寄せ稲妻

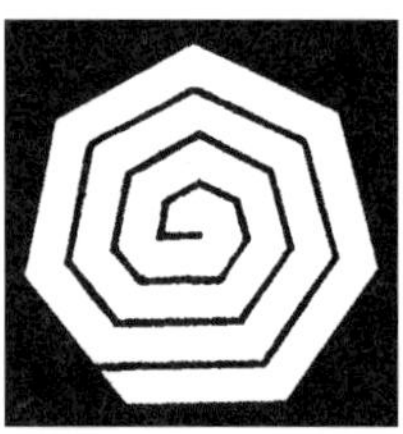
七角稲妻

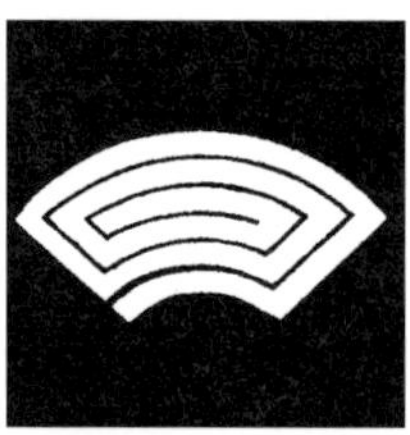
地紙形稲妻

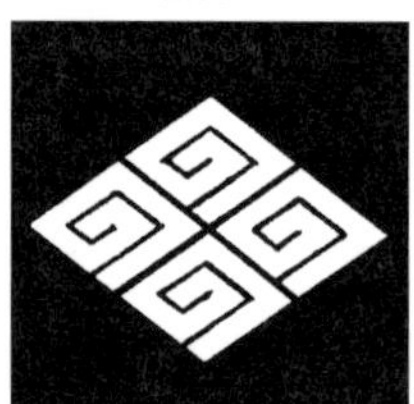
四つ稲妻菱

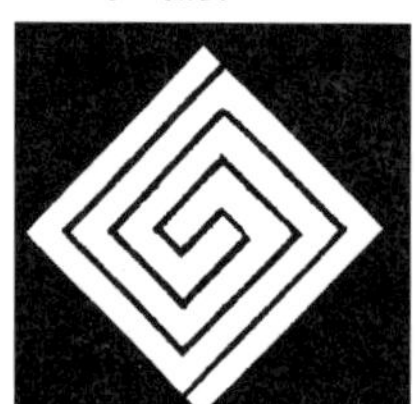
角立稲妻

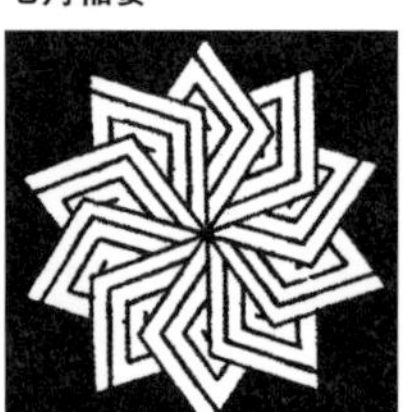
傘稲妻車

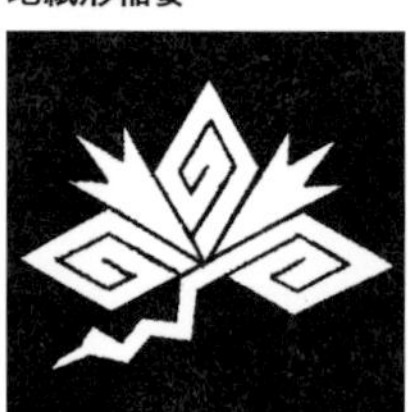
稲妻鶴

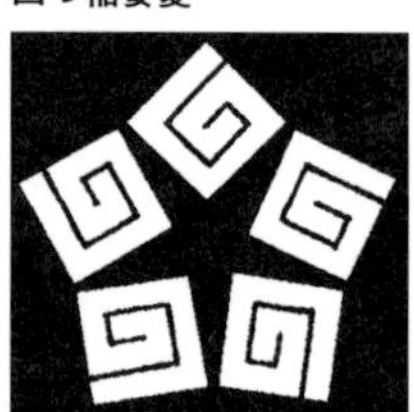
五つ変り稲妻

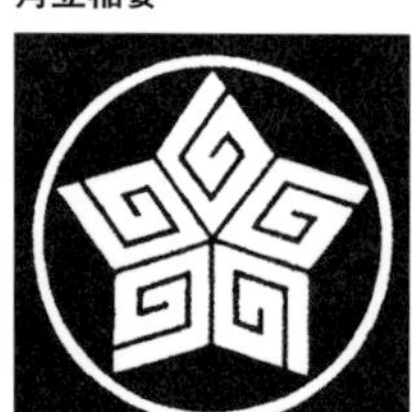
糸輪に五つ稲妻

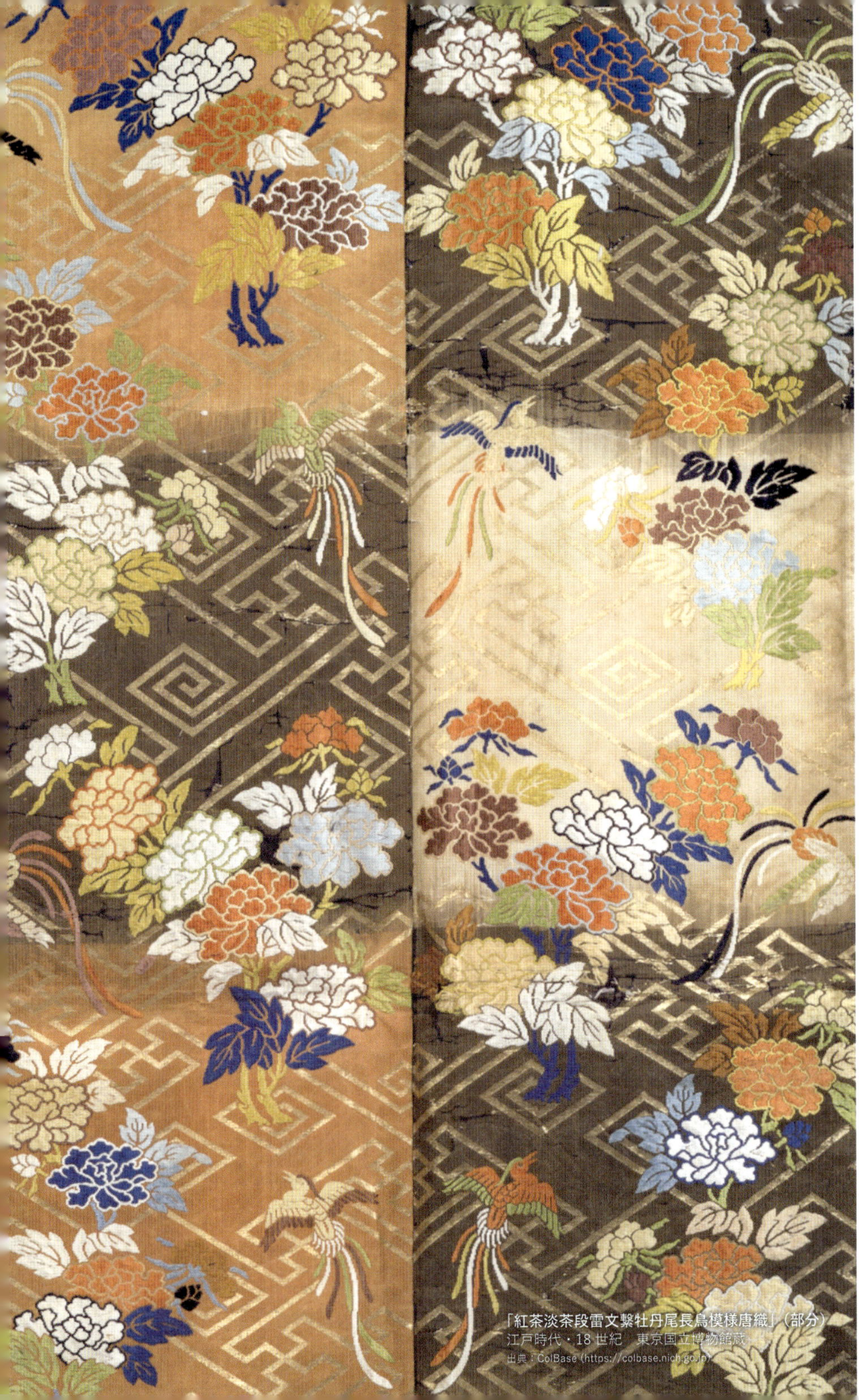

「紅茶淡茶段雷文繋牡丹尾長鳥模様唐織」（部分）
江戸時代・18 世紀　東京国立博物館蔵
出典：ColBase (https://colbase.nich.go.jp/)

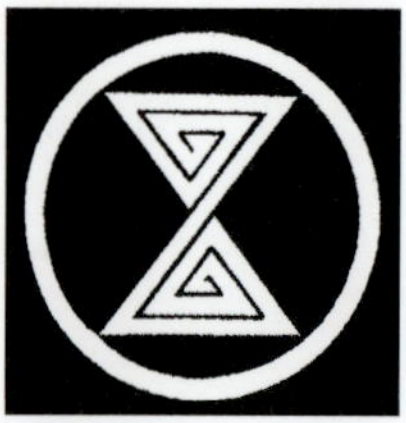

細輪に龍稲妻

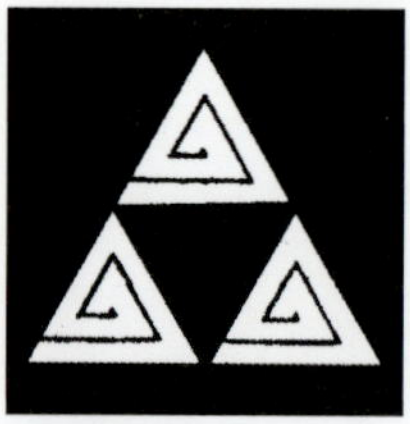

三つ鱗稲妻

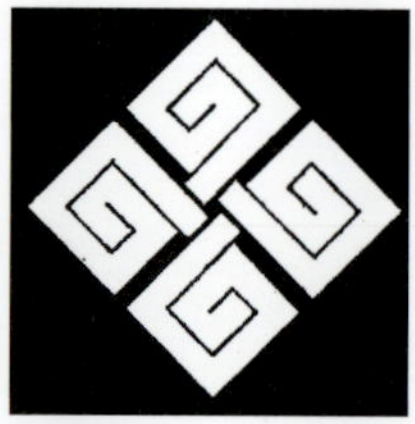

結び稲妻

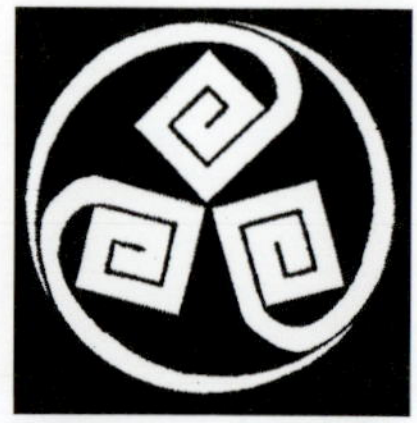

稲妻巴

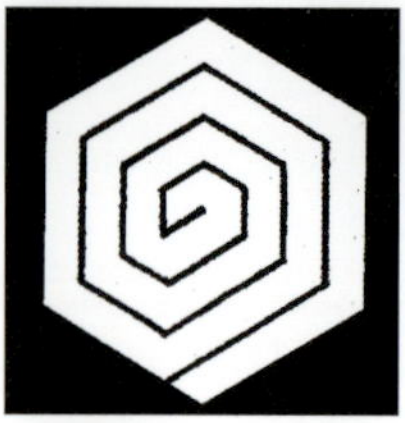

六角稲妻

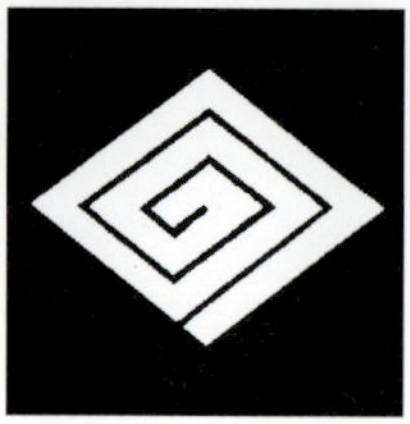

稲妻菱

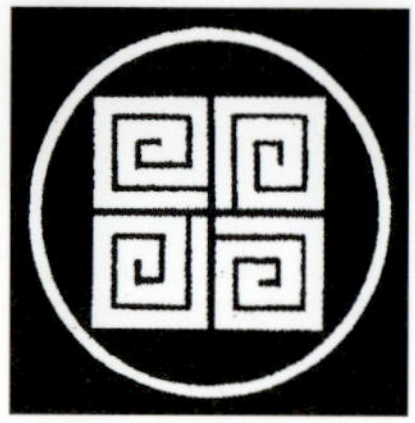

糸輪に四つ稲妻

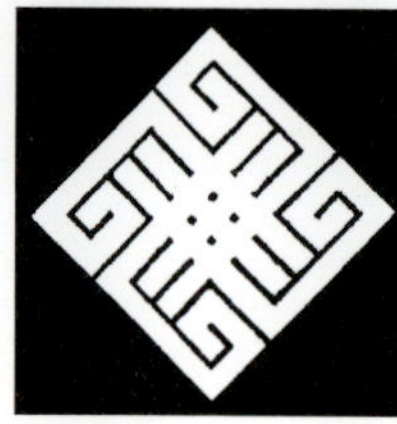

稲妻崩し

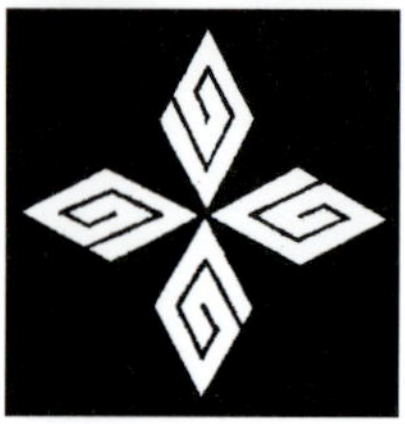

四つ寄せ稲妻菱

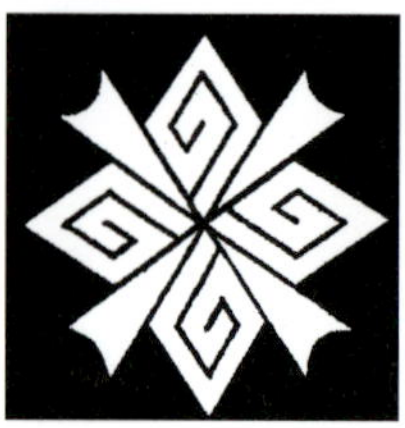

電光四つ稲妻

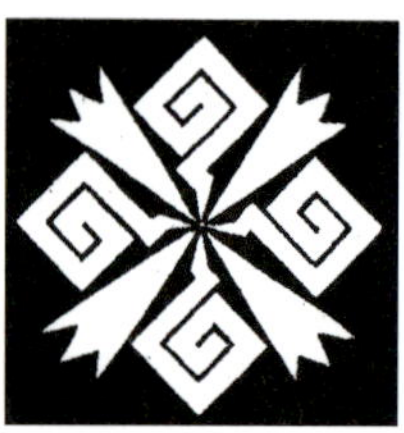

電光稲妻車

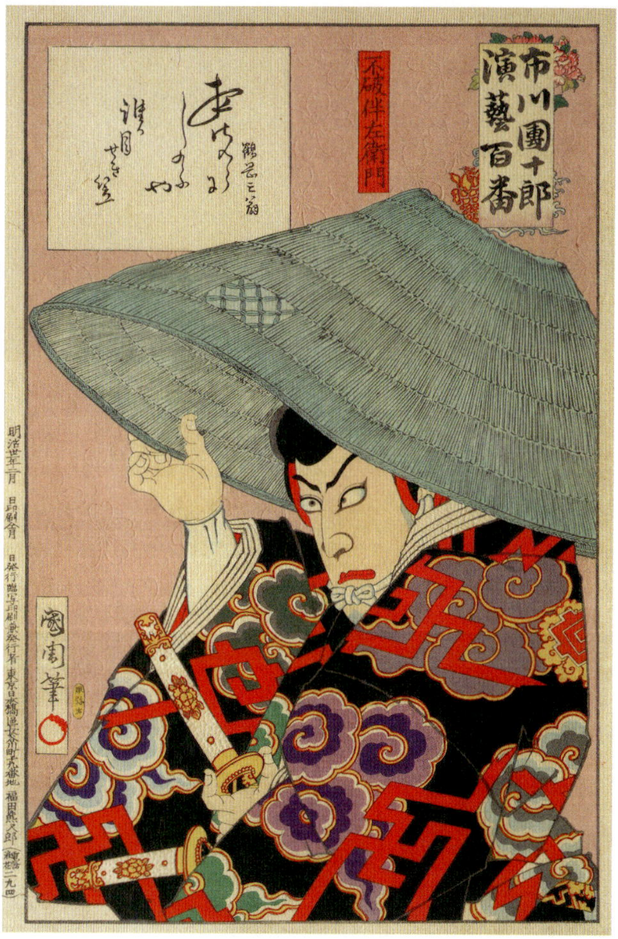

「市川団十郎演芸百番
不破伴左衛門」豊原国周
明治 31 年・1898
山口県立萩美術館・浦上記念館蔵

4

尚武篇

Warlike Spirit Motifs

たかのは

◉鷹の羽紋

Taka no ha | Falcon Feather Crests

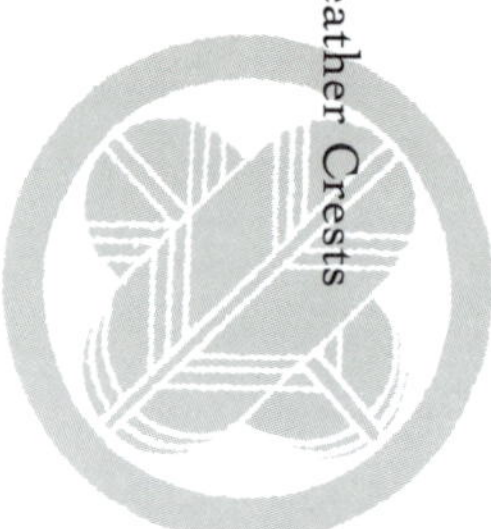

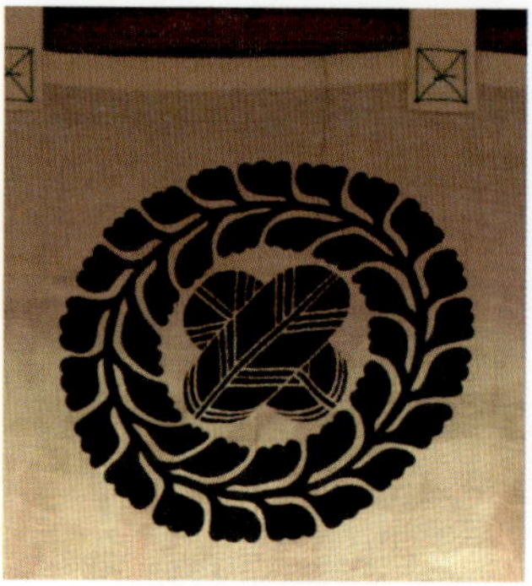

鷹の羽の暖簾　京都

鷹の勇猛果敢な性質を賞美し、その威厳に満ちたイメージを羽で象徴的にあらわした紋である。中世の武官がかぶる武礼冠に鷹の羽をさしたのは単なる装飾としてではなく、武官としての尚武のシンボルだったからである。鷹の羽紋がはじめて文献にみられるのは、鎌倉時代後期の戦記絵巻「蒙古襲来絵言葉」に、菊池次郎武房の旗に据えられている。紋は足利時代から次第に広まり、徳川時代になると大名、旗本百二十余家におよんだ。羽の模様にも点や渦巻などがあり、かたちにも折れ羽や片羽根などバリエーションが多様である。

The falcon is admired for its dauntless courage, and family crests using its feather symbolically express an image filled with dignity. The ceremonial headgear that military officers wore in Japan's middle ages often had a falcon feather thrust into it, not as a mere decoration but as a symbol of the wearer's warlike spirit.

中太輪に一つ鷹の羽

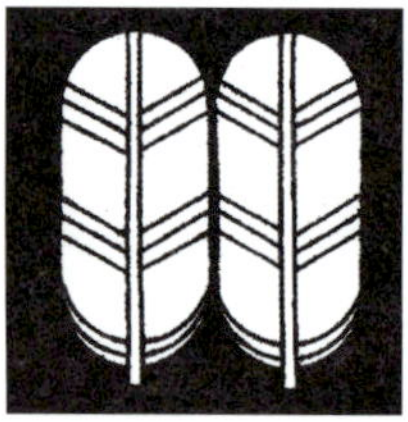

並び鷹の羽

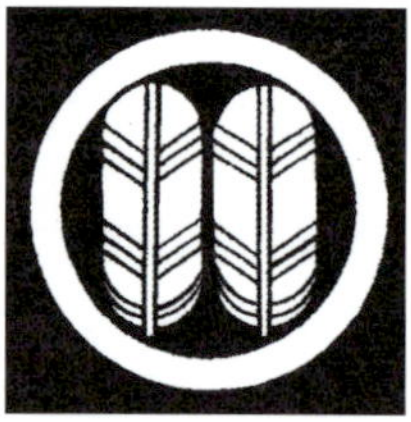

丸に並び鷹の羽

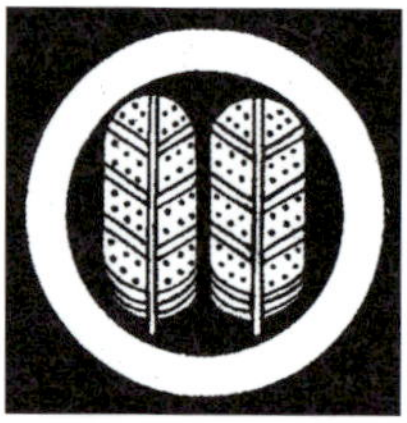

久世鷹の羽

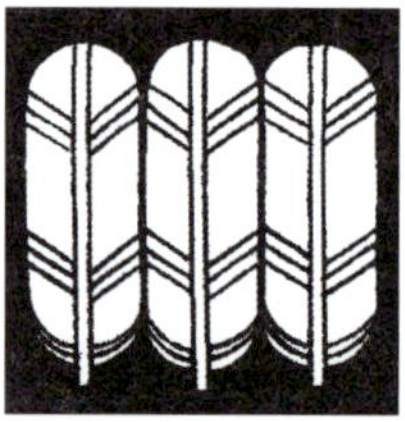

三つ並び鷹の羽

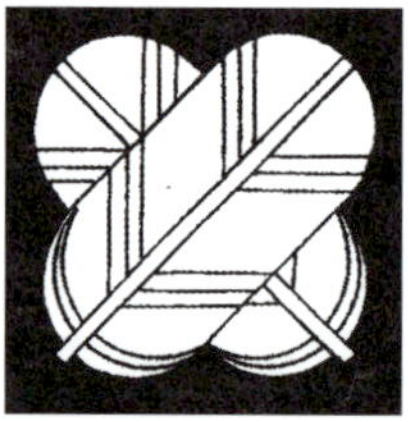

違い鷹の羽

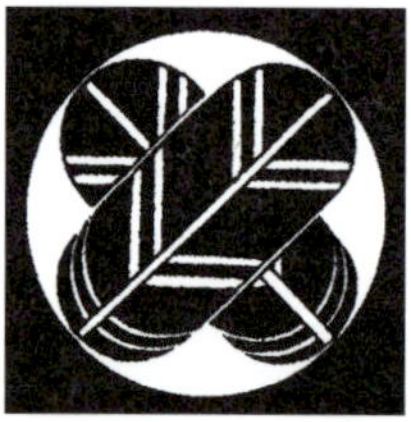

石持ち地ぬき違い鷹の羽

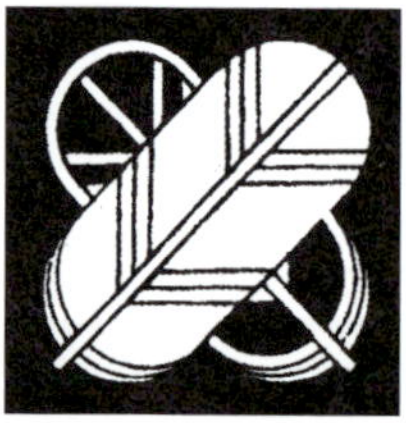

陰陽違い鷹の羽

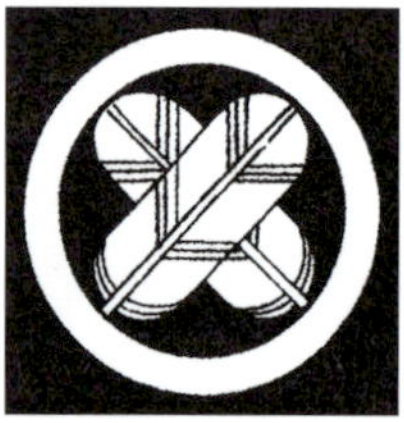

丸に細違い鷹の羽

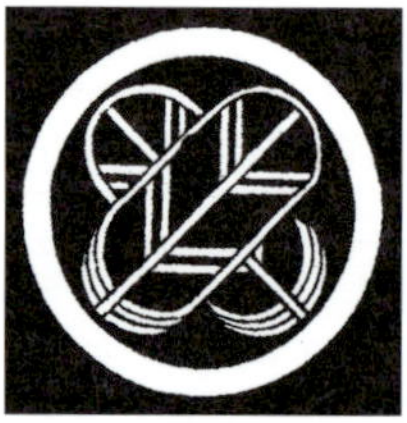

中輪にかげ違い鷹の羽

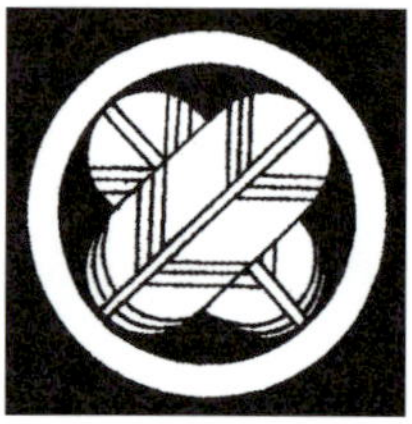

丸に違い鷹の羽

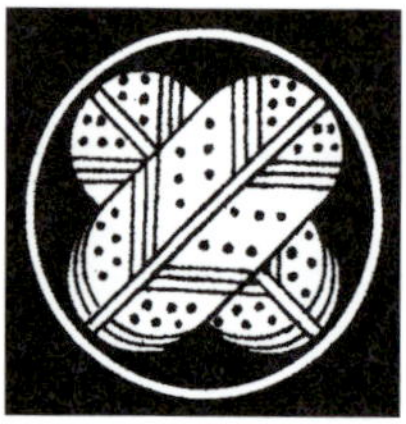

糸輪に斑入り違い鷹の羽

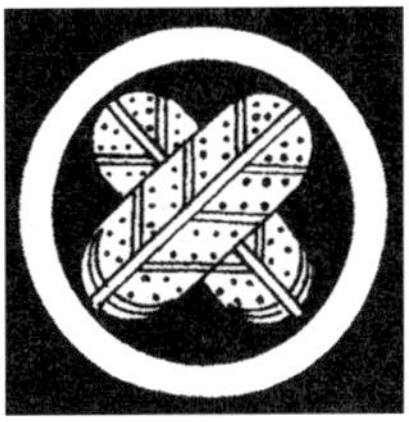
高木鷹の羽

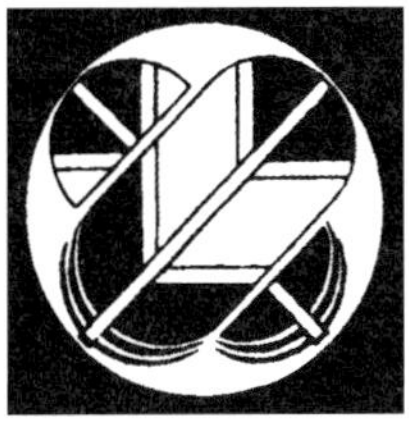
柳井鷹の羽

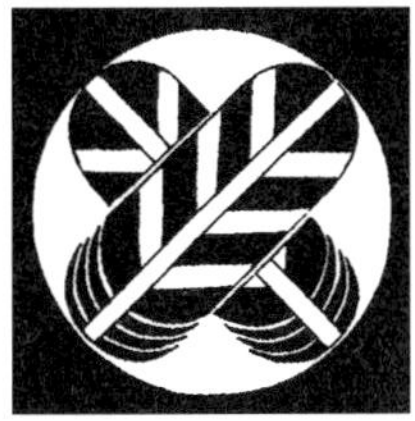
白川鷹の羽

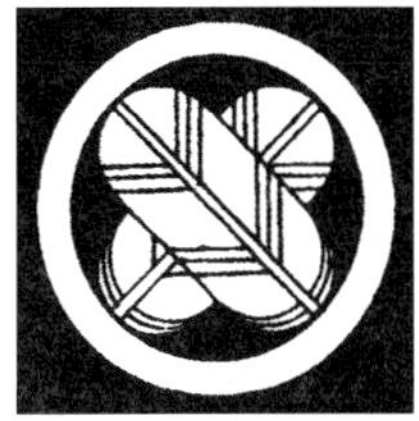
丸に右重ね違い鷹の羽

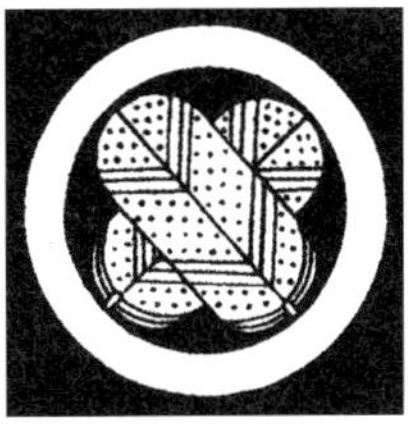
阿部鷹の羽

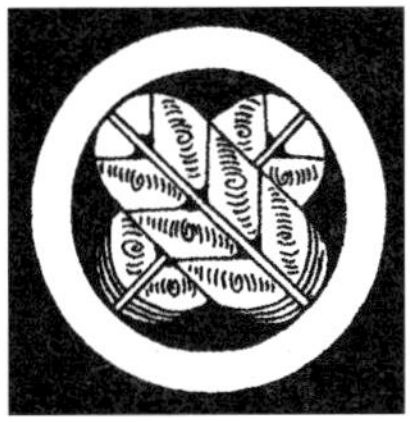
芸州鷹の羽

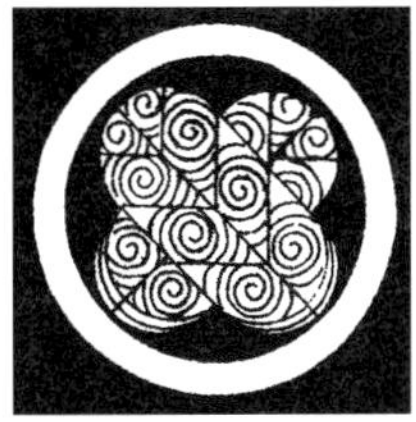
浅野鷹の羽

中輪に割違い鷹の羽

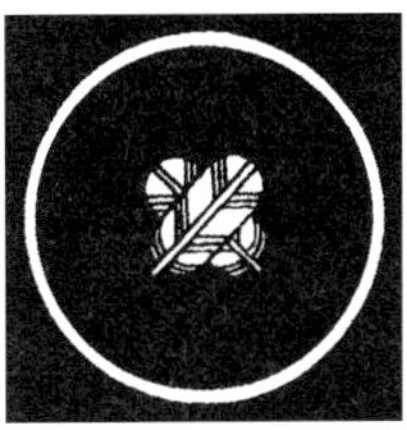
糸輪に豆違い鷹の羽

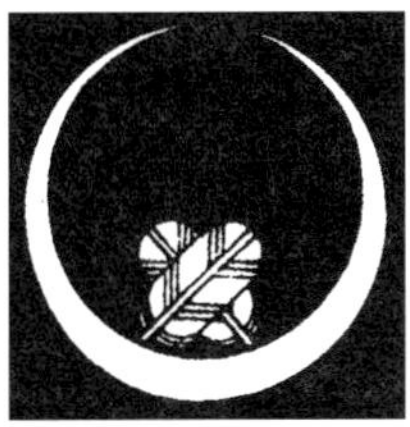
月輪に総覗き違い鷹の羽

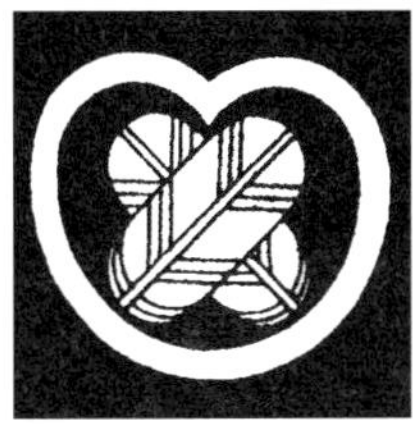
団扇に違い鷹の羽

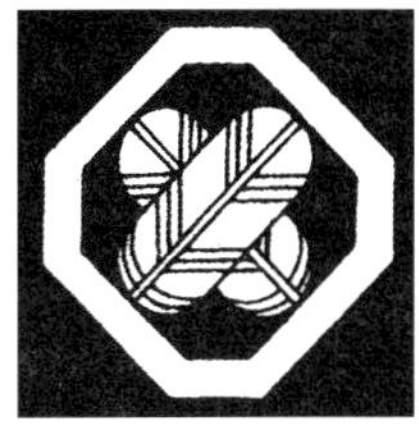
隅切角に違い鷹の羽

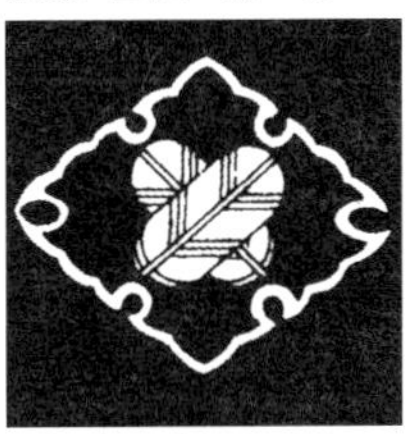
雪輪菱に覗き鷹の羽

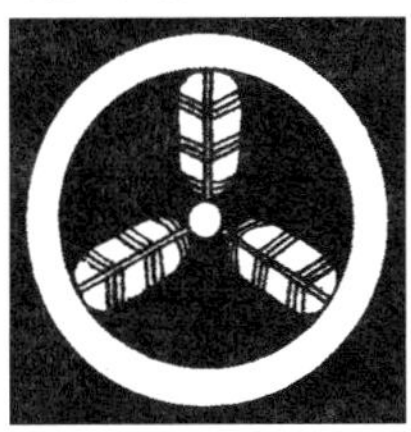
丸に三つ鷹の羽

丸に五つ鷹の羽

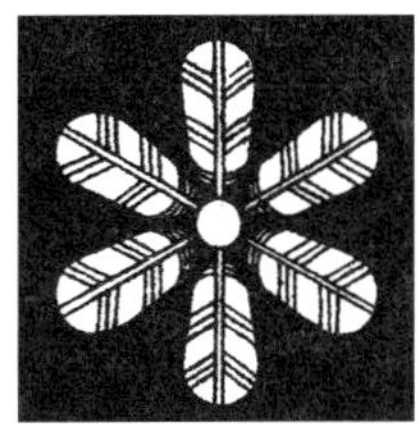
六つ鷹の羽車

六つ割鷹の羽車

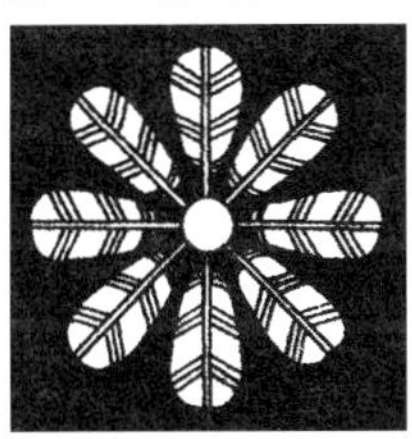
八つ鷹の羽車

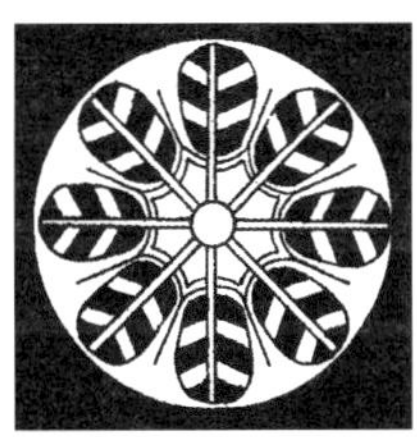
井上鷹の羽

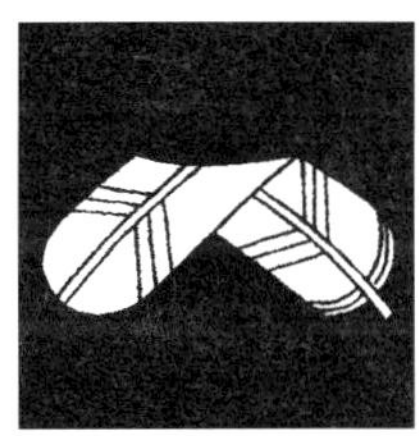
一つ折れ鷹の羽

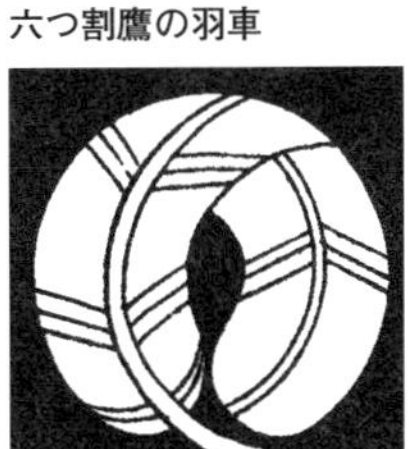
一つ折れ鷹の羽丸

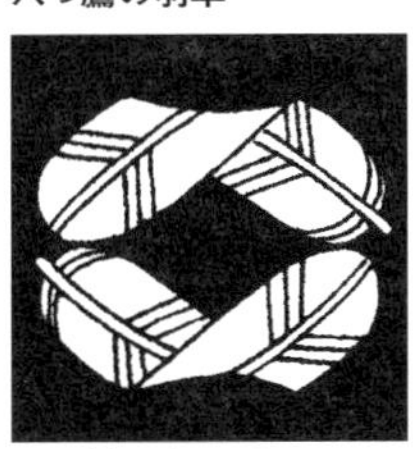
二つ折れ鷹の羽

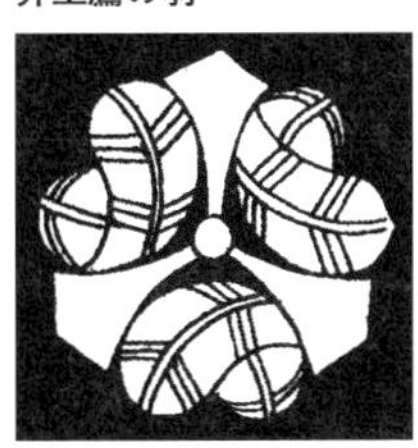
剣三つ折れ鷹の羽

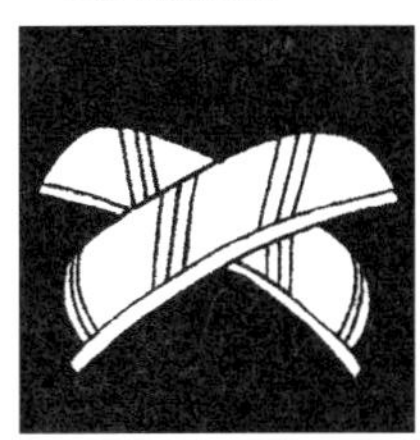
割違い鷹の羽

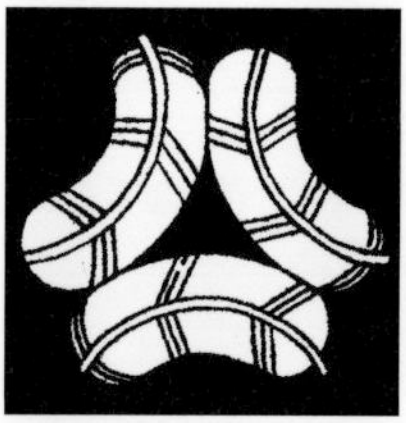
三つ反り鷹の羽

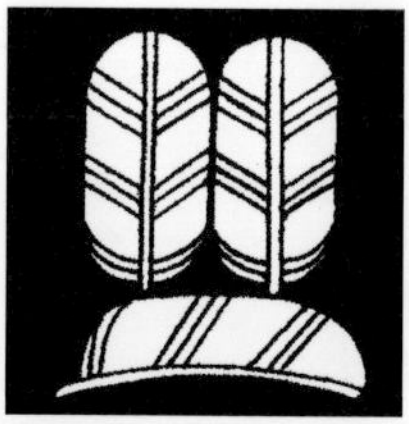
並び鷹の羽に割鷹の羽

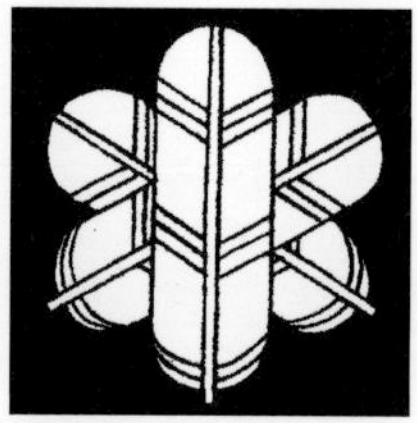
三つ違い鷹の羽

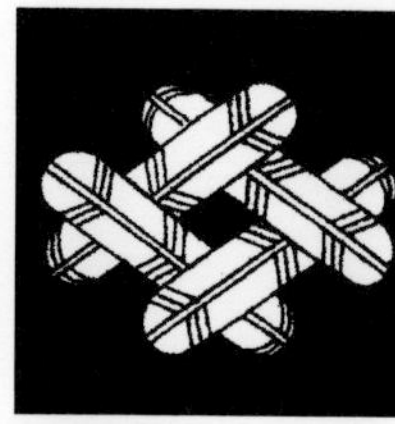
鷹の羽井桁

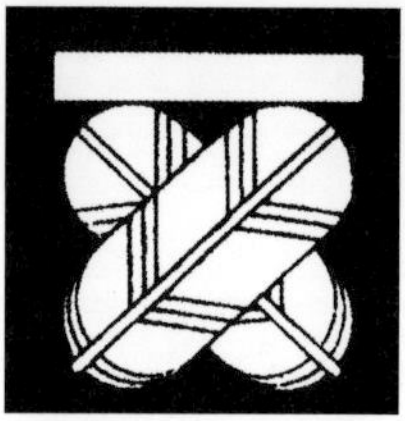
一つ引両に違い鷹の羽

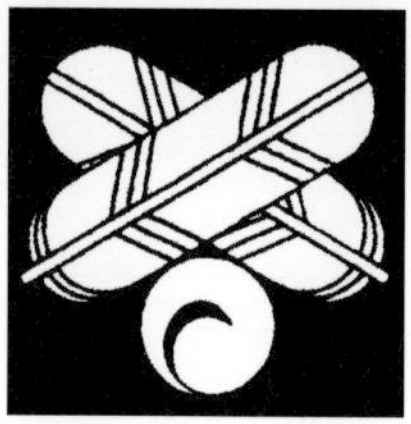
違い鷹の羽に一つ巴

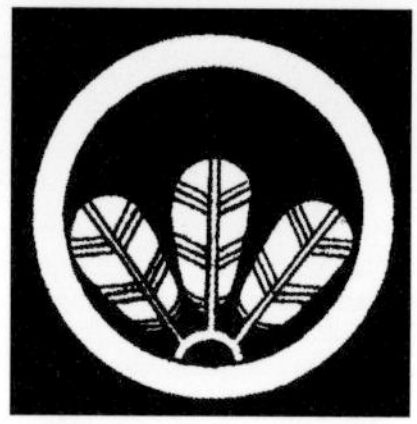
中輪に覗き鷹の羽車

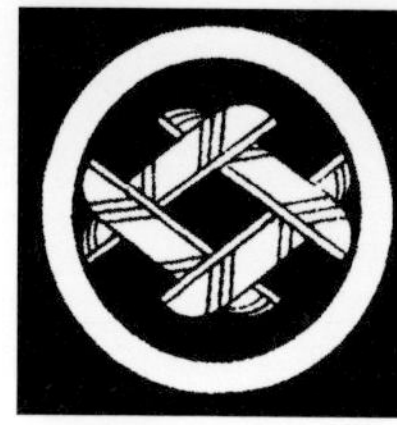
丸に割鷹の羽井桁

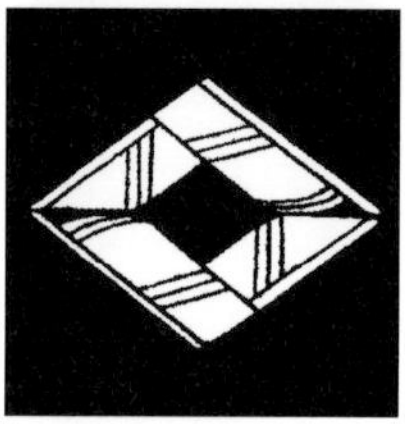
割折れ鷹の羽菱

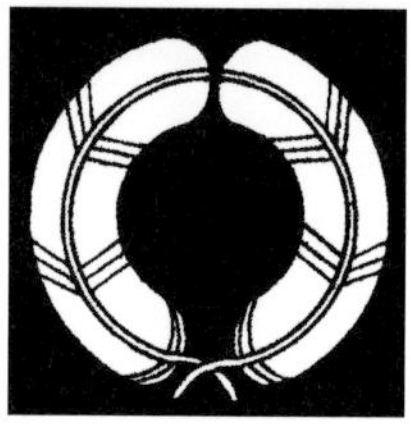
抱き鷹の羽

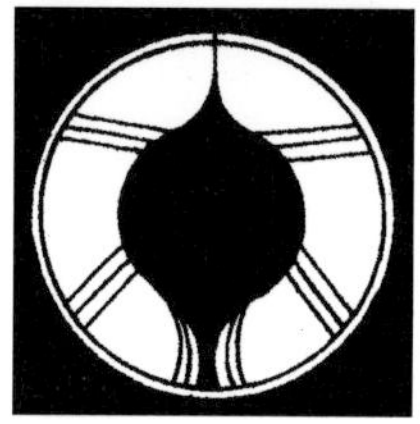
割鷹の羽

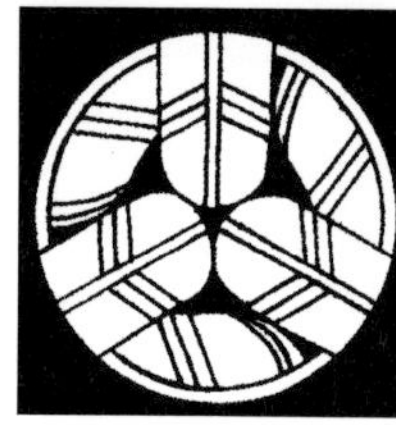
三つ折れ鷹の羽丸

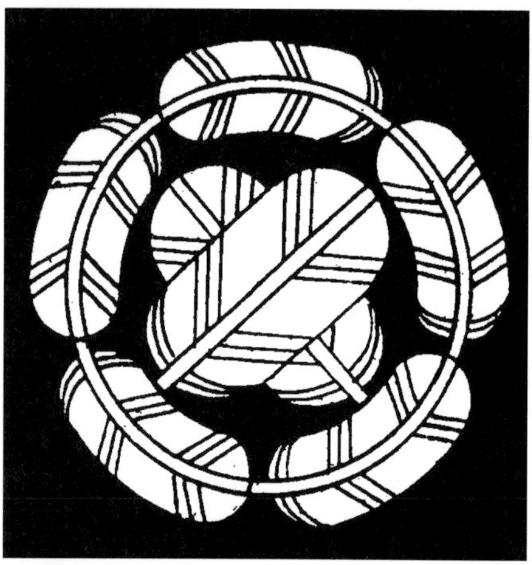
五つ鷹の羽に違い鷹の羽

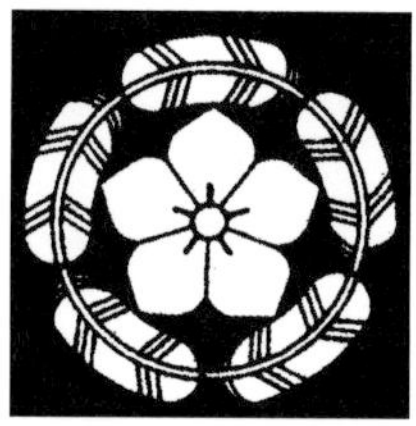
五つ鷹の羽丸に桔梗

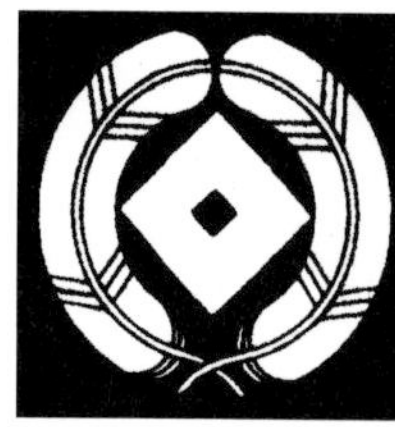
抱き鷹の羽に釘抜き

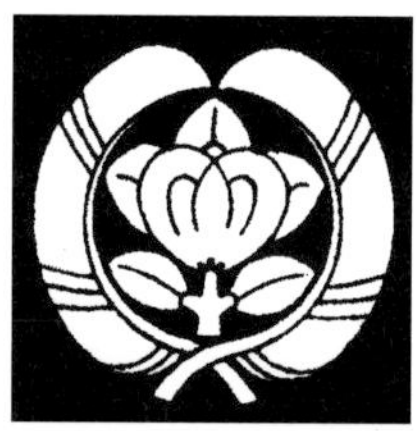
外抱き鷹の羽に橘

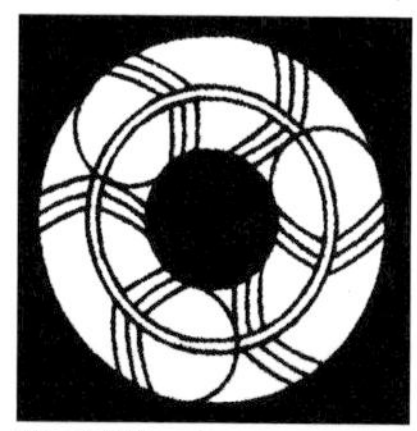
鷹の羽蛇の目

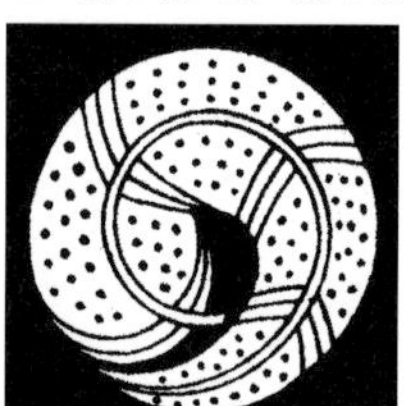
斑入り鷹の羽巴

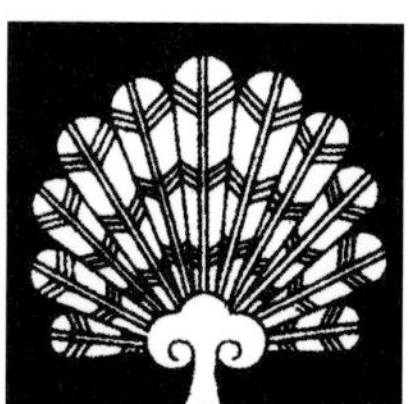
鷹の羽団扇

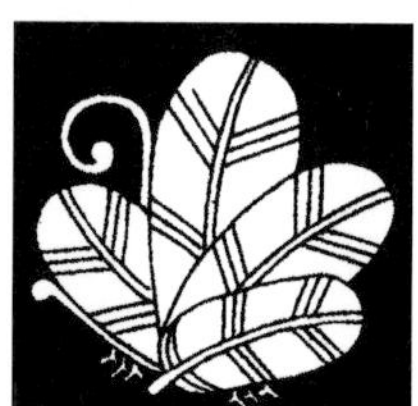
鷹の羽蝶

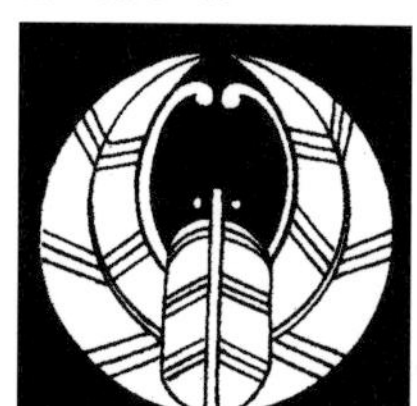
浮線鷹の羽

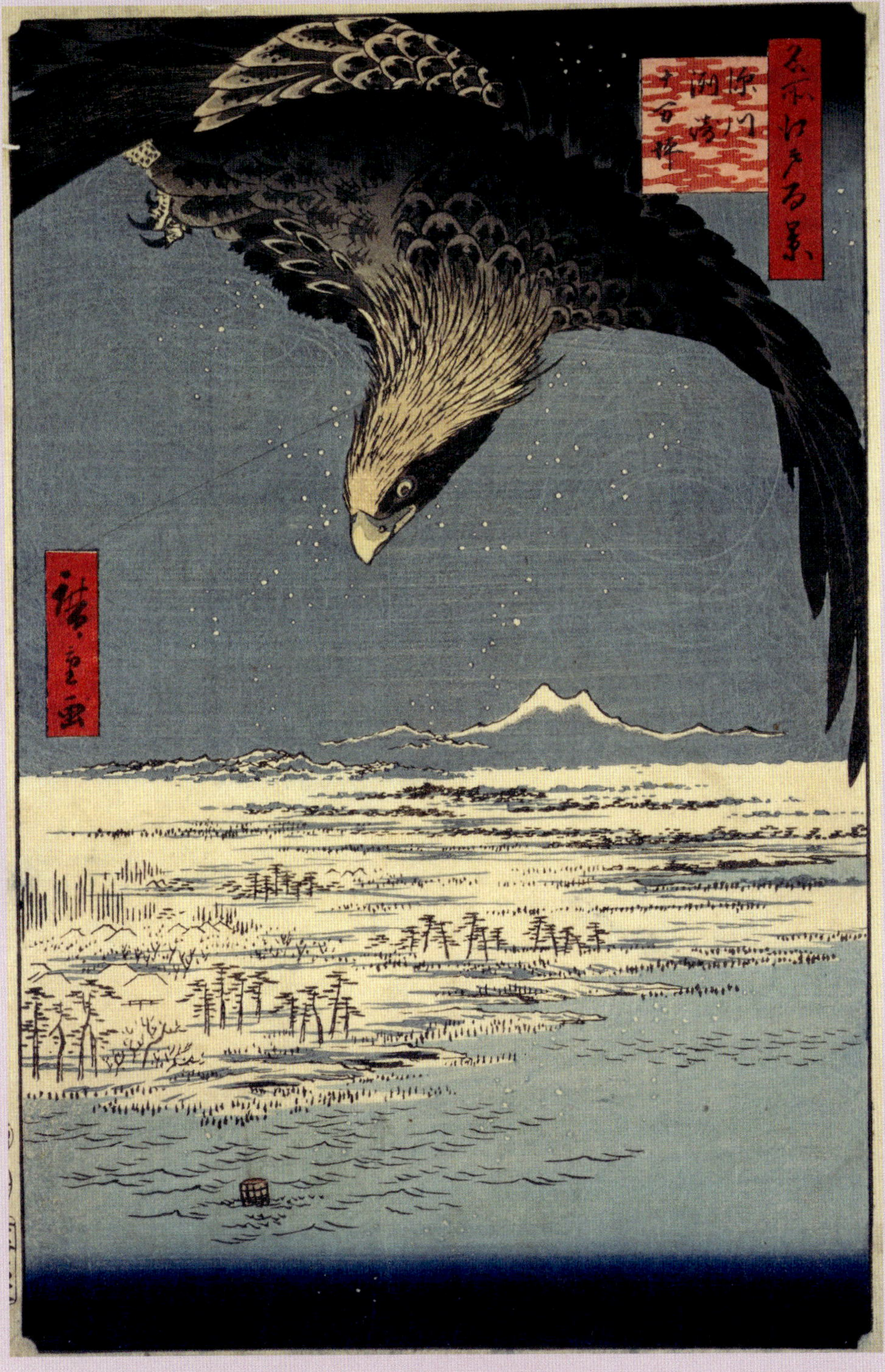

「名所江戸百景　深川洲崎十万坪」歌川広重　安政４年・1857　国立国会図書館蔵

や

◉ 矢紋 *Ya* | Arrow Crests

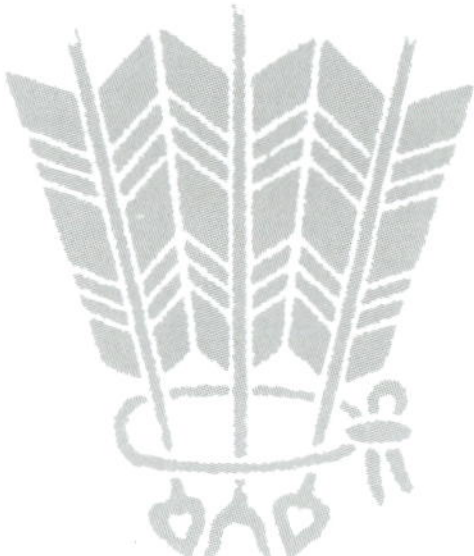

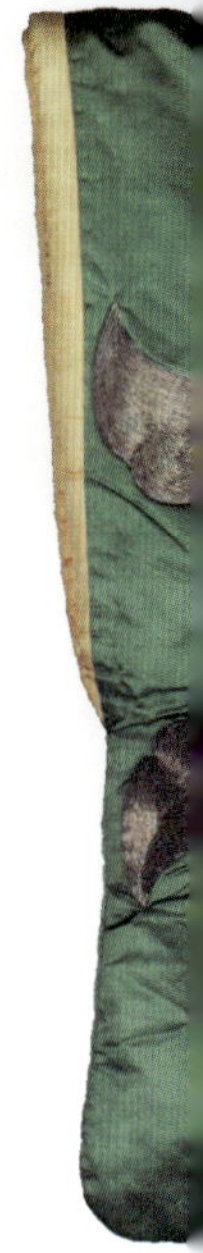

矢のつくりは矢筈（弦をうけるところ）、矢羽（矢につける鳥の羽）、矢柄（矢の幹）、矢尻（先端）からなる。矢の意匠化は尚武を意味し、かたちのおもしろさから模様に取り入れられた。矢筈紋、矢羽紋と区別してよばれているが、いずれも矢紋であることに変わりない。矢紋には、違い、束ね、並びのパターンがあり、とくに羽の部分だけを紋にしたのが「矢羽紋」である。江戸時代では豊後の毛利氏が「違い矢」、奥州白河の阿部氏が「矢尻つき違い矢」、遠州の太田氏が「丸に矢筈」というように弓矢の道にたずさわる家で広く用いられた。

An arrow consists of the nock (a slot that snaps onto the bowstring), the fletching (feathers attached to the arrow), the shaft, and the arrowhead. Arrow designs signify a warlike spirit, and their interesting form led to their adoption as family crests. Arrow crests include the crossed, bundle, and parallel patterns. Those including only the feathers are called fletching crests.

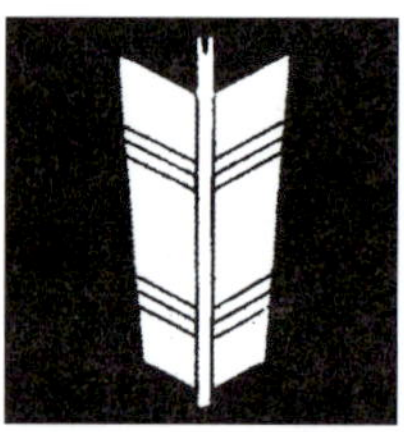

一つ矢

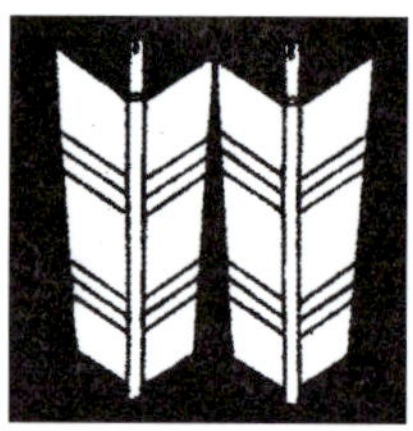

並び矢

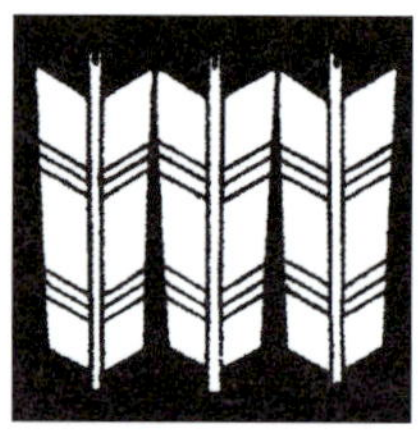

三つ並び矢

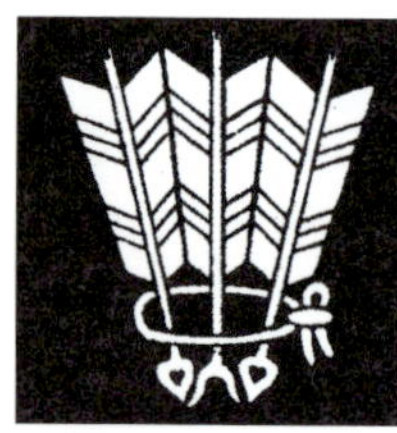

三本束ね矢

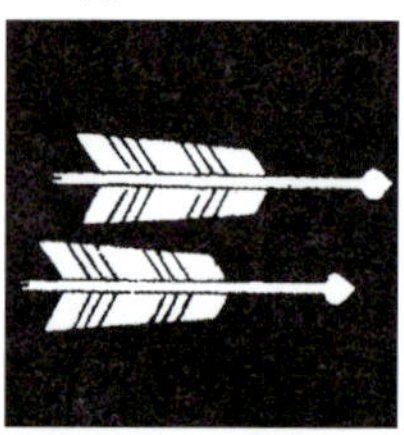

矢尻つき横二本矢

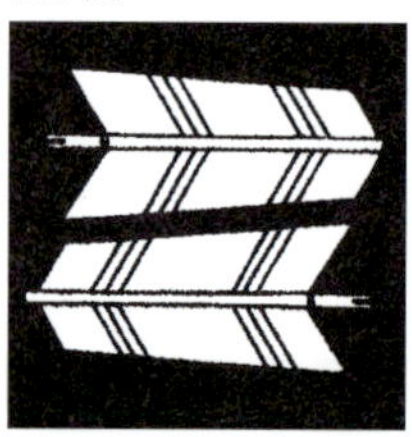

入り違い矢

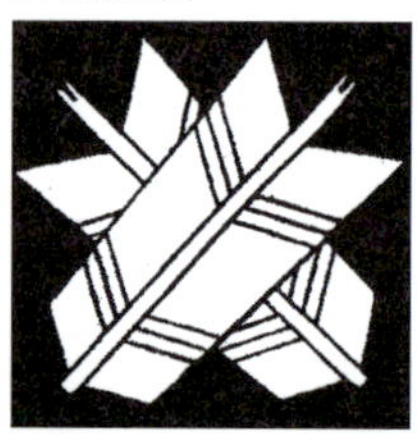

違い矢

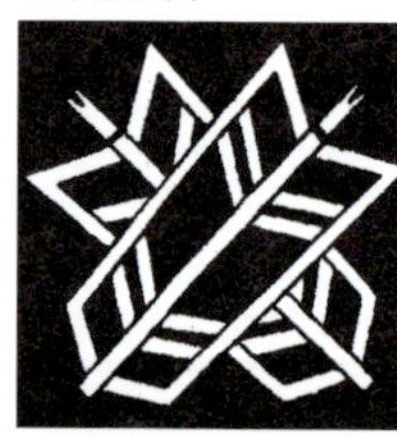

かげ違い矢

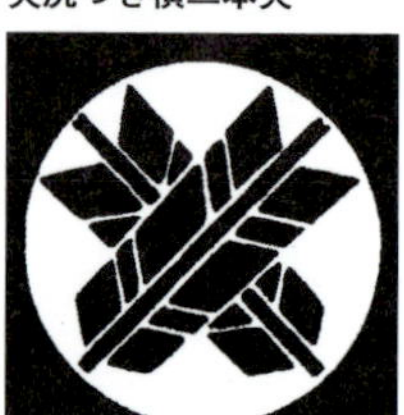

石持ち地ぬき違い矢

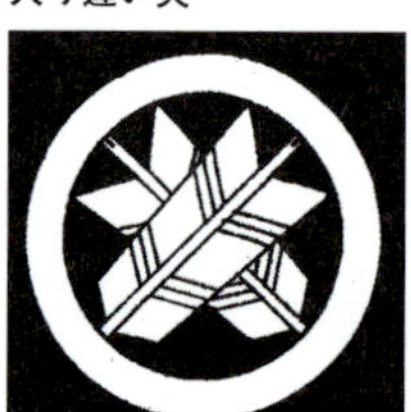

丸に違い矢

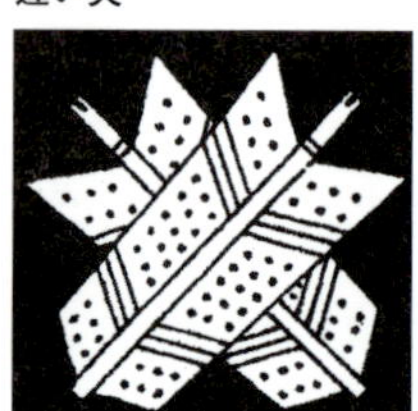

斑入り違い矢

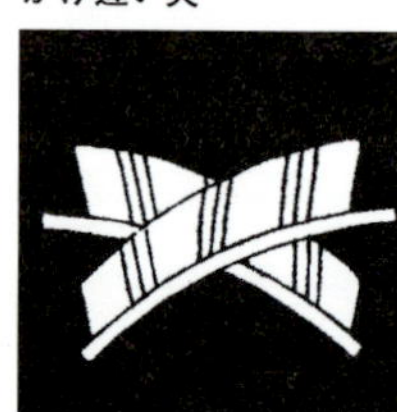

割違い矢

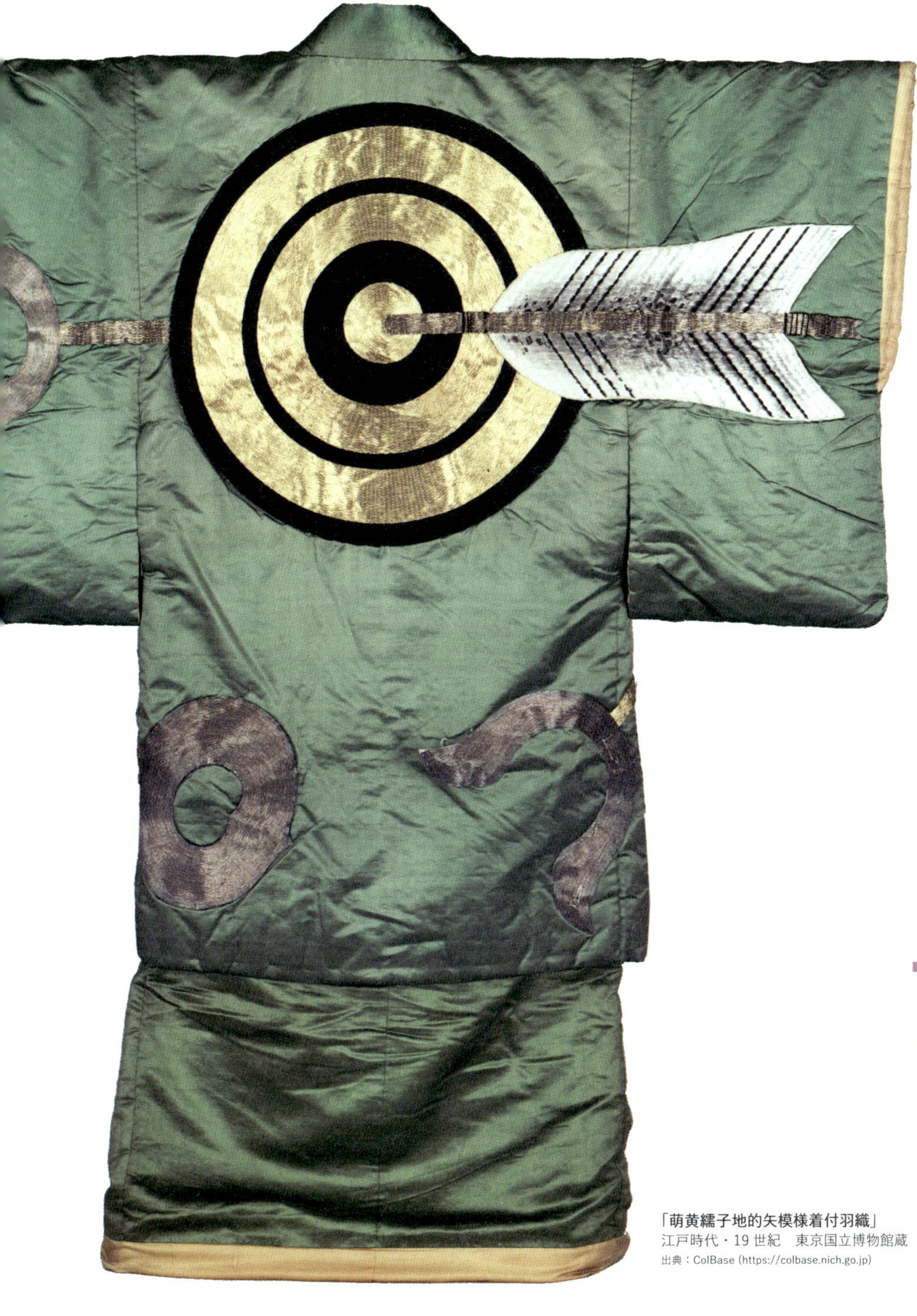

「萌黄繻子地的矢模様着付羽織」
江戸時代・19 世紀　東京国立博物館蔵
出典：ColBase (https://colbase.nich.go.jp)

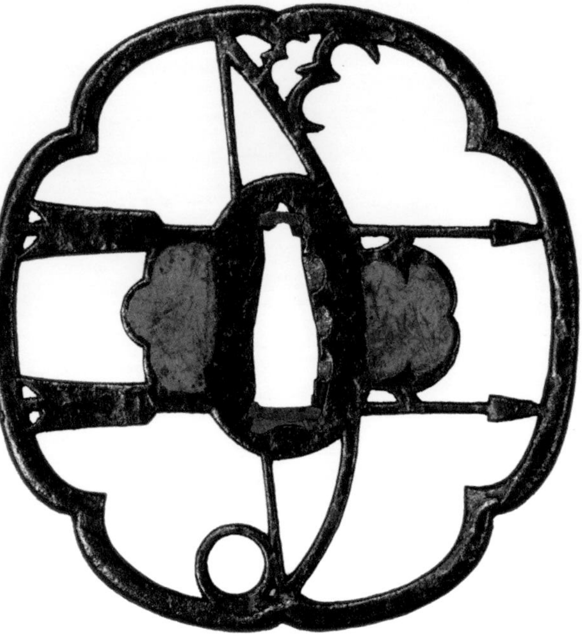

「弓矢雁透鐔」尾張
室町時代・16 世紀　東京国立博物館蔵
出典：ColBase (https://colbase.nich.go.jp)

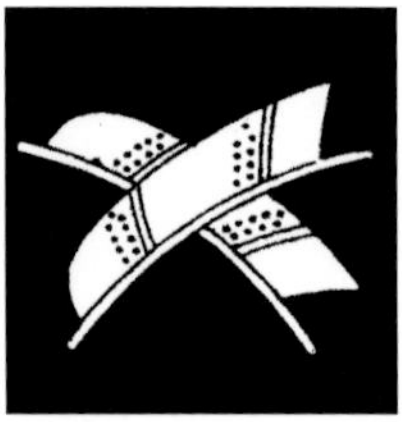
片桐違い矢

三つ重ね矢

矢尻つき三つ重ね矢

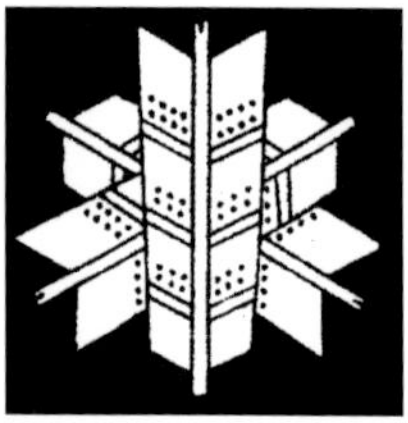
斑入り三つ重ね矢

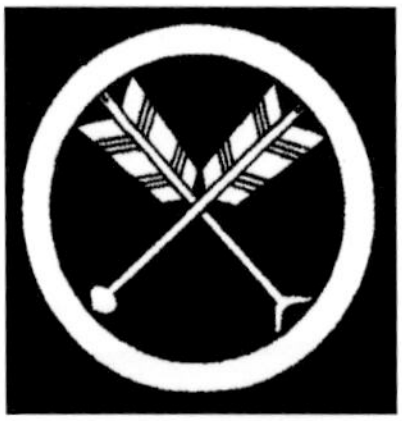
中輪に矢尻つき違い矢

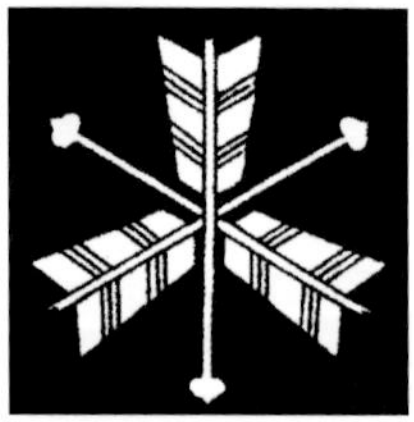
矢尻つき三つ違い矢

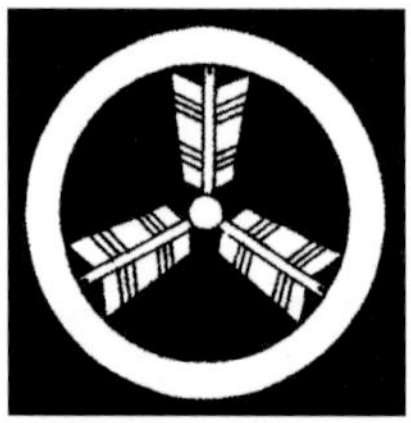
中輪に三つ矢

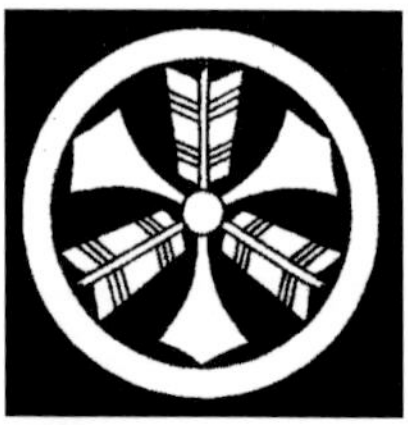
中輪に剣三つ矢

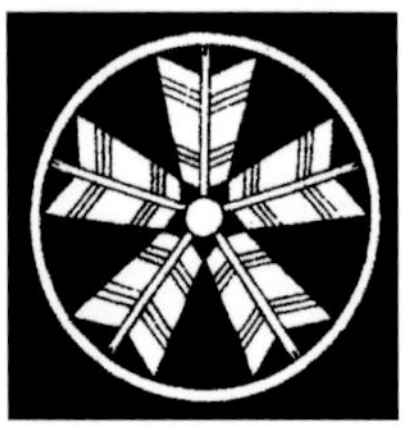
糸輪に五つ矢車

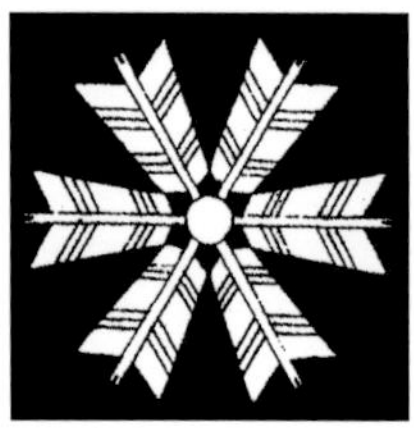
六つ矢車

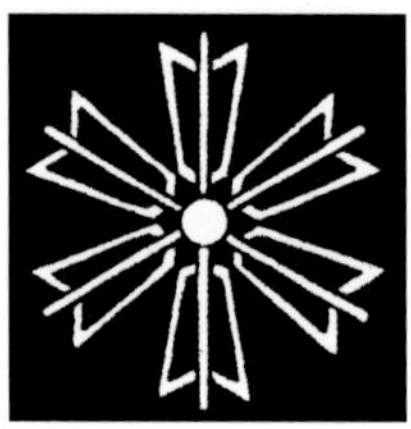
中かげ六つ矢車

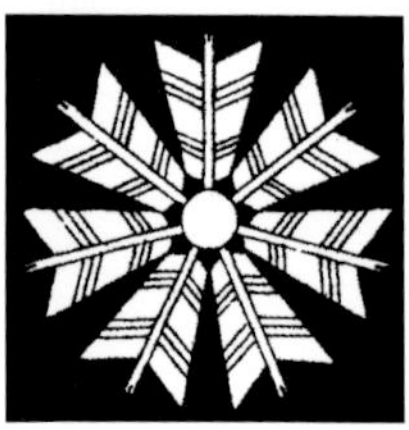
七つ矢車

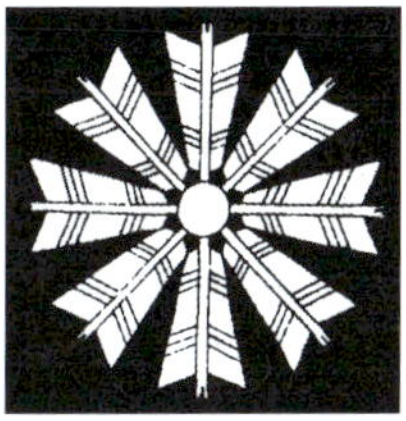

八つ矢車

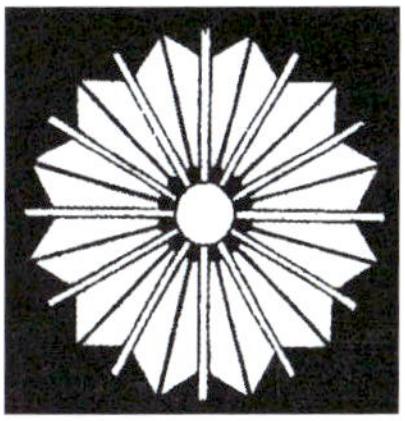

十二矢車

八つ矢菱

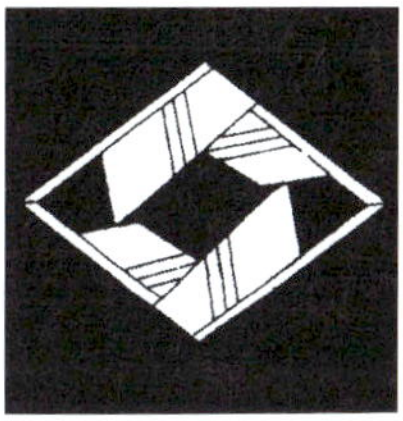

折れ矢菱

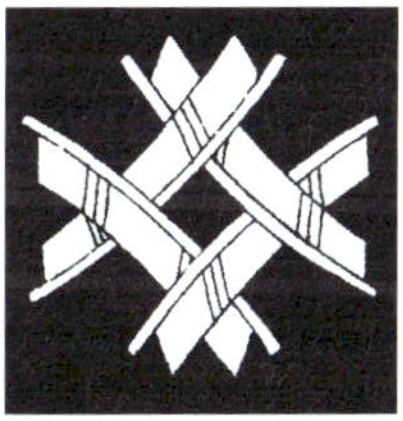

矢井桁

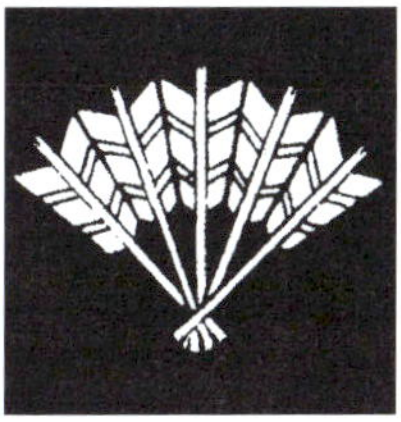

矢扇

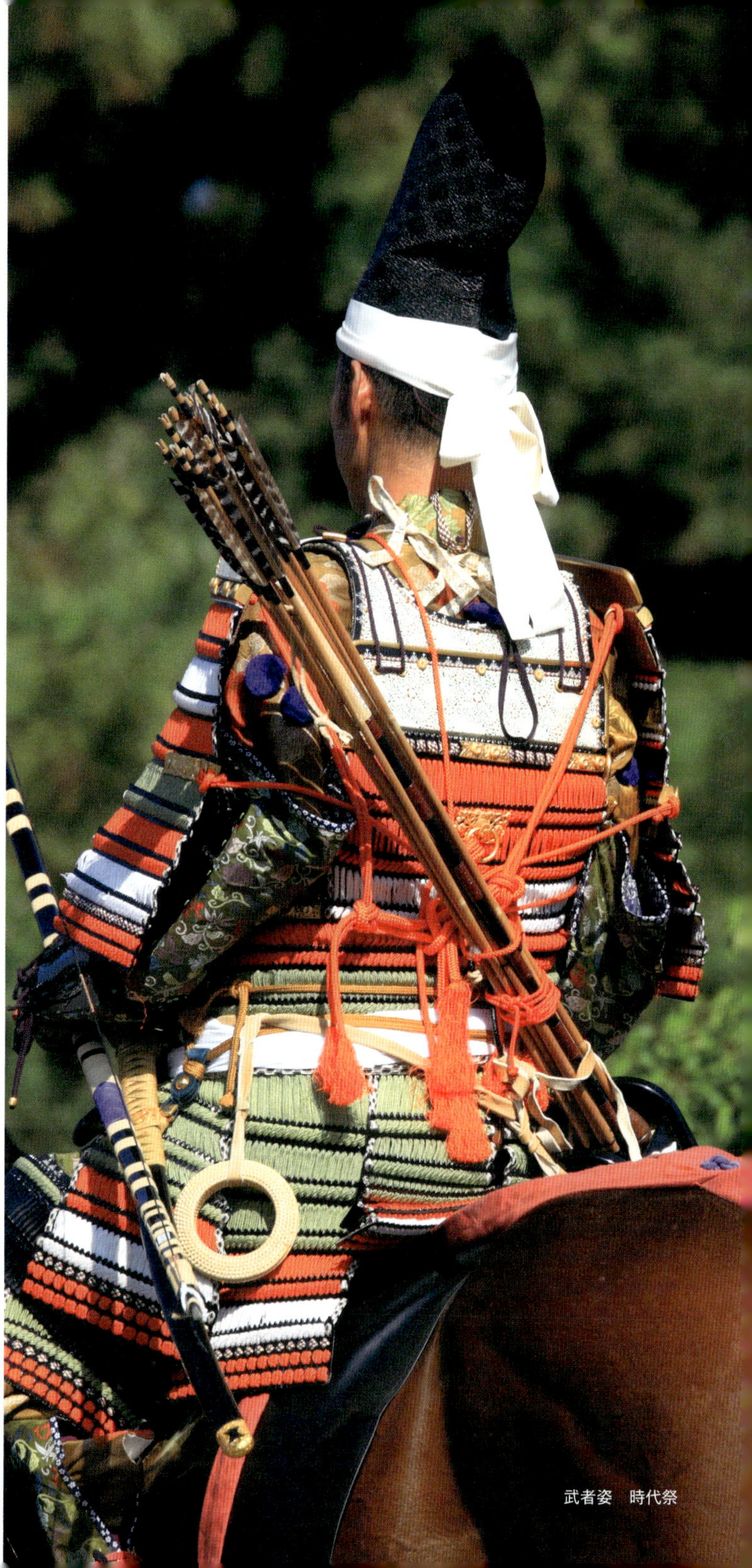

武者姿　時代祭

やはず

◉ **矢筈紋** *Yahazu* | Nock Crests

矢筈は矢を弦につがえる矢の頭の凹字状の部分のことで、家紋ではこの凹部をM字形に単純化している。弓矢紋と同じく武士の尚武（しょうぶ）的な気質からきている。かたちは直立形と横配列、放射状とにわかれて数でよばれる。矢筈紋は服部氏の代表家紋であるが、直角に打ち違えた「切竹矢筈十字紋」は久留守紋の変形で、摂津の能勢氏がキリスト教信仰から久留子（クルス）に擬して用いている。

The nock is the slot on the end of an arrow that holds it in position on the bowstring. In family crests, the nock is simplified to an M-like shape. Like the arrow or the arrowhead, it symbolizes the warrior's brave, warlike spirit.

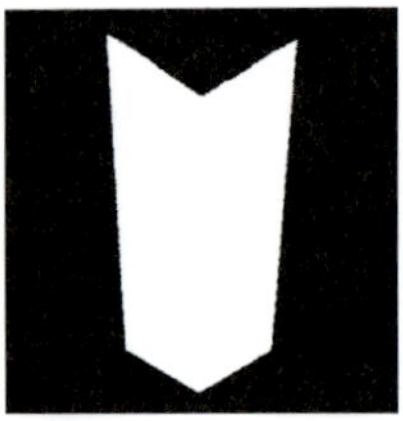

矢筈

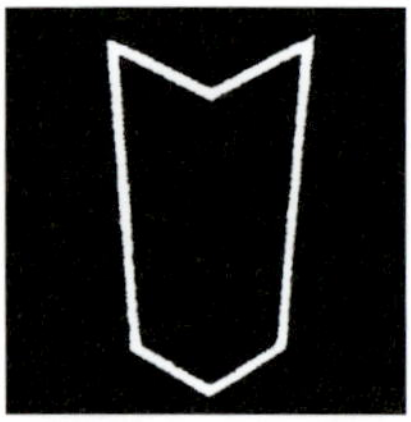

かげ矢筈

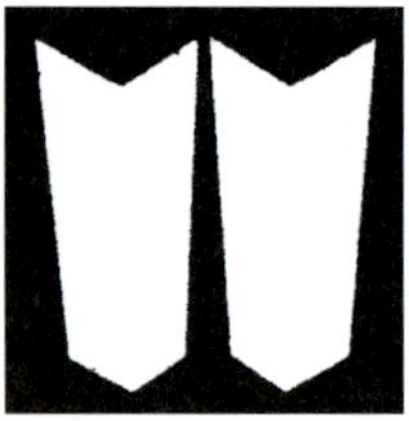

並び矢筈

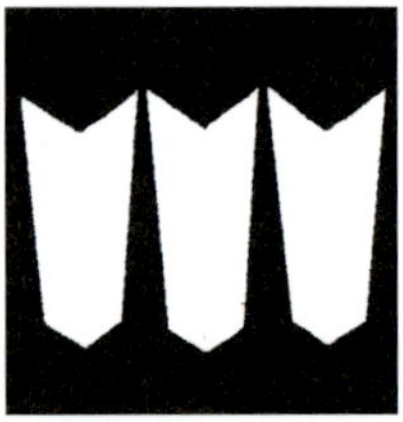

三つ並び矢筈

丸に矢筈

太輪に矢筈

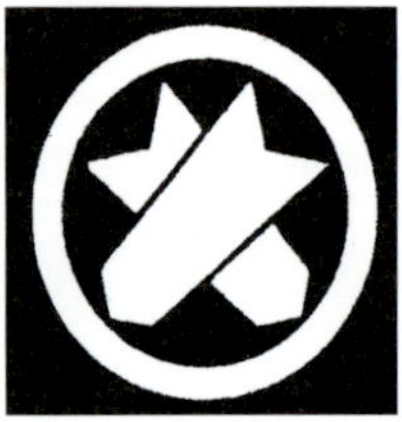

丸に違い矢筈

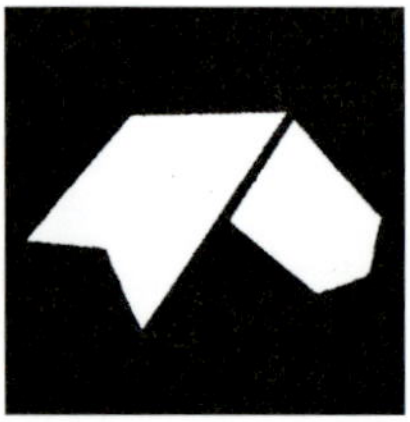

折れ矢筈

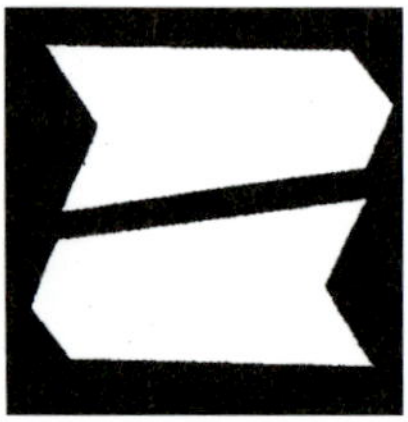

入違い矢筈

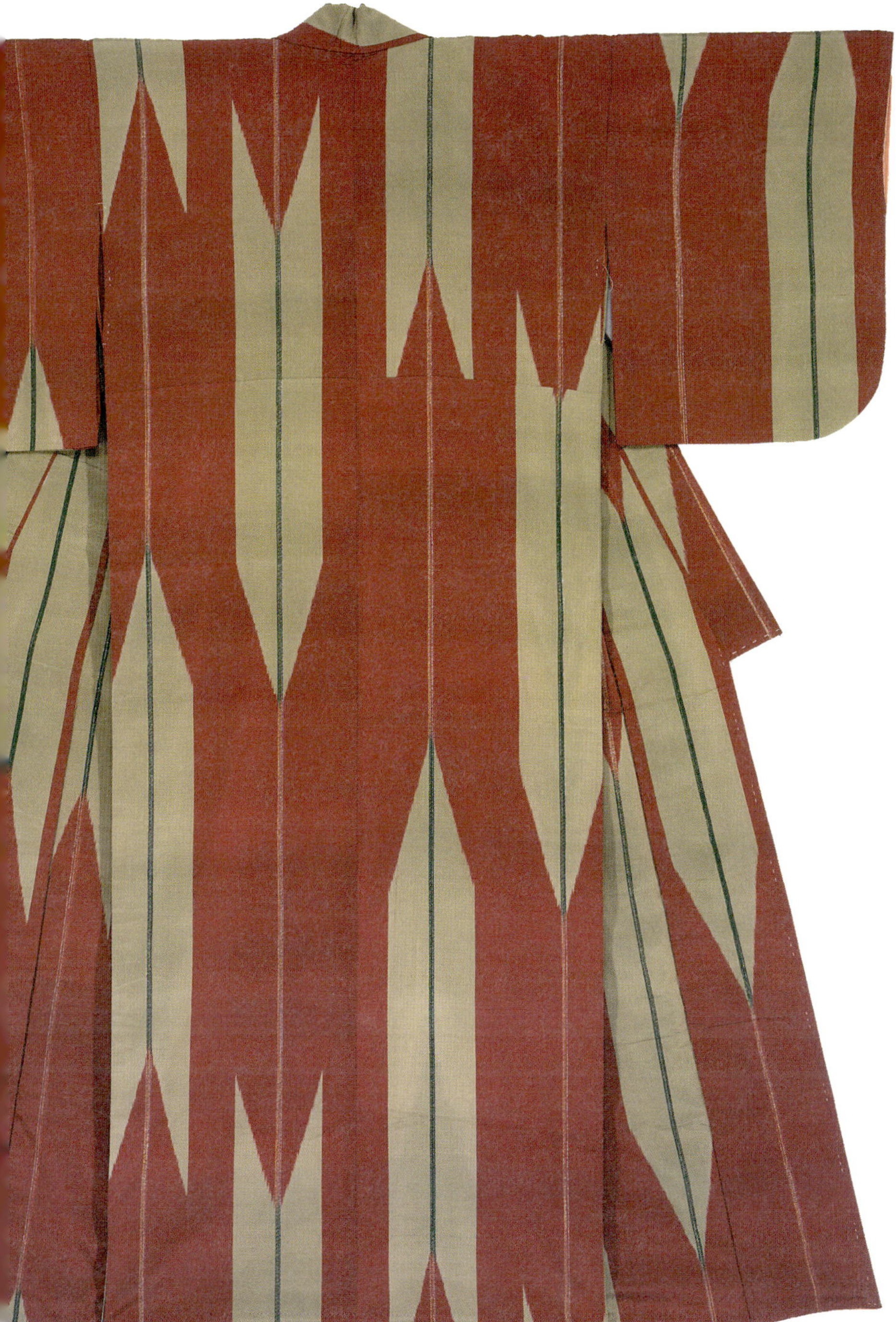

「矢羽根文様」
須坂クラシック美術館蔵

おうぎ

◉扇紋 *Ōgi* | Fan Crests

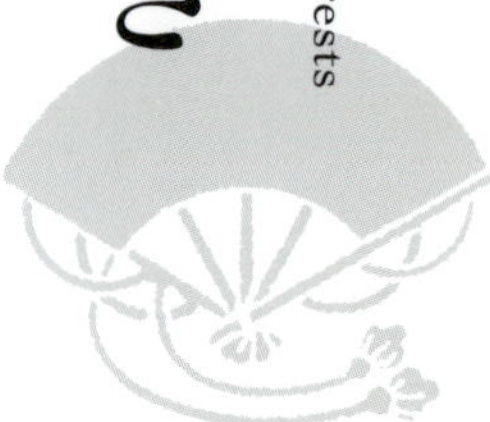

蝙蝠が羽を広げたり、畳んだりするのに似るところから、蝙蝠とよぶ紙貼りの夏扇のかたちをデザインしたもの。普通は五本骨の開扇であるが、家紋では三本骨や七本骨もあり、地紙だけや骨だけのものもある。種類は多く、「開き扇」「畳み扇」「骨反り扇」「檜扇」の扇紋から、「地紙」紋、「扇骨」紋まである。足利時代には使用家が増え武家の家紋書である『見聞諸家紋』には、佐竹「扇に丸」、粟屋「扇に花菱」、鳥居「扇に松雲」の諸氏、戦国時代の末には徳川家康までが「七本骨扇」を馬験に用いた。

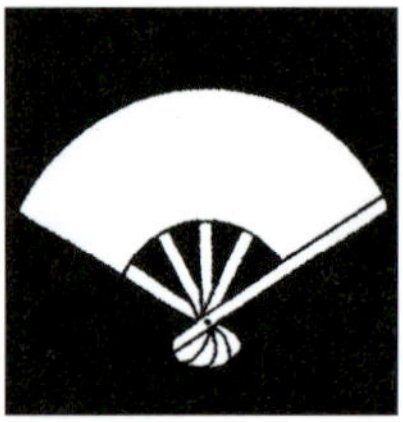
五本骨扇

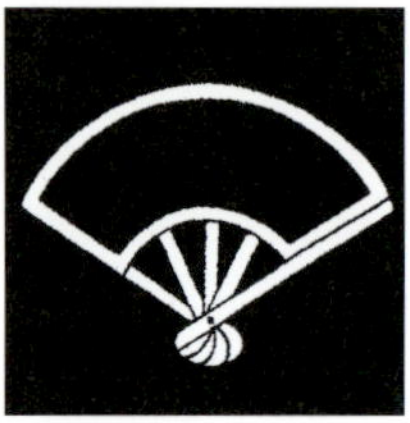
かげ五本骨扇

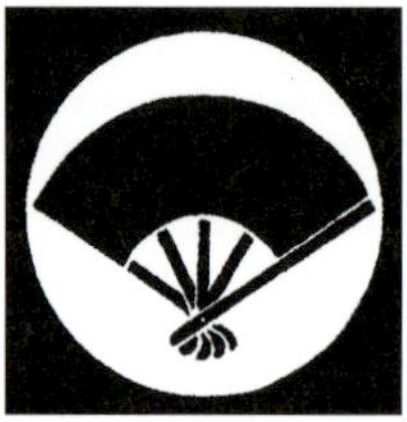
石持ち地ぬき五本骨扇

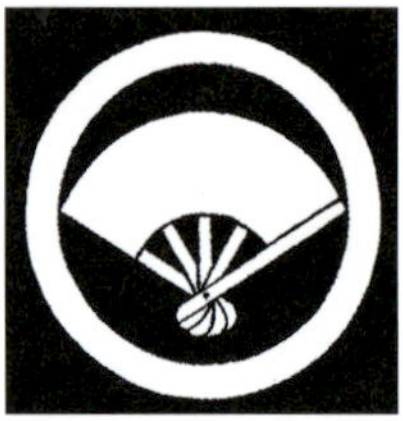
丸に五本骨扇

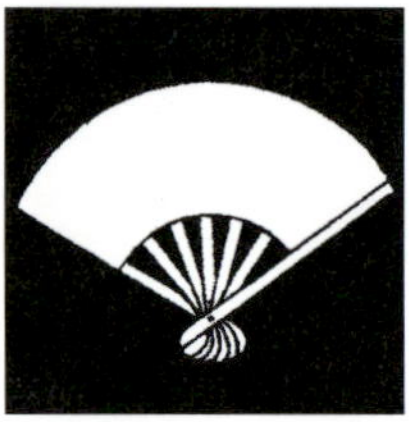
七本骨扇

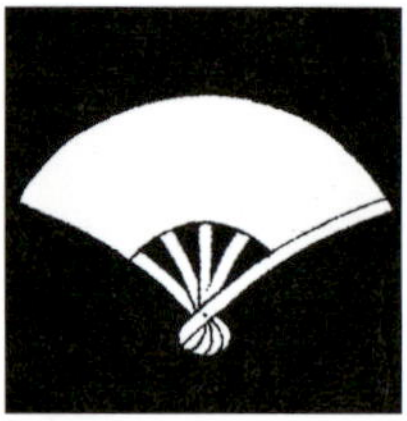
五本骨反り扇

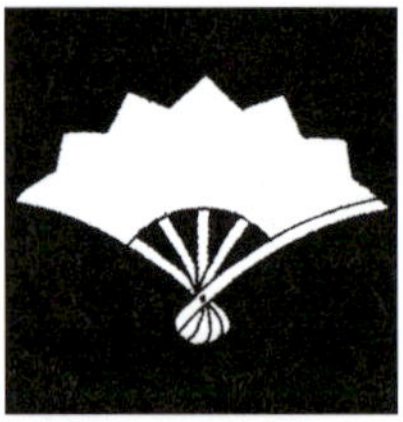
雁木反り五本骨扇

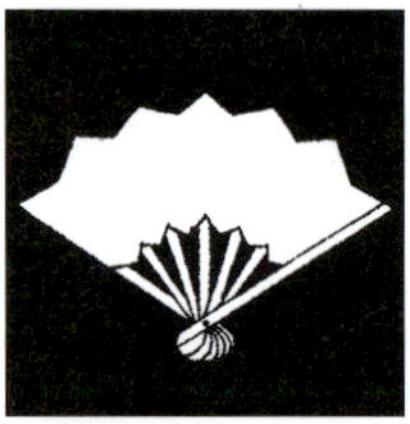
七本骨雁木扇

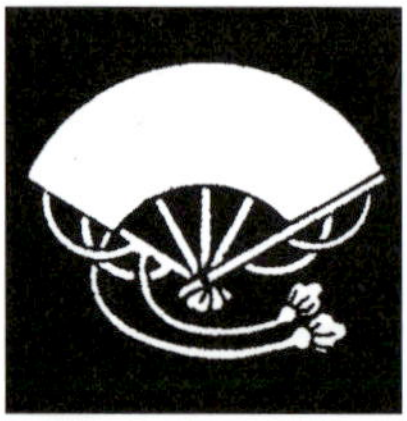
大房扇

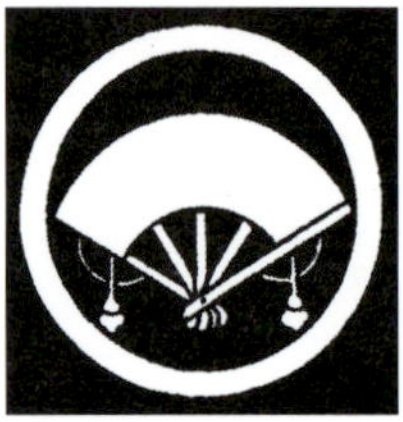
丸に房つき扇

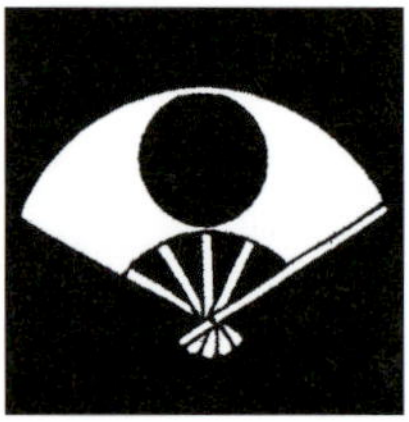
日の丸扇

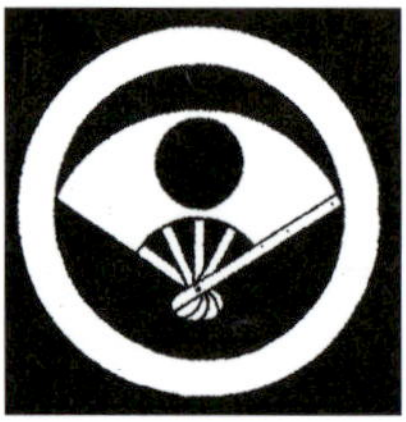
丸に日の丸扇

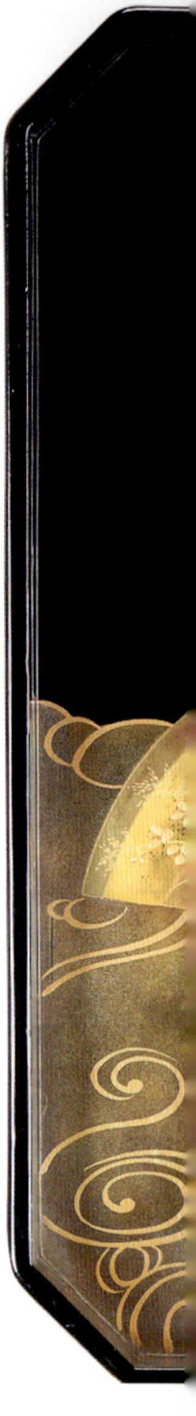

These crests' designs are based on the shape of a folding fan, which is also called a *kawahori* (an archaic term for a bat) because it can spread or fold up itself, like a bat. The most usual fan crest uses an open fan with five ribs, but versions also exist with three or seven ribs or only the fan paper or only the ribs with no paper attached.

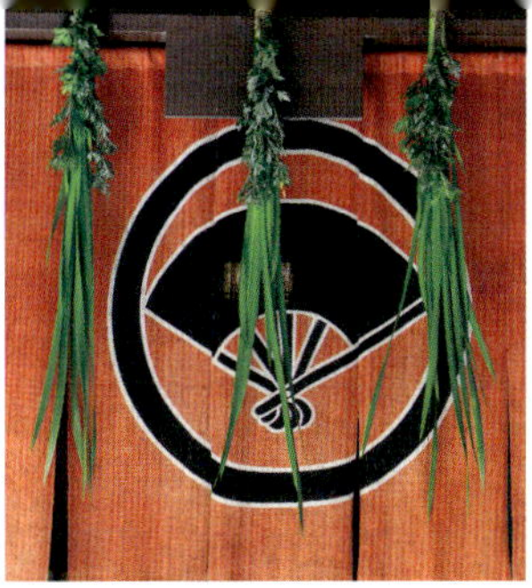

端午の節句　貴船

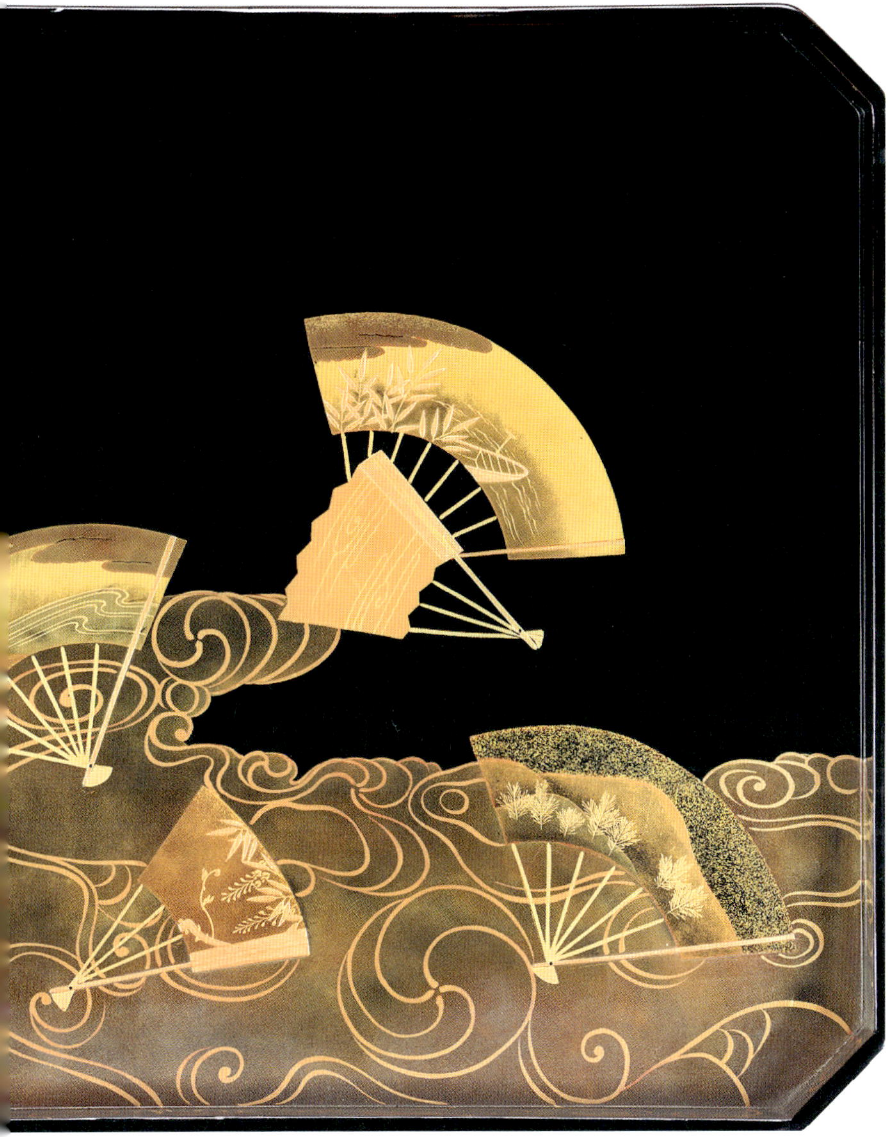

「扇流し蒔絵吸物膳」大正時代・20 世紀　京都国立博物館蔵

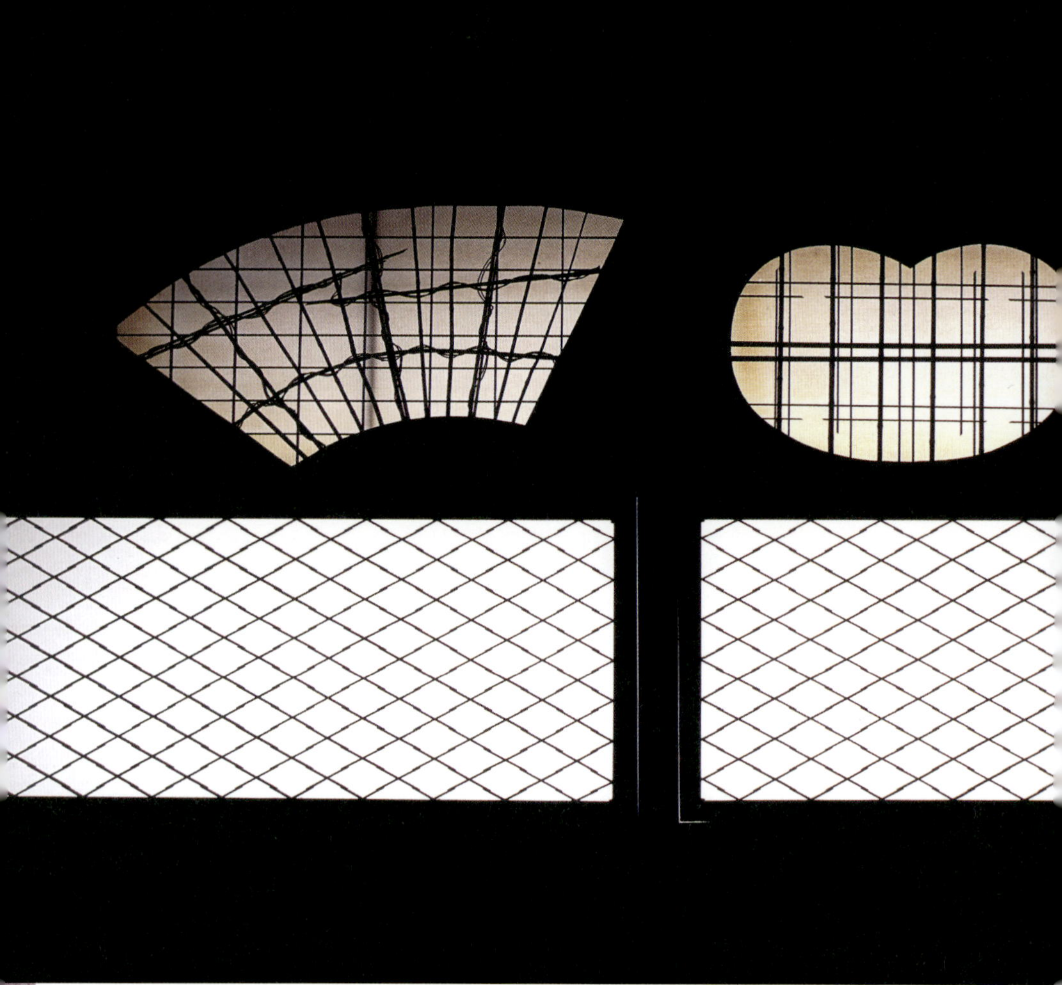

角屋・青貝の間　京都　角屋保存会

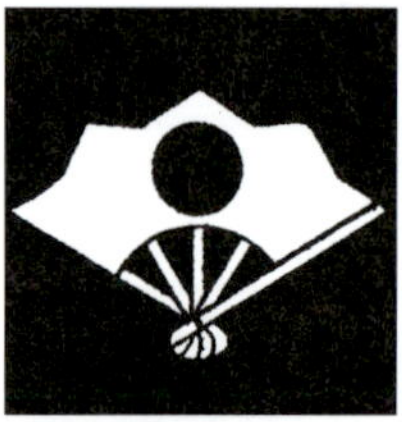

月の丸雁木扇

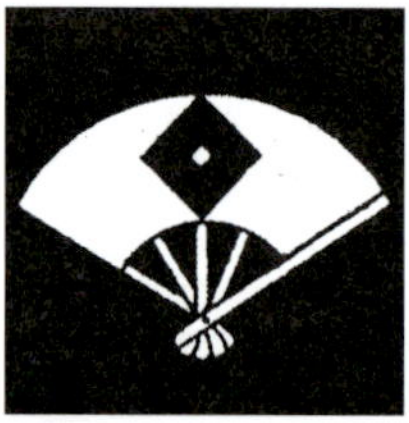

扇に地ぬき釘抜き

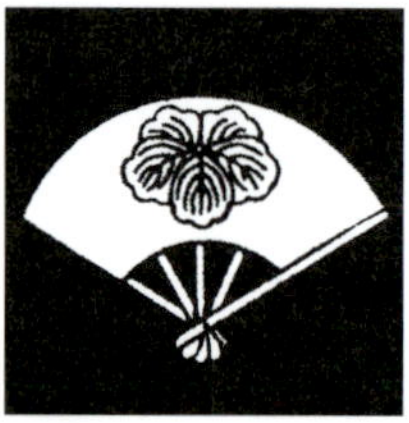

扇に蔦

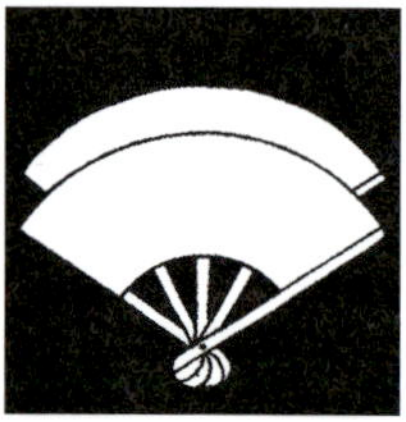

重ね扇

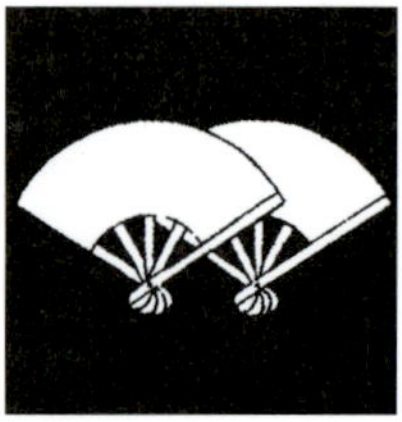

横重ね扇

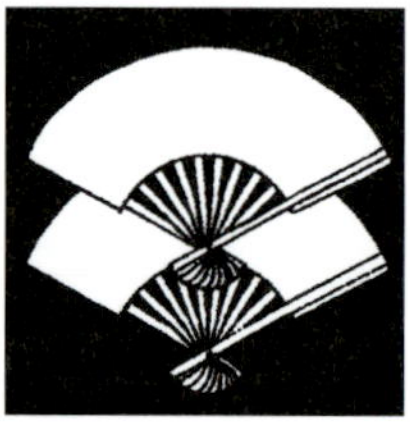

島原扇

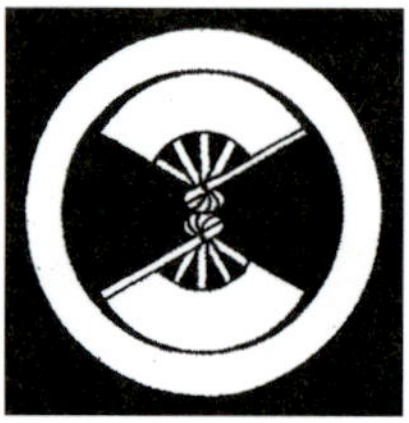

丸に尻合せ二つ扇

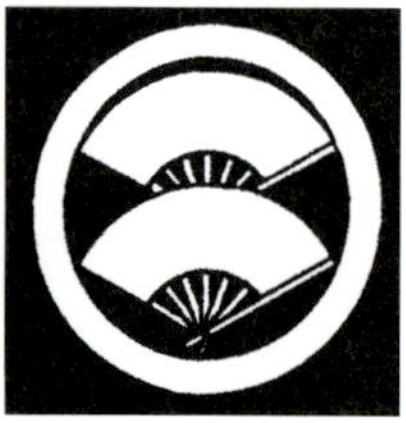

丸に二階扇

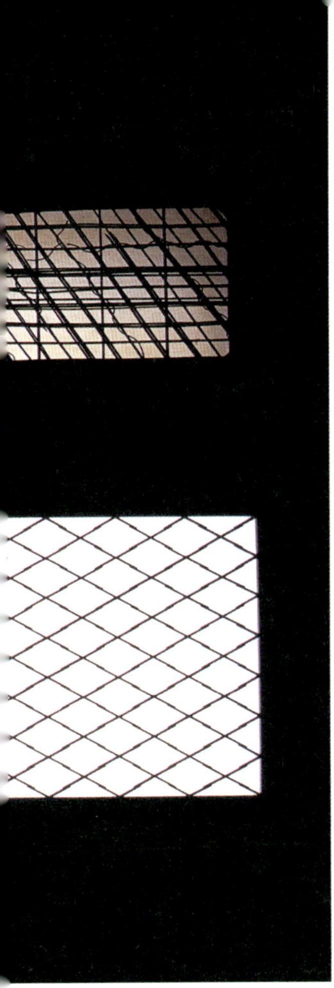

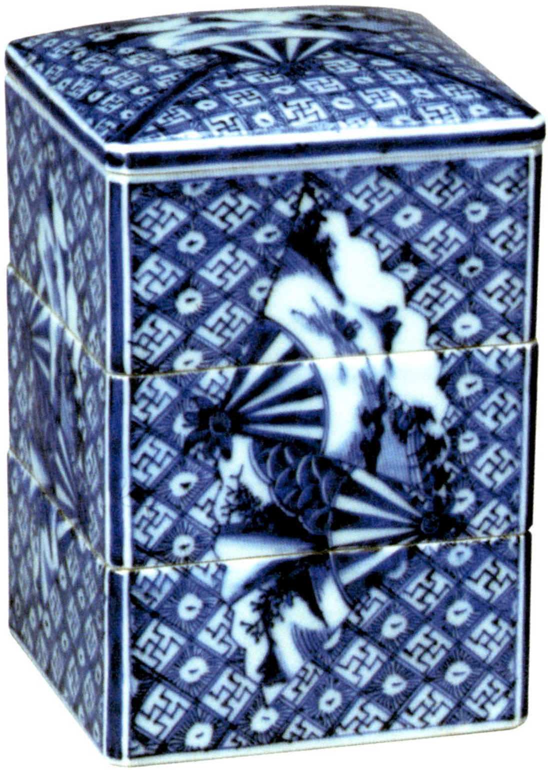

「染付扇窓絵重箱」瀬戸
慶応 4 年・1868　愛知県陶磁美術館蔵

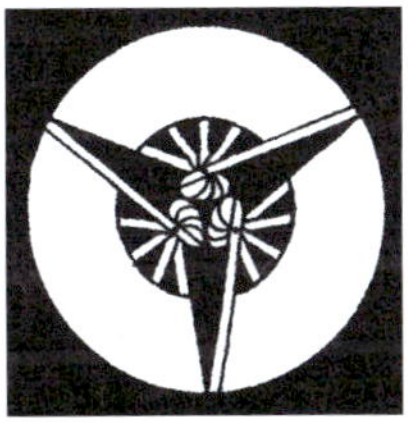

三つ扇

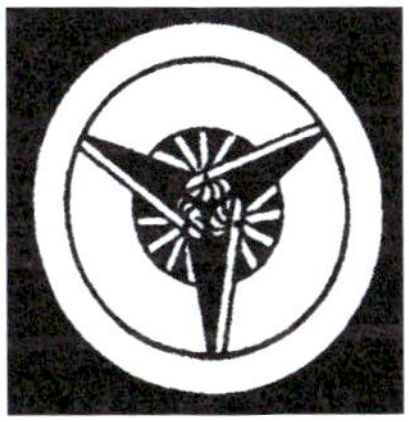

丸に三つ扇

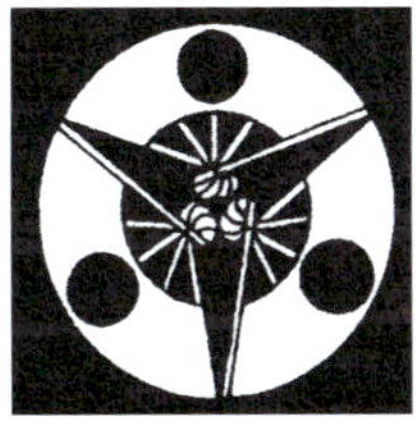

三つ月の丸扇

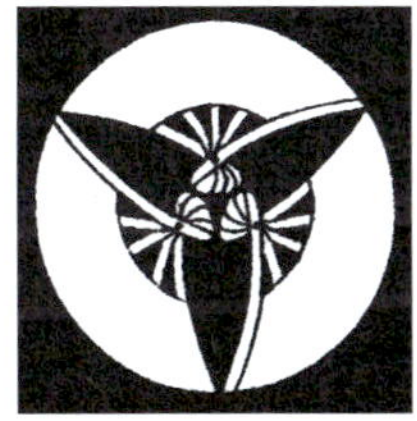

三つ反り扇

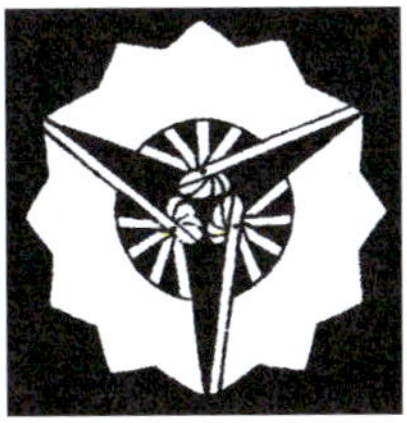

高崎扇

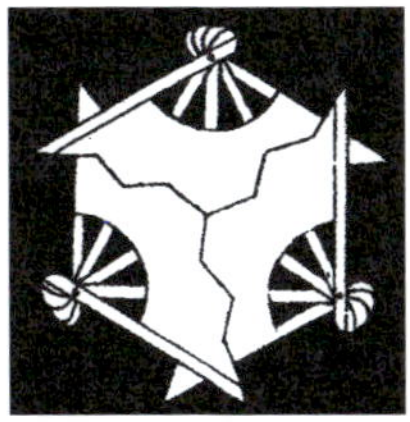

高崎重ね合せ三つ雁木扇

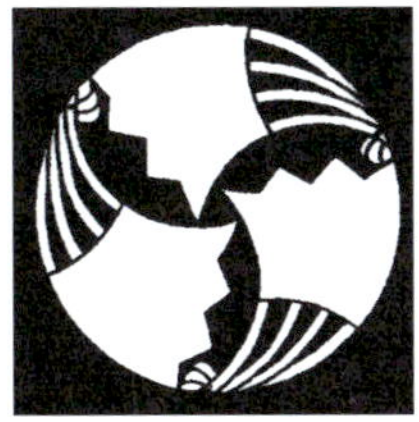

三つ追い扇

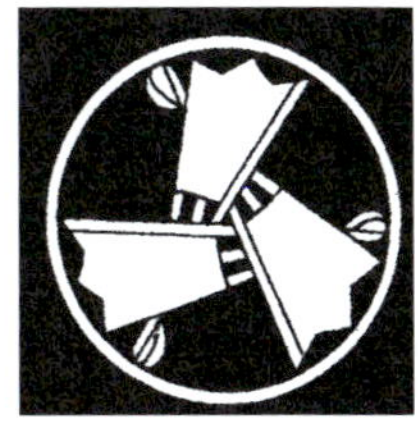

中開き三つ組合せ扇

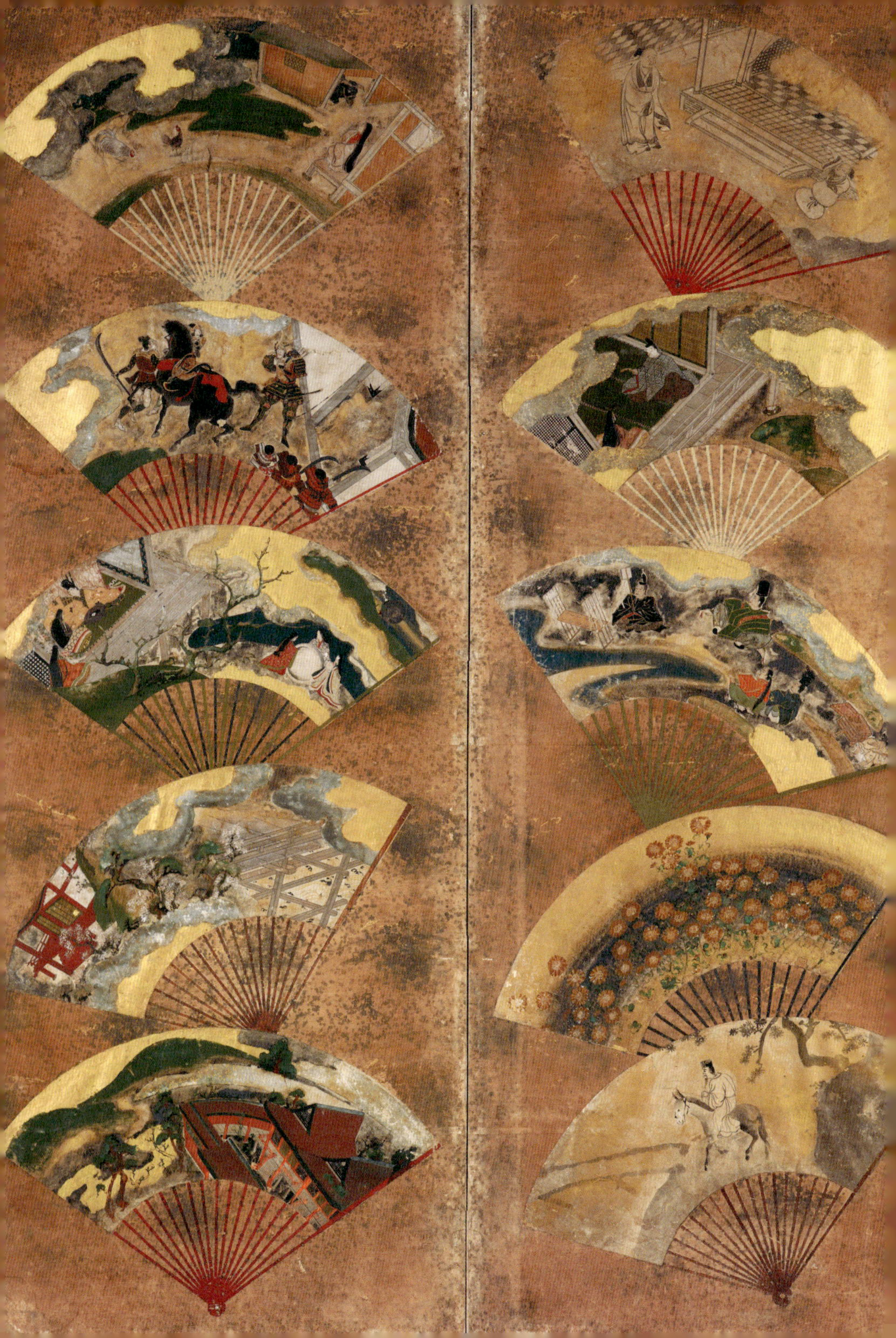

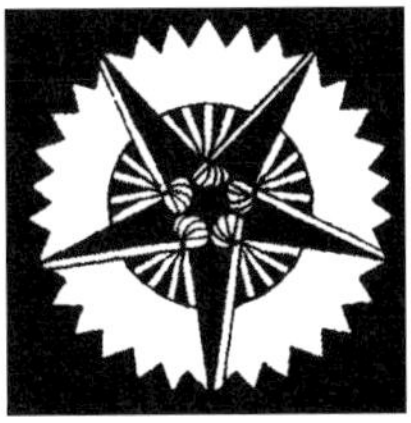
五つ雁木扇

五つ雁木扇車

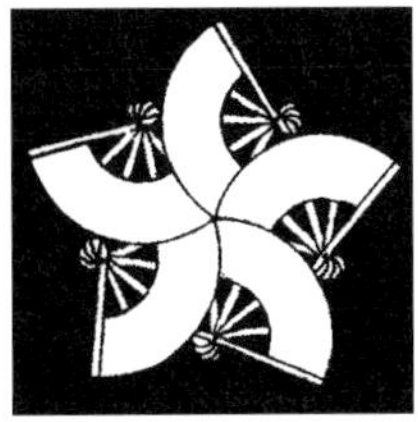
五つ重ね扇

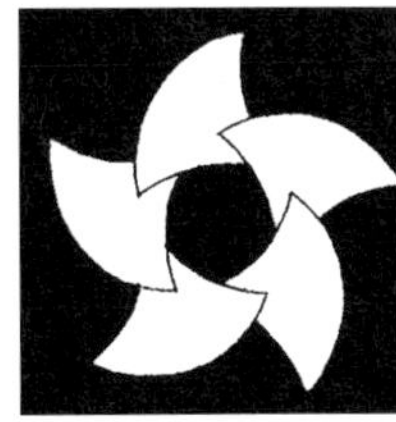
五つ重ね末広扇

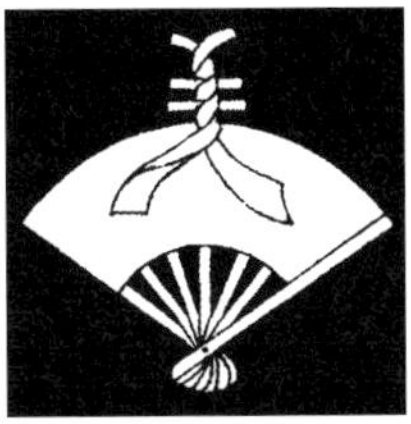
立花扇

半開き違い扇

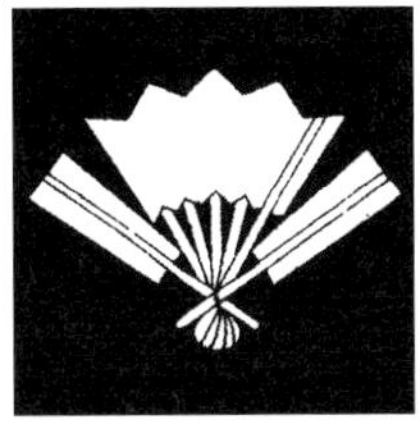
中開き三本扇

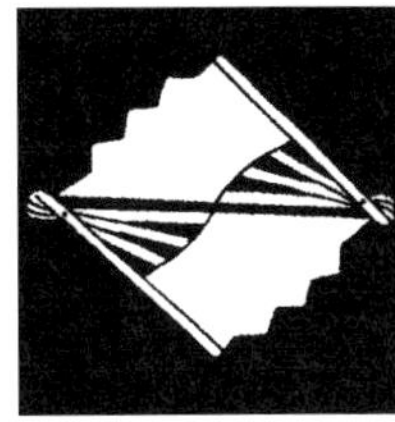
扇菱

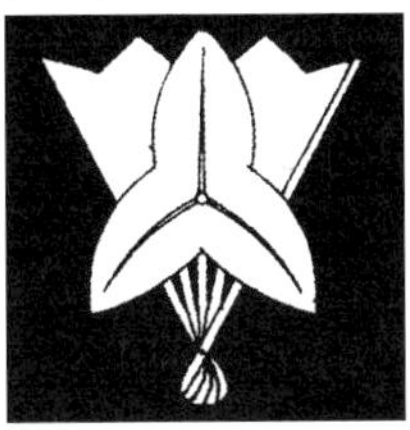
沢瀉扇

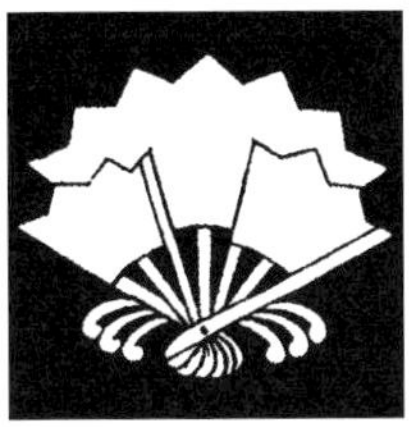
真向き扇蝶

扇蝶

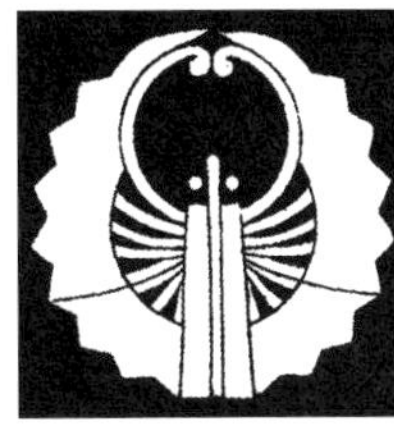
浮線扇蝶

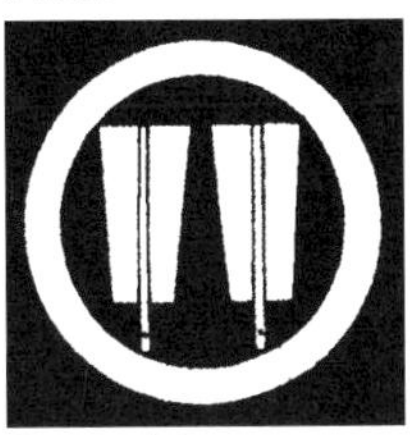
丸に並び扇

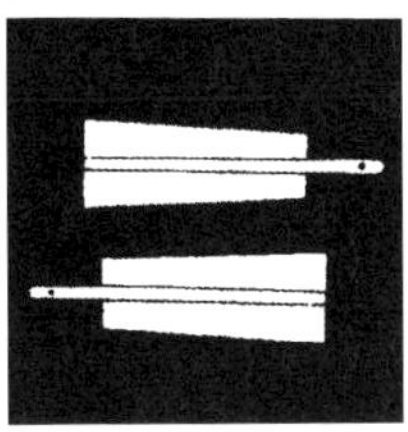
入違い扇

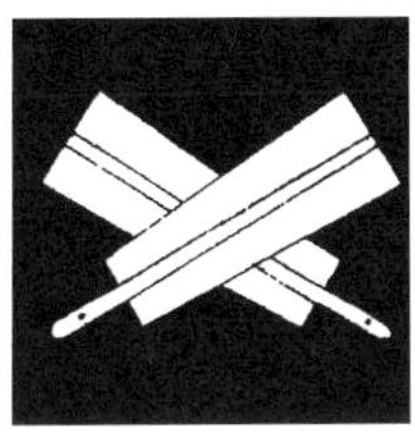
違い扇

丸に違い扇

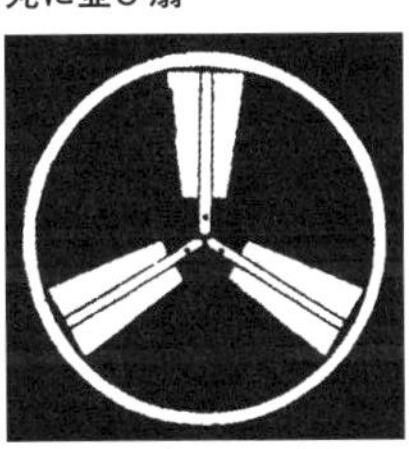
糸輪に尻合せ三つ扇

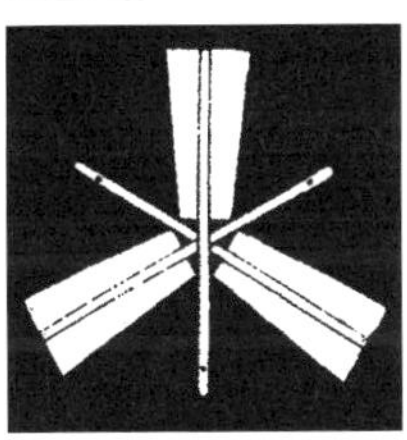
三本重ね扇

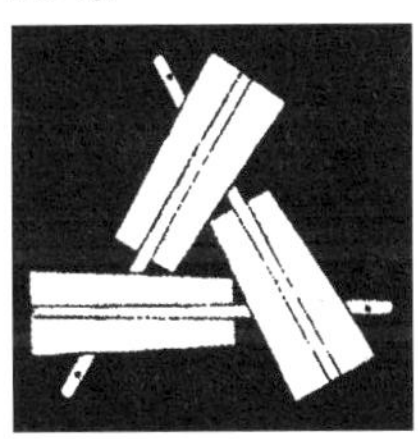
三つ組扇

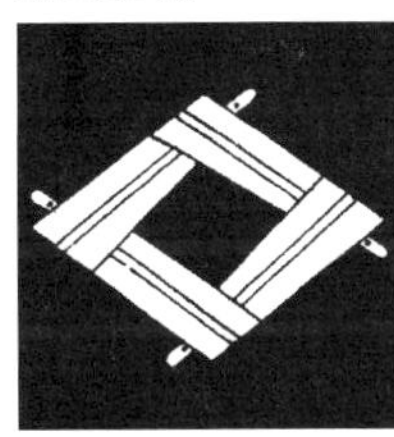
重ね扇菱

前頁：「扇面散屏風」（部分）伝俵屋宗達
江戸時代・17 世紀　東京国立博物館蔵
出典：ColBase (https://colbase.nich.go.jp)

ひおうぎ

◉檜扇紋

Hiōgi | Cypress Fan Crests

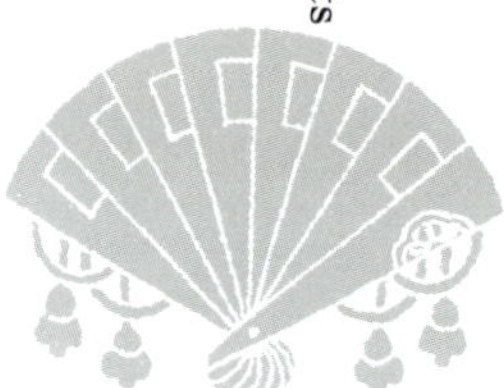

扇は広げたその形から末広とももいい、発展や拡大を意味して縁起のよいものとされた。檜扇は檜の薄片を重ね並べて、根元の要を糸で綴じあわせた貴族用の扇をいう。五枚から八枚の薄片が一単位で一重、その三倍が三重とよばれ、公卿は二十五枚、殿上人は二十三枚、婦人は三十九枚とされた。戦国時代には上野箕輪城主長野氏一族が、徳川時代には山崎、丹羽、秋田の諸侯と旗本二十余家が家紋に用いている。

Because fans open up, they are described as *suehiro*, "prosperity expanding," and are seen as lucky objects signifying development and expansion. A cypress fan is made of slender strips of cypress, stacked and bound together by a cord at the bottom. Ceremonial fans, they were carried by members of the aristocracy.

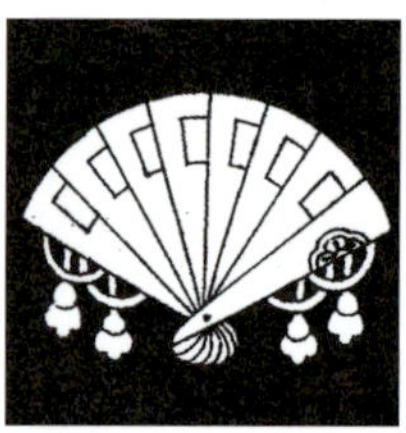

檜扇

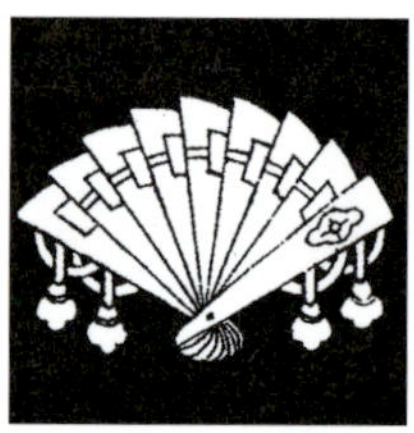

雁木檜扇

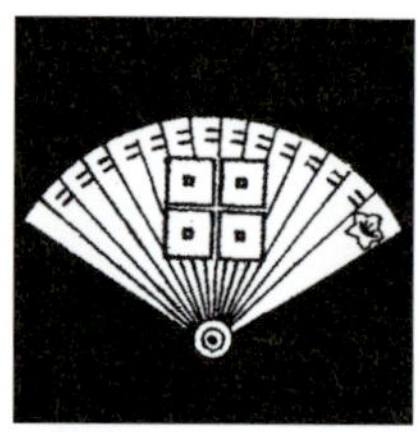

山崎檜扇

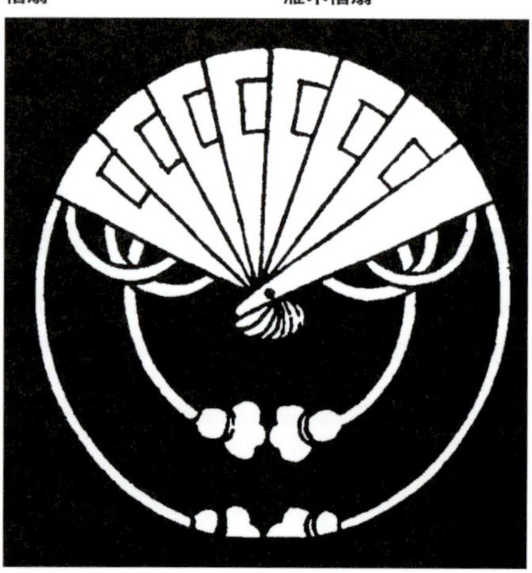

房丸檜扇

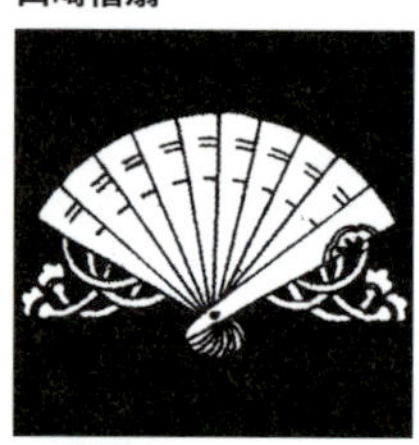

丹羽檜扇

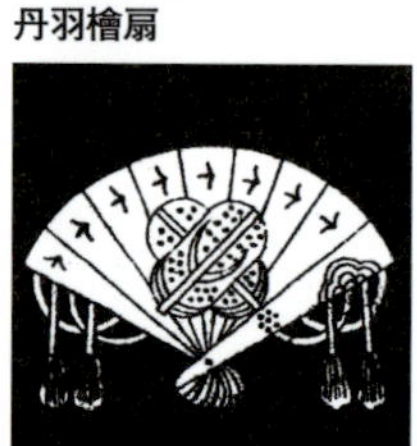

秋田檜扇

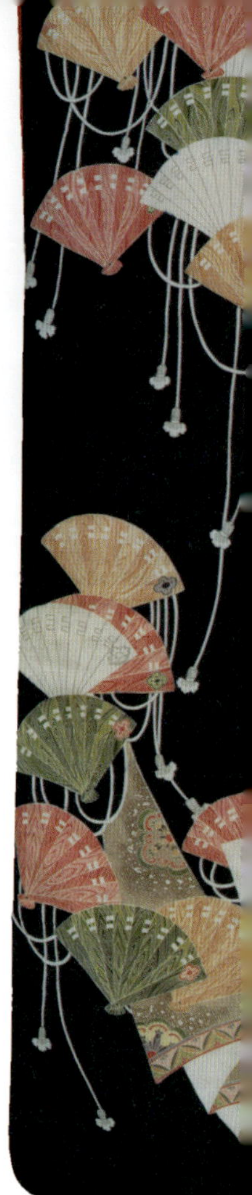

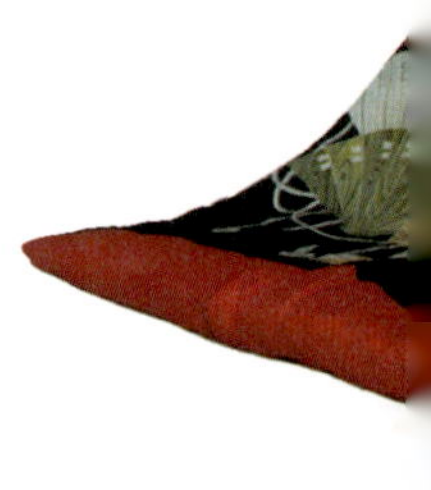

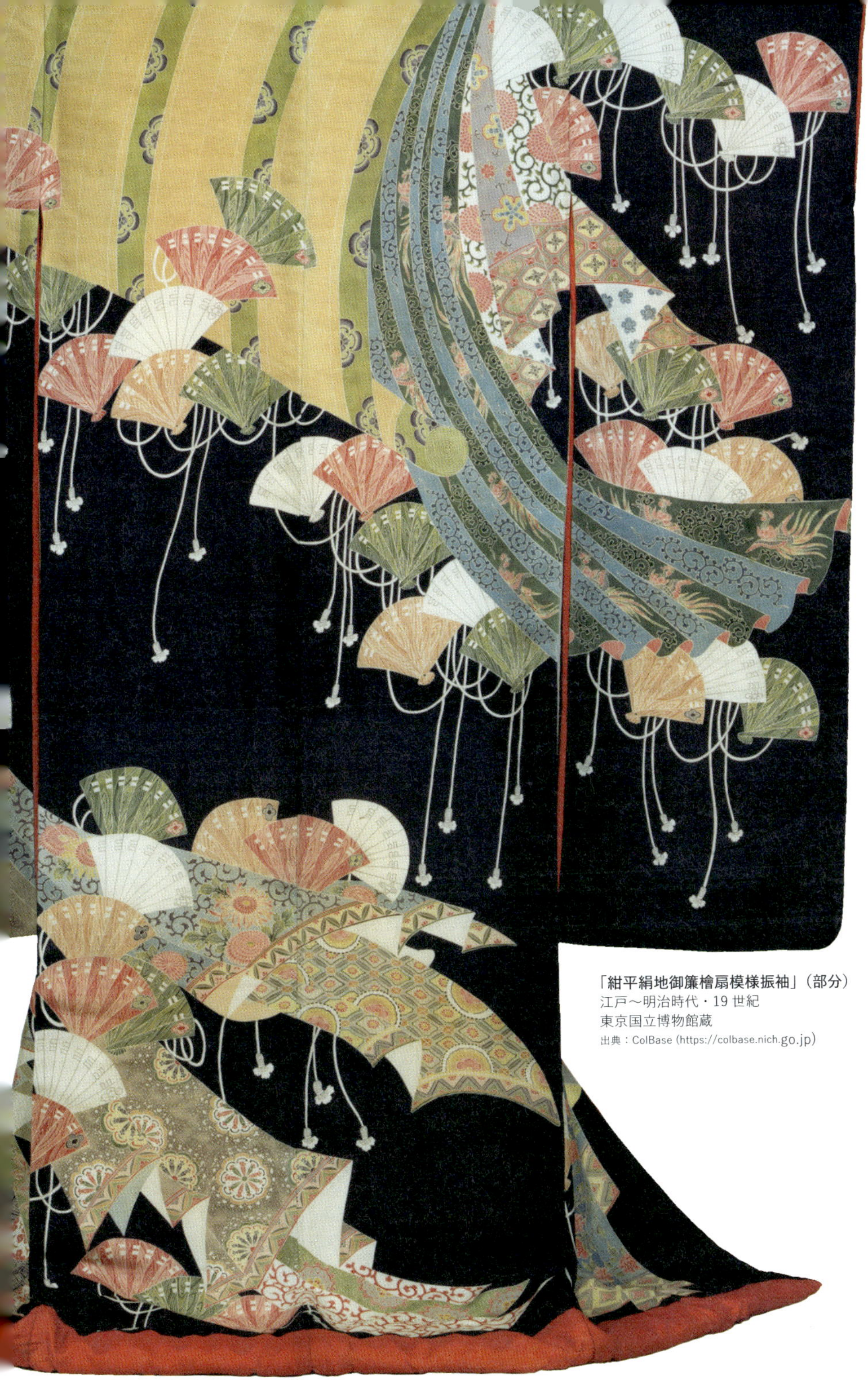

「紺平絹地御簾檜扇模様振袖」（部分）
江戸〜明治時代・19 世紀
東京国立博物館蔵
出典：ColBase（https://colbase.nich.go.jp）

かさ

◉ 笠紋

Kasa | Bamboo or Sedge Hat Crests

笠はかぶるもの、傘は柄がつき頭上にかざすもののこと。ふつう笠紋は市女(いちめ)笠、編(あみ)笠、陣(じん)笠、唐人(とうじん)笠、菅(すげ)笠、竹笠、宝笠、塗笠などがある。家紋には並べたかたちの「並べ笠」、丸形の「笠丸」、重ねた「重ね笠」などがある。「唐人笠」は、文禄の役（1592年）で手柄のあった吉田重勝が太閤秀吉から賜ったといわれる。藤原氏系統の高橋氏の代表家紋である。

The usual bamboo or sedge hat crests include those with a motif based on the woman's hat, woven hat, warrior hat, and Chinese hat. Family crests may have several hat motifs lined up, one hat shaped into a circular form, or a stack of hats.

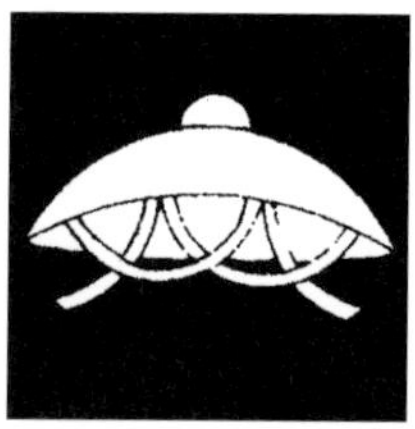
笠

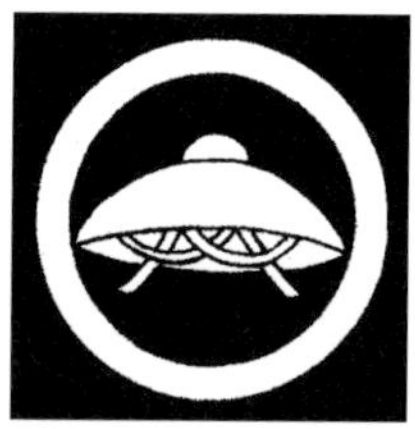
丸に笠

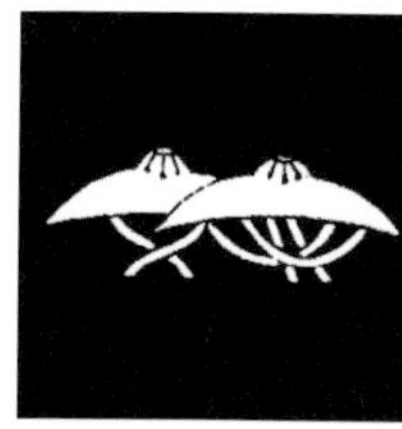
柳生笠

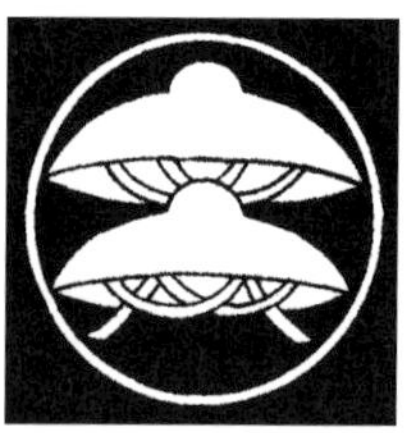
糸輪に二階笠

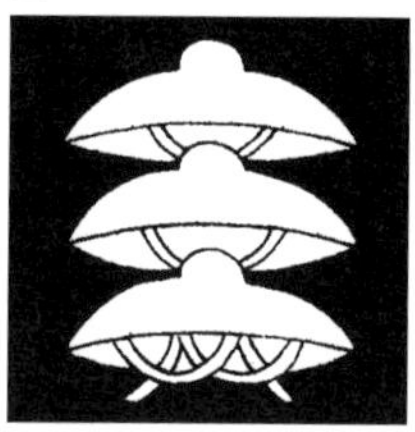
三階笠

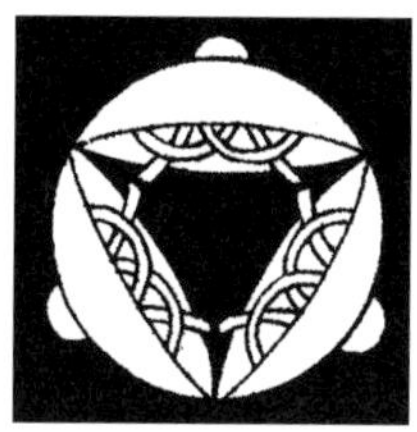
三つ寄せ笠

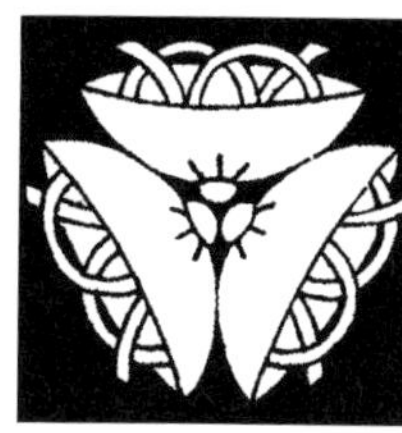
頭合せ三つ笠

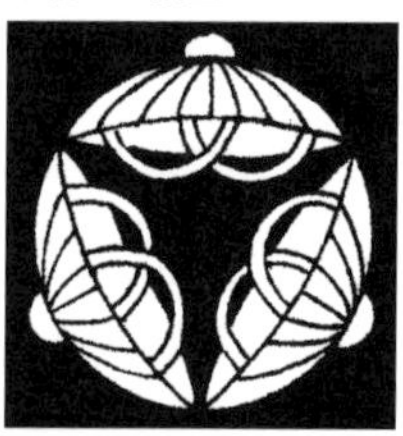
変り三つ寄せ笠

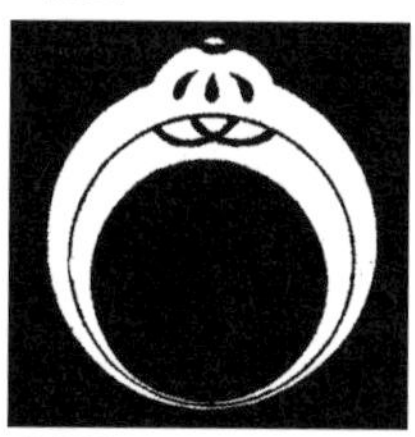
建部笠

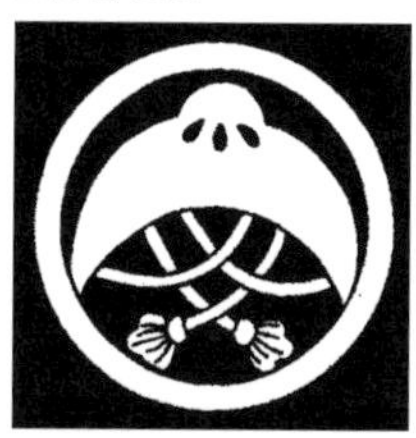
中輪に房つき笠

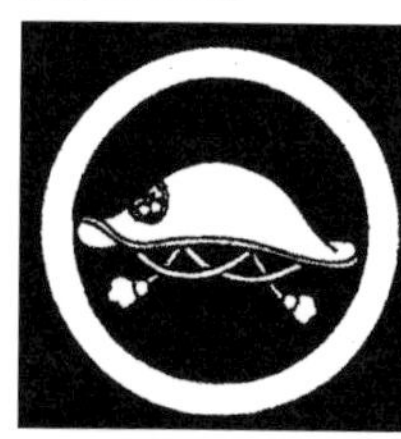
丸に陣笠

丸に足軽笠

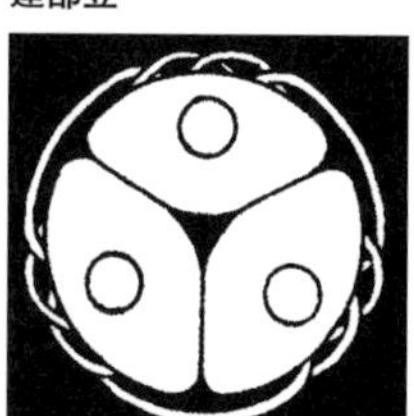
三つ寄せ陣笠

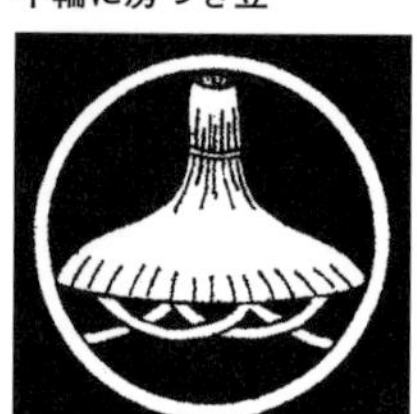
狩場笠

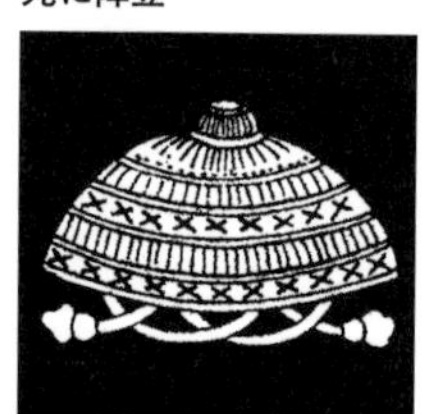
深冠り笠

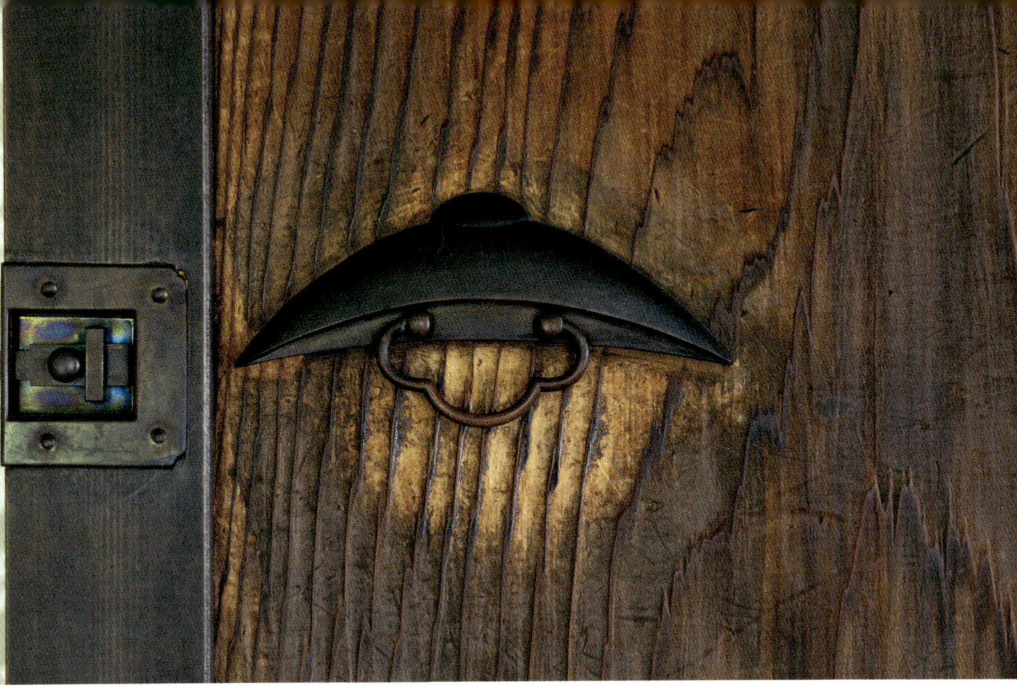

「市女笠形引手」中書院の杉戸・桂離宮

「陣笠」
江戸〜明治時代・19 世紀
東京国立博物館蔵
出典：ColBase (https://colbase.nich.go.jp)

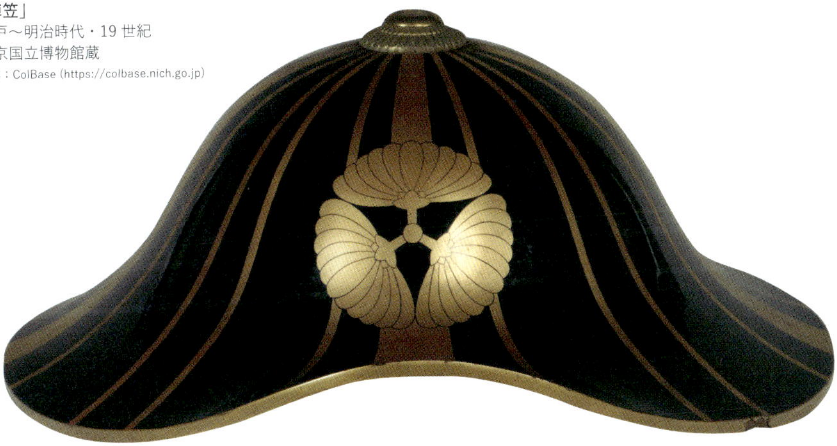

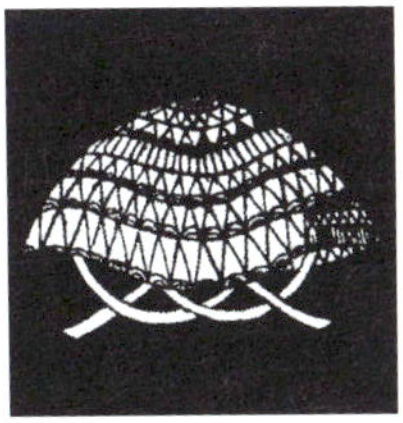

深編み笠

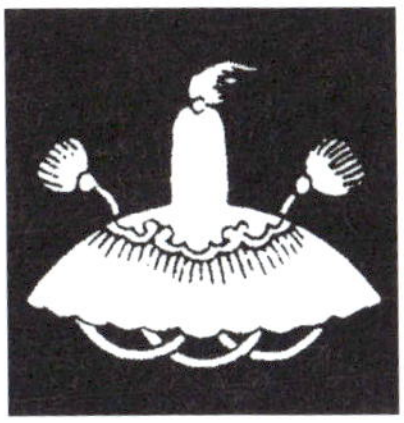

唐人笠

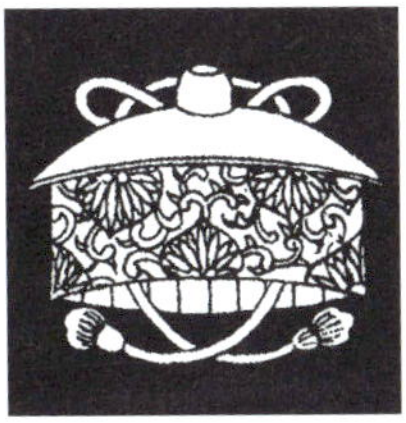

神宮笠

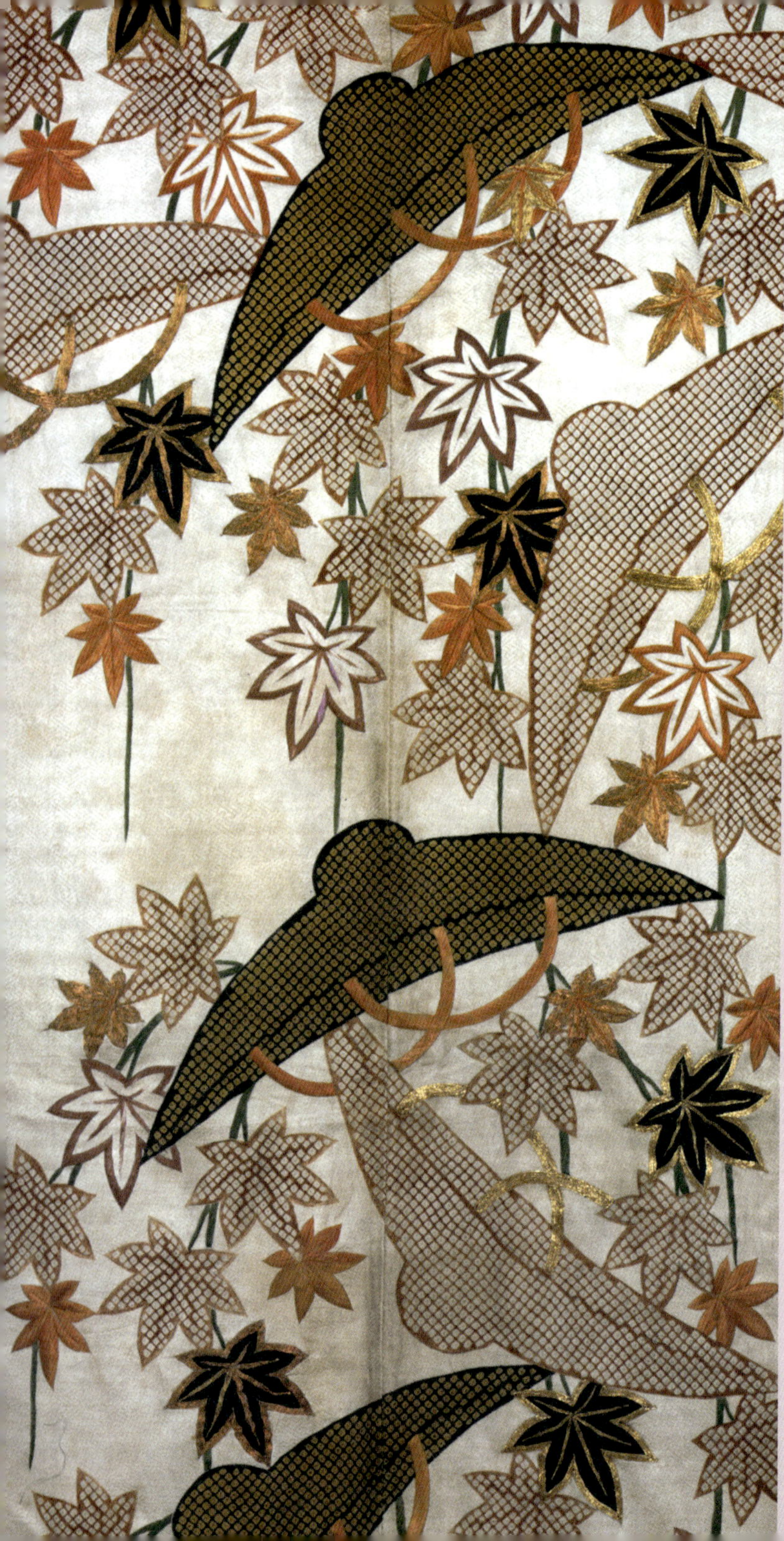

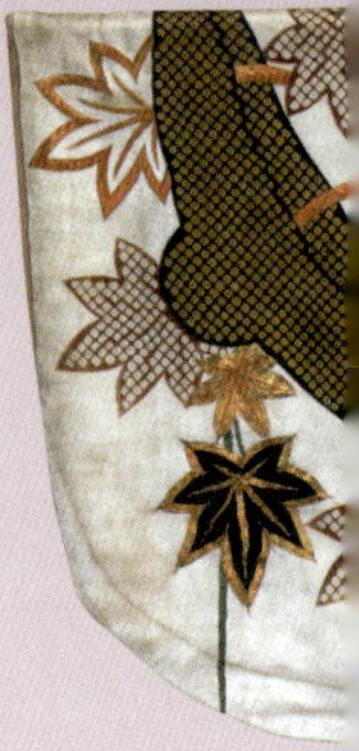

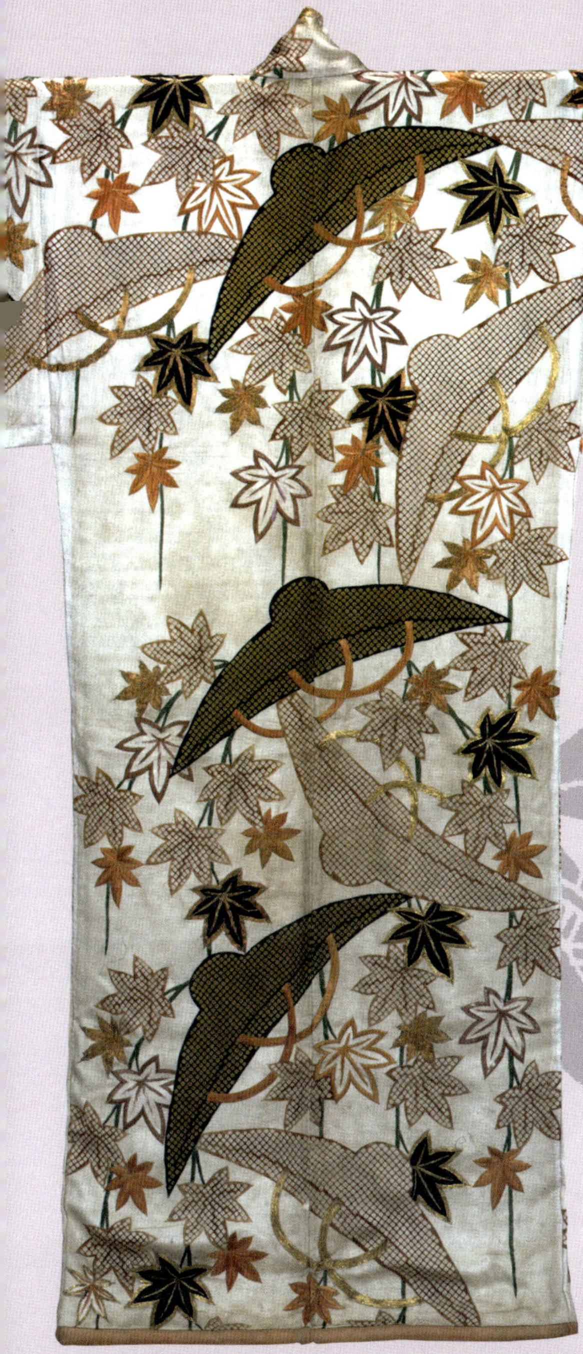

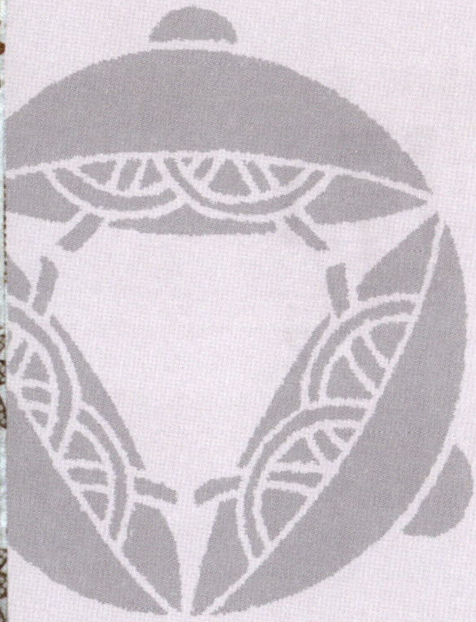

「白綸子地枝垂楓笠模様小袖」
江戸時代・18 世紀　東京国立博物館蔵
出典：ColBase (https://colbase.nich.go.jp)

えぼし

◉ 烏帽子紋

Eboshi | Tall Cap Crests

烏の羽の色を連想させる黒色の布帛または紙製の帽子の一種で、古くから男子に愛用された。えぼうし、えんぼうしともいう。はじめは階級や役職をあらわしたが、平安時代には公家は円筒状の立烏帽子、武家は立烏帽子の先を折った折烏帽子を着用した。江戸幕府が編集した武家系図集の『寛政重修諸家譜』によると、平清盛から出た北氏や平氏支流の福守氏が使用したとある。

These tall caps may be made of cloth or paper, dyed a shiny black reminiscent of a crow's feathers. (*Eboshi* literally means "crow hat.") Worn by men since ancient times, they originally indicated the wearer's class or official position. In the Heian period (800–1185), it became customary for male aristocrats to wear the cylindrical, standing cap and warriors to wear a tall cap with a folded tip.

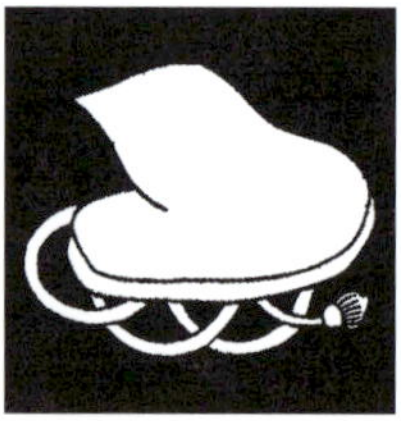

公家烏帽子

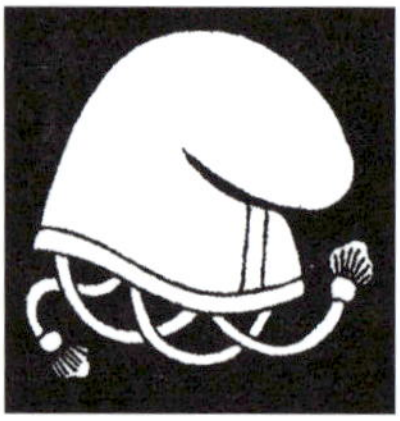

大将烏帽子

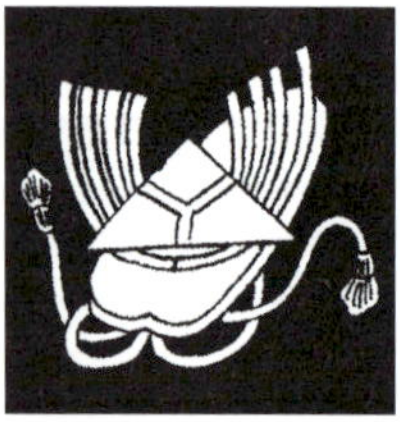

武家烏帽子

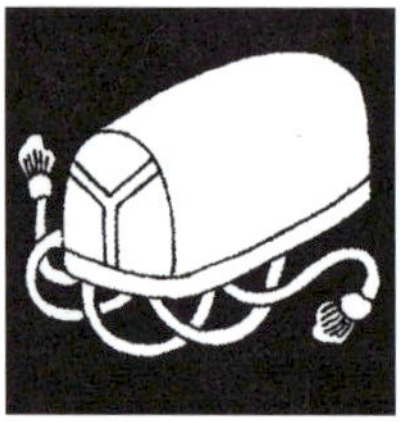

宮司烏帽子

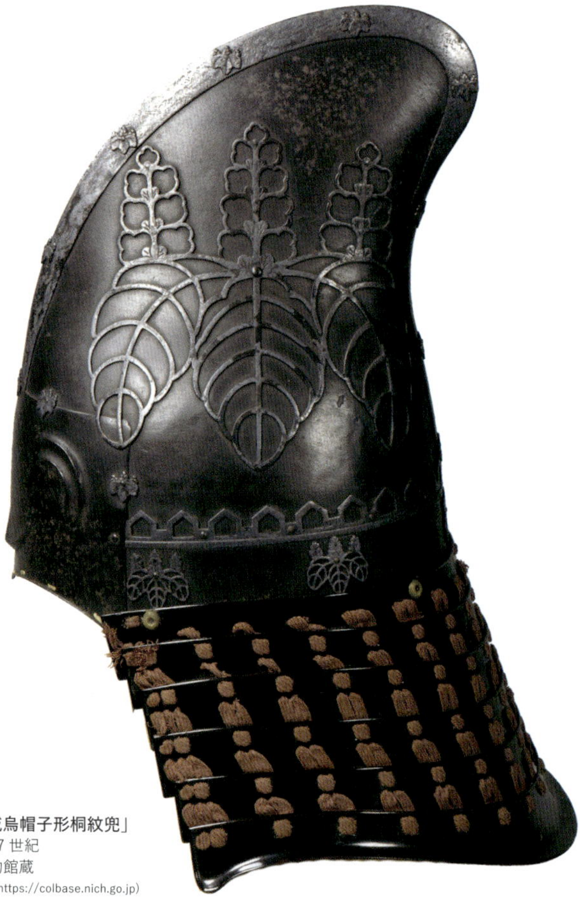

「紫糸素懸威烏帽子形桐紋兜」
江戸時代・17 世紀
東京国立博物館蔵
出典：ColBase (https://colbase.nich.go.jp)

ずきん

◉頭巾紋

Zukin | Headwrap Crests

頭巾は頭や顔を覆う布製のかぶりもの。江戸時代が最盛期で、御高祖頭巾、宗匠頭巾、苧屑頭巾、幞頭、大黒頭巾など二十種以上もあった。家紋になったのは、ベレー帽形の「丸に頭巾」、角帽に似た「角頭巾」、折れた「投げ頭巾」の三種で、由来も使用家もわからない。江戸時代以降につくられた新紋と思われる。

A *zukin* headwrap is a cloth covering worn around the head or the face. Their height of popularity was during the Edo period (1600–1868), when more than a dozen types were used. The *zukin* motif is used in three types of family crests, the beret-like round headwrap, the mortar-board-like square headwrap, and the folded headwrap.

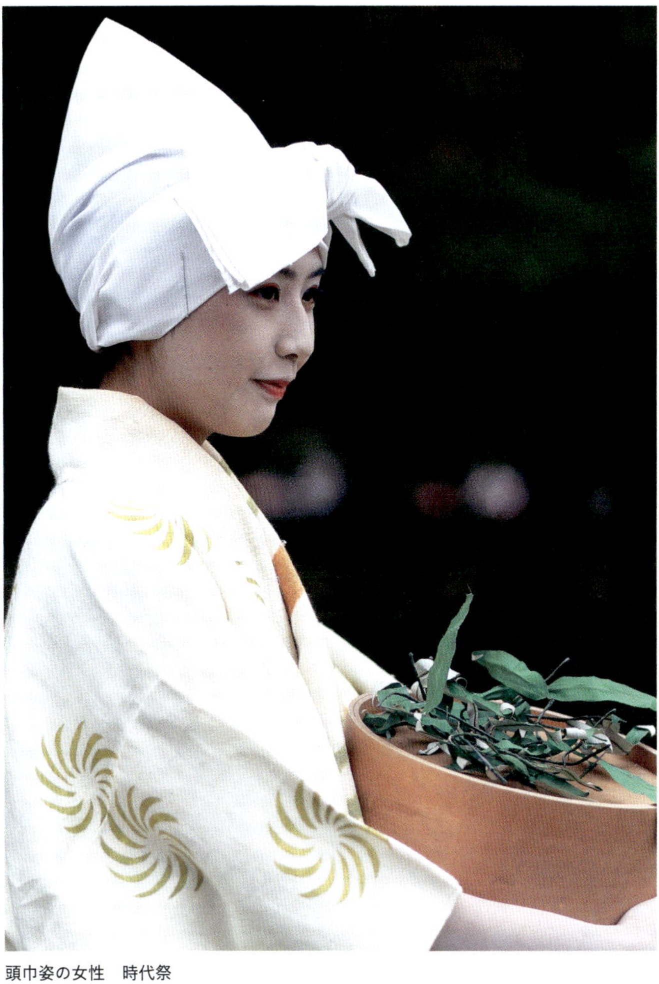

頭巾姿の女性　時代祭

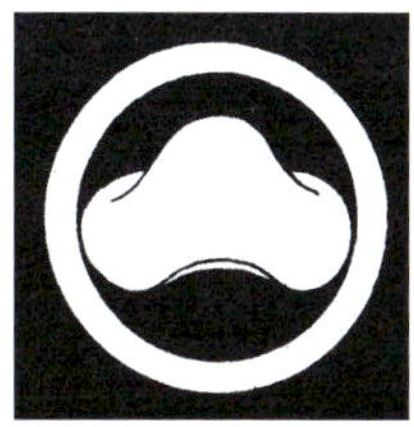

丸に一つ頭巾

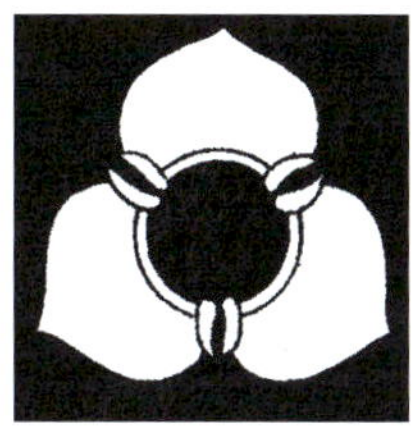

三つ頭巾

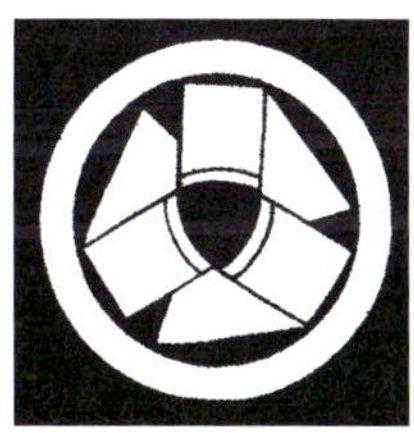

丸に三つ角頭巾

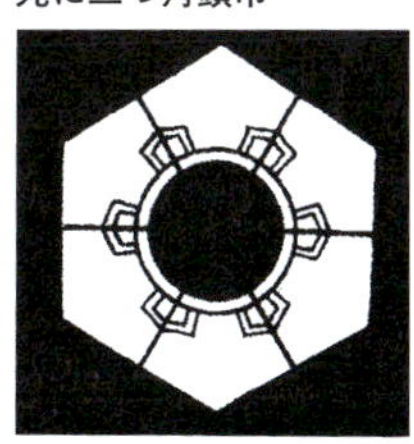

六つ頭巾

ぎょうよう

◉ 杏葉紋 *Gyōyō* | Apricot Leaf Crests

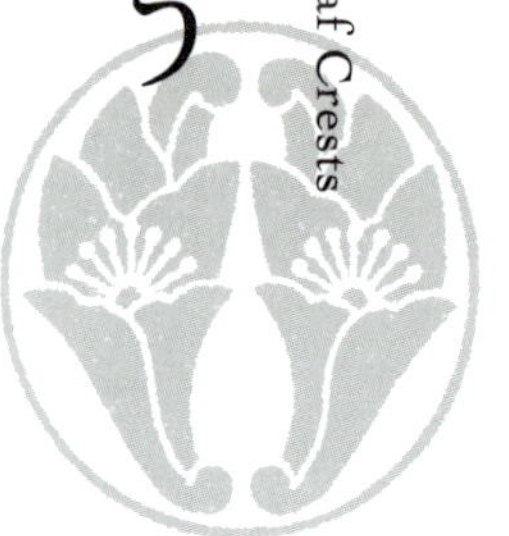

杏葉は馬の唐鞍（からくら）に並べてつける金属製または革製の装飾品。その由来については、杏の葉、銀杏の葉、水草のあさぎの葉などの説があってはっきりしない。家紋は茗荷紋に似ているが、花糸状の模様と葉脈が違う。杏葉紋ははじめは一個であったが、のちに葉を二つ向かいあわせたかたちの組み合せもでき、対（むか）い、ぬき、三つ盛り、車などもある。

The *gyōyō* or apricot leaf, of metal or leather, decorates ceremonial saddles and other horse trap. What leaf was actually the basis for the design is much debated: it might be an apricot leaf, a ginkgo leaf, or the leaf of the *asagi*, an aquatic plant. The *gyōyō* family crest resembles the *myōga* or Japanese ginger crest, but the flower's filaments and the veins on the leaves differ.

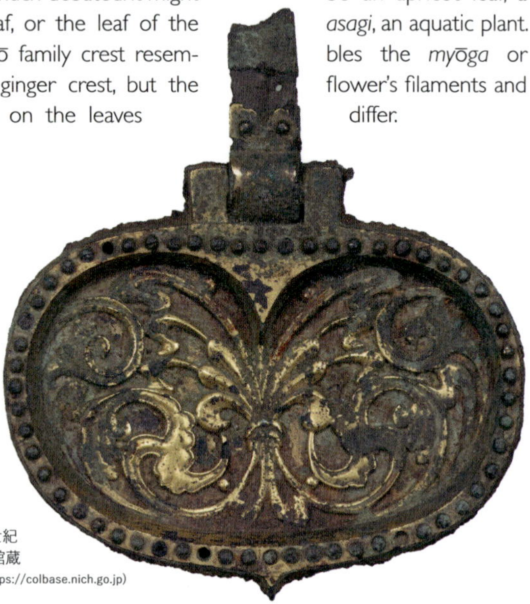

「心葉形杏葉」
古墳時代・6 世紀
東京国立博物館蔵
出典：ColBase (https://colbase.nich.go.jp)

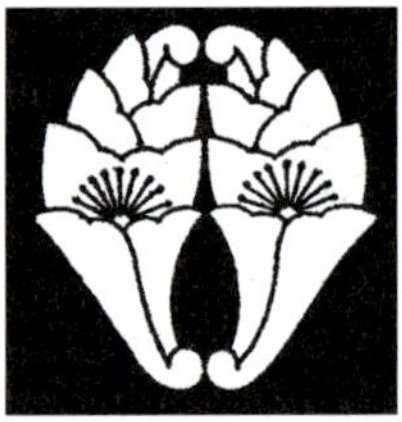

花杏葉

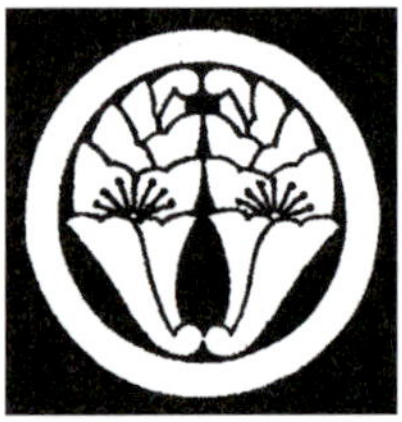

丸に花杏葉

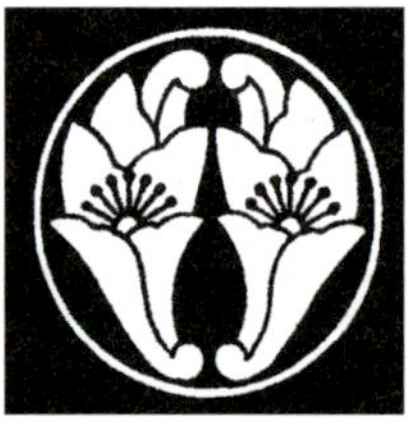

糸輪に変り抱き杏葉

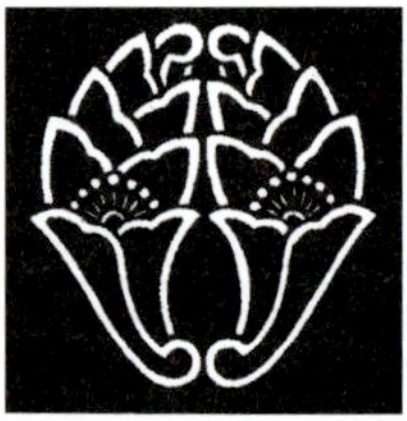

かげ抱き杏葉

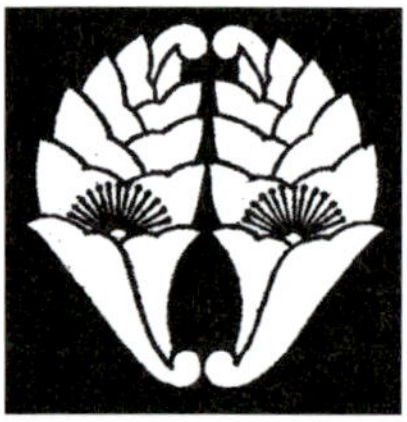

鍋島花杏葉

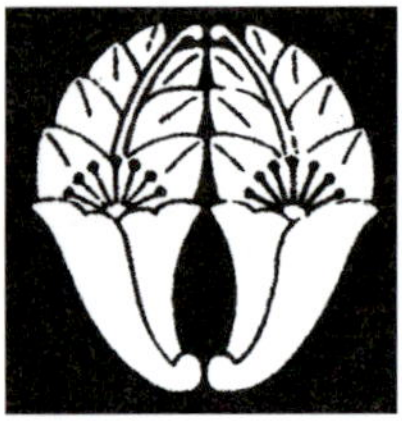

藪杏葉

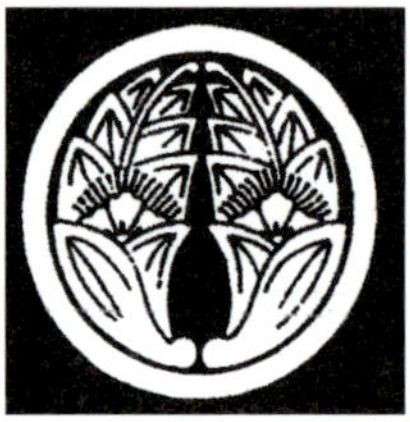

藪変り杏葉

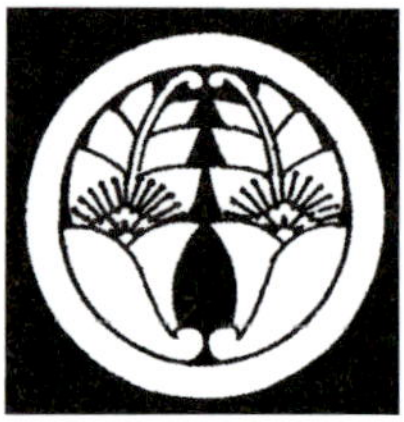

立花杏葉

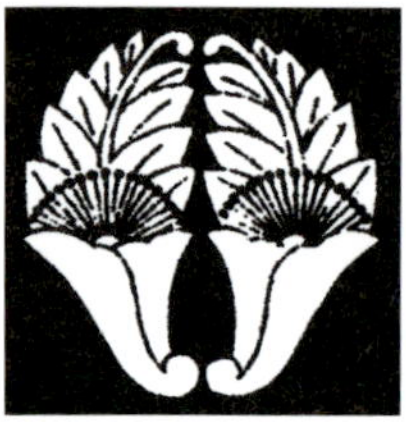

浄土宗抱き花杏葉

5

文様・図案篇

Pattern / Design Motifs

ともえ

◉巴紋

Tomoe | Interlocked Commas Crests

オタマジャクシのように、丸い頭部に尾を引きながら丸く湾曲しているのが原形。波頭をデザインしたといわれ、弓具の鞆(とも)に似ていることから「巴」の字が当てられた。古くは中央アジアやスキタイの銅器、中国・周代の印(いん)などに巴が描かれており、考古学的な興味もわく模様である。家紋は頭部が大きいものと小さいものがあり、「蛞蝓巴(なめくじ)」といって頭部の尖った巴もある。尾の曲線の方向によって左巴、右巴がある。また三つ頭が普通であるが、一つ頭から多いものは九つ頭まである。変形も数多くあり、鱗(うろこ)、三つ積み、三つ盛り、剣、輪違い、釜敷、子持ち、組み、結びなど種類は極めて多い。なかには巴の字をレタリングしたものまである。

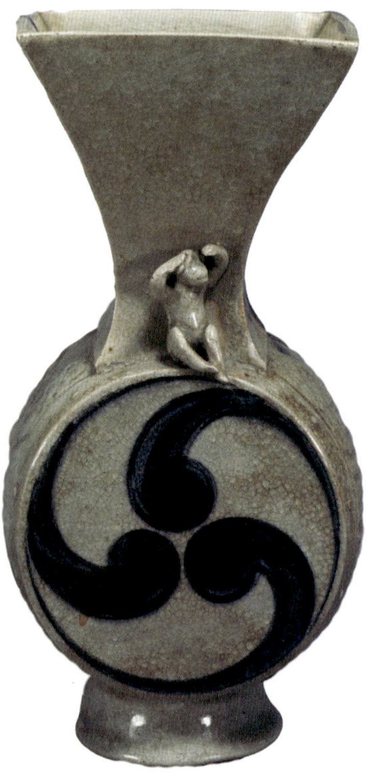

「染付太鼓胴花入」戸山　江戸時代・17 世紀
東京国立博物館蔵　出典：ColBase (https://colbase.nich.go.jp)

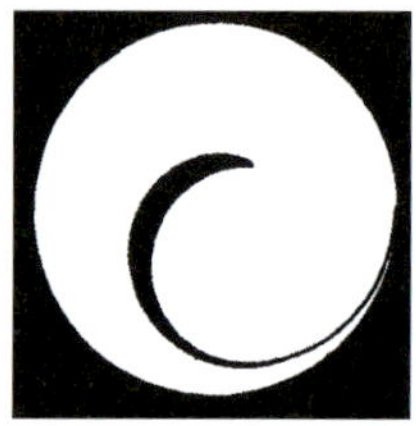

左一つ巴

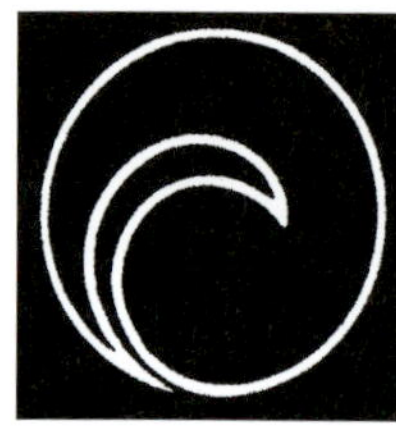

かげ左一つ巴

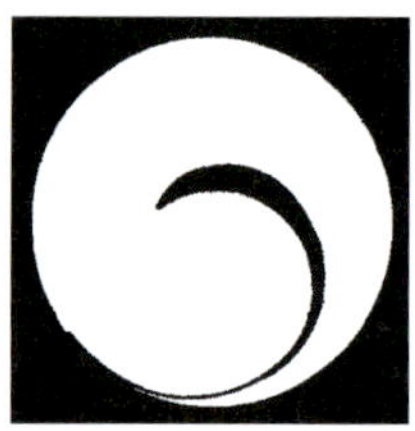

右一つ巴

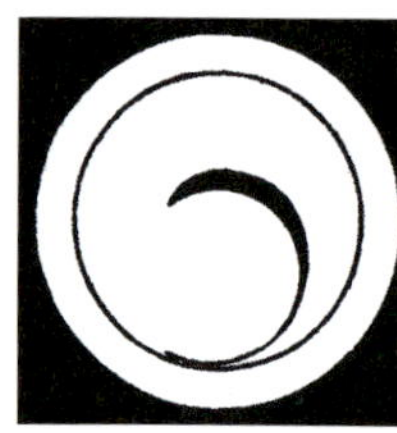

丸に右一つ巴

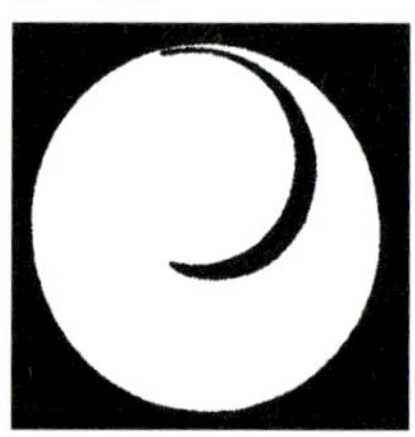

降り一つ巴

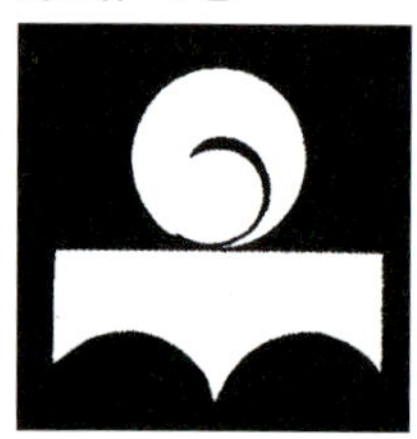

台巴

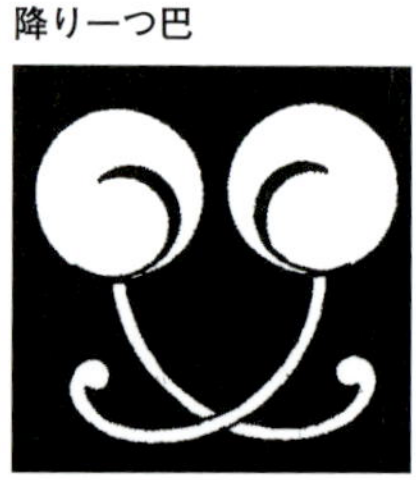

玩具巴

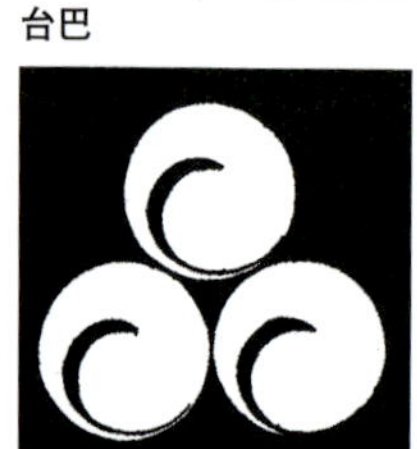

三つ盛り一つ巴

The basic form of the *tomoe* is shape resembling a comma or tadpole, with a circular head and a roundly curled tail. Those shapes are used in an interlocked pair in the *tomoe* crest. Some regarded the form as a stylized version of a wave crest. Its name is said to derive from its resemblance to an archer's left-wrist protector (*tomo*): thus, "*tomo* design." These interlocked commas are a motif seen on Central Asian and Scythian bronzes and seals from Zhou-period China (1046–256 BCE).

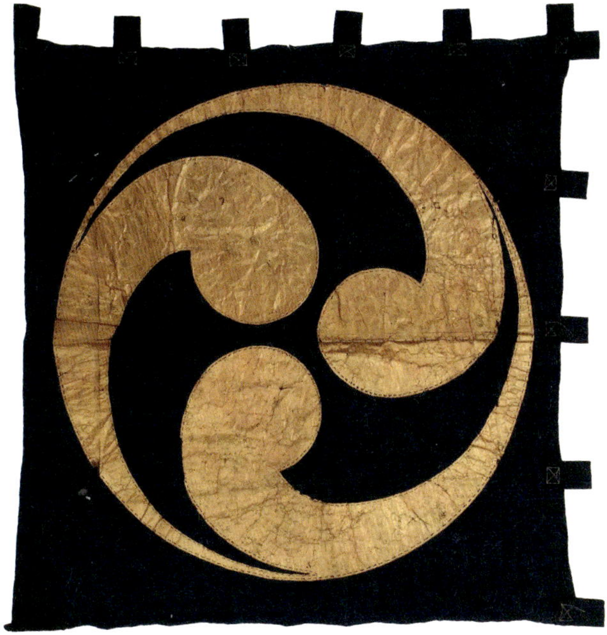

「紺絹地金箔押三巴紋四方旗指物」埼玉県立歴史と民俗の博物館蔵

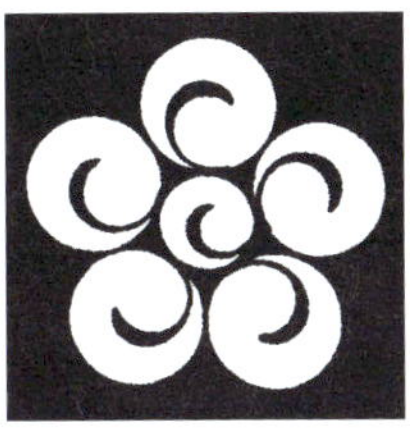

巴梅鉢

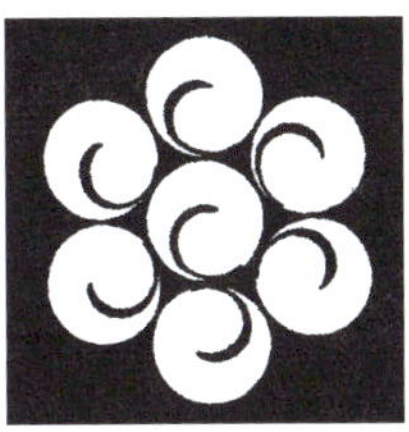

巴七曜

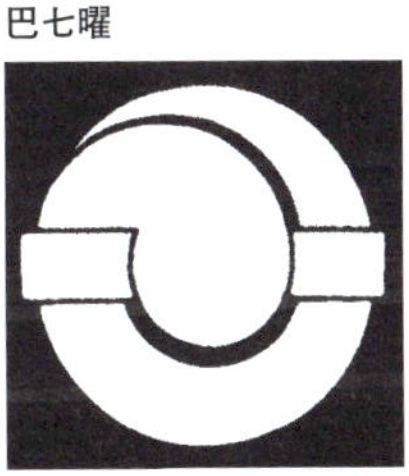

一つ巴に一つ引

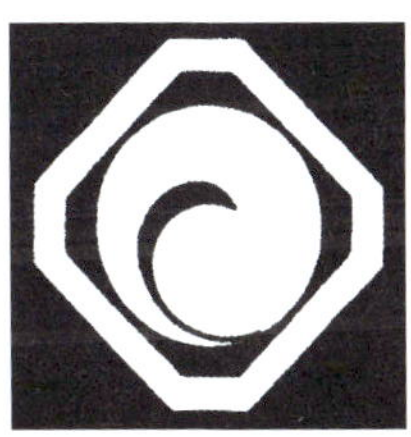

隅切角に一つ巴

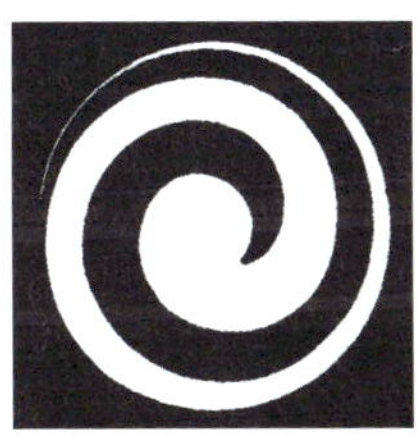

左一つ細巴

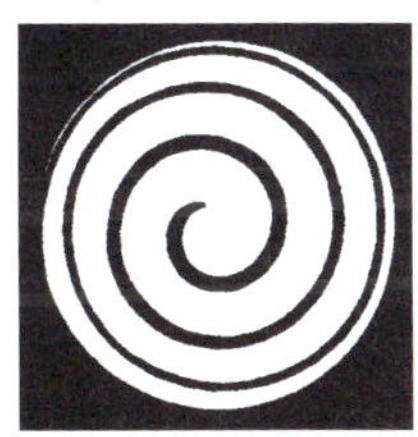

渦巻巴

糸輪に三つ剣一つ巴

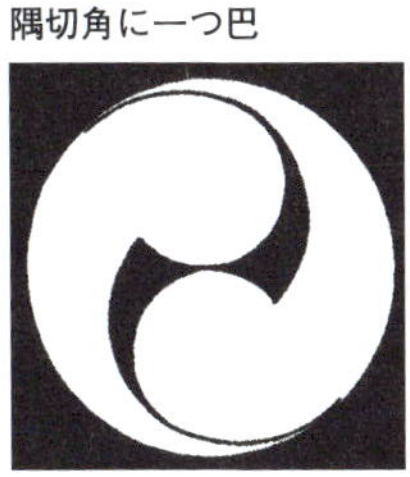

左二つ巴

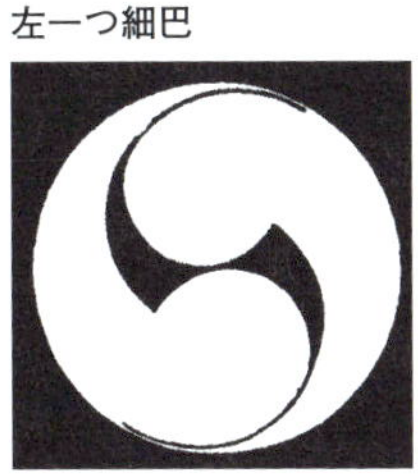

右二つ巴

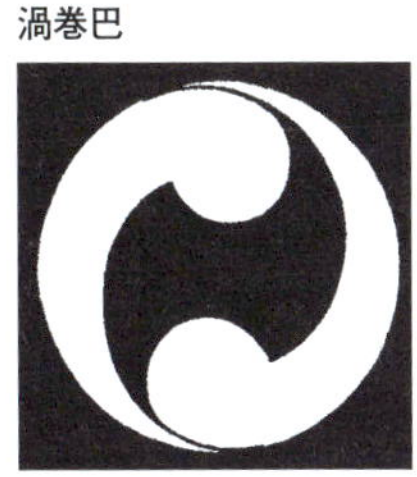

やせ二つ巴

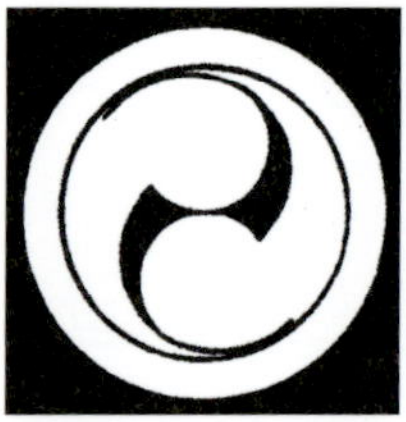
丸に左二つ巴

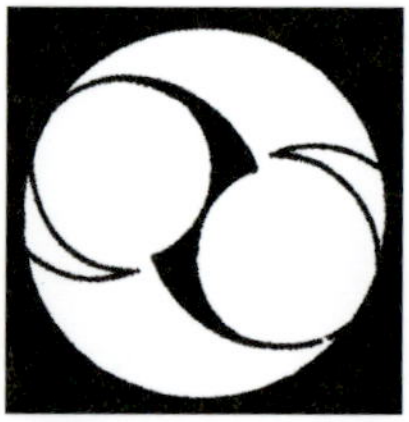
二つ折り巴

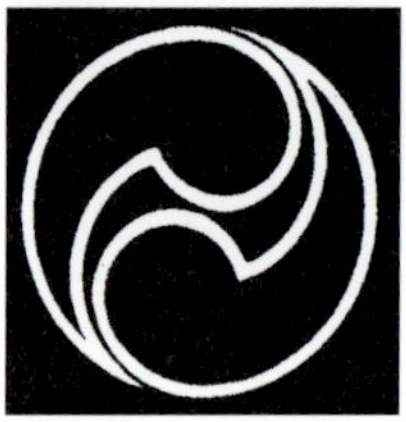
中かげ左二つ巴

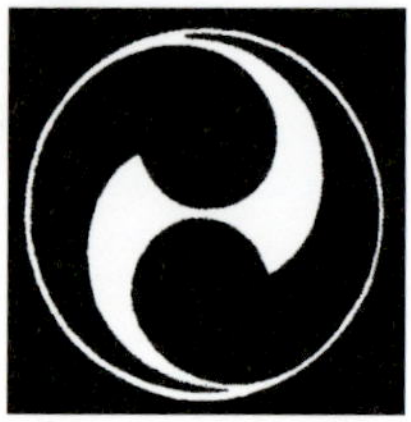
石持ち地ぬき左二つ巴

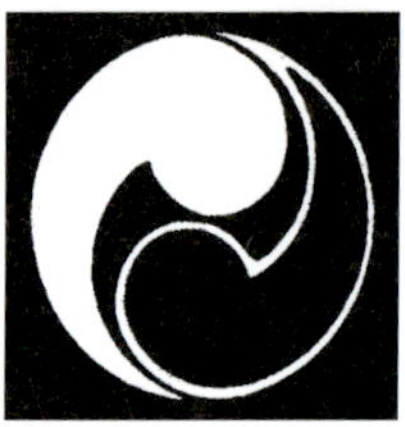
陰陽二つ巴

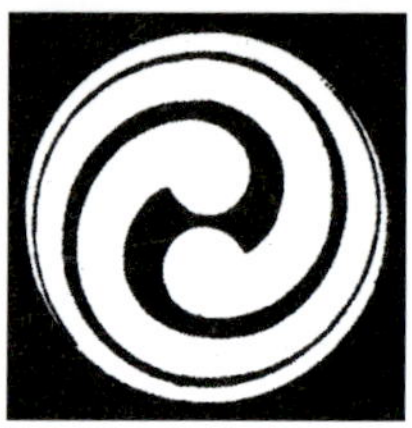
二つ餓鬼巴

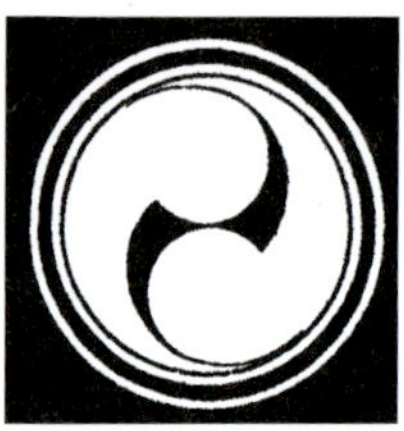
二重輪二つ巴

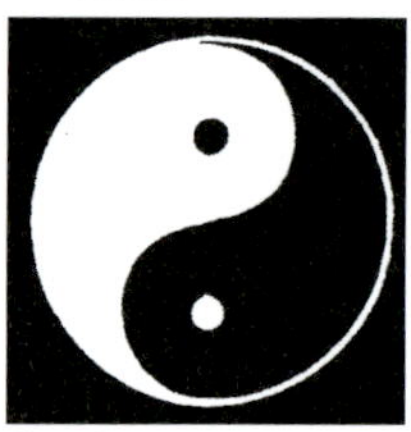
寿の字巴

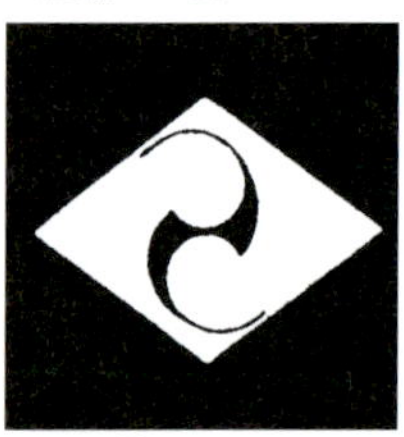
二つ巴菱

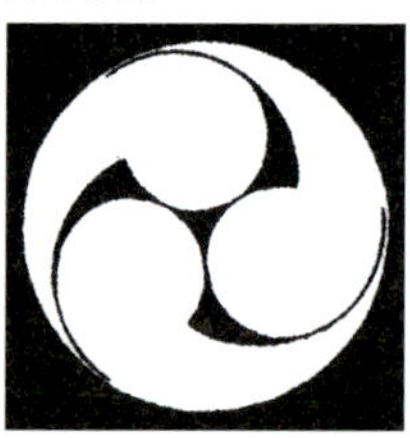
左三つ巴

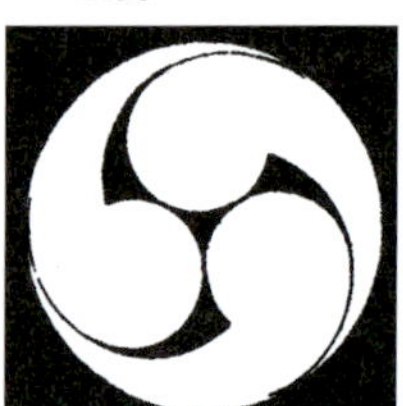
右三つ巴

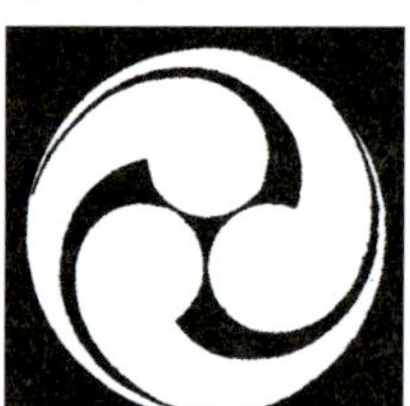
有馬巴

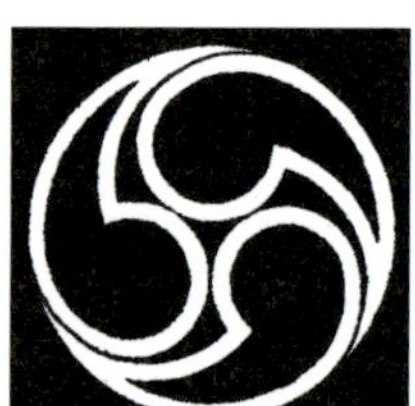
中かげの三つ巴

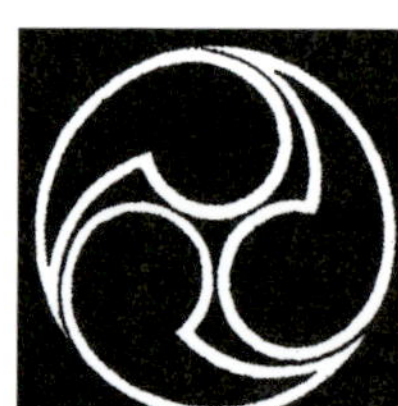
かげの左三つ巴

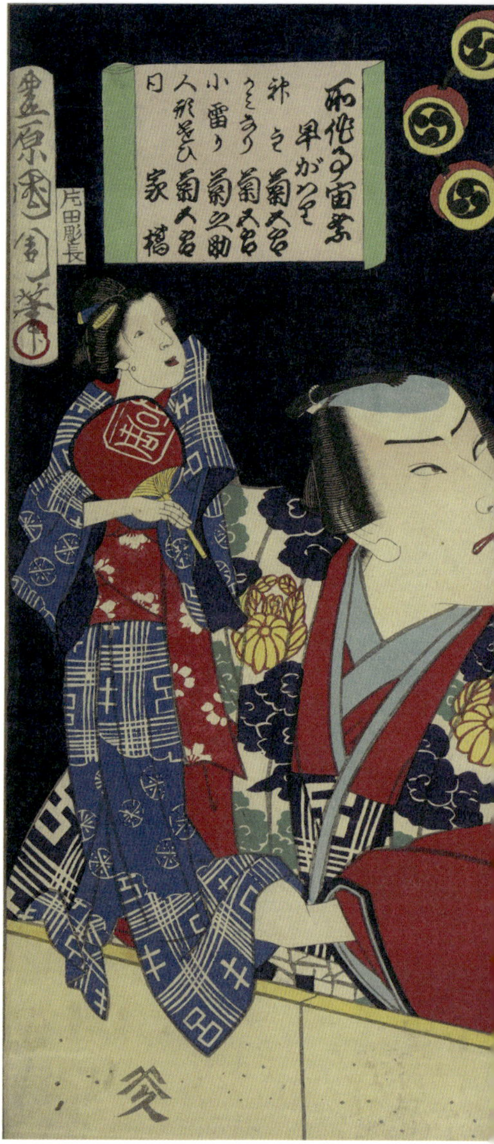

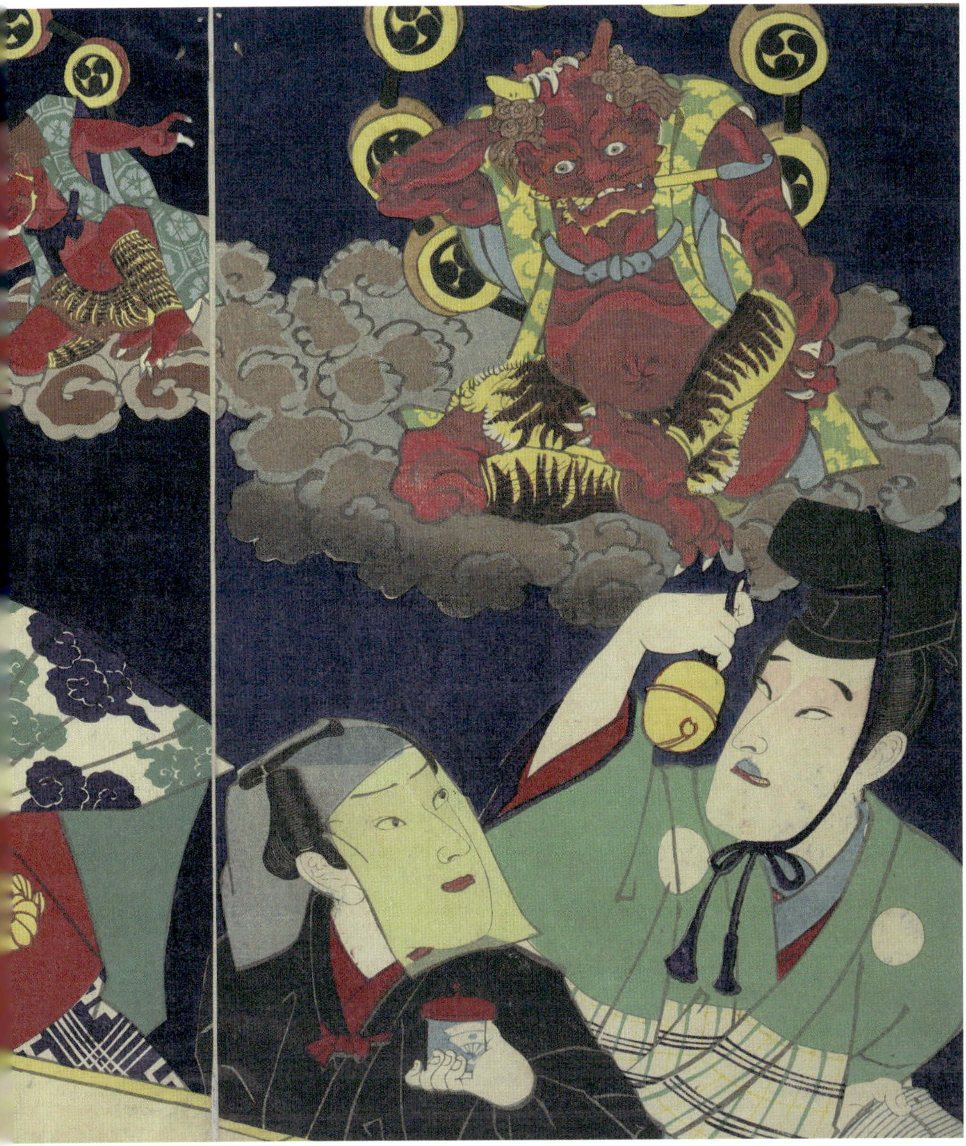

「花艳法音楽」豊原国周　明治６年・1873　東京都立中央図書館特別文庫室蔵

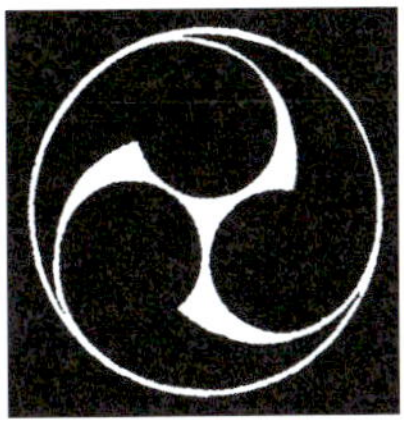

石持ち地ぬき左三つ巴

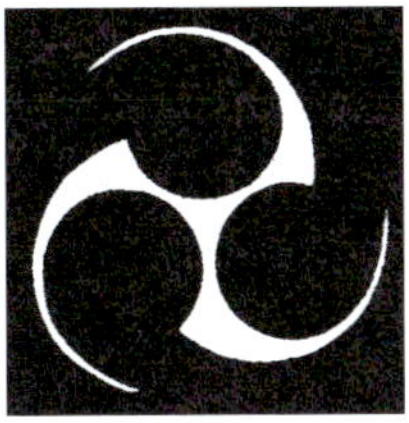

ぬけ巴

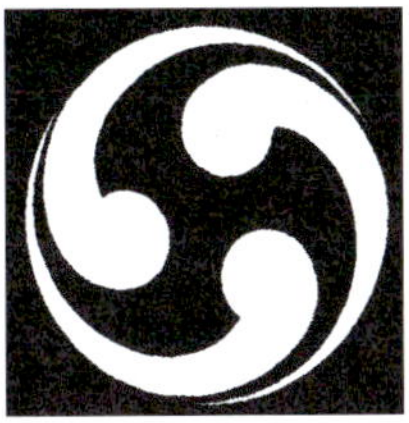

離れ右三つ巴

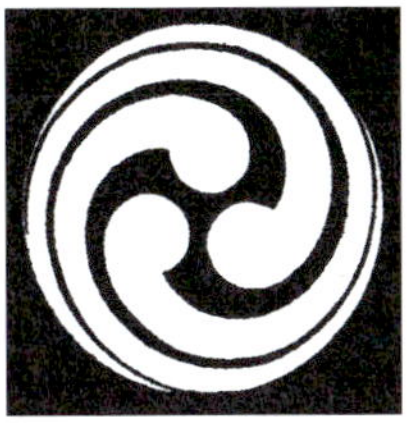

尾長巴

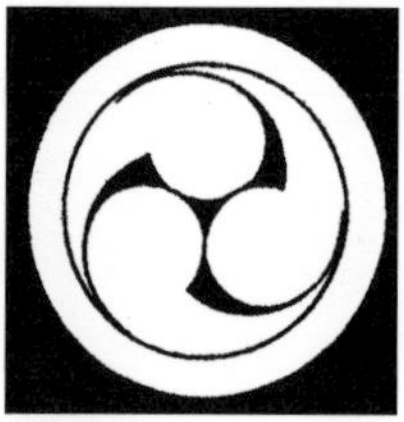
丸に左三つ巴

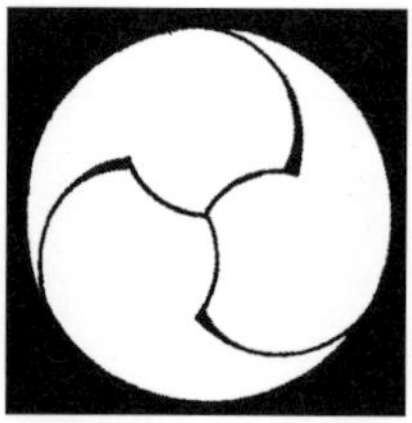
重ね三つ巴

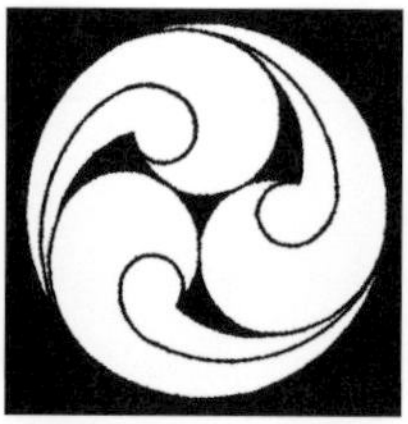
子付き三つ巴

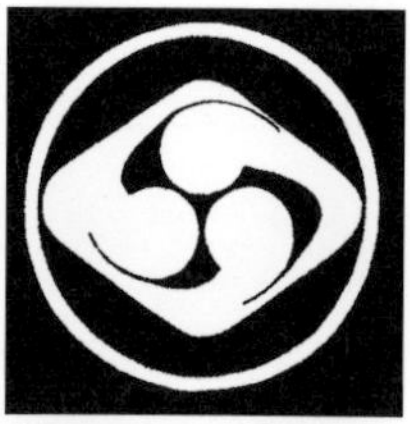
糸輪に右三つ巴撫菱

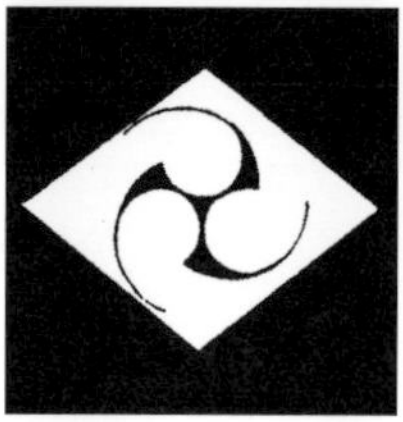
三つ巴菱

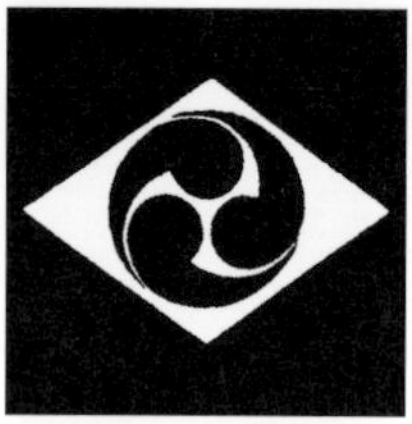
菱持ち地ぬき三つ巴

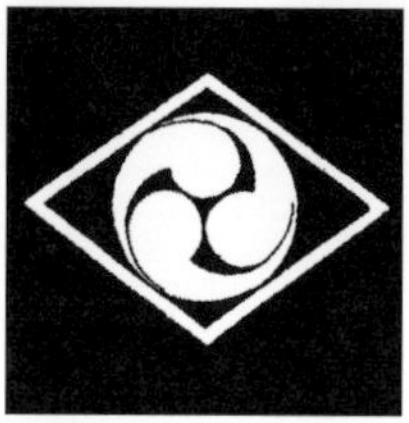
糸菱に三つ巴

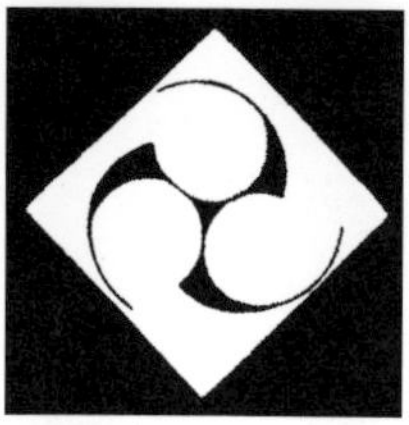
角形三つ巴

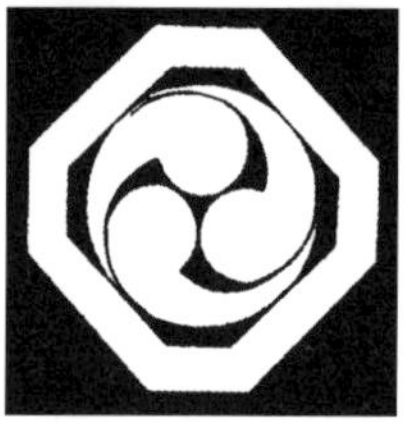
隅切角に左三つ巴

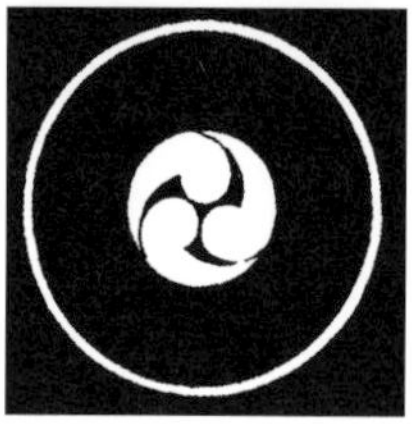
糸輪に豆三つ巴

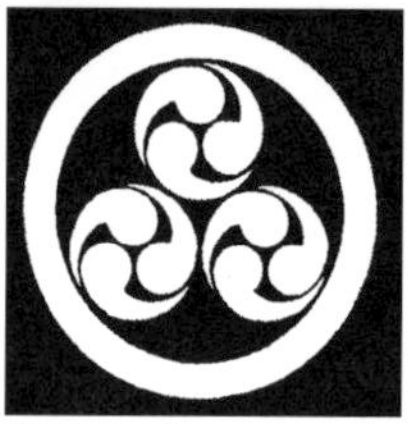
丸に三つ盛り三つ巴

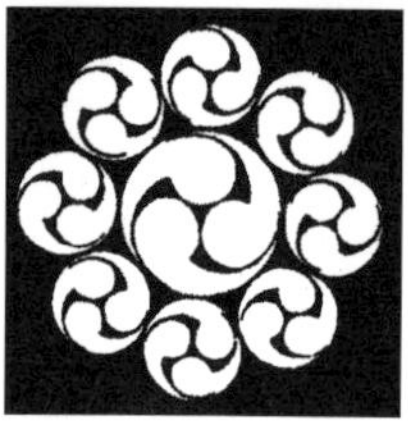
板倉巴

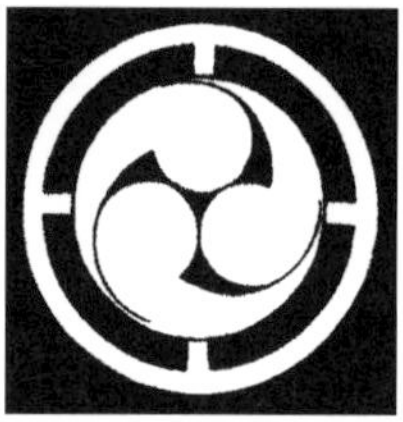
釣巴

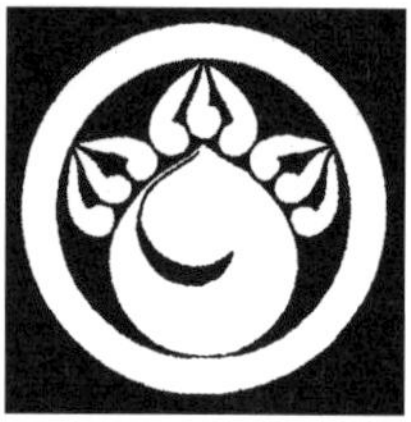
丸に玉巴

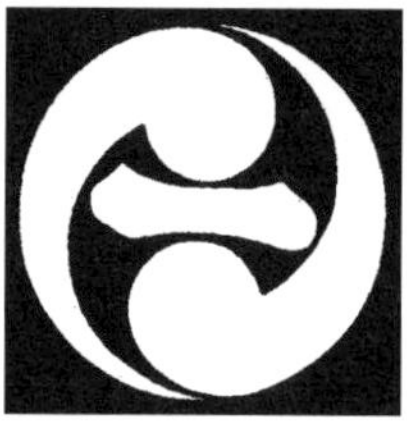
二つ巴に一の字

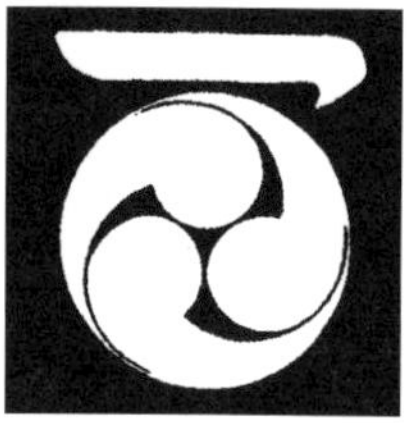
一の字に三つ巴

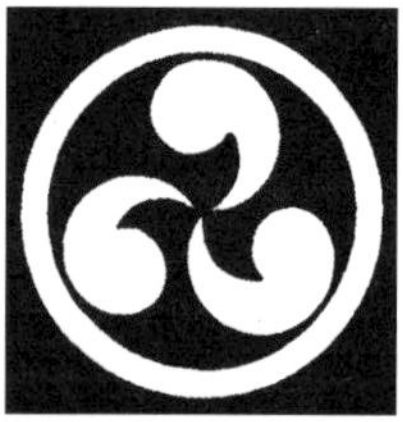
中輪に三つ巴崩し

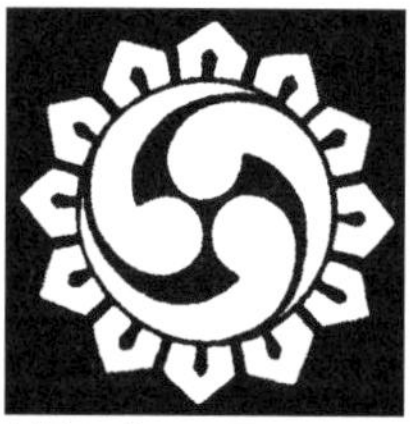
剣輪に右三つ巴

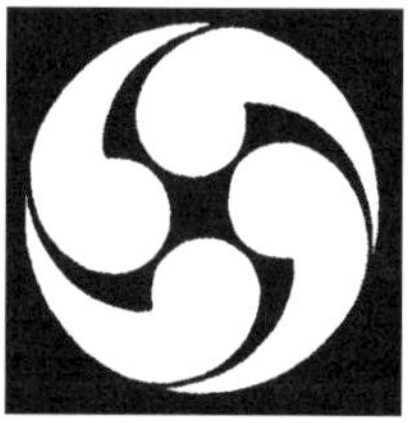
右四つ巴

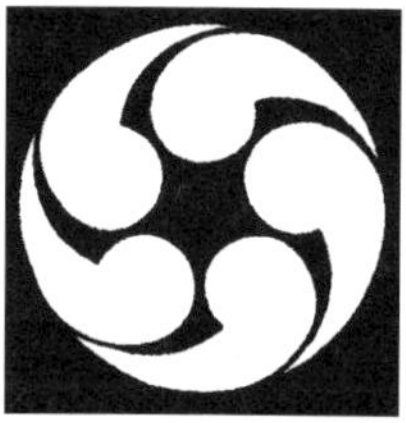
右五つ巴

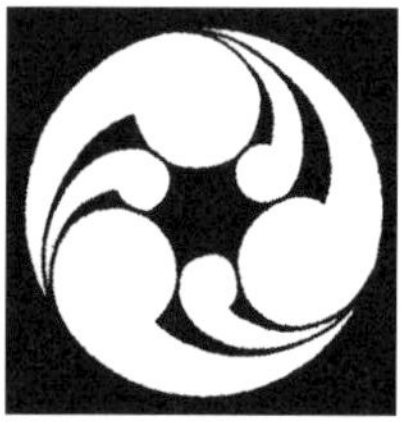
子持ち三つ巴

捻じ梅巴

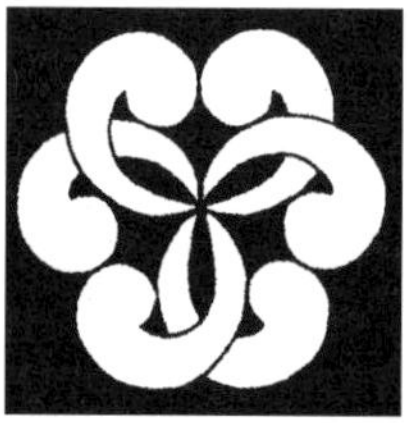
片喰巴

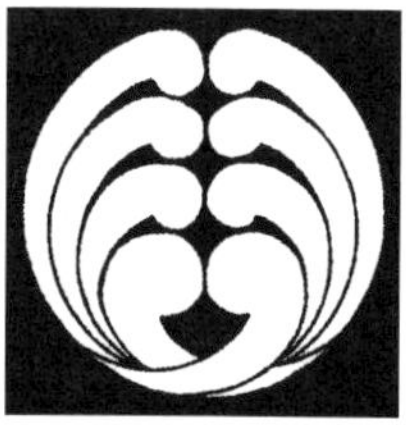
抱き浪巴

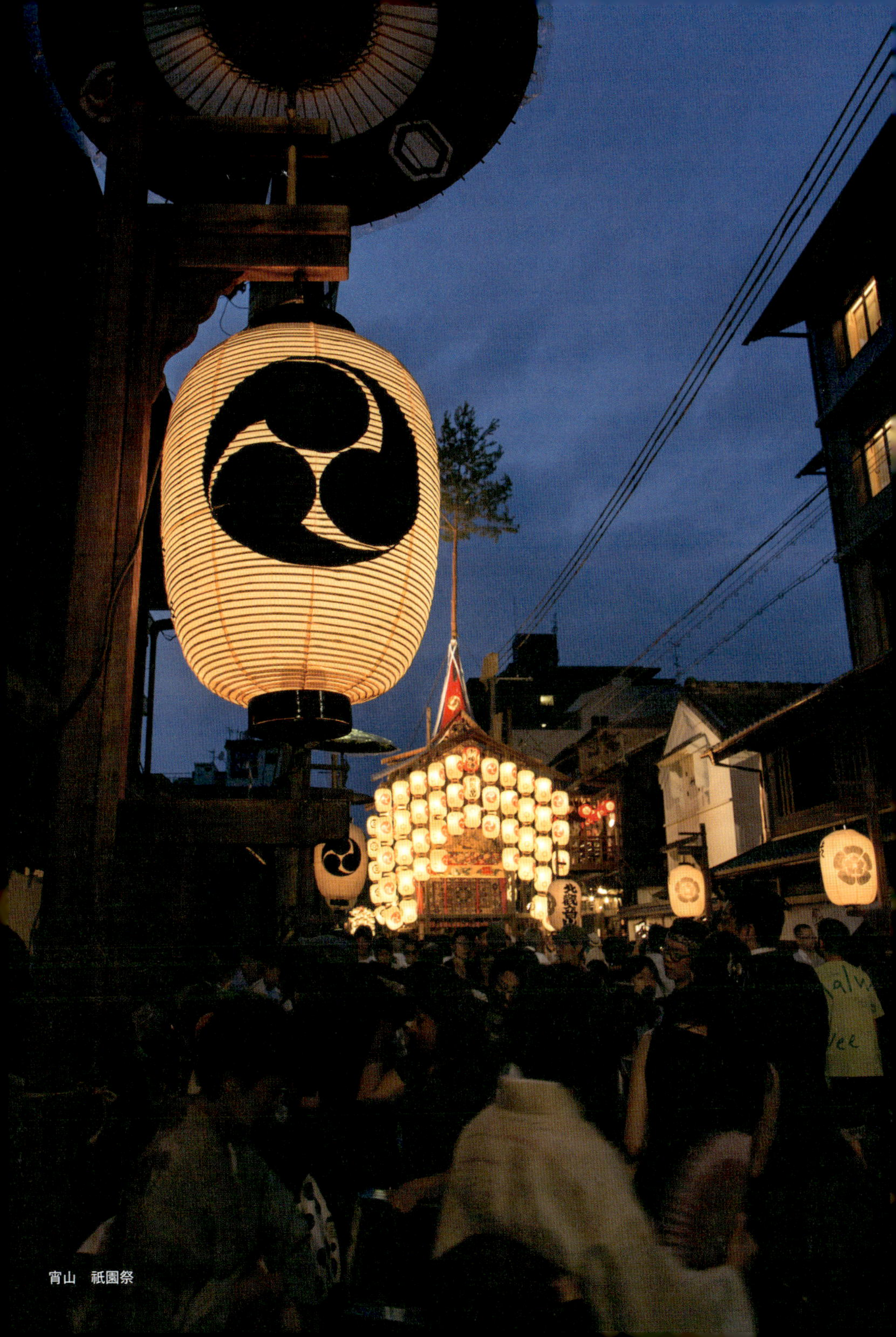

宵山　祇園祭

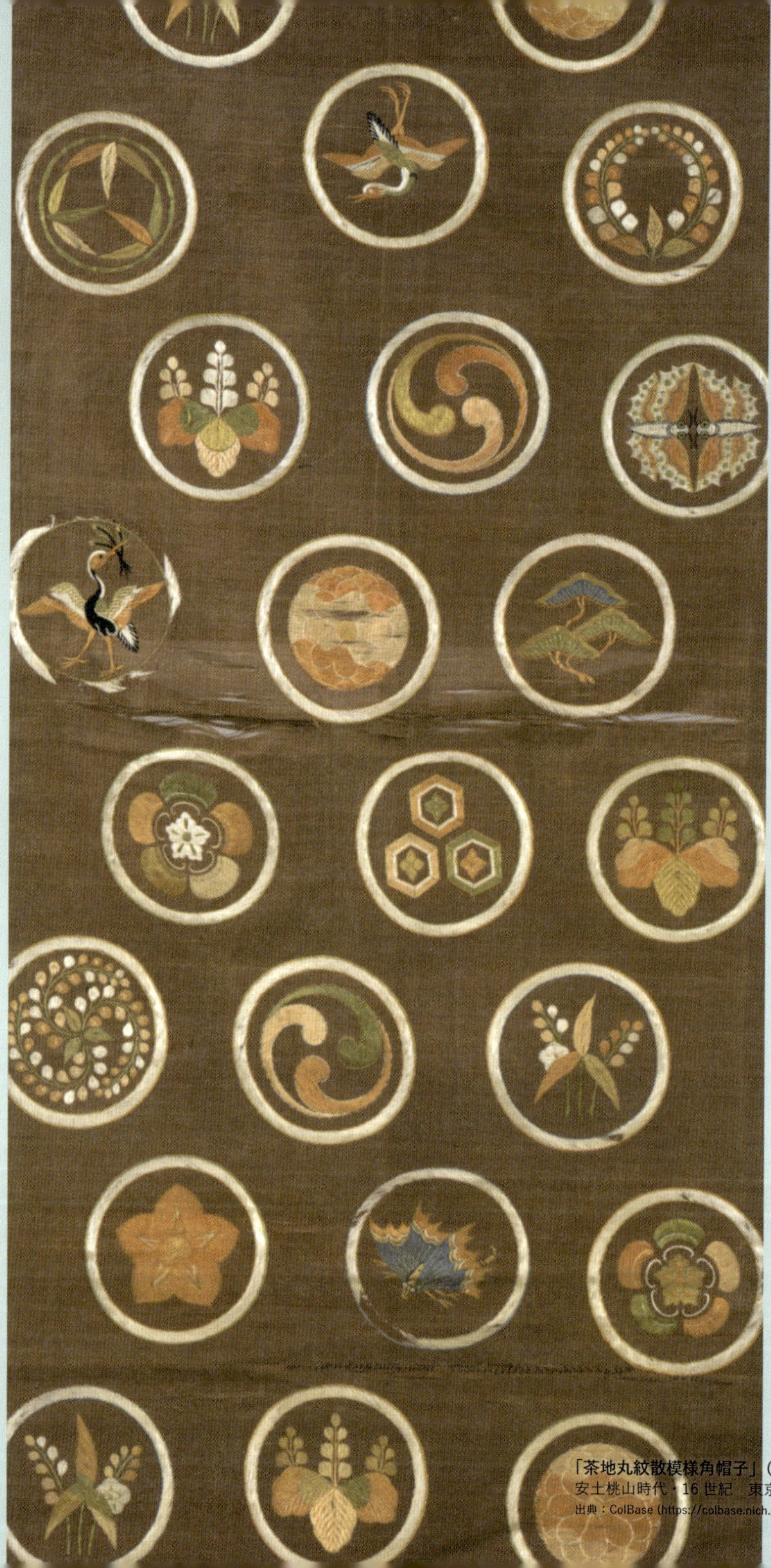

「茶地丸紋散模様角帽子」（部分）
安土桃山時代・16 世紀　東京国立博物館蔵
出典：ColBase (https://colbase.nich.go.jp)

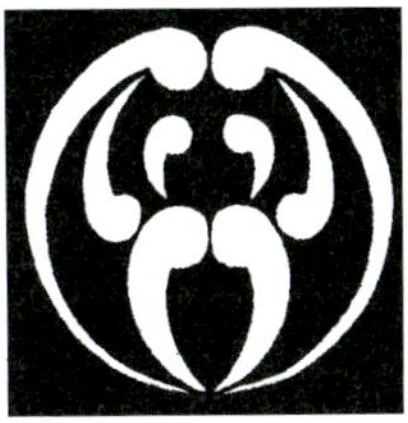
風船巴

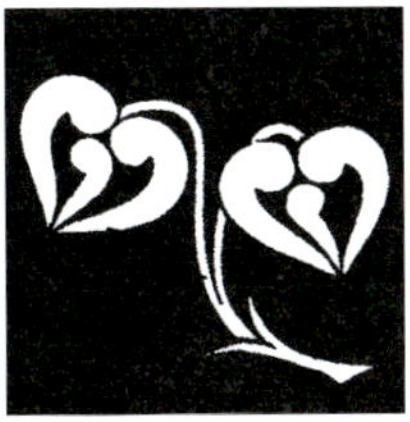
二葉巴

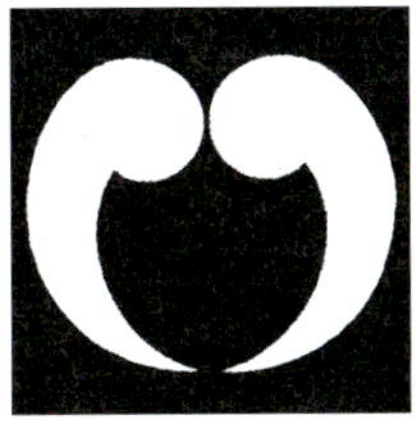
対い巴

丸に違い巴

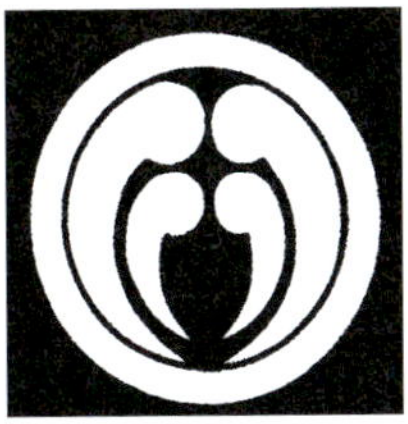
丸に子持ち抱き巴

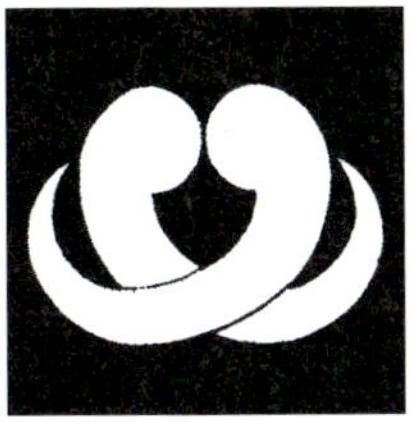
足上げ二つ巴

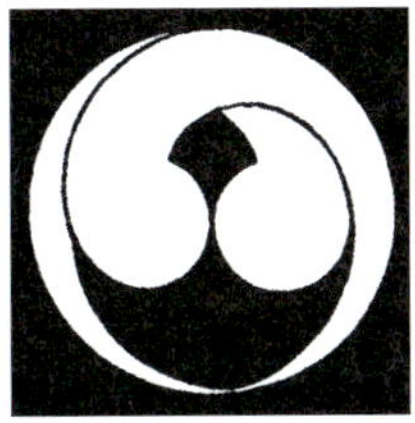
二つ組巴

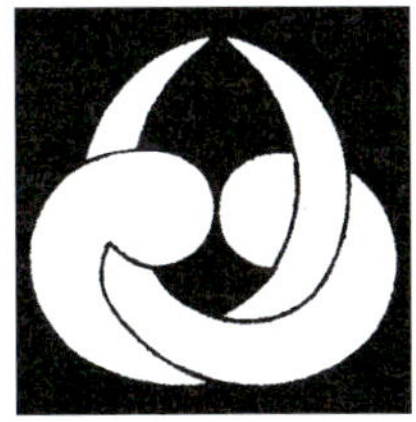
二つ組合せ巴

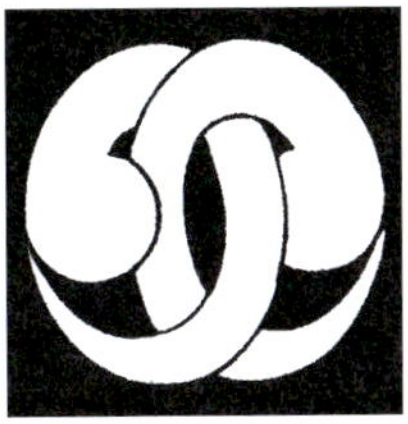
変り組二つ巴

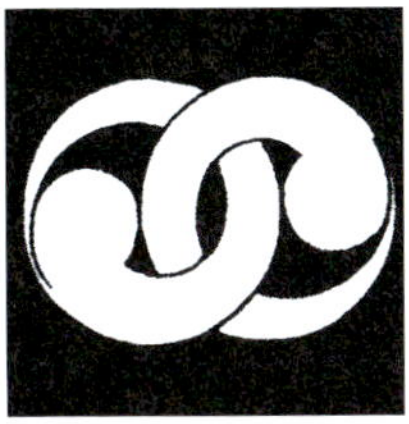
輪違い巴

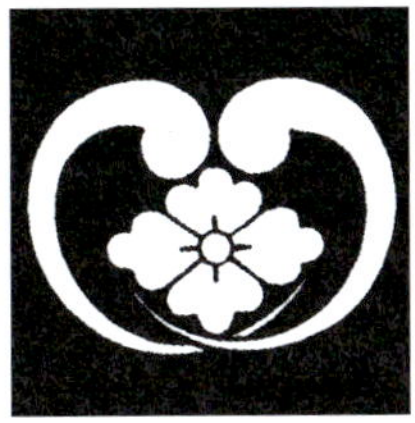
団扇巴に花菱

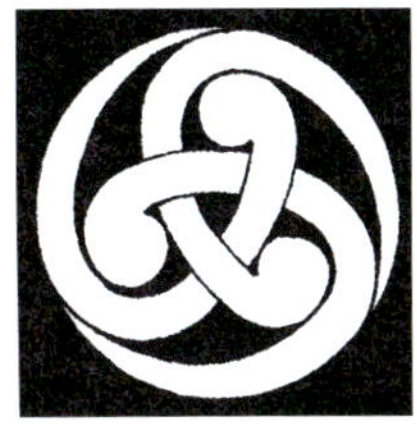
組巴の丸

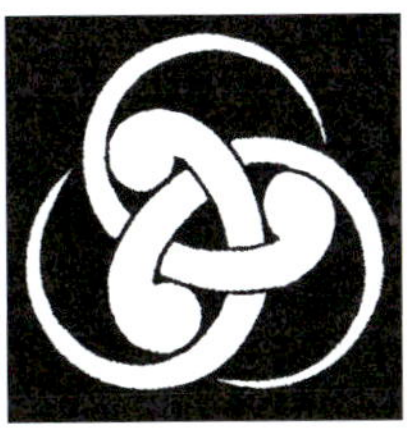
組巴

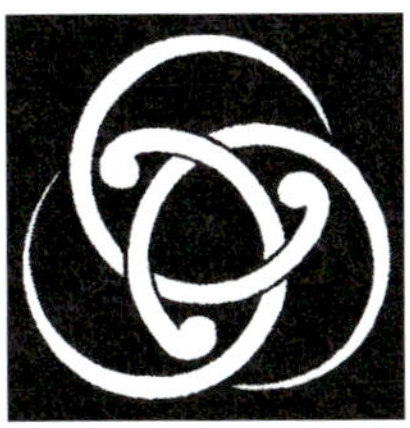
細組巴

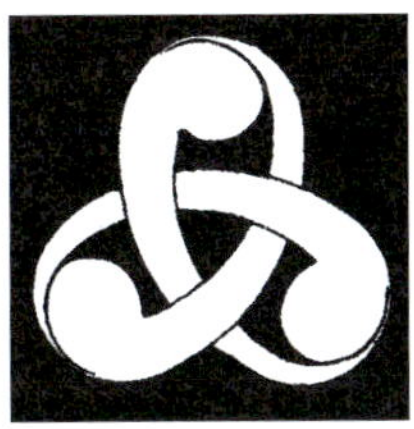
結び巴

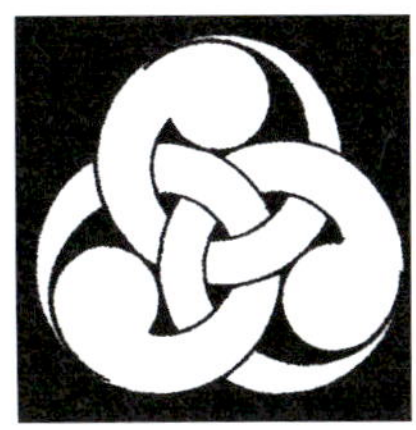
左金輪巴

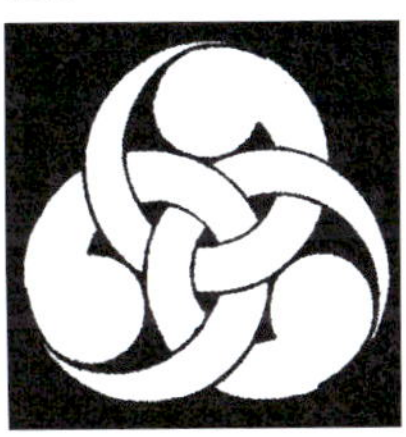
右金輪巴

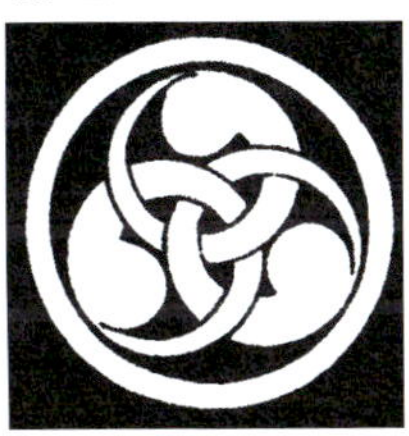
中輪に右金輪巴

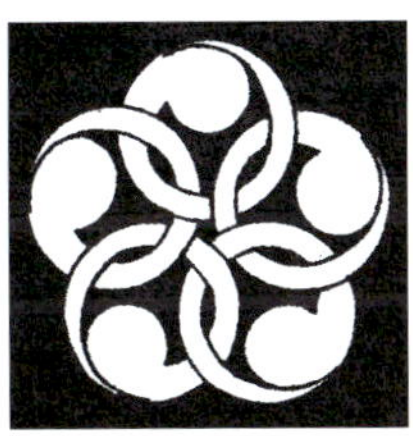
五つ金輪巴

巴の字桐

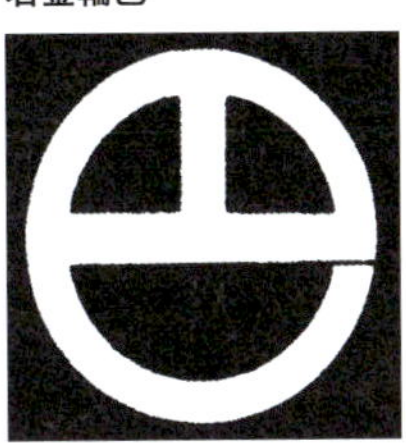
巴の丸字

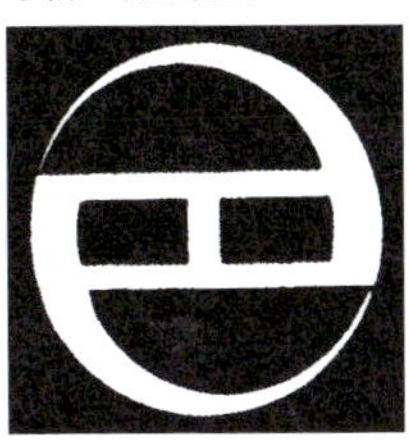
持合い巴の字丸

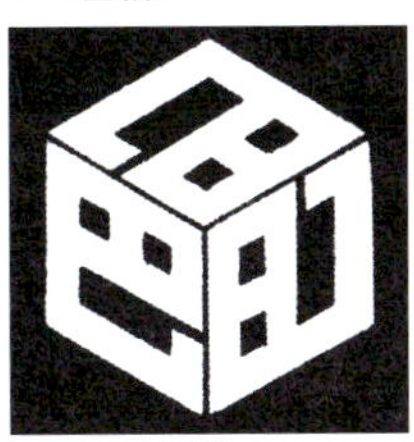
三つ巴の字菱

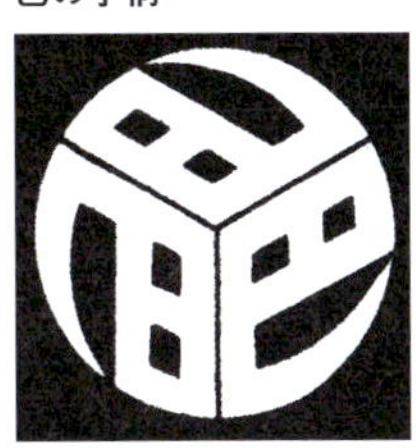
三つ巴の字丸

ひし

◉菱紋 *Hishi* | Diamond Crests

ヒシ科の水性一年草で、各地の池や沼に生える。菱の葉にかたちが似ているところから菱形ともいう。単一の菱形とその連続文様の「繁菱」または「小菱」が基本のかたちで、菱を四つ組み合せた菱形やその連続文様が多くみられる。普通は横長のものをいい、縦長の菱文を「立菱」といって区別する。なお四つ菱は甲斐の武田氏の家紋として有名なために「武田菱」とよばれるが、分割したかたちから「割菱」「四つ割菱」ともいう。また「唐花菱」は花菱または唐菱ともいい、割菱の四片形を花弁のように変えたものである。家紋としては『羽継原合戦記』に、甲斐の武田氏、若狭の守護は「割菱」、板垣氏は「石持ち地ぬき菱」、遠江小笠原氏は「松皮菱」とあるのが最初である。

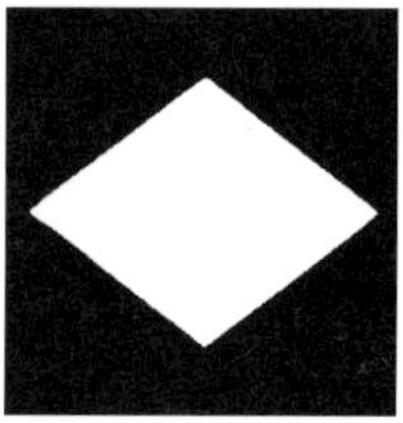
菱持

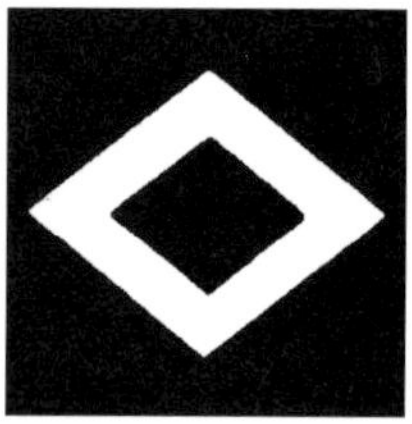
太菱

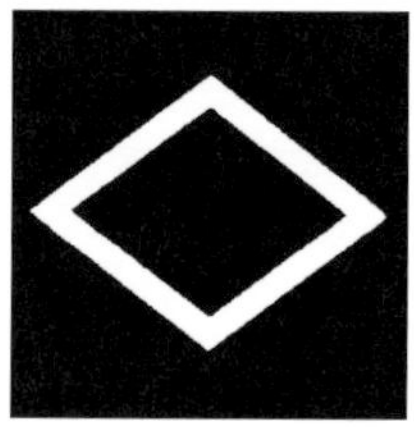
中菱

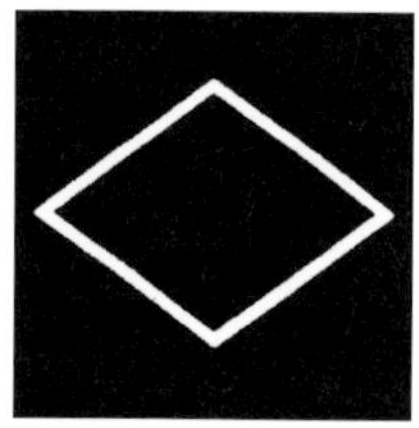
糸菱

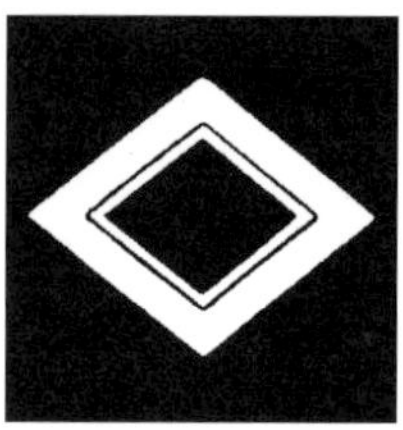
子持ち菱

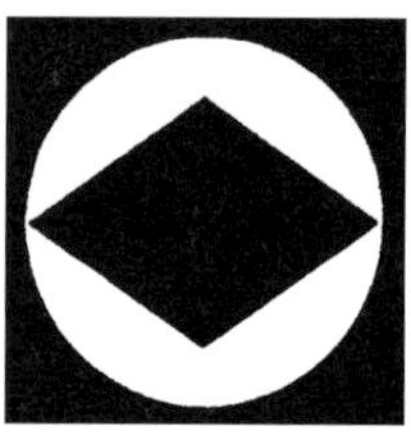
石持ち地ぬき菱

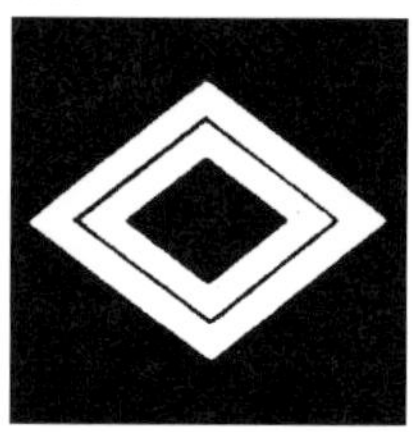
入子菱

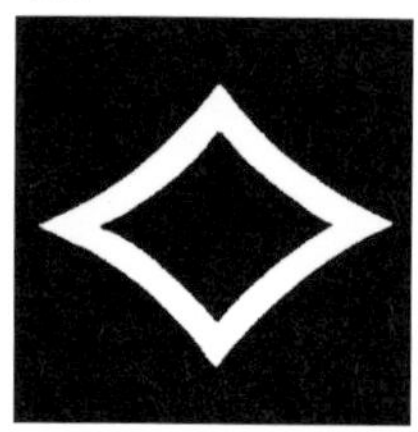
反り中菱

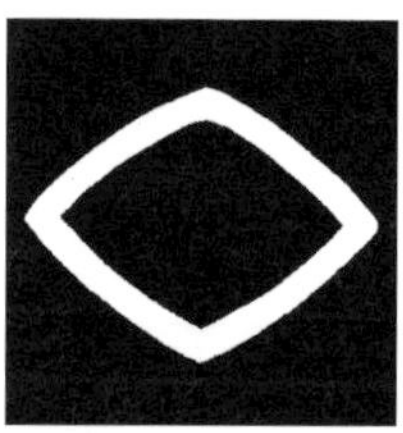
彪み菱

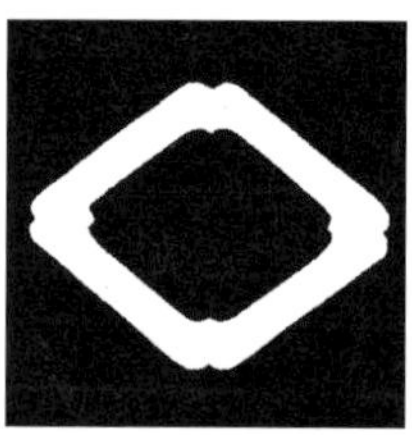
隅入り菱

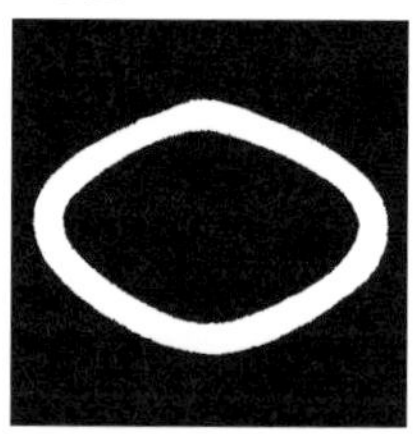
楕円菱

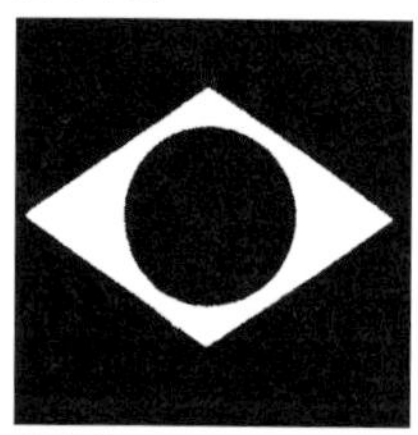
鉄砲菱

中輪に反り菱

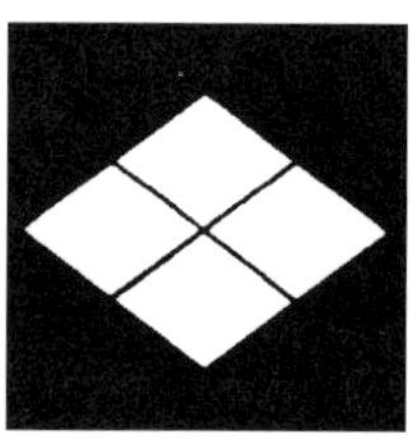
武田菱

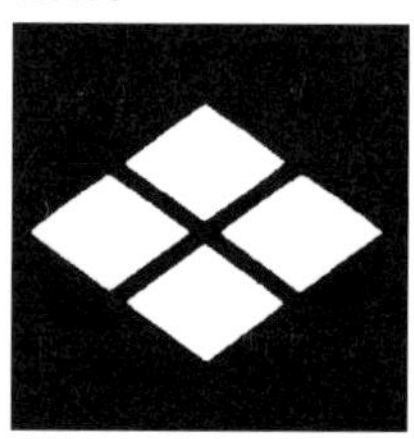
割菱

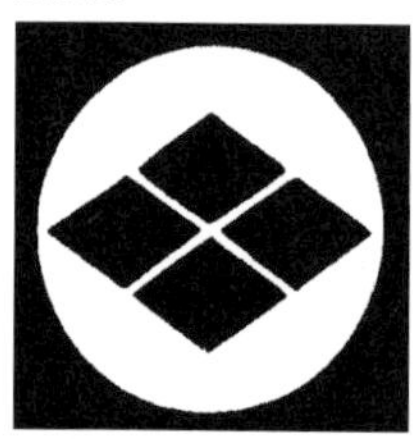
石持ち地ぬき武田菱

The *hishi* is a water caltrop (*Trapa japonica*), an aquatic annual the grows in ponds and marshes throughout Japan. The term *hishi*-shaped for a diamond, lozenge, or rhomboid shape is based on the plant's leaves. The basic designs inspired by it include single lozenges, a series, or a cluster of small shapes. Diamond motifs combining four lozenges and linked motifs using that combination are common.

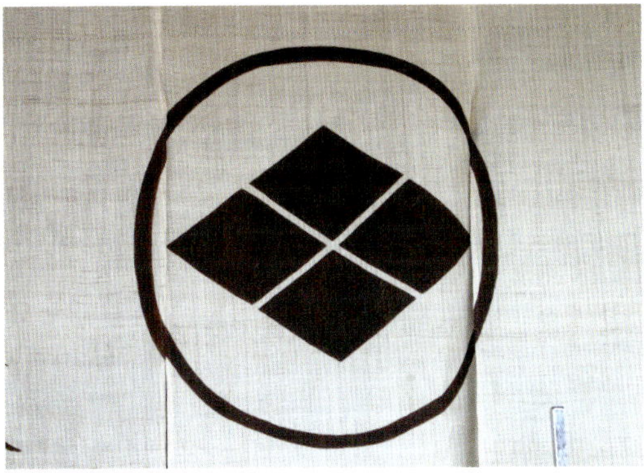

菱紋の暖簾　京都

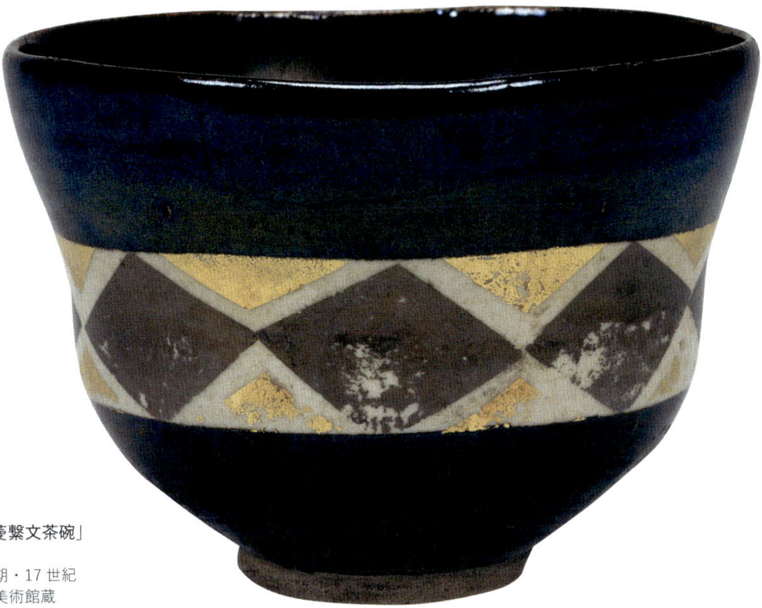

「色絵金銀菱繋文茶碗」
野々村仁清
江戸時代前期・17 世紀
愛知県陶磁美術館蔵

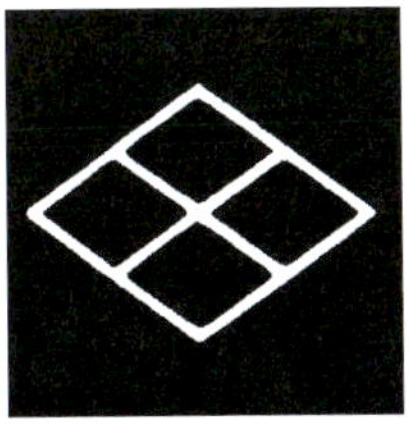

かげ武田菱

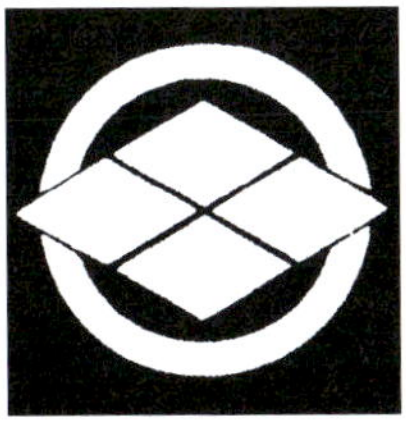

丸に出武田菱

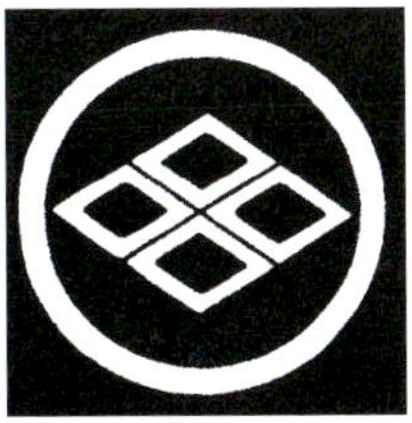

丸に中かげ武田菱

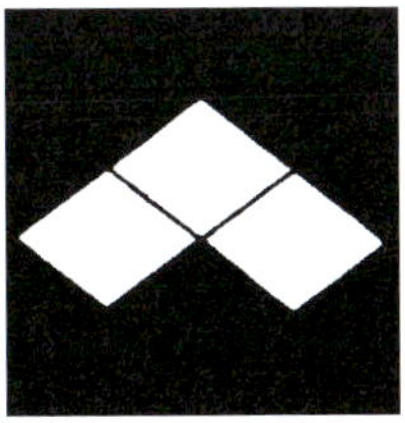

三つ盛り菱

5 文様・図案篇　菱紋

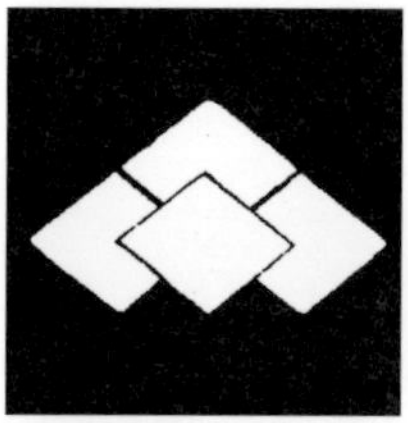
四つ重ね菱

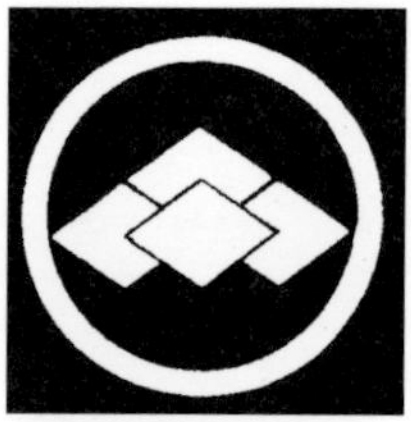
中輪に四つ重ね菱

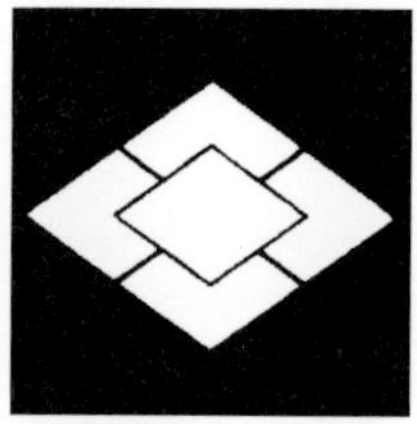
五つ重ね菱

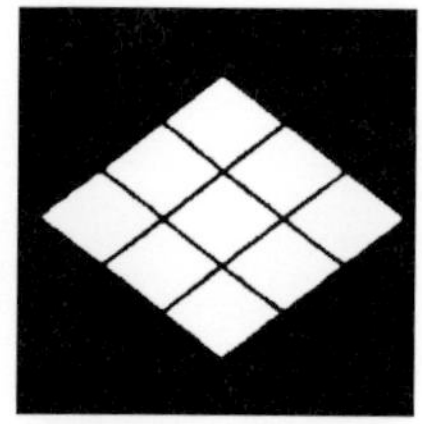
九つ菱

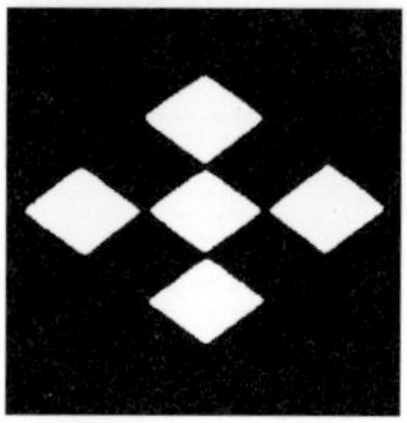
五つ菱

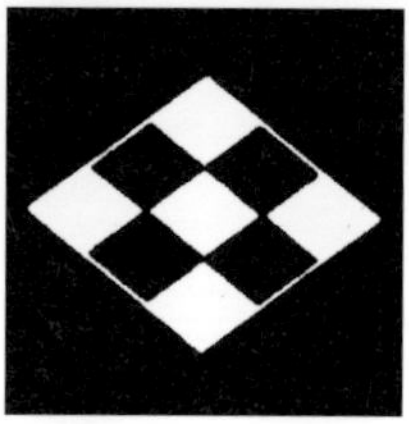
市松菱

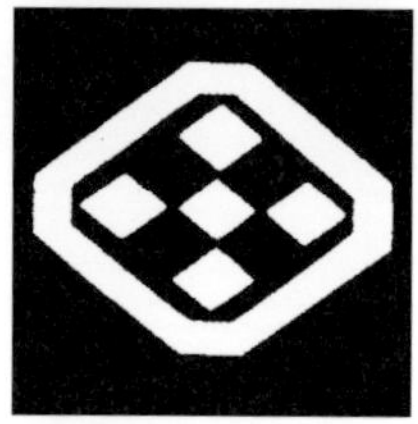
隅切菱に五つ菱

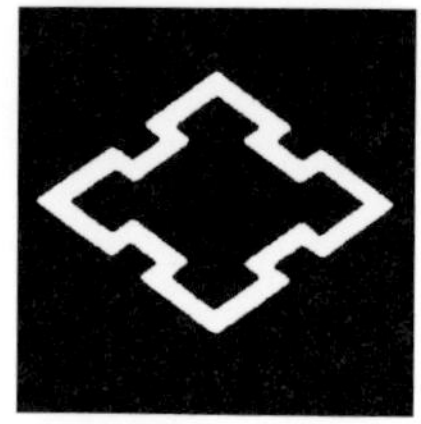
折り入り菱

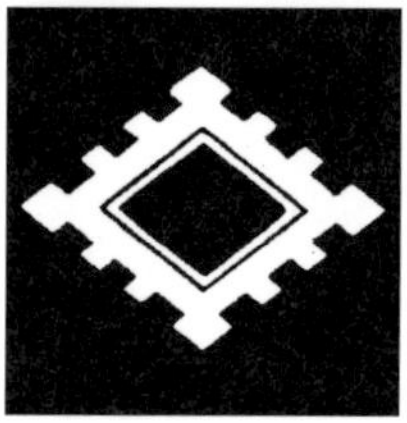
子持ち外幸菱

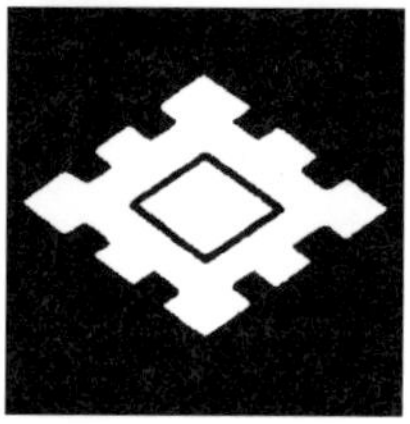
久慈菱

山口菱

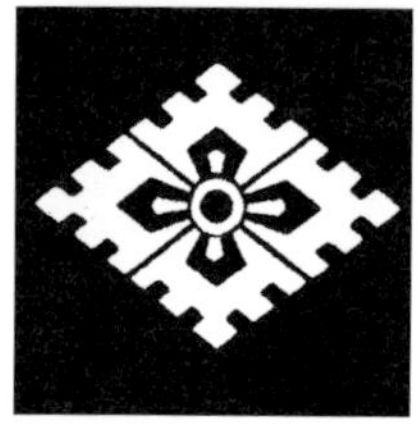
変り幸菱

幸菱

内田菱

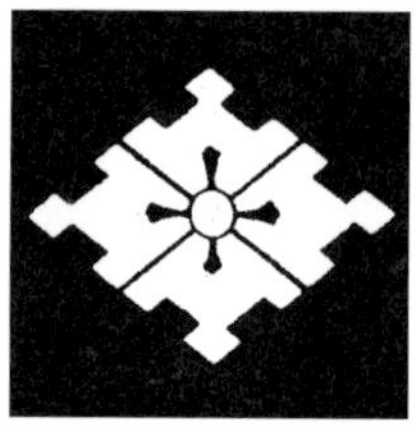
幸菱崩し

四つ反り菱

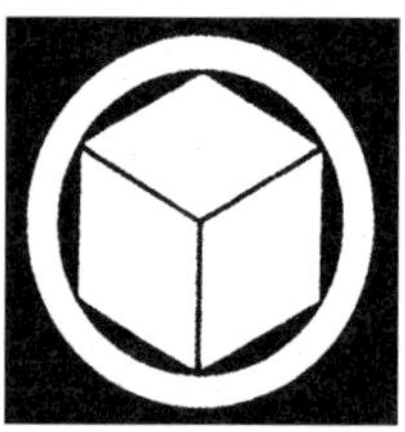
丸に三つ菱

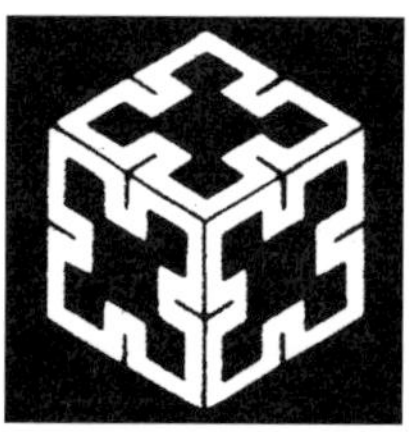
三つ折り入り菱

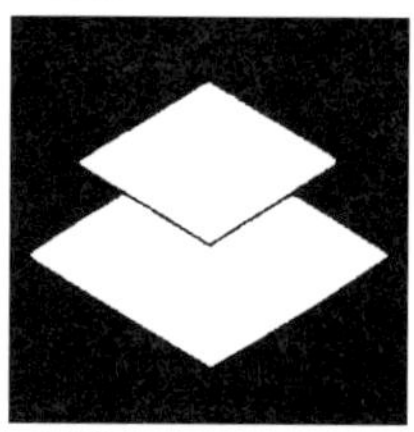
二階菱

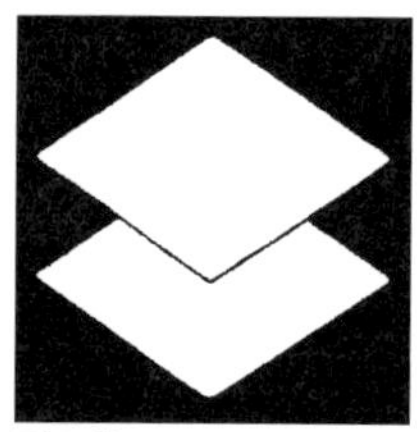
重ね菱

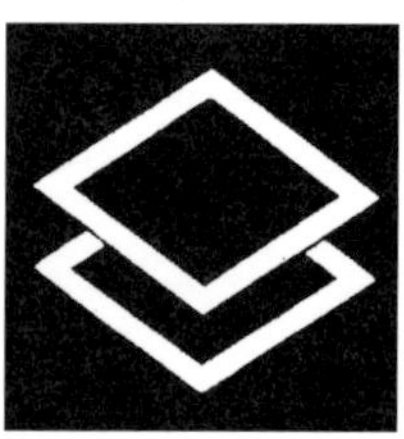
重ね中菱

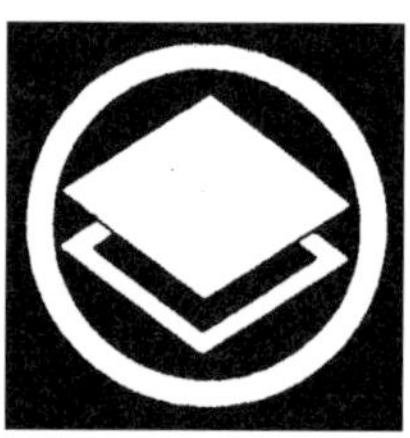
中輪に陰陽重ね菱

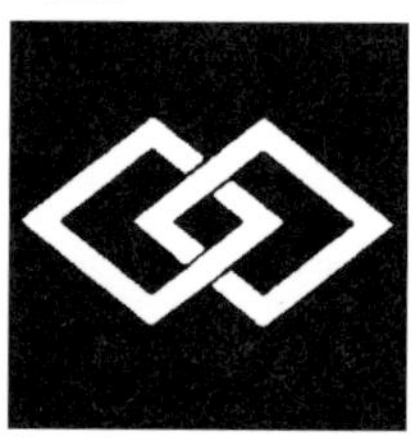
違い菱

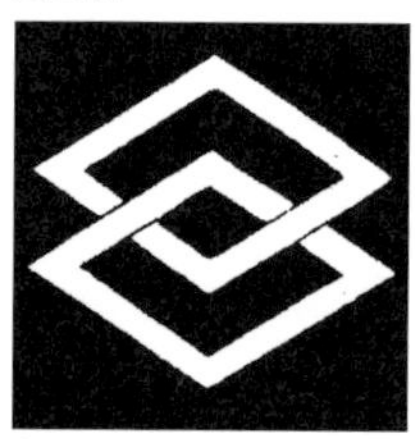
組み合い菱

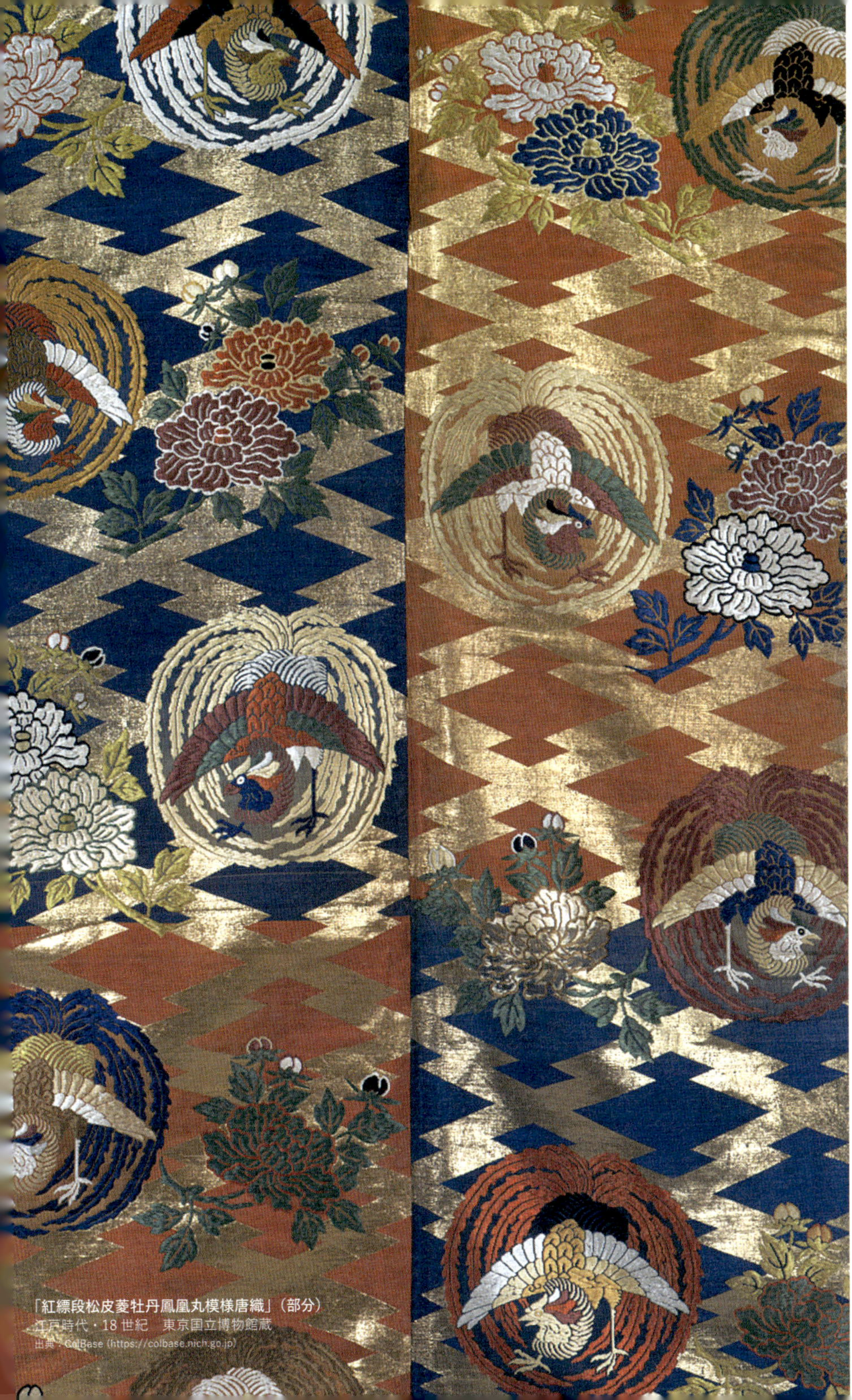

「紅縹段松皮菱牡丹鳳凰丸模様唐織」（部分）
江戸時代・18 世紀　東京国立博物館蔵
出典：ColBase (https://colbase.nich.go.jp)

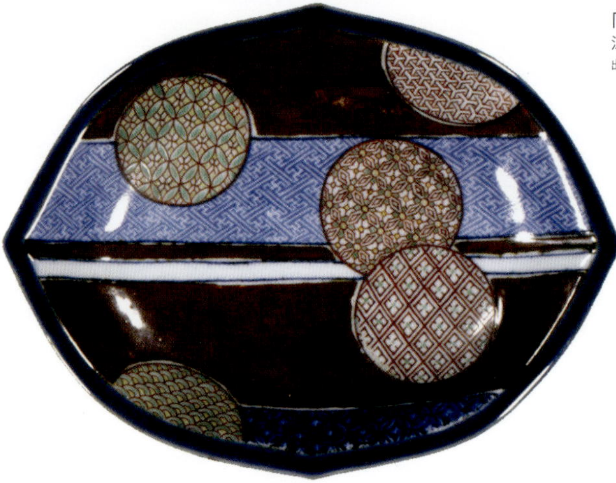

「色絵丸文菱形皿」鍋島
江戸時代・17 世紀　東京国立博物館蔵
出典：ColBase (https://colbase.nich.go.jp)

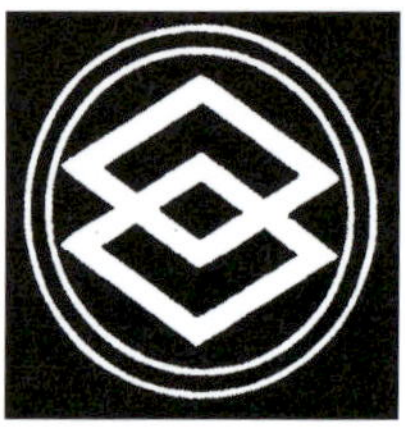

かげ輪に組み合い菱

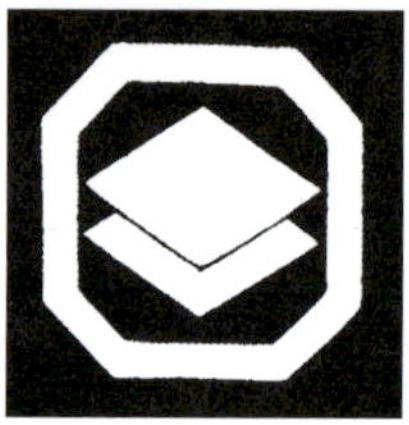

平隅切角に重ね菱

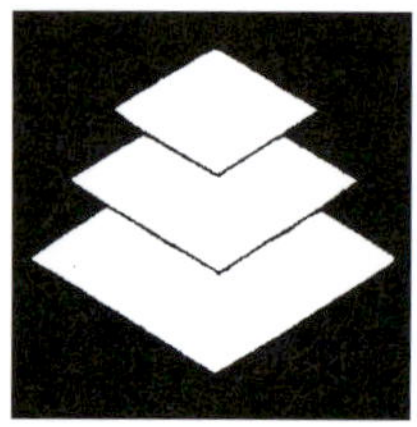

重ね三階菱

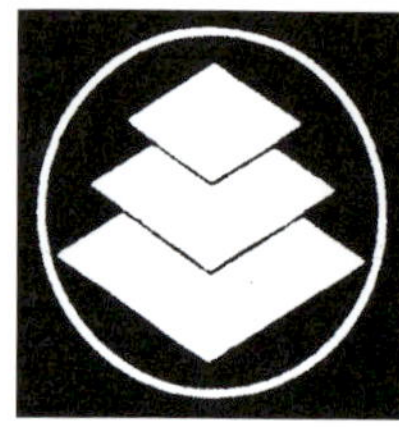

糸輪に重ね三階菱

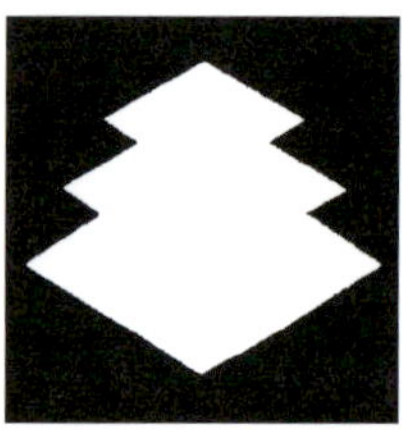

三階菱

石持ち地ぬき三階菱

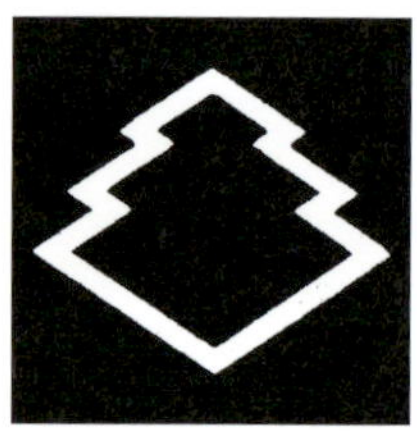

中かげ三階菱

丸に三階菱

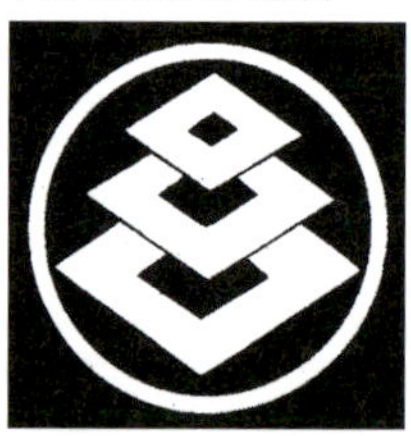

細輪に変り三階菱

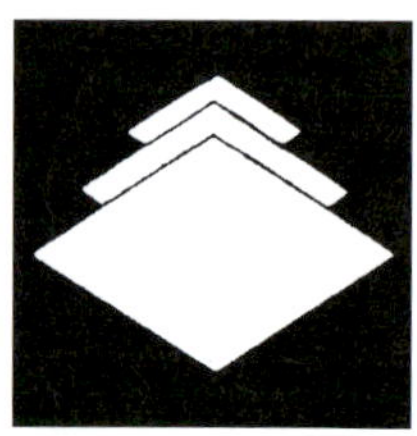

変り三階菱

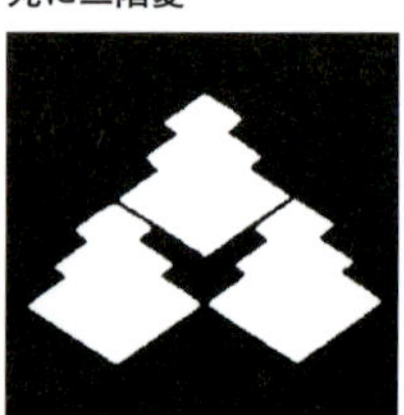

三つ盛り三階菱

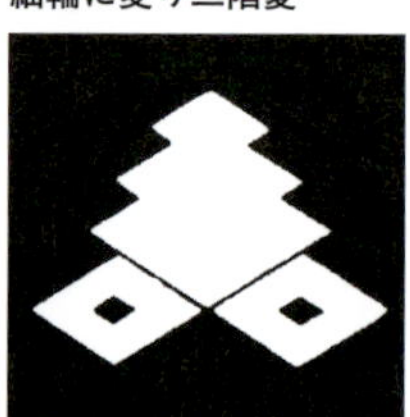

三階菱に二つ太菱

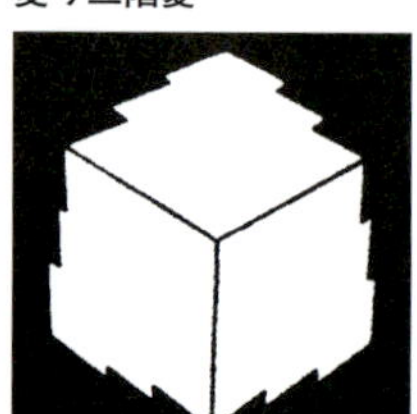

尻合せ三つ三階菱

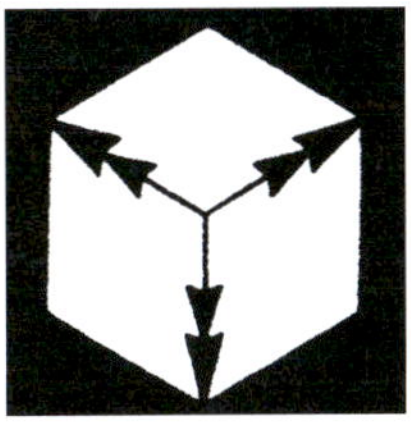
三つ三階菱

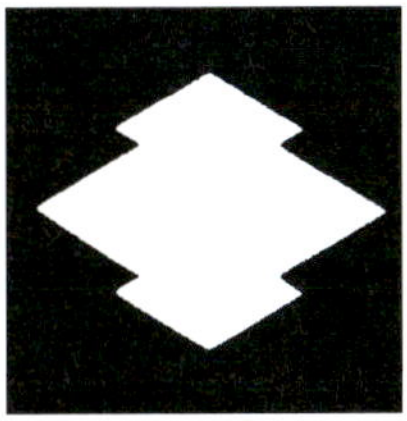
松皮菱

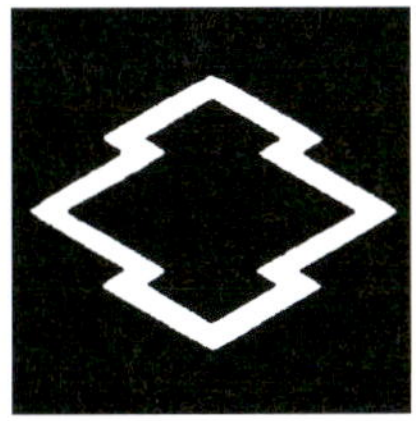
中かげ松皮菱

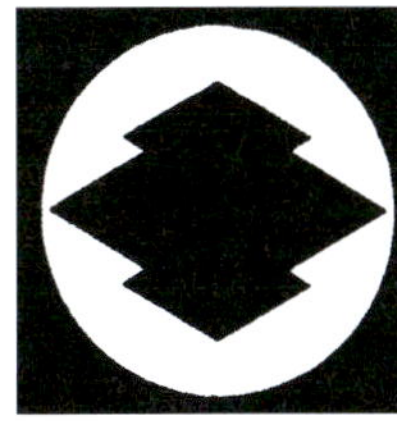
石持ち地ぬき松皮菱

丸に松皮菱

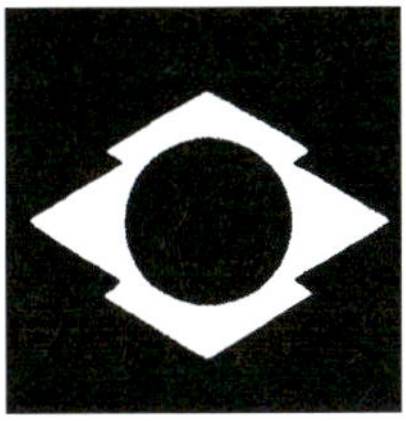
鉄砲松皮菱

鬼松川菱

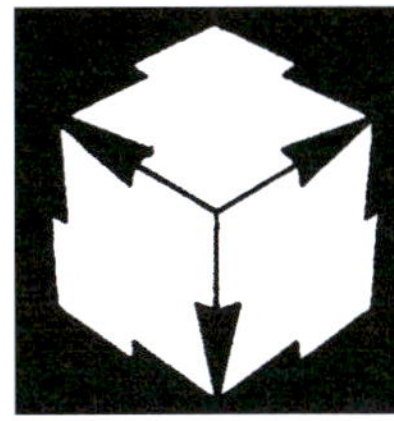
三つ松皮菱

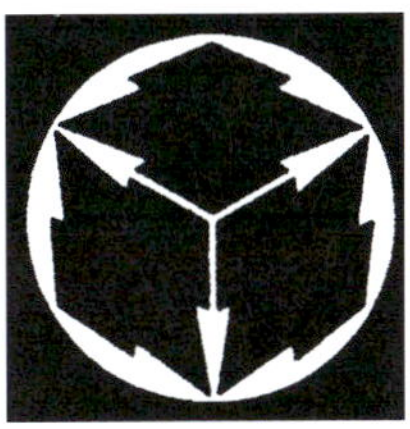
石持ち地ぬき三つ松皮菱

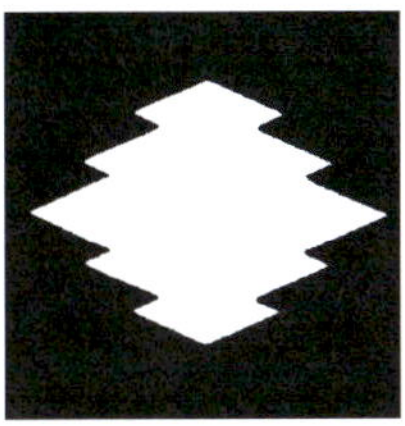
溝口菱

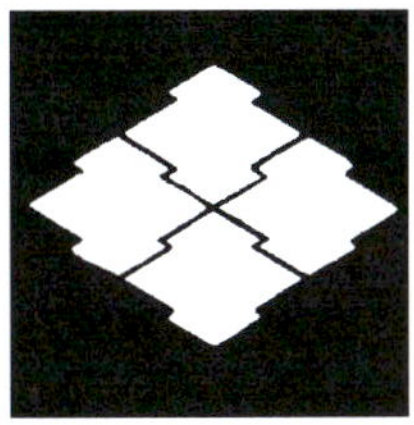
四つ松皮菱

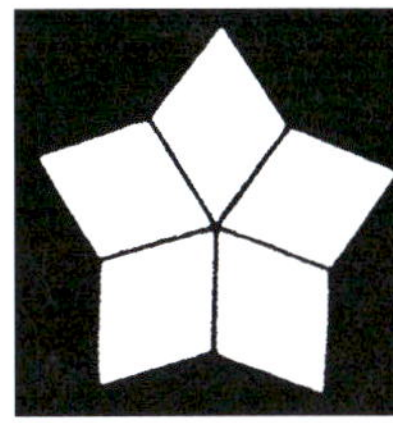
桔梗形五つ菱

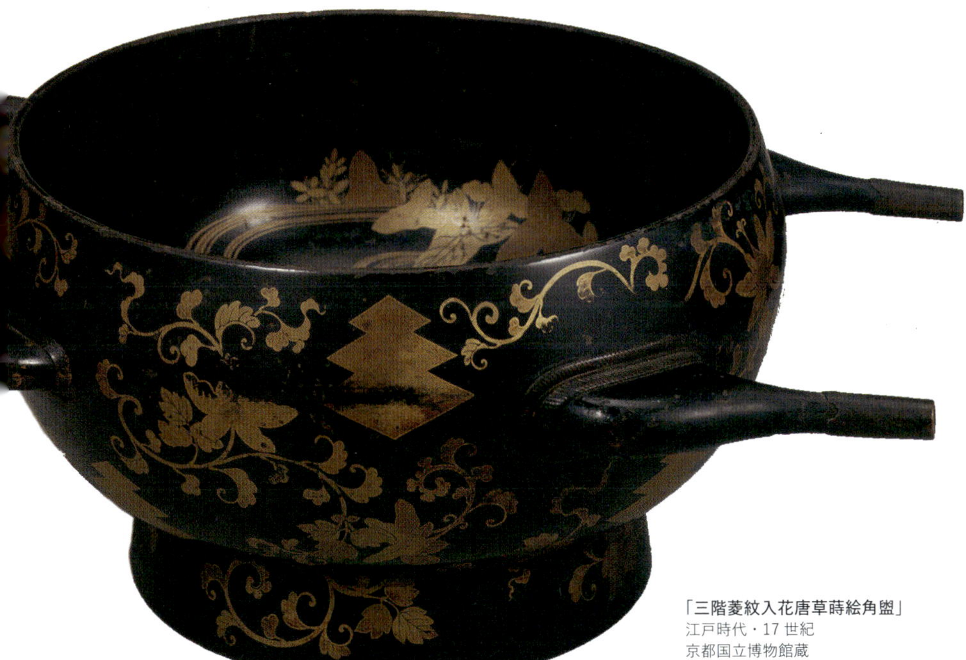
「三階菱紋入花唐草蒔絵角盥」
江戸時代・17世紀
京都国立博物館蔵

ひきりょう

◉引両紋 *Hikiryō* | Line in Circle Crests

引両は引龍のことで、龍のすがたにたとえたものであった。また引領、引霊とも書きその意味には諸説ある。引領は領地で線を引いて境界を定めることで、引霊は霊のこと。一本の線は日をあらわし二線の場合は月をあらわすなどの意味がある。紋は輪の中に太い横線を一本から三本引いたもので、種々の変形がある。輪がなくて、旗などに単に二本の太い線を引いたものもある。引両の数は一つから八つまであるが、瓶子、鷹の羽、対い蝶、巴、丸に九字、対い鶴などと組み合せたものもある。やはり引両紋といえば足利氏の「二引両紋」がよく知られる。

These motifs, which are likened to a dragon's shape, are seen in family crests featuring one thick line spanning the circle, two lines, or three. Another variant eliminates the circle and just uses two thick

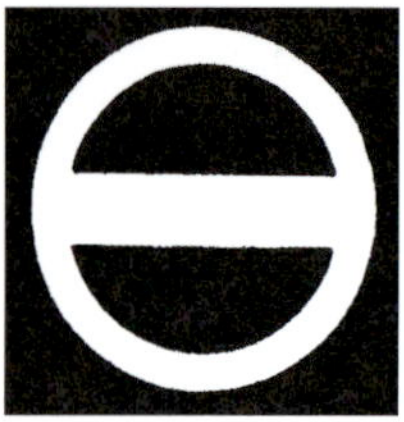
丸に一つ引

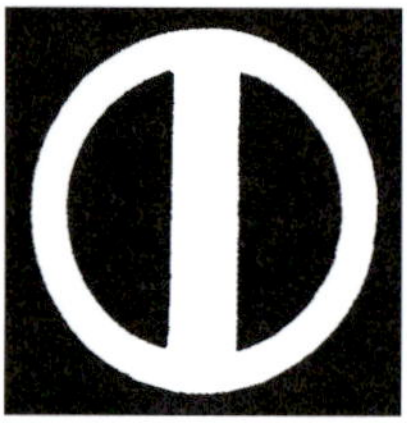
丸に立一つ引

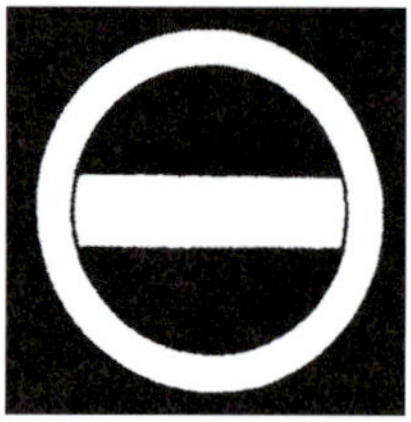
丸に内に一つ引

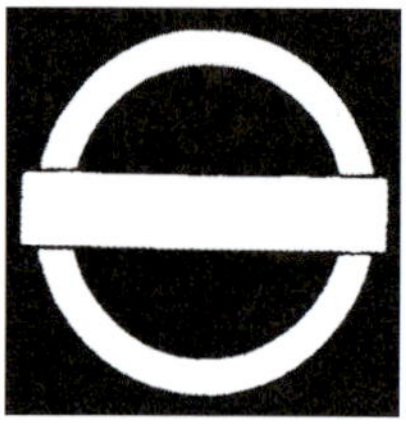
丸に出一つ引

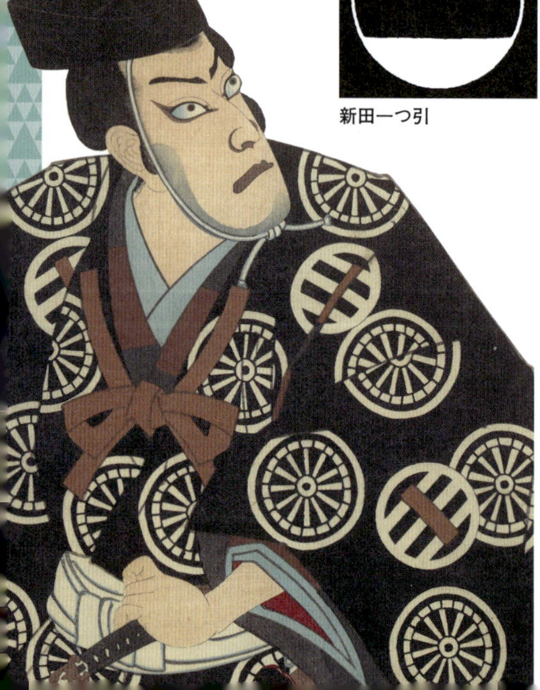

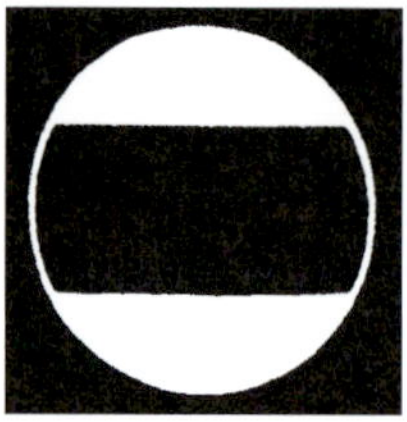
新田一つ引

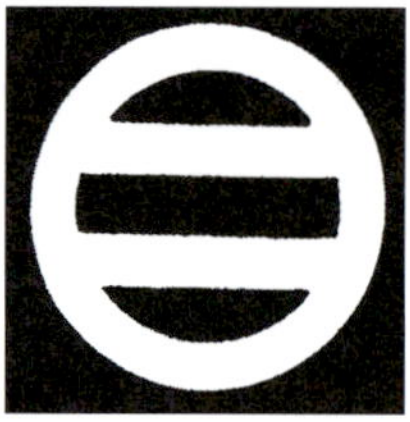
丸に二つ引

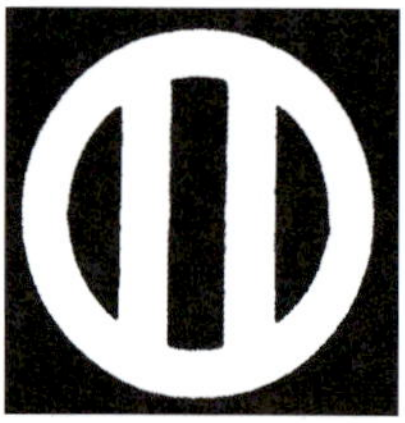
丸に立二つ引

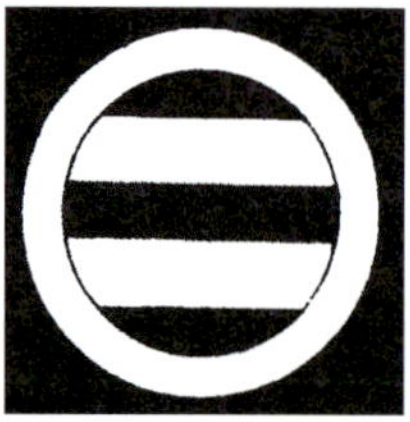
丸に内に二つ引

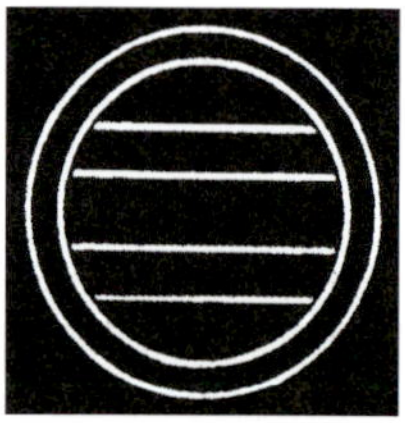
かげ丸の内に二つ引

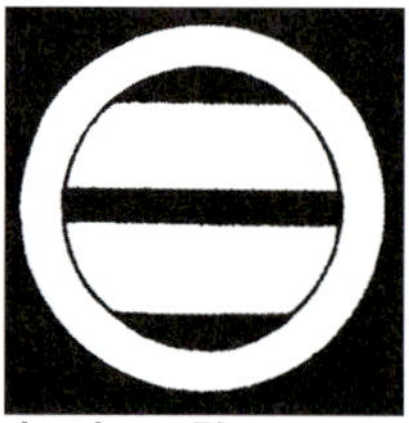
丸に太二つ引

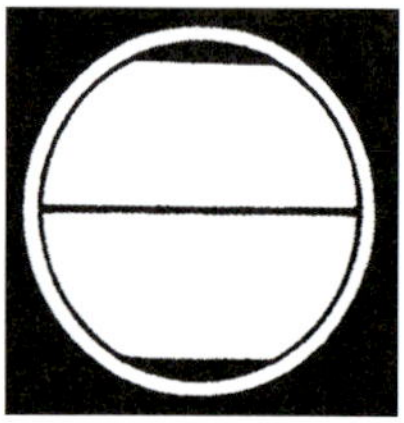
細輪に太二つ引

lines, on banners, for example. Given how widely the line-in-circle crest was used among warrior families, there are surprisingly few variations.

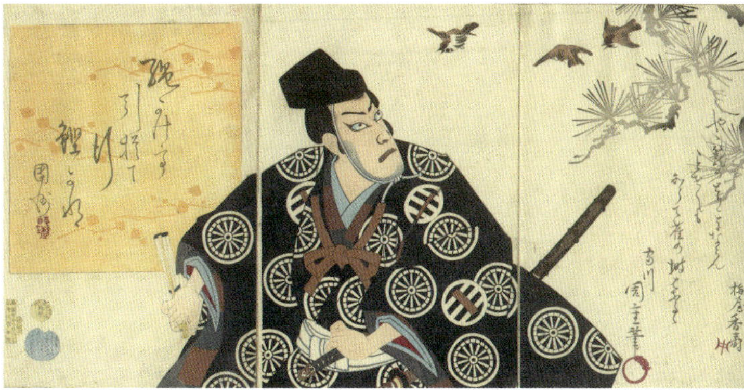

「星月夜見聞実記」守川周重　明治 13 年・1880　東京都立中央図書館特別文庫室蔵

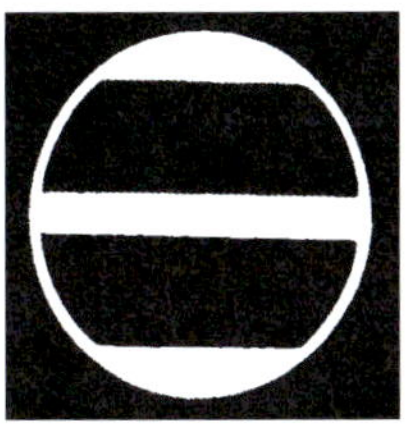

足利二つ引

丸に放し二つ引

丸に揃い二つ引

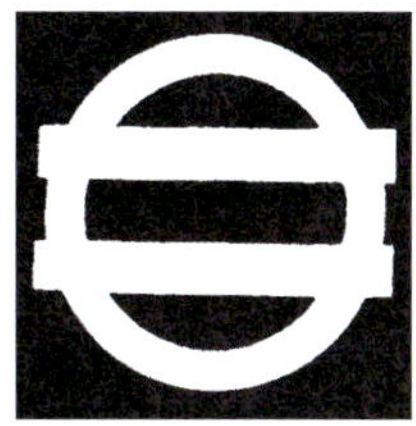

丸に出二つ引

揃い二つ引

隅切角に一つ引

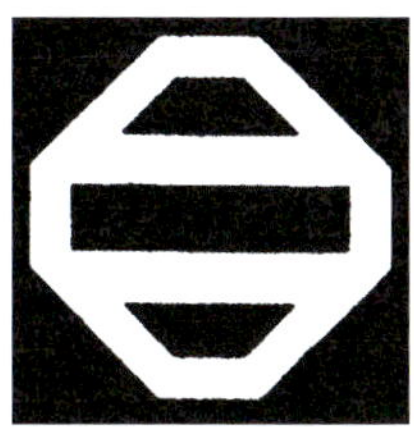

隅切角に二つ引

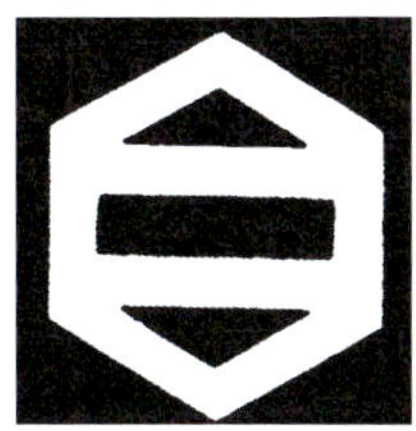

六角に二つ引

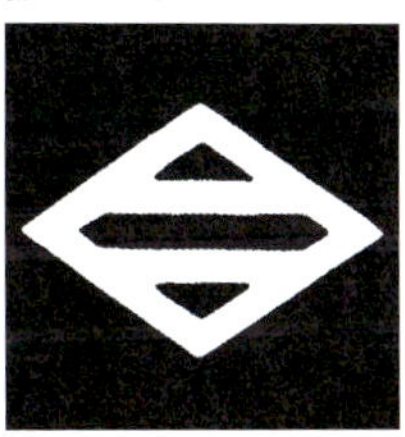

菱に二つ引

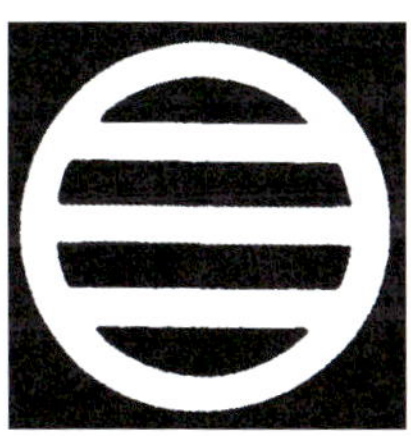

丸に三つ引

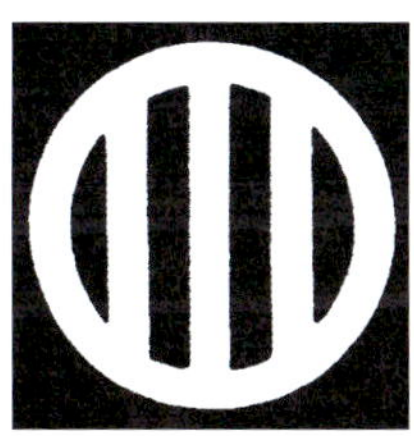

丸に立三つ引

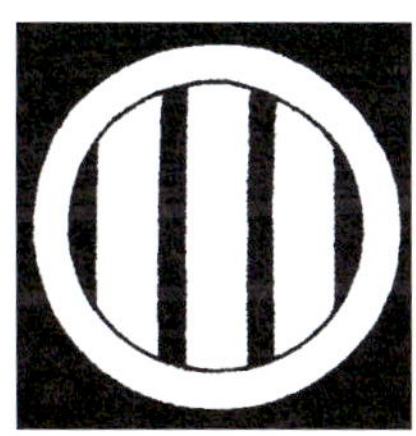

田村立引

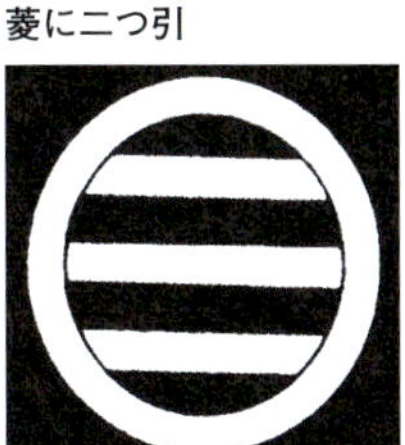

丸の内に三つ引

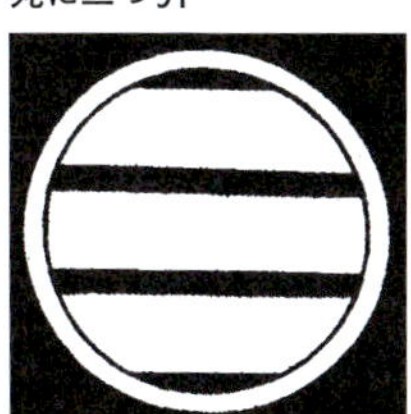

細輪太三つ引

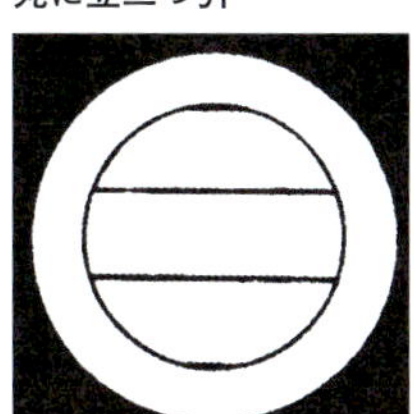

三浦三つ引

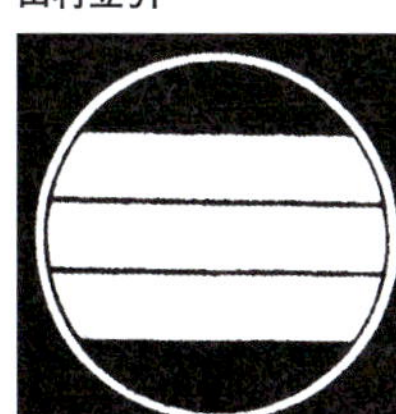

糸輪に寄せ三つ引

もっこう

◉木瓜紋

Mokkō | Quince Crests

木瓜は御簾（みす）の上に長く引きわたす布である帽額（もこう）、鳥の巣が卵を包んでいるかたち、胡瓜（きゅうり）の切り口など、その由来には諸説がある。唐花のモチーフから、唐様が伝来した奈良時代に日本人の美的感覚により、さらに磨かれて家紋となったのであろう。優雅な花のイメージを唐風にデザインした「唐花菱」を中心に、それを環状の丸枠で囲み、太い外枠で包んでいる。このみごとなデザイン的感性は日本人独特のかたちである。外枠は分厚い曲線で花弁のようでもあるが葉であり、三葉から八葉までである。武家でこの紋を用いたのは越前の朝倉氏、江戸時代になると堀田、有馬の両大名家、旗本では百六十余家を数える。使用家は全国的に分布し、藤紋についで第二位の人気である。

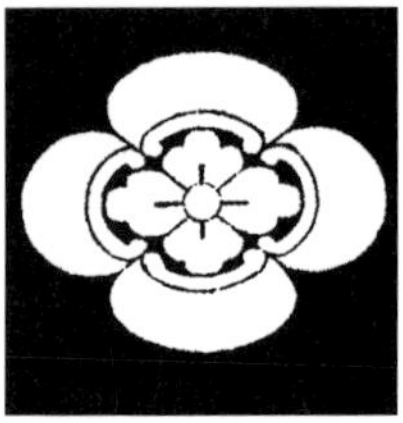
木瓜

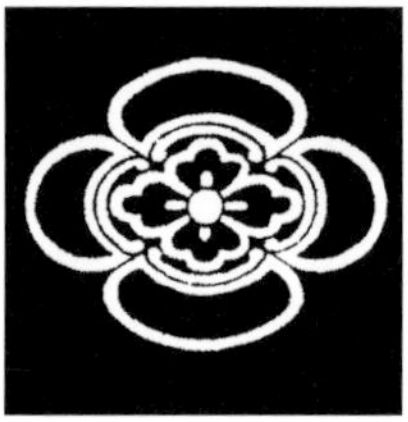
かげ木瓜

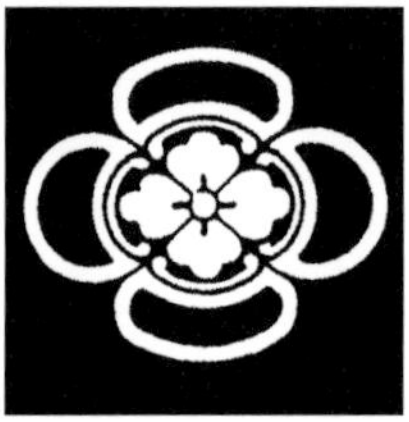
中かげ木瓜

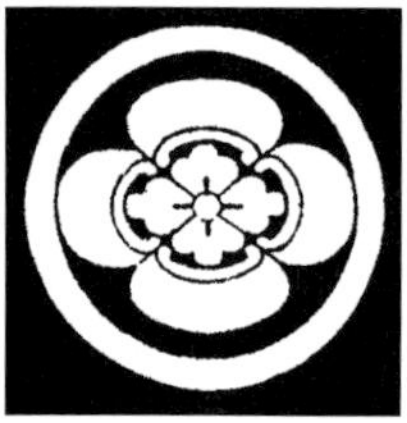
中輪に木瓜

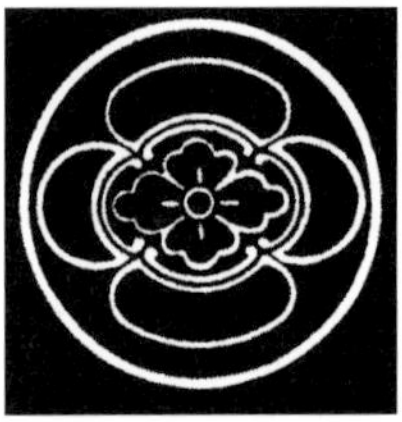
糸輪にかげ木瓜

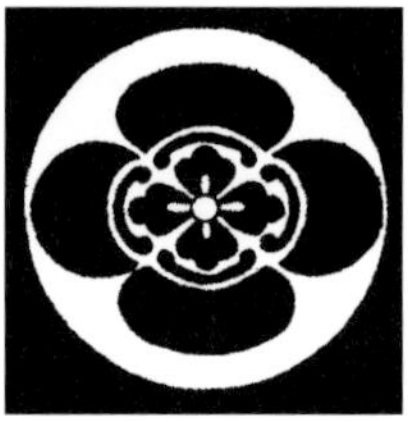
石持ち地ぬき木瓜

地ぬき木瓜

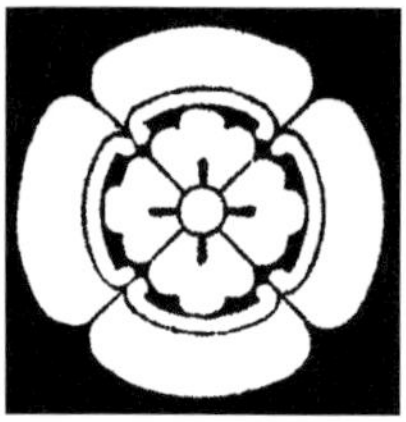
四方木瓜

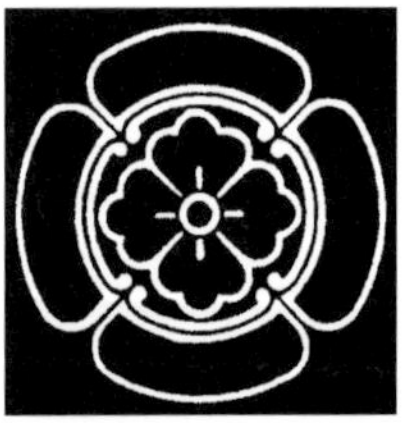
かげ四方木瓜

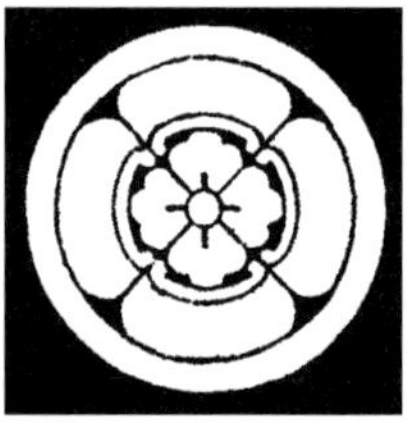
中輪に四方木瓜

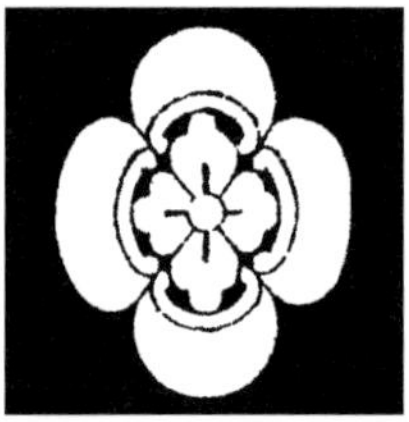
立木瓜

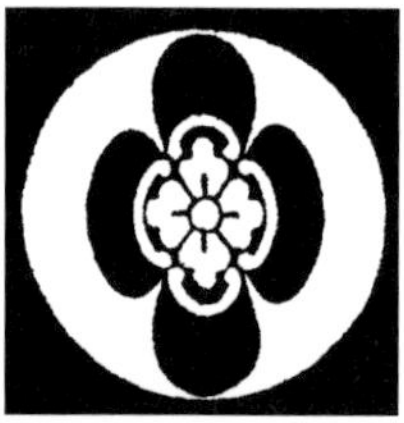
堀田木瓜

鐶木瓜

唐木瓜

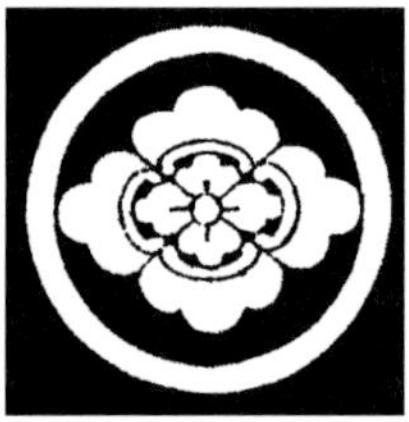
中輪に唐木瓜

唐鐶木瓜

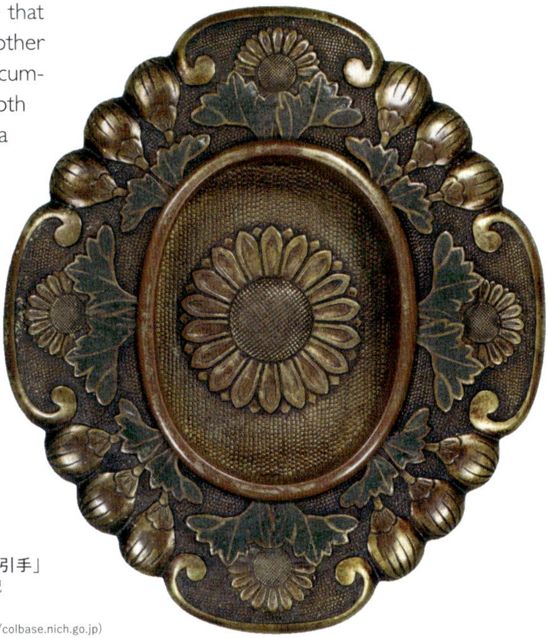

Mokkō is the flowering quince (*Chaenomeles speciosa*), but the motif known by that name may actually be derived from other sources: a cross-sectional slice of a cucumber, the design used on a decorative cloth atop a bamboo blind, or the shape of a bird's nest holding an egg. This motif was introduced from China in the Nara period (710–794), used in designs, and adopted as a family crest. It is second only to wisteria motifs in popularity as a family crest.

「七宝菊文木瓜形引手」
江戸時代・17 世紀
東京国立博物館蔵
出典：ColBase (https://colbase.nich.go.jp)

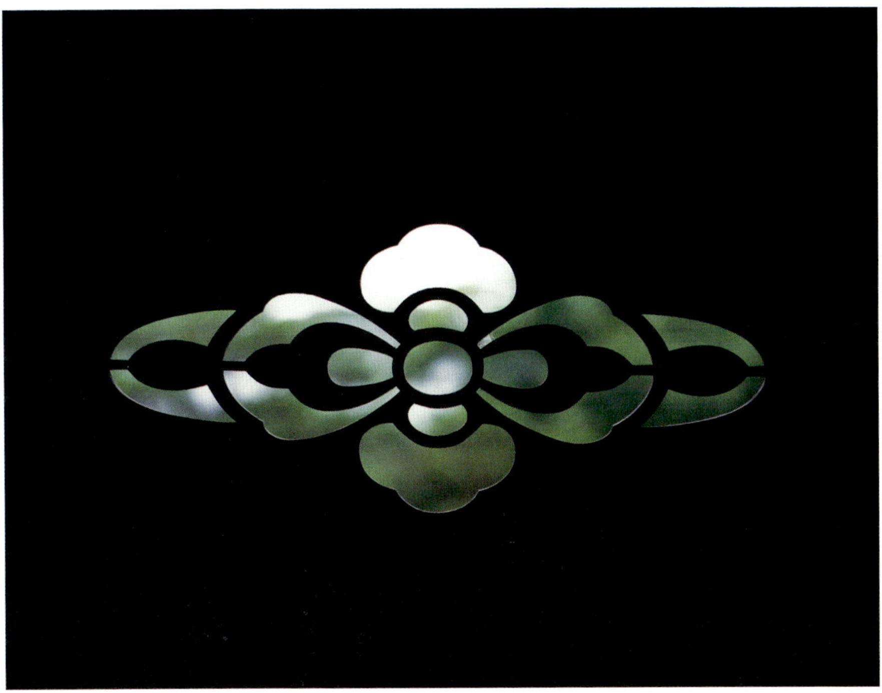

「木戸の透かし彫り」修学院離宮

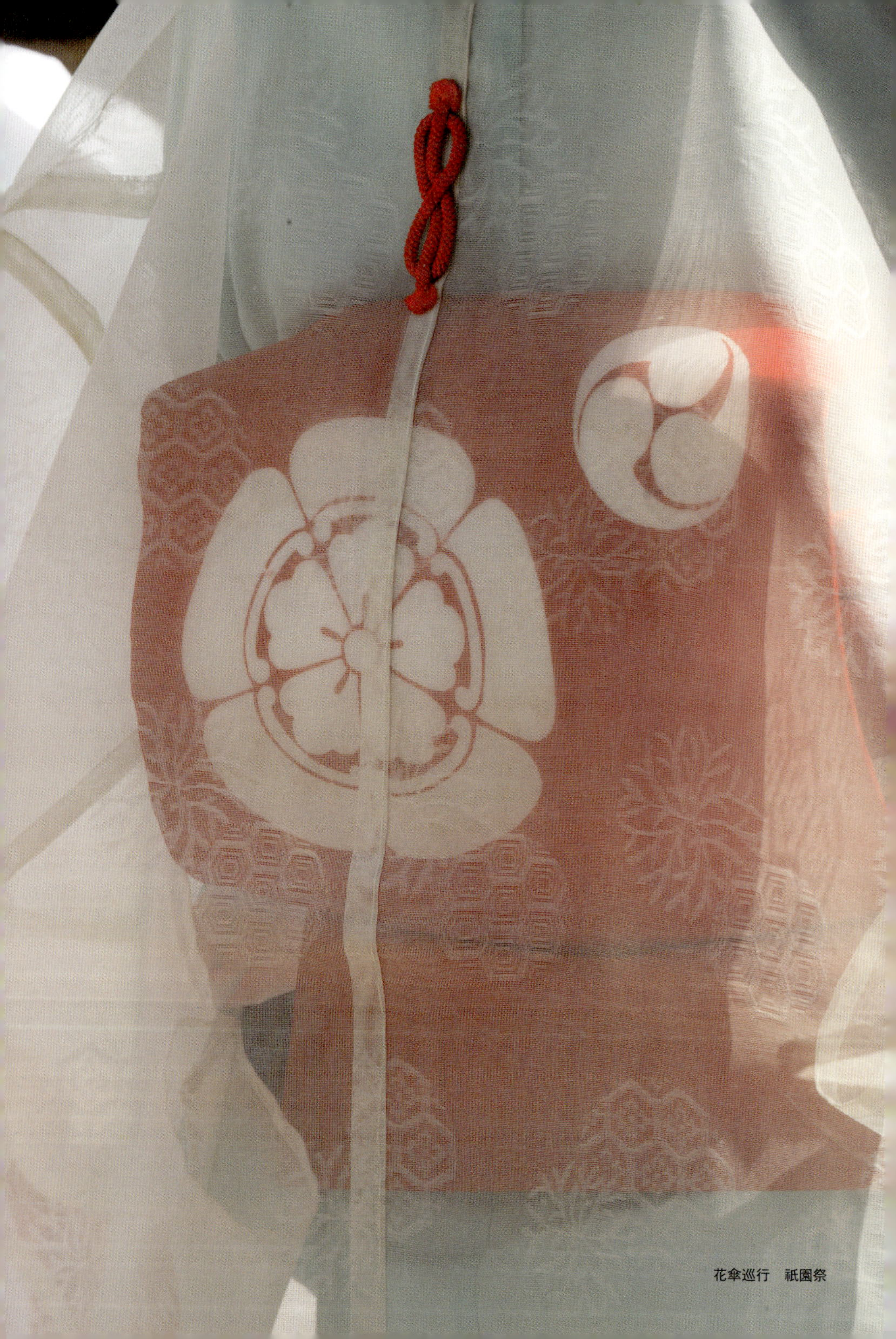

花傘巡行　祇園祭

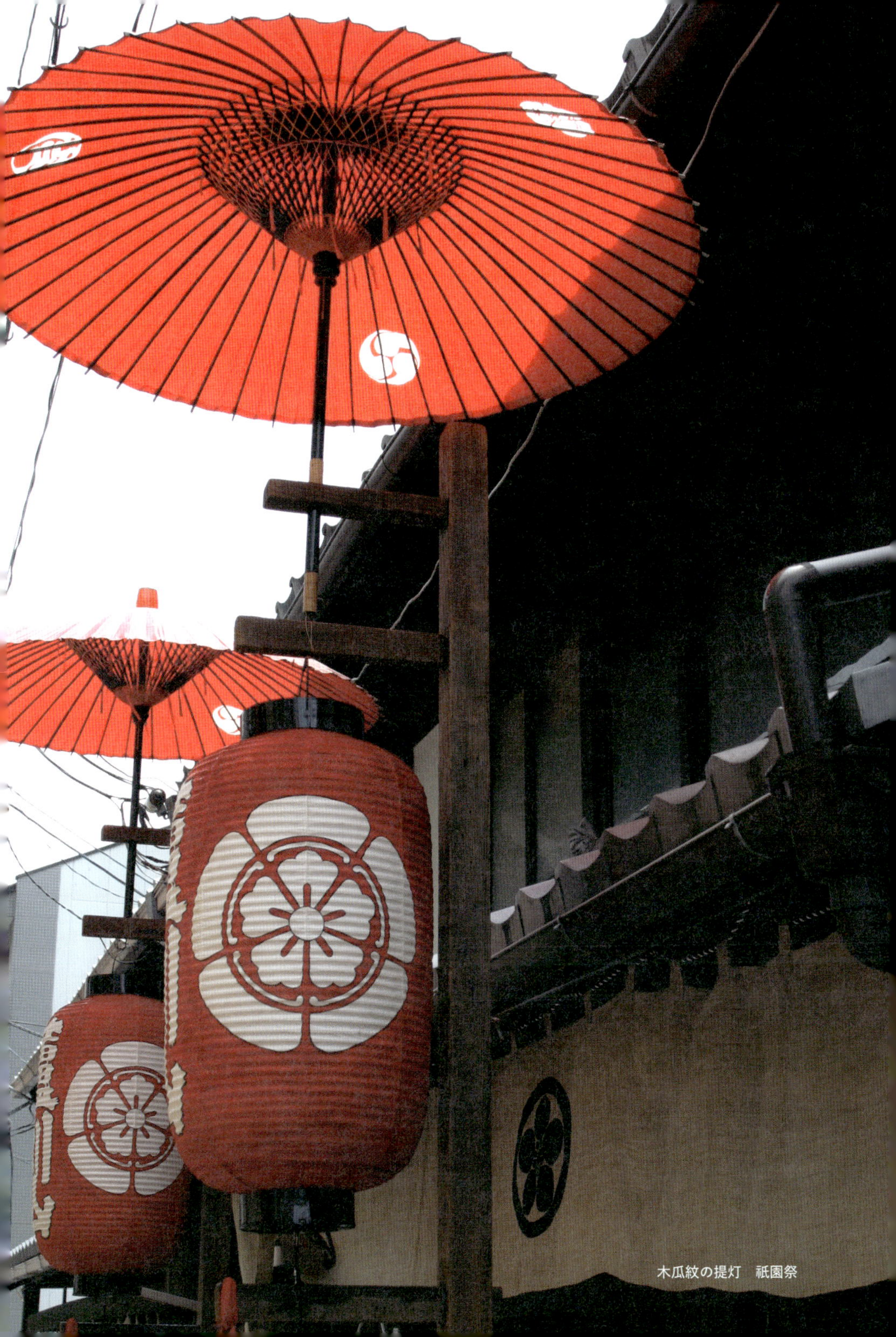

木瓜紋の提灯　祇園祭

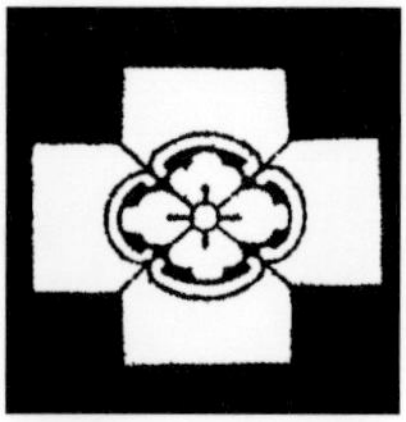
中津木瓜

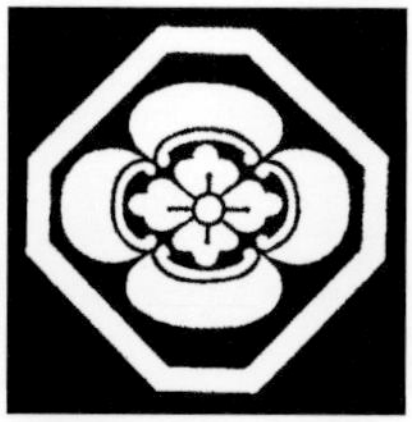
隅切角に木瓜

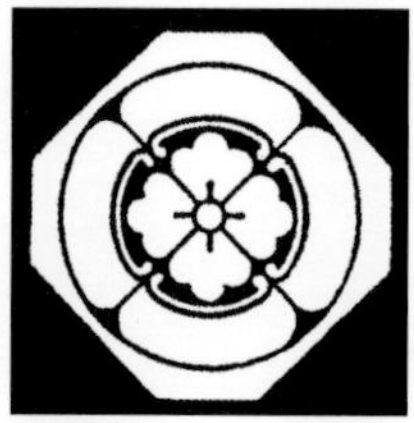
隅切鉄砲角に四方木瓜

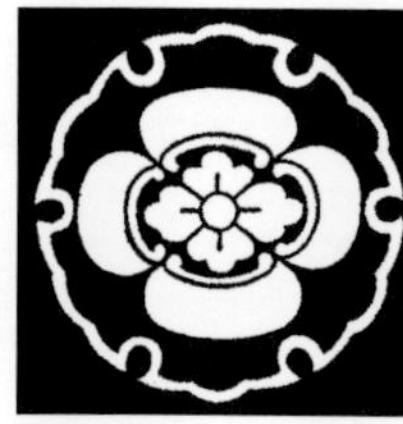
雪輪に木瓜

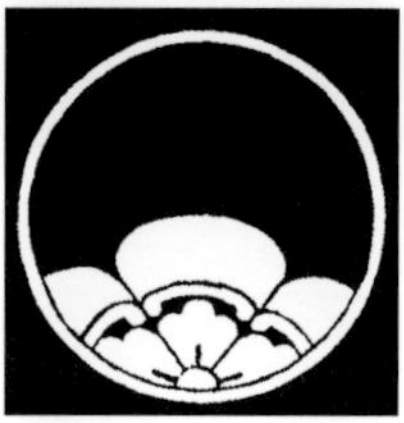
糸輪に覗き木瓜

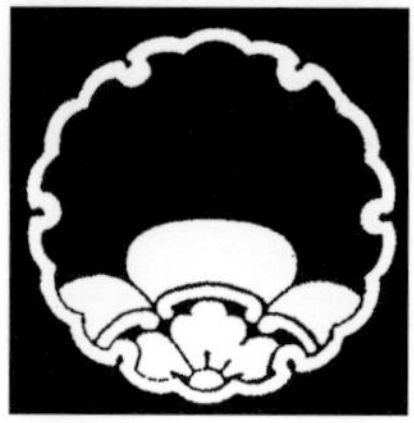
雪輪に覗き木瓜

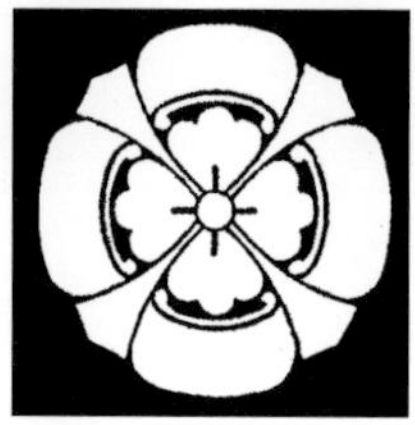
剣四方木瓜

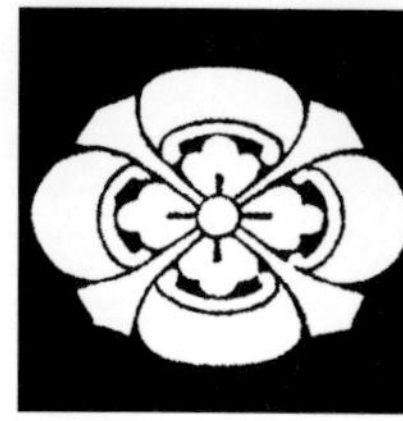
剣木瓜

蔓木瓜

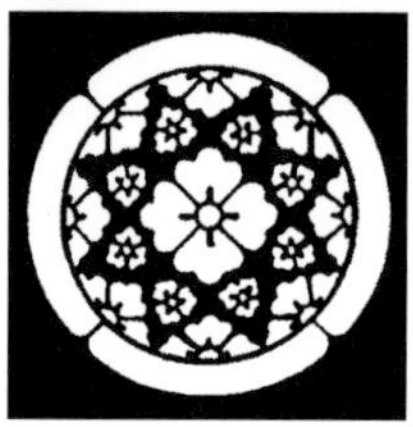
徳大寺木瓜

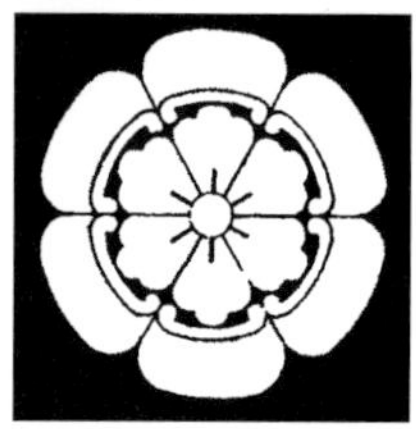
六つ瓜に六つ唐花

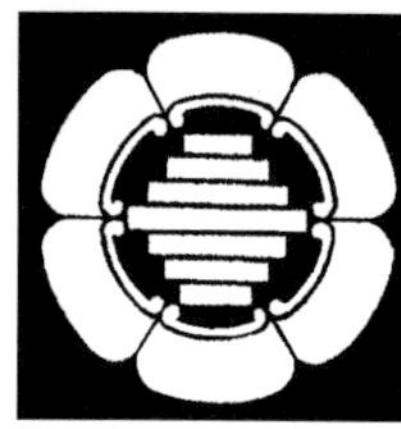
相良瓜

八つ瓜に八つ唐花

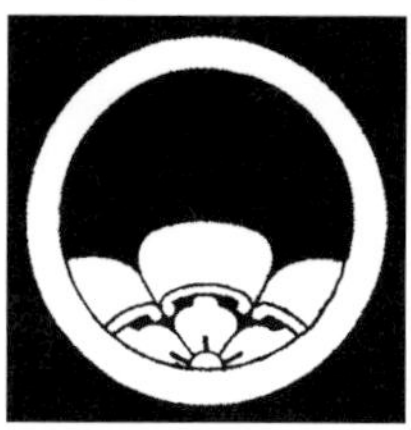
丸に覗き瓜

板倉木瓜

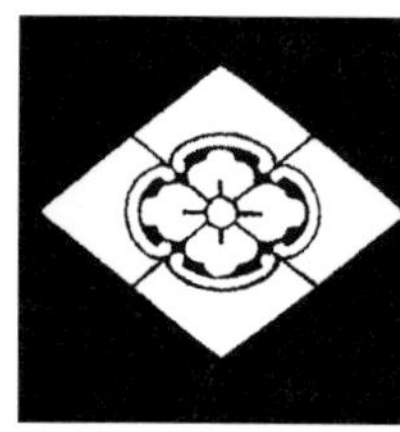
木瓜菱

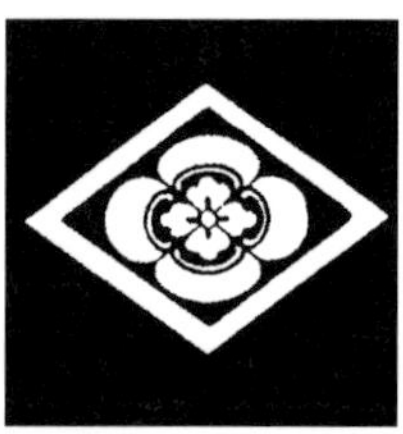
菱に木瓜

山形に木瓜

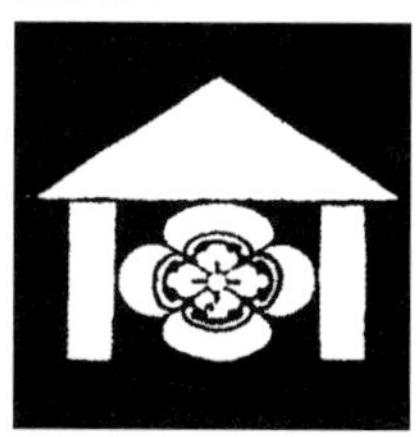
庵木瓜

内田木瓜

木瓜に二つ引

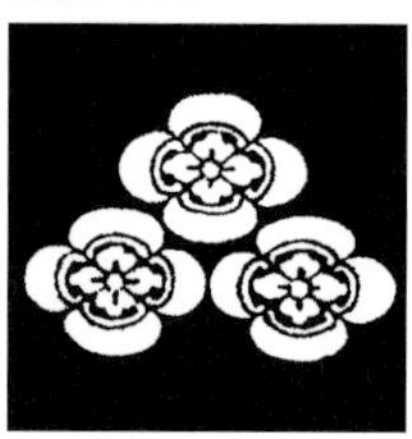
三つ盛り木瓜

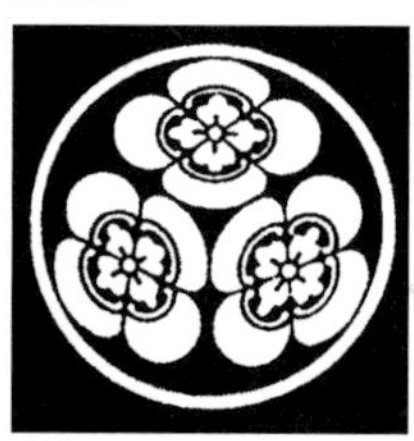
糸輪に三つ木瓜

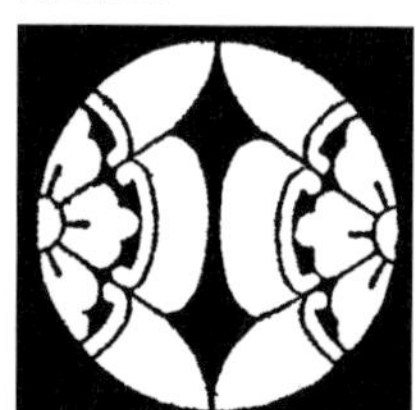
割木瓜

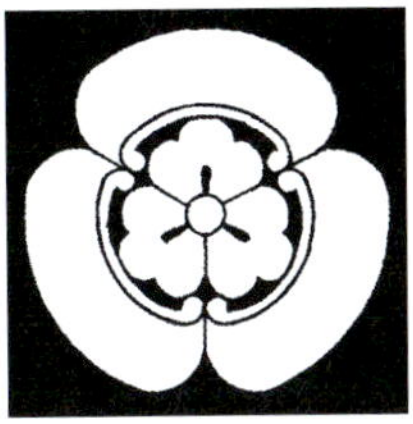
三つ瓜三つ唐花

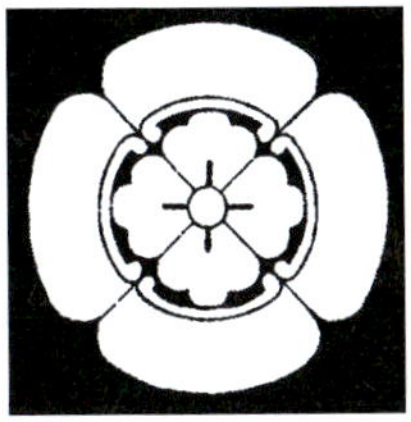
四方瓜に唐花

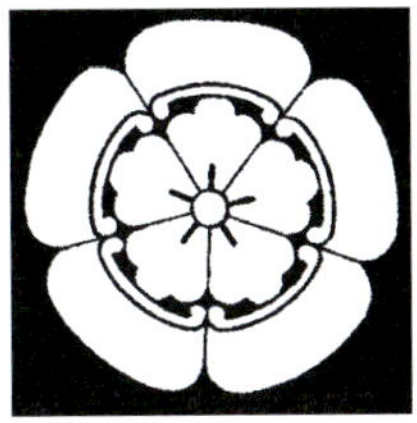
五つ瓜に唐花

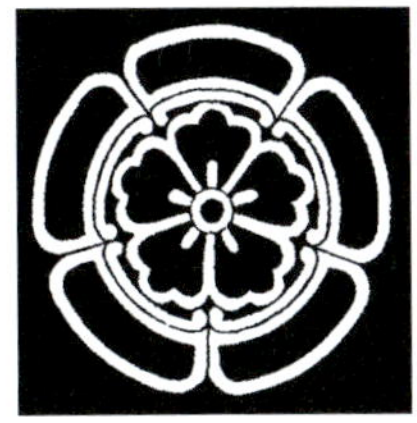
かげ五つ瓜に唐花

中かげ五つ瓜に唐花

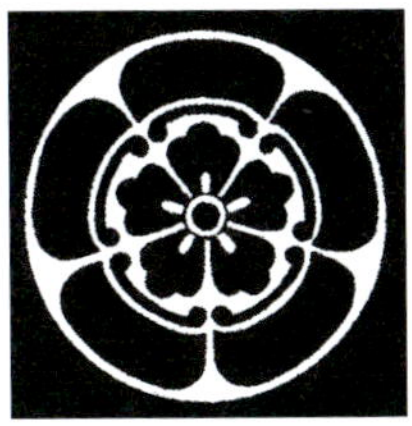
石持ち地ぬき五瓜に唐花

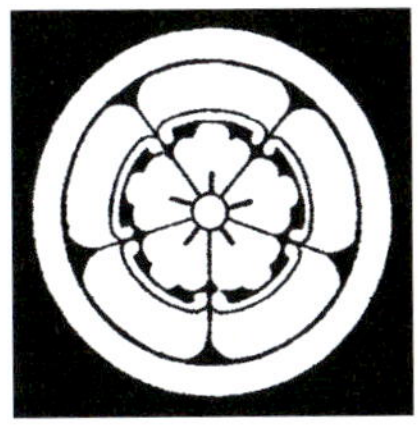
丸に五つ瓜に唐花

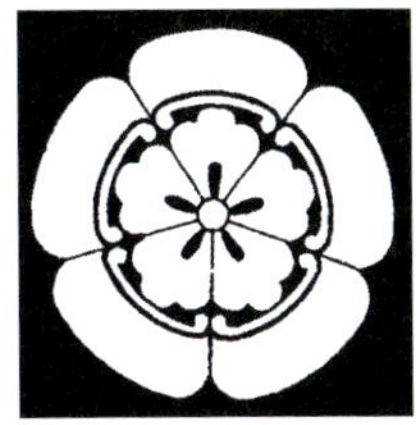
秋元瓜

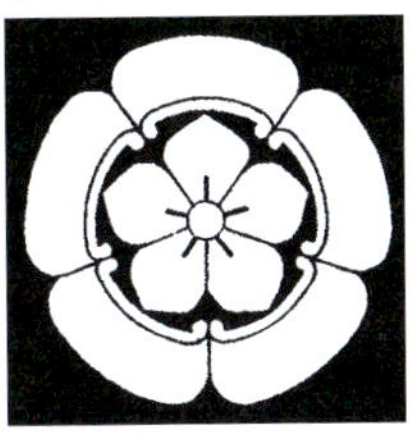
五つ瓜に桔梗

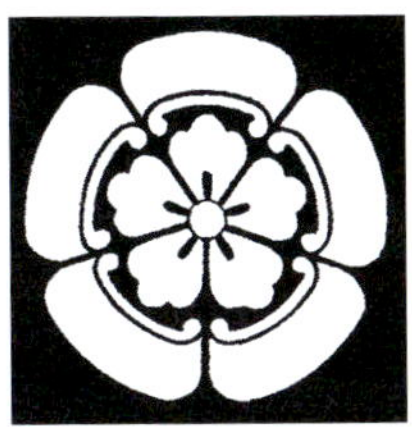
織田瓜

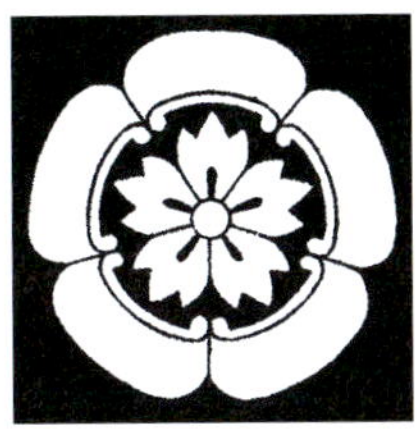
芝村瓜

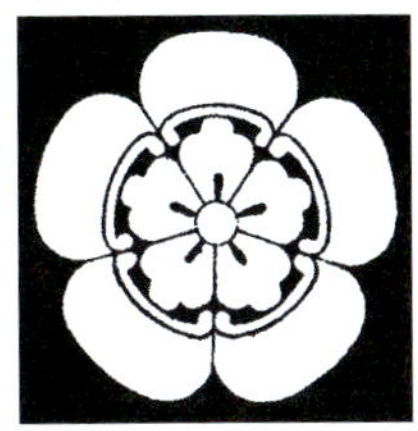
ひせ瓜

唐五つ瓜に唐花

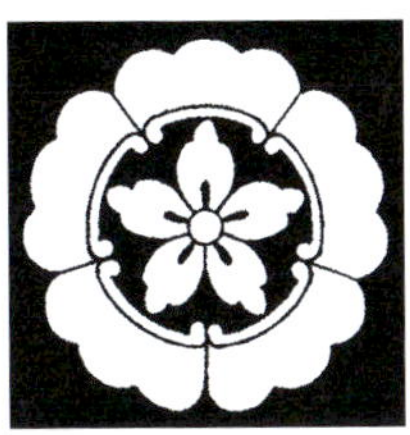
花形五瓜

やせ五つ瓜に鬼唐花

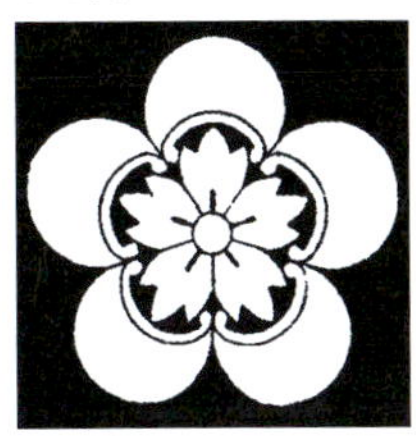
太田瓜

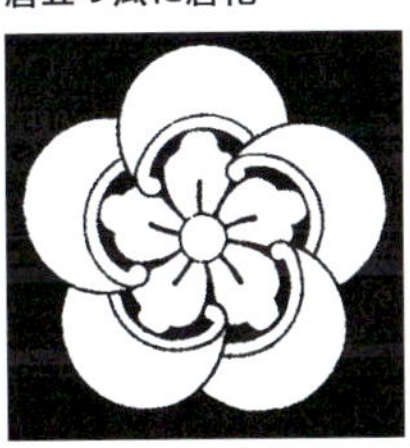
捻じ五つ瓜に唐花

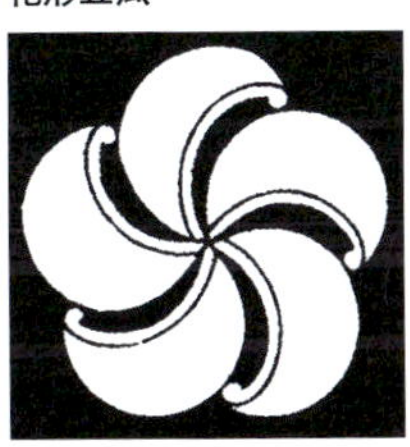
五つ捻じ瓜

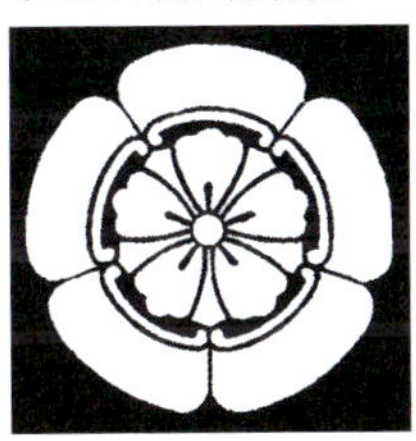
大村瓜

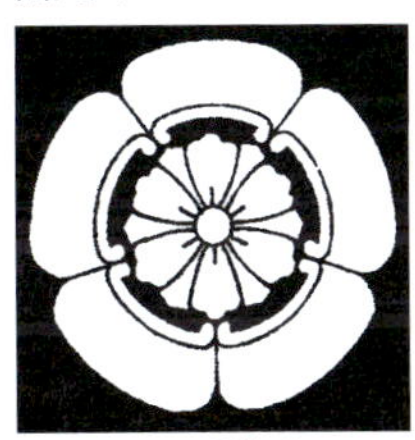
五つ瓜六つ剣藤花

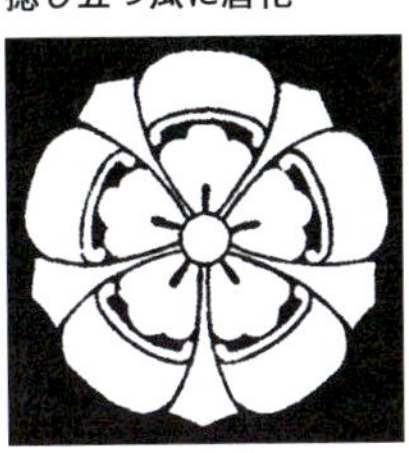
剣五つ瓜に唐花

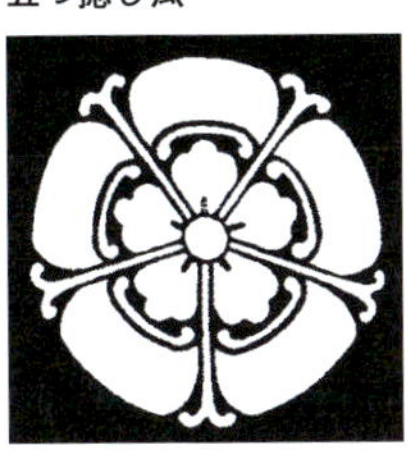
蔓五つ瓜に唐花

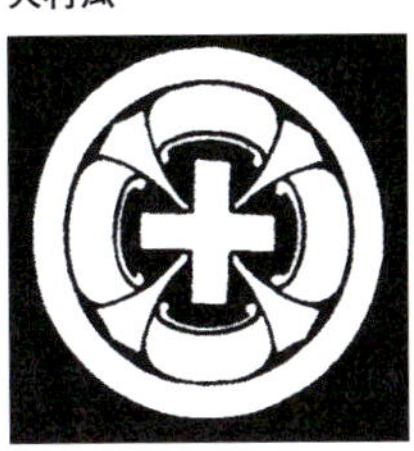
米田瓜

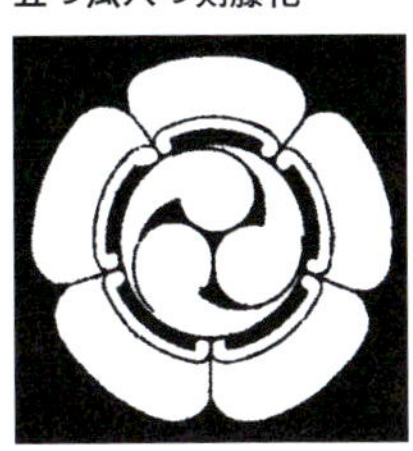
五つ瓜に巴

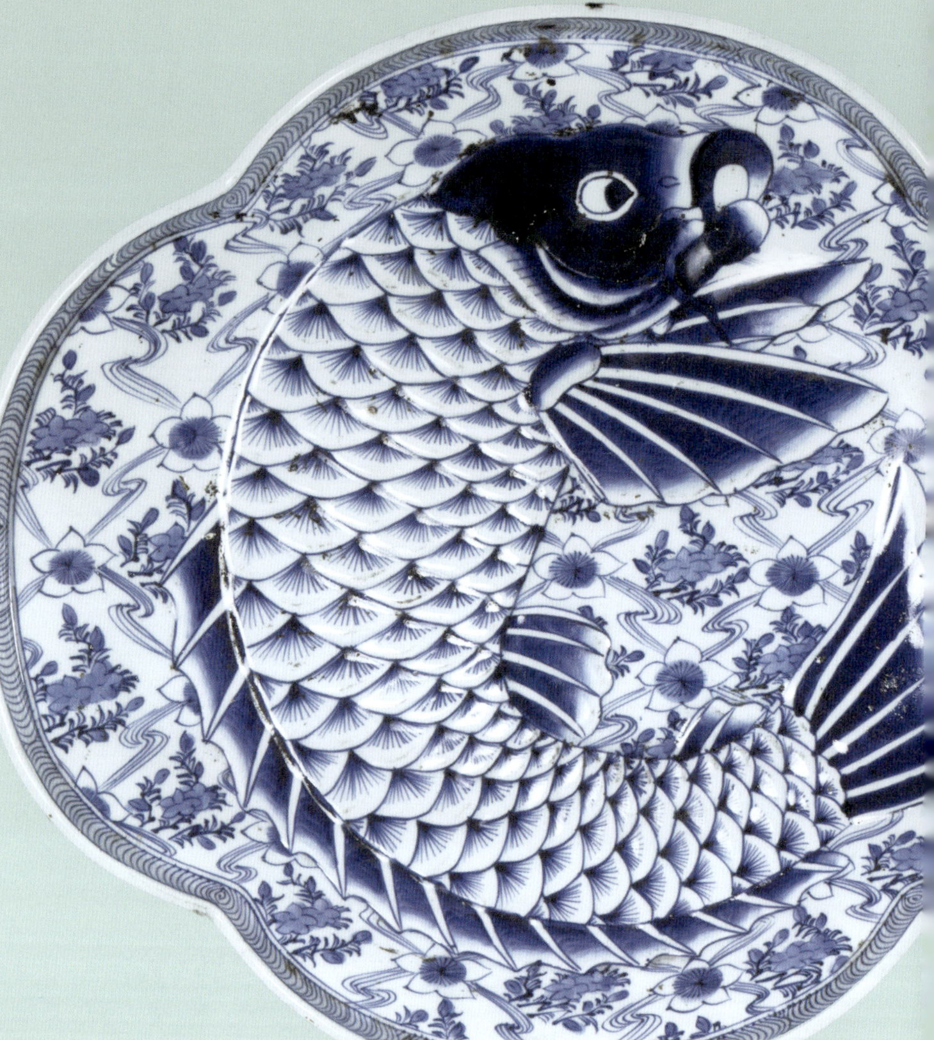

「染付鯉図木瓜形大皿」伊万里
江戸時代・19 世紀　東京国立博物館蔵
出典：ColBase (https://colbase.nich.go.jp)

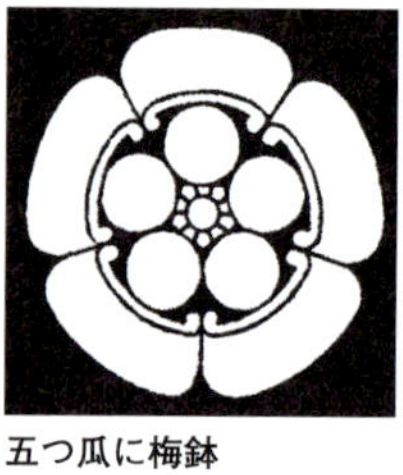

五つ瓜に梅鉢

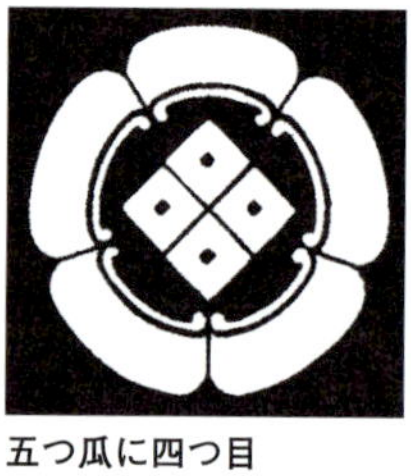

五つ瓜に四つ目

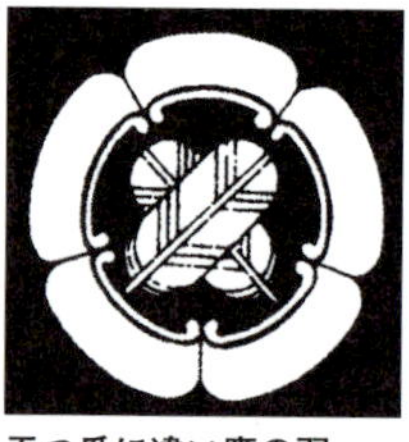

五つ瓜に違い鷹の羽

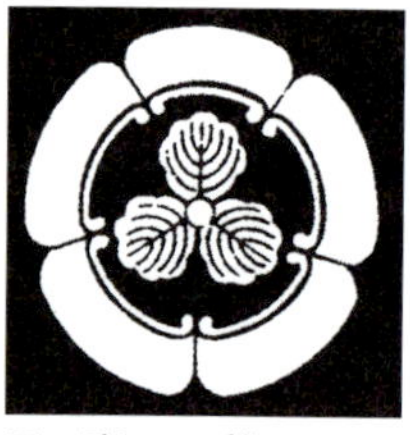

五つ瓜に三つ柏

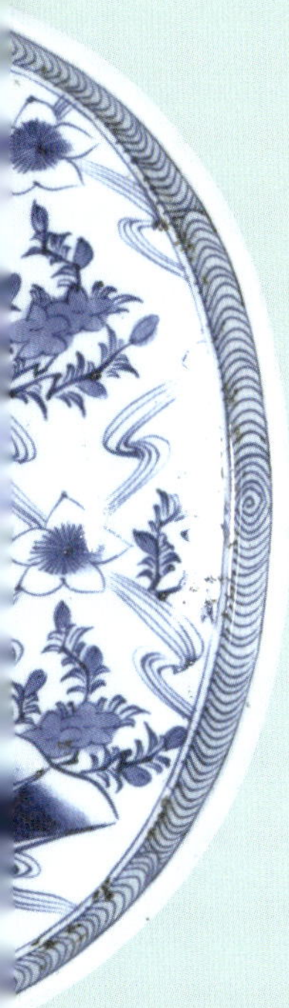

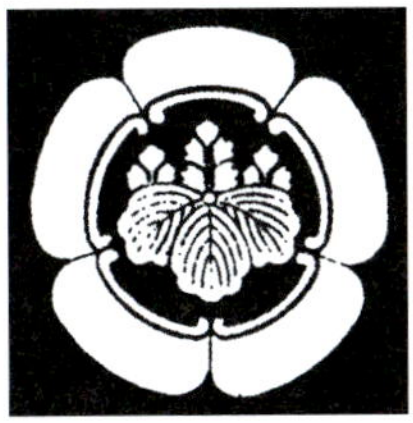

五つ瓜に五三桐

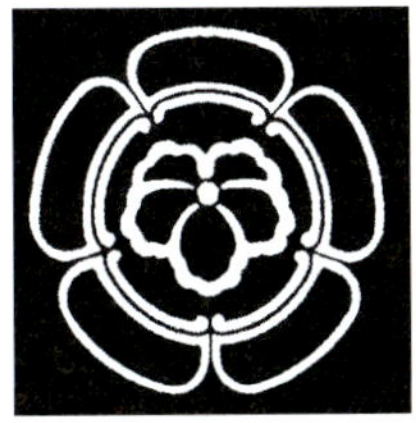

かげ五つ瓜に中かげ蔦

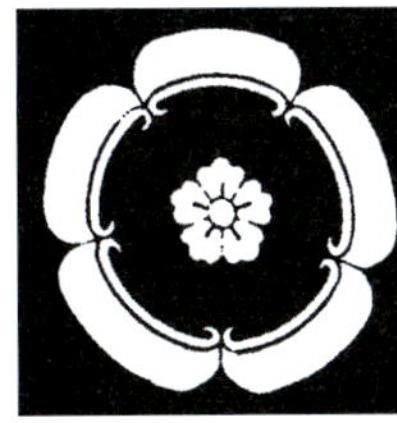

織田細瓜

五つ瓜と持瓜

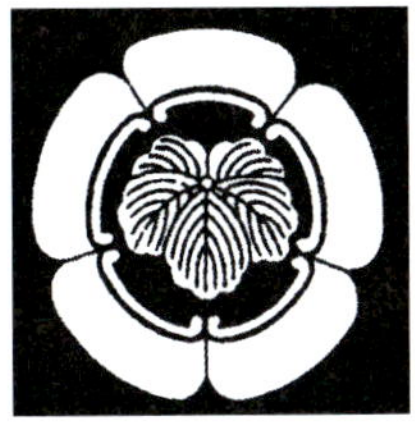

五つ瓜に蔦

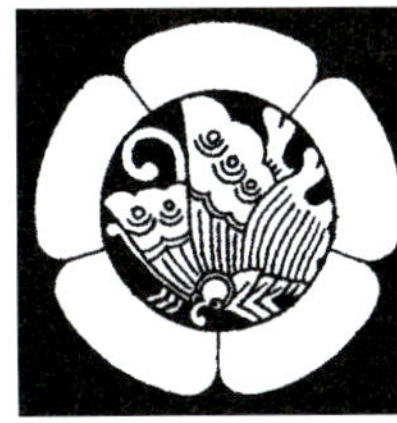

鷹取瓜

五つ瓜胡蝶

五つ瓜崩し

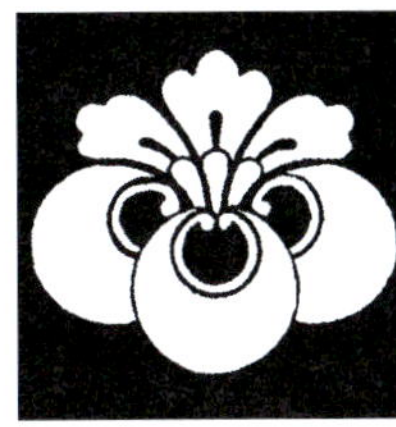

瓜桐

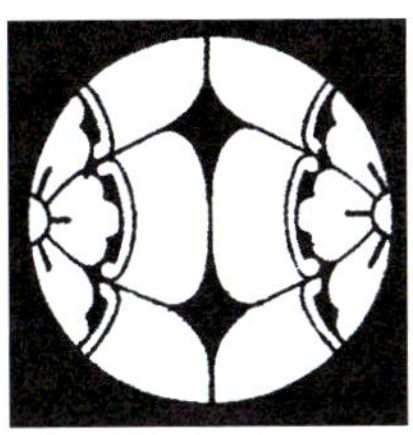

二つ割瓜

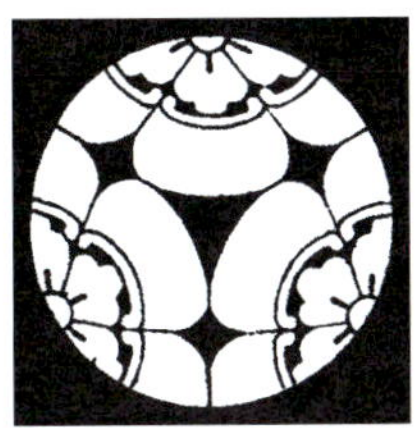

三つ割瓜

三つ盛り五瓜

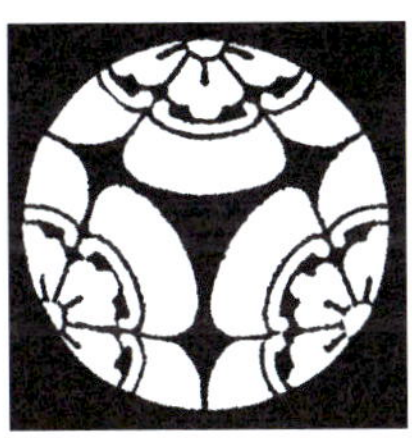

三つ割木瓜

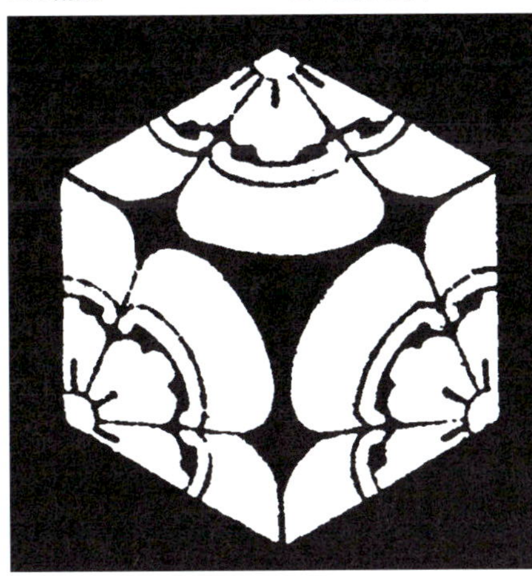

六角三つ割木瓜

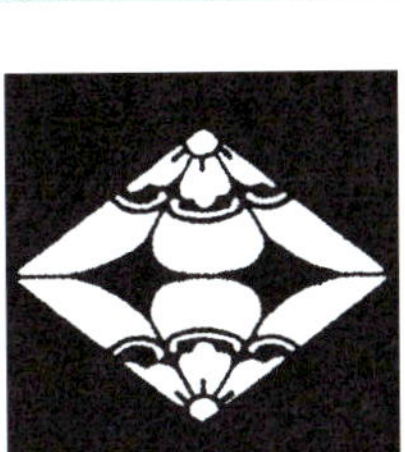

割木瓜菱

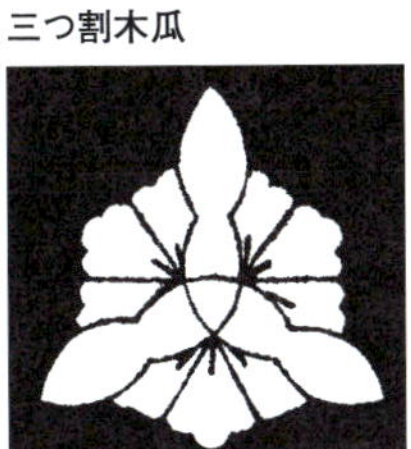

三つ割木瓜崩し

わちがい

◉輪違い紋 *Wachigai* | Interlocked Ring Crests

輪違いは二個以上の輪が鎖のように繋がっている連続文様をいい、輪のなかに唐花などをはめ込んだものをとくに「花輪違い」といって区別している。輪違い紋は数でよび、二から九まである。花輪違いは、「七宝違い」「剣輪違い」「蔓輪違い」「花輪違い崩し」などがおもなものである。江戸時代の大名家では、脇坂、戸沢、大関の三氏、旗本では九十余家が使用した。「花輪違い」は、高階、富士名、隠岐の諸氏で、みな宇多源氏流の出である佐々木氏一門である。

Interlocked ring motifs incorporate a series of rings, linked as in a chain. The variant with floral motifs inside the rings is known as the *hana wachigai*, floral interlocked ring.

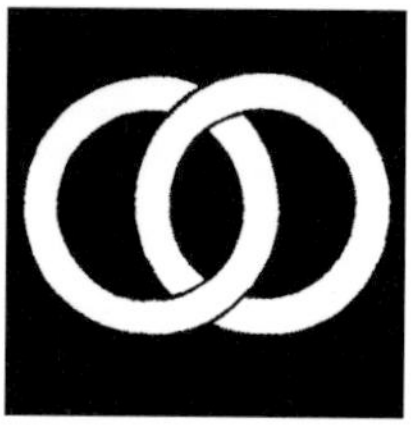
輪違い

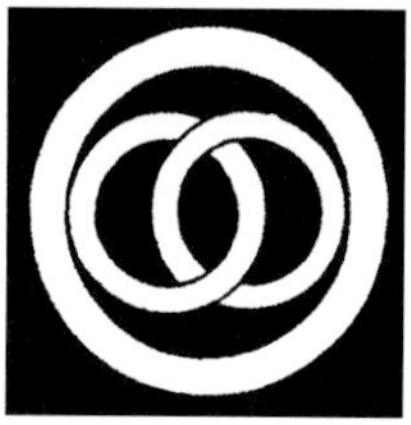
丸に輪違い

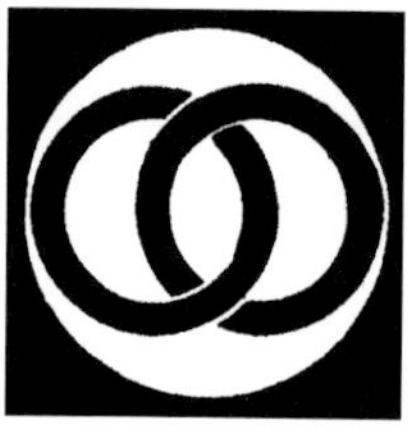
石持ち地ぬき輪違い

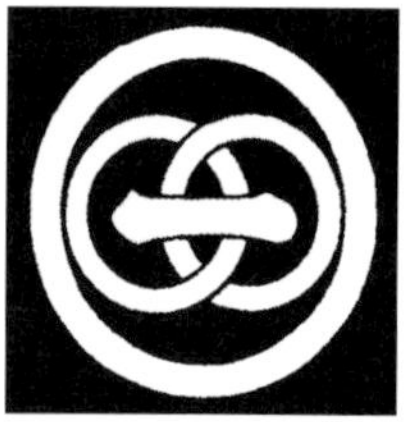
丸に輪違いに一の字

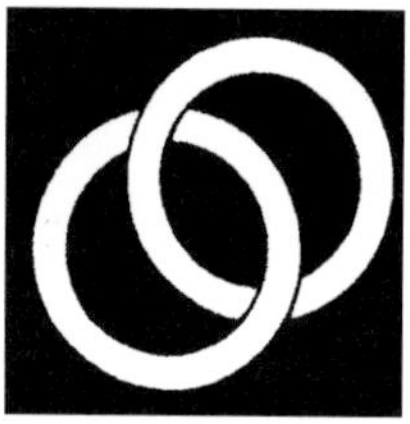
寄せ掛け輪違い

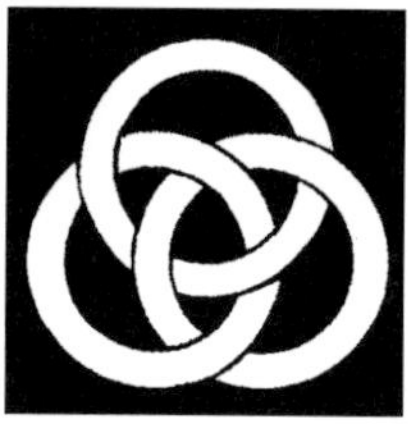
三つ輪違い

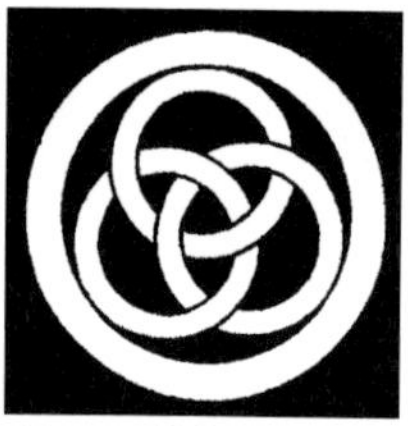
丸に三つ輪違い

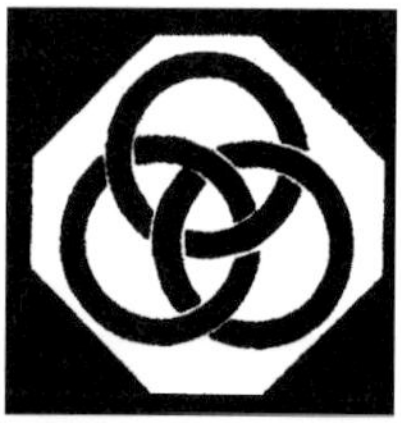
隅切持ち地ぬき三つ輪違い

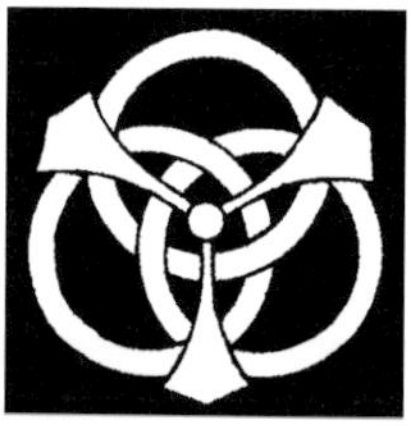
剣三つ輪違い

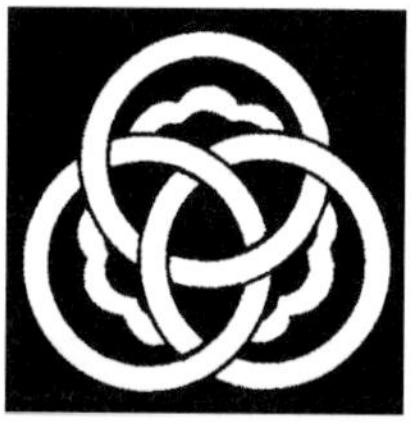
花形金輪

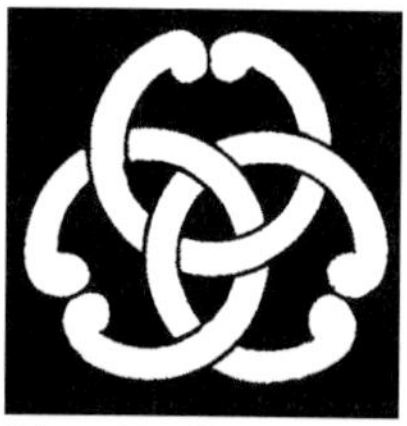
鐶三つ組金輪

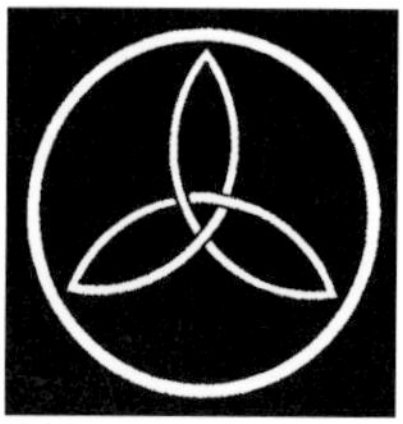
糸輪に金輪結柏

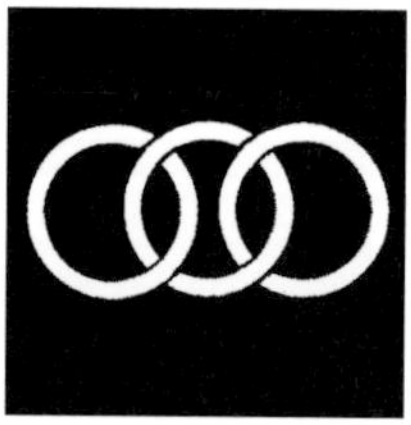
三つ双金輪

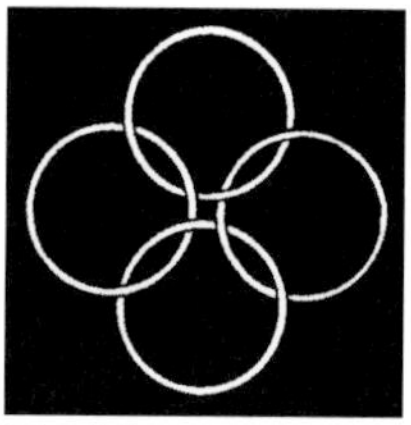
四つ金輪

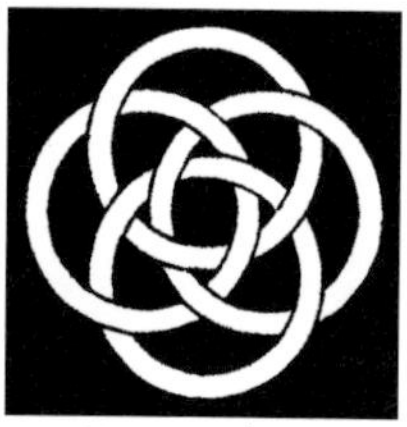
四つ輪違い

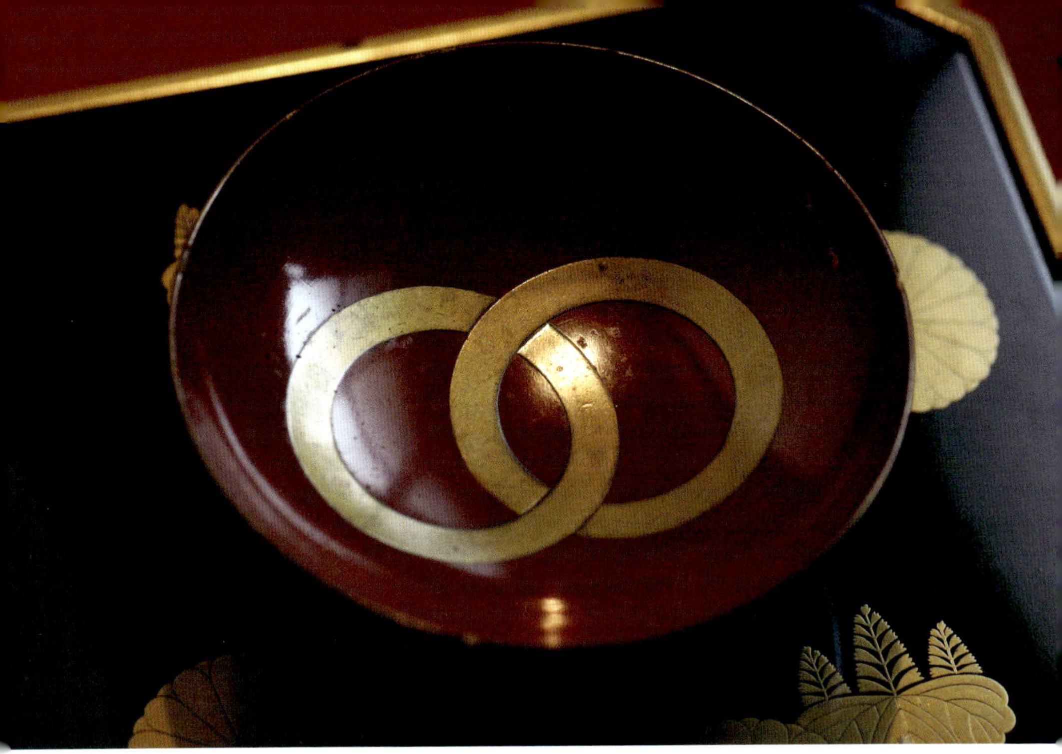

朱塗りの盃　輪違屋　京都

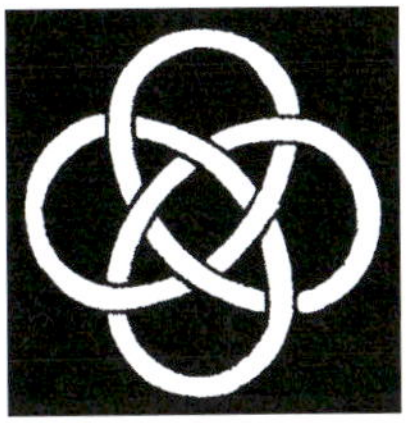

結び輪違い

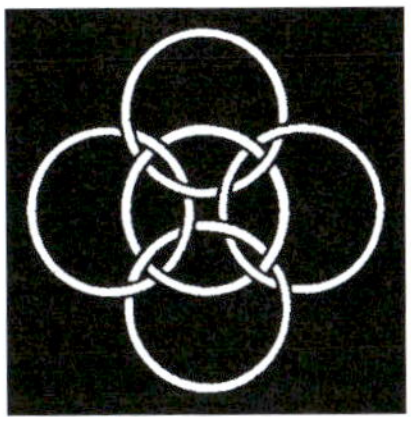

五つ輪違い

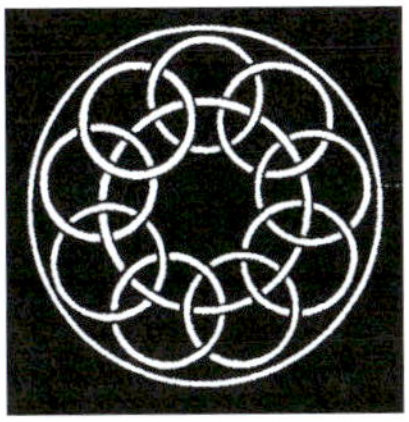

毛輪に十曜金輪

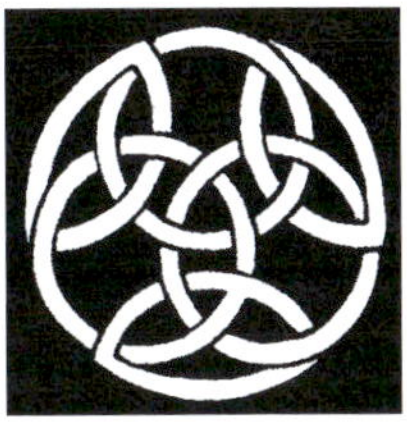

六つ輪違い

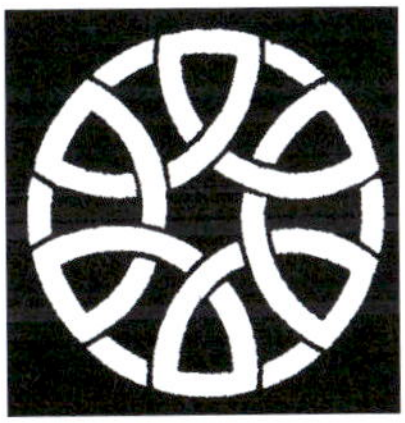

六つ輪金輪崩し

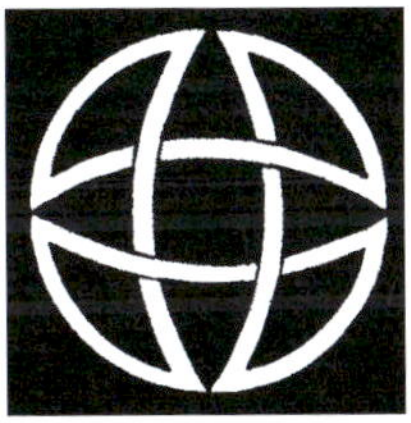

輪違い崩し

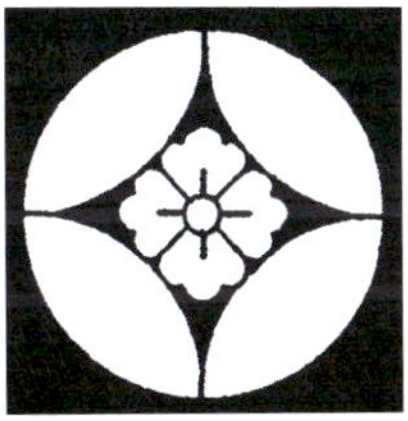

花輪違い

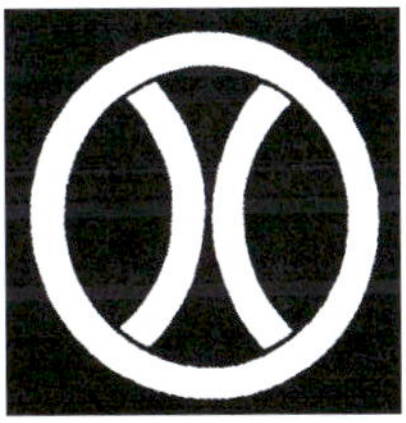

丸に輪違い崩し

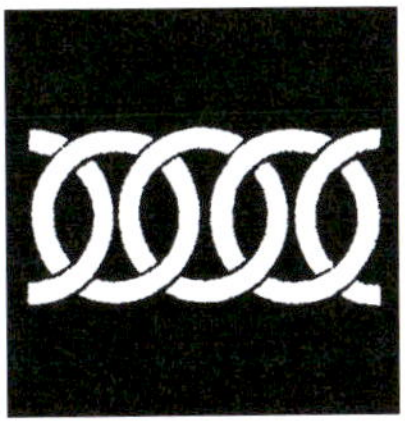

繋ぎ輪違い

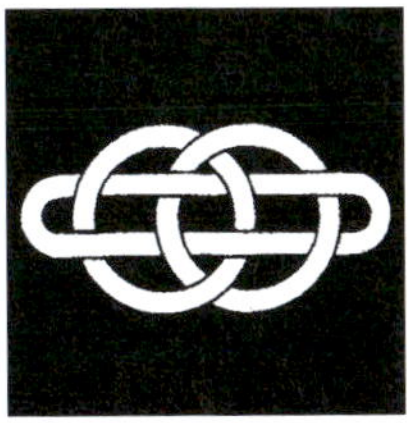

知恵輪

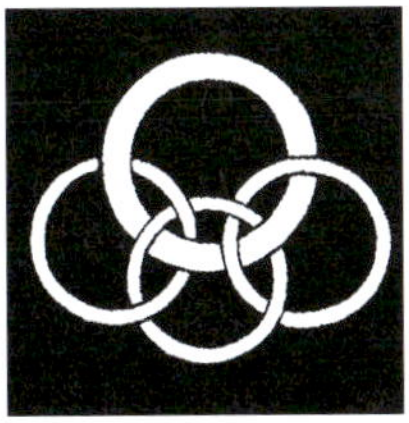

変り輪違い

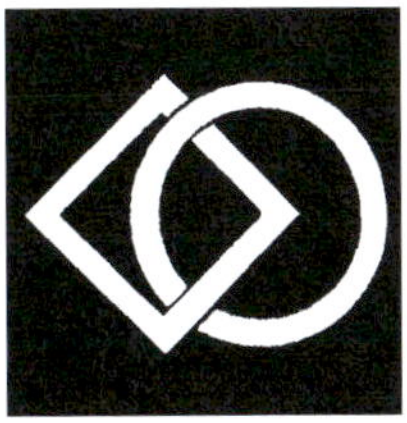

違い角丸

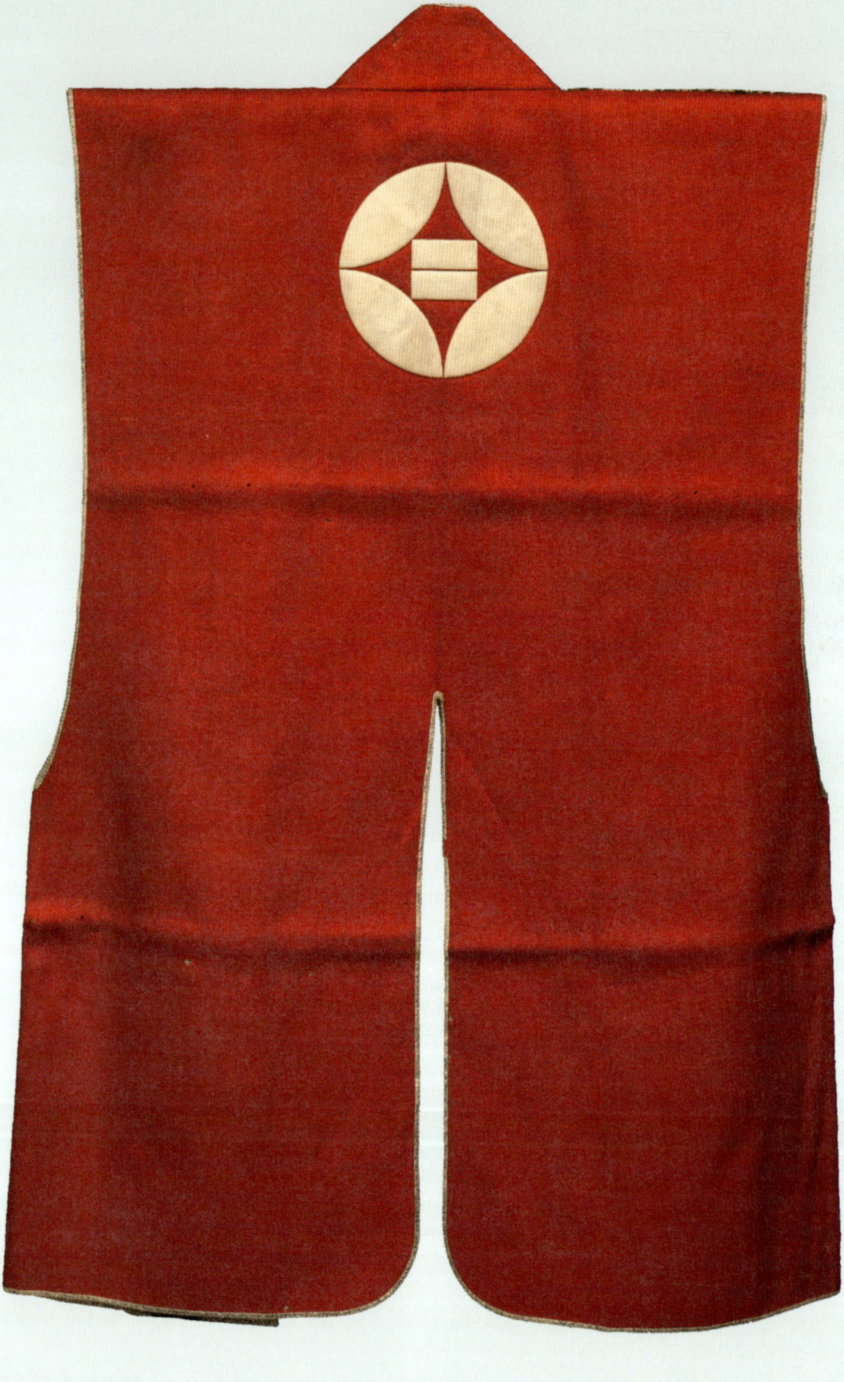

「猩々緋羅沙地輪違いに二引紋付陣羽織」江戸時代・19 世紀　東京国立博物館蔵　出典：ColBase (https://colbase.nich.go.jp)

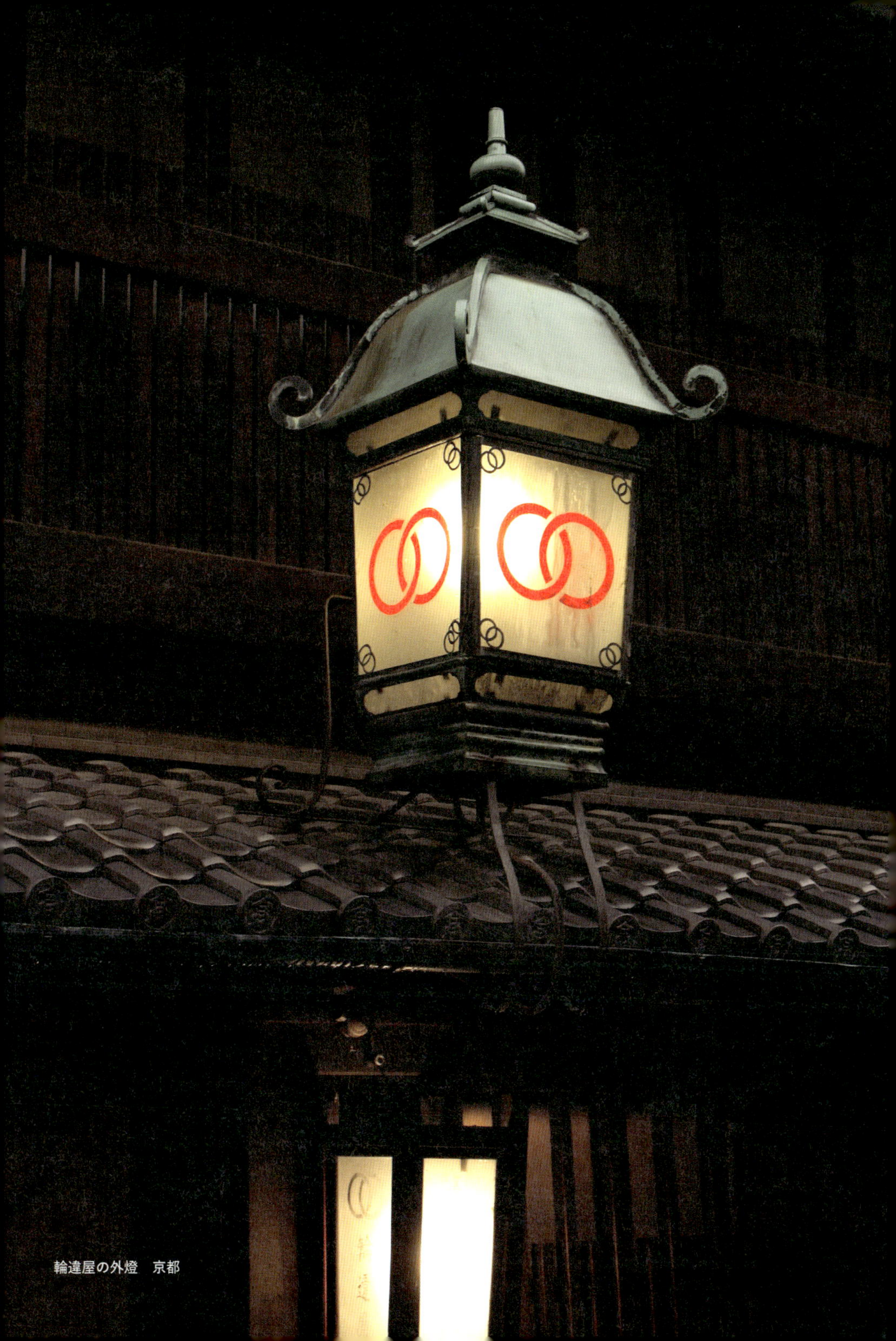

輪違屋の外燈　京都

きっこう

◉ 亀甲紋 *Kikkō* | Hexagonal Lattice Crests

六角形の亀甲は亀の甲羅や甲羅の筋文から取った模様で、長寿の象徴として吉祥をあらわす。紋には一重輪郭のものと二重のものとがあり、二重輪郭のものは「子持ち亀甲」という。亀甲のなかに、梅、菊、片喰、唐花、花菱、桔梗、桐などの花模様をいれた「花亀甲」や、「反り亀甲」「亀甲崩し」「毘沙門亀甲」などがある。また花以外に、卍字、巴、七曜などを配したものもある。家紋は出雲大社ゆかりの神社やそこに奉仕する神官の家で用いている。

Because hexagonal motifs are associated with the patterns on the shells of tortoises, creatures known for their long lives, they symbolize longevity and good fortune. As family crests, these designs may

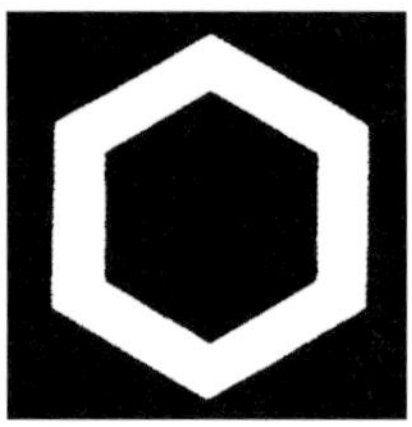
一重亀甲

一重亀甲に花角

鉄砲亀甲に花角

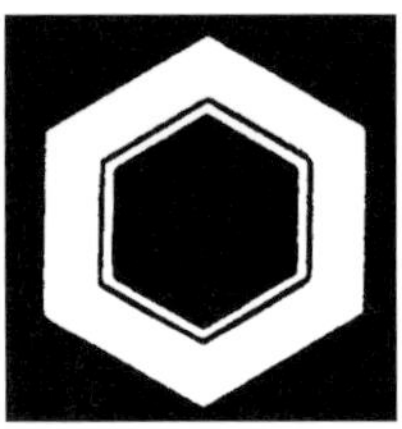
亀甲

亀甲に花菱

亀甲に花角

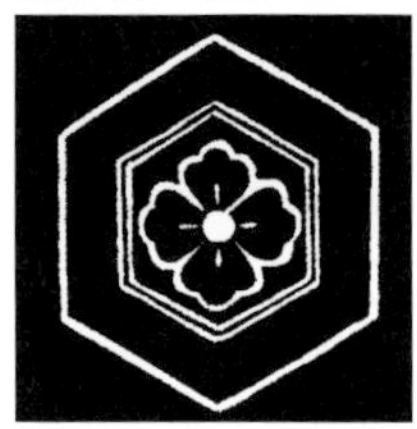
かげ亀甲に花角

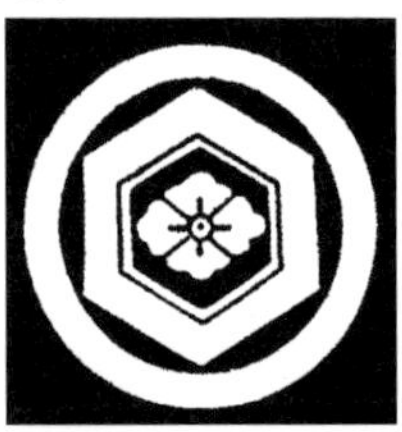
丸に亀甲に花菱

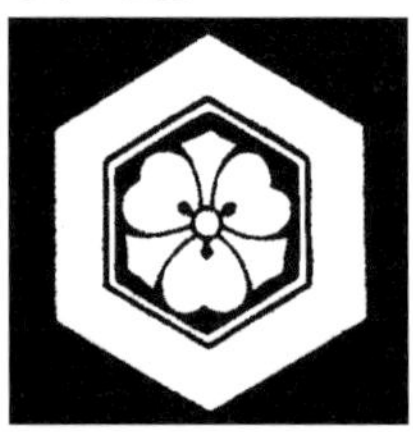
亀甲に剣片喰

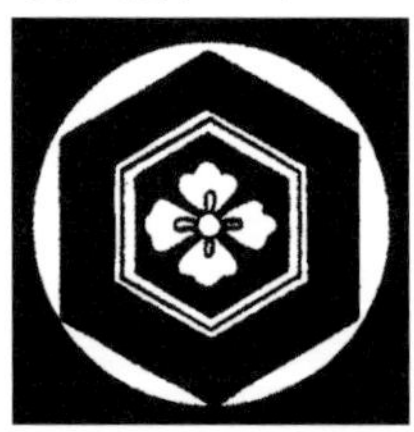
石持ち地ぬき亀甲に花菱

相馬亀甲

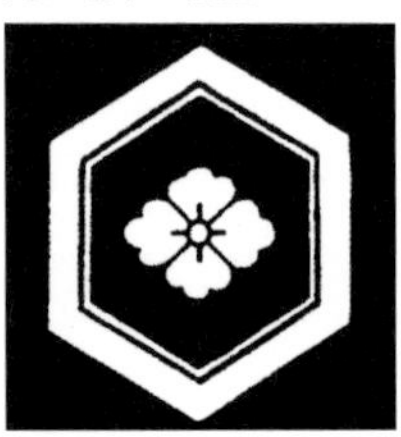
細亀甲に豆花菱

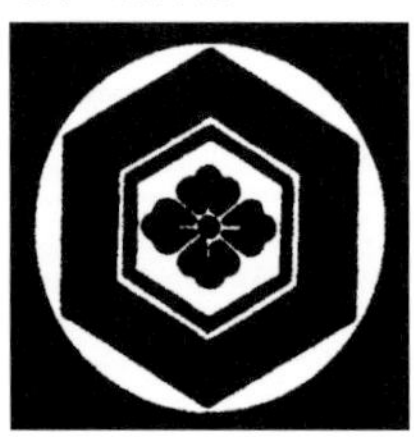
石持ち地ぬき亀甲に花菱

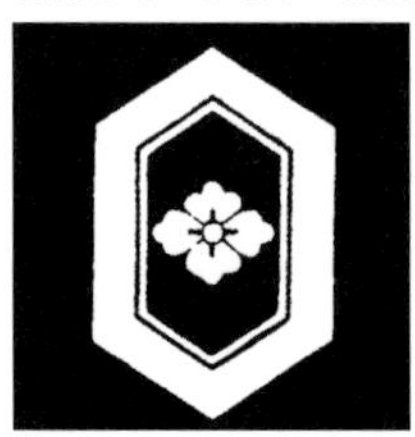
長亀甲に花菱

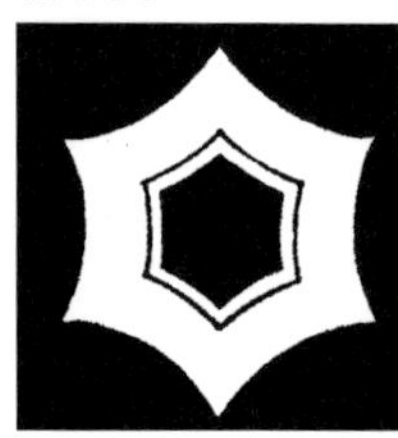
反り亀甲

have one line around the lattice or two. The latter, with its extra outline, is known as the "childbearing hexagon."

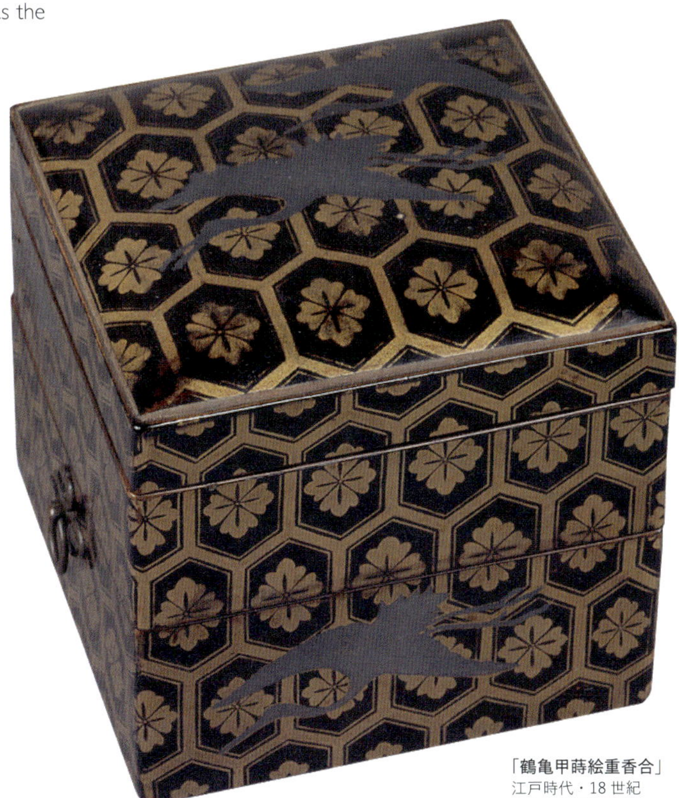

「鶴亀甲蒔絵重香合」
江戸時代・18 世紀
京都国立博物館蔵

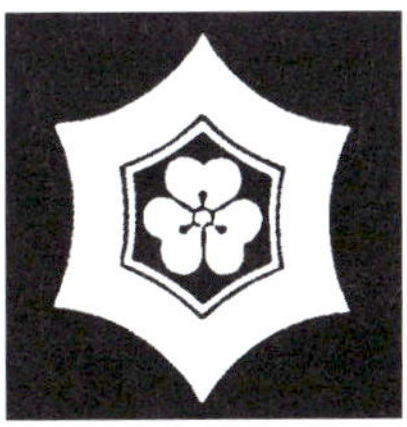

反り亀甲に片喰

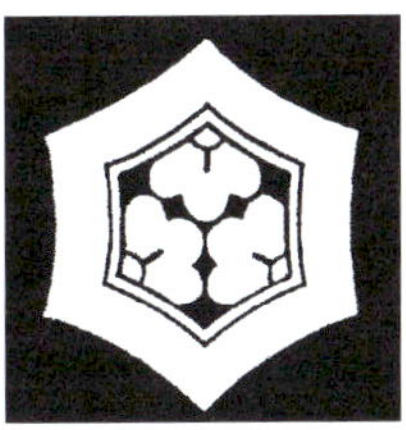

反り形亀甲崩し

木瓜形亀甲花菱

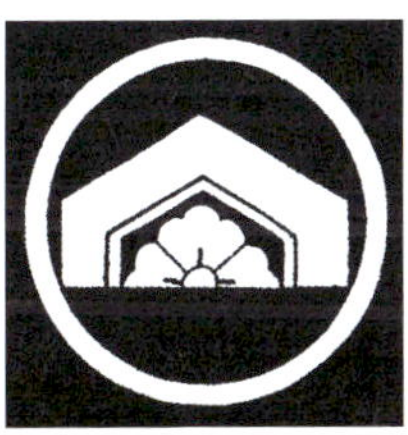

細輪に割亀甲に花角

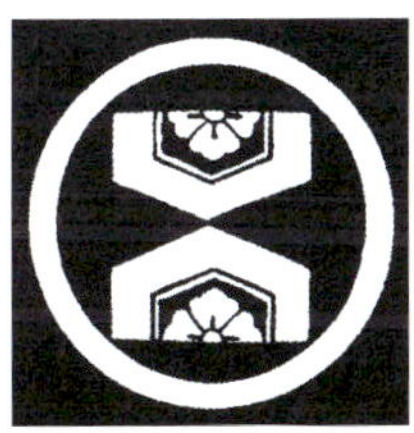

中輪対い割亀甲花角

丸に並び日向亀甲

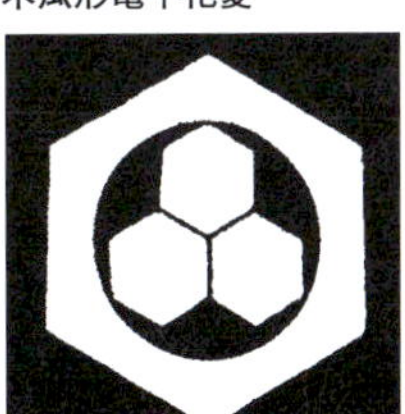

鉄砲亀甲に三つ盛り日向亀甲

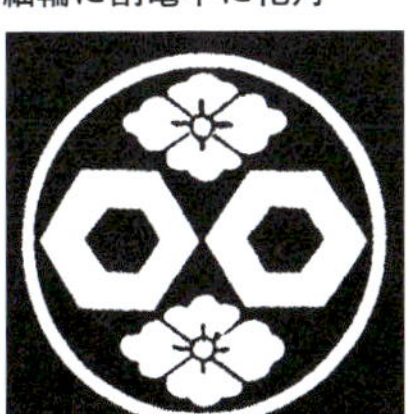

糸輪に二つ亀甲に花菱崩し

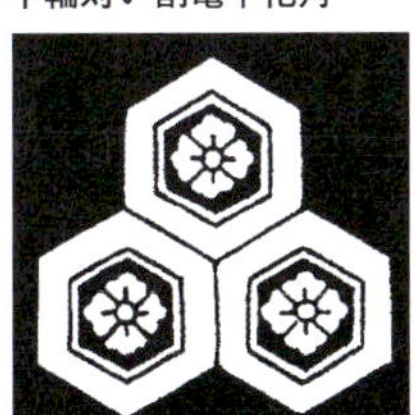

三つ盛り亀甲に花角

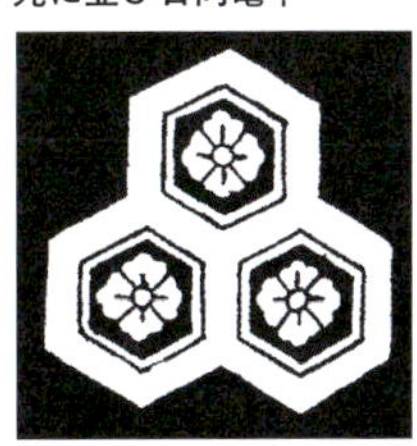

持合い三つ盛り亀甲に花角

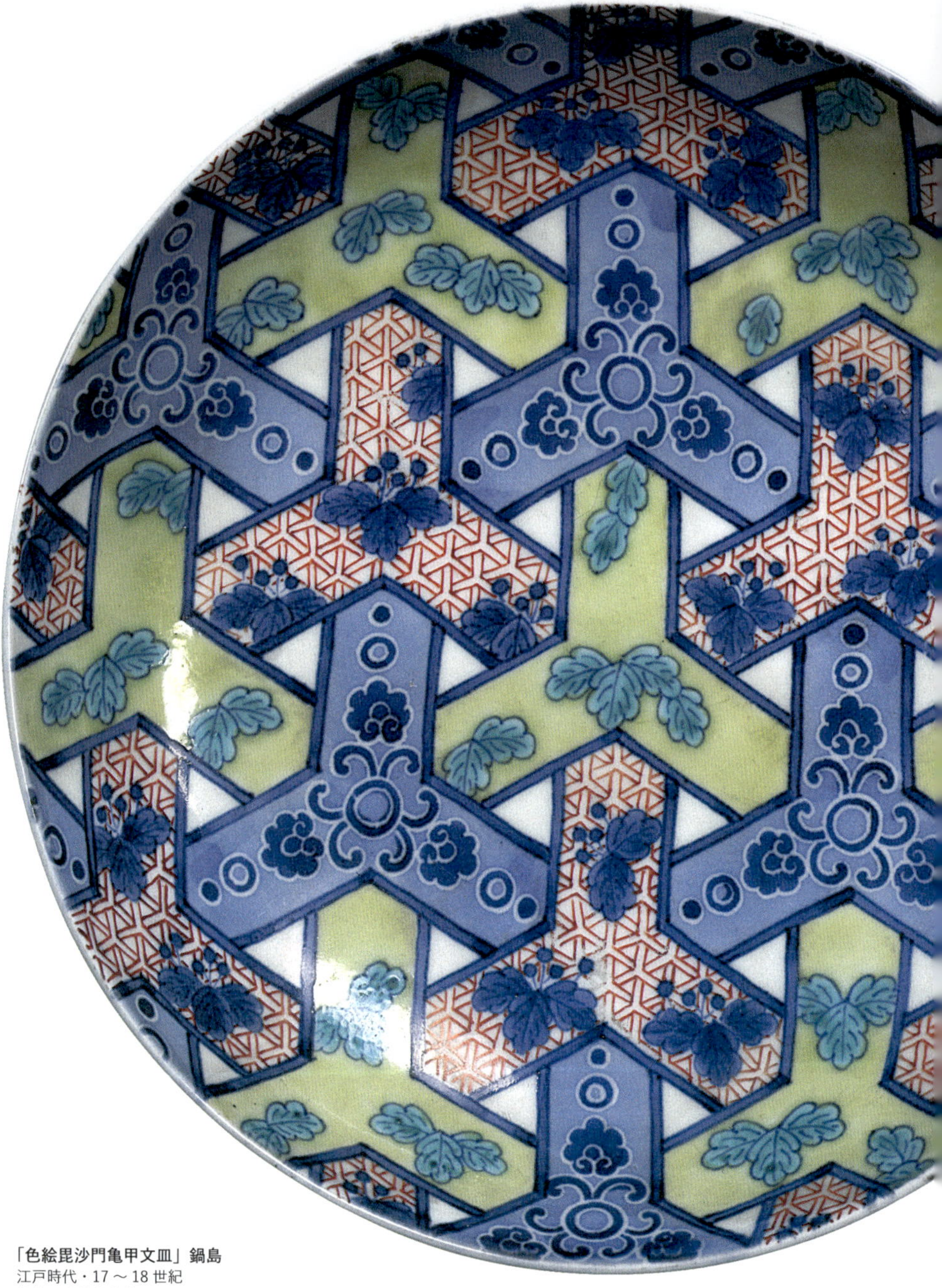

「色絵毘沙門亀甲文皿」鍋島
江戸時代・17～18 世紀
東京国立博物館蔵
出典：ColBase (https://colbase.nich.go.jp)

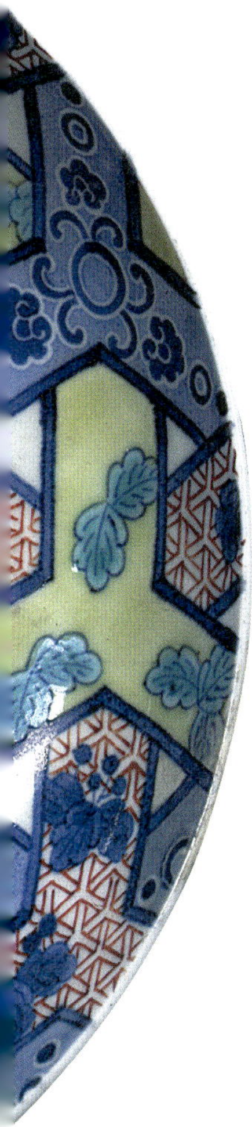

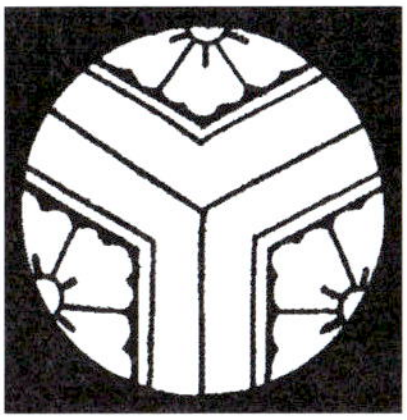
三つ割亀甲に花菱

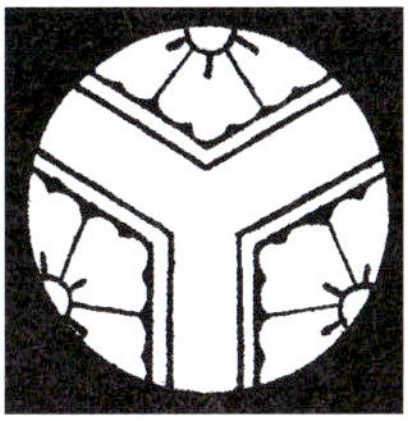
持合い三つ割亀甲に花菱

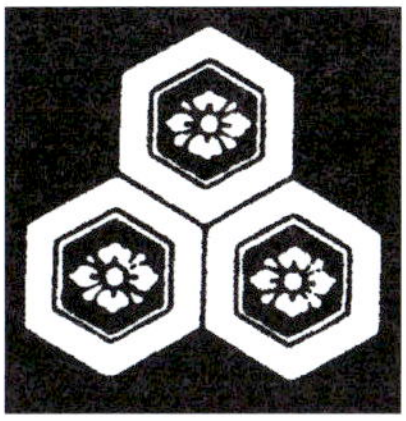
三つ盛り亀甲に剣花菱

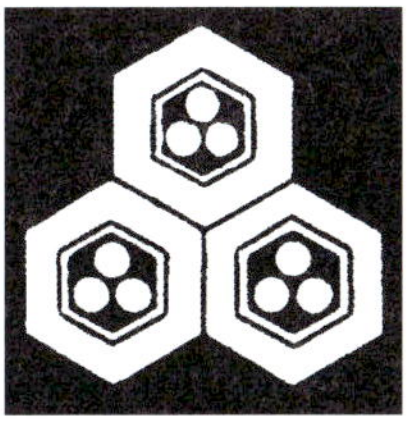
三つ盛り亀甲に三つ星

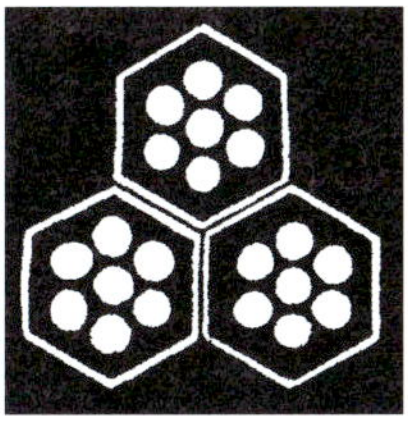
六郷亀甲

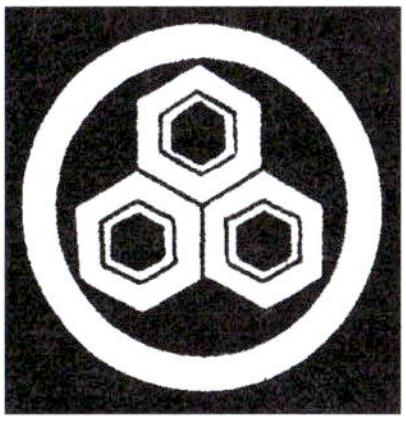
丸に三つ盛り亀甲

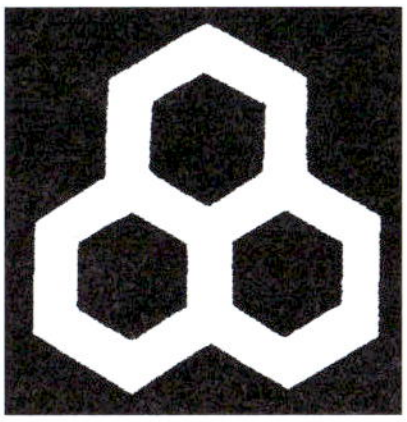
三つ持合い一重亀甲

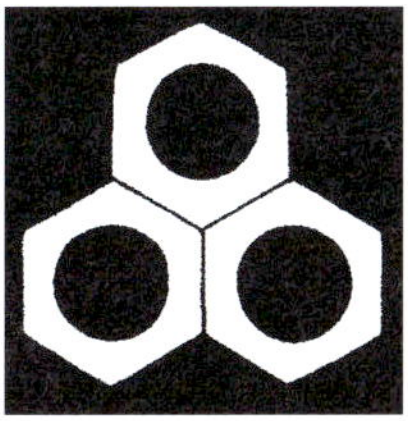
三つ盛り鉄砲亀甲

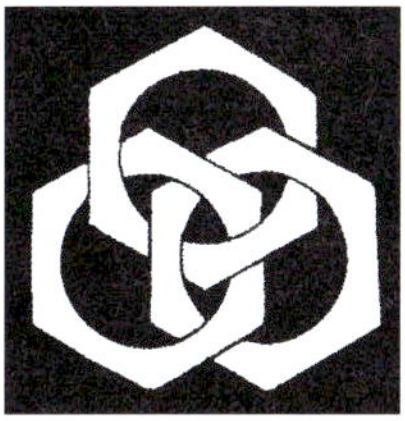
三つ組合い鉄砲亀甲

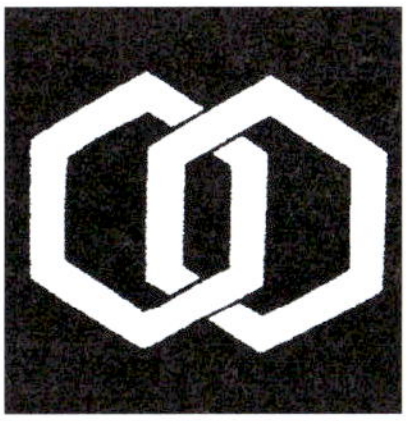
違い一重亀甲

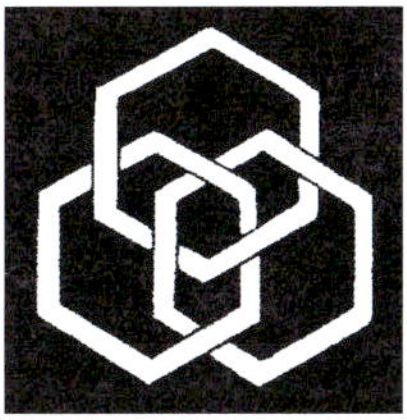
三つ組合い一重亀甲

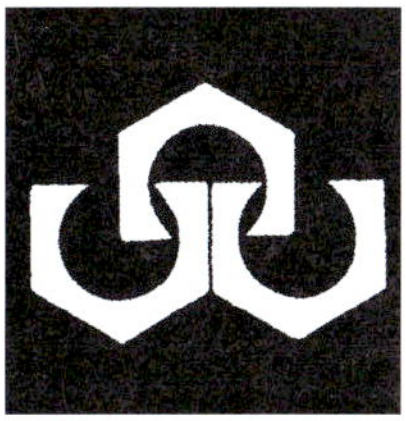
三つ鉄砲亀甲崩し

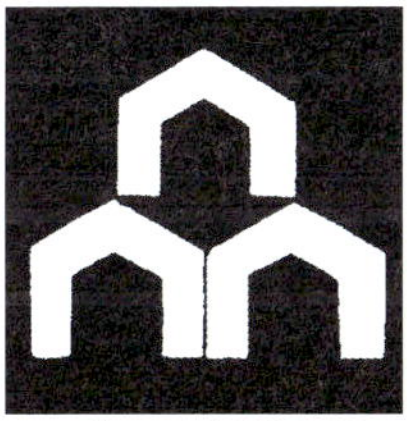
三つ盛り一重割亀甲崩し

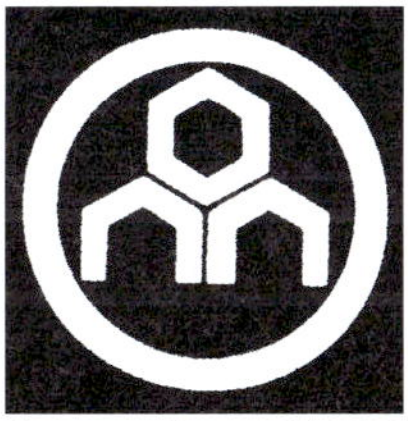
丸に三つ盛り一重亀甲崩し

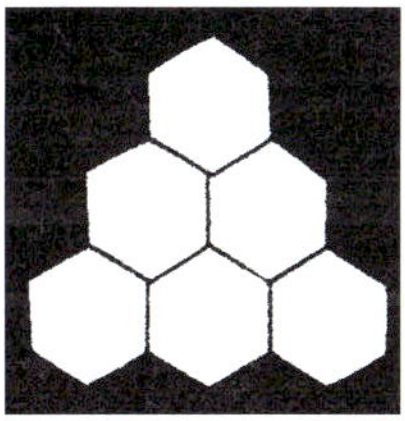
積み日向亀甲

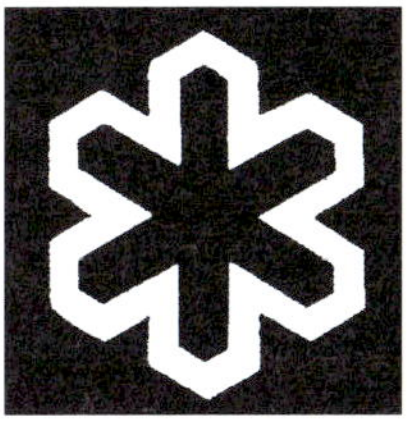
六つ組合せ亀甲

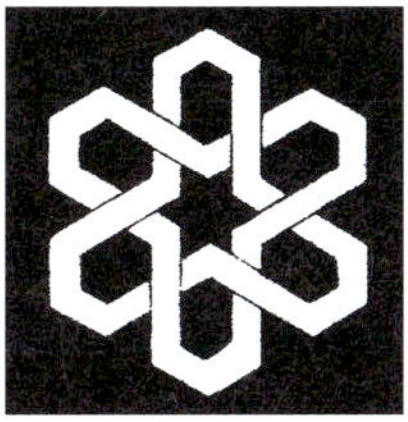
六つ組合せ結び亀甲

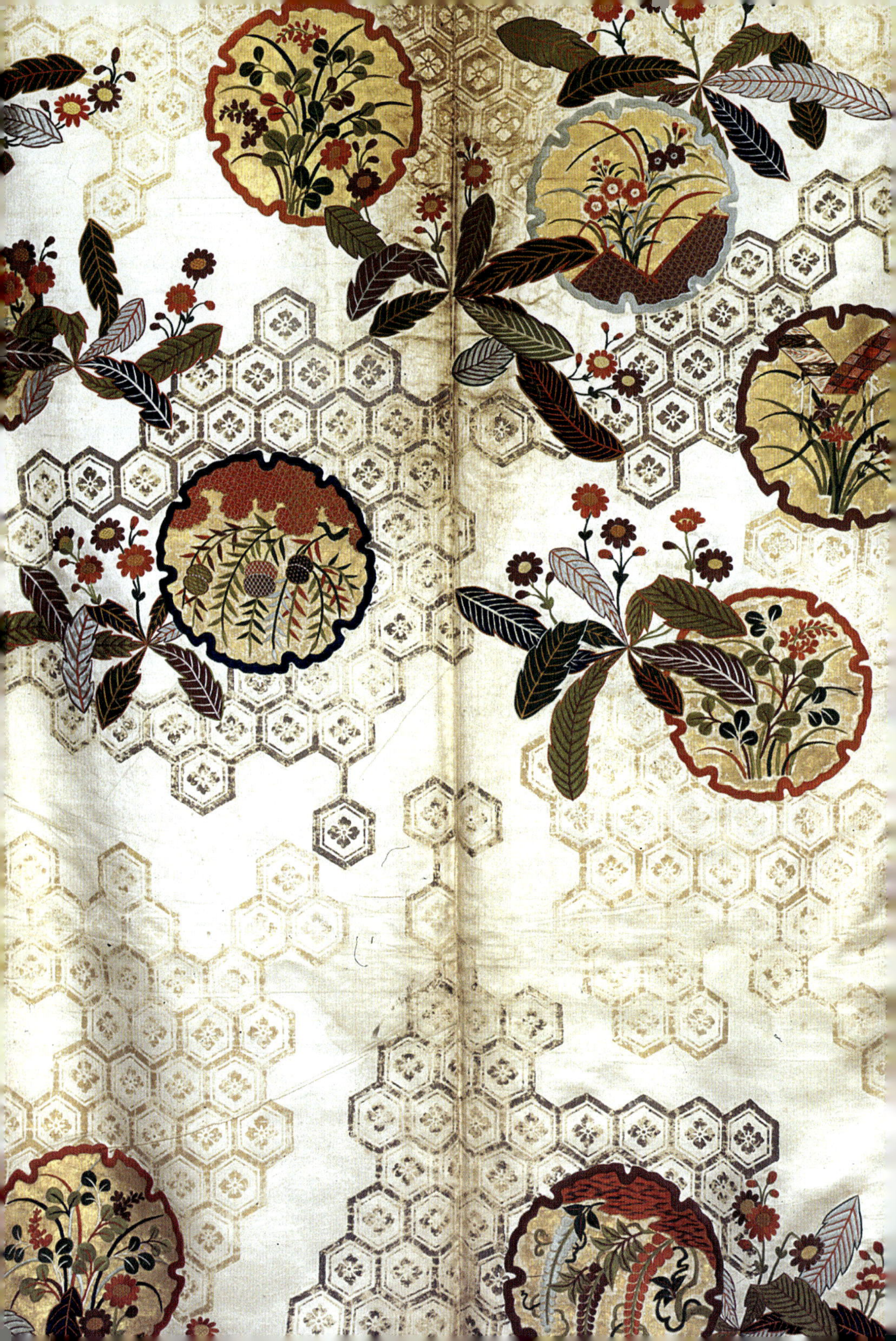

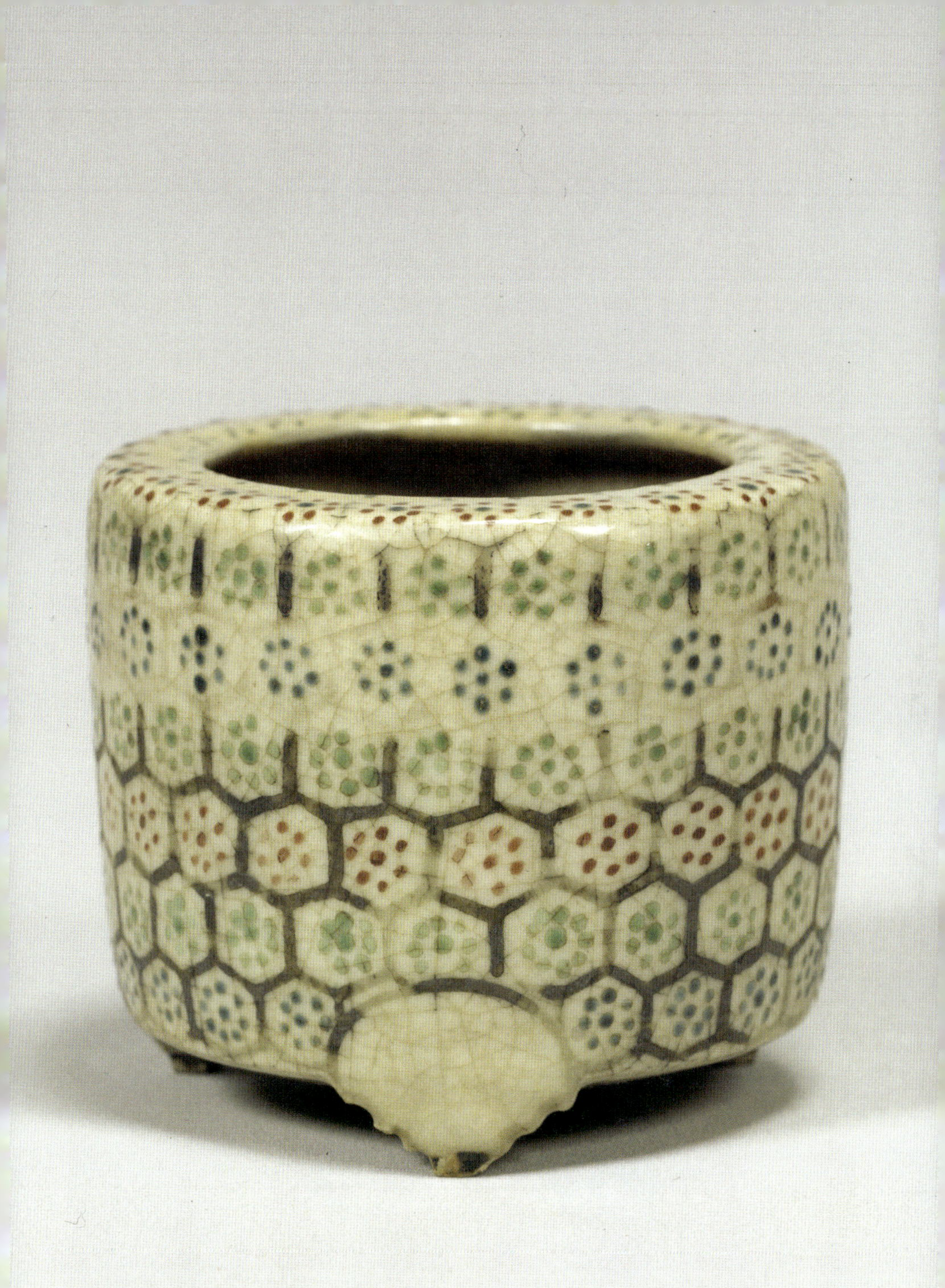

前頁：「白地花菱亀甲蒲公英雪輪草花模様縫箔」（部分）
江戸時代・18 世紀　東京国立博物館蔵
出典：ColBase (https://colbase.nich.go.jp)

「色絵亀甲文香炉」京焼
江戸時代・18 世紀　東京国立博物館蔵
出典：ColBase (https://colbase.nich.go.jp)

からはな

◉唐花紋

Karahana | Stylized Floral Crests

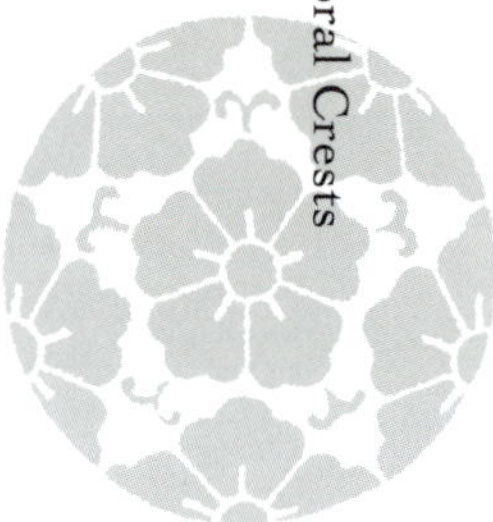

唐花は唐草文様と同じように、唐の時代につくり出された実在しない唐風の花文様のこと。正倉院御物の唐櫃（からびつ）や鏡筥（かがみばこ）の文様に描かれていることから、奈良時代後期から平安時代前期にかけて伝来しデザインされ用いられたと思われる。家紋は四枚の花弁が普通であるが、五弁、六弁、八弁もあり、花弁の間から剣（けん）や蔓（つる）の出ているものもある。江戸時代の公家の系図・官位・紋所などを記載した『雲上明覧大全』によると、公家の閑院家一門十二家すべてが使用している。

Stylized floral designs and floral arabesques, which originated in Tang-period China (619–907), were not derived from actual flowers. Since these stylized designs can be seen on a Chinese chest and a mirror case in the Shōsōin Repository, it is likely that they reached Japan in the Nara to Heian periods (710–1185).

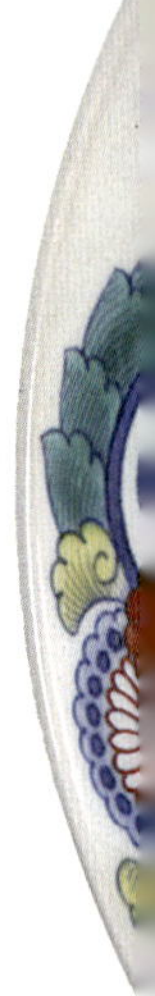

唐花

中かげの唐花

かげ唐花

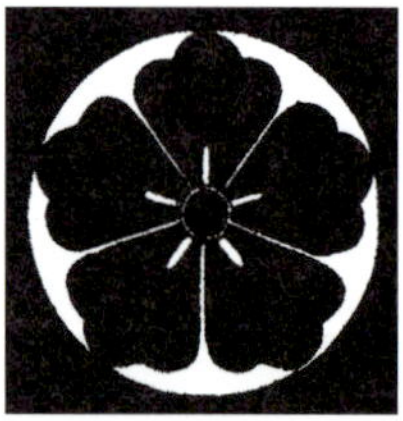

石持ち地ぬき唐花

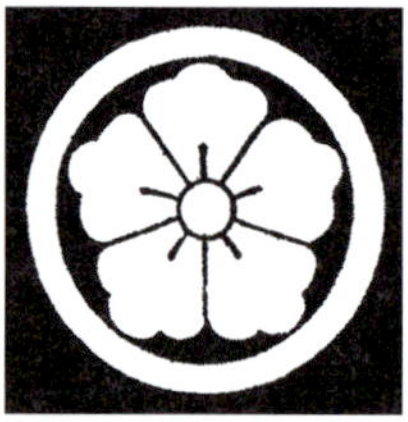

丸に唐花

やせ唐花

鬼唐花

離れ唐花

香い剣唐花

変り唐花

結び唐花

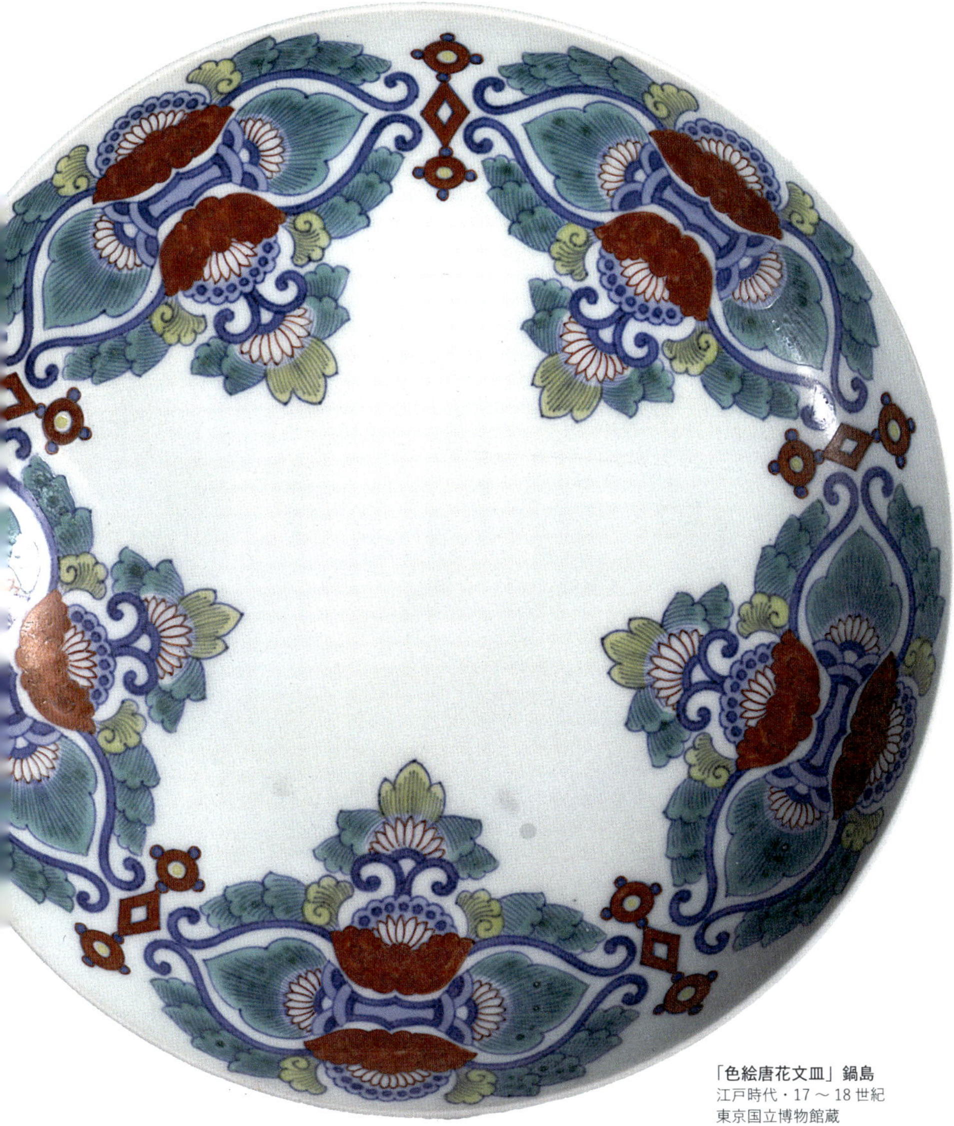

「色絵唐花文皿」鍋島
江戸時代・17 〜 18 世紀
東京国立博物館蔵
出典：ColBase (https://colbase.nich.go.jp)

六つ唐花

糸輪に六つ唐花

細五鐶輪に唐花

変り唐花に巴

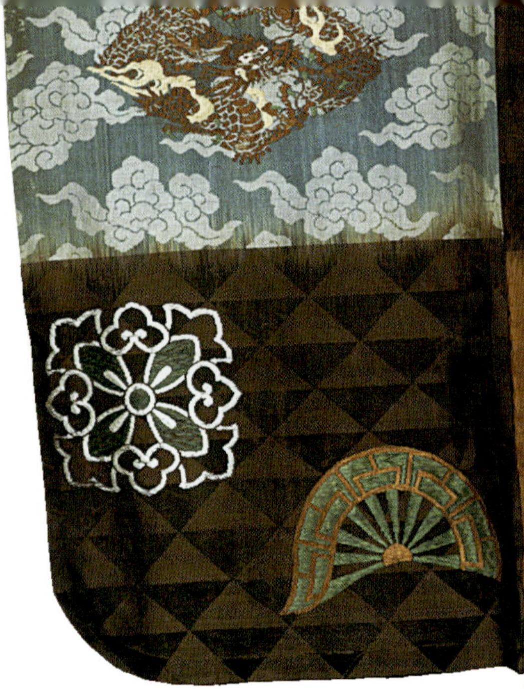

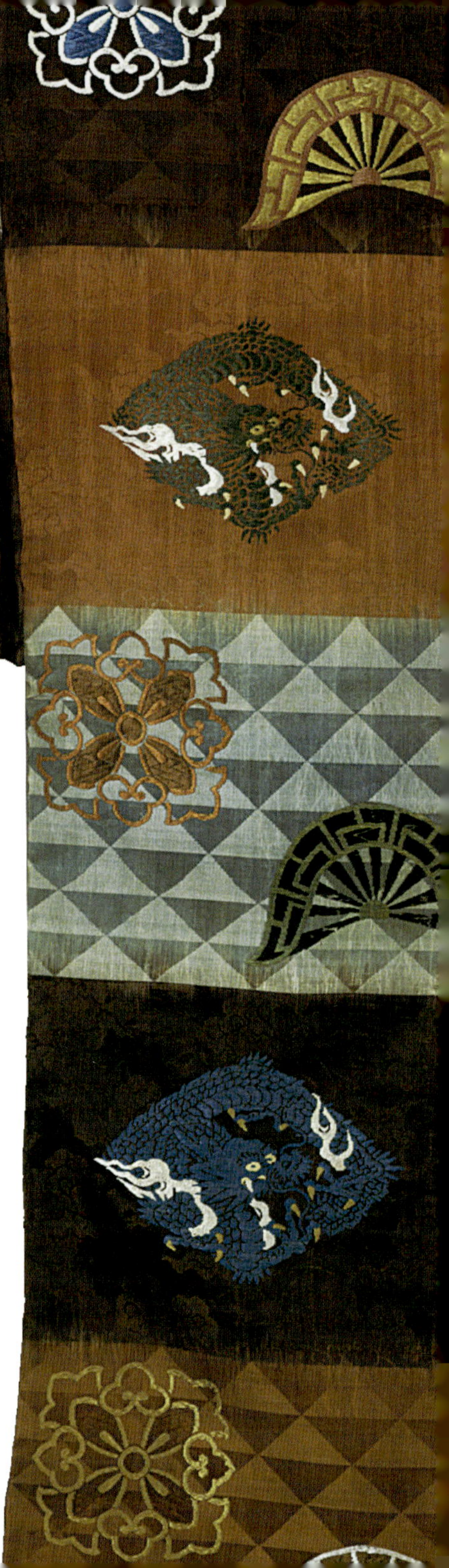

台地ぬき唐花

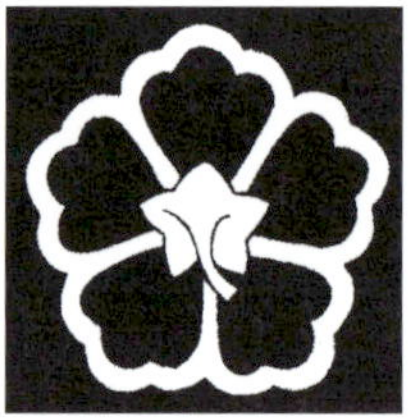

中かげの裏唐花

かげ裏唐花

中かげの裏唐花

八重唐花

剣唐花

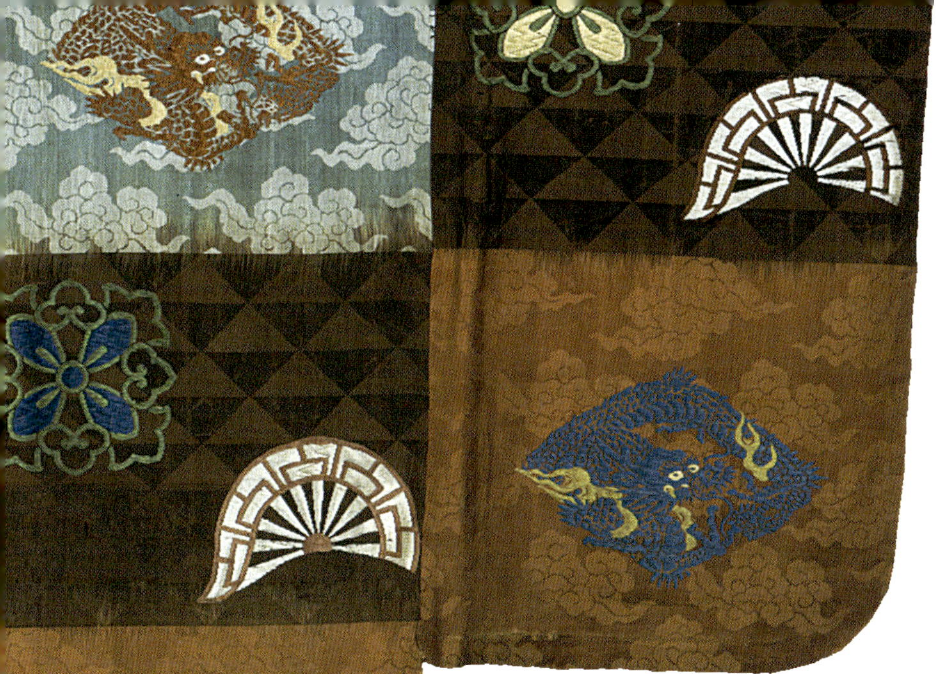
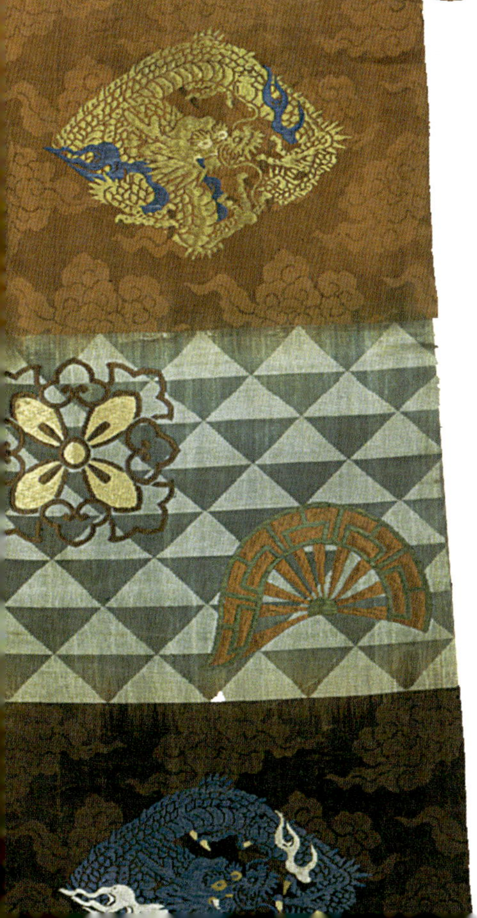

「濃茶茶浅葱段雲龍鱗片輪車唐花模様厚板」（部分）
江戸時代・18 世紀　東京国立博物館蔵
出典：ColBase (https://colbase.nich.go.jp)

有馬唐花

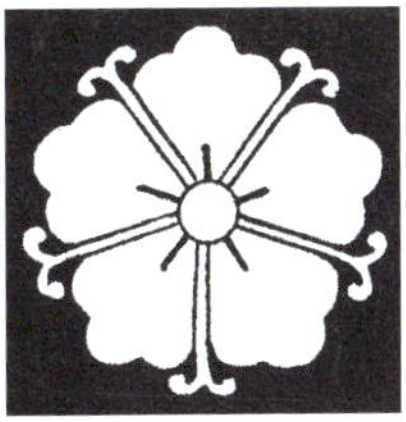

蔓唐花

蔓唐花桜

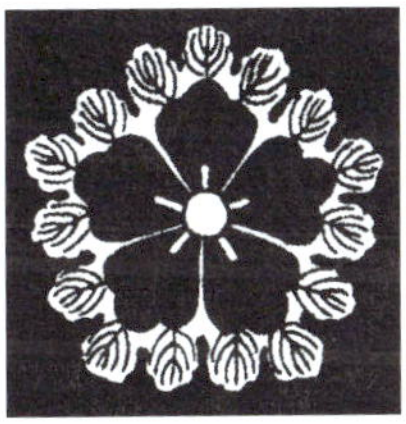

織田唐花

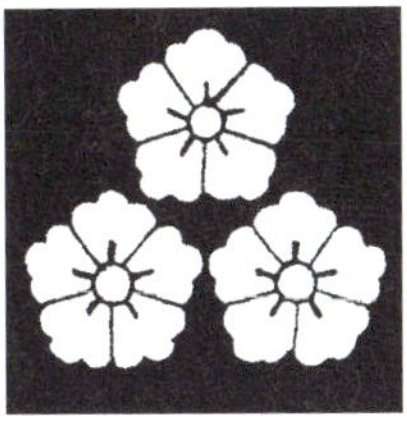

三つ盛り唐花

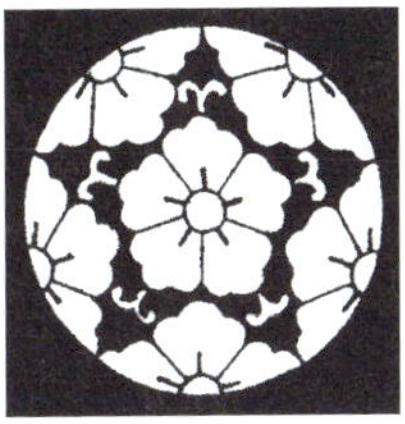

風船龍唐花

はなびし

◉花菱紋

Hanabishi | Floral Diamond Crests

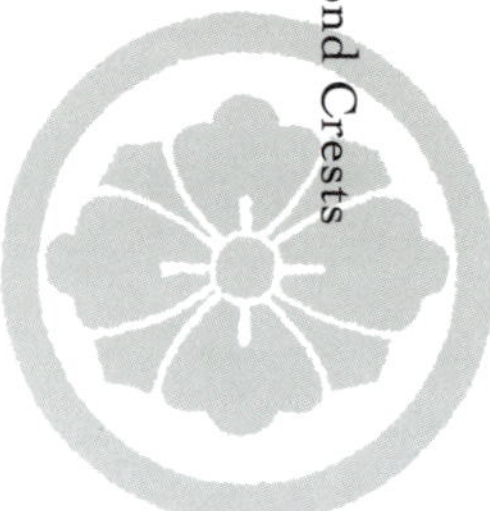

菱形を四つに割って四弁の花に見立てたもので、「唐花菱」ともよばれる。唐花と同じ架空の花である。紋はなかに四弁の唐花を配し、四辺に四角の切れ込みを入れた模様で、四個あわせれば「四つ花菱」といい、「先間菱」「幸菱」ともいわれる。また花ではなく、剣や蔓などを添えた「剣花菱」「蔓花菱」、あるいは亀甲や七宝つなぎの内部に花菱を入れた「花菱亀甲」「花菱七宝」、三つあるいは四つ組み合せた「三つ花菱」「四つ花菱」などのバリエーションがある。五代将軍綱吉の寵をうけて大老職についた柳沢吉保が替紋としてこの葉菱を考案したと伝えられる。

A diamond or lozenge shape divided into four parts resembles a flower with four petals. These designs are also called stylized floral diamonds (*kara hanabishi*), because, like *karahana*, they are imaginary flowers. Family crests may have four-petalled *karahana* inside the diamond or indentations at the diamond's four corners. Other variants combine four floral diamonds (*yottsu hanabishi*, also called *genkenbishi* or *saiwaibishi*).

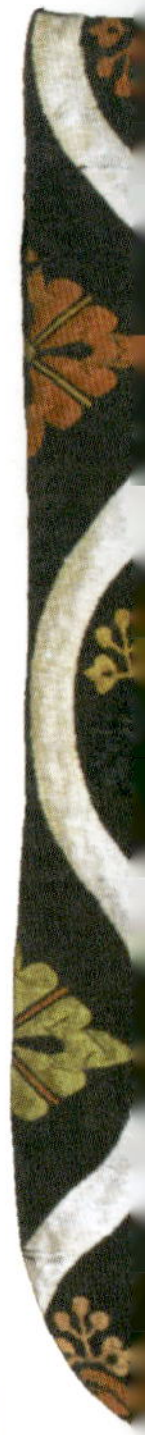

花菱

太かげの花菱

中かげの花菱

かげ花菱

石持ち地ぬき花菱

丸に花菱

雪輪に花菱

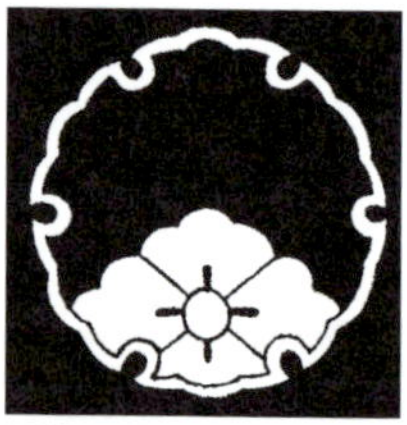

雪輪に覗き花菱

鞠挟み花菱

吉田花菱

むくみ花菱

鬼花菱

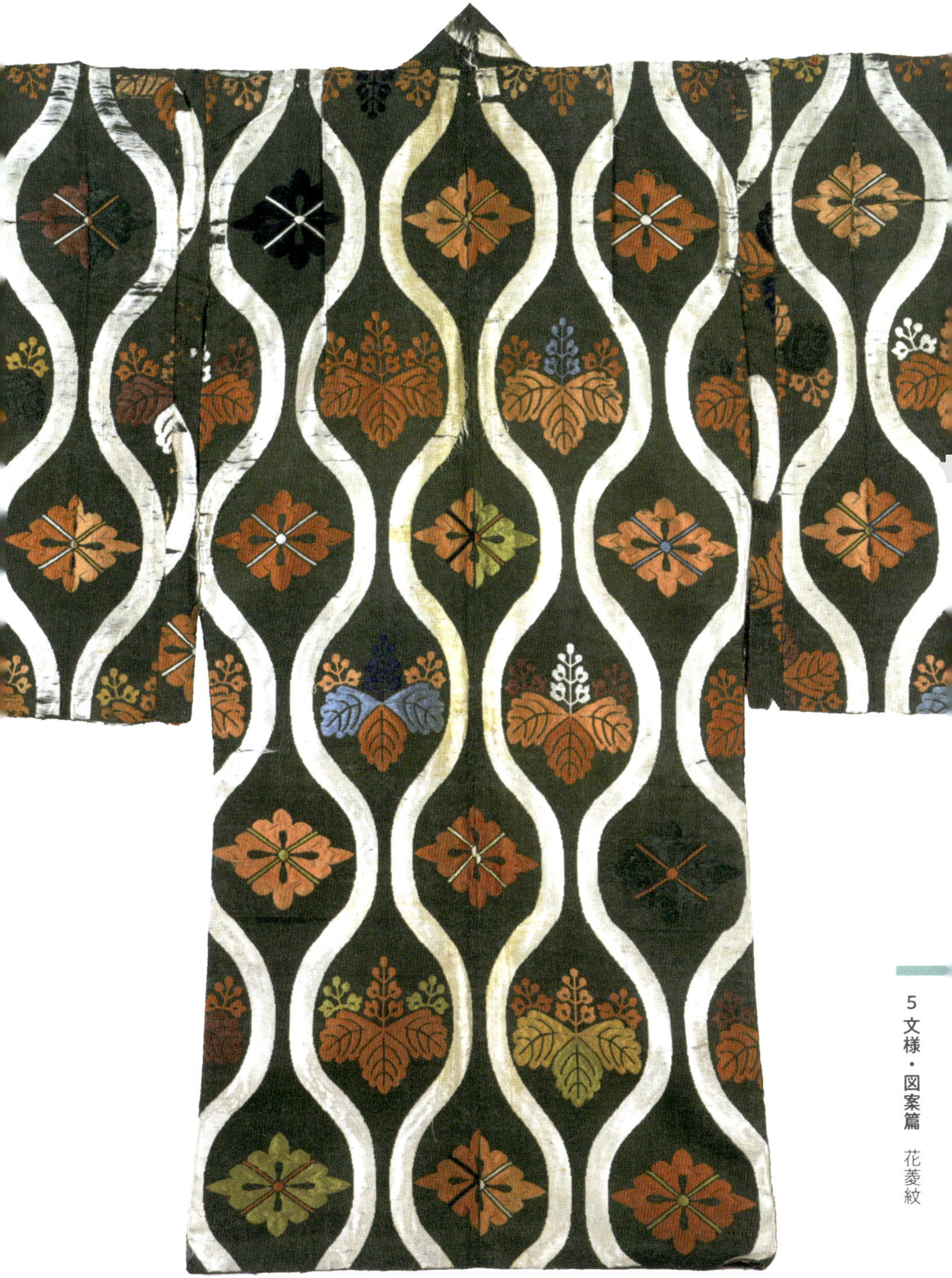

「緑地花菱桐立涌模様厚板」（部分）安土桃山〜江戸時代・16 〜 17 世紀　東京国立博物館蔵　出典：ColBase (https://colbase.nich.go.jp)

かげ鬼花菱

丸に鬼花菱

やせ鬼花菱

郡山花菱

中かげ尖り花菱

多々羅花菱

利休花菱

有職花菱

変り二つ剣花菱

朧花菱

中かげ変り花菱

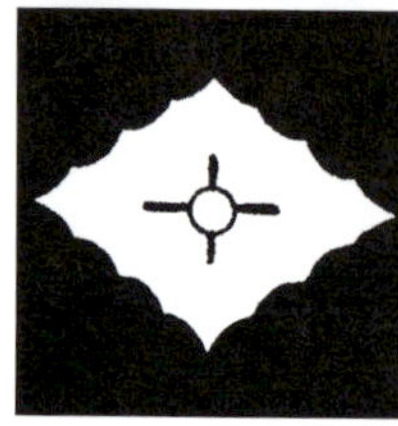
雲形花菱

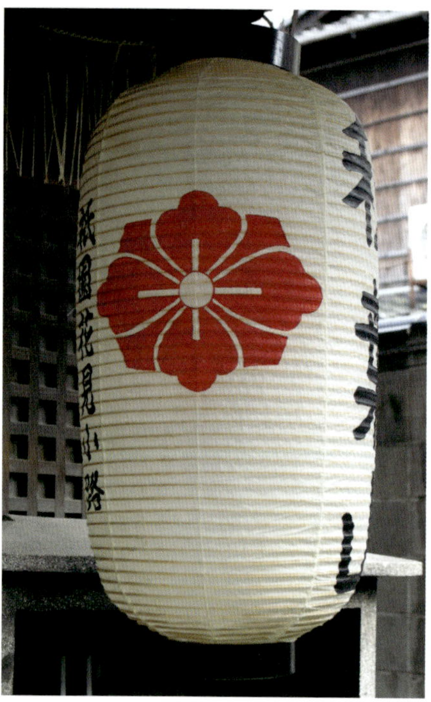

花菱紋の提灯　京都

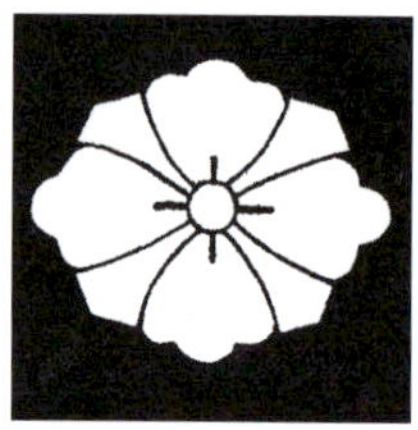
剣花菱

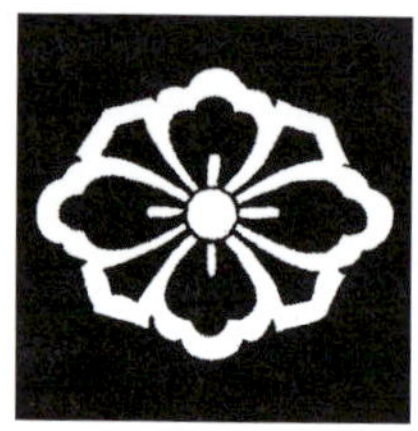
中かげの剣花菱

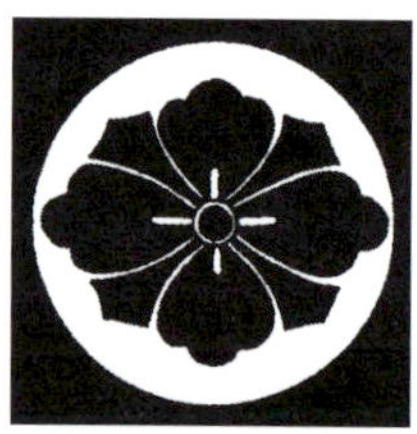
石持ち地ぬき剣花菱

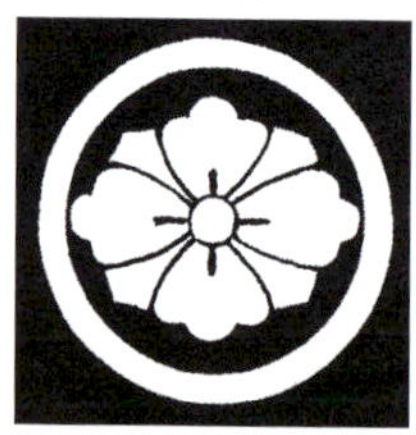
丸に四方剣花菱

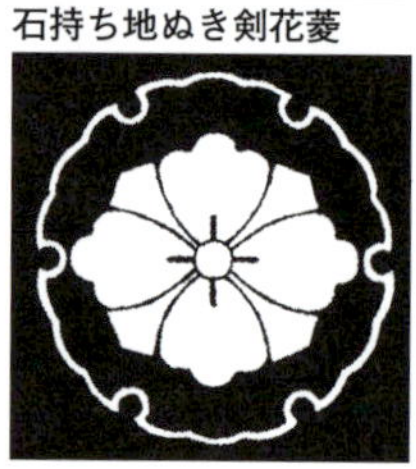
雪輪に剣花菱

蔓花菱

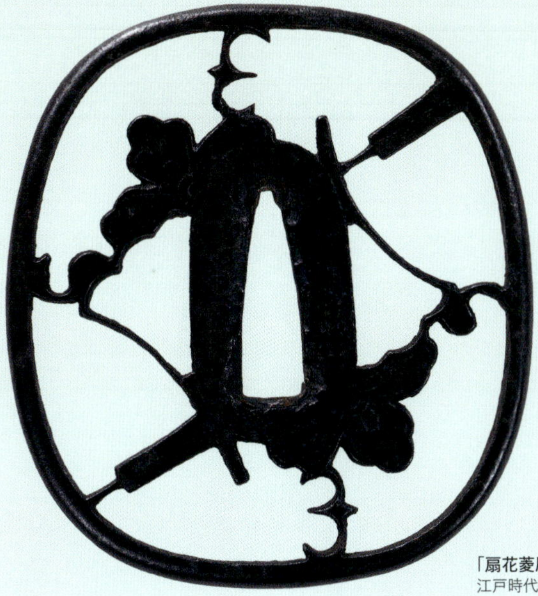

「扇花菱雁透鐔」京透
江戸時代・17 世紀
東京国立博物館蔵
出典：ColBase (https://colbase.nich.go.jp)

花角

太かげの花角

かげ花角

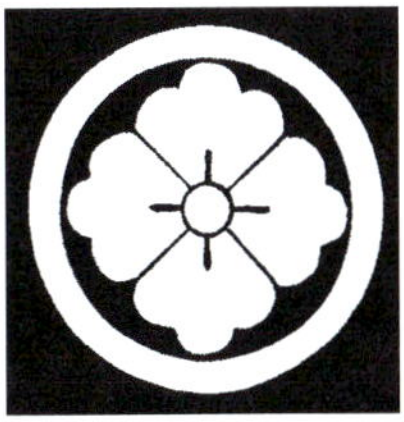
丸に花角

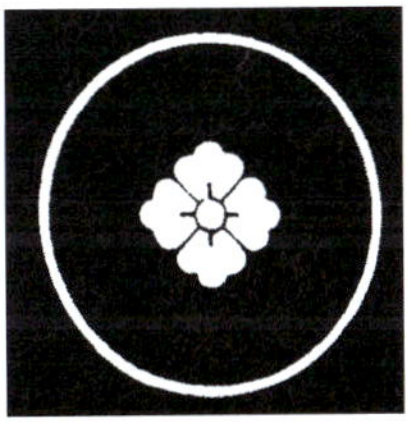
糸輪に豆花角

隅立花角

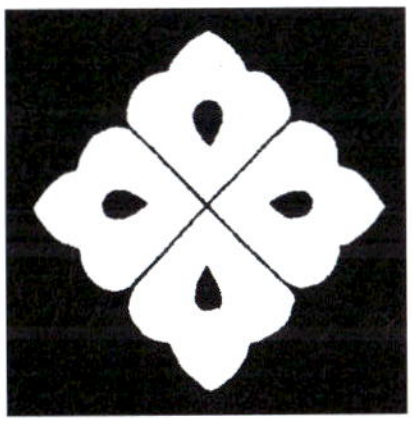
四つ目形花角

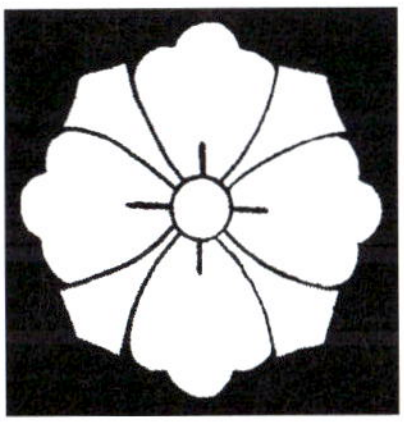
剣花角

かげ剣花角

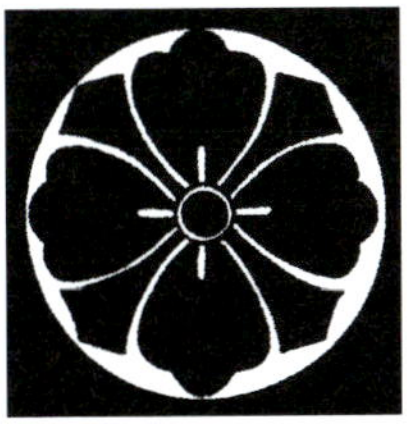
石持ち地ぬき剣花角

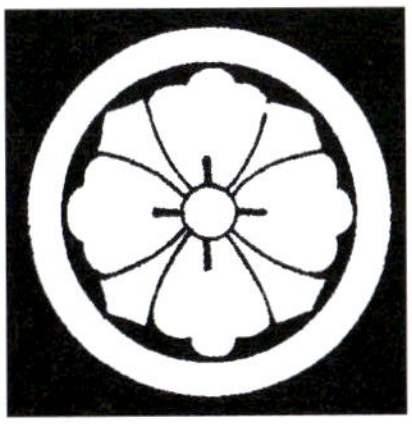
丸に剣花角

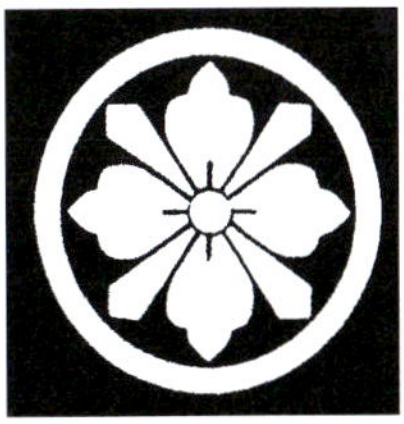
三木花角

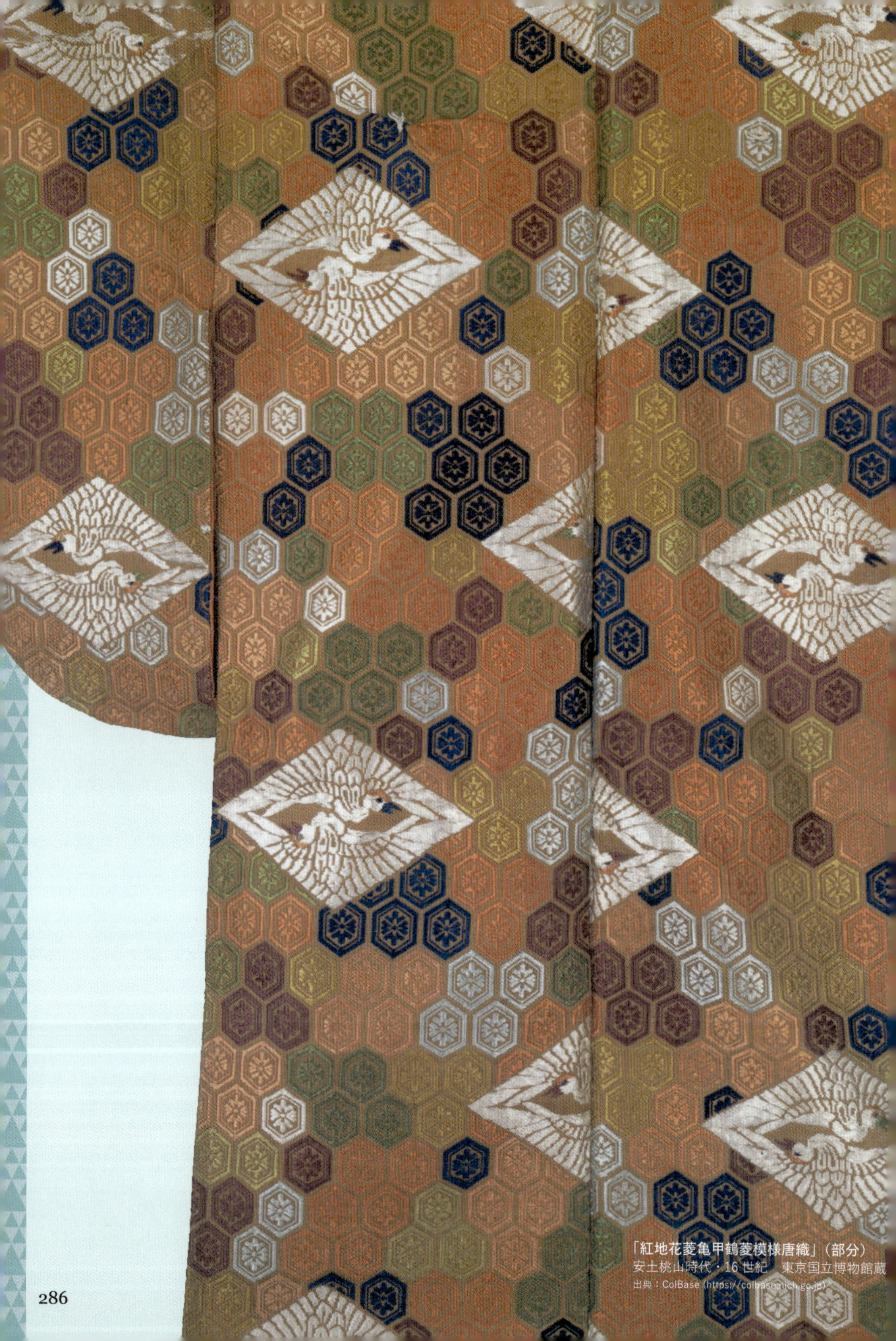

「紅地花菱亀甲鶴菱模様唐織」（部分）
安土桃山時代・16 世紀　東京国立博物館蔵
出典：ColBase (https://colbase.nich.go.jp)

糸輪に蔓花角

八重花角

滋野井花角

三条花角

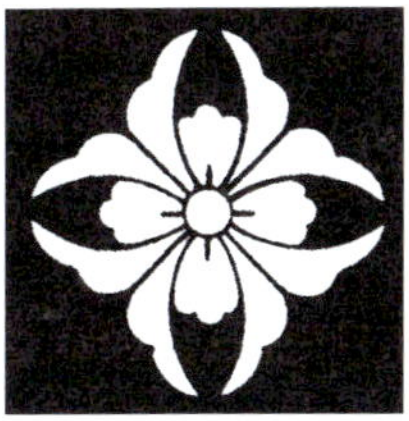

花角崩し

三須賀花角

松皮菱に花菱

石持ち地ぬき松皮菱に花菱

菱に花菱

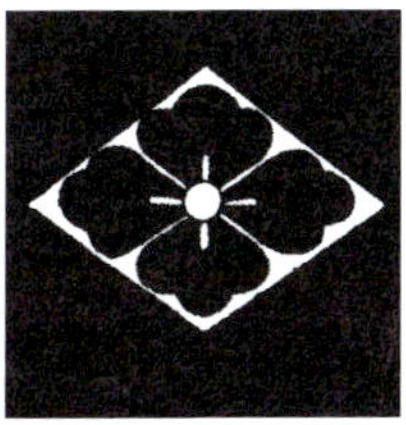

菱持ち地ぬき花菱

隅切菱に剣花菱

菱分銅に花菱

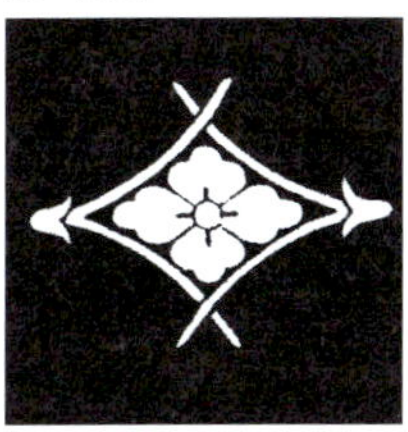

松皮菱に花菱

大内菱

幸い菱

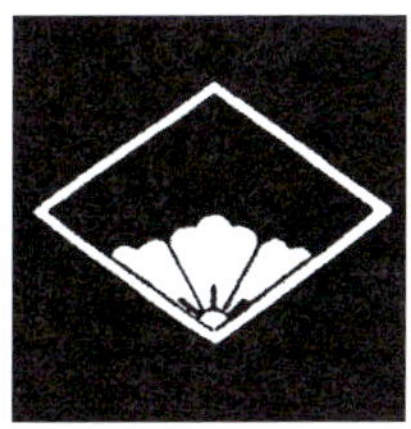

細菱に覗き花菱

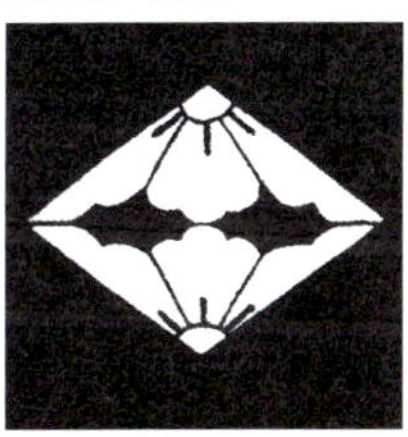

対い割花菱

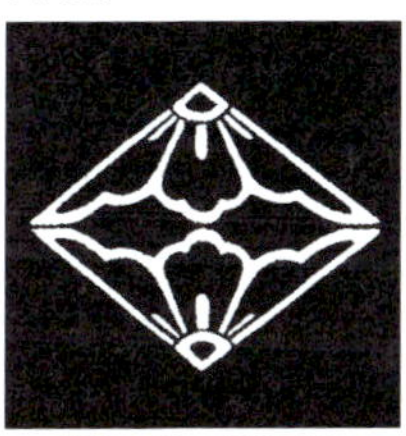

かげ菱に対い割花菱

三つ盛り花菱

三つ盛り花角

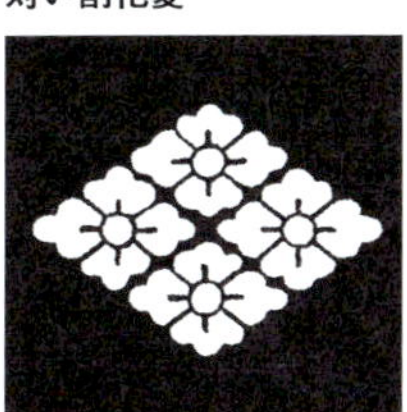

四つ花菱

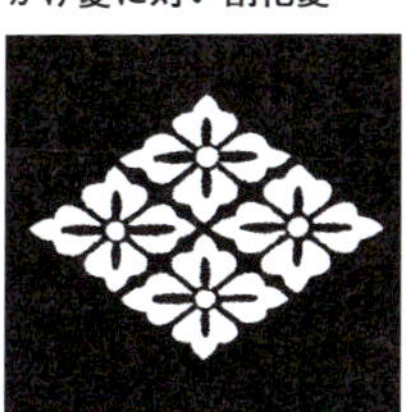

柳沢花菱

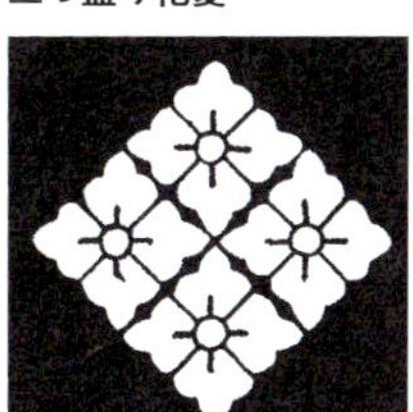

四つ尖り花角

三つ寄せ盛り花菱

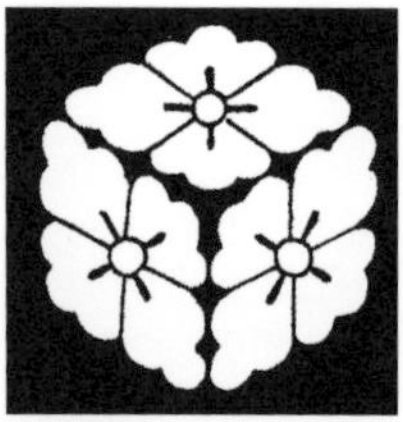
三つ花菱

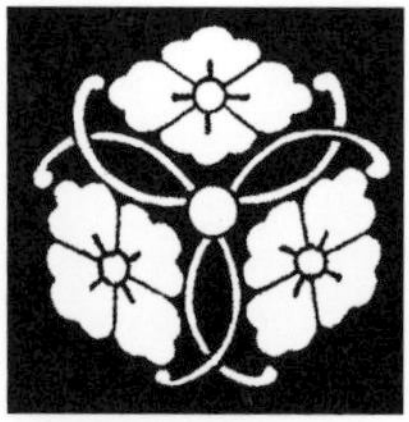
三つ変り蔓花菱

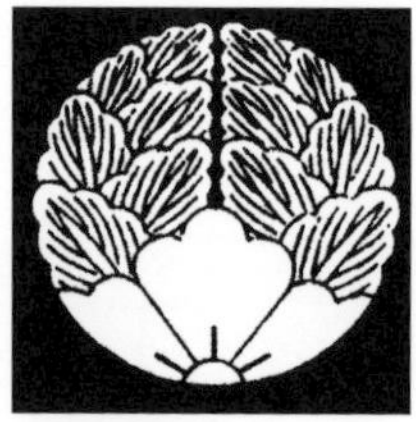
変り杏葉花菱

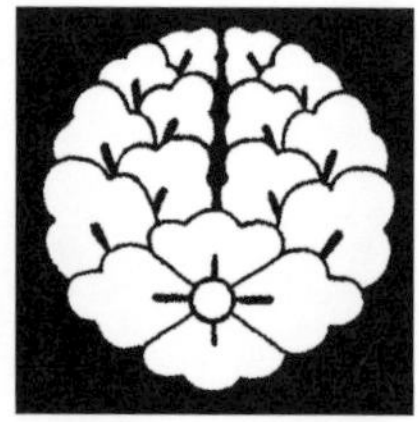
杏葉花菱

花菱胡蝶

蝶花菱

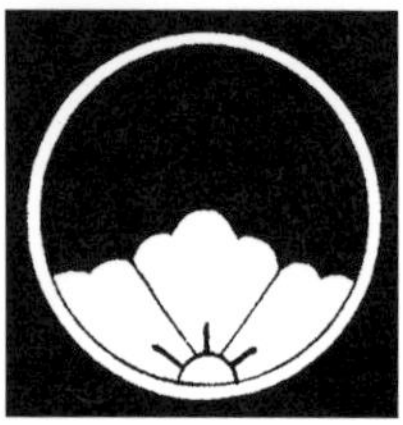
糸輪に覗き花菱

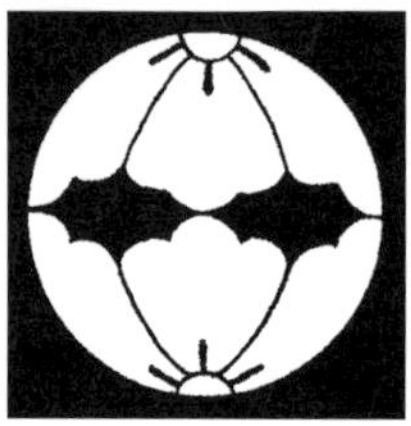
二つ割花菱

三つ寄せ花菱蝶

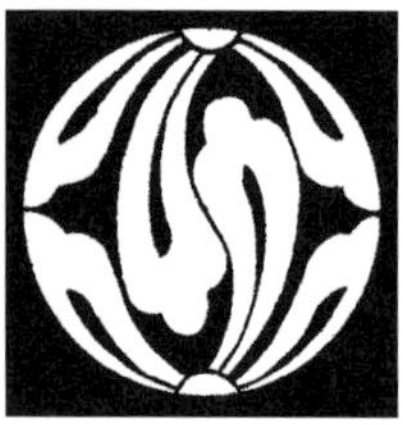
みだれ割花菱

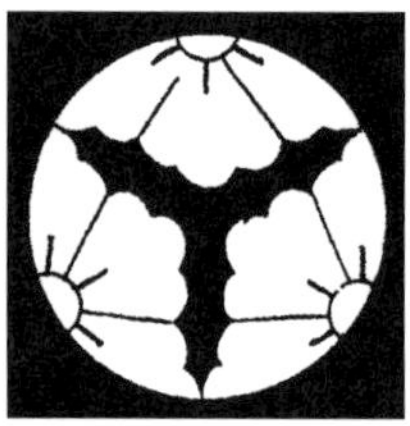
三つ割花菱

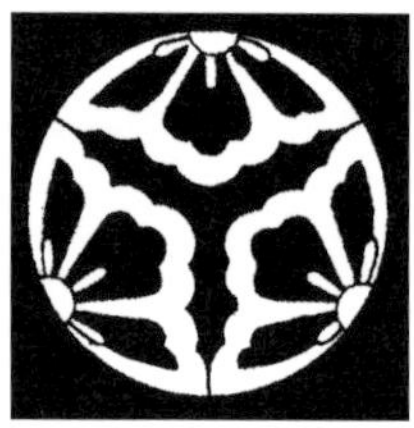
中かげ三つ割花菱

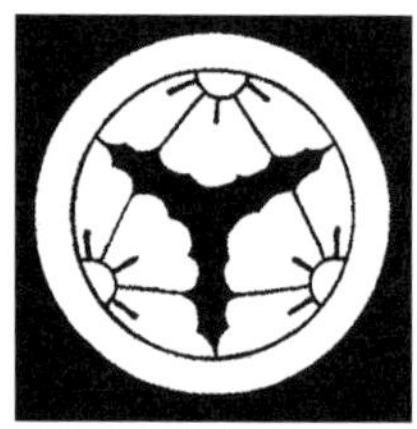
丸に三つ割花菱

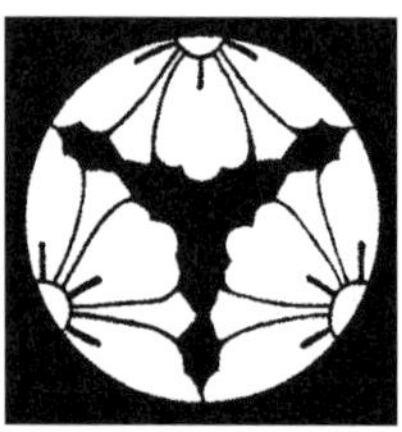
三つ割剣花菱

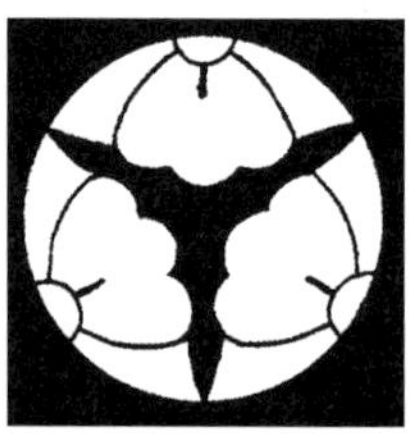
三つ割剣花菱崩し

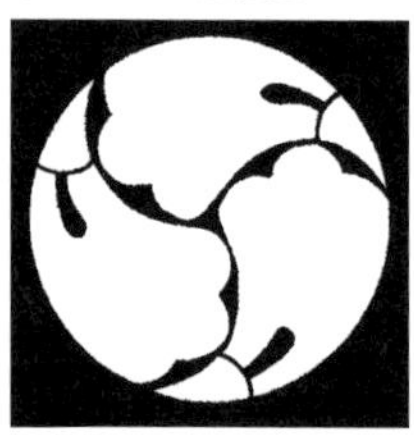
花菱崩し巴

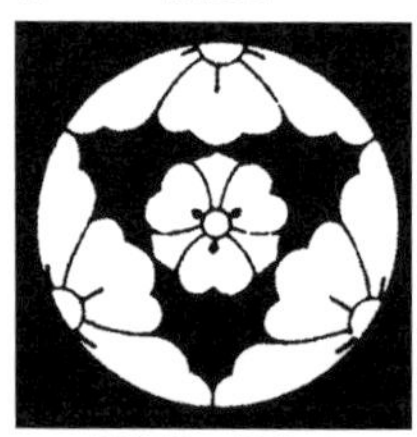
三つ割花菱に剣片喰

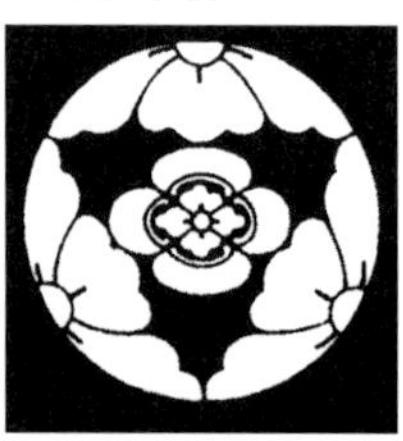
三つ割花菱に木瓜

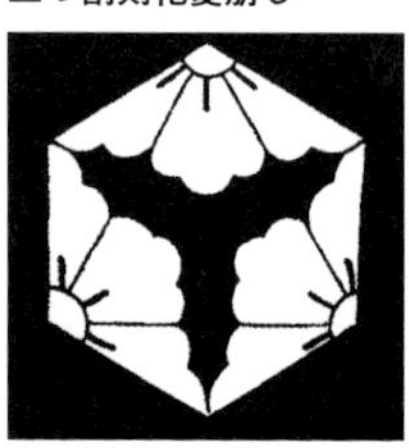
三つ割六角花菱

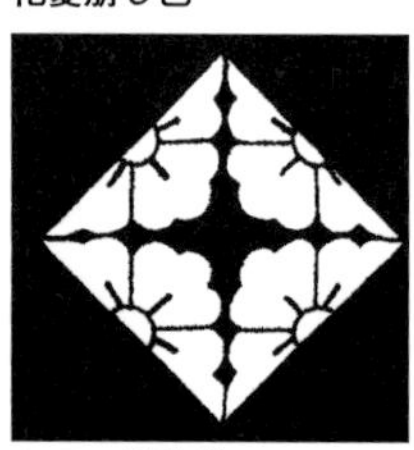
角四つ割花菱

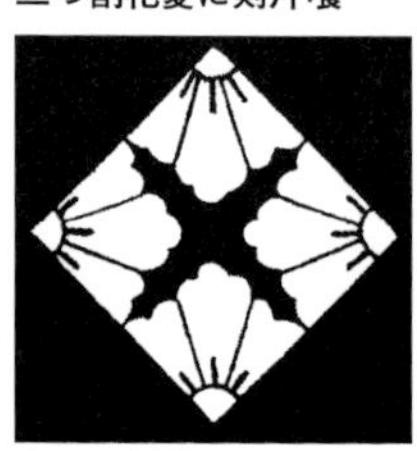
角四つ割花角

6

建造物・器物篇

Structures / Implements Motifs

いしだたみ

◉石畳・甃紋 *Ishidatami* | Paving Stone Crests

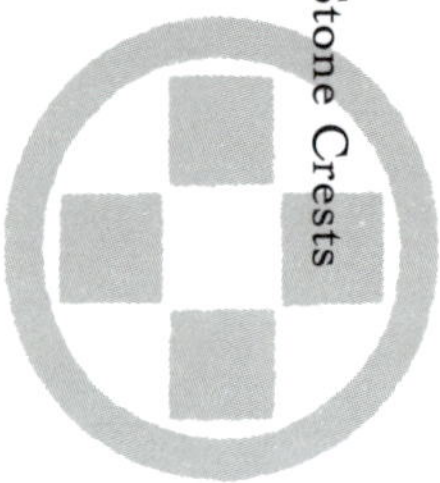

石畳は四角い石を敷き詰めたかたちで、二種類の色の方形を上下左右に互い違いになるように並べた碁盤目のものが霰（あられ）文様である。徳川時代に歌舞伎役者の佐野川市松が好んだことから市松文様とよばれている。家紋は数によって三つ石畳から九つ石畳まであり、配列により、「三つ寄せ」「四つ組」「車」などがある。永亨７年（1435）足利幕府が長倉遠江守を追伐した『羽継原（はつぎはら）合戦記』には、犬甘（いぬかい）、平瀬、島一党が陣幕に石畳紋を用いている。

Paving stones are square stones applied to finish the surface of a road or path. Motifs in which two colors of squares alternate, as in a checkerboard, were also known as hailstone designs. In the Edo period, the Kabuki actor Sanogawa Ichimatsu I liked to use that checked design so much that it came to be known as the *Ichimatsu* motif.

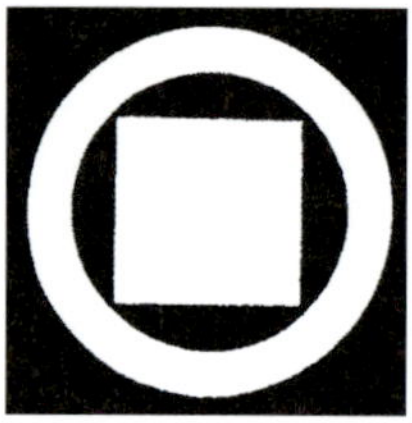

丸に一つ石

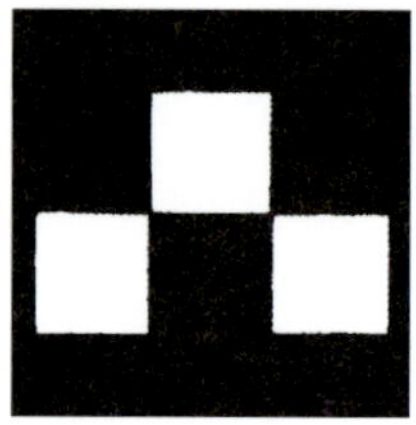

三つ石

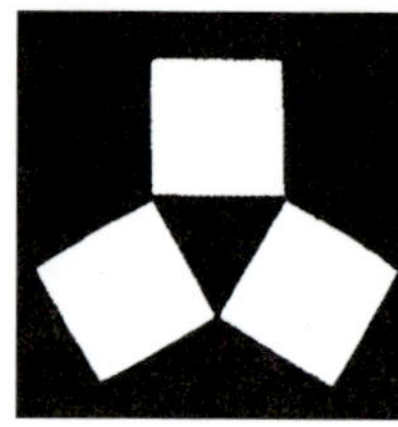

三つ寄せ石

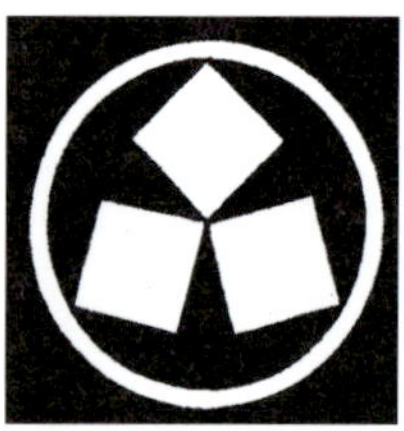

細輪に隅合せ三つ石

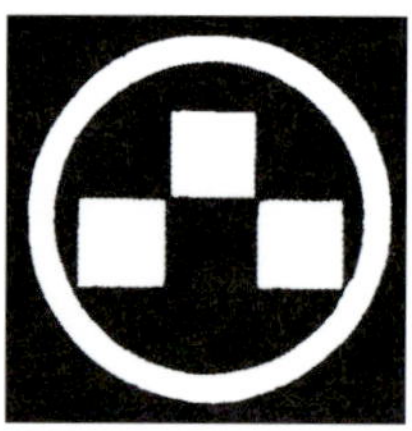

中輪に三つ石

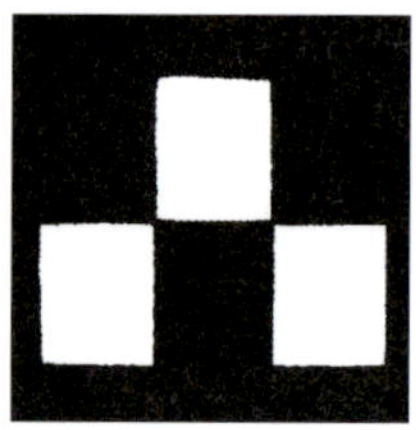

立て三つ石

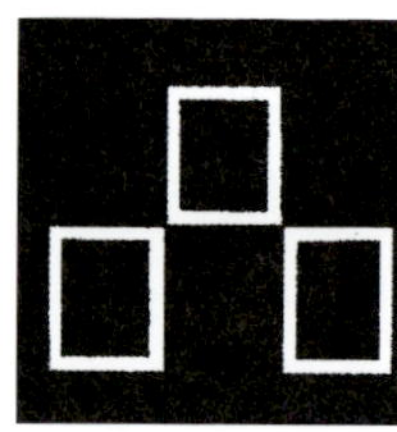

かげ立て三つ石

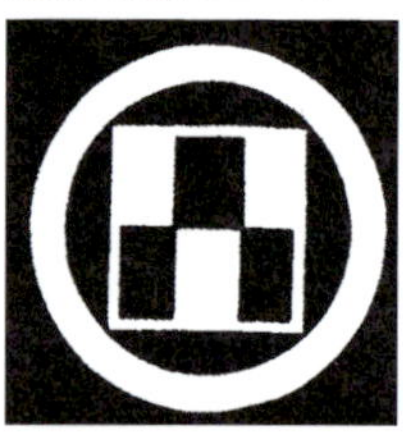

丸に陰陽立て三つ石

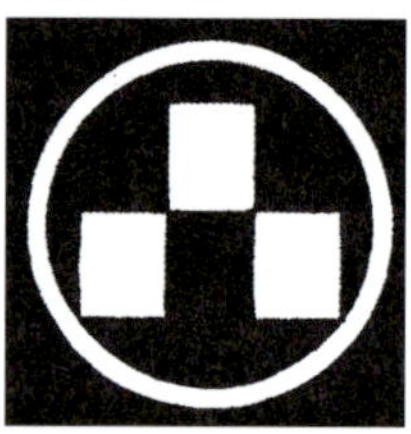

細輪に立て三つ石

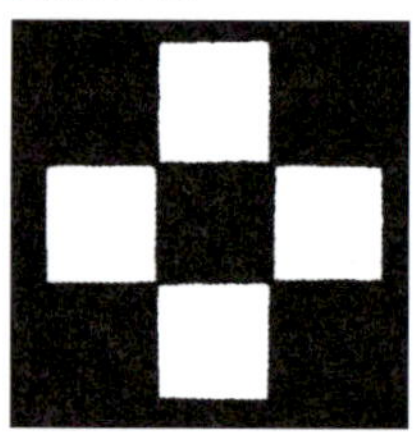

四つ石

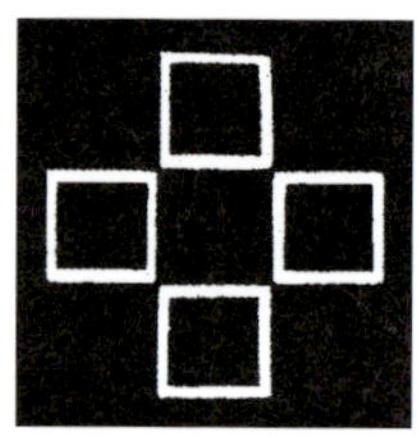

本かげの四つ石

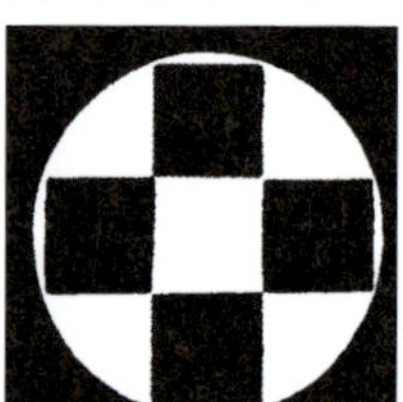

石持ち地ぬき四つ石

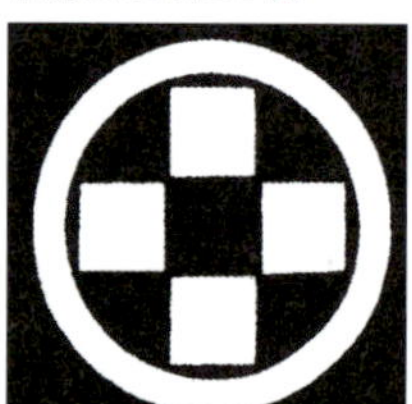

丸に四つ石

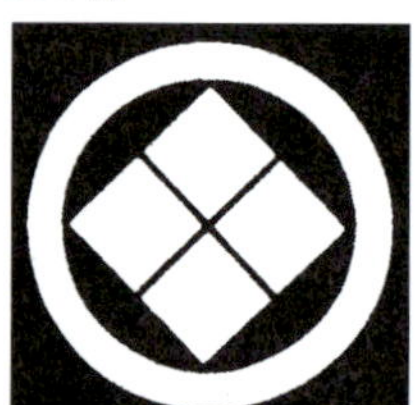

丸に隅立四つ石

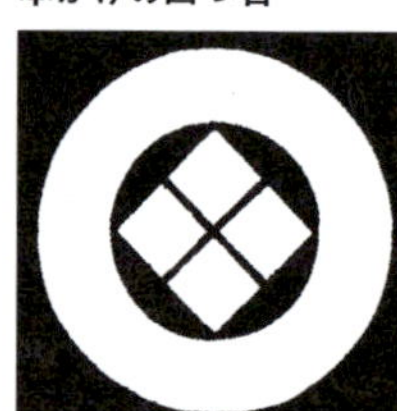

厚輪に隅立四つ石

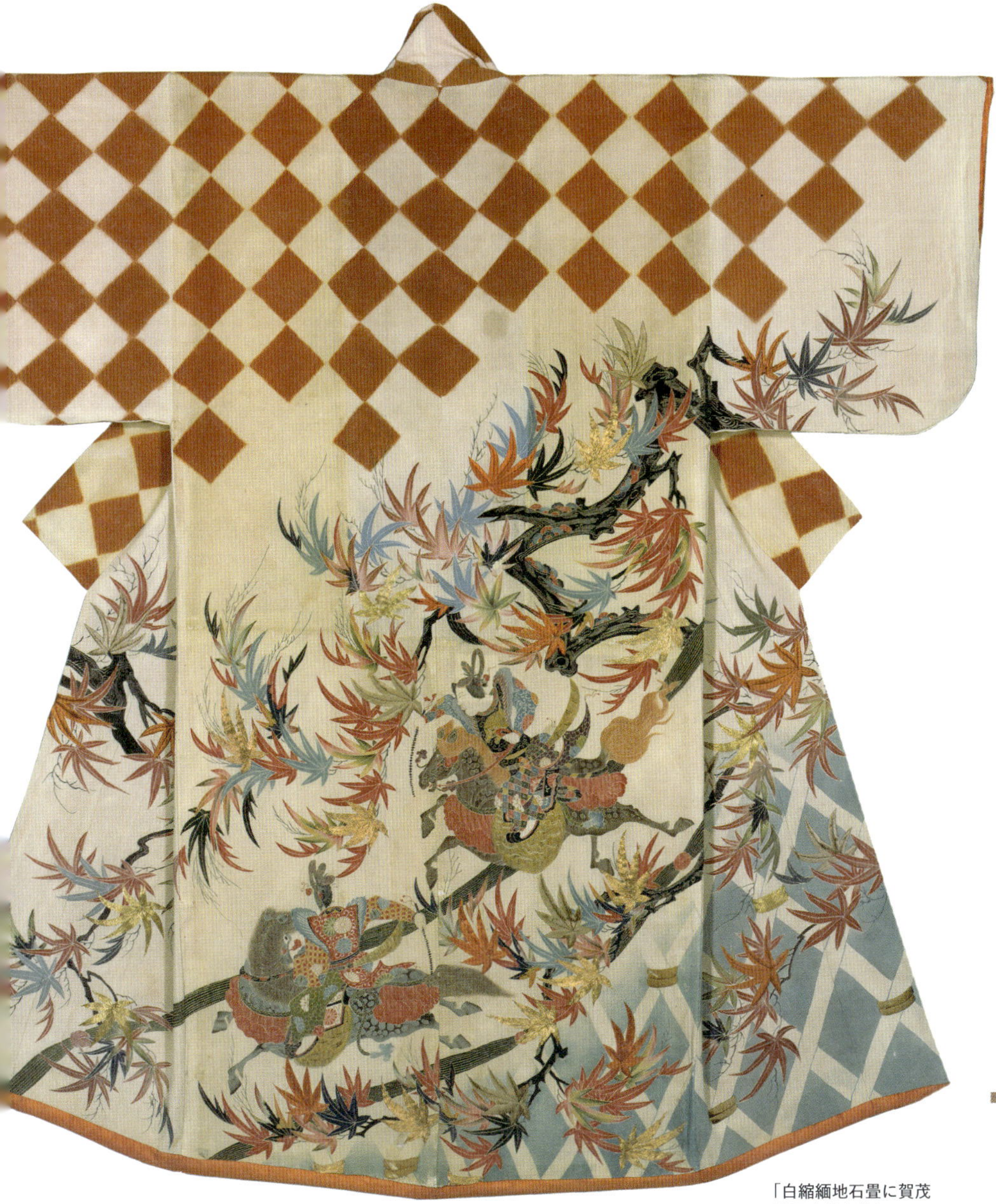

「白縮緬地石畳に賀茂競馬文様小袖」
江戸時代・18 世紀
京都国立博物館蔵

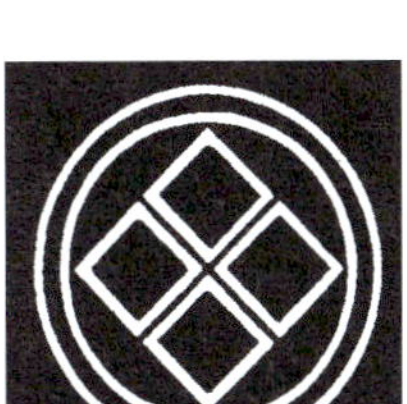

総かげ丸に隅立四つ石

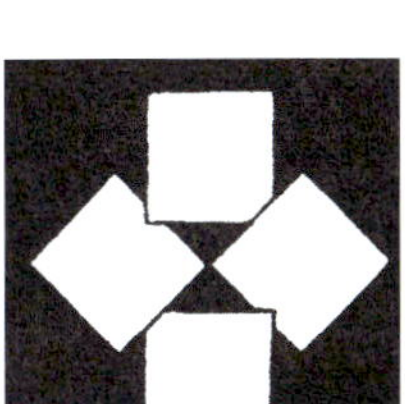

変り四つ石

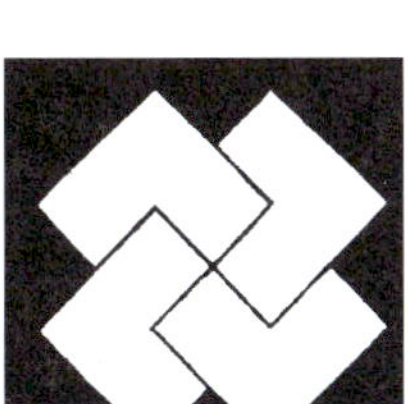

四つ捻じ石

とりい

◉ 鳥居紋

Torii | Shrine Gate Crests

鳥居は神に供える鶏の止まる木から起こったもので、鳥居紋は神職関係者に多い。現在では鶏のかわりに、鳥、雀、鳩などを鳥居に止まらせているが意味は同じである。鳥居のかたちは神明造りの神社建築様式（伊勢・皇大神社）とともに創られた明神鳥居を模様にしている。家紋には鳥居だけか、鳥、瑞垣、竹、大の字などをそえたりもする。室町時代、武家の家紋書である『見聞諸家紋』には、位田（いんでん）氏が鳩と組み合せた「鳥居に鳩」を用いたとあり、また『異本小田原記』には、鳥居彦右衛門が鳥居紋の旗を翻して奮戦したとある。

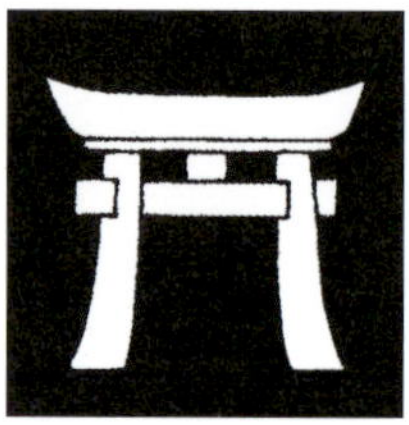
鳥居

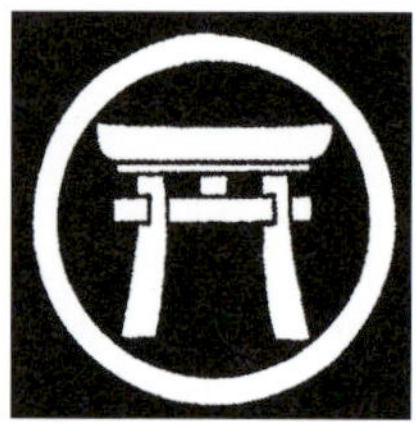
中輪に鳥居

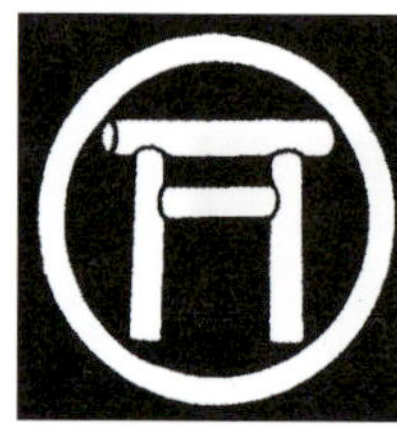
丸に神宮鳥居

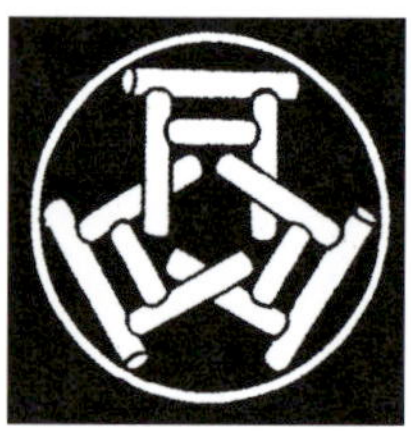
糸輪に三つ組鳥居

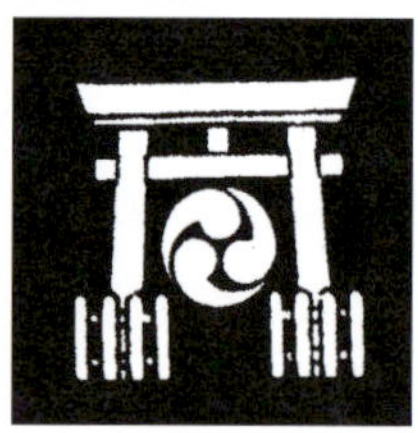
鳥居垣に巴

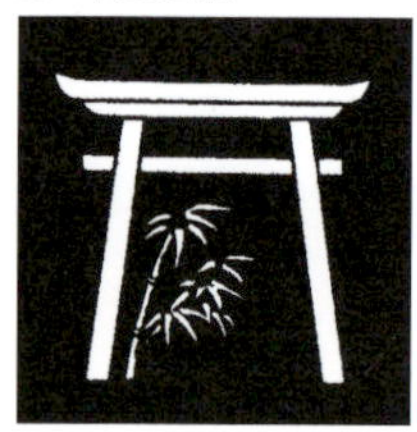
鳥居に竹

千本鳥居　伏見稲荷大社

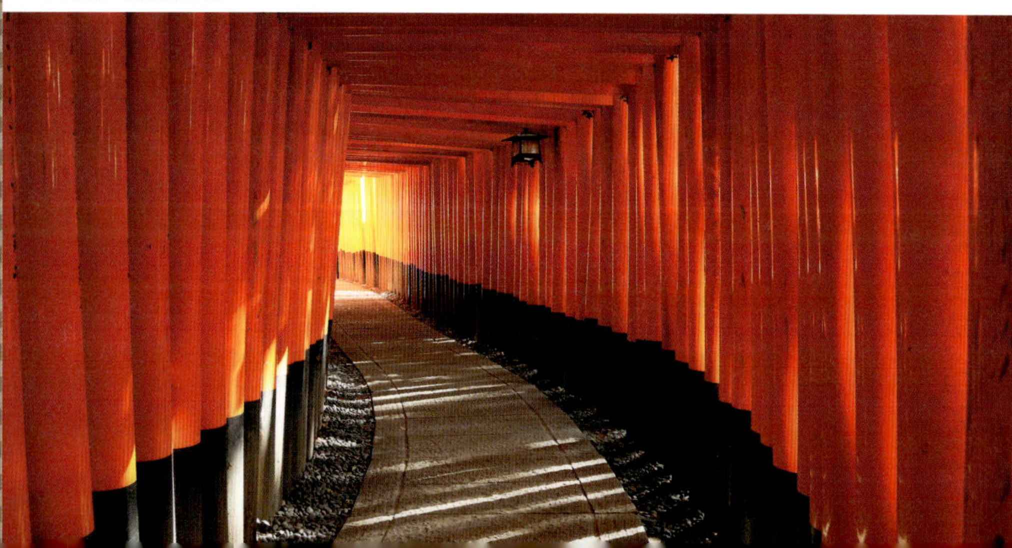

The word *torii* ("bird perch") is said to be derived from the tree on which a chicken being offered to a god would perch. The shrine gate crest is often associated with shrine priests. Today, the chicken may be replaced by a crow, swallow, pigeon, or other bird atop the gate. The *torii* may used alone in a crest or combined with a quince, crane, oak, or other motif.

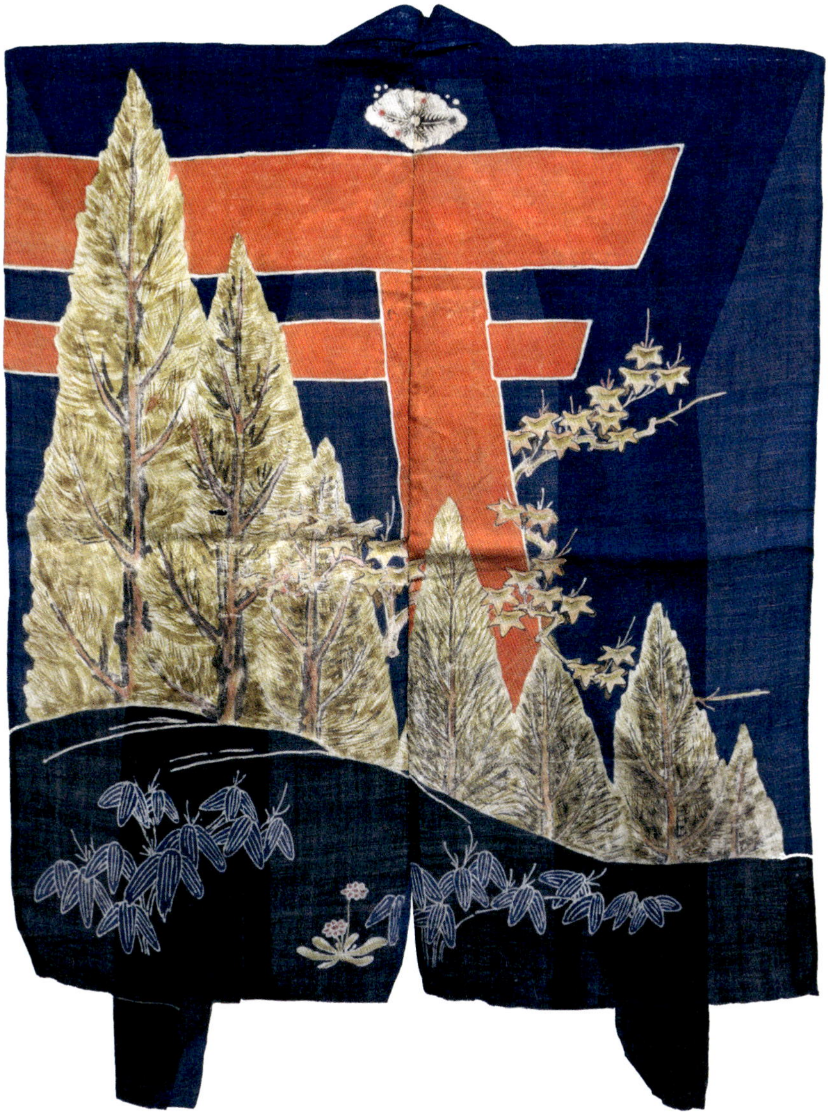

「藍麻地鳥居杉木立模様肩衣」江戸時代・19 世紀　東京国立博物館蔵　出典：ColBase (https://colbase.nich.go.jp)

いおり

庵紋 *Iori* | Hut Crests

庵は草や木で作った仮小屋のことで、のちに隠居所や仮住居も庵といった。庵紋は素朴で趣のあるたたずまいをかたちにし、なかに木瓜や鶴、柏などを入れ、輪郭として用いることが多い。足利時代は琴柱（ことじ）に似たかたちであったが、江戸時代には三角切妻に二本の柱とさっぱりとしたかたちになっている。永享7年（1435）足利幕府が長倉遠江守を追伐した『羽継原（はつぎはら）合戦記』には海老名氏が「庵に二つ木瓜」、『見聞諸家紋』には石見の三隅氏、讃岐の南家長尾氏が「庵に久文字」、同じく北家長尾氏が「庵に洲浜」、伊豆長塩氏は「庵に鶴丸」を用いたとある。「曾我の仇討ち」で知られる曾我氏は「庵に木瓜」の家紋である。

An *iori* was originally a simple hut, a temporary structure made of wood and straw; the term later became used for a retreat, a home for a retired person, or a temporary residence. In the Muromachi period (1336 to 1573), the motif had a shape similar to the bridge on a *koto* (Japanese lute), with its curved pillars, but the Edo period (1600–1868), *iori* crests were simpler in form, with a triangular roof and two straight pillars.

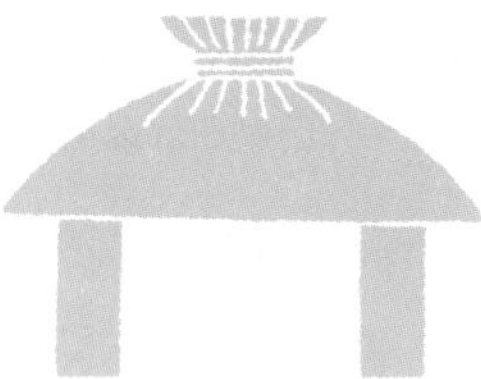

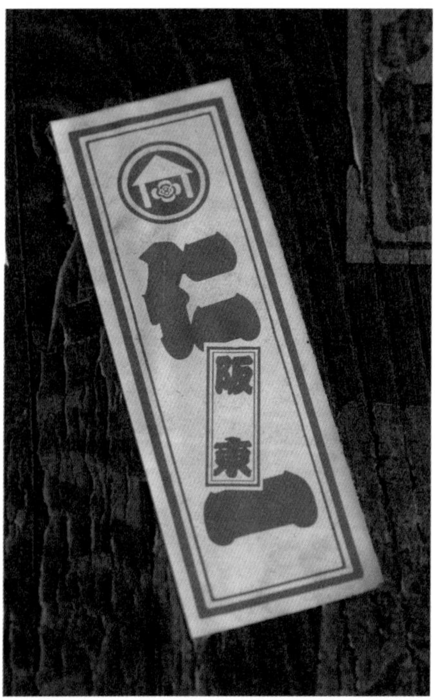

千社札　京都

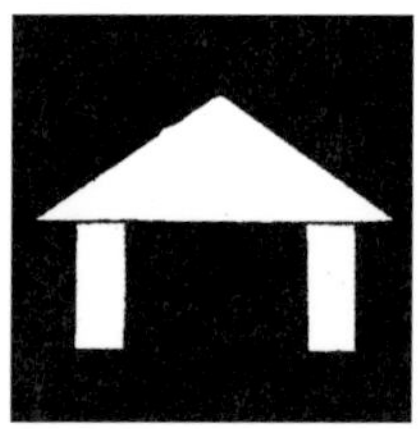

庵

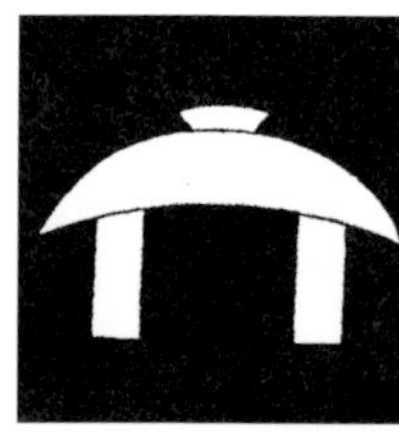

盃庵

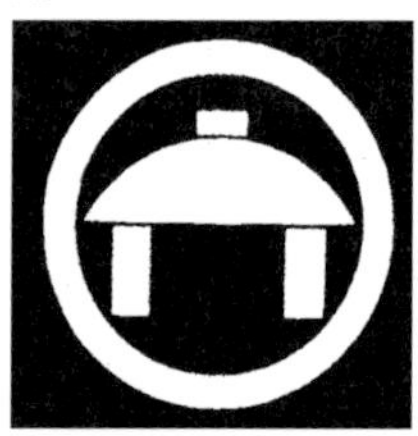

丸に椀庵

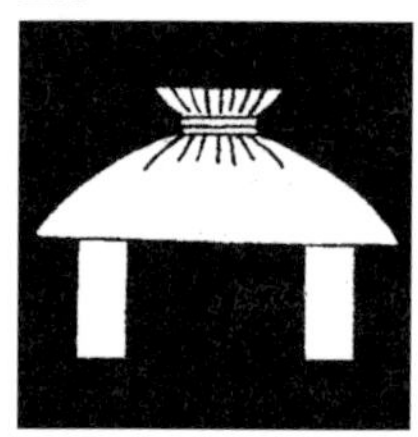

利休庵

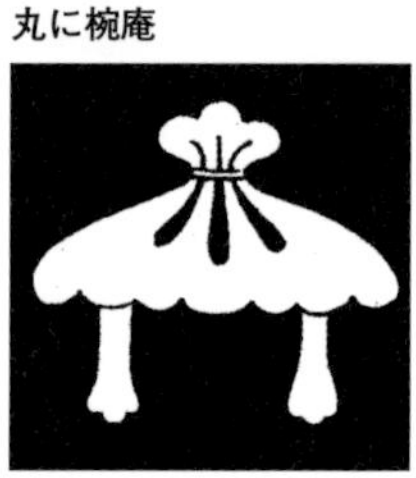

花形庵

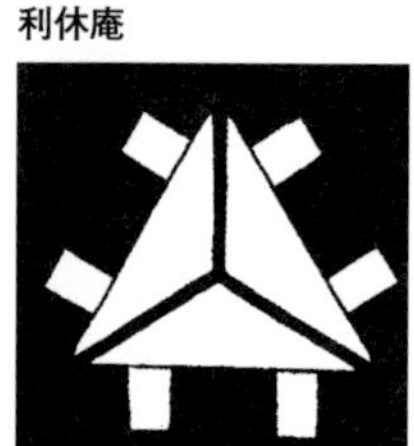

三つ頭合せ庵

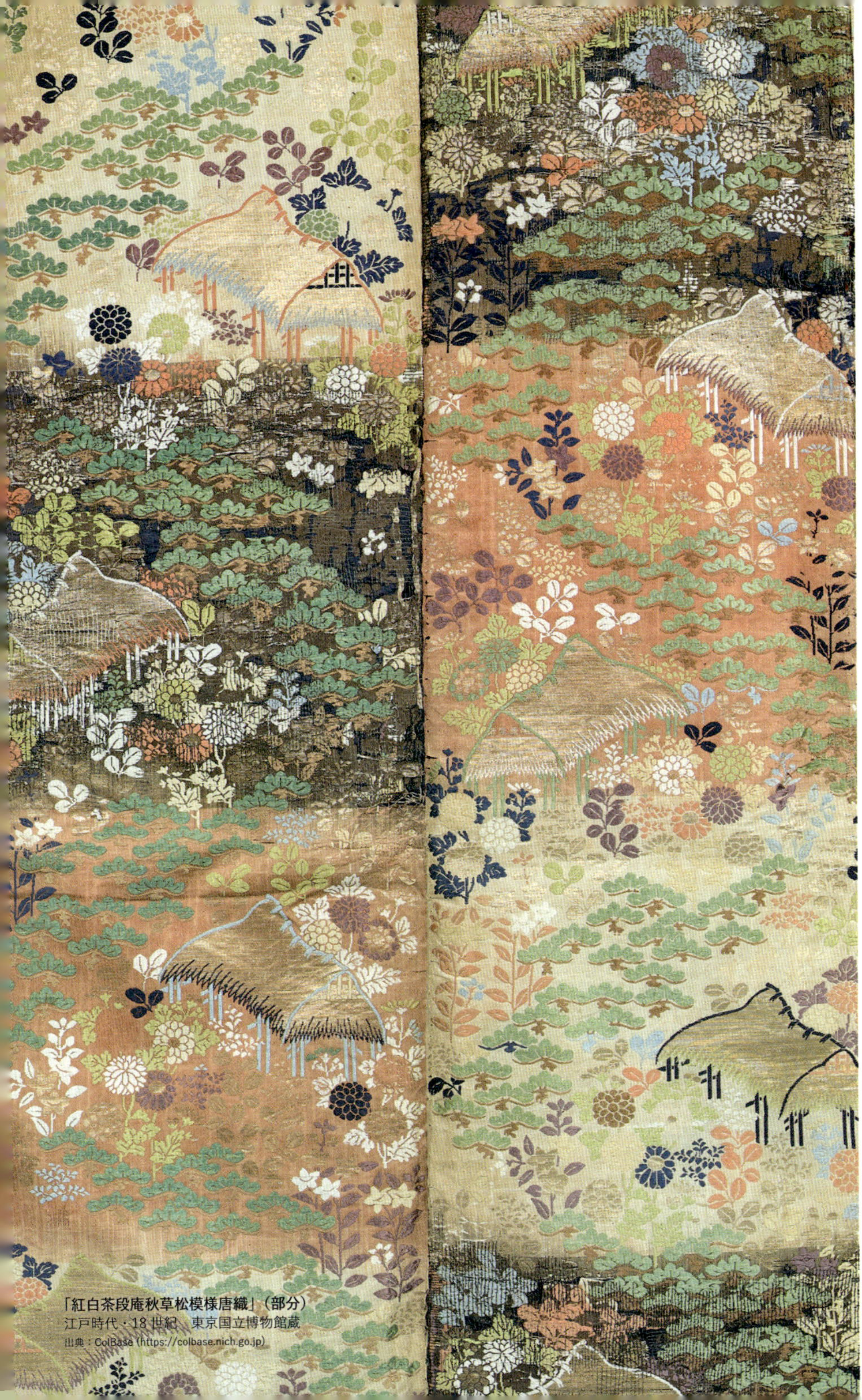

「紅白茶段庵秋草松模様唐織」（部分）
江戸時代・18 世紀　東京国立博物館蔵
出典：ColBase (https://colbase.nich.go.jp)

みずがき

◉瑞籬紋

Mizugaki | Shrine Wall Crests

神霊の宿る山や森、神殿の周囲に木をめぐらせた垣のことで、玉籬、厳籬（いがき）ともよぶ。瑞はみずみずしいという意味で、籬の美称である。江戸時代の町奉行で有名な大岡越前守の家紋である。

Mizugaki are walls surrounding mountains, forests, and shrine buildings, places where the spirits of gods dwell. The shrine wall crest was the family crest of the famous Ōoka Tadasuke, Lord of Echizen and an Edo magistrate.

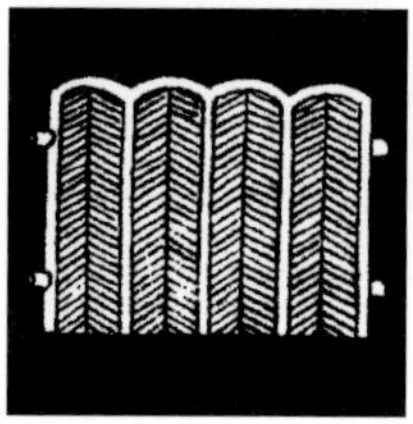
唐檜籬

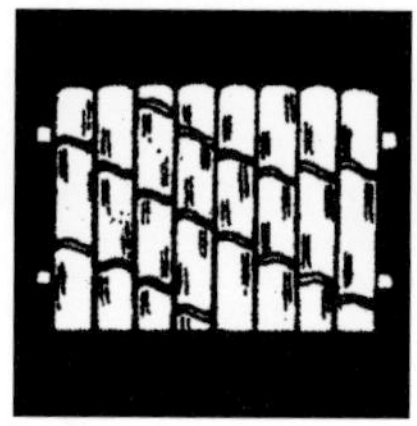
竹籬

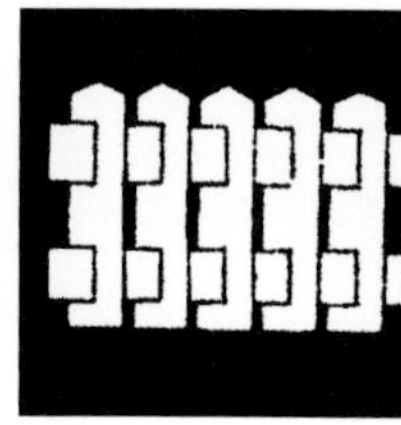
玉籬

いづつ

◉井筒紋

Izutsu | Well Box Crests

井筒は、井戸の地中に埋まった円筒形の部分、または石や木で囲った円形の井戸枠のことをいう。かたちは、重ね、組み、違いなどにわけ、数によって「二つ井筒」「三つ井筒」などとよばれる。ほかに「唐井筒」「足長井筒」などの変形もある。井筒紋を用いたものに井伊家のように先祖の発祥地が大井戸の傍であったという伝説的なものもあるが、酒井、今井、井上、井口のように名字に「井」がつくことを理由に選んだ場合が多い。

A well box consists of a cylindrical section in the earth and a round frame, of stone or wood, above ground. The well box design takes many forms. In family crests, they are often distinguished by the number of these motifs used: two well boxes or three, for example.

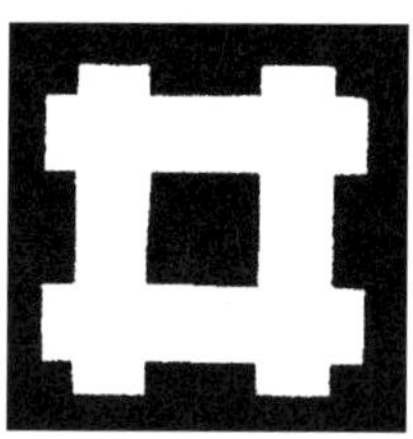
平井筒

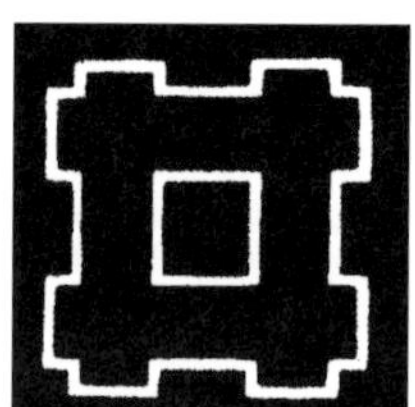
かげ平井筒

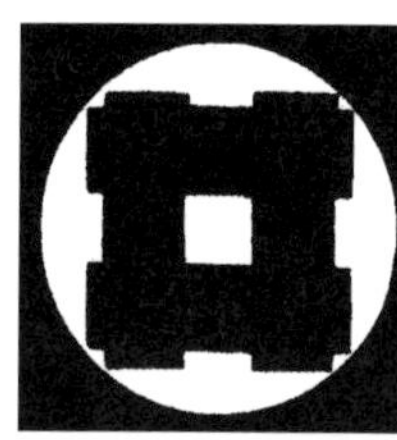
石持ち地ぬき平井筒

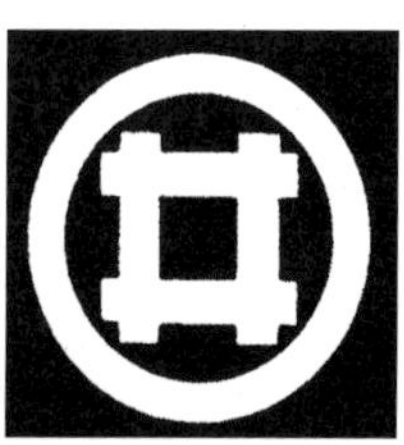
丸に平井筒

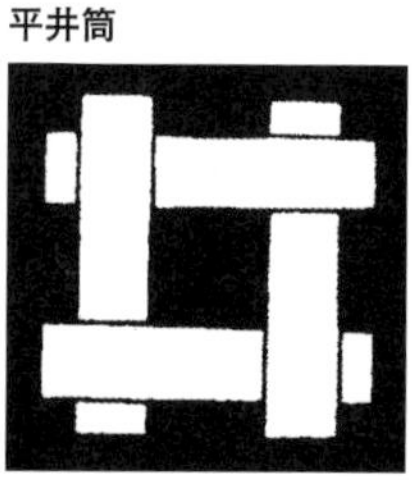
組平井筒

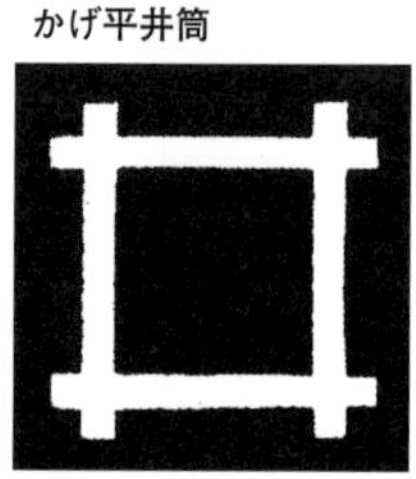
細平井筒

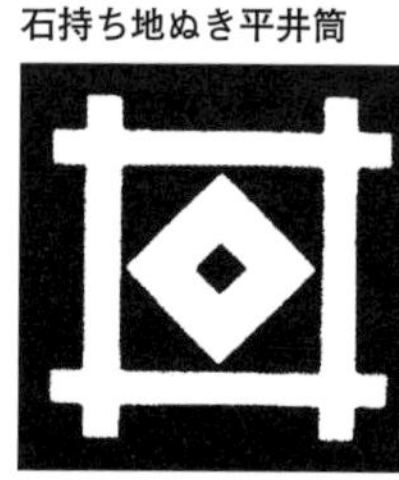
平井筒に釘ぬき

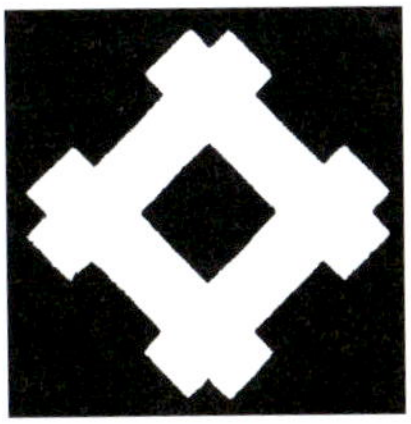
隅立井筒

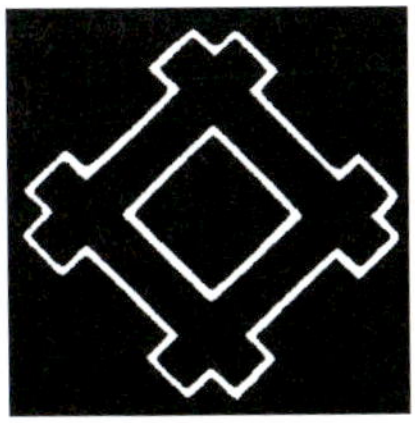
かげ隅立井筒

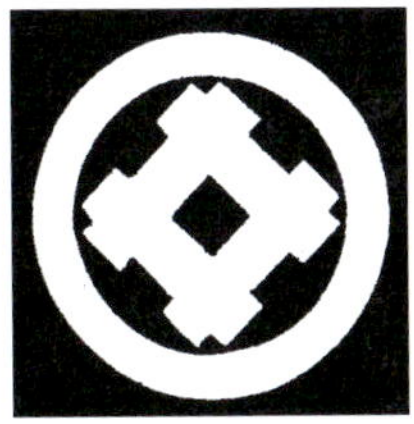
丸に隅立井筒

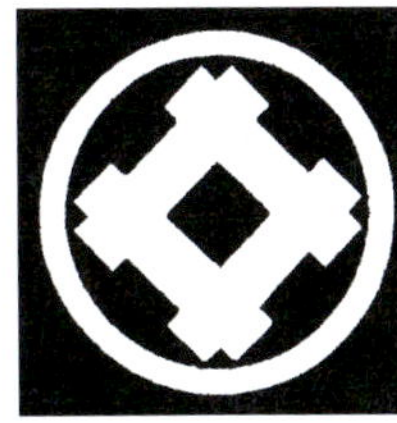
中輪に隅立井筒

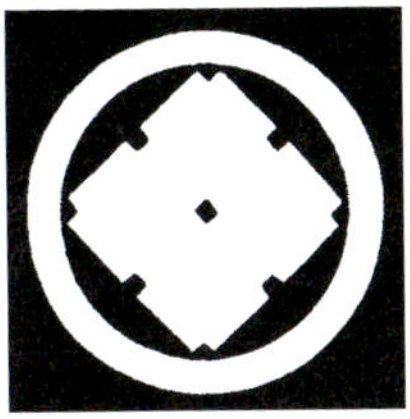
丸に隅立太井筒

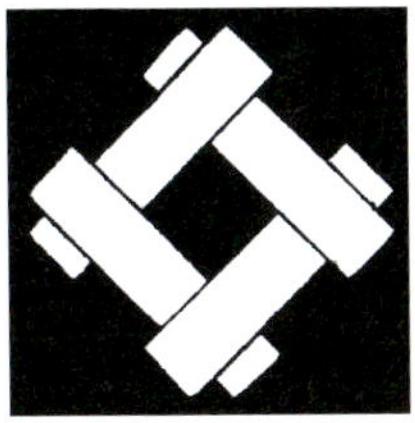
隅立組井筒

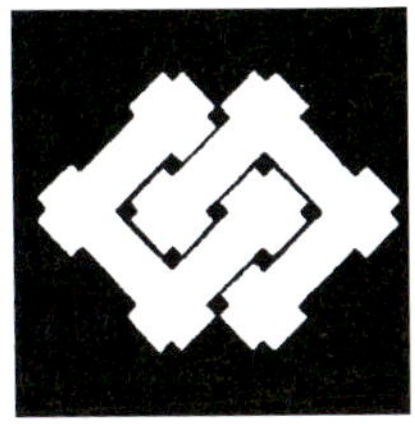
違い井筒

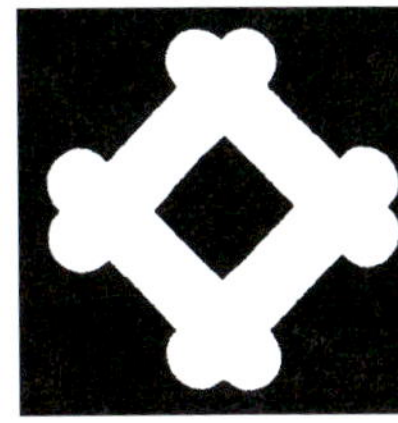
隅立撫井筒

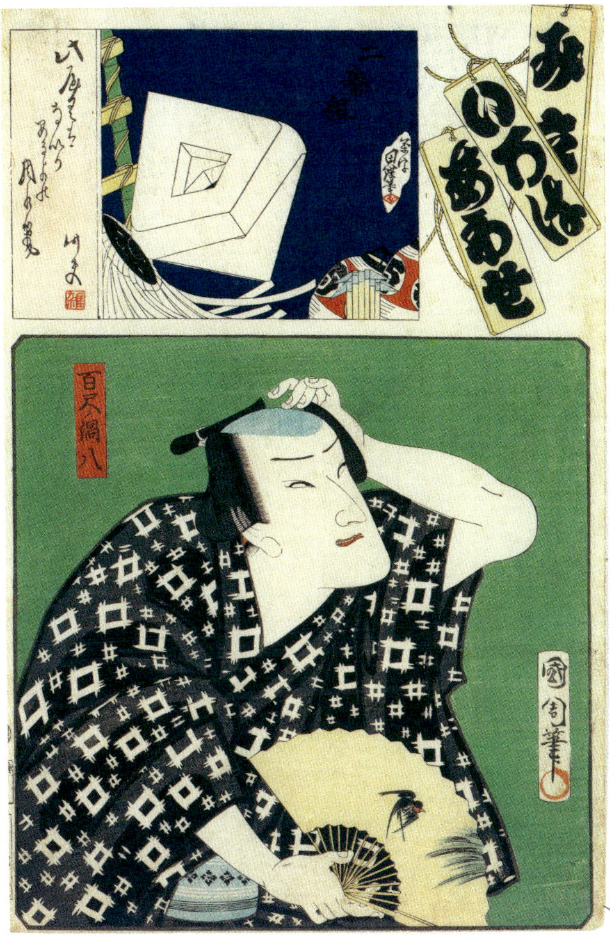

「み立いろはあわせ
百尺ノ渦八」豊原国周
慶応2年・1866
山口県立萩美術館・浦上記念館蔵

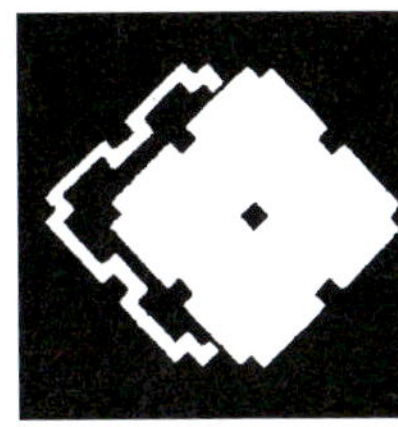
比翼井筒

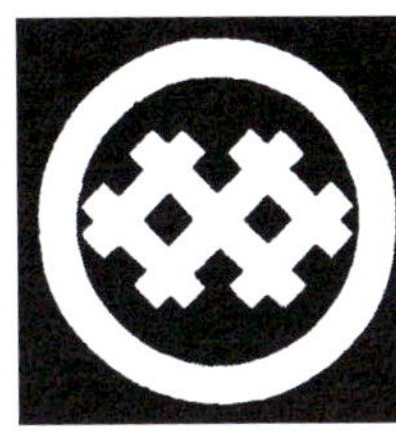
丸に持合い隅立井筒

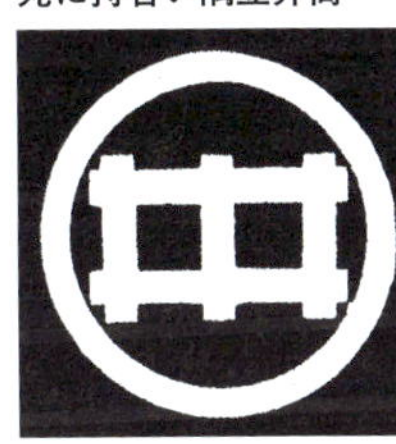
丸に持合い平井筒

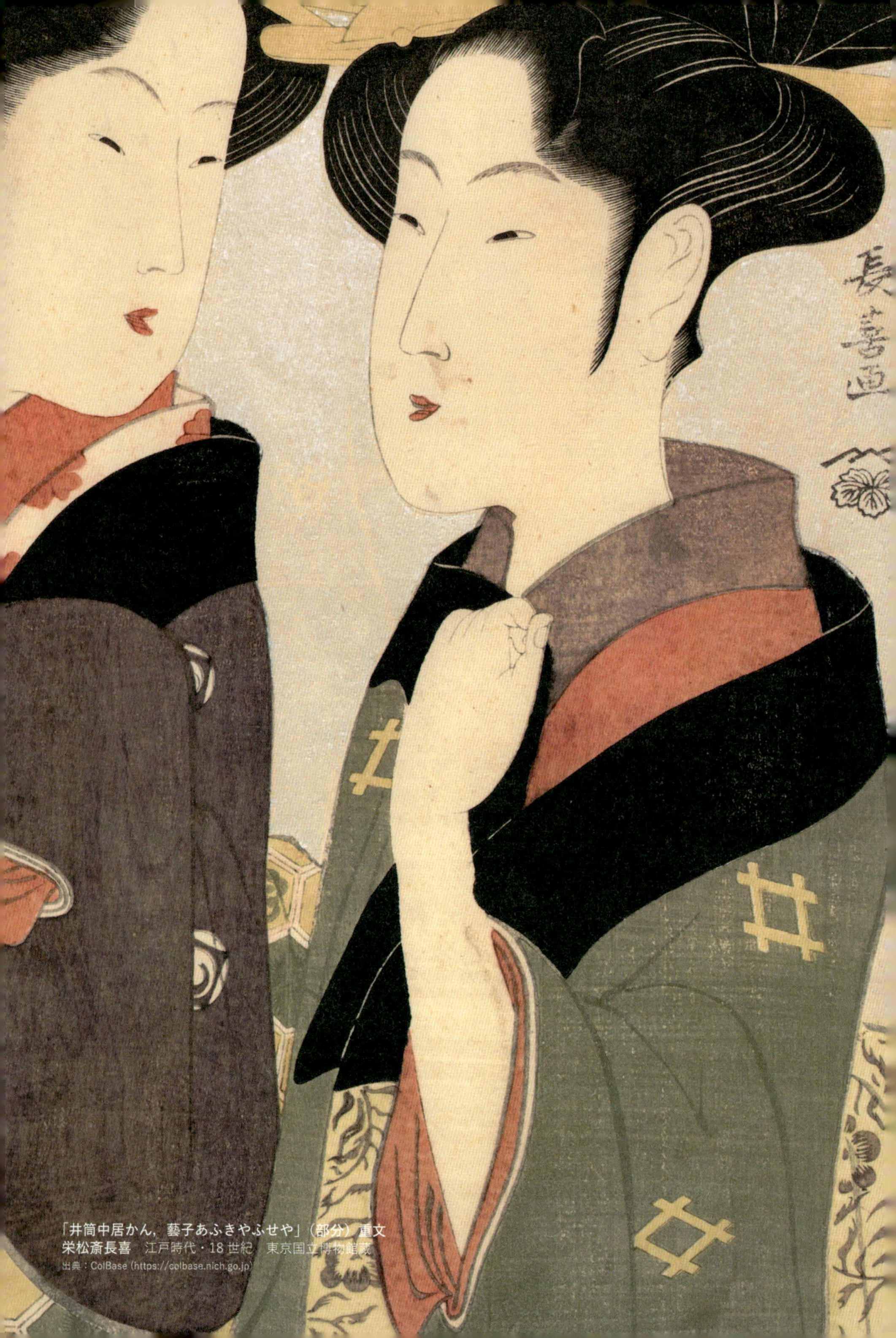

「井筒中居かん，藝子あふきやふせや」（部分）重文
栄松斎長喜　江戸時代・18 世紀　東京国立博物館蔵
出典：ColBase (https://colbase.nich.go.jp)

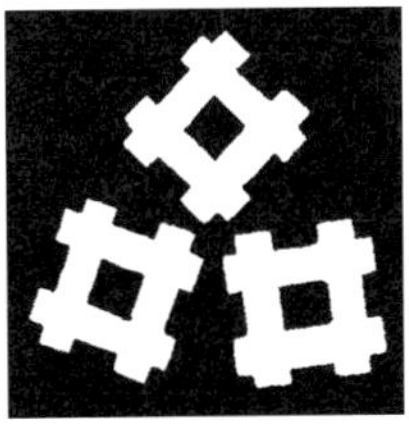
三つ寄せ井筒

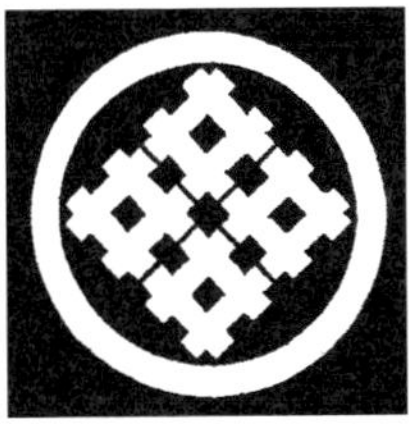
丸に隅立四つ井筒

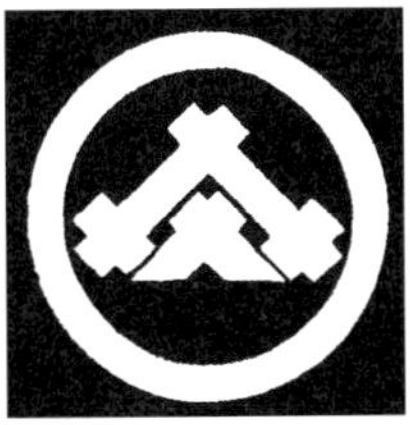
丸に折れ井筒

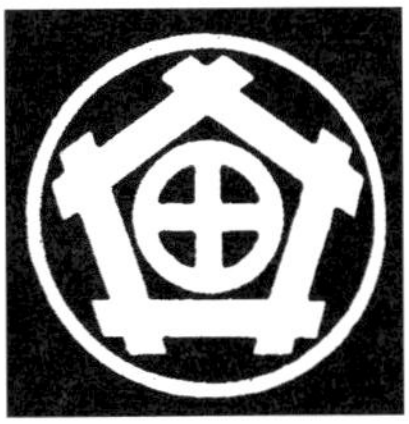
糸輪に五角井筒に轡

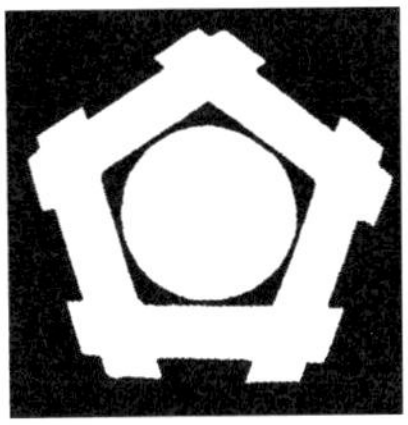
五方井筒に星

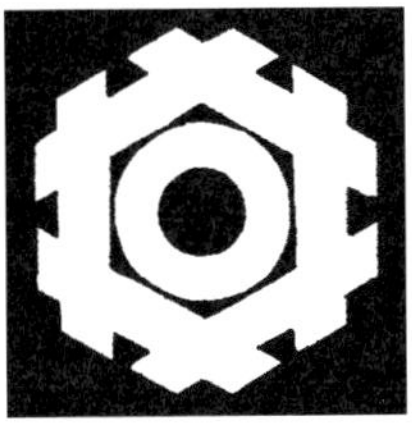
六角井筒に蛇の目

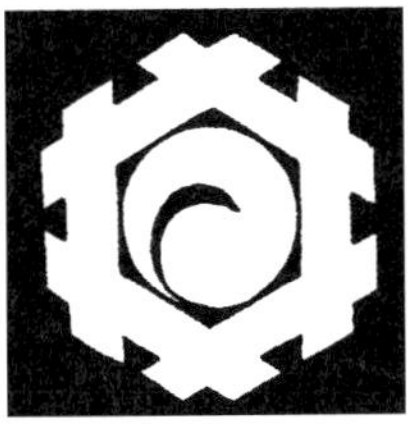
六角井筒に一つ巴

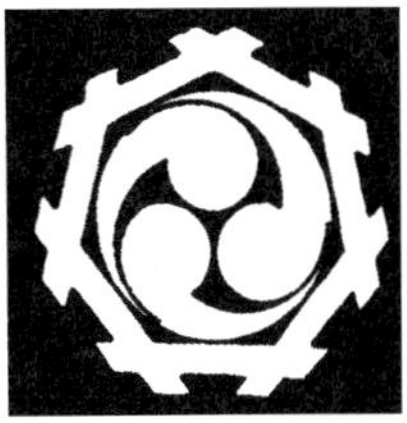
七角井筒に三つ巴

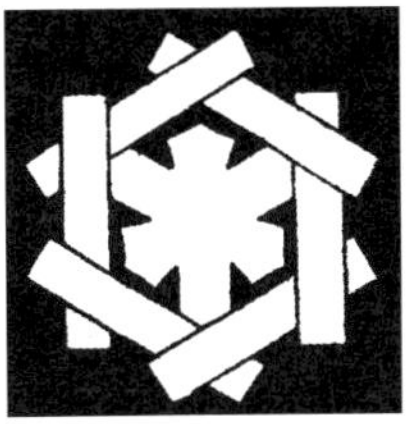
重ね六方井筒

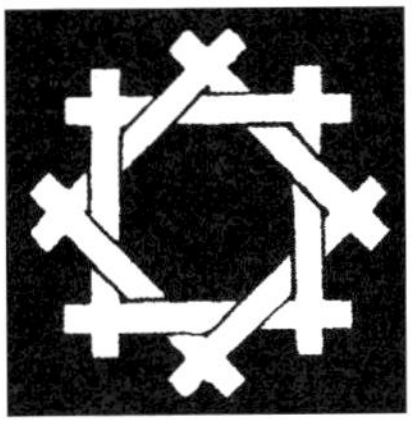
組合せ井筒

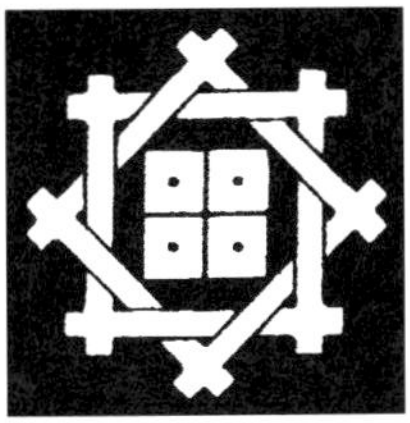
組合せ井筒に四つ目

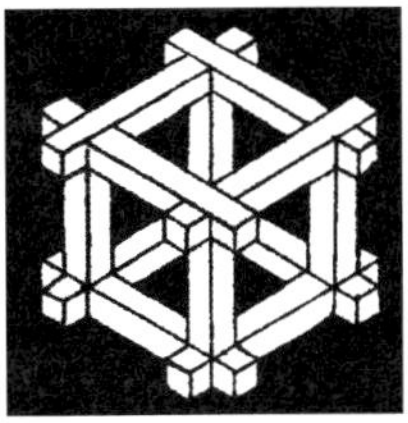
唐井筒

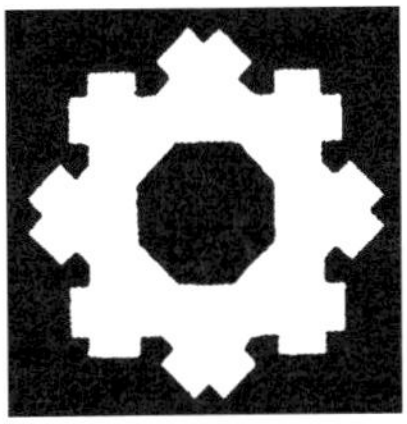
花形井筒

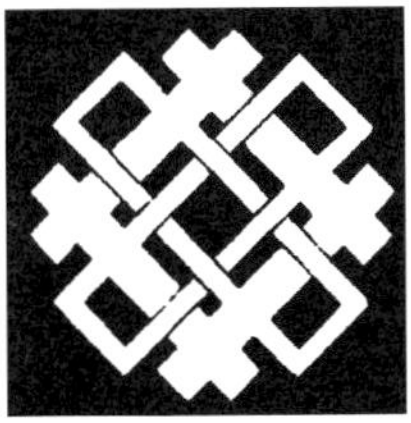
井筒崩し

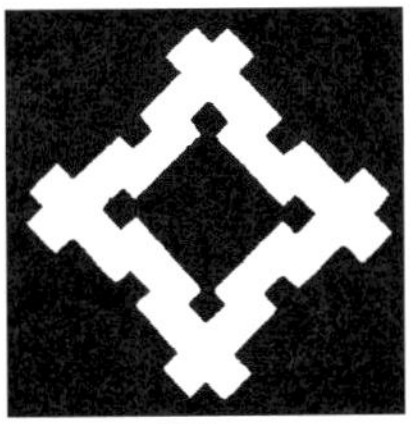
折り入り井筒

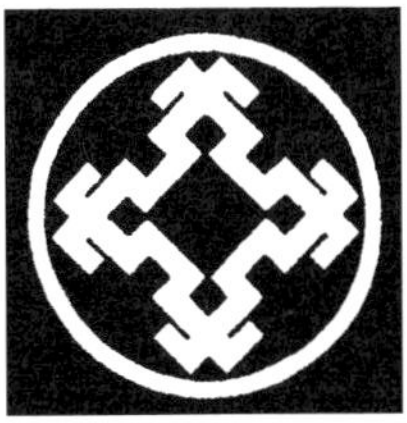
細輪に隅立折り入り井筒

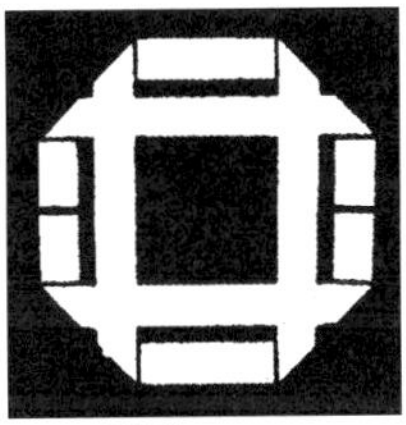
折り平井筒

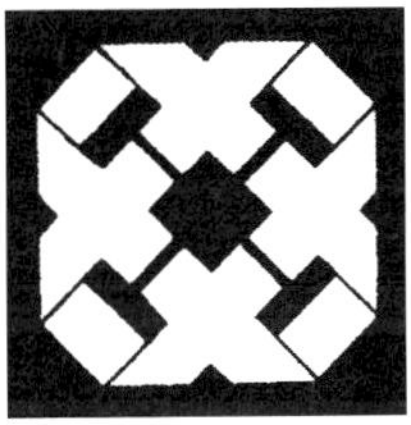
折り込み井筒

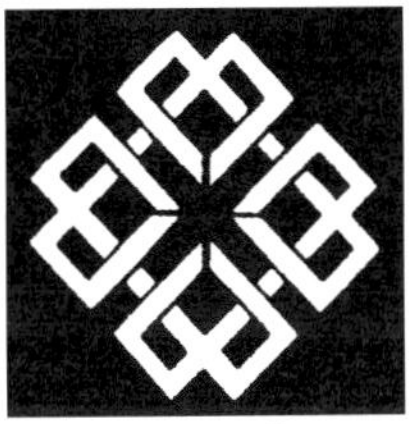
変り折り込み井筒

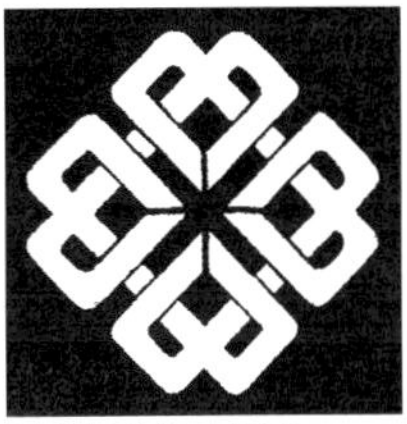
隅立折り込み井筒

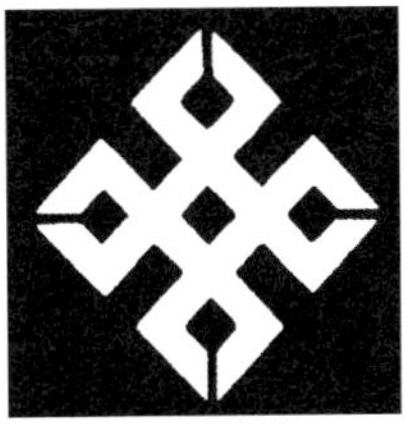
隅立七つ割井筒崩し

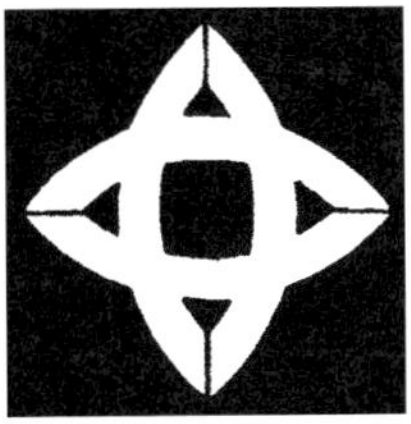
輪違い井筒

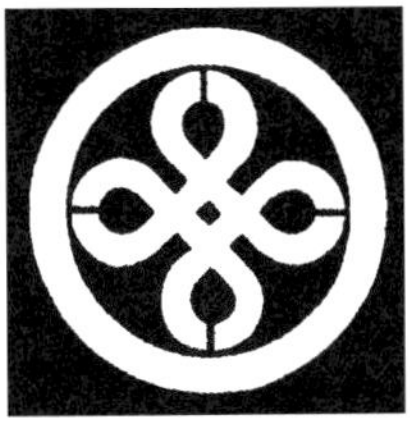
丸に隅立結び井筒

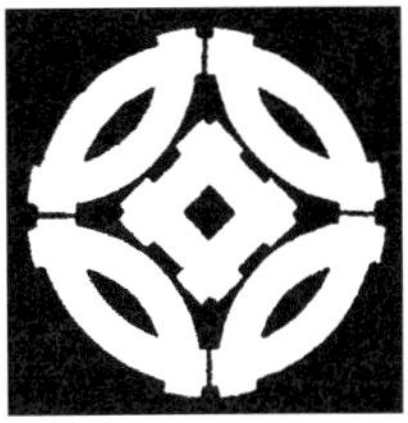
七宝井筒

いげた

◉井桁紋 *Igeta* | Oblique Well Box Crests

井筒の正方形に対し、井桁は斜方形で区別された。家紋には、重ね、組み合せ、違いなどのかたちがあり、角を落としたものや割などの変形も多い。室町時代には、長井氏、石井氏など「井」のつく名字の家系ですでに井桁紋を使用していたらしい。徳川時代には井桁紋の使用家がふえたが、多くは名字に「井」のつく家で、家紋の輪郭に用いている。

While the well box motif is rectilinear, the oblique version is rotated forty-five degrees. These motifs are used in overlapping, combined, and other variants, including some with the corners trimmed off.

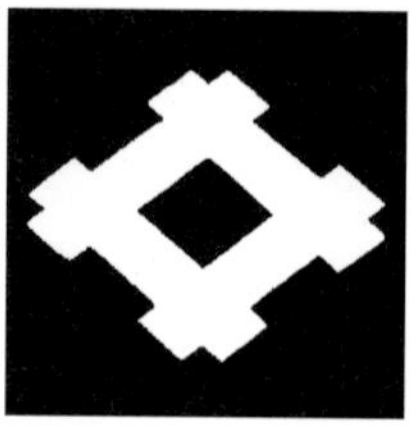
井桁

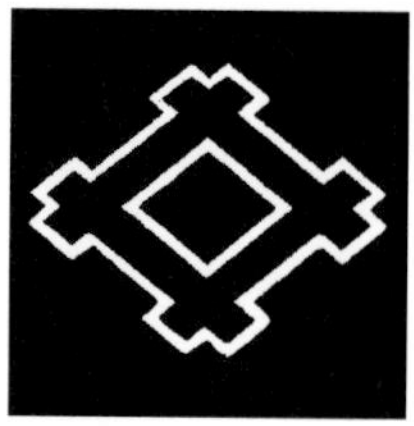
かげ井桁

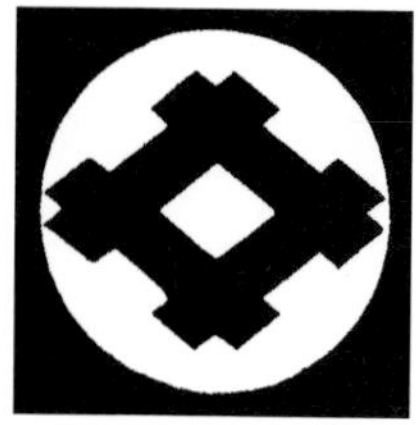
石持ち地ぬき井桁

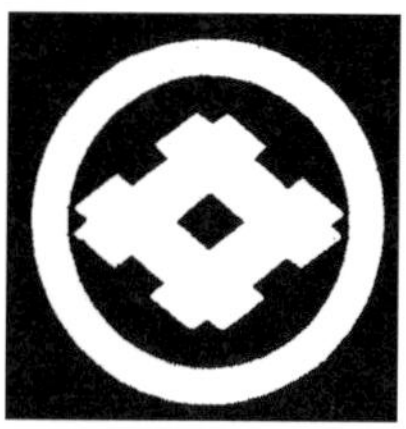
丸に井桁

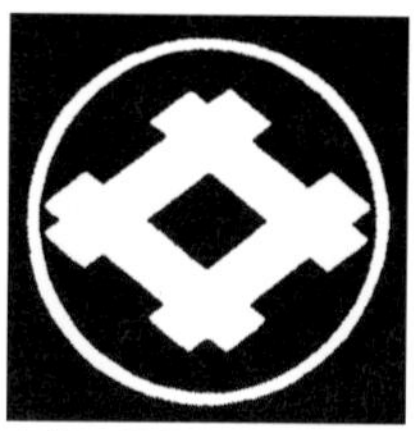
糸輪に井桁

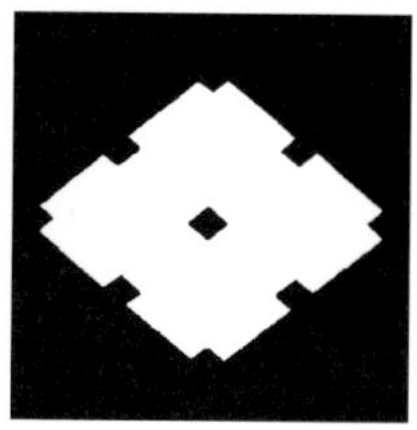
太井桁

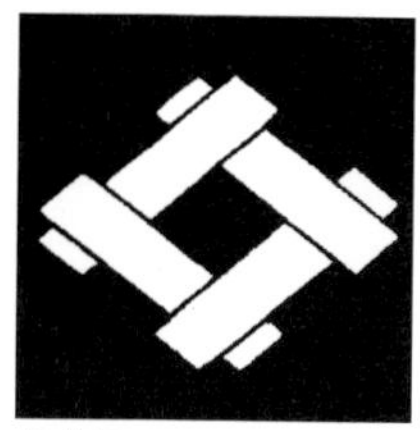
組井桁

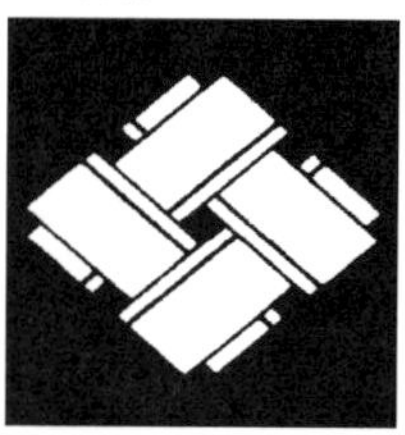
子持ち組井桁

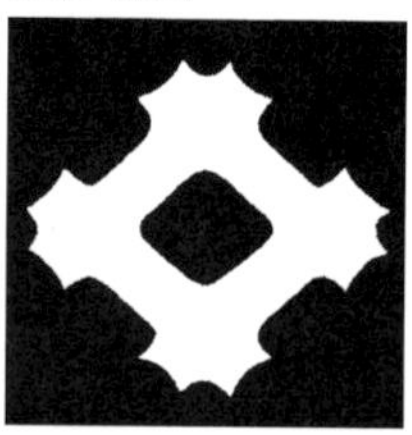
反り井桁

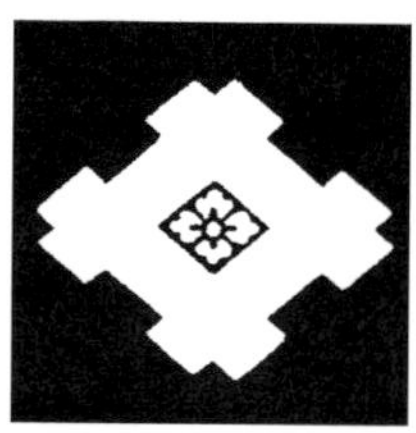
太井桁に花菱

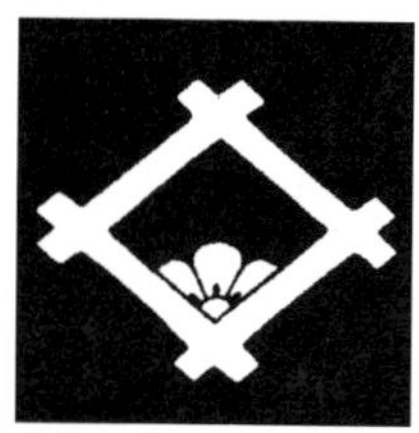
井桁に覗き桔梗

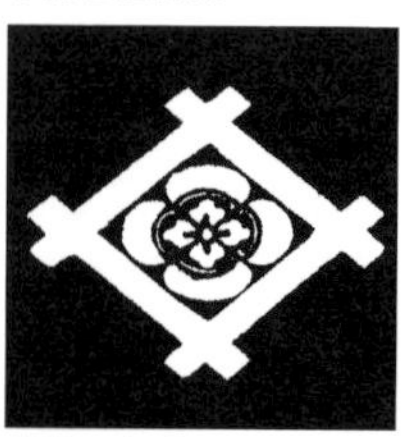
井桁に木瓜

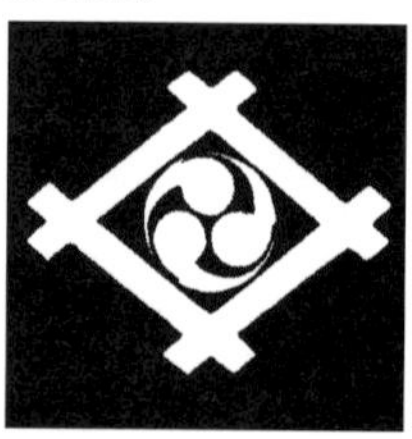
井桁に三つ巴

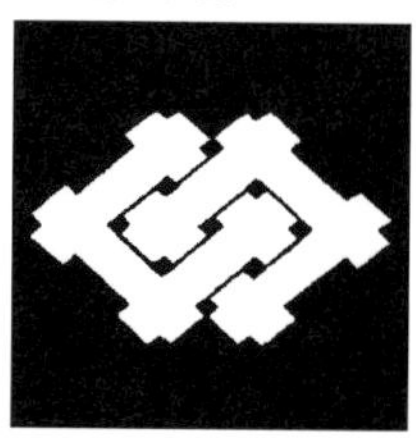
違い井桁

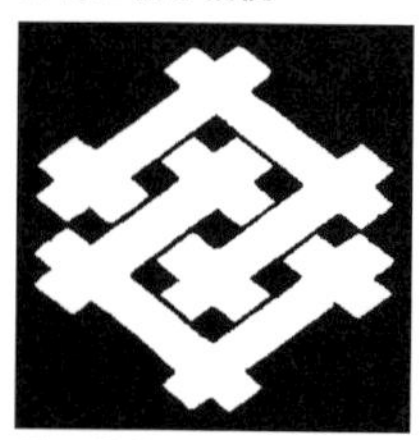
重ね井桁

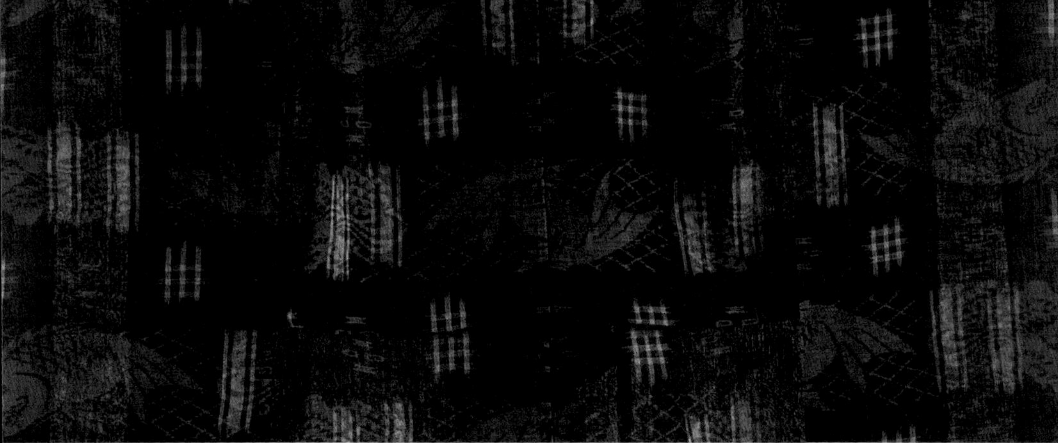

「藍地井桁に鯛文様絣振袖」(部分) 明治時代・19 世紀　京都国立博物館蔵

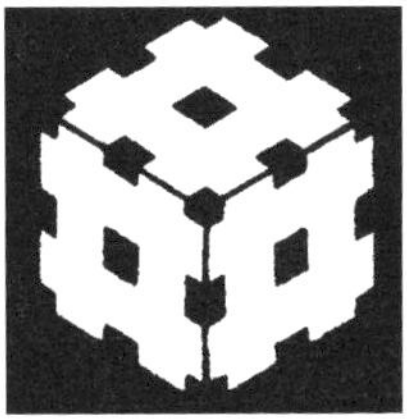

三つ井桁

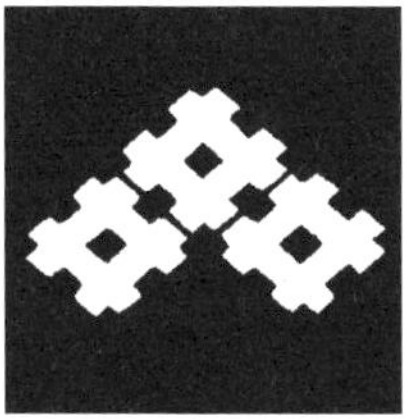

三つ盛り井桁

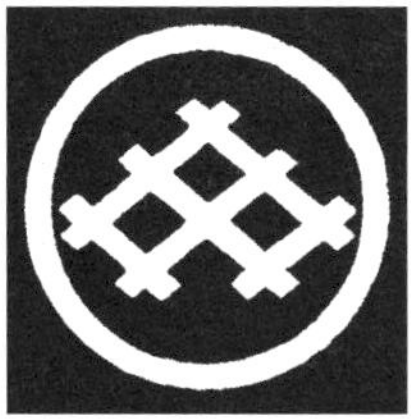

中輪に持合い三つ井桁

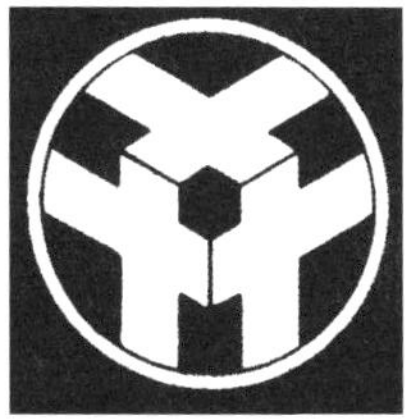

細輪に三つ割井桁

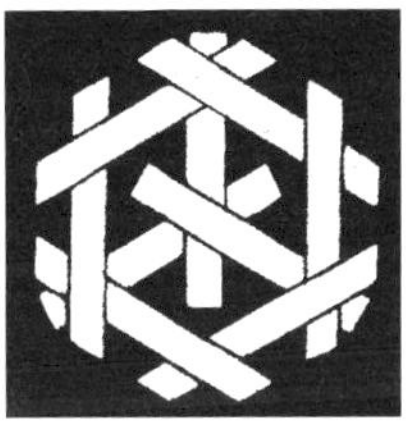

三つ持合い組井桁

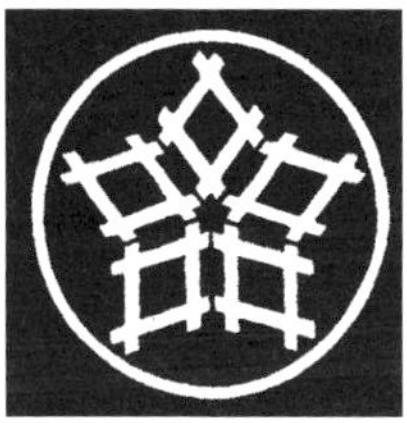

糸輪に五つ井桁

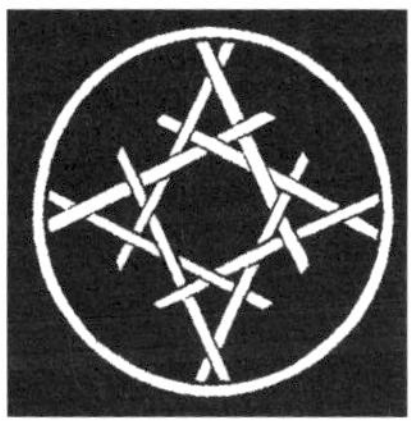

糸輪に籠目井桁

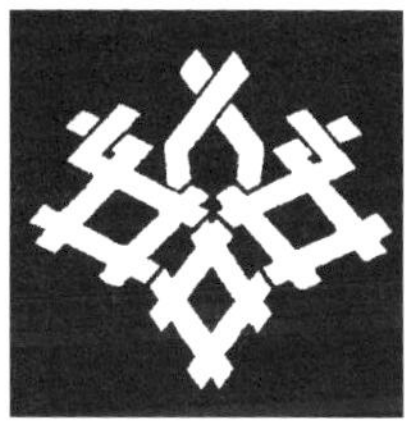

井桁桐

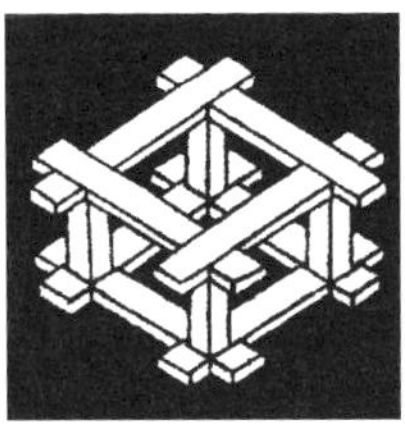

唐井桁

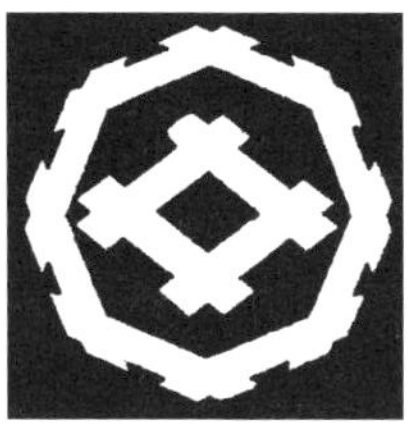

八角井筒に井桁

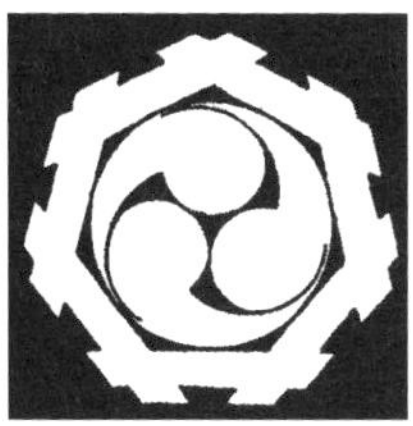

七角井桁に三つ巴

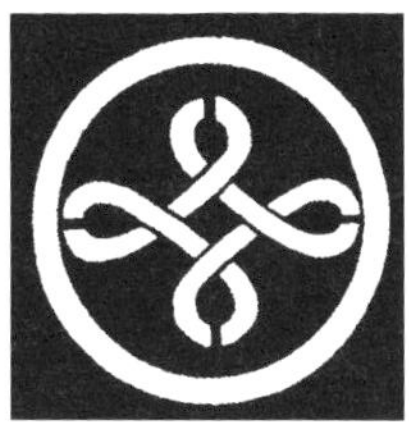

中輪に反り結び井桁

ぎおんまもり

◉祇園守紋

Gion mamori | Gion Amulet Crests

　祇園守は京都八坂神社の守り札のこと。八坂神社の名は明治４年（1871）からで、それまでは祇園天神社といった。紋はこの祇園社の祭神である牛頭天王（ごずてんのう）、すなわち牛の頭をデザインしたものとも伝えられる。しかし、旧キリシタン大名柳川の立花氏や備前・団幡の両池田氏が用いたことや、十字架を思わせるクルスのかたちから隠れキリシタンの影響もうかがわれる。

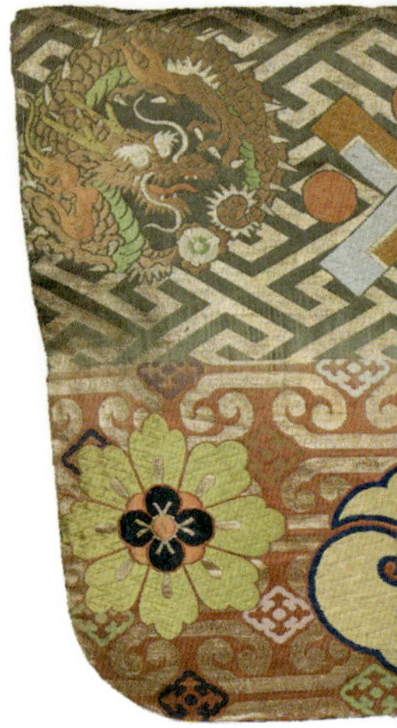

Gion amulets are actually amulets from Kyoto's Yasaka Jinja Shrine, which was known as the Gion Tenjinsha Shrine until 1871. The family crest is said to be based on an ox head design, that is, a design inspired by Gozu Tennō (Ox-Headed Heavenly King), the deity worshipped at that shrine.

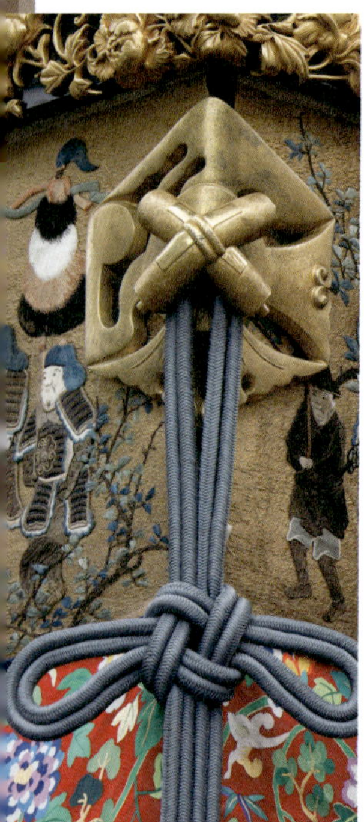

祇園守紋　祇園祭

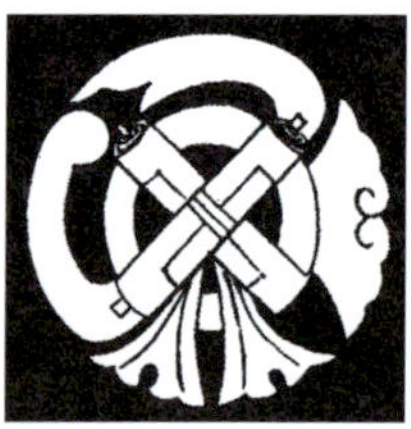

祇園守

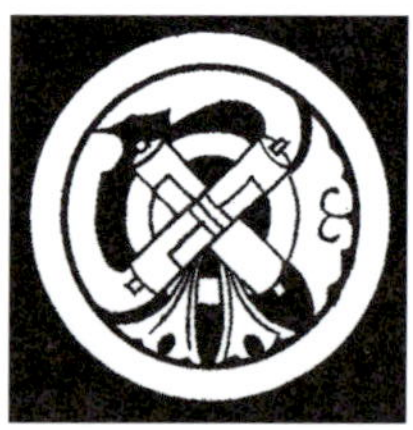

丸に祇園守

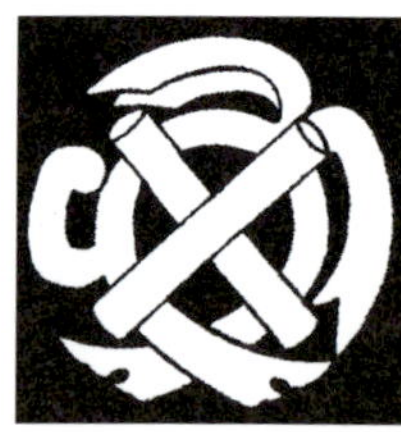

因州祇園守

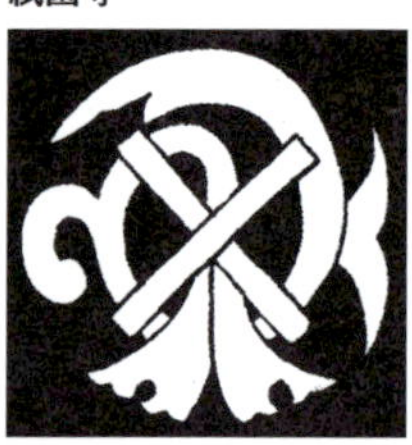

祇園守崩し

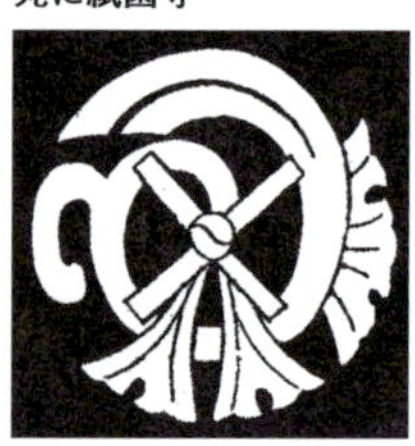

柳河祇園守

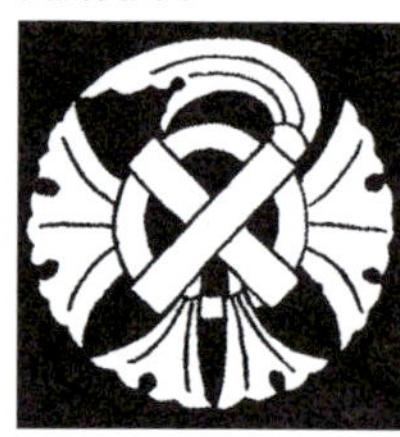

銀杏祇園守

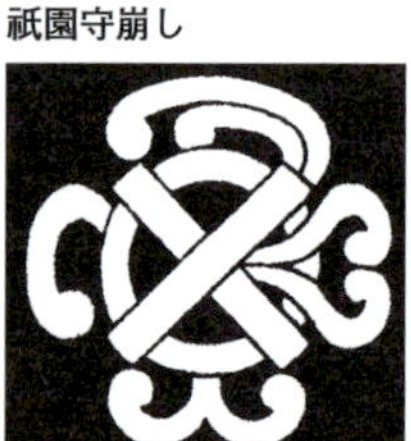

蔓祇園守

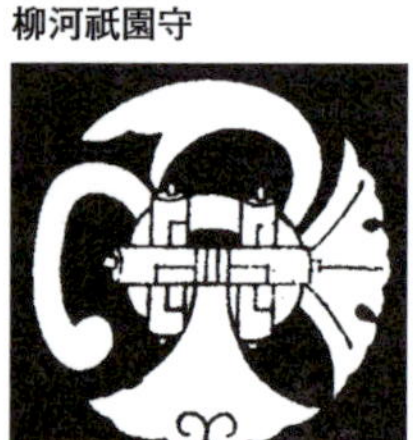

立祇園守

浮線祇園守

「紅緑茶段雲板唐花祇園守模様厚板」
江戸時代・18 世紀　東京国立博物館蔵
出典：ColBase (https://colbase.nich.go.jp)

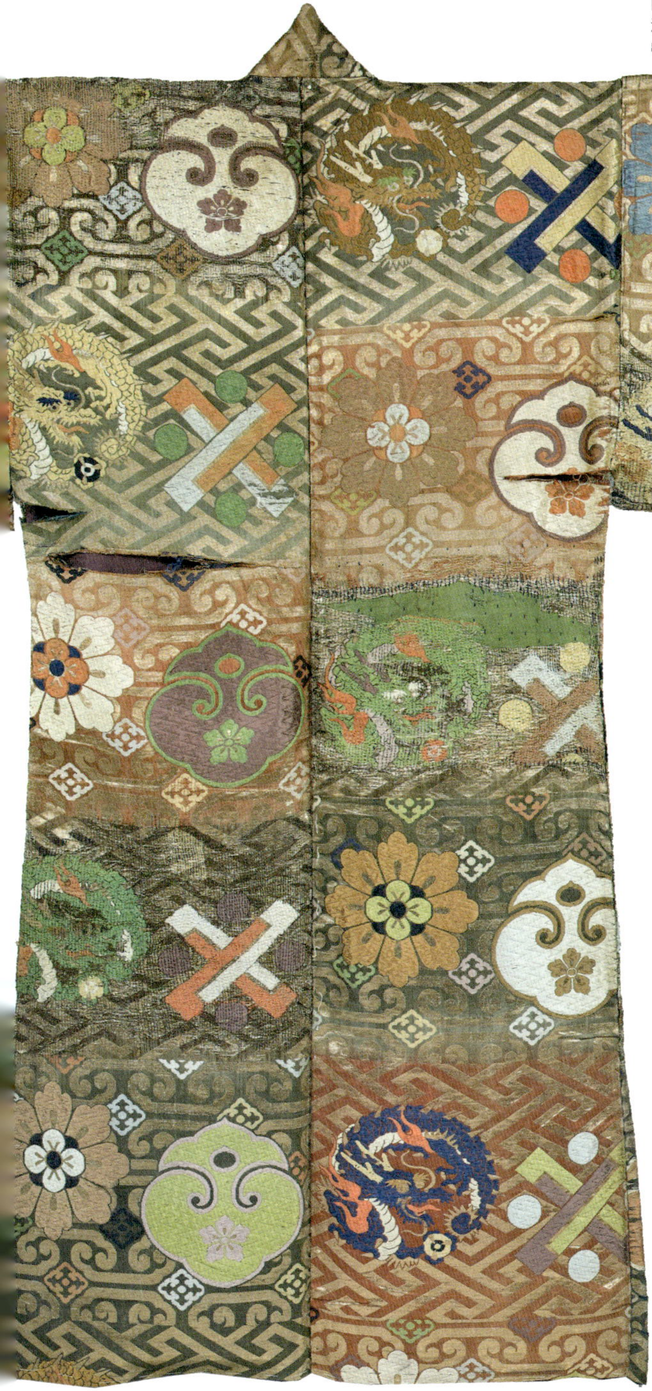

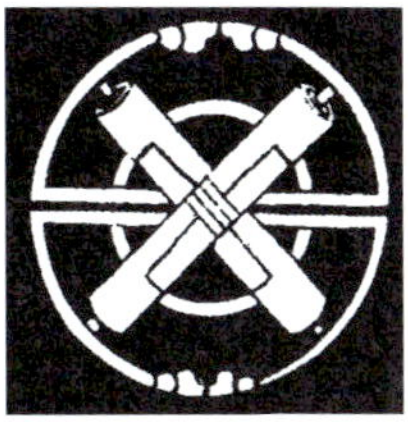

筒祇園守

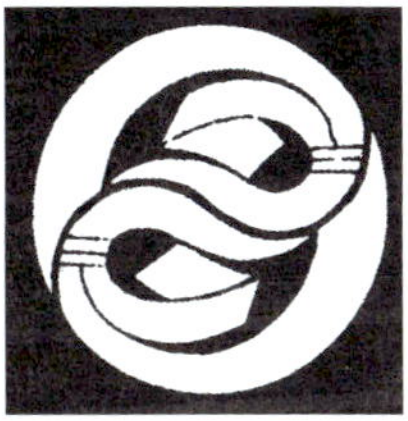

御礼祇園守

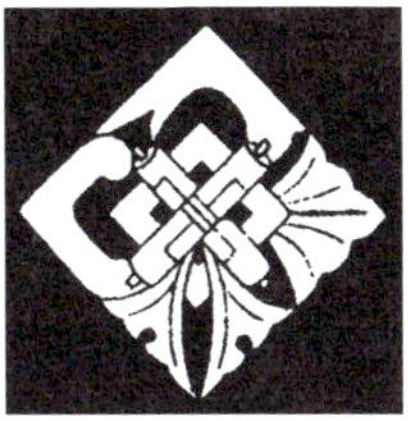

角祇園守

へい

◉ 幣紋 *Hei* | Sacred Paper Strips Crests

幣はヌサ、ミテグラ、ニギテなどともいわれる。白色または金、銀、五色などの紙を段々に切り、串にはさんで神に捧げる御幣（ごへい）をかたちにしたもので、神の加護を願う心をあらわしている。熊野の神官から出た亀井・鈴木の代表家紋で、竹に弊をはさんだものと、木に取りつけたものがある。またほかの祭具や、松、榊、鈴などとともに複紋として用いられることも多い。

Hei are strips of paper, folded and cut into tiers, attached to a wand, and used as an offering to a god. The paper may be white or sometimes gold, silver, or multicolored. It signifies a prayer for divine protection.

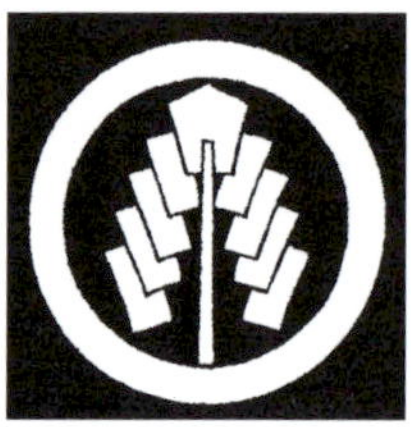
丸に幣

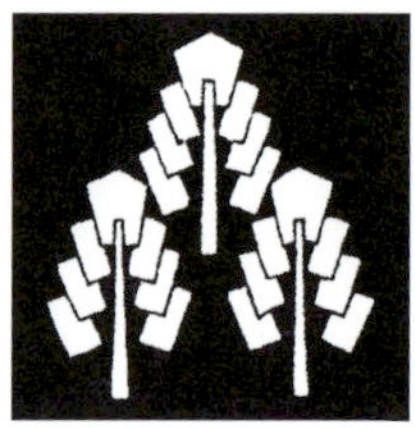
三つ幣

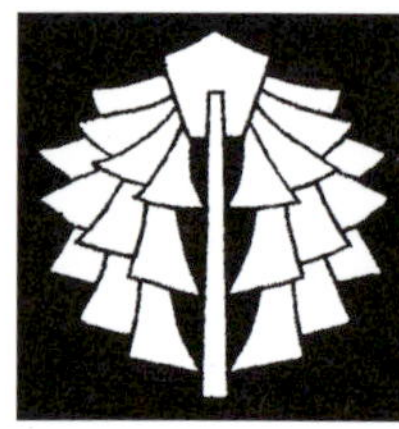
神宮幣

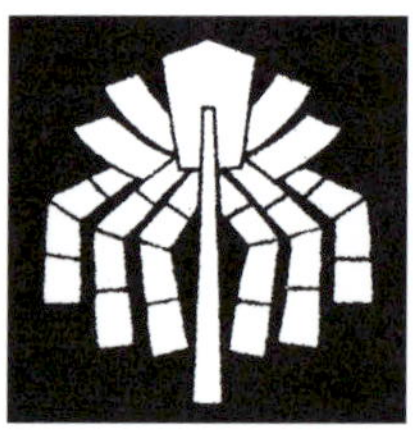
御陵幣

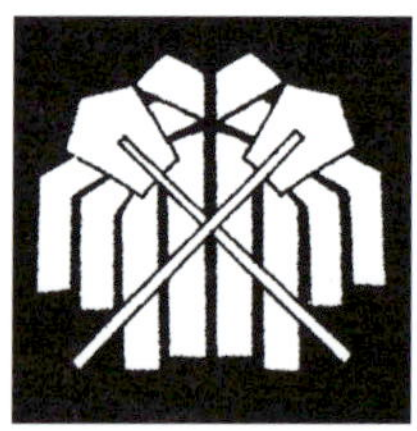
違い幣

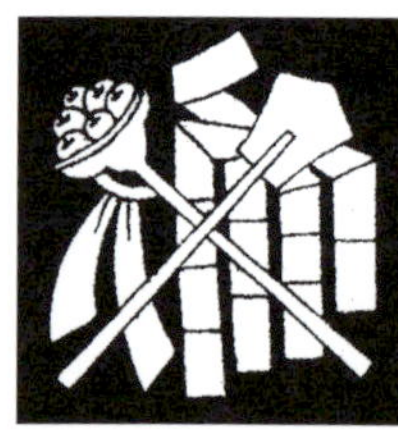
鈴違い幣

後祭巡行　祇園祭

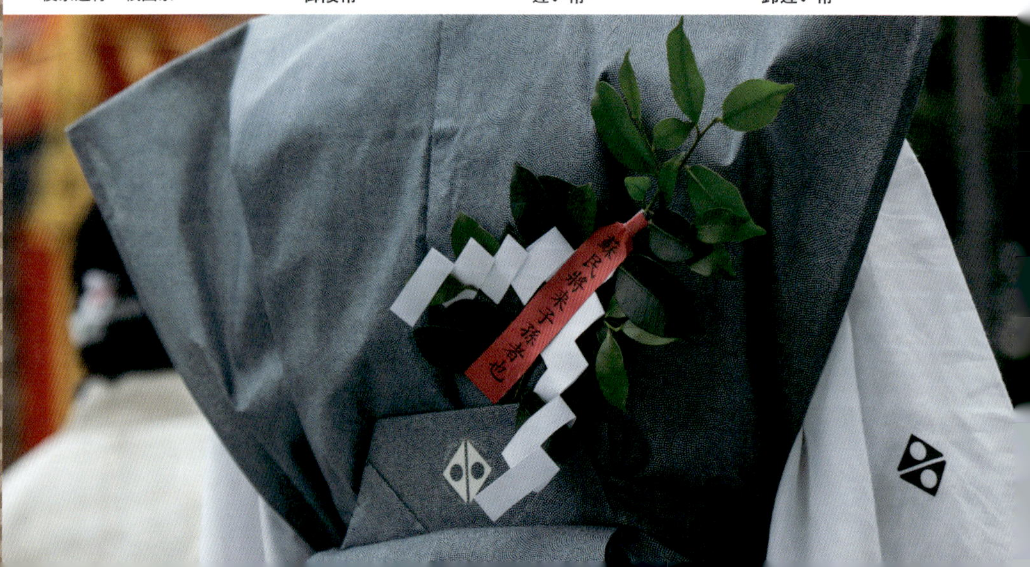

へいし

◉瓶子紋 *Heishi* | Pot Crests

水や酒などをいれて神に供えたお神酒徳利のことで、かたちは下部の太い壺形、細長い瓶形、座りのよい徳利形などがある。神に酒を供える器であったため、鳥居、千木、幣などと同じく神事にちなむ神官やその関係者が家紋に用いた。使用したのは、未勘源氏流の出である安食氏、平氏支流の大岩氏、そのほかに藤原氏から出た宇佐美、塙氏、橘氏から出た小野、紅林氏などである。

Water, rice wine, and other liquids are placed in a sacred wine vessel and presented to a deity. Such vessels come in many shapes, including containers with plump, bulb-like bottoms, long, narrow containers, and broad-based versions. Because such vessels were used to present wine to the gods, they were used, as were *torii* and *hei*, in the family crests of Shinto priests and others associated with Shinto rites.

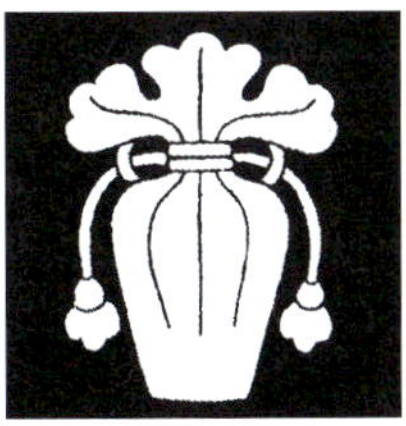
一つ瓶子

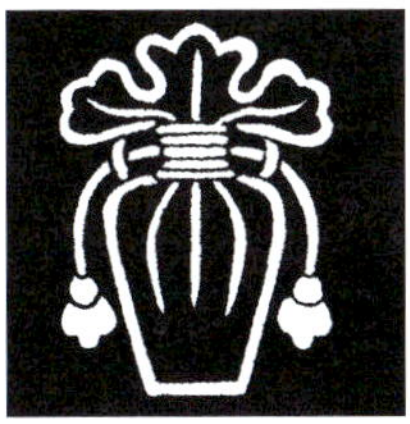
かげ瓶子

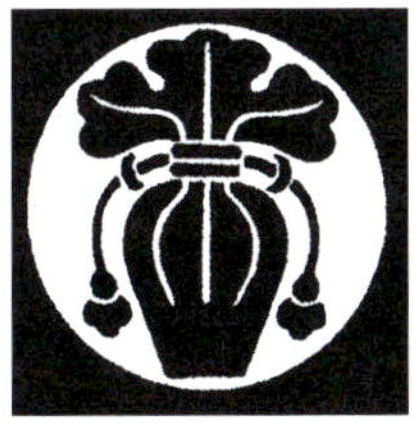
石持ち地ぬき瓶子

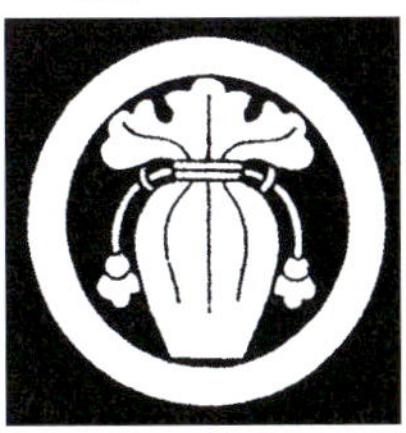
丸に瓶子

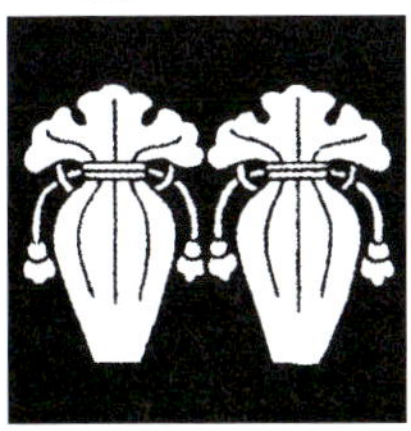
並び瓶子

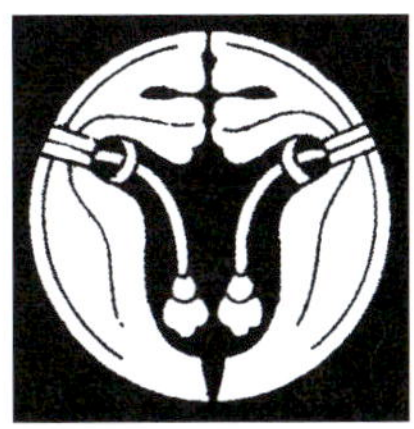
割瓶子

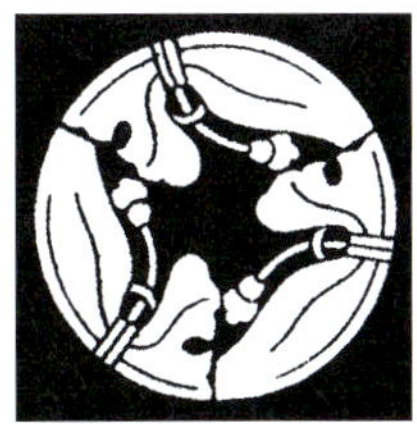
三つ割瓶子

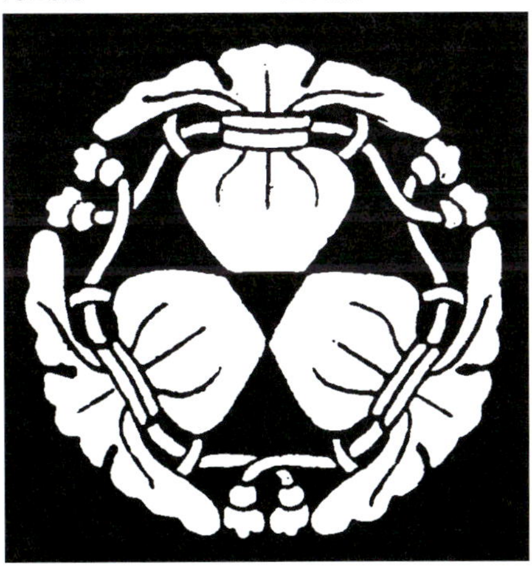
三つ瓶子

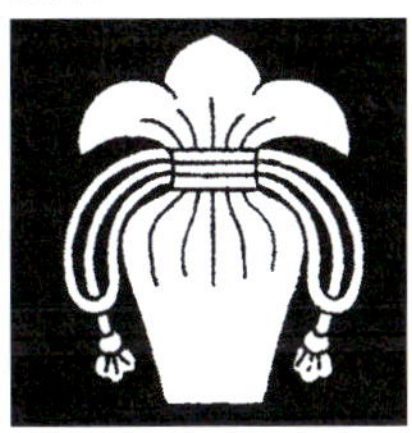
変り包み瓶子

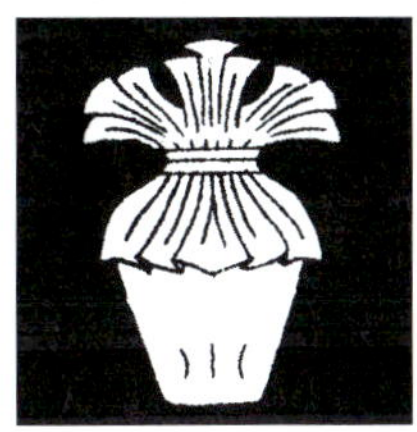
上包み瓶子

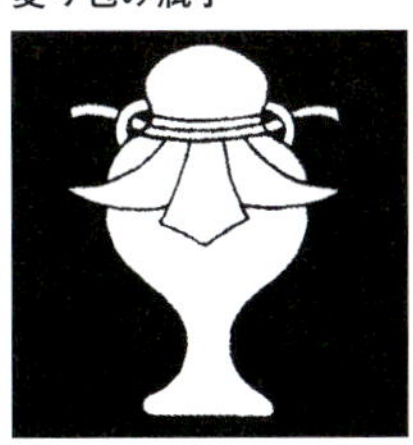
変り包み瓶子

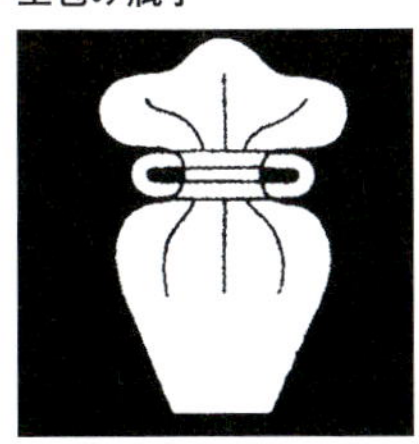
変り瓶子

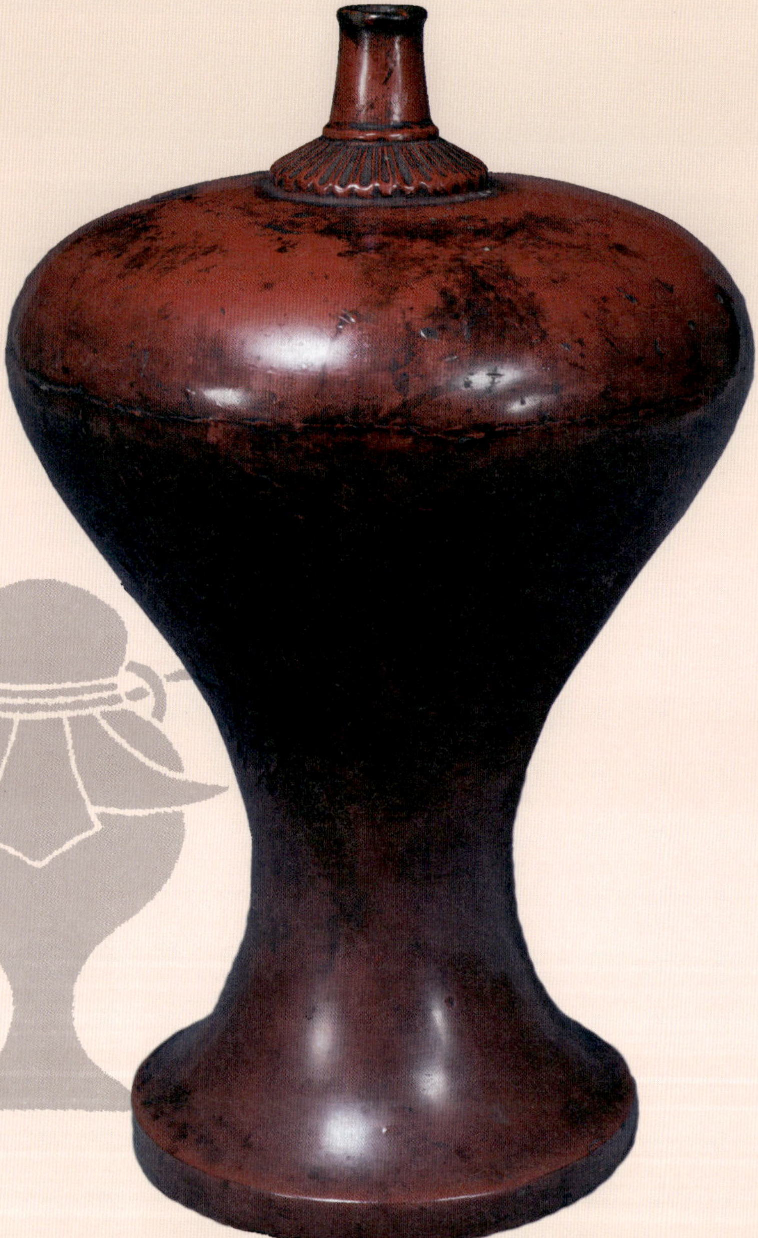

「朱漆瓶子」
室町時代・15 世紀　東京国立博物館蔵
出典：ColBase (https://colbase.nich.go.jp)

すず

◉鈴紋

Suzu | Bell Crests

鈴は金属製の鳴り物で、神事や祭事、装飾などに用いられた。紋は十二個の小鈴に柄をつけた神楽(かぐら)鈴をデザインしたものである。鈴の数がのちには一個、二個と少なくなり、丸で囲ったりした。幣(へい)や榊(さかき)と組み合せた鈴紋もある。家紋に用いたのは熊野神社の神官鈴木氏である。熊野神社は平安時代末期には大変な信仰をあつめ、熊野信仰の広がりとともに全国に広まった。

Bells, musical instruments made of metal, were used in rituals and festivals, and as decorations. The bell family crest was originally based on Kagura bells, a set of twelve small bells attached to a handle and used in Kagura, a ceremonial dance. Over time, the number of bells included shrank to one or two, and the motif was surrounded by a circle. Bell crests may also include *hei* (sacred paper strips) and *sasaki* (a sacred evergreen shrub).

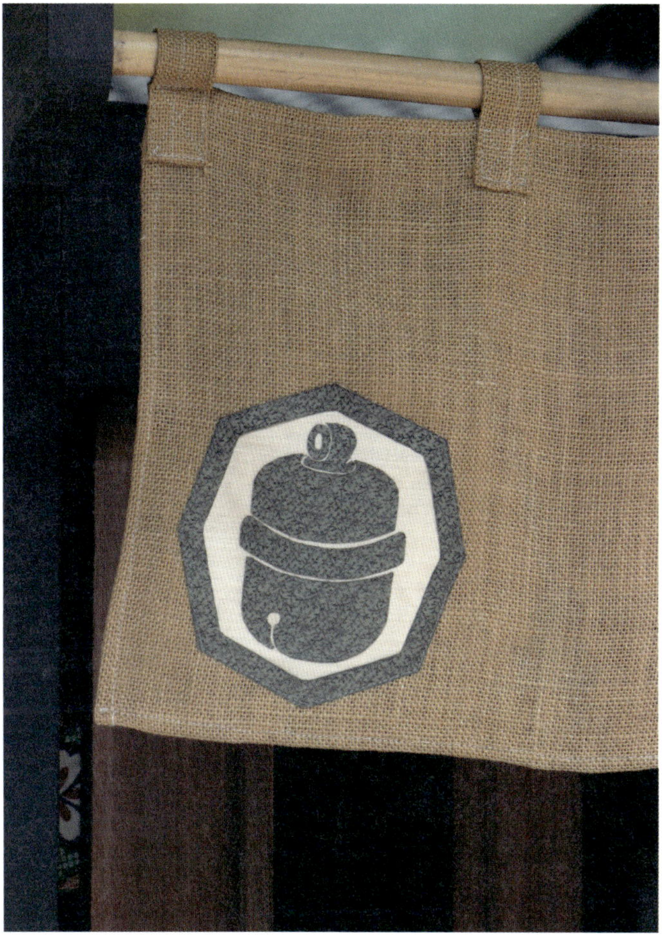

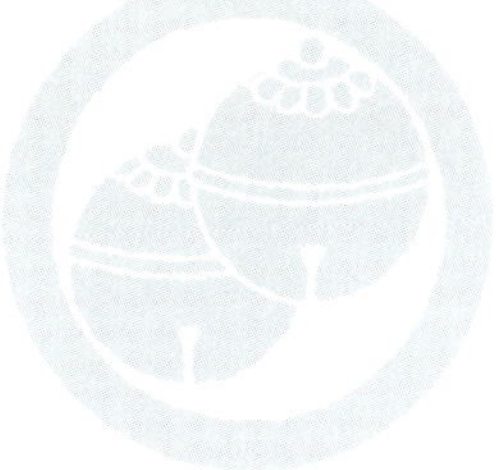

鈴紋の暖簾　京都

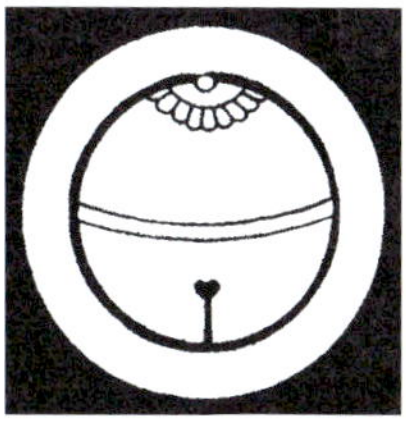

中太輪に鈴

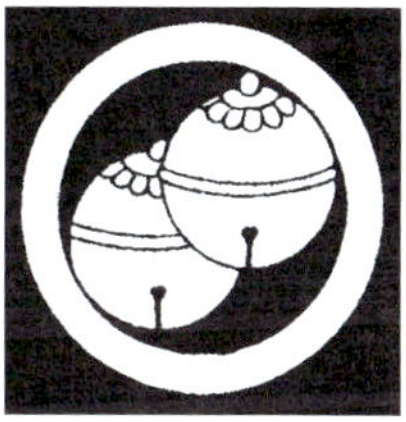

丸に二つ鈴

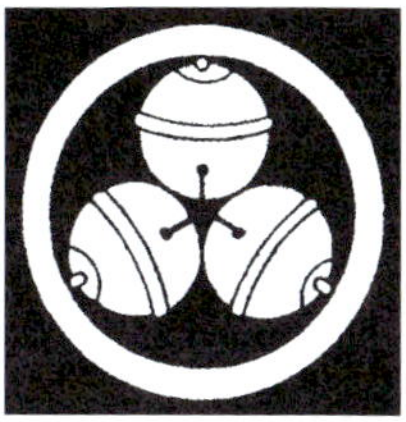

中輪に三つ鈴

ほうしゅ

◉ 宝珠紋 *Hōshu* | Sacred Jewel Crests

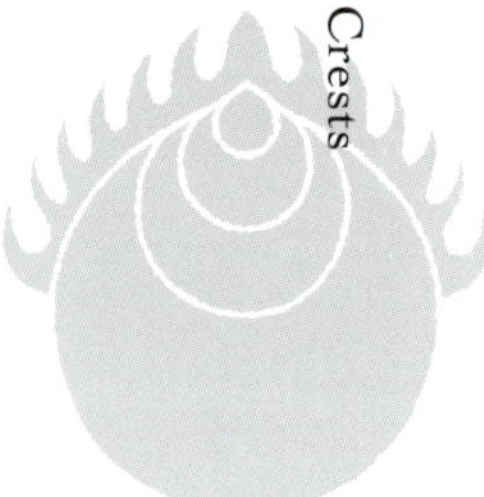

宝珠は古代密教の仏具で、如意宝珠のこと。これに願をかけると何事でも叶えてくれる不思議な珠である。京都神護寺の五大虚空蔵菩薩像、大阪獅子窟寺の薬師如来像の手に宝珠がのせられている。かたちは火焔を吹いているものとそうでないものがあり、また数によって一個から三個まである。打出の小槌、隠蓑、隠笠などとともに宝尽し文様のひとつである。藤原氏支流の出の蒿科氏の家紋に用いられた。

The sacred jewel, a ritual implement used in ancient esoteric Buddhism, is also known as the *nyōi hōshu*, wish-granting jewel. Pray to this mysterious jewel and, it was said, any wish would be granted. It is one of the lucky motifs, which also include the lucky mallet, the raincoat of invisibility, and the hat of invisibility.

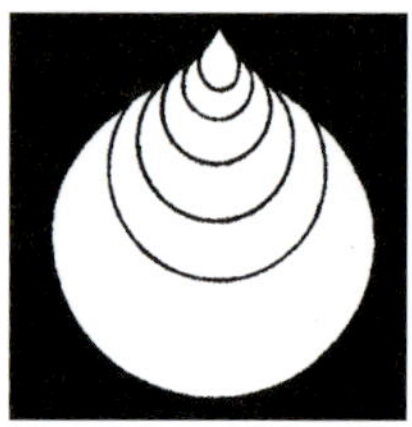

一つ玉

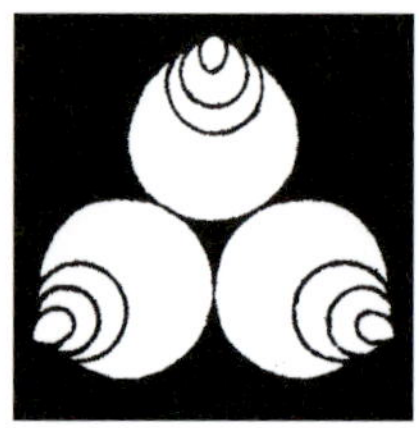

尻合せ三つ玉

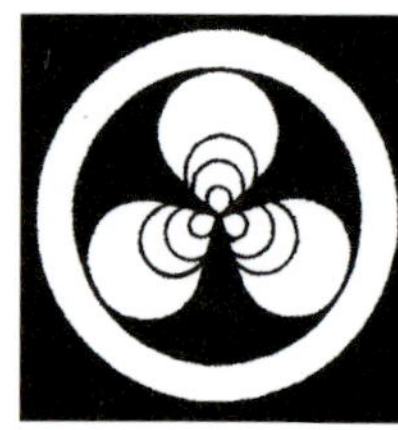

丸に頭合せ三つ玉

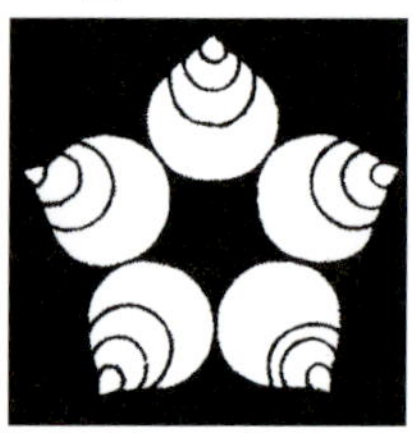

尻合せ五つ玉

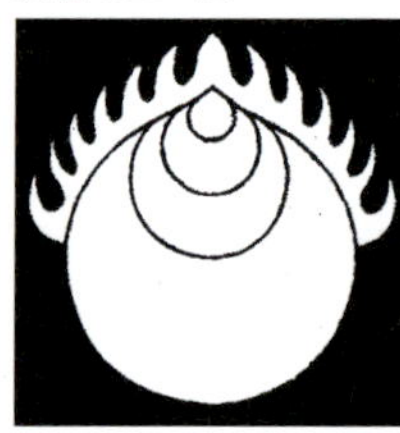

変り焔玉

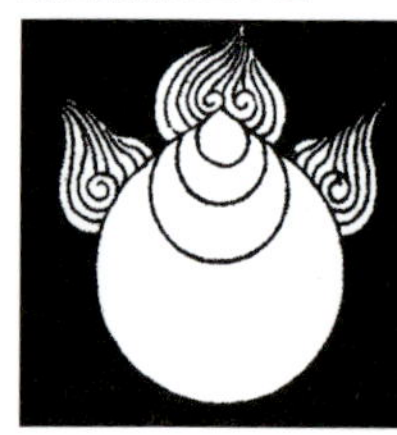

焔玉

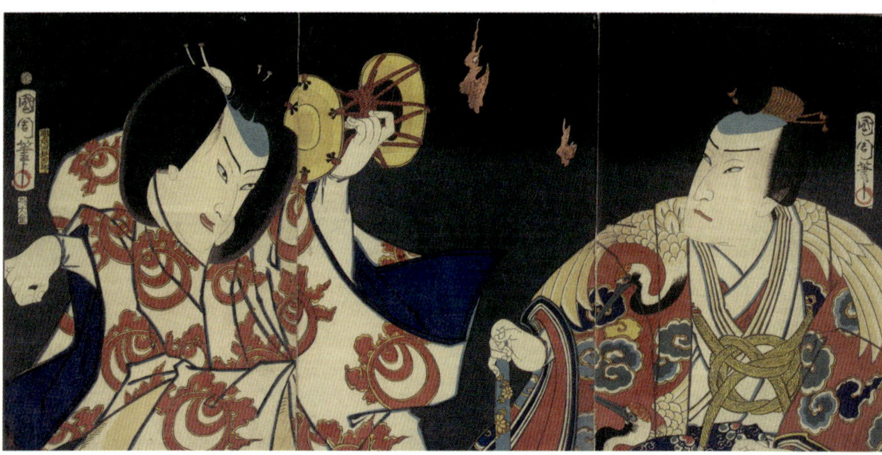

「一守九字成大漁」豊原国周　慶応3年・1867　東京都立中央図書館特別文庫室蔵

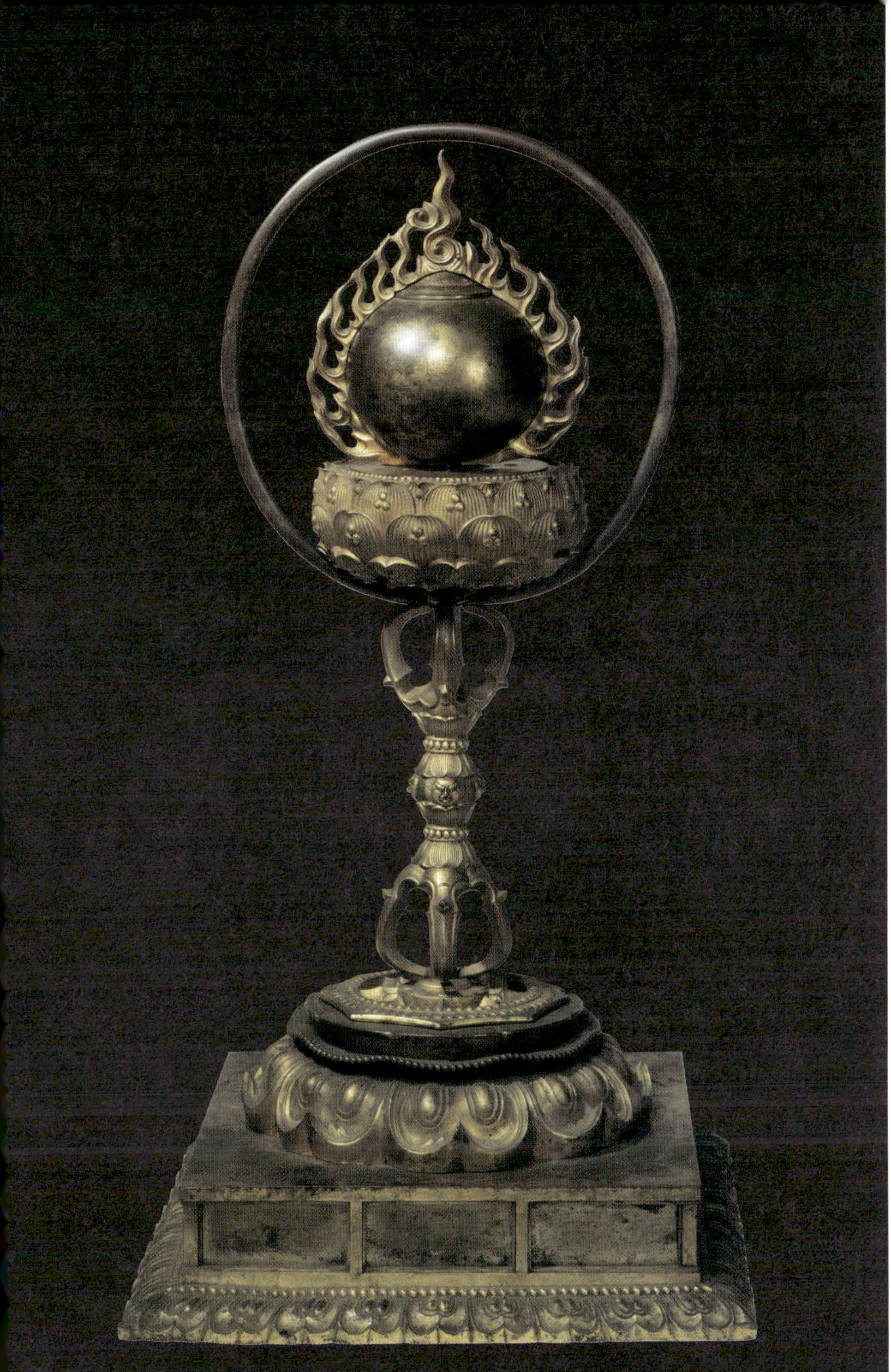

「金銅火焔宝珠形舎利容器」重文　鎌倉時代・13〜14世紀　東京国立博物館蔵　出典：ColBase (https://colbase.nich.go.jp)

しっぽう

七宝紋

Shippō | Linked Circles Crests

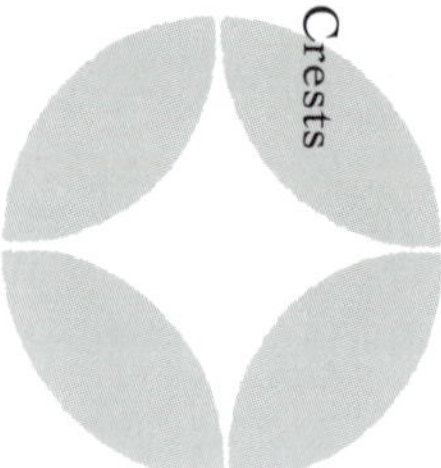

七宝とはもともと仏教でいう七つの宝物（金・銀・瑠璃・玻璃・硨磲・瑪瑙・七珍）だが、七つの宝を散りばめたような美しい焼物という意味で「七宝焼」のこともいう。七宝のかたちは焼物とは関係なく、紡錘状の先が四つ結合して外側が円を構成し、内側が反り角になっている図形をいう。家紋は一個が普通であるが、三個から四個の連続模様もある。多くは円の中心部にほかの家紋を組み込ませている。江戸時代、日向高鍋三万石を領した秋月長門守が替紋として用いた。七宝紋は輪郭的な意味が強く、単独で家紋をなしているものは少ない。

Shippō was originally a Buddhist term meaning "seven treasures," but later came to mean cloisonné, beautiful wares covered with enamel and gems, as though the seven treasures were scattered over them. As a motif, however, it has no connection to cloisonné or treasures as such but is derived from four spindles arranged in a circle with ends touching. As a repeat pattern on fabrics, for example, it resembles linked circles.

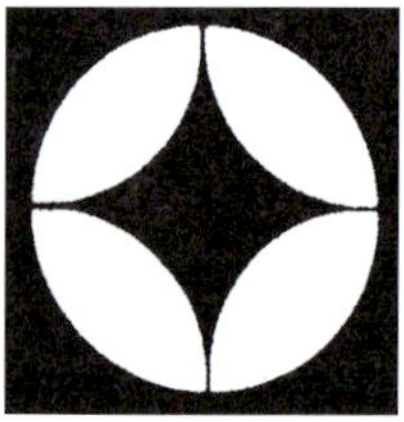

七宝

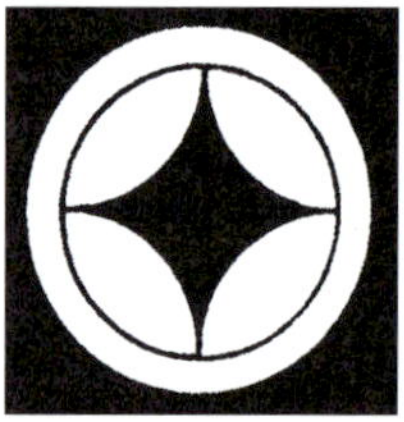

丸に七宝

七宝に花角

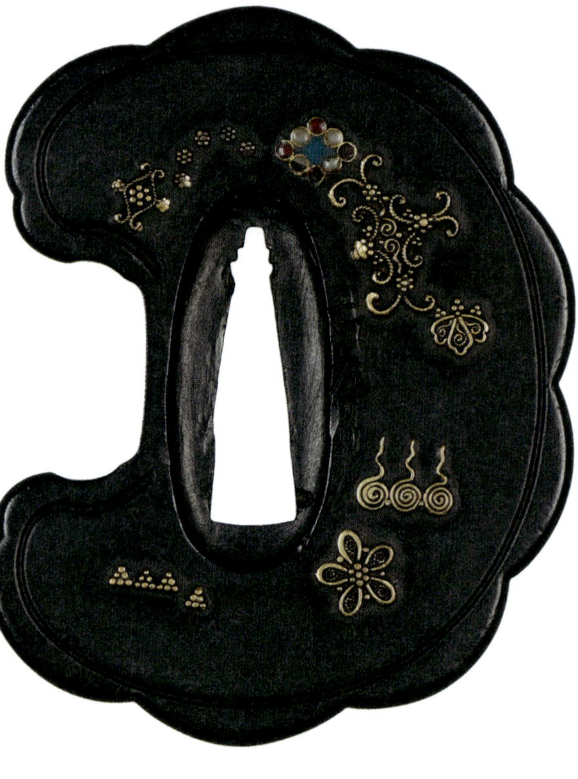

「宝尽七宝文鐔」平田彦四郎　安土桃山〜江戸時代・16～17 世紀
東京国立博物館蔵　出典：ColBase (https://colbase.nich.go.jp)

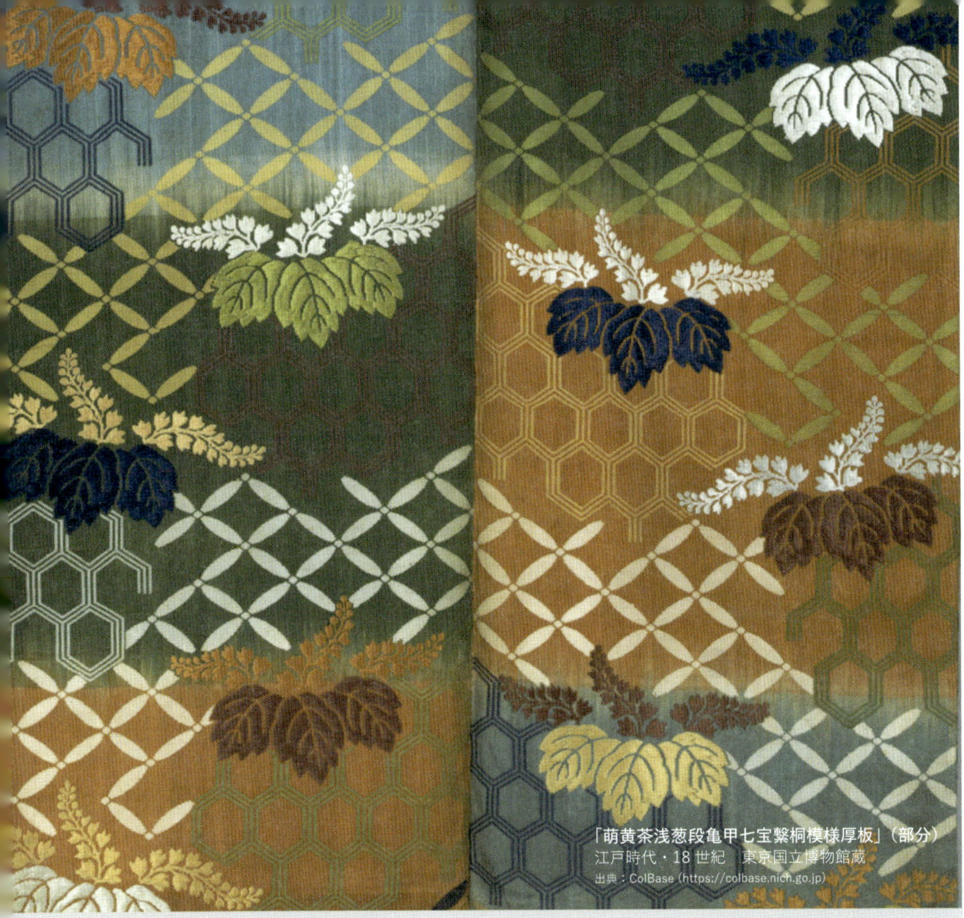

「萌黄茶浅葱段亀甲七宝繋桐模様厚板」(部分)
江戸時代・18世紀　東京国立博物館蔵
出典：ColBase (https://colbase.nich.go.jp)

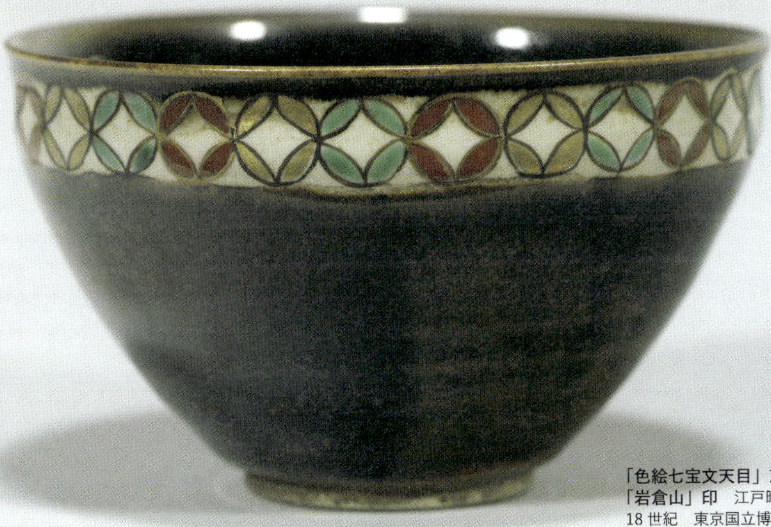

「色絵七宝文天目」京焼
「岩倉山」印　江戸時代・
18世紀　東京国立博物館蔵
出典：ColBase (https://colbase.nich.go.jp)

くるま

◉車紋

Kuruma | Wheel Crests

車紋のかたちは円形と半円形があり、円形は車の骨の数により六本骨、九本骨と区別し、とくに十二本の骨のあるものを「十二本源氏車」というが、榊原氏が用いたので「榊車」ともいった。伊勢外宮神官の榊原氏がなぜ車紋を用いたかというと、外宮に奉納される錦の文様に車紋が使われていたのでこれにあやかったといわれている。源氏車の文様は「年中行事絵巻」や「吉備大臣入唐絵巻」をはじめ平安時代の絵巻物に多く見られるが、家紋として定着したのは鎌倉時代からである。

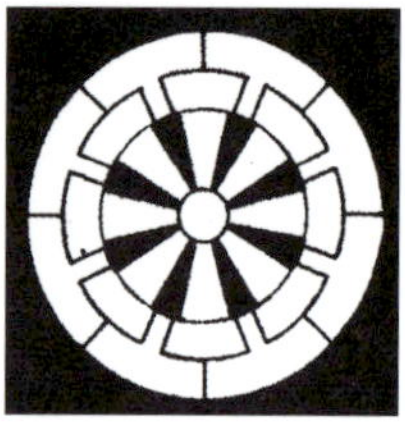

源氏車

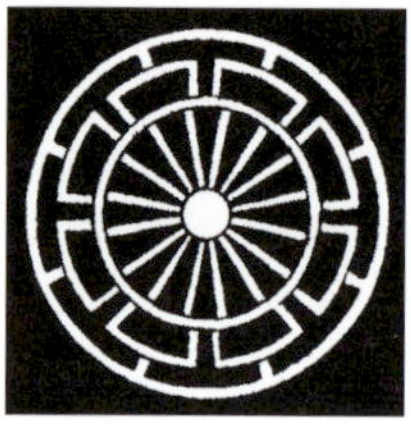

かげ源氏車

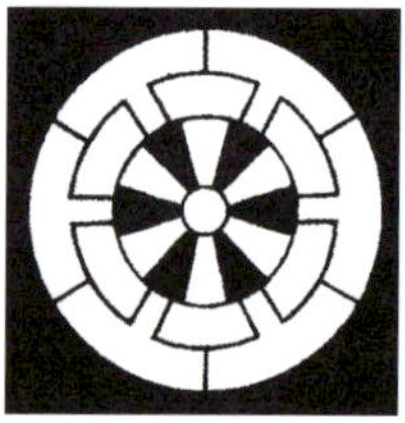

六本源氏車

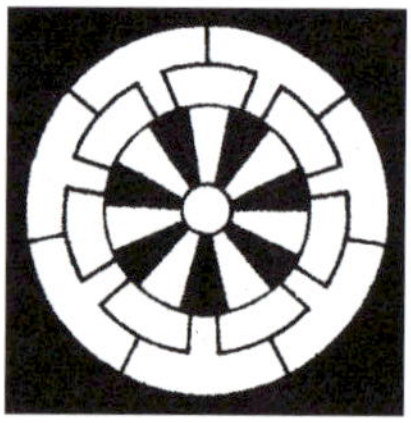

七本源氏車

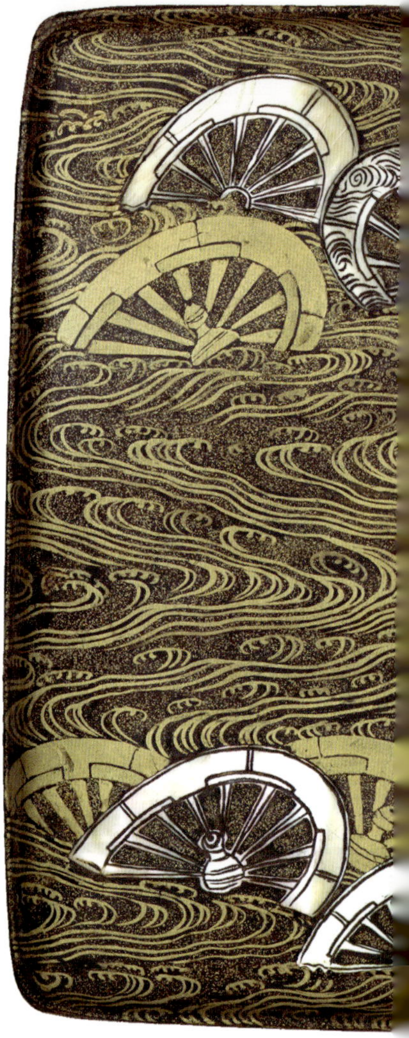

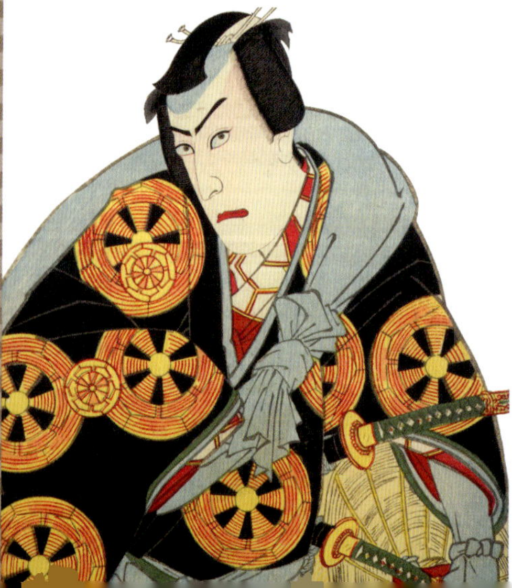

「よし経 市川権十郎・しづか 中村福助・忠のぶ 市川団十郎」（部分）歌川国周
明治 21 年・1888　国立国会図書館蔵

The wheel crest may be a full circle or half circle. The full circle version may include six, nine, or twelve spokes, the version known as the twelve-spoked *Genjiguruma*, the cart once reserved for use of members of the imperial family and aristocrats. While the *Genjiguruma* is often seen in Heian-period (800–1185) picture scrolls, it only became an established family crest from the Kamakura period (1185–1333) on.

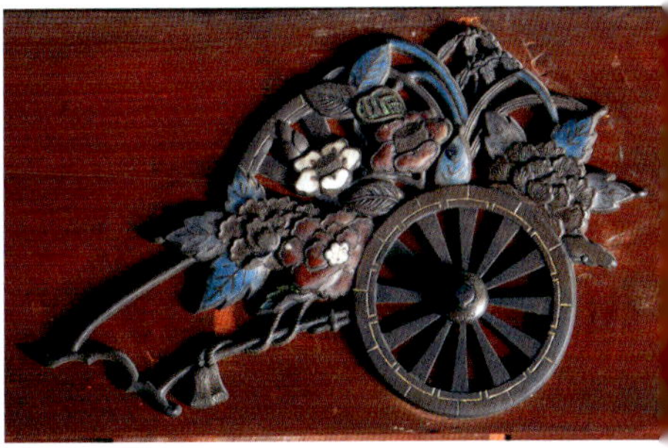

「花車形釘隠し」客殿一の間・修学院離宮

「片輪車蒔絵螺鈿手箱」国宝　平安時代・12 世紀　東京国立博物館蔵　出典：ColBase (https://colbase.nich.go.jp)

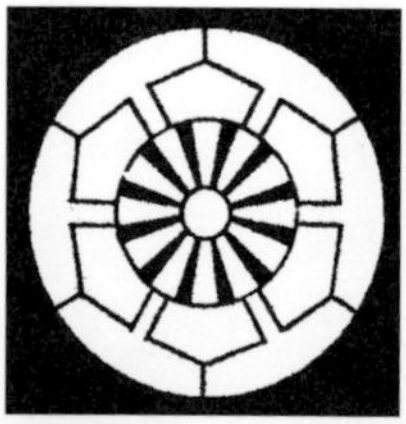
榊原源氏車

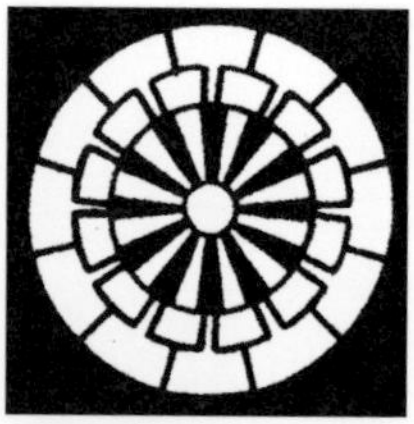
十二本源氏車

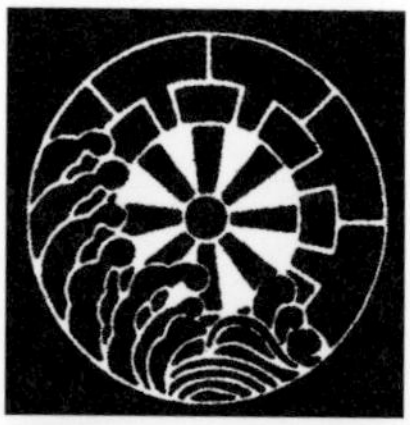
石持ち地ぬき源氏車に浪

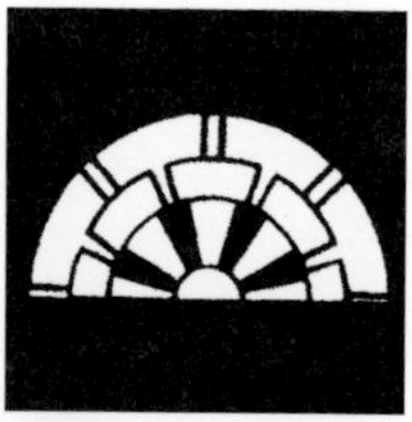
生駒車

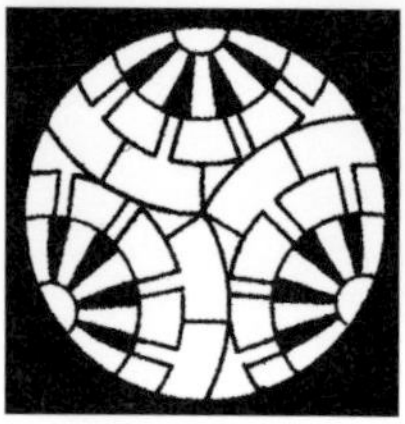
三つ割重ね源氏車

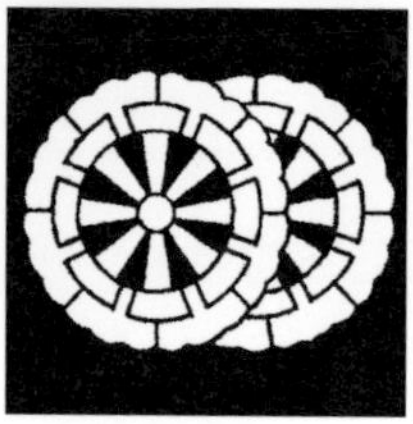
重ね花形源氏車

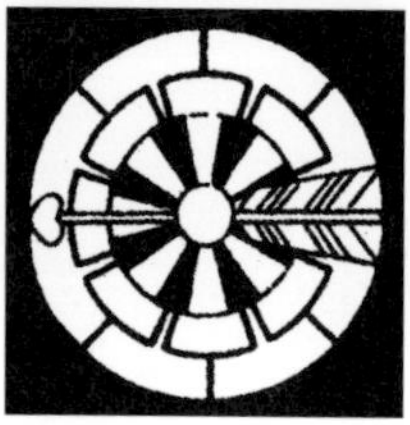
源氏車に矢

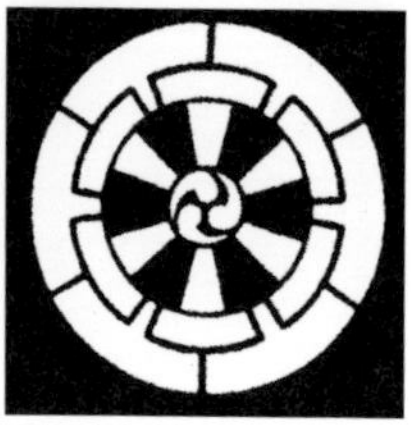
源氏車に巴

かなわ

◉金輪紋 *Kanawa* | Linked Rings Crests

金属製のリングをデザインしたもので、知恵の輪のような重なり具合がおもしろい。三つ金輪から七つ金輪まであり、二つ金輪はなく、それにかわるものは「輪違い紋」である。そのほかは左右対称になっていて美しいリング模様を構成している。これらの模様はじつのところ模様としてのみ存在するので、家紋としては実在しない。江戸時代に染織の上絵師(うわえし)などによってデザインされた図案である。

These crests are based on metal rings, linked and overlapping in interesting ways reminiscent of the rings in *chie no wa*, a ring puzzle game. The crests contain three to seven rings. Instead of a simple two-ring version, a variant in which two smaller rings are overlapped inside a larger one is used. Other beautiful ring motifs feature symmetrical rings on the left and right.

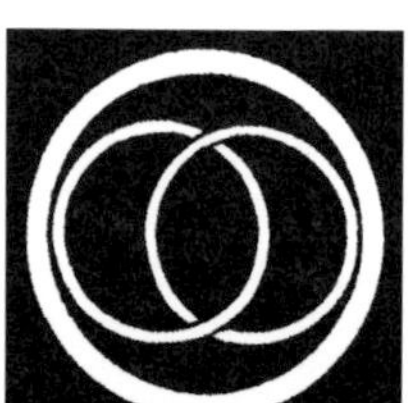
細輪に違い金輪

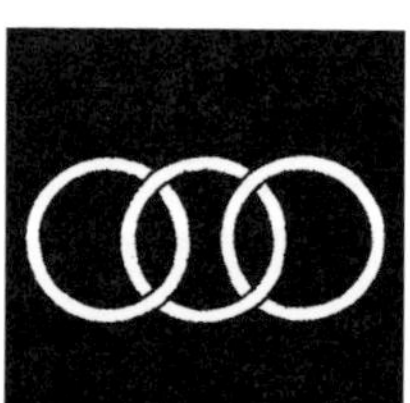
三つ並び金輪

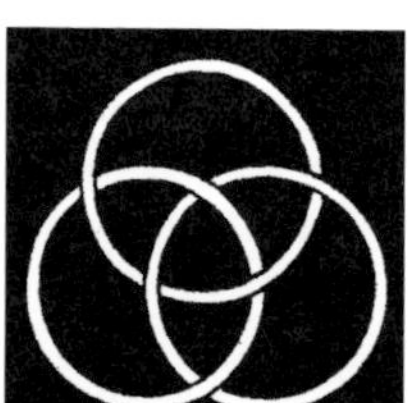
三つ組金輪

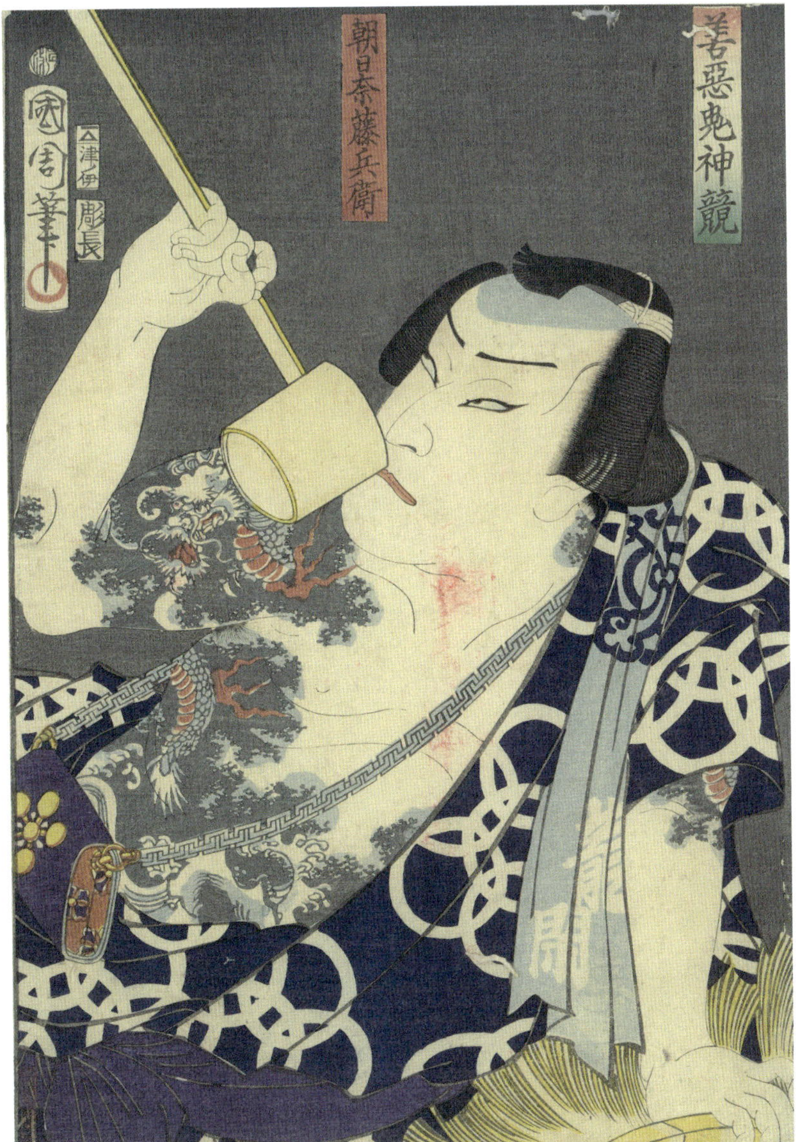

「善悪鬼人鏡　朝日奈藤兵衛」豊原国周　慶応4年・1868　東京都立中央図書館特別文庫室蔵

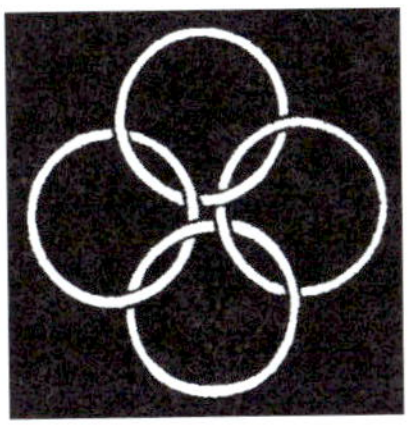

四つ金輪

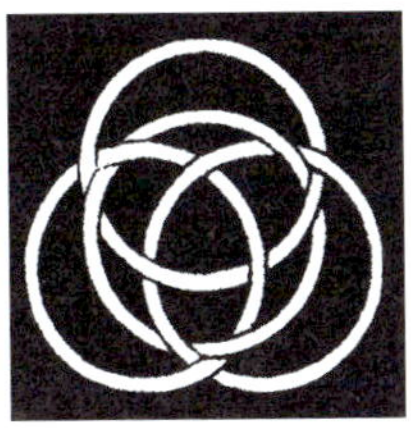

四つ組金輪

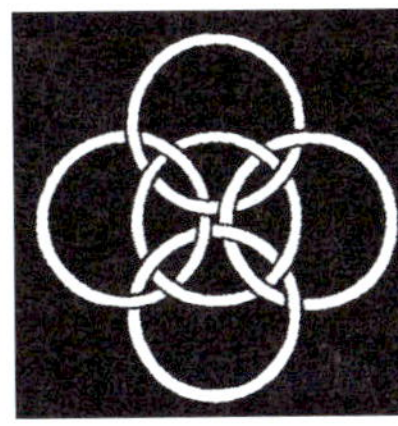

五つ金輪

かましき

◉ 釜敷紋

Kamashiki | Kettle Stand Crests

金輪紋を複雑にして、床に釜や鉄瓶を置くときに敷く釜敷きにみたててデザインした家紋。釜敷紋には、「梅鉢形」「七つ金輪形」「七曜形」「九曜形」「十曜形」「籠目（かごめ）」「五つ結び」「六つ結び」「七つ結び」「日向（ひなた）」などがあり、美しいバリエーションになっている。また雪形や桔梗などの変形がある。家紋は五徳や金輪と同じく、近世下級武士などが用いた。

These family crests suggest the kettle stand that was used when placing a kettle on the floor in a traditional house. Their designs are rich in beautiful variations, including those resembling plum blossoms, seven linked rings, seven, nine, or ten stars (where a small circle represents a star), and wickerwork.

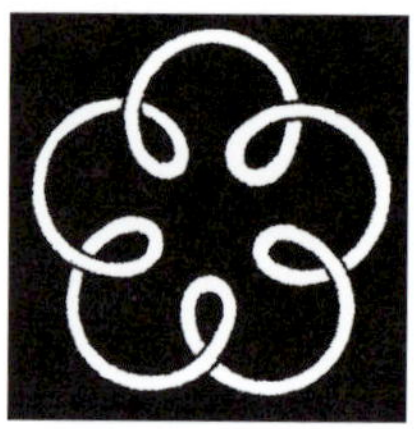
五つ結び釜敷

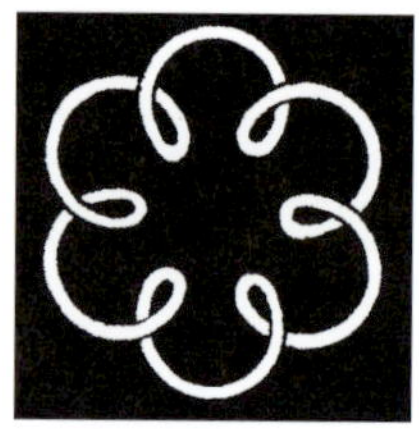
六つ結び釜敷

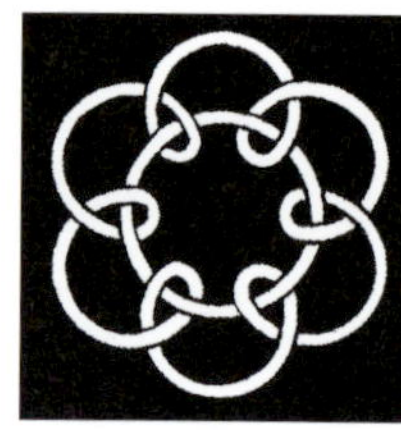
七つ結び釜敷

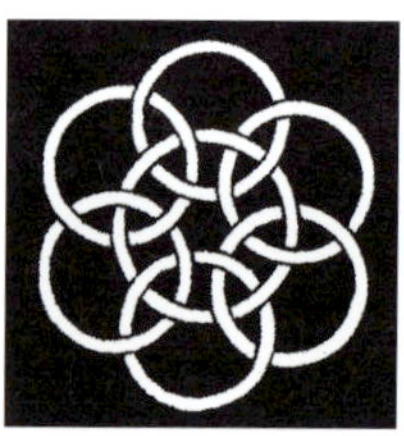
釜敷七曜

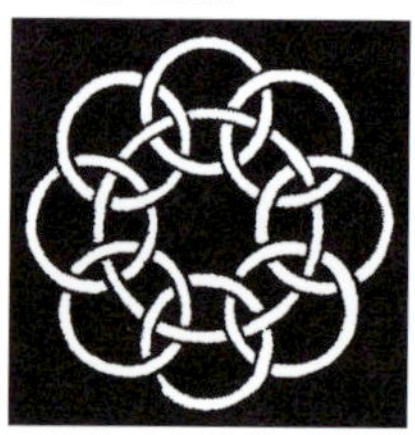
釜敷九曜

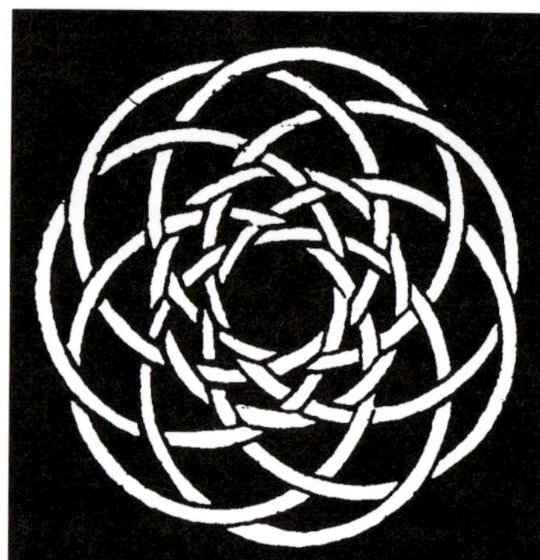
七つ籠目釜敷

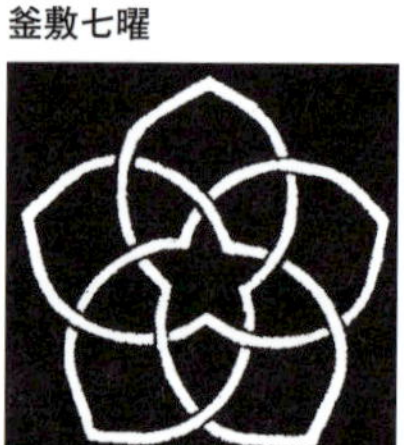
桔梗釜敷

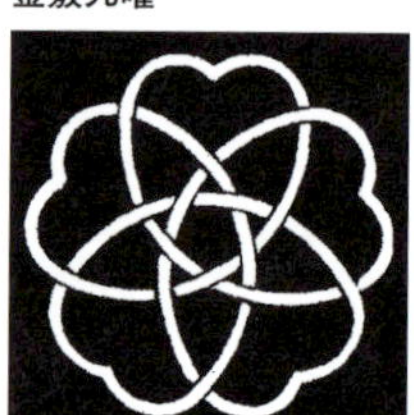
釜敷桜

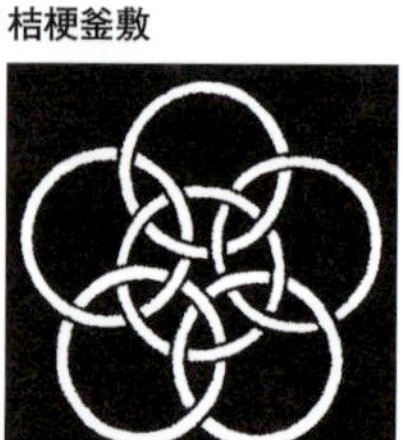
釜敷梅鉢

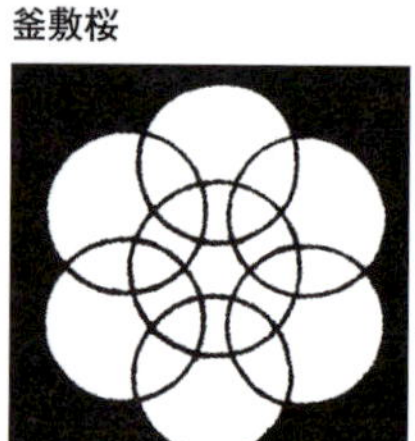
日向釜敷

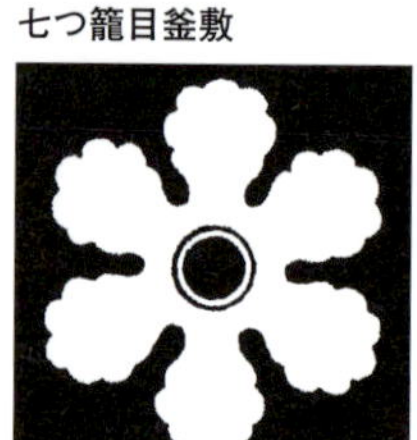
雪形釜敷

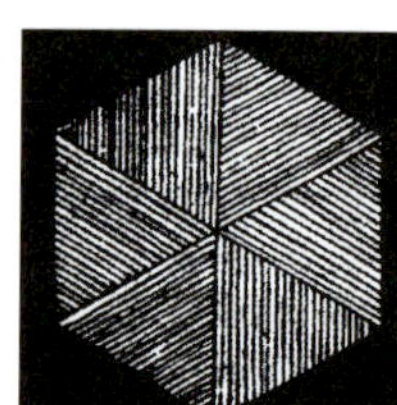
畳釜敷

はさみ

● **鋏紋**

Hasami | Shears Crests

鎌倉の鶴岡八幡宮には後白河法皇から源頼朝が賜ったという、北条政子所用の菊の御紋入りＵ字型の握り鋏があり、このかたちとしては最古のものである。家紋に使われているのはこの日本式鋏で、紋は一個から三個までを並べたり、重ねたりして、丸で囲んでいる。由来や使用家は不明である。近世の新紋と思われる。

U-shaped shears or spring scissors are made by bending the piece of steel connecting both blades. The oldest known example are shears in the collection of the Tsuruoka Hachimangū Shrine in Kamakura that were given by Retired Emperor Go-Shirakawa to Minamoto no Yoritomo. They carry the chrysanthemum crest used by Hōjō Masako, Yoritomo's wife. In family crests, this Japanese type of shears, not the more common x-shaped type, is used.

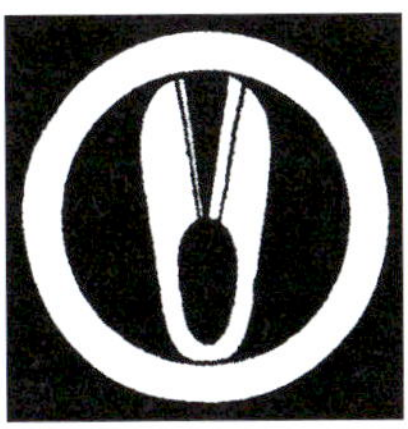

丸に鋏

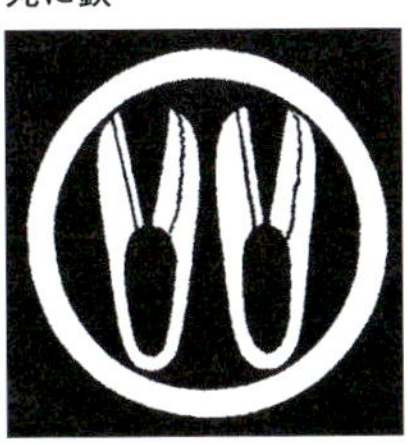

中輪に並び鋏

丸に違い鋏

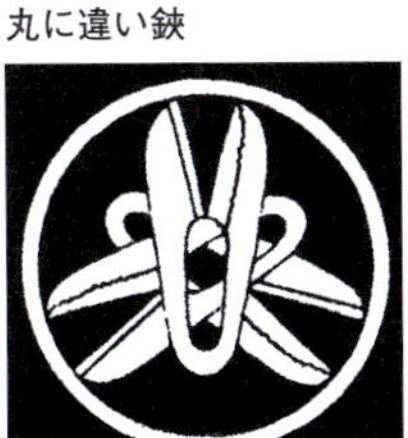

細輪に三つ重ね鋏

「御細工物に鋏」渓斎英泉　江戸時代・19 世紀
東京国立博物館蔵　出典：ColBase (https://colbase.nich.go.jp)

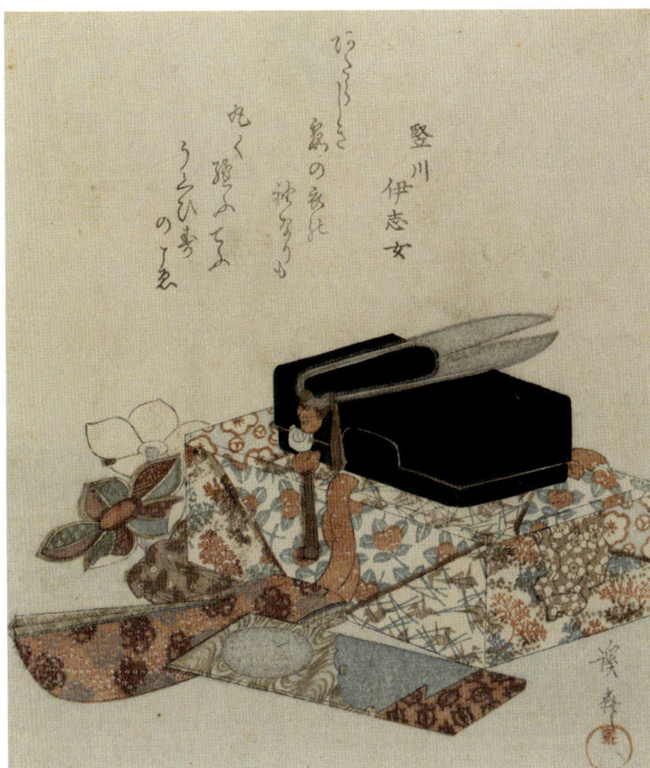

● 糸巻紋

いとまき

Itomaki | Spindle Crests

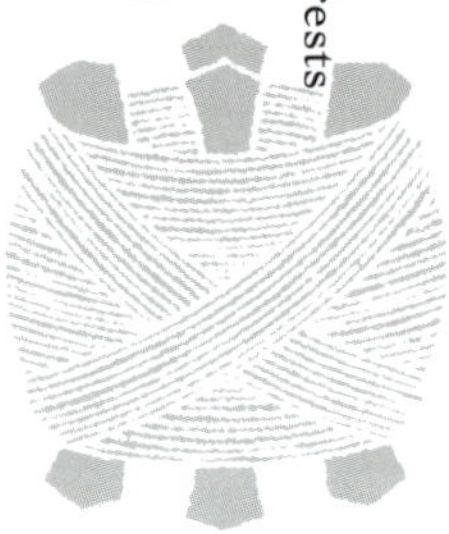

家紋の糸巻きは、縫い糸を巻取る道具で四角い板状のもの、凧糸などを巻く枠糸巻き形、織糸を球形に巻つけるための苧環（おだまき）形の三種類がある。糸巻の模様は古くからあったが、家紋に用いられた理由はわからないが、かたちがおもしろく、日常馴染み深い用具であったので使われたと思われる。江戸幕府の津田氏一族が用い、糸巻のなかに花菱なども配している。津田氏は平清盛から出た織田氏の支流として幕臣のなかに十一家あるが、糸巻紋は四家である。

The spindles that are the models for these crests are of three types: the square card type around which yards or threads were wrapped, the frame type, used for wrapping kite string, for instance, and the *odamaki* type used to wrap yarn for weaving into a ball. These designs used in family crests are charming creations based on everyday objects.

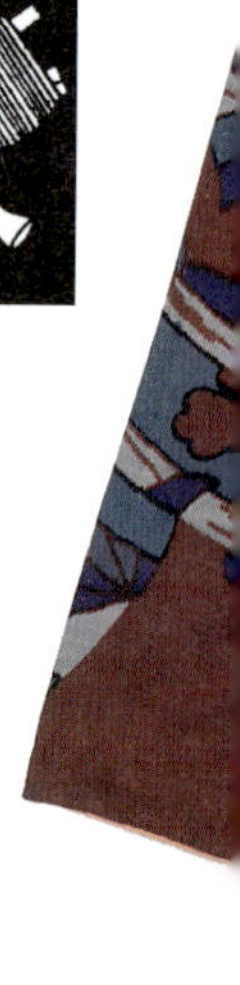

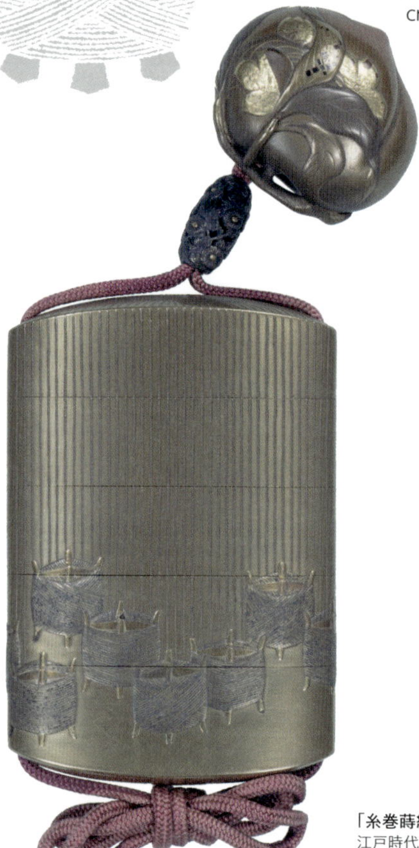

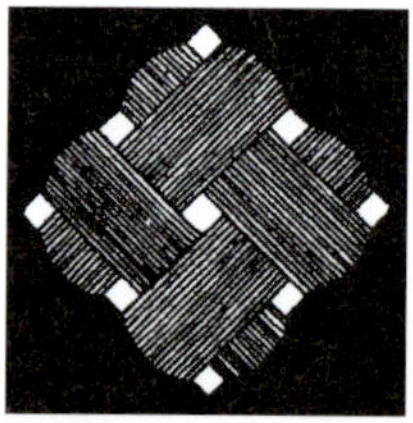

糸巻

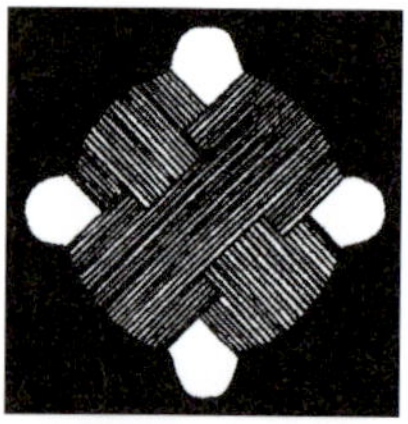

六つ組糸巻

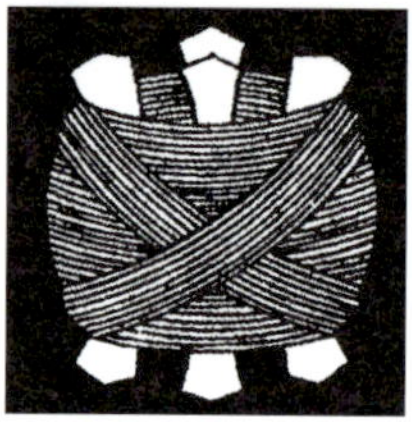

枠糸巻

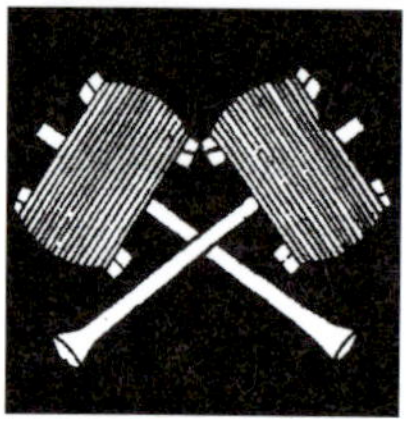

違い枠糸巻

「糸巻蒔絵印籠」底裏金蒔銘「常嘉斎」
江戸時代・19 世紀　東京国立博物館蔵
出典：ColBase (https://colbase.nich.go.jp)

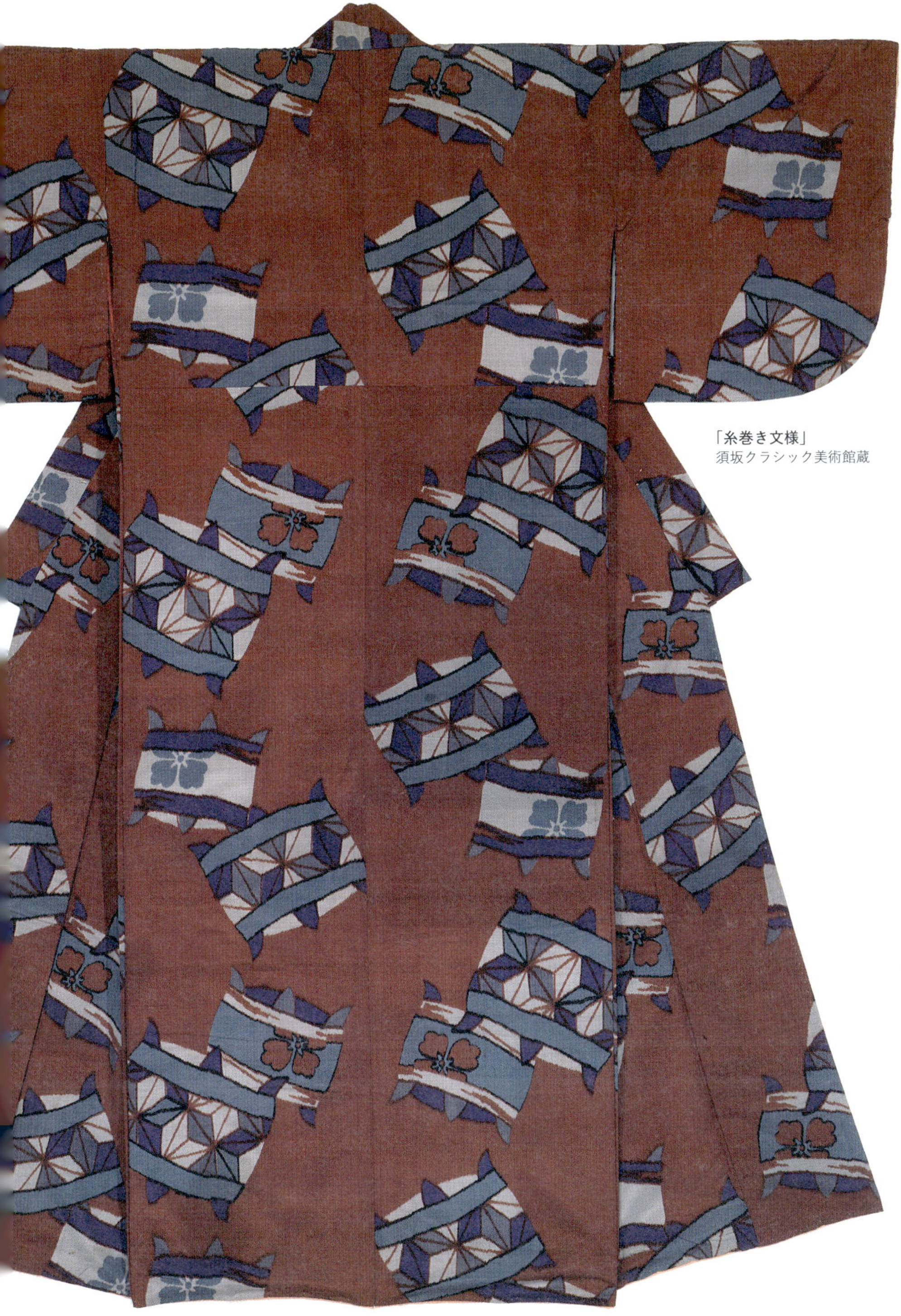

「糸巻き文様」
須坂クラシック美術館蔵

ろうそく
◉ 蠟燭紋 *Rōsoku* | Candle Crests

蠟燭が普及するようになったのは、蜜蠟や松脂にかわり、黄櫨蠟や漆蠟などの木の実から採取する木蠟が使用されるようになった江戸時代からで、蠟燭屋の看板のシンボルに使われた。家紋は一本から三本の蠟燭を種々に配列し、丸輪で囲ったものが多い。鋏紋や糸巻紋とともに江戸の商家や庶民に用いられたと思われる。由来や使用家はわからない。

The use of candles became widespread in the Edo period (1600–1868), when vegetable wax from the seeds or fruit of lacquer trees or wax trees replaced beeswax and pine resin in their production. The candle crest was used symbolically on signs for candle shops.

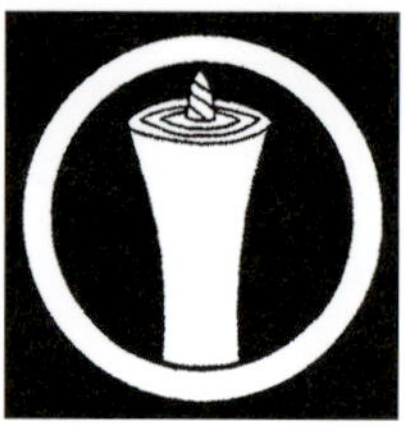
中輪に蠟燭

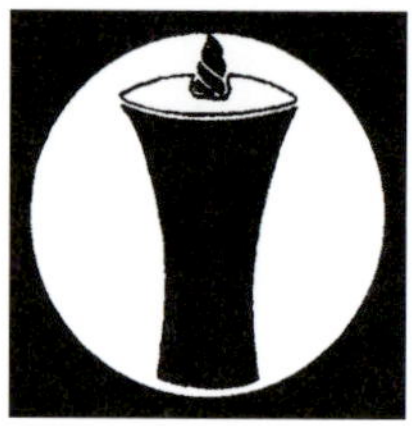
石持ち地ぬき蠟燭

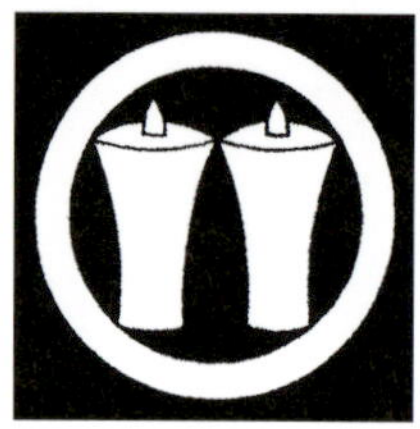
丸に二つ蠟燭

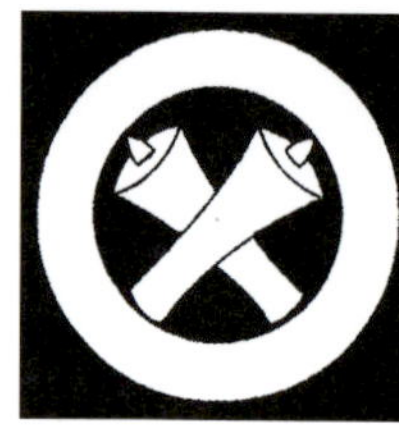
中太輪に違い蠟燭

だんご
◉ 団子紋 *Dango* | Dumpling Crests

団子紋は一名「串団子紋」ともいう。かたちは団子の数で、三個のものを「三つ串団子」「三つ通し」、四個のものを「四つ串団子」という。山内家家臣の功績録である『御家中名誉』に、織田信長が今川義元との合戦の最中に陣中酒宴で酔い、山内幸政に「汝はこのように敵の首を取れ」と団子を三つ串刺しにして賜った、と団子紋の来歴が記されている。

Dango are small, round Japanese dumplings made by kneading together several types of rice flour, sugar, and flavoring (usually matcha), forming them into balls, boiling them briefly, and threading them on skewers. Given that presentation, the motif is also called "skewered dumplings" (*kushi* dango). The motif always shows the skewers of dumplings at an angle, usually with three dumplings on each, although family crests with four dumplings (*yon kushi dango*) also exist.

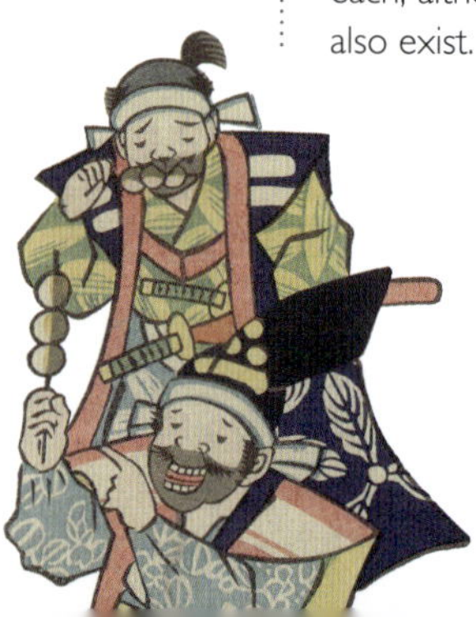

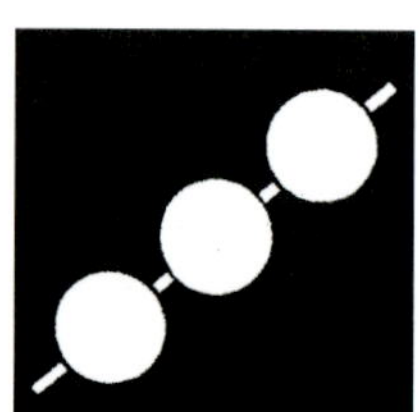
三つ串団子

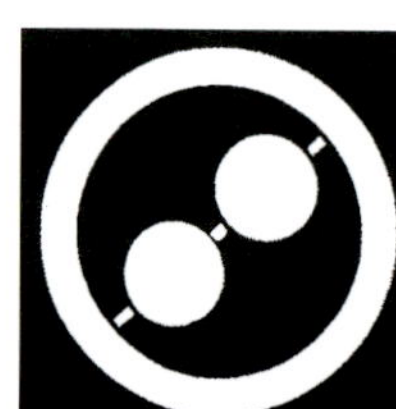
丸に二つ串団子

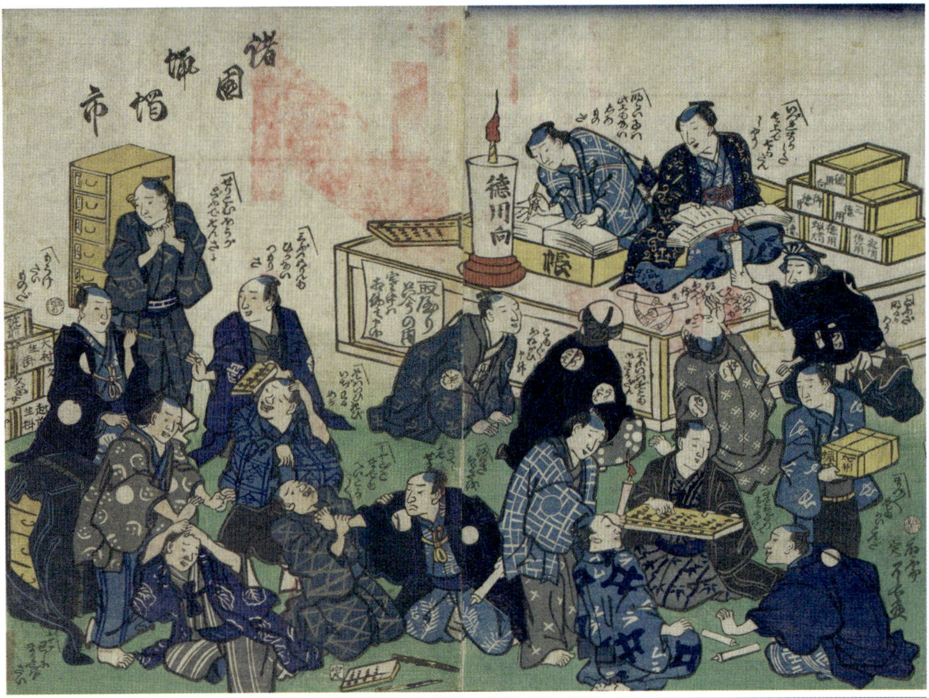

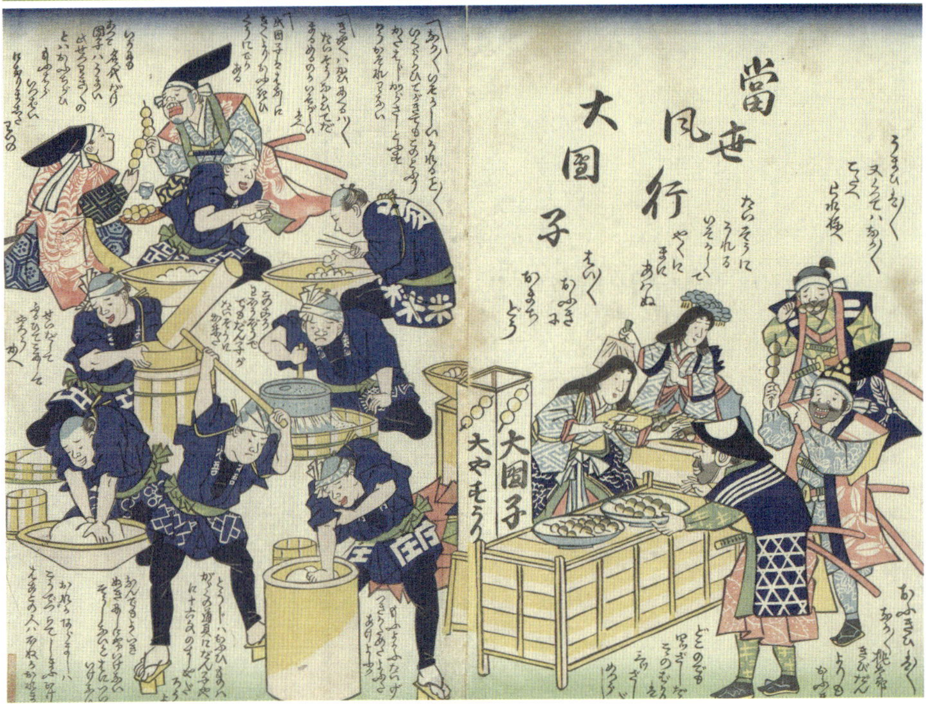

上：「諸国蠟燭市」応需　了古書　慶応 4 年・1868　東京都立中央図書館特別文庫室蔵
下：「当世流行大団子」東京都立中央図書館特別文庫室蔵

うちわ

◉団扇紋 *Uchiwa* | Round Fan Crests

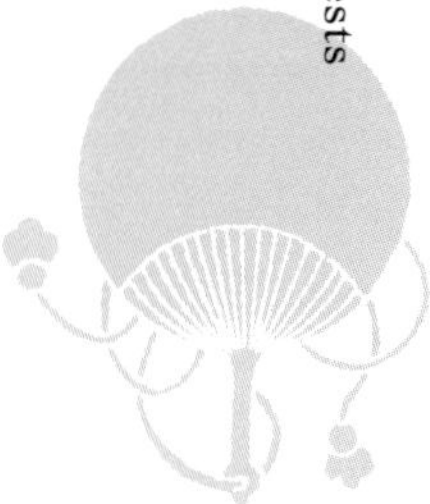

団扇は中国伝来のもので、「まるい打ち羽」の意からきているという。あおいで風を起こすものであるが、平安貴族の女御が顔を隠したり、戦国武将が軍勢を指揮するのにも使われた。これを軍配団扇といい武田信玄のものが有名である。竹骨に紙や絹を貼ったものと檳榔の葉や鳥の羽毛製がある。家紋は宇多源氏流の出である大島氏、藤原支流の野田氏が用いている。

The round fan was introduced from China. They are used to fan oneself, generating a cooling breeze, of course. In the Heian period, women of the aristocracy also used these round fans to hide their faces, and generals in the Warring States period wielded huge ones to direct their troops. They commonly have a bamboo frame to which a panel of paper or silk is applied, but may be made from a fan palm leaf or a bird's feathers.

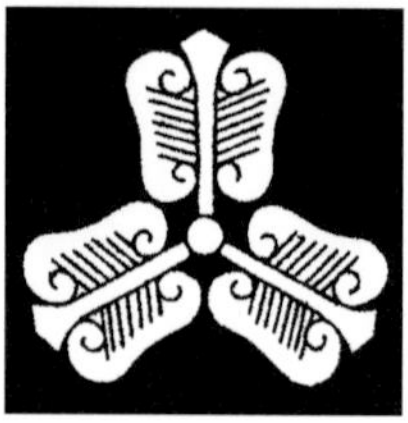
三つ唐団扇

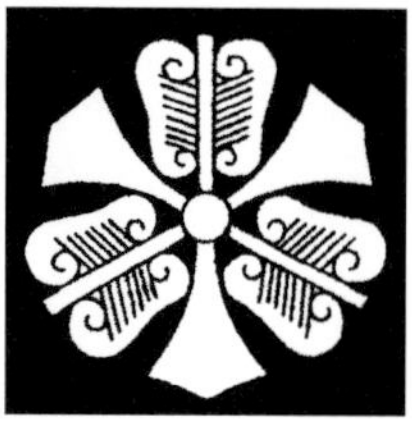
剣三つ唐団扇

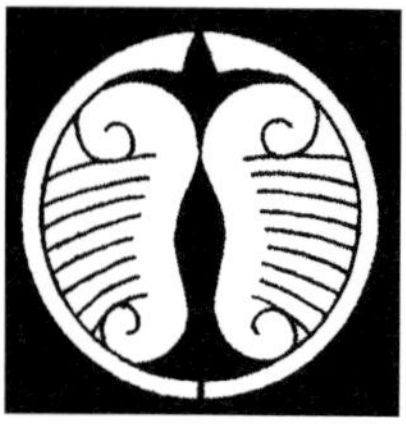
割唐団扇

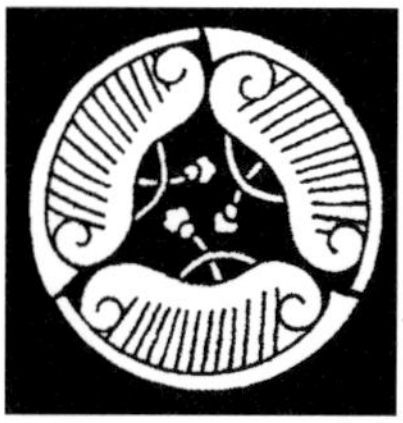
三つ割房つき唐団扇

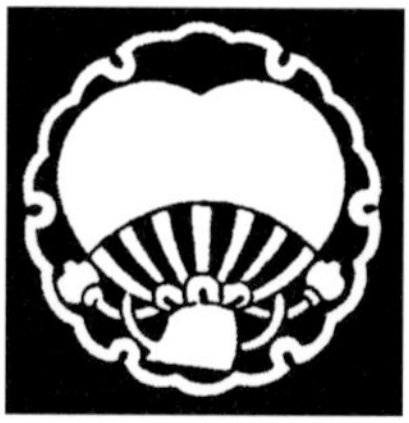
雪輪に変り唐団扇

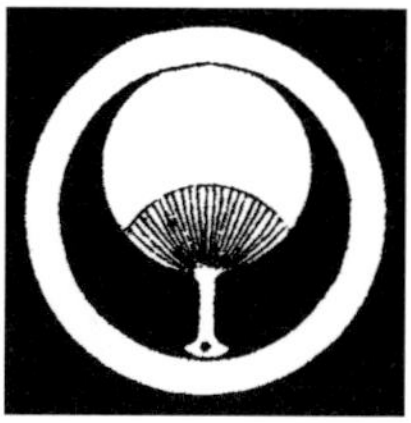
丸に団扇

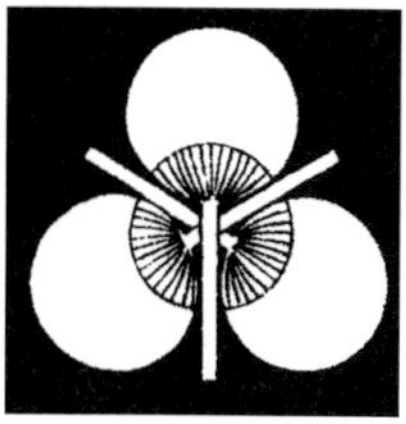
三つ団扇

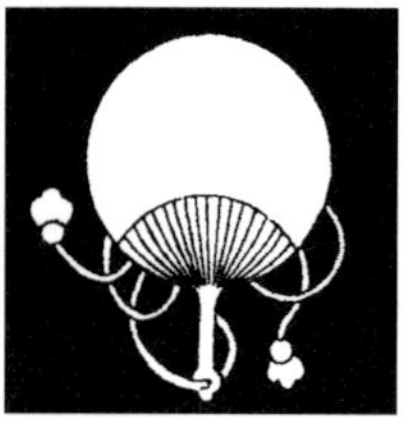
房つき団扇

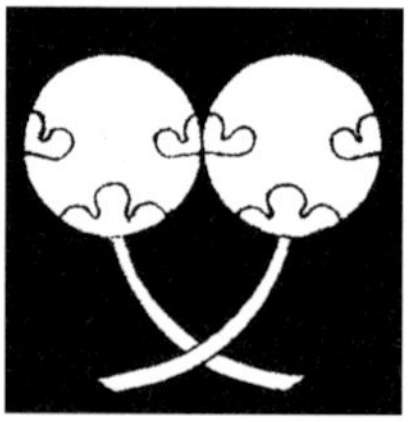
違い団扇

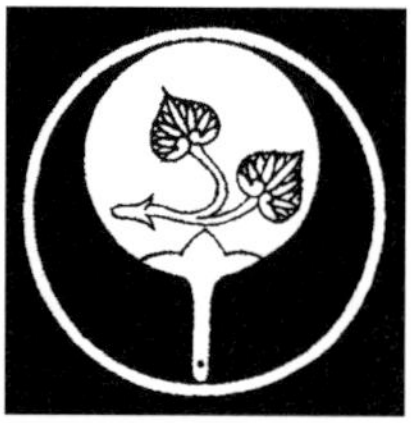
糸輪に葵団扇

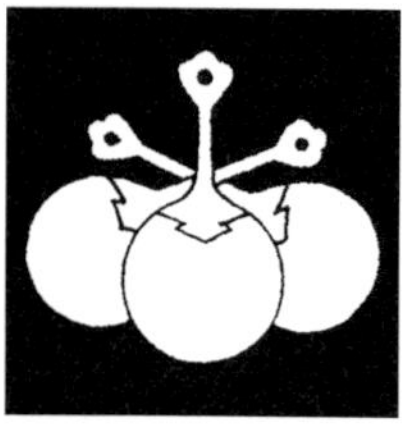
団扇桐

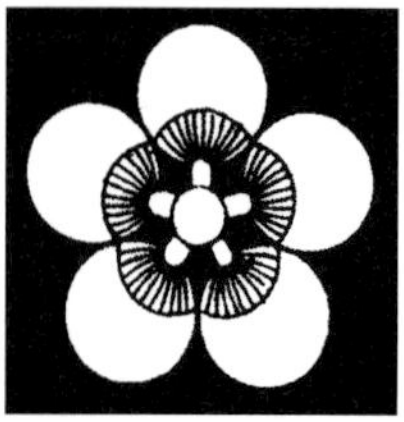
団扇梅

変り羽団扇

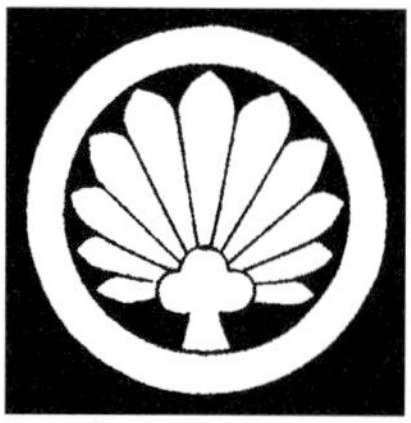
米津羽団扇

羽団扇

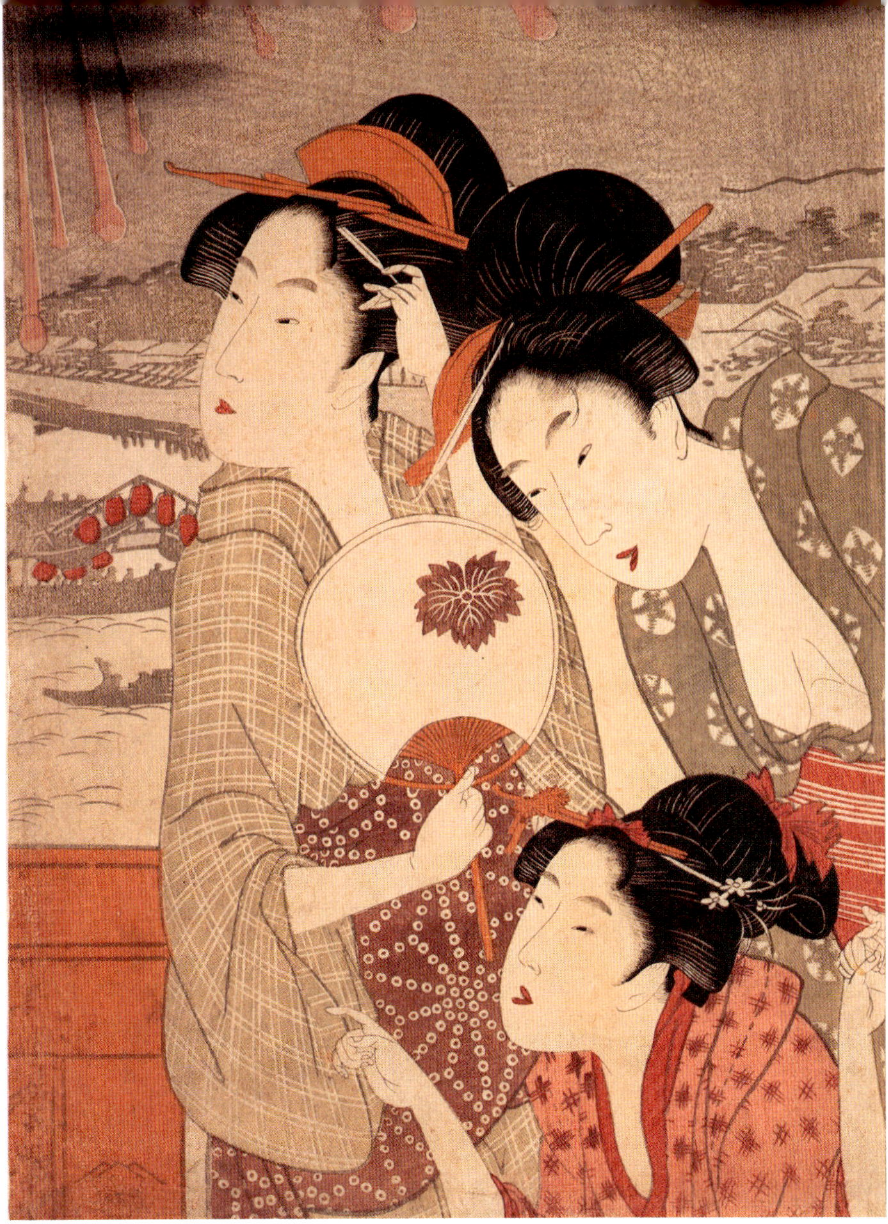

「両国花火」（部分）喜多川歌麿　江戸時代・18 世紀　東京国立博物館蔵　出典：ColBase (https://colbase.nich.go.jp)

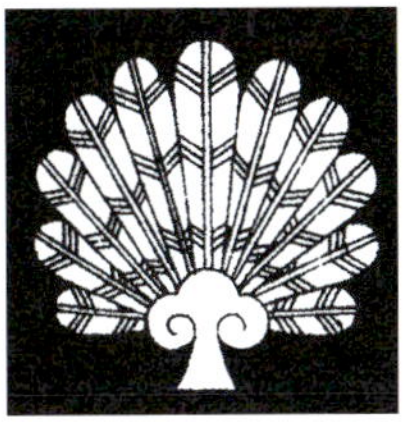

鷹の羽団扇

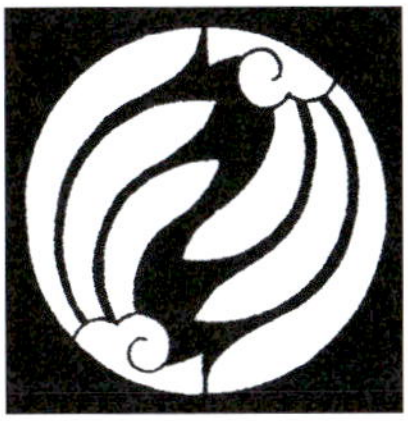

入違い割羽団扇

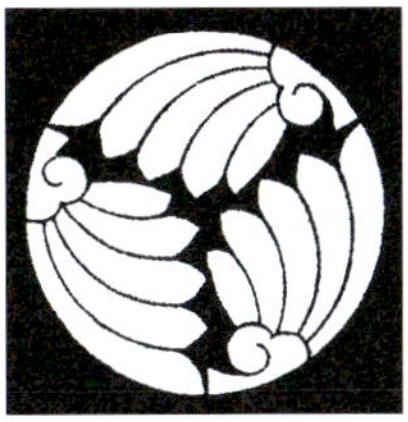

三つ割羽団扇

浮線羽団扇

はぼうき

◉ 羽箒紋 *Habōki* | Feather Duster Crests

鳥の羽で作られた小さな箒で、茶器や漆器など調度品の塵(ちり)を払う道具である。紋のかたちは実形をそのまま写したもので、一個のものを「一つ羽箒」、二個は「違い羽箒」、「対(むか)い羽箒」、「抱き羽箒」などがある。江戸幕府が編集した武家系図集の『寛政重修諸家譜』には、清和源氏義光流の出である山本氏、平氏良文流の秩父氏支流の小幡氏が家紋として用いている。

Feather dusters, small brooms made of feathers, are used to remove dust from tea implements, lacquerware, and other furnishings. Family crests using this motif are modeled on the actual object and may include one, a pair, or other variations.

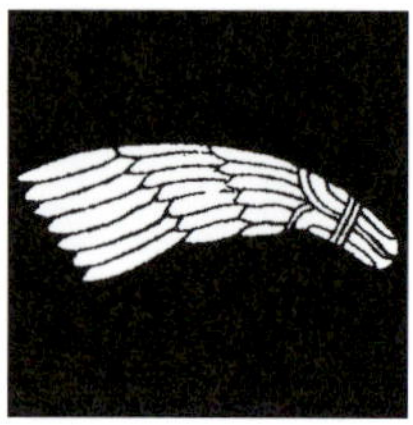

羽箒

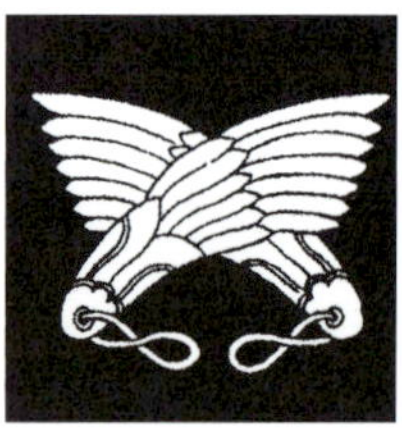

違い羽箒

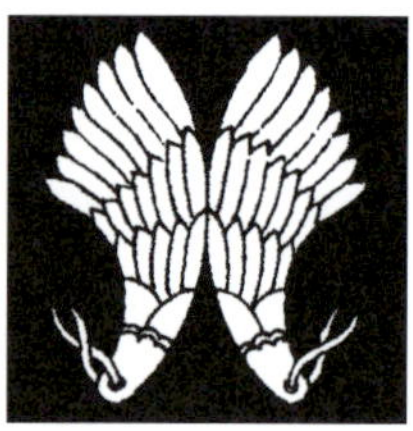

外向き羽箒

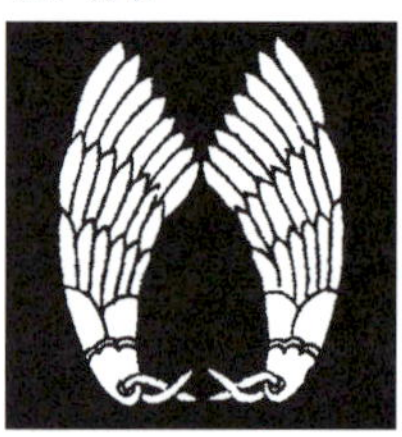

並び羽箒

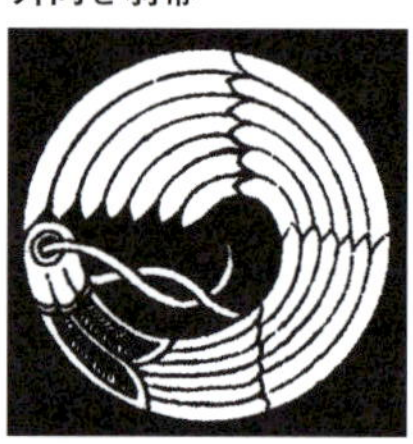

羽箒の丸

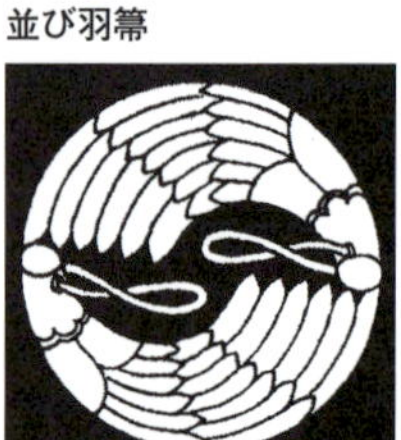

二つ追い羽箒

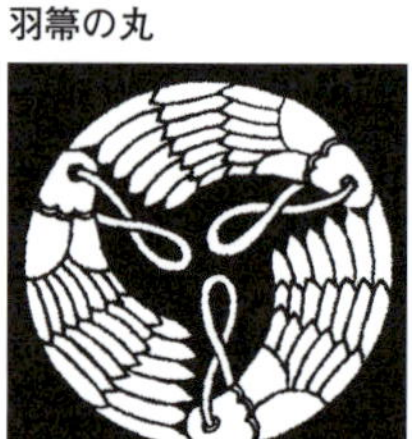

三つ追い羽箒

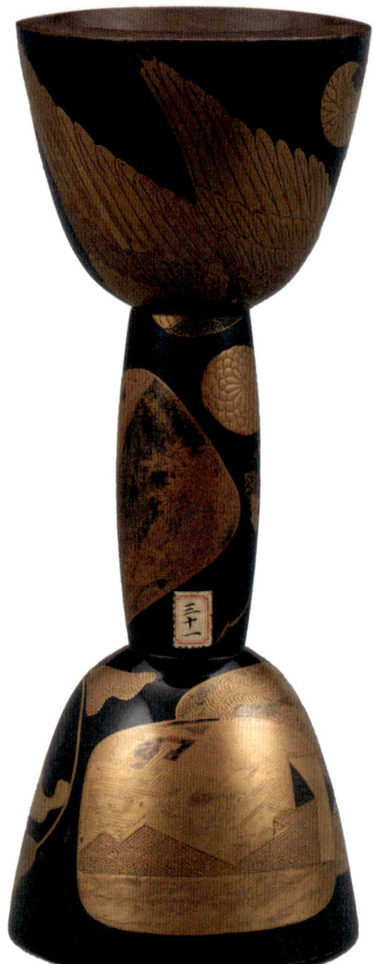

「法螺貝羽箒蒔絵小鼓胴」
国立歴史民俗博物館蔵

くわがた

◉鍬形紋 *Kuwagata* | Antler Crests

兜の前に二本の角が生えているような金属の飾りをデザインしたもので、鍬のかたちをしているので鍬形という。家紋はその数によって、「一つ鍬形」「二つ鍬形」「三つ鍬形」があり、配列により三つ組、三つ違い、三つ寄せの別がある。紀伊徳川氏およびその支流伊予西条の松平氏の独占家紋である。

These motifs are a stylized version of the metal decorations on warriors' helmets, like horns or antlers sprouting from them. Used as a crest, antlers, like spears or bows and arrows, signify a warlike spirit.

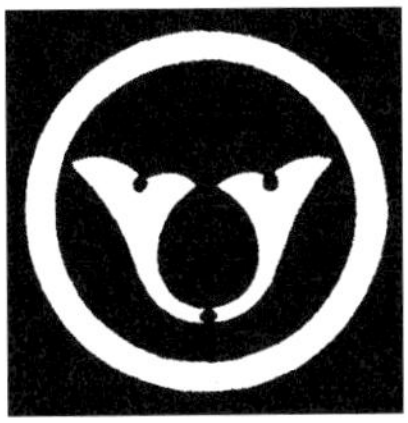
丸に鍬形

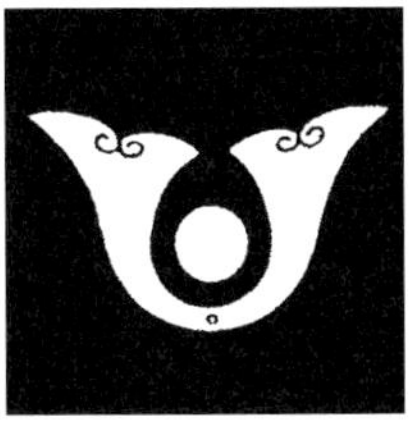
星つき鍬形

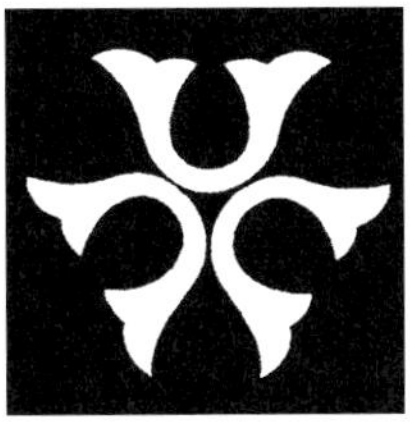
三つ鍬形

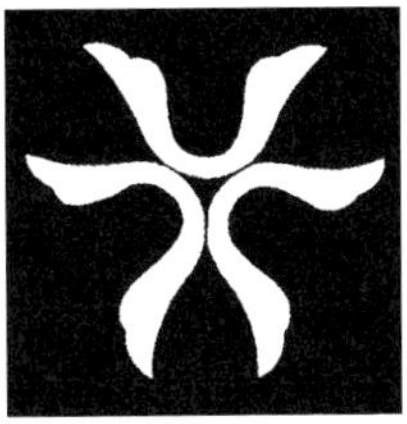
紀州鍬形

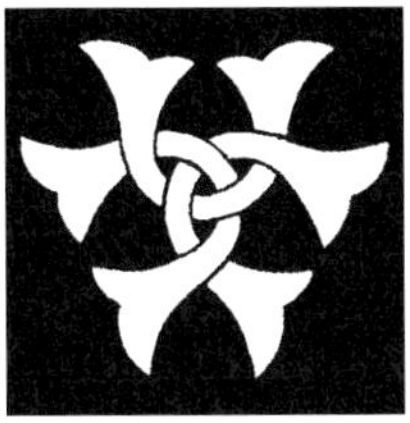
三つ組鍬形

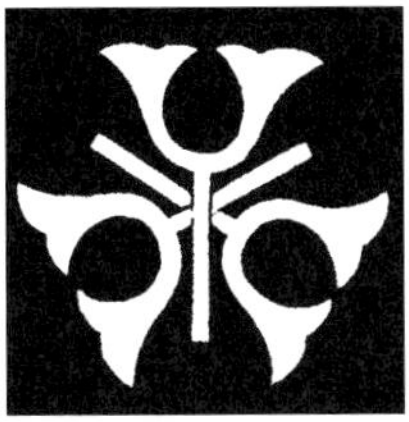
三つ違い鍬形

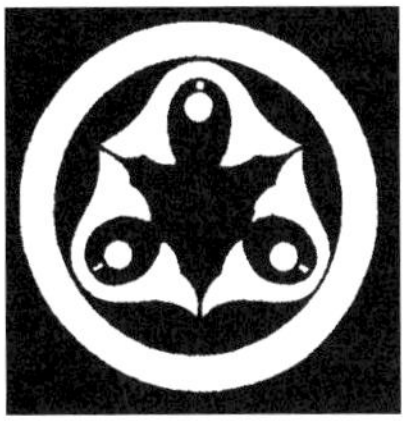
丸に星つき鍬形

たからむすび

◉宝結び紋 *Takara musubi* | Lucky Knot Crests

縦糸と横糸で菱形に織りなすような紐の結び方を宝結びという。「角宝結び」「華鬘宝結び」「胡蝶宝結び」「鍬形宝結び」などがあり、交差の線は美しい文をなす。家紋は江戸時代からの紋帖に五、六種載っているが、使用家は不明である。

In a lucky knot, horizontal and vertical cords are woven together in a distinctive pattern. The many versions, including the cornered knot, Buddhist ornament knot, butterfly knot, and hoe-shaped knot, all present beautiful motifs created by intersecting lines.

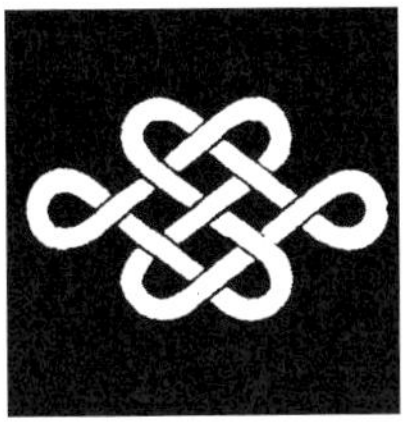
宝結び

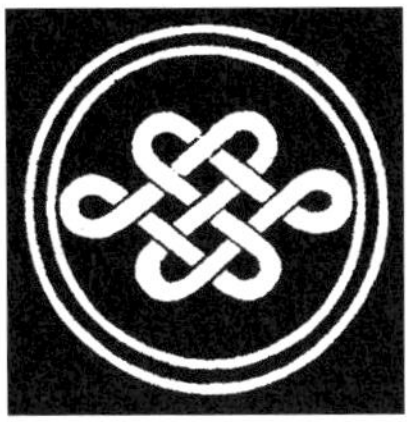
二重輪に宝結び

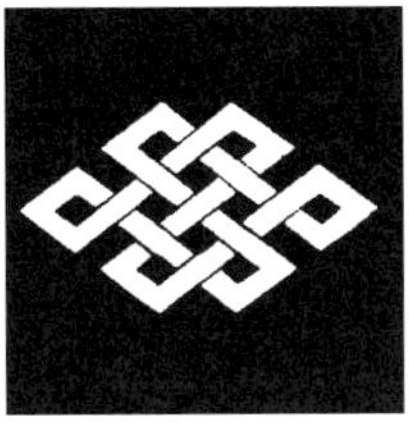
角宝結び

すはま

◉ **洲浜紋**

Subama | Sandbar Crests

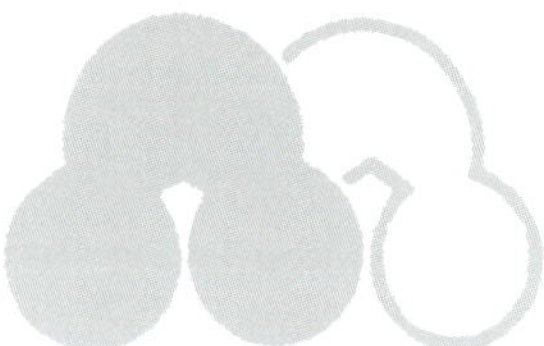

洲浜は海浜にできる島形の砂がたまったもの。めでたい蓬萊山の仙境をあらわし、鶴亀や松竹梅、桐竹鳳凰などと組み合せた文様である。平安時代末から鎌倉時代には、衣服に用いられた洲浜文様の「三つ盛り」などが家紋にも用いられた。古くは武家の家紋書である『見聞諸家紋』にもあり、藤原道兼の後裔（こうえい）である常陸の小田氏の代表家紋である。ほかに、寺町氏、阿久沢氏の「三つ盛り洲浜」、宍戸氏の「足長洲浜」、財津氏の「鬼洲浜」などが知られる。

Sandbars, which form at the seashore, are interpreted as a motif expressing the blessed Mt. Hōrai, where the Immortals live. They are thus often used with combinations of other auspicious motifs, including the crane and tortoise, the pine, bamboo, and plum tree, or the paulownia, bamboo, and phoenix. In the Heian and Kamakura periods (800–1333), sandbar motifs used on clothing, such as the triple sandbar, were also adopted as family crests.

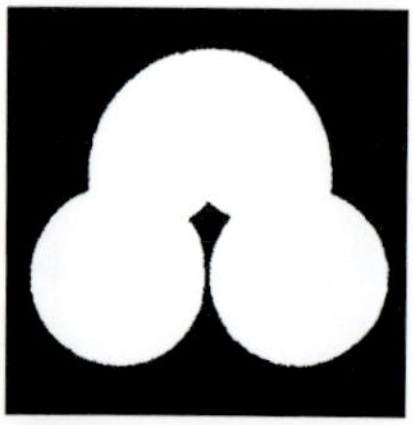

洲浜

中かげ洲浜

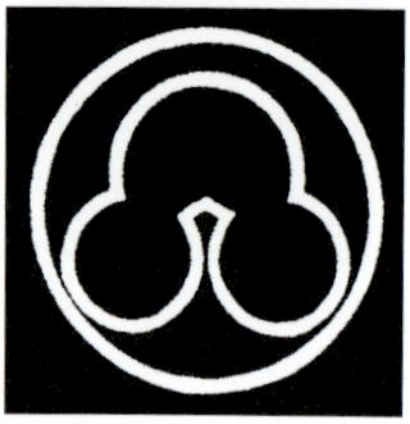

細輪にかげ洲浜

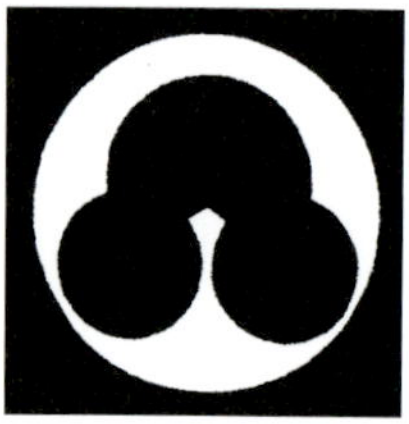

石持ち地ぬき洲浜

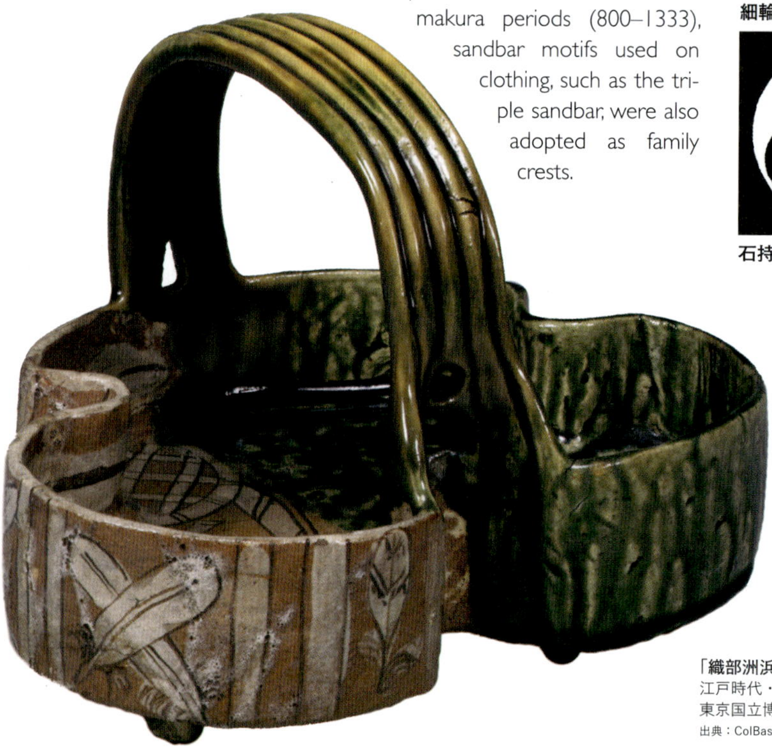

「織部洲浜形手鉢」美濃
江戸時代・17 世紀
東京国立博物館蔵
出典：ColBase (https://colbase.nich.go.jp)

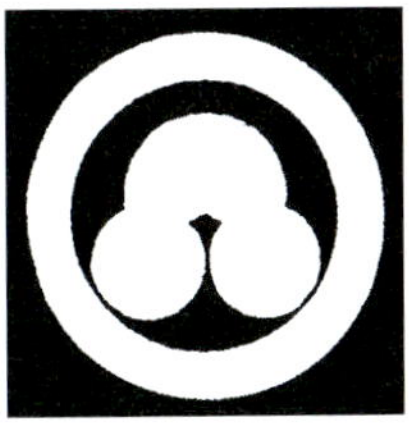
太輪に洲浜

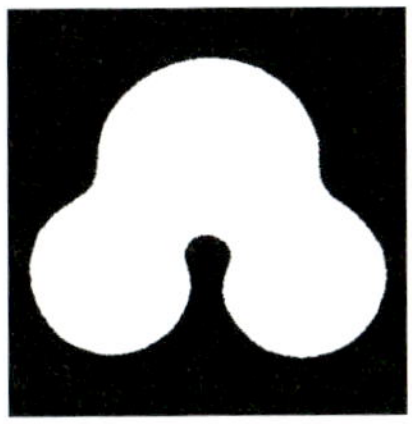
光琳洲浜

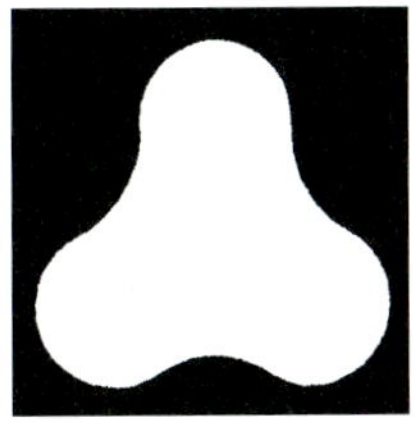
朧洲浜

桔梗洲浜

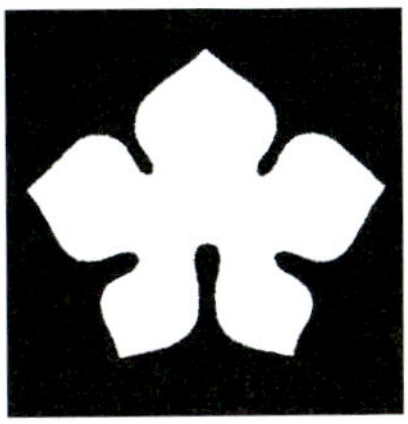
花洲浜

秋津洲浜

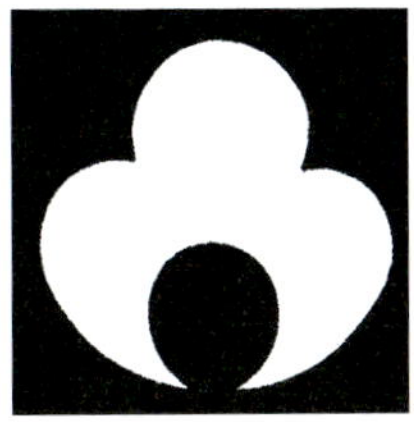
変り洲浜

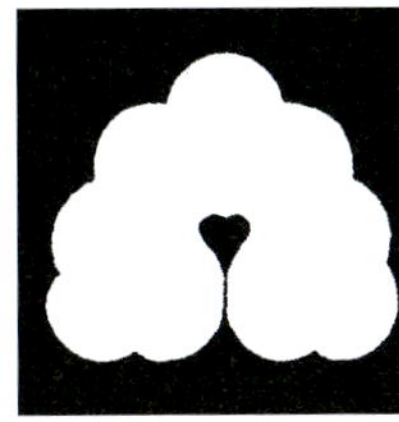
花形洲浜

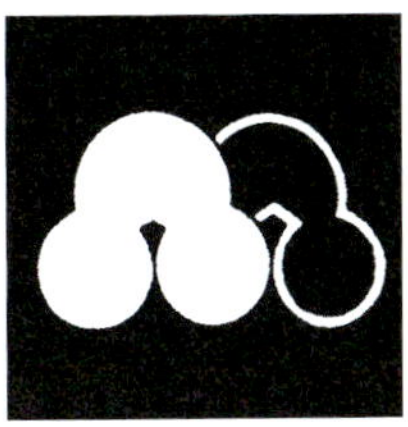
比翼洲浜

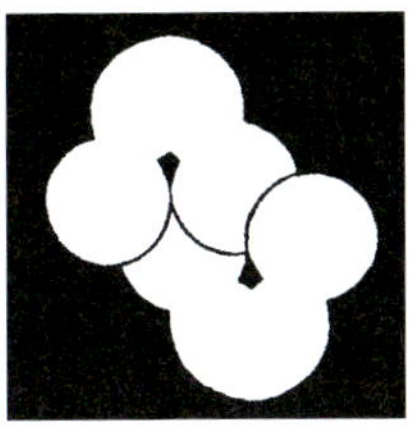
違い洲浜

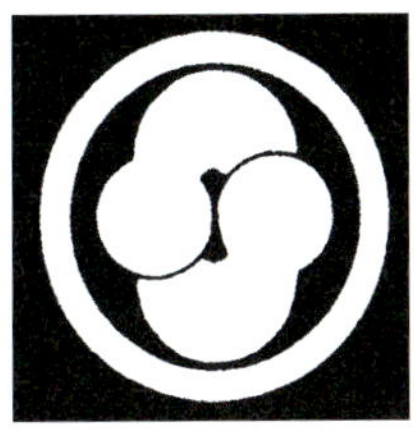
丸に組洲浜

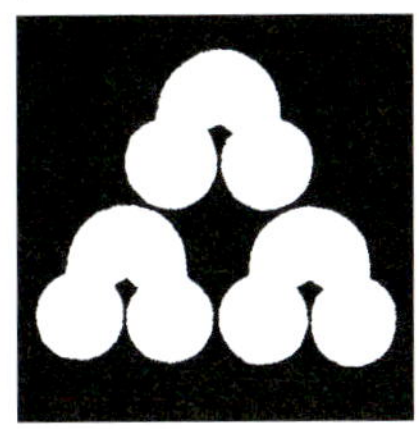
三つ盛り洲浜

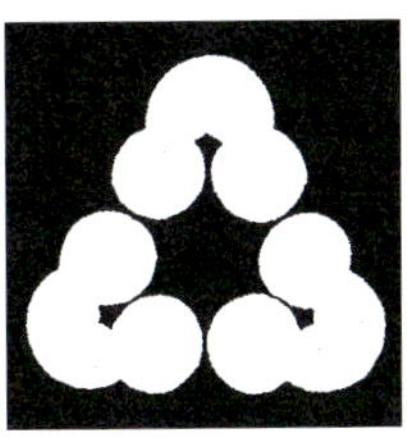
三つ尻合せ洲浜

三つ盛り変り洲浜

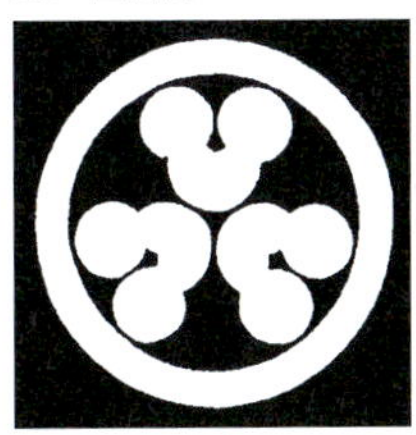
丸に頭合せ洲浜

丸に持合せ洲浜

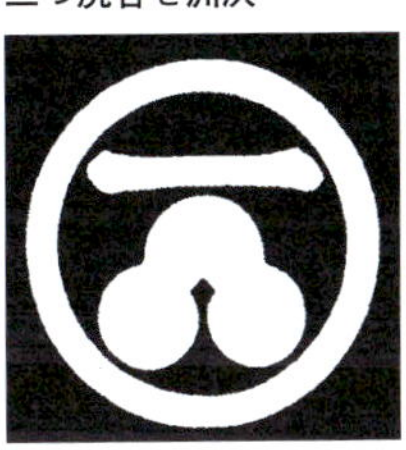
丸に一文字に洲浜

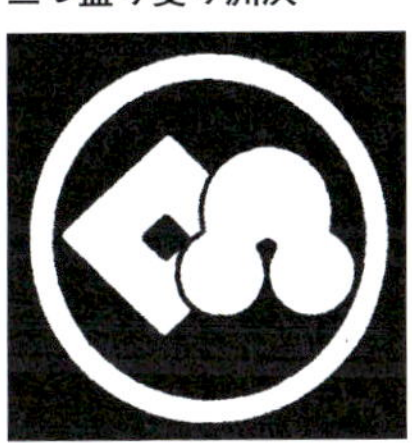
中輪に洲浜に釘ぬき

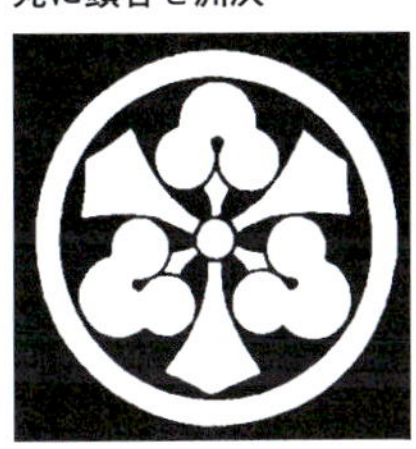
中輪に剣三つ洲浜

中輪に蔓三つ洲浜

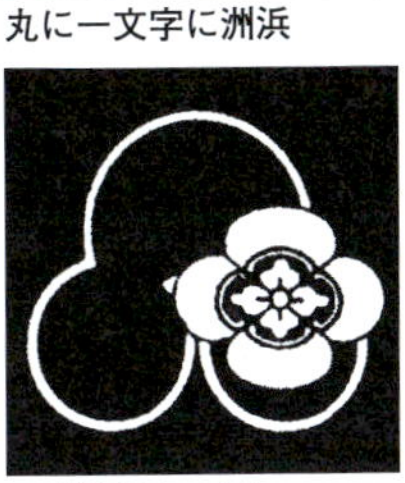
かげ洲浜に木瓜

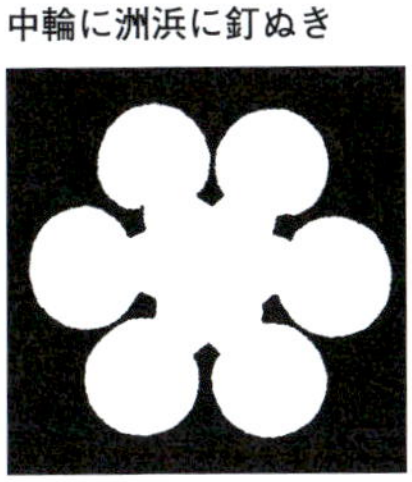
洲浜崩し

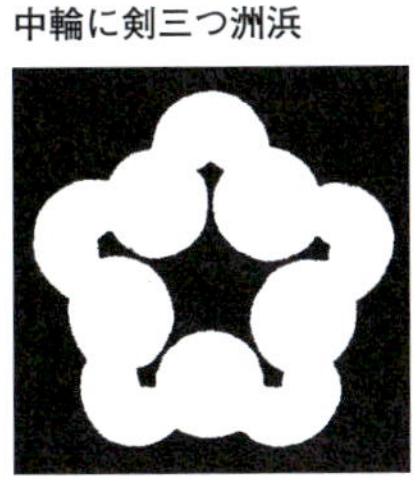
五つ持合せ洲浜

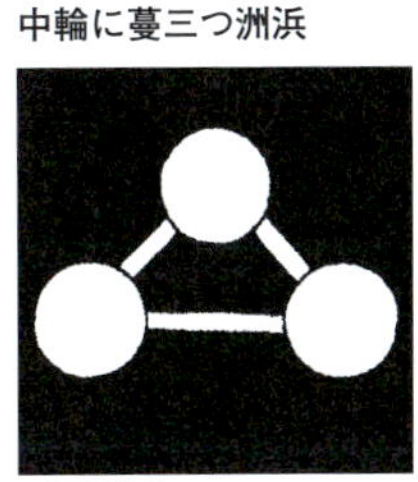
祇園洲浜

のし

◉熨斗紋

Noshi | Auspicious Paper Crests

鮑の肉を薄く剥いで平らに伸した「のし鮑」のことで、儀式やお祝いの贈りものにそえる飾りもの。熨斗は延長の意味で末永く延び発展することから祝事に用いられる。かたちは包み形と束ね形があり、変形に蝶形、桐形、菱形などがある。『寛政重修諸家譜』には、越智氏流の出である河野氏、日下部氏流の出の奈佐氏が用いたとある。

Noshi originated as abalone meat that had been pounded into thin sheets and used as decorations on gifts at rituals and celebrations. Its ability to spread on and one made it suitable for auspicious events. In crests, *noshi* are used in many forms—wrapped, bundled, or butterfly, paulownia, or lozenge shaped.

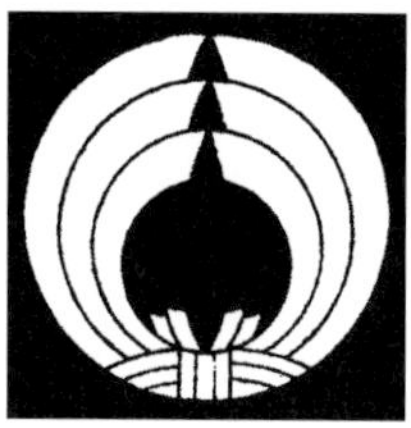
熨斗の丸

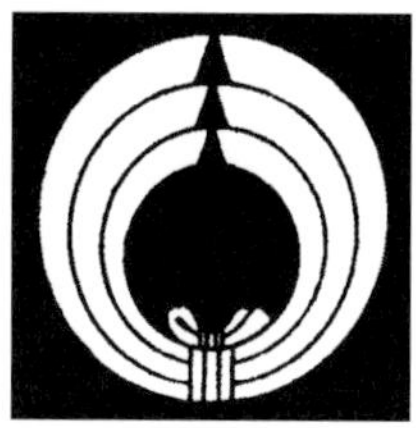
抱き結び熨斗

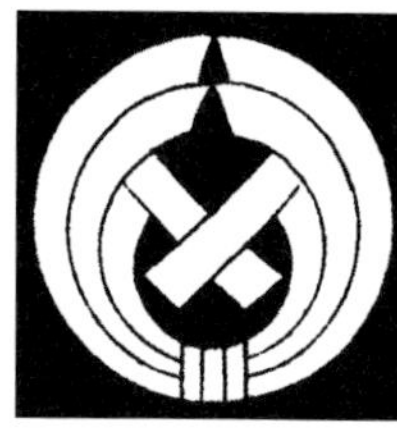
変り熨斗の丸

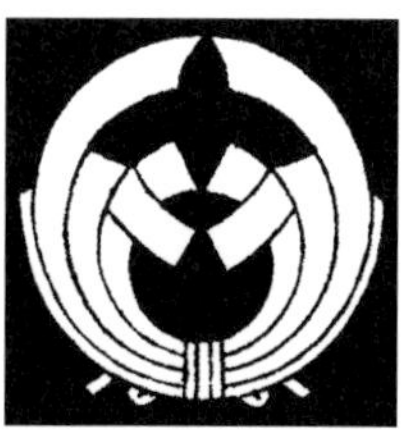
二つ束ね熨斗

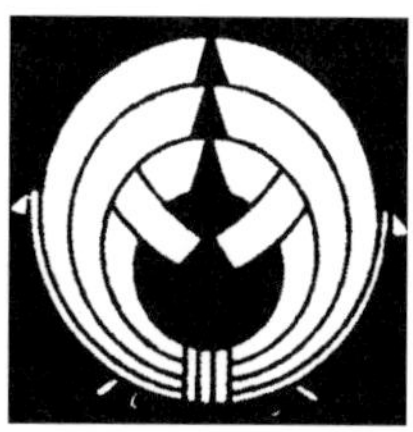
変り熨斗の丸

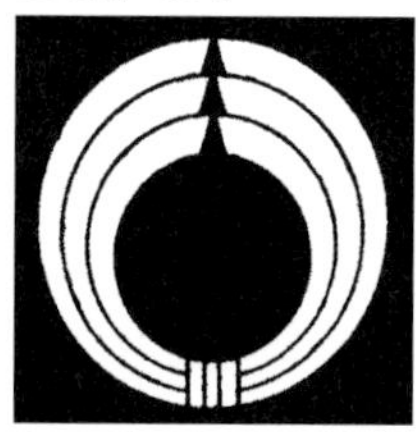
熨斗輪

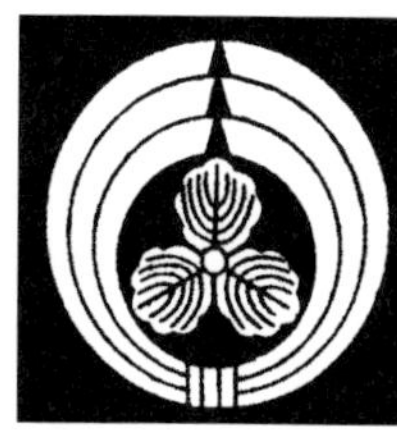
熨斗輪に三つ柏

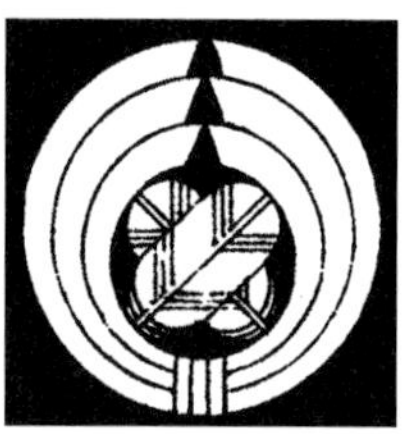
熨斗輪に違い鷹の羽

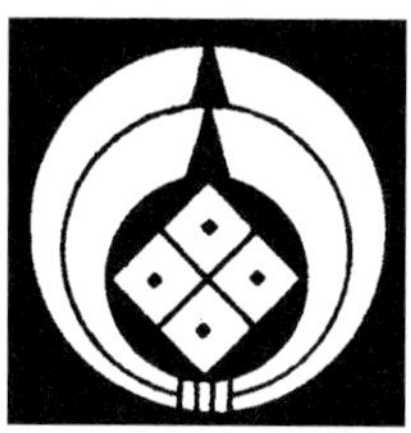
二つ熨斗輪に四つ目

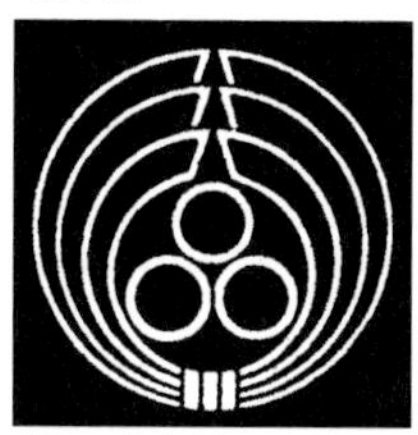
総かげ熨斗輪に三つ星

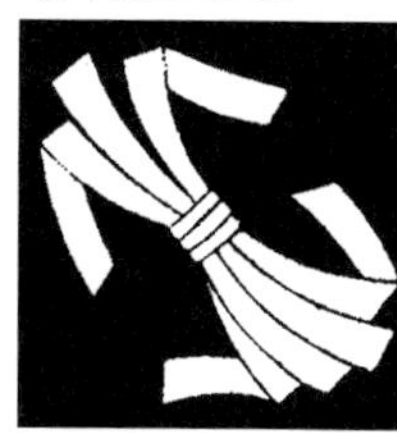
熨斗

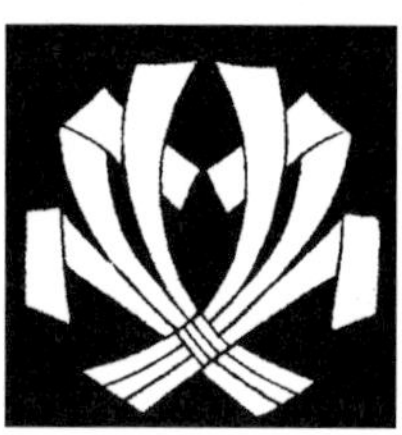
違い熨斗

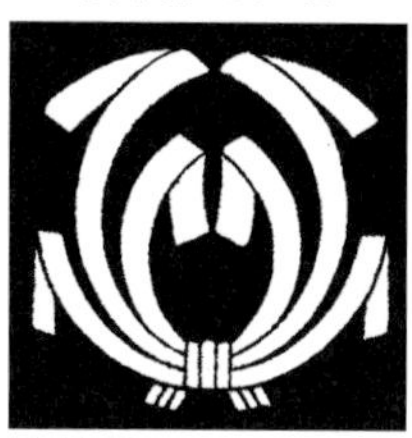
飾り熨斗

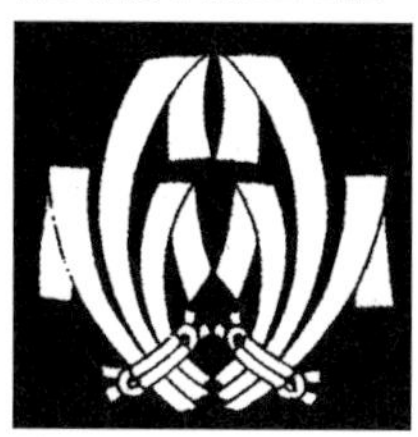
対い飾り熨斗

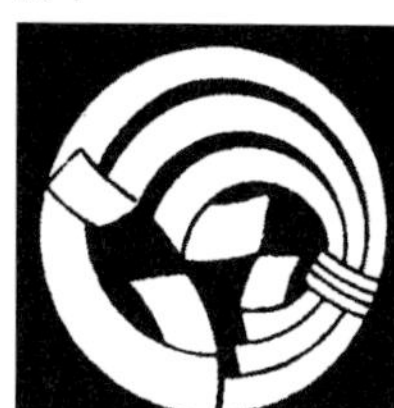
束ね熨斗の丸

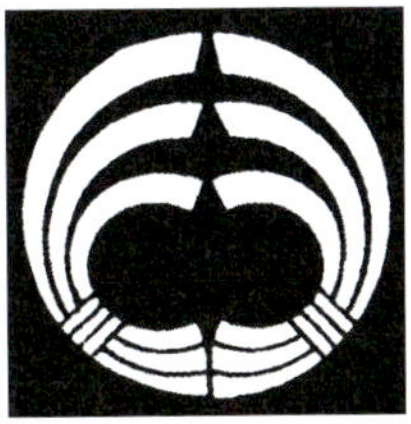

対い熨斗

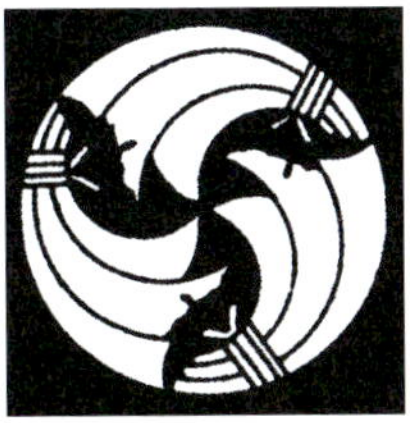

変り三つ追い結び熨斗

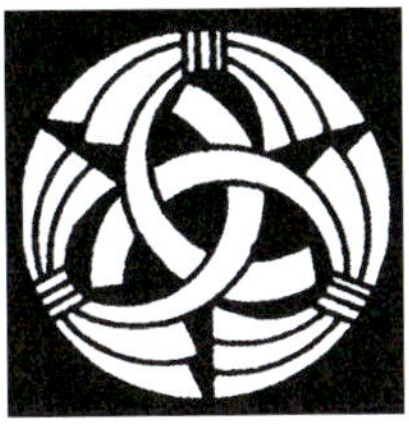

三つ組合せ熨斗

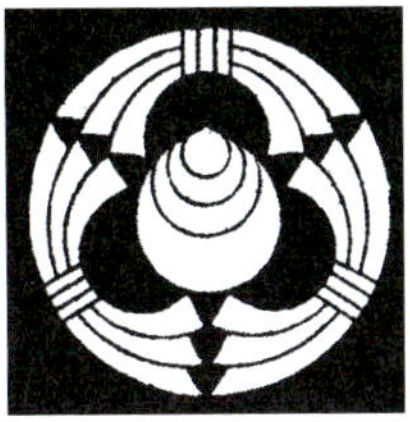

三つ熨斗に玉

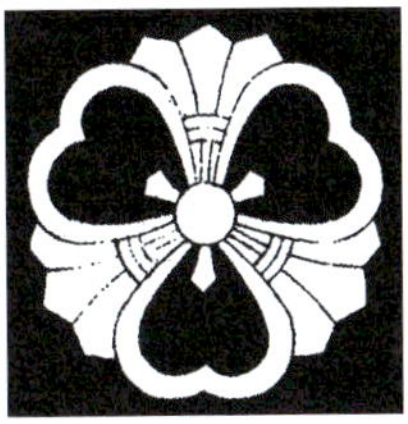

熨斗剣片喰

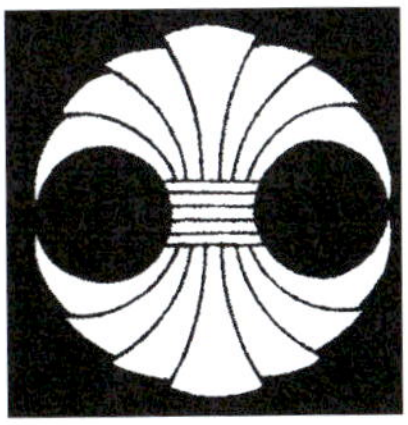

分銅熨斗

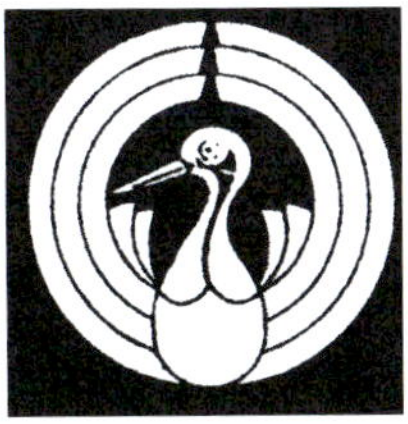

熨斗鶴の丸

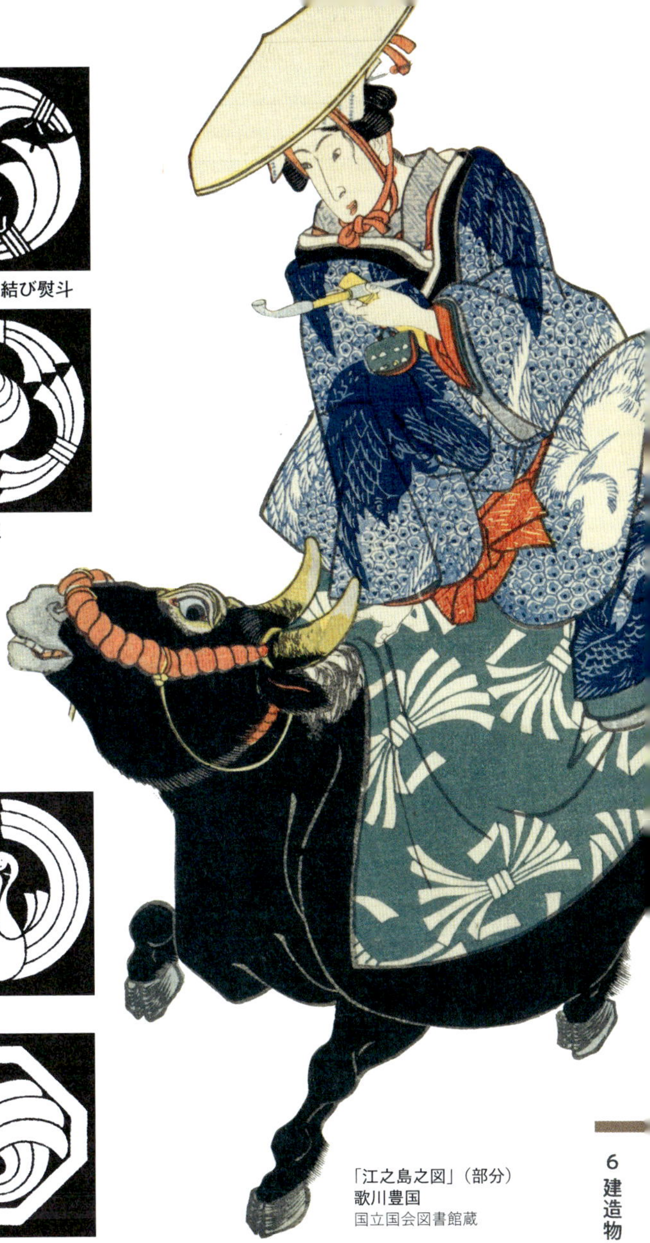

「江之島之図」（部分）
歌川豊国
国立国会図書館蔵

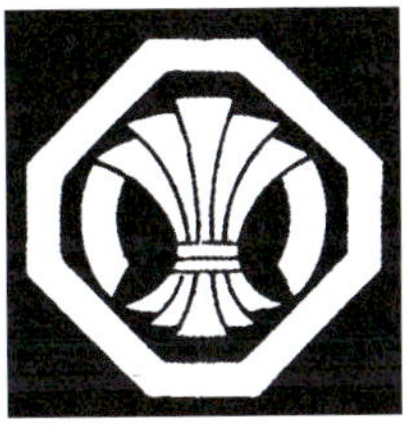

隅切角に変り束ね熨斗

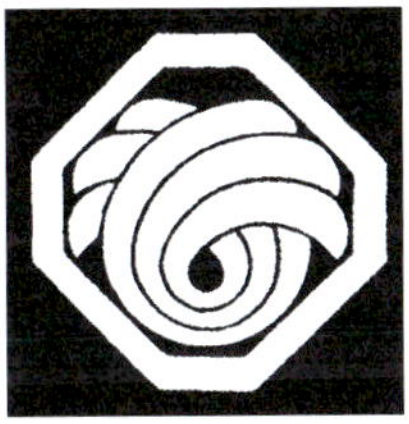

隅切角に変り結び熨斗

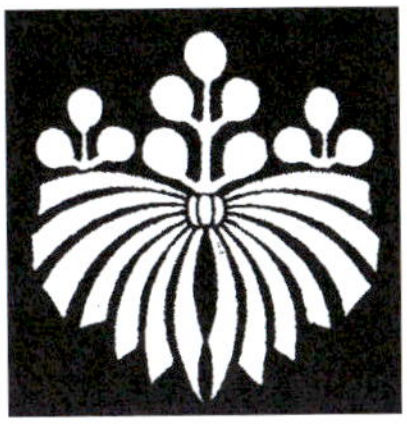

熨斗桐

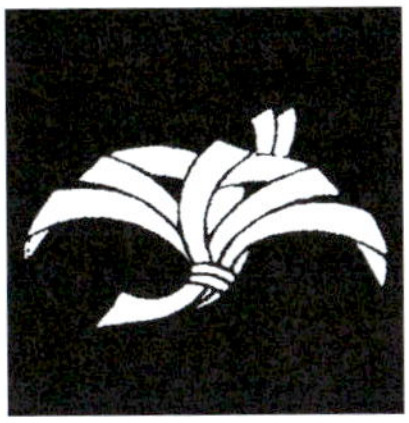

熨斗鶴

熨斗蝶

熨斗飛び蝶

ちぎり

◉ **膝紋** *Chigiri* | Linked Spindles Crests

織機に取りつけて縦糸を巻く「エ」字型の糸巻きで、千切りともいう。また木や石を繋ぎ合わせる建築工具のかすがいのことで、契(ちぎり)のごとく強く永くという意味をこめて家紋に用いられた。かたちは一個の膝と、二個の膝が組み合わさっているものがある。家紋は小笠原氏流の出である岩村氏の一門に多い。

These H-shaped spindles are attached to looms and used to wrap the warp yarns. They also resemble the clamps or staples used in construction to connect wood or stone components. In family crests, they thus signify a firm commitment.

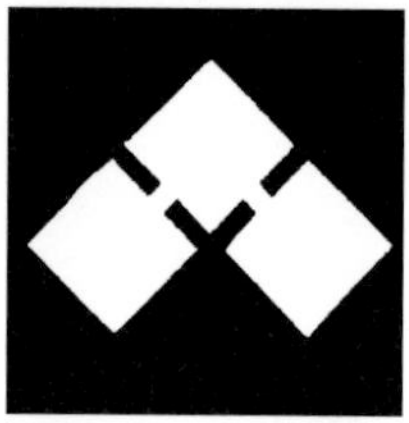

膝

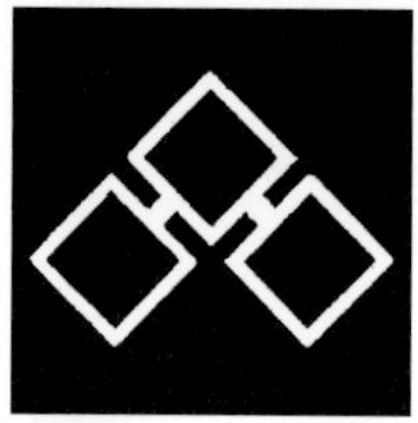

かげ膝

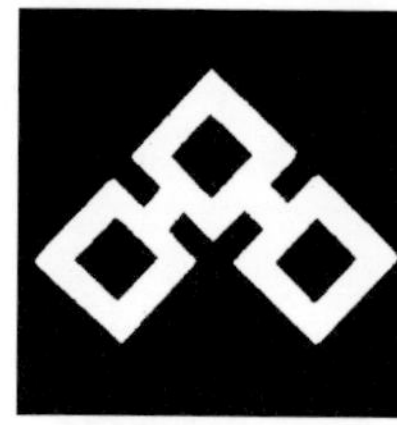

中かげ膝

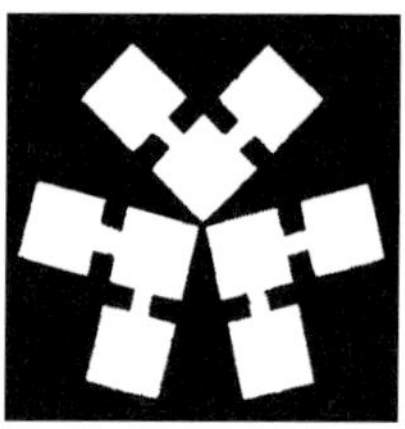

三つ寄せ膝

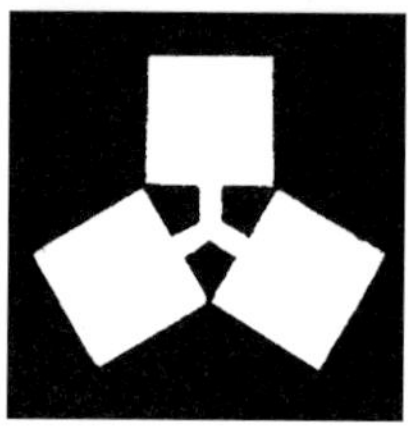

膝崩し

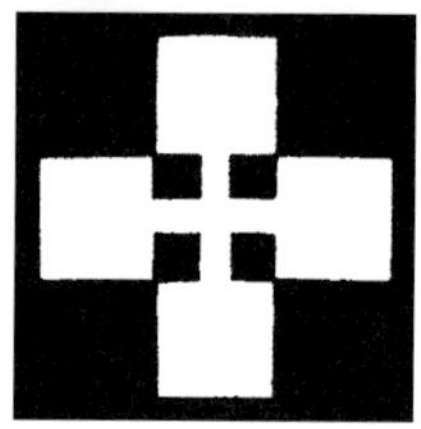

四方膝

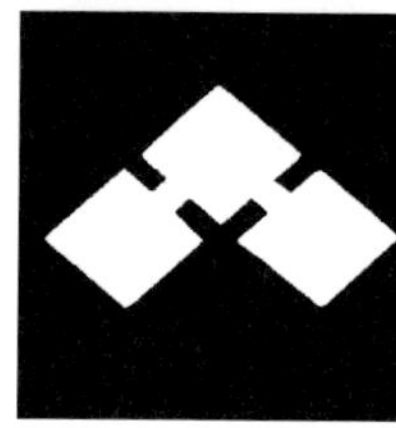

膝菱

りゅうご

◉ **輪鼓紋** *Ryūgo* | Toy Drum Crests

輪鼓は胴のくびれた部分に糸を巻きつけ、回しながら投げ合って遊ぶ鼓状の玩具のこと。平安時代の中国の音楽にのせて輪鼓の曲芸が行われた。独楽(こま)と同じで、かたちのおもしろさから紋になった。紋には、「一つ輪鼓」「紐まき輪鼓」「二つ輪鼓」「三つ輪鼓」「三つ盛り輪鼓」などがある。藤原氏秀郷流の出の丹波内藤氏の代表家紋である。江戸時代には下野黒羽の大関氏が用いている。

These playthings have an hourglass shape, like traditional drums. Each player would wrap a cord around his or her toy drum's waist so that the drums turned as the players tossed them at each other. In the Heian period (800–1185), stunts were performed with these drums in accompaniment. to Chinese-style music. Their intriguing shapes, like those of another plaything, the top, have inspired their use in family crests.

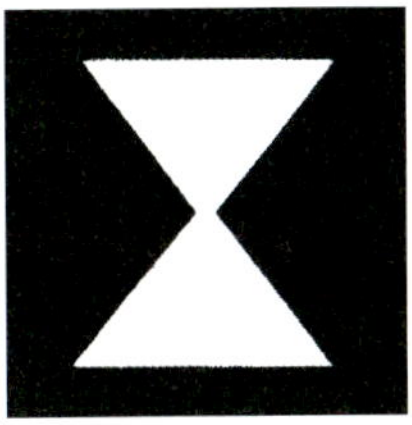
輪鼓

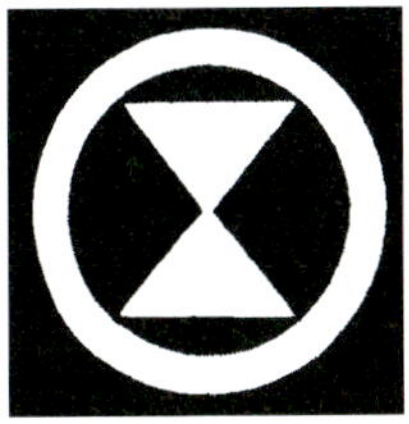
丸に輪鼓

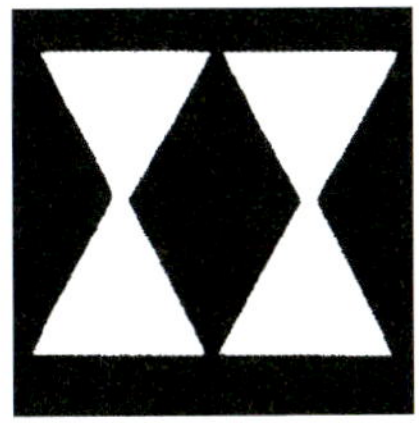
二つ輪鼓

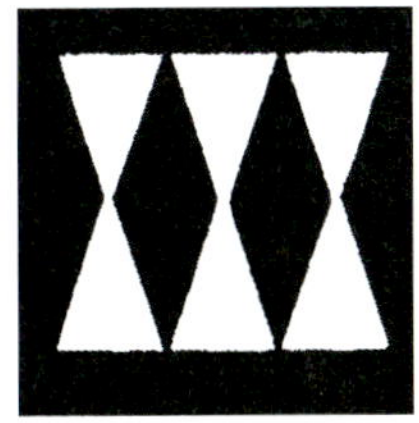
三つ並び輪鼓

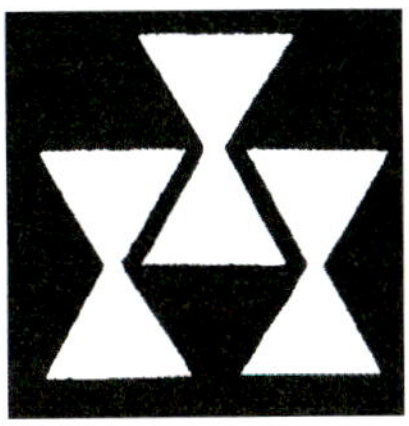
三つ盛り輪鼓

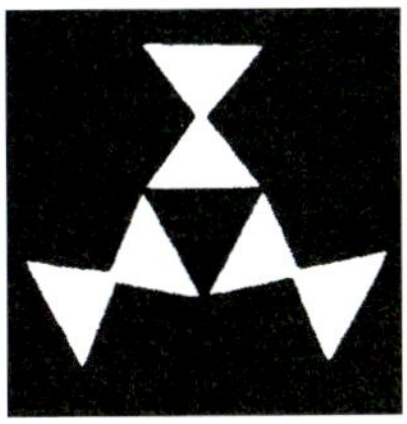
三つ寄せ輪鼓

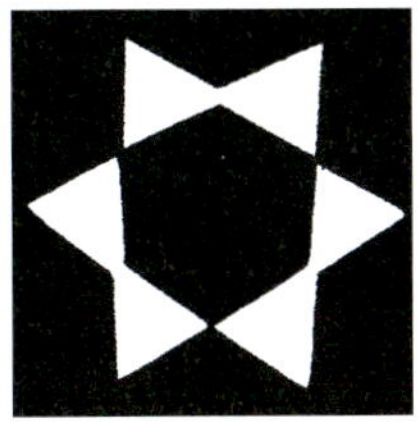
三つ輪鼓

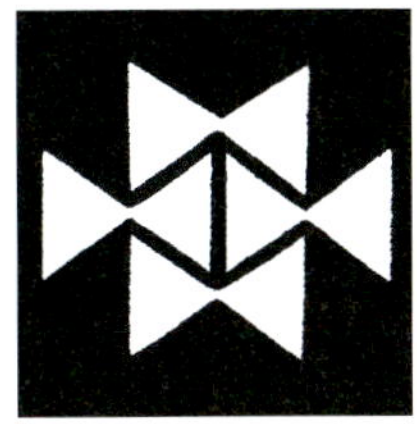
四つ入り輪鼓

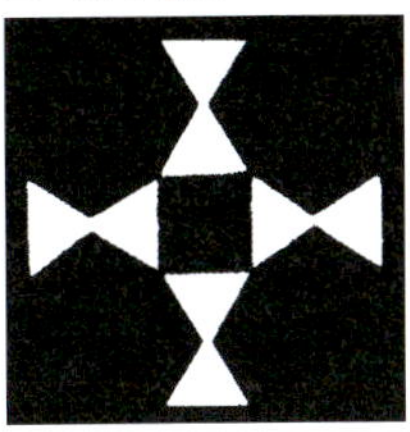
四つ輪鼓

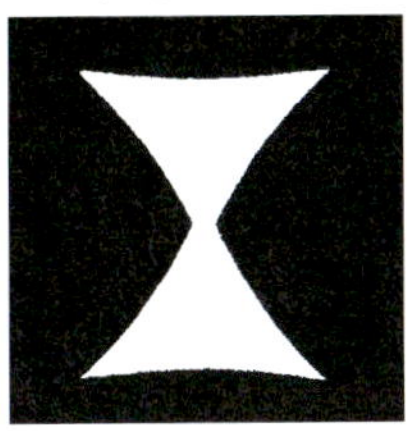
反り輪鼓

花形輪鼓

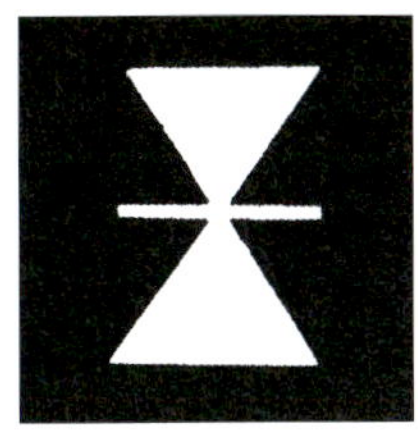
変り輪鼓

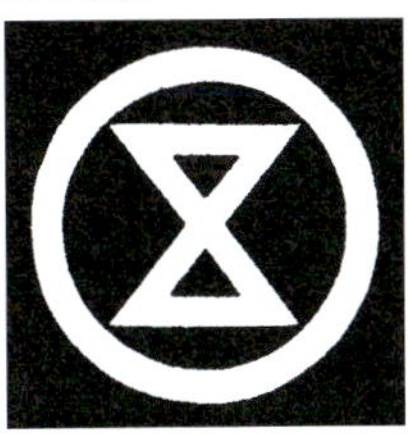
丸に中かげ輪鼓

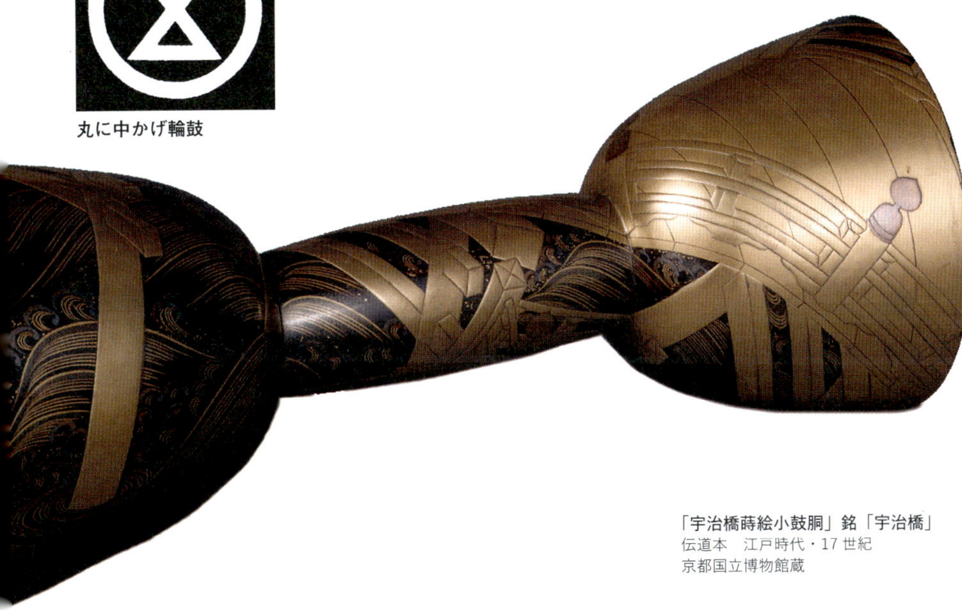
「宇治橋蒔絵小鼓胴」銘「宇治橋」
伝道本　江戸時代・17 世紀
京都国立博物館蔵

こま

◉独楽紋 *Koma* | Top Crests

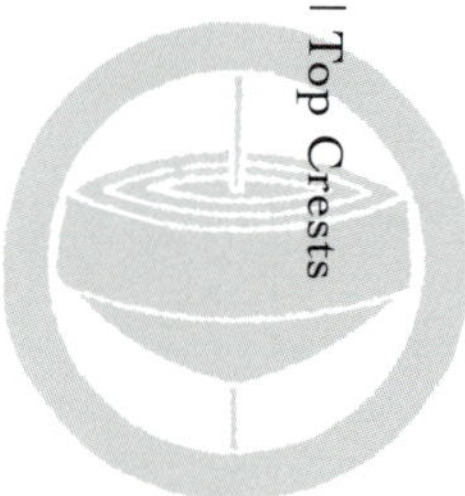

独楽は木製の丸い胴に心棒を通し、それを回して遊ぶ玩具。唐時代の中国から朝鮮の高麗(高句麗)を経て渡来したので、「こま」とよんだという。朝廷行事の余興として用いられたが、平安時代には貴族の間の遊戯として行われるようになった。紋には豊臣家の家臣木下氏の家紋である胴の短い「まわりごま」と、同じく豊臣家の家臣里村氏の「陀螺（俗称ぶしょうごま）」がある。陀螺は鞭で叩かないと廻らないことからその名がある。

A top is a plaything with a round wooden body and a shaft running through it on which it is spun. Tops were introduced from Tang-period China (619–907) via Goryeo-period Korea (918–1392). That Korean dynasty was also known as Koma in Japan; hence the name. Playing with them was a popular pastime among Heian-period (800–1185) artistocrats.

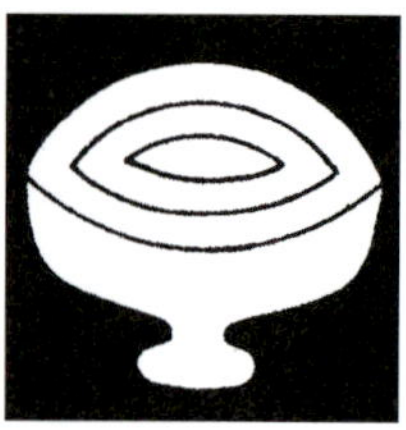

独楽

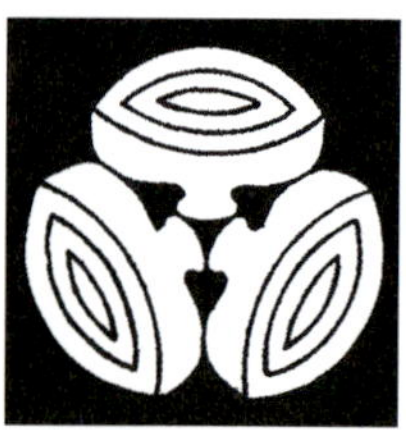

三つ独楽

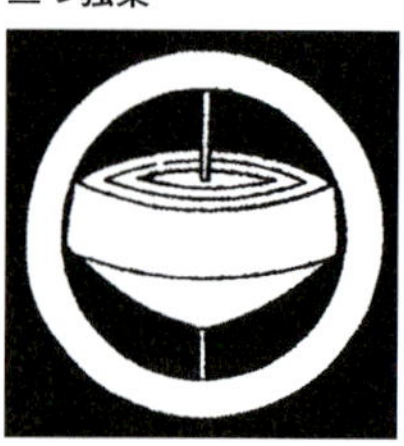

丸に一つ独楽

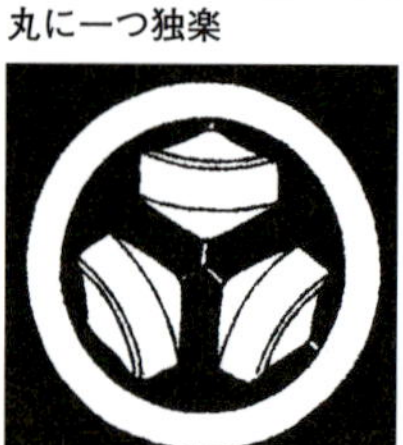

丸に三つ独楽

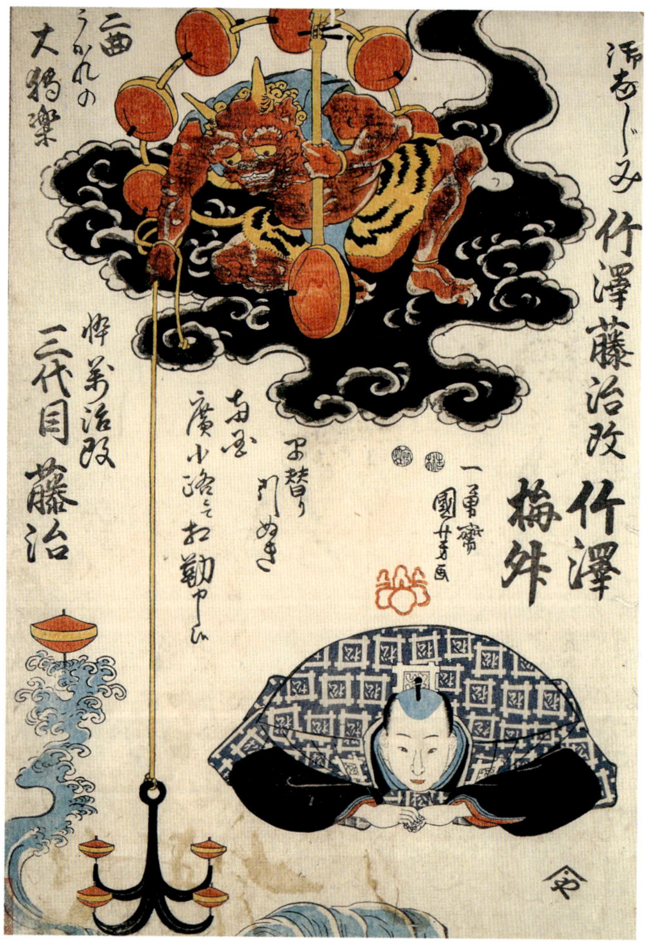

「三曲うかれての大独楽竹沢梅升」歌川国芳　東京都立中央図書館特別文庫室蔵

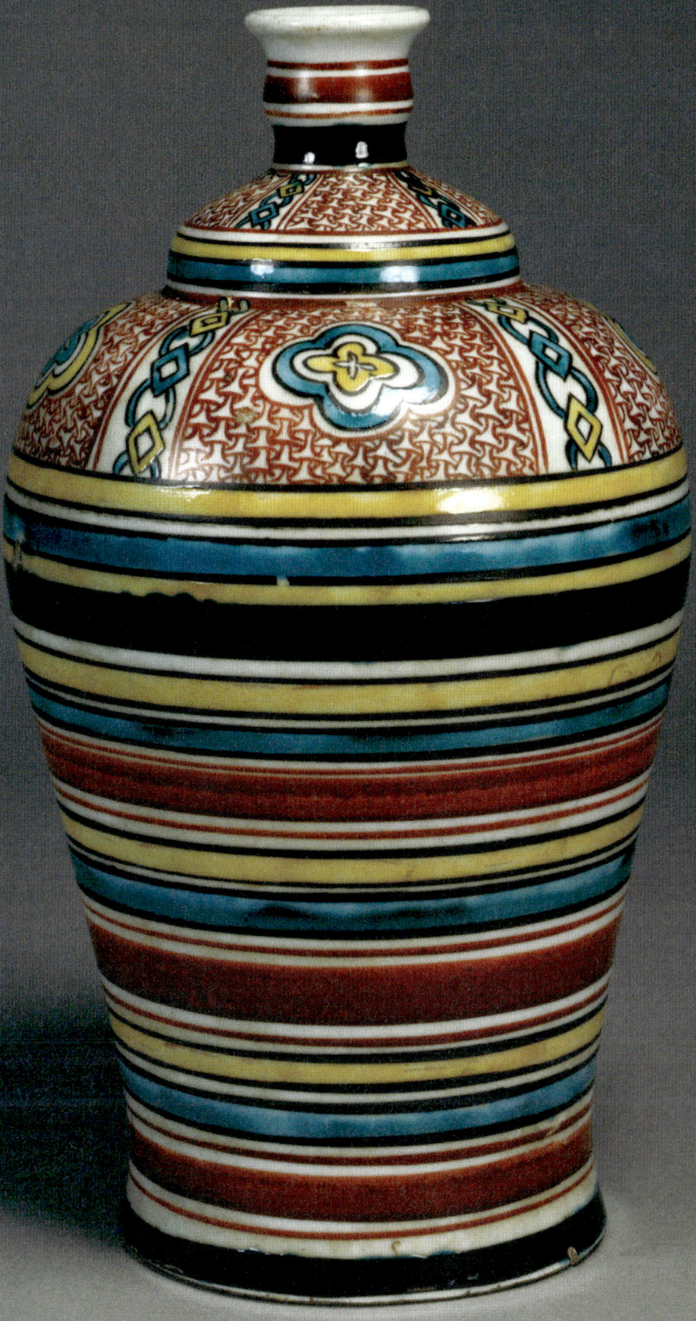

「色絵独楽文徳利」伊万里　江戸時代・17 世紀
東京国立博物館蔵　出典：ColBase (https://colbase.nich.go.jp)

ぜに

◉ 銭紋

Zeni | Coin Crests

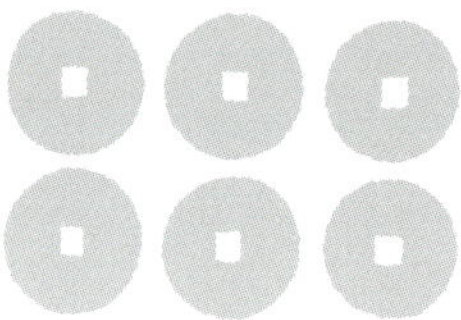

銭紋には文字の書かれている有文銭と文字のない無文銭とがある。有文銭は江戸時代に鋳造された寛永通宝だけで、あとは中国の銭である。無文銭は一個から九個まであり、六個以上ならべたかたちを連銭という。寛永通宝は明銭、永楽の二字が好まれ、織田信長が旗紋として「永楽」の文字を用いている。部下の将士にもわけ与え、荒尾、仙石、黒田の諸氏へ賜紋としている。連銭紋では信濃滋野氏の一門、「真田六文銭」が有名である。

Coin crests represent two types of coins: those with or without kanji characters on them. Of those with characters, some represent Kan'ei-period (1624–44) copper coins minted in Japan; the rest are Chinese coins. Those without characters are used in crests containing one to nine coins.

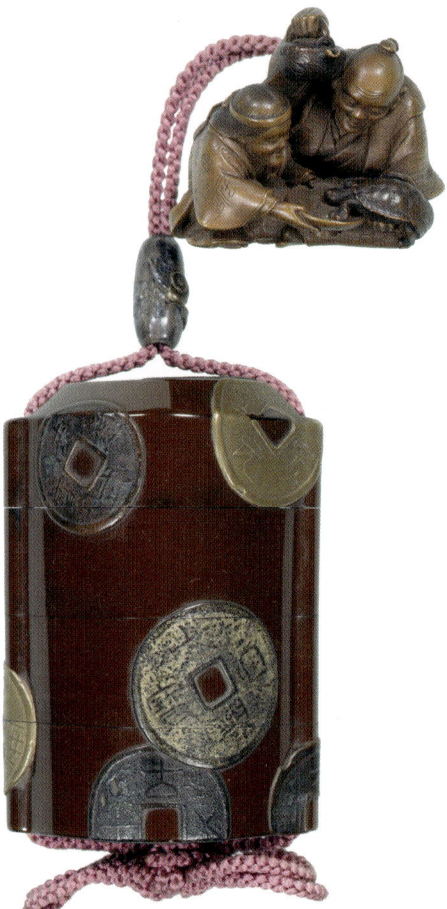

「古銭蒔絵印籠」
底裏線刻銘「水谷作」
明治時代・19 世紀
東京国立博物館蔵
出典：ColBase (https://colbase.nich.go.jp)

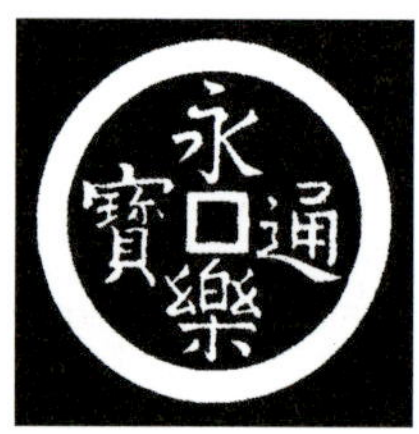

永楽銭

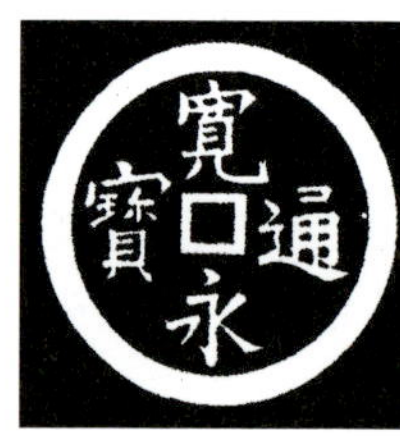

寛永銭

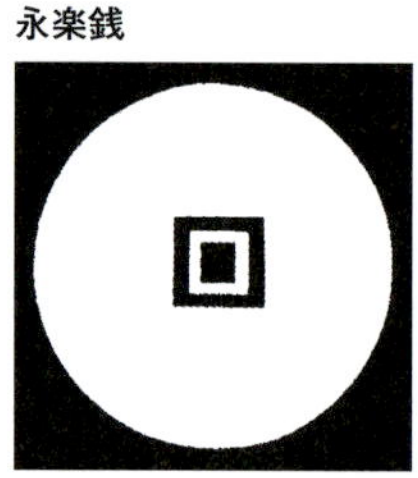

青山銭

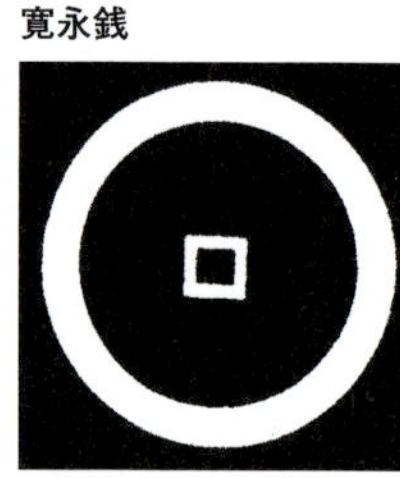

裏一文字

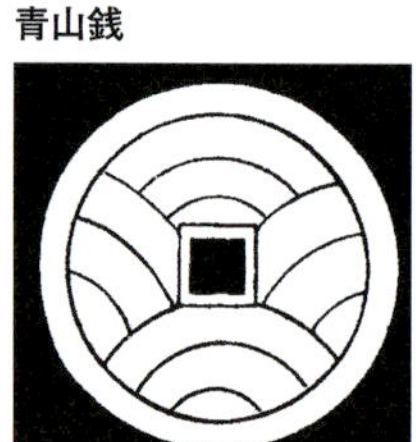

四文銭

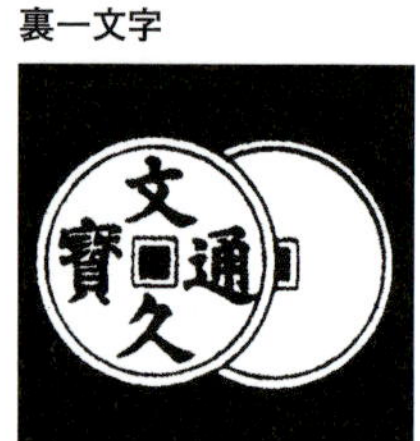

裏表文久銭

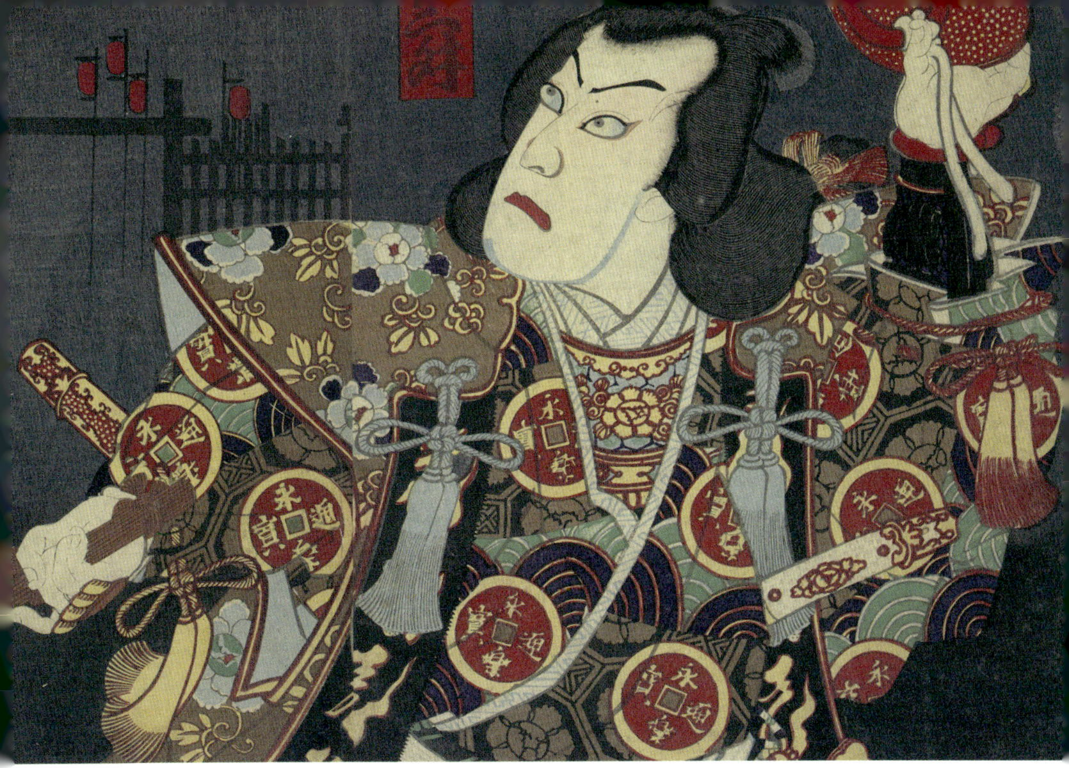

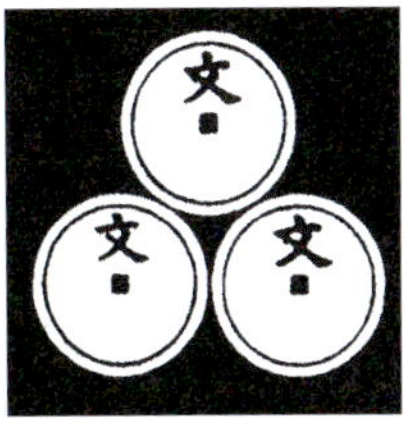

三つ盛り文銭

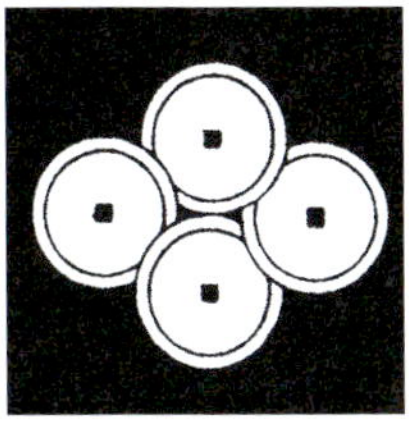

四つ重ね銭

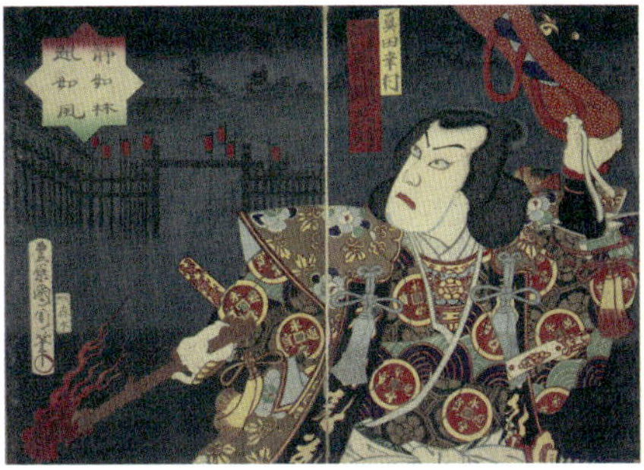

「梅浪花真田軍配」豊原国周
明治 6 年・1873　東京都立中央図書館特別文庫室蔵

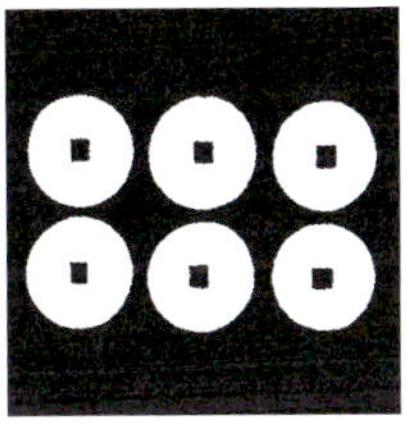

真田六文銭

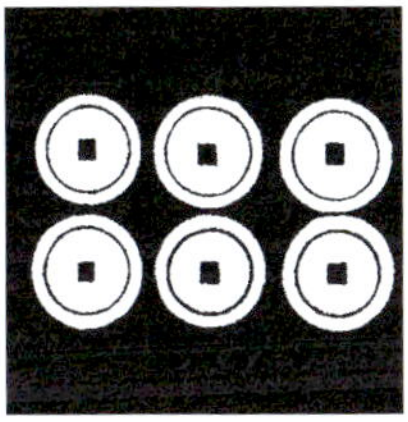

阿部六文銭

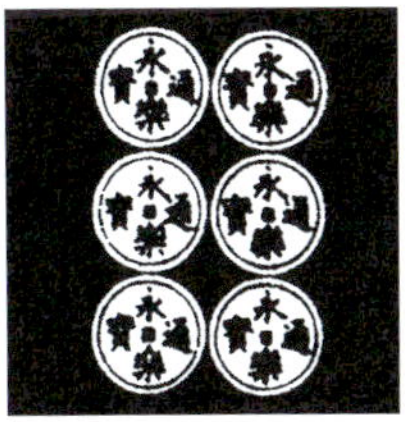

たて六連永楽銭

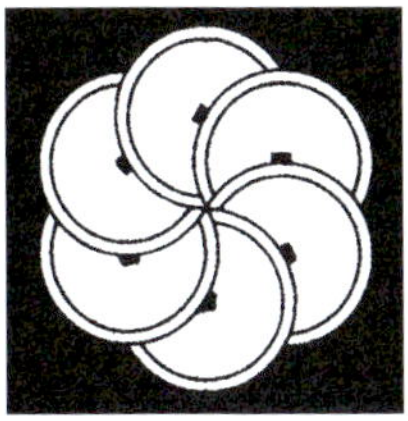

六つ捻じ銭

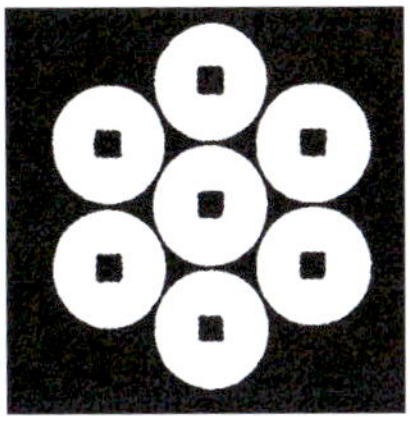

七つ銭

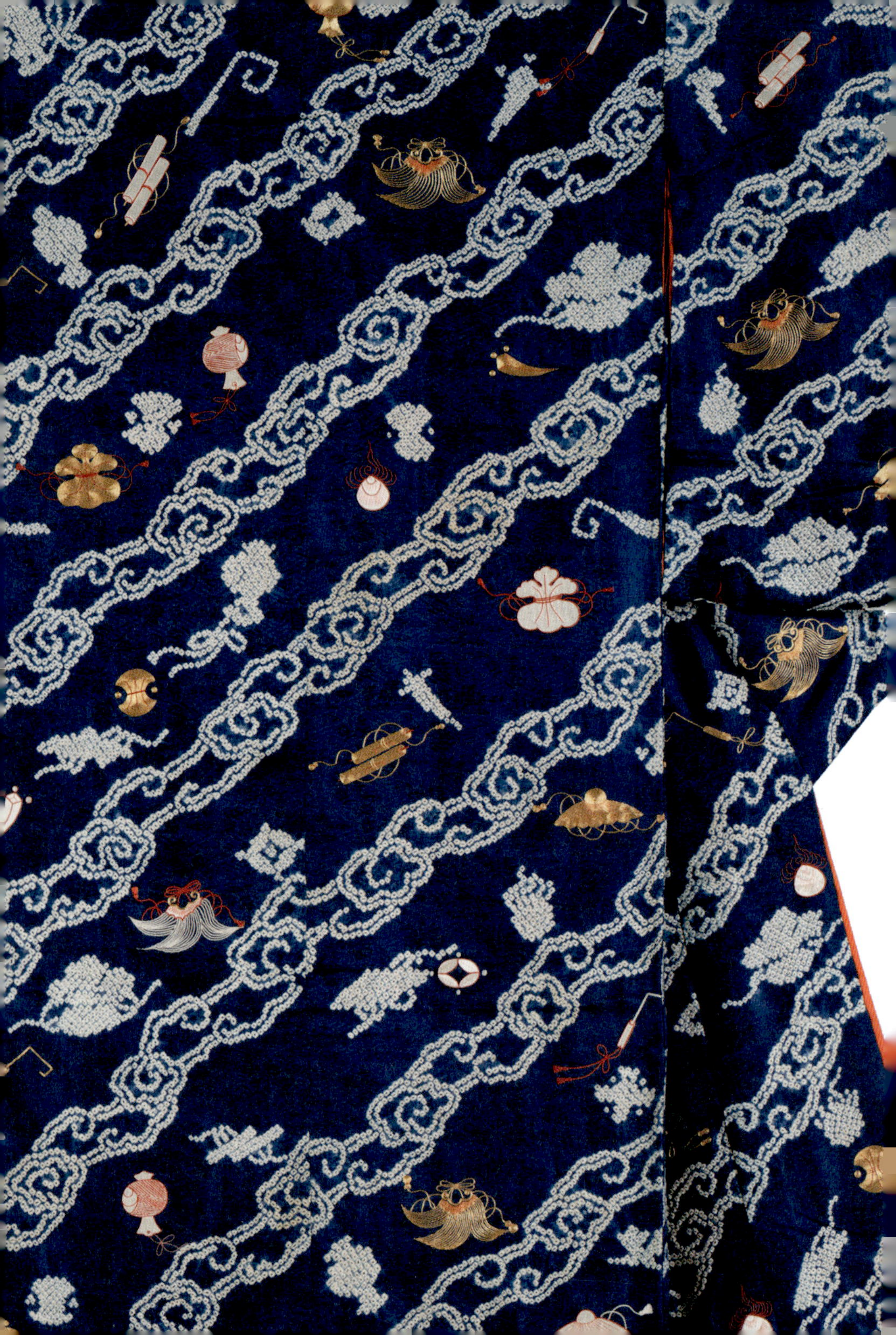

ふんどう

◉分銅紋

Fundō | Balance Weight Crests

天秤でものの重さを量るときに使う銅製のおもり。丸形で両側がくびれたかたちのおもしろさと、ものを正しく量る意味から家紋に用いられた。変形の「捻じ分銅」「三つ寄せ分銅」「三つ組分銅」などバラエティーに富んでいる。江戸幕府が編集した武家系図集の『寛政重修諸家譜』には、清和源氏の松平（能見）氏、高階氏の堀尾氏は「一つ分銅」、藤原氏支流の近藤氏は「三つ分銅」、清和源氏支流の松平氏は「四つ分銅」を用いたとある。

Balance weights are copper weights used with scales to measure the weights of objects. Their interesting shapes, round with a round nip taken out of the left and right sides, and their meaning of accurately valuing things inspired their use in family crests. The many variants include twisted and triple combination versions.

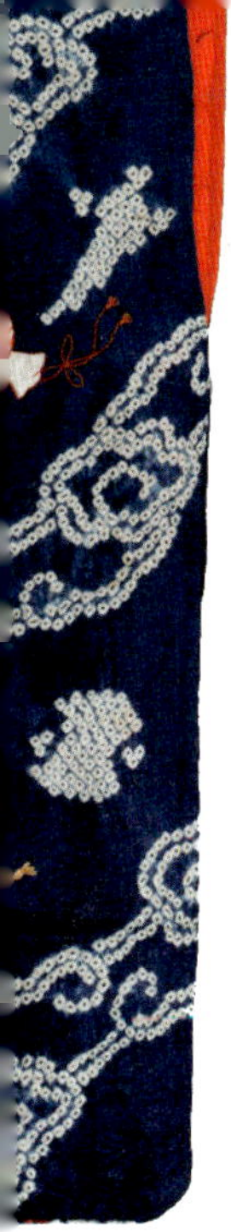

「紺綸子地宝尽雲文繋模様絞縫振袖」（部分）
江戸時代後期・19 世紀　国立歴史民俗博物館蔵

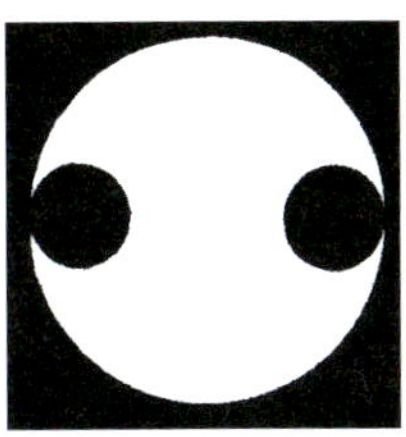

分銅

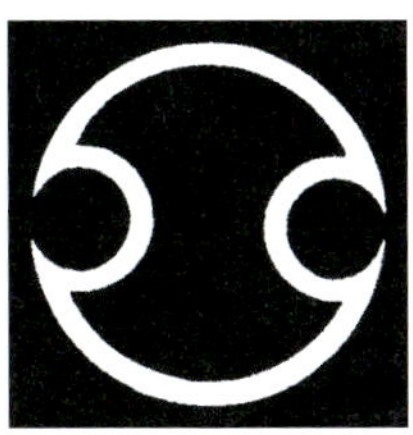

中かげ分銅

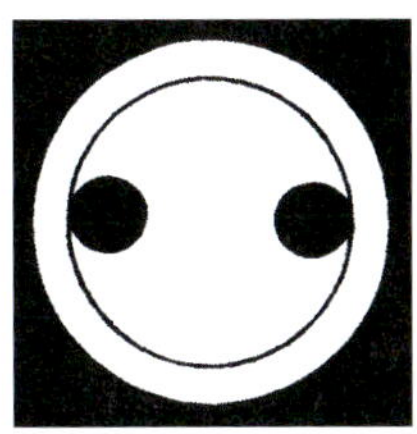

丸に分銅

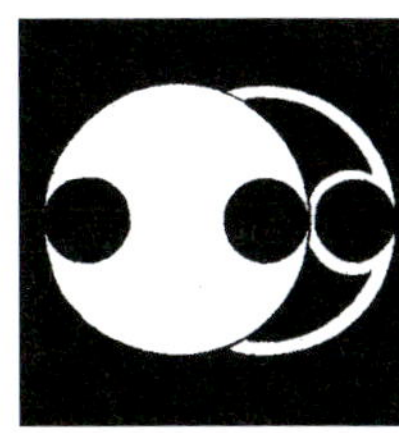

比翼分銅

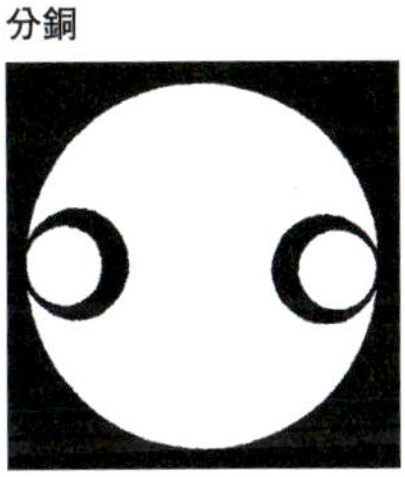

星つき分銅

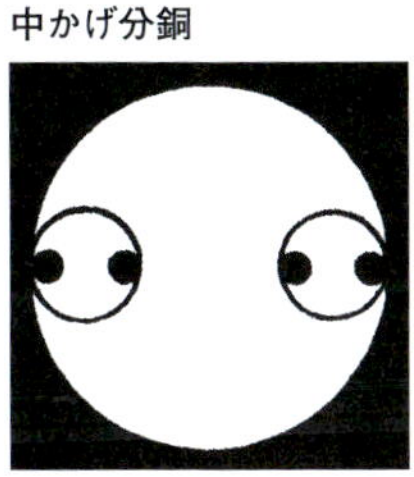

子持ち分銅

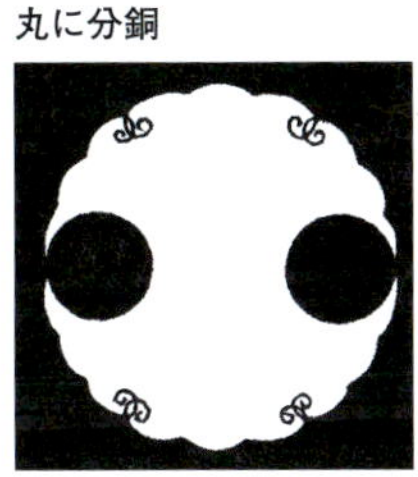

花分銅

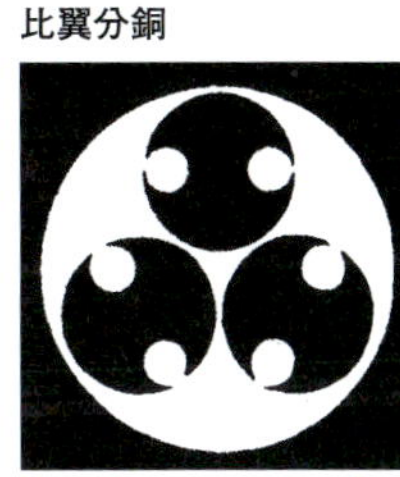

石持ち地ぬき分銅

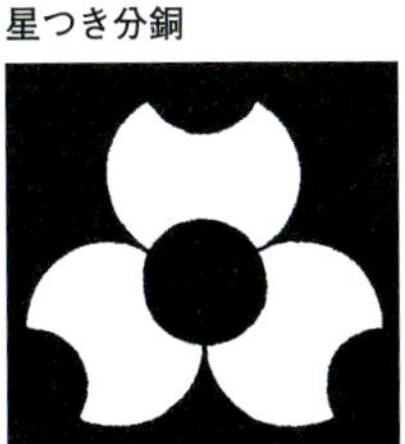

三つ寄せ分銅

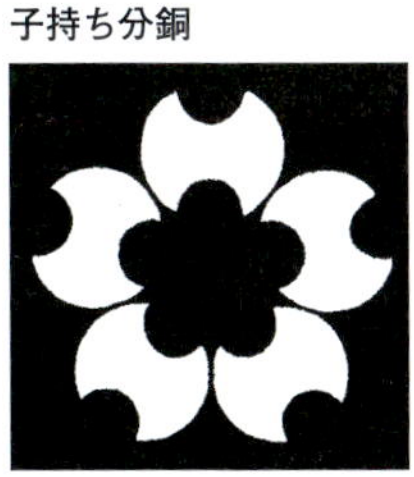

分銅桜

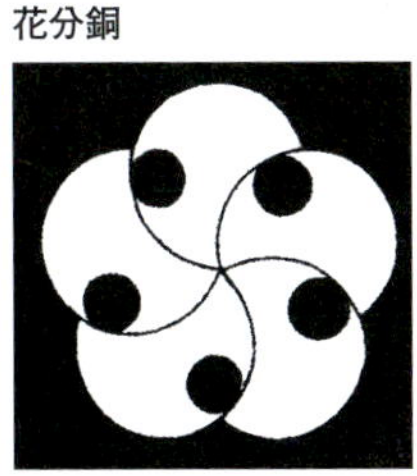

五つ捻じ分銅

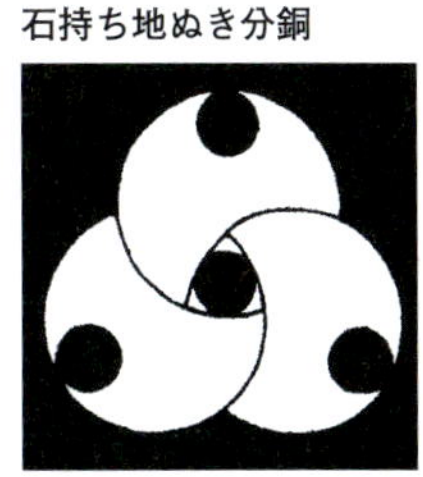

三つ組分銅

ます

◉ 枡紋

Masu | Square Measure Crests

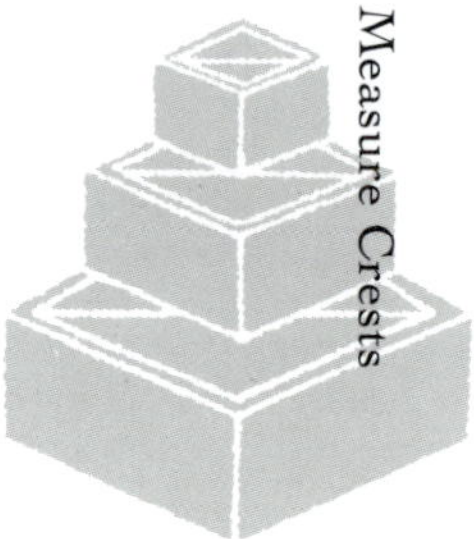

枡は穀物など、かたちの定まらないものの容量を量る器で升とも書く。かたちは対角線をはった「弦枡」、小枡を大枡に入れた「入れ子枡」、重ねた「重ね枡」、ほかに寄せ、盛りなどがある。武蔵七党の丹羽氏の代表家紋が「月に枡」、清和源氏支流の岩田氏と未勘源氏流の服部氏は、単に枡だけを家紋としている。江戸の俳優市川家では「三つ入れ子枡」が定紋である。

A *masu* is a container for measuring quantities of grains and other pourable materials. In crests, its simple square shape has been modified in many ways, including the "bowstring" *masu* with a diagonal line across it, the nested *masu*, with a small square in a larger one, and stacked masu.

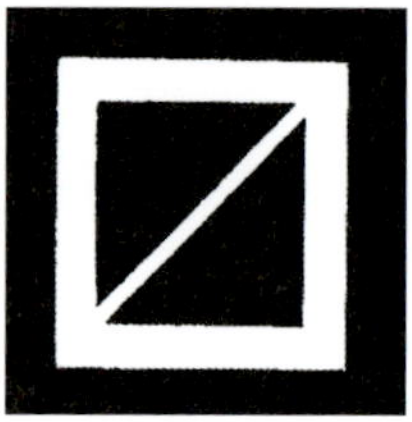

枡

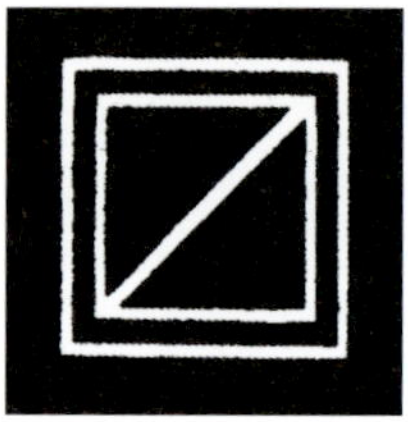

かげ枡

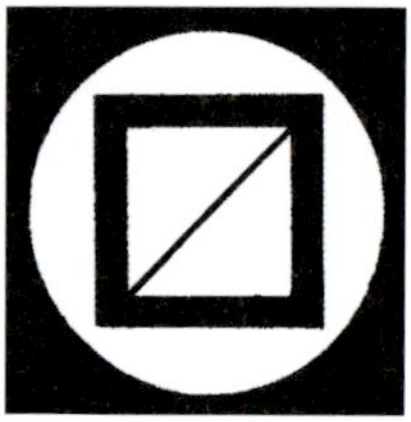

石持ち地ぬき枡

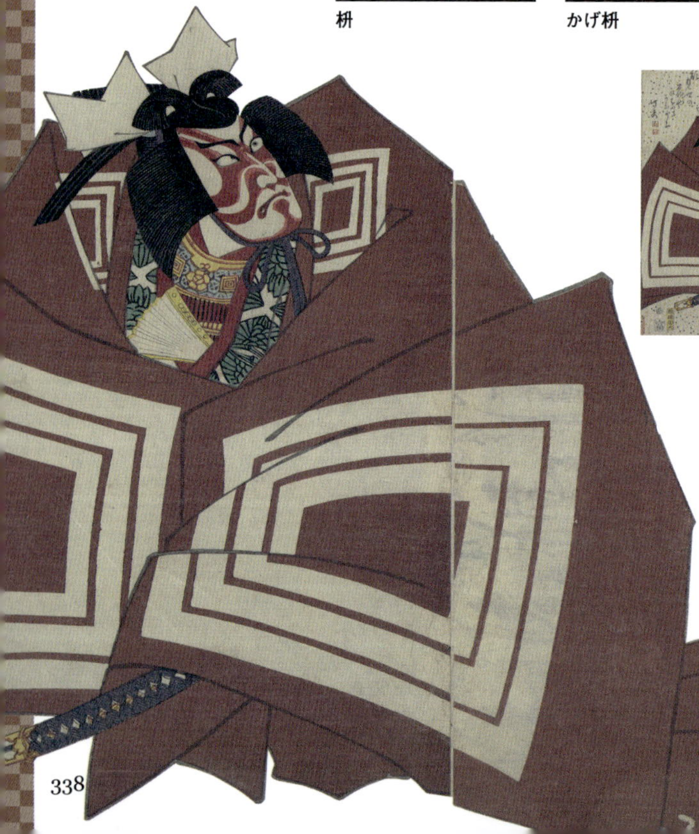

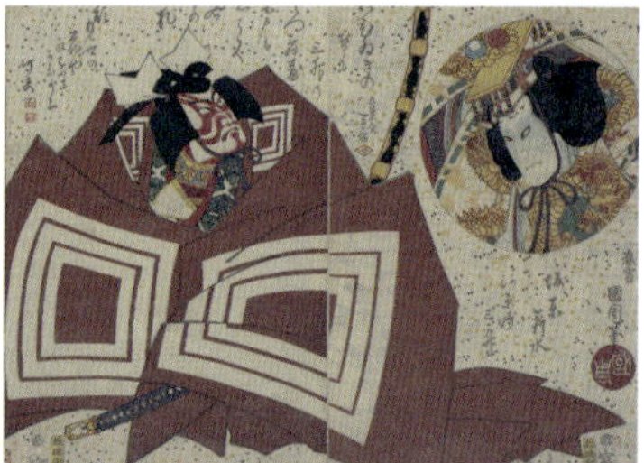

「暫」豊原国周　元治元年・1864
東京都立中央図書館特別文庫室蔵

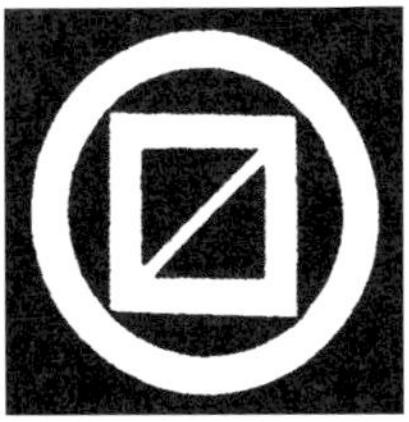

丸に枡

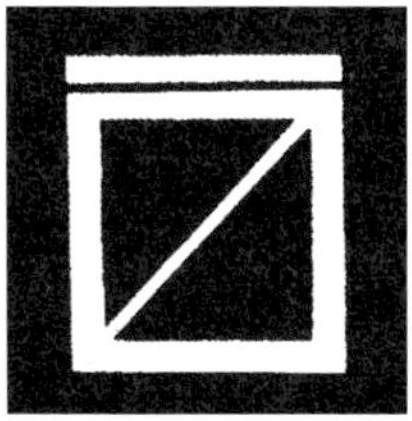

枡に枡かき

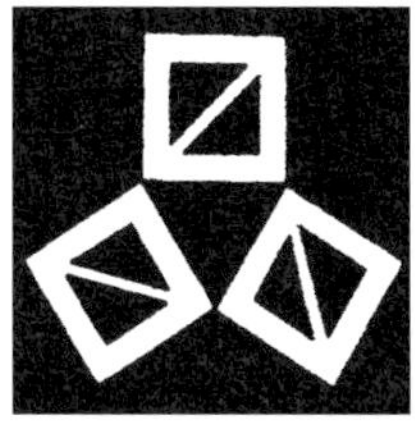

三つ寄せ枡

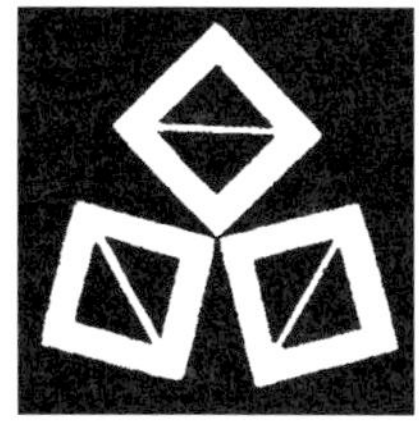

隅合せ枡

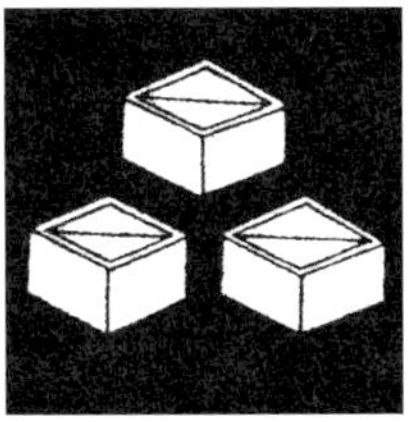

三つ盛り枡

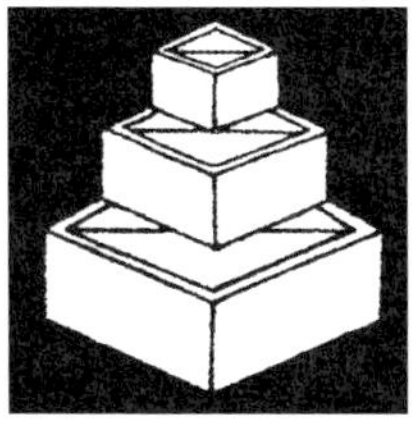

三つ重ね枡

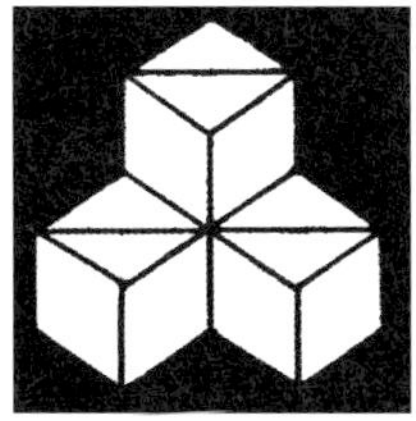

変り三つ枡

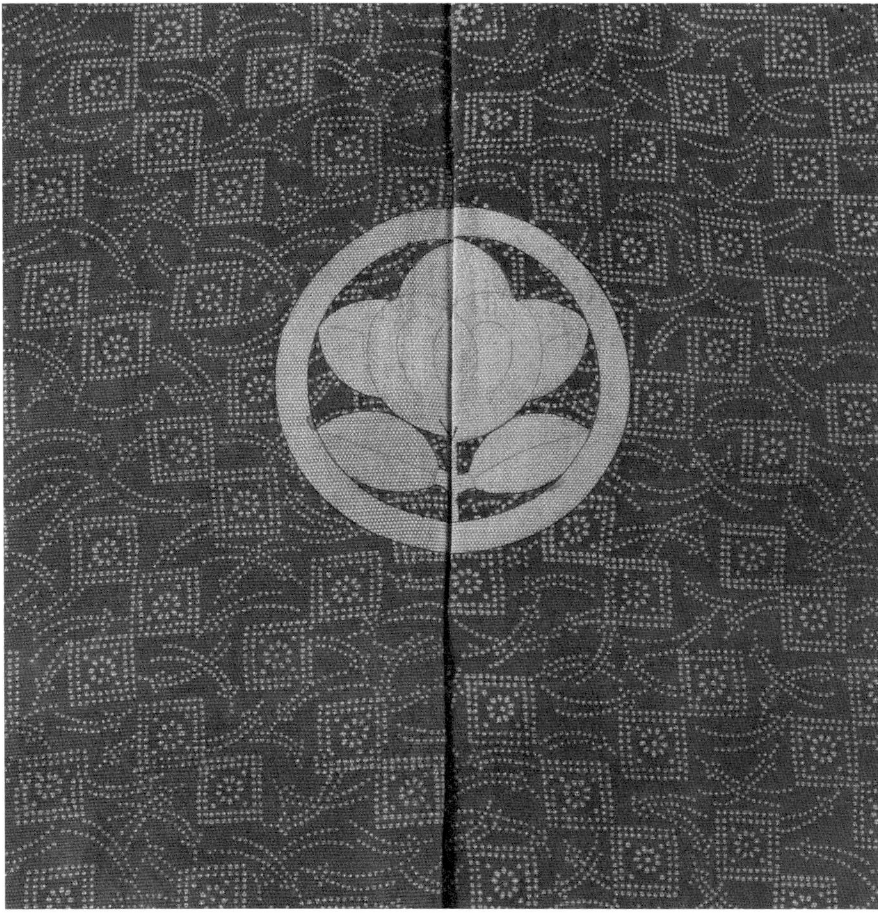

「浅葱地松葉と枡に小花文様小紋袷」（部分）江戸〜明治時代　京都国立博物館蔵

かねじゃく

◉曲尺紋 *Kanejaku* | Carpenter's Square Crests

直角に曲がった金属製の大工用物指し。鉤のかたちに曲がっていることから曲尺の字をあてた。金尺、大工金ともいう。物事の基準になる意味で家紋、商標、屋号に多用された。江戸時代の商標にはいくつもあるが、家紋の使用家としては『寛政重修諸家譜』に、藤原氏支流の出の武者氏と出ている。

The *kanejaku* is an L-shaped metal carpenter's tool with two sides, at right angles. It was used frequently in family crests, logos, and store names, given its meaning of being a standard.

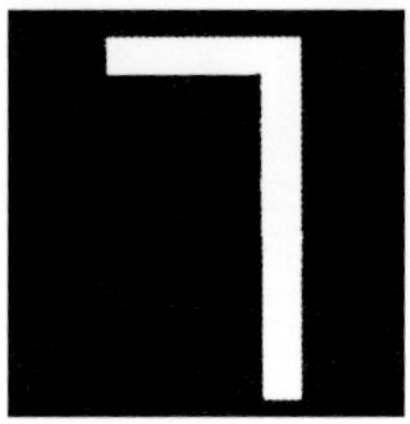

曲尺

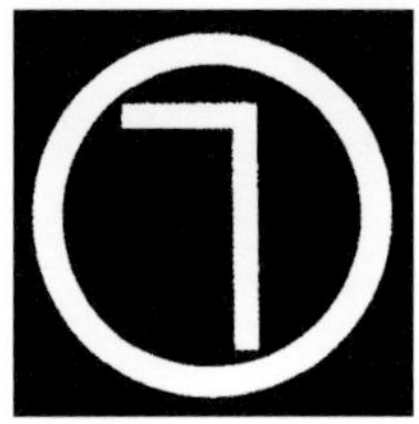

丸に曲尺

あべのせいめいばん

◉安倍晴明判紋 *Abe no Seimeiban* | Five-Pointed Star Crests

平安時代中期に実在した安倍晴明という陰陽師の案出したものといわれる。当時は天文、暦数、占筮などに天才的能力を発揮したらしい。晴明九字、晴明鱗、晴明桔梗ともいう。ヨーロッパではギリシャ語で五角形という意味のペンタグラマとよばれ、魔除けとして用いられる。これを家紋にしているのは藤原氏支流の出である酒匂氏、市川氏である。

This design is said to have been a family crest proposed by Abe no Seimeiban, a diviner who lived in the Heian period (800–1185). He apparently displayed great genius in astronomy, the construction of calendars, and divination. In Europe, this design is called a pentagram and was used as a talisman to ward off evil.

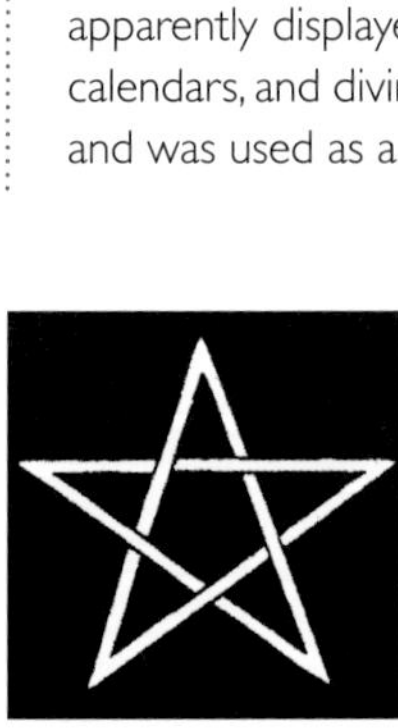

安倍晴明判

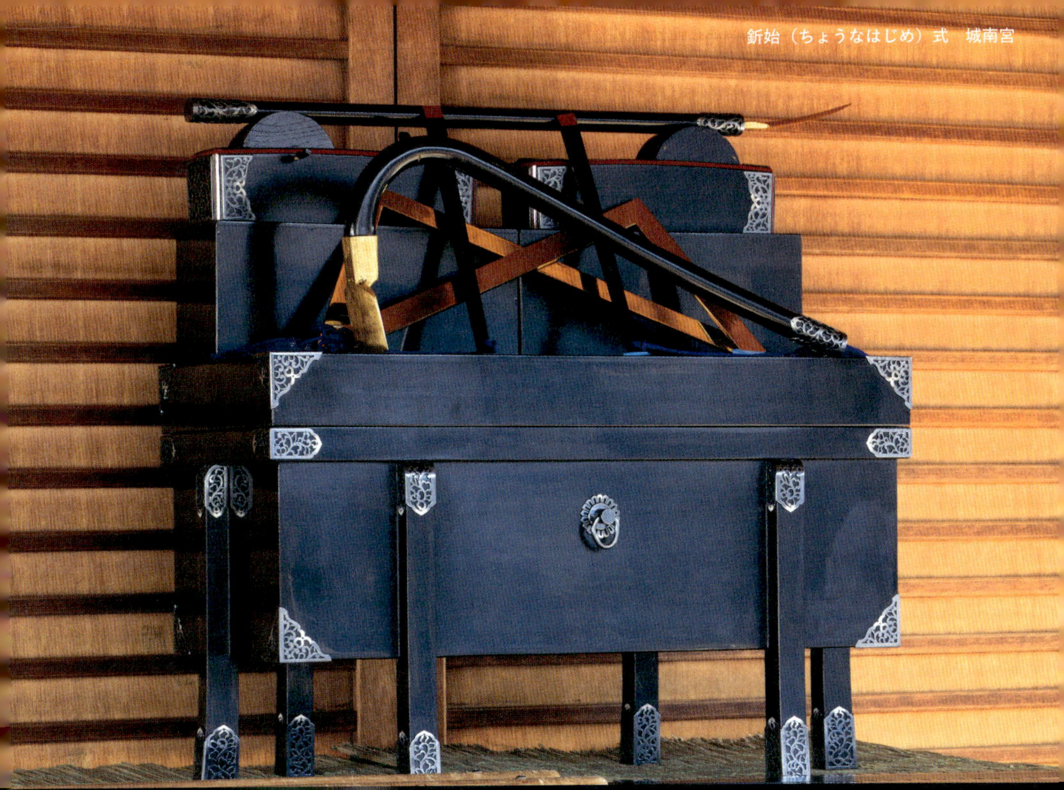
釿始（ちょうなはじめ）式　城南宮

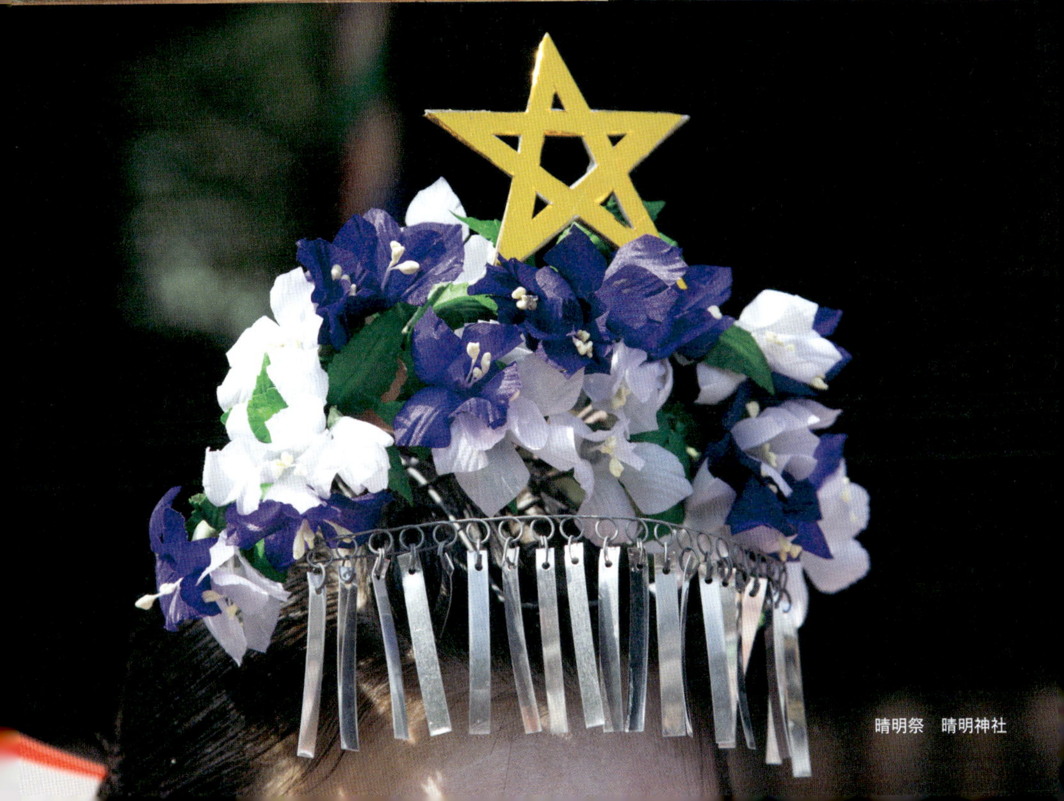
晴明祭　晴明神社

げんじこうず

◉源氏香図紋 *Genjikō-zu* | Incense Crests

源氏香は後水尾天皇のころに考案された組香のひとつで、平安貴族の間に流行した。五種の香をそれぞれ五包、計二十五包作り、香元が任意に五包ずつを取って焚き、ほかの人たちが聞きわけてその異同を五本の線で示すもの。源氏物語五十四帖にもとづいて名称をたてたもので、はじめの「桐壺」と終わりの「夢の浮橋」には図がない。家紋では桐壺を榊と同じかたちであらわし、夢の浮橋は行幸(みゆき)のかたちを模様がえしであらわしている。大名家の佐竹氏が「花散る里」、旗本の佐々、堀田両氏が「初音」を家紋としている。

Genjikō is an incense-comparing game that was conceived of during the reign of the Emperor Go-Mizunō (1611–29) and became popular among the aristocracy. Five types of incense would each be di-

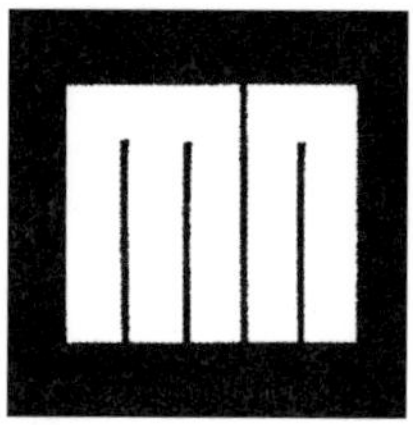
桐壺

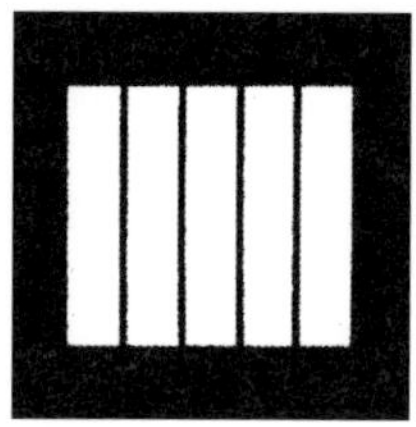
はうき木

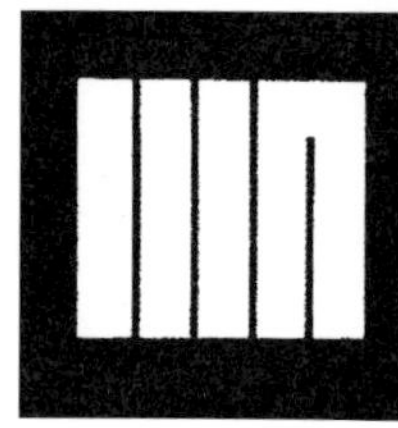
うつ蝉

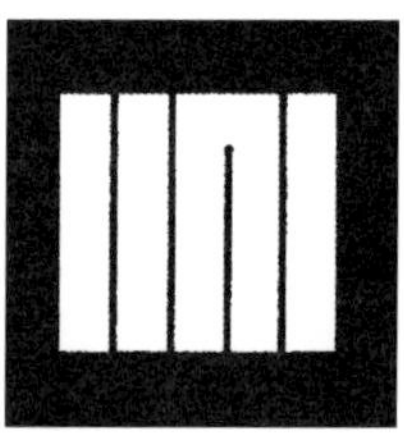
夕顔

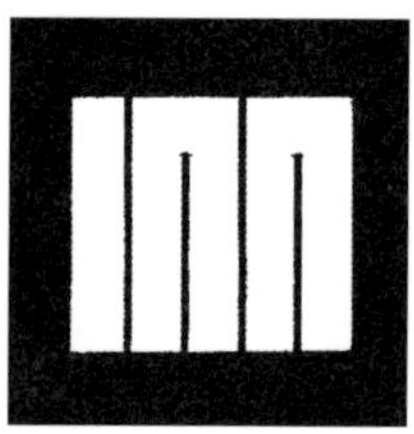
若紫

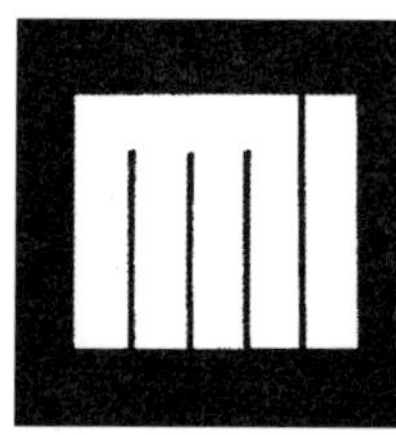
すえつむ花

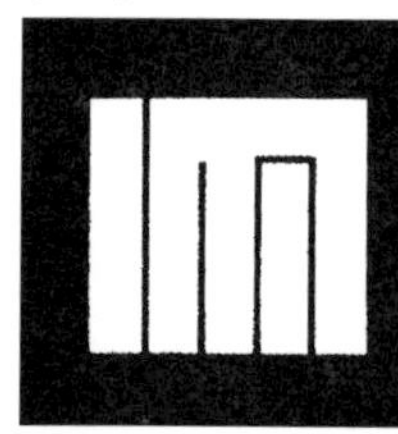
紅葉の賀

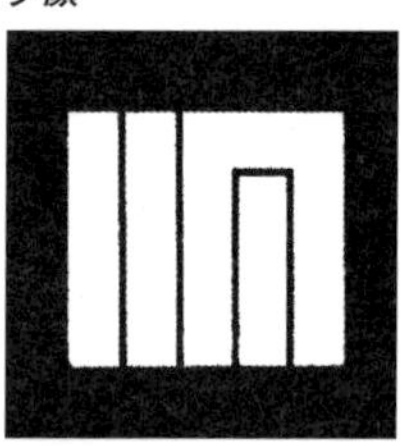
花の宴

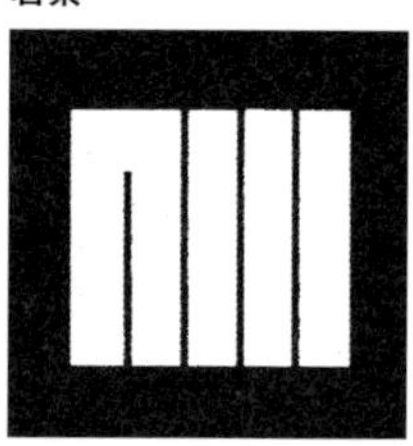
葵

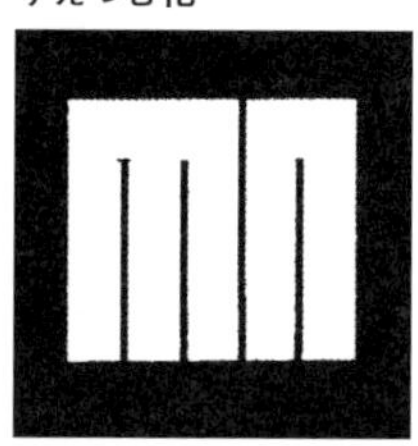
榊

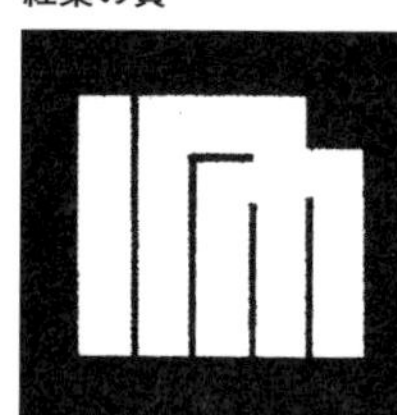
花散る里

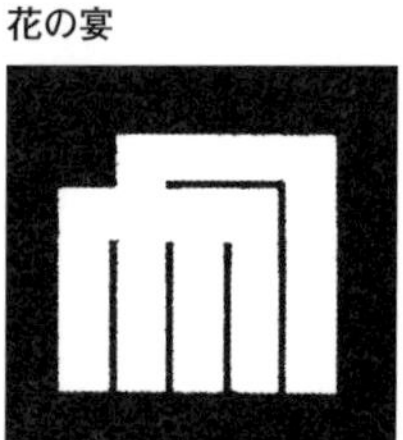
須磨

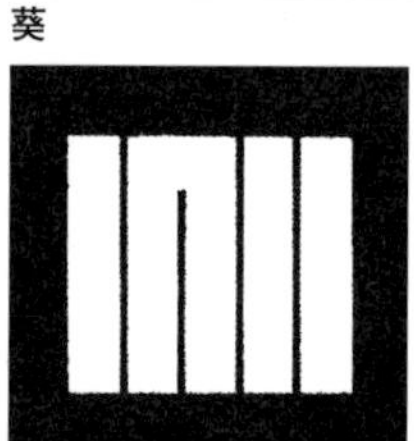
明石

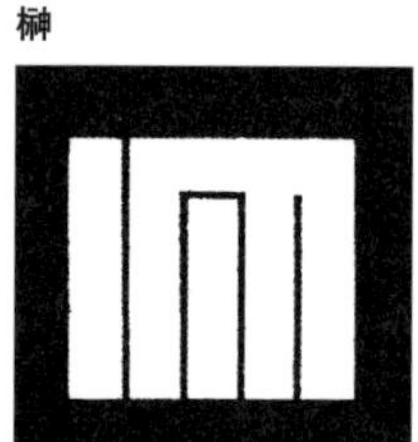
みをつくし

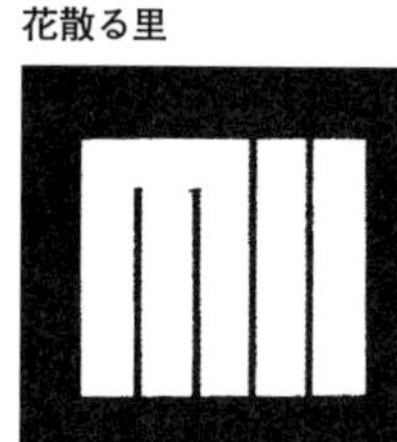
よもぎふ

vided into five packages, for a total of twenty-five, and the host would choose five and burn them. The other participants would then try to "listen" to the incense and identify them. A chart with five lines was used to record each person's answers. The possible charts were given names based on the fifty-four chapters of The Tale of Genji.

「十二ヶ月の内 卯花月」
歌川豊国
江戸時代後期・19 世紀
国立国会図書館蔵

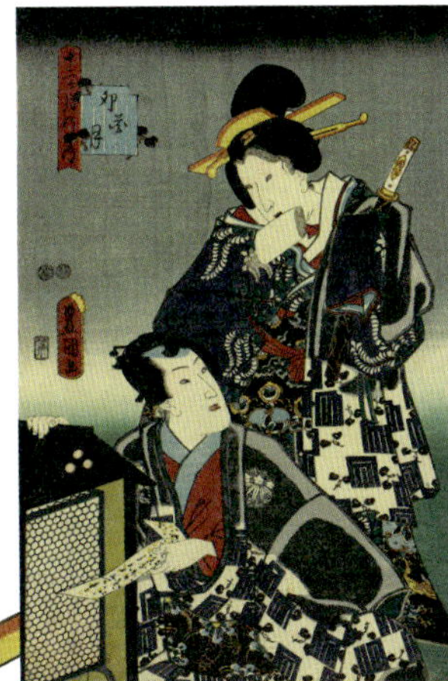

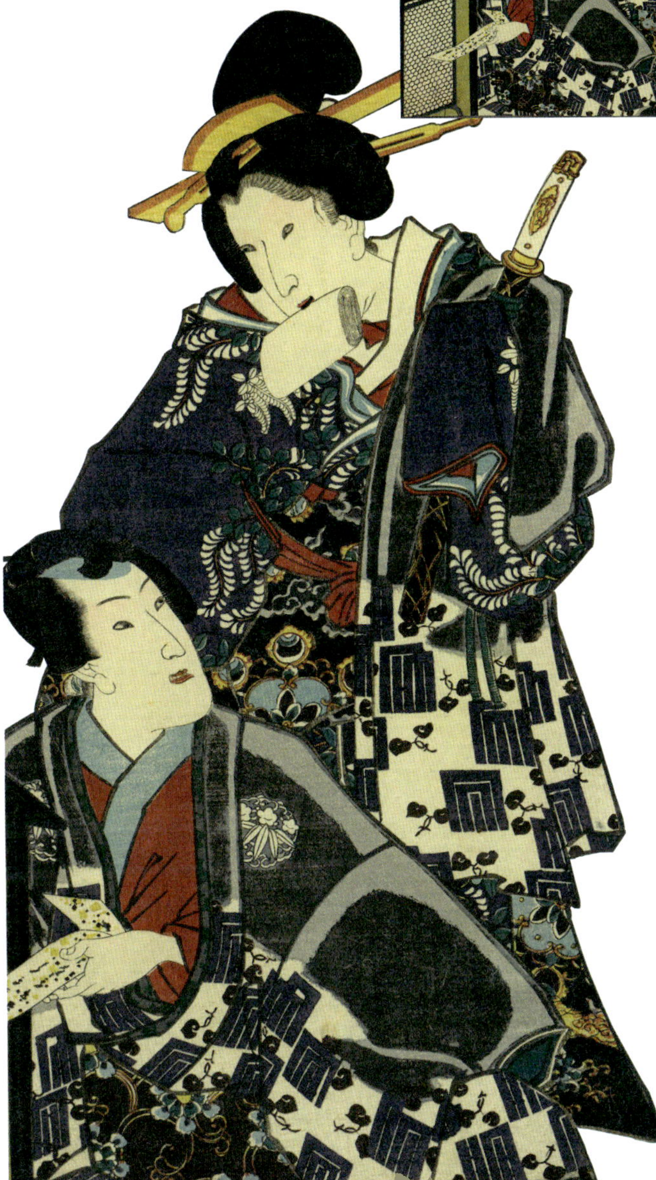

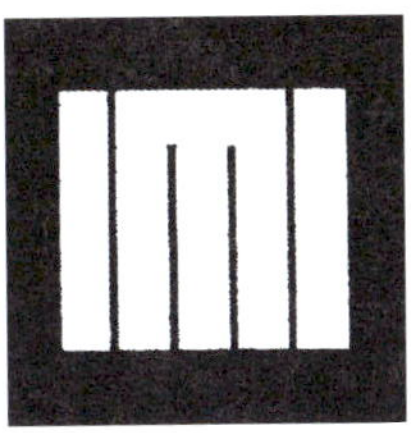

関屋

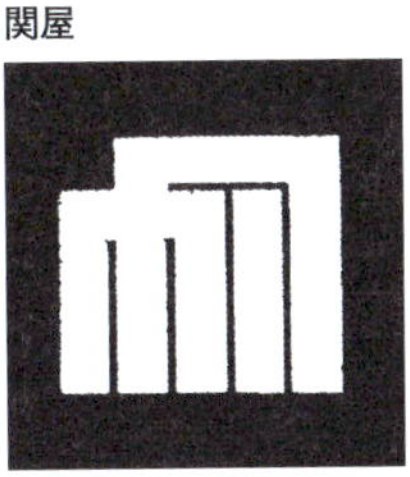

絵合せ

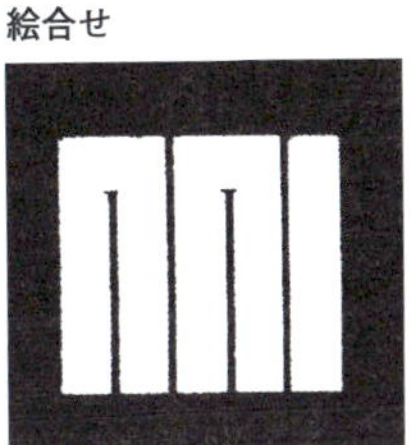

松風

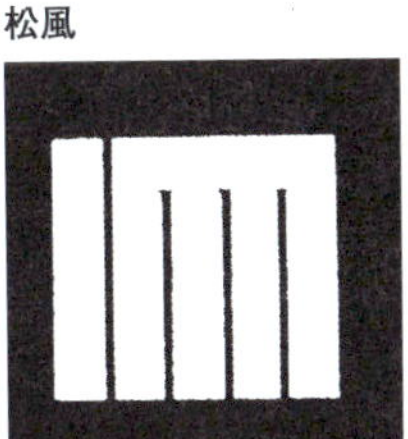

うす雲

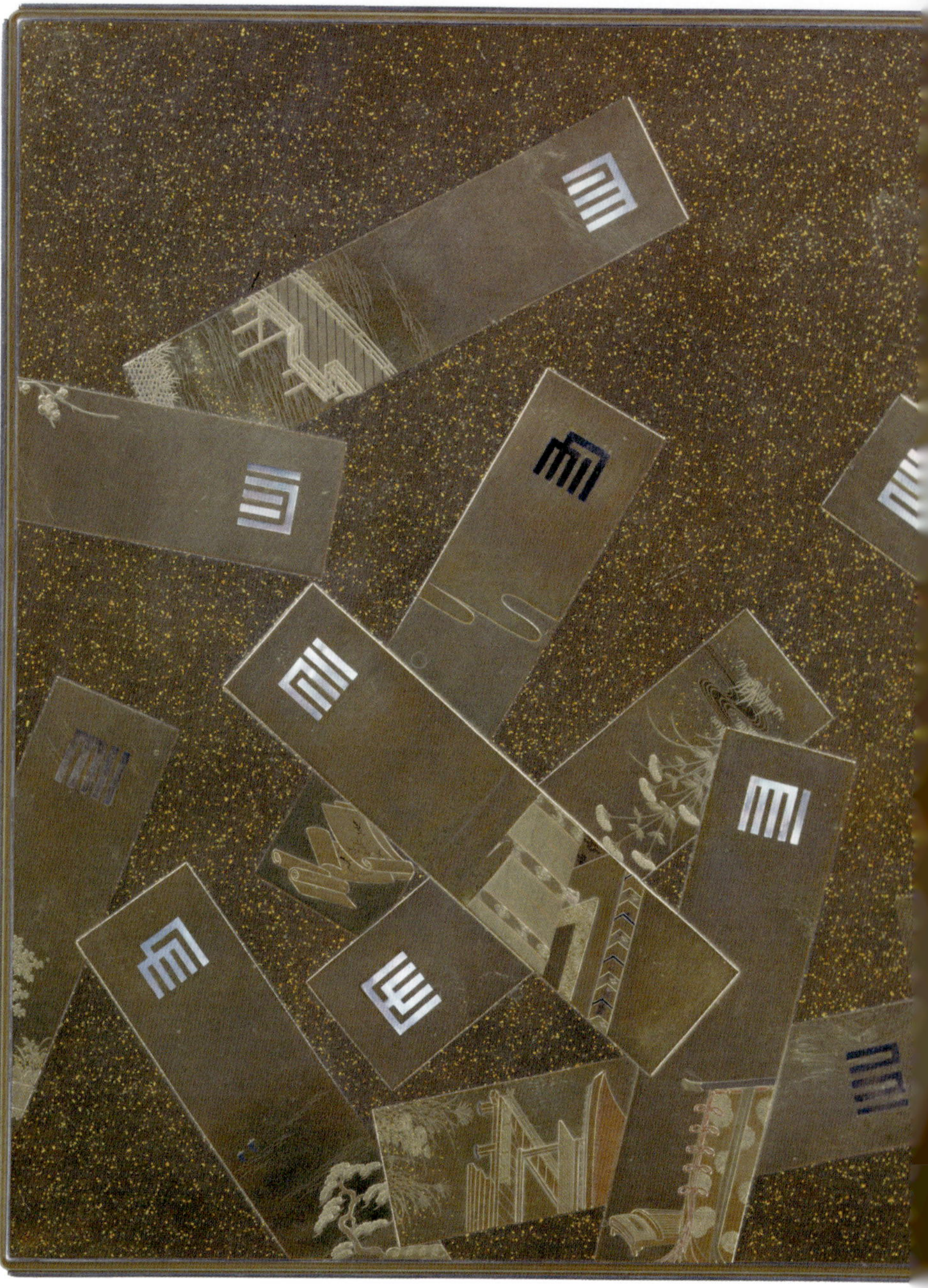

「源氏香短冊散蒔絵料紙硯箱」川之辺一朝　明治 36 年・1903　東京国立博物館蔵　出典：ColBase (https://colbase.nich.go.jp)

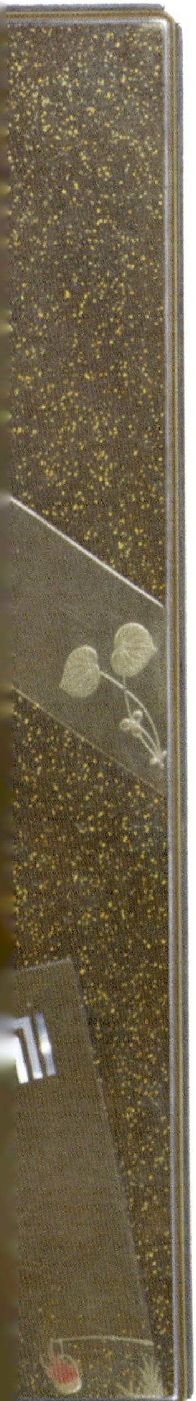

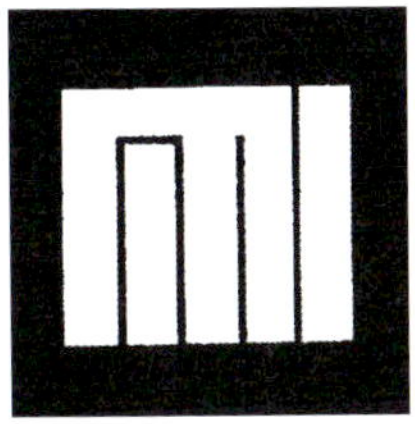
朝顔

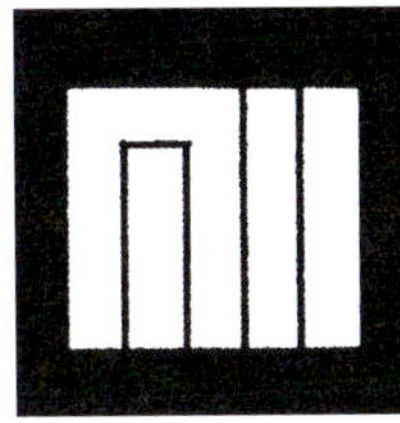
乙女

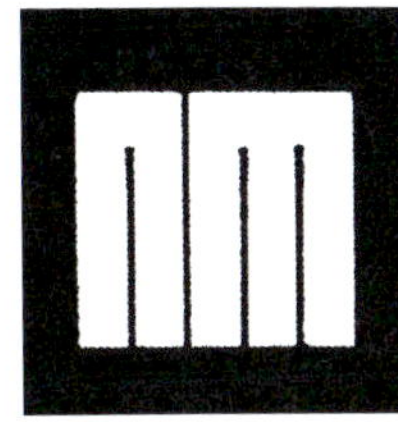
玉かずら

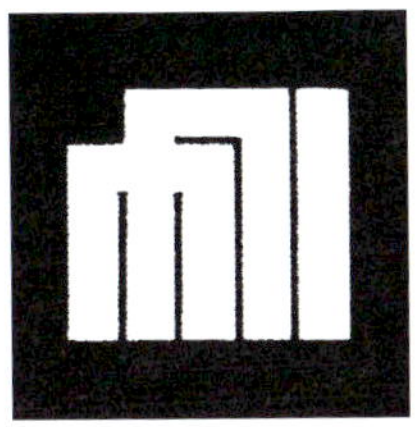
初音

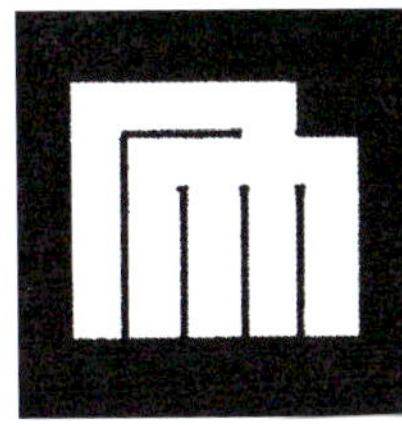
胡蝶

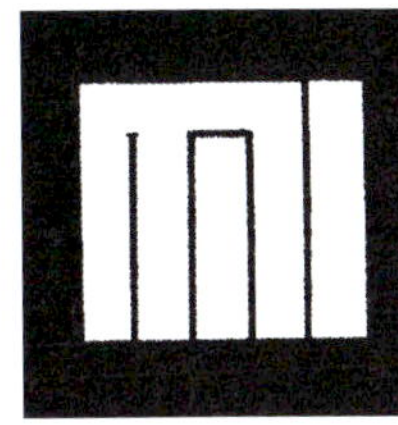
蛍

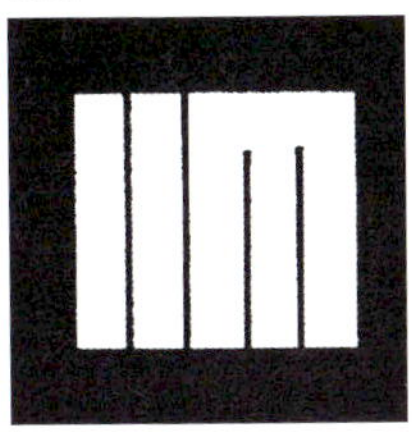
とこ夏

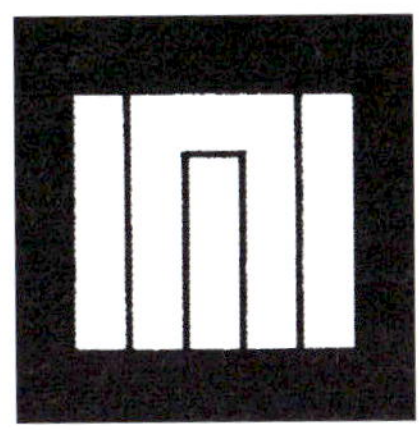
かがり火

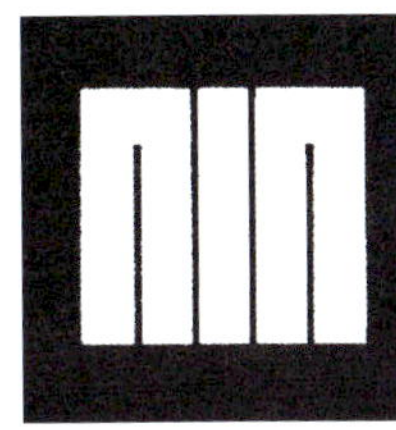
野分

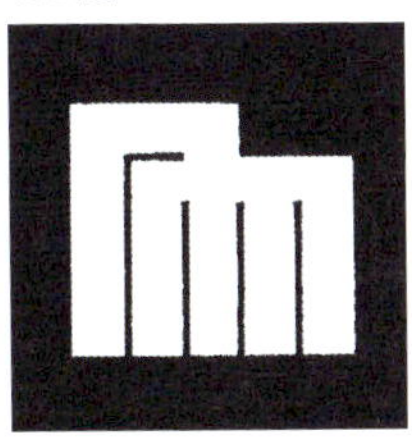
みゆき

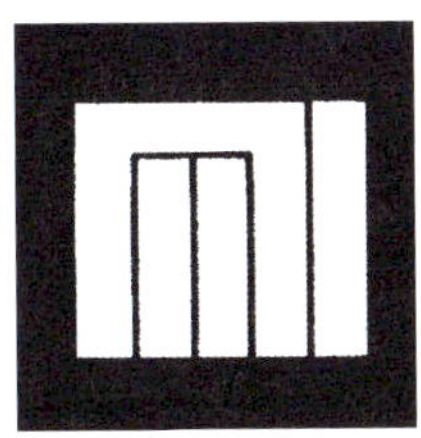
藤ばかま

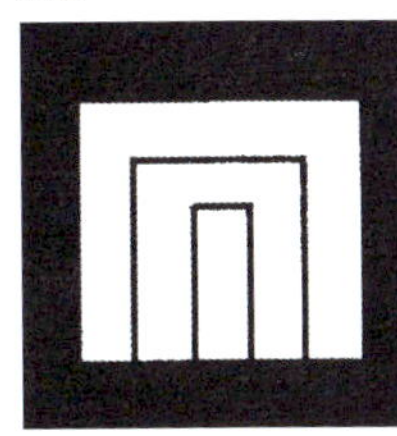
真木柱

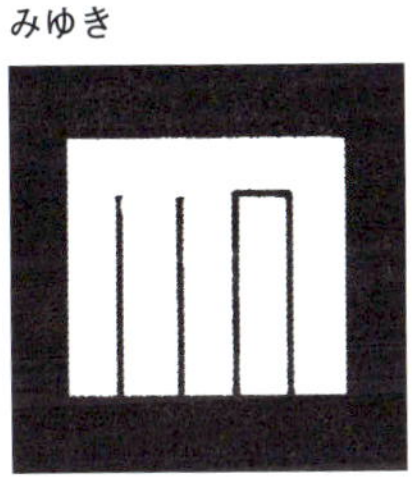
梅枝

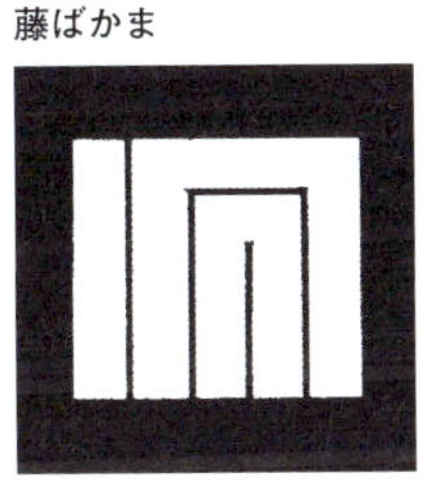
藤うら葉

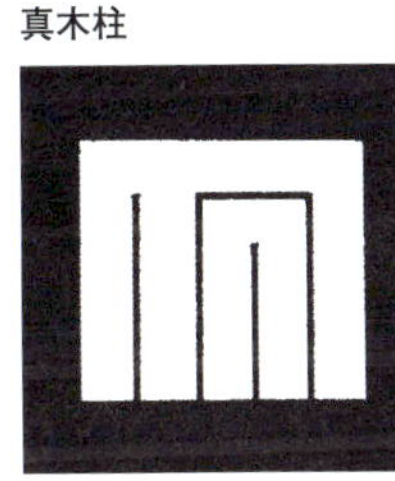
若菜 上

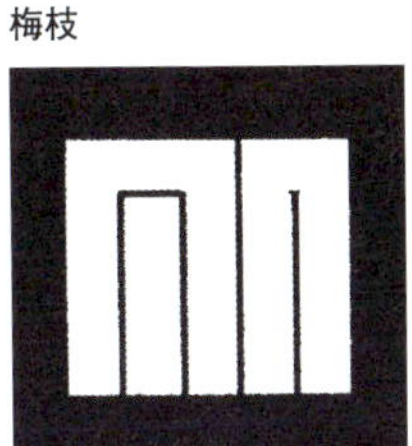
若菜 下

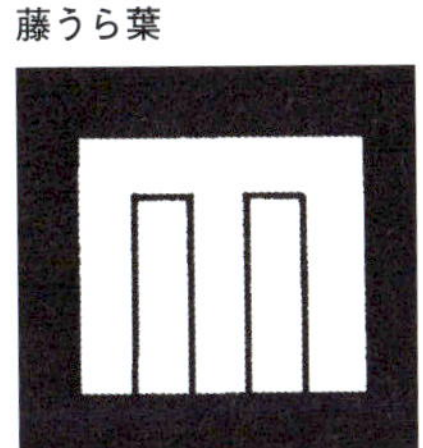
柏木

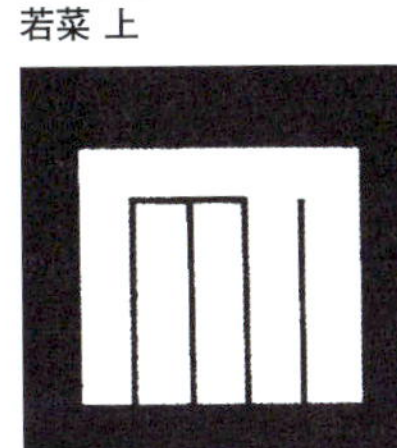
横笛

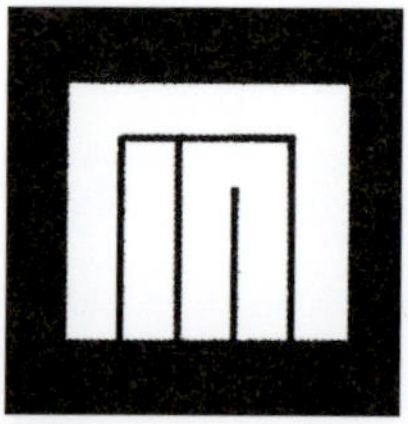
鈴虫

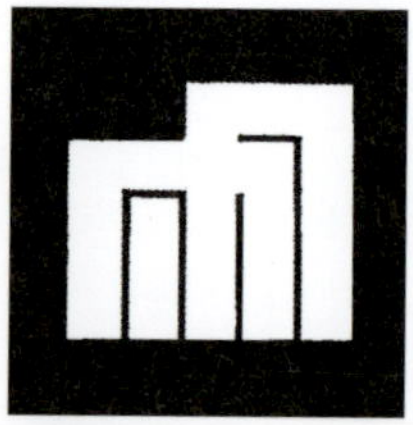
夕霧

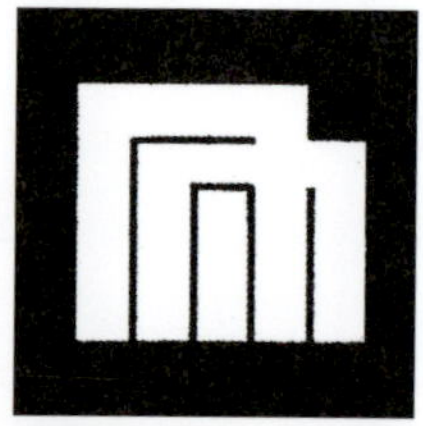
御のり

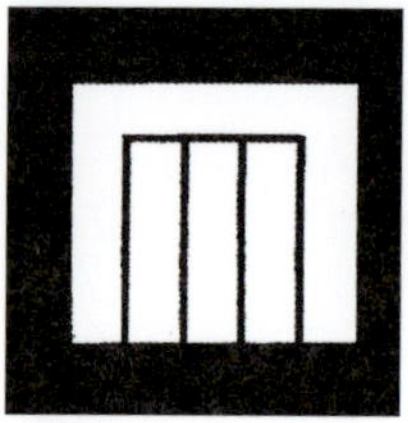
まぼろし

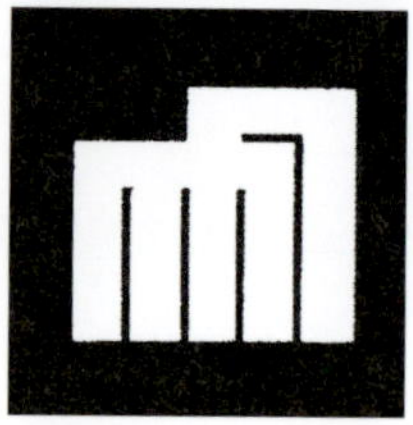
にほう宮

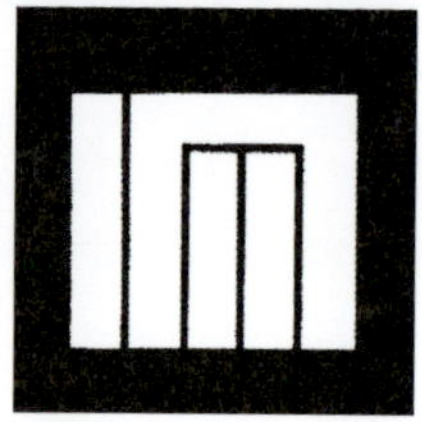
紅梅

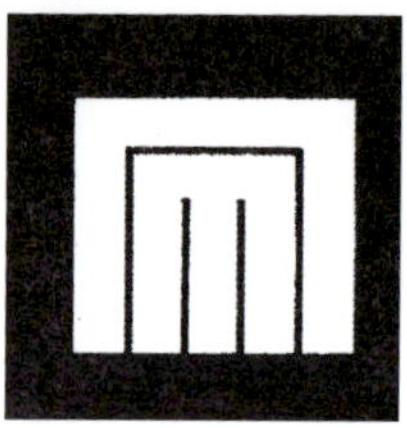
竹川

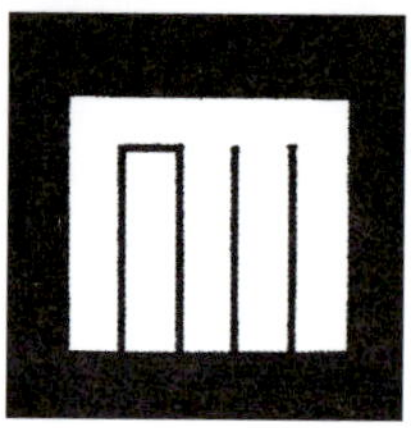
橋姫

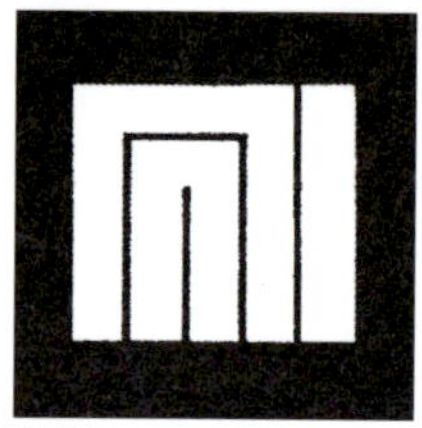
推本

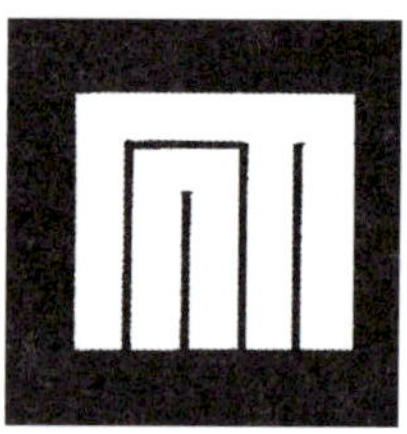
あげまき

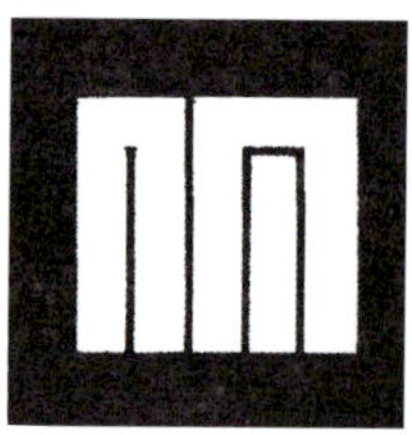
早蕨

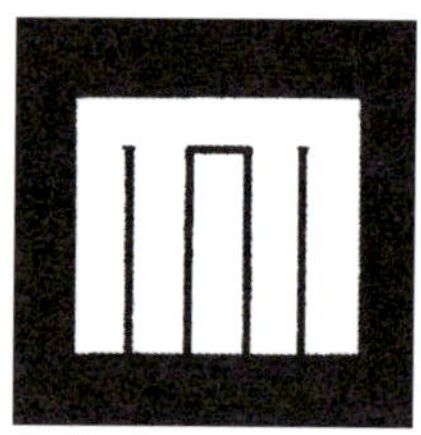
やどり木

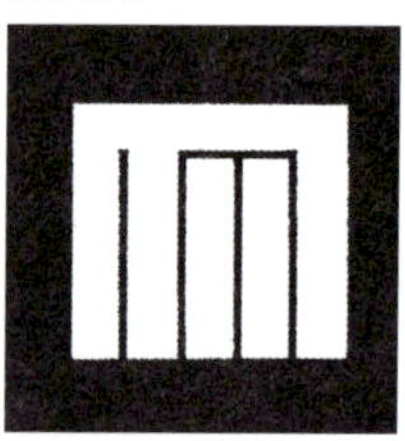
あずま屋

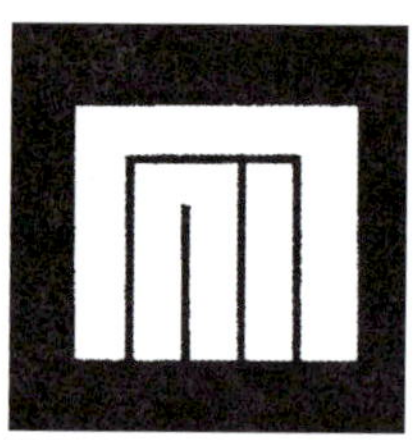
浮舟

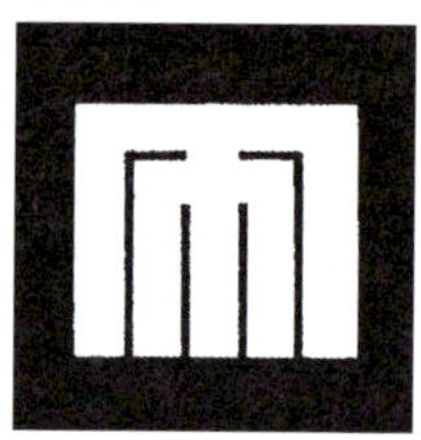
かげろう

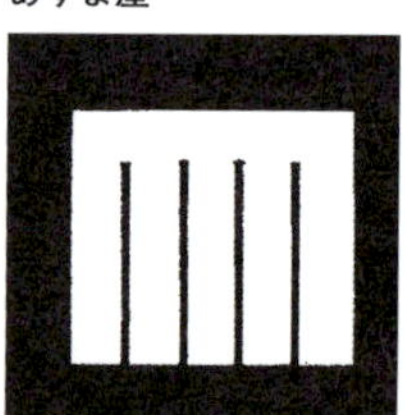
手習

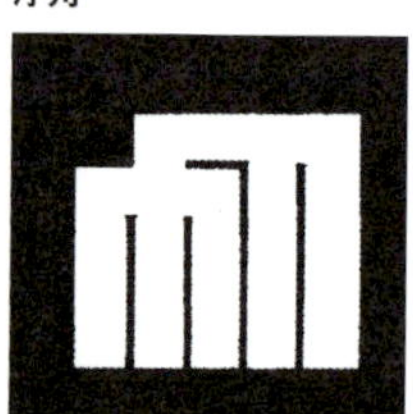
夢の浮橋

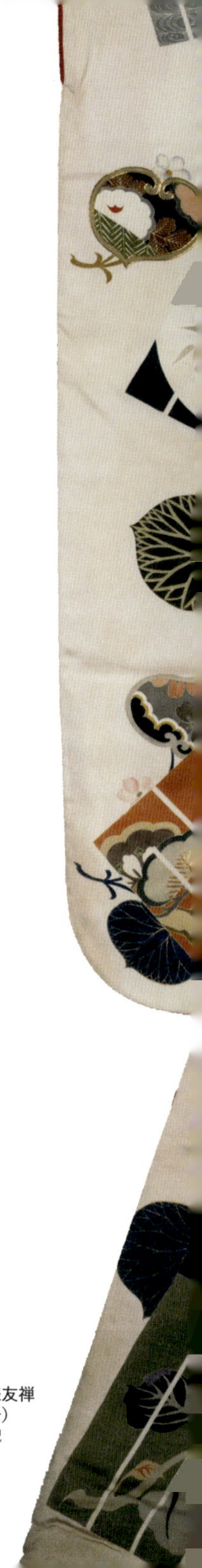
「白綸地源氏香葵模様友禅染金糸縫振袖」（部分）
昭和時代前期・20 世紀
国立歴史民俗博物館蔵

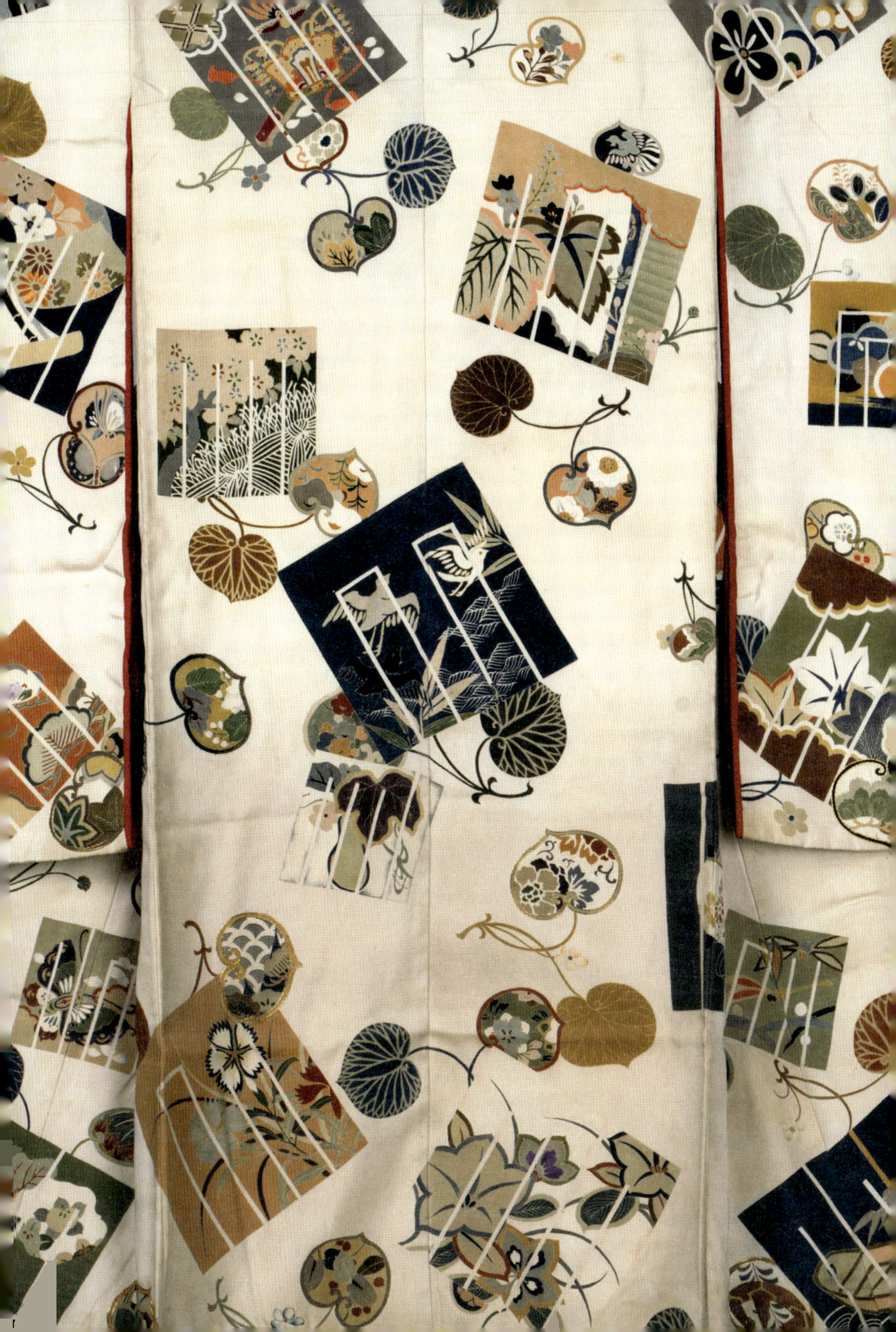

［図版データ一覧］
Illustrations

＊絵画・工芸品のデータについては、作品名・文化財指定・作者・時代（世紀）・制作地・員数・品質形状・寸法・所蔵者の順に掲載した。写真に関しては、題名・撮影地・撮影者の順に掲載している。寸法はセンチメートルで表している。

カバー／表「餝金具」森本錺金具製作所／撮影・中田昭
カバー／裏「雪華文七宝鐔」平田春寛　文政 11 年・1828　1 枚　縦 7.0 横 6.3　東京国立博物館蔵
2/3/9p.「関ヶ原合戦屏風」江戸時代後期・19 世紀　6 曲 1 隻屏風　紙本着色　155.7 × 357.8　岐阜市歴史博物館蔵
2/8p.「御馬印」巻 4　寛永年間・1624 ～ 44　巻子　1 巻　国立国会図書館蔵
4/6/7p.「阿国歌舞伎図」重文　桃山時代・17 世紀　6 曲 1 隻屏風　紙本金地着色　88.0 × 268.0　京都国立博物館蔵
5p.「吉例ノ暫　市川団十郎・中うけ　市川海老蔵」歌川国貞　天保 4 年・1833　大判錦絵　2 枚続　山口屋藤兵衛版　東京都立中央図書館特別文庫室蔵
18p.「でつち久松・本町綱五郎・油屋お染」歌川国芳　大判錦絵　3 枚続　若宇版　国立国会図書館蔵
19p.「紅梅」北野天満宮／撮影・中田昭
20/21p.「梅花祭」北野天満宮／撮影・中田昭
22p.「UMEKOMON GAUZE MUFFLER」カラーズヴィル　制作：グランドデラックス　デザイン：松本幸二
25p.「梅蒔絵硯箱」江戸時代・17 世紀　1 合　縦 22.5 横 20.2 高 4.0　東京国立博物館蔵
26/27p.「梅幸百種之内　墨染　尾上菊五郎」豊原国周　明治 26 年・1893　大判錦絵　1 枚　福田熊次郎版　東京都立中央図書館特別文庫室蔵
27p.「桜紋 T シャツ」京都／撮影・亀村俊二
28/29p.「金地彩絵流水桜模様舞扇」江戸時代・18 世紀　1 握　長 34.3　東京国立博物館蔵
30p.「魁桜」平野神社／撮影・中田昭
32/33p.「萌葱縮緬地柳桜筏文様小袖」江戸時代・17 世紀　1 領　丈 145.0 裄 61.5　奈良県立美術館蔵
35p.「桐紋の団扇」京都／撮影・亀村俊二
36p.「桐紋の暖簾」京都／撮影・亀村俊二
37p.「黒麻地几帳に桐文様帷子」江戸時代・17 世紀末～ 18 世紀初　1 領　丈 155.0 裄 60.2　奈良県立美術館蔵
38p.「色絵桐文小皿」古九谷　江戸時代・17 世紀　1 枚　高 1.6 口径 15.0 底径 8.0　石川県立美術館蔵
40/41p.「仮名手本忠臣蔵」歌川豊国　嘉永 2 年・1849　大判錦絵　3 枚続　佐野屋喜兵衛版　東京都立中央図書館特別文庫室蔵
43p.「牡丹紋の暖簾」京都／撮影・亀村俊二
44p.「色絵蝶牡丹文大皿」伊万里　江戸時代・17 世紀　1 枚　高 4.0 径 35.0 高台径 19.0　東京国立博物館蔵
44p.「ボタン」建仁寺／撮影・中田昭
46p.「黒麻地波兎牡丹唐草州浜笹模様肩衣」江戸時代後期・19 世紀　1 領　麻 描絵 友禅染　丈 75.2 裄 35.2　東京国立博物館蔵
47p.「かにかくに祭」祇園白川／撮影・中田昭
48/49p.「カキツバタ」大田神社／撮影・中田昭
50p.「紅萌葱段流水に杜若模様唐織」江戸時代・18 世紀　1 領　丈 148.5 裄 69.5　東京国立博物館蔵
51p.「薄浅葱縮緬地杜若八橋模様染縫小袖」江戸時代後期・19 世紀　1 領　丈 174.5 裄 63.0　国立歴史民俗博物館蔵
53p.「テッセン」常照寺／撮影・中田昭
53p.「鉄線蒔絵提簞笥」江戸時代・17 世紀　1 基　木製漆塗　縦 26.7 横 16.2 高 17.5　東京国立博物館蔵
54p.「朝皃せん平　坂東むら右衛門・福山の善太　市川八百蔵」歌川豊国　文久 3 年・1863　大判錦絵　1 枚　平のや版　国立国会図書館蔵
55p.「蓮華文軒丸瓦」飛鳥時代・7 世紀　1 個　瓦製　径 19.8　東京国立博物館蔵
56/57p.「極付幡随長兵衛」豊原国周　明治 17 年・1884　大判錦絵　3 枚続　山村鐵次郎版　東京都立中央図書館特別文庫室蔵
58p.「八朔」祇園／撮影・中田昭
59p.「笠懸神事」上賀茂神社／撮影・中田昭
60p.「色絵沢瀉文徳利」伊万里　江戸時代・17 世紀　1 口　高 36.3 口径 5.1 高台径 12.5　東京国立博物館蔵
62p.「藤紋の暖簾」京都／撮影・亀村俊二
63p.「御馬印」巻 6　寛永年間・1624 ～ 44　巻子 1 巻　国立国会図書館蔵
64p.「白地七宝繋藤模様唐織」江戸時代・18 世紀　1 領　丈 148.8 裄 73.0　東京国立博物館蔵
65p.「フジ」市原　京都／撮影・中田昭
67p.「桜と藤　四季花手桶形引手」新御殿入口の杉戸・桂離宮／撮影・中田昭
67p.「求古図譜織文之部」高島千春　天保 11 年・1840　国立国会図書館蔵
69p.「菓子譜」二巻　狩野文庫　東北大学附属図書館蔵
69p.「色絵菊花散文菊形鉢」伊万里　江戸時代・18 世紀　1 口　高 7.7 口径 22.7 底径 12.3　東京国立博物館蔵
71p.「菊蒔絵鏡箱」室町時代・15 世紀　1 合　東京国立博物館蔵
71p.「蒔絵菊文阿古陀形香炉」江戸時代・17 世紀　1 基　蒔絵　胴径 11.5 高 5.2　石川県立美術館蔵
72/73p.「濃緑地亀甲竹雀菊花模様厚板」安土桃山～江戸時代・16 ～ 17 世紀　1 領　東京国立博物館蔵
75p.「キキョウ」圓光寺／撮影・中田昭
76/77p.「蒔絵螺鈿野々宮図硯箱」尾形光琳　江戸時代・17 ～ 18 世紀　蒔絵 螺鈿　1 合　縦 20.7 横 19.0 高 4.3　石川県立美術館蔵
78/79p.「濃茶茶浅葱段秋草模様唐織」江戸時代・18 世紀　1 領　絹製 唐織　丈 152.7 裄 71.6　東京国立博物館蔵
82/83p.「太平記拾遺　十六　光秀娘盛姫」落合芳幾　明治 2 年・1869　中判錦絵　1 枚　広岡屋幸助版　東京都立中央図書館特別文庫室蔵
83p.「桔梗紋の暖簾」祇園／撮影・中田昭
84p.「色絵秋草文瓶」京都 寶山　江戸時代中期・18 世紀　高 29.2 口径 3.9 胴径 20.2　愛知県陶磁美術館蔵
85p.「求古図譜織文之部」高島千春　天保 11 年・1840　国立国会図書館蔵
86p.「十二ヶ月のうち 睦月」歌川豊国　江戸時代後期・19 世紀　大判錦絵　1 枚　湊屋小兵衛版　国立国会図書館蔵
87p.「木曾六十九驛　伏見　弥平兵衛宗清」歌川豊国　大判錦絵　1 枚　辻岡屋版　国立国会図書館蔵
89p.「雲橘樹柄鏡」江戸時代・18 ～ 19 世紀　1 面　径 24.3 縁高 0.5 柄長 10.2　東京国立博物館蔵
90/91p.「萌黄縮緬地梅橘模様夜着」江戸時代・19 世紀　1 領　丈 145.5 裄 70.0　東京国立博物館蔵

91p.「ぽち福」赤坂柿山　制作：StudioAP　デザイン：武井みゆき
93p.「御馬印」巻１　寛永年間・1624 ～ 44　巻子　１巻　国立国会図書館蔵
94/95p.「赤松満祐梅白旗」豊原国周　明治 12 年・1879　大判錦絵　3 枚続　山村金三郎版　東京都立中央図書館特別文庫室蔵
96p.「酢漿草文様」大正～昭和初期・20 世紀（推定）絹 平織 型捺染　１領　丈 153.0 裄 61.5　須坂クラシック美術館蔵
99p.「焦茶ヘルヘトワン地酢漿紋付陣羽織」江戸時代・19 世紀　１領　丈 87.2 肩幅 54.2　東京国立博物館蔵
100p.「源氏雲浮世画合　柏木　三かつ・娘おつう」歌川国芳　大判錦絵　１枚　伊勢市版　国立国会図書館蔵
101p.「柏紋の暖簾」京都／撮影・中田昭
102p.「色絵柏樹双鳥図大皿」鍋島　江戸時代・17 世紀　１枚　高 6.4 径 30.0 高台径 14.0　東京国立博物館蔵
104/105p.「白綸地幕鷹羽柏葉模様絞染縫小袖」江戸時代中期・17 世紀　１領　丈 139.3 裄 101.0　国立歴史民俗博物館蔵
107p.「茶糸威柏葉形兜」五代山内豊房所用　江戸時代・17 世紀末～ 18 世紀　１頭　鉢高 42.6　高知県立高知城歴史博物館蔵
109/110/111p.「蔦の細道図屏風」重文　深江芦舟　江戸時代・18 世紀　6 曲 1 隻屏風　紙本金地着色　132.4 × 264.4　東京国立博物館蔵
113p.「玉子色麻地見立鳥蔦模様帷子」江戸時代・18 世紀　１領　丈 162.1 裄 60.0　東京国立博物館蔵
114p.「鼈甲台蔦螺鈿蒔絵櫛」大正時代・20 世紀　縦 9.5 横 4.5　国立歴史民俗博物館蔵
114/115p.「蔦蒔絵硯箱」江戸時代・18 世紀　１合　縦 23.3 横 22.1 高 4.5 東京国立博物館蔵
116p.「月宴柳絵合」豊原国周　明治 16 年・1883　大判錦絵　１枚　宮地虎之助版　東京都立中央図書館特別文庫室蔵
117p.「七宝葵文引手」江戸時代・17 世紀　銅胎 七宝　縦 10.5 横 8.7　東京国立博物館蔵
118p.「緋羅紗地 三ツ葉葵紋付陣羽織（童子用）」江戸時代・18 世紀　１領　丈 43.5 肩幅 11.5　東京国立博物館蔵
119p.「御馬印」巻１　寛永年間・1624 ～ 44　巻子　１巻　国立国会図書館蔵
121p.「立涌に葵と車文様」大正末期～昭和初期・20 世紀（推定）絹 平織 解織　１領　丈 159.0 裄 65.0　須坂クラシック美術館蔵
123p.「縹繻子地蝶花の丸模様襦袢」江戸時代・19 世紀　１領　丈 42.4　東京国立博物館蔵
123p.「御馬印」巻３　寛永年間・1624 ～ 44　巻子　１巻　国立国会図書館蔵
124p.「梨子地蛇龍抱茗荷文蒔絵箙」江戸時代　１腰　全高 41.5 肩幅 21.5 前面高 11.0 脇高 15.0 背面高 16.5　国立歴史民俗博物館蔵
125p.「猩々緋羅紗地波鯉千鳥模様火事装束（抱き茗荷紋付）」江戸時代・19 世紀　１具　羽織丈 90.0　東京国立博物館蔵
127p.「坂東三津五郎」猿若錦繪より　歌川国貞　江戸時代後期・19 世紀　錦絵　１枚　国立国会図書館蔵
128p.「色絵笹輪紋皿」鍋島　江戸時代・18 世紀後期　１枚　高 10.4 口径 3.6 高台径 17.7　今右衛門古陶磁美術館蔵
130/131p.「銀地彩絵竹雲模様中啓」江戸時代・18 世紀　１握　東京国立博物館蔵
132/133p.「藍茶段立涌笹萩模様厚板」江戸時代・18 世紀　１領　丈 155.0 裄 71.3　東京国立博物館蔵
135p.「紅葉」法然院／撮影・中田昭
134/135p.「色絵桜楓文木瓜形鉢」仁阿弥道八　江戸時代・19 世紀　１口　高 8.8 口径 16.5 底径 7.9　東京国立博物館蔵
136p.「八朔」祇園／撮影・中田昭
137p.「木具写紅葉蒔絵平棗」豊楽　江戸時代後期・19 世紀　胴径 6.9 底径 3.0　愛知県陶磁美術館蔵
138p.「かまくら七十二（しちじゅうに）オリジナルあずま袋（松柄）」かまくら七十二　制作：パントリークローゼット　デザイン：藤井愛子
139p.「松ケ枝喜三郎」歌川国周　安政５年・1858　大判錦絵　１枚　森屋治兵衛版　国立国会図書館蔵
140p.「黒繻子地松藤紅葉模様打掛」江戸時代後期・19 世紀　１領　東京国立博物館蔵
141p.「松紋の外燈」京都／撮影・亀村俊二
143p.「折松葉形引手」楽器の間の襖・桂離宮／撮影・中田昭
144/145p.「松文様」昭和 10 年代・20 世紀（推定）絹 平織 解織　１領　丈 137.0 裄 61.5　須坂クラシック美術館蔵
146/147p.「松紋の暖簾」京都／撮影・亀村俊二
148p.「雙筆五十三次 府中」歌川広重・歌川豊国　安政元年・1854　大判錦絵　１枚　丸久版　国立国会図書館蔵
148p.「千成瓢簞」時代祭／撮影・中田昭
149p.「青磁染付瓢文皿」鍋島　江戸時代・17 世紀　１枚　高 4.4 口径 13.5 底径 7.5　東京国立博物館蔵
151p.「浅葱繻子地雪輪南天模様羽織」江戸時代・19 世紀　１領　着付丈 165.5 羽織丈 87.8　東京国立博物館蔵
153p.「稲穂文鐔」吉岡因幡介　江戸時代・18 世紀　１枚　縦 7.3 横 5.0　東京国立博物館蔵
154p.「因幡之助」歌川国芳　大判錦絵　１枚　川口版　国立国会図書館蔵
155p.「蒔絵鹿に萩図硯箱」尾形光琳　江戸時代・17 世紀　蒔絵 螺鈿　１合　縦 28.6 横 17.1 高 12.7　石川県立美術館蔵
155p.「ハギ」常林寺／撮影・中田昭
156p.「江戸紫姿競　第八」歌川豊国　安政元年・1854　大判錦絵　１枚　上金版　国立国会図書館蔵
156/157p.「紅白段菊薄蝶模様唐織」江戸時代・18 世紀　１領　丈 139.0 裄 71.0　東京国立博物館蔵
158/159p.「花鳥合美人団扇絵」歌川国芳　大判錦絵　１枚　有田屋清右衛門版　国立国会図書館蔵
159p.「カワラナデシコ」京都／撮影・中田昭
160p.「色絵染付棕櫚葉文皿」鍋島　江戸時代中期・17 世紀～ 18 世紀　１枚　高 4.5 口径 14.0　愛知県陶磁美術館蔵
163p.「色絵金彩花蝶文瓢徳利」薩摩　江戸時代後期・19 世紀　高 18.2 口径 1.5 胴径 8.2 底径 4.7　愛知県陶磁美術館蔵
164p.「吉符入」祇園祭／撮影・中田昭
165p.「御油驛」渓斎英泉　天保 13 年・1842　大判錦絵　１枚　蔦屋吉蔵版　東京都立中央図書館特別文庫室蔵
166p.「染付牡丹蝶文蝶形小皿」1660 ～ 1680 年代　１枚　高 3.2 口径 14.8 × 12.7 底径 10.0 × 8.0　佐賀県立九州陶磁文化館蔵　柴田夫妻コレクション
167p.「求古図譜織文之部」高島千春　天保 11 年・1840　国立国会図書館蔵
168/169p.「紅平絹地蝶花丸模様染下着」明治時代・１９～ 20 世紀　１領　丈 134.5 裄 62.0cm　国立歴史民俗博物館蔵
171p.「鶴紋の暖簾」京都／撮影・亀村俊二
171p.「色絵鶴文平鉢」吉田屋窯　江戸時代後期・19 世紀　１口　高 9.1 口径 39 底径 20.6　石川県立美術館蔵
172/173p.「群鶴蒔絵硯箱」江戸時代・18 世紀　１合　縦 24.3 横 22.0 高 5.1　東京国立博物館蔵
174p.「根元草摺引」歌川豊国　安政 6 年・1859　大判錦絵　3 枚続　国立国会図書館蔵
175p.「求古図譜織文之部」高島千春　天保 11 年・1840　国立国会図書館蔵
177p.「芦雁図莨入・煙管入」明治時代・19 世紀　１点　縦 6.0 横 11.0　国立歴史民俗博物館蔵

178p.「芦雁図」望月玉泉　大正元年・1912　軸1幅　絹本着色　156.3 × 101.5　東京国立博物館蔵
179p.「当世五人男　广文七」歌川豊国　安政5年・1858　大判錦絵　1枚　角金版　国立国会図書館蔵
181p.「釉下彩芦雁文皿」旭焼　G. ワグネル　明治20～29年・19世紀　1枚　高4.0 底径25.7 口径40.6　京都国立博物館蔵
181p.「雁紋の暖簾」京都／撮影・亀村俊二
183p.「当盛見立三十六花撰　陣前の梅　熊谷直実」歌川豊国　文久元年・1861　大判錦絵　1枚　平のや　国立国会図書館蔵
184/185p.「染付千鳥山水文大皿」明治・大正時代　1枚　高8.3 口径54.4 底径32.0　佐賀県立九州陶磁文化館蔵　柴田夫妻コレクション
185p.「千鳥提灯」京都／撮影・亀村俊二
185p.「千鳥紋の暖簾」京都／撮影・亀村俊二
186p.「萩まつり」梨木神社／撮影・中田昭
186p.「染付兎文手桶水指」讃窯　堤治兵衛　天保4年・1833　1口　高34.1 口径30.7 胴径32.5 底径28.5　愛知県陶磁美術館蔵
187p.「赤羅紗地紗綾形地波亀丸文散小物入」江戸時代　1点　縦10.8 横7.6　国立歴史民俗博物館蔵
188p.「江戸姿八契」歌川国貞　大判錦絵　3枚続　蔦屋吉蔵版　国立国会図書館蔵
189p.「伊賀ノ小太郎朝行　伊賀式部之丞光宗之霊」歌川豊国　大判錦絵　1枚　国立国会図書館蔵
190p.「色絵龍虎図輪花皿」有田・柿右衛門様式　江戸時代中期・17世紀～18世紀　1枚　高4.7 口径23.5　愛知県陶磁美術館蔵
190/191p.「鳳凰円文螺鈿唐櫃」重文　平安時代・12世紀　1合　木製漆塗 蒔絵 螺鈿　縦68.0 横92.0 全高58.8　東京国立博物館蔵
192p.「連歌花二見文台」豊原国周　明治4年・1871　大判錦絵　1枚　加賀屋吉右衛門版　東京都立中央図書館特別文庫室蔵
194p.「神泉苑祭」神泉苑／撮影・中田昭
195p.「日月椀」北大路魯山人　1930年代　1客　口径12.7 高さ11.6　銀座 黒田陶苑蔵
195p.「五式幕」城南宮／撮影・中田昭
196p.「金地月秋草虫蒔絵櫛」江戸時代　1点　横13.5　国立歴史民俗博物館蔵
197p.「紺糸威六枚胴具足」籠手銘　為澤木氏正造之　筑前住藤原金久作　江戸時代・18世紀　1領　東京国立博物館蔵
198/199p.「九曜紋源氏物語蒔絵手箱」江戸時代　1合　木製漆塗 蒔絵　縦25.8 横32.3 高22.0　大阪市立美術館蔵（カザールコレクション）
200p.「名所江戸百景　永代橋佃しま」歌川広重　安政4年・1857　大判錦絵　1枚　魚栄版　国立国会図書館蔵
202p.「百人一首絵抄　十五　光孝天皇」歌川豊国　大判錦絵　1枚　佐野喜版　国立国会図書館蔵
203p.「雪華文七宝鐔」平田春寛　文政11年・1828　1枚　縦7.0 横6.3　東京国立博物館蔵
204p.「青海波文様」葵祭／撮影・中田昭
205p.「浪燕蒔絵印籠」底裏沈金銘 銘「古満休伯作」　江戸時代・19世紀　1個　金・銀薄肉高蒔絵　縦7.0 横6.0　東京国立博物館蔵
206/207p.「富嶽三十六景　神奈川沖浪裏」葛飾北斎　天保2～5年・1831～34　大判錦絵　1枚　山口県立萩美術館・浦上記念館蔵
208p.「不破伴左衛門」『俳優団扇画』より　歌川国周　錦絵　1枚　国立国会図書館蔵
209p.「紅緑段雲矢襖鱗模様厚板」江戸時代・19世紀　1領　丈150.0 裄68.0　東京国立博物館蔵
210p.「冨嶽図二所物」平田道仁　安土桃山～江戸時代・16～17世紀　1組　小柄長9.7 目貫幅4.3　東京国立博物館蔵
211p.「黒羅紗地富士山模様陣羽織」江戸時代・19世紀　1領　丈92.7 肩幅50.0　東京国立博物館蔵
212/13p.「染付橋に鶴図富嶽形大皿」伊万里　江戸時代・19世紀　1枚　高5.4 最大径33.4 高台径16.6　東京国立博物館蔵
215p.「紅茶淡茶段雷文繋牡丹尾長鳥模様唐織」江戸時代・18世紀　1領　東京国立博物館蔵
216p.「市川団十郎演芸百番　不破伴左衛門」豊原国周　明治31年・1898　大判錦絵　1枚　福田熊次郎版　山口県立萩美術館・浦上記念館蔵
218p.「鷹の羽の暖簾」京都／撮影・亀村俊二
221p.「名所江戸百景　深川洲崎十万坪」歌川広重　安政4年・1857　大判錦絵　1枚　魚栄版　国立国会図書館蔵
222/223p.「萌黄繻子地的矢模様着付羽織」江戸時代・19世紀　1領　着付丈144.2 羽織110.6　東京国立博物館蔵
224p.「弓矢雁透鐔」尾張　室町時代・16世紀　1枚　縦9.2 横8.9　東京国立博物館蔵
225p.「武者姿」時代祭／撮影・中田昭
227p.「矢羽根文様」大正～昭和初期（推定）絹 縮 平織　手括り経絣　1領　丈144.0 裄61.0　須坂クラシック美術館蔵
228/229p.「扇流し蒔絵吸物膳」大正時代・20世紀　1基　京都国立博物館蔵
229p.「端午の節句」貴船／撮影・中田昭
230/231p.「角屋・青貝の間」京都　公益財団法人角屋保存会／撮影・中田昭
231p.「染付扇窓絵重箱」瀬戸　慶応4年・1868　高17.8 口径11.6　愛知県陶磁美術館蔵
232p.「扇面散屏風」伝俵屋宗達　江戸時代・17世紀　6曲1双屏風　紙本着色　紙本墨画　各167.0 × 375.0　東京国立博物館蔵
234/235p.「紺平絹地御簾檜扇模様振袖」江戸～明治時代・19世紀　1領　平絹 友禅染　丈157.5 裄60.5　東京国立博物館蔵
237p.「市女笠形引手」中書院の杉戸・桂離宮／撮影・中田昭
237p.「陣笠」江戸～明治時代・19世紀　1頭　張抜製 黒漆塗り　長径36.1 短径32.0 高13.1　東京国立博物館蔵
238/239p.「白綸子地枝垂楓笠模様小袖」江戸時代・18世紀　1領　丈148.5 裄67.3　東京国立博物館蔵
240p.「紫糸素懸威烏帽子形桐紋兜」江戸時代・17世紀　1頭　鉢高32.0　東京国立博物館蔵
241p.「頭巾姿の女性」時代祭／撮影・中田昭
242p.「心葉形杏葉」古墳時代・6世紀　1個　鉄地金銅張　東京国立博物館蔵
244p.「染付太鼓胴花入」戸山　江戸時代・17世紀　1口　縦23.5 口径10.8 口径11 底径7 胴幅7.9　東京国立博物館蔵
245p.「紺絹地金箔押三巴紋四方旗指物」64 × 64　埼玉県立歴史と民俗の博物館蔵
246/247p.「花艶法音楽」豊原国周　明治6年・1873　大判錦絵　2枚続　山本平吉版　東京都立中央図書館特別文庫室蔵
249p.「宵山」祇園祭／撮影・中田昭
250p.「茶地丸紋散模様角帽子」安土桃山時代・16世紀　1頭　東京国立博物館蔵
253p.「菱紋の暖簾」京都／撮影・亀村俊二
253p.「色絵金銀菱繋文茶碗」野々村仁清　江戸時代前期・17世紀　1口　高8.5 口径12.5　愛知県陶磁美術館蔵
255p.「紅縹段松皮菱牡丹鳳凰丸模様唐織」江戸時代・18世紀　1領　丈146.7 裄70.3　東京国立博物館蔵
256p.「色絵丸文菱形皿」鍋島　江戸時代・17世紀　1枚　高3.5 口径17.0 底径9.0　東京国立博物館蔵
257p.「三階菱紋入花唐草蒔絵角盥」江戸時代・17世紀　1口　短径38.8 総高20.3　京都国立博物館蔵

258/259p.「星月夜見聞実記」守川周重　明治 13 年・1880　大判錦絵　3 枚続　福田熊次郎版　東京都立中央図書館特別文庫室蔵
261p.「七宝菊文木瓜形引手」江戸時代・17 世紀　銅胎 七宝　1 個　縦 9.3 横 8.2　東京国立博物館蔵
261p.「木戸の透かし彫り」修学院離宮／撮影・中田昭
262p.「花傘巡行」祇園祭／撮影・中田昭
263p.「木瓜紋の提灯」祇園祭／撮影・亀村俊二
266/267p.「染付鯉図木瓜形大皿」伊万里　江戸時代・19 世紀　1 枚　高 6.0 長径 38.8 短径 34.0 高台径 20.0　東京国立博物館蔵
269p.「朱塗りの盃」輪違屋　京都／撮影・中田昭
270p.「猩々緋羅沙地輪違いに二引紋付陣羽織」江戸時代・19 世紀　1 領　丈 86.0 肩幅 55.3　東京国立博物館蔵
271p「輪違屋の外燈」京都／撮影・中田昭
273p.「鶴亀甲蒔絵重香合」江戸時代・18 世紀　1 合　縦 8.1 横 8.2 総高 7.6　京都国立博物館蔵
274/275p.「色絵毘沙門亀甲文皿」鍋島　江戸時代・17 〜 18 世紀　1 枚　高 5.7 口径 20.0 底径 11.1　東京国立博物館蔵
276p.「白地花菱亀甲蒲公英雪輪草花模様縫箔」江戸時代・18 世紀　1 領　丈 143.0 裄 66.1　東京国立博物館蔵
277p.「色絵亀甲文香炉」京焼　江戸時代・18 世紀　1 口　高 6.0 口径 6.9　東京国立博物館蔵
278/279p.「色絵唐花文皿」鍋島　江戸時代・17 〜 18 世紀　1 枚　高 5.4 口径 20.1 底径 10.8　東京国立博物館蔵
280/281p.「濃茶茶浅葱段雲龍鱗片輪車唐花模様厚板」江戸時代・18 世紀　1 領　丈 153.0 裄 71.5　東京国立博物館蔵
282/283p.「緑地花菱桐立涌模様厚板」安土桃山〜江戸時代・16 〜 17 世紀　1 領　丈 115.0 裄 59.6　東京国立博物館蔵
284p.「花菱紋の提灯」京都／撮影・亀村俊二
285p.「扇花菱雁透鐔」京透　江戸時代・17 世紀　1 枚　東京国立博物館蔵
286p.「紅地花菱亀甲鶴菱模様唐織」安土桃山時代・16 世紀　1 領　丈 100.0 裄 42.2　東京国立博物館蔵
290/291p.「白縮緬地石畳に賀茂競馬文様小袖」江戸時代・18 世紀　1 領　丈 128.0 裄 64.7　京都国立博物館蔵
292p.「千本鳥居」伏見稲荷大社／撮影・中田昭
293p.「藍麻地鳥居杉木立模様肩衣」江戸時代・19 世紀　1 領　東京国立博物館蔵
294p.「千社札」京都／撮影・亀村俊二
295p.「紅白茶段庵秋草松模様唐織」江戸時代・18 世紀　1 領　丈 148.2 裄 71.0　東京国立博物館蔵
297p.「み立いろはあわせ　百尺ノ渦八」豊原国周　慶応 2 年・1866　大判錦絵　1 枚　丸屋平次郎版　山口県立萩美術館・浦上記念館蔵
298p.「井筒中居かん，藝子あふきやふせや」重文　栄松斎長喜　江戸時代・18 世紀　大判錦絵　1 枚　東京国立博物館蔵
301p.「藍地井桁に鯛文様絣振袖」明治時代・19 世紀　1 領　丈 80.5cm 裄 41.0cm　京都国立博物館蔵
302p.「祇園守紋」祇園祭／撮影・中田昭
302/303p.「紅緑茶段雲板唐花祇園守模様厚板」江戸時代・18 世紀　1 領　丈 147.0 裄 72.2　東京国立博物館蔵
304p.「後祭巡行」祇園祭／撮影・中田昭
306p.「朱漆瓶子」室町時代・15 世紀　1 口　高 36.0 肩径 24.0　東京国立博物館蔵
307p.「鈴紋の暖簾」京都／撮影・亀村俊二
308p.「一守九字成大漁」豊原国周　慶応 3 年・1867　大判錦絵　3 枚続　大黒屋金之助版　東京都立中央図書館特別文庫室蔵
309p.「金銅火焔宝珠形舎利容器」重文　鎌倉時代・13 〜 14 世紀　1 基　銅鋳造 鍍金銀　高 53.0　東京国立博物館蔵
310p.「宝尽七宝文鐔」平田彦四郎　安土桃山〜江戸時代・16 〜 17 世紀　1 枚　東京国立博物館蔵
311p.「萌黄茶浅葱段亀甲七宝繋桐模様厚板」江戸時代・18 世紀　1 領　丈 153.0 裄 71.5　東京国立博物館蔵
311p.「色絵七宝文天目」京焼「岩倉山」印　江戸時代・18 世紀　1 口　高 6.3 口径 10.9 底径 4.1　東京国立博物館蔵
312p.「よし経 市川権十郎・しづか 中村福助・忠のぶ 市川団十郎」歌川国周　明治 21 年・1888　大判錦絵　3 枚続　佐々木豊吉版　国立国会図書館蔵
313p.「花車形釘隠し」客殿一の間・修学院離宮／撮影・中田昭
312/313p.「片輪車蒔絵螺鈿手箱」国宝　平安時代・12 世紀　1 合　縦 22.4 横 30.6 総高 13.0　東京国立博物館蔵
315p.「善悪鬼人鏡　朝日奈藤兵衛　石川五右衛門」豊原国周　慶応 4 年・1868　大判錦絵　2 枚続　津ノ伊版　東京都立中央図書館特別文庫室蔵
317p.「御細工物に鋏」渓斎英泉　江戸時代・19 世紀　色紙判 摺物　1 枚　東京国立博物館蔵
318p.「糸巻蒔絵印籠」底裏金蒔銘「常嘉斎」江戸時代・19 世紀　金・銀薄肉高蒔絵　金金貝　1 個　縦 8.8 横 6.1　東京国立博物館蔵
318/319p.「糸巻き文様」大正末期〜昭和初期・20 世紀（推定）絹 平織 解織　1 領　丈 145.0 裄 62.0　須坂クラシック美術館蔵
321p.「諸国蠟燭市 」応需　了古畫　慶応 4 年・1868　大判錦絵　2 枚続　辰八改版　東京都立中央図書館特別文庫室蔵
320/321p.「当世流行大団子」大判錦絵　2 枚続　東京都立中央図書館特別文庫室蔵
323p.「両国花火」喜多川歌麿　江戸時代・18 世紀　大判錦絵　2 枚続　東京国立博物館蔵
324p.「法螺貝羽箒蒔絵小鼓胴」高 25.3 径 9.9　国立歴史民俗博物館蔵
326p.「織部洲浜形手鉢」美濃　江戸時代・17 世紀　1 口　高 17.7 長径 24.5 短径 22.0　東京国立博物館蔵
329p.「江之島之図」歌川豊国　大判錦絵　3 枚続　ト山口版　国立国会図書館蔵
330/331p.「宇治橋蒔絵小鼓胴」銘「宇治橋」伝道本　江戸時代・17 世紀　口径 8.2 長 25.0　京都国立博物館蔵
332p.「三曲うかれての大独楽竹沢梅升」歌川国芳　大判錦絵　1 枚　藤岡屋慶次郎版　東京都立中央図書館特別文庫室蔵
333p.「色絵独楽文徳利」伊万里　江戸時代・17 世紀　1 口　高 25.8 口径 4.0 底径 10.4　東京国立博物館蔵
334p.「古銭蒔絵印籠」底裏線刻銘「水谷作」明治時代・19 世紀　1 個　金高蒔絵 錆上げ　縦 7.3 横 5.2　東京国立博物館蔵
335p.「梅浪花真田軍配」豊原国周　明治 6 年・1873　大判錦絵　2 枚続　森本順三郎版　東京都立中央図書館特別文庫室蔵
336/337p.「紺綸子地宝尽雲文繋模様絞縫振袖」江戸時代後期・19 世紀　1 領　丈 167.0 裄 61.5　国立歴史民俗博物館蔵
338p.「暫」豊原国周　元治元年・1864　大判錦絵　2 枚続　佐野屋富五郎版　東京都立中央図書館特別文庫室蔵
339p.「浅葱地松葉と枡に小花文様小紋裃」江戸〜明治時代　1 具　京都国立博物館蔵
341p.「新始式」城南宮／撮影・中田昭
341p.「晴明祭」晴明神社／撮影・中田昭
343p.「十二ヶ月の内 卯花月」歌川豊国　江戸時代後期・19 世紀　大判錦絵　1 枚　湊屋小兵衛版　国立国会図書館蔵
344/345p.「源氏香短冊散蒔絵料紙硯箱」川之辺一朝　明治 36 年・1903　1 具　東京国立博物館蔵
346/347p.「白綸地源氏香葵模様友禅染金糸縫振袖」昭和時代前期・20 世紀　1 領　丈 165.0 裄 62.5　国立歴史民俗博物館蔵

［写真・資料掲載協力］
Cooperating art museums with photos

愛知県陶磁美術館
石川県立美術館
今右衛門古陶磁美術館
大阪市立美術館
岐阜市歴史博物館
京都国立博物館
高知県立高知城歴史博物館
国立国会図書館
国立歴史民俗博物館
埼玉県立歴史と民俗の博物館
佐賀県立九州陶磁文化館
須坂クラシック美術館
東京国立博物館
東京都立中央図書館特別文庫室
東北大学附属図書館
奈良県立美術館
山口県立萩美術館・浦上記念館

公益財団法人角屋保存会
森本錺金具製作所
銀座 黒田陶苑
輪違屋

［参考文献］
Bibliography

『Japanese Family Crests 日本の紋章』国際観光協会　教文館　1941 年
『紋章｜鳥獣魚・形・印・字・具』伊藤幸作著　美術出版社　1969 年
『紋章｜天地・草木』伊藤幸作著　美術出版社　1969 年
『日本の紋章』渡辺三男著　毎日新聞社　1972 年
『日本の紋章』伊藤幸作編　ダヴィット社　1974 年
『平安紋鑑』京都紋付加工業協同組合　森晴進堂　1975 年
『家紋大図鑑』樋口清之監修・丹羽基二著　秋田書店　1975 年
『紋章と象徴 SYMBOL』のばら社　1975 年
『綱要 日本紋章学』沼田頼輔著　新人物往来社　1977 年
『武家のしるし』（日本伝承デザイン資料集成）高橋正人著　岩崎美術社　1978 年
『紋典』市田光太郎　市田株式会社　1980 年
『図解 いろは引 標準紋帳』日本染織刊行会　京都書院　1985 年
『日本の意匠事典』岩崎治子著　岩崎美術社　1986 年
『文様の手帖』尚学図書編集　小学館　1987 年
『かさねの色目』長崎盛輝著　京都書院　1988 年
『家紋の事典』真藤建志郎著　日本実業出版社　1993 年
『唐長の京からかみ文様譜』千田堅吉著　京都書院　1997 年
『日本の家紋』編集室 青人社編　青幻舎　2004 年
『きもの文様図鑑』長崎巌監修・弓岡勝美編　平凡社　2005 年
『四季の花結び』田中年子著　淡交社　2005 年
『図説 花と樹の事典』木村陽二郎監修　植物文化研究会編　柏書房　2005 年
『図説 鳥名の由来辞典』菅原浩・柿澤亮三編著　柏書房　2005 年
『日本の紋章』濱田信義企画編集　ピエ・ブックス　2007 年
「日本紋章大図鑑」桔梗文之丞・横尾忠則ほか　新人物往来社　1978 年
「朝日園芸百科」全 30 巻　朝日新聞社　1984 ～ 86 年
「花の図譜」（太陽シリーズ）佐藤信二著　平凡社　1986 年
「紋章とデザイン」（淡交ムック）俵孝二ほか　淡交社　1996 年

日本の家紋とデザイン
Japanese Family Crests and Designs

2022 年 12 月 12 日　初版第 1 刷発行
2024 年　3 月　3 日　　　第 2 刷発行

企画・構成：編集室 青人社
編著：濱田信義
翻訳：マクレリー ルシー（ザ・ワード・ワークス）
デザイン：谷平理映子（SPICE design）
校正：聚珍社
制作進行：中村 愛（PIE International）
編集協力：山本文子（座右宝刊行会）

発行人：三芳寛要
発行元：株式会社パイ インターナショナル
〒 170-0005 東京都豊島区南大塚 2-32-4
Tel:03-3944-3981 Fax:03-5395-4830
sales@pie.co.jp

印刷・製本：株式会社広済堂ネクスト

ISBN978-4-7562-5715-4 C3070
Printed in Japan

Japanese Family Crests and Designs

PIE International Inc.
2-32-4 Minami-Otsuka, Toshima-ku,
Tokyo 170-0005 JAPAN
international@pie.co.jp

ISBN978-4-7562-5726-0 (Outside Japan)
Printed in Japan